绵陽年鉴

MIANYANG YEARBOOK 2021

绵阳市人民政府 主办

绵阳市地方志编纂中心 编

方志出版社
Publishing House of Local Records

图书在版编目（CIP）数据

绵阳年鉴. 2021 / 绵阳市地方志编纂中心编. —北京：方志出版社，2021.12
ISBN 978-7-5144-5052-1

Ⅰ. ①绵… Ⅱ. ①绵… Ⅲ. ①绵阳-2021-年鉴
Ⅳ. ①Z527.13

中国版本图书馆 CIP 数据核字（2021）第 275656 号

绵阳年鉴（2021）

编　　者：绵阳市地方志编纂中心
责任编辑：罗　滔
出 版 者：方志出版社
地址　北京市朝阳区潘家园东里 9 号（国家方志馆 4 层）
邮编　100021
网址　http://www.zgfzcb.cn
发　　行：方志出版社图书营销中心
电话（010）67110500
经　　销：各地新华书店
印　　刷：成都中嘉包装印刷有限公司
开　　本：889×1194　1/16
印　　张：39
字　　数：1394 千字
版　　次：2021 年 12 月第 1 版　2021 年 12 月第 1 次印刷
印　　数：0001~1500 册
ISBN 978-7-5144-5052-1　定价：298. 00 元

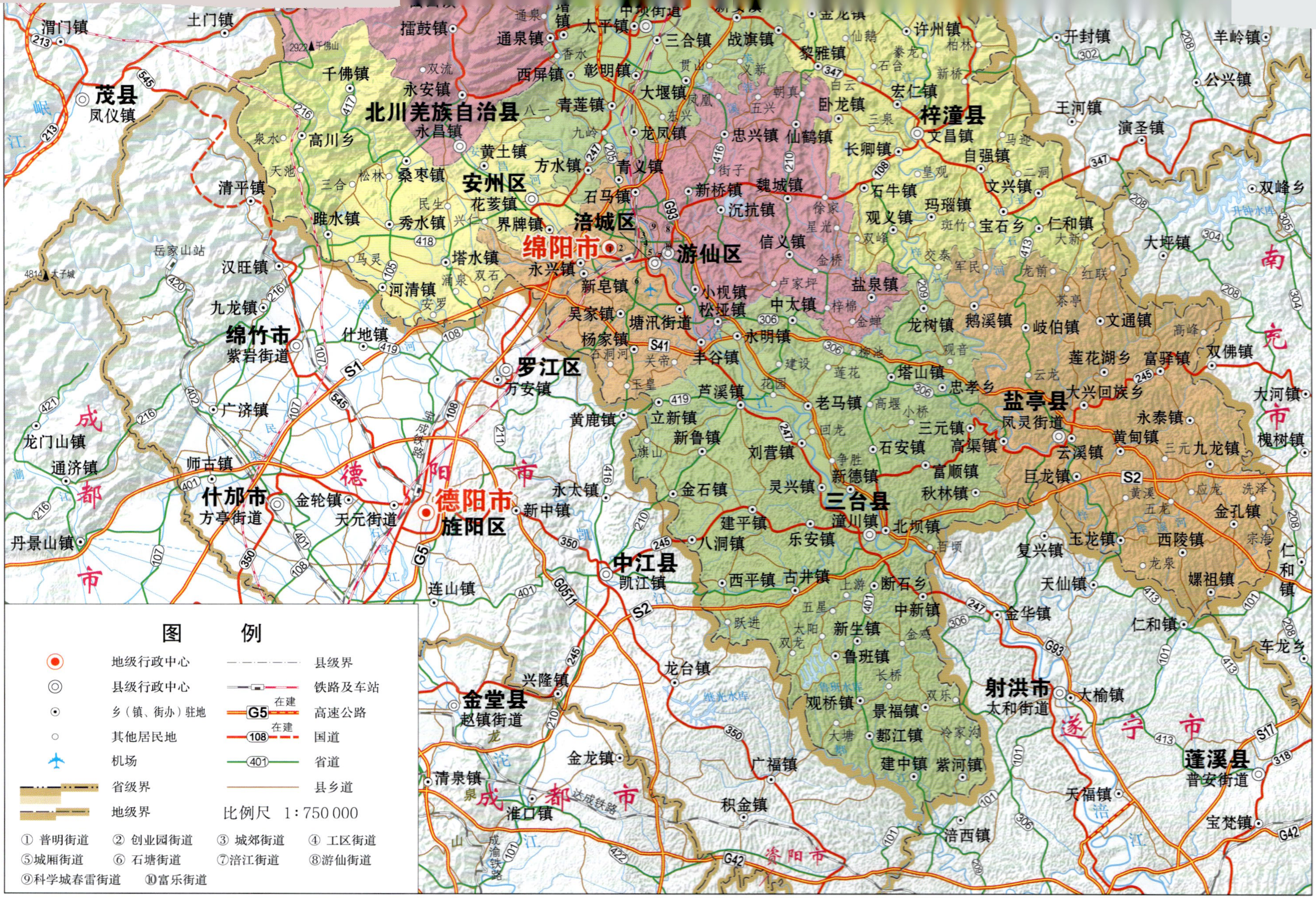

审图号：川S【2021】06004号

成都地图出版编制　2021年10月

城市荣誉
CITY HONOR

◎中国科技城
◎全国文明城市
◎国家森林城市
◎中国优秀旅游城市
◎全国科技进步先进城市
◎全国创业先进城市
◎国家电子商务示范城市
◎全国首批“三网融合”试点市
◎国家产城融合示范区
◎国家智慧城市试点市
◎国家新型城镇化综合试点市
◎全国首批“民生改善十佳典范城市”
◎中国最美山水城市
◎联合国“改善居住环境最佳范例城市”
◎国家系统推进全面创新改革试验先行先试区域
◎国家卫生城市
◎国家环保模范城市
◎全国双拥模范城市
◎全国人民防空先进城市
◎国家新型工业化产业示范基地
◎国家知识产权示范城市
◎全国首批“促进科技和金融结合”试点地区
◎国家产融合作试点市
◎国家信息消费试点市
◎中国幸福城市
◎全国新型节水型城市
◎联合国“杰出绿色生态城市”
◎中国“美丽山水城市”
◎全国市域社会治理现代化试点城市

数字绵阳 2020
DIGITAL MIANYANG 2020

辖区面积：20256.88 平方千米

户籍总人口：528.51 万人

年平均气温：16.9℃

年平均降水量：1256.1 毫米

空气优良天数：324 天

全市地区生产总值：3010.08 亿元

全市县域地区生产总值：2459.27 亿元

全市社会消费品零售总额：1394.26 亿元

规模以上工业增加值增速：5.1%

全社会固定资产投资增速：10%

招商引资新签约内资项目：320 个

新签约 5 亿元以上项目：88 个

国内省外到位资金：788.2 亿元

到位外资：2.04 亿美元

全市进口贸易额：137.99 亿元

加工贸易企业进出口贸易总额：22.75 亿元

全市出口总额：78.28 亿元

旅游总收入：639.91 亿元

接待游客：6272.06 万人次

电商网络交易额：2834.96 亿元

新增专利授权：7636 件

每万人发明拥有量：14 件

第一产业增加值：370.95 亿元

第二产业增加值：1174.36 亿元

服务业增加值：1464.77 亿元

电子信息产业总产值：823 亿元

会展业直接收入：10.7 亿元

全年减免税费：41.69 亿元

地方一般公共预算收入：140.96 亿元

地方一般公共预算支出：444.7 亿元

“十三五”时期绵阳市经济社会发展成就

美丽绵阳

“十三五”时期是绵阳决胜全面建成小康社会取得决定性成就的五年，是全面践行新发展理念、推动治绵兴绵取得重大突破具有里程碑意义的五年。绵阳市坚持以习近平新时代中国特色社会主义思想为指导，认真落实党中央大政方针和省委决策部署，统筹推进“五位一体”总体布局、协调推进“四个全面”战略布局，开拓创新、锐意进取，中国科技城和西部现代化强市建设取得重大进展。

经济实力迈上新台阶

“十三五”期间，全市地区生产总值连续跨过两个千亿台阶，年均增长 7.8%。社会消费品零售总额年均增长 9.7%。全社会固定资产投资年均增长 12.5%。地方一般公共预算收入年均增长 6.2%。

2016—2020 年地区生产总值（亿元）

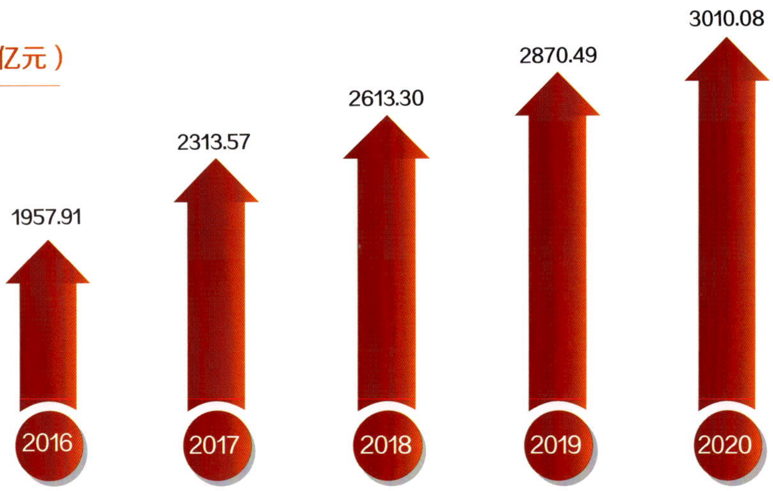

2016—2020 年第一产业增加值（亿元）

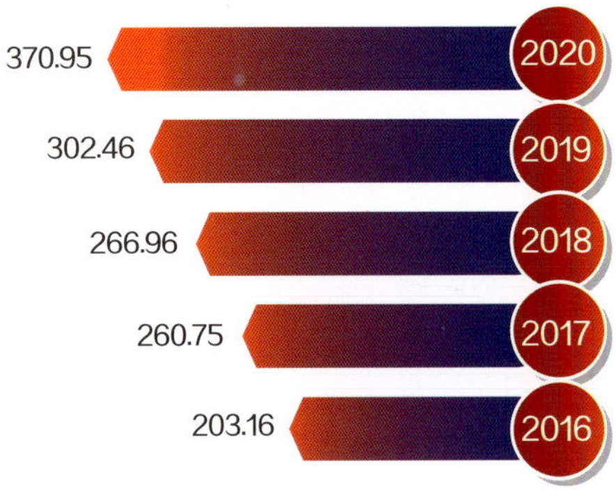

2016—2020 年第二产业增加值（亿元）

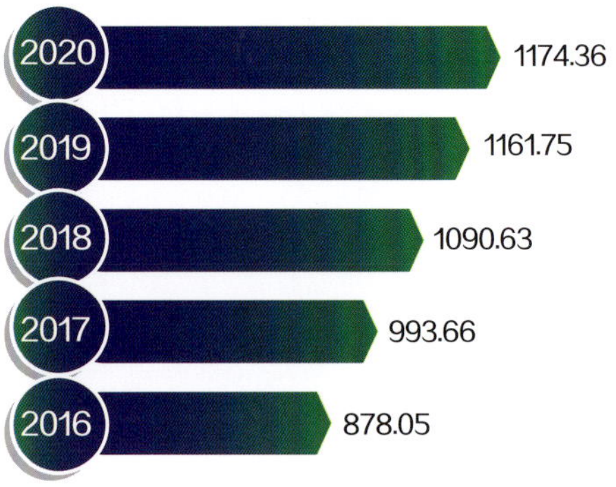

“十三五”时期绵阳市经济和社会发展成就

ACHIEVEMENTS IN ECONOMIC AND SOCIAL DEVELOPMENT OF MIANYANG DURING THE 13TH FIVE YEAR PLAN PERIOD

2016—2020 年第三产业增加值（亿元）

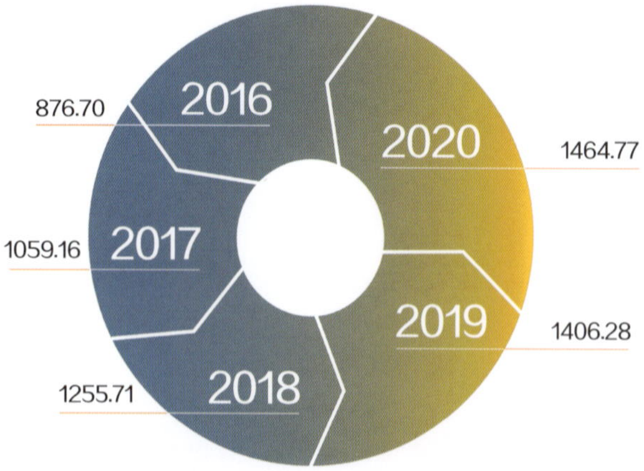

2016—2020 年社会消费品零售总额（亿元）

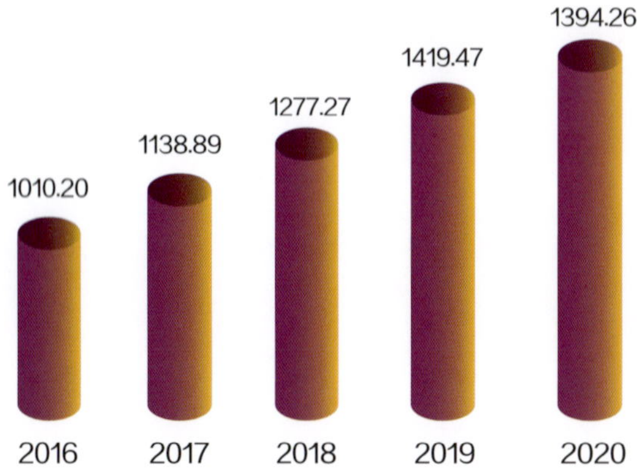

2016—2020 年一般公共预算收入（亿元）

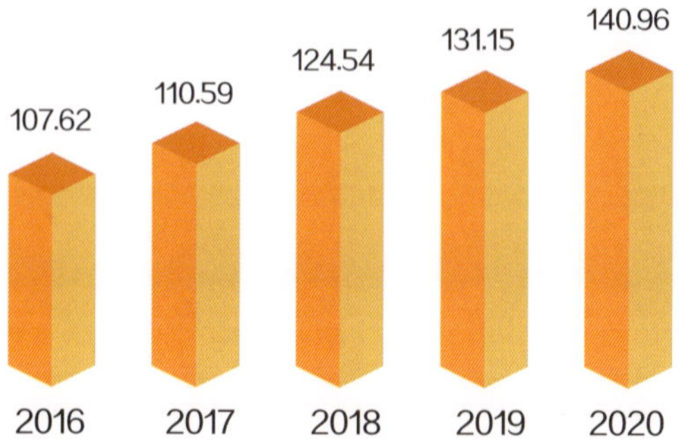

科技城建设开创新局面

“十三五”期间，习近平总书记到四川视察时对科技城建设作出重要指示；成功召开两次科技城建设部际协调小组会议；全国推广的三批次共 56 条全创改革经验，绵阳贡献 9 条；全市研发投入强度、科技进步奖获奖数量稳居全国同类城市前列。科技部火炬中心认定的国家级科技型中小企业从 850 家增加到 1375 家。

2020 年 9 月 21 日，第八届中国（绵阳）科技城国际科技博览会开幕式

2016—2020 年科技城实现地区生产总值（亿元）

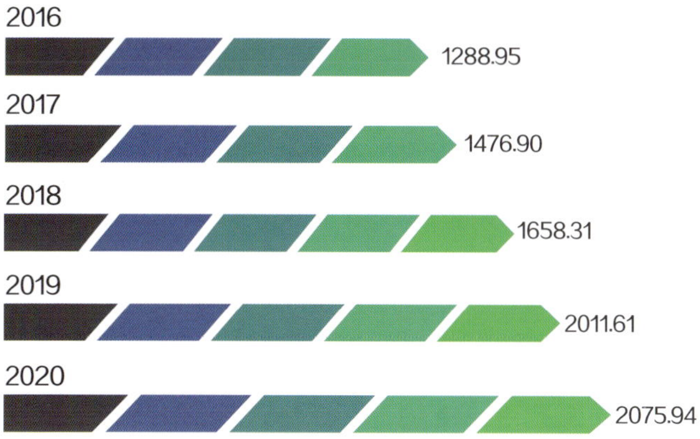

城乡面貌展现新形象

大力实施乡村振兴战略

建设领域“三大攻坚”累计完成投资 1682.5 亿元，“一核两翼、三区协同”区域发展格局加快构建，城乡区域发展更加协调。县域地区生产总值占全市比重较 2015 年提高 3.6 个百分点。中心城区绿化覆盖率较 2015 年提高 2.5 个百分点。高速公路通车里程和在建里程 726 千米。

公路总里程（千米）	2016	2017	2018	2019	2020
	19919	20172	20146	20194	23653

铁路运营里程（千米）	2016	2017	2018	2019	2020
	167	213	268	268	268

民用汽车拥有量（辆）	2016	2017	2018	2019	2020
	472407	584287	661385	730492	792710

社会民生实现新进步

2020 年 9 月 30 日，经开区川幼春晖文跃路幼儿园迎国庆活动

全市 520 个贫困村、8.3 万户 22.7 万贫困人口全部退出贫困序列，提前一年完成脱贫任务。建成市儿童医院等 16 个重点医疗卫生项目，成为全省唯一拥有儿童专科医院的地级市。城镇新增就业 27.9 万人，较 2015 年增长 15.1%。全市基本医疗保险实现应保尽保。城乡居民人均可支配收入较 2015 年分别增长 46%、56.3%。

居民人均可支配收入（元）

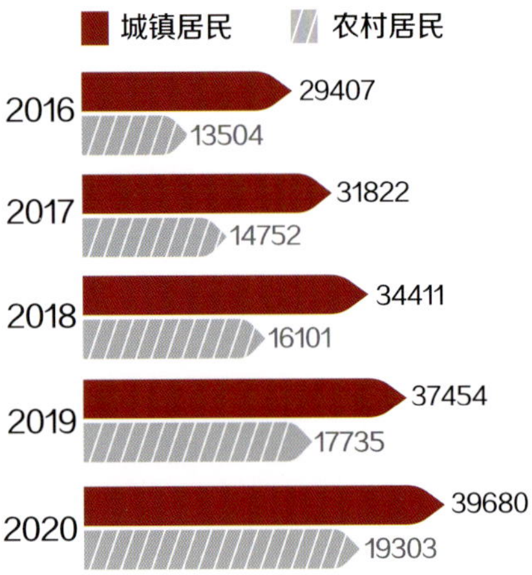

卫生机构数（个）

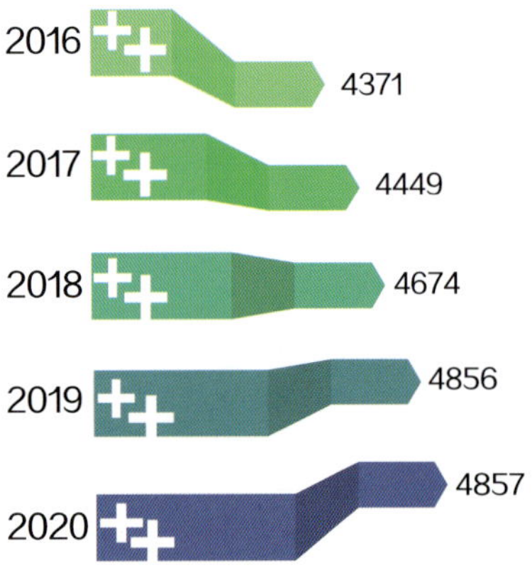

参加基本养老保险的企业在职职工数（人）

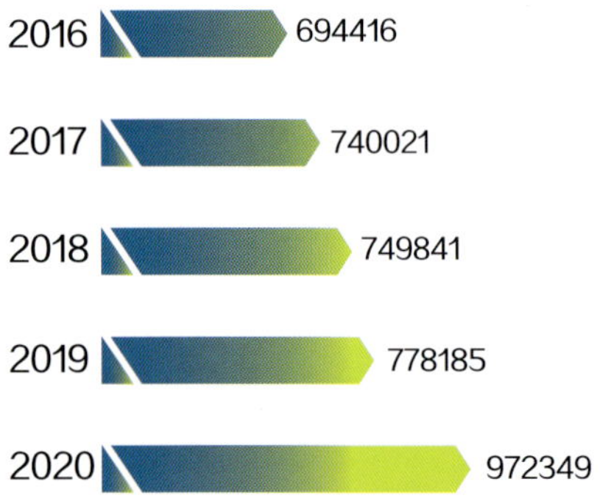

*数据来源：市统计局、2021 年 3 月 2 日《政府工作报告》

2020年绵阳经济总量突破

3010.08亿元！绵阳成为四川省首个经济总量过3000亿元的地级市

3000亿元

第一产业增加值370.95亿元	农业生产稳中向好
第二产业增加值1174.36亿元	工业生产持续向好
第三产业增加值1464.77亿元	服务业稳步回升
全社会固定资产投资同比增长10%	固定资产投资持续回升
社销零总额1394.26亿元	消费品市场持续恢复
CPI上涨3.1%	价格指数有所回落
一般公共预算收入140.96亿元	财政金融运行平稳
城镇新增就业53899人	就业形势逐步转好
城镇、农村居民可支配收入分别为3.97万元、1.93万元	居民收入逐步增长
进出口总额216.27亿元	进出口平稳增长

*数据来源：2021年1月21日，2020年绵阳市经济形势新闻发布会

9 月 9 日，第 36 个教师节到来之际，市委书记刘超（右三）看望慰问优秀教师代表

4 月 8 日，市长元方（左三）调研平武九绵高速 18 标段

12 月 9 日，市人大常委会主任付康（左五）调研高新区新晨动力公司

5 月 21 日，市政协主席李亚莲（左三）调研三台县“有事来协商”平台建设

4月1日，四川省绵阳市　重庆市北碚区推动成渝地区双城经济圈建设党政联席会议暨合作框架协议签署仪式在绵阳举行

4月29日，重庆市北碚区　四川省绵阳市推动成渝地区双城经济圈建设第二次党政联席会议在北碚举行

7月29日，中共绵阳市委七届九次全体会议举行

12月23日，中共绵阳市委七届十次全体会议举行

绵州英才卡服务站

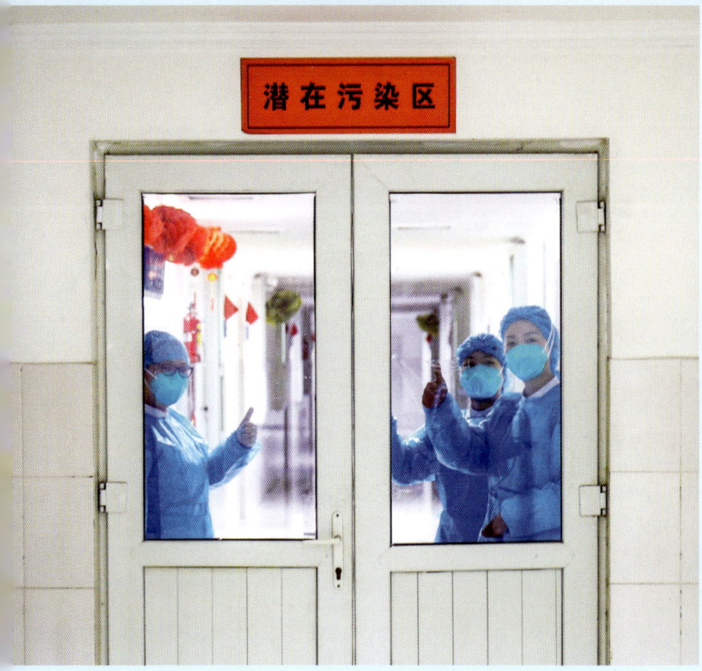
潜在污染区

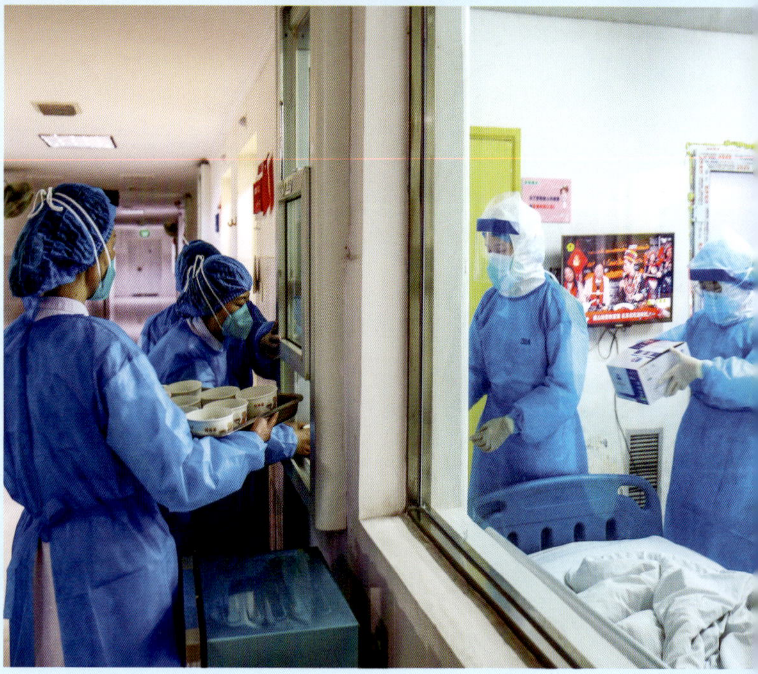

① 1 月 22 日，绵阳四〇四医院医护人员主动请缨加入新冠肺炎疫情防控前线

② 1 月 24 日，绵阳四〇四医院丰谷分院隔离病区

③ 1 月 24 日，绵阳四〇四医院丰谷分院隔离区的医护人员通过专用窗口向病房内递送医药物资

④ 1 月 24 日，四川省启动一级响应后，绵阳南郊机场对到绵阳的旅客进行排查

⑤ 2 月 4 日，市政务服务中心咨询服务台前移，接待办事群众

⑥ 1 月 26 日起，进入绵阳境内的高速路口设立疫情防控检查点，对出入绵阳车辆、人员进行排查

① ④ ⑤
② ③ ⑥

① 4月7日，全市小学开学复课

② 4月9日，国家电网工作人员对惠科项目配套220千伏输变电工程保电线路进行特巡

③ 2月24日，华晨瑞安公司车用凸轮轴生产线复工复产

④ 2月13日，绵阳海立电器有限公司全面复工

⑤ 5月，人气小吃街马家巷

⑥ 3月，居民小区解除封闭式管理后的人民公园

① ④
②
③ ⑤

①② 4月1日，医疗队队员与亲人团圆

③ 4月1日，医疗队队员获得“交管服务绿卡”

④ 4月1日，绵阳市援湖北医疗队首批队员平安回到绵阳，市委市政府在火炬广场举行迎接仪式

⑤ 4月1日，交警组成箭阵为医疗队车队护航

迎英雄凯旋
欢迎英雄凯旋

POLICE
欢迎英雄回家

科创园区初秋

第八届中国（绵阳）科技城国际科技博览会
The 8th China (Mianyang)Science & Technology City International High-Tech Expo
开幕式
Opening Ceremony
A1区
A3区

5G+工业互联网高峰论坛
5G+工业互联网高峰论坛
赋能产业 联创未来
中国·绵阳 2020·09·21

① 9 月 21 日，第八届中国（绵阳）科技城国际科技博览会在绵阳开幕

② 9 月 21 日，5G+ 工业互联网高峰论坛在绵阳举行

③ 9 月 22 日，新型显示产业创新发展论坛在绵阳举行

④ 9 月 21 日，中国工程院院士李兰娟在 2020 中国科技城创新发展论坛上作主题报告

① ④
②
③ ⑤

①③ 惠科车间

②⑤ 惠科厂房外景

④ 4 月 29 日，绵阳惠科第 8.6 代薄膜晶体管液晶显示器件项目点亮仪式在绵阳举行

HKC
阳惠科第8.6代薄膜晶体管液晶显示器件项目
正式点亮
中国·绵阳 2020年4月29日
绵阳惠科8.6代液晶面板项目
成功点亮
丰富人类的视觉享受
心 科艺传情

HKC

西部半导体集成电路高科技产业园
项目开工仪式
2020年5月30日
初心不改 创芯未来
和谐为本 追求卓越

中国（绵阳）科技城激光产业基地重大项目签约暨集中开工
2020年12月

① ② ③ ④ ⑤

① 5月30日，西部半导体集成电路高科技产业园项目开工仪式

② 12月15日，中国(绵阳)科技城激光产业基地重大项目签约暨集中开工仪式

③ 4月29日，康宁玻璃基板项目及川房石塘空港项目签约仪式

④ 11月27日，中电光谷绵阳科技城智能制造产业园项目签约仪式

⑤ 12月24日，绵阳市2020年第四季度招商引资项目网上集中签约仪式

建设中的九绵高速平武特大桥

PINGWU BRIDGE OF JIUZHAIGOU–MIANYANG EXPRESSWAY UNDER CONSTRUCTION

① ②

① 6 月，省道 205 线绵阳绕城段通车，全市交通实现“重构一环，贯通二环”目标。图为新改建的省道 205 线与新建通车的二环路北段交会处

② 省道 205 线绵阳绕城段（游仙区段）

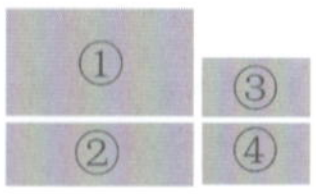

① 8月，江油市战旗镇白沙村辣椒丰收

② 9月，位于梓潼县文兴镇的西梓干渠老鹰石渡槽

③ 6月28日，游仙区脱贫攻坚建制村通客车交车仪式在魏城镇公交枢纽站举行

④ 3月，安州区桑枣镇齐心村民宿

9月19日，中国（绵阳）科技城建设第十四次部际协调小组会议在绵阳举行

7月21日，全省推动制造业高质量发展工作会议在绵阳举行

11 月 5 日，首届科学家精神论坛在绵阳举行

12 月 29 日，绵阳综合保税区验收纪要签署仪式在绵阳举行

①
②
③

① 仙海水利风景区幸运码
② 平武县白马天母湖
③ 三台县田园之歌

编辑说明

一、《绵阳年鉴（2021）》（以下简称本年鉴）以马克思列宁主义、毛泽东思想、邓小平理论、“三个代表”重要思想、科学发展观、习近平新时代中国特色社会主义思想为指导，坚持辩证唯物主义和历史唯物主义的立场、观点和方法。全面记述中共绵阳市委、绵阳市人民政府带领全市人民全面建设中国科技城和社会主义现代化绵阳的新部署、新举措、新成果，充分展现2020年全市经济社会事业发展新貌，为科学发展、加快发展提供决策依据和借鉴，为广大读者了解和研究绵阳提供资料和信息。

二、《绵阳年鉴》由绵阳市人民政府主办，绵阳市地方志编纂中心编纂。1996年创刊，每年一卷。本年鉴为第26卷，记载时限为2020年1月1日到2020年12月31日，“特载”与首次刊载的资料时间有上溯下延。

三、本年鉴采用分类编辑，由类目、分目、条目三级组成，部分内容增设子分目。设“图片专辑、特载、大事记、自然·生态环境、经济环境、中国（绵阳）科技城建设、中国共产党绵阳市委员会、绵阳市人民代表大会、绵阳市人民政府、中国人民政治协商会议绵阳市委员会、纪检与监察、民主党派·工商联、群众团体、法治、军事、农村农业、工业、交通运输·邮政、贸易、金融、科学技术、信息化建设、文化、教育·体育、卫生与健康、旅游·园林、综合监管、应急管理、城乡建设与管理、社会民生、县市区·科学城办事处、人物、附录”33个类目。

四、本年鉴条目标题统一用黑体字加【】表示，正文为小五号书宋体字。全书有中英文目录，具有比较完善的检索系统。在排版上，双页书眉为书名，单页书眉为类目标题。部分“简略语”随条目注释，部分条目附有资料背景链接。书中单位名称、法律法规名称第一次出现时用全称，再次出现用简称，部分单位机构名称用简称，参照“绵阳市部分机关企事业单位全称简称对照表”。

五、本年鉴所载信息由全市各机关、企事业单位提供，经绵阳年鉴编辑部整理编辑，经编委会审查，出版社审核而成，具有权威性与资料性。所用统计资料由绵阳市统计局提供，正文数据由各部门提供。因统计口径等原因，有关部门所用个别数据与“统计资料”中的数据不尽一致，引用时以统计资料为准。书中提及的“同比增长”或“同比下降”数据，除特别说明外，均指“比上年增长”或“比上年下降”数据。

绵阳年鉴编纂委员会

绵阳年鉴编辑部

绵阳年鉴编辑部　地址：四川省绵阳市涪城区云泉路集中办公区 7 号楼 C 区 116 室

电话：0816-2317693　传真：0816-2224994

E-mail:350385119@qq.com　邮编：621000

绵阳市部分机关企事业单位全称简称对照表

全 称	简 称
中国共产党绵阳市委员会	市 委
绵阳市人民代表大会常务委员会	市人大常委会
绵阳市人民政府	市政府
中国人民政治协商会议绵阳市委员会	市政协
中共绵阳市纪律检查委员会（绵阳市监察委员会）	市纪委监委
绵阳市中级人民法院	市中级人民法院
绵阳市人民检察院	市人民检察院
中共绵阳市委办公室	市委办
中共绵阳市委组织部	市委组织部
中共绵阳市委宣传部	市委宣传部
中共绵阳市委统一战线工作部	市委统战部
中共绵阳市委政法委员会	市委政法委
中共绵阳市委政策研究室	市委政研室
中共绵阳市委网络安全和信息化委员会办公室	市委网信办
中共绵阳市委外事工作委员会办公室	市委外办
中共绵阳市委机构编制委员会办公室	市委编办
中共绵阳市委直属机关工作委员会	市直机关工委
中共绵阳市委巡察工作领导小组办公室	市委巡察办
中共绵阳市委目标绩效管理办公室	市委目标绩效办
绵阳市公务服务中心	市公务服务中心
中共绵阳市委党史研究室	市委党研室
共青团绵阳市委	团市委
绵阳市妇女联合会	市妇联
绵阳市工商业联合会	市工商联
绵阳市科学技术协会	市科协
绵阳市文学艺术界联合会	市文联
绵阳市社会科学界联合会	市社科联
绵阳市残疾人联合会	市残联
中国国际贸易促进委员会绵阳市委员会	市贸促会
绵阳市归国华侨侨眷联合会	市侨联

续表

全　称	简　称
中国国民党革命委员会绵阳市委员会	民革绵阳市委
中国民主同盟绵阳市委员会	民盟绵阳市委
中国民主促进会绵阳市委员会	民进绵阳市委
中国民主建国会绵阳市委员会	民建绵阳市委
中国致公党绵阳市工作委员会	致公党绵阳市工委
九三学社绵阳市委员会	九三学社绵阳市委
农工民主党绵阳市委员会	农工民主党绵阳市委
绵阳市人民政府办公室	市府办
绵阳市发展和改革委员会	市发改委
绵阳市经济和信息化局	市经信局
绵阳市教育和体育局	市教体局
绵阳市科学技术局	市科技局
绵阳市人力资源和社会保障局	市人社局
绵阳市自然资源和规划局	市自然资源和规划局
绵阳市生态环境局	市生态环境局
绵阳市住房和城乡建设委员会	市住建委
绵阳市交通运输局	市交通局
绵阳市文化广播电视和旅游局	市文广旅局
绵阳市卫生健康委员会	市卫健委
绵阳市退役军人事务局	市退役军人事务局
绵阳市应急管理局	市应急局
绵阳市国有资产监督管理委员会	市国资委
绵阳市市场监督管理局	市市场监管局
绵阳市扶贫开发局	市扶贫开发局
绵阳市金融工作局	市金融工作局
绵阳市经济合作局	市经合局
绵阳市政务服务监督管理局	市政务服务监管局
绵阳市人民防空办公室	市人防办
绵阳市武都引水工程管理局	市武引局
绵阳市住房公积金服务中心	市公积金中心
中国工程物理研究院	中物院
四川长虹电子控股集团有限公司	长虹集团

总目
Contents

目录
Contents

特　载

大事记

自然·生态环境

经济环境

中国（绵阳）科技城建设

中国共产党绵阳市委员会

绵阳市人民代表大会

绵阳市人民政府

中国人民政治协商会议绵阳市委员会

纪检与监察

民主党派·工商联

群众团体

法 治

军　事

农村农业

工业

交通运输·邮政

贸 易

金 融

科学技术

信息化建设

文　化

教育·体育

卫生与健康

旅游·园林

综合监管

应急管理

城乡建设与管理

社会民生

县市区·科学城办事处

人 物

附 录

Special Edition

Memorabilia

Nature and Ecological Environment

Economic Environment

Construction of China (Mianyang) Science and Technology

Mianyang Municipal Committee of the CPC

Mianyang Municipal People's Congress

Mianyang Municipal People's Government

Mianyang Municipal Committee of the Chinese People´s Political Consultative Conference

Discipline Inspection and Supervision

Democratic Parties and Association of Industry and Commerce

Mass Organization

Rule by Law

Military

Rural Agriculture

Industry

Transportation and Post

Trade

Finance

Science and Technology

Information Construction

Culture

Education and Sports

Hygiene and Health

Tourism and Garden

Comprehensive Supervision

Emergency Management

Urban and Rural Construction and Management

Social Livelihood

County, City, District and Science City Office

Figures

Appendix

中共绵阳市委关于制定绵阳市国民经济和社会发展第十四个五年规划和二〇三五年远景目标的建议

——2020年12月23日中国共产党绵阳市第七届委员会第十次全体会议通过

中共绵阳市委七届十次全会认真贯彻落实党的十九届五中全会和省委十一届八次全会精神，全面分析“十四五”时期绵阳历史方位和阶段性特征，深入研究事关绵阳全局和长远发展的重大问题，就制定国民经济和社会发展“十四五”规划和二〇三五年远景目标提出以下建议。

一、全面建成小康社会，开启全面建设社会主义现代化绵阳新征程

1.“十三五”时期绵阳发展的主要成就。“十三五”时期是绵阳决胜全面小康取得决定性成就的五年，是全面践行新发展理念、推动治绵兴绵取得重大突破具有里程碑意义的五年。市委坚持以习近平新时代中国特色社会主义思想为指导，认真落实党中央大政方针和省委决策部署，统筹推进“五位一体”总体布局、协调推进“四个全面”战略布局，团结带领全市各族人民开拓创新、锐意进取，开创了中国科技城和西部现代化强市建设新局面。一是综合经济实力大幅提升。地区生产总值预计突破3000亿元大关，连续跨过两个千亿元台阶，在全国城市排名由120位上升至93位、时隔14年重返全国百强。二是科技城建设取得巨大成就。一批重大国防科技项目建成投用；国家级高新技术企业预计达到440家、增长175%；R&D经费投入强度保持6.5%以上，11个项目获得国家科学技术进步奖，位居全国城市前列。三是全面深化改革纵深推进。全国推广的全创试验经验中绵阳贡献近1/6；36项改革经验入选国省典型案例；获得国务院三项督查激励，位居全国地级市第2位。四是开放合作取得历史性突破。建成和在建高速公路里程由全省第11位跃升至第3位，绵阳机场跻身全国机场50强；跨境电商综合试验区、综合保税区获批设立；引进京东方、惠科等百亿元以上重大产业项目并建成投产。五是三大攻坚战成效显著。22.7万农村贫困人口提前一年实现脱贫；污染防治力度加大，生态环境持续改善；防范化解重大风险取得积极成效。六是区域发展更加协调。“一核”引领、“两翼”支撑、“三区”协同区域发展新格局初步形成；“一城双心、组团协调”城市发展新格局加速构建，“重构一环、贯通二环”全面实现；县域经济竞相发展，县域地区生产总值占全市比重由78.1%提升

至81.4%。七是文化事业和产业繁荣发展。蝉联四届全国文明城市称号，“绵古创新之印”城市标识彰显城市底蕴，“一个枢纽基地、三条精品线路、全域旅游示范区”文旅发展格局初步构建，文化强市旅游强市建设融合推进。八是全面依法治市取得重大进展。地方立法权有效行使，颁布4部地方性实体法规；乡镇行政区划和村级建制调整改革扎实推进，城乡基层治理能力全面加强；法治绵阳平安绵阳建设成效明显。九是人民生活水平显著提高。城乡居民人均可支配收入分别增长37.9%、43.6%，累计城镇新增就业达27.7万人，城镇登记失业率从3.9%下降到2.74%，社会保障体系更加完善，教育事业发展硕果累累，健康绵阳建设成效显著，新冠肺炎疫情防控取得重大成果。十是全面从严治党深入推进。政治纪律和政治规矩进一步严明，各领域基层党组织建设分层分类推进，干部队伍和党风廉政建设全面加强，风清气正的良好政治生态更加巩固。

五年取得的显著成绩，最根本的是坚持以习近平新时代中国特色社会主义思想为科学指引，深入贯彻落实习近平总书记对四川工作特别是对绵阳工作重要指示精神；最关键的是有党中央亲切关怀和省委坚强领导，中国科技城建设得到了空前重视、空前支持；最重要的是市委始终把握发展规律、抢抓发展机遇，团结带领全市广大党员干部群众，朝着加快建设中国科技城和西部现代化强市的奋斗目标坚定前行，坚持在服务国家战略中谋求自身发展、坚持在保持定力中抓好发展第一要务、坚持在改革开放中增强发展动力活力、坚持在保障改善民生中增进人民福祉，着力推进中国科技城建设实现新突破、着力打造经济高质量发展新体系、着力构建“一核两翼、三区协同”区域发展新格局、着力建设西部内陆改革开放新高地、着力推进民生福祉得到新改善，为开启全面建设社会主义现代化绵阳新征程积蓄了战略动能、奠定了坚实基础。

2. 新发展阶段绵阳面临的国内外环境和阶段性特征。当今世界正经历百年未有之大变局，新一轮科技革命和产业变革深入发展，国际力量对比深刻调整，和平与发展仍然是时代主题，同时世界进入动荡变革期，不稳定性不确定性明显增加。我国正处于实现中华民族伟大复兴的关键时期，将进入全面建设社会主义现代化国家，向第二个百年奋斗目标进军的新发展阶段。

今后五年，是绵阳抢抓国省系列重大战略机遇、全面建设社会主义现代化绵阳的关键时期。绵阳发展具有多方面的优势和条件。习近平总书记来川视察时专门对绵阳科技城建设作出重要指示，绵阳科技城建设部际协调小组第十四次会议明确了新阶段绵阳科技城发展目标定位，省委、省政府全力支持高水平建设绵阳科技城，绵阳科技城建设得到空前重视、空前支持，绵阳发展的战略支撑将更加有力；“一带一路”建设、长江经济带发展、新时代推进西部大开发形成新格局等重大战略深入实施，绵阳发展的战略动能将更加强劲；构建以国内大循环为主体、国内国际双循环相互促进的新发展格局，推动成渝地区双城经济圈建设，推进新一轮深层次改革和高水平开放，全省加快形成“一干多支、五区协同”区域发展格局，绵阳发展的战略位势将更加凸显。同时，发展不平衡不充分仍然是绵阳的最大市情，经济总量不大、发展质量不高仍然是绵阳的最大问题，基础设施、公共服务、生态环保、社会治理等领域还存在短板弱项。面向未来，全市上下必须胸怀两个大局，深刻把握新发展阶段、坚决贯彻新发展理念、主动融入新发展格局，保持战略定力，抓住机遇，应对挑战，趋利避害，努力在危机中育先机、于变局中开新局。

3. 二〇三五年绵阳经济社会发展的远景目标。展望二〇三五年，绵阳将与全国全省同步基本实现社会主义现代化，中国科技城建设国家战略目标基本实现，西部现代化强市基本建成。经济实力显著增强，经济总量和城乡居民人均可支配收入迈上新的大台阶，现代产业体系健全完善，新型工业化、信息化、城镇化、农业现代化基本实现，西部先进制造强市、西部现代服务业强市、西部现代农业强市基本建成。区域综合交通枢纽功能显著增强，交通强市基本建成，更高水平参与国际国内经济合作，对外开放新优势全面提升。城市空间布局更加优化，城市功能更加完善，城市品质进一步提升，Ⅰ型大城市基本建成。科技创新成为经济增长主要动力，跻身国家创新型城市前列，具有国际影响力的中国科技城基本建成。国民素质和社会文明程度达到新高度，西部教育强市、人才强市基本建成。生态环境更加优美，生活环境更加宜居，长江上游生态安全屏障更加牢固，生态强市基本建成。社会事业发展水平显著提升，基本公共服务实现均等化，人民生活更加美好，人的全面发展、全体人民共同富裕取得更为明显的实质性进展。治理体系和治理能力现代化基本实现，法治绵阳、法治政府、法治社会基本建成，平安绵阳建设达到更高水平。

二、“十四五”时期绵阳经济社会发展的指导思想、重要原则和主要目标

4. “十四五”时期绵阳经济社会发展的指导思想。高举中国特色社会主义伟大旗帜，深入贯彻党的十九大和十九届二中、三中、四中、五中全会精神，坚持以马克思列宁主义、毛泽东思想、邓小平理论、

"三个代表"重要思想、科学发展观、习近平新时代中国特色社会主义思想为指导，全面贯彻党的基本理论、基本路线、基本方略，深入落实习近平总书记对四川工作特别是对绵阳工作重要指示精神，统筹推进"五位一体"总体布局，协调推进"四个全面"战略布局，坚定不移贯彻新发展理念，坚持稳中求进工作总基调，以推动高质量发展为主题，以深化供给侧结构性改革为主线，以改革创新为根本动力，以满足人民日益增长的美好生活需要为根本目的，深入实施"一核两翼、三区协同"战略部署，深度参与成渝地区双城经济圈建设，主动融入新发展格局，统筹发展和安全，推进治理体系和治理能力现代化，实现经济社会行稳致远、社会安定和谐，为全面建设社会主义现代化绵阳开好局、起好步，推动中国科技城和西部现代化强市建设迈上新台阶。

5."十四五"时期绵阳经济社会发展必须遵循的重要原则。

——坚持党的全面领导。坚持和完善党领导经济社会发展的体制机制，提高党把方向、谋大局、定政策、促改革的能力和定力，不断提高贯彻新发展理念、推动高质量发展的能力和水平，为中国科技城和西部现代化强市建设提供根本保证。

——坚持以人民为中心。践行全心全意为人民服务的根本宗旨，坚持在发展中保障和改善民生，不断提升全市人民的获得感幸福感安全感，激发全市人民积极性、主动性、创造性，为中国科技城和西部现代化强市建设提供磅礴力量。

——坚持新发展理念。始终把发展作为第一要务，坚定把创新、协调、绿色、开放、共享理念贯穿发展全过程和各领域，进一步转变发展方式，引领全市经济社会实现更高质量、更有效率、更加公平、更可持续、更为安全的发展，为中国科技城和西部现代化强市建设提供重要指引。

——坚持深化改革开放。牢固树立"对内靠改革、对外靠开放"理念，坚决破除一切不合时宜的思想观念，坚决破除一切制约高质量发展、高效能治理、高品质生活的体制机制障碍，以改革破解发展难题，以开放拓展发展空间，为中国科技城和西部现代化强市建设提供强大动能。

——坚持系统观念。加强前瞻性思考、全局性谋划、战略性布局、整体性推进，胸怀两个大局，办好发展安全两件大事，着力固根基、扬优势、补短板、强弱项，推动实现发展质量、结构、规模、速度、效益、安全相统一，为中国科技城和西部现代化强市建设提供方法路径。

——坚持推进依法治市。坚持依法治市、依法执政、依法行政共同推进，坚持法治绵阳、法治政府、法治社会一体建设，加快推进科学立法、严格执法、公正司法、全民守法，为中国科技城和西部现代化强市建设提供法治保障。

6."十四五"时期绵阳经济社会发展的主要目标。锚定二〇三五年绵阳经济社会发展的远景目标，综合考虑国内外环境和阶段性特征，坚持目标导向和问题导向相结合，坚持守正和创新相统一，今后五年我市经济社会发展要努力实现以下主要目标。

——经济实力再上台阶。经济持续平稳增长，保持年均增速高于全国全省平均水平，人均地区生产总值大幅提升，发展质效明显提高，现代产业体系加快构建，实现产业基础高级化、产业链现代化，城乡融合发展和乡村振兴取得新突破，西部经济强市建设取得重大突破。

——创新能力大幅跃升。创新体制机制更加完善，服务保障国防建设能力明显提升，科技创新对经济增长的贡献进一步增强，中国科技城综合实力、核心竞争力、国际影响力显著提升，成渝地区双城经济圈创新高地、科技创新先行示范区基本建成。

——改革开放持续深化。重点领域和关键环节改革取得重大突破，要素市场化配置改革取得重大进展，市场主体更加充满活力；外联内畅、通江达海的现代综合交通运输体系加快构建，"四向拓展、全域开放"立体全面开放态势更加巩固，西部内陆改革开放新高地基本形成。

——社会文明不断进步。社会主义核心价值观深入人心，人民思想道德素质、科学文化素质和身心健康素质明显提高，公共文化服务体系更加健全，文化事业全面繁荣，文化产业快速发展，人民精神文化生活日益丰富，西部文化强市旅游强市基本建成。

——生态环境更加优美。环境治理效果显著提升，主要污染物排放总量持续减少，资源利用效率大幅提高，生态环境质量持续改善，绿色低碳生产生活方式基本形成，长江上游生态安全屏障进一步牢固，城乡人居环境更加优美。

——民生福祉显著增强。实现更加充分更高质量就业，城乡居民人均可支配收入增速高于全国全省，基本公共服务均等化水平明显提高，全民受教育程度不断提升，卫生健康体系更加完善，多层次社会保障体系更加健全，乡村振兴战略全面推进，人民群众对美好生活新期待得到更好满足。

——治理效能明显提升。社会主义民主法治更加健全，社会公平正义进一步彰显，更高水平的法治绵阳平安绵阳建设扎实推进，城乡基层治理制度创新和能力建设取得新成效，社会治理新格局加快形成，防范化解重大风险能力不断增强，发展安全保障更加有力。

三、坚持创新驱动发展，高水平建设中国（绵阳）科技城

坚持创新在现代化建设全局中的核心地位，坚持“四个面向”，着力打造成渝地区双城经济圈创新高地，建设具有全国影响力的科技创新先行示范区。

7. 壮大国家战略科技力量。全力服务保障在绵科研院所、企业、高等院校建设发展，支持重大工程和重大项目建设。完善重大科技项目协作配套体系。加强基础研究、注重原始创新，深化多学科交叉融合创新，强化战略性、前沿性和颠覆性技术创新，推动在核科学技术、空气动力技术、航空动力技术等领域保持领先优势。争取国家在绵布局建设国家实验室和一批重点实验室、工程研究中心、技术创新中心等重大平台，以及重点科研机构、重大科技基础设施。支持在绵科研生产单位实施一批重大科技项目。与成都、重庆共建中国西部科学城，打造成渝绵“创新金三角”，争创综合性国家科学中心。

8. 推进融合深度发展。创新体制机制，持续完善组织管理体系、工作运行体系、政策制度体系。整合资源要素，围绕技术、资本、信息、人才、设备设施等领域，推进共通共用、共建共享的示范平台建设，支持科研院所、高等院校和企业在绵建设科技协同创新平台。提升国家两用技术交易中心、四川大型科学仪器共享平台等市场化运营水平。促进科技协同创新，发展先进适用技术，推动工业领域标准通用化，推进前沿技术产业化应用。鼓励支持在绵科研院所发展孵化器、产业园，聚焦核技术应用、北斗卫星应用、空管、新型功能材料、激光等优势领域，加大科技成果转化产业化力度，培育具有核心竞争力的高技术产业集群。

9. 建强科技创新主体。强化企业创新主体地位，深入实施高新技术企业数量规模“双提升”行动和科技型中小企业培育“涌泉计划”，培育一批核心技术能力突出、集成创新能力强、引领重要产业发展的创新型企业。发挥大企业引领支撑作用，支持创新型中小微企业成长为创新重要发源地。围绕北斗卫星导航、信息安全、智能装备制造等重点领域建设高水平新型研发机构。吸引聚集科研院所、知名高等院校及大型企业在绵设立分支机构。加强共性技术平台建设，推动产业链上中下游、大中小企业融通创新。发挥企业家在技术创新中的重要作用，鼓励企业加大研发投入。

10. 营造良好创新生态。开展新一轮全面创新改革试验，协同推进科技创新和体制机制创新。探索开展科技项目“揭榜制”和科研经费“包干制”试点。优化完善科技评价机制和科技奖励制度。大力发展科技中介服务，扶持培育和引进集聚一批服务专业化、发展规模化、运行规范化的科技中介机构和科技成果运营机构。健全科技金融服务体系，支持科技金融专营机构创新金融产品，推动组建中国科技城政策性科技银行。健全“创业苗圃+孵化器+加速器”全链条孵化服务体系。加强知识产权保护，推进知识产权运营，争取设立国家级知识产权交易中心。弘扬科学精神和工匠精神，加强科普工作，营造崇尚创新的社会氛围。

11. 激发人才创新活力。深化人才发展体制机制改革，建设更有竞争力的人才制度体系，全面提升人才公共服务能级，争创国省人才管理改革试验区。引进战略科技人才、科技领军人才和高水平创新团队，扩大高层次人才培养规模，加强重点关键领域拔尖创新人才、基础研究人才、产业技术研发人才培养，壮大高水平工程师和高技能人才、青年技能人才队伍。健全创新激励和保障机制，深化科研放权赋能改革，扩大科研自主权，扩大职务科技成果权属混合所有制改革试点范围，深化科技成果所有权使用权处置权收益权等改革。

12. 加快建设绵阳科技城新区。按照“四区一新城”空间布局，高起点谋划、高标准建设绵阳科技城新区，打造中国科技城建设的核心载体、高质量发展的重要引擎。以科技创新全链条为主线，积极探索和推进科技体制机制改革，加快建设创新活跃的科技新区。推动先进制造业高端延链发展和现代服务业集群集聚，加快建设业态高端的产业新区。探索城市建设新模式，持续推进基础设施建设，加快建设生态宜居的城市新区。创新绵阳科技城新区管理体制，授予与新区发展阶段相适应的管理权限，推动新区与周边区域协同发展。

四、加快发展现代产业体系，着力提高经济质量效益和核心竞争力

坚持把发展经济的着力点放在实体经济上，深入推进供给侧结构性改革，推进产业基础高级化、产业链现代化，推动经济发展质量变革、效率变革、动力变革，加快建设全省经济副中心和西部经济强市。

13. 优先发展先进制造业。推动电子信息、汽车、新材料、节能环保、高端装备制造和食品饮料等六大重点产业加速转型升级，加快提升新型显示、智慧家庭、新型功能材料、5G、北斗卫星应用、新能源与智能网联汽车等六大创新产业发展能级，加快构建“6+6”先进制造产业体系，建设西部先进制造强市。培育壮大新一代信息技术、生物技术等战略性新兴产业，抢先布局人工智能、量子信息、核技术应用等未来产业，持续发展智能制造、绿色制造、服务型制造等先进制造业态，同步推进新兴产业规模化和传统产业新型化。制定实施制造业建链强链行动计划，增强制造业全产业链优势。深入实施大企业大集团培育“领航计划”、单项冠军企业培育“登峰计划”，培育梯次衔接的先进制造企业群体。加快建设先进制造产业功能区，促进产业园区转型升级。实施质量强市战略，加强标准、计量、专利等质量体系和能力建设，推进质量提升和品牌创建行动。

14. 加快发展现代服务业。构建以科技服务、现代物流、现代金融、电子商务、会展业、文化旅游、健康养老、人力资源服务为重点和商贸流通业为支撑的“8+1”现代服务业体系，建设服务业创新发展示范城市和西部现代服务业强市。推动生产性服务业向专业化和价值链高端延伸、生活性服务业向高品质和多样化升级，引导平台经济、共享经济等健康发展，大力培育现代服务业新业态、新模式、新载体。加快推进服务业数字化、标准化、品牌化建设。深入推动现代服务业同先进制造业、现代农业深度融合，加快布局一批功能特色鲜明、辐射带动力强的现代服务业集聚区。

15. 大力发展数字经济。推动数字经济和实体经济深度融合，加快建设网络强市、数字绵阳、智慧社会。引导支持重点企业加快信息化数字化智能化改造，持续建设一批数字化车间、智能生产线、智能工厂、智能园区。拓展智能交通、智能医疗、智能教育等行业应用，加快构建数字经济新业态新模式，培育壮大数字产业集群。大力发展工业互联网、物联网、云计算，深入实施企业上云工程。扩大基础公共信息数据有序开放，推动公共服务数字化，探索建立数据流通制度规范，保障数据安全，加强个人信息保护。

五、加快构建现代化基础设施体系，增强经济社会高质量发展支撑能力

按照科学规划、合理布局原则，加快补齐交通、能源、水利等基础设施短板，布局建设新型基础设施，构建系统完备、高效实用、智能绿色、安全可靠的现代化基础设施体系，全面赋能和强力支撑高质量发展。

16. 打造区域综合交通枢纽。对接西部陆海新通道建设，深入推进交通建设攻坚，构建外联内畅、通江达海的现代综合交通运输体系，加快建设交通强市。拓展对外开放通道，建成成兰铁路（绵阳段），开工建设绵遂内铁路、成都至三台至巴中铁路，规划建设重庆至遂宁至绵阳高铁。建成投运南郊机场T2航站楼，推进绵阳机场迁建，加快建设通用机场。建成九绵、广平、中遂、G5成绵广扩容、绵苍等高速公路，推进三大、南盐、茂盐等高速公路前期工作。畅通内部交通网络，加快国省干线提档升级，推进县域间骨干路网建设，推进中心城区到县（市）快速通道扩容改造或第二快速通道建设。推动铁路、公路、航空等实现货运多式联运和“无缝衔接”。

17. 强化能源保障能力建设。因地制宜开发利用新能源和可再生能源。优化输变电设施布局，促进主网架提档升级，着力补强配网短板。加快农村电网改造升级，提升农村地区供电能力和服务水平。加快天然气储气设施及能力建设，构建多层次天然气储备体系。

18. 加强水利设施建设。推进重点水利工程建设，建成开茂水库、沉水水库、引通济安工程，实施武引灌区、人民渠等大中型灌区续建配套和现代化改造。加强饮用水水源地和备用水源建设，推进城乡供水工程一体化规模化。实施涪江干支流和中小河流治理、病险水库除险加固、山洪灾害防治工程。加强涪江干支流控制性水利枢纽和河堤建设，提高防洪标准。

19. 加快新型基础设施建设。加快布局信息基础设施，推进5G网络、物联网、工业互联网等通信网络基础设施建设，布局数据中心、智能计算中心等算力基础设施，构建高速、移动、安全、泛在的新一代信息基础设施。加快布局融合基础设施，应用人工智能、云计算、区块链等技术，实施传统基础设施转型升级。建设城市智能交通体系，推进北斗卫星导航在安全、交通、旅游等领域深度应用。

六、持续深化改革扩大开放，加快建设西部内陆改革开放新高地

坚定不移推动更深层次改革，着力破除制约高质量发展的体制机制障碍，以深化改革增强发展动力活力。坚定不移实行更高水平开放，加快形成全方位、多层次、多元化的开放合作格局，以全面开放拓展发展空间。

20. 激发各类市场主体活力。毫不动摇巩固和发展公有制经济，毫不动摇鼓励、支持、引导非公有制经济发展。健全管资本为主的国有资产监管体制。加快全市国有经济布局优化和结构调整，深化国资国企改革，做强做优做大国资国企。推动商业类竞争性国有企业向实业集中、向主业集中，增强商业类功能性国有企业筹融资能力、加快市场化转型，提高公益类国有企业公共服务可及性、公平性。有序推进国有企业混合所有制改革。健全市场化经营机制，加快推进职业经理人制度，健全市场化薪酬分配机制，完善激励约束机制。依法平等保护各种所有制企业产权和自主经营权，支持引导民营经济健康发展。落实减税降费政策，健全支持中小微企业和个体工商户发展政策措施。依法平等保护民营企业产权和企业家权益，弘扬企业家精神。

21. 推进要素市场化配置改革。盘活存量建设用地，支持建设用地资源向重点区域倾斜。引导劳动力要素有序流动，推动基本公共服务与常住人口挂钩。深化地方法人金融机构改革，提升金融科技水平，加快普惠金融体系建设。支持符合

条件的企业上市，切实优化金融信贷环境，提升直接融资比重。加速在绵各类技术市场扩容提质，提高技术转移专业服务能力。加快培育数据要素市场。坚持平等准入、公正监管、开放有序和诚信守法，形成高效规范、公平竞争的统一市场。

22. 持续优化营商环境。建设职责明确、依法行政的政府治理体系，着力打造国内一流、四川领先的市场化法治化国际化营商环境。深化“放管服”“最多跑一次”改革，持续推行重点招商项目和重点企业“服务绿卡”制度。实施涉企经营许可事项清单管理，深化企业集群注册登记和证照分离改革。在项目投资审批等领域推行承诺制。加快社会信用体系建设。持续推进“互联网+监管”“双随机一公开”。严厉打击假冒伪劣和知识产权侵权行为。落实重大政策事前评估和事后评价制度，畅通参与政策制定渠道。加快建设数字政府，深化政务公开，推进政务服务标准化规范化便利化。深化在绵行业协会、商会和中介机构改革。建立健全规范化常态化政商沟通机制，构建亲清政商关系。

23. 实行更高水平开放。实施更大范围、更宽领域、更深层次的全面开放，主动融入“一带一路”建设和长江经济带发展。深化与成都平原经济区城市一体化发展。争取中国（绵阳）科技城纳入中国（四川）自由贸易试验区扩区范围，推进综合保税区提档升级、跨境电商综合试验区提质增效。促进全市各类开发区改革创新发展，开展“亩均论英雄”综合评价。进一步提升中国（绵阳）科技城国际科技博览会专业化、市场化水平。培育外贸综合服务平台。突出招大引强、招新引优，围绕产业链价值链创新链开展精准专业化招商，承接优质产业转移。推进技术、装备和服务等加快“走出去”。依法保护外资企业合法权益，落实外商投资准入前国民待遇加负面清单管理制度。

七、全面推进乡村振兴，加快农业农村现代化

坚持把解决好“三农”问题作为工作重中之重，全面实施乡村振兴战略，推动形成工农互促、城乡互补、协调发展、共同繁荣的新型工农城乡关系，促进农业全面升级、农村全面进步、农民全面发展。

24. 大力发展现代农业。加快发展粮油、畜禽水产、林果、蔬菜、中药材、休闲农业等六大重点产业，大力培育优质生猪、涪城麦冬、水稻种子、优质禽蛋、优质蜜柚、优质魔芋、优质核桃、优质厚朴、优质藤椒、平武天麻等十大主导产品，构建“6+10”现代农业产业体系，加快建设西部现代农业强市，争创国家农业现代化示范区。坚持最严格的耕地保护制度，实施藏粮于地、藏粮于技战略，推进高标准农田建设工程，强化农业科技和装备支撑，加强动植物疫病防控体系建设，建设智慧农业。提高农业良种化水平，打造西部现代种业强市。推进优质粮食工程，加强粮食生产功能区建设。开展粮食节约行动。深化农业供给侧结构性改革，强化绿色导向、标准引领和质量安全监管，加强地理标志产品保护与产业化利用。推动农村一、二、三产业融合发展，丰富乡村经济业态，拓宽农民增收渠道。持续推广“沃野绵州”现代生态循环农业工程。积极争创国家级、省级现代农业园区。建设一批国家级特色农产品优势区、优质粮食产业基地、生猪保障基地和国家骨干冷链物流基地。

25. 实施乡村建设行动。高水平开展村庄规划设计，持续优化乡村布局，加快建设一批体现绵州文化、川蜀特色的美丽宜居乡村。健全乡村振兴多元投入保障机制，提档升级乡村基础设施，提升农村居民饮用水保障能力，推动“四好农村路”提质扩面和乡村客运“金通工程”全面实现。保护传统村落和乡村风貌。加强特色村落和古村落保护利用。提升农房建设质量。持续改善乡村人居环境，因地制宜推进农村改厕、生活垃圾处理和污水治理，加强农业农村面源污染防治，提高农业废弃物资源化利用水平。提高农民科技文化素质，大力培育高素质农民、农村实用人才、乡村企业家，发挥新乡贤作用，完善引导各类人才投身乡村建设机制，推动乡村人才振兴。

26. 深化农业农村改革。深入推进城乡融合发展改革，推动城乡要素平等交换、双向流动，增强农业农村发展活力，争创国家城乡融合发展试验区。推进农村承包地“三权分置”改革，探索宅基地所有权、资格权、使用权分置实现形式，健全城乡统一的建设用地市场，推动农村集体经营性建设用地入市。培育农业产业化龙头企业、农民合作社、家庭农场等新型农业经营主体，发展多种形式适度规模经营。健全农业专业化社会化服务体系。保障进城落户农民土地承包权、宅基地使用权、集体收益分配权，鼓励依法自愿有偿转让。深化农村集体产权制度改革，创新规范农村集体经济组织形式和运行方式，发展新型农村集体经济。健全农村金融服务体系，发展农业保险。

27. 实现巩固拓展脱贫攻坚成果同乡村振兴有效衔接。建立农村低收入人口和欠发达区域帮扶机制，保持财政投入力度总体稳定，严格落实“四个不摘”要求，接续推进脱贫区域发展。健全防止返贫监测和帮扶机制。做好脱贫人口稳岗就业，加大对脱贫人口职业技能培训力度。加强易地扶贫搬迁后续帮扶。持续发展壮大扶贫产业。加强扶贫项目资金资产管理和监督。健全农村社会保障和救助制度。推动乡村振兴重点帮扶区域发展，增强其巩固脱贫成果及内生发展能力。深化

定点帮扶、东西部协作、对口支援、社会力量参与帮扶等工作。

八、大力推进区域协调发展，加快形成“一核两翼、三区协同”区域发展新格局

实施区域协调发展战略、主体功能区战略，增强中心城区发展能级，提升县域经济发展能力，提高新型城镇化建设质量，加快形成优势互补、高质量发展的区域经济版块。

28. 增强区域发展支撑能力。强化“一核”辐射带动和极核引领，促进人口集聚、产业集群，引领带动周边协同发展，培育区域经济核心增长极。壮大“两翼”骨干支撑力量，做大产业规模，提升质量效益和综合竞争力，打造县域发展新引擎，构筑绵阳北向西出和南向东出的战略支点。统筹“三区”错位发展、协同发展，促进基础设施互联互通、产业协同发展、土地高效利用，拓展集约高效的生产空间，框定山清水秀的生态空间，打造宜居适度的生活空间。探索经济区与行政区适度分离改革，健全完善合作互助、利益共享等区域协同发展体制机制。

29. 提升中心城区发展能级。坚持新区有机生长、组团协调发展、旧城双修更新同步推进，不断拓展城市空间、优化城市布局、完善城市功能、提升城市品质，增强经济和人口承载能力。按照“300平方公里、300万人口”规划建设中心城区，加快建设Ⅰ型大城市，推动双中心、组团式发展，实现组团内部产城融合、组团之间均衡发展。实施城市更新行动，推进城市生态修复、功能完善工程，强化历史文化保护、城市风貌塑造，加强老旧小区改造和社区建设。有序推进城市地下空间开发利用，系统推进排涝除险、蓄水空间、消防安全等设施建设，打造宜居城市、韧性城市、海绵城市、智慧城市。

30. 推进以人为核心的新型城镇化。深化产业培育提速、城乡建设攻坚、改革开放突破、民营经济提振、生态环境优化、社会民生促进“六大行动”，持续推动县域经济高质量发展。深入实施“宜居县城建设行动”，推进以县城为重要载体的城镇化建设，统筹推进县城功能完善、品质提升、特色塑造，争创一批国家新型城镇化建设示范县城。坚持“房住不炒”定位，建立多主体供给、多渠道保障、租购并举的住房制度，促进房地产市场平稳健康发展。推行公租房货币化和实物保障，有效增加保障性住房供给。深化户籍制度改革，加快农业转移人口市民化。

九、坚持扩大内需战略基点，积极融入新发展格局

找准在新发展格局中的坐标定位和比较优势，坚持扩大内需这个战略基点，坚持把实施扩大内需战略同深化供给侧结构性改革有机结合起来，全面融入国内统一大市场，用好国内国际两个市场两种资源，促进经济发展实现良性循环。

31. 着力畅通经济循环。发挥绵阳科技创新、产业发展等优势，畅通生产、分配、流通、消费各环节，优化供给结构，改善供给质量。破除生产要素市场化配置和商品服务流通的体制机制障碍，降低全社会交易成本。加强与周边城市协调联动，深化与东部沿海地区交流互动，参与国际分工合作，推动内需和外需、进口和出口、引进外资和对外投资协调发展。健全现代流通体系，形成内外联通、安全高效的物流网络，培育一批具有较强竞争力的现代流通企业。依托皂角铺铁路物流基地，加快建设科技物流产业园，打造绵阳国际铁路物流港。

32. 深度参与成渝地区双城经济圈建设。把深度参与成渝地区双城经济圈建设作为融入新发展格局的重大举措，充分发挥自身优势，紧扣“一极两中心两地”战略目标找结合、求协作、谋发展，加快推动把国家战略势能转化为绵阳发展动能。立足四个发展定位，聚焦四个主攻方向，深入实施八大行动，强化与成都、重庆的协同联动，开展跨区域合作，全面增强城市经济承载、人口吸纳和综合服务功能，加快把绵阳建成市场主体高层次、经济聚集高强度、城市发展高能级的成渝地区副中心城市，持续提升绵阳经济影响力、区域带动力和全局贡献力。

33. 全面促进消费。增强消费对经济发展的基础性作用，顺应消费升级趋势，提升传统消费，发展服务消费，适当增加公共消费，促进线上线下消费融合发展。以质量品牌为重点，促进消费向绿色、健康、安全发展。培育跨境消费、体验消费、定制消费等新业态，推广应用直播电商、社交电商、无接触交易服务等新模式，发展小店经济、夜间经济、网红经济等消费新热点。开拓城乡消费市场。促进住房消费健康发展。落实带薪休假制度，扩大节假日消费。营造放心舒心消费环境，强化消费者权益保护。

34. 拓展投资空间。发挥投资对优化供给结构和稳增长的关键作用，谋划一批强基础、增功能、利长远的重大项目建设，推进新型基础设施、新型城镇化、交通水利等重大工程建设，支持有利于促进城乡区域协调发展的重大项目建设，加快补齐基础设施、农业农村、公共安全、生态环保、防灾减灾、民生保障等领域短板。推动企业设备更新和技术改造，扩大战略性新兴产业投资。发挥政府投资撬动作用，激发民间投资活力，鼓励民营企业、社会资本进入基础设施、金融、医疗、养老等领域，形成市场主导的投资内生增长机制。

十、着力推动文化大发展大繁荣，提高城市文化软实力

坚定文化自信，围绕举旗帜、

聚民心、育新人、兴文化、展形象的使命任务，促进满足人民文化需求和增强人民精神力量相统一，提升文化软实力和社会文明程度，加快建设西部文化强市。

35. 提高社会文明程度。深入开展习近平新时代中国特色社会主义思想学习教育，推进马克思主义理论研究。推动理想信念教育常态化制度化，加强党史、新中国史、改革开放史、社会主义发展史教育，加强爱国主义、集体主义、社会主义教育，弘扬“两弹一星”、抗震救灾等伟大精神。推进公民道德建设，深化群众性精神文明创建活动，拓展新时代文明实践中心建设。健全志愿服务体系，推进志愿服务制度化常态化。加强网络文明建设。建设更高水平的全国文明城市，开展文明村镇、文明单位、文明家庭、文明校园创建。倡导全民阅读，建设“书香绵阳”。

36. 繁荣发展文化事业。全面繁荣新闻出版、广播影视、文学艺术、哲学社会科学等事业。实施文艺作品质量提升工程，推出一批反映绵阳历史文化和时代精神的文艺精品。推进媒体深度融合，实施全媒体传播工程，建强用好市县级融媒体中心。提升城乡公共文化服务水平，实施公共文化场馆提升计划，完善基层公共文化设施，推进公共文化数字化服务。推进网络内容建设和智慧广电工程。实施文化惠民工程，开展群众性文化活动。实施中华优秀传统文化传承发展工程。实施红色文化、“三线建设”文化、禹羌文化、白马文化、三国文化等保护发展重点工程。加强历史文化名城、名镇、名村、街区、建筑等保护利用。持续办好重大文化交流活动。

37. 大力发展文旅经济。坚持把社会效益放在首位、社会效益和经济效益相统一，完善现代文化产业体系，扩大优质文化产品供给。挖掘转化绵阳历史、民族民俗和现代科工等文化资源，培育文化龙头企业，打造特色文化产业集群。实施文化产业数字化战略。推进文化旅游融合发展，深化拓展“一个枢纽基地、三条精品线路、全域旅游示范区”文旅发展新格局，共建巴蜀文化旅游走廊。发展都市旅游、乡村旅游等新业态。培育更多天府旅游名县、文旅特色小镇、A级旅游景区、旅游度假区等文旅品牌，加快建设西部旅游强市。

十一、大力推动绿色发展，切实筑牢长江上游生态安全屏障

坚持绿水青山就是金山银山理念，坚持尊重自然、顺应自然、保护自然，深入实施可持续发展战略，促进经济社会发展全面绿色转型，筑牢长江上游生态安全屏障，建设人与自然和谐共生的美丽家园。

38. 推进绿色低碳发展。强化国土空间规划和用途管控，落实生态保护、基本农田、城镇开发等空间管控边界。支持绿色技术创新，推进清洁生产，加快重点行业和重要领域绿色化改造，培育壮大节能环保、清洁能源产业。完善生态环境保护多元投入长效机制，健全绿色金融服务体系。推广绿色建筑、装配式建筑和新材料环保建材。开展绿色生活创建行动，加强生态文明宣传教育，鼓励绿色消费和绿色出行，倡导简约适度、绿色低碳的生活方式。

39. 持续改善环境质量。落实最严格的生态环境保护制度，强化生态环保督察考核，加强生态环境监测监管网络和预警指挥体系建设。深化大气污染防治，推动城乡空气质量全面改善，基本消除重污染天气。深化水污染防治，推进流域环保基础设施建设、水环境保护和综合整治，推动城镇污水管网全覆盖，补齐农村生活污水处置能力短板，巩固城市黑臭水体治理成果。深化土壤污染防治，推进化肥农药减量化，加强白色污染治理，实施重点区域土壤整治工程。全面实行排污许可制。严格实施环境保护、节能减排约束性指标管理。加强危险废物医疗废物收集处理。强化核与辐射安全监管，加强环境风险管控。重视新污染物治理。

40. 加强生态系统保护。统筹山水林田湖草系统治理，协同推进长江上游生态保护修复。落实自然保护地、生态保护红线监管制度，推进大熊猫国家公园建设，保护珍稀濒危动植物，加强古树名木保护，强化生物多样性保护。全面落实河湖长制，实施涪江、安昌江等重点流域生态修复工程。推行林长制，推进大规模绿化绵州行动，建设更高水平的国家森林城市。开展重要湖泊湿地保护与修复工程，加强水土流失综合治理。严格落实长江十年禁渔各项举措。推进跨区域跨流域生态环境保护协同立法和联合执法。

41. 提高资源利用效率。推进自然资源调查评价监测和确权登记。建立健全能源、水资源消耗和建设用地总量与强度“双控”制度。加强资源节约集约和循环利用，实施节能节水行动，严格执行水资源刚性约束制度。推动生态文明示范创建。加强矿山综合整治，提高矿产资源开发保护水平。推行垃圾分类和减量化、资源化。

十二、大力发展民生和社会事业，不断增强人民群众获得感幸福感安全感

坚持把实现好、维护好、发展好最广大人民根本利益作为发展的出发点和落脚点，健全基本公共服务体系，大力发展社会事业，扎实推动共同富裕，促进人的全面发展和社会全面进步。

42. 强化就业优先。千方百计稳定和扩大就业，坚持经济发展就业导向，扩大就业容量，提升就业质量，促进充分就业，保障劳动者待遇和权益。健全就业公共服务体系、劳动关系协调机制、终身职业技能

培训制度。推动人力资源市场建设。统筹推进高校毕业生、退役军人、残疾人等群体就业创业，扩大公益性岗位安置，加强农民工就业保障服务，支持农民工返乡创业和就近就业。完善促进创业带动就业、多渠道灵活就业的保障制度。支持和规范发展新就业形态，健全就业需求调查和失业监测预警机制。多渠道增加城乡居民财产性收入。

43. 办好人民满意教育。全面贯彻党的教育方针，坚持立德树人，加强师德师风建设，培养德智体美劳全面发展的社会主义建设者和接班人。健全学校家庭社会协同育人机制，增强学生文明素养、社会责任意识、实践本领，重视青少年身体素质和心理健康教育。坚持教育公益性原则，促进教育公平，优化配置城乡教育资源。促进学前教育普及普惠，加快公办幼儿园建设。推动义务教育优质均衡发展和城乡一体化。推动普通高中优质特色发展，打造西部高中教育优质品牌。发展现代职业教育，深化职普融通、产教融合、校企合作。推进“双一流”建设，创新研究生培养模式，推动高等教育高质量发展。支持和规范民办教育发展，规范校外培训机构。办好特殊教育、继续教育等事业。提高民族地区教育质量，加大国家通用语言文字推广力度。深化新时代教育评价改革。发挥在线教育优势，完善终身教育体系，建设学习型社会。

44. 推进健康绵阳建设。把保障人民健康放在优先发展的战略位置，坚持预防为主的方针，实施健康绵阳行动。完善医疗服务体系，持续改善医疗服务质量，打造川西北区域医疗中心。健全公共卫生事件监测预警处置机制和职业病防治机制，完善公共卫生应急管理体系，加强卫生健康人才队伍建设。建立稳定的公共卫生事业投入机制。深化医药卫生体制改革，加快优质医疗资源扩容和区域均衡布局，推进分级诊疗和医院管理考核，深化医疗、医保、医药联动改革，完善药品和医用耗材集中采购使用制度。推进全民健康信息平台建设。支持社会办医。传承创新发展中医药、民族医药事业，建设中医药强市。推进医养结合，大力发展健康产业。提升健康教育、慢病管理和残疾康复服务质量，重视精神卫生和心理健康。深入开展爱国卫生运动，巩固全国卫生城市建设成果。落实全民健身国家战略，统筹建设全民健身场地和设施，大力发展群众体育。推进体教融合，积极发展竞技体育。

45. 筑牢社会保障体系。实施全民参保计划，健全完善全覆盖、可持续的多层次社会保障体系。健全重大疾病医疗保险和救助制度，落实社保转移接续、异地就医结算制度。健全灵活就业人员社保制度。健全退役军人服务保障体系。健全分层分类社会救助体系，发展社会福利、慈善、助残等事业。坚持男女平等，保障妇女、儿童合法权益。健全老年人、残疾人、计划生育特殊家庭等群体的关爱服务体系和设施。提高优生优育服务水平，加快托育事业发展。实施应对人口老龄化战略，推动养老事业与养老产业协调发展，强化养老服务设施建设，发展普惠型养老服务和互助性养老，探索建立居家社区机构相协调、医养相结合的养老服务体系。加快推动公共场所、互联网应用等全龄无障碍设施建设和改造，建设老年友好型生活环境。

十三、统筹发展和安全，建设更高水平的法治绵阳和平安绵阳

贯彻总体国家安全观，坚持预防为主、综合施策，把安全发展贯穿绵阳发展各领域和全过程，深入推进依法治市，有效发挥法治固根本、稳预期、利长远的保障作用，着力夯基础、建机制、提能力、强治理，构建安全保障和现代社会治理体系。

46. 深入推进依法治理。坚持法治绵阳、法治政府、法治社会一体建设。维护宪法权威、捍卫宪法尊严、保证宪法实施。完善党委领导、人大主导、政府依托、各方参与的地方立法工作格局。深化行政执法体制改革，严格规范公正文明执法，发挥行政复议执法监督作用。深化落实诉讼制度改革和司法责任制综合配套改革，加快构建规范高效的制约监督体系，增强执法司法公信力。深入开展“八五”普法，健全覆盖城乡的现代公共法律服务体系。

47. 加快平安绵阳建设。坚定维护国家政权安全、制度安全和意识形态安全，加强网络安全保障体系和能力建设，捍卫中国科技城政治安全。加强国家安全人民防线建设。强化全民国防教育和国防动员能力建设。维护地方金融安全，强化政府债务管理。落实安全生产责任制，加强安全生产监管执法。强化生物安全保护，提高食品药品等关系人民健康产品和服务的安全保障水平。加强洪涝干旱、森林草原火灾、地质灾害、气象灾害、地震等领域监测预警和防御能力建设。推行巨灾保险，加强应急物资保障体系建设，推进应急管理体系和能力现代化。坚持和发展新时代“枫桥经验”，完善矛盾纠纷多元预防调处化解机制。健全社会心理服务体系和危机干预机制。完善社会治安防控体系，健全扫黑除恶长效常治机制，严厉打击各类违法犯罪。深入开展禁毒人民战争。扎实推进防艾综合治理。

48. 提升城乡基层治理能力。健全党组织领导的自治、法治、德治相结合的城乡基层治理体系，完善基层民主协商制度，打造共建共治共享的社会治理新格局。扎实做好乡镇行政区划和村级建制调整改革“后半篇”文章。深化街道和社区管理体制改革。畅通和规范市场主体、新社会阶层、社会工作者和志愿者

等参与社会治理的途径。推动社会治理重心向基层下移，向基层放权赋能，加强城乡社区治理和服务体系建设。加强基层社会治理队伍建设。构建网格化管理、精细化服务、信息化支撑、开放共享的基层管理服务平台。探索民族地区、易地扶贫搬迁集中安置点、城乡接合部新型社区等有效治理新机制。扎实开展全国市域社会治理现代化试点。

十四、全市人民团结起来，为实现“十四五”规划和二〇三五年远景目标而努力奋斗

实现“十四五”规划和二〇三五年远景目标，必须坚持用习近平新时代中国特色社会主义思想武装头脑、指导实践、推动工作，充分调动一切积极因素，广泛团结一切可以团结的力量，形成推动发展的强大合力。

49. 坚持党的全面领导。深入学习贯彻习近平新时代中国特色社会主义思想，增强“四个意识”、坚定“四个自信”、做到“两个维护”，不忘初心、牢记使命，完善上下贯通、执行有力的组织体系，坚决确保党中央、省委和市委决策部署有效落实。贯彻党把方向、谋大局、定政策、促改革的要求，持续完善党委研究经济社会发展战略、定期分析经济形势、研究重大政策措施的工作机制。发扬斗争精神，做好较长时间应对外部环境变化的思想准备和工作准备。认真落实全面从严治党政治责任，建强各级党组织，增强凝聚力、战斗力和创造力，锲而不舍正风肃纪，坚定不移惩治腐败，营造风清气正的良好政治生态。

50. 加强社会主义政治建设。坚持和完善人民代表大会根本政治制度，支持人大及其常委会依法行权，加强对“一府一委两院”的监督，支持和保障代表依法履职，更好发挥人大代表作用。坚持中国共产党领导的多党合作和政治协商制度，发挥人民政协专门协商机构作用，坚持建言资政和凝聚共识双向发力，强化委员责任担当，提高政治协商、民主监督、参政议政水平。巩固和发展最广泛的爱国统一战线，充分发挥民主党派、工商联和无党派人士的优势和作用，进一步发挥工会、共青团、妇联等人民团体联系群众的桥梁纽带作用。坚持民族区域自治制度，全面贯彻党的民族政策，筑牢中华民族共同体意识，加大少数民族地区发展支持力度。全面贯彻党的宗教工作基本方针，引导宗教与社会主义社会相适应。完善大统战工作格局。全面贯彻党的侨务政策。完善监察权、审判权、检察权运行和监督机制。坚持人民主体地位，激发全市人民积极性、主动性、创造性。

51. 锻造忠诚干净担当的高素质干部队伍。全面贯彻新时代党的组织路线，坚持好干部标准，围绕中心大局选好干部配优班子。强化干部思想淬炼、政治历练、实践锻炼、专业训练，提高各级领导班子和干部践行新发展理念、推动高质量发展能力和水平。大力发现培养选拔优秀年轻干部。落实“三个区分开来”要求，健全完善干部担当作为激励、容错纠错机制，以正确用人导向引领干事创业导向。

52. 建立健全规划制定和落实机制。全面落实规划建议的部署要求，统筹编制规划纲要和专项规划，加强规划衔接，形成规划合力。完善规划推进机制，细化规划纲要年度计划，实行项目化清单化管理。健全政策协调和工作机制，加强规划实施效果评估、督导和考核，提高规划执行力和落实力。

实现“十四五”规划和二〇三五年远景目标，意义重大，任务艰巨，前景光明。全市人民要紧密团结在以习近平同志为核心的党中央周围，坚持以习近平新时代中国特色社会主义思想为指导，不忘初心、牢记使命，同心同德、顽强奋斗，奋力夺取全面建设社会主义现代化绵阳新胜利，推动中国科技城和西部现代化强市建设迈上新台阶！

（《绵阳日报》2021年1月5日第一版）

绵阳市人民代表大会常务委员会工作报告

——在绵阳市第七届人民代表大会第七次会议上

绵阳市人大常委会主任　付　康

(2021年3月3日)

2020年的主要工作

一年来，在市委的坚强领导下，市人大常委会坚持以习近平新时代中国特色社会主义思想为指导，深入学习贯彻党的十九大和十九届二中、三中、四中、五中全会精神，全面贯彻习近平总书记对四川工作特别是对绵阳工作重要指示精神，认真落实省委十一届六次、七次、八次全会及市委七届八次、九次、十次全会决策部署，坚持党的领导、人民当家作主、依法治国有机统一，依法履职尽责，主动担当作为，高质量做好立法、监督、代表等工作，为推动我市"十三五"圆满收官、与全国全省同步全面建成小康社会展现了人大担当、贡献了人大力量。全年召开常委会会议11次，颁布地方性法规1件，听取和审议工作报告48个，依法作出决议决定7个、任免国家工作人员61人次，提出审议意见、办理意见和专题询问意见160条，开展执法检查4次、专题询问1次、满意度测评30次，市七届人大六次会议确定的任务顺利完成，各项工作取得了新进展新成效。

一、坚持在大考中展现人大作为，积极助力夺取疫情防控和经济社会发展"双胜利"

新冠肺炎疫情发生后，市人大常委会勇于担当、主动作为，深入学习贯彻习近平总书记关于统筹推进疫情防控和经济社会发展重要论述精神，从监督、决定、代表等各环节精准发力，全力助推疫情防控和经济社会发展。1月31日发出倡议，动员组织全市各级人大代表在疫情防控中发挥主体作用；2月初，常委会主要领导带队，专题督导推动全市疫情防控工作；2月14日，及时作出《关于依法做好当前新型冠状病毒肺炎疫情防控工作的决定》，支持和推动"一府一委两院"依法实施疫情防控及应急处置措施；3月上中旬，组建7个调研组，对全市统筹推进疫情防控和经济社会发展工作进行全覆盖调研，助推加快复工复产；3月26日，听取市政府统筹推进疫情防控和经济社会发展工作暨执行省市人大常委会有关决定情况的报告；4—6月，组织对动物防疫法贯彻实施和全国人大常委会有关决定执行情况开展执法检查；7—8月，组织对传染病防治法开展执法检查，听取和审议疫情常态化防控专项工作报告。同时，结合日常视察调研、执法检查等工作，持续对统筹推进疫情防控和经济社会发展工作实施常态化监督，为打赢"两场硬仗"、夺取"双胜利"提供了有力的法治保障。全市各级人大认真履行宪法法律赋予的职能职责，依法助推各地疫情防控，全力保障经济社会发展秩序快速有序恢复、社会大局持续稳定，为打赢抗疫大战交出了合格答卷。各级人大代表在大战中践行初心使命，积极投身抗疫一线，参与病员救治，保障物资供应，踊跃捐款捐物，以实际行动践行了代表人民、为了人民、服务人民的光荣使命。

二、坚持正确监督有效监督，服务保障中心大局更加有力

全力推动绵阳深度参与成渝地区双城经济圈建设。党中央作出建设成渝地区双城经济圈的战略部署后，市人大常委会迅速组建3个调研组，广泛听取和收集各方面意见建议，向市委提出工作建议30余条。市委七届九次全会作出决定后，市人大常委会及时依法作出《关于深度参与成渝地区双城经济圈建设的决议》，有力地保障和促进了市委决策部署落地落实。主动加强与重庆市北碚区人大的交流合作，签署合作框架协议，共同推动区域合作重点工作、重大项目落地见效。

持续推动科技城加快发展。多次深入惠科、东材科技等重点企业和威马汽车产业园、长虹智能制造产业园等重大项目建设现场调研，听取科技城加快发展和融合深度发展两个"三年行动方案"实施情况的报告，督促解决制约科技创新和

融合发展的具体问题和机制障碍，促进加快重点项目建设进度，加大重点任务落实力度，有力推动了两个“三年行动”圆满收官。集中视察科技之心、综合管廊建设等重大项目推进情况，听取科技城集中发展区重点项目建设情况的报告，督促解决项目推进中存在的具体困难和问题，全力加快项目建设进度，进一步加大项目招引和要素保障力度，有力地夯实了集中发展区加快发展的项目支撑。专题调研促进科技成果转化法落实情况，督促抓好贯彻实施工作，充分发挥法律在科技城建设中的引领、规范和保障作用。

持续推动经济高质量发展。坚持把优化营商环境作为推动经济高质量发展的突破口，创新对优化营商环境工作开展市县两级人大全流程全覆盖上下联动监督，市县两级人大组建7个联合调研组，深入政府部门、民营企业、一线窗口等重点部位，对市本级和9个县市区优化营商环境工作开展全覆盖调研，组织召开市人大代表中的企业家座谈会，广泛听取意见建议；分别听取和审议市“一府两院”优化营商环境工作情况的报告，对市政府及19个市级重点部门执行市人大常委会关于优化营商环境的决议情况进行满意度测评，督促进一步加强政务环境、市场环境、法治环境和人文环境建设，有效助力我市主要领域营商环境指标进入了全省前列。认真落实市委关于以项目为中心组织经济工作的部署要求，创新对全市项目投资工作开展市县两级人大全流程全覆盖上下联动监督，组建联合调研组深入项目建设一线调研摸排情况，听取和审议专项工作报告，督促加快推进项目建设、加大项目招引力度、扎实抓好项目储备、全力做好要素保障，有效助力全市项目投资实现稳步回升。听取和审议2020年1至6月国民经济和社会发展计划执行情况的报告、“十三五”规划完成情况和“十四五”规划纲要编制工作情况的报告，全力推动“十三五”圆满收官，督促抓好“十四五”规划编制工作。专题调研县域经济发展、民营经济发展、文旅融合发展、交通建设攻坚大会战、引通济安工程建设等重点工作，分别听取和审议相关专项工作报告，提出有针对性和操作性的审议意见并督促抓好工作落实。听取和审议2019年市级预算执行和其他财政收支审计工作的报告、2019年市级预算执行和其他财政收支审计查出问题整改情况的报告，督促抓好审计查出问题整改工作，进一步提升了审计监督实效。听取和审议国有资产管理情况综合报告、国有自然资源资产管理情况的报告，进一步规范和改进了国有资产管理。积极推进人大预算联网监督工作，实现了实时查询目标，进一步增强了监督时效性。

持续推动脱贫攻坚圆满收官。聚焦第一个百年奋斗目标，坚决扛起人大的使命担当，创新对脱贫攻坚工作开展市县两级人大全流程全覆盖上下联动监督，组织对《四川省农村扶贫开发条例》开展执法检查，大力推动依法治贫、依法扶贫、依法减贫，围绕巩固成果、防止返贫等关键环节，督促有关方面克服疫情灾情带来的不利影响，切实补齐产业发展、基础设施、公共服务等方面的短板弱项，全面做好收官阶段各项工作，高质量打赢脱贫攻坚战。持续深入开展“脱贫攻坚——人大代表再行动”活动，联系帮扶贫困户1.6万户，捐款捐物和协调社会帮扶资金3800万元。跟踪监督市人大常委会关于大力实施乡村振兴战略的决议执行情况，推动全面脱贫和乡村振兴有效衔接。

持续推动生态环境质量不断提高。深入贯彻习近平生态文明思想，组织对《绵阳市水污染防治条例》开展执法检查，助力打好碧水保卫战。专题询问乡镇污水处理设施运行和管理情况，督促加快配套管网建设，进一步管好用好乡镇污水处理设施。听取2019年度环境状况和环境保护目标完成情况的报告，督促抓好中央和省环保督察反馈问题整改、木龙河黑臭水体整治、草溪河综合整治、大熊猫国家公园建设等工作，继续开展“环保世纪行”活动，推动全市生态环境持续改善。

持续推动民生福祉改善提升。坚持人民至上，切实把以人民为中心的发展思想落实到履职行权的全过程各方面。创新对稳就业工作开展市县两级人大全流程全覆盖上下联动监督，督促有关方面完善就业机制、抓实就业服务、拓宽就业渠道、稳定就业岗位，切实稳住就业基本盘。听取和审议医疗保障工作审议意见办理落实情况的报告并开展满意度测评，促进了医疗保障体系建设；听取和审议生猪产业发展和保供给、《绵阳市城市市容和环境卫生管理条例》执法检查问题清单整改落实、农民工工作及保障工资支付、社会化养老等工作情况的报告，听取扫黑除恶专项斗争、退役军人就业创业、宗教工作和宗教领域突出问题整改落实、中医药事业发展、文物保护、农村道路交通安全管理等工作情况的报告，专题调研农产品质量安全、农村水利设施建设、农村人居环境综合整治、城市民族工作条例实施、儿童医院运行、绵安公交一体化推进、城区停车场规划和建设、城市老旧小区改造、公办幼儿园三年行动方案落实、城乡困难群众脱困解困等工作，推动解决了一批人民群众“急难愁盼”的民生问题。

持续推动司法公正进一步彰显。听取和审议市“两院”1—9月重点工作情况的报告，督促市“两院”充分发挥审判、检察职能，为经济社会高质量发展提供有力的司法保障。听取市政府关于律师执业权利保障情况的报告，推动律师法有效贯彻实施。听取和审议市“两院”履行职能营造法治化营商环境的专项工作报告，持续推动法治化营商环境改善提升。听取和审议市检察院适用认罪认罚从宽制度工作情况的报告，推进刑事诉讼制度改革，强化人权司法保障。

着力创新监督工作方式。着眼于进一步提高监督工作针对性和实效性，着力强化重点监督、问题监督、过程监督、结果监督，在全省率先探索市县两级人大全流程全覆盖上下联动监督，推动监督工作更有力度、更富实效。强化重点监督，聚焦社会各界关注的重点领域、影响工作成败的重点环节和权力集中、资金密集、资源富集的重点单位开展监督，确保真正“监”到点子上、“督”到关键处。强化问题监督，聚焦制约发展的突出问题、影响工作推进的薄弱环节、妨碍法律贯彻实施的痛点堵点开展监督，强力推动补短板、强弱项、促提升，基本达到解决问题、改进工作、狠抓落实、推动发展的目的。强化过程监督，聚焦阶段目标任务、重要时间节点、工作关键环节，统筹做好事前事中事后监督，增强了监督工作的时效性和连续性。强化结果监督，制定出台审议意见办理办法、满意度测评办法，组织开展跟踪监督，对办理结果均进行满意度测评，全力推动党中央大政方针和省委、市委决策部署得到有效落实、人民群众得到真正实惠。创新开展上下联动监督。组织市县两级人大探索开展全流程全覆盖上下联动监督，对事关全市发展大局的中心工作和群众高度关注的民生工作，从议题确定、视察调研、会议审议到结果运用实行全流程上下联动，实施全覆盖监督，进一步增强了监督合力和实效。2020年，首次创新对优化营商环境、项目投资、脱贫攻坚、稳就业4项工作开展全流程全覆盖上下联动监督，收到了“1+1>2”的监督效果。

三、坚持以良法促发展保善治，法治绵阳建设纵深推进

高质量做好地方立法工作。坚持和完善党委领导、人大主导、政府依托、各方参与的立法工作格局和立法调研起草、论证、协调、审议、评估工作机制，制定出台地方性法规立项办法，充分发挥市人大在立法中的主导作用，确保地方性法规符合发展所需、民生所盼。公布施行《绵阳市历史建筑和历史文化街区保护条例》，为加强历史建筑和历史文化街区保护提供了有力的法制支撑。扎实推动《绵阳市文明行为促进条例》立法工作，按计划顺利通过二审。如期完成城市地下管线管理、城市生活垃圾分类处理和城市养犬管理立法调研工作。积极主动做好《中国（绵阳）科技城条例》立法基础工作，多次赴省人大常委会汇报对接，立法调研报告和条例文本草案已按程序报省级有关部门审定。

持续推动法律法规贯彻实施。扎实抓好习近平法治思想的学习宣传贯彻。开展国家宪法日、宪法宣传周主题活动，加强宪法法律宣传，弘扬宪法精神，组织34名国家工作人员就职宪法宣誓；制定出台执法检查办法，组织对传染病防治法、绵阳市物业管理条例等4部法律法规开展执法检查；开展动物防疫法、就业促进法贯彻落实情况专题调研，听取和审议专项工作报告，推动全面依法治市向纵深发展。

切实加强规范性文件备案审查工作。制定出台规范性文件备案审查工作规定，加强备案审查信息化建设，进一步提高备案审查工作的质量和水平。坚持“有件必备、有备必审、有错必纠”，依照法定权限和程序开展备案审查工作。全年向省人大常委会报送规范性文件11件，依法对67件规范性文件开展备案审查。

四、坚持依法规范行使决定权任免权，党的主张和人民意志充分体现

积极做好讨论决定重大事项工作。紧扣市委中心大局和人民群众关切期盼，坚持在党委领导下依法行使决定权，及时依法作出《关于依法做好当前新型冠状病毒肺炎疫情防控工作的决定》《关于深度参与成渝地区双城经济圈建设的决议》，切实将中央、省委、市委决策部署通过法定程序转化为了全市人民的共同意志和统一行动。听取和审议关于2019年市级决算（草案）的报告、关于2020年1月至6月预算执行情况的报告、关于2020年市级预算调整方案的报告，依法批准了2019年市级决算、2020年市级预算调整方案。专题调研“十四五”规划纲要编制工作，广泛收集各方面意见建议，梳理提出针对性建议21条。

扎实做好民生实事项目代表票决制工作。建立党委领导、人大主导、政府主责、代表票决、群众参与的工作机制，积极推进民生实事项目代表票决制工作，在全省率先实现市县乡三级全覆盖实施、共票决出民生实事项目467项。听取和审议市七届人大六次会议票决出的8个民生实事项目推进实施情况的报告，2次全覆盖督促检查项目推进落实情况，有力推动项目如期完成年度任务。按照普惠性、公益性、基础性、可行性的原则，积极会同市政府征集筛选确定了10个2021年候选项目提请本次人代会审议。

认真做好选举任免工作。坚持党管干部原则与人大依法行使选举权任免权相统一，严格执行选举任免有关制度，依法任免国家工作人员61人次、接受辞职4人，圆满实现了省委、市委人事安排决策。持续加强任后监督，全年组织对17名市政府组成部门主要负责人和“两院”负责人开展述职测评，实现了任后

监督届内全覆盖。

五、坚持充分发挥代表主体作用，代表工作不断深化拓展

不断深化代表履职活动。将“双联”活动拓展为“三联”活动，进一步密切了常委会组成人员、机关各委（室）同人大代表的联系、人大代表同人民群众的联系。组织开展人大代表走访企业、群众专项工作，共走访企业4985家、群众15万余人；收集问题建议8985个，协调解决6842个。邀请代表列席常委会会议和参加立法、视察调研、执法检查等活动698人次，进一步扩大了代表对常委会工作的参与度。组织开展在绵全国、省人大代表集中视察活动，扎实开展市人大代表视察调研和代表小组活动，形成调研报告23篇。

扎实做好代表建议办理工作。严格执行代表建议交办、重点督办件督办等制度，组织开展代表建议办理情况“回头看”，专题调研市七届人大六次会议期间代表建议批评意见的办理情况，听取和审议专项工作报告并进行满意度测评，推动代表建议办理工作由重满意率向重办成率转变。市七届人大六次会议期间代表提出的277件建议所提问题解决和基本解决、所提建议采纳和基本采纳率为81%，代表对办理结果反馈的满意和基本满意率为100%，目前所有建议已办理完毕并答复代表。

不断强化代表履职保障。实施市人大代表履职能力素质提升行动，集中培训代表161名，实现了届内履职培训全覆盖。及时向代表通报中央、省委、市委决策部署和全市经济社会发展情况，帮助代表更好地知情知政。指导抓好“代表之家”“代表工作站”规范化建设，充分发挥了联系群众、服务代表的作用。加强代表思想政治建设，引导代表严格依法行使职权、履行义务，自觉接受人民群众和原选举单位监督。在“两报一台”开辟专栏，认真做好代表履职宣传工作。

六、坚持强党建提能力转作风，常委会自身建设全面加强

坚持党的全面领导。建立学习贯彻落实习近平总书记重要讲话及指示批示精神长效机制，采取党组会议、常委会会议、党组中心组学习会、常委会组成人员学习会等方式，持续在学懂弄通做实习近平新时代中国特色社会主义思想上下功夫，坚定用以武装头脑、指导实践、推动工作。坚持在市委领导下谋划和推进人大工作，做到了市委决策部署到哪里，人大工作就跟进落实到哪里，作用就发挥到哪里。严格执行重大事项请示报告制度，全年向市委请示报告工作113件次。鲜明提出并认真践行“深度融入中心、全方位服务大局”的工作取向，紧紧围绕市委中心大局和人民群众关切期盼抓落实作表率，着力推动人大工作由重程序向重程序与重质量并举转变，切实把人大职能作用发挥落点到了不折不扣推动党中央大政方针和省委、市委决策部署落地落实上。制定出台市人大常委会党组工作规则和年度工作要点，全年召开党组会议17次，及时研究部署和推动人大工作重点任务，充分发挥了党组把方向、管大局、保落实的领导作用，党组工作在省委人大工作会议上作经验交流。

切实加强党的建设。全面落实新时代党的建设总要求，始终把党的政治建设摆在首位，增强“四个意识”、坚定“四个自信”、做到“两个维护”。压紧压实管党治党政治责任，制定出台并严格执行党组落实全面从严治党主体责任年度任务安排，推动全面从严治党向纵深发展。巩固深化“不忘初心、牢记使命”主题教育成果，深入推进“四讲四有”人大建设，认真开展抓落实作表率行动，不断提高市人大常委会及机关党建水平。深入贯彻落实新时代党的组织路线，加强领导班子和干部队伍建设，打造政治过硬、作风优良、业务精湛、纪律严明的模范机关。驰而不息正风肃纪，扎实抓好“以案促改”工作，动真碰硬整改巡视巡察反馈问题，巩固发展了风清气正的良好政治生态。

切实加强能力建设。建立常委会会前学法制度，制定出台实施年度学法计划，深入学习宪法和民法典、监督法、地方组织法等法律知识，进一步提升了依法履职能力。组织开展教育培训，加强机关文化建设，选派干部到基层挂职锻炼，进一步提高了做好人大工作的政治能力、法治能力、监督能力、调研能力、审议能力和抓落实能力。

切实加强制度建设。坚持用制度管权管事管人，制定出台《市人大常委会工作规范废改立方案》，全年制定及修订完善各类制度30余项，有效提升了人大工作制度化、规范化、科学化水平。建立规范会议流程、分组审议、结果督办等制度，完善市人大常委会会议出席、列席、旁听制度，严肃会议纪律，进一步提高了法定会议质量。

一年来，市人大常委会自觉加强向省人大常委会请示报告工作，配合承办专题会议、开展执法检查和立法调研、专题调研。加强与省内外兄弟市州人大常委会的工作交流，学习借鉴先进经验和成功做法。密切与县乡两级人大的联系。指导做好“两项改革”后乡镇人大选举工作。改进人大信访工作，共受理群众来信来访319件次505人次，促进依法解决群众合理合法诉求30个。

各位代表，过去一年取得的成绩，是在市委坚强领导下，全体市人大代表、常委会组成人员、各专委会组成人员和常委会机关工作人员履职尽责、担当作为的结果，是市“一府一委两院”和有关部门密切配合、通力协作的结果，是各县市区人大常委会上下联动、同向发力的结果，是全市人民和社会各界充分信任、大力支持的结果。在此，我代表市人大常委会，向各位代表、各有关方面，表示衷心的感谢，并致以崇高的敬意！

成绩来之不易，经验弥足珍贵。回顾一年来的工作，我们深刻体会到：做好新时代绵阳人大工作必须始终坚持党的全面领导这个根本保证，确保人大工作正确政治方向；必须始终坚持人民至上这个最高价值导向，忠实践行以人民为中心的发展思想，切实把实现好、维护好、发展好最广大人民群众的根本利益作为一切工作的出发点和落脚点；必须始终坚持“深度融入中心、全方位服务大局”这个工作取向，紧扣市委中心大局和人民群众关切期盼谋划和推进人大工作，切实把人大职能作用发挥落点到不折不扣推动党中央大政方针和省委、市委决策部署落地落实上；必须始终坚持严格依法办事这个重要原则，自觉维护宪法法律，依照法定职责、限于法定范围、遵守法定程序履职行权。

同时，我们也清醒地认识到工作中还存在一些差距和不足。主要是：地方立法能力建设还有待进一步加强，监督工作制度机制还有待进一步健全，代表主体作用还有待进一步发挥，依法履职能力还有待进一步提高。我们将高度重视存在的问题，虚心听取代表和各方面的意见建议，不断提高常委会整体工作质效。

2021年的主要任务

今年是中国共产党成立100周年，是“十四五”开局之年，是全面建设社会主义现代化绵阳新征程开启之年。市人大常委会工作的总体要求是：坚持以习近平新时代中国特色社会主义思想为指导，全面贯彻党的十九大和十九届二中、三中、四中、五中全会精神，深入学习贯彻习近平法治思想、习近平总书记关于坚持和完善人民代表大会制度的重要思想，认真落实省委十一届六次、七次、八次全会及市委七届八次、九次、十次全会决策部署，坚持党的领导、人民当家作主、依法治国有机统一，进一步鲜明“深度融入中心、全方位服务大局”的工作取向，不断加强和改进立法、监督、决定、任免、代表等工作，切实加强人大自身建设，持续推动人大工作由重程序向重程序与重质量并举转变，更加精准地把人大职能作用发挥落点到不折不扣推动党中央大政方针和省委、市委决策部署落地落实上，为全面建设中国科技城和社会主义现代化绵阳贡献人大力量。

一、强化政治属性，坚持党对人大工作的全面领导

始终把党的政治建设摆在首位，提高政治站位，加强理论武装，不断提高政治判断力、政治领悟力、政治执行力，增强“四个意识”、坚定“四个自信”、做到“两个维护”，确保人大工作正确政治方向。始终坚持在市委领导下谋划和推进人大工作，严格落实向市委请示报告工作制度，不折不扣贯彻落实市委各项决策部署。充分发挥党组把方向、管大局、保落实的领导作用，推动国家根本政治制度更加深入人心。

二、强化依法履职，持续提升人大工作整体质效

坚持在市委领导下依法履行职能职责，全力保障和促进经济社会高质量发展。高质量做好地方立法工作。科学制定实施五年立法规划和2021年度立法计划。继续做好《中国（绵阳）科技城条例》立法基础工作。扎实做好《绵阳市文明行为促进条例》三审工作，按程序报请省人大常委会批准。高质量做好监督工作。围绕“十四五”规划实施、科技城建设、深度参与成渝地区双城经济圈建设、基本民生保障等重点任务，依法开展针对性监督。加强预算审查监督、国有资产管理监督、审计查出问题整改监督、司法监督等工作，进一步提升监督工作质效。持续深化与重庆市北碚区人大的交流合作，推动两地人大2021年合作计划落地落实。高质量做好讨论决定重大事项工作。突出抓重点、议大事，坚持在党委领导下正确有效行使决定权。总结完善民生实事项目代表票决制工作，坚持市县乡三级全覆盖实施、一体化推进。高质量做好选举任免工作。坚持党管干部原则与人大依法行使选举权任免权相统一，严格执行选举任免程序，确保省委、市委人事安排决策顺利实现。扎实做好市人大换届选举工作，指导县乡两级人大做好换届选举工作。

三、强化服务保障，不断深化拓展代表工作

深化“三联”活动，进一步密切同人大代表、人民群众的联系。高质量做好代表建议办理和督办工作，进一步推动办理工作由重满意率向重办成率转变。切实支持和保障代表依法履行职责，有针对性地加强代表培训管理，进一步提升代表的能力素质。邀请代表列席常委会会议、参加执法检查等活动，及时向代表通报经济社会发展情况，帮助代表更好地知情知政。认真组织开展市人大代表视察调研和代表小组活动，进一步提高代表活动质量，更好发挥代表主体作用。

四、强化使命担当，全面加强常委会自身建设

深入学习贯彻习近平新时代中国特色社会主义思想特别是习近平法治思想、习近平总书记关于坚持和完善人民代表大会制度的重要思想，坚定用以武装头脑、指导实践、推动工作。认真落实管党治党政治责任，坚持以党的政治建设为统领，全面加强政治建设、思想建设、组织建设、作风建设、纪律建设，把

制度建设贯穿其中。深入学习贯彻省委人大工作会议精神，巩固深化“不忘初心、牢记使命”主题教育成果，认真组织开展党史学习教育，扎实推进“四讲四有”人大建设，持续开展抓落实作表率行动，打造政治过硬、作风优良、业务精湛、纪律严明的模范机关。

各位代表，让我们更加紧密地团结在以习近平同志为核心的党中央周围，在市委的坚强领导下，不忘初心、牢记使命，锐意进取、拼搏实干，为全面建设中国科技城和社会主义现代化绵阳贡献人大力量，以优异成绩庆祝建党100周年！

政府工作报告

——在绵阳市第七届人民代表大会第七次会议上

绵阳市人民政府市长　元　方

（2021年3月2日）

2020年工作回顾

2020年是绵阳发展历程中极不平凡的一年，面对错综复杂的宏观形势、艰巨繁重的改革发展稳定任务，特别是新冠肺炎疫情严重冲击，我们在党中央国务院、省委省政府和市委坚强领导下，在市人大、市政协监督支持下，坚定以习近平新时代中国特色社会主义思想为指导，认真贯彻党的十九大和十九届二中、三中、四中、五中全会精神，按照省委十一届七次、八次全会和市委七届九次、十次全会决策部署，统筹疫情防控和经济社会发展，坚持稳中求进工作总基调，扎实做好“六稳”工作、全面落实“六保”任务，较好完成市七届人大六次会议确定的目标，顺利完成“十三五”规划确定的主要任务。“促进工业稳增长和转型升级、实施技术改造”等3项工作获得国务院督查激励，居全省地级市第1位。国务院批准设立绵阳综合保税区、跨境电商综合试验区。

——*新冠肺炎疫情防控取得重大战略性成果*。在全省市州率先建立疫情防控应急指挥领导小组，除夕夜前果断决定暂停开放分别涉及10万余人聚集的圣水寺、七曲山大庙，全市上下众志成城、共克时艰，仅用22天控制住疫情，52天实现确诊病例、疑似病例、密切接触者“三清零”，54天实现全市全部转为低风险地区。2月初即出台“支持中小企业共渡难关20条”等政策，推动规上工业企业2月底全部复工复产，限上商贸企业、规上服务业企业3月中旬全部复工复产，省市重点项目3月中旬全面复工，用较短时间恢复经济社会发展秩序。

——*国家科技城建设取得重大突破性进展*。绵阳科技城建设部际协调小组第十四次会议在绵成功召开，支持绵阳科技城建设具有全国影响力的科技创新先行示范区。全国推广的第三批20条全创改革经验中绵阳贡献3条。省委、省政府《关于推进中国（绵阳）科技城加快发展的意见》全面落实。规划面积396平方公里的科技城新区成功申建省级新区。研发投入强度保持全省领先、全国城市前列。净增国家高新技术企业106家，总数达到446家，高新技术企业认定申报数、净增数与通过率均创历史新高。

——*争创全省经济副中心取得重大阶段性成效*。地区生产总值在全省地级市率先突破三千亿元、达到3010.08亿元，增长4.4%、增速居全省第2位。规上工业增加值增长5.1%。全社会固定资产投资增长10%。在新增减税降费41.69亿元基础上，地方一般公共预算收入140.96亿元、增长7.5%，税收收入增长8.2%、增速居全省第3位。金融机构本外币存款余额5100.19亿元、增长14%，贷款余额2823.72亿元、增长13.8%，存款余额在全省地级市率先突破5000亿元。保费收入133.54亿元，居全省地级市第1位。

——*深度参与成渝地区双城经济圈建设迈出重大实质性步伐*。认真落实市委《关于深入贯彻习近平总书记重要讲话精神深度参与成渝地区双城经济圈建设的决定》，与成都、重庆共建中国西部科学城，携手打造成渝绵“创新金三角”。加快推动成绵、绵德一体化发展，绵遂协同发展，深化与成都平原经济区城市一体化发展。与重庆北碚区缔结友好城市，签署合作协议和三年行动计划。推动公共服务共享，实现与重庆住房公积金互认互贷。游仙入选成渝地区双城经济圈建设县域集成改革试点。

——*脱贫攻坚战取得全面胜利*。全面落实“四个不摘”要求，抓好脱贫不稳定户和边缘易致贫户精准帮扶。高质量完成北川、平武国家脱贫攻坚普查和6个非贫困县省级脱贫攻坚调查。全市建档立卡贫困户人均纯收入大幅提升，达到10032元，“两不愁、三保障”全面实现。对口帮扶的红原、壤塘、布拖、昭党4个深度贫困县全部脱贫摘帽。与浙江衢州东西部扶贫协作进一步深化。2个集体和2名个人荣获全国脱贫攻坚先进。

2020年，我们以非常之举应对非常之时，用非常之力推进非常之事，具体做了以下工作。

我们致力做大产业、做强实体，经济保持稳健运行

推动三次产业协调发展。优先发展先进制造业、加快发展现代服务业、大力发展现代农业，三次产业结构比例为12.3∶39∶48.7。坚持“工业挑大梁”，全省推动制造业高质量发展现场会在绵成功召开。加快构建“6+6”先进制造产业体系，六大重点产业产值占规上工业产值比重达到70%。高端装备制造业产值增长6.5%。全社会用电量再创新高。京东方年出货量突破1000万片，惠科点亮投产。支持绵阳重汽扩能上量，生产整车12077辆、增长211.6%。建筑业总产值增长11%，中核二四公司晋升建筑工程施工总承包特级资质。召开全市服务业发展大会，出台支持服务业重点产业发展政策，服务业增加值增长4.5%。涪城入选全省服务业强县。北川成功创建天府旅游名县，江油入选天府旅游名县候选县。航空发动机高空模拟试验基地旧址被认定为第四批国家工业遗产。梓潼文昌祖庭获评国家级海峡两岸交流基地。坚持“农业多贡献”，第一产业增加值增长5.4%，第一产业投资增长84.5%。完成22.6万亩高标准农田建设任务，粮食总产量231.1万吨。小麦最高亩产量729.8公斤、再创西南地区历史新高。全市生猪出栏324.26万头，超额完成省下达目标。召开全市现代农业园区建设现场会，三台麦冬种养循环现代农业园区纳入国家现代农业园区创建名单，新认定省星级现代农业园区2个。质量强市建设深入推进，1个集体和1名个人荣获天府质量奖，获奖总量居全省第1位。

促进投资消费稳定增长。坚持“投资唱主角”，坚持以项目为中心组织经济工作，出台《抓项目促投资19条硬措施》，落实“红黑榜”通报等机制，省市县重点项目完成投资1019亿元、投资完成率110.7%。产业投资占全市投资比重达到37.2%，居全省前列。持续实施大规模技术改造，旭虹光电盖板玻璃等项目开工建设，利尔化学、东材科技、攀长钢等技改项目加快实施。工业技改投资增长20.2%，高于全省8.1个百分点。开展建设领域三大攻坚行动，实施项目483个、完成投资423.64亿元。坚持“消费促升级”，实现社会消费品零售总额1394.26亿元。方特东方神画开园，经营情况排名同期全国方特景区前3位。实现网络交易额2835亿元，居全省第2位。

着力壮大市场主体规模。新登记各类市场主体5.55万家、增长9.5%，其中企业1.59万家、增长18.6%，市场主体和企业总量均居全省第2位。深入开展“四上”企业全覆盖走访，“四上”企业总数首次突破3000家、达到3223家，总量保持全省第2位。新增规上工业企业114家、总数达1081家。实施大企业大集团培育“领航计划”，5家企业上榜川企100强，长虹排名全省数字经济企业50强第1位，九洲营业收入首次突破300亿元。实施单项冠军企业培育“登峰计划”，银河化学重铬酸钾入选全国第五批制造业单项冠军产品。全国单项冠军企业和产品总数3家，居全省第1位。实施中小企业培育“涌泉计划”，湖山电器等6家企业入选国家第二批专精特新“小巨人”企业，入选数量占全省10%。新增瞪羚企业9家，总数达10家、居全省第2位。开元磁材等5家企业入围中国电子元件百强企业，入围企业数量居全省第1位。爱联科技成为全省入选全国科改示范企业的两家企业之一。持续加强与华为、中兴、小米等“头部企业”合作，相关企业在绵采购额大幅增加。长虹佳华等4家企业获评省优秀服务业企业。

我们致力服务创新发展，科技城建设全面提速

扎实推进创新创业。举办首届科学家精神论坛。26个项目进入2020年省科技进步奖公示，数量再创新高。新增省级以上创新平台19个，总数达193个。成功申建涪城、九洲控股2个省级“双创”示范基地。大型科学仪器共享平台整合科研仪器设备超过6000台（套），服务企业2400余家。成立中国科技城超算中心。加快建设国家知识产权示范城市，新增专利授权7636件，万人有效发明专利拥有量达到14.3件。在全国第一届职业技能大赛中取得1金1银和3个优胜奖的优异成绩。实施“科技城人才计划”，新引进高层次创新创业团队49个，建成省级首批院士（专家）产业园2个。

我们致力破除藩篱、内外拓展，改革开放实现纵深突破

深化重点领域改革。全面深化改革190项年度任务基本完成。市与市辖区（园区）权责关系改革圆满完成，下放权限71项、调整事项16项。市县财政改革两年攻坚行动任务全面完成。应收账款融资服务在全国率先实现全流程在线融资，累计融资2389笔438.43亿元。落实电价优惠政策，有效降低全社会用电成本。在全省率先启动市属国有企业“1+N”改革行动。

努力优化营商环境。落实“建设服务型政府43条”“促进民营经济健康发展33条”，努力打造全国一流、四川领先的营商环境。推动“一网通办”前提下的“最多跑一次”改革，一般工程建设项目审批时间压缩至80个工作日以内，企业开办、不动产登记和抵押登记时间压缩至1个工作日以内，个人房产交易和不动产登记实现“全城通办”。科技领域“放管服”改革得到国省肯定。上线“i绵阳”城市服务平台，提供服务1000余项。《“五专”企业服务机制》入选《中国营商环境报告2020》“一省一案例”。全省营商环境评价居第2位。获评全省优化营商环境工作先进集体。

提高开放合作水平。坚持以大通道促进大开放，持续开展交通建设攻坚大会战。成兰铁路绵阳段加快建设，皂角铺铁路物流基地基本建成。成绵间动车实现公交化运营。九绵高速张家坪至青莲互通段建成通车，广平高速、中遂高速加快推进，G5成绵扩容、绵苍高速控制性工程开工建设，G5绵广扩容招商成功，全市高速公路通车里程达427公里。积极应对疫情稳住客流，南郊机场年旅客吞吐量289万人次、居全国民用机场第49位。T2航站楼加快建设，货运综合楼全面完工，全国首个国家电网投资运营的机场岸基供电设施启用。新签约重大项目320个，瑞丰光电、中电光谷等5亿元以上项目88个。国内省外到位资金788.2亿元，居全省第2位。到位外资2.04亿美元。实现进出口总额216.27亿元，居全省第2位。排名“中国外贸百强城市”第39位、较上年上升21位。高水平举办第八届科博会。与玻利维亚蒂瓦纳科市签署建立友好合作关系备忘录，国际友城和友好合作城市总数达31个。

我们致力全域发展、夯基固本，城乡面貌发生显著变化

提升中心城区功能品质。坚持“建设新区、完善组团、提升旧城”，初步形成《国土空间总体规划》方案，中心城区新增面积4.97平方公里、达167.58平方公里。全市常住人口城镇化率55.5%。“重构一环、贯通二环”全面完成，九洲大道改造等项目完工，绵吴路口等易涝点完成治理。三江湖国家湿地公园通过验收，科技城人才公园成功开园。开工老旧小区改造项目341个。开展“新三年棚改攻坚计划”，开工9242套、基本建成3151套。在全省率先实现市、县城区电信5G信号连续覆盖。

大力提振县域经济。实施县域经济高质量发展六大行动，县域范围地区生产总值达到2459.27亿元，占全市比重81.7%、较上年提高0.3个百分点。“一核”范围地区生产总值占全市比重保持稳定，“两翼”范围地区生产总值占全市比重较上年提高0.1个百分点。涪城排名全国百强区第74位，江油排名全国西部百强县市第22位，涪城、三台分别入选全省县域经济发展强县、先进县。游仙高新区、江油高新区被评为全省优秀开发区。

全面推进乡村振兴。统筹推进乡村振兴“五大行动”，游仙获评省实施乡村振兴战略工作先进区，涪城杨家镇、江油新安镇、梓潼许州镇获评先进乡镇，北川擂鼓镇盖头村等35个村获评示范村。新培育“美丽四川·宜居乡村”达标村1095个。稳妥推进农村土地“三权分置”改革，流转耕地164.7万亩。完成全国第四批农村集体产权制度改革试点。涪城、江油获评第四批“四好农村路”省级示范县。深入开展农村人居环境整治，农村户用卫生厕所普及率、生活垃圾治理率、生活污水治理率分别达94.2%、98.9%、68.3%。

我们致力为民惠民、共享发展，人民生活得到持续改善

扎实办好民生实事。财政民生支出占公共预算支出比重67.5%、提高5.2个百分点。城乡居民人均可支配收入分别增长5.9%、8.8%。城镇新增就业5.39万人，城镇登记失业率2.73%、完成省控目标。落实社保降费政策，减免费用19.13亿元。落实社会救助和保障标准与物价上涨挂钩联动机制，累计发放价格临时补贴1.4亿元。学前教育“80·50”攻坚任务圆满完成，普惠性幼儿园覆盖率84.4%，新建公办幼儿园37所、公办园在园幼儿占比52.5%。建成绵阳飞行职业学院，全市高等院校达15所。公立医院医疗费用下降2.1%，减免群众医疗费用2.37亿元。全力推进市七届人大六次会议票决确定的南河体育中心改造等市级民生实事，8个项目均顺利完成。

切实改善环境质量。落实《决战决胜污染防治攻坚36条硬措施》，城区环境空气质量优良天数率89%，PM2.5年均浓度33.8微克每立方米、圆满完成省下达年度目标任务。国省地表水考核断面优良水体比例达100%。土壤环境质量总体稳定，安州磷石膏问题完成消纳封存并整改销号。完成中央、省生态环保督察及“回头看”反馈问题整改1337件，整改率99.4%。持续开展大规模绿化绵州行动，全市森林覆盖率达55.78%、国土绿化覆盖率达70.04%。完成长江流域重点水域退捕禁捕阶段性任务。大熊猫国家公园体制试点深入推进。盐亭获评第四批国家生态文明建设示范县。

提升社会治理水平。第四次蝉联全国文明城市，受到中央文明办表扬。江油成为全省首批成功创建全国文明城市的县级市。扫黑除恶专项斗争取得重大成果，社会治安防控体系建设稳步推进，入选第一期全国市域社会治理现代化试点城市。深入实施安全生产专项整治三年行动计划，落实安全生产清单制管理，各类生产安全事故起数、死亡人数分别下降29.4%、33.8%，连续16年未发生重特大生产安全事故。扎实开展森林草原防灭火专项整治，连续32年无重特大森林草原火灾。成功应对历史罕见的“8·11”暴雨洪灾，有序推进灾后恢复重建，争取上级重建资金18.79亿元、居全省第1位，城乡居民住房维修加固加快推进。第七次全国人口普查各项工作名列全省前茅。“两项改革”顺利完成，乡镇街道数量减幅43.2%、建制村数量减幅51.8%。做好两项改革“后半篇”文章，在全省率先开展综合试点，委托下放行政审批事项36项、公共服务事项80项，20项典型案例在全省推广。获批全省城市基层治理示范市。

国防动员、国安、民族、宗教、人民防空、广播影视、机关事务、档案、气象、水文、邮政、红十字、残疾人、工会、妇女儿童、青年、退役军人、老龄、地方志、审计、住房公积金、供销合作社等工作都取得了新进展。

一年来，政府自身建设不断加强。我们全面加强政治建设，深入学习贯彻习近平新时代中国特色社会主义思想，坚持对党绝对忠诚，增强“四个意识”、坚定“四个自信”、做到“两个维护”。把抓落实作为政府工作真本领，推动党中央国务院、省委省政府和市委各项决策部署落地落实、终端见效。我们积极推进依法行政，深化法治政府示范创建，全面落实重大行政决策法定程序，做到依法、科学、民主决策。自觉接受市人大及其常委会法律监督和工作监督，主动接受市政协民主监督，定期向市人大及其常委会报告、向市政协通报重大事项。高质量办理人大代表建议272件、政协委员提案324件，办结率均为100%。我们切实转变工作作风，严格落实中央、省市转变作风规定及其实施细则，市本级“三公”经费下降16.6%。抓好省委第七巡视组巡视绵阳、省委第五巡视组政府采购专项巡视反馈意见整改。减少政府文件和会议30%以上。提升政府工作效率，推广应用移动政务办公平台，网上办件率超过95%、办公效率提升60%以上，政府信息化建设走在全省前列。推动神州南都一期、滨江世纪花园等152件涉地涉房历史遗留问题得到有效化解。

各位代表，在看到成绩的同时，我们也清醒地认识到，发展不平衡不充分依然是最大市情；财政收支矛盾较为突出，金融等领域风险有所显现，民营企业、中小微企业困难凸显，城乡区域发展和收入分配差距较大；公共服务、生态环境、社会治理等领域还存在不少弱项；形式主义、官僚主义的新表现有所抬头，个别公职人员法治观念淡薄，权力运行的监督制约仍需加强。对这些问题，我们将毫不回避、扛起责任，认真予以解决，尽心竭力不辜负全市人民期待。

“十三五”发展主要成就

*经济实力迈上新台阶。*地区生产总值连续跨过两个千亿台阶，年均增长7.8%，增速近三年始终保持全省前3位。战略性新兴产业产值占规上工业产值比重达40.1%，较2015年提高6.1个百分点。服务业增加值为2015年的2.1倍，年均增长8.7%。社会消费品零售总额为2015年的1.6倍，年均增长9.7%。全社会固定资产投资年均增长12.5%。地方一般公共预算收入年均增长6.2%。市场主体从2015年的24.6万家增加到37.4万家，注册资本较2015年末增长171.1%。

*科技城建设开创新局面。*习近平总书记来川视察时对科技城建设作出重要指示。成功召开两次科技城建设部际协调小组会议。全国推广的三批次共56条全创改革经验，绵阳贡献9条。全市研发投入强度、科技进步奖获奖数量稳居全国同类城市前列。科技部火炬中心认定的国家级科技型中小企业从850家增加到1375家。绵阳高新区在国家高新区综合排名第50位、上升5位。绵阳经开区在国家经开区综合排名第68位。

*改革开放取得新成果。*全面深化改革纵深推进，10余条改革经验得到中央、国家部委肯定。38项改革入选国省改革典型案例。累计引进5亿元以上产业项目408个，京东方、惠科等重大产业项目相继建成投产。累计对上争取资金1812亿元、年均增长8.1%。累计国内省外到位资金2359.1亿元，全省排名从2015年的第7位上升至2016年的第2位，并连续5个年度稳居全省第2位。

*城乡面貌展现新形象。*建设领域三大攻坚累计完成投资1682.5亿元，“一核两翼、三区协同”区域发展格局加快构建，城乡区域发展更加协调。县域地区生产总值占全市比重较2015年提高3.6个百分点。中心城区绿化覆盖率较2015年提高2.5个百分点。高速公路通车里程和在建里程726公里，全省排位从第11位上升至第3位。实施国省干线公路提档升级和大中修工程1090公里。南郊机场通航城市由26个增加到42个，年旅客吞吐量由154万人次增加到最高峰415.9万人次、稳居全省第2位。

*社会民生实现新进步。*全市520个贫困村、8.3万户22.7万贫困人口全部退出贫困序列，提前一年完成脱贫任务。城区环境空气质量优良天数率较2015年提高5.8个百分点，进入国家环境空气质量达标城市行列。高考多项指标连续20年领跑全川。建成市儿童医院等16个重点医疗卫生项目，成为全省唯一拥有儿童专科医院的地级市。城镇新增就业27.9万人，较2015年增长15.1%。城镇职工养老保险参保152.14万人，较2015年末增长37.9%。全市基本医疗保险实现应保尽保。城乡居民人均可支配收入较2015年分别增长46%、56.3%。

各位代表，时光荏苒，争以分秒。我们认真学习贯彻习近平总书记对四川工作系列重要指示特别是对绵阳工作重要指示精神，以强烈的使命意识担当作为，以实干的工作作风砥砺奋进，经济强、百姓富、环境美、质量高的美好蓝图正在广袤的绵州大地铺展动人的时代画卷。这些成绩的取得，是以习近平同志为核心的党中央领航掌舵的结果，是习近平新时代中国特色社会主义思想科学指引的结果，是党中央国务院、省委省政府坚强领导的结果，是市委带领全市人民奋力拼搏的结果。在此，我代表市人民政府，向全市各族人民，向人大代表、政协委员，向各民主党派、工商联、无党派人士和各人民团体，向所有关心支持绵阳改革发展的同志们及社会各界人士，向驻绵解放军指战员、武警官兵、政法干警、综合消防救援队伍和民兵预备役人员，向港澳台同胞、广大侨胞和海内外朋友们，表示诚挚感谢并致以崇高敬意！

“十四五”发展的主要考虑和二〇三五年绵阳经济社会发展的远景目标

“十四五”是我国全面建成小康社会、实现第一个百年奋斗目标之后，乘势而上开启全面建设社会主义现代化国家新征程、向第二个百年奋斗目标进军的第一个五年。按照党的十九届五中全会、省委十一届八次全会精神，以及市委《关于制定绵阳市国民经济和社会发展第十四个五年规划和二〇三五年远景目标的建议》，市政府组织编制了《绵阳市国民经济和社会发展第十四个五年规划和二〇三五年远景目标纲要草案》（以下简称《纲要草案》），提交大会审查。

《纲要草案》共十三篇。第一篇总结“十三五”时期取得的成就，分析“十四五”时期面临的发展环境，提出了“十四五”时期经济社会发展的指导思想、重要原则和主要目标。第二篇至第十三篇是重点任务及规划实施保障机制，从高水平建设中国（绵阳）科技城、高质量建设全省和成渝地区经济副中心等12个方面，对“十四五”时期全市经济社会发展的重点任务进行了系统谋划安排，对“十四五”发展目标作了量化、具体化，提出了五大类26个主要指标。其中，18个预期性指标，主要是通过政府营造良好发展环境，引导市场主体来推动实现；8个约束性指标，集中在绿色发展、社会发展和安全发展上，需要强化政府职能职责，主要由政府来推动实现。这些指标的设置，兼顾了现实需要和发展可能，回应了全市人民新期待。从发展条件看，国家重大战略机遇交汇叠加带来的发展红利不断释放，科技城建设得到党中央国务院、省委省政府高度重视和大力支持，绵阳发展的战略支撑将更加有力，有望延续“十三五”良好发展趋势。从发展需要看，要与全国全省同步基本实现现代化，必须把推动高质量发展作为主题，把坚持新发展理念作为重要原则，促进全市经济社会持续健康发展。为此，《纲要草案》提出了“十四五”时期经济社会发展“两个高于、一个增强”的目标，即经济保持年均增速高于全国全省、城乡居民人均可支配收入增速高于全国全省，科技创新对经济增长贡献进一步增强。

展望2035年，《纲要草案》提出了绵阳将与全国全省同步基本实现社会主义现代化，中国科技城建设国家战略目标基本实现的总体目标，采取定性表达方式，描绘了经济、开放、城建、科技、文明、生态、民生、法治等方面的远景目标。把五年发展规划和十五年远景目标一起谋划，体现了坚持系统观念的重要原则。

各位代表，站在新的历史起点，我们坚信，在市委坚强领导下，全市上下团结一心、砥砺奋进，开拓创新、奋发有为，“十四五”规划的宏伟蓝图一定能在绵州大地变为美好现实。

2021年工作建议

2021年是实施“十四五”规划的开局之年，我们要把思想行动统一到党中央国务院、省委省政府和市委对形势的分析判断上来，推动经济社会持续健康发展。

做好今年政府工作的总体要求是：坚定以习近平新时代中国特色社会主义思想为指导，深入贯彻党的十九大和十九届二中、三中、四中、五中全会精神，以及习近平总书记对四川工作系列重要指示特别是对绵阳工作重要指示精神，全面落实省委、市委全会精神，坚持稳中求进工作总基调，立足新发展阶段、贯彻新发展理念、融入新发展格局，以推动高质量发展为主题，以深化供给侧结构性改革为主线，以改革创新为根本动力，以满足人民日益增长的美好生活需要为根本目的，坚持系统观念，巩固拓展疫情防控和经济社会发展成果，更好统筹安全和发展，扎实做好“六稳”工作、全面落实“六保”任务，深度参与成渝地区双城经济圈建设，坚持扩大内需战略，强化科技战略支撑，扩大高水平对外开放，保持经济持续健康发展和社会大局稳定，确保“十四五”开好局，全面建设中国科技城和社会主义现代化绵阳。

今年全市经济社会发展主要预期指标是：地区生产总值增长8%以上，规上工业增加值增长9.5%以上，全社会固定资产投资增长8%以上，社会消费品零售总额增长10%以上，地方一般公共预算收入与经济发展趋势基本一致，城乡居民人均可支配收入分别增长8.1%、8.5%，常住人口城镇化率提高1.3个百分点，城镇登记失业率、调查失业率分别控制在4.5%、5.5%以内，居民消费价格指数涨幅低于省调控目标，节能减排和环境保护指标完成省下达任务。需要说明的是，地区生产总值增长8%以上的预期目标，是对今年做好“六稳”工作、落实“六保”任务的整体把握，既符合全国全省发展大势，也与率先建成全省经济副中心目标相适应。这是一个预期性目标，有条件的地区要尽可能发展快一点。

为实现以上目标，我们将重点

抓好九个方面工作。

一、慎终如始抓好常态化疫情防控，持续巩固拓展防控成果

做好“外防输入、内防反弹”“人物同防”工作。坚持“人、物、环境”防控并重，严格落实疫情防控“四方责任”，充分发挥流调溯源、转运隔离、区域协查、核酸筛查、交通管控等工作专班作用，加强常态化精准防控，确保疫情不出现规模性输入和反弹。严格执行“三查三排一转运”检疫措施，全面普及“四川天府健康通”，做好中高风险地区来返绵人员排查。强化进口冷链食品闭环管理。完善“五有一网格”防控措施，抓好农村地区疫情防控，严防医疗机构院内感染，做好农贸市场、商场超市、娱乐场所和交通场站等场所防控。压茬推进新冠疫苗接种。

补齐公共卫生短板弱项。健全重大疫情防控和公共卫生应急管理体系，提高应对突发重大公共卫生事件能力水平。完善联防联控长效机制，充分发挥发热门诊、发热诊所等“哨点”作用，提高监测预警的灵敏度和可靠性。加强核酸检测能力建设，对重点人群定期开展核酸检测。深入实施疾病防控救治能力提升三年行动，完善疫情防控和救治体系。推动市疾控中心实验室建设区域一流实验室。扎实开展爱国卫生运动。

二、深入实施创新驱动发展战略，高水平建设中国科技城

壮大科技力量。探索建设具有全国影响力的科技创新先行示范区。支持中国工程物理研究院、中国空气动力研究与发展中心、中国航发四川燃气涡轮研究院等在绵科研院所重大项目建设。深入开展“招院引所”工作，争取国家级科研院所创新平台更多布局绵阳。推进新一轮全面创新改革试验。加快国家技术标准创新基地绵阳区域中心建设。市场化专业化运营国家两用技术交易中心、大型科学仪器共享平台。

打造成渝地区创新高地。开展重点工业企业研发机构全覆盖行动，支持企业加大研发投入，推动省级以上创新研发平台总数进一步增长。实施高新技术企业数量质量双提升行动和科技型中小企业提质增效工程，推动高新技术企业数量显著增加，市级科技型中小企业稳定在1万家。推进国家知识产权示范城市建设，力争万人有效发明专利拥有量突破15件。推动绵阳高新区、绵阳经开区高质量发展，在国家级开发区中晋级升位。支持涪城、安州申建省级高新区。启动新一轮人才招引计划。确保科技创新综合水平指数达到74.5%以上，继续保持全省前列。

加快科技城新区建设步伐。完善新区管理体制和运行机制，科学编制新区发展规划，构建“四区一新城”空间布局。用好省级新区特殊政策，出台《关于加快科技城新区建设的意见》。集聚发展电子信息、高端装备制造等产业，推动核医疗健康产业园、激光产业园等项目加快建设。积极推进科技城大道二期、科技城涪江大桥等项目，完成基础设施领域投资135亿元，初步形成新区主体框架。

三、加快构建现代产业体系，积极促进产业转型升级

提升先进制造业发展能级。加快构建“6+6”先进制造产业体系，坚持突出新兴、提升传统，力争六大重点产业产值占规上工业产值比重72%以上。加快建设绵阳高新区新型显示等11个先进制造产业功能区。加大设备更新和技改投入，推进食品饮料、化工等传统产业优化升级，支持绵阳经开区化工园区评估认定。持续实施大企业大集团培育“领航计划”，推动长虹、九洲等企业加快发展，京东方、惠科等企业满产达产，新增产值100亿元以上企业2家。实施单项冠军企业培育“登峰计划”，培育更多国家级单项冠军企业（产品）、专精特新“小巨人”企业和省重点中小企业。新增规上工业企业100家以上。开展质量提升行动，主导或参与制修订国家和行业标准5项。推动“芯屏端软智网”全产业链发展，深入实施企业上云工程，提高数字经济占地区生产总值比重。

推动现代服务业上档升级。加快构建“8+1”现代服务业体系，积极实施“513”工程，力争服务业增加值增长9.5%以上。加快推动现代服务业集聚区、城市特色商圈建设。加大商贸服务业企业上台阶支持力度，鼓励商贸交易市场走联合集约发展模式。推进全国家政服务业提质扩容“领跑者”行动试点城市建设。引导银行业金融机构更好地服务实体经济发展。促进保险业高质量发展。完善电商企业发展生态。加快现代流通体系建设，推动皂角铺铁路物流基地开通运营，支持中油九洲北斗等现代物流企业加快发展。

增强现代农业发展质效。加快构建“6+10”现代农业产业体系，力争第一产业增加值增长3%以上。落实藏粮于地、藏粮于技战略，严格执行“米袋子”“菜篮子”责任制，力争粮食总产量稳定在230万吨。大力建设国家种业强市，培育农作物新品种50个，良种覆盖率98%以上，加快建设国家区域畜禽种业创新中心。提升农业装备数字化水平，用科技力量牵引推动农业现代化。切实抓好非洲猪瘟等重大动植物疫病防控，加快国家“川猪”特色优势产业集群项目建设进度，力争全市生猪年出栏350万头左右。新增市级以上重点龙头企业5家、农民合作示范社40个。

四、牢牢扭住扩大内需战略基点，努力推动经济行稳致远

持续扩大有效投资。充分发挥投资的关键作用，力争全市投资总量在全省晋级升位。把产业投资作为扩大有效投资的重中之重，确保产业投资占全市投资比重稳中有升。开展新一轮建设领域“三大攻坚行动”，力争完成投资468亿元以上。推进祠堂湾水库、武引灌区现代化改造工程尽快开工，开展唐家山、铁笼堡等水库建设前期工作。加大电力设施投入力度，推动绵阳南500千伏输变电等工程建成投用。加强天然气勘探开发，加快盐亭角探1井、三台秋林区块致密气等工程建设，助推全省“气大庆”战略实施。推进新型基础设施建设三年行动，加快5G、大数据中心等设施建设，力争5G通信基站达5500个，实现主城区5G网络全覆盖。

加快重点项目建设。认真落实《抓项目促投资19条硬措施》，完善“红黑榜”通报等机制，抓好省市重点项目建设。按照“四个一批”要求，做好中电光谷等21个项目前期工作，推动惠科显示模组等116个项目开工，促进东材科技功能膜材料等209个项目加快建设，确保神华煤炭储备发电一体化新建工程等84个项目建成投产。精准对接国省重点投资领域，争取中央、省预算内投资和地方政府专项债券等资金，力争更多项目纳入上级大盘子。

加速释放消费需求。实施培育发展新消费三年行动方案，加快建设区域消费中心城市。加快传统线下业态数字化改造和转型升级，推动线上线下消费交互融合，积极培育消费新业态新模式。坚持“房住不炒”定位，推进房地产市场健康发展。积极开展新一轮汽车下乡，稳定扩大汽车等大宗商品消费。推动“宅经济”“宅消费”加快发展，力争网络交易额保持15%以上增长。加强消费信用体系和质量标准体系建设。

大力发展文旅经济。加快构建“一个枢纽基地、三条精品线路、全域旅游示范区”文旅经济发展新格局，谋划一批标志性、引领性项目。支持江油创建天府旅游名县。支持梓潼七曲山创建AAAAA级旅游景区，仙海创建国家级旅游度假区。鼓励九皇山、窦圌山等景区做强做大。开工罗浮山温泉小镇、中信乌木文旅健康产业园等项目，推动方特二期、松花岭航空动力小镇等项目签约落地。加强历史文化街区保护，合理开发文化创意、休闲旅游等文旅项目。

五、更大力度深化改革开放，持续增强发展动力活力

深入推进重点领域改革。巩固供给侧结构性改革成果，落实减税降费等纾困惠企政策。用好省级用地审批权。清理规范城镇水电气行业收费，确保水电气价格保持全省较低水平。出台《深化国有企业改革三年行动方案》，分层分类稳妥推进国企混合所有制改革，做强做优做大国有资本和国有企业。狠抓预算收支执行，积极实施预算绩效管理。实施“钻石工程”上市计划，做好龙华薄膜、湖山电器、华丰、爱联科技等企业上市服务，力争1家企业成功上市。

持续推进营商环境优化。聚焦低成本化、便利化，出台优化营商环境方案4.0版，深入开展营商环境提升年活动，力争营商环境评价进入全国一流方阵。继续推动科技领域“放管服”改革。加强社会信用体系建设。扎实开展“服务企业月”活动，推广“五专”企业服务机制，用好“i绵阳”企业服务云。健全支持中小微企业和个体工商户发展政策，积极推动“个转企、小升规”，力争市场主体达到40万家，民营经济增加值增速高于全省平均水平。

全面推进对外开放合作。主动融入国家重大区域发展战略，深化与京津冀、长三角、粤港澳大湾区交流合作。精心办好第九届科博会。建好综合保税区，力争综合排名进入全国前70位。完善跨境电商综合试验区平台功能，引进培育跨境电商企业80家以上。实施外贸优进优出工程，争创国家服务贸易创新发展试点城市。积极参与中欧班列成渝号合作共建，壮大长虹中欧班列规模。持续开展精准专业化招商，引进5亿元以上项目80个，国内省外到位资金660亿元，省级平台重点活动签约项目履约率、开工率、资金到位率分别达90%、80%、30%以上。

积极推进开放通道建设。加快建设成兰铁路绵阳段，开工建设科技物流产业园铁路专用线。加快推进九绵高速、广平高速、中遂高速，全面开工G5成绵扩容、绵苍高速，开工建设G5绵广扩容，力争高速公路完成投资100亿元以上。优化内部骨干路网，加快实施干线公路项目。推动南郊机场T2航站楼建设提速、早日投用，通航城市和旅客吞吐量稳定回升。加快北川通用机场建设，做好三台、江油通用机场前期工作，推动南郊机场运训分流。

六、建设成渝地区副中心城市，促进城乡区域协调发展

深度参与成渝地区双城经济圈建设。落实《成渝地区双城经济圈建设规划纲要》，与成都、重庆共建中国西部科学城，争创综合性国家科学中心。积极争取重庆至遂宁至绵阳高铁、成都至巴中铁路绵阳段、南郊机场迁建等重大事项纳入国家规划。深化成绵一体化发展、推动“1+4”合作协议加快签订，建设成德绵国家科技成果转移转化示范区。密切与北碚区合作，扎实推进十大行动及43项合作事项。落实成渝地区双城经济圈便捷生活行动方案，实现户口迁移等事项“只跑一次”。

完善提升中心城区功能。坚持新区有机生长、组团协调发展、旧城双修更新同步推进，按照I型大城市标准建设中心城区，更好发挥“一核”辐射带动和极核引领作用。深入实施公共服务设施建设等五大专项行动，推动七星坝污水处理厂二期等项目开工，完成火炬西街铁路下穿等8个排水防涝补短板项目。扎实推进棚改攻坚、老旧小区改造

等六大专项行动，加快实施烟厂老厂区等32个棚改项目，确保棚户区改造开工2826套、基本建成1230套。推动建筑业转型升级，大力发展装配式建筑，新增资质以上建筑业企业25家，建筑业总产值增长10%以上。实施城市公共服务设施改造，增加公共产品供给，新建新能源充电桩1.2万个以上。

全力推动县域经济发展。深化县域经济高质量发展六大行动，力争县域范围地区生产总值占全市比重保持在80%以上，推动更多县市区经济总量在全省类区县排名晋级升位，壮大“两翼”骨干支撑力量，促进“三区”错位发展、协同发展。支持涪城在全国百强区中晋级升位，游仙加快实施成渝地区双城经济圈建设县域集成改革试点，江油、三台在西部百强县市中晋级升位。支持盐亭、梓潼、北川、平武加快建设宜居县城，争创国家新型城镇化建设示范县城。加快三台芦溪镇、江油武都镇、安州秀水镇等中心镇培育工作，力争创建第一批省级百强中心镇2个。

推进巩固拓展脱贫攻坚成果同乡村振兴有效衔接。落实“四个不摘”要求，保持现有帮扶政策、资金支持、帮扶力量总体稳定。巩固脱贫不稳定户和边缘易致贫户脱贫成果，健全防止返贫监测和帮扶机制，防止规模性返贫，接续推进脱贫地区发展。继续深化东西部协作和对口支援，务实开展人才交流、劳务协作、产业合作。深入实施乡村振兴战略，争创国家城乡融合发展试验区。落实第二轮土地承包到期后再延长三十年政策，做好宅基地改革试点，稳步推进农村集体经营性建设用地入市试点。发展壮大农村集体经济，全面开展农村集体经营性资产股份合作制改革。构建“四好农村路”高质量发展体系，深化农村公路管养体制改革，推进农村公路“路长制”，推动乡村客运“金通工程”全覆盖。实施农村饮水安全巩固提升工程，推进城乡供水一体化。开展新一轮农村人居环境整治，农村户用卫生厕所普及率保持95%以上，99%以上行政村生活垃圾、70%以上行政村生活污水得到有效治理。

七、坚持人与自然和谐共生，推动生态环境持续改善

构建绿色生态屏障。深入推进新一轮大规模绿化绵州行动，开展储备林建设，森林覆盖率达56%以上。全面推行林长制，实施生态公益林森林生态效益补偿。全面完成国家森林城市监测评价。强化森林资源监督管理，推进大熊猫国家公园等自然保护地建设，加强野生动植物多样性保护。严格落实长江十年禁渔各项举措。全面落实河湖长制，实施涪江、安昌江等重点流域综合治理。深入开展矿产资源开发利用秩序综合整治，加快实施矿山生态修复工程。

加大环境治理力度。坚决打好蓝天保卫战，完善联防联控机制，确保全面完成优良天数率、PM2.5年均浓度等考核指标。持续打好碧水保卫战，确保全市11个国控、9个省控地表水考核断面优良水体比例100%。全力打好净土保卫战，实施重点区域土壤整治工程，土壤环境质量保持稳定。确保中央、省生态环保督察及“回头看”问题整改到位，推动长江经济带生态环境问题整改。

促进资源高效利用。发展绿色低碳循环经济，争创全国绿色发展示范区。推进电子、化工等重点行业和领域绿色化改造，培育壮大节能环保、清洁能源产业，单位GDP能耗完成省下达目标。完善生态环境多元投入长效机制，健全绿色金融服务体系。推广绿色建筑、新材料环保建材，推行建筑节能“绿色评级”。实施节能节水行动，推行垃圾分类和减量化、资源化。

八、推进公共服务共建共享，不断提升民生保障水平

实现更加充分更高质量就业。坚持就业优先战略，深入实施稳就业攻坚行动，实现城镇新增就业4.7万人以上。发展“互联网+就业服务”，支持和规范发展新就业形态。落实支持大众创业促进就业政策，实施返乡人员创业行动和企业稳岗扩岗支持计划。开展职业技能提升行动，扎实抓好高校毕业生、退役军人、农民工和城镇困难群众等重点群体就业创业，动态消除零就业家庭。

完善全覆盖可持续社保体系。实施全民参保计划，健全多层次社保体系。落实基本养老、基本医疗保险筹资和待遇调整政策。健全重大疾病医疗保险和救助制度，推进社保转移接续、异地就医结算。发展企业年金和商业养老保险等形式补充养老保险。强化养老服务设施建设，构建居家社区机构相协调、医养相结合的养老服务体系。完善残疾人、农村留守儿童和妇女关爱服务体系。

大力发展教育体育事业。加大公办幼儿园和普惠性民办幼儿园建设力度，推动学前教育更加优质普惠。实施乡镇寄宿制中心学校建设工程，促进义务教育学校标准化建设。打造一体化发展示范高中10所、办学特色发展示范高中10所。实施职业教育扩容提质行动计划，支持四川幼专整合资源集中办学。支持西南科技大学“双一流”学科建设，推动绵阳师范学院打造区域一流应用型大学。加强全民健身设施建设，大力发展群众体育。

努力提高卫生健康水平。深入实施健康绵阳行动，深化医药卫生体制改革，持续强化“三医”联动，市级、县级公立医院次均门诊和住院费用增幅得到有效控制。加快建设市中医药传承与创新工程、三江医院、市血站搬迁等重点卫生健康

项目。加快电子健康卡普及推广。推进城市医联体国家试点建设，深化社会办医改革，提升基层医疗服务水平。高质量迎接国家卫生城市复审。

持续繁荣发展文化事业。培育和践行社会主义核心价值观。突出建党100周年主题开展精品文艺创作。切实加强文物和文化遗产保护，积极推动白马藏族、禹羌文化抢救性收集、整理、保护和传承发展，持续开展文物对外交流。优化配置城乡公共文化资源，完善档案馆、图书馆、文化馆、博物馆等公共文化服务设施。支持涪城等地创建省级现代公共文化服务体系示范县。

九、更好统筹安全和发展，全力提高社会治理效能

抓好两项改革“后半篇”文章。紧扣“四大任务”、坚持“六个导向”，有序推动权力下放、资源下沉、管理服务下移，完善镇村资产盘活利用机制，完成3个省级试点镇国土空间规划编制，推进合并村集体经济融合发展。完善镇村便民服务体系，优化学校、医疗卫生和农村养老机构布局。深化户籍制度改革，完善财政转移支付和城镇新增建设用地规模与农业转移人口市民化挂钩政策。推动社会治理重心下移，构建网格化管理、精细化服务、信息化支撑的管理服务平台。做好村（居）民委员会换届工作。

着力完善公共安全体制。坚持以政治安全为根本，坚决维护政权安全、制度安全、意识形态安全，进一步加强国家安全人民防线建设。深入推进全国市域社会治理现代化试点、全国社会治安防控体系示范市建设，建设更高水平的平安绵阳。坚持和发展新时代“枫桥经验”，推动基层派出所高质量发展。深化法治示范创建，启动“八五”普法规划。持续实施安全生产专项整治三年行动计划，坚决防范重特大生产安全事故。深入开展森林草原防灭火专项整治，提高“防、治、救”水平，确保不发生重大人为森林草原火灾、不发生重大人员伤亡。加强应急管理体系和能力建设，提高防灾减灾救灾能力。做好民族宗教工作，促进民族团结、宗教和顺。强化全民国防教育和国防动员能力建设。做好双拥共建、人民防空工作。

积极防范各类重大风险。严格执行防范化解重大风险9个工作方案，抓好风险隐患排查和综合整治。健全完善政府债务管理制度，分类分级妥善化解存量债务。深入开展非法集资案件风险处置攻坚战，防控地方法人金融机构风险。扎实开展全市第一次自然灾害风险普查。大力开展全市涉地涉房历史遗留问题化解处置攻坚战。深入推进治理重复信访、化解信访积案专项行动，畅通群众诉求渠道，确保社会大局和谐稳定。

全面加强政府自身建设

突出忠诚、团结、坦诚、简单、务实，增强全市政府系统的政治意识、大局意识、前列意识、风险意识、落实意识，加快建设人民满意政府。

强化政治定力，一以贯之狠抓落实。巩固“不忘初心、牢记使命”主题教育成果，增强“四个意识”、坚定“四个自信”、做到“两个维护”，始终在思想上政治上行动上同以习近平同志为核心的党中央保持高度一致。开展党史学习教育，做到学史明理、学史增信、学史崇德、学史力行。自觉把政府工作放在全局谋划推进，善于从政治上看问题，不断提高政治判断力、政治领悟力、政治执行力，确保党中央国务院、省委省政府和市委各项决策部署不折不扣落地落实。以强烈政治担当抓好省委巡视反馈意见整改落实，确保条条改到位、事事有回音，推动全面从严治党向纵深发展。

增强法治观念，依法履行政府职能。深化法治政府建设，认真执行市人大及其常委会决议决定，自觉接受人大法律监督、工作监督和政协民主监督，主动接受社会监督、舆论监督，广泛听取群众意见。高质量办理人大代表建议和政协委员提案。落实国务院《政府督查工作条例》，规范督查工作，确保政令畅通。健全依法决策机制，落实重大行政决策法定程序，提高决策科学化民主化法治化水平。推行政府系统法律顾问制度，强化规范性文件、重大执法决定法制审查。坚持政府信息公开，保障人民群众知情权参与权，让权力在阳光下运行。

严守纪律规矩，永葆清正廉洁本色。始终从政治高度把严的主基调长期坚持下去，认真执行中央、省市转变作风规定及其实施细则，毫不松懈纠治“四风”，坚决防止形式主义、官僚主义滋生蔓延。坚持把“过紧日子”作为长期方针，优化支出结构，压减非刚性支出、严控新增支出。强化公共资金使用、公共资源配置等重点领域、关键环节、重要岗位权力运行监管。加强审计监督。坚定不移推进反腐败，持续整治群众身边腐败和作风问题，实现不敢腐、不能腐、不想腐一体推进。

各位代表，守初心接续奋斗，担使命砥砺前行。让我们更加紧密团结在以习近平同志为核心的党中央周围，在党中央国务院、省委省政府和市委坚强领导下，全面建设中国科技城和社会主义现代化绵阳，以优异成绩庆祝建党100周年！

（个别地方有删节）

名词解释和说明

1.“六稳”工作：稳就业、稳金融、稳外贸、稳外资、稳投资、稳预期。

2.“六保”任务：保居民就业、保基本民生、保市场主体、保粮食能源安全、保产业链供应链稳定、保基层运转。

3.成渝绵“创新金三角”：省委提出，以中国西部（成都）科学城、中国（绵阳）科技城为主要承载区，以“一城多园”模式与重庆共建中国西部科学城，打造成渝绵“创新金三角”。

4.四个不摘：脱贫攻坚摘帽不摘责任、摘帽不摘政策、摘帽不摘帮扶、摘帽不摘监管。

5.两不愁、三保障：不愁吃、不愁穿，义务教育、基本医疗、住房安全有保障。

6.“6+6”先进制造产业体系：第一个“6”指电子信息、汽车、新材料、节能环保、高端装备制造、食品饮料等重点产业，第二个“6”指5G、新型显示、智慧家庭、新型功能材料、北斗卫星应用、新能源与智能网联汽车等创新产业。

7.“红黑榜”通报机制：按季度对各县市区、园区省市重点项目推进和固定资产投资情况进行量化评分，通报“红黑榜”名单。

8.建设领域三大攻坚行动：城建攻坚、科技城集中发展区建设攻坚、交通攻坚。

9.头部企业：指在某个行业中，具有一定的示范、引导作用，并对该地区、该行业做出突出贡献的企业。

10.市属国有企业“1+N”改革行动：“1”是指九洲导航，“N”是指华丰、爱联科技、长虹电源、湖山电器、科瑞软件等国有企业。

11.“五专”企业服务机制：通过建立专线、专网、专窗、专员、专班，实现企业服务专线“一号响应”、专网“一网通办”、专窗“一窗受理”、专员“一对一服务”、专班打通“最后一公里”，实现服务企业的精准化与零距离。

12.三权分置：农村土地制度改革的重要内容，指农村土地产权中的所有权、承包权、经营权三权分置。

13.学前教育“80·50”攻坚任务：2020年实现普惠性幼儿园覆盖率达到80%、公办园在园幼儿占比达到50%。

14.两项改革：乡镇行政区划调整和村级建制调整改革。

15.三查三排一转运：查验健康申报、体温筛查、医学巡查；流行病学排查、医学排查、实验室检测排查；判定的确诊病例、疑似病例、有症状人员、密切接触者四类人员一律按照有关规定落实转运等防控措施。

16.“五有一网格”防控措施：有疫情防控指南、有防控管理制度和责任人、有适量防护物资储备、有属地医疗卫生力量指导支持、有隔离场所和转运安排准备等措施，落实网格化管理要求。

17.芯屏端软智网：集成电路、新型显示、智能终端、高端软件、人工智能、信息网络六大领域。

18.“8+1”现代服务业体系：“8”指科技服务、现代物流、现代金融、电子商务、会展、文化旅游、健康养老、人力资源服务等产业，“1”指商贸流通业。

19.“513”工程：推动50个重大服务业项目加快建设，培育100家重点企业，打造30个竞争力强的服务业重点品牌。

20.“6+10”现代农业产业体系：“6”指粮油、畜禽水产、中药材、林果、蔬菜、休闲农业等重点产业，“10”指优质生猪、涪城麦冬、水稻种子、优质禽蛋、优质蜜柚、优质魔芋、优质核桃、优质厚朴、优质藤椒、平武天麻等主导产品。

21.四个一批：谋划一批、开工一批、在建一批、投产一批的滚动投资工作格局。

22.“钻石工程”上市计划：我市印发《推进企业上市“钻石工程”计划（2021—2025）》，从构建奖补体系、重大项目申报等方面提出支持政策，力争到2025年全市上市企业达24家。

23.中欧班列成渝号：由重庆和成都共同创立的全新中欧班列品牌，也是全国首个两地合作开行的中欧班列品牌。

24.“1+4”合作协议：“1”指《成都市人民政府绵阳市人民政府以创新驱动深化成绵一体化发展合作协议》，“4”指《成都高新区绵阳高新区合作协议》《成都经开区绵阳经开区合作协议》《成都高新综合保税区（高新园区）绵阳综合保税区合作协议》《加快推动成绵交通一体化发展合作协议》。

25.金通工程：乡镇及建制村通客车的提质升级版，以统一乡村客运标识、统一招呼站（牌）、统一车辆外观、统一从业人员标识为抓手，建设人民满意的乡村客运服务体系。

26.两项改革“后半篇”文章“四大任务”“六个导向”：“四大任务”指优化资源配置、提升发展质量、增强服务能力、提高治理效能。“六个导向”指问题导向、基层导向、利民导向、发展导向、目标导向、结果导向。

市政协工作报告

——在政协绵阳市第七届委员会第六次会议上

市政协主席 李亚莲

(2021年3月1日)

2020年工作回顾

一年来，在中共绵阳市委坚强领导和省政协有力指导下，市政协及其常委会坚定以习近平新时代中国特色社会主义思想为指导，认真学习贯彻中共十九届四中、五中全会和省委十一届六次、七次、八次全会以及市委七届八次、九次、十次全会精神，全面贯彻落实中央和省委、市委政协工作会议精神，坚持团结和民主两大主题，发挥专门协商机构作用，突出质量导向，勇于探索创新，认真履行职能，为推动绵阳经济社会发展做出了积极贡献。

一年来，常委会认真落实中央、省委、市委的新部署新要求，扭住关键，体现特点，重点抓了三项工作：

一是认真学习贯彻中央和省委、市委政协工作会议精神。落实市委部署，认真做好市委政协工作会议筹备工作，将工作过程转化为深入学习贯彻习近平总书记关于加强和改进人民政协工作的重要思想过程，推动形成党委重视、政府支持、政协主动、各方配合、社会关注的良好工作格局。把学习贯彻中央和省委、市委政协工作会议精神作为重大政治任务，采取集中学习、专题辅导、座谈交流、务虚研讨等多种形式，实现学习内容和对象全覆盖。对照市委《关于落实市委政协工作会议主要任务分工方案》，梳理53项重点任务措施，制定责任清单，逐项抓好落实。组织开展“发挥人民政协专门协商机构作用”理论与实践重点课题研究，形成82个研究成果，《专门协商机构作用发挥的绵阳实践》等研究成果被省政协表扬并在全国政协组织的研讨活动中交流。

二是发挥人民政协制度优势助推夺取疫情防控和经济社会发展双胜利。面对突如其来的新冠肺炎疫情大考，市政协第一时间发出倡议书，动员全市政协各级组织、各参加单位和广大政协委员积极投身疫情防控工作。广大政协委员积极响应、勇于担当，把履职答卷写在疫情防控主战场。医卫界别、农工党界别委员主动请缨，团结引领广大医护人员奋战在新冠肺炎诊治第一线；民革界别委员录制《口罩那些事》指导市民科学使用口罩，仅央视网络上线一周点播量就突破1.3亿次；工商联界别委员协调近500家民营企业和商会为全市疫情防控捐赠3600万元物资；民进界别委员编印《抗击新冠肺炎疫情绵阳企业应对操作指引》，向企业和商会赠送，助力复工复产。市县两级政协联动建立非常时期的应急建言机制，组织开展春节假期抗击疫情反映社情民意专项行动，聚焦疫情防控和社会生活新情况反映民情民意，助力我市疫情防控抓早动快、走在全省前列，56条信息被全国政协、省政协采用。市政协领导班子成员深入所联系县市区、重点项目督导疫情防控、复工复产和防汛减灾。举办“众志成城·抗击疫情”书画摄影作品网络展，组织政协委员深入开展走访困难企业和群众专项活动，参与的省、市、县政协委员2076人次，调研走访困难企业712家、困难群众2557户，助力解决困难和问题1872个，进一步凝聚共识、提振信心、汇聚力量，为夺取疫情防控和经济社会发展双胜利贡献力量。

三是推动建言资政和凝聚共识双向发力更富成效。把凝聚共识融入视察调研、协商议政、民主监督、提案办理、大会发言等各项工作中，促进建言资政和凝聚共识双向发力、有机融合、相互赋能。坚持寓思想政治引领于团结民主之中的谈心谈话、党员委员联系党外委员等制度，举办重点关切问题情况通报、专项宣讲、读书分享交流等活动，不断探索凝聚共识、传播共识的有效方式。坚持在大局下思考、谋划、推进政协各项工作，全年召开1次全体会议、2次议政性常委会会议，组织4次专题协商，积极参加远程协商，全面推进“有事来协商”平台建设，聚焦民生改善和基层社会治理开展小微协商。常态化、多层次、各方面有序参与的“1+2+4+N”的协商议政格局更加完善，协商互动更加充分，求同存异、聚同化异更加有效，多篇大会发言、调研报告、社情民意信息等履职成果得到市委市政府领导肯定性签批。

一年多来，常委会围绕中心、服务大局，认真履行职能，统筹推进各项工作。

一、突出思想政治引领，把牢正确政治方向

*加强创新理论武装。*坚持把学习贯彻习近平新时代中国特色社会主义思想作为首要政治任务，与学习中共十九大和十九届二中、三中、四中、五中全会精神结合起来，与学习习近平总书记关于加强和改进人民政协工作的重要思想结合起来，与学习《习近平谈治国理政》第三卷结合起来，与学习中国共产党史、新中国史和统一战线历史、人民政协历史结合起来，与学习中央、省、市各项部署要求结合起来，切实增进对中国共产党领导的政治优势和中国特色社会主义制度优势的理解和把握，增强“四个意识”、坚定“四个自信”、做到“两个维护”，巩固共同思想政治基础。

*落实党对政协工作的全面领导。*中共绵阳市委全面加强对政协的领导，听取政协党组汇报，及时研究解决政协工作中的重大问题。市委主要领导对加强和改进全市政协工作提出明确要求，给市政协出题目、交任务，带头出席市政协重要活动，为全市政协工作指明着力重点、创造良好条件。市政协党组切实履行把方向、管大局、保落实的政治责任，切实履行全面从严治党的主体责任，严格落实意识形态工作责任制，全面落实党的组织对党员委员的全覆盖、党的工作对政协委员的全覆盖，把党的领导具体地、全面地落实到政协工作各方面和全过程，确保政协履职与全市工作大局同心同向、同频共振。

*大力开展读书活动。*深入贯彻习近平总书记关于政协委员要“多读书、读好书、善读书”的重要指示精神，积极响应全国政协“大力倡导开展读书活动”部署要求，全面开展书香政协建设，积极引导广大委员和机关干部读书明道、读书明理、读书养心。召开委员读书活动推进会，开展政协讲堂、读书分享会等4大板块12项特色活动，加强人民政协理论阐释、宣传和研究，市政协作为全省各市州唯一代表，被省政协授予“习近平总书记关于加强和改进人民政协工作的重要思想研究分基地”。

二、贯彻新发展理念，紧扣新时代绵阳高质量发展履职

*聚焦成渝地区双城经济圈建设。*围绕成渝地区双城经济圈建设战略部署，邀请市委领导解读市委七届九次全会精神，引导各党派团体、各族各界人士结合自身优势，迅速将履职重心聚焦到助推深度参与成渝地区双城经济圈建设上来。召开5次专题会议，组织省市政协委员及相关部门开展14轮座谈讨论，召开“深度参与成渝地区双城经济圈建设”专题议政性常委会会议，就增强协同创新能力、加快区域交通路网布局、推动优质资源共建共享等提出建议。持续深化与北碚区政协、党派界别交流合作，建立联合调研、协商、对上争取等协同机制，共同推动绵碚三年行动计划落地落实。

*聚焦科技城加快发展。*围绕探索建设科技创新先行示范区，组织专题协商讨论，凝聚共识，提出3个方面26条建议，市委领导批示相关单位研究采纳，为中央和省上出台进一步支持科技城建设政策鼓与呼。与省政协联动开展“川渝共建西部科学城加快建设具有全国影响力的科技创新中心”重点调研，参加省政协专题协商，积极建言成渝绵“创新金三角”融合创新服务生态建设。围绕科技城集中发展区基础设施建设开展视察监督，提出针对性意见建议，助推绵阳科技城新区获批设立和综合保税区、跨境电商综合试验区等一批开放平台建设和运行。

*聚焦“十四五”谋篇布局。*围绕“十四五”规划编制，就产业发展、空间布局、乡村振兴等重大问题提前谋划、深入调研，广泛开展“我为‘十四五’规划献一策”网络议政活动，召开专题议政性常委会会议，积极建言献策，为编制规划提供参考。开展“加快建设西部开放经济高地”专题协商，围绕科学编制“十四五”武引灌区续建配套与现代化改造实施方案组织重点调研，积极就推进绵江同城化发展、补齐市域西部高速公路建设短板等进行大会发言、反映社情民意，督办发挥“一核”集聚辐射作用推动区域协同发展、涪江东岸工业经济产业带建设等重点提案，为绵阳建设与发展聚共识、集众智。

*聚焦现代产业体系构建。*落实市委以项目为中心组织经济工作的总体部署，市政协领导班子成员积极联系县市区、园区，牵头推进54个省市重点项目，助推重点项目建设、重点产业发展和乡村振兴。围绕“聚焦创新产业，推动工业经济高质量发展”“推进西部现代服务业强市建设”“推动九绵高速沿线交旅融合发展”等开展协商，就“优化营商环境，推进服务型政府建设”进行视察监督，协同省政协开展生物医药、茶产业、会展服务业专项调研，组织委员视察长虹智能制造产业园、新希望六和150万头生猪全产业链基地等重大项目，为加快发展现代产业体系、推动新旧动能转换献计出力。

三、践行为民理念，倾情增进群众福祉和促进社会发展

*紧贴民生改善建议建言。*开展建立返贫监测预警和应急救助机制对口协商，相关意见建议得到积极

响应。主席会议成员坚持常态化走访联系帮扶村，引导政协委员持续开展“我为扶贫攻坚做件事”活动，协调政协力量继续参与对口援建和扶贫协作工作，助推东西部扶贫协作项目实施，支持民主党派开展脱贫攻坚民主监督。围绕韩家脊水毁步道修复、城乡供水一体化等开展小微协商，就二手房交易市场整治、臭氧污染防控、深入实施农村“厕所革命”、洪灾后着力推进灾区生产生活恢复等精诚出力。

紧盯公共服务献计献策。透过新冠肺炎疫情锚定公共服务短板开展社会公共服务运行情况视察监督，组织《健全绵阳公共卫生应急管理体系》重点课题研究，开展“加强公共卫生应急专业队伍建设”界别协商，提出建设性意见建议。围绕第三期学前教育行动计划落地落实情况开展视察监督，通过提案和社情民意信息，重点关注园艺山集中办公区公共交通组织、城市垃圾分类试点等公共服务领域热点，助推相关问题逐步得到解决。

紧扣社会治理聚智聚力。围绕《绵阳市文明行为促进条例（草案）》开展专题协商，协商建言科学制定《绵阳市户外广告和招牌设置管理办法》，很多意见建议得到采纳。聚焦乡镇行政区划和村级建制调整改革“后半篇”文章组织委员视察，围绕基层社会治理共建共治共享体系建设、社会信用体系建设、烈士陵园修缮管理维护等开展协商式监督，助推市域社会治理试点向纵深推进。

四、推动大团结大联合，凝心聚力画好最大同心圆

发挥民主党派重要作用。创新委员讲堂、重大专项工作委员宣讲等形式，加强同党外知识分子、非公有制经济人士、新的社会阶层人士的沟通联络。通过联合调研、主题发言、协同议政等方式，密切与市级各民主党派、工商联和人民团体的合作共事，支持民主党派在全省率先启动优化营商环境建设民主监督，努力为其发声发力创造条件、搭建平台。一年来，市级各民主党派、工商联报送并被采纳的社情民意信息210篇，占采用总数的70.4%；提交大会发言71篇，占发言总数的52.9%；提交集体提案64件，占集体提案总数的47.4%，有力保障了民主党派在政协工作中发挥重要作用。

促进民族团结宗教和顺。认真贯彻党的民族政策和宗教工作方针，发挥民族宗教界委员的桥梁纽带作用，加强与民族宗教界代表人士及少数民族群众、信教群众联系，增强民族团结，促进宗教和顺。就宗教活动场所土地确权工作开展协商活动，协同省政协开展新时代城市民族工作调研视察，助推少数民族更好融入城市发展。

加强社会各界联络联谊。加强与各界人士的联谊交友，与省政协开展海峡两岸大学生交流基地建设协同调研，协调“2020民进全国企业家联谊会会长联系会”在绵举办，推动来自30个国家和地区的129名海外川渝籍侨团以及在川在渝涉侨商协会负责人来绵考察交流。

激发文史资料活力。重视政协文史资料存史、资政、团结、育人的独特作用，开展“三线建设博物馆筹建工作”专题调研，就加快三线建设历史实物征集进行重点提案督办，为弘扬三线建设精神、留住三线建设记忆建言献策。创办网上文史馆，整合社会力量组建特邀文史研究员队伍，继续编印《绵阳文史资料》（第三十八辑）和《梓潼城区记忆》《北川羌族文化》等文史资料系列读本，深入开展文史资料“四进”活动，真正让文史资料“活起来”“用起来”。

五、加强自身建设，全面提升履职能力水平

提升委员履职能力。增强委员责任意识和双向发力主动性，引导委员由“做了什么”“做了多少”向“做出什么效果”转变。做实委员读书活动，召开市政府与市政协工作联系会议，举办重点工作情况通报会，参加党校与干部学院学习培训，帮助委员知情明政，提升履职能力。围绕“只有责任委员没有名誉委员”，建立健全委员履职档案、委员履职情况分析通报制度，修订优秀委员评选表扬办法，全面完成委员“五个一”履职考核，评选优秀市政协委员46名，激励委员担当作为、高质量完成“委员作业”。

加强政协机关建设。优化专委会设置，设立农业和农村委，理顺工作关系和运行程序，强化文化文史和学习委的学习职能。修订完善调研视察活动统筹协调、年度重点工作评价等制度，推动履职规范化。加强政协机关干部队伍建设，优化工作流程，强化机关执行力，推进“模范机关”创建工作，政协机关参谋助手、综合协调、服务保障作用进一步发挥。对标对表抓好省委巡视、市委巡察反馈意见整改落实，全力支持市纪委（监委）派驻市政协机关纪检监察组履行职责。

打造履职工作品牌。落实市委七届八次全会精神，开展市政协“有事来协商”平台建设，统筹指导县市区政协建好“有事来协商”平台，市县两级政协组织开展小微协商113次，参与委员361人次、界别群众2521人次，形成了“院坝协商”“双月协商”“仙鹤夜话”等各具特色的经验和做法，得到当地党委政府支持、群众拥护。突出质量导向，加强重点提案培育，深入开展提案办理“两公开一评议”，持续举办《对话·提案去哪儿了》全媒体直播，“网评优秀提案”5天共吸引48万人次参与。举办全市政协系统信息宣传工作会，优化门户网站栏目设置，开发绵阳政协App，编发《政协工作》简报，加快构建政协系统工作全媒体宣传格局。扎实推进市县两级政协工作联动，加强工作交流，

鼓励县市区政协探索创新，努力做到要事共商、履职共推、资源共享、队伍共建、品牌共育，彰显人民政协制度的整体效能。

各位委员，一年来的成绩，是深入贯彻习近平总书记关于加强和改进人民政协工作的重要思想的结果，是市委坚强领导和省政协有力指导的结果，是市人大常委会、市政府大力支持的结果，是各级各部门和社会各界积极配合的结果，是全市政协各级组织、各参加单位和广大政协委员在非常时期超常付出、团结奋斗的结果。在此，我代表市政协常委会表示衷心的感谢！

同时，我们也清醒地看到工作中的不足：建言资政和凝聚共识的水平还需进一步提升，协商计划的实施机制还不够完善，部分委员履职主动性、创造性和有效性离高标准还有差距，联系指导基层政协的办法、形式还不够多样。对此，我们将在今后的工作中切实改进。

2021年主要任务

2021年是“十四五”开局之年，也是全面建设社会主义现代化绵阳新征程开启之年。市政协工作的总体要求是：坚定以习近平新时代中国特色社会主义思想为指导，增强“四个意识”、坚定“四个自信”、做到“两个维护”，全面学习贯彻中共十九大和十九届二中、三中、四中、五中全会精神，深入学习贯彻习近平总书记关于加强和改进人民政协工作的重要思想、对四川工作系列重要指示精神特别是对绵阳工作重要指示精神，全面深入落实中央和省委、市委政协工作会议精神，以贯彻落实市委七届五次全会以来的重大决策部署为统揽，坚持市委中心工作推进到哪里、政协履职就跟进到哪里，聚焦立足新发展阶段、贯彻新发展理念、融入新发展格局，提高建言资政和凝聚共识水平，更好发挥专门协商机构作用，为确保“十四五”开好局，奋力推动绵阳经济社会发展实现新跨越做出新贡献。

一、加强思想政治建设，在广泛凝聚共识上下功夫

扭住加强思想政治引领、广泛凝聚共识这个履职的中心环节，通过政协制度的有效运行和民主程序把党的主张转化为社会各界的思想共识和自觉行动。加强创新理论武装和思想政治工作，健全以党组理论中心组学习为引领的学习制度体系，深入开展中共党史学习教育，学好中国共产党史、新中国史和统一战线历史、人民政协历史，发挥好理论研究基地作用，改进新闻宣传工作，深化宣传阐释，创新“书香政协”活动，引导全市政协各级组织、各参加单位和广大政协委员深入学习习近平新时代中国特色社会主义思想，不断增进对中国共产党和中国特色社会主义的政治认同、思想认同、理论认同、情感认同，进一步增强“四个意识”、坚定“四个自信”、做到“两个维护”。加强同党外知识分子、非公有制经济人士、新的社会阶层人士的沟通联络，及时反映意见诉求。敏锐把握统一战线和人民政协内部思想动态，调动一切可以调动的积极因素，面向社会阐释政策、协调关系，广泛汇聚团结奋进的磅礴伟力。

二、聚焦党政中心任务，在助力全市高质量发展上下功夫

紧紧围绕落实市委七届九次、十次全会决策部署，紧扣高水平建设中国科技城、高标准建设科技城新区、加快发展现代产业体系、区域协调发展等重大问题组织开展协商活动，为推动成渝地区双城经济圈建设和“十四五”开好局起好步凝心聚力。聚焦大主题，找准小切口，围绕乡村振兴、强化科技服务业发展等工作开展专题协商、对口协商、界别协商，助推转变发展方式、优化经济结构、转换增长动力，加快建设现代产业体系。坚持协商于民、协商为民，围绕就业、教育、医疗、社会保障等群众生产生活难点、社会治理焦点开展小微协商，为提升群众获得感、幸福感、安全感聚智聚力。精选监督议题，围绕交通攻坚大会战项目推进、先进制造业发展等开展视察监督，增强党政决策实施的执行力和有效性。关注常态化疫情防控背景下的经济运行情况，运用提案、社情民意信息等形式，多建可行之言、管用之计、务实之策。

三、增强改革创新意识，在健全专门协商机构制度机制上下功夫

继续抓好中央和省委、市委政协工作会议精神贯彻落实，进一步健全以协商制度为主干，覆盖政协党的建设、履职工作、组织管理、内部运行等各方面的制度，形成权责清晰、程序规范、关系顺畅、运行有效的制度体系。着力健全发挥新型政党制度优势的机制，支持各民主党派以本党派名义在政协发表意见、提出建议、提交提案、反映社情民意等开展经常性工作，推进合作共事。制定政协协商工作规则，对参加范围、讨论原则、基本程序、交流方式等作出制度规范。改进年度协商计划组织实施，强化协商互动交流。建立健全政协各专委会与民主党派联系的常态化机制，着力发挥好专委会在专门协商机构中的重要作用。积极开展网络议政远程协商，探索体现界别特色优势的协商方式和履职形式。加强和改进民主监督工作。全面推进“有事来协商”平台建设，支持县市区政协结合实际探索创新，打造协商品牌，发挥市县两级政协在基层治理中的独特作用。

四、强化责任担当，在加强政协自身建设上下功夫

担起新时代政协工作高质量发展的使命责任，牢固树立质量导向，积极探求方式方法。强化履职集成，

以课题化、专项化理念，统筹各类履职形式和平台载体，实现上下联动、左右协同，各项履职有机融合、相得益彰。注重履职创新，围绕发挥专门协商机构作用和强化凝聚共识功能，强化调查研究，建立评价机制，推动应用型智库和参政议政人才库建设，为高质量履职建言提供智力支撑。加大学习培训力度，加强服务管理，完善履职考评，提高委员履职本领，严格廉洁自律，更好在政协工作中履职尽责、在本职岗位上建功立业、在界别群众中示范引领。加强系统联动指导，坚持和完善市县两级政协工作交流会等制度，更好发挥政协联动的整体优势。落实全面从严治党主体责任，全力支持市纪委（监委）派驻市政协机关纪检监察组工作，坚持从严教育、从严要求、从严管理、从严监督，着力推进正风肃纪。加强机关干部能力建设，提升机关服务保障水平，展现新时代政协机关的新样子。

各位委员，站在"两个一百年"的历史交汇点，人民政协使命光荣、责任重大。让我们更加紧密地团结在以习近平同志为核心的中共中央周围，在中共绵阳市委的坚强领导下，同心同德，砥砺奋进，不断谱写新时代全市政协事业发展新篇章，为全面建设中国科技城和社会主义现代化绵阳共同奋斗，以优异成绩庆祝中国共产党成立100周年！

2020年绵阳市十大新闻

【中国（绵阳）科技城建设第十四次部际协调小组会议召开】 2020年9月19日，绵阳科技城建设第十四次部际协调小组会议召开，中共中央政治局委员、国务院副总理刘鹤出席会议并讲话。此次会议是在党中央、国务院批准建设绵阳科技城20周年之际召开的一次重要会议，贯彻落实党中央、国务院决策部署，总结绵阳科技城建设进展情况，对绵阳科技城建设下一步工作作出部署，为绵阳准确把握科技城在新形势下的使命和目标定位找准方向。

【中共绵阳市委七届九次全会和七届十次全会举行】 2020年7月29日，中国共产党绵阳市第七届委员会第九次全体会议举行，会议审议通过《中共绵阳市委关于深入贯彻习近平总书记重要讲话精神深度参与成渝地区双城经济圈建设的决定》和《中国共产党绵阳市第七届委员会第九次全体会议决议》，对于全市上下全面贯彻落实党中央和省委决策部署，抢抓推动成渝地区双城经济圈建设战略机遇，在新一轮区域发展竞争中掌握主动权、赢得新优势，具有重大而深远的意义。同年12月23日，中国共产党绵阳市第七届委员会第十次全体会议举行，明确"十四五"时期经济社会发展的基本思路、主要目标以及2035年远景目标，为未来5年乃至更长时期绵阳发展谋划好新蓝图，为推动中国科技城和西部现代化强市建设迈上新台阶具有十分重要的意义。

【绵阳经济总量在全川地级市中率先突破3000亿元】 2020年，绵阳市地区生产总值在全省地级市率先突破3000亿元，达到3010.08亿元，同比增长4.4%，增速居全省第二位。这是绵阳经济发展的一座重要里程碑，是全市人民真抓实干、共同创造的辉煌业绩。2017年，绵阳在全川地级市中率先突破2000亿元大关，达到2074.75亿元；时隔3年，绵阳经济一举迈上3000亿元新台阶。三年连跨"两个千亿元"，为开启全面建设社会主义现代化绵阳新征程奠定坚实基础。

【省政府同意设立绵阳科技城新区】 2020年12月23日，四川省人民政府同意设立绵阳科技城新区，新区规划面积396平方千米，空间范围包括绵阳市9个乡镇。规划建设新区有利于更好履行建设中国（绵阳）科技城国家使命、推动建设成渝地区双城经济圈创新高地和"一干多支、五区协同"区域发展新格局。围绕规划建设新区的目标任务，全市探索科技创新示范区建设新路径，培育现代产业发展新优势，建设绿色智慧新家园，拓展开放合作新空间。

【成渝双城经济圈"绵碚"携手合作签署三年行动计划】 2020年4月1日、4月29日，四川省绵阳市·重庆市北碚区推动成渝地区双城经济圈建设第一次、第二次党政联席会议分别举行，并签署三年行动计划。根据三年行动计划，两地将共同实施交通路网互联互通、产业发展联动协同、科教创新优势互补等十大行动，共涉及29条合作内容、43项具体合作事项。绵阳与北碚共同参与成渝地区双城经济圈建设，携手打造推动成渝地区双城经济圈建设地方合作的标杆和典范，既是两地必须共同完成好的重要任务和光荣使命，也是两地携手推动高质量发展的重大机遇和现实需要。

【绵阳市3项工作获国务院督查激励表扬】 2020年6月初，国务院办公厅发布《关于对2019年落实有关重大政策措施真抓实干成效明显地方予以督查激励的通报》，绵阳市在"促进社会投资健康发展、企业债券发行、债券品种创新与风险防范等"

“促进工业稳增长和转型升级、实施技术改造”“落实有关重大政策措施、创造典型经验做法且受到国务院督查表扬”3个方面工作成效明显，受到国务院督查激励。

【绵阳市“五专”服务机制入选《中国营商环境报告2020》】 2020年10月16日，国家发改委发布《中国营商环境报告2020》（以下简称《报告》），绵阳市《“五专”企业服务机制》代表四川省入选《报告》“一省一案例——改革集萃篇”。“五专”企业服务机制，是指专线、专网、专窗、专班、专员，通过构建“五专”服务机制，形成解决企业“准入难、落地难、融资难、用工难、退出难”问题、畅通政企沟通渠道、提供“零距离”服务的有效路径。

【绵阳最后1例新冠肺炎患者治愈出院】 2020年3月13日，绵阳最后1例新冠肺炎患者治愈出院，至此，绵阳累计确诊的22例新冠肺炎患者，全部治愈出院。从1月22日首例确诊到3月13日22例确诊患者全部治愈出院，历时52天。这52天的坚守和战斗彰显医疗卫生工作者和全市人民打赢这场疫情防控阻击战的决心和力量，标志着绵阳疫情防治取得阶段性胜利。

【绵阳市第四次蝉联全国文明城市】 2020年11月10日，绵阳市第四次蝉联全国文明城市荣誉称号，复查成绩排名全国地级市第六，受到中央文明办通报表扬。绵阳市于2009年启动全国文明城市创建工作，并于2011年获得第三届全国文明城市称号，连续于2014年、2017年蝉联全国文明城市称号。

【第八届中国（绵阳）科技城国际科技博览会开幕】 2020年9月21日，以“科技创新·开放合作”为主题的第八届中国（绵阳）科技城国际科技博览会在绵阳开幕，这是新冠肺炎疫情发生以来四川省2020年举办的第一场国家级重大展会。本届科博会首次设立“云展馆”，举办中国（绵阳）科技城创新发展论坛、新型显示产业创新发展论坛、5G+工业互联网高峰论坛等线下活动，尽显绵阳携手科技创新、促进开放合作的真诚意愿，做优开放大平台、发展开放型经济的决心和底气。

（市委宣传部）

2020年大事记

1月

1日 《绵阳市住房公积金缴存业务实施细则》《绵阳市住房公积金提取转移业务实施细则》《绵阳市住房公积金个人住房贷款实施细则》开始实施。

▲绵阳市对生育保险和职工基本医疗保险正式合并实施，标志着全市全面实现两项保险参保同步登记、基金合并运行、征缴管理一致、监督管理统一、经办服务一体。

2日 绵阳军分区举行2020年开训动员暨绵阳市领导干部军事日活动。

▲绵阳市志愿服务联合会第一次会员代表大会暨成立大会召开。

▲绵阳机场发布消息，2019年绵阳机场航班共起降3.12万架次，同比增长3.3%；安全运送旅客415.94万人次，同比增长5.6%。

3日 二环路四期工程实现主线贯通，标志着二环路实现全线闭合。

▲中国（绵阳）科技城集中发展区科技智谷科技园区签约仪式举行。

6日 绵阳市举行绵阳城区巡游出租汽车运价调整听证会。

6—7日 阿坝藏族羌族自治州副州长、壤塘县委书记严华率壤塘县党政代表团到绵阳回访。其间，绵阳市与壤塘县签署消费扶贫协议。

6—11日 省重点行业企业用地初步采样调查专家技术指导会在绵阳召开。

7日 北川入选首批省级全域旅游示范区认定及创建名单。

10日 由全国股转系统、市政府共同主办的全国股转系统“新三板改革论坛”暨创新型高科技企业投融资路演活动在绵阳举行。

11日 全国康复研究区域中心和示范基地建设启动大会在北京召开。会上，北川羌族自治县残疾人康复服务中心被授牌为全国康复研究基地西南中心康复示范基地，成为全国唯一一个县级康复服务中心示范基地。

12日 一环路北段东延线工程通车。

13—16日 市政协七届五次会议在市委党校召开，其间，李亚莲当选为政协绵阳市第七届委员会主席。

14—17日 市七届人大六次会议在八一影剧院召开，其间，付康当选为绵阳市第七届人民代表大会常务委员会主任，王红当选为市人民检察院检察长。

16日 全市“不忘初心、牢记使命”主题教育总结大会召开。

▲全市城建攻坚重点项目之一的绵阳火车客站广场人行天桥项目竣工并投入使用。

19日 优化市与市辖区（园区）权责关系暨推进全市综合行政执法改革工作动员部署会议召开。

20日 绵阳市2020年春节综艺晚会在虹苑剧场举行。

▲绵阳市疾控中心发布新型冠状病毒肺炎健康指南，帮助市民了解新型冠状病毒知识，同时做好预防。

▲绵阳市第一个疑似新型冠状病毒样本送达绵阳市疾控中心微生物与临床检验所。

21日 全市新型冠状病毒感染的肺炎疫情防控工作专题会召开，

对做好全市疫情防控工作作出安排部署。

22日　全市新冠肺炎疫情防控工作会召开。

▲绵阳市各主流媒体登载“发热患者就诊指南”和设有发热门诊的医院名单。

▲18时　省卫健委通报，绵阳市2例疑似患者被确诊为输入性新冠肺炎病例。

▲绵阳火车站、绵阳机场出台新冠肺炎疫情防控工作政策，配备相关体温监测仪器。

▲市市场监管局开展突击检查，严打哄抬口罩价格行为。

▲全省新冠肺炎市级医疗救治定点医院——绵阳市四〇四医院医护人员自发组织请缨加入新冠肺炎防控前线签字活动，主动请缨的医务人员达566人，其中医疗应急梯队244人、护理应急梯队217人、应急梯队105人。

▲市政府新闻办举行2019年度绵阳市国民经济社会运行情况新闻发布会，发布2019年绵阳经济社会发展主要数据。2019年全市实现地区生产总值（GDP）2856.20亿元，按可比价格计算，同比增长8.1%，增速高于全省平均水平0.6个百分点，总量与增速均居全省第二位。

23日　绵阳市应对新冠肺炎疫情联防联控机制工作领导小组第一次会议由市长元方主持召开。会议安排部署全市防控工作。

24日　四川省启动突发公共卫生事件Ⅰ级响应。按照省突发公共卫生事件应急指挥部的统一部署和要求，绵阳市立即启动应急预案，组织领导、协调指挥全市各级各部门开展突发公共卫生事件处置工作，落实各项预防控制措施。实行最大限度减少公众聚集活动的管制措施，确保人民群众生命安全和身体健康，坚决防止新冠肺炎疫情扩散。

2月

2日　绵阳首例被治愈的新冠肺炎患者出院。

10日　全市小区实施封闭式管理。

12日　全市农村地区疫情防控暨全市春耕生产工作视频会议召开。

17日　绵阳市涪城区丰谷镇新建村、和平村，游仙区云凤镇柏荣村等13个村获评第二批国家森林乡村。

▲市发改委印发《关于切实加强疫情科学防控分类有序推进省市重点项目复工开工的通知》，要求按照“突出重点、分类指导、分区施策、有序推进”的原则，有力有序有效、分类分批次推进重点项目复工开工。

18日　绵阳市2020年第一次总河长会议召开，会议听取全市2019年度河（湖）长制工作推进情况和2020年度工作重点汇报，审议《2020年绵阳市全面深化河（湖）长制工作要点》，对2020年全市河（湖）长制工作进行安排部署。

▲全市农村地区新冠肺炎疫情防控暨农业生产工作视频会议召开。

▲全市工业企业复工复产工作视频会议召开，分析全市工业企业复工复产总体态势，研究部署下一阶段重点工作，推动工业企业复工复产。

▲绵阳市文化市场综合行政执法支队挂牌。

19日　绵阳市脱贫攻坚领导小组2020年第一次会议召开。

20日　中国共产党绵阳市第七届纪律检查委员会第五次全体会议召开。

▲中国（绵阳）科技城党工委（扩大）会议召开，会议听取科技城加快发展创新主体培育、创新生态营造、创新活力激发、创新产业壮大、开放合作深化、发展环境优化“六大工程”专项小组工作等情况汇报。

▲中国（绵阳）科技城招商引资网络推广会举行。该网络推广会是绵阳市在抗击新冠肺炎疫情特殊时期开展“不见面招商”的创新举措，共吸引华润集团、华为技术有限公司、中国欧盟商会、浙江四川商会等2000余家企业、商协会负责人在线参与，观看网络直播人数达30.65万人。

▲全球首款5G工业互联网模组在长虹控股旗下子公司爱联科技下线。

26日　银保监会绵阳监管分局、人民银行绵阳市中心支行及市金融工作局联合印发《绵阳市金融支持实体经济恢复发展应对疫情影响的十三条措施》，支持新冠肺炎疫情防控期间绵阳实体经济发展。

28日　涪城区检察院办理的督促规范快递收寄验视行政公益诉讼案入选全国检察机关野生动物保护公益诉讼典型案例。

29日　全市164个在建省市重点项目复工163个，复工率达99.39%。

3月

3日　2020（庚子）年春华夏母亲嫘祖故里先蚕节网络祭祀在盐亭县开展。

3—30日　全市范围内开展春季安全生产专项行动，为打赢新冠肺炎疫情防控阻击战和经济平稳运行营造良好安全的环境。

5日　《2020年全市人才工作要点》《“绵州育才计划”疫情防控和医疗救治人才项目实施方案》《2020年度“科技城人才计划”总体实施方案》《全域联动打造“绵州英才荟”人才活动品牌实施方案》等文件经绵阳市人才工作领导小组2020年第一次会议审议并原则性通过。

▲高新区与康宁显示科技签署合作协议，总投资约1.6亿美元的康宁显示科技玻璃基板项目落户高新区。

▲华为生态链合作伙伴——绵阳高新区网络对接会在绵阳举行，依托华为WeLink，以“不见面、屏对屏”方式开展推介和互动交流合作。

8日　11时至11时30分，四川广电网络实施第二次全网全频道调试播出，全市超过50万户学生家庭通过机顶盒搜索、收看省教育厅新学期电视教学调试信号，找到对应的年级频道。

▲西南科技大学与四川科通律师事务所法治助力科创区企业复工复产赠书仪式暨社区治理法律在线开通仪式在科创区举行。标志着西部首家互联网律师事务所——社区治理科通法律在线视频系统正式上线运营。

9日　北川获评“2019年度全省农民增收工作先进县”。

10日　长虹电源公司复工复产后首批轨道交通电源系统——复兴号动车应急电源系统在绵阳交付。

11日　全市支持科技企业复工复产政策宣讲暨政银企视频对接活动举行。100余家科技企业通过“会易通”App线上观看，4.8万人通过西蜀网在线观看直播。

12日　《绵阳市关于阶段性下调水电气价格切实降低企业用能成本的方案》印发。

13日　绵阳市决战决胜脱贫攻坚工作推进会议以电视电话会议形式召开。

▲新冠肺炎患者敖某从绵阳四〇四医院丰谷分院隔离病区治愈出院，至此，绵阳累计确诊的22例新冠肺炎患者全部治愈出院，实现全部（确诊、疑似、密切接触者）清零，标志着全市疫情防治取得阶段性胜利。

▲绵阳市2020年首批1669万元稳岗返还资金全部发放到位，惠及企业436家。

▲《促进全市工业稳增长稳投资若干措施》印发。

▲柯城—北川扶贫协作产业园首个项目——北川中药材供应保障公共服务能力平台及深加工项目签约落户该产业园。

14日　市住房公积金中心在全省率先开展取消住房公积金贷款阶段性担保保证金试点工作，为企业减费降负，支持房地产企业发展。

15日　2020年“中国睢水·春社踩桥”系列民俗文化活动取消。

▲《放心舒心消费环境建设指南》等7项绵阳市放心舒心消费环境建设系列地方标准发布，标志着绵阳市在全国率先建立放心舒心消费环境建设标准体系。

▲全市启动固定污染源排污许可清理整顿《固定污染源排污许可分类管理名录（2019版）》和2020年排污许可证申领和登记工作。

16日　九绵高速LJ11标厄里村特大桥主桥墩柱全部封顶，标志着主桥下部结构全面完工。

▲全国首家民营飞行学院——绵阳飞行职业学院获省政府批准在北川永昌镇成立。

18日　加强金融服务推动全省重点项目加快建设融资对接电视电话会议绵阳分会场举行绵阳市重点项目融资协议签约仪式，长虹双创智能制造工业园项目、绵阳科技城集中发展区（涪城区属范围）基础设施等项目与金融机构签约。

▲全市153个省市重点续建项目全部复工；2020年计划新开工项目112个，开工47个。

18—19日　中共中央办公厅、国务院办公厅组织调研工作组到绵阳开展调研并听取绵阳市复工复产情况汇报。

19日　绵阳市应对新冠肺炎疫情应急指挥部发布第六号公告。居民小区不再实行封闭式管理；全面恢复酒店、宾馆、超市、便利店、理发店、购物中心、批发市场、农贸市场等经营场所正常营业，暂停举办聚集性展销促销活动；全面恢复餐饮服务经营单位正常营业，限制大规模集体性聚餐和大规模宴席（含农村自办群体性宴席）；有序开放图书馆等公共场所，影院等休闲娱乐场所。

▲绵阳科伦药业在游仙区东津路设立智慧药房，通过扫码支付，可全天候、无接触式购买防护物资。

20日　市商务局、市市场监督管理局、市住房和城乡建设委员会联合发布《关于加快全市餐饮业全面恢复正常营业的通知》，要求全市所有餐饮服务经营单位全面恢复营业，取消原有“堂食餐位密度低于50%、中餐大厅桌与桌之间间距不低于3米、小餐饮店餐椅单向摆放、单侧入座”等流量管控措施。

▲绵阳市应对新冠疫情加强金融支持实体经济暨中小企业银企对接会由市经信局、市银保监局、市民营办联合举行，会议解读中央、省、市系列支持实体经济和中小企业融资政策措施。

▲支持文化旅游企业复工复产政策宣讲暨政银企视频对接会由市金融工作局、市文化广播电视和旅游局联合举办。会议向文旅企业宣讲融资政策，解答融资疑问，推动文旅企业复工复产。

▲经开区法院利用VR直播进行司法拍卖，这也是全市首例VR直播拍卖房屋。

▲三台县宝林村种植户黄继文收到中国建设银行三台县支行提供的9万元贷款，这是全市首笔纯信用扶贫贷款。

21日　中国工程物理研究院向绵阳市捐赠体外膜氧合机等一批价

值超过1100万元的先进医疗设备，这是全市疫情防控期间接受的单笔最大规模医疗物资捐赠。

▲即日起，全市12个公共墓地推行实地祭扫提前预约，市民凭二维码入内。同时，全市倡导线上绿色祭奠，建议市民通过网上祭奠平台寄托哀思。

21日至5月5日　全市开展“弘扬诚信经营理念，促进放心舒心消费”活动月。

23日　全市累计收集处置医废471.76吨，其中疫情医废34.45吨、收集处置社会源废弃口罩5.34吨，均做到日产日收、即到即销。

24日　国网四川省电力公司系统内首个农电服务中心、供电服务站在安州区挂牌成立，标志着国网绵阳供电公司供区内“农电服务中心+供电服务站”和“中心供电所+供电服务站”两种模式的乡镇供电服务机构改革工作开始。

25日　全市医疗保障工作运行分析暨DRG支付方式改革动员会召开，全市正式启动医保DRG支付方式改革，在全市二级及以上医院推进此项改革。

26日　四川省2020年第一季度重大项目集中开工，绵阳市在游仙智能制造产业园设分会场与全省同步举行。绵阳集中开工项目79个，总投资396亿元。

▲绵阳市电商直播基地落户创新中心。

27日　绵阳市涪城区成为2019年度四川省实施乡村振兴战略工作先进县（市、区），游仙区新桥镇、三台县芦溪镇、北川羌族自治县擂鼓镇成为先进乡镇，杨家镇团阳寺村、吴家镇三清观村等36个村成为示范村。

▲全市乡镇行政区划调整改革总结暨村级建制调整改革工作推进会议召开。

▲《绵阳市关于促进绵阳建筑业高质量发展的实施意见》经市政府第90次常务会议暨市应对新冠肺炎疫情应急指挥部第十次会议审议并原则通过。

▲绵阳市教育和体育局发布全市中小学（幼儿园）2020年春季学期开学有关事项的公告。全市各地各类学校实行分区分类、分级分段、错时错峰、陆续有序组织开学复课。

▲即日起，绵阳市失业人员可登录绵阳市人力资源和社会保障网上业务经办大厅，办理失业保险金网上申领。

▲绵阳市统计局、绵阳市人民政府第四次全国经济普查领导小组办公室发布《绵阳市第四次全国经济普查公报》，标志着绵阳市第四次全国经济普查完成。

28日　绵阳市按照“政府引导、企业主体、协会参与、市场化运作”方式，启动2020年“乐购春晓”惠民消费券促销活动，活动时间为3月底至6月底。

29日至4月10日　全市开展危险化学品重大危险源专项执法行动，遏制重特大安全事故发生。

31日　绵阳科技城创新中心5G智慧园区项目战略框架合作协议举行网上签约仪式，落户科创区。

4月

1日　四川省绵阳市·重庆市北碚区推动成渝地区双城经济圈建设党政联席会议暨合作框架协议签署仪式在绵阳举行，双方签署《四川省绵阳市人民政府重庆市北碚区人民政府推动成渝地区双城经济圈建设合作框架协议》。

▲绵阳市援湖北医疗队首批队员回到绵阳。市委、市政府在火炬广场举行迎接仪式。

▲全市高三年级开学复课。

▲“你好，好生活！——绵阳城市生活周活动”在富临百盛广场启动。

▲绵阳汇德轩文化艺术有限公司获得“全国版权示范单位”称号。

2日　2020年绵阳市初中毕业升学体育考试项目首次公开抽签在南山中学双语学校进行。

3日　2020年春·四川绵阳市高层次人才专场“空中双选会”举行。

▲绵阳市援湖北医疗队第二批队员回到绵阳。市委、市政府在火炬广场举行欢迎仪式。

6日　经开区推动先进制造产业功能区建设重点项目签约仪式举行，签约项目3个、总投资20.3亿元。

7日　全市高二年级、初三年级、小学各年级开学复课。

9日　全市“新三板”企业挂牌工作培训会召开。

10日　《绵阳市2020年优化营商环境工作方案》印发，正式推出优化营商环境2.0版改革方案，提出36条措施，并细化明确110项责任清单。

▲绵阳市北川羌族自治县石椅羌寨、江油市贯山镇稻香渔村农业主题公园、安州区红花源农业主题公园成为第二批省级示范农业主题公园。

▲绵阳与北海首次开行直达动车组（D1780、D1779）。

11日　广（元）平（武）高速公路TJ14合同段大坪涪江特大桥17#主墩封顶。

▲科创区“实景三维大数据西南超算中心”项目签约仪式在深圳举行。

13日　七届市委第八轮巡察工作动员部署会议召开。

14日　全市就业创业工作电视电话会议召开。

15日　绵阳市与重庆市北碚区签署《推动双城经济圈建设产业协同招商战略合作协议》。

▲淘宝官方“县长来了”直播

活动在科创区举办。盐亭、平武、北川、仙海等县和园区的领导直播推介沃柑、石斛花、茶叶、腊肉等绵阳本地特色产品。

16日　中国（绵阳）科技城孵化载体联盟成立。

17日　绵阳市和重庆市北碚区签署《生态环境保护协同发展合作框架协议》。

18日　长虹新能源绵阳锂电项目暨绵阳高新区招商引资项目集中开工仪式举行。

19日　绵阳首批支援成都海关疫情防控队正式进驻成都双流国际机场，协助开展境外到四川人员的流行病学调查及采样等防控工作。

20日　北川羌族自治县永安镇大安村文化扶贫项目作为全市唯一典型案例入选四川省“文化扶贫示范村”创建活动领导小组印发的《欢歌共唱新时代文化扶贫助小康——2018四川省文化扶贫示范村案例汇编》。

▲北川羌族自治县桂溪镇名列农业农村部和财政部公示的全国2020年度259个农业产业强镇建设名单。

▲全市首个乡镇专职消防救援站——游仙区魏城镇专职消防救援站正式揭牌。

▲绵兴路二期（辽宁大道至双碑铁路立交段）改造提升工程正式启动。

20日至6月7日　七届市委第八轮巡察第一批次启动，市委巡察组对市委宣传部、市委统战部、市委政法委等16个单位党组织开展常规巡察。

21日　绵阳市26个项目获得2019年度四川省科技进步奖奖项。

22日　金融助力西部先进制造业示范区建设政金企共谋发展融资对接会举行。

23日　绵阳市国家级知识产权保护规范化市场授牌仪式举行，天泰剑南国际食品城、毅德商贸城获得“国家级知识产权保护规范化市场”授牌。

24日　市医保局、建行绵阳分行联合举行“医保抗疫贷”产品发布仪式。

▲绵阳市长江经济带生态环境问题集中排查整治省级暗查指导情况沟通会召开，通报暗查反馈意见。

▲2020年“创客绵阳”创新创业大赛总决赛在绵阳科创区举行。

▲《绵阳市知识产权发展与保护状况（2018—2019）》白皮书发布。

27日　国务院发布《关于同意在雄安新区等46个城市和地区设立跨境电子商务综合试验区的批复》，绵阳市成为获批设立跨境电商综合试验区的城市。

▲《绵阳市深入推进“分餐制·公勺公筷制”行动工作方案》出台，在全市范围内开展餐饮消费“分餐制·公勺公筷制”行动。

▲绵阳企业爱联科技有限公司入选全国“科改示范企业”名单，成为全国完成改革方案备案的204家企业之一。

28日　绵阳市纪念五四运动101周年大会暨十大杰出青年、青年文明号颁奖典礼在绵州大剧院举行。

29日　绵阳惠科第8.6代薄膜晶体管液晶显示器件项目建成点亮。

▲四川省绵阳市·重庆市北碚区推动成渝地区双城经济圈建设第二次党政联席会议暨三年行动计划签署仪式在北碚区举行，两地签署《四川省绵阳市人民政府重庆市北碚区人民政府推动成渝地区双城经济圈建设合作三年行动计划（2020—2022年）》。

5月

1日　绵安快速通道通车。该通道为双向六车道，全长3.13千米，起于安州区友谊桥头，止于辽安路一、二期交叉处。

5日　国务院办公厅发布《关于对2019年落实有关重大政策措施真抓实干成效明显地方予以督查激励的通报》，绵阳市在“促进社会投资健康发展、企业债券发行、债券品种创新与风险防范等”“促进工业稳增长和转型升级、实施技术改造”“落实有关重大政策措施、创造典型经验做法且受到国务院督查表扬”3个方面工作成效明显，受到国务院督查激励。

7日　四川省利用亚洲开发银行贷款农业综合开发长江绿色生态廊道项目在安州区河清镇举行开工仪式。

▲绵阳高新技术产业开发区、游仙高新技术产业园区成为四川首批院士（专家）产业园。

8日　市委宣传部与重庆市北碚区委宣传部在绵阳签署《关于加强宣传合作促进媒体融合框架协议》，双方计划构建横跨川渝的大宣传格局，为两地打造川渝合作示范营造舆论环境。

▲市农业农村局专家组对江油市大堰镇泉水村的小麦绿色高产示范片进行实产验收，其中最高亩产达729.8公斤，刷新中国西南地区小麦亩产最高纪录。

▲绵阳市公交导盲系统启动仪式在涪城区临园路东段临园口公交站举行。

9日　全市臭氧污染防控工作专题会召开，对近期臭氧污染防治工作作出安排部署。

11日《绵阳市新型智慧城市建

设顶层设计（2020—2022）》经市政府常务会议审议通过，标志着全市新型智慧城市建设正式启动。

12日　由绵阳市抗震救灾指挥部、江油市政府主办的2020年地震灾害综合应急救援演练在江油市武都镇海金村11组举行。

▲绵阳市梓潼“两弹城”旅游景区被评为国家AAAA级旅游景区。

13日　绵阳市科学技术局与重庆市北碚区科学技术局签署《推动成渝地区双城经济圈建设协同创新合作协议》，两地携手共同推进科技交流合作。

▲即日起至年底，全市开展安全生产“铸安2020”监管执法专项行动，对重点领域和重点企业开展安全生产监管执法专项行动，促进企业尽快恢复正常生产经营活动。

14日　《绵阳市法治化营商环境建设行动方案》出台。

▲全市城建攻坚行动2020年重点工程之一的二环路南段与省道205线立交匝道工程全面完工。

15日　“安州魔芋”入选农业农村部2020年第一批全国名特优新农产品名录，是全省蔬菜类唯一入选的产品。

▲市中心医院的赵洁琨家庭入选全国妇联“全国抗疫最美家庭”。曹婕家庭、范艾家庭、蒲桂蓉家庭、邓怀静家庭、李艳丽家庭入选“四川省抗疫最美家庭”。

▲同心众创空间、江油创客空间等6家单位入选2020年绵阳市小型微型企业创业创新示范基地，至此，全市市级小微企业创业创新示范基地累计27家。

▲2020绵阳首届汽车博览文化节暨惠民购车节汽车下乡活动在同立汽车城开幕。

18日　绵阳市大气污染防治智慧识别分析系统正式试运行。

19日　平武县、北川羌族自治县被省委、省政府评为2019年全省脱贫攻坚先进县。

20日　全市农村人居环境整治工作推进会议召开。

▲绵阳市·北碚区推动成渝地区双城经济圈建设政法工作联席会议暨合作框架协议签约仪式在绵阳举行。

21日　全市决战决胜交通脱贫攻坚问题整改现场会在安州区高川乡召开。

▲绵阳市文广旅局和重庆北碚区文旅委签署《加快推动成渝地区双城经济圈建设促进绵碚文化和旅游融合发展合作协议》。

▲全市新时代文明实践中心建设试点暨农村精神文明建设工作推进会召开。

23日　每日经济新闻、清华五道口金融学院旗下道口金科推出“韧劲中国——中国经济复苏城市排行榜”显示，绵阳在335个地级及以上城市中排在第二十七位。

26日　绵阳市“抗疫情·稳外资·稳外贸”政企银对接会召开。

▲岷山濒危野生动植物保护生物学国家长期科研基地（北川基地）授牌仪式在北川羌族自治县举行。

27日　绵阳市经信局和重庆市北碚区经信委推动成渝地区双城经济圈建设战略合作框架协议签约仪式暨产业合作座谈会在绵阳召开。

▲绵阳市生活垃圾焚烧发电项目第二期正式运行并网发电，垃圾处理规模达每日1500吨，设计年处理量达58万吨。

29日　绵阳市完成社保扶贫应保尽保任务。

30日　西部半导体集成电路高科技产业园项目开工仪式在游仙区举行。

6月

1日　绵阳市第四部实体性地方性法规《绵阳市历史建筑和历史文化街区保护条例》经省十三届人大常委会第十七次会议批准正式实施。

▲绵阳、德阳、遂宁3个市及相关11个县市区签订《大气污染防治联防联控区域合作协议》，推动区域联防联控联治，协同推进区域生态环境保护和经济社会协调发展。

▲《绵阳市区域协同发展规划（2019—2025年）》印发，围绕深度参与成渝地区双城经济圈建设、融入全省“一干多支、五区协同”战略、优化全市“一核两翼、三区协同”布局，明确全市区域协同发展的主要目标和主要任务。

▲省道205线绵阳绕城段试通车。

2日　省委第七巡视组巡视绵阳市工作动员会召开。

▲绵阳北碚统一战线结对共建友好合作签约仪式暨交流座谈会在绵阳召开。

▲“绵碚”民营经济协同发展第一次合作对接会在绵阳召开。

3日　绵阳市入选四川省全国市域社会治理现代化试点地区（第一期）。

4日　绵碚宣传思想文化工作一体化发展合作协议签署仪式在绵阳举行。

▲华为云全面赋能科技城企业高峰论坛在中国（绵阳）科技城软件产业园举行。

▲梓潼县入选财政部2020年生猪（牛羊）调出大县奖励资金以及各省生猪调出大县名单，并获得369万元奖励资金。

5日　涪城区杨家镇杨家社区、北川羌族自治县曲山镇石椅村、江油市雁门镇青龙峡村、平武县白马藏族乡亚者造祖村、平武县平通镇桅杆村入选全省100个省级乡村旅游重点村。

▲绵阳安州李调元入选第二批四川历史名人名单。

▲《绵阳市餐饮业公筷公勺使用管理规范》出台。

8日　绵阳获评全国“2019年促进工业稳增长和转型升级、实施技术改造成效明显市（州）”，成为西部地区唯一入选城市。

▲《绵阳市支持服务业重点产业发展若干政策措施》经市政府第94次常务会议暨市应对新冠肺炎疫情应急指挥部第十四次会议审议并原则通过。

9日　绵阳市获四川省促进服务业发展工作先进市党委、政府称号；涪城区、游仙区、三台县获四川省促进服务业发展工作先进县（市、区）党委、政府称号；四川长虹佳华数字技术有限公司、四川智易家网络科技有限公司等4家企业获四川省优秀服务业企业称号。

▲总投资200亿元的绵阳文创产业园项目在四川省服务业发展峰会上签约。

▲“三台藤椒”获准注册地理标志集体商标。

11日　四川省第七次全国人口普查综合试点入户登记启动仪式暨“走进七人普”统计法治宣传活动在涪城区万达广场举行。

▲第六届中国科技城大学生毕业设计大赛决赛在科创园区创新中心举行。

12日　绵阳市深度参与成渝地区双城经济圈建设研讨会在绵阳举行。

13日　绵阳市白水湖旅游景区被列入全省AAAA级旅游景区创建名单。

▲广（元）平（武）高速TJ14合同段贾村坝隧道右洞贯通。

15日　三台县秋林镇金乐村易地扶贫搬迁配套基础设施项目的建成，标志着绵阳市“十三五”易地扶贫搬迁工程建设任务全面完工。

16日　省杂粮产业化工程技术研究中心落户绵阳。

17日　四川省建设绵阳科技城领导小组第21次会议在成都召开，听取小组成员单位和绵阳市有关情况汇报，安排部署加快绵阳科技城建设重点工作。

18日　绵阳市人力资源和社会保障局与重庆市北碚区人力资源和社会保障局通过重庆智慧就业网共同举办“绵碚CP人才荟（2020年西南大学、绵阳师范学院、四川文化艺术学院专场）”网络招聘会。

▲以“创新赋能发展、科技引领未来”为主题的九洲集团创新发展大会在绵阳九洲体育馆举行。

▲江油新安农业公园被中国村社发展促进会农业公园专委会、中国农业公园研究课题组联合确认为中国农业公园，这是绵阳市唯一入选的中国农业公园。

▲绵阳市全面推开行业协会商会与行政机关脱钩改革工作部署会召开。

19日　绵阳市举行防汛抢险暨主城区超标洪水防御调度演练。

▲北川获评国家级电商进农村综合示范县。

20日　《绵阳市家政服务业提质扩容“领跑者”行动试点工作方案》印发。

22日　国家“先进轨道交通”重点项目——时速600千米高速磁浮试验样车在同济大学嘉定校区磁浮试验线上试跑成功，该磁浮样车所搭载的440V及24V电源系统的研制工作由长虹电源公司提供。

23日　四川省高层次人才科技成果专场发布会在绵阳高新区举行。

▲绵阳市举行国家电器安全质量监督检验中心（四川）、国家技术标准创新基地绵阳区域中心、绵阳市标准化研究院揭牌仪式。

▲由四川长虹联手MCN机构及文创机构打造的草莓台举行首播仪式，这是中国家电业首个自主短视频及直播平台。

24日　绵阳市环境监测中心站正式更名为四川省绵阳生态环境监测中心站，并举行揭牌仪式。

▲阿坝红原县首个飞地产业园项目在三台县签约。

29日　绵阳飞行职业学院揭牌仪式在北川举行。

▲绵阳市消防救援支队地震地质灾害救援、化工事故救援、水域救援、战勤保障4支专业队正式成立。

30日　全市共有核酸检测实验室21家，实现核酸检测能力县市区全覆盖。

▲绵阳市金融支持稳企业保就业工作推进会暨2020年金融精准扶贫工作推进会召开。

▲游仙区等3个县市区、游仙区富乐街道等4个街道、安州区桑枣镇枣园社区等12个社区入选四川省首批城乡社区治理试点单位。

7月

1日　绵阳至苍溪高速公路梓潼段首条连接线——梓东路正式通车。

2日　绵阳市中九建工集团有限公司、四川嘉来建筑工程公司、绵阳浩龙天星建筑公司、四川鸿宇实业集团有限公司、四川佳富美建设有限公司5家单位入围省住房和城乡建设厅公布的四川省总承包试点单位名单。

3日　绵阳市服务业发展大会召开。

▲绵阳市服务业“8+1”产业投资推介会举行。

▲绵阳市商务直播交流分享会在51C+创客中心举行。

▲2020年度绵阳退役军人创业创新培训会暨2020年四川省退役军

人创业创新大赛绵阳初赛正式启动。

4日 “涪城汉韵”绵阳市博物馆藏汉代精品文物展在无锡博物院开展。

6日 长虹控股旗下四川爱联研发出首款国产超小体积5G通信模组——AI-NR11。

7日 东西部就业帮扶劳务协作2020年夏季专场招聘会在平武县报恩寺广场举行。

8日 《绵阳市抓项目促投资19条硬措施》经市委常委会会议审议通过。

▲全市放心舒心消费环境建设工作会召开，安排部署全市放心舒心消费环境建设工作。

▲长虹模组智能制造中心在广东长虹5A工厂正式成立。

9日 绵阳市再次被评为“四川省双拥模范城”，这是绵阳市连续七届获得该荣誉。涪城区、游仙区、安州区、江油市、三台县被授予“四川省双拥先进县”称号。

▲高新区暨新型显示产业功能区2020年招商引资重点项目集中签约仪式举行。

10日 《中共四川省委关于深入贯彻习近平总书记重要讲话精神、加快推动成渝地区双城经济圈建设的决定》（以下简称《决定》）经中国共产党四川省第十一届委员会第七次全体会议审议通过。《决定》针对绵阳市，明确“支持绵阳建设具有国际影响力的中国科技城”“以中国西部（成都）科学城、中国（绵阳）科技城为主要承载区，以‘一城多园’模式与重庆共建中国西部科学城，打造成渝绵‘创新金三角’”“创新一会两地、共同举办、轮流举办等模式，提升西博会、科博会等专业化国际化水平”。

▲绵阳市生态环境保护协会成立暨第一届会员大会召开。

▲第四届“四川工匠杯”职业技能大赛选拔赛暨第四届绵阳市职业技能大赛茶叶行业专项比赛在北川举行。

▲绵州企业管理菁英人才“服务专员”启动仪式暨菁英人才企业项目对接活动举行。

13日 全市应急广播村级覆盖率和农户知晓率均达100%。

▲全省首个污染防治快速反应平台在绵阳正式投入使用。

13—14日 四川省绵阳市人大常委会·重庆市北碚区人大常委会服务成渝地区双城经济圈建设工作交流暨合作签约仪式在重庆市北碚区举行。

14—15日 成渝双城经济圈学前教育联合研讨会暨绵阳市幼教联盟第四届年会在绵阳举行。

16日 绵阳2020保险超级碗颁奖典礼在虹苑剧场举行。

▲2020年四川省退役军人创业创新大赛（绵阳分赛）在科创园区举行。

17日 北川羌族自治县全面完成财政电子票据管理改革工作，成为全省第一个完成财政电子票据管理改革“双覆盖”的县区（即财政电子票据改革覆盖所有单位，财政电子票据改革覆盖所有票种）。

▲第四届“四川工匠杯”职业技能大赛选拔赛暨第四届绵阳市职业技能大赛主赛场决赛开幕。

▲全市长江流域重点水域禁捕和退捕渔民安置保障工作推进视频会议召开。

▲全市“非洲猪瘟”等重大动物疫病防控暨生猪生产调度会召开。

▲绵阳市文化志愿者协会在绵阳市博物馆正式成立。

▲平武县被大熊猫国家公园四川省管理局纳入首批“大熊猫国家公园（四川）自然教育先行试验区”，入选首批大熊猫国家公园自然教育基地。

18日 绵阳方特东方神画主题乐园开园。

20日 绵阳市各大影院有序开放恢复营业。

▲绵阳市商业银行成为全国第五家、西部地区第二家、四川第一家宣布采纳赤道原则的银行。

▲绵阳南郊机场绵阳—青岛航线正式开通。

21日 全省推动制造业高质量发展工作会议在绵阳召开。

22日 绵阳市2020年度个体工商户和灵活就业人员参加企业职工基本养老保险缴费标准出炉，最低每月缴费539.4元，最高每月缴费3463.4元。

22—24日 省委书记彭清华围绕做好两项改革“后半篇”文章，到绵阳市三台县、盐亭县开展蹲点调研。

23日 第四届“中国创翼”大赛四川赛区选拔赛绵阳赛暨中国科技城第六届大学生创新创业大赛在绵阳落幕。

▲绵阳市退役军人胥金龙、白飞龙，获评“2020四川省退役军人就业创业之星”。

25日 绵阳市城市级智能门户平台——“i绵阳”App上线发布会举行。

26日 第二届海峡两岸大禹文化交流活动暨2020（庚子）年大禹诞辰祭祀典礼在北川举行。

28日 全省首个垃圾分类处理一体化系统在游仙试点。

29日 中共绵阳市委七届九次全会审议通过《中共绵阳市委关于深入贯彻习近平总书记重要讲话精神 深度参与成渝地区双城经济圈建设的决定》。

31日 绵阳市142艘渔船全部退出长江流域，提前完成中央和省上下达的长江流域渔船退捕上岸工作。

8月

3日 大熊猫国家公园绵阳管理分局平武管理总站在平武县正式挂牌成立。平武大熊猫管理总站内设王朗、白马、木皮、水晶、雪宝顶、土城、泗耳、高村、锁江9个基层管护站及5个其他内设机构。

5日 绵阳生物医药产业园（梓潼县经开区）获得“四川省中医药传承创新发展先进集体”称号。

▲绵阳市设立“北碚绵阳通办窗口”，绵阳北碚43个政务服务事项实现跨区域通办。

▲绵阳惠科光电科技有限公司出口土耳其的150件、货值6.93万元的液晶显示板经海关验放后正式启动发运，完成绵阳惠科项目投产以来的首次出口。

6日 《绵阳市重点企业“服务绿卡”管理办法》出台。

12日 江油市长城实验学校布拖班的彝族女学生阿欧么尔作获得全国青少年爱国主义读书教育活动中学组演讲比赛四川省分赛第一名，进入全国总决赛。

18日 “我爱绵阳·文明出行”主题活动启动仪式在文化广场举行。

19日 2020年“创客中国”四川省中小企业创新创业大赛暨第三届“创客天府”创新创业大赛绵阳区域选拔赛举行。

20日 “余风激兮万世——李白诗意书画特展”在杭州博物馆盛大开展。

26日 市政府与中兴通讯股份有限公司深化战略合作签约仪式在绵阳举行。

27日 梓潼县农业农村局的黄丽参加四川技能大赛——2020年农业行业动物防疫职业技能竞赛决赛，获得“全省农业技术能手”称号。

27—28日 四川省退役军人创业创新大赛省级决赛在成都举办，中科国兴（绵阳）科技有限公司的项目获得现代农业组一等奖，四川伟博震源科技有限公司的项目获得传统产业及生活服务业组一等奖。

30日 《中国影像方志》四川卷梓潼篇在中央电视台科教频道播出。

9月

1日 市公安局交警支队和特巡警支队“交巡融合”警务改革启动仪式举行。

3日 2020年绵阳市“质量月”活动——放心舒心消费环境建设智慧农贸市场开通仪式在科创园区元通农贸市场举行，标志着全市首家智慧农贸市场开通。

▲绵阳市5个单位入选第六批全国森林康养基地试点建设单位名单，其中平武县为2020年全国森林康养基地试点建设县，江油市窦圌山森林康养基地、游仙区“鹤林绿洲”森林康养基地、平武县浮云山森林康养基地、安州区汇森森林康养基地4个单位为全国森林康养基地试点建设单位。

▲绵兴路改造提升工程二期永兴段（永惠路口至普乐路口）道路改造升级完工，正式恢复双向通行。

4日 中国（科技城）重点工程劳动竞赛工作推进暨中建科技绵阳综合管廊项目劳动竞赛启动仪式举行。

7日 绵阳开元磁性材料有限公司、四川华丰企业集团有限公司、四川安和精密电子电器股份有限公司、四川九洲线缆有限责任公司、四川经纬达科技集团有限公司入选2020年中国电子元件百强企业名单。

8日 绵阳四〇四医院感染大科副主任、结核病区（丰谷病区）主任龙波获得“全国抗击新冠肺炎疫情先进个人”称号。

▲中国重汽首批绵阳智能环保专用车交付暨批量订单签约仪式举行。

9日 四川九洲电器集团有限责任公司四川省卫星互联网通信应用技术工程实验室项目和四川龙华光电薄膜股份有限公司四川省光学偏光薄膜材料工程实验室获批建设省级工程实验室。

10日 中国金属资源利用有限公司入围中国民营企业500强，四川铁骑力士实业有限公司入围中国制造业民营企业500强。

11日 中国（绵阳）科技城建设新闻发布会在北京举行。

▲“安逸四川·春回绵州”2020绵阳网络文化旅游季颁奖暨非遗进景区活动在平武县平通羌族乡举行。

▲江油窦圌山风景区、平武报恩寺、潼川古城、平武印象梅林景区、江油中国酱文化博览园、江油中华洞天、西羌九皇山猿王洞、梓橦县七曲山风景区、仙海旅游景区、安州区枣皮走廊·蝴蝶谷景区获得“绵阳十大金牌景区”称号。

15日 2020“全国消费促进月”“金鼠闹金秋”零售促销暨绵阳万企联动乐享金秋消费季活动启动仪式在绵阳百盛购物广场举行。

▲四川省博士（后）服务团招才引智百名博士（后）走进中国（绵阳）科技城活动在绵阳举行。

16日 绵州英才荟·首届嫘祖故里英才表扬活动在盐亭举行。

▲柯城—北川的《“衢鲜森”牵手“羌妹子”柯城—北川“共享+村播计划”赋能增收》案例入选国家发改委评选的2020年全国消费扶贫优秀经典案例。

19日 绵阳科技城建设第十四次部际协调小组会议召开。中共中央政治局委员、国务院副总理刘鹤出席会议并讲话。会议总结绵阳科技城20年来建设进展情况，对绵阳科技城建设下一步工作作出部署，为绵阳准确把握科技城在新形势下的使命和目标定位找准方向。

21日　第八届中国（绵阳）科技城国际科技博览会——绵阳·北碚深度参与成渝地区双城经济圈建设招商引资网络推介会举行。

21—25日　第八届中国（绵阳）科技城国际科技博览会在绵阳举行。先后召开2020中国科技城创新发展论坛、新型显示产业创新发展论坛等重要活动。

23日　中国（绵阳）科技城科技智谷科技园集中签约暨四川省5G产业联盟绵阳基地授牌仪式在中国（绵阳）科技城科技智谷举行，现场签约52个项目。

24—25日　绵碚医学高峰论坛在绵阳举行。

25日　“墨舞涪水——绵阳书画艺术（张掖）交流展”在张掖书画院隆重开幕。

▲北川羌族自治县获得第二批天府旅游名县称号。

27日　全市推动制造业高质量发展现场会召开，会议表彰2019年度全市工业和信息化工作先进集体和优秀企业。

28日　绵阳市首届生态环境业务标兵和岗位能手现场大比武动员会在市委党校多功能大厅举行。

▲后疫情时代医药健康产业高质量发展研讨暨绵阳（盐亭）生物医药产业功能区推介会在成都举行，共14个项目签约，总投资超76亿元，涵盖生物医药、智能制造、新材料、现代农业等领域。

10月

4日　广（元）平（武）高速公路TJ13合同段苏家坝大桥首榀T梁架设成功。

12日　市委组织部主办的第二届“科技绵州人才飞阳”招才引智活动西北行专场在西北工业大学（西安）举行。

▲市青少年作家协会成立大会暨第一次会员代表大会在市文联举行。

15—21日　2020年全国大众创业万众创新活动周绵阳分会场启动。

▲绵州英才荟——“海智精英绵州行”5G与卫星应用主题论坛举行。

16日　绵阳市《“五专”企业服务机制》（“五专”即专线、专网、专窗、专班、专员）代表四川省入选国家发改委发布的《中国营商环境报告2020》“一省一案例——改革集萃篇”。

▲绵阳市公安局涪城区分局临港经济发展区综合警务室挂牌成立，成为绵阳首个重点涉外企业综合警务室。

▲中国科技城青年科学家团建联盟成立仪式暨第一期中国科技城青年大讲堂在中国工程物理研究院科学会堂举行。

17日　全国脱贫攻坚奖表彰大会暨先进事迹报告会在北京举行。北川羌族自治县县委常委、统战部部长、县脱贫攻坚办主任李光辉获得全国脱贫攻坚奖（创新奖）。

19日　绵阳市梓潼县“两弹城”景区入选国家发改委公布的全国60个“红色旅游发展典型案例”。

22日　绵阳市平武县木座藏族乡人民政府嘉崇阳被共青团中央、中国青年志愿者协会授予的“抗击新冠肺炎疫情青年志愿服务先进个人”称号。

23日　绵阳市4个村上榜第四届四川村长论坛暨村社发展大会发布的2020年四川名村50强名单，其中江油市大康镇星火村、三台县新德镇崭山村、安州区花荄镇联丰村、北川羌族自治县曲山镇石椅村分别获得四川产业兴旺名村、四川生态宜居名村、四川治理有效名村、四川改革创新名村称号。

▲第四届材料基因工程高层论坛分论坛在绵阳举行。

24日　10时，双碑大桥正式开放交通试通车。

25日　绵阳南郊机场新开通绵阳至北海、博鳌航线。

▲绵阳师范学院被大熊猫国家公园四川管理局授予大熊猫国家公园自然教育人才培养与培训基地。

26日　市政府与中科院成都分院“十四五”全面合作框架协议暨院地合作项目集中签约仪式在绵阳举行。

27日　第五届中国创新挑战赛（绵阳）技术融合专题赛现场挑战赛暨颁奖仪式在绵阳高新区举行。

28日　国家两用技术交易中心重庆分中心和四川大型科学仪器共享平台重庆中心揭牌仪式在重庆市北碚区举行。

29日　经贸摩擦预警点授牌仪式暨经贸摩擦预警与应对培训会在绵阳举行。

▲中国（绵阳）科技城人力资源服务产业园通过省级人力资源服务产业园验收，成为全省第一批省级人力资源服务产业园。

30日　长虹数据中心ARM平台战略推广项目、长虹财务云项目入选《哈佛商业评论》中国年会“2020鼎革奖中国数字化转型先锋榜”，分别获得年度新技术应用突破奖、年度财务转型典范奖。

31日　2020年中国（盐亭）嫘祖故里酬蚕节祭祖仪式在盐亭县华夏母亲嫘祖国家纪念公园举行。

11月

2日　科技城集中发展区核心区综合管廊及市政道路建设永青路下穿九洲大道隧道群首洞贯通。

5日　成渝地区双城经济圈建设县域集成改革试点推进会议在绵阳召开。

6日　绵阳市第一届营养配餐技能竞赛在三台县芦溪镇举行。

8日　2020健康绵阳全民运动汇暨越舞越好看绵阳市第五届群众广场舞展演决赛在城区铁牛广场举行。

9日　四川中医药高等专科学校学生团队研发的“体质艾条”项目获得第八届中国TRIZ杯大学生创新方法大赛（中国创新方法大赛大学生TRIZ专项赛）创业组三等奖。

10日　绵阳市第四次蝉联“全国文明城市”。

11日　绵阳市“道德的力量”颁奖典礼举行，表扬39名第五届绵阳市道德模范、20名疫情防控“感动绵阳人物”及20名疫情防控“最美绵阳人物”。

13日　2020年“绵阳市非遗传承人技艺大赛”颁奖仪式、绵阳市第四批非物质文化遗产传习基地（校园）、第二批非遗扶贫就业工坊授牌仪式在科技城人才公园举行。

▲绵阳开元磁性材料有限公司、四川湖山电器股份有限公司、四川华拓光通信股份有限公司、四川惠泉生物科技有限公司、四川九洲空管科技有限责任公司、四川六合特种金属材料股份有限公司6家企业入选第二批专精特新“小巨人”企业名单。

14日　“碧桂园杯”第二届全国青少年国防体育系列竞赛勇士定向和勇士猎狐暨绵阳市定向和测向锦标赛”在绵阳仙海水利风景区开赛。

16日　绵阳科技城中科创新育成中心、致远方略企业管理服务平台、西部企业产业人才服务平台、四川大型科学仪器共享平台、绵阳市游仙众创企业服务平台5家绵阳市的服务平台获得“四川省中小企业公共服务示范平台”称号。

▲绵阳市的同心众创空间、51C+创客中心、智汇谷创新孵化器、天鑫科技园、江油创客空间等11家基地被确定为2020年度四川省小型微型企业创业创新示范基地。

17日　绵阳市人民医院重症医学科护士长、主管护师肖红兵等35人被评为四川省抗击新冠肺炎疫情先进个人，绵阳市卫生健康委员会等12个集体被评为四川省抗击新冠肺炎疫情先进集体。江油市人民医院内科部部长、呼吸内科主任医师吕宏等5人被评为四川省抗击新冠肺炎疫情优秀共产党员，绵阳市中心医院党委等4个基层党组织被评为四川省抗击新冠肺炎疫情先进基层党组织。平武县平通羌族乡党委副书记、乡长杨波等3人被评为四川省防汛救灾优秀共产党员，北川羌族自治县青片乡党委等3个基层党组织被评为四川省防汛救灾先进基层党组织。

19日　经绵阳海关检验合格的一批重7吨、货值24.7万元的鲜猕猴桃出口英国，实现辖区水果出口欧洲“零的突破”。

▲四川九洲投资控股集团有限公司揭牌仪式举行。

20日　中国（绵阳）科技城磁材标准创新中心“磁性材料科技创新”发展大会举行。

22日　北斗卫星应用产业功能区现场会在创新中心举行。

24日　绵阳市华丰牵头的“光电互连创新中心”（承担载体为四川光电互连科技有限公司）、六合特材牵头的“高品质高温合金创新中心”（承担载体为四川邦盟汇智科技服务有限责任公司）被认定为2020年度四川省制造业创新中心。

▲四川省长虹电子控股集团有限公司唐世会、四川美乐集团实业有限公司张彬、绵阳市燃气集团有限公司邓晓莉获得全国劳动模范称号，四川绵阳四〇四医院邓建军获得全国先进工作者称号。

26日　三台县文化市场综合执法大队、绵阳市新世纪农村数字电影院线有限责任公司2家单位获得第八届全国服务农民、服务基层文化建设先进集体称号。

27日　2020四川“绵阳造”数字贸易展览会在绵阳国际会议中心开幕。

▲绵阳历史名人文化传承创新工作推进会暨中华优秀传统文化传承发展人才培训会在安州区举行。

▲中电光谷绵阳科技城智能制造产业园项目在绵阳签约。

30日　四川省青年企业家走进中国（绵阳）科技城投资推介会在绵阳国际会议中心举行。

12月

2日　绵阳京东方光电科技有限公司胡明等27人被表彰为四川省第八届劳动模范，绵阳四〇四医院龙波等12人被表彰为四川省第八届先进工作者。

▲2020李白故里文化旅游节新闻发布暨文旅推介会在重庆市北碚区举行。

3—4日　安州七一实验小学机器人战队在2020年世界机器人大赛中包揽小学组冰雪奥运志愿者项目冠亚军。

4日　“绵阳街头艺人表演”项目启动并招募街头艺人。

▲第二届中国科技城法治创新大赛启动仪式暨游仙区2020年“12·4”国家宪法日在线活动在游仙区机关会议厅举行。

5日　绵阳市红领巾学院成立暨绵阳市第六届五次少先队队长培训班开班仪式在绵阳市青少年活动中心举行。

7日　“盐亭莲花湖鲢鱼”地理标志证明商标被国家知识产权局商标局核准注册，认定为国家地理标志证明商标。

8日　绵阳市应对冬春季新冠肺

炎疫情大规模核酸检测联合应急演练在游仙区科学家公园举行。

▲长虹新能源U10新品发布会暨小伶玩具战略合作签约仪式在长虹智能制造产业园举行。

▲江油市入选全国第五批率先基本实现主要农作物生产全程机械化示范县市区名单。

9日　市政务服务中心税务窗口实现新购商品房涉税业务全程网络办理，并在涪城区龙门镇“万和龙城”二期房产项目试点推广，首批试点涉及房源701套、业主1247人。

▲绵阳市与玻利维亚蒂瓦纳科市签署建立友好合作关系备忘录。

10日　绵阳市向受灾困难群众发放御寒物资仪式举行。

11日　三台县“涪城麦冬”入选第四批中国特色农产品优势区名单，成为绵阳市首个中国特色农产品优势区。

14日　全市交通运输行业冬春季新冠疫情防控应急演练举行。

18日　工信部、财政部等五部委确定51个城市（区）为国家产融合作试点城市，其中绵阳入选第一批延续试点城市名单。

21日　“盐亭贡柑”被国家知识产权局商标局核准注册，认定为国家地理标志证明商标。

▲绵阳市“春雷行动2021”暨冷链物流疫情防控执法行动启动。

23日　四川省人民政府批复同意设立绵阳科技城新区。

▲中共绵阳市委七届十次全会举行，审议通过《中共绵阳市委关于制定绵阳市国民经济和社会发展第十四个五年规划和二〇三五年远景目标的建议》。

24日　绵阳市2020年消防综合应急演练暨川北战区（绵阳）城市大型综合体灭火救援实战演练在高新区城市奥莱商业综合体举行。

25日　北川羌族自治县政府和浙江衢州柯城区政府选报的“用心奏响‘协奏曲’，用情谱好‘双城记’——柯城—北川创新‘四个三’模式推进扶贫协作落地落效”案例获评“第三届中国优秀扶贫案例”。

28日　绵阳市商业银行城西支行等9个单位获评第五届四川省文明单位，绵阳市交通局等7个单位获评四川省最佳文明单位。

29日　《绵阳综合保税区基础和监管设施验收纪要》签署，标志着绵阳综合保税区通过成都海关牵头组织的联合验收组的验收。

自然·生态环境

Nature and Ecological Environment

概　述

【位置面积】　绵阳市位于四川盆地西北部，涪江中上游地带。东邻广元市青川县、剑阁县和南充市南部县、西充县；南接遂宁市射洪县；西接德阳市罗江区、中江县、绵竹市；西北与阿坝藏族羌族自治州和甘肃省文县接壤。地理坐标为北纬30°42′—33°03′、东经103°45′—105°43′。全市呈北西南东条带状展布，东西宽约144千米，南北长约296千米，辖区面积20256.88平方千米（绵阳市第二次全国土地调查数据）。按地貌主要类型分，山区占61.0%，丘陵区占20.4%，平坝区占18.6%。

【地形地貌】　绵阳市地势为西北部高，东南部低，地形起伏很大。西北部面对四川盆地的首列山脉，为北东南西向的龙门山脉，海拔1000—3000多米；其西面的岷山山脉和北面的摩天岭山脉，海拔多在3000米以上。最高点为平武县与松潘县接壤的岷山山脉第二峰（当地俗呼“雪包顶”），海拔为5440米。东南部属四川盆地盆中丘陵，一般海拔400—600米，最低点位于三台县建中镇郪江河谷短沟口，海拔307.2米。最高点与最低点高差达5132.8米。地貌明显受控于地质构造。西北部因分别受龙门山北东向褶皱断裂与岷山南北向构造、摩天岭东西向构造的影响，山脉走向呈北东南西向、与南北向和东西向；山地的形态亦与地质构造和岩性有关。东南部处在扬子准地台川北台陷、川西台陷和川中台拱的接合部位，由于地台基底坚硬，地质历史时期地壳以升降运动为主，地层受各时期水平运动的影响较轻，有一些舒缓宽阔的褶皱，地层一般倾角不大，形成岗岭起伏的丘陵、台地、方山地貌。

【山脉·名山】　绵阳境内主要有岷山山脉、摩天岭山脉、龙门山脉三大山脉。岷山山脉南北走向，长200余千米，北接川甘两省边境的西倾山，南至茂县城北与龙门山脉相连，是岷山山脉北段。摩天岭山脉东西走向，为四川和甘肃两省界山。龙门山脉属四川盆地西北部的盆周山地，南北走向，在绵阳境内又分后龙门山、龙门山、茶坪山（详见《绵阳市志（1840—2000）》）。绵阳境内主要有九龙山、千佛山、观雾山、云罗山、窦圌山、七曲山、西山、富乐山、牛头山、凤凰山、三台山、天台山、高山等名山，城区最高山为边堆山，边堆山也是绵阳和四川境内重要古文化遗址。

【河流水系】　绵阳境内有涪江水系、白龙江水系、西河水系。有涪江、虎牙河、夺补河、平通河、通口河、芙蓉溪、安昌河、凯江、梓江、魏城河、弥江、青江、西河等大小河流和溪沟3000余条，河网密度为每平方千米1.48千米。涪江为绵阳母亲河，发源于四川松潘县境内岷山雪宝顶北麓。涪江从西北向东南由川西北高山区进入盆地丘陵区，流经平武、江油、绵阳城区、三台、射洪、遂宁、潼南至重庆市合川区钓鱼城下汇入嘉陵江，全长670千米。

【市徽·市树·市花】　1989年7月15日，绵阳市第一届人民代表大会常务委员会第27次会议，听取市政府秘书长高显齐受市政府委托所作的《关于绵阳市徽图案征集情况的汇报》《市政府初步确定的一号市徽图案的说明》。经过审议，决定用“绵阳”二字拼音字头“MY”，环抱原子核的两条电子运转轨迹，象征科技兴绵所组成的红底、黄字、金边圆形图案为绵阳市徽图案。1989年11月19日，绵阳市第一届人大常委会第29次会议审议通过市政府《关于市树为香樟树、市花为月季花的建议》，从此，绵阳市市树为香樟树，市花为月季花。

【人口】　2020年，全市户籍总人口为5285126人，比2019年减少27803

人，减少率为5.23‰；总户数1984879户，平均每户2.66人。其中男性人口2705284人，占总人口的51.2%；女性人口2579842人，占总人口的48.8%。男女性别比为105：100。总人口中城镇人口1933622人，比2019年增加54556人，城镇人口占总人口数的36.59%；乡村人口3351504人，比2019年减少82359人，乡村人口占总人口数的63.41%。全市出生人口45318人，比2019年减少7002人，其中男性23337人，占总出生人口的51.5%；女性21981人，占总出生人口的48.5%。出生男女性别比为106.17：100；出生率为8.6‰。死亡和重户注销户籍人口63325人，其中男性35333人、女性27992人，死亡和重户注销率为11.98‰。出生与死亡相抵，自然减少18007人，自然减少率为3.41‰。迁入人口27852人，其中省内迁入22417人、省外迁入5435人；迁出人口37648人，其中迁往省内25980人、迁往省外11668人。迁入与迁出相抵，机械减少9796人，机械减少率为1.85‰。城区（含涪城区、游仙区、安州区、高新技术产业开发区、经开区、科教创业园区、仙海区、科学城办事处）总人口1745060人，比2019年减少44人，减少率为0.025‰。其中城镇人口1111907人，比2019年增加57706人。绵阳城区出生17738人，死亡和重户注销户籍人口24371人，自然减少6633人。城区迁入21379人，其中省内迁入18151人、省外迁入3228人；迁出14790人，其中迁往省内11034人、迁往省外3756人，机械增长6589人。

【民族】 2020年，绵阳市有民族52个，有少数民族户籍人口18.8万人、常住流动人口5万余人。少数民族户籍人口中有羌族14.4万人，藏族1.8万人，回族1.1万人，其他民族1.5万人。绵阳51个少数民族分别是：满族、蒙古族、回族、藏族、维吾尔族、苗族、彝族、壮族、布依族、侗族、瑶族、白族、土家族、哈尼族、哈萨克族、傣族、黎族、傈僳族、佤族、畲族、高山族、拉祜族、水族、东乡族、纳西族、景颇族、柯尔克孜族、土族、达斡尔族、仫佬族、羌族、布朗族、撒拉族、毛南族、仡佬族、锡伯族、阿昌族、普米族、朝鲜族、怒族、俄罗斯族、鄂温克族、德昂族、京族、塔塔尔族、独龙族、鄂伦春族、赫哲族、门巴族、珞巴族、基诺族。全市共有北川羌族自治县桃龙藏族乡，平武县木皮藏族乡、平南羌族乡、木座藏族乡、黄羊关藏族乡、土城藏族乡、徐塘羌族乡、泗耳藏族乡、锁江羌族乡、虎牙藏族乡、白马藏族乡、旧堡羌族乡、阔达藏族乡，盐亭县大兴回族乡14个民族乡。年内，平武县等7个地区（单位）被省民宗委命名为全省民族团结进步示范区（单位）；盐亭县大兴回族乡人民政府等5个集体、北川羌族自治县通泉镇党委书记余兰等6名个人被省人民政府表彰为全省民族团结进步模范集体（个人）。

【方言】 绵阳境内分为两种方言：无入声方言，以绵阳城区方言为代表，包括涪城区（高新区、经开区、科教创业园区）、游仙区、安州区、科学城、江油市、平武县、北川羌族自治县、梓潼县、三台县等地的城关话，有20个声母、36个韵母、阴阳上去4个调类、1033个音节，与四川方言的代表语音成都话基本相同。入声方言，以盐亭县城关话为代表，包括盐亭各乡镇及三台县的石安、富顺、塔山等乡镇的方言，有20个声母、38个韵母、阴阳上去入5个调类。

（胥 英 付雪恒 陈 龙）

行政区划与历史沿革

【行政区划】 2020年，绵阳市辖三区五县一市。三区为涪城区、游仙区、安州区，五县为三台县、盐亭县、梓潼县、北川羌族自治县、平武县，一市为江油市。全市共有13个街道、153个乡镇（122个镇、31个乡）。

涪城区辖城厢街道、工区街道、普明街道、创业园街道、城郊街道、石塘街道、塘汛街道，丰谷镇、青义镇、吴家镇、杨家镇、新皂镇、永兴镇。共计7个街道、6个镇。

游仙区辖涪江街道、富乐街道、科学城春雷街道、游仙街道，石马镇、新桥镇、魏城镇、沉抗镇、忠兴镇、松垭镇、小枧镇、信义镇、仙鹤镇、盐泉镇。共计4个街道、10个镇。

安州区辖花荄镇、桑枣镇、黄土镇、塔水镇、秀水镇、河清镇、界牌镇、睢水镇、千佛镇，高川乡。共计9个镇、1个乡。

三台县辖潼川镇、塔山镇、龙树镇、石安镇、富顺镇、三元镇、秋林镇、新德镇、新生镇、鲁班镇、景福镇、紫河镇、观桥镇、郪江镇、中新镇、古井镇、西平镇、八洞镇、乐安镇、建平镇、中太镇、金石镇、新鲁镇、刘营镇、灵兴镇、芦溪镇、立新镇、永明镇、建中镇、老马镇、北坝镇，忠孝乡、断石乡。共计31个镇、2个乡。

盐亭县辖凤灵街道，云溪镇、玉龙镇、富驿镇、金孔镇、黄甸镇、巨龙镇、高渠镇、鹅溪镇、岐伯镇、文通镇、永泰镇、九龙镇、西陵镇、嫘祖镇，大兴回族乡、莲花湖乡。共计1个街道、14个镇、2个乡。

梓潼县辖文昌镇、长卿镇、许州镇、黎雅镇、卧龙镇、观义镇、玛瑙镇、石牛镇、自强镇、仁和镇、双板镇、金龙镇、文兴镇、演武镇、宏仁镇，宝石乡。共计15个镇、1个乡。

北川羌族自治县辖曲山镇、擂鼓镇、永安镇、永昌镇、禹里镇、桂溪镇、小坝镇、陈家坝镇、通泉镇，漩坪乡、白坭乡、桃龙藏族乡、片口乡、开坪乡、坝底乡、马槽乡、白什乡、青片乡、都贯乡。共计9个镇、10个乡。

平武县辖龙安镇、古城镇、响岩镇、大桥镇、水晶镇、江油关镇，高村乡、坝子乡、锁江羌族乡、土城藏族乡、旧堡羌族乡、阔达藏族乡、黄羊关藏族乡、虎牙藏族乡、泗耳藏族乡、白马藏族乡、木座藏族乡、木皮藏族乡、豆叩羌族乡、平通羌族乡。共计6个镇、14个乡。

江油市辖中坝街道，太平镇、三合镇、含增镇、青莲镇、彰明镇、龙凤镇、武都镇、大康镇、新安镇、战旗镇、双河镇、永胜镇、小溪坝镇、河口镇、重华镇、厚坝镇、二郎庙镇、马角镇、雁门镇、大堰镇、西屏镇、方水镇，枫顺乡。共计1个街道、22个镇、1个乡。

【历史沿革】 绵阳建城有2220余年的历史，是四川省历史文化名城。绵阳市境历史上最早的县以上政权建置为汉高祖六年（前201）设立的广汉郡。广汉郡领有13县，郡治乘乡，乘乡在今梓潼县境。广汉郡在今市境内设涪县（后沿称巴西郡、巴西县、绵州、金山郡、绵阳县）、梓潼县、郪县（今三台县）、刚氐道（今平武县）。汉安帝元初二年(115)，为镇压少数民族反抗，益州刺史部和广汉郡均迁至涪县（今市区）。元初三年（116），州、郡皆迁出市境。东汉末年，刘备据蜀，建安二十二年（217）分广汉郡北部地区设梓潼郡（治梓潼县），建兴三年(225）分广汉郡东部地区设东广汉郡（治雒县，今三台县境）。自此，市境相沿各代均有州、郡、府等县以上政区建置。两晋和南北朝300余年间，由于战争频繁，政区建置变化较大，市境内先后设置过潼州、新州、龙州3州，梓潼、巴西、巴西梓潼、潼川（又称潼州、东川）、北阴平、阴平、新巴、江油、新城(后改为昌城)、始平（先名始平僚，后改为涪城、安城）、西宕渠、北宕渠（后改为盐亭）、高渠13个郡，以及40余个县。从隋代后，政区建置逐渐稳定，形成市境中部以今市区为治地的绵州，东南部以三台县城为治地的梓州—潼川府，西北部以江油、平武两县为中心的龙州—龙安府3个政权建置中心。1913年，废州立县，称绵阳。1935年，川政统一，市境内只有今市区成为四川省第十三行政督察区治地。1949年12月25日，绵阳解放。中华人民共和国成立后，1950年1月20日，绵阳行政督察专员公署成立，辖绵阳、安县、绵竹、德阳、梓潼、罗江、广汉、什邡、金堂、彰明10个县。1953年3月10日，撤广元专区，划入广元、昭化、剑阁、青川、平武、北川、江油、旺苍8个县，辖18个县；1953年7月4日，广汉、什邡、金堂3个县划出，专区辖15个县；1958年10月18日，并入原遂宁专区的遂宁、蓬溪、潼南、中江、三台、射洪、盐亭7个县，辖21个县（此前江油、彰明2个县于1958年9月5日合并）；1959年3月22日，昭化、罗江2个县撤销，分别并入广元县和德阳县，专区辖19个县；1968年7月8日，改专区设地区；1976年2月4日，因分绵阳县筹建绵阳县级市，地区辖19个县、1个市；1977年9月24日，潼南县划出，地区辖18个县、1个市；1978年4月25日，绵阳县并入绵阳市，地区辖17个县、1个市；1983年8月18日，分绵阳地区建德阳市，德阳、绵竹、中江3个县划出，绵阳地区辖14个县、1个市；1985年2月8日，撤销绵阳地区，分别建立绵阳、广元、遂宁3个市。绵阳市辖7个县、1个区（原县级绵阳市改置为市中区）；1988年2月24日，江油市建立，绵阳市辖6县1市1区；1992年10月，撤销绵阳市市中区，分设涪城、游仙两区。2002年，绵阳市辖涪城、游仙2个区，三台、安县、梓潼、盐亭、北川、平武6个县，江油1个市；2003年7月，撤销北川县，成立北川羌族自治县。2016年5月20日，安县撤县改区，至此，绵阳辖涪城、游仙、安州3个区，三台、盐亭、梓潼、北川、平武5个县，代管江油市和省政府科学城办事处，直辖绵阳高新技术产业开发区、科教创业园区、经济技术开发区、仙海水利风景区。

生态资源

【国土资源】 2020年，绵阳市面积20256.88平方千米，占全省的4.2%。全市耕地44.43万公顷，园地3.68万公顷，林地117.83万公顷，草地3.36万公顷，城镇村及工矿用地11.91万公顷，交通运输用地2.63万公顷，水域及水利设施用地7.15万公顷，其他土地11.61万公顷。

【矿产资源】 绵阳发现的矿种有铁、锰、铅锌、钨、金、银、磷、硫、水晶、方解石、石灰石、白云石、膨润土、玻璃用石英砂岩、天然气等56种，矿产地400余处，其中黑色金属73处、有色金属25处、贵金属70处、非金属矿产200余处。探明储量的有26个矿种，具工业矿床规模的74处。至2020年年底，全市有29个矿种得到开发利用。储量在全省占有重要地位的矿种有：平武的锰矿、三台、盐亭的膨润土，江油的玻璃用石英砂岩、冶金用白云岩、天然气。以县市区论，平武的矿产资源以金属矿产为主，主要有金、铁、锰、铅锌矿；其他县市区以非金属矿为主：如江油市的石灰石、石英砂岩，安州区的石灰石、磷块岩，北川的石灰石、硅石、饰面用板岩，三台、盐亭的膨润土，涪城、游仙的砖瓦用页岩等。天然气在全市广泛分布，除平武、北川、安州外，均有产出。

2020年，全市探矿权32个，勘查矿种10种；采矿权274个，其中大型矿山5个、中型矿山19个、小型矿山250个，开发利用矿产14种。水泥用灰岩、玻璃用砂岩、砖用页岩和饰面石材等主要矿产的开采量均有增长，原矿总产量约2200万吨，原矿产值超56亿元。发证收取采矿权出让收益达2775.06万元。

【水资源】 绵阳位于四川盆地西北边缘，全市水资源相对丰富，境内有大小河流52条，连同溪、沟共计3000余条，均属嘉陵江水系。2020年，全市水资源总量200.9亿立方米，比2019年增长87.9%，比常年增长63.5%。地表水资源量200.7亿立方米，折合径流深为991.3毫米；地下水资源量30.65亿立方米；地表水与地下水重复计算量30.63亿立方米。全市建有大型水库（电站）3座、中型水库14座，年末蓄水总量104331万立方米，比年初减少9695万立方米。全市总供水量为18.62亿立方米，其中地表水占95.7%。全市全年实际用水量18.62亿立方米，其中农业用水12.3亿立方米，占总用水量的66%；工业用水2.3亿立方米，占总用水量的12.4%；城镇公共用水0.61亿立方米，占总用水量的3.3%；居民生活用水3.01亿立方米，占总用水量的16.2%；生态环境用水0.4亿立方米，占总用水量的2.1%。

【水系水文特征】 绵阳主要河流涪江发源于松潘县雪宝顶，贯穿于绵阳市、遂宁市，至重庆市合川注入嘉陵江，全长670千米，流域面积3.64万平方千米，在绵阳市境内长约380千米，流域面积约2.02万平方千米，市内主要支流有涪江、平通河、通口河、安昌河、凯江、梓江。流域地形西北部高、东南较低，南北地势高差达5132.8米。上游地处高山峡谷，植被较好、暴雨洪水汇流时间短，具有典型的山溪性河流暴涨暴落的特点。2020年8月10日8时至18日8时，全市境内发生入汛以来最强暴雨过程，暴雨范围覆盖市境内各区县。受强降雨影响，涪江流域出现流域性洪水过程，持续时间长、范围广、量级大。按照四川省主要江河洪水编号规定，涪江流域发生2020年第一号和第二号洪水，其中包括4次较大洪水涨落过程。全市13条河流17站超警戒水位，7条河流10站超保证水位；涪江干流、安昌河流域、梓江流域、凯江流域发生全线超警戒水位洪水；涪江干流平武段、绵阳城区段以及芙蓉溪、平通河、通口河部分河段发生超保证水位洪水；中小河流方水河、魏城河、宝石河、木龙河、榉溪河、石鸡河、秀水河部分河段发生超警戒水位洪水，其中秀水河、魏城河、榉溪河部分河段发生超保证水位洪水。治城（二）水文站、游仙水文站、江油水文站、永昌水文站等站点出现建站以来最大洪水；涪江桥（二）水文站出现与2018年同量级洪水，流量1.24万立方米/秒，洪水重现期为50年一遇。

【野生动物资源】 2020年，全市已知的脊椎动物有5纲32目109科791种，其中兽纲有7目29科137种，鸟纲有14目46科453种，爬行纲有3目11科60种，两栖纲有2目9科39种，鱼纲有6目14科102种。无脊椎动物有2门6纲33目241科1257种，其中昆虫纲有23目196科1115种，蛛形纲有3目20科85种，甲壳纲有2目4科5种，腹足纲有2目10科26种，瓣鳃纲有1目2科4种，线形动物门有1纲2目9科22种。根据《国家重点保护野生动物名录》统计，绵阳市分布有大熊猫、川金丝猴、四川羚牛、林麝等国家一级重点保护野生动物36种，小熊猫、亚洲黑熊、豹猫、岩羊等国家二级重点保护野生动物123种。

【野生植物资源】 2020年，全市已知的低等植物有菌类植物亚门和地衣植物亚门的真菌纲、子囊菌纲中的13目60科149属497种，高等植物有苔藓植物门、蕨类植物门、裸子植物门和被子植物门4门中的9纲66目260科1366属3972种。高等植物中，孢子植物有苔藓植物门和蕨类植物门的7纲9目73科152属318种；种子植物有裸子植物和被子植物的2纲7目187科1214属3654种。有珙桐、红豆杉、银杏、水杉等国家一级重点保护野生植物12种，水蕨、四川红杉、喜树、楠木等国家二级重点保护野生植物44种。

绵阳市国家一级重点保护野生动物一览表

表1

序号	科名	中文名	学名	级别
1	大熊猫科	大熊猫	*Ailuropoda melanoleuca*	1
2	猫科	云豹	*Neofelis nebulosa*	1
3	猫科	豹	*Panthera pardus*	1
4	猫科	金猫	*Pardofelis temminckii*	1
5	猫科	荒漠猫	*Felis bieti*	1
6	灵猫科	大灵猫	*Viverra zibetha*	1
7	灵猫科	小灵猫	*Viverricula indica*	1

续表

序号	科名	中文名	学名	级别
8	犬科	豺	*Cuon alpinus*	1
9	猴科	川金丝猴	*Rhinopithecus roxellana*	1
10	牛科	四川羚牛	*Budorcas tibetanus*	1
11	牛科	藏羚	*Pantholops hodgsonii*	1
12	麝科	马麝（高山麝）	*Moschus chrysogaster*	1
13	麝科	林 麝	*Moschus berezovskii*	1
14	鹿科	白唇鹿	*Przewalskium albirostris*	1
15	隼科	猎隼	*Falco cherrug*	1
16	鹰科	金 雕	*Aquila chrysaetos*	1
17	鹰科	玉带海雕	*Haliaeetus leucoryphus*	1
18	鹰科	白尾海雕	*Haliaeetus albicilla*	1
19	鹰科	胡兀鹫	*Gypaetus barbatus*	1
20	鹰科	秃鹫	*Aegypius monachus*	1
21	鹰科	草原雕	*Aquila nipalensis*	1
22	鹰科	乌雕	*Clanga clanga*	1
23	鹰科	白肩雕	*Aquila heliaca*	1
24	鸱鸮科	四川林鸮	*Strix davidi*	1
25	雉科	斑尾榛鸡	*Tetrastes sewerzowi*	1
26	雉科	红喉雉鹑	*Tetraophasis obscurus*	1
27	雉科	绿尾虹雉	*Lophophorus lhuysii*	1
28	雉科	白冠长尾雉	*Syrmaticus reevesii*	1
29	鸭科	青头潜鸭	*Aythya baeri*	1
30	鸭科	中华秋沙鸭	*Mergus squamatus*	1
31	鹤科	黑颈鹤	*Grus nigricollis*	1
32	鹳科	黑鹳	*Ciconia nigra*	1
33	噪鹛科	黑额山噪鹛	*Garrulax sukatschewi*	1
34	鹟科	棕头歌鸲	*Larvivora ruficeps*	1
35	莺鹛科	灰冠鸦雀	*Sinosuthora przewalskii*	1
36	鹀科	黄胸鹀	*Emberiza aureola*	1

绵阳市国家一级重点保护野生植物一览表

表2

序号	科名	中文名	学名	级别
1	珙桐科	珙桐	*Davidia involucrata*	1
2	珙桐科	光叶珙桐	*Davidia involucrata var. vilmoriniana*	1
3	红豆杉科	红豆杉	*Taxus wallichiana var. chinensis*	1
4	红豆杉科	南方红豆杉	*Taxus wallichiana var. mairei*	1
5	红豆杉科	须弥红豆杉	*Taxus wallichiana*	1
6	杉科	水杉	*Metasequoia glyptostroboides*	1
7	毛茛科	独叶草	*Kingdonia uniflora*	1
8	银杏科	银杏	*Ginkgo biloba*	1
9	苏铁科	苏铁	*Cycas revoluta*	1
10	苏铁科	南盘江苏铁	*Cycas szechuanensis*	1
11	苏铁科	攀枝花苏铁	*Cycas panzhihuaensis*	1
12	水韭科	高寒水韭	*Isoetes hypsophila*	1

【农业资源】 2020年，全市实施省级农业种质资源保护与利用项目，获得省级财政资金120万元，开展对鳜鱼、北川苔子茶、北川白山羊、平武黄牛种质（遗传）资源的保护与利用。利用省级蔬菜种业园区培育项目资金，支持市农科院、全兴种业新建和改建种质资源圃（库）各1个，完成引进蔬菜种质资源300份、保存育种资源1000份、鉴定种质资源30份、构建核心育种亲本20份。与市农科院合作，建立特色农产品——麦冬种质资源圃，收集麦冬种质资源78份。建立桑种质资源圃1个，收集桑树资源600余份，保存蚕种质资源81份。持续推进高标准农田建设工作，通过“整村整乡推进、集中连片打造”的方式，打破乡镇、村组行政区域界限，建设“旱涝保收、宜机作业”的高标准农田，完成2019年度全市高标准农田建设面积1.51万公顷，2020年度1.51万公顷高标准农田建设任务全面开工。农用化肥施用量（折纯）18.85万吨。其中氮肥80117吨，磷肥46236吨，钾肥10011吨，复合肥52184吨；农药使用量4198吨。办理农村产权交易鉴证1201宗，交易鉴证金额突破26.84亿元。组建10支农村产权价值评估专家队伍，开展农村产权价值评估60余宗，推动农村生产要素有序流动。围绕放活土地经营权，颁发土地经营权证179本次，涉及面积2653.33公顷。

（胥　英　呼　吁　查　维　郭康康）

气候条件

【概况】 2020年，全市气温高、光照足、降水总量多；降水时空分布不均，极端天气气候事件较多。上半年发生冬、春、夏三连旱；下半年旱涝急转、暴雨成灾，洪涝和地质灾害严重。全年气候属偏差年景。

【温度状况】 2020年，全市平均气温16.9℃，较常年（下同）偏高0.7℃。冬季（1—2月）平均气温8.4℃，偏高1.8℃；春季（3—5月）平均气温18℃，偏高1.4℃；夏季（6—8月）平均气温25.4℃，偏高0.5℃；秋季（9—11月）平均气温16.7℃，偏高0.1℃；初冬（12月）平均气温5.8℃，偏低1℃。年极端最高气温38.7℃，6月30日出现在安州；年极端最低气温-2.6℃，12月31日出现在平武。年内各地入春时间2月23—24日，入夏时间6月4—10日，入秋时间8月30日至9月11日，入冬时间11月21—22日。全市平均炎热日数68天，多16.3天；平均酷热日数11.3天，多6.7天。

【降水分布】 2020年，全市平均降水量1256.1毫米，偏多30%。其中三台气象站1068.4毫米，多22%；盐亭站1086.8毫米，多26%；平武站1097.2毫米，多44%；绵阳站1122.1毫米，多31%；梓潼站1170.5毫米，多34%；安州站1327.2毫米，多13%；江油站1395.5毫米，多31%；北川站1781.4毫米，多45%。冬季平均降水量8.0毫米，偏少62%；春季平均降水量87.1毫米，偏少43%；夏季平均降水量1016.6毫米，偏多79%；秋季平均降水量134.9毫米，偏少37%；初冬平均降水量9.6毫米，偏多75%。上半年出现冬、春、夏三连旱；春旱天数：梓潼站39天，三台站62天，安州、北川、江油、绵阳站66天；夏旱天数：北川站42天，梓潼站50天，三台和盐亭站51天，绵阳站55天，安州和江油站57天。年降水日数：119—156天，其中梓潼站119天、绵阳站120天、三台站129天、盐亭站131天、安州站141天、江油站143天、平武站156天、北川站156天。年暴雨日数：绵阳站和盐亭站4天，平武站5天，安州和三台站6天，江油站7天，北川和梓潼站8天。

【暴雨天气过程】 2020年，全市有9次大暴雨天气过程，其中8次出现在7月下旬至8月下旬，分别是7月25日、7月29日、8月3日、8月6日、8月11日、8月15日、8月23日、8月30日大暴雨天气过程。8月11—17日全市8个国家气象站平均降雨量463.8毫米，为常年同期的8.2倍，其中北川站809.9毫米、江油站641.8毫米、安州站563.6毫米、绵阳站521.5毫米，分列全国同期降雨量的第1、3、6、10位。7月下旬至8月下旬西北部和中部地区频繁的大暴雨天气，造成严重洪涝和地质灾害，其中8月11—17日洪涝地质灾害直接经济损失达163亿元，属特大型气象灾害。

【日照时数】 2020年，全市平均日照时数1284.7小时，偏多15%。冬季平均日照时数201.7小时，偏多66%；春季平均日照时数523.7小时，偏多58%；夏季平均日照时数359.8小时，偏少7%；秋季平均日照时数151.7小时，偏少30%；初冬平均日照时数47.8小时，偏少23%。

【气候评价】 2020年，全市天气气候异常、极端天气气候事件较多。上半年降水持续显著偏少、气温显著偏高、空气湿度显著偏低，出现冬、春、夏三连旱。3月上旬至6月中旬长达100余天的干暖天气导致大部地区发生严重春旱和夏旱，出现水稻“洗手干”、等雨栽秧栽苕现象，部分地方夏玉米炕种死苗，给大春播栽工作造成不利影响，全市森林火险气象等级持续居高不下。下半年旱涝急转，雨水异常偏多，盛夏暴雨成灾，秋季“秋绵雨”天气十分突出。7—9月大春作物生殖生长和产量形成时期，各地平均气温与常年同期基本相当，光、温、水条件满足大春生产所需，大春作物仍获得较好收成。年内，干旱、暴雨、洪涝和地质灾害给道路交通、电力、农田水利等基础设施造成较严重的直接经济损失，属气候偏差年景。 （吴婷婷　蔡元刚）

2020年绵阳气象站主要气象资料一览表

表3

平均气温（℃）	降水量（毫米）	日照时数（小时）	极端最高气温（℃）	极端最低气温（℃）
16.9	1256.1	1284.7	38.7	–2.6

环境质量

【概况】 2020年，全年市城区优良天数率89%，全面消除重度污染天气，$PM_{2.5}$年均浓度33.8微克/立方米，完成省下达的环境空气质量目标任务，进入国家环境空气质量达标城市行列。7个国省控断面、13个水功能区考核断面水质优良比例为100%，其中6个国控断面水质全部达到Ⅱ类及以上，先后3次进入全国338个地级及以上城市地表水环境质量月度排名前30强。县级及以上城市集中式饮用水水源地水质优良比例为100%。土壤环境质量总体稳定，辐射环境质量保持良好，危险废弃物环境安全总体可控，城区区域环境、道路交通噪声质量整体较好。

【环境监测】 2020年，全市空气质量优良天数324天，优良天数率为89%；水环境质量总体保持稳定，主要河流水环境质量达到相应功能区标准，出境断面和城市饮用水水源地水质达标率100%；生态环境质量稳中趋好，城区功能区噪声质量整体稳定。

【空气质量】 2020年，绵阳市环境空气的监测采用24小时自动监测的形式，城区共设4个国控环境空气自动监测站点，分别位于富乐山、市人大、高新区自来水公司和三水厂，城区日均浓度为4个测点平均值，监测项目为二氧化硫（SO_2）、二氧化氮（NO_2）、可吸入颗粒物（PM_{10}）、细颗粒物（$PM_{2.5}$）、一氧化碳（CO）、臭氧（O_3）。环境空气中SO_2平均浓度为5.2微克/立方米，NO_2平均浓度27.7微克/立方米，CO日均值的第95百分位数为1.0毫克/立方米，O_3日最大8小时滑动平均值的第90百分位数为150.5微克/立方米，PM_{10}平均浓度54.4微克/立方米，$PM_{2.5}$平均浓度33.8微克/立方米。参照《环境空气质量标准》（GB 3095–2012）及其修改单，绵阳城区2020年环境空气有效监测366天，达标天数为324天，达标比例为89%。全年市区降水pH均值为5.36，酸雨发生的频率为37.5%，属于轻酸雨区。

【地表水质量】 2020年，全市地表水36个断面中，Ⅰ—Ⅲ类（优良水体）断面36个，地表水优良率100%。涪江、通口河、梓江、安昌河、平通河、土门河整体水质优，凯江、芙蓉溪水质良。鲁班水库年均水质Ⅱ类，呈中营养状态。通口河、鲁班水库水质有所好转，平通河水质有所下降，但水质类别为优（Ⅱ类），其余河流水质整体无明显变化。

【城市集中饮用水水源地水质】 2020年，绵阳市城区2处市级集中式饮用水水源地水质状况良好，符合《地表水环境质量标准》（GB3838－2002）相关要求，水量达标率100%。绵阳市城区集中式饮用水水源地水质所有评价指标全部达标，水质未发生明显改变。

【湖库水环境质量】 2020年，鲁班水库全年平均水质为Ⅱ类，达到划定的Ⅱ类水质类别要求，年均水质呈中营养状态，主要污染物为总磷。

【功能区环境噪声】 2020年，全市功能区声环境质量监测点位有10个，主要有住宅行政办公区、商业混杂区、工业集中区、主要交通干线两侧4类。监测结果显示：全年除4a类交通干线两侧夜间声环境质量超标以外，其他各类功能区的昼间、夜间均能达到相应标准要求。

【区域环境噪声】 2020年，绵阳市城区区域噪声共有238个监测点位，昼间噪声1年监测1次。全年昼间平均等效声级为55.7分贝，质量状况等级为三级（一般），与2019年相比，下降0.9分贝，质量等级保持不变。

【道路交通噪声】 2020年，绵阳城区道路交通噪声共布设监测点64个，昼间噪声全年监测1次。全年道路交通噪声昼间平均等效声级为69.6分贝，质量状况等级为二级（较好），与2019年相比，下降0.1分贝，强度等级不变。 （任刚常）

2020年绵阳市地表水环境质量评价结果一览表

表4

断面名称	所在地	控制级别	划定类别	上年度平均水质类别	本年度平均水质类别	主要污染指标/超标倍数
水晶	平武县	水功能区	—	—	Ⅰ	—
平武水文站	平武县	国控—水功能区	Ⅰ	Ⅰ	Ⅰ	—
楼房沟	平武县	长江重要支流	Ⅱ	Ⅰ	Ⅱ	—
凉水井	平武县	市控	Ⅱ	Ⅰ	Ⅰ	—
江油	江油市	水功能区	—	—	Ⅱ	—
涪江三桥	江油市	水功能区	—	—	Ⅱ	—
龙门（涪江）	江油市	水功能区	—	—	Ⅱ	—
福田坝（老鸹石）	江油市	国控—长江重要支流—水功能区	Ⅲ	Ⅱ	Ⅱ	—
绵阳（涪江铁路桥）	涪城区	水功能区	—	—	Ⅱ	—
李家渡（南塔）	涪城区	水功能区—市控	Ⅲ	Ⅱ	Ⅱ	—
左家岩	涪城区	水功能区	—	—	Ⅱ	—
丰谷渡口	涪城区	国控—水功能区	Ⅲ	Ⅱ	Ⅱ	—
芦溪	三台县	水功能区	—	—	Ⅲ	—
三台（柳林坝）	三台县	水功能区	—	—	Ⅱ	—
清东坝	三台县	水功能区	—	—	Ⅲ	—
百顷	三台县	国控	Ⅲ	Ⅱ	Ⅱ	—
北川通口	北川羌族自治县	国控	Ⅱ	Ⅱ	Ⅰ	—
老南桥	三台县	趋势科研	Ⅲ	Ⅲ	Ⅲ	—
先锋桥	梓潼县	长江重要支流	Ⅲ	Ⅰ	Ⅱ	—
垢家渡	梓潼县	市控—长江重要支流	Ⅲ	Ⅱ	Ⅲ	—

续表

断面名称	所在地	控制级别	划定类别	上年度平均水质类别	本年度平均水质类别	主要污染指标/超标倍数
盐亭大佛寺渡口	盐亭县	省控—长江重要支流	Ⅲ	Ⅲ	Ⅲ	—
进水口	三台县	省控	Ⅲ	Ⅲ	Ⅲ	—
鲁班岛	三台县	国控	Ⅲ	Ⅲ	Ⅱ	—
麻雀湾	三台县	省控	Ⅲ	Ⅲ	Ⅱ	—
库尾	三台县	省控	Ⅲ	Ⅲ	Ⅱ	—
仙鱼桥	游仙区	市控	Ⅲ	Ⅲ	Ⅲ	—
板凳桥	北川羌族自治县	市控—长江重要支流	Ⅲ	Ⅱ	Ⅱ	—
界牌	安州区	市控—长江重要支流	Ⅲ	Ⅱ	Ⅱ	—
饮马桥	涪城区	市控	Ⅲ	Ⅱ	Ⅱ	—
平通镇	平武县	长江重要支流	Ⅱ	Ⅰ	Ⅱ	—
沙窝子大桥	北川羌族自治县	长江重要支流	Ⅱ	Ⅰ	Ⅱ	—
北川墩上	北川羌族自治县	长江重要支流	Ⅱ	Ⅱ	Ⅱ	—

2020年绵阳市功能区声环境质量达标情况一览表

表5

功能区类别	1类		2类		3类		4类	
	昼	夜	昼	夜	昼	夜	昼	夜
达标点次	4	4	20	20	8	8	8	0
监测点次	4	4	20	20	8	8	8	8
达标率（%）	100	100	100	100	100	100	100	12.5

2020年绵阳市城区环境空气质量监测结果一览表

表6

单位：微克/立方米，CO单位为毫克/立方米

点位	SO_2（年均值）	NO_2（年均值）	PM_{10}（年均值）	CO（日均值第95百分位数）	O_3（日最大8小时值的第90百分位数）	$PM_{2.5}$（年均值）	环境空气质量综合指数	达标率%
富乐山	4.3	17.4	42.1	1.0	147.2	26.9	3.05	31.1
市人大	54.8	1.1	142.7	34.0	3.80	90	5.3	0.8
高新区	152.2	35.7	3.89	85	5.4	30.2	59.9	36.7
三水厂	3.97	83	5.2	27.7	54.4	1.0	150.5	89

说明：1. 数据为实况数据；

2. 城市环境空气评价执行《环境空气质量标准》（GB 3095-2012）及其修改单；

3. 环境空气质量综合指数是描述城市环境空气质量综合状况的无量纲指数，综合考虑六项污染物的污染程度。环境空气质量综合指数越大，表明综合污染程度越重

环境保护

【概况】 2020年，全市继续实施城市环境整治，组织开展“绿盾2020”自然保护地强化监督，巩固生态文明建设成果。全年加大环境保护专项资金投入，严把项目环评审批关。加强重点行业废气排放和污染治理设施运行情况监管。建设大气污染防治智慧识别分析系统。

【城市环境整治】 2020年，绵阳市围绕控制城市面源污染，强化城市环境综合管理。优化调整产业能源结构，控制全市产能严重过剩和高能耗行业的审批，落实淘汰落后产能工作，推进“散乱污企业”综合整治。提升城市精细化管理水平，加强施工扬尘、道路遗撒等精细化管理，推动全市建筑施工工地安装视频监控系统和颗粒物实时监控系统，推行绿色文明施工管理模式。规范建筑垃圾运输企业以及车辆，不定期开展扬尘专项整治行动，要求运输泥土、沙石、建渣、商混等散体流体的车辆必须采取双层封盖措施，不得沿街“抛冒滴漏”，加大街道洒水频次，保持每天洒水不低于6次、湿法洗扫作业不低于2次，冲洗每周不低于1次。

【大气污染防治】 2020年，全市实施“减排、压煤、治车、抑尘、控秸”五大工程，印发《绵阳市2020年重点区域大气污染防治工作任务清单》《绵阳市2020年臭氧污染防控行动方案》《绵阳市2020年度县（市、区）、园区生态环境保护党政同责工作目标任务及考评细则》。做好工业企业减排和监管，实施臭氧生成前体物中的挥发性有机物、氮氧化物协同减排。完成火电、水泥行业超低排放改造，推进利尔化学等17家挥发性有机物重点企业治理。加强重点行业废气排放和污染治理设施运行情况的监管。抓移动源污染管控，在全省率先探索遥感监测数据运用于柴油货车整治执法，开展非道路移动机械编码登记、柴油货车尾气排放路检抽测和非道路移动机械排放监督抽测工作。全年利用遥感抽测柴油货车4.72万辆，筛查超标黑烟车17辆，路检抽测柴油货车1006辆，筛查整治超标排放货车77辆，完成6500余台非道路移动机械的编码登记，监督抽测非道路移动机械35台，筛查排放不合格机械14台。严格油品和油气回收管理，打击整治油品行业乱象，联合市场监管等部门开展油品行业乱象整治行动，抽检油品30批次。完成全市储油库、加油站油气回收设施安装和运行情况的专项检查，对7家油气回收设施运行情况进行抽检。做好扬尘污染防治，制定《绵阳市城区建筑工地和城市道路扬尘及臭氧管控专班工作方案》，明确责任，细化分工，确保大气污染防控工作落实。执行错峰错时生产作业，督促工地持续做好扬尘“六必须、六不准”。市区联动，加大道路扬尘污染防治的管控力度，在重要路口定期开展道路扬尘检查排查，重点查处过往货运车辆带泥上路、抛洒滴漏、密闭不严等违法违规行为。建设颗粒物及挥发性有机物组分站，对环境空气中的污染物进行分析。开展颗粒物走航扫描200次，挥发性有机物走航扫描30次，通过走航发现高浓度异常点位170余个。建设绵阳市大气污染防治智慧识别分析系统，逐步从人防转向技防。组织开展绵阳市臭氧及颗粒物来源解析项目，对全市臭氧及颗粒物污染来源进行精准解析。

资料链拉：“六必须”即必须打围作业、必须硬化道路、必须设置冲洗设施、必须湿法作业、必须配齐保洁人员、必须定时清扫施工现场。“六不准”即不准车辆带泥出门、不准高空抛撒建渣、不准现场搅拌混凝土、不准场地积水、不准现场焚烧废弃物、不准现场堆放未覆盖的裸土。

【水污染防治】 2020年，全市系统推进“三水共治”（水污染治理、水生态修复、水资源保护）。强化城镇污水治理，加强环保基础设施建设完善，建成城市污水处理厂17座，完成255个乡镇污水处理项目建设，城区生活污水处理率达95%以上，县城达85%，建制乡镇达50%。建成投运中科绵投150吨/日的垃圾协同焚烧处置项目，加强污泥处理处置，无害化处理率达100%。统筹农业农村污染防治，畜禽粪污综合利用率为96.32%，规模养殖场设施装配配套率为100%，完成139个村庄农村环境综合整治，生活污水处理率、生活垃圾无害化处理率、畜禽粪便综合利用率、饮用水卫生合格率4项指标均达到相关要求，整治完成率达100%。全年全市新办取水许可证185个，整改提升1364个取水工程（设施）；发展农业高效节水灌面1933.33公顷，新增年节水能力174万立方米。完成187个集中式饮用水源环境状况评估工作，176个乡镇及以下饮用水源地全部完成规范化建设，54个环境问题全部整治完成。加强地下水环境监管能力建设，申请中央专项资金3081.24万元，启动建立全市地下水“双源清单”（集中式地下水型饮用水源和地下水污染源清单）。完成加油站双层罐及单层罐防渗改造工作，改造完成率为100%。继续实施绵阳涪江流域水环境生态补偿和水质超标资金扣缴制度，筹集涪江流域水环境生态补偿资金4282.5万元。

【土壤污染防治】 2020年，全市落实土壤污染防治行动计划，持续做好土壤环境监测预警、分类管控、治理与修复等工作。统筹推进土壤污染防治，开展土壤污染状况详查和重点行业企业用地土壤污染状况调查工作，完成441个重点行业企业用地调查基础信息采集及57个地块布点、采样；做好重点企业与园区土壤环境管控，组织38家土壤污染重点监管企业开展隐患排查、自行监测等工作；开展38家企业、6个工业园区、14座污水集中处理设施和11座固体废物处置设施周边土壤环境监督性监测；动态更新全国污染地块环境管理系统，建立全市污染地块名录并网上公开，推进污染地块风险管控和治理与修复工作，推进安州区、江油市等5个土壤及重金属污染防治项目和土壤污染综合防治先行示范区建设。开展固体废物污染防治，推进安州区磷石膏综合整治完成神龙磷石膏堆体长期封存工作，完成金鸿磷石膏消纳，确保不再新增磷石膏堆存；推进长江经济带尾矿库和矿山矿企整治，制定实施尾矿库、非煤矿山生态环境问题排查整治工作方案，针对全市636座非煤矿山开展矿山矿企生态环境问题排查整治工作。强化重金属污染防治，开展涉镉等重金属重点行业专项整治。

【秸秆禁烧】 2020年，全市禁止露天焚烧秸秆、落叶、沥青、油毡、橡胶、塑料、皮革、垃圾以及其他产生烟尘和恶臭污染的物质。依托全市3518个生态环境网格，建立市、县、乡、村四级禁烧巡查队伍，开展全年禁烧常态化巡查。建立绵阳市生态环境快速反应指挥平台，在城区等重点区域建设162个空气质量网格化微站和126个秸秆焚烧探头，实现禁烧科学溯源、精准管控。会同德阳市、遂宁市签订《大气污染防治联防联控区域合作协议》，开展跨区域联合巡查16次，推动形成全面禁烧三市共治格局。全年对全市20起露天焚烧事件涉及的9个县市区政府、园区管委会分别予以通报、插旗和扣分，对23名露天焚烧人员实施处罚。

【生态文明创建活动】 2020年，全市组织实施“绿盾2020”自然保护地强化监督，继续深化部门联动、市县协作，全年未新增重点问题，持续推进各年度“绿盾”发现问题整改。参加自然保护地整合优化和生态保护红线评估调整，确保各项工作推进实施。组织开展以“生态文明：共建地球生命共同体”为主题的“5·22”生物多样性日宣传活动，发放宣传手册（单）2000余份，播放宣传视频100余小时。观雾山、弥江河、游仙水禽湿地3个自然保护区完成省级管理成效评估。盐亭县获得第四批国家级生态文明建设示范县命名授牌，游仙区、平武县、梓潼县生态文明建设规划通过省级评审并颁布实施，全市逐渐形成以创建为载体推进生态文明建设的良好氛围。全年在《绵阳日报》发布染防治攻坚战战报12期、环境质量状况及污染防治月报12期，召开生态环境新闻发布会4次，制作生态环境警示片5期，营造生态文明建设良好舆论氛围。绵阳生态环境微信、微博公众号发布各类信息1.1万条。绵阳生态环境微信公众号被评为“四川2020年度十佳生态环境系统政务新媒体”。先后举办以“生态优先·绿色发展”为主题的绵阳市2020年世界环境日主题活动、绵阳市第二届“十佳环保企业”“十佳环保卫士”“十佳环保人物”评选活动、环境保护设施公众开放活动。

【环保专项资金争取】 2020年，全市共获得中央、省、市生态环境保护专项资金19098.9万元，其中水污染防治专项资金5488万元、大气污染防治专项资金1052万元、中央土壤污染防治专项资金838万元、中央农村环境整治资金446万元、省级农村生活污水治理“千村示范工程”资金2710万元、环境质量激励资金1248万元、环境保护监管能力建设与运行保障专项资金2125.4万元、省级生态文明建设奖励资金800万元、新增重大工作及生态环保突发事项保障资金109万元、涪江流域生态补偿资金4282.5万元。开展融资合作，与市农发行、市农行签订战略合作协议，共对接跟进项目59个，审批项目22个，落实银行意向融资贷款金额50.1亿元，投放贷款金额26.8亿元。

【项目环评审批】 2020年，全市执行《建设项目环境保护管理条例》和《中华人民共和国环境影响评价法》等有关法律法规，强化建设项目环评审批工作，继续严把项目审批关，特别是在重金属重点防控区、饮用水源保护区等环境容量不足或环境敏感的地区实施更严格的准入门槛。持续推进“放管服”改革，对重点项目及民生项目继续开辟“绿色通道”，提高审批效率；对高污染、高耗能以及国家宏观调控的产能过剩、重复建设行业的项目从严把关；强化空间环境准入。全年市本级审批建设项目237个，总投资153亿元，环保投资4亿元；全面实施排污许可证制度，共核发排污许可证448张，指导登记备案6600余家，保障固定污染源排污许可全覆盖。行政服务中心环保窗口受理行政审批办件816件，提前办结816件，提前办结率达100%。开展绵阳市“三线一单”（即生态保护红线、环境质量底线、资源利用上线和生态环境准入清单）成果优化完善工作，并形成初步成果。在全省率先对医疗卫生、物资生产、研究试验三类项目开通“绿色通道”办理环评手续，完成20余个应急病房、医用口罩等疫情防控类三类项目审批。实行环评豁免管理一批、承诺审批一批和加快推进一批“三个一批”正面清单管理。复工复产期间，豁免管理民营企业和中小企业项目2100个，实行告知承诺制审批项目170余个。加强环评管理，建立审批廉政告知制度和企业服务意见征求机制。实现环境影响评价登记表、排污许可、辐射安全许可等行政许可全程网办。 （李团丰　任刚常）

节能减排

【概况】 2020年，全市能源消耗总量达到945.69万吨标准煤，单位地区生产总值能耗同比下降0.53%。清洁能源生产继续提升，全市32家电力生产企业累计发电达119.81亿千瓦时，同比增长2.43%。清洁能源生产稳步增长，其占比保持在60%以上。其中水电企业全年累计发电73.18亿千瓦时，同比增长1.33%；风力发电量为0.63亿千瓦时，增速同比增长11.02%。

【农业节能】 2020年，全市农作物秸秆产生总量达308.31万吨，其中可收集量268.49万吨，全年共综合利用秸秆259.84万吨，综合利用率达96.78%。全年化肥使用减量化，全市化肥施用量（折纯）19.35万吨，同比下降2.22%。通过畜禽粪污资源化使用，运用秸秆综合利用资金，支持企业、农民和新型主体制造有机肥，促进粪污还田利用。全市有机肥生产企业17家，年产有机肥约30万吨。推进农业绿色转型升级。通过畜禽养殖污染综合治理工作，引导有条件的养殖场通过改造升级实现种养循环粪污资源化利用或达标排放。在重点区域试点推进种养循环示范基地（园区）建设，形成江油三一生态养殖场、三台明兴公司、安州金泉公司等一批具有代表性的种养循环经济示范点。

【工业节能】 2020年，全市共创建国家级绿色工厂5家，开发绿色设计产品7种，创建省级绿色工厂18家、绿色园区2家。加快淘汰落后产能和燃煤小锅炉。全市完成落后产能退出企业45家，其中砖瓦企业44家、化工企业1家；共淘汰普通建筑用砖年产能约14.97亿匹，实现节能量约22万吨标煤。全面推进节能环保产业发展。形成绵阳经开区、游仙高新区、江油高新区等节能环保产业集聚区。全市70家规模以上节能环保企业实现产值236.8亿元，同比增长10%。推进园区循环化改造和第三方污染治理，全市8家省级以上工业园区开展循环化改造，绵阳经开区、三台工业园区创建成为国家级园区环境污染第三方治理试点。

【商业和公共领域节能】 2020年，全市推广节能技术改造和产品应用，指导乐荟城等大型商超在装修过程中使用节能环保型设施设备，鼓励百盛、沃尔玛、茂业百货、富安百货、梅西百货、家福来、苏宁、国美等大型零售企业进行节能技术改造。淘汰开启式干洗机，截至年底，全市共淘汰236台开启式干洗机。引导大型商超创建绿色商场，涪城万达、凯德广场、经开万达创建成为绿色商场。加强节能监管，按照空调温度设置标准，加大对大型商场、超市、餐饮等商业设施空调设置情况检查力度，鼓励流通企业加强营业场所室内空调温度的监测，降低企业电能消耗。提倡绿色消费，鼓励在商场、餐饮、超市等场所推行节能标签制度，引导住宿、餐饮、洗染和生活沐浴等行业推广使用节能技术和产品，开展用电、用水、用气等节能降耗活动。推进智慧节能建设，搭建具有能耗监测、项目管理、统计分析等功能的绵阳市公共机构节能管理平台，实现全市153家公共机构能源资源数据的实时上传、统计分析等。组织开展公共机构合同能源管理，组织市中心医院实施合同能源管理项目，该项目年托管能耗费用1900余万元。有序开展节约型机关创建工作。制定《绵阳市节约型机关创建行动实施方案》《绵阳市节约型机关评价标准》，建立节约型创建活动专项工作小组，开展业务培训会及推进会，确保全市227家单位创建成功。

【交通节能】 2020年，全市累计建设充电桩3134个，持续推进九绵高速绿色公路建设。调整运力结构，推广使用新能源公交车及新能源出租车，截至年底，城区公交车保有量1215辆，其中新能源车1109辆，占比达91.28%。健全动态监测制度，执行客车实载率低70%的线路不投放新运力的政策。

【节能环保宣传】 2020年，全市围绕“绿水青山　节能增效”“绿色低碳　全面小康”两个主题，以线上宣传为主、线下活动为辅的形式，通过播放节能宣传视频、线上节能知识讲座等方式，开展绵阳市节能宣传周和低碳日活动。绵阳市节能减排及应对气候变化工作领导小组办公室牵头制定《2020年绵阳市节能宣传周和低碳日活动方案》，6月29日至7月4日，市发展改革委印发宣传海报3000余份，在全市公共机关、重点企业等单位宣传张贴；市生态环境局在全市发放低碳宣传资料1000余份，接受群众咨询60余人次，发布微信、微博宣传信息11条；市机关事务管理局号召全市公共机构开展植绿护绿活动和“筷子森林”公益行动，举办“垃圾分类大挑战”互动游戏，引导广大干部职工在日常生活工作中践行垃圾分类；住建委动员全市建筑节能、物业管理、房地产等行业协会以及大型建筑企业宣讲绿色建筑、绿色建材和装配式建筑等相关节能知识；市交通运输局通过全市出租车车顶宣传节能小知识；市商务局在商超、酒店等重点场所组织发放宣传资料5000余份，同时利用LED显示屏播放宣传标语1万余条次；市经信局组织全市工业重点用能单位开展节能专题培训；市农业农村局组织1万余人开展老旧农机报废宣传培训。

（任刚常　李团丰）

环保督察整改

【概况】 2020年，全市推进生态环保督察问题整改落实，整治各类生态环境突出问题，提升群众获得感和满意度。截至年底，中央环境保护督察反馈意见整改任务共32项，整改完成30项，完成率达93.8%；中央生态环境保护督察“回头看”反馈意见整改任务共14项，整改完成13项，完成率达92.8%；省级环境保护督察发现问题494个，整改完成493个，完成率达99.8%；省级生态环境保护专项督察反馈问题40个，整改完成39个，完成率达97.5%。

【中央和省生态环保督察及整改工作】 2020年，全市先后召开市生态环境保护督察工作领导小组第二次会议、整改工作调度会、推进会、培训会等10多次整改专题会议，按照“清单制+责任制+督考制”要求，对标对表推进问题整改、规范销号。持续开展生态环境突出问题大排查大整治和长江经济带生态环境问题排查整治行动，推进生态环境突出问题整改市领导“一对一”结对攻坚，建立台账、分类施策，推动问题得到解决。每季度联系县市区、园区的市领导带队，对上级交办问题、自查问题及区域重点问题整改情况进行督导。建立市级部门专家库，组织11个行业部门96人次督导点位128个。市生态环保督察办开展双月暗访，组织70人次暗访点位200个。组织对中央生态环境保护督察等国家层面反馈问题的整改情况开展“回头看”，坚决杜绝敷衍、表面、假装整改，确保整改落实见效。

【安州磷石膏问题整改销号】 2018年11月8日，中央第五生态环境保护督察组现场检查发现，安州区磷石膏堆部分磷石膏堆场“三防”措施不到位。同年11月16日，中央生态环境保护督察组将安州区磷石膏问题，作为典型案例予以通报。通报后，绵阳市、安州区组成工作专班，采取“日报”“周报”方式督促整改进度，并邀请专家指定“封闭封存”“利用消纳”和“防扬散、防渗漏、防流失”的三防措施，对200多吨磷石膏进行处置，并在磷石膏堆场周边科学设置观测井，持续开展磷石膏堆存地块周围地表水、地下水监测，完成干河子流域内规模以上企业入河排污口规范化整治。安州区出台《加快推进磷石膏综合利用工作实施意见》《进一步推动磷石膏综合利用的激励办法》等奖励政策，实现磷石膏快速就地消纳，完成磷石膏堆体消除。2020年10月9日，省环科院专家组进行现场验收。12月23日，省生态环境保护督察工作领导小组办公室同意销号备案。

（任刚常）

生态审计

【概况】 2020年，全市审计系统贯彻落实各级关于加快推进生态文明建设的决策部署，践行绿色发展理念，推进领导干部自然资源资产离任审计工作，推动领导干部履行自然资源资产管理和生态环境保护责任。围绕《绵阳市生态环境保护责任清单》明确的工作职责，推进自然资源资产和生态环境审计工作。坚持以改善生态环境质量为核心，发挥审计助力打好污染防治攻坚战，服务生态文明建设的作用。将中央、省级生态环保督察和国家生态环境警示片曝光问题整改情况纳入乡镇（街道）领导干部自然资源资产离任（任中）审计内容，要求各审计组重点关注整改完成情况，督促被审计地区按时完成整改。市审计局制发《2020年绵阳市乡（镇）党政主要领导干部自然资源资产离任（任中）审计工作方案》和《乡镇（街道）领导干部自然资源资产离任（任中）审计常见问题清单》，统一审计目标、审计对象和范围、审计内容和重点，提高生态环保领域审计业务质量标准，确保查找问题精准，责任主体明确，干部评价客观。执行《四川省党政领导干部生态环境损害责任追究实施细则（试行）》，坚持“以岗定责、有责必审”，结合被审计地区的自然资源资产禀赋特点和乡镇（街道）、部门在自然资源资产方面的职责和权限，重点抽查农、林、国土、环保、畜牧、财政等部门在乡镇的基层办事机构54个和2个县级部门，延伸调查73家企业、合作社和农户，共查出水资源保护、森林资源保护、农村面源污染、项目管理和资金使用等方面的问题145个，涉及问题金额1600余万元。

【审计方式优化】 2020年，全市审计系统运用“1+N”审计模式，将领导干部自然资源资产和环境责任审计与经济责任审计相结合，通过多个项目同步实施，多维度了解当地自然资源资产管理和环境保护力度，客观评价领导干部自然资源资产和环境责任；运用“三渗透、四结合、五统一”审计方法，把部门专业技术人员渗透到审计人员中、政策执行情况渗透到重点项目推进中、资源环境责任审计事项与经济责任审计事项相互渗透的“三渗透”审计，开展结合经济责任、问题调查与经验总结、项目考察与资金追踪、政策执行与地方发展需要的“四结合”审计，实行统一审计方案、统一审计内容、统一问题定性、统一定责追责、统一审计报告的“五统一”联合审计；采取定量与定性相结合的分析方式，以计算机技术为支撑，按照土地、水、大气等分领域优化审计组织方式，通过运用合规分析法、关联分析法、自由表分析法开展综合分析，发现问题线索，增强精准识别，提升审计效率。

【游仙区首创《乡镇（街道）领导干部自然资源资产离任（任中）审计评价指标体系》】 2020年，游仙区审计局在四川省审计厅的领导和绵阳市审计局的直接指导下，与四川省自然资源科学研究院等科研院所合作，参考国家、省生态文明建设有关指标，梳理国家法律法规、规章和央省市制度、文件中关于乡镇（街道）生态环境方面应当履行的职能职责近150条，整理提炼出乡镇领导干部在履行自然资源资产和生态环境保护责任方面的责任清单33条，在全国首创建立《乡镇（街道）领导干部自然资源资产离任（任中）审计评价指标体系》，创立“123”指标体系（即6个一级指标、44个二级指标、72个三级指标）和“一审一核三归类”审计方法（即对照指标体系和审计工作方案进行审核，对照审计筛查疑点进行核实取证，对照《领导干部自然资源资产离任审计规定（试行）》确定的6个方面对审计取证单、审计工作底稿、审计查出问题进行归类），建设“乡镇（街道）领导干部自然资源资产离任（任中）审计操作系统”，搭建“1+4”系统（即1个主系统和数据管理子系统、综合筛疑子系统、审计评价子系统和移动核查终端等4个子系统），应用现代审计技术方法，核实领导干部任职期间自然资源资产数量的变化和审计发现的疑点，深化发展基层绿色审计工作，提高审计质量和效率。 （喻佳丽）

经济环境

Economic Environment

概述

【概况】 2020年，全市克服新冠肺炎疫情带来的冲击，做好疫情防控，有序推进复工复产，做好“六稳”工作，落实“六保”任务，稳住经济基本盘，经济发展质量和韧性显著增强，各项社会事业取得新进展，“十三五”规划收官。出台减税降费、普惠金融、支持中小企业共渡难关、稳定就业、稳定投资等政策，发挥稳企助企效应，京东方、惠科等一批重大产业项目陆续竣工投产，支撑全市经济持续增长。召开中国(绵阳)科技城建设第十四次部际协调小组会议，参与成渝地区双城经济圈建设，科技城建设取得重大进展。构建现代化产业体系，如期完成脱贫攻坚任务，拓宽就业渠道，继续改善基本民生。全市经济实现快速恢复，经济增速在一季度GDP增速下探到-1.5%后，二季度企稳回暖，上半年实现由负转正，同比增长1.6%，三季度加快回升，前三季度同比增长3%，四季度基本回归常态。全年地区生产总值（GDP）同比增长4.4%，比全省（3.8%）高0.6个百分点，比全国（2.3%）高2.1个百分点，经济总量在全省地级市中率先突破3000亿元，达3010.08亿元，总量和增速均居全省第二位。绵阳在“促进社会投资健康发展、企业债券发行、债券品种创新与风险防范等”“促进工业稳增长和转型升级、实施技术改造”“落实有关重大政策措施、创造典型经验做法且受到国务院督查表扬”3个方面工作成效明显，受到国务院办公厅通报表扬和政策激励。

【产业发展情况】 2020年，全市三次产业结构调整为12.3：39.0：48.7。农业生产稳定增长，坚持“农业多贡献”，第一产业增加值实现370.95亿元，同比增长5.4%，比全省(5.2%)高0.2个百分点，比全国(3.0%)高2.4个百分点。完成1.5066万公顷高标准农田建设任务，粮食总产量达231.1万吨；小麦最高亩产量达729.8公斤，创西南地区历史新高。生猪产能快速恢复，生猪出栏324.26万头，同比增长16.2%。粮食总产量231.1万吨，超额完成省下达目标。召开全市现代农业园区建设现场会，三台麦冬种养循环现代农业园区入选国家现代农业园区创建名单，新认定省三星级现代农业园区2个。

2020年，全市工业生产拉动有力，坚持“工业挑大梁”，加快构建“6+6”先进制造产业体系，规模以上工业增加值同比增长5.1%，比全省（4.5%）高0.6个百分点，12月当月同比增长9.4%，实现连续10个月逐月回升。六大重点产业产值同比增长4.8%，占全市规模以上工业产值的比重达70.0%，其中电子信息产业产值同比增长6.46%，高端装备制造业产值同比增长6.5%，节能环保产业自6月起持续保持8%以上的较快增长，全年同比增长10.05%。35个行业、1079家规模企业、183种工业产品增长面分别为62.9%、65.8%、57.4%。重点监测的4亿元和10亿元以上企业累计产值分别同比增长3.8%、7.4%。京东方年出货量突破1000万片；惠科点亮投产；绵阳重汽扩能上量生产整车1.2万辆，产量同比增长211.6%。制造业转型升级步伐加快，108个项目竣工投产，6家企业入选国家第二批专精特新“小巨人”企业，5家企业上榜川企100强，13家企业上榜四川制造业企业100强。

2020年，全市服务业持续恢复，召开全市服务业发展大会，出台《关于加快构建“8+1”现代服务业体系推动服务业高质量发展的实施意见》，服务业增加值同比增长4.5%，比全省（3.4%）高1.1个百分点。以八大重点服务业为主的其他营利性服务业营收同比增长21.2%，其中科学研究和技术业营收同比增长33%，受新冠肺炎疫情冲击较大的文化体育娱乐业营收实现由负转正，同比增长23.1%。中国（绵阳）科技城科技物流园等6个项目入选全省服务业“三百工程”。长虹佳华等4家企业获评省优秀服务业企业。涪城入选全省服务业强县。北川创建成为天府旅游名县，江油入选天府旅游名县候选县，梓潼文昌祖庭获评国家级海峡两岸交流基地。

资料链接：“6+6”先进制造产业体系即电子信息、汽车、新材料、节能环保、高端装备制造和食品饮料六大重点产业，新型显示、智慧家庭、新型功能材料、5G、北斗卫星应用、新能源与智能网联汽车六大创新产业。

四川省服务业“三百工程”即建设100个业态先进、规模较大、拉动效应强的服务业重大项目，不断增强投资对服务业发展的关键性作用；培育100户创新能力强、发展潜力大、示范引领作用突出的服务业重点企业，打造一批十亿级、百亿级服务业企业，不断壮大服务业市场主体队伍；培育100个效益好、影响大、竞争力强的服务业重点品牌，不断提升服务品牌核心价值。

【企业复工复产】 2020年，全市落实金融支持、减税降费、援企稳岗等纾困惠企政策措施，出台支持中小企业共渡难关20条、稳就业16条、工业稳增长稳投资7条等专项政策措施，搭建运行“绵阳市抗疫援企在线平台”，推动企业复工复产。为4.17万家中小微企业安排财政补助性资金0.99亿元，发放创业担保贷款1.24亿元，发放稳岗补贴4.89亿元，惠及职工29.94万人。2月底，规模以上工业企业全部复工；3月中旬，限额以上商贸企业、规模以上服务业企业及省市重点项目全面复工；4月29日，总投资240亿元的惠科项目建成点亮。

【项目投资回升】 2020年，全市出台《抓项目促投资19条硬措施》，建立省市重点项目推进和投资运行“红黑榜”通报等工作机制。全市全社会固定资产投资同比增长10%。其中技改投资同比增长20.2%；高技术服务业投资26.74亿元，同比增长30.2%；信息服务、电子商务平台、检验检测服务投资倍增。753个省市县重点项目完成投资1019亿元，完成率达110.7%。举行全市重大项目集中开工2次，开工重大项目240个，总投资约897亿元。储备“十四五”项目5081个，计划总投资2.23万亿元。

【市场消费复苏】 2020年，全市实现社会消费品零售总额1394.26亿元，同比下降1.8%，12月当月实现同比增长5.9%，创全年月度新高。开展“乐购春晓城市之光”“绵州里·悦生活·新消费”等惠民促销活动900余场次，累计发放消费券2.08亿元，实现交易额750亿元。在全省率先推出“9张网”新型消费模式，建立首个市级电商直播基地；全市实现网络交易额2835亿元，居全省第二位；网络零售额222.77亿元，同比增长17.43%。

资料链接：“9张网”新型消费模式即“网+销售”“网+物流配送”“网+招工”“网+定制”“网+基地”“网+培训”“网+社区”“网+居民服务”“网+平台数据”9张网模式，鼓励传统企业、实体门店运用“网络直播”“社交电商”等内容电商新模式，利用网红流量带动销售。

【外资外贸增长】 2020年，全市进出口总额216.27亿元，同比增长3.5%，排名“中国外贸百强城市”第三十九位，较2019年上升21位。长虹集团、利尔化学、华拓光通信等185家企业与“一带一路”54个国家和地区建立直接贸易往来。全市有境外投资企业62家，中方直接投资总额15.85亿美元。到位外资2.04亿美元，同比增长13.5%，总额居全省第二位。绵阳综合保税区、中国（绵阳）跨境电商综合试验区获国务院批复，其中综合保税区通过验收。

【市场预期回升】 2020年，全市财政金融稳中向好，地方一般公共预算收入140.96亿元，同比增长7.5%，好于预期。落实减税降费各项优惠政策，全年新增减税降费41.69亿元。金融机构人民币各项存款余额5082.30亿元，同比增长14.0%；人民币各项贷款余额2812.66亿元，同比增长13.6%。市场主体发展活跃，新登记各类市场主体5.55万户，同比增长9.5%。“四上”企业（规模以上工业企业、资质等级建筑业企业、限额以上批零住餐企业、规模以上服务业企业）总量首次突破3000家，总数达3073家。加强招商引资，引进中电光谷等5亿元以上项目88个，签约金额1815.27亿元；国内省外到位资金788.2亿元。

【民生指标向好】 2020年，全市基本民生持续改善，做好重点人群就业，拓宽农民工、高校毕业生等就业渠道，做好就业服务。组织开展就业服务进企业、人力资源调查进家庭“两进”行动，开展农民工返岗“春风行动”，推行“会招、网招、社招、微招、异地招”招聘模式。就业形势逐步转好，城镇新增就业53899人，城镇登记失业率2.73%，低于省控目标1.77个百分点。居民收入稳步增长，城镇居民人均可支配收入39680元，同比增长5.9%；农村居民人均可支配收入19303元，同比增长8.8%。居民消费价格指数小幅上涨3.1%，控制在涨幅调控目标以内。发放价格临时补贴1.4亿元，惠及困难群众200余万人次。夯实基本医疗保障，参保人数达491.32万人，基本实现应保尽保。实现建档立卡贫困人口医疗救助省内医疗机构“一单式”结算，异地就医、门诊慢性病、门诊特殊重症备案等“网上办”“掌上办”“联网办”。

【县域经济发展】 2020年，全市县域经济发展稳步推进，各地竞相发展、加快发展、特色差异化发展趋势凸显。县域范围实现地区生产总值2459.27亿元，较2019年增长134.77亿元，占全市总量的81.7%，较2019年提高0.3个百分点。涪城、三台获评全省县域经济发展强县、先进县。推进市与市辖区（园区）权责关系改革，下放权限71项、调整事项16项。开展县域经济发展"十四五"规划前期研究，完成《推动县域经济高质量发展研究报告》。实施"宜居县城建设行动"，出台《关于推进中心镇改革发展的实施意见》，持续推进小城镇建设。

（董　兰）

2020年绵阳市工业生产者出厂价格指数一览表

（以上年为100）

表7

类　别	2019年	2020年
总指数	98.2	95.0
按轻重工业分		
轻工业	97.0	91.3
重工业	99.6	99.2
按类别分		
生产资料	99.3	99.0
采掘	99.8	101.3
原材料	98.9	100.3
加工	99.4	98.6
生活资料	97.2	91.1
食品	103.7	105.9
衣着	96.9	94.8
一般日用品	99.0	100.3
耐用消费品	95.0	85.3

2020年绵阳市工业生产者购进价格指数一览表

（以上年为100）

表8

类　别	2019年	2020年
总指数	99.8	100.3
燃料动力类	99.8	98.2
黑色金属材料类	100.2	99.6
# 钢材	99.5	98.9
有色金属材料和电线类	96.3	99.0
化工原料类	97.2	91.3
木材及纸浆类	101.4	100.3
建筑材料及非金属矿类	114.0	95.4
其他工业原材料及半成品类	97.5	102.1
农副产品类	103.2	107.4
纺织原料类	104.2	98.1

2020年绵阳市按行业分的工业生产者出厂价格指数一览表

（以上年为100）

表9

类　别	2019年	2020年
黑色金属矿采选业		
有色金属矿采选业	98.8	98.9
非金属矿采选业	107.3	103.0
农副食品加工业	97.5	107.3
食品制造业	101.4	102.4
酒、饮料和精制茶制造业	99.2	101.5
纺织业	108.3	94.6
纺织服装、服饰业	106.2	94.8
皮革、毛皮、羽毛及其制品和制鞋业		
木材加工和木、竹、藤、棕、草制品业	99.5	97.4
家具制造业	101.1	100.8
造纸和纸制品业	103.2	98.4
印刷和记录媒介复制业	99.3	100.1
石油加工、炼焦和核燃料加工业	99.9	100.3
化学原料和化学制品制造业	101.5	100.7
医药制造业	101.6	100.0
橡胶和塑料制品业	98.3	95.9
非金属矿物制品业	123.0	94.9
黑色金属冶炼和压延加工业	107.5	99.1
有色金属冶炼和压延加工业	106.4	102.3
金属制品业	104.2	100.9
通用设备制造业	109.2	107.1
专用设备制造业	103.6	101.6
汽车制造业	99.5	98.1
铁路、船舶、航空航天和其他运输设备制造业	99.8	99.9
电气机械和器材制造业	98.6	91.5
计算机、通信和其他电子设备制造业	95.8	84.6
废弃资源综合利用业	106.9	100.0
电力、热力的生产和供应业	97.0	100.1
燃气生产和供应业	99.9	100.3
水的生产和供应业	102.2	106.2

【绵阳市出台支持中小企业共渡难关20条措施】 2020年2月13日，市政府办印发《绵阳市应对新型冠状病毒肺炎疫情支持中小企业共渡难关的政策措施》，从加大减负支持力度、金融支持力度、财政支持力度、税收支持力度、稳岗支持力度，减免房租等方面帮助中小企业渡过难关。具体措施有：在新冠肺炎疫情防控期间，对参与政府统筹提供生活物资保供的商场、超市等商贸流通企业，企业注册所在地（或经营所在地）政府按物流费用全额给予补贴。对参与政府统筹生活物资保供的商贸流通和防疫药品、医疗设备、物资器材等疫情防控相关生产的中小企业，由企业注册所在地政府按销售目录电价的30%给予电费补贴。对生产与疫情防控相关医疗器械产品的企业，首次注册、变更注册、延续注册的，注册费一律执行零收费标准。确保中小微企业贷款不因疫情受影响。开辟中小微企业金融服务“绿色通道”，特事特办、急事急办，简化流程、快速审批、尽快发放。确保中小微企业融资成本有较明显降低。确保对疫情防控重点领域的信贷支持。加大融资担保机构支持力度。用好用活应急转贷资金。加大对受疫情影响企业的创业担保贷款贴息支持力度。新增设立规模1亿元的中小企业贷款风险补偿基金。减轻企业税收负担。企业缴纳社保等可申请延期缓缴，对企业职工职业培训给予补贴。对面临暂时性生产经营困难且恢复有望、坚持不裁员或少裁员的参保企业，可按6个月的当地月人均失业保险金和参保职工人数确定的标准，或按6个月的企业及其职工应缴纳社会保险费的50%给予稳岗返还。对中小企业吸纳登记失业半年以上人员以及因疫情无法返岗的农民工就业且签订1年以上劳动合同并按规定缴纳社会保险费的，给予1000元/人一次性吸纳就业补贴。对经营性人力资源服务机构组织下岗失业人员、返乡农民工到企业就业，并协助签订1年以上劳动合同、参加社会保险的，按不低于300元/人标准给予就业创业服务补助。疫情防控期间，对中小微企业承租国有企业房产的，予以3个月房租减免，

【“绵阳市抗疫援企在线平台”运行】 2020年2月22日，绵阳市经信局与联通绵阳分公司、阿里巴巴合作，在全省经信系统率先开发建成“绵阳市抗疫援企在线平台”（以下简称在线平台），通过线上信息收集、资源匹配和线下经信系统工作专班精准服务，帮助企业解决员工招募、原料组织、物流运输等方面的实际问题。在线平台是以“钉钉”为基础而搭建的一套应用系统，包括9个应用子系统（九大功能），可帮助支持企业开展员工招募、原料组织、物流运输、融资协调、经济合作、防疫物资、疫情防控、数字办公，九大功能可后台对接市经信局9个“支援工业企业复工复产工作专班”。在线平台运行以来，发送“疫情防控期间免费使用的信息产品与服务名单”“关于发布疫情防控期间规上工业企业用工信息的通知”等政策事项；推送“应对疫情缓解企业困难政策解读”直播培训；定向对建筑企业、商务企业、工业企业等发布“疫情对中国经济、零售、车企和医疗行业的影响”“疫情下的存量困局与突围之策（1000房产经纪人调研报告）”等专题报告。

【《绵阳市2020年优化营商环境工作方案》出台】 2020年4月10日，《绵阳市2020年优化营商环境工作方案》（以下简称《工作方案》）出台。《工作方案》是绵阳市优化营商环境2.0版改革方案，以全面优化提升营商环境指标为目标，提出全力打造便利高效的政务服务环境、开放竞争的市场环境、公平正义的法治环境、包容创新的人文环境四大环境，提升政务服务满意度、环境透明度，助力企业良性发展，促进营商环境多元融合，以及提供有力综合保障，持续加强营商环境队伍建设。《工作方案》提出36条具体工作举措，细化2020年优化营商环境工作任务清单（110项具体工作任务）。

【绵阳位居全国经济复苏城市排行榜第二十七位】 2020年5月23日，《每日经济新闻》联手清华五道口金融学院旗下道口金科，推出“韧劲中国——中国经济复苏城市排行榜”，绵阳在全国335座地级及以上城市中位列第二十七位。此次经济复苏城市排行榜，是通过覆盖百万量级中小微企业的税务、发票、支付、工商等多个数据源，通过大数据对比2月至4月企业真实经营数据相对2019年同期的恢复比例，描绘出31个省份、335座城市的“经济复苏全景图”。数据显示，绵阳市复苏指数达72.50%，在335座地级及以上城市中排在第二十七位。2月至4月，全市恢复最快的行业为农、林、牧、渔业，其复苏指数高达225.09%。全市农、林、牧、渔业领域中小微企业经营数据是2019年同期的2.25倍，恢复速度在全部335座城市中位居第十六位。

【《“五专”企业服务机制》入选《中国营商环境报告2020》】 2020年10月16日，国家发改委组织召开《中国营商环境报告2020》发布暨全国优化营商环境工作推进会。会议发布《中国营商环境报告2020》。绵阳市《“五专”企业服务机制》代表四川省入选《中国营商环境报告2020》“一省一案例——改革集萃篇”。“五专”企业服务机制，是指专线、专网、专窗、专班、专员，通过构建“五专”服务机制，形成解决企业“准入难、落地难、融资难、用工难、退出难”问题、畅通政企沟通渠道、提供“零距离”服务的有效路径。全市通过企业服务专线“一号响应”、企业服务专网“一网

通办”、企业服务专窗“一窗受理”、企业服务专员“一对一服务”、企业服务专班“打通最后一公里”，推动服务重心下沉，发挥各县市区、园区服务企业的主体作用，集聚市县两级政府的政策、企业诉求处理、帮办代办审批服务、企业合作服务等社会服务资源，为本市企业提供全所有制、全规模、全生命周期的兜底式服务，让企业享受智能高效、全链条场景化集成式服务，打破“服务孤岛”。 （董　兰）

规划管理与宏观调控

【概况】 2020年，绵阳市国民经济和社会发展计划贯彻习近平新时代中国特色社会主义思想和党的十九大精神，落实省委、省政府及市委的重要决策部署，科学制定国民经济和社会发展计划，对全市国民经济社会发展实现有效规划管理和宏观调控，完成全年各项目标任务。绵阳市委七届十次全体会议审议通过《中共绵阳市委关于制定绵阳市国民经济和社会发展第十四个五年规划和二〇三五年远景目标的建议》；形成《绵阳市国民经济和社会发展第十四个五年规划和二〇三五年远景目标纲要（送审稿）》。

【国民经济和社会发展计划制定及执行情况】 2020年，全市国民经济和社会发展计划在编制过程中，吸纳各地各部门的年度总结及意见建议，对接《政府工作报告》，并与建设中国科技城和西部现代化强市的现实需要相结合。经过市政府常务会议、市人大财经委、市委常委会会议审议，并在市七届人大七次会议上审议通过。全年全市围绕市七届人大七次会议确定的目标任务，开展各项工作，定期向市人大常委会报告国民经济和社会发展计划执行情况。在市人大、市政协监督支持下，全市抗击新冠肺炎疫情和特大暴雨洪涝地质灾害，决战决胜脱贫攻坚，做好“六稳”工作，落实“六保”任务，增强经济发展质量和韧性，各项社会事业取得新进展，“十三五”规划收官，完成2020年国民经济和社会发展计划各项目标任务。

【国民经济社会发展目标任务完成情况】 2020年，全市面对新冠肺炎疫情和特大暴雨洪涝地质灾害，稳住经济基本盘，保障民生福祉，国民经济和社会发展主要指标实现高于全国、好于全省的良好态势。科技城建设全面提速。召开中国（绵阳）科技城建设第十四次部际协调小组会议。“银行与企业风险共担的仪器设备信用贷”等3项经验入选全国第三批支持推广的20项创新举措。新增省级以上实验室、工程技术研究中心和企业技术中心19个，总数达193个。国家高新技术企业净增106家，科技型中小企业新增认定500家。新增专利授权7636件，万人有效发明专利拥有量达13件。绵阳科技城新区获省政府批复设立。经济增长韧性增强。全年实现地区生产总值总量和增速均居全省第二位。第一产业增加值同比增长5.4%，高于全国2.4个百分点、全省0.2个百分点。规模以上工业增加值同比增长5.1%，高于全国2.8个百分点、全省4.5个百分点。六大重点产业同比增长4.8%，重点监测的4亿元和10亿元以上企业产值分别同比增长3.8%、7.4%。服务业增加值增长4.5%，高于全国2.4个百分点、全省1.1个百分点，金融机构本外币存款余额达5100.19亿元，在全省地级市中率先突破5000亿元关口。内外需求持续回暖。全社会固定资产投资同比增长10%，高于全省0.1个百分点。753个省市县重点项目，完成投资1019亿元。社会消费品零售总额同比下降1.8%，降幅低于全国2.1个百分点、全省0.6个百分点。进出口总额实现216.27亿元，超过预期目标80.27亿元，稳居全省第二位。区域发展协同共进。提出绵阳深度参与成渝地区双城经济圈建设的定位、主攻方向、行动措施。推动与重庆市北碚区开展10个方面具体合作，加快落实与成都、德阳、遂宁、广元、阿坝区域合作213个事项。促进市内区域间联动发展，县市区、园区之间签订的21个合作协议加快实施。推动城乡融合发展，完成乡镇行政区划调整和村级建制调整改革。发展环境优化。营商环境持续提升，建成政务服务“一网通办”平台，全省首创企业开办“零证明”，新登记各类市场主体5.55万户，同比增长9.5%。交通基础设施投资160.56亿元，同比增长11%，九（寨沟）绵（阳）高速张家坪至青莲互通段通车试运行，绵阳南郊机场货运综合楼完工。三大攻坚成果显著。脱贫攻坚任务如期完成，建档立卡贫困户人均纯收入达10032元。生态环境质量改善，首次进入国家空气质量达标城市序列，单位地区生产总值能耗下降0.5%，超额完成预期目标0.5个百分点。重大风险有效防控，加强政府债务预算管理，完善应急救援体系化运行机制，多措并举做好汛期应急处突工作，连续16年未发生重特大生产安全事故。民生福祉改善。城镇居民人均可支配收入增长5.9%，高于全国4.7个百分点、全省0.1个百分点。农村居民人均可支配收入增长8.8%，高于全国5个百分点、全省0.2个百分点。常住人口城镇化率达55.5%，完成预期目标。城镇新增就业5.39万人，超过预期目标0.69万人。城镇登记失业率2.73%，控制在预期目标以内。居民消费价格指数上涨3.1%，控制在涨幅调控目标以内。

【绵阳市国民经济和社会发展第十四个五年规划编制工作】 2019年年初，全市正式启动国民经济和社会发展第十四个五年规划（以下简称“十四五”规划）编制工作。市委、市人大、市政府、市政协重视“十四五”规划编制工作，先后召开多次工作会议、研讨会议、征求意见建议会议。市委、市政府印发《关于绵阳市国民经济和社会发展第十四个五年规划编制工作方案》，明确“十四五”规划编制体系包含1个规划纲要、1个空间规划、2个区域规划、11个专项规划。其中编制规划纲要工作是“十四五”规划编制工作的核心。2020年，国家发改委宏观院规划纲要编制组和市发改委规划纲要编制工作专班多次到各县市区、园区和市级有关部门、企业和项目调研。编制团队总结“十三五”全市经济社会发展取得的成就，剖析经济和社会发展存在的问题，学习中共十九届五中全会精神、省委十一届八次全会精神以及市委、市政府出台的系列重要文件、召开的重大会议精神，在吸收27个“十四五”前期研究课题成果、16个参与成渝经济圈建设研究课题成果，吸纳市人大、市政协有关委室以及部分省市人大代表和市政协委员的意见，吸收各界代表、党外人士等提出的建议意见的基础上，形成规划纲要（讨论稿）。12月23日，绵阳市委七届十次全体会议审议通过《中共绵阳市委关于制定绵阳市国民经济和社会发展第十四个五年规划和二〇三五年远景目标的建议》。形成《绵阳市国民经济和社会发展第十四个五年规划和二〇三五年远景目标纲要（送审稿）》。（董　兰）

国有经济

【概况】　2020年，全市国资系统围绕打赢“疫情防控、稳生产稳经营稳市场、创新发展、改革攻坚”，完成各项工作年度任务。截至年底，全市国有企业资产总额6135.60亿元，所有者权益1518.51亿元，分别同比增长18.54%、15.23%。全年实现营业收入1691.28亿元，工业总产值934.26亿元，分别同比增长12.26%、10.23%。

【国资国企改革】　2020年，全市国资系统强化顶层设计，出台重点领域、关键环节深化改革的政策文件共70个，明确改革“施工图”“任务书”“时间表”。改革成效获国务院国有企业改革领导小组督察组高度评价。改革攻坚专项工程取得成效。四川爱联作为全省唯一市州国企入选国家“科改示范行动”，相关改革经验被国务院国资委全面深化改革领导小组《国企改革三年行动简报》刊载。九洲导航相关综合改革取得阶段性成效，获国务院国有企业改革领导小组通报表扬。选树7家市属企业开展改革树标行动，经营效益大幅提升，其中湖山电器、长虹电源、九洲防控利润总额分别同比增长90.43%、57.98%、42.86%。持续推进混合所有制改革，“一企一策”落实企业上市“钻石工程”，推动长虹新能源进入“新三板”精选层。截至年底，市属企业及子企业混改率达69.7%，资产证券化率达39%。

【国有企业复工复产】　2020年，市国资系统建立国企新冠肺炎疫情防控激励机制，制定《企业复工复产工作指引》，编印《支持政策汇编》，率先实现全市国企复工复产，减免中小微企业房租3948.72万元。际华3536公司转产成为全省规模最大防护服生产企业，累计生产防护服30万套；长虹控股在海外采购700万个口罩；九洲集团与金融机构合作开展供应链专项贷款8.77亿元，促进上下游企业协同复工复产。

【国有企业发展与创新】　2020年，市属企业共实施各类项目580个，累计完成投资233.53亿元；签约招商项目23个，签约金额达139.02亿元。持续深化对外开放，助力畅通国内国际双循环，全年市属企业累计实现进出口68.76亿元，占全市进出口总额的33.54%，长虹集团完成越南长虹电工公司投资建设，拓展东南亚新市场。加大国企研发投入力度，增强产业链供应链自主可控能力。全年新增省级以上科研平台3个，新增授权专利1507件，新增省级科学技术奖7项。

【国企助力深度参与成渝地区双城经济圈建设】　2020年5月28日，绵阳市国资委与重庆市北碚区国资委签订《四川省绵阳市国资委　重庆市北碚区国资委推动两地国资国企合作框架协议》，共同拟制《协同发展行动计划合作事项（项目）责任清单》，明确31项合作项目，推进绵碚国资国企专业技术人才交流互动、资源共享。九洲集团在北碚开展人才招引工作，选送2名员工到北碚挂职交流。教投集团与重庆高新技术产业开发区鲁轩课外培训学校有限公司、成都市新都区远声翱翔艺术培训学校签订正式合作协议，共同投资1.2亿元举办“绵阳艺术培训学校”，打造艺术教育品牌。绵投集团与重庆建工集团、教投集团与重庆缙云公司分别签订《战略合作框架协议》，在建工、教育领域开展合作。

（董子军）

民营经济

【概况】　2020年，全市做好民营企业新冠肺炎疫情防控和复工复产工作，贯彻落实省、市关于促进民营经济健康发展的意见精神，多措并举，综合施策，使民营经济实现快速回暖、平稳发展、逆势上涨。全年全市民营经济实现增加值1822.17亿元，同比增长3.1%，占GDP比重达60.5%，对全市经济的贡献率为49.1%，拉动经济增长2.2个百分点；民间投资增速3.8%；新登记各类市场主体55489户，增速16.21%，其中新登记民营经济市场主体54424户，增速达16.27%，全市市场主体累计达373698户，其中民营经济市场主体365238户。市场主体总量、民营经济市场主体总量均居全省第二位。截至年底，全市民营经济完全恢复。

【民营经济和中小企业发展领导小组第三次会议】 2020年8月10日，全市民营经济和中小企业发展领导小组第三次会议召开。会议由市委副书记、市长、领导小组组长元方主持，学习贯彻习近平总书记关于民营经济重要论述和在企业家座谈会上的重要讲话精神，以及国务院促进中小企业发展工作领导小组第六次会议、省民营经济和中小企业发展领导小组会议精神，分析研判当前形势，安排部署下一步重点工作。会议要求要推动纾困惠企政策落地，加大减税降费力度，落实好民营经济健康发展33条和减税降费政策，推动国家、省市出台的各项纾困措施直达基层、直接惠及广大民营企业等市场主体；要拓宽资金支持渠道，打通财政资金支持、信贷支持和直接融资3个环节，缓解融资难融资贵问题；要协调抓好市场拓展，搭建产销对接平台，帮助企业就近解决供需问题，提高企业生产经营效益；要推动民营经济主体壮大，推动大企业发展壮大，制定“一企一策”扶持方案，鼓励支持民营龙头企业做强做优做大，引进行业龙头企业到绵阳发展，壮大全市大企业规模；要加强中小企业培育，用好市县两级中小企业公共服务平台，推荐参加省级专精特新企业、高成长型企业和行业小巨人企业培育申报；要支持“个转企”（即个体工商户转企业），优化全市经济结构、产业结构和市场主体结构；要推动营商环境优化提升，在低成本化下功夫，稳定水电气价格，帮助民营企业松绑减负、聚力发展；强化用地保障，满足民营企业发展的空间需求、降低民营企业用地成本；在便利化下功夫，加大“放管服”改革力度，让生产更加便利化；聚焦医疗、教育等民生重点领域，让生活更加便利化；在法治化下功夫，依法依规履行职责，更好维护民营企业合法权益，为民营经济保驾护航。

【绵阳企业上榜“2020四川民营企业100强”】 2020年9月29日，省工商联发布2020四川民营企业100强榜单。全市6家企业入选，分别是中国金属资源利用有限公司、四川铁骑力士实业有限公司、好医生药业集团有限公司、四川富临实业集团有限公司、四川美乐集团实业有限公司、四川东材科技集团股份有限公司。

【中国金属资源利用有限公司】 中国金属资源利用有限公司（以下简称中金资源）是专业从事再生铜加工的公司，于2014年2月在香港联合交易所主板上市。中金资源在四川、湖南、湖北、河南、福建等地布局多个产业基地，旗下全资控股铜鑫铜业、博鑫铜业、湘北铜业、融晟铜业、泰越通讯线缆、新世纪线缆等20多家公司。拥有铜熔融加工88万吨、深加工8万吨、废旧铜标准化50万吨的生产能力。形成从资源回收到加工、再制造的完整产业链，完成从废品到产品的全过程，并建立“互联网+金融+仓储物流+加工贸易”的金循环电子商务交易结算平台。中金资源旗下公司主要产品有铜杆、铜棒、铜排、铜丝、铜米、电力电缆、通信网络线缆等。产品销往全国20余个省市地区。与多所高等院校建立长期协作关系，成立产、学、研于一体的联合研发基地，引领产品研发和技术创新，并先后制定废旧铜加工的企业标准和开发再生资源行业的物流智能化系统。采用强化熔炼、纯氧燃烧、蓄热燃烧、余热回收、天然气还原、烟尘布袋收集、微光谐振废气处理、低氧铜线坯生产工艺技术、数字精炼炉测温控制技术及成套设备，提高产品质量、降低生产成本。2020年，中金资源有员工1000余人，其中博士5人、硕士12人，高级职称15人、高级技师17人、中级职称52人，技术研发人员82人。建有省级技术中心、劳模创新工作室，拥有专利技术46项、关键核心技术9项，3项获省级科技成果认证，科技成果转化率达70%以上，旗下多家公司被国家、省、市授予“高新技术企业”“全国质量诚信优秀企业”“国家资源综合利用重大示范工程”、国家“环境服务业试点”项目、国家“城市矿产”示范基地等称号。

【四川铁骑力士实业有限公司】 四川铁骑力士实业有限公司（以下简称铁骑力士）创建于1992年，从单一的饲料加工发展成为集饲料、牧业、食品、生物工程为一体的现代农牧食品集团，在全国建有150余家分（子）公司，是农业产业化国家重点龙头企业，获得“全国民族团结进步模范集体”“全国农产品加工业100强企业”“国家认定企业技术中心”等荣誉。旗下品牌圣迪乐村专注于高品质鸡蛋的生产和销售，率先在蛋品行业自建全产业链，以“品牌+规模+标准”的模式，建立从种鸡、食粮、养殖、生产、可追溯的鸡蛋营养价值数据库，集成种鸡、商品蛋鸡高效和减排营养模式。在全国10个多省（市）建有21家分（子）公司，17个养殖基地，蛋鸡养殖规模逾1300万只。圣迪乐村先后成为亚信峰会、博鳌论坛、达沃斯论坛等重大活动的蛋品供应商。2020年，圣迪乐村获国际风味美食评鉴所（IQTi）颁发的“顶级美味奖章”。铁骑力士食品产业以集团猪、鸡、鸭三大产业链为保障，在四川、黑龙江、福建等地建有20余家食品精深加工企业。旗下还拥有枫叶牧场、土门赵鸭子、长林、铁康等多个品牌，出口美国、加拿大、日本、澳大利亚及欧盟、东南亚等20多个国家和地区。铁骑力士旗下的饲料产业是“中国饲料行业十大领军企业”，在全国建有30余家饲料分（子）公司，年生产能力400万吨。铁骑力士生猪产业集育种、繁育、养殖、屠宰、加工到品牌销售为一体。在四川、江西、贵州等地建有27个现代化生猪繁育养殖基地，每年可提供优质商品仔猪300万头。拥有“天府肉猪”“川藏黑猪”两大生猪配套系新品种，并牵头制定“天府肉猪”行业标准。铁骑力士集团技术中心——冯光德实验室是国家级企业技术中心、国家认可测试中心，是行业内唯一一家同时承担国家现代生猪、蛋鸡、水禽三大产业技术体系综合试验站的企业技术中心，曾获国家科技进步奖3项、部省级科技进步奖20余项，申请专利100余项；牵头制定《天府肉猪》农业行业标准(NY/T 3053—2016) 1项，参与制定国家标准、地方标准各1项、行业标准5项。实验室还与中国农科院、中国农业大学、四川农业大学、四川大学等共建院士（专家）工作站、博士工作站、联合实验室等高校产学研合作平台。2020年，铁骑力士实现营业收入125.08亿元。（蒋鸿阳）

个体经济

【概况】 2020年，全市新增个体工商户3.92万户，新增资金数额43.87亿元，分别同比增长15.10%、21.31%。截至年底，全市实有个体工商户282890户，较2019年增长8.94%；资金总额241.35亿元，较2019年增长17.23%。5年来（2016—2020年），全市个体工商户呈现逐年稳步增长态势。截至2020年年底，实有户数较2015年年底增长48.06%，平均每年净增18366户。与2019年相比，2020年新设个体工商户数同比增长6.72%，新增资金数额同比增长14.87%。

2016—2020年绵阳市个体工商户一览表

表10

单位：户、亿元、%

项目 年份	新设户数（户）	同比（%）	新增资金数额（亿元）	同比（%）	实有户数（户）	同比（%）	实有资金数额（亿元）	同比（%）
2016	24089	2.59	24.60	0.56	197044	3.13	124.10	14.43
2017	35191	46.09	35.07	42.58	221894	12.61	151.65	22.20
2018	37296	5.98	36.94	5.34	241994	9.06	178.23	17.53
2019	36730	-1.52	38.19	3.39	259682	7.31	205.87	15.51
2020	39200	6.72	43.87	14.87	282890	8.94	241.35	17.23

【个体工商户行业分布】 2020年，全市实有个体工商户中，第三产业户数占比最大，达94.62%。批发和零售业占比高达53.93%，其次是住宿和餐饮业，达18.58%。新增个体工商户中，批发和零售业户数最多，其次是住宿和餐饮业、居民服务和修理业，上述行业户数共占新增户数的83.65%。行业增速排名前三的依次是：科研和技术服务业、农林牧渔业、租赁和商务服务业，增速分别为28.05%、27.17%、22.59%。

2020年绵阳市个体工商户行业分布一览表

表11

项目 行业		实有户数（户）	占比（%）	同比（%）	新设户数（户）	增速（%）
第一产业		6605	2.33	26.46	1419	27.17
A	农林牧渔业	6605	2.33	26.46	1419	27.17
第二产业		8603	3.04	9.63	1022	13.02
B	采矿业	63	0.02	-1.56	1	1.56
C	制造业	7768	2.75	9.50	899	12.67
D	电热燃水产供业	31	0.01	3.33	1	3.33
E	建筑业	741	0.26	12.44	121	18.36
第三产业		267682	94.62	8.54	36759	14.91

续表

行业 \ 项目		实有户数（户）	占比（%）	同比（%）	新设户数（户）	增速（%）
F	批发和零售业	152554	53.93	7.30	20118	14.15
G	交运仓储邮政业	17264	6.10	9.61	1982	12.58
H	住宿和餐饮业	52549	18.58	10.76	8518	17.95
I	信息软件服务业	1520	0.54	16.12	282	21.54
J	金融业	16	0.01	−5.88	0	——
K	房地产业	137	0.05	7.87	25	19.69
L	租赁和商务服务业	6432	2.27	17.44	1237	22.59
M	科研和技术服务业	236	0.08	6.79	62	28.05
N	水利环境等管理业	35	0.01	9.38	6	18.75
O	居民服务和修理业	33897	11.98	8.48	4153	13.29
P	教育	57	0.02	−3.39	3	5.08
Q	卫生和社会工作	1106	0.39	7.69	103	10.03
R	文化体育和娱乐业	1640	0.58	7.19	222	14.51
S	其他	239	0.08	22.56	48	24.62
合 计		282890	100	8.94	39200	15.10

（宴雅婧）

投资引资

投 资

【概况】 2020年，全市贯彻落实省委、省政府《关于深化投融资体制改革的实施意见》，持续深化投融资体制改革，建立完善企业自主决策、融资渠道畅通、职能转变到位、政府行为规范、宏观调控有效、法制保障健全的新型投融资体制，转变政府投资管理职能，研究相应政策措施，发挥市场在资源配置中的决定性作用，规范投资管理，提高投资效益，提高项目审批效率，提升项目管理水平。先后出台《抓项目促投资19条硬措施》《支持省市重点项目复工开工激励措施》等政策，召开投资项目复工开工专题会议、项目投资工作会等会议，成立绵阳市项目投资促进委员会，制定《绵阳市项目投资促进委员会会议事规则》，通报省市重点项目、中省预算内投资项目、专项债券项目推进情况等55次。全年全市固定资产投资增速达10%，增速居全省第十三位。共有753个省市县重点项目，完成投资1019.04亿元，完成率达110.69%。

【投资项目管理】 2020年，绵阳市印发《关于下放市级投资项目管理权限的具体实施办法》，按照“能放尽放、权责统一、聚焦问题、激发活力”的原则，向市属园区下放部分市级投资项目管理权限，激发市辖区、园区发展活力，把“放管服”改革落到实处，优化营商环境，提高行政审批效率和服务水平，简化基层单位、群众和企业办事流程。开展企业投资项目“承诺制”试点工作，按照《绵阳市进一步优化营商环境工作任务清单》，在江油高新区开展企业投资项目“承诺制”试点工作，探索创新以政府制定清单、企业自愿承诺、信用监管约束为核心的企业投资管理模式，形成可复制、可推广的改革经验。11个市级部门联合转发省发改委等部门《关于推行企业投资项目承诺制的指导意见》，推广企业投资项目承诺制。按照国家发改委和省发改委统一部署和要求，印发《“投资法规执法检查疏解治理投资堵点”专项行动实施方案》，开展“疏解治理投资堵点专项行动”，强化“稳投资”政策措施落地，疏解治理投资建设领域

“堵点”，优化投资环境，增强投资信心，激发社会投资活力。健全项目推进机制。出台《抓项目促投资19条硬措施》，成立市项目投资促进委员会，制定印发《2020年市级领导牵头推进省市重点项目名单》《2020年市级领导牵头推进加快前期重大项目名单》，建立完善市级领导牵头推进省市重点项目和牵头推进加快前期重大项目、项目拉练比拼、“红黑榜”通报、项目约谈、项目调度等系列工作机制。印发《关于切实加强疫情科学防控分类有序推进省市重点项目复工开工的通知》，出台《支持省市重点项目复工开工激励措施》，推动省市重点项目尽快复工开工。

【民间投资】 2020年，全市按照“非禁即入”的原则，全面放开民营企业投资领域，扩大民间资本的投资比重。建立向民间资本推介项目常态化机制，截至年底，全市通过四川省投资项目管理服务平台向民间资本推介项目34个，总投资1056.64亿元。制定“市内民营企业新增投资同等享受招商引资政策”。贯彻落实市委、市政府《关于促进民营经济健康发展的意见》，增强民间投资活力。

【固定资产投资】 2020年，全市贯彻落实习近平总书记关于统筹推进新冠肺炎疫情防控和经济社会发展的系列重要讲话精神，做好新冠肺炎疫情防控和项目投资工作，全市全社会固定资产投资呈现“稳步恢复、加速回升”态势。全年全市投资总量排位靠前。完成全社会固定资产投资总量居全省第六位，在全省7个区域中心城市中排名第四位；投资增速同比增长10%，高于全省平均增速0.1个百分点，在全省排名十三位。全市13个纳入统计的区域中，涪城、游仙、安州、江油、三台、高新、经开等11个地区完成全年目标任务。全市投资结构持续优化。从总体看，三次产业呈现“一快二慢三稳”特征。第一产业同比上升84.5%；第二产业同比下降1.9%，其中工业投资同比下降1.9%；第三产业同比上升14.5%，其中交通运输投资同比上升7.4%。三次产业投资比重从2019年的2.91：39.87：57.22调整为4.88：35.38：59.64。民间投资同比增长3.8%，占全社会固定资产投资的56.1%。全市重点领域投资总体向好。基础设施投资增速略有下降，占全市全社会固定资产投资的24.4%，同比下降3.7%。产业投资持续回暖，并占全市全社会固定资产投资的37.2%，同比增长1.8%。民生和社会事业投资增速提升，并占全市全社会固定资产投资的14.5%，同比增长26.5%，其中居民服务和其他服务业投资同比上升104.8%。房地产投资持续高速增长，并占全市全社会固定资产投资的22.1%，同比增长37.9%，保持高位运行。

【重点项目推进】 2020年，从省、市重点项目推进情况看，全市有753个省、市、县重点项目，年度计划投资920.6亿元，1—12月完成投资1019.04亿元，完成率达110.69%。省重点项目投资完成率达120.76%；市重点项目投资完成率达106.18%；县重点项目投资完成率达106.37%。省、市、县重点项目均超额完成年度投资目标任务。从重大项目集中开工情况看，全年共举行2次重大项目集中开工，开工240个项目，总投资897亿元。

【全市投资项目复工开工专题视频会议】 2020年2月13日、2月19日，市发改委先后两次组织复工开工相关专题视频会议。2月13日，市发改委组织召开全市投资项目复工开工专题视频会议。市发改委副主任梁馨主持会议并讲话。会议要求提出开工复工计划；各地做好统筹安排，发改部门牵头，全面梳理重点项目复工开工情况，对省市重大项目复工开工进行总体预判；要细化举措，落实开工复工任务；各地要提早谋划全年发改工作和省市重点项目建设工作，专题研究解决影响重点项目复工开工的交通、材料、人工、资金等各类问题；要做好集中开工，推动开工复工进度；要梳理一批拟于一季度开工的重大项目，做好与市集中开工同步进行的相关准备工作。2月19日，市发改委再次组织召开省市重点项目复工开工视频会议，传达贯彻全省重点项目复工开工工作电视电话会、市委财经委员会会议、全市发展改革和项目投资工作会议精神，安排部署全市重点项目复工开工推进工作。会议要求各地和承担重点项目建设任务的市级部门、平台公司等有关方面重视重点项目复工开工工作，贯彻各项会议精神，落实省政府办公厅《关于分类有序推进全省重点项目复工开工的通知》文件精神，按照时间节点和工作内容推进重点项目复工开工；加强要素保障，确保重大项目复工开工推进；细化措施，支持固定资产投资稳定增长；筹备一季度重大项目集中开工，全面营造大抓项目、抓大项目的良好氛围，确保完成全年固定资产投资和项目建设总体目标任务；梳理包装项目，做好对上争取工作。

【绵阳市出台支持省市重点项目复工开工激励措施】 2020年3月16日，绵阳市印发《支持省市重点项目复工开工的激励措施》（以下简称《措施》），从加大资金支持力度、加大稳岗支持力度和加大工作考核力度等方面提出具体奖励措施，推动全市重点项目加快建设。《措施》提出：在加大资金支持力度方面，在新冠肺炎疫情防控期间，市重点项目的业主和施工单位为承建项目所产生的疫情防控成本可列为工程造价据实计算并予以全额追加。民间资本参与投资的市重点项目，在2月底前复工、3月底前开工的，由市、县承担项目建设的主体责任单位，根据各自实际，给予防疫物资或一次性疫情防控专项补助资金。其中责任单位为市级部门、平台公司的市重点项目，由市财政给予每个项目10万元的一次性疫情防控专项补助。在加大稳岗支持力度方面，对承接重点项目并符合申报稳岗补贴的中小微企业，将中小微企业失业保险稳岗返还政策裁员率标准由不高于2019年度统筹地区城镇登记失业率，放宽到不高于2019年度全国城镇调查失业率控制目标，对参保职工30人（含）以下的企业，裁员率放宽至不超过企业职工总数20%。对重点项目面临暂时性生产经营困难且恢复有望、坚持不裁员或少裁员的参保企业，可按6个月的当地月人均失业保险金和参保职工人数确定的标准优先给予稳岗补贴。在新冠肺炎疫情防控期间，市重点项目吸纳登记失业半年以上人员及因疫情无法返岗的农民工就业且签订1年以上劳动合同，并按规定缴纳社会保险费的，给予1000元/人一次性吸纳就业补贴。在加大工作考核力度方面，省市重点项目复工开工工作，作为加分项，纳入市委、市政府对县市区、园区、市直有关单位的目标绩效综合考核体系。固定资产投资工作增设奖励加分，纳入市委、市政府对县市区、园区的目标绩效综合考核体系。

【全市项目投资工作会】 2020年6月22日，全市项目投资工作会召开。市委书记刘超出席会议并讲话。市委副书记、市长元方主持会议。市人大常委会主任付康、市政协主席李亚莲、市委副书记刘光强等出席会议。会议强调要学习贯彻习近平总书记关于项目投资工作的重要指示精神，落实中央“六稳”“六保”决策部署和全省抓项目促投资现场会精神，增强做好项目投资工作的责任感紧迫感，推动全市项目投资工作。会议要求聚焦关键环节，做好项目建设的文章，推动在建项目加快建设，确保顺利完成并争取超额完成年度投资计划；推动成熟项目早日开工，做好规划选址、土地预审、环境影响评价等前期工作，确保项目论证充分、手续完备；推动签约项目尽快落地，提高履约率、开工率、资金到位率；聚焦产业主攻方向，做好项目招引的文章，抓好先进制造业项目招引，注重依托龙头企业、重大项目，围绕建链、延链、补链、强链招商；抓好创新产业项目招引，打造业态高端、梯次衔接的新兴产业集群；抓好现代服务业项目招引，推进现代服务业加快发展；做好项目储备，把项目储备作为一项长期性、战略性工作，围绕新型基础设施建设抓储备，制定实施新基建行动计划，培育更多经济新支点、抢占未来发展制高点；围绕新型城镇化建设抓储备，让城市更宜居宜业，增强对人流、物流、资金流的集聚能力；围绕重大工程项目抓储备，争取更多项目纳入国、省“大盘子”，充实项目储备库；聚焦资金难题，做好要素保障工作，争取国、省资金支持，发挥政府资金的引导作用，发挥银行对企业融资的“主渠道”作用，激发民间投资活力；聚焦优质服务，打造国内一流、全省领先的市场化、法治化、国际化营商环境。会议还通报全市项目投资工作情况，涪城区、安州区等县市区、园区围绕项目投资作交流发言。市委、市人大常委会、市政府、市政协有关领导，各县市区、园区有关负责人，市直有关部门（单位）、国有企业、金融单位以及部分重点企业负责人等参加会议。

【《抓项目促投资19条硬措施》出台】 2020年7月20日，市委办、市政府办印发《抓项目促投资19条硬措施》，从建立健全领导体系、完善强化责任体系、健全完善工作体系、优化督查考核体系4个方面，提出强化组织领导、加大工作推进力度、实行工作例会制度、各级党政主要负责人对项目投资工作负主要责任、各级党政分管负责人对项目投资工作负直接责任、行业部门对所属行业和领域的项目投资工作负牵头责任、要素保障部门对项目投资工作承担要素保障责任、完善重点项目推进机制、加强项目储备工作、抓实年度投资项目准备、加大项目前期工作力度、千方百计对上争取、严格落实外出招商制度、加快招商项目落地建设、坚持项目拉练比拼、强化专项督查、建立完善约谈制度、完善项目投资工作考核体系、加大考核结果运用共19条措施。

【绵阳市项目投资促进委员会成立】 2020年7月下旬，绵阳市项目投资促进委员会正式成立，该委员会由市委书记、市长任主任，市委副书记、副市长任副主任，各相关部门主要负责人为成员，委员会办公室设在市发改委。主要职责是贯彻落实市委、市政府对项目投资工作的决策部署；负责全市项目储备、项目推进、对上争取、招商引资等工作的总体谋划、统筹协调、整体安排和督促落实；协调解决项目投资促进工作中遇到的重大问题；完成市委、市政府交办的其他事项。

【市项目投资促进委员会第一次会议】 2020年7月28日，市委财经委员会第六次会议暨市项目投资促进委员会第一次会议召开。会议传达学习省委财经委员会第六次会议精神，听取上半年全市经济运行及重点行业领域运行和部分县区、园区、市级部门项目投资有关情况汇报，审议绵阳市项目投资促进委员会议事规则等文件。市委书记、市委财经委员会主任、市项目投资促进委员会主任刘超主持会议。市委副书记、市长、市委财经委员会副主任、市项目投资促进委员会主任元方，市委副书记、市委财经委员会委员、市项目投资促进委员会常务副主任刘光强出席会议。会议强调要做好“六稳”工作，落实“六保”任务，统筹推进新冠肺炎疫情防控和经济社会发展各项工作，确保完成年度目标任务，全力以赴抓项目促投资，全力推动三次产业发展；激发市场主体活力，要落实好国家、省、市出台的助企纾困、援企稳岗、减税降费等政策措施，在金融、财税、资金等方面加大支持力度；促进消费持续回暖，实施扩大内需战略，启动新一轮促消费扩内需行动，举办各类主题消费促进活动；要稳就业保就业，实施好就业优先战略和积极的就业政策；加大社会保障和社会救助兜底力度，保障好失业人员基本生活；要加快释放改革乘数效应，紧盯经济社会发展的关键环节，谋划推出一批重大改革举措，持续深化“放管服”改革，加快推进要素市场化配置、投融资体制、农业农村等重点领域改革，做好乡镇行政区划调整和村级建制调整改革“后半篇”文章，推动改革更好地服务全市经济社会发展大局。市委财经委员会委员，市项目投资促进委员会常务副主任、副主任、委员出席会议，有关市领导，市直有关部门、部分县市区、园区主要负责人列席会议。

【四川省2020年第一季度重大项目集中开工绵阳市分会场】 2020年3月26日，四川省2020年第一季度重大项目集中开工举行，绵阳市在游仙智能制造产业园设分会场与全省同步举行。此次绵阳集中开工项目79个、总投资396亿元，其中产业项目35个，投资215.5亿元；基础设施项目19个，投资74.3亿元；民生及社会事业项目10个，投资10.7亿元；其他项目15个，投资95.5亿元。市委书记刘超通过视频连线向主会场汇报全市集中开工项目情况。市委副书记、市长元方，市人大常委会主任付康，市政协主席、市委统战部部长、市总工会主席李亚莲等出席。

【四川省2020年第四季度重大项目集中开工绵阳分会场】 2020年11月27日，四川省2020年第四季度重大项目集中开工举行，绵阳市在经开区熊猫二代高端盖板玻璃生产线项目地设分会场与全省同步举行。此次集中开工161个重大项目、总投资501.14亿元，涵盖产业发展、基础设施、社会民生等领域，其中产业项目79个，总投资213.2亿元，占比达42.5%。市委副书记、市长元方出席并讲话，市人大常委会主任付康、市政协主席李亚莲等出席。

2020年绵阳市全社会固定资产投资平衡计划一览表

表12

序号	区域	2020 年目标分解预案（增速）	序号	区域	2020 年目标分解预案（增速）
1	全市	11%	8	梓潼县	15.6%
2	涪城区	12.7%	9	平武县	25.9%
3	游仙区	15.2%	10	北川羌族自治县	11.1%
4	安州区	14.2%	11	高新区	–22.6%
5	江油市	22%	12	经开区	46.6%
6	三台县	24.8%	13	科创区	6.5%
7	盐亭县	17.9%	14	仙海区	77.2%

2020年1—12月绵阳市投资主要数据一览表

表13

指标名称	同比速度（%）
一、全社会固定资产投资合计	10.0
其中：固定资产项目投资	4.1
5000 万元以上	–2.9
5000 万元以下（省平台项目，含跨区)	28.5
房地产开发投资	37.9
技改投资	20.2

续表

指标名称	同比速度（%）
民间投资	3.8
按构成分：1. 建安工程	11.9
2. 设备工器具购置	-6.5
3. 其他费用	38.3
按产业分：1. 第一产业	84.5
2. 第二产业	-1.9
其中：工业投资	-1.9
3. 第三产业	14.5
其中：交通运输	7.4
三、商品房施工面积	10.4
商品房竣工面积	12.0
商品房销售面积	1.6

2020年绵阳市1—12月各县市区（园区）投资情况一览表

表14

	全社会固定资产投资增速（%）	工业投资增速（%）	工业技改投资增速（%）	民间投资增速（%）
全市总计	10	-1.9	20.2	3.8
# 科技城	8.3	-5	28.4	2.7
涪城辖区	2	-23.9	84.4	-11
# 涪城区	12.7	13.5	84	18.8
高新区	-22.6	-53.1	261.6	-42.1
经开区	46.6	40.2	29.8	9.7
科创区	7.1	23.2	5	104.3
游仙辖区	9.5	53.9	-18.7	11.4
# 游仙区	15.2	55.2	-18.7	13.6
仙海区	-35.2	-100	—	-36.2
科学城	74.8	—	—	—
安州区	14.2	14.9	13.3	23.4
三台县	24.9	48.6	17.2	8.8
盐亭县	18	61.2	19.6	28.4
梓潼县	15.7	28.1	0.9	47.8
北川羌族自治县	11.1	16.8	10.2	7.9
平武县	3.8	42.1	-2.8	-3.1
江油市	22	30	13.2	19.3

（何　君）

招商引资

【概况】 2020年，绵阳市参加全省重大活动5场，自主策划举办线下投资推介活动9场；全市累计获取项目信息331条，其中中广核技核医学、富盈集团综合服务、钜成芯片等重大项目信息115条；引进国内省外到位资金580亿元，完成年度目标任务470亿元的123.40%，总额连续5年位居全省第二位；引进外资2.04亿美元，完成年度目标任务1.5亿美元的136%，总额连续3年保持全省第二位。

【重大项目招商引资】 2020年，全市招商引资呈现大项目引领、中小项目集聚、大中小项目并举的格局。全市新签约招商项目320个，其中5亿元以上项目88个、金额1603.21亿元（第一产项目15个、金额89.39亿元，第二产项目187个、金额659.32亿元，第三产项目118个、金额1106.16亿元）。促成康宁显示、中电光谷、中广核技、联东集团等一批行业领军企业落户绵阳，引进京东方AMOLED触显一体化、美能中空纤维膜生产基地、天宜上佳智慧交通数字科技产业园等科技型创新型项目133个。

【产业链招商引资】 2020年，全市重点依托长虹、九洲、重汽、京东方、惠科等龙头企业以及中物院等科研机构，靶向招引上中下游产业链的关联配套企业。围绕长虹供应链，引进长虹三杰、芯瑞达等重点项目；围绕重汽扩能上量，引进山东明润汽车内饰、济南辰丰汽车驾驶室覆盖件生产制造等一批配套项目；围绕九洲产业优势，推动立讯精密等项目建设；围绕京东方，引进京东方触显一体化、法液空等优质项目；围绕惠科，引进康宁玻璃基板、惠科模组等重点项目；开展“招院引所”专项行动，引进中广核技核医疗等重点项目。

【重大投资区域】 2020年，市经合局立足市情实际和产业基础，以7个驻外机构为前沿阵地，重点围绕全市主导产业有针对性地进行驻地招商。市经合局区域服务一科重点面向海外招商；区域服务二科重点突出央企、国企招商的同时，紧盯京津冀协同发展时期制造业外迁潮，突出对中关村下属18个产业园区外迁企业招商；区域服务三科重点突出汽车、金融、资本、装备制造产业和浙江、上海、江苏、安徽区域招商；区域服务四科重点突出电子信息产业和粤港澳大湾区等区域招商；区域服务五科重点突出重庆汽车配套等，强化省经合局和成都市项目信息的获取、促进；区域服务六科重点突出福建、台湾、湖北、江西、河南、湖南区域招商；区域服务七科重点突出环渤海区域的高端装备制造、汽车整车及零部件、医药食品等项目的促进，以及其他驻外机构未覆盖区域的重点项目流动招商。

【招商机制创新】 2020年，全市创新开展网络招商和“云招商”，创建“绵招网”网络招商平台，线上发布绵阳投资环境和优惠政策，以及发布医疗医药、智能制造、5G等引资总额2600余亿元的招商项目109个，先后举办线上投资推介活动9场，点击量累计超过280万人次。先后与赛迪研究院、中汽研和成都理工大学等专业机构合作，研究起草《绵阳打造“十四五”开放新高地》《绵阳建设成渝地区双城经济圈改革开放新高地》，专业研判宝能汽车、飞尚新能源电池、众邦新能源、稳懋半导体等重点项目32个。先后与平板显示协会、中企产经等9家机构和8家基金公司达成合作，全年共引荐中国航天科工、和而泰、易事特等重点企业121家，推荐光大激光、特斯联、稳懋半导体等有效项目信息87条。

【重大招商活动】 2020年，全市坚持把投资推广活动作为宣传推介绵阳的重要窗口和对接促进项目的重要方式，策划举办各类特色鲜明、形式多样的招商引资活动，全方位、立体化吸引各类投资合作元素。1月3日，在涪城区举办“中国（绵阳）科技城集中发展区科技智谷科技园区签约仪式”；2月20日，参加“投资首选地——中国（绵阳）科技城招商引资网络推广会”“四川（广东）网络招商会”；2月27日，参加“四川医药健康产业创新发展网络推介会”；4月6日，在经开区举办“推动先进制造产业功能区建设重点项目签约仪式”；4月18日，在高新区举办“长虹新能源绵阳锂电项目暨绵阳高新区招商引资项目集中开工仪式”；4月29日，在绵阳举办“绵阳惠科光电科技有限公司第8.6代薄膜晶体管液晶显示器件项目点亮仪式”；4月29日，在绵阳举办“绵阳惠科配套项目签约仪式”；7月1日，在安州区举办“重点招商引资项目2020年第二季度集中签约仪式”；7月2日，在绵阳举办“川法智能制造线上对接会”；7月3日，在成都参加“长三角地区知名企业投资对接会”；7月3日，在绵阳举办“绵阳市服务业‘8+1’产业投资推介会”；7月9日，在高新区举办“绵阳高新区暨新型显示产业功能区2020年招商引资重点项目集中签约仪式”；7月15日，在济南市参加“西南重卡基地推介会”；7月25日，在北川举办“大禹故里　活力羌城”投资推介会暨项目签约仪式；8月28日，在经开区举办“绵阳经开区2020招商引资招才引智推介会暨重点项目集中签约仪式”；9月4日，在成都参加“长三角地区知名外资企业投资四川交流座谈会”；9月20日，在绵阳举办“2020年民进全国企业家联谊会会长联席会议”；9月21日，在绵阳举办“海内外侨商川渝行”绵阳经贸推介会；9月21日，在绵阳举办“第八届中国（绵阳）科技城国际科技博览会——绵阳·北碚深度参与成渝地区双城经济圈建设招商引资网络推介会”；9月23日，在涪城区举办“中国（绵阳）科技城科技智谷科技园集中签约暨四川省5G产业联盟绵阳基地授牌仪式”；9月27日，在成都参加“绵阳（盐亭）生物医药产业功能区推介会”；10月29日，在成都参加“知名日资企业座谈会”；11月4日，在成都参加“半导体产业暨光刻技术发展趋势对接交流会”；11月17日，在成都参加“绵阳市与中国广核集团有限公司工作座谈会”；11月18日，在成都参加“2020中外知名企业四川行投资推介会暨项目合作协议签署仪式”“知名企业促投资谋发展座谈会”“高科技上市公司四川行恳谈会”“四川省新能源与智能网联汽车产业交流对接会”；11月24日，在安州区举办“活力安州·人才盛典”领导项目；11月26日，在绵阳举办“绵阳市游仙区与中广核核技术发展股份有限公司项目投资协议签约仪式”；11月27日，在高新区举办“中电光谷绵阳科技城智能制造产业园项目签约仪式”；11月30日，在绵阳举办“四川省青年企业家走进中国（绵阳）科技城投资推介会”；12月15日，在绵阳举办“中国（绵阳）科技城激光产业基地重大项目签约暨集中开工仪式”；12月24日，在绵阳举办“绵阳市2020年第四季度招商引资项目网上集中签约仪式”。

【中国（绵阳）科技城集中发展区科技智谷科技园区签约仪式】 2020年1月3日，中国（绵阳）科技城集中发展区科技智谷科技园区签约仪式在涪城区举行。副市长廖雪梅出席活动并讲话。此次签约的项目共16个，签约单位包括中国联合网络通信有限公司绵阳分公司、中国电信集团公司绵阳分公司、深圳市北斗产业互联网研究院等科技企业及科研院所。16个重点项目中有11个来自中科创享和深圳北斗产业互联网研究院的平台招引，签约项目的产业类别与涪城区科技智谷八大科技园区紧密相关，形成各具特色的产业集群。签约仪式上，还举行浙江大学技术转移中心中国（绵阳）科技城工作站、中国科协海智计划绵阳基地涪城工作站、国家遥感中心绵阳科技城分部数据应用公共服务中心的授牌仪式。

【中国（绵阳）科技城招商引资网络推广会】 2020年2月20日，中国（绵阳）科技城招商引资网络推广会举行。此次网络推广会是绵阳市在抗击新冠肺炎疫情特殊时期开展“不见面招商”的创新举措，共吸引华润集团、华为技术有限公司、中国欧盟商会、浙江四川商会等2000余家企业及商协会负责人在线参与，观看网络直播人数达30.65万人次。推广会上，市委副书记、市长元方通过视频邀请海内外企业家到绵阳投资兴业、共谋发展。副市长廖雪梅推介绵阳投资环境，并重点对全市新型显示产业、智慧家庭产业、新型功能材料产业、5G产业、北斗卫星应用产业、新能源与智能网联汽车产业六大创新产业发展情况作介绍。市经合局负责人与企业家在线互动，介绍招商引资相关政策，并回答提问。

【绵阳市2020年第四季度招商引资项目网上集中签约仪式】 2020年12月24日，绵阳市举行2020年第四季度招商引资项目网上集中签约仪式。市委副书记、市长元方出席签约仪式并致辞。签约仪式上，北京先进碳能高性能材料产业项目、高精密电子产品生产项目、东莞精耐精密压铸模具生产线项目等13个项目通过视频连线的形式作现场集中签约，总投资148.55亿元。第四季度全市共签约项目118个、签约金额719.72亿元，其中5亿元及以上项目40个。项目涵盖先进制造、文旅康养、冷链物流等多个领域。市领导罗宗志、廖雪梅，市政府秘书长柳江，各县市区、园区和市级有关部门负责人参加签约仪式。 （廖霜霜）

经济体制改革

【概况】 2020年，全市经济体制改革围绕贯彻中央和省、市全面深化改革的决策部署，坚持稳中求进工作总基调，以高质量发展为目标，落实市委全面深化改革委员会2020年工作要点，推动49项年度改革落实台账任务、17项年度改革举措实施规划任务落地落实，重点领域和关键环节取得新成效。

【供给侧结构性改革】 2020年，全市坚持把深化供给侧结构性改革作为经济工作的主线，围绕绵阳高质量发展，全面落实“巩固、增强、提升、畅通”八字方针。全年化解过剩产能，累计关闭或淘汰落后生产线（设备）企业45家，其中砖瓦企业44家、化工企业1家；共淘汰普通建筑用砖产能约14.97亿匹/年，共实现节能量约22万吨标准煤，减少二氧化硫、二氧化碳、氮氧化物排放分别约3500吨、58万吨、1600吨。促进房地产市场供需平衡，截至年底，全市可供销售商品住房有425.76万平方米，消化周期为9.28个月，保持在合理区间。发展多层次资本市场，全市共有上市挂牌公司28家。持续降低实体经济企业成本，累计为企业减少税收、用能、人力等成本超过200亿元。加快补齐经济社会发展短板，全市建设领域“三大攻坚”（城建攻坚、科技城集中发展区建设攻坚、交通攻坚）完成投资423.64亿元；提前一年全面完成全域减贫任务，实现所有贫困人口脱贫、520个贫困村退出，北川、平武实现高质量摘帽。

【财税金融体制改革】 2020年，全市基本完成财政电子票据管理改革，完成上线2218个单位，开出各类财政票据（电子）2264.7万份，开票金额达356.21亿元。全面落实各项税收优惠政策，全年落实减免税费101.62亿元。金融服务实体经济水平提升，金融规模扩大。截至12月末，全市金融机构本外币各项存款余额5100.2亿元，较年初新增627.64亿元，同比增长14.03%；本外币贷款余额2823.72亿元，较年初新增341.80亿元，同比增长13.77%，存贷款余额均居全省第二位。防范化解金融风险，制定实施《2020年防范化解金融风险工作计划》。继续深化农村信用社改革，完善法人治理结构，加快推进农改商进程。

【投融资体制改革】 2020年，全市发挥投资对优化供给结构的关键性作用，全市全社会固定资产投资同比增长10%。第一产业投资同比增长84.5%；第二产业投资同比下降1.9%；第三产业投资同比增长14.5%。全年向社会推介四川省“4+6”现代服务业重点项目40个，总投资需求1643.2亿元，通过四川省投资项目管理服务平台向民间资本推介项目34个，总投资1056.64亿元。全年全市民间投资同比增长3.8%，占全社会固定资产投资的56.1%。创新政府与社会资本合作模式，健全完善全市PPP工作推进长效机制，实施项目25个，投资总额257.87亿元，吸引社会资本（含融资）234.65亿元。持续推进应收账款融资“绵阳模式”提速扩面，全年全市175家资金提供方、7家核心企业、403家中小企业在中征平台注册，累计实现平台融资2389笔438.4亿元，其中小微企业融资占融资总额的40.8%。 （李诗梅）

资料链接：四川省“4+6”现代服务业体系中“4”即商业贸易、现代物流、金融服务、文体旅游四大支柱型服务业，“6”即科技信息服务、商务会展服务、人力资源服务、川派餐饮服务、医疗康养服务、家庭社区服务。

工业产业结构

【概况】 2020年，全市电子信息产业等六大重点产业产值同比增长4.8%，高于全市水平1个百分点，占全部规模工业比重达70%，同比提高1.4个百分点。六大重点产业全部实现正向增长。电子信息产业同比增长6.5%，全年呈现逐月回升态势，较上半年回升5.3个百分点；占全部规模工业比重达29.8%，同比提高0.5个百分点。汽车产业同比增长5.1%，全年呈现逐月回升态势，扭转2019年同期负增长的局面，增速同比提升12.8个百分点；占全部规模工业比重7.5%，同比提高0.3个百分点。新材料产业同比增长1.3%，自3月起持续保持2%以内的小幅增长；占全部规模工业比重10.1%，同比提高0.1个百分点。节能环保产业同比增长10.1%，自6月起持续保持8%以上的较快增长；占全部规模工业比重8.6%，同比提高0.6个百分点。全年高端装备制造产业同比增长6.5%，较上半年回落4个百分点；占全部规模工业比重达2.6%，同比提高0.2个百分点。食品饮料产业同比增长0.02%，在经历年初以来持续负增长后，11月起恢复正向增长；占全部规模工业比重11.5%，同比下降0.3个百分点。全市龙头企业总体回升，127家4亿元以上重点企业实现产值同比增速3.8%，实现正向增长的有82家，增长面达64.6%。其中京东方产能逐步释放，全年产值跨越50亿元大关，达到50.2亿元；重汽济南卡车产销两旺，同比增长173%。全年4亿元以上重点企业共实现利润78.1亿元，同比下降3.95%。

【行业增长面超过六成】 2020年，全市计算机等35个行业大类中实现增长的有22个，增长面达62.9%。产值总量占比前三的行业运行稳定，其中计算机、通信和其他电子设备制造业同比增长6.4%，农副食品加工业同比增长5.8%，化学原料和化学制品制造业同比增长11.8%。增速位列前三的行业中，有色金属矿采选业同比增长91.4%，纺织服装服饰业同比增长56.7%，皮革、毛皮、羽毛及其制品和制鞋业同比增长31%。

【产业可持续发展】 2020年，全市重大项目增量释放，其中京东方、惠科项目自竣工投产以来产能爬坡推进较好，全年合计贡献产值增量55.6亿元，拉动全市规模以上工业增长2.2个百分点，贡献率为63.5%。全年新增规模以上工业企业114家，其中江油市16家、安州区16家、北川羌族自治县14家、涪城区12家、高新区12家、经开区12家、游仙区11家、三台县8家、平武县5家、梓潼县4家、盐亭县3家、科创区1家。114家新入规企业全年实现产值86.6亿元，同比增长57.3%，拉动全市规模以上工业增长1.3个百分点，贡献率为36.0%。 （王月利）

市场体系

商品市场

【概况】 2020年，全市加快城乡市场体系建设，完善农村商贸流通基础设施，发展农村新型流通业态，改善农村消费环境。加强部门协调配合和企业对接，引导各地加强大型农产品市场基础设施建设，完善农产品流通骨干网络。鼓励各地探索建立大型农产品批发市场公益性运营保障机制，支持开展旨在强化公益性运营的农贸市场（菜市场）体制机制改革试点，推动公益性农产品批发和零售市场全面发展。提升农产品生产、流通企业的鲜活农产品流通现代化水平，加强鲜活农产品产地预冷、预选分级、加工配送、冷藏冷冻、冷链运输、包装仓储、电子结算、检验检测和安全监控等设施以及鲜活农产品连锁店、直销店（专柜）等基础设施和零售体系建设，加快推进冷链物流、信息系统、网上购销等平台建设。新冠肺炎疫情防控期间，针对农产品产销不平衡情况，建立全市农产品脱销与滞销信息库，帮助九根树家禽、创梦缘等180家农产品滞销企业和专业合作社搭建对接平台，共享产销信息家禽、蔬菜、水果等农产品1800吨。绵阳市高水农副产品批发有限公司成为商务部确定的武汉3家重点保供企业之一和新疆农产品主要保供企业。截至年底，有年销售收入1亿元以上市场16家，超10亿元以上市场6家；有农贸（菜）市场272家，年成交额170.3亿元，其中主城区农贸市场104个。高水农副产品批发市场是四川省第二大农产品批发市场，营业面积12万平方米，有摊位1293个，年成交额81.9亿元，年上缴税收560余万元，业务辐射山东、河北、甘肃、陕西等地。

2020年绵阳市交易额亿元以上商品交易市场一览表

表15

序号	市场名称	经营地址	成交总额（亿元）	
			2019 年	2020 年
1	绵阳市高水农副产品批发有限公司	涪城区龙门镇迴龙路 10 号	85.9752	81.9452
2	天泰剑南国际食品城	涪城区石塘街道	59.82	62.68
3	绵阳毅德城	涪城区御中路 66 号	37.33	32.18
4	绵阳卓龙二手车交易市场	经开区机场东路 193 号	12.66	12.73
5	绵阳市农资批发市场	涪城区龙门镇小桥村	11.34	11.57
6	三台五鑫农贸交易中心	三台县北坝街道北塔路 1 号	8	10.9
7	绵阳市南鑫二手车交易市场	经开区绵州大道中段 8 号	6.31	5.71
8	望江楼农贸市场（辰东农贸市场）	盐亭县弥江路	2.8	4.15
9	新三汇装饰城	涪城区临园路西段 84 号	4.27	3.21
10	东门昌华市场	梓潼县文昌镇中和街东段 64 号	3.7	3.1
11	中润恒大国际商贸城	江油市太平镇	2.98	3
12	花园市场	涪城区临园路西段 80 号	3.47	2.83
13	红星美凯龙	游仙区游仙路 315 号	2.6	2.4
14	江油市水果蔬菜批发市场	江油市太平镇	1.8	1.72
15	三台大成建材市场	三台县天平山	1.65	1.55
16	海悦银河城	游仙区东津路 17 号	1.2	1.1
17	宜家美国家家居	高新区永兴镇绵兴中路 195 号	0.7	0.65

【集贸市场】 2020年，绵阳市有经营食用农产品的农（集）贸市场260家，其中涪城区13家、游仙区26家、安州区22家、高新区4家、经开区8家、科创园区2家、江油市44家、三台县68家、北川羌族自治县18家、盐亭县29家、梓潼县16家、平武县6家、科学城4家。绵阳主城区农(集）市场共42家，占比达16%。全市有绵阳市高水农副产品有限公司龙门蔬菜水果批发市场、天泰·剑南国际食品城（绵阳普发企业管理有限公司）、江油市颐江电子商务产业园有限公司水果蔬菜批发市场3家食用农产品批发市场。

（于加兴　王　波）

劳动力与人才市场

【概况】 2020年，全市共有劳动年龄人口283.91万人、人力资源企业643家、专业技术人才24.1万人、技能人才43万人。全年全市开展“春风送岗位”“民营企业招聘周”“就业扶贫”“重点企业人力资源服务”“高校毕业就业服务”“金秋招聘月”等各类招聘活动235场次，累计提供岗位18万个（次），其中开展各类网络招聘会69场，累计签订聘用合同或达成意向3.24万人。截至“十三五”期末，全市查处拖欠的农民工工资案件数、涉及人数、涉及金额与“十二五”期末同期数据相比，分别同比下降81.7%、89.5%、76.3%；全市未发生一起因欠薪突发性事件造成社会经济重大损失和负面影响的恶性事件，未发生40人以上的政府投资工程项目欠薪导致群体性事件和非政府工程项目50人以上的欠薪突发事件。

【劳动力市场监督执法】 2020年，全市开展劳动保障监察书面审查和守法诚信等级评价，持续推进劳动保障监察执法“双随机、一公开”制度。开展清理整顿人力资源市场秩序、根治欠薪专项行动和和谐劳动关系春风行动等多项专项检查行动，加强劳动监察日常巡查力度，做到早介入、早安排、早部署，将矛盾化解在萌芽状态。贯彻实施《保障农民工工资支付条例》，将保障农民工工资支付工作纳入市政府目标考核体系，并加强专项考核，通过建立完善考核机制、做好根治欠薪核心指标，全市各级建立健全根治拖欠农民工工资工作领导协调机制，根治欠薪核心制度逐步完善，全面推动保障农民工工资支付工作，维护农民工工资报酬等核心权益。全年全市劳动保障监察机构共检查用人单位1359家，立案查处举报投诉案件160件，其中工资支付类案件143件、结案率达100%，为1580名劳动者追回工资待遇3089.2万元。

（赵梓宇）

金融市场

【概况】 2020年，全市加强货币市场管理，防范市场风险，推动各类直接债务融资工具运用。对辖区内法人金融机构现券交易进行摸排，全面掌握法人金融机构持有债券风险情况。利用科技城建设部际协调小组会议直通车渠道，支持绵阳市商业银行在全国银行间债券市场发行20亿元无固定期限资本债，增强其资本实力与实体经济服务能力。拓展融资渠道，支持全市非金融企业通过发行短融、超短融、中期票据等方式在银行间市场开展直接融资，支持长虹电子、长虹电器等科技企业在银行间市场发行直接债务融资工具75亿元。全年全市企业在银行间市场累计实现直接债务融资129亿元，其中超短融69亿元、中票40亿元、定向工具20亿元，融资总量位居全省第二位。

【利率市场化改革】 2020年，人行绵阳中心支行落实利率市场化改革部署，建立LPR（即Loan Prime Rate贷款市场报价利率）转换进程监测、舆情监测引导、纠纷协调处理机制。辖内法人机构在8月末完成存量浮动利率贷款LPR转换工作，逐步提高新增贷款中LPR运用占比，落实贷款点差要求。12月辖内金融机构发放的人民币贷款LPR运用占比达99.75%，当月人民币贷款加权平均利率为5.89%，同比下降10个BP（即Basic Point基点）。全年企业贷款加权平均利率达5.40%，同比下降48个BP。

【金融业助力疫情防控和复工复产】 2020年，全市金融业加强对疫情防控、复工复产和稳企业保就业的支持力度，确保金融优惠政策落地。全市重点企业获得优惠贷款2.8亿元，居全省第二；再贷款再贴现专用额度支持金融机构发放“战疫贷”12亿元；法人金融机构普惠小微贷款延期率达67.39%，新发放普惠小微信用贷款比例25.74%。持续推进金融支持稳企业保就业。落实金融支持民营小微企业金融服务专项行动计划、个体工商户金融甘露行动计划以及金融需求摸排起底行动、融资对接扩面提质行动、政策工具聚合协同行动、传导渠道疏浚畅通行动，开展政策宣传和政银企对接活动10余场，向1517家企业提供授信，授信覆盖面达78%，1475家企业获得信贷支持，金额达166.69亿元。落实“稳保贷”财金互动政策，截至年底，地方法人银行向531家企业发放“稳保贷”贷款9.07亿元，财政贴息后贷款加权平均利率达3.99%。

（胡子奇）

土地市场

【概况】 2020年，全市发布土地出让信息187条，招拍挂出让286宗。其中市本级发布土地出让信息36条，招拍挂出让76宗；安州区发布土地出让信息32条，招拍挂出让66宗；江油市发布土地出让信息44条，招拍挂出让19宗；三台县发布土地出让信息13条，招拍挂出让33宗；盐亭县发布土地出让信息38条，招拍挂出让38宗；梓潼县发布土地出让信息10条，招拍挂出让30宗；北川羌族自治县发布土地出让信息9条，招拍挂出让17宗；平武县发布土地出让信息5条，招拍挂出让7宗。

【国有建设用地供应】 2020年，全市国有建设用地供应共561宗、面积1732.93公顷，实现成交金额2343594.04万元，当年财政入库1994574.6万元(包含以往年度应缴未缴入库)。按类型划分：拍卖国有建设用地使用权116宗、面积358.93公顷，成交金额1612359.46万元；挂牌国有建设用地使用权201宗、面积642.47公顷，成交金额667510.03万元；划拨土地244宗、面积731.53公顷，划拨成本63724.5443万元。按行政区域划分：市本级108宗584.6公顷，成交金额1025141.41万元，当年财政入库1000310万元；江油市90宗407.13公顷，成交金额546734万元，当年财政入库513636万元；三台县125宗133.47公顷，成交金额161761万元，当年财政入库182900万元；安州区96宗297.87公顷，成交金额407379万元，当年财政入库343256.51万元；盐亭县42宗105.87公顷，成交金额97598.30万元，当年财政入库70689万元；梓潼县54宗133.33公顷，成交金额62266万元，当年财政入库64013万元；北川羌族自治县20宗49.1公顷，成交金额27472.42万元，当年财政入库54642.3万元；平武县26宗21.47公顷，成交金额15242万元，当年财政入库12022万元。（胥　英）

房产市场

【概况】　2020年，全市商品房价格总体增长，全市商品房销售均价为6668元/平方米，同比增长1.73%；商品住房销售均价为6989元/平方米，同比增长4.16%。全年绵阳城区（含安州区）商品房销售均价为7694元/平方米，同比增长1.68%；商品住房销售均价为8429元/平方米，同比增长4.73%。

【领地东原·阅城】　领地东原·阅城位于涪城区青义镇科技城集中发展实验区城北次中心的核心位置，项目紧邻涪江河和西南科技大学新校区。项目占地11.67公顷，总建筑面积40余万立方米，规划3800余户，商业体量7万余平方米，是商业配套完善、景观资源丰富、教育配套齐全的大型综合型社区。

【东辰一品】　东辰一品项目位于梓潼经开区核心位置，紧邻四川文化艺术学院、公立幼儿园、市政公园，与梓潼东辰国际学校一桥之隔。项目占地6.18公顷，总建筑面积约19.36万平方米，项目附属设施有近2万平方米的中庭、近百米的风雨廊、800米环形星空跑道等，实行人车分流管理等。

【置信丽都·花园城】　置信丽都·花园城项目总占地12.07公顷，规划总建筑面积31万立方米，约2300户。项目紧邻涪江，与绵阳经开区隔江相望，邻近小枧湿地生态湿地公园、绵阳城市运动公园、东湖公园及南湖体育公园。

【绵阳恒大翡翠龙庭】　绵阳恒大翡翠龙庭项目占地6.85公顷，建筑面积20.54万立方米，规划13栋高层住宅，规划套数1765套。位于绵阳经开区绵州大道与城南路的交会处。项目配套设施有欧式园林、会所、幼儿园、泳池。项目距离恒大影城仅200米，距离经开万达广场约4.1千米。（黄　龙）

中介市场

【概况】　2020年，市政务服务系统完善市本级涉审中介服务事项办事指南，规范中介服务事项的名称、设置依据、申报条件和材料、服务流程、收费标准、办理时限、投诉方式等要素，通过绵阳市政务服务监督管理局门户网站向社会公布。截至年底，全市有中介机构1037家，从业人员1.2万余人。

【中介服务事项清单管理】　2020年，全市政务服务系统按照《优化营商环境条例》要求，梳理全市行政审批中介服务事项，印发并公布《绵阳市市本级行政审批中介服务事项清单》（2020年版），其中审批部门委托事项涉及16个部门、63项行政审批事项、48项中介服务事项，申请人可自行编制事项涉及6个部门、17项行政审批事项、17项中介服务事项，取消或调整事项涉及3个部门、14项行政审批事项、10项中介服务事项。

【中介服务平台建设】　2020年，市政务服务管理局在绵阳市政务服务监督管理局门户网站上设立绵阳市中介机构信息查询专栏，将中介机构的名称、资质资格、法定代表人、服务范围、承诺时限、收费标准、设立依据等信息在线公开。截至年底，该查询专栏有涉及工程咨询、环评、安评等32类1037家中介机构。

【中介服务网上超市建设】　2020年，市政务服务管理局制定《绵阳市中介服务网上超市管理办法》，搭建中介服务网上超市，将具有合法资质的涉及行政审批中介服务机构纳入中介服务网上超市规范运行，中介机构可“零门槛、零限制”入驻，实现中介服务网上展示、网上竞价、网上交易、网上评价，提高中介服务效率。截至年底，中介服务网上超市入驻中介机构276家、项目业主单位14家。（刘　陈）

绵阳深度参与成渝地区双城经济圈建设

【概况】　2020年，绵阳市学习贯彻习近平总书记在中央财经委员会第六次会议上的重要讲话精神，落实省委十一届七次全会决策部署，市委七届九次全会审议通过《中共绵阳市委关于深入贯彻习近平总书记重要讲话精神深度参与成渝地区双城经济圈建设的决定》，对绵阳深度参与成渝地区双城经济圈建设作出系统谋划，提出建设具有国际影响力的中国科技城、建设国家重要科研生产基地、建设西部内陆改革开放新高地、建设成渝地区副中心城市“四个发展定位”；确定优先发展先进制造业、着力提高科技创新能力、持续深化改革扩大开放、加快建设I型大城市“四个主攻方向”；明确实施现代产业体系构建、协同创新能力提升、交通基础设施畅通、国土空间布局优化、城市发展能级跃升、生态环境保护协同、体制机制创新深化、公共服务共建共享“八大行动”。成立绵阳市深度参与成渝地区双城经济圈建设暨推进区域协同发展领导小组，负责工作统筹谋划和推进落实，召开领导小组工作会议，制定领导小组和领导小组办公室工作规则等文件。明确责任分工，印发实施《贯彻落实〈中共绵阳市委关于深入贯彻习近平总书记重要讲话精神深度参与成渝地区双城经济圈建设的决定〉责任分工方案》，将市委七届九次全会决定具体任务落实到相关部门和县市区、园区。全市各界凝聚智慧，共同谋划绵阳北碚合作发展。市人大组织3个调研组开展调研并形成专题报告。市政协召开政协常委会议专题协商议政。市委统战部组织全市统一战线开展实地调研，形成研究材料17篇。市发改委聚焦“一极两中心两地”定位，结合绵阳自身优势，形成绵阳市深度参与成渝地区双城经济圈建设综合研究报告。市级各部门按照2020年重点工作计划，围绕16个专题深入开展研究，形成专题研究报告16篇。举办以“建设中国科技城、打造成渝副中心——绵阳在成渝地区双城经济圈建设中的新担当新作为”为主题的绵阳市深度参与成渝地区双城经济圈建设研讨会。成立由市发改委牵头的工作专班，规划建设省级新区，拓展城市发展空间，推动全市更好履行建设中国（绵阳）科技城国家使命、建设成渝地区双城经济圈创新高地和“一干多支、五区协同”区域发展新格局。全市各级各部门与北碚区加强沟通联络，实现互访交流，签订政法、统战、警务、国资、市场监督、政务服务、商务、卫生、环境、住房公积金、科技、文旅、教育、人才等方面的合作协议。注重科技创新，增强协同创新能力，与成都、重庆协同共建中国西部科学城，携手打造成渝绵“创新金三角”。国家两用技术交易中心重庆分中心和四川融合大型科学仪器共享平台重庆中心在北碚揭牌。四川大型科学仪器共享平台在成都建立区域服务中心，在遂宁搭建工作站。国家两用技术交易中心建成成都分中心和四川遂宁工作站。搭建高水平合作平台，举办第八届中国（绵阳）科技城国际科技博览会，组织绵阳企业参加成都、重庆等地智博会、西博会等展会活动。聚焦产业发展，推动重点产业协同发展，推动绵阳京东方等新型显示企业加强与北碚京东方、成都京东方等企业合作。推进商贸互动交流，举行绵阳·北碚深度参与成渝地区双城经济圈建设招商引资网络推介会。推进民营经济交流发展，绵阳北碚两地300余家民营企业实现互访，举办“绵碚双城百企友谊联展”。推进文旅合作，举办“网络大V绵碚行”，重启两地跨省游，实现旅游团双向首发。推动与成都平原经济区城市基本实现旅游官网互通、官微互通。加强金融合作，绵阳市商业银行遂宁分行、德阳分行正式营业。加强交通互联互通，推进成兰铁路建设，加快建设九绵、广平、中遂G5成绵扩容、绵苍高速，融入“蓉欧+”战略，推动成绵间动车初步实现公交化运营。推进航空枢纽建设，绵阳南郊机场T2航站楼基本完成地基施工，货运综合楼完工，北川通用机场完成施工图设计，三台、江油通用机场推进前期工作。推进公共服务共建共享，促进人才、教育、文旅、医疗卫生、社会民生合作，其中设立“绵阳—北碚异地通办窗口”，43个政务事项实现跨区域通办，开展绵渝住房公积金资金融通先行先试。

2020年绵阳市和重庆市北碚区部分单位签署合作协议一览表

表16

序号	签署时间	协议名称	签约单位
1	2020年4月	《四川省绵阳市人民政府　重庆市北碚区人民政府推动成渝地区双城经济圈建设合作框架协议》	绵阳市人民政府、重庆市北碚区人民政府
2	2020 年 4 月	《生态环境保护协同发展合作框架协议》	两地生态环境局
3	2020 年 4 月	《产业协同招商合作协议》	绵阳市经济合作局、北碚区招商投资促进局
4	2020 年 5 月	《绵碚共青团助力成渝地区双城经济圈建设青春建功行动合作框架协议》	两地共青团
5	2020 年 5 月	《促进绵碚文化和旅游融合发展合作协议》	两地文广旅局
6	2020 年 5 月	《推动成渝地区双城经济圈建设协同创新合作协议》	绵阳市科技局、北碚区科技局
7	2020 年 5 月	两用技术交易中心、融合大型仪器共享平台与重庆北碚区缙云人文科技城管理委员会签订战略合作协议	国家两用技术交易中心、四川融合大型仪器共享平台、重庆北碚区缙云人文科技城管理委员会

续表

序号	签署时间	协议名称	签约单位
8	2020年5月	《绵阳北碚两地组织人社党校系统签署推动成渝地区双城经济圈人才协同发展框架协议》，配套签订《人力资源和社会保障合作协议》《高层次人才交流合作协议》	两地组织人社党校系统
9	2020年5月	《绵阳市商务局北碚区商务委融入成渝地区双城经济圈建设合作协议（2020—2022年）》	两地商务局
10	2020年5月	《四川省绵阳市公安局、重庆市公安局北碚区分局服务成渝地区双城经济圈建设警务合作框架协议》《四川省绵阳市公安局、重庆市公安局北碚区分局2020年度服务成渝地区双城经济圈建设警务合作工作计划》《服务成渝地区双城经济圈建设警务合作机制》	绵阳市公安局、重庆市公安局北碚区分局
11	2020年5月	《推动成渝地区双城经济圈建设合作框架协议》	两地市场监管局
12	2020年5月	《推动成渝地区双城经济圈交通一体化发展战略合作框架协议》	北碚区交通局、绵阳市交通运输局、绵阳市发改委
13	2020年6月	《四川省绵阳市妇女联合会·重庆市北碚区妇女联合会绵碚巾帼助力成渝地区双城经济圈建设合作框架协议》	两地妇联
14	2020年6月	《绵阳市教育和体育局　北碚区教育委员会教育协同发展合作协议》	绵阳市教育和体育局、北碚区教育委员会
15	2020年6月	《“绵碚”统战部结对共建友好合作框架协议》	两地统战部
16	2020年6月	《“绵碚”友好工商联（总商会）协议书》	两地工商联
17	2020年7月	《推动成渝地区双城经济圈建设政法工作合作框架协议》	两地政法委
18	2020年7月	《绵阳市医保局　重庆市北碚区医保局医疗保障工作战略合作框架协议》	两地医保局
19	2020年7月	《现代农业发展合作协议》	绵阳农业农村局、北碚区农业农村委
20	2020年7月	《绵阳市财政局　北碚区财政局成渝地区双城经济圈建设合作框架协议》	两地财政局
21	2020年10月	《绵阳游仙高新区　重庆市蔡家智慧新城管理委员战略合作框架协议》	绵阳游仙高新区、重庆市蔡家智慧新城管理委员
22	2020年	绵阳市7个民主党派市（工）委加强与重庆市北碚区民主党派的沟通联系，全部结对建立友好组织，先后签署合作框架协议	两地民主党派

【绵阳市参与成渝绵创新高地建设】 2020年，绵阳市加快创新体系建设，针对不同行业和企业发展的不同阶段需求特点，强化对企业的分类指导，加强科研机构布局和梯队建设，支持和引导企业根据自身发展需要，推进和引导企业建立、参与各类研发机构建设。持续开展省、市认定企业技术中心和国家、省技术创新示范企业培育、推荐工作。龙华光电薄膜被认定为四川省技术创新示范企业，华拓光通信等11家企业通过省级企业技术中心认定，绵阳京东方等32家企业通过市级企业技术中心认定。全市国家、省、市企业技术中心总数分别达9家、91家、141家，各级技术中心当年认定数及总数均位列全省地级市第一。全市持续完善协同创新体系，召开制造业创新中心建设推进会，引导、鼓励企业建设制造业创新中心。华丰公司牵头的“光电互连创新中心”、六合特材牵头的“高品质高温合金创新中心”被认定为四川省制造业创新中心；引导省级创新中心引进成渝科研机构龙头企业加入联合体中心提档升级；创建两个不同行业共性技术市级制造业创新中心4家，总数达12家，是全省唯一开展市级制造业创新中心建设认定工作的市州。在关键核心技术攻关新型体制构建方面，绵阳市对接成渝两地经信部门，以解决关键重大技术问题为重点，加强与成渝地区企业、科研机构和技术人才的交流合作、优势互补，促成部分制约行业发展的关键技术实现突破，并提高产品技术含量。东材科技“5G通讯用高性能树脂关键技术研发及产业化”等

14个产业研发和创新平台类项目获得省工业发展资金专项支持；长虹教育、维博电子获得省疫情防控物资及相关设备研发攻关奖励项目资金支持。组织开展创新主体培育切块资金项目、省市级产业技术研发和平台建设申报工作，支持项目24个；推荐29个项目申报2021年等四川省工业发展资金—产业技术研发及平台建设提升项目，17个项目进入公示阶段，数量居全省地级市第一。支持工业企业知识产权创造、运用、保护和管理能力，九州电子科技等10家企业被工信部认定为“工业企业知识产权运用试点企业”。全市共有“工业企业知识产权运用试点企业”23家，总数及当年认定数均居全省地级市第一。在推进产学研协作方面，绵阳市加强成渝绵企业、科研院所、中介机构的协同创新工作，建立技术成果信息动态更新、企业需求信息滚动收集、供需双方精准对接、合作项目持续服务的推进机制。通过对接，两地促成一批成果产业化项目签约落地。

【涪碚两地合作推动营商环境优化】

2020年5月22日，绵阳市政务服务监督管理局与重庆市北碚区政务服务管理办公室签订《政务服务合作协议》，在智慧政务等10个方面开展合作，共同营造高效便利的政务服务环境。根据《政务服务合作协议》，绵碚两地整合挖掘两地政务服务资源，依托全国政务服务一体化平台，推动两地政务服务信息平台、数据资源中心、大数据分析平台建设，实现政务信息共建共享。加强智慧政务建设合作，在政务服务信息平台、数据资源中心、大数据分析平台建设加强合作；推动双方自然人、法人、自然资源和空间地理、电子证照等政务信息基础数据共享开放利用，围绕线上业态、线上服务、线上管理，共同探索科技型城市智慧治理模式。加强政务服务改革协同，在推进放管服、优化营商环境、“互联网+政务服务”等方面，全方位加强合作，强化信息沟通，共同推动两地企业群众有需求的政务服务改革事项。探索企业异地注册，利用政务服务平台，加强两地工作人员相互学习，掌握两地企业开办“一网通”系统，实现异地登录核名，异地申请，网上审核，发放营业执照，实现异地审批；逐步通过电子印章等应用，实现两地通办、就近办理。探索档案异地查询，对确需查询的已开放档案，可通过邮递身份证和委托书或单位介绍信到被查询人当地政务服务部门，由被委托政务服务部门代为查询，需要纸质查询已开放档案的可通过邮寄送达，实现两地人员查询档案不跑路或少跑路。加强信用信息查询合作，两地政务服务大厅利用“信用中国”为企业群众就近查询对方相关企业或个人信用信息，开展跨区域信用合作。促进两地公共服务事项异地办理，协调两地社保、医保等民生领域部门加强合作，方便两地群众异地查询、异地办理、异地结算。加强“绵碚合作”宣传，在两地政府门户网站开设“双城经济圈”专栏或专题，报道绵阳、北碚两地合作动态，发布政策信息和合作措施，方便企业群众获得相关信息。探索建立公共资源交易异地远程评标，探索建立与省市级中心相应的公共资源交易异地远程评标工作规则，稳步推动公共资源交易异地远程评标工作常态化。开通企业服务“绿色通道”，为两地企业提供政策咨询、诉求处理、融资、人才引进、行政审批帮办代办等便利服务。创新两地政务服务合作经验，双方向政府和上级部门争取改革试点示范项目、政策支持，创新政务服务合作，打造成渝地区双城经济圈政务服务合作典范。建立定期会议制度，研究解决合作中的重大事项、重大项目、重大问题；建立联络人制度，负责日常工作联系、通报情况；建立跟踪落实机制，就合作内容进行任务分解，跟踪督促合作事项进度；建立常态化交流学习机制，熟练掌握对方政策、系统及办理流程，延伸服务宽度。年内，绵阳市推进绵碚“异地通办”，在市、县两级政务服务中心设立“绵碚通办”窗口，与老百姓日常生活密切相关的43个政务服务事项在绵阳、北碚两地实现跨区域通办。同时在绵阳市政务服务“一网通办”平台上开设“绵培通办”专区，让高频服务事项实现同一事项单点登录，两地可任意跳转。

【绵碚两地知识产权交流合作】

2020年5月，绵阳市市场监督管理局与重庆市北碚区市场监督管理局签订《深化绵阳北碚知识产权工作推进市场监管一体化发展合作协议》，从共建知识产权大保护格局、共促高校院所知识产权创造运用、共享知识产权公共服务、共推知识产权转化运营、共培知识产权人才队伍5个方面开展合作，建立例会和调研制度，强化区域协同、共同服务，支撑区域高质量发展。年内，绵阳北碚两地实现知识产权互访交流2次，联合举办相关知识产权培训，为相关单位提供专利申请、维护和受理审查业务培训。好医生药业集团有限公司、四川省绵阳市丰谷酒业有限责任公司、四川九州电子科技股份有限公司、四川铁骑力士实业有限公司、四川长虹电器股份有限公司等6个商标品牌被纳入第一批四川省川渝知识产权合作重点商标品牌保护名录。北川茶叶、涪城麦冬进入第一批四川省川渝知识产权合作优质地理标志保护名录。四川九洲电器集团有限责任公司、四川旭虹光电科技有限公司、四川长虹电器股份有限公司共3项专利进入第一批四川省川渝知识产权合作重点高价值专利名录。

【绵阳北碚推动成渝地区双城经济圈建设党政联席会议】 2020年4月1日，四川省绵阳市·重庆市北碚区推动成渝地区双城经济圈建设党政联席会议暨合作框架协议签署仪式在绵阳举行。北碚区委书记周旭、绵阳市委书记刘超出席会议并讲话。北碚区委副书记、区长何庆，西南大学党委书记李旭锋，中国科学院重庆绿色智能技术研究院院长、中国科学院大学重庆学院院长袁家虎出席会议。绵阳市委副书记、市长元方主持会议。会上，何庆与元方分别代表两地签署《四川省绵阳市人民政府重庆市北碚区人民政府推动成渝地区双城经济圈建设合作框架协议》。根据协议，双方在交通路网互联互通、产业发展协同联动、科教创新优势互补、信息基础设施共建共享、文化旅游交流融合、商贸会展合作交流、生态建设经验共享以及干部人才互派交流八大领域加强合作，共同参与成渝地区双城经济圈建设、携手实现高质量发展。北碚区领导吴萍、董伦、陈德川、胡湧，西南大学党委常委、副校长周光明，绵阳市领导张学民、罗宗志，西南科技大学党委书记陈永灿，绵阳师范学院党委书记王海滨等参加活动。

【绵阳北碚推动成渝地区双城经济圈建设第二次党政联席会议】 2020年4月29日，四川省绵阳市·重庆市北碚区推动成渝地区双城经济圈建设第二次党政联席会议在北碚区举行。重庆市委常委、统战部部长李静到会指导，北碚区委书记周旭，绵阳市委书记刘超，北碚区委副书记、区长何庆，绵阳市委副书记、市长元方出席会议。会上，双方签订《四川省绵阳市人民政府重庆市北碚区人民政府推动成渝地区双城经济圈建设三年行动计划(2020—2022年)》，提出未来三年双方开展两地重大战略协同行动、交通路网互联互通行动、产业发展联动协同行动、科教创新优势互补行动、新型基建提速增效行动、文化旅游交流融合行动、商贸会展合作交流行动、生态文明建设经验共享行动、干部人才互派交流行动、公共服务共建共享行动十大行动。北碚区领导吴萍、董伦、刘小辉，西南大学党委书记李旭锋，中国科学院重庆绿色智能技术研究院党委书记韦方强，绵阳市领导张学民、罗宗志、罗蒙，西南科技大学党委书记陈永灿，绵阳师范学院党委书记王海滨参加会议。

【绵碚两地《推动成渝地区双城经济圈建设协同创新合作协议》签署】 2020年5月13日，绵阳市科学技术局和重庆市北碚区科学技术局在绵阳市签署《推动成渝地区双城经济圈建设协同创新合作协议》（以下简称《合作协议》）。根据《合作协议》，两地本着“优势互补、资源共享、互惠互利、共同发展”的原则，建立长期、稳定的合作关系，共同推进科技交流合作，在共同推进区域协同创新体系建设、共同推进科技协同创新攻关、共同推进科技成果转化和产业化、共同推进创新创业环境营造等方面实现合作共赢。两地还建立工作推进机制和定期会商机制，成立由双方科技局主要领导担任组长的工作组。每半年召开工作会议，共同研究确定重大战略合作项目，协调制定实施方案和工作安排，实现双方在重要合作问题上的协调一致，将双方达成的合作意向落实到位。签约仪式上，国家两用技术交易中心、四川大型科学仪器共享平台分别与重庆市北碚区缙云人文科技城管理委员会签署战略合作框架协议。

【绵阳市重庆市北碚区推动成渝地区双城经济圈干部人才协同发展第一次联席会议暨战略合作协议签署仪式】 2020年5月15日，绵阳市重庆市北碚区推动成渝地区双城经济圈干部人才协同发展第一次联席会议暨战略合作协议签署仪式在绵阳举行，双方审议并签署《干部人才协同发展框架协议》《人力资源和社会保障合作框架协议》《党校校际办学合作框架协议》《高层次人才交流合作协议》4个协议，标志着双方高层次人才共育共引共用常态化合作机制正式建立。重庆市北碚区委常委、组织部部长章榕、区政府副区长赵祺，绵阳市委常委、组织部部长岳勇，市政府副秘书长周志强出席仪式并讲话。根据《干部人才协同发展框架协议》，绵阳市与北碚区以干部人才协同发展为目标，深化干部人才交流合作、人才资源协同发展、干部人才教育培训共建共享、基层党建工作交流互鉴，构建两地干部人才协同发展新格局，致力于打造成渝地区双城经济圈建设干部人才协同发展的典范与标杆。根据《人力资源和社会保障合作框架协议》，绵阳市与北碚区以“平等互惠、共建共享、互联互通、务实包容、协同发展”为原则，重点在公共就业创业服务、人才队伍建设、社会保险服务、构建和谐劳动关系等方面开展合作，构建人力资源社会保障事业协同发展新格局。根据《党校校际办学合作框架协议》绵阳市与北碚区两地党校以干部培训和联合办学助推成渝地区双城经济圈建设为重点，整合两校办学资源，通过定期走访、定期交流、共享师资库等方式，在教学、科研、咨政、人才培养等领域开展常态化合作，共同打造成渝地区双城经济圈建设精品干部培训课程和特色课程。根据《高层次人才交流合作协议》，两地高层次人才交流合作以服务两地政府决策、企事业单位智力需求为宗旨，发挥两地高层次专家人才作用，搭建区域性决策咨询、技术支持、联谊交流、项目对接等功能平台。

【绵渝两地住房公积金一体化发展】 2020年5月15日，绵阳与重庆住房公积金信息互查测试成功，标志着两地住房公积金信息共享机制建立。8月5日，绵阳公积金直属管理部与重庆中心沙坪坝办事处共同打造住房公积金窗口标准化服务。8月28日，绵渝两地住房公积金异地缴存证明无纸化系统测试成功，实现两地住房公积金线上办理和两地住房公积金互认互贷。9月，绵阳中心所属10个分支机构（管理部、分中心）住房公积金政务窗口开辟川渝住房公积金一体化发展业务办理绿色通道。12月24日，渝绵住房公积金一体化发展战略合作暨资金融通使用签约仪式在重庆举行。住建部住房公积金监管司司长杨佳燕，省住房城乡建设厅党组成员、副厅长樊晟，重庆市住房和城乡建设委员会党组成员，重庆市住房公积金管理中心党组书记、主任张其悦，绵阳市住房公积金服务中心党组书记、主任蒋静瞻出席仪式。签约仪式上，双方签署《渝绵住房公积金一体化发展战略合作协议》《渝绵住房公积金资金融通使用合作备忘录》，双方达成联动治理违规提取、协同开展司法划扣、强化两地公积金政策趋同性等11个方面的战略合作。截至年底，绵阳中心与重庆中心信息共享54人次；从重庆异地转入绵阳54人，金额达100.17万元；从绵阳转出至重庆50人，金额达111.60万元；绵阳受理重庆异地贷款30笔，办结32笔，发放金额1063.80万元；绵阳向重庆中心开具异地缴存证明33张；绵阳受理重庆异地购房提取132笔，办结123笔，金额916.59万元。

【绵阳市深度参与成渝地区双城经济圈建设研讨会】 2020年6月12日，绵阳市深度参与成渝地区双城经济圈建设研讨会在绵阳举行。此次研讨会以“建设中国科技城、打造成渝副中心——绵阳在成渝地区双城经济圈中的新担当新作为”为主题，邀请专家把脉问诊、建言献策，助推绵阳在成渝地区双城经济圈建设中展现更大作为、做出更多贡献。会上，中国社会科学院学部委员、中国城市经济学会会长潘家华，四川省决策咨询委员会副主任、四川省社科院党委书记李后强，重庆社会科学院党组书记、院长唐青阳等专家作主旨演讲。绵阳市委书记刘超出席并讲话。与会专家还前往西南自动化研究所、西南科技大学、绵阳京东方光电科技有限公司、绵阳惠科光电科技有限公司等地参观。

图1　10月28日，国家两用技术交易中心重庆分中心和四川大型科学仪器共享平台重庆中心正式揭牌落户北碚

【国家两用技术交易中心重庆分中心和四川大型科学仪器共享平台重庆中心落户北碚】 2020年10月28日，国家两用技术交易中心重庆分中心和四川大型科学仪器共享平台重庆中心正式揭牌落户北碚。绵阳市政府副秘书长陶筠、重庆市北碚区副区长魏兴贵出席仪式。国家两用技术交易中心重庆分中心由北碚区缙云人文科技城管理委员会和国家两用技术交易中心共同建设、运营管理，该中心以成果遴选、评估评价、技术经纪、再研发等服务为手段，以推进科技成果、科技资源交易和转移转化为目标，推动绵碚两地两用技术成果转移转化，助力北碚科技服务业发展。四川大型仪器共享平台重庆分中心主要针对资源开放共享的特点，按照共建共享、市场运营、价值服务的总体定位，以仪器资源共享为核心，以“17共享网”市场化平台为载体，推进北碚区企业需求与绵阳市资源的匹配，搭建两地仪器仪表交流平台，为两地仪器仪表产业发展提供坚实支撑。

（陈　森）

中国（绵阳）科技城建设

Construction of China (Mianyang) Science and Technology City

概 述

【概况】 2020年6月17日，四川省建设绵阳科技城领导小组第21次会议召开，审议《2020绵阳科技城建设重点工作》和《第八届中国（绵阳）科技城国际科技博览会总体方案》，安排部署2020年科技城建设重点工作。7月10日，四川省委十一届七次全会召开，审议通过《中共四川省委关于深入贯彻习近平总书记重要讲话精神、加快推动成渝地区双城经济圈建设的决定》，提出支持绵阳建设具有国际影响力的中国科技城和国家重要科研生产基地；以中国西部（成都）科学城、中国（绵阳）科技城为主要承载区，以“一城多园”模式与重庆共建中国西部科学城，打造成渝绵“创新金三角”。7月29日，绵阳市委七届九次全会召开，学习贯彻习近平总书记在中央财经委员会第六次会议上的重要讲话精神，落实省委十一届七次全会决策部署，审议通过《中共绵阳市委关于深入贯彻习近平总书记重要讲话精神深度参与成渝地区双城经济圈建设的决定》，提出要深度参与成渝地区双城经济圈建设，为推动成渝地区双城经济圈建设贡献绵阳力量，并指出深度参与成渝地区双城经济圈建设必须把握的“四个发展定位”“四个主攻方向”和要实施的八大行动。9月19日，中国（绵阳）科技城建设第十四次部际协调小组会议召开，会议是在党中央、国务院批准建设绵阳科技城20周年之际召开的一次重要会议，贯彻落实党中央、国务院决策部署，总结绵阳科技城建设进展情况，对下一步工作作出部署，明确新形势下科技城建设发展的重要使命、目标定位和重点任务。全年科技城贯彻落实绵阳科技城建设第十四次部际协调小组会议等重要会议精神，推动科技城各项工作任务落地落实。《中国（绵阳）科技城条例》被省人大常委会纳入2020年立法调研项目。举办第八届中国（绵阳）科技城国际科技博览会。跨境电商综合试验区、综合保税区、绵阳科技城新区先后获批设立。高新区、涪城区申建成为省级外贸转型升级基地。融入“一带一路”、长江经济带发展、成渝地区双城经济圈建设等国家战略，与重庆市北碚区签订合作框架协议及三年行动计划。全年科技城范围内实现地区生产总值2075.94亿元，同比增长4.3%，规模以上工业增加值同比增长5.1%，全社会固定资产投资同比增长8.3%，社会消费品零售总额实现992.53亿元。全国推广的第三批20条全创改革经验中，绵阳贡献3条。高新技术企业年度净增数首次突破100家，达到106家，总数达446家，认定申报数、净增数与通过率均创历史新高。通过国家认定的科技型中小企业净增326家，总数达1375家，总量稳居全省第二位。创建四川省知识产权保护中心绵阳分中心，全市新增专利申请达1.15万件，专利授权量7636件，年发明专利申请量4023件，每万人发明专利拥有量突破14件。建成国省级重点实验室27家、国省级工程技术研究中心32家、国省级企业技术中心104家，国省级工程研究中心（工程实验室）26家。全市研究与试验发展经费达186.26亿元，研发经费投入强度达6.52%。新增省级备案瞪羚企业9家、总数达10家。大型科学仪器共享平台整合仪器设备6011台（套），服务企业1.1万余次，成立大型科学仪器共享平台重庆分中心。建成国家两用技术交易中心和重庆等6个分中心。规模以上科技服务业企业实现营业收入35.31亿元，同比增长22.7%。建成各类科技企业孵化机构60家。新增10家企业入选工信部工业企业知识产权运用试点名单。实施2020年“科技城人才计划”，资助人才项目49个，资助资金5350万元。拥有“两院”院士28人，各类专业技术人才23.7万人。

【中国（绵阳）科技城党工委（扩大）会议】 2020年2月20日，中国（绵阳）科技城党工委（扩大）会议召开。市委书记、科技城党工委书记刘超主持会议并讲话。市委副书记、市长、科技城党工委副书记、管委会主任元方出席会议。市人大常委会主任付康列席会议。有关市领导，有关县市区、园区，市级部门（单位）和部分在绵阳的科研院所、高校、企业等负责人参加会议。会议听取科技城加快发展创新主体培育、创新生态营造、创新活力激发、创新产业壮大、开放合作深化、发展环境优化“六大工程”专项小组工作情况汇报；听取《省委省政府关于推进中国（绵阳）科技城加快发展的意见》有关政策事项责任分工方案对接落实情况汇报；审议《中国（绵阳）科技城加快发展2020年工作要点》《六大工程专项小组2020年工作计划》等有关文件。

【四川省建设绵阳科技城领导小组第21次会议】 2020年6月17日，四川省建设绵阳科技城领导小组第21次会议在成都召开。省长、省建设绵阳科技城领导小组组长尹力主持会议并讲话。会议围绕学习贯彻习近平总书记关于科技创新的重要讲话精神，听取《推进中国（绵阳）科技城加快发展的意见》落实情况和绵阳科技城建设工作情况的汇报、审议《2020绵阳科技城建设重点工作》和《第八届中国（绵阳）科技城国际科技博览会总体方案》，安排部署2020年科技城建设重点工作。省委副书记、省建设绵阳科技城领导小组副组长邓小刚，副省长、省建设绵阳科技城领导小组副组长王凤朝，省政协副主席、省地方金融监管局局长欧阳泽华出席会议。

【中国（绵阳）科技城建设新闻发布会】 2020年9月11日，中国（绵阳）科技城建设新闻发布会在北京举行。省政府副秘书长王海峰发布中国（绵阳）科技城建设情况和第八届中国（绵阳）科技城国际科技博览会有关情况。市委书记刘超、科技部成果与区域司副司长张勇强、省科技厅副厅长景世刚围绕科技城“十三五”建设成就、“十四五”发展规划，推动制造业高质量发展的探索与成效，打造成渝绵“创新金三角”的具体举措等方面回答媒体记者提问。省委宣传部二级巡视员周光向主持发布会。市领导张学民、罗宗志、廖雪梅，市级有关部门负责人参加新闻发布会。《人民日报》、新华社、中央广播电视总台、中新社、国际在线等78家新闻媒体的80余名记者到会采访报道。

图2　9月11日，中国（绵阳）科技城建设新闻发布会在北京举行

【中国（绵阳）科技城建设第十四次部际协调小组会议】 2020年9月19日，中国（绵阳）科技城建设第十四次部际协调小组会议在绵阳召开。中共中央政治局委员、国务院副总理刘鹤出席会议并讲话。会议指出，要坚决贯彻落实习近平总书记的重要指示精神，准确把握绵阳科技城在新形势下的使命和目标定位；要深入实施创新驱动发展战略，努力形成成渝地区双城经济圈的创新高地，探索打造区域科技创新特区的路径；要着力增强自主创新能力建设，加大关键核心技术攻关力度，大力发展先进适用技术，全力保障国家重大项目建设；要发挥科技资源比较雄厚的优势，推进共通共用、共建共享的基础设施和平台建设，整合技术、资本、信息、人才、科研设施等资源要素；要打造具有核心竞争力的产业集群，支持卫星导航、信息安全、智能装备制造等高技术产业化发展；推进科技体制改革，建立比较好的科研组织和管理模式，营造科研创新的良好生态，搞好职务科技成果收益分配改革试点，探索建设高水平新型研发机构；高度重视领军人才的作用，用好青年人才，聚集各方面人才，鼓励大胆探索、敢于质疑、认真求证、久久为功；发挥市场主体作用，创新国有和民营合作方式，探索技术、资本、市场、产品相融合的科技金融结合新模式；以更大力度深化开放合作，在开放合作中提升自身科技创新能力。

【市委常委会（扩大）会议专题学习贯彻绵阳科技城建设第十四次部际协调小组会议精神】 2020年9月23日，市委召开常委会（扩大）会议，专题学习贯彻绵阳科技城建设第十四次部际协调小组会议精神和9月22日省委常委会会议有关精神，研究部署有关工作。市委书记刘超主持会议并讲话。市委副书记、市长元方，市委副书记刘光强、胥锦成出席会议。市人大常委会主任付康，市政协主席李亚莲列席会议。会议指出绵阳科技城建设第十四次部际协调小组会议是在党中央、国务院批准建设绵阳科技城20周年的关键时期召开的一次十分重要的会议。会议明确新形势下绵阳科技城建设发展的重要使命、目标定位和重点任务，要求全市要抢抓机遇，推动会议各项决策部署落地落实，奋力推动绵阳科技城建设再上新台阶；全市各地各部门要召开会议传达学习，深刻领会、准确把握会议精神特别是副总理刘鹤讲话精神，以及省委书记彭清华在省委常委会会议上的讲话精神，把学习贯彻会议精神与学习贯彻习近平总书记对四川工作系列重要指示精神特别是对绵阳科技城建设等重要指示精神结合起来，与学习贯彻习近平总书记在科学家座谈会上的重要讲话精神结合起来，把会议精神贯彻落实到当前和今后一个时期绵阳科技城建设的各方面全过程，把会议精神转化为在新时代新起点推进绵阳科技城建设的务实行动，奋力推动绵阳科技城建设再上新台阶。要围绕“建设区域科技创新特区”大胆探索，努力为国家深化科技体制改革探索路径。要围绕“建设成渝地区双城经济圈的创新高地”勇于担当，助推成渝地区双城经济圈建设具有全国影响力的科技创新中心。要围绕建设科研生产的重要基地主动作为，全力服务保障相关建设。要加强对上沟通对接，做好编制科技城“十四五”规划、加快推进省级新区申建、恳请国家有关部委支持事项的对接落实等工作，推动绵阳科技城建设第十四次部际协调小组会议议定事项落地落实。

（曾卫民）

科技城集中发展区

【概况】 2020年，科技城集中发展区按照“项目引领、产城并进、全面提速”总体要求，持续实施集中发展区建设攻坚行动，以基础设施建设为工作重点，统筹推进产业培育发展、招商引资、规划用地、资金筹集等各项工作，打造“科技新区、产业新区、城市新区”，基本实现国务院批复同意的《绵阳科技城“十三五”发展规划》提出的“30平方公里核心示范区基本建成，100平方公里集中发展区主体框架基本形成”目标任务。

【基础设施建设】 2020年，科技城集中发展区将全部项目划分为7个形象区，成立综合管廊、科技之心、园林绿化等推进专班，协调推进项目建设。把关项目设计方案，桥梁和生态功能区设计方案在全国征集，实现好中选优。抢抓新基建等政策机遇，加大对上争取力度，做好项目包装。针对拆迁、投融资等难点，落实专人督导，分类分级化解。坚持以形象为主、投资为辅的双考核制度，落实考核奖惩。全年实施重点基础设施项目97个，估算总投资617.3亿元，计划完成投资100亿元，实际完成投资109.18亿元，占年度计划投资的109.18%。

【产业培育发展】 2020年，科技城集中发展区做好新冠肺炎疫情防控和复工复产工作，支持工业企业实现稳产满产。推进新型显示、新能源与智能网联汽车等5个先进制造产业功能区建设，实现经济总规模1375.09亿元，聚集主导产业企业115家。推进高新区新型显示产业园等30个新开工项目、中南高科擎动未来产业园等26个续建项目，长虹智能制造产业园等24个项目竣工投产。做好用水、用电、用气等要素保障，持续推进应急转贷资金落实。全年实施产业培育重点项目80个，估算总投资906.81亿元，计划完成投资108.39亿元，实际完成投资136.27亿元，占年度计划投资的125.72%。

【招商引资】 2020年，科技城集中发展区围绕先进制造业和现代服务业，开展精准专业化招商，促成江苏三杰、浙江天铁等项目落户。通过科技城招商引资网络推广会、“海内外侨商川渝行”绵阳经贸推介会等活动和“绵招网”网络招商平台，宣传推介集中发展区投资环境。优化项目服务，落实招商“服务绿卡”制度。全年计划实现国内省外到位资金145亿元，确保新签约项目90个，其中5亿元以上项目18个。实际完成新签约项目112个，占年度计划的124.44%；其中5亿元以上重大项目22个，占年度计划的122.22%；实现国内省外到位资金184.02亿元，占年度计划的126.91%。履约率、开工率和资金到位率分别达96%、88%和35.58%。

【用地保障】 2020年，科技城集中发展区完成科技之心、核心区西北片区（原综保区）等片区控详规编制，做好安昌河综合整治二期、综合管廊道路绿化带景观等重点项目规划服务。争取省级批复单列用地指标累计达1000公顷，统筹调剂全市建设用地指标321.27公顷。97个基础设施项目中，完成组卷上报52个，完成供地10个，开展供地28个。80个产业培育项目中，完成征地70个，完成供地67个。依法做好项目建设征地拆迁、群众安置补偿等工作，累计拆迁农房4200余户约1.2万人、企业93家，累计投入拆迁安置资金约15亿元。

【资金保障】 2020年，科技城集中发展区通过向上争取，推动科技城建设专项补助、专项转移支付资金、新增债券、产业发展基金等落实。优化支出结构，调剂安排资金用于集中发展区重点项目建设。用好科技和金融结合信贷融资、高新技术中小企业贷款等风险补偿基金和应急转贷资金，发挥放大效应。运用PPP、EPC和“产城融合”等新模式，引导社会资本参与。全年计划筹集建设资金73.96亿元，实际共筹集资金95.5亿元，占年度计划的129.12%；其中各级财政资金6.83亿元、债券资金18.35亿元、融资平台资金12.21亿元、社会投资58.11亿元。

【科技城集中发展区建设领导小组第七次会议】 2020年3月24日，科技城集中发展区建设领导小组第七次会议召开。会议由市委副书记、市长、领导小组组长元方主持，总结回顾2019年工作，安排部署2020年工作任务。会议强调2020年是科技城建设20周年，也是国务院批复科技城“十三五”发展规划的收官之年，推动集中发展区建设取得新突破意义十分重大；各有关单位要坚持项目引领、产城并进、全面提速，以基础设施建设为重中之重，统筹推进产业培育发展、招商引资、规划用地、资金筹集等各项工作，以基础设施建设为抓手“出形象”，以高端产业集聚为抓手“增实力”，以强化要素保障为抓手“解难题”，以优化制度机制为抓手“促落实”。会议审议《科技城集中发展区建设2020年工作要点及各专项组工作计划》《2020年科技城集中发展区建设目标任务考评细则》等事项。科技城集中发展区建设领导小组副组长、成员参加会议。

【科技城集中发展区核心区地下综合管廊及道路工程】 项目总投资81.27亿元，建设期3年，运营期27年。科技城管委会为项目实施机构，科发集团为政府出资方，中国建筑股份有限公司为项目社会资本方。项目包括综合管廊工程及市政道路工程两大部分，即修建“两纵两横”4条市政道路（绵宏路、绵泰路、科教大道、龙界路），新建道路长度30.65千米，做好排水、照明、桥梁、隧道、交通、景观等建设；在道路下同步建设4条地下综合管廊工程和1座综合管廊监控管理中心，管廊总长33.35千米，管廊建设区域内的电力、通信、给水、污水（局部段入廊）、燃气、中水管等市政管线统一纳入管廊内，以统筹各类市政管线规划、建设和运营管理。2020年，计划投资10亿元，实际完成投资15.73亿元，其中12月计划投资1亿元，实际完成投资2.78亿元。管廊总体长度28.1千米，完成管廊主体16.53千米，移交管廊基坑20.44千米。

【安昌河综合整治二期项目】 项目全长约6.4千米，起于安州区界牌镇已建堤防（八家堰大桥西侧约1.4千米处），止于安州区先林大桥。2020年，计划投资3.5亿元，实际完成投资3.485亿元。完成东岸（北岸）1400米清表、草坪整形、游步道路基施工；完成东岸陕西国槐移栽272棵，银杏移栽12棵，排水管安装200米；完成东、西岸累计回填土方量约80万立方米。

【草溪河综合整治工程】 项目全长约6.8千米，起于河边镇穿心店村一组晏家堰，止于磨家镇观音堂村六社的二号桥。建设河道、河堤、生态绿化、截污管网等及李家河2.3千米防洪堤。2020年，计划投资1.2395亿元，实际完成投资2.639亿元；项目基本完工。（曾卫民）

绵阳科技城新区

【概况】 2020年，省委、省政府作出工作部署，在经济发展水平和基础条件相对较好的区域中心城市规划布局一批省级新区，作为承担全省乃至国家重大发展和改革开放战略任务的综合功能平台。同年5月2日，省委办公厅、省政府办公厅印发《关于规划建设省级新区的指导意见》，明确总体要求、新区设立条件及程序等事项。按照市委、市政府主要领导的指示、批示，在省发改委的指导下，市发改委牵头组织开展绵阳市省级新区申报工作，形成主体申报材料，先后多次征求相关部门、单位和人大代表、政协委员意见，并邀请省决咨委作专家评审，吸收各方面意见建议。同时，会同市委政法委、市自规局、市生态环境局等部门完成社会稳定风险评估、国土空间及资源环境承载能力论证等工作。申报材料先后报经市委常委会会议和市政府常务会议审议通过后，于10月16日向省委、省政府报送《关于设立绵阳科技城新区的请示》。经省委常委会会议、省政府常务会议研究同意，省政府于12月23日印发《关于同意设立绵阳科技城新区的批复》，标志着绵阳科技城新区正式成立。

【位置范围】 绵阳科技城新区东连游仙区新桥镇，南接绵阳主城区，西临安州区塔水镇，北靠江油市方水镇，规划面积396平方千米，空间范围包括绵阳市涪城区、游仙区、安州区所辖的9个乡镇（街道）所属行政区域，分别是涪城区永兴镇、普明街道、创业园街道、青义镇，游仙区石马镇和安州区界牌镇全部行政区域；涪城区城郊街道、游仙区游仙街道和安州区花荄镇部分行政区域。

【功能定位】 2020年，省政府《关于同意设立绵阳科技城新区的批复》中明确：“新区建设要坚持创新驱动发展、产城融合发展，充分发挥科技第一生产力作用，深化科技体制改革和机制创新，加速推进科技成果转移转化，努力将新区建设成为成渝地区双城经济圈创新高地和国家产城融合发展示范区，探索建设具有全国影响力的科技创新示范区。”

【发展目标】 2020年，绵阳科技城新区的发展目标具体是：到2022年，绵阳科技城新区主体框架基本形成，科技创新成果加速转化，优势产业加快向新区集中集聚，产城融合发展深入推进，科技创新示范区建设取得初步成效。到2025年，新区功

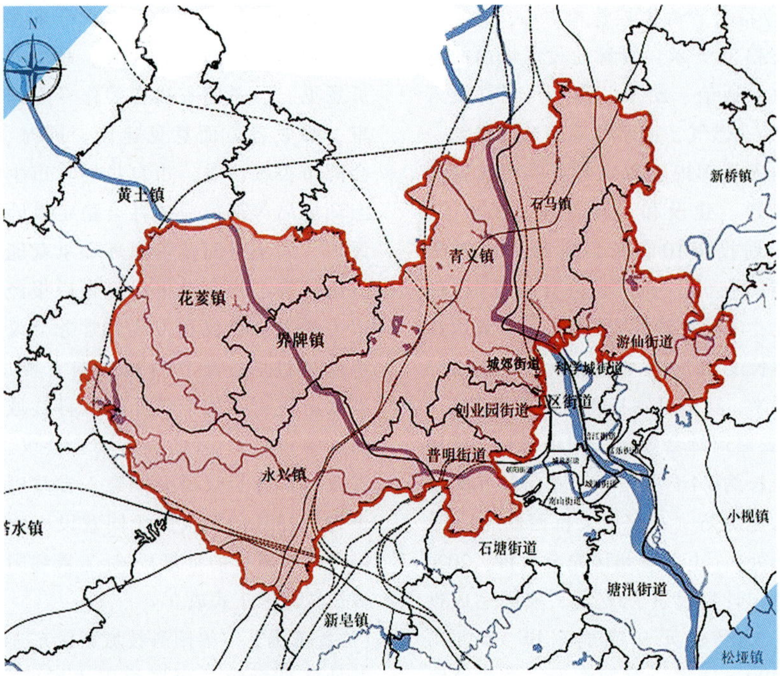

图3　绵阳科技城新区范围示意图

能基本健全，科技创新对产业发展的支撑能力显著增强，优势产业集聚效应凸显，产城融合发展取得新突破，科技创新示范区建设取得阶段性成效。到2035年，高质量发展的现代化城市新区基本建成，形成具有核心竞争力的产业集群，产城融合发展迈上新台阶，创新创业创造活力充分迸发，科技创新示范作用充分彰显。　　（文　怡）

高新技术产业

【概况】　2020年，全市坚持把企业创新作为科技创新的重要举措和重要渠道，营造创新生态、激发创新活力，通过最大限度释放创新创业创造动能，增强企业核心竞争力，为全面推进科技城经济高质量发展打好坚实基础。全年全市高新技术企业总数达446家，高新技术产业主营业务收入达1973亿元；依托四川九洲北斗导航与位置服务有限公司组建的四川省北斗应用工程技术研究中心、依托中国电子科技集团公司第九研究所组建四川省先进磁性器件及应用工程技术研究中心等一批创新平台获省科技厅批复。

2020年绵阳市营业收入上1亿元的高新技术企业一览表

表17

序号	高新技术企业名称	序号	高新技术企业名称
1	四川九洲电器集团有限责任公司	17	四川长虹技佳精工有限公司
2	攀钢集团江油长城特殊钢有限公司	18	四川华丰企业集团有限公司
3	利尔化学股份有限公司	19	四川九洲空管科技有限责任公司
4	绵阳铜鑫铜业有限公司	20	四川六合特种金属材料股份有限公司
5	绵阳新晨动力机械有限公司	21	四川御咖牧业有限公司
6	绵阳富临精工机械股份有限公司	22	四川九州光电子技术有限公司
7	绵阳京东方光电科技有限公司	23	四川东材科技集团股份有限公司
8	四川爱创科技有限公司	24	绵阳高新区恒奥电子科技有限公司
9	四川长虹网络科技有限责任公司	25	西南应用磁学研究所（中国电子科技集团公司第九研究所）
10	四川长虹模塑科技有限公司	26	四川九洲线缆有限责任公司
11	四川九洲电子科技股份有限公司	27	绵阳佳联印染有限责任公司
12	四川省银河化学股份有限公司	28	四川圣迪乐村生态食品股份有限公司
13	四川长虹新能源科技股份有限公司	29	中九建工集团有限公司
14	四川长虹电源有限责任公司	30	绵阳锐达精密电子有限公司
15	四川东方绝缘材料股份有限公司	31	四川湖山电器股份有限公司
16	四川爱联科技股份有限公司	32	四川安和精密电子电器股份有限公司

续表

序号	高新技术企业名称	序号	高新技术企业名称
33	四川龙华光电薄膜股份有限公司	65	四川明宏恒进科技有限公司
34	四川豪易集团有限公司	66	四川省三台县波特兰商品砼有限公司
35	四川利尔作物科学有限公司	67	四川光友薯业有限公司
36	四川保和新世纪线缆有限公司	68	四川同舟化工科技有限公司
37	四川省绵阳西南自动化研究所	69	绵阳市攀丰智能制造有限公司
38	四川永贵科技有限公司	70	四川梓潼林江苎麻纺织有限责任公司
39	绵阳美能材料科技有限公司	71	四川清香园调味品股份有限公司
40	四川经纬达科技集团有限公司	72	四川灵通电讯有限公司
41	雅化集团绵阳实业有限公司	73	四川虹锐电工有限责任公司
42	四川兴事发门窗有限责任公司	74	四川长虹智能制造技术有限公司
43	四川长虹教育科技有限公司	75	四川九洲视讯科技有限责任公司
44	四川旭虹光电科技有限公司	76	江油星联电子科技有限公司
45	四川佳运油气技术服务有限公司	77	绵阳正能新能源技术有限公司
46	四川虹信软件股份有限公司	78	四川鑫元瑞科技有限公司
47	四川省羌山农牧科技股份有限公司	79	四川绵阳德鑫机械有限公司
48	际华三五三六实业有限公司	80	四川九洲北斗导航与位置服务有限公司
49	四川雪宝乳业集团有限公司	81	四川虹魔方网络科技有限公司
50	东亨信息科技股份有限公司	82	绵阳开元磁性材料有限公司
51	江油市长祥特殊钢制造有限公司	83	四川中物材料股份有限公司
52	绵阳佳禧印染有限责任公司	84	四川省江油市蜀玉实业有限公司
53	绵阳仙特米业有限公司	85	四川超声印制板有限公司
54	绵阳辉达粮油有限公司	86	绵阳迪澳药业有限公司
55	四川天雄药业有限公司	87	绵阳市维博电子有限责任公司
56	四川长虹智慧健康科技有限公司	88	四川才子软件信息网络有限公司
57	绵阳新华内燃机股份有限公司	89	绵阳宁瑞电子有限公司
58	四川威斯卡特工业有限公司	90	四川九洲防控科技有限责任公司
59	四川科莱电梯股份有限公司	91	四川惠泉生物科技有限公司
60	绵阳西磁磁电有限公司	92	四川科瑞软件有限责任公司
61	绵阳华晨瑞安汽车零部件有限公司	93	四川振通检测股份有限公司
62	四川华拓光通信股份有限公司	94	四川绵阳华元航升环保科技有限公司
63	绵阳新洋电子科技有限公司	95	绵阳伟成科技有限公司
64	四川长虹精密电子科技有限公司	96	绵阳虹瑞科技有限公司

续表

序号	高新技术企业名称	序号	高新技术企业名称
97	四川绵州通力电梯有限公司	104	四川长虹电子系统有限公司
98	四川九洲光电科技股份有限公司	105	四川昊宇龙星科技有限公司
99	四川省绵阳市鸿永盛模塑有限公司	106	四川省科学城天人环保有限公司
100	四川陆亨能源科技有限公司	107	绵阳惠利电子材料有限公司
101	四川精上缝纫机有限公司	108	四川瑞可达连接系统有限公司
102	四川泰虹科技有限公司	109	华核电气股份有限公司
103	绵阳一康制药有限公司	—	—

2020年绵阳市国家级、省级工程技术研究中心（重点实验室）一览表

表18

国家级工程技术研究中心			
1	国家烟气脱硫工程技术研究中心	4	国家绝缘材料工程技术研究中心
2	国家城市污水处理及资源化工程技术研究中心	5	国家空管监视与通信系统工程技术研究中心
3	国家某技术工业应用工程技术研究中心	—	—
省级工程技术研究中心			
1	四川省核技术应用工程技术研究中心	15	四川省燃气轮机燃烧工程技术研究中心
2	四川省磁性材料工程技术研究中心	16	四川省精密超精密加工工程技术研究中心
3	四川省新型绝缘材料工程技术研究中心	17	四川省特种工装印染工程技术研究中心
4	四川省马铃薯工程技术研究中心	18	四川省新能源汽车驱动系统工程技术研究中心
5	四川省机床数控工程技术研究中心	19	四川省特种门窗工程技术研究中心
6	四川省风能工程技术研究中心	20	四川省光学偏光薄膜材料工程技术研究中心
7	四川省生物质资源利用与改性工程技术研究中心	21	航空发动机及燃气轮机叶轮机械工程技术研究中心
8	四川省空中交通管制系统工程技术研究中心	22	四川省工业控制系统安全工程技术研究中心
9	四川省功能杂环化合物工程技术研究中心	23	大数据与智能系统工程技术研究中心
10	四川省家电产品绿色制造工程技术研究中心	24	四川省北斗应用工程技术研究中心
11	四川省氢同位素工程技术研究中心	25	四川省工业自主可控人工智能工程技术研究中心
12	四川省杂交水稻商业化制种工程技术研究中心	26	四川省蛋鸡产业工程技术研究中心
13	四川省数字内容保护工程技术研究中心	27	四川省氢能源与多能互补微电网工程技术研究中心
14	四川省水处理及资源化工程技术研究中心	—	—
国家重点实验室			
1	空气动力学国家重点实验室	2	省部共建环境友好能源材料国家重点实验室
省级重点实验室			
1	四川省非金属复合与功能材料重点实验室——省部共建国家重点实验室培育基地	4	生态安全与保护四川省重点实验室
2	殊环境机器人技术四川省重点实验室	5	工程材料与结构冲击振动四川省重点实验室
3	先进建筑材料四川省重点实验室	—	—

（秦雯雯）

科技型中小企业

【概况】 2020年，全市坚持数量质量并重，以高成长性的企业为重点，提升企业创新能力。立足科技型中小企业生命周期管理，根据企业发展的不同规模和不同阶段需求，给予差异化的政策扶持和重点培育，实施提质增效工程，全市市级科技型中小企业发展保持稳定增长态势，总量保持在1万家以上，新增上升规模纳入统计企业64家。

【科技型中小企业培育平台】 2020年，全市按照“专业化、市场化、社会化、体系化”的发展理念，围绕“众创空间（星创天地）+专业孵化器+特色孵化器+特色园区”链条，结合各地发展特色和主要产业推进创新创业平台建设。引导孵化机构科学发展。编制《关于支持孵化机构高质量发展的若干意见》《绵阳市孵化机构备案管理办法》等政策文件，引导孵化机构规范化运营，促进孵化企业加速成长。全年新备案市级众创空间5个，备案省级孵化器1个、众创空间3个。全市各类孵化机构超过60家，使用面积超过100万平方米，入驻企业和服务机构4000余家。

【科技型中小企业创新发展平台】 2020年，全市推荐西南科技大学等4家单位获批建设省工程技术研究中心，四川九洲电器集团有限责任公司等2家单位获批建设省工程实验室。陆续开展市级工程实验室、重点实验室、工程技术研究中心、企业技术中心的认定评审工作，共获得批复20余家。

【科技型中小企业服务保障】 2020年，全市实施人才新政，强化人才服务。“科技城人才计划”资助项目新引进培育博士33人、硕士227人，新增专利347个。企业新引进国家重大人才引进工程入选者3人。开展返乡创业培训3571人。截至年底，全市农民工返乡创业累计达4.92万人，创办企业1.1万余家，实现产值累计1145亿元，带动就业25.67万人。持续推进商事制度改革，放宽企业住所登记条件，推进“三证整合”“先照后证”等工作，为企业开办和成长提供便利化服务，降低创业准入的制度性成本。推广“科金云”绵阳科技金融服务模式，完善科技金融政策措施，强化科技信贷各项指标绩效评价，缓解科技型民营企业融资难、融资贵等问题。截至12月末，全市科技型企业贷款余额345.42亿元，科技型企业数量达2033家，其中高新技术企业贷款余额179.17亿元；累计发放知识产权质押融资6.1亿元。持续推进创新资源开放共享。市场化运营国家两用技术交易中心、四川大型科学仪器共享平台，全年实现技术合同登记13.6亿元。

2020年绵阳市科技型中小企业成长为升规入统企业一览表

表19

序号	所属类别	企业名称
1	规模以上工业	绵阳恒弘机械制造有限责任公司
2	规模以上工业	绵阳新天一电气科技发展有限公司
3	规模以上工业	绵阳西力达超细材料有限公司
4	规模以上工业	绵阳市国晟科技有限公司
5	规模以上服务业	四川新万通科技开发有限公司
6	规模以上服务业	四川中久防务科技有限公司
7	规模以上服务业	绵阳顶盛软件有限责任公司
8	规模以上工业	绵阳市瑞丰机电制造有限公司
9	规模以上工业	四川恒匀通科技有限公司
10	规模以上工业	绵阳科德瑞智能科技有限公司
11	规模以上工业	四川巨子粉体设备有限公司
12	规模以上工业	四川鑫陶源科技有限公司
13	规模以上服务业	四川华恒正合石化科技有限公司
14	规模以上服务业	四川金叶生物防治有限公司
15	规模以上服务业	四川楚信科技有限公司

续表

序号	所属行业	企业名称
16	规模以上工业	四川兴煌科技有限公司
17	规模以上工业	四川峻豪电子科技有限公司
18	规模以上工业	四川万高达味食品有限公司
19	规模以上工业	绵阳贝林机电装备有限公司
20	规模以上工业	四川卡恩特新材料科技有限公司
21	规模以上工业	四川诸天科技有限公司
22	规模以上工业	四川九洲环保科技有限责任公司
23	规模以上工业	绵阳市中联机器制造有限公司
24	规模以上工业	绵阳赛邦科技有限公司
25	规模以上服务业	四川喀斯玛融通科技有限公司
26	规模以上服务业	四川原音文化科技有限公司
27	规模以上工业	四川正博瑞机械科技有限公司
28	规模以上工业	四川德迪普科技有限公司
29	规模以上工业	绵阳建业新材料科技有限公司
30	规模以上工业	四川同成金睿科技有限公司
31	规模以上工业	四川省积水科技有限公司
32	规模以上工业	四川移柯智创通信技术有限公司
33	规模以上工业	绵阳市明奥科技有限公司
34	规模以上工业	绵阳华岗维加斯新材料科技有限公司
35	规模以上服务业	四川中物技术股份有限公司
36	规模以上工业	绵阳市神龙嘉吉科技有限公司
37	规模以上工业	四川众金粉体设备有限公司
38	规模以上工业	绵阳市华博环保科技有限公司
39	规模以上工业	绵阳载微宝科技有限公司
40	规模以上工业	四川省女娲建材有限公司
41	规模以上工业	四川东方魔力生物科技有限公司
42	规模以上工业	四川台沃种业有限责任公司
43	规模以上工业	江油市洪伟建材有限公司
44	规模以上工业	四川神光石英科技有限公司
45	规模以上服务业	江油市三力钻井工程技术服务有限公司
46	规模以上工业	四川瑞斯佳特科技有限公司
47	规模以上工业	绵阳佑安腾包装有限公司

续表

序号	所属行业	企业名称
48	规模以上工业	江油华威环保建材有限公司
49	规模以上工业	四川雷神科技有限公司
50	规模以上工业	三台县云海源中药材种植开发有限公司
51	规模以上工业	绵阳珍有缘农业科技开发有限公司
52	规模以上工业	四川鑫中洲科技发展有限公司
53	规模以上工业	三台县震鑫页岩砖厂
54	规模以上工业	四川美恒轩实业有限公司
55	规模以上工业	四川省翰彬霖鞋业有限公司
56	规模以上工业	绵阳双辉金属科技有限公司
57	规模以上工业	四川中宇橡塑新材料科技有限公司
58	规模以上工业	四川健腾生物技术有限公司
59	规模以上工业	四川辉氏生物技术有限公司
60	规模以上工业	四川金正康生物技术有限公司
61	规模以上工业	四川古羌茶业有限责任公司
62	规模以上工业	绵阳力森新材料有限公司
63	规模以上工业	绵阳东旭腾达光学科技有限公司
64	规模以上工业	绵阳科德瑞智能科技有限公司

（张　科）

科技城人才工作

【概况】　2020年，全市加强人才工作领导，深化人才发展战略地位。市（县）党委专题研究人才工作29次，各级党委政府主要负责人坚持常态化“议才”，人才工作被纳入全市“全面创新改革试验”“全面深化改革”“成渝地区双城经济圈建设”“科技城建设”“西部先进制造强市”“先进制造产业功能区建设”“优化营商环境”等14个专项工作组，共有147项工作任务。市人大常委会将人才工作作为重要内容纳入省人大常委会立法项目《科技城建设条例》。落实市委常委联系服务高层次人才制度，全年走访慰问40人次，协调解决具体问题86个。优化人才工作机制，创新实施“基础工作+自主创新”考评机制，差异化推进县域发展人才振兴工程，开展“科技城生态产业研究院建设”“先进制造产业功能区人才支持政策”“特色农业人才支持政策”等13项工作。召开全市人才工作座谈会，举办2期西部人才强市建设专题培训班，强化人才工作理论武装和实操提能。持续做好“弘扬爱国奋斗精神、建功立业新时代”主题活动，举办首届科学家精神论坛，成立“两弹一星”干部学院专家委员会，组建“两弹精神”青年宣讲团。举办优秀人才政治研修疗养休假等活动56场次。完善院（校）地协同发展机制，在清华大学设立首批次10万元“中国（绵阳）科技城英才奖学金”。全年全市新引进人才25318人，其中海外191人、本专科22508人、硕士2368人、博士251人，有国家级人才项目入选者5人、省级人才项目入选者9人。实体化塑造尊知重才城市形象，投资3.33亿元建成全省首个以人才为主题的科技城人才公园。制发《构建全域联动人才活动实施方案》，全域塑造“绵州英才荟”人才活动品牌，采取“统一命名、自主申报、精准指导、资金支持”方式，联动开展“科技绵州人才飞阳”招才引智、“致敬科技城建设者”敬才疗养、“科技城人才之家”跨界合作、理论研究和学习研修活动等共233场次。

【产业人才工作】　2020年，全市完善产才融合政策，制定出台新型显示、5G、北斗导航、新型功能材料等11个先进制造产业功能区现代产业人才专项支持政策，采取集成创新、综合施策方式，构建产业人才创新创业全生命周期支持政策，引导人才向创新产业一线集聚。指导出台《游仙区蔬菜林果产业人才支持若干措施》《江油市中药材产业人才支持若干措施》等7个特色农业产业人才支持政策，聚焦支持市级现代农业产业园加速人才集聚。

【县域人才培育】 2020年，全市启动“一县一大”高校培育行动。会同市发改委，优先将各地引进民营资本建设高校项目纳入市级重点项目，引导各地按照“立足绵阳发展所需、市场化办学优先、应用型人才培育为主”原则引进民办应用型本科和职业院校，优化人才布局、增强发展支撑。8个县市区、园区完成大学建设，占比达61%。北川新建成全国首家民营飞行学院绵阳飞行职业学院；启动安州区先进智能制造学院、三台县香料学院、平武县大熊猫旅游学院等前期工作。

【人才区域协同发展】 2020年5月15日，绵阳市重庆市北碚区举行推动成渝地区双城经济圈干部人才协同发展第一次联席会议暨战略合作协议签署仪式，双方审议并签署《干部人才协同发展框架协议》和专项协议4份，形成63个人才合作项目。年内先后联合举办“绵碚‘CP’”人才政治研修活动、高校毕业生空中双选会，以及四川省高层次人才科技成果暨成渝绵“创新金三角”专场发布会等活动15场次。12月31日，举行成都平原经济区干部人才协同发展第三次联席会议，达成人才服务、大型仪器共享等多项战略合作协议。制定《2020年成都平原经济区人才一体化发展重点任务清单》，采取“动态试点推进+年终成果展示”方式做好落实。推动全市8个地区与平原经济区城市开展人才项目合作、产业人才应急供应链等合作，推动加快人才服务卡互认进程。组织人才企业代表参加“蓉漂人才日”系列活动，在德阳、乐山等平原经济区城市举办人才活动3场次。

【人才引进与服务】 2020年，全市启动2020年“科技城人才计划”，适度放宽支持条件，开通线上“云答辩”通道，共支持企业引进人才团队49个，资助资金5350万元。启动实施“泛科技城人才计划”“农业特色人才提能计划”“高层次人才柔性引进计划”“基层教育卫生专业技术人才支持计划”“人才服务保障提升计划”“人才工作市场化赋能计划”六大计划，市县、园区和有关市级部门修订（制定）人才政策、人才制度、工作制度等共62个，健全完善政策体系。落实“绵州育才计划”主管部门主体责任，推动育才项目主管部门出台服务专员制度。建立“绵州学者”特聘专家制度，支持企事业单位柔性引进高层次人才。提升人才金融对接质效。举办第二届“绵州金英荟”人才金融专场对接活动共13场次，落实给予人才“科技城人才计划”资助金额最高10倍授信政策等，累计完成跟投6.7亿元，受新冠肺炎疫情影响的3676家人才企业获得小微企业贷款60.6亿元、制造业贷款31亿元。组建人才企业“金融顾问团”，首期入库专家80人，向人才企业提供规范化改制、股权激励、资本市场规划等公益性金融咨询服务。9家市级“人才服务银行”提升22款人才金融产品可及性。加快建设创新人才队伍。建强人才发展平台。推进全市3个全省首批融合人才创新创业基地建设，支持建设四川省融合研究院新院。建成首批省级院士（专家）产业园2个（江油高新技术产业园区、三台工业园），获得1100万元省级资金支持。新建市级院士（专家）工作站5家，银河化学入选第九批省级院士工作站。支持高新区建成区域性博士后公共科研工作站。制定人才加速流动政策。会同市公安局出台《绵阳市人才落户办法》，全面放宽人才落户限制；指导涪城区、安州区、经开区、北川羌族自治县4个地区分别制定畅通人才社会性流动支持政策。制定出台《“绵州学者”制度实施方案》，修订《绵阳市院士（专家）工作站管理办法》，支持企事业单位柔性引进高层次人才。制定《绵阳市人才“揭榜挂帅”试点方案》，指导游仙区、江油市开展“课题式柔性引才”。以市委办、市政府办名义印发《关于鼓励和引导人才向基层流动加强基层治理人才支撑的实施意见》，增强县域发展和乡村振兴人才支撑。探索“人力资源银行”服务。以市委组织部名义出台《支持产业链人才链协同复苏七条措施》，实行“主动揽才+动态储才+精准投才+共享人才”模式，争取到将全市企业邀请韩国工作人员纳入中韩“快捷通道”。举办“科技绵州人才飞阳”空中双选会和专场招聘96场，以市人才办名义开通“招工令”平台，发出“打工何必去远方、就业就在家门口”倡议短信100万条，在科创区推行众包灵活用工和共享员工机制，为278家重点企业输送4795人；在西南科技大学、绵阳职业技术学院等开设“京东方班”“惠科班”“长虹班”等，创设“人员隔离+技能培训”储才模式，储备人才1.29万人。持续优化人才发展生态。优化“绵州英才卡”服务制度。集合19个市级部门、4家三甲医院、5家科技服务机构、13个县市区（园区）资源，完成100余个人才服务站设置，上门举办发卡仪式25次，发卡435张，提供检验检测、技术交易、子女就学、医疗保健、机场出行、法律顾问、司法公正等服务1000余人次，“绵州英才卡”服务被纳入全国营商环境测评观察点。

【新冠肺炎疫情防控和医疗救治人才优待】 2020年，全市强化抗疫人才关爱激励，在全省率先出台关心关爱医护人员十条举措，市县两级组织部门划拨405万元党费慰问一线医护人员和防疫药品物资生产企业人才，对援湖北医疗队员慰问全覆盖。开展抗击疫情人才家属关爱2000余人次。市县举办“最美逆行者”“最美基层医务工作者”等医卫人员疗养活动共17期。建立新冠肺炎疫情防控和医疗救治人才培育机制。实行新冠肺炎疫情防控和医疗救治优秀人才评价特殊支持机制，增设“‘绵州育才计划’疫情防控和医疗救治人才项目”，支持医疗、公共卫生复合型人才培养，建强新冠肺炎疫情防控和医疗救治人才梯队，首批遴选30名人才进入“‘绵州育才计划’疫情防控和医疗救治专项目”，示范带动各地培育120名专业人才。

【中国（绵阳）科技城人力资源服务产业园建设】 2020年，中国（绵阳）科技城人力资源服务产业园建成全省首批省级人力资源服务产业园（以下简称产业园区），获得省人社厅100万元资金支持，创建经验入选全省第一批人才协同发展案例。修订出台《科技城人力资源服务产业园扶持政策》，继续设立2000万元产业园专项资金。产业园区建立“市委组织部牵头统筹+市人社局业务指导+科创区具体实施+市场化平台机构运营”模式，实现人才园市场化举办，引进汇贤人力、汉普等机构24家人力资源服务机构，开展高端人才寻访、培训、咨询、测评等服务1万余人次。引进专业机构，编制产业园规划。通过市场化手段，引进博尔捷（上海）咨询服务有限公司。围绕产业园发展编制规划，以走访市区各相关部门，访谈、调研市内人力资源服务机构、重点企业，发放调查问卷等方式收集资料，形成《产业园规划研究项目调研报告》《产业园建设规划》，明确以科技城创新中心二期6号楼、9号楼作为载体建设人力资源服务产业园。对标先进地区，筹建国家级园区。前往上海、重庆、成都、苏州等地学习借鉴产业园建设先进经验，依托创新中心搭建科技城创新创业人才服务中心，为各类科技人才提供线上线下服务，构建技能人才服务体系。以科创区为政策实施主体，给予企业最高100万元的注册奖励、最长5年免费使用的办公场地、税收优惠、最高200万元的引才奖励。提供人才招聘活动展位补贴。落实资金保障，明确2000万元作为产业园扶持政策配套资金，为产业园招引人力资源服务机构提供支撑。投入6000万元打造总面积5000平方米的公共实训基地，引进2000名优秀毕业生到基地实训，培养输出1000名以上产业初中级工程师，为科技城人力资源服务产业园打造人才“蓄水池”。利用博尔捷集团在业界资源引进人力资源服务企业；聚集本地优质人力资源企业，形成一定的规模效应；运用社会各界人士的优势资源推动产业园快速发展壮大。鼓励入园企业承办各类大型人力资源论坛、人力资源服务展会等活动，提升人力资源企业服务水平和精准度。园区累计举办各类活动70余次，吸引各类用人单位300余家。投入2000余万元打造公共服务区，可开设人事服务、就业指导、人事人才公共办证服务、专业技术资格核定、档案管理服务、劳动监察及仲裁等相关配套服务窗口，探索公共人力资源“一站式”服务。建设科技城创新创业人才服务中心，为1000余名创业团队提供咨询、免费代办等政务服务，力促行业发展。截至年底，产业园区累计实现营收3.4亿元。

【第二届“科技绵州　人才飞阳”招才引智活动西北行专场】 2020年10月12日，第二届“科技绵州　人才飞阳”招才引智活动西北行专场在西北工业大学（西安）开幕。活动历时9天时间，活动范围为西安市和兰州市，先后在西北工业大学、西安电子科技大学、西安交通大学、西北农林科技大学、兰州大学等6所高校举行专场招才引智活动。活动吸引近200名应届本硕博毕业生观看宣传片，听取城市推介和人才及选调生政策宣讲，并与重点企事业单位负责人现场互动交流。中国工程物理研究院、中国空气动力研究与发展中心、西南科技大学、绵阳师范学院、长虹、九洲、京东方、惠科等绵阳企事业单位开展人才招聘活动，共收到求职简历1851份，其中博士65份、硕士1162份，硕博人才占比达66.3%。（李籽利）

第八届中国（绵阳）科技城国际科技博览会

【概况】 2020年9月21—25日，第八届中国（绵阳）科技城国际科技博览会（以下简称第八届科博会）在绵阳举行。第八届科博会由科技部和省政府共同举办，是新冠肺炎疫情发生后四川省在2020年举办的第一场国家级重大展会。第八届科博会邀请到全国人大常委会副委员长、九三学社中央主席武维华出席开幕式并宣布开幕，省委书记彭清华、省长尹力等省四套班子领导和科技部秘书长苗少波等15个国家部委的40位领导、6个军方单位的20余位将领，芬兰驻华大使肃海岚和14个驻蓉渝昆总领事馆的45名官员代表，李兰娟等6位院士代表、马光远等专家学者代表、董明珠等商界代表共100余人，40个省直部门、20个市州近300余位嘉宾出席。第八届科博会以“科技创新·开放合作”主题，以线上观展和线下展会相结合、高端化和专业化相结合、办展会和发展相结合为特点，先后举办开幕式、中国（绵阳）科技城创新发展论坛、新型显示创新产业发展论坛、5G+工业互联网高峰论坛和中国（绵阳）科技城投资推介大会等活动以及高新技术产品、技术云展览展示。设置“2020科博会云展馆”，首次运用5G、云计算、R+视频、AI及大数据等新型技术，将展品3D建模后，以图片、视频、VR等形式在线上展出，共建设“云展览序厅”“国家高新区建设成果馆”“四川省科技创新成果馆”“中国（绵阳）科技城主题馆”等4个展馆24个展区，有582家企业及机构的1800余项展品参展，3D建模数超过5000个，是全国规模最大、展位数量最多的全场景3D建模的智能云展馆。科博会期间，云展览累计观展次数达2309.24万人次，累计观展人数达272.81万人。创新举办网上中国（绵阳）科技城投资推介大会，通过云展览、云推荐、云洽谈、云签约的方式，签约投资项目105个，签约投资额达691.73亿元。中企视讯、封面新闻微博、封面新闻视频微博、今日头条、手机百度、新浪新闻等媒体对签约活动进行全程直播，全网观看量突破200万人次。科博会期间，由川报集团封面传媒承建的“云上科博会”在线阅读量达5700万多次；新华云、界面新闻等5家网络新媒体作现场网络直播，累计观看人数达到4270万人次；新浪微博以“中国科技城20年”“云上科博会”“绵阳科博会”为话题的阅读量超过2500万次。

【2020中国科技城创新发展论坛】 2020年9月21日，2020中国科技城创新发展论坛在绵阳举行，论坛是第八届科博会最重要的活动之一，以“科技远见与创新动能”为主题。副省长李刚，中国侨联顾问王永乐，省政协副主席陈放，中国科协副主席李华，省政府副秘书长王海峰，国防科工局科技与质量司司长潘爱华等，市委书记刘超，市委副书记、市长元方，市人大常委会主任付康，市政协主席李亚莲，市委副书记刘光强、胥锦成出席论坛。中国工程院院士李兰娟，珠海格力电器股份有限公司董事长兼总裁董明珠，福耀玻璃集团创始人、董事长曹德旺，经济学家、民建中央经济委员会副主任马光远，中国科学技术发展战略研究院院长胡志坚等分别以《科学防控疫情，护卫人民健康》《发现中国科技创新拐点》《行走创新前沿，开启科技变革》《大变局、双循环与中国的创新之路》《科技支撑国内国际双循环的若干思考》为题作主题报告。中央电视台主持人鲁健主持论坛。中国侨联经科部副部长祁德贵、中央融办二级巡视员闫科、商务部外贸司副司长张力、民政部二级巡视员许盾、中国证监会发行部副主任范中超，国家部委、省级部门、高等院校、科研院所、国内外知名企业、相关行业协会单位代表等出席论坛。

【5G+工业互联网高峰论坛】 2020年9月21日，5G+工业互联网高峰论坛在绵阳举行。论坛是第八届科博会重要活动之一。副省长李刚，中国工程院院士郭桂蓉，工信部信息通信管理局一级巡视员刘杰，市委副书记、市长元方出席论坛。论坛上，中国通信学会与绵阳市政府签署战略合作协议，双方计划发挥各自优势，共同搭建高水平学术交流平台，开展研究咨询服务、产业化项目以及科技创新等多形式、多层次交流合作。在主题演讲环节，全国各地的行业专家、智库学者、工业互联网企业精英人士，围绕“赋能产业　联创未来”主题，展示5G和工业互联网融合发展的最新动态、关键技术及产业方向，分享最新创新成果及典型应用场景模式，探讨5G+工业互联网赋能制造业数字化转型发展的实践路径。中国通信学会副理事长兼秘书长张延川，中国信息通信研究院副院长余晓晖，省信息化工作办公室副主任陈文涛，省通信管理局副局长郑蕾，省科技厅副厅长景世刚，市领导廖雪梅、兰劲，市政府秘书长吴明禹参加论坛。

【新型显示产业创新发展论坛】 2020年9月22日，新型显示产业创新发展论坛在绵阳举行。论坛上，欧阳钟灿等6位专家学者围绕“创新赋能，智显世界”发表主旨演讲，长虹、京东方、惠科、华星光电、中电熊猫、彩虹光电、理想境界、康宁、LG、默克、微软等显示产业上下游企业代表以及中科院、工信部、中国电子视像行业协会、西安交大、中国科学技术大学、奥维云网等单位代表就新型显示产业的发展现状、问题、机遇、下一代显示技术开展“未来显示·涪江论剑”主题研讨。

【绵阳·北碚深度参与成渝地区双城经济圈建设招商引资网络推介会】 2020年9月21日，第八届中国（绵阳）科技城国际科技博览会——绵阳·北碚深度参与成渝地区双城经济圈建设招商引资网络推介会在线上举行。推介会由省经合局、绵阳市政府、重庆市北碚区政府承办。通过《中国企业报》中企视讯平台、川报集团等全程进行直播。共邀请1170余家央企、国企、知名民企、商（协）会、科研院所、大专院校、投资机构、金融机构和高新技术企业线上观看。推介会上，绵碚两地就各自的基本情况、投资环境、优惠政策、产业发展优势等方面进行联合推介，分别介绍各自投资环境。

（廖霜霜）

园区建设

【概况】 截至2020年年底，科技城有各类园区15个，其中工业园区13个。工业园区中，有绵阳高新技术产业开发区、绵阳经济技术开发区、绵阳综合保税区3个国家级园区；有江油高新技术产业开发区、游仙高新技术开发区、安州工业园区、科技城科教创业园区、三台工业园、北川经济开发区、梓潼经济开发区、盐亭经济开发区8个省级园区。年内，江油高新技术产业园区、三台工业园区入选四川省第二批省级专家（院士）产业园。

【绵阳高新技术产业开发区】 1992年，绵阳高新技术产业开发区（以下简称高新区）被国务院批准为首批国家高新技术产业开发区。2020年，高新区辖普明街道和永兴镇，共有16个社区和11个村，辖区总面积105平方千米，总人口约35万人，是全国知识产权示范园区、全国科技服务体系试点园区、全国“十佳电子商务园区”。高新区在科技部最新发布的全国169个国家高新区综合排位中位列第五十位，在西部非省会城市中排名第一，被赛迪工业和信息化研究院评选为“2020中国先进制造业百强园区”。全区地区生产总值达347.04亿元，同比增长5%；规模以上工业增加值同比增长14%，社会消费品零售总额216亿元，全社会固定资产投资完成200.08亿元，一般公共预算收入13.27亿元。电子信息、汽车及零部件和新材料三大重点工业产业实现跨越发展，新型显示、5G、智慧家庭、新型功能材料四大创新型产业蓬勃发展，科技服务、电子商务、现代物流、金融服务、商务会展和商贸流通六大生产生活性服务业快速发展。有“四上”企业315家，4亿元以上骨干企业16家。长虹控股名列“中国电子信息百强企业”第七位，安和精密、九洲线缆、经纬达科技3家企业入围2020年中国电子元件百强企业。总投资465亿元的京东方项目建成投产。中电光谷、长虹三杰、京东方触显一体、昂腾磁材、北京贝贝龙等12个5亿元以上产业项目加快建设。与重庆璧山高新区、新疆克拉玛依区签订战略合作协议。高新区获批国家“双创”升级示范园区建设，纳入成德绵科技成果转移转化示范区建设。拥有孵化载体超过20个，其中国省级孵化平台10个；孵化场地、标准厂房面积超过100万平方米。全年研发投入30.7亿元，R&D投入占地区生产总值比重达9.1%。拥有高新技术企业107家、国家科技型中小企业362家；省级重点实验室1个、省级工程技术研究中心4个、省级工程研究中心3个；国省级企业技术中心28个；国家级博士后科研工作站1个。创新创业基金规模达5亿元，累计承担国省市各类科技专项500项，获批资金近2.5亿元。推进永兴片区会展综合体、会展中心产城融合、永兴旧城改造、安昌河及草溪河综合整治项目，开工建设黑家山火炬公园、双包山创新公园。

（向　帆）

【绵阳经济技术开发区】 2000年8月，绵阳经济技术开发区（以下简称经开区）成立；2012年2月，与绵阳科技城现代农业科技示范区整合。2012年10月，经国务院批准升级为国家级经济技术开发区。经开区是中国（绵阳）科技城“一城三区”发展战略核心区，四川省优秀工业园区、四川省新型工业示范基地、四川省“51025”重点产业园区、四川省生态工业园区建设试点园区，下辖塘汛街道、松垭镇。2020年，经开区常住人口20余万人，面积约70平方千米，纳入城市控制性详细规划面积约45平方千米，建成区面积25平方千米。在商务部综合考评中，居全国218家国家级经开区的第六十八位。辖区实现地区生产总值418亿元，同比增长38.5%；工业总产值1424.55亿元，同比增长40.32%；“四上”企业主营业务收入1509.94亿元，同比增长44.54%（以上数据为商务平台数据）。全社会固定资产投资110.01亿元，同比增长46.6%；社会消费品零售总额55.14亿元，同比下降1.5%；地方一般公共预算收入9.15亿元，同比增长29.55%。制定完成《绵阳经开区建设智慧家庭产业功能区（2020—2022）任务清单表》，规划建设45平方千米产业功能区，编制《绵阳经开区智慧家庭产业功能区规划（2020—2025）》。辖区有各类企业5434家，其中“四上”企业270家、规模以上工业企业103家、上市挂牌企业27家。开工项目32个，竣工项目106个，完成投资110.01亿元。跟踪促进项目80个，引进项目31个，协议引资132.2亿元。新增科技创新平台5个，科技创新平台总数达43个，净增高新技术企业12家。支持国有平台公司转型升级，经开投控集团主体信用等级为AA，全年实现融资35亿元。经开区电子制造产业园项目通过竣工验收。举行2020年重点项目集中开工竣工仪式，集中开工竣工项目68个，涵盖工业、基础设施、民生和社会事业、服务业和房地产四大领域，总投资达238亿元。

（马敬明）

【绵阳科技城科教创业园区】 2001年5月，绵阳科技城科教创业园区（以下简称科创区）成立。科创区位于绵阳市区西北部，辖区面积12.89平方千米，下辖1个街道办事处、9个社区（6个村改居社区、3个城市社区），户籍人口3.6万人，实有人口约15万人。科创区是市委、市政府依据《国务院关于建设绵阳科技城有关问题的批复》而建立的创新创业基地，是绵阳科技城建设的重要载体。2003年10月，园区通过科技部、教育部“西南科技大学国家大学科技园”验收，成为全国36所国家大学科技园之一。2005年4月，园区与涪城区园艺工业园区完成合并。2006年1月，园区通过国家发改委审定，成为“绵阳工业园区”，属省级开发区。2011年8月，国务院批复的科技城“十二五”规划和市六次党代会决议明确园区发展战略为“以科创区为主导建设科教创新区”。2014年2月，四川省建设绵阳科技城领导小组第十四次会议明确科技城“一核三区多园”布局，科创区是“三区”之一。2018年，市委七届五次全会、六次全会明确支持科创区打造西部科技协同创新示范区和西部数字经济示范区。2020年，科创区实现地区生产总值90.73亿元，增速达4.6%，增速居全市并列第三；

服务业增加值增速达5.2%，民间投资8.11亿元，工业投资4.33亿元，同比增长23.2%，完成目标任务的232%；一般公共预算收入5.47亿元，同比增长2.05%，完成目标任务的100%；规模以上工业增加值同比增长6.4%，完成目标任务的116.4%；全社会固定资产投资32.16亿元，同比增长7.1%；技改投资3.53亿元，同比增长5%；建筑业总产值12.41亿元，同比增长8.1%；仅有社会消费品零售总额增速一项指标，受国际油价严重下跌的影响，增速为-5.0%。全年全区电子信息和高端装备制造两大主导产业实现规模以上工业总产值26.92亿元，第三产业在GDP的占比达71.4%以上，产业结构优化升级。坚持投入工业发展专项资金2000万元，助力工业企业扩能改造、做强品牌、拓展市场，全年帮助企业争取各类专项资金扶持项目37个，到位工业发展补助资金2853万元。投资6亿元、总面积20万平方米的创新中心三期，投资8亿元、总面积27万平方米的创新基地，投资2亿元、总面积5万平方米的上市公司产业园筹备投入使用。上马望蜀苑打造成网红打卡胜地；乐荟城、阳光清华商业街、温莎国际商业街、元通美食广场等一大批城市商业综合体和商贸集聚区为园区服务业发展培育新动能。区本级财政兑现各类政策扶持资金4545万元，惠及企业200余家，累计兑现超过1亿元。科瑞达电子、复盛科技等企业在政策资金的扶持下上升规模纳入统计。全年共签约项目23个，协议引资金额62.23亿元。其中5G智慧园区、北斗导航产业园、上海大宛川西食品谷等5亿元及以上项目4个。推进实景三维大数据西南超算中心、环境智慧监测生态系统项目、氢能源示范基地等重点项目建设。全年国内省外到位资金15.02亿元，外商投资实际到位资金805万美元。科技城人力资源服务产业园获批省级人力资源产业园，进驻人力资源服务企业29家，实现营收2.92亿元、税收577万元，为2万余人次提供就业创业、就业登记、职业培训等20余项一站式帮办咨询服务。大型仪器共享平台市场化运行并建成河北、山东等7个分中心。聚集科技成果转移转化示范区、航天科技知识产权中心绵阳分中心、中国（绵阳）软件登记与评测服务中心等高端科技服务平台，平台总量达8家。新增高新技术企业32家，区内高新技术企业数量达70家，占全市总量的15.9%。

（李 安）

【绵阳市仙海水利风景区】 绵阳市仙海水利风景区（以下简称仙海区）位于绵阳市区东北，地处九寨沟、黄龙、剑门蜀道、三国旅游热线中心地带，距绵阳城区12千米、绵阳机场24千米、成都双流国际机场168千米。周边京昆、绵渝—绵九、绵苍、G5扩容4条高速公路呈“井”字形包裹仙海区，与成绵、绵遂、绵广高速相通，与主体客源市场成都、重庆、西安相连。全域气候温暖，四季分明，雨量充沛，雨热同季，年平均气温16.3℃，一年内适宜度假时间长达320天，相对湿度79%，拥有浅丘低山、湖泊、森林等自然资源，以仙海湖为中心的核心区面积13.8平方千米，陆地森林覆盖率达90%，有鸬鹚、白鹭、野生鱼群、银杏等多样性动植物，自然环境“山抱水、水漫山”“山衬水、水映山”天然画卷。仙海湖水面7平方千米，纵深视野3.8千米，有46座半岛，泊岸长40余千米，库容1.04亿立方米，水质常年保持国家地表水Ⅱ类及以上标准。仙海区有三国文化、驿站文化、沉香神话传说、民俗文化、水文化等资源。围绕“运动仙海”“魅力仙海”，仙海区推出“月月有节庆”活动，举办环湖自行车赛、绵阳（仙海）端午文化旅游节、绵阳市健康活力大赛、绵阳市风筝大赛，承办中美划水对抗赛、环湖半程马拉松赛、铁人三项挑战赛等系列赛事，先后成为全国桥牌基地、中国书协书法创作基地、影视拍摄基地、摄影创作基地、科普实验基地。2020年，仙海区核心面积13.8万平方千米，辖区13个村和4个社区，总人口2.3万人。是绵阳市唯一一个以旅游发展为主的园区，是四川省第一家国家级水利风景区。建成“国家AAAA级旅游景区”“省级旅游度假区”“省级生态旅游示范区”“省安全社区”“全国环境优美乡镇”,持续建设集“休闲度假、运动养生、会议会展、生态居住”于一体的国家级旅游度假区。截至年底，全区实现地区生产总值12.23亿元，地方公共财政收入1.03亿元，城镇居民人均可支配收入43203元，农村居民人均可支配收入22480元，社会消费品零售总额6.4亿元，服务业增加值8.8亿元，全年接待游客128万人次，旅游收入2.6亿元。全年实现国内省外到位资金15.98亿元，完成全年15亿元目标任务的106.53%；确定市区两级重点项目29个、总投资322.75亿元，其中，市级重点项目5个、总投资251.97亿元，区级重点项目24个、总投资70.78亿元。仙海区获得“绵阳十大金牌景区”“四川最受网民喜爱的网红打卡地”称号，仙海景区、端午龙舟赛分别被国家体育总局评选为“中国体育旅游精品景区”“中国体育旅游精品赛事”。景区发展经验被人民日报社《国家治理》周刊专题报道，“人民智库”将仙海确定为“西部地区生态与产业融合协同发展的典型样本”。

（张 霓）

【西南科技大学国家大学科技园】 2001年8月，西南科技大学国家大学科技园（以下简称科技园）经科技部、教育部批准在绵阳筹建，是全国首批国家大学科技园。2003年，通过科技部、教育部验收正式成立。科技园建设成为科技成果转化、高新企业孵化、创新创业人才培养、服务地方经济的重要平台，是“国家技术转移示范机构”“国家级科技企业孵化器”“国家级高校学生科技创业实习基地”“国家小型微型企业创新创业示范基地”、首批“四川省大学生创新创业示范俱乐部”“省级大学生创新创业园区（孵化基地）”“省级小企业创业示范基地”等。2020年，科技园转化科技成果95项，加强科技成果和技术转移转化人才建设，组织人员参加线上线下技术经纪人培训、知识产权培训达20余人次。依托“国家技术转移示范机构”，开展科技成果转化服务工作，梳理职务科技成果的转化流程，建立各领域的技术转移通道，组织参与各类技术转移活动10余次。新增入孵企业7家，孵化毕业企业9家，在园企业总数达91家。入孵企业申报获得各类纵横向项目立项7项。新增自主知识产权32项，协助企业获得融资3030万元。向近50家企业发放绩效奖励29万元。举办“天府科技云服务”宣讲会、“创业者如何与投资人对话”等活动，助力企业成长，强化园区各项服务，完善基础服务设施和功能，实施文化建设，营造具有科技园特质的创新氛围。科技园连续4年（2017—2020年）在“国家级科技企业孵化器”考核中被科技部考核评价为“优秀”（A类）。全年聘任创新创业导师29人，开展创业沙龙活动5次，组织创业咨询辅导14次，服务创业师生1200余人次，接纳学生实习实训800余人次，接纳就业27人，组织团队参加各级创新创业竞赛10余次，组织申报四川省大众创业万众创新示范基地。与涪城区共同推进“中国（绵阳）科技城数字经济创新中心”建设，与乐山市商业银行绵阳分行签订“党建+金融”合作协议，引进多家第三方服务机构。

（张丁杰）

【绵阳综合保税区】 2020年4月27日，国务院印发《关于四川绵阳出口加工区整合优化为绵阳综合保税区的批复》，正式批复同意四川绵阳出口加工区整合优化为绵阳综合保税区，规划面积0.14平方千米。绵阳综合保税区有在建标准厂房和仓库3.58万平方米，完成隔离围墙、卡口、海关监控系统、信息化建设平台、综合楼装修等基础设施的升级改造，累计完成投资16.85亿元，全面提升园区软硬件基础设施。12月29日，由成都海关牵头组织的联合验收组对绵阳综合保税区进行实地验收，联合验收组与四川省人民政府共同签署《绵阳综合保税区基础和监管设施验收纪要》，标志着绵阳综合保税区实现“当年获批、当年建成、当年验收”。绵阳综合保税区有普思电子、虹锐电工等加工制造企业和中电科九所、斯菲提克等研发机构以及中外运、新兴源等物流企业15家，绵阳综合保税区基本形成保税加工、保税物流、保税服务协同发展新格局。全年实现一线进出口总值12.07亿元，同比增长68.6%；二线进出口总值32.7亿元，同比增长60.2%。

（向　帆）

【金家林总部试验区】 2010年4月，中国（绵阳）科技城金家林总部经济试验区（以下简称金家林试验区）成立，规划面积24.5平方千米，位于绵阳市主城区中部偏西，与高新区、安州区交会，是绵阳承载成德绵一体化发展的重要区域。2020年四川省人民政府批复成立科技城新区后，金家林试验区全域被纳入科技城新区范围，并处于科技城新区核心位置。全年新引进项目64个、总投资58.08亿元，实现规模工业产值58.63亿元、财税收入1.32亿元。被评为四川省现代服务业集聚区创新发展先进单位、四川省首批大众创业万众创新示范基地。5G和卫星应用科技园全面建成；中科（绵阳）创新园等约2万平方米的平台载体建成投用；国家大学科技园一期主体完工。中国移动成都产业研究院、四川九洲光电高速光模块5G产业项目，天仪研究院商业卫星产业集群等卫星应用产业项目，科大讯飞人工智能研发运营中心、硅基智能全球数字科技总部项目等数字经济产业项目落户园区。金富邦科研办公基地项目主体封顶，西部土壤修复及检测中心开工建设，深圳特发信息华拓

图4　12月29日，绵阳综合保税区验收纪要签署仪式在绵阳举行

信息港、裕农新域商贸物流城等项目完成设计。19个城市开发项目启动实施，其中九洲云栖湖、远大蔚蓝海岸、九洲北郡、蓝润春风里、领地阅城项目对外销售，长兴金湖庭院、阳光云山晓、万为翡翠御园等项目开工建设。中物院高端人才住房项目、青义老场镇旧改项目开展拆迁、土地出让、安置小区建设等工作。全年举办集中签约仪式2次，新签约科技创新项目64个，总投资58.08亿元，累计签约项目84个，累计总投资182.08亿元。园区开展企业资本对接会、中国（绵阳）科技城科技智谷创新发展论坛、高端人才交流会、走进中科院企业沙龙等服务企业活动20余次。初步构建起以“四纵四横”主干道路为骨架，以科技智谷组团、环金西湖城市开发组团、高铁商务区组团支路网为脉络的路网体系。高铁大道、滨河北路基本建成，科技城大道二期线型全线贯通，示范段和原龙门段共计建成5千米，东西第二干道路基基本贯通。科技智谷、环西科大科技创新带区域支路网累计完工16条，加快推进在建道路10条。启动环境提升整体规划设计，科研园区建成区环境提升一期、裕都大道路面整治等项目完工。推进科研园区建成区环境提升二期项目建设，启动园区环境整体提升项目。推进原龙门公园、青义公园等项目前期工作。东辰聚星国际学校、金家林幼儿园建成投用，推进二中金家林校区扩建项目、青义幼儿园、西园学校建设，以及蜀北学校、涪城区中医院、涪城区妇幼保健院等项目前期工作；配合启动人民医院新区医院、涪城中学等项目前期筹备工作。“创客食间”、人才公寓等园区配套项目建成运营。（向　忠）

【绵阳游仙高新技术产业园区】 2010年5月，游仙高新技术产业园区（以下简称游仙高新区）前身绵阳游仙经济开发区（以下简称游仙经开区）经市政府批准成立；2013年4月，游仙经开区经省政府批准升级为省级经济园区；2018年3月，被省政府认定为省级高新技术产业园区。游仙高新园区规划面积36.88平方千米，以新一代电子信息、节能环保、新型功能性材料为主导产业。先后被评为国家循环经济教育示范园区、全省创先争优先进基层党组织、省级循环经济示范园区、四川最具投资价值产业园区、省级知识产权试点园区、四川省模范劳动关系和谐工业园区、四川省院士（专家）产业园。园区有国家级重点实验室3个、国家高新技术企业39个、国家级博士后科研流动工作站1个、省级技术中心8个、市级技术中心17个、院士专家产业园1个、院士专家工作站4个、产学研用合作技术创新组织4个，先后获国家、省、部科技进步奖项目8个。有中国驰名商标4个、四川省著名商标17个。2020年，完成主营业收入1005亿元，同比增长21.82%；入库税收7.1亿元；实现固定资产投资136亿元；规模工业总产值270亿元；工业含技改投资70亿元，同比增长48.9%；招商引资到位资金81.04亿元，同比增长33.4%。形成以东材科技、鸿琪科技为代表的新材料产业，以光联科技、移柯物联网为代表的电子信息产业。游仙高新园区南区共实施16个省市区重点产业项目，年度计划投资13.88亿元，完成投资13.97亿元，投资完成率达100.61%。特锐祥陶瓷电容器、三本金属材料综合利用2个项目新建厂房竣工投产；达创高分子材料项目、五洲新春工业园项目和二十一世纪新能源生态科技示范园项目进行厂房修建；移柯物联网智慧产业园项目完成场平、环评、规划设计等前期工作，进入全面施工阶段；久远、太极制药2个项目按计划推进。游仙高新园区北区共实施9个省市区重点产业项目，年度计划投资14.8亿元，完成投资15.2亿元，投资完成率103.1%。完成MG新材料智能食材净化系统集成、核心信息设备及配套系统装备产业化2个项目过渡厂房、研发办公楼外立面装修；中尚能源、福天下、一百医疗、凯利祥、同人精工、金虎精工等签约项目在过渡期厂房投入生产；高达科技等项目进行厂房修建和装修；西南自动化研究所、世诺科技、一诺科技、中尚能源生产基地4个用地项目完成地勘、打围、场平和总评设计等前期工作，启动供地流程。南区实施基础设施项目24个，完成投资4.8亿元。新建成东环路B段、学院路、建小路等道路和路基约8.2千米，铺设雨污水管网约8千米，完成绿化建设约6万平方米，土地场平48公顷，完成水、强电、弱电、燃气迁改项目12个共30余千米，完成统建房三期二批次项目共226套统建安置房建设，建成山地公园启动区，城市运动公园建成开放。北区实施基础设施建设项目8个，完成投资17.26亿元。启动科技城大道二期项目施工建设，完成市政道路及基础配套设施项目（一期）的19条道路碎石基层铺筑，完成45个地块共计138公顷场平工程；完成创新中心及企业加速器厂房主体建设；完成水磨河综合治理项目河道左右侧河堤防护挡墙、宝成铁路边坡治理工程。省道205线（园区段）全面建成通车。南区招商引资到位资金48.1亿元，新引进金视美LED屏项目、一飞智控绵阳无人机基地项目、高频变压器智能自动生产线项目、中外风影项目等工商注册入园企业64家，完成全年目标任务的256%。签约四川小我科技有限公司高频变压器智能自动生产线项目、太极集团绵阳制药公司搬迁技改项目等各类重点产业项目18个，协议总投资26.2亿元。其中投资额5亿元及以上重大项目2个，总投资11.6亿元；投资额1亿元以上项目5个，总投资10.5亿元。北区招商引资到位资金37.06亿元，新增工商注册入园企业8家。协办四川省重大项目集中开工仪式、中国（绵阳）科技城激光产业基地重大项目集中签约暨开工仪式。签约固瑞德科技、恒创锐通、咸阳光电、同人精工等14个项目，协议投资56.2亿元；新增东林人居环境改善、巨亿智能、电子信息物流园、大功率LED特种照明器材研发与生产线基地建设项目等6个入库项目，总投资46.8亿元。（张　鑫）

【四川绵阳安州工业园区】　四川绵阳安州区工业园区地处安州区花荄镇，园区实行一区多园、一园一主业的发展模式。有华晨汽车南方基地、四川威马汽车绵阳公司等3家整车企业和19家汽车产业规模以上企业。2020年，工业园区入驻企业197家，规模以上企业实现产值155.86亿元，实现利润8.36亿元，实现固定资产投资52.23亿元，同比增长30.58%，完成全年任务的116%；工业性投资完成42.44亿元，同比增长35.47%，技改投资完成35.69亿元，同比增长30.42%；税收实现2.18亿元，同比增长10%。园区推进凯江工业集中区控制性详规和环评工作，申报省级高新技术产业园，进入验收阶段；配合富腾公司包装安州工业园区产业园物流配套项目、新能源与智能网联汽车加速器项目，申报发行专项债5亿元；争取省级循环化改造示范园区项目资金600万元、水气土协同预警项目资金1500万元、人才项目资助资金640万元。整合资源打造2万平方米新汽智创谷孵化器；开展“清闲促建”行动，盘活低效闲置用地约13.33公顷，促进投资和产出提升，“向闲置土地（厂房）要效益，以法治化营商环境促提质增效”被评为全市法治化营商环境典型案例，被《四川日报》专版刊载；与绵阳师范学院签订战略合作协议，推进产教融合，打造大众创业、万众创新的营商环境。落实项目专班、专员工作机制，推进威马汽车、中南高科、长虹双创等9个重点项目建设，实现固定资产投资45亿元；长虹双创一期竣工投产，二期项目进行开工前期手续办理；中南高科一期A、B区竣工，入驻企业35家。引进吉瑞物流，投入2亿元打造成为绵阳乃至川西北最大的物流中心。参加招商引资活动50余次，洽谈好医生综合医养项目（30亿元）等39个项目；协助长虹双创申请贷款4亿元；印发《园区企业融入成渝地区双城经济圈意向表》，持续开展“送政策、帮企业，送服务、解难题”等专项行动6次，与重庆两江新区汽车产业基地、北碚汽车产业基地、成都龙泉驿汽车基地交流联系，组织赴重庆璧山高新技术产业园和建桥园区考察学习，推动战略合作协议签订。（王小红）

【江油高新技术产业园区】　1992年，四川江油高新技术产业园区（以下简称江油高新区）经省委、省政府批准成为省级工业开发区；2001年，被省政府确定为省级重点开发区；2018年3月，被省政府认定为省级高新技术产业园区；2020年，被省发改委评为优秀省级开发区。是四川省新型工业化产业示范基地、四川省知识产权示范园区、四川省院士（专家）产业园。江油高新区批复规划总面积28.02平方千米，建成面积19.16平方千米。江油高新区代管龙凤、含增2个工业集中区，其中龙凤工业集中区即江油高新区装备制造产业园，规划面积4.12平方千米；含增工业集中区即江油高新区新材料产业园，规划面积1.4平方千米。2020年，江油高新区通过优化招商引资工作机制，拓宽信息渠道，运用“云招商”和“视频洽谈”等方式，加强项目对接，确保在谈项目“不撒手”，意向项目“不丢失”。全年实现国内省外到位资金26.81亿元，新签约2000万元及以上主导产业项目17个，收集项目信息46个。健全领导联系项目工作制度和项目专班工作责任，推行“项目管家”服务机制，与投资方无缝对接，协调解决项目推进过程中的困难和问题，加大项目申报入统力度，抓好项目承载空间保障，做好对上争取工作。全年完成固定资产投资11.53亿元，同比增长152%；完成工业投资10.65亿元，同比增长155%。协助企业获得各级各类财税补贴、要素补贴、金融贷款资金支持2.11亿元。新增高新技术企业10家，完成升规企业7家，新增科技型中小企业20家。协助市内金融机构为园区32家企业办理融资贷款52笔、25851万元，其中“园保贷”放款到位企业10家、6320万元，占风险池资金8.1倍；使用绵阳应急转贷资金企业5家、3700万元。全年区属规模工业企业达55家，完成工业总产值140.56亿元，同比增长1.02%。截至年底，园区有高新技术企业26家、国家备案入库科技型中小企业57家、“专精特新”企业9家、“小巨人”企业2家、高成长企业1家、瞪羚企业1家。企业累计申请专利2103件、获得授权1263件。拥有中国驰名商标1个、中国地理标志保护产品2个。有“新三板”公司1家、“新四板”公司20家。建成科技创新孵化平台2个，总面积3.5万平方米。拥有省级企业技术中心4个、省级检验检测中心1个、省级工业设计中心1个、院士（专家）工作站2个、博士后创新实践基地2个。

（王　童）

【三台工业园区】　1993年，四川三台工业园区（以下简称三台工业园区）前身为三台工业经济开发区，规划面积4.83平方千米。2006年，经国家发改委批准，更名为四川三台工业园区，是省级开发区。2014年7月，经省政府批复同意，四川三台工业园区扩区调位，扩区调位后规划控制面积10.92平方千米。2018年2月，三台工业园区进入国家发改委、科技部、国土资源部等六部委发布的2018年版《中国开发区审核目录公告》。园区总规划面积47.67平方千米，建成面积达12.2平方千米，形成“一园两区多组团”的发展空间格局。“一园”即三台工业园区，“两区”即梓州产城新区、芦溪工业区，“多组团”即五里梁工业组团、黄家坝工业组团、青东坝工业组团、南寺坝工业组团、刘营工业组团、灵兴工业组团、冉家坝工业组团。2020年，三台工业园区被市委、市政府确定建设全市高端纺织产业功能区，被省经信厅评选为四川省级农产品加工示范园区，被省经信厅等6个部门评为四川省院士（专家）产业园，被省经信厅评为2020年度“园保贷”项目推进工作表现突出单位。86家规模以上企业实现工业总产值126.97亿元，同比增长8.78%；完成固定资产投资18.26亿元、工业投资48.58亿元、技改投资35.15亿元。牵头制定《关于建设高端纺织产业功能区的实施意见》，成立建设高端纺织产业功能区领导小组，明确建设高端纺织产业功能区5个方面18个重点工作任务。编制产业功能区项目准入目录，建立《高端纺织服装产业功能区精准招商图谱》，编制《三台县高端纺织功能区产业发展规划（2020—2025年）》。对入园的28个项目安排驻企定点联络员，解决项目落地、建设、运营中具体问题困难200余件。中研模具、宜乐纺织、中兴药业、蜀东外国语等19个项目建成；领旗食品产业园、铁骑力士生猪屠宰等项目设备安装；推进新敏雅、武侯智谷、飞地园区等8个项目建设。五里梁创新科技孵化园、青东坝第五期棚户区改造、五里梁安置房一期二批次、梓州产城新区招商运营中心4个项目全面竣工；梓州产城新区基础设施建设、黄家坝第三期棚户区改造、城南新区县域城市基础设施一期、五里梁棚户区改造、梓州织造产业园等11个项目持续推进。新增翰彬霖、鑫中洲、宜乐纺织、味道世家等6家规模以上企业；组织梓州织造产业园、中央厨房、领旗食品产业园等10个项目总投资70亿元的投资入库；为7家企业完成“园保贷”新贷或续贷；启动园区循环化改造智慧云平台建设；指导企业开展疫情防控、复工复产，优化政务服务环境，完成14宗约59.33公顷土地资料和供地工作。为斯坦瑞、蜀东外国语、智谷智能制造产业园等项目办理建设用地规划许可证11份、建设工程规划许可证15份、施工许可证18份；对五里梁安置房、招商运营中心、创新科技孵化园等项目进行规划验收并出具规划认可书；对海瑞科、杭萧钢构等项目进行竣工验收，并出具《工程竣工验收备案》；做好安全生产、环境保护工作，为企业生产、项目建设保驾护航。开展重点产业招商30余次，跟踪洽谈项目60多个，总投资22.74亿元的三台—红原—温州飞地产业园、麦冬大健康产业、装配式建筑材料及资源化再生利用等11个项目签约入驻。361°鞋业制造、调味品加工、粮油加工、冷链+食品产业园、电子信息产业园等10余个项目跟踪洽谈。申报第二批省级农产品加工示范园区，争取500万元资金；完成绵阳市招商引资和工业技改扩能项目建设用地周转资金4000万元的争取工作；创新科技孵化园一期项目争取到四川省2020年工业发展资金和中小企业发展专项资金450万元。（李琼蓉）

【盐亭经济开发区】 盐亭经济开发区（以下简称盐亭经开区）规划控制面积14.36平方千米，主干道嫘祖大道、西陵大道及9条区间道路纵横交错形成约25千米路网体系；110千伏变电站、35千伏变电站、10千伏电力专线保障经开区电力供应。截至2020年年底，入驻企业104家，其中规模以上企业29家、国家级高新企业2家、科技型中小企业37家、省级企业技术中心2家、市级企业技术中心3家。盐亭经开区实现工业总产值28.02亿元，同比增长15.3%，其中规模以上工业总产值22.40亿元，同比增长16%；主营业务收入26.72亿元，同比增长12.3%，其中规模以上工业主营收入21.14亿元，同比增长11.95%；累计上缴税收4443万元。培育规模以上企业4家。精密电感项目建成投产并报送升规；青花椒加工项目厂房修建完成。省市重点项目格润中天、熔增环保、江西酷电完成基础设施建设进行企业厂房主体建设。西南地板协会、江南物流园、成都金江生物原料药（新川义）、居里亚定制家居生产等部分项目多次召开现场会，年内相继全面动工。1月，盐亭经开区被市委、市政府评定为“绵阳市生物医药产业功能区”。根据省特色产业基地挂牌和市生物医药产业功能区定位，启动生物医药产业专项规划，明确战略定位为“根据盐亭经济开发区的医药产业基础，天然药物提取的品牌建设及市场竞争优势，园区配套的公用工程设施，依托盐亭县、绵阳市及四川省内丰富的道地药材资源，建设具有差异化、特色化的生物医药产业园，着力打造国家级天然药物提取中心（基地）”。依托媒体宣传辖区生物医药产业功能区发展状况及相关企业主导产品、发展成果、企业文化等，推动形成生物医药企业聚集发展的品牌效应。突出特色重点，制定招商目录，开展以园招商和以企招商，引导生物医药功能区高质量、品牌化发展。盐亭经开区聚焦企业用工、融资、原料、营商环境、技改扩能，促进企业指标增长、晋级升规。选择优锂科技、新川义制药等产品质量好、市场空间足、发展前景好的企业重点跟踪升规培育，坚持淘汰落后产能和不符合环保标准、达不到投资效益的企业。加快推进人才公寓（二期）装修和分配，探索建立从签约、建设到生产、经营的“全周期”服务体系，协调解决企业用工、融资、事项审批、要素保障等难题，支持企业发展。加快推进江南物流中心、经开区商贸中心建设，构建与园区工业发展相适应的生产性服务业体系。（刘　坤）

【梓潼经济开发区】　2002年4月30日，四川梓潼经济开发区（以下简称梓潼经开区）成立；2014年7月10日，经省政府同意设立四川梓潼经济开发区。梓潼经开区东至潼江河，南至长交路和污水处理厂，西至长卿山和百家湾，北至白虎嘴。经开区控制发展区域为文昌镇青龙工业集中区、长卿西侧圣迪乐村和位于宏仁的华信铁合金项目。控制面积10.5平方千米，规划控制面积4.17平方千米，规划范围在国道108线和绵梓路之间，与绵江产业带相衔接，向国道108线南面延伸。梓潼经开区辖南桥社区，总户数6051户，总人口1.48万人。2020年，梓潼经开区集聚各类企业121家，其中规模企业42家。规模以上企业实现产值51.22亿元，同比增长4.14%；实现营业收入47.48亿元，同比增长0.69%；实现利润1.37亿元，同比增长13.87%；企业共实现税收7720.77万元，同比增长0.11%，其中规模以上企业实现税收5730.13万元，同比增长9.69%。完成三香汇、金正康、大湖粮油等固定资产投资入库项目15个，累计完成固定资产投资入统8.78亿元，入库9.02亿元。在建工业项目共25个，总投资20.11亿元。以新版《兽药GMP》认证为契机，成立绵阳生物医药产业园驻外招商工作小组，借助四川省动物保健品协会，以招商专班的形式到全省13个市（州）94家企业进行投促推介和调研拜会，送政策上门、送服务到家、存疑虑解答，详细解读绵阳生物医药产业园兽药产业集聚发展的优惠政策。全年累计签约莱仕顿精酿啤酒、中匆光电、辣椒（蔬菜）以及“饭扫光”系列产品生产线、永生和药业、成邦药业等项目13个，引进协议资金7.7亿元。全年共完成征地62公顷，其中幸福片区24.13公顷、南桥片区5.67公顷、石河片区32.2公顷；启动长卿棚改工作，完成调查摸底，方案编制，建设安置房。绵阳绿色食品产业功能区科技创新孵化大楼（标准厂房二期）项目完成项目区内太平河改道和区间道路工程，开始实施标准厂房（加速器）基础建设工程。工业污水处理厂建设项目总投资1.54亿元，投入1.2亿元，完成污水池、10千伏管网敷设、配套用房工程和设备采购。通过出台兽药产业聚集发展优惠政策、建立科级领导联系机制等一系列举措开展“以创促建”工作，园区食品加工、生物医药两大主导产业分别完成产值18.63亿元、10.54亿元，分别同比增长5.34%、15.33%。园区产值超1亿元企业达15家，新增规模工业企业3家。年内，梓潼经开区被省发改委确定为省级循环化改造示范试点园区，被省经信厅认定为省级农产品加工示范园区、省级绿色制造示范单位，被省人社厅表彰为四川省中医药传承创新发展先进集体。（罗佳文）

【北川经济开发区】　2020年，北川县委、县政府为推动县域经济高质量发展，以乡（镇）行政区域规划调整为契机，深化整合区域资源，确定北川经济开发区（以下简称北川经开区）“一区七园”发展战略，即山东产业园、中国科技城（北川）通用航空产业园、通泉新材料产业园、永安智慧家居及物流产业园、擂鼓柳林产业园、永昌现代服务业产业园、曲山应急产业园。截至年底，北川经开区新入驻企业53家，入驻企业总数达301家；新增规模以上企业14家，规模以上企业总数达53家。实现工业总产值56.02亿元，同比增长29%；规模以上工业企业实现工业总产值43亿元，同比增长8.2%；规模以上服务业和限上商贸单位完成营业收入11亿元，同比增长35%；完成固定资产投资20.5亿元，同比增长10%；完成工业投资10亿元、技改投资9.5亿元；实现税收5.14亿元，同比增长77.3%；解决就业1.1万余人。全年山东产业园实现工业总产值18亿元，规模以上企业实现工业总产值16.2亿元，完成固定资产投资2亿元，实现税收3104万元。中国科技城（北川）通用航空产业园实现工业总产值600万元，完成固定资产投资4.11亿元。永安智慧家居及物流产业园实现工业总产值9.85亿元，规模以上工业企业实现工业总产值6.83亿元，完成固定资产投资3.95亿元，实现税收4916万元。通泉新材料产业园实现工业总产值12亿元，规模以上工业企业实现工业总产值5.65亿元，完成固定资产投资5.65亿元，累计实现税收5898万元。擂鼓柳林产业园实现工业总产值产值11亿元，规模以上工业企业实现工业总产值9.68亿元，完成固定资产投资1.13亿元，实现税收7968万元。曲山应急产业园实现工业总产值1亿元，规模以上工业总产值0.53亿元，完成固定资产投资1亿元，实现税收1415万元。永昌现代服务业产业园实现工业总产值4.11亿元，规模以上工业企业总产值2.74亿元，服务业（含商贸）实现营业收入24.7亿元，完成固定资产投资4.26亿元，实现税收2.37亿元。全年北川经开区纳入统计的49个重点项目中，完工27个，在建22个。北川通用机场建设项目建立联席会议制度，完成初步设计并获得省发改委批复，完成主体工程招标工作。泛美航空科技城项目绵阳飞行职业学院获批成立，春季和“职业启蒙教育”两期开学，入驻师生3000余人，启动学校市政供水管网建设，形成“沙朗恰”项目规划方案，启动附属的“西纵一路”建设。西羌南街西段、西纵五路项目完工；永安工业集中区标准化厂房建设项目（二期）现代农业产业园工程项目主体完工；龙翔大道沿路路灯安装工程项目完成建设；柯城—北川扶贫协作产业园项目持续推进。加大清闲促建工作力度，针对园区困难问题企业实际情况，召开清闲促建专题会议5次，制订完善“一企一策”处置方案，分类分层精准施策，引进吉晟生物、一俊生物、志家永强等11家企业，有效盘活闲置资产超过8万平方米，累计盘活山东工业园闲置厂房40万平方米。推动经开区从以传统产业为主导产业到以高端新型产业为主导产业的转变，实现产业转型升级。与县法院、公安、人社等部门沟通协调，依法处置亨源工贸、方圆管业、俊威电子等破产问题企业12家。拓展承载空间，培育发展主平台，升级改造“双创谷”，提升优化“通航产业孵化器”，完成“应急产业专业孵化器”（应急学院）建设，残友高科技产业智能基地（残疾人创新创业中心）揭牌开班，形成专业孵化器，孵化面积达2万余平方米，入驻孵化企业75家。双创谷共招引优质企业10家，培养科技型企业2家，申报专利20件，科技成果转化3个。通航及应急产业孵化器签约导师10人，累计接待国家、省、市、县等相关领导和企业50余批次1500余人，培训学员2000余人；与中行北川支行等17家金融机构及公司建立战略业务合作关系，申报专利14件，取得专利受理或授权6件，申报商标4件，申报科技型中小企业5家。引进“四川残疾人高科技产业基地项目”，建设“残疾人高科技培训就业中心”“残疾人辅助器具研发中心”“残疾人创新创业孵化基地”。实施精准招商，全年累计招商签约项目29个，协议投资45.77亿元；精准包装项目55个，招商引资跟踪项目47个。

（刘　超）

【河北—平武工业园区】 2008年，河北—平武工业园区成立，位于绵阳高新区西南，总占地面积3.47平方千米。初步形成以电子信息、新型显示、新材料、智能制造为主的产业体系。截至2020年年底，有规模以上工业企业22家、国家高新技术企业11家、科技型中小企业38家；实现规模以上企业工业总产值12.43亿元，同比增长13%；完成固定资产投资2.52亿元，同比增长497.44%；入库各项税费4255.04万元，同比增长5.58%。全年创新线上“云招商”和委托第三方招商模式，围绕京东方、长虹等龙头企业举办招商推介会4次，外出招商22次，跟踪项目29个，总投资105.84亿元；签约项目12个，协议资金68.48亿元。创新项目推进“战队制”，组建项目推进战队3支，明确重点推进项目13个。通过“战队制”“周报制”的集中攻坚，总投资6亿元的一和元项目实现100天内完成签约、投产；总投资6亿元的美能中空纤维膜项目实现30天完成拆迁，总投资约13.99亿元的高发智能制造产业园二期项目实现60天内开工；总投资2亿元的赛特英项目主体厂房持续建设。（向　帆）

概　述

【概况】 2020年，中国共产党绵阳市委员会（以下简称市委）坚定以习近平新时代中国特色社会主义思想为指导，深入贯彻习近平总书记对四川工作系列重要指示精神，全面落实党中央大政方针和省委决策部署，坚持稳中求进工作总基调，坚持新发展理念，坚持高质量发展，统筹推进“五位一体”总体布局，协调推进“四个全面”战略布局，统筹推进新冠肺炎疫情防控和经济社会发展，推动各项事业取得新的进展。把学习宣传贯彻党的十九届五中全会、省委十一届八次全会精神作为重要政治任务，准确把握党中央、省委关于“十四五”时期经济社会发展新的重大判断和部署要求，召开市委七届十次全会，对“十四五”时期经济社会发展作出系统部署，审议通过绵阳市国民经济和社会发展第十四个五年规划和二〇三五年远景目标的建议。开展文明城市建设提升行动，绵阳蝉联四届全国文明城市称号，受到中央文明办通报表扬。做好“六稳”工作，全面落实“六保”任务，实现“十三五”圆满收官。促进工业稳增长和转型升级、实施技术改造等3项工作获得国务院督查激励，位居全国地级市第二位、全省地级市第一位。

【国家科技城建设】 2020年9月，中国（绵阳）科技城建设第十四次部际协调小组会议在绵阳召开。中共中央政治局委员、国务院副总理刘鹤到绵阳调研科技创新工作和科技城建设情况，并出席中国（绵阳）科技城建设第十四次部际协调小组会议。会议总结绵阳科技城建设进展情况，对20年来绵阳科技城在探索以科技创新推动经济社会发展、服务保障国防建设，承担国家重大科技专项等方面取得的成效予以肯定，并对下一步工作作出部署，明确新发展阶段绵阳科技城的发展定位和目标任务，为做好科技城建设提供基本遵循和科学指引。市委贯彻落实习近平总书记对绵阳科技城建设重要指示精神，以及科技城建设部际协调小组第十四次会议精神，开展中央支持科技城建设科技创新先行示范区文件起草工作。贯彻落实省委、省政府《关于推进中国（绵阳）科技城加快发展的意见》，继续实施科技城加快发展“三年行动”，全市新增高新技术企业100家、总数超440家，新增省级以上创新研发平台17家、总数达191家，R&D投入占GDP比重保持6.5%以上，位居全国城市前列。科技城范围内实现地区生产总值2075.94亿元，同比增长4.3%，规模以上工业增加值同比增长5.1%，全社会固定资产投资同比增长8.3%，社会消费品零售总额实现992.53亿元。全国推广的第三批20条全创改革经验中，绵阳贡献3条。

【打赢“三场战役”】 2020年，市委组织动员全市干部群众全力打赢新冠肺炎疫情防控阻击战、复工复产攻坚战和防汛救灾突击战“三场战役”。打赢新冠肺炎疫情防控阻击战。迅速作出安排部署、实施全面排查、实行最严格管控、启动科学隔离救治，全市累计确诊病例22例，实现收治率100%、治愈率100%、无一人病亡。毫不松懈抓好常态化疫情防控，压紧压实“四方责任”（四方即属地、部门、单位、个人），严格落实“外防输入、内防反弹”总体防控策略，坚持做到“人物并防”，巩固疫情防控成果。打赢复工复产攻坚战。准确研判疫情对经济运行冲击影响，及早谋划、主动应对，2月28日全市规模以上工业企业全部复工复产，3月中旬省市重点项目、规模以上服务业企业全部复工复产，4月下旬中小学全面复学复课，用最短时间恢复经济社会发展秩序，为推动发展赢得主动和先机。打赢防汛救灾突击战。坚持靠前指挥、突出快速响应，紧急转移安置群众13万余人，先后处置三台新德镇涪江河堤、安州黄土镇新勘堰河堤等险情，排除八一水库、凤凰水库漫坝风险，辖区群众未发生因灾死亡和失联。科学编制重建规划，推进住房、基础设施等重建工作。

【深度参与成渝地区双城经济圈建设】 2020年，市委学习贯彻中央财经委员会第六次会议、省委十一届七次全会精神，出台深度参与成渝地区双城经济圈建设的决定。与成都、重庆协同共建中国西部科学城，携手打造成渝绵创新“金三角”。与重庆市北碚区签署合作框架协议及三年行动计划，确定的43项合作事项中落实完成22项。申建省级新区，绵阳科技城新区获省委、省政府批准。推进重庆至遂宁至绵阳高铁、绵阳机场迁建等重大项目前期工作，争取纳入国家、省相关规划。

【两项改革“后半篇”文章综合试点】 2020年，市委贯彻省委书记彭清华到绵阳蹲点调研两项改革“后半篇”文章指示精神，把综合试点作为重大政治任务，召开全市做好两项改革“后半篇”文章动员部署电视电话会，制定“1+28”改革方案（即《关于做好乡镇行政区划和村级建制调整改革“后半篇”文章的实施意见》及28个专项工作方案），明确153项重点任务，建立“专班推进+常态督导+拉练比拼”工作机制，初步实现城乡格局调适、管理体制调顺、产业布局调优、服务治理调强。17项典型案例在全省推广、69项改革做法被国家、省媒体宣传报道。

【现代化产业发展】 2020年，市委贯彻省委“农业多贡献、工业挑大梁、投资唱主角、消费促升级”工作思路，稳定经济增长，实现地区生产总值3010.08亿元，同比增长4.4%，总量增速均居全省第二位，在全省地级市率先突破3000亿元大关。坚持以项目为中心组织经济工作。出台《抓项目促投资19条硬措施》，实施投资促进红黑榜制度和领导联系服务重点项目制度，推动惠科第8.6代薄膜液晶显示器件、长虹智能制造产业园等项目全面竣工投产，全社会固定资产投资同比增长10%。坚持优先发展先进制造业。出台加快发展创新产业实施意见，启动建设11个先进制造产业功能区；实施大企业大集团培育“领航”计划、制造业单项冠军企业“登峰”计划，规模以上工业增加值同比增长5.1%，新增规模以上工业企业114家，总数达1081家，新增省重点中小企业96家，总数达313家。坚持加快发展现代服务业。出台推动服务业高质量发展实施意见，实施消费升级行动。推动文旅融合发展，北川羌族自治县创建成为天府旅游名县，方特东方神画等重大文旅项目建成运营。服务业增加值同比增长4.5%。实现社消零总额1394.26亿元，位居全省第二位。坚持大力发展现代农业。压紧压实粮食安全责任制和“菜篮子”责任制，完成约1.5万公顷高标准农田建设任务，实现粮食总产229.9万吨、生猪出栏330万头，三台县麦冬种养循环现代农业园区被评为省五星级园区。

【深化改革开放】 2020年，市委坚持以改革应对变局、开拓新局，制定实施专项改革方案48个；持续深化“放管服”改革，绵阳在全省营商环境评价绵阳排名第二位。落实省委“四向拓展、全域开放”战略部署，推进对外交流合作，获国务院批准设立跨境电子商务综合试验区、综合保税区，举办第八届科博会，实现进出口总额216.27亿元，同比增长3.5%。持续开展精准专业化招商，新签约5亿元以上项目88个、签约金额1603.21亿元。推进开放大通道建设，交通建设完成投资160.56亿元，同比增长11%。

【区域协调发展】 2020年，市委落实省委“一干多支、五区协同”战略部署，加快构建“一核两翼、三区协同”区域发展新格局。推动县域经济高质量发展，县域范围GDP超过2400亿元，占全市总量80%以上。实施乡村振兴战略，涪城区被评为省级实施乡村振兴战略先进区，培育1095个“美丽四川·宜居乡村”达标村。加快推进新型城镇化，推动新区有机生长、组团协调发展、旧城双修更新，深化宜居县城建设、百镇建设提升行动，完成城建攻坚投资153.9亿元。

【城乡基层社会治理】 2020年，市委建立完善城乡基层治理领导机构和推进机制，市县两级均成立城乡基层治理委员会。制定实施城乡基层治理制度创新和能力建设137项重点任务，明确17位市领导、33位市直部门“一把手”牵头负责、推动落实。研究制定城乡基层治理示范标准体系、评价体系，出台深化街道管理体制改革意见，开展城市社区分类治理，获批成为全国市域社会治理现代化试点城市、全省城市基层治理示范市。

【打好“三大攻坚战”】 2020年，全市打赢脱贫攻坚收官之战，健全防止返贫和监测帮扶机制，全面完成“两不愁三保障”回头看大排查等问题整改，脱贫不稳定户和边缘易致贫户无一返贫致贫，建档立卡贫困户人均纯收入达10032元，高于现行标准5932元。打好污染防治攻坚战。首次全面完成省上下达的PM2.5年均浓度和优良天数率两项考核指标，地表水考核断面质量位列全国地级以上城市第十七位、全省第一位。加强自然资源保护管理，完成长江流域重点水域禁捕退捕工作任务，森林覆盖率达55.78%，国土绿化覆盖率达70.04%。打好防范化解重大风险攻坚战。加强政府债务、金融、房地产市场等重点领域风险预警、防控机制和能力建设，落实安全生产、食品安全责任制，开展安全生产专项治理和森林草原防灭火专项整治，未发生重大及以上安全生产事故。

【民生保障与改善】 2020年，全市推进民生实事项目人大代表票决制，民生支出242.14亿元，占一般公共预算支出67.45%；坚持稳就业保民生，城镇新增就业53899人，城镇登记失业率2.73%；提升教育、医疗公益性普惠性，开展教育督导，高考本科硬上线率和本科万人上线比连续20年保持全省“双第一”；公立医院医疗费用同比下降5.59%，减免群众医疗费用2.37亿元。

【民主法治建设】 2020年，市委支持市人大、市政协履行职能，支持各民主党派市委、市工商联和无党派人士履职尽责。发挥统一战线作用，加强新的社会阶层人士和海外统战工作。持续开展民族团结进步创建活动，开展对口援藏援彝工作。依法管理宗教事务，持续推进宗教领域突出问题整改。贯彻落实总体国家安全观，落实国家安全责任制，推进全面依法治市，推进扫黑除恶专项斗争，开展禁毒严打整治行动，做好利益诉求群体信访维稳工作，开展《中华人民共和国民法典》学习宣传，法治绵阳、平安绵阳取得进展。做好退役军人事务工作，开展双拥共建，连续3届蝉联全国双拥模范城，连续7届蝉联全省双拥模范城。

【全面从严治党】 2020年，全市持续学习贯彻习近平新时代中国特色社会主义思想，出台45条措施巩固深化主题教育成果，教育引导党员干部增强“四个意识”、坚定“四个自信”、做到“两个维护”，在思想上、政治上、行动上同以习近平同志为核心的党中央保持高度一致。坚决贯彻民主集中制，召开市委常委会会议57次，学习贯彻中央、省委决策部署有关议题97个，集体研究重大事项155个。落实理论中心组学习制度，开展市委中心组学习9次。加强班子自身建设，落实中央八项规定和省委、省政府“十项规定”及其实施细则精神，遵守廉洁从政各项规定，执行重大事项请示报告制度。配合省委第七巡视组对绵阳开展政治巡视、省委第五巡视组对绵阳开展政府采购专项巡视，研究制定落实省委第七巡视组反馈意见整改方案及选人用人、意识形态责任制、巡察工作3个专项整改方案，制定324条整改措施并全面落实责任主体，其中立行立改101条。全面落实党风廉政建设责任制，严明政治纪律和政治规矩，整治形式主义、官僚主义，紧盯享乐主义、奢靡之风不放松，解决群众身边腐败和作风问题。持续抓好严重违纪违法案“以案促改”工作，巩固发展绵阳风清气正的良好政治生态。全市纪检监察机关立案1533件、给予党纪政纪处分1034人、移送司法46人，查处违反中央八项规定精神问题245起363人。

【干部激励和人才培育】 2020年，全市落实好干部标准，鲜明选人用人导向，提拔使用县级领导干部188人，市管干部晋升职级88人。实施干部专业化挂职“翘楚工程”、年轻干部“铸魂工程”、选调生“翱翔计划”，递进培养优秀干部人才49人，选拔42名“80后”优秀年轻干部进市管领导班子。坚持党管人才原则，实施科技城人才和绵州育才计划，引进人才2.53万人，其中海外191人、硕士2368人、博士251人、国省级人才项目入选者14人。

【基层党建】 2020年，全市继续推进基层党建“3+2”书记项目，评选命名市级示范党组织207个。出台加快建设全国城市基层党建示范市30条举措，完成132个党群服务中心亲民化改造。规范农村基层党组织设置，创新村民小组长提级备案管理，提前谋划推进村（社区）“两委”换届。实施国企、学校、医院、新兴领域等7个行业党建提质增效三年行动计划，实现“两新”党建重点工作任务项目化管理。

【全市“不忘初心、牢记使命”主题教育总结大会】 2020年1月16日，全市“不忘初心、牢记使命”主题教育总结大会召开。市委书记、市委主题教育领导小组组长刘超、省委第三巡回指导组组长底瑜出席会议并讲话。市委副书记、市长、市委主题教育领导小组副组长元方主持会议。会议要求全市深入领会习近平总书记重要讲话精神，从中感悟初心使命、激发奋进之志；全面总结全市主题教育做法成效，把握规律认识、不断坚持发展；巩固拓展主题教育成果，推动守初心、担使命不停步、再出发；各级领导干部要带头增强“四个意识”、坚定“四个自信”、做到“两个维护”，带头学习实践习近平新时代中国特色社会主义思想，带头担当作为、践行宗旨，带头执行制度、维护制度，带头“抓落实作表率”，团结带领全

图5 1月16日，全市“不忘初心、牢记使命”主题教育总结大会召开

市干部群众开创各项事业发展新局面。底瑜肯定绵阳市委主题教育成效明显，达到预期目标。省委第三巡回指导组有关成员到会指导。市委、市人大常委会、市政府、市政协领导，市人民法院院长、市人民检察院党组书记，市委、市人大常委会、市政府、市政协秘书长，部分在绵阳的离退休老领导代表，各县市区、园区、市级有关部门、部分市属企事业单位相关负责人，各民主党派市（工）委和无党派人士代表，在绵阳的党的十九大代表，部分省第十一次党代会、市第七次党代会基层代表等参加会议。

【中共绵阳市委七届九次全会】 2020年7月29日，中国共产党绵阳市第七届委员会第九次全体会议（以下简称全会）举行。全会由市委常委会主持。市委书记刘超就《中共绵阳市委关于深入贯彻习近平总书记重要讲话精神深度参与成渝地区双城经济圈建设的决定（讨论稿）》向全会作说明。市委委员53人、候补市委委员2人出席全会。市纪委常委、市监委委员和有关方面负责人等列席会议。全会审议通过《中共绵阳市委关于深入贯彻习近平总书记重要讲话精神深度参与成渝地区双城经济圈建设的决定》（以下简称《决定》），号召全市上下深度参与成渝地区双城经济圈建设，夯实中国科技城和西部现代化强市建设基础，为把成渝地区建设成为具有全国影响力的重要经济中心、科技创新中心、改革开放新高地、高品质生活宜居地做出绵阳贡献；指出全市深度参与成渝地区双城经济圈建设必须把握的“四个发展定位”“四个主攻方向”和要实施的“八大行动”；强调深度参与成渝地区双城经济圈建设是一项系统工程，要加强组织领导，健全推进机制，激发市场主体活力，调动各方参与，加强宣传引导和政策解读，增进社会共识，凝聚最广泛最深厚的建设力量。全会根据《中国共产党章程》和《中国共产党地方委员会工作条例》有关规定，批准吴长福、贺旺辞去七届市委委员职务，决定递补七届市委候补委员刘雨果为七届市委委员。

资料链接：“四个发展定位”即建设具有国际影响力的中国科技城、建设国家重要科研生产基地、建设西部内陆改革开放新高地、建设成渝地区副中心城市；“四个主攻方向”即优先发展先进制造业、着力提高科技创新能力、持续深化改革扩大开放、加快建设I型大城市；“八大行动”即现代产业体系构建、协同创新能力提升、交通基础设施畅通、国土空间布局优化、城市发展能级跃升、生态环境保护协同、体制机制创新深化、公共服务共建共享。

【中共绵阳市委七届十次全会】 2020年12月23日，中国共产党绵阳市第七届委员会第十次全体会议（以下简称全会）举行。全会由市委常委会主持。市委书记刘超代表市委常委会作工作报告，就《中共绵阳市委关于制定绵阳市国民经济和社会发展第十四个五年规划和二〇三五年远景目标的建议（讨论稿）》向全会作说明。市委委员55人、候补市委委员2人出席全会。市纪委常委、市监委委员和有关方面负责人等列席会议。全会审议通过《中共绵阳市委关于制定绵阳市国民经济和社会发展第十四个五年规划和二〇三五年远景目标的建议》，提出二〇三五年的远景目标，“十四五”期间绵阳经济社会发展的指导思想、绵阳经济社会发展必须遵循的重要原则、绵阳经济社会发展的主要目标等。全会根据《中国共产党章程》和《中国共产党地方委员会工作条例》有关规定，批准马辉、马泽波、赵迎春、赖俊4人辞去七届市委委员职务，决定递补七届市委候补委员刘春涛、潘大钦2人为七届市委委员。

（曹哩笠）

重要决策与部署

【概况】 2020年，市委重要决策和部署以习近平新时代中国特色社会主义思想为指导，贯彻落实中央大政方针和省委决策部署，践行新发展理念，坚持高质量发展，统筹抓好稳增长、促改革、调结构、惠民生、防风险各项工作，加快建设中国科技城和西部现代化强市。全年市委对全市新冠肺炎疫情防控、经济工作、科技城建设、深度参与成渝地区双城经济圈建设、全面深化改革、环境保护、脱贫攻坚、文明城市建设等工作作出决策和部署。

【新冠肺炎疫情防控和经济社会发展】 2020年1月21日，全市新型冠状病毒感染的肺炎疫情防控工作专题会召开，会议要求贯彻落实习近平总书记重要指示和李克强总理批示精神，以及省委、省政府专题会精神，对做好全市新冠肺炎疫情防控工作作出安排部署。1月26日，市委书记刘超前往市公安局警务联合指挥部合成作战中心、江油市青莲镇藕塘村、科创区创业园街道办事处元通社区等处，检查新冠肺炎疫情防控工作，看望慰问干部职工尤其是一线防控人员。1月27日，市委召开常委会（扩大）会议，传达学习习近平总书记在中央政治局常委会会议研究新冠肺炎疫情防控工作时的重要讲话精神，传达学习1月26日省委常委会会议精神及省委书记彭清华到绵阳检查督导防控工作指示精神，听取全市新冠肺炎疫情防控工作情况汇报，对全市防控工作进行再研究再部署再动员。会议决定，成立市委应对新型冠状病毒感染的肺炎疫情工作领导小组（以下简称市委应对新冠肺炎疫情工作领导小组），在市委常委会领导下开展

图6　2月24日，市委常委会（扩大）会议暨市委应对新冠肺炎疫情工作领导小组第五次会议召开

全市新冠肺炎疫情防控工作。市政府成立指挥部负责处理具体工作。调整充实工作机构，加强对全市新冠肺炎疫情防控工作的组织领导，确保新冠肺炎疫情防控机制顺畅高效。1月28日，市委书记、市委应对新冠肺炎疫情工作领导小组组长刘超带队到北川羌族自治县小坝镇、片口乡，平武县泗耳藏族乡等地检查督导新冠肺炎疫情防控工作，看望慰问干部职工尤其是一线防控人员。1月30日，市委召开常委会会议暨市委应对新冠肺炎疫情工作领导小组会议，传达学习习近平总书记近期对各级党组织和广大党员干部作出的重要指示和《中共中央关于加强党的领导、为打赢疫情防控阻击战提供坚强政治保证的通知》精神、中央应对新型冠状病毒感染肺炎疫情工作领导小组（以下简称中央应对新冠肺炎疫情工作领导小组）会议精神，传达学习1月29日省委常委会会议暨省委应对新型冠状病毒感染肺炎疫情工作领导小组（以下简称省委应对新冠肺炎疫情工作领导小组）会议精神和《中共四川省委关于贯彻落实习近平总书记重要指示精神，切实加强党的领导、为打赢疫情防控阻击战提供坚强政治保证的通知》精神，研究全市贯彻落实意见；听取全市新冠肺炎疫情防控工作进展情况汇报；审议《中共绵阳市委关于进一步动员各级党组织和党员干部抓落实作表率坚决打赢疫情防控阻击战的通知》。1月31日，市委书记、市委应对新冠肺炎疫情工作领导小组组长刘超，市委副书记、市长元方到市委应对新冠肺炎疫情工作领导小组办公室，与在武汉红十字会医院开展医疗救护工作的绵阳支援湖北医疗队队员视频连线，代表市委、市政府和全市人民感谢他们的辛勤付出。2月2日，市委应对新冠肺炎疫情工作领导小组第二次会议召开，听取全市新冠肺炎疫情防控特别是新冠肺炎疫情防控期间复工复学工作情况汇报，安排部署当前重点工作。2月3日，刘超、元方先后到市委组织部、市委应对新冠肺炎疫情工作领导小组和应急指挥部办公室、市市场监管局、市经信局看望集中办公的新冠肺炎疫情防控工作干部职工，检查督导新冠肺炎疫情防控有关工作。2月4日，刘超前往全市窗口单位、社区、企业等处检查督导全市复工复产和新冠肺炎疫情防控工作。2月6日，刘超检查督导新冠肺炎患者集中收治定点医院和后备医院工作开展情况并看望一线医护人员。2月7日，市委常委会（扩大）会议暨市委应对新冠肺炎疫情工作领导小组第三次会议召开，传达学习习近平总书记在2月3日中央政治局常委会会议研究加强新冠肺炎疫情防控工作时的重要讲话和在中央全面依法治国委员会第三次会议上的重要讲话精神，传达学习中央应对新冠肺炎疫情工作领导小组会议和省委应对新冠肺炎疫情工作领导小组会议等有关会议、文件精神，听取全市新冠肺炎疫情防控工作情况汇报，研究全市新冠肺炎疫情防控工作；审议《关于做好防控新型冠状病毒肺炎疫情期间开学准备及开学后疫情防控工作的通知》等文件。2月10日，刘超主持召开座谈会，听取医疗防疫专家对做好全市新冠肺炎疫情防控工作的意见建议。2月11日，刘超到科创区华奥社区、涪城区城郊街道圣水社区等处，检查督导新冠肺炎疫情社区防控和群众生活保障工作。2月12日，刘超到绵阳惠科项目、塘汛污水处理厂、四川雪宝乳业集团有限公司、百世快递绵阳分公司、太极集团绵阳制药公司等处检查督导企业复工复产工作。2月14日，市委召开常委会（扩大）会议暨市委应对新冠肺炎疫情工作领导小组第四次会议，传达学习习近平总书记在2月12日中央政治局常委会会议上的重要讲话和在北京市调研指导新冠肺炎疫情防控工作时的重要讲话精神，传达学习2月11日国务院常务会议精神，以及中央应对新冠肺炎疫情工作领导小组会议和四川省应对新冠肺炎疫情工作调度会等有关会议精神，听取新冠肺炎疫情防控工作、企业复工复产等情况汇报，研究部署全市新冠肺炎疫情防控和经济社会发展工作；审议《绵阳市服务业企业疫情防控期间复工复产方案》等文件。2月17日，绵阳市应对新冠肺炎疫情工作调度会召开。会议强调要深入学习贯彻习近平总书记重要讲话和重要指示精神，全面落实党中央、国务院和省委、省政府和市委市政府各项决策部署，以及省应对新冠肺炎疫情工作调度会等会议精神，坚决打赢疫

情防控的人民战争、总体战、阻击战，努力实现2020年经济社会发展目标任务，奋力夺取新冠肺炎疫情防控和实现经济社会发展目标双胜利。2月18日，刘超到部分援湖北和医疗救治一线医护人员家中，代表市委、市政府向一线医护人员和家属表示感谢。2月24日，市委召开常委会（扩大）会议暨市委应对新冠肺炎疫情工作领导小组第五次会议，传达学习2月21日中央政治局会议精神，传达学习习近平总书记在中央统筹推进新冠肺炎疫情防控和经济社会发展工作部署会议上的重要讲话精神，传达学习中央应对新冠肺炎疫情工作领导小组会议和2月23日省委常委会（扩大）会议等有关会议精神，听取新冠肺炎疫情防控、企业复工复产等情况汇报，对做好全市新冠肺炎疫情防控和经济社会发展作出安排。3月2日，市委召开常委会（扩大）会议暨市委应对新冠肺炎疫情工作领导小组第六次会议，学习2月26日中央政治局常委会会议精神，传达学习习近平总书记对全国春季农业生产工作作出的重要指示、李克强总理批示精神和中央应对新冠肺炎疫情工作领导小组会议精神，以及中央有关文件精神；传达学习2月28日省委常委会会议暨省委应对新冠肺炎疫情工作领导小组第六次会议精神，听取全市新冠肺炎疫情防控和农民工就业服务情况汇报，研究部署新冠肺炎疫情防控和经济社会发展工作。3月2日，刘超到部分中小微企业和个体工商户调研复工复产复业情况，并主持召开中小微企业和个体工商户工作座谈会。3月3日，刘超到高新区、涪城区、经开区、游仙区、科创区等地，调研重点项目推进情况。3月9日，市委召开常委会（扩大）会议暨市委应对新冠肺炎疫情工作领导小组第七次会议，传达学习习近平总书记在中央政治局常委会会议研究当前新冠肺炎疫情防控和稳定经济社会运行重点工作时的重要讲话精神、在决战决胜脱贫攻坚座谈会上的重要讲话精神，传达学习党中央、国务院和省委、省政府有关会议精神，研究部署全市下一步工作。3月17日，市委召开应对新冠肺炎疫情工作领导小组第八次会议，传达学习习近平总书记在湖北省考察新冠肺炎疫情防控工作时的重要讲话精神，贯彻落实中央应对新冠肺炎疫情工作领导小组会议等相关会议精神，听取境外到绵阳人员管理服务工作情况汇报，研判疫情防控形势，对相关工作作安排部署。3月31日，市委召开常委会（扩大）会议暨市委应对新冠肺炎疫情工作领导小组第九次会议，传达学习3月27日中央政治局会议精神，传达学习中央应对新冠肺炎疫情工作领导小组会议和省委常委会会议暨省委应对新冠肺炎疫情工作领导小组第八次会议等有关精神，听取新冠肺炎疫情防控工作情况汇报，研究部署全市下一步工作；审议《绵阳市2020年优化营商环境工作方案》等文件。4月7日，市委召开常委会（扩大）会议暨市委应对新冠肺炎疫情工作领导小组第十次会议，传达学习习近平总书记在浙江考察时的重要讲话精神，传达学习4月2日、4月6日中央应对新冠肺炎疫情工作领导小组会议精神，听取新冠肺炎疫情防控工作情况汇报，研究部署全市相关工作。4月17日，市委召开常委会（扩大）会议暨市委应对新冠肺炎疫情工作领导小组第十一次会议，传达学习习近平总书记在4月8日中央政治局常委会会议上的重要讲话精神，传达学习习近平总书记对安全生产作出的重要指示、李克强总理批示精神和全国安全生产电视电话会议精神，传达学习中央应对新冠肺炎疫情工作领导小组会议和省委常委会会议暨省委应对新冠肺炎疫情工作领导小组第九次会议精神，研究部署全市下一步工作；审议《绵阳市区域协同发展规划（2019—2025年）》等文件。5月14日，刘超到西南科技大学、四川中医药高等专科学校以及四川电子机械职业技术学院，检查督导在绵阳的高校复学复课准备工作。6月22日，市委应对新冠肺炎疫情工作领导小组会议召开。会议强调要坚决落实习近平总书记关于统筹推进新冠肺炎疫情防控和经济社会发展的重要讲话精神，严格落实省委应对新冠肺炎疫情工作领导小组会议安排部署，抓好常态化新冠肺炎疫情防控各项工作，有效阻断疫情传播渠道，坚决防止疫情反弹，坚决维护人民群众生命安全和身体健康。12月9日，冬春季新冠肺炎疫情防控工作会议召开，听取当前全市新冠肺炎疫情防控工作情况汇报，对新冠肺炎疫情防控工作作出安排部署。12月15日，市委应对新冠肺炎疫情工作领导小组会议召开，对输入性疫情风险防控工作作出系统安排部署。

【经济工作】 2020年2月18日，市委财经委员会第四次会议召开，传达学习2月12日中共中央政治局常委会会议、中央财经委员会第六次会议和省委财经委员会第四次会议精神，研究应对新冠肺炎疫情对全市经济社会发展的影响、主动融入成渝地区双城经济圈建设等事宜；审议《关于绵阳市主动融入成渝地区双城经济圈建设2020年重点工作计划》。4月24日，市委财经委员会第五次会议召开，传达学习省委财经委员会第五次会议精神、推动成渝地区双城经济圈建设四川重庆党政联席会议第一次会议精神，以及《四川省人民政府办公厅　重庆市人民政府办公厅关于印发深化四川重庆合作推动成渝地区双城经济圈建设2020年重点任务的通知》等文件精神，听取一季度全市经济运行等情况汇报。7月28日，市委财经委员会第六次会议暨市项目投资促进委员会第一次会议召开，传达学习省委财经委员会第六次会议精神，听取上半年全市经济运行及重点行业领域运行和部分县区、园区、市级部门项目投资有关情况汇报，审议绵阳市项目投资促进委员会议事规则等文件。10月29日，市委财经委员会第七次会议暨市项目投资促进委员会第二次会议召开，传达学习中央财经委员会第八次会议、9月22日省委常委会会议和省委财经委员会第七次会议精神，听取前三季度全市经济运行情况汇报，分析研判经济形势，安排部署第四季度经济工作及项目投资工作，冲刺全年目标任务。12月31日，市委财经委员会第八次会议召开。会议要求深入学习贯彻党的十九届五中全会、中央经济工作会议和省委十一届八次全会、省委经济工作会议精神，以及市委七届十次全会精神，坚决将新发展理念贯穿经济工作各方面全过程，增强系统观念，科学谋划2021年全市经济工作，开拓创新、奋勇争先，确保绵阳“十四五”发展开好局、起好步。

【科技城建设】 2020年2月20日，中国（绵阳）科技城党工委（扩大）会议召开。会议强调要坚持以习近平新时代中国特色社会主义思想为指导，深入学习贯彻习近平总书记对绵阳科技城建设的重要指示精神，全面落实中央、省委关于科技城建设的各项决策部署，全力以赴完成2020年科技城建设目标任务，抓好事关科技城长远发展重点工作，推动科技城建设取得新的更大成效。6月17日，省建设绵阳科技城领导小组会议召开，学习贯彻习近平总书记关于科技创新的重要讲话精神，听取有关情况汇报，安排部署加快绵阳科技城建设重点工作。9月11日，中国（绵阳）科技城建设新闻发布会在北京举行，发布中国（绵阳）科技城建设情况和第八届科博会有关情况。9月19日，中共中央政治局委员、国务院副总理刘鹤在绵阳调研，出席绵阳科技城建设第十四次部际协调小组会议并讲话，肯定20年来绵阳科技城努力探索以科技创新推动经济社会发展、服务保障相关建设，承担国家重大科技专项等方面取得积极成效，对下一步工作作出部署。9月21日，第八届科博会在绵阳开幕。12月23日，省政府批复同意设立绵阳科技城新区。

【深度参与成渝地区双城经济圈建设】 2020年4月1日，四川省绵阳市·重庆市北碚区推动成渝地区双城经济圈建设党政联席会议暨合作框架协议签署仪式在绵阳举行。4月29—30日，绵阳市党政代表团到重庆市北碚区交流考察，并举行四川省绵阳市·重庆市北碚区推动成渝地区双城经济圈建设第二次党政联席会议暨三年行动计划签署仪式，正式签署《四川省绵阳市人民政府重庆市北碚区人民政府推动成渝地区双城经济圈建设合作三年行动计划（2020—2022年）》。6月12日，以“建设中国科技城、打造成渝副中心——绵阳在成渝地区双城经济圈中的新担当新作为”为主题的绵阳市深度参与成渝地区双城经济圈建设研讨会在绵阳举行。7月17日，绵阳统一战线建言献策座谈会暨助推绵阳深度参与成渝地区双城经济圈建设专题协商座谈会召开，听取各民主党派市（工）委、市工商联、无党派人士意见建议。7月27日，市级领导干部和县级主要负责同志读书班举行，学习贯彻习近平总书记在中央财经委员会第六次会议上的重要讲话精神、省委十一届七次全会精神，聚焦成渝地区双城经济圈建设开展学习研讨。7月29日，中国共产党绵阳市第七届委员会第九次全体会议举行。全会坚定以习近平新时代中国特色社会主义思想为指导，学习贯彻习近平总书记在中央财经委员会第六次会议上的重要讲话精神，落实省委十一届七次全会决策部署，审议通过《中共绵阳市委关于深入贯彻习近平总书记重要讲话精神深度参与成渝地区双城经济圈建设的决定》。9月7日，市深度参与成渝地区双城经济圈建设暨推进区域协同发展领导小组第一次会议召开。会议强调要深入学习贯彻习近平总书记在中央财经委员会第六次会议上的重要讲话精神，落实省委十一届七次全会和市委七届九次全会精神，推动深度参与成渝地区双城经济圈建设取得突破，推动国家战略在绵阳落地落实。

【脱贫攻坚】 2020年2月19日，市脱贫攻坚领导小组2020年第一次会议召开，会议传达学习习近平总书记关于扶贫工作的重要论述，以及全国、全省扶贫工作会议等会议精神；听取三台县、北川羌族自治县、平武县脱贫攻坚工作情况汇报；审议《绵阳市2020年脱贫攻坚工作要点》《绵阳市脱贫攻坚成效巩固提升实施方案》等文件。3月13日，绵阳市决战决胜脱贫攻坚工作推进会议召开，市委书记、市脱贫攻坚领导小组组长刘超出席会议并讲话。会议要求全市上下要深入学习贯彻习近平总书记在决战决胜脱贫攻坚座谈会上的重要讲话精神，全面落实党中央和省委决策部署，克服新冠肺炎疫情影响，坚决打赢脱贫攻坚收官之战，坚决夺取全市脱贫攻坚战的全面胜利。6月28日，市脱贫攻坚领导小组2020年第二次会议召开，会议传达学习习近平总书记2020年以来关于脱贫攻坚的重要指示和论述，以及全国、全省相关会议精神；听取2020年以来全市脱贫攻坚工作推进情况汇报。9月28日，市脱贫攻坚领导小组2020年第三次会议召开，会议传达学习《习近平谈治国理政》第三卷中关于“决胜全面建成小康社会，决战脱贫攻坚”部分和习近平总书记近期关于脱贫攻坚的重要指示和论述，以及中央和全省有关会议精神；听取全市决战决胜脱贫攻坚工作、全市脱贫攻坚国家普查及省级调查工作情况汇报；听取相关县市区脱贫攻坚工作情况汇报。12月24日，市脱贫攻坚领导小组2020年第四次会议召开，会议传达学习习近平总书记近期关于扶贫工作的重要论述和重要指示精神，以及中央、省关于脱贫攻坚工作最新精神，听取15个扶贫专项工作情况汇报，审议《绵阳市脱贫攻坚先进集体和先进个人评选表彰工作方案》。

【全面深化改革】 2020年3月4日，市委全面深化改革委员会第五次会议召开，会议传达学习习近平总书记在中央深改委第十二次会议上的重要讲话精神和省委深改委第六次、七次会议精神；审议《市委全面深化改革委员会2020年工作要点》《市委全面深化改革委员会改革落实台账》等改革工作文件，以及《绵阳市进一步推动学前教育发展的实施方案》《绵阳市建立区域协调发展新机制强化区域合作实施方案》《关于促进绵阳建筑业高质量发展的实施意见》等专项改革方案。6月16日，市委全面深化改革委员会第六次会议召开，会议传达学习习近平总书记在中央深改委第十三次会议上的重要讲话精神，研究全市贯彻落实措施；听取游仙区以改革推动县域高质量发展，以及全市推进农村集体产权制度改革等情况报告；审议《绵阳深度参与成渝地区双城经济圈建设重点改革工作安排》《关于健全完善公共卫生应急管理体系的工作方案》《关于鼓励和引导人才向基层流动加强基层治理人才支撑的实施意见》《关于加快构建“8+1”现代服务业体系推动服务业高质量发展的实施意见》等改革工作文件和专项改革方案。9月9日，市委全面深化改革委员会第七次会议召开，会议传达学习中央深改委第十四次会议和第十五次会议，以及省委深改委第八次会议、全省改革办主任会议精神；审议《关于做好乡镇行政区划和村级建制调整改革“后半篇”文章的实施意见》及28个专项工作方案、《绵阳市深化政府采购制度改革工作方案》《关于进一步深化街道管理体制改革的实施意见》《关于促进中医药传承创新发展的实施意见》等专项改革方案。12月24日，市委全面深化改革委员会第八次会议召开，会议传达学习中央深改委第十六次会议和省委深改委第九次、第十次会议精神；听取党的十八届三中全会以来全市全面深化改革和全市科技创新体制机制改革等有关情况汇报；审议《绵阳市促进先进制造业和现代服务业融合发展方案》《关于推进中心镇改革发展的实施意见》等专项改革方案。

【环境保护】 2020年2月21日，市生态环境委员会第七次全体会议召开，会议通报全市2019年生态环境工作情况；听取部分市级部门和县市区、园区履行生态环境职责情况述职；审议《绵阳市2020年度生态环境工作要点》《绵阳市2020年度县（市、区）、园区生态环境保护党政同责工作目标任务及考评细则》等文件，对2020年生态文明建设和生态环境保护工作作出安排部署。9月28日，市生态环境保护委员会第八次会议暨绵阳市生态环境保护督察工作领导小组第二次会议召开，会议传达学习习近平总书记近期关于生态文明建设、生态环境保护工作的重要论述和重要指示精神，通报2019年度四川省生态环境保护党政同责考核相关情况，以及全市生态环境保护工作及生态环境保护督察问题整改工作推进情况；听取市直相关部门、县市区、园区工作推进情况汇报；审议《绵阳市2020年度县（市、区）、园区生态环境保护党政同责补充工作目标任务及考评细则》《绵阳市2020年度市级有关部门（单位）生态环境保护党政同责工作目标任务及考评细则》《绵阳市生态环境保护责任清单》等文件。

【党的建设】 2020年3月25日，市委党建领导小组2020年第一次会议召开，会议传达学习《中国共产党党和国家机关基层组织工作条例》《中国共产党国有企业基层组织工作条例（试行）》《党委（党组）落实全面从严治党主体责任规定》等文件精神，以及省委党建领导小组2020年第一次会议精神；审议领导小组2019年工作总结和2020年工作要点。1月16日，绵阳市“不忘初心、牢记使命”主题教育总结大会召开。会议要求要深入学习贯彻习近平总书记在“不忘初心、牢记使命”主题教育总结大会上的重要讲话精神，落实党中央和省委部署要求，持续巩固拓展全市主题教育成果。

【文明城市建设】 2020年3月6日，市精神文明建设委员会2020年第一次会议召开，会议传达学习习近平总书记关于精神文明建设工作的重要论述，以及全国、全省文明办主任会议精神和中央文明办《关于在打赢疫情防控阻击战中有针对性地开展精神文明教育的通知》精神；通报2019年全市精神文明建设工作情况，审议《绵阳市2020年精神文明建设工作要点》《绵阳市新时代文明实践中心建设试点工作推进制度（试行）》等文件。8月21日，绵阳市精神文明建设暨全国文明城市建设工作会议召开。会议要求学习贯彻习近平总书记关于宣传思想工作和精神文明建设工作的重要论述，落实党中央和省委、市委有关决策部署，开创全市精神文明建设和文明城市建设工作新局面。

2020年市委重要会议一览表

表20

序号	会议名称	召开时间	会议内容
1	绵阳市服务业发展大会	7月3日	深入学习贯彻习近平总书记关于推动服务业发展的重要指示精神，全面落实党中央、省委有关决策部署特别是全省服务业发展大会精神，全力推动服务业高质量发展
2	市级领导干部和县级主要负责同志读书班	7月27日	深入学习贯彻习近平总书记在中央财经委员会第六次会议上的重要讲话精神、省委十一届七次全会精神，聚焦成渝地区双城经济圈建设开展学习研讨
3	中共绵阳市委七届九次全体会议	7月29日	审议通过《中共绵阳市委关于深入贯彻习近平总书记重要讲话精神深度参与成渝地区双城经济圈建设的决定》和《中国共产党绵阳市第七届委员会第九次全体会议决议》
4	绵阳市精神文明建设暨全国文明城市建设工作会议	8月21日	深入学习贯彻习近平总书记关于宣传思想工作和精神文明建设工作的重要论述，落实党中央和省委、市委有关决策部署，开创全市精神文明建设和文明城市建设工作新局面
5	全市推动制造业高质量发展现场会	9月27日	推动服务业发展对于做好“六稳”工作、落实“六保”任务，进一步优化经济结构、转变发展方式的重要作用，推动全市服务业高质量发展。围绕构建“8+1”现代服务业体系，推动新兴服务业与传统服务业“双轮驱动、协同发展”，布局建设一批功能特色鲜明、辐射带动力强的现代服务业集聚区。牢固树立“一盘棋”思想，按照项目化推进的要求，列出清单，共同抓好重要任务
6	全市现代农业园区建设现场会	10月19—20日	着眼做强乡村产业、服务乡村建设、带动农民增收，坚持集聚建园、融合强园、绿色兴园、创新活园，提升现代农业园区建设水平，以现代农业园区建设牵引带动乡村产业兴旺、支撑乡村全面振兴，加快推动绵阳由农业大市向农业强市跨越
7	2020绵阳市文化和旅游发展大会	11月6日	坚定以习近平新时代中国特色社会主义思想为指导，贯彻党的十九届五中全会精神，严格落实2020四川省文化和旅游发展大会精神和市委、市政府关于大力发展文旅经济、加快建设西部文化强市旅游强市的决策部署，准确把握文旅经济发展新形态，加快推动全市文旅经济融合成势、能级提升，推动西部文化强市旅游强市建设再上新台阶
8	全市项目投资工作会议	12月11日	冲刺年度目标任务，谋划2021年投资工作，确保全市项目投资再上新台阶
9	中共绵阳市委七届十次全体会议	12月23日	深入学习贯彻习近平新时代中国特色社会主义思想和习近平总书记对四川工作特别是对绵阳工作重要指示精神，全面贯彻落实党的十九届五中全会、省委十一届八次全会精神，听取和讨论刘超代表市委常委会作的工作报告，审议通过《中共绵阳市委关于制定绵阳市国民经济和社会发展第十四个五年规划和二〇三五年远景目标的建议

全面深化改革

【概况】 2020年，市委改革办加强改革统筹谋划，围绕中央、省委、市委改革工作部署，制定《改革工作要点》《改革落实台账》《改革举措实施规划任务清单》，明确改革任务书、时间表和路线图。按照“清单制+责任制+督考制”工作方法，组织实施2020年改革落实台账任务、改革举措实施规划任务，压实改革抓落实责任。聚焦重点改革突破，牵头制定《2020年城乡基层治理重点改革推进清单》《绵阳深度参与成渝地区双城经济圈建设重点改革工作安排》，推动改革实施。全年筹备召开市委深改委会议4次，审议专项改革方案和改革工作文件49个，听取改革推进落实情况汇报6次，发挥改革统筹协调作用。推动2020年《改革落实台账》190项改革任务基本完成，《绵阳市贯彻落实党的十九大报告重要改革举措实施规划（2018—2022年）》中2018—2020年的任务基本完成，《市委六届七次全会重要改革举措实施规划（2014—2020年）》工作任务全面完成。

【改革工作推进措施】 2020年，全市加强改革任务落实，聚焦贯彻改革举措实施规划、专项改革方案制定和推进、重大改革试点等任务，构建建账、对账、晒账、销账一体化工作机制，强化市领导直接抓专项改革方案、市委改革办联系改革试点等制度执行。组织对106项重点领域改革任务进行督察报备，推动改革举措终端见效。落实开展2019年改革目标任务考核，推荐39个改革工作先进单位。

【改革创新成效】 2020年，全市加强自主创新力度，聚焦落实中央和省委改革新部署新要求，突出重要领域和关键环节改革，坚持做好“规定动作”与谋划“自选动作”相结合，推进改革创新，培树改革典型，提升改革实效。深化拓展全面创新改革，“银行与企业风险共担的仪器设备信用贷”等3条经验入选国务院办公厅推广的第三批支持创新改革举措。总结提炼的《绵阳市多措并举激发科研人员创新创业活力》入选党的十八届三中全会以来四川全面深化改革案例。游仙区申报成为县域集成改革试点，举办全省成渝地区双城经济圈建设县域集成改革试点推进会。

【改革经验成果宣传】 2020年，市委改革办注重深入改革实践一线发现改革典型，挖掘改革经验，全年编印《绵阳改革动态》56期、上报省委改革办经验信息44篇，被《四川改革专报》《四川改革动态》采用9篇，信息采用量居全省市（州）前三位。编报《改革月报》12期，反映绵阳改革抓落实动态。加大改革宣传力度，国省主流媒体以及“改革视界”App等新媒体刊发绵阳改革新闻50余篇。

【全省成渝地区双城经济圈建设县域集成改革试点推进会在绵阳召开】 2020年11月5日，全省成渝地区双城经济圈建设县域集成改革试点推进会在绵阳召开。省委常委、秘书长、省委改革办主任王一宏出席会议并讲话。会议介绍开展成渝地区双城经济圈建设县域集成改革试点的相关考虑，与会人员现场调研考察绵阳市游仙区高新技术产业园等点位。9个试点县市区委主要负责人分别作交流发言，省直指导部门分管负责人，相关地级市党委改革办主任，试点县市区委主要负责人，省委改革办相关人员参加会议。会议指出谋划实施县域集成改革试点，是落实中央明确的成渝地区双城经济圈建设改革任务的创新举措。会议要求立足县域改革发展需要，统筹区域中心城市建设和县城中心镇发展，结合乡镇行政区划和村级建制调整改革“后半篇”文章，系统整合改革举措，强化制度衔接配套，为推动县域深度融入成渝地区双城经济圈建设探索路径、积累经验、作出示范。（顾　婷）

资料链接： 2020年，中共四川省委全面深化改革委员会审议通过《成渝地区双城经济圈建设县域集成改革试点方案》，合江县、南部县、邻水县、开江县、峨眉山市、隆昌市、绵阳市游仙区、遂宁市船山区、宜宾市翠屏区共9个县市区入选首批试点名单。

市委办工作

【概况】 2020年，市委办公室（以下简称市委办）谋划工作、筹办活动、起草文稿、服务保障，始终坚持政治标准、考虑政治因素、注重政治效果，以高度的政治自觉、思想自觉、行动自觉，做到“两个维护”。全年召开31次室务会会议，传达学习中央、省委、市委决策部署，研究提出贯彻落实举措；开展理论中心组集中学习研讨6次，领会习近平新时代中国特色社会主义思想丰富内涵。落实《中国共产党重大事项请示报告条例》和党中央、省委、市委有关要求，承办市委向省委报告的重大事项、重要情况，向市委报告的重要事项、重要情况均做到及时报送、应报尽报。落实党风廉政建设责任制实施办法，制定出台市委办《2020年落实全面从严治党主体责任、党风廉政建设和反腐败工作任务清单》《落实意识形态工作责任制实施方案》，对全面从严治党和落实意识形态工作进行系统安排部署。推动巡察整改，市委巡察反馈的7大类32个问题，全部整改到位。组织开展新一轮议事协调机构清理，最大限度精简议事协调机构数量和组成人员，最大限度缩小议事协调机构会议规模，精简后有市级议事协调机构117个（减少38个，减幅达24.5%），有组成人员3121人次（减少1150人次，减幅达26.9%）。制发《关于严格精简文件会议有关事项的通知》，从减少文件会议的数量、严格发文和会议的规格，以及严控文件篇幅，精准参会范围，严控会议时长等方面，提出32条具体措施。规范运行秩序，制定《市委办公室文件资料“一个口子进”办理制度》《市委办公室文件发文字号使用制度》等12项制度，汇编《市委办公室机关工作手册》。做好涉密人员管理、保密宣传教育、保密资质复审、国家教育考试安全保密检查工作；统筹推进相关信息化项目建设。印发《绵阳市档案“双套制”移交与接收工作细则》，先后被国家档案局官网、《中国档案报》、中国档案资讯网报道。市委办被省政府表彰为第七届中国（绵阳）科技城国际科技博览会先进集体，先后获得绵阳市全面深化改革工作先进单位、绵阳市促进服务业发展工作先进集体、建设全国文明城市先进集体等荣誉。

【重大决策服务】 2020年，市委办参与绵阳科技城建设第十四次部际协调小组会议、第八届科博会等重要会议、重大活动筹办工作，起草汇报材料，筹备会议活动，促成相关会议和活动举办。牵头筹办市委七届九次全会、绵阳市深度参与成渝地区双城经济圈建设研讨会等，为市委对绵阳深度参与成渝地区双城经济圈建设作出科学决策提供决策服务。围绕开展两项改革“后半篇”文章综合试点工作，筹办省委书记彭清华到绵阳蹲点调研活动，审核印发“1+28”改革方案（即《关于做好乡镇行政区划和村级建制调整改革“后半篇”文章的实施意见》及28个专项工作方案），承办全市做好两项改革“后半篇”文章动员部署电视电话会。农村电力“村网共建”模式得到省委书记彭清华肯定性批示，多项经验成果在全省推广。做好全省推动制造业高质量发展现场会在绵阳的考察和会议活动，承办全市推动制造业高质量发展现场会、全市服务业发展大会、文化和旅游发展大会等重大会议和重大项目开工仪式等活动，审核制发相关政策性文件，助力市委关于经济高质量发展的相关部署出台和落实。围绕做好新冠肺炎疫情防控，抽调专人参与市委应对新冠肺炎疫情工作领导小组办公室工作，累计编写《防控要情》等刊物90余期。办理22次市委常委会会议、13次领导小组会议，研究统筹经济社会发展和疫情防控工作。围绕防汛救灾工作，组织保障市委领导到一线开展指挥调度和抢险救灾工作。做好应急值守，收集反映灾情，为市委快速响应、科学调度提供资料。

【文稿起草和管理】 2020年，市委办完成市委七届九次、十次全会报告等重大文稿750余篇，摘编市委《工作通报》25期，审改新闻稿件371篇。贯彻落实中央、省委为基层减负大力精简文件的要求，坚持发文必有依据，注重务实管用，确保合法合规，全年制发市委规范性文件31件，同比减少24.3%，全部按要求报送省委备案。收到县市区党委、园区党工委、市委有关部委、市直有关部门党组（党委）报送市委备案的党内规范性文件112件，完成审查106件，提醒制定机关在文件执行中注意6件。

【统筹协调工作】 2020年，市委办联络协调国家、部委领导人参加绵阳科技城建设第十四次部际协调小组会议等重大活动；组织省、市领导调研、检查、走访、慰问和外出学习考察、拜会拜访等活动116次；承办各类会议活动245次。配合做好省委巡视绵阳相关工作，承担省委第六轮第七巡视组对绵阳开展常规巡视、省委第七轮第五巡视组对绵阳开展政府采购专项巡视，以及省委第一巡视组对绵阳开展疫情防控机动巡视期间的综合协调、会务保障、材料审核等工作，组织相关科室做好服务保障，协调交办事项309件、保障会议18场次、审核材料5000余份。

【信息服务工作】 2020年，市委办编发《绵阳要情》90期，上报信息570余条，获上级采用91条。其中《科技城20周年经验成效》被中办采用，获省委办发函感谢；两项改革经验成效信息被省委办采用6条，采用数量居全省第一。全年收处突发事件信息632件次，向省委报送《绵阳要情专报》405期，整理报送《绵阳市安全稳定舆情专报》334期。

【督查督办工作】 2020年，市委办围绕加强对市委重大工作部署落实情况的督促检查，制定并执行《进一步加强市委决策部署和市委主要领导重要批示指示、交办事项督办工作的要求》，提高督办事项办理的质量和效率。编发《市委常委会会议纪要》267期，督办工作59件，办结41件，其中重点督办渝遂绵高铁、南郊机场迁建、皂角铺物流基地建设等一批市委关注、群众关心的重点事项。

【服务保障工作】 2020年，市委办做好行政后勤、科技城政务联络、离退休干部服务等工作。严控三公经费，公务接待费用较2019年下降56%，公务用车购置及运行维护费支出较2019年下降24.87%。联络协调市委主要负责人在蓉政务活动120余次，配合做好20余起在蓉举行的重大招商、宣传活动的服务协调工作。走访慰问老干部230余人次，组织老干部外出疗休、参观考察3批次、50余人次。（曹哩笠）

组织工作

【概况】 2020年，全市组织系统坚定以习近平新时代中国特色社会主义思想为指导，贯彻中央和省委、市委决策部署，推动全市组织工作高质量发展。截至12月31日，全市共有党组织14324个（党委1399个、党总支1352个、党支部11573个），有党员317428人，其中女党员占25.38%，少数民族党员占3.89%，大专及以上学历党员占39.32%。全市共有公务员20240人、参公人员3841人、事业人员62735人；有在职县级以上领导干部1154人，其中正厅级4人、副厅级31人、正县级232人、副县级887人；有科级领导干部7128人，其中正科级2624人、副科级4504人。指导各地做好镇村建制调整改革的方案推演、干部安置、风险防控等工作，全市乡镇（街道）减幅达43.2%，建制村减幅达51.83%，是全省5个减幅超过50%的市（州）之一。推进县级党校分类改革，实行市区一体办学，考核评估提高办学质量经验在全省交流。制定《贯彻落实〈2019—2023年全国党员教育培训工作规划〉任务分工方案》，全覆盖建成基层党校271所，培训党员9.02万人。推动“两弹一星”干部学院提档升级发展，统筹建设王右木纪念园等党性教育基地，“两弹城”入选全国红色旅游发展典型案例。市委组织部获全省全创试验先进集体表彰。

【干部思想政治建设】 2020年，全市实施习近平新时代中国特色社会主义思想培训计划，健全学习贯彻习近平总书记重要论述机制，举办干部读书班、党校主体班等系列培训，邀请翟东升等专家到绵阳授课，举办科技城大讲堂5期，统筹开展各类专题培训6期，培训干部5000余人次，在线教育培训覆盖全体公务员。严格执行新形势下党内政治生活若干准则，推动“三会一课”“六有两公开”、民主生活会“七叫停”等6个组织生活规范化办法落地落实，量化具体要求、标准、举措，推动党内政治生活严起来、实起来。

【省委巡视整改】 2020年，绵阳市配合省委巡视监督，提前对市本级2015年以来干部选任工作全面“复盘”，对发现的547个问题建立台账实行销号管理。成立选人用人专项检查迎检组，同步做好边查边改，组织人事专题汇报得到省委第七巡视组肯定表扬，高质量办结巡视组转办的12件涉组涉干举报线索，率先实现办结率100%。

【助力新冠肺炎疫情防控复工复产和防汛救灾】 2020年，全市组织系统聚焦新冠肺炎疫情防控、复工复产和防汛救灾，做好动员激励，成立临时党组织188个，组建党员突击队6596支，出台关爱医护人才十条措施，组织党员干部自愿捐款2468万元。制定支持产业链人才链协同复苏政策，创新举办“空中双选会”，为京东方等278家重点企业输送复工人才4795人，人才银行为企业争取贷款91.6亿元，帮助企业渡过难关。划拨市管党费870万元支持北川、平武等地灾后重建，8名党员、7个基层党组织受到省委表彰。

【干部队伍建设】 2020年，绵阳市出台《关于贯彻落实〈2019—2023年全国党政领导班子建设规划纲要〉的二十五条措施》《绵阳市县级领导干部实绩档案管理办法（试行）》《关于做好支持抓项目促投资激励干部担当作为有关工作的通知》《绵阳市市属企业领导人员管理办法》等政策制度规定，创新实施“三问”行动，全覆盖开展市管领导班子和领导干部日常综合分析研判，从急难险重一线等提拔重用县级领导干部121人，33名市管干部晋升更高职级。深化“翘楚工程”“铸魂工程”，选派63名干部人才挂职锻炼，递进培养优秀干部人才49人。制定市属高校中层正职选拔任用工作实施细则，优化调整教育、卫生、国企三大系统领导班子，提拔重用市属学校、医院专业干部18人，消化副职14人。深化领导干部个人有关事项报告专项整治，对2033名市管干部的档案全面进行专审“回头看”，专审“全覆盖”经验做法被《四川组工动态》刊载。全年累计调整市管干部569人次（含职级88人次），其中提拔或同职级重用189人次、交流任职108人次、到龄或提前退休68人次。

【公务员队伍建设】 2020年，全市实施公务员职务与职级并行制度，重新审批9个县市区职级职数设置方案，研究解决单位职级晋升难点问题。推进公务员分类改革，完成员额法官、员额检察官单独职务序列改革，932人次入额、遴选、晋升；报批全市公安机关执法勤务、警务技术职级职数设置方案，市本级完成套转135人、晋升1540人；综合行政执法改革中369名执法人员下沉转隶。完成招录公务员346人，其中急需紧缺专业选调生50人。在市委集中统筹考核“一把手”工作和公务员平时考核工作，精减13项工资福利审批流程，开发符合绵阳市实际的工资福利工作信息管理系统。选调生“墩苗工程”工作经验被《四川组工动态》刊载。

【基层党建工作】 2020年，绵阳市制发贯彻落实《中国共产党支部工作条例（试行）》重点任务清单，评选命名第二批市级示范党组织207个。规范农村基层党组织设置，创新村民小组长提级备案管理，实施优秀农民工回引培养工程，回引培养4135名农民工后备力量。提前谋划推进村（社区）“两委”换届，全面完成1582个村、487个社区班子研判，游仙、梓潼于11月中旬在全省率先完成村（社区）党组织换届，“一肩挑”村党组织书记监管等经验被中央和省级主流媒体报道。出台加快建设全国城市基层党建示范市30条举措，制定深化街道管理体制改革方案，形成“两分类三下沉、四集中五保障”改革框架，全面下放统筹协调权等5项权力。修订完善“三化一型”（即管理服务规范化、岗位待遇职业化、能力素养专业化、培塑匠心扎根型）社区专职工作者薪酬体系，以街道为单位集中考核社区党组织书记（主任）。建成4个县级中心和57个社区级示范中心，132个党群服务中心完成亲民化改造。实施国企、学校、医院、新兴领域等7个行业党建提质增效三年行动计划，创新国资、教育、卫健等领域轮值主席制。市互联网协会被评为全省互联网行业党建示范点，金利通信网络公司“红炉造血”经验（即该公司在党支部的引领下，探索实施的增储备、抓教育、练本领、促提升等系列人才培养计划，旨在从根本上破解人才紧缺难题）被全国党建研究会收录为全国互联网企业党建优秀案例。

【城乡基层治理】 2020年，全市市县两级均成立城乡基层治理委员会，设立办公室及工作组，明确17名市领导、33名市直部门“一把手”牵头，推动“三会九制三推进”机制落地落实。制定城乡基层治理市级示范8类47项指标体系、1A—5A评价体系，按6大类型推进社区分类治理。在全省率先推行小区党务公开、业委会事务公开、物业服务公开“三公开”。出台社会企业认定、培育和扶持办法。四川社区干部培训绵阳基地加快建设。绵阳获批成为第一期全国市域社会治理现代化试点城市、全省城市基层治理示范市。

资料链接：“六有两公开”即有主题、有预告、有仪式、有讨论、有记录、有督查，公开党员出勤情况、公开支部执行情况。

民主生活会“七叫停”即上年度整改落实未全面回应的叫停，对照剖析未见人见事见思想的叫停，开展批评未真刀真枪真出汗的叫停，《若干规定》未严格执行落实的叫停，有未按规定报告个人有关事项的叫停。

干部“三问行动”即在市直部门中，围绕“承担了什么风险、破解了什么难题、干成了什么实事”，年初梳理任务清单，年中销号式推进，年底据实申报，结合日常研判和年度考核开展综合评价，激励领导干部抓落实作表率。

“翘楚工程”即分批次安排优秀年轻干部挂职历练，培养专业能力、培育专业精神。具体方式为“四个一批”，即推荐一批到省直专业性较强的部门、专业岗位挂职或顶岗锻炼，选拔一批到脱贫攻坚、生态环保、教育卫生、信访维稳等一线岗位历练，选拔一批到市委、市政府重点项目建设指挥部，将优势干部资源挂到项目一线攻坚，选拔一批到对口帮扶藏区彝区一线参与援建。

“铸魂工程”即为落实“新时代治蜀兴川执政骨干递进培养计划”，针对优秀年轻干部，采取“党的理论和党性教育+返岗实训提升”方式的培训工作。

“墩苗工程”即为做实选调生培养使用工作，开展的“育苗、护苗、壮苗”为主要内容的系列工作。其中育苗即通过导师帮带、分批历练等方式提升选调生综合能力；护苗即通过常态化、动态化、精准化管理方式，实现选调生精准培养；壮苗即通过打造选调生干事创业平台，大力选拔使用选调生。

“两分类三下沉、四集中五保障”深化街道管理体制改革即将街道界定为涉农街道和城区街道两类，推进权力下沉、力量下沉、资源下沉，把审批服务集中到一个窗口、综合执法集中到一支队伍、指挥调度集中到一个平台、推动基层治理集中到一张网格，同步强化职责准入、上下联动、考核评价、财政保障、干部人才组织5项制度保障，推动改革工作落地落实。

“三会九制三推进”中“三会”即办公室办公会议、办公室专题会议、重点工作推进会议；“九制”即会议制度、联络员制度、报告制度、调研督导制度、学习交流制度、联系点制度、定期通报制度、考核评价制度、工作保障制度；“三推进”即项目化推进、清单化推进、销号化推进。

动态评选命名1A—5A市级示范党组织即为培育一批站得起、推得开、可复制的示范典型，加强基层党组织标准化规范化建设，制定县市区、园区、乡镇、国企、医院等11类、87条评选标准，建立1A—5A命名体系，动态组织评选命名和等级调整。

【脱贫攻坚】 2020年，全市召开抓党建促脱贫攻坚暨“六个一”（即联系领导、帮扶单位、驻村工作队、第一书记、驻村农技员、家庭医生服务团队）帮扶工作推进会，以户为单位整改“回头看”帮扶工作问题。健全防止返贫监测和帮扶机制，保持1605名第一书记和驻村工作队员稳定，整顿软弱涣散村党组织81个，推进抱团发展等6种模式发展壮大村级集体经济，争取中央、省财政扶持村项目85个、扶持资金6800万元。完成脱贫攻坚国家普查和省级调查现场登记等工作。

【人才强市建设】 2020年，全市新引进人才2.53万人，其中硕士2368人、博士251人。深度参与绵碚协同发展，在全省率先推进成渝地区人才协同发展，与北碚区召开干部人才协同发展联席会议，签署高层次人才交流协议4个，形成人才合作项目63个，确立干部人才互派交流等重点工作11项，1名副县级和1名科级领导干部到北碚交流锻炼。联合举办绵碚两地人才政治研修等活动15场次。在“两弹一星”干部学院挂牌北碚干部人才培训研修基地。首次联合在绵阳的科研院所高校举办“科技绵州 人才飞阳”招才引智空中双选会、西北行专场、华北专场等活动，完成95个校地合作项目落地。实施“科技城人才计划”“绵州育才计划”，支持引进49个高层次人才团队，投入专项资金5350万元，培育各领域专业人才155人，6家受资助企业入选全省第二批专精特新“小巨人”。启动“绵州英才荟”系列人才研修疗养活动，制发“绵州英才卡”435张。搭建“科技城人才之家”人才交流合作平台，举办科学家精神论坛、5G与卫星应用主题论坛等人才活动23场次。大型仪器平台重庆分中心、省级人才资源服务产业园［中国（绵阳）科技城人力资源服务产业园］、省级院士（专家）产业园建成投用，西部首个人才公园（科技城人才公园）建成开园，全省人才工作创新发展研讨班在绵阳举办。

【全市组织部长暨老干部局长会议】 2020年2月13日，全市组织部长暨老干部局长会议在市委党校召开，市委常委、组织部部长岳勇出席会议并讲话。会议以习近平新时代中国特色社会主义思想为指导，传达贯彻全国、全省组织部长会议精神，贯彻落实市委七届八次全会决策部署，总结2019年组织工作，研究部署2020年组织工作。 （李籽利）

宣传工作

【概况】 2020年，全市宣传工作坚持以习近平新时代中国特色社会主义思想和习近平总书记关于宣传思想工作重要论述为指导，贯彻党的十九大、十九届二中、三中、四中、五中全会精神，落实中央、省委和市委的各项决策部署，营造深度参与成渝地区双城经济圈建设良好舆论氛围，担负举旗帜、聚民心、育新人、兴文化、展形象的使命任务，为加快建设中国科技城和西部现代化强市提供坚强思想保证、强大精神动力和良好舆论条件。绵阳市第四次蝉联“全国文明城市”，江油市创建成为全国文明城市（县级），至此，绵阳市成为全省唯一市本级和县级市同时获得全国文明城市称号的地级市。市“扫黄打非”工作领导小组办公室被表彰为2019年度全国“扫黄打非”工作先进集体。三台县文化市场综合执法大队、绵阳市新世纪农村数字电影院线有限责任公司被中宣部表彰为“第八届全国服务农民、服务基层文化建设先进集体”。涪城、游仙、江油、北川4个全国新时代文明实践中心建设试点通过上级评估验收。持续开展城市标识推广运用工作，制定相关《工作规则》和《管理手册》，协调全市各部门在社会宣传、城市窗口、公共设施、办公用品、会务接待以及重大会展、交流、推介活动等方面推动城市品牌形象建设。

【理论工作】 2020年，全市加强和改进党委（党组）理论学习中心组学习，印发《关于贯彻落实〈进一步加强和改进党委（党组）理论学习中心组学习〉有关事项的通知》《2020年全市党委（党组）理论学习中心组学习安排意见》，推动理论学习中心组学习制度化规范化。承办市委理论学习中心组学习会12次，其中集体学习研讨7次；编印学习资料6期；推荐《论党的宣传思想工作》《中华人民共和国民法典》等读本12种。研究出台《党委（党组）理论学习中心组学习测评细则》，举办全市理论学习中心组学习交流会，将理论学习中心组学习情况纳入2020年度意识形态工作责任制专项督查内容。持续深化学习研究阐释习近平新时代中国特色社会主义思想，印发《关于认真做好〈习近平谈治国理政〉第三卷学习发行宣传工作的通知》，全市累计征订13万册，征订总数位居全省第三位。在《绵阳日报》和“学习强国”App平台推送学习《习近平谈治国理政》第三卷心得体会文章4期12篇。组织开展“全面建成小康社会‘百城千县万村’”调研活动，牵头撰写和组织推荐的4篇调研文章入选省委宣传部优秀调研报告，入选数量与成都市并列全省第一位。做好学习贯彻党的十九届五中全会精神省委宣讲团到绵阳的宣讲服务保障工作，牵头承办省委宣讲团报告会3场、座谈会3场。组织开展中央、省委、市委全会精神宣讲活动70余场次，指导全市各级党组织开展宣讲活动4000余场次，推动全会精神进企业、进农村、进机关、进校园、进社区、进网站。统筹协调40名县市区、园区、市直部门主要负责人和哲学社科理论界专家学者围绕中央、省委、市委全会精神谈认识、谈体会、谈打算，专栏推出理论文章40篇。强化理论传播阵地建设，坚持把“学习强国”App平台作为引导党员干部领会精神、增进共识、凝聚人心、鼓舞斗志的重要阵地，全市共有注册学员24万人，注册学员数居全省第二位，累计上报各类稿件1万余篇，其中被“学习强国”App四川平台采用4230篇、全国平台采用416篇。新冠肺炎疫情防控期间，在全省率先推出“‘学习强国’伴我阅读”活动，向200余名答题达人、优秀学员发放4万元奖励书券。绵阳市活用“学习强国”App助力新冠肺炎疫情防控和经济社会发展工作经验，被“学习强国”App四川平台以简报形式在全省印发。牵头拟制“两弹一星”精神专项答题被“学习强国”App平台答题系统推出，是四川推出的首个专项答题。

【新冠肺炎疫情防控和经济社会发展宣传】 2020年，全市统筹做好新冠肺炎疫情防控和经济社会发展宣传工作。利用立柱广告、户外广告、LED显示屏、宣传车、标语等形式宣传新冠肺炎疫情防控知识和相关政策，营造全社会群防群控的宣传格局，全市累计出动宣传工作者22.3万余人次、流动宣传车21.7万余台次，制作相关标语、海报7.1万余幅，累计印发各类宣传单800余万份。持续进村进社区宣传，开通“村村响”小喇叭2.58万个；协调电信、移动、联通三大运营商每天定时推送防疫科普知识、温馨提示短信，每天覆盖手机用户近500万人次。开展抗疫主题文艺创作活动，组织文艺工作者创作反映抗击新冠肺炎疫情的主题文艺作品1283件，其中歌曲46首、戏剧（小戏小品）7部、曲艺44个、书画美术作品535件、诗歌352首、其他作品299件。《英雄》《好想隔空拥抱你》等5首歌曲入选《四川战“疫”书系·音乐卷》首批优秀抗疫歌曲。

【新闻宣传】 2020年，全市做好中央、省委和市委重要决策部署、重要会议精神宣传报道，组织市级主流媒体开设“走向我们的小康生活”“决战决胜脱贫攻坚”“乡村振兴进行时”“走基层·蹲点日记”等各类专题专栏110余个，发稿1830余篇（条）。牵头完成《四川脱贫攻坚书系（绵阳卷）》编纂出版工作。组织策划实施新冠肺炎疫情防控和复工复产、深度参与成渝地区双城经济圈建设、科技城建设二十年、做好两项改革“后半篇”文章、先进制造业发展、优化营商环境等十大主题外宣，通过邀请中央和省级主流媒体到绵阳采访、向上报送新闻素材等方式，协调中央、省级媒体刊发重要稿件1100余篇（条），组织“绵阳工业稳增长和转型升级”和“走进中国科技城·聚焦绵阳看创新”大型主题集中采访活动，邀请7家中央和省级主流媒体骨干记者到绵阳采访，推出一批反映科技城建设二十周年成就、绵阳工业经济发展成就亮点的重头稿件。围绕全市重大活动，策划推出“全面深化改革看绵阳”“共建共治共享全国文明城市建设成果”“聚焦三大攻坚行动”等专题系列报道，共发稿1500余篇（条）。持续加强科博会宣传力度，邀请中央和省、市重点媒体82家、215名记者到绵阳采访报道，5家网络新媒体对“云上科博会”进行现场网络云直播，直播观看人数达4270万人次，各级各类媒体刊（播）发科博会和科技城建设新闻稿件1130余篇（条），其中《人民日报》报道科博会3次，新华社播发新闻通稿，中央电视台《新闻联播》作新闻报道。

【文化事业发展】 2020年，全市召开文化和旅游发展大会，落实《绵阳市文化服务业2020年度行动方案》《绵阳市旅游服务业2020年度行动方案》。加强规模以上文化企业培育力度，规模以上文化企业达103家，入库全省文旅产业项目19个，1000万元以上的签约项目9个，李白文化产业园等14个项目获得应对疫情稳定文旅产业发展项目资金475万元。组织开展2020年度四川省文化产业发展专项资金项目申报工作，全国“图书一张网”云图书馆平台等2个项目获300万元支持。启动2020年市级文化产业发展专项资金评审工作，对12个文旅产业项目进行资金扶持。全市院线影院达40家，电影票房总收入位居全省第二位。全市文艺人才队伍持续壮大，1人入选国家青年艺术创作人才资助项目，9人成为巴金文学院签约作家。市作家协会、三台县作家协会获2019年度全省文学扶贫“万千百十”活动先进集体称号。成立绵阳市文化志愿者协会，依托科技城人文讲堂、文艺骨干培训等平台，开办市级公益培训40场，组织文艺骨干下基层，开展文艺志愿服务活动1285人次。制定《沙汀文学艺术基金管理使用办法》，扶持优秀文艺作品22件、困难文艺工作者2人。印发《白马文化传承发展专项行动方案（2020—2025）》，编制《绵阳市白马文化规划纲要》，落实专项资金200万元。收集整理羌族特色文化资料图片500余张、书籍100余部、音视频约200G、羌族文物300余件、文稿50余万字、作品500余件。“六个一批工程”实施取得新进展，整理完善绵阳历史名人50余位，安州区李调元入选第二批四川历史名人。加强文物和遗址的保护研究，全市3家单位晋升省级文物保护单位，4处全国重点文物保护单位的保护规划经国家文物局批复同意公布。“5·12”汶川特大地震纪念馆获评国家一级馆。编制《四川长征国家文化公园绵阳段建设保护总体规划》《传统村落保护发展规划》，编纂《绵阳国防科工口述史》，启动“绵阳市三线建设博物馆”建设工作，推动江油黑滩村村史博物馆等8家村史馆申报省级建设示范项目。开展巴蜀文化旅游融合发展工程，北川创建成为“天府旅游名县”，组织“非遗”项目《川剧变脸》跟随文化旅游部、外交部到非洲慰问演出，羌族草编、羌绣、竹编、木雕等多个“非遗”项目亮相第二十五届澳门国际贸易投资博览会。大型现代川剧《文昌第一福》入选“2019年度全国优秀现实题材舞台艺术作品展演”，长篇小说《雀儿山高度》《天边的学校》入选中国作协2020年重点扶持项目，《风吹白羽毛》入选省委宣传部主题文艺精品创作生产2020年度项目，音乐剧《高山青·潼川情》入选四川省重点签约剧本，话剧《疫战中的婚约》、儿童剧《说唱俑》各获四川省艺术基金资助80万元，其中《战疫中的婚约》入围省文联2020年度百家“推优工程”。歌曲《那一场雪落江汉》获全国总工会、中央网信办举办的网络正能量歌曲征集评选活动“十大金曲”称号。组织开展2020年绵阳市优秀文艺作品及文艺项目扶持工作，评选优秀文艺作品51件（其中特别扶持10件）、文艺项目20个，扶持金额224万元。

> **资料链接：**“六个一批工程”即建立一批学术研究中心，创建一批文化传习基地，策划一批品牌文化活动，创作一批文艺精品力作，打造一批主题旅游线路，研发一批优秀文创产品。

【文明创建】 2020年，全市深化文明城市、文明村镇、文明单位、文明家庭、文明校园创建，修订完善《绵阳市文明单位测评细则》《绵阳市文明村镇测评细则》和《绵阳市文明单位、文明村镇创建动态管理措施（负面清单）》。持续开展文明城市建设“十大提升行动”、倡导文明健康绿色环保生活方式十大行动，开展督查检查30余次，模拟测评2次，媒体曝光22期，发放整改通知45期，解决问题143个。推进文明行为立法工作，发放调查问卷3万余份，召开专题调研座谈18次，《绵阳市文明行为促进条例（草案）》通过市人大常委会一审。绵阳市在全国精神文明建设表彰大会上以全国地级复检城市排名第六的成绩被中央文明办通报表扬，第四次蝉联“全国文明城市”；江油市创建成为全国文明城市县级城市；全市3个镇、4个村、6个单位、1个家庭、2所学校受到全国表彰，3个乡镇、9个村、16个单位、6个家庭、7所学校受到省级表彰；三台、盐亭、梓潼、北川、平武均通过全省文明城市复测。

> **资料链接：**文明城市建设“十大提升行动”即文明氛围提升行动、市容环境提升行动、基础设施提升行动、文明交通提升行动、校园环境提升行动、市场秩序提升行动、志愿服务提升行动、窗口服务提升行动、文明旅游提升行动、文明新风提升行动。文明健康绿色环保生活方式十大行动即文明餐桌、爱国卫生运动、文明实践、文明出行、绿色生活普及、移风易俗、文明娱乐规范、争做身边好人、志愿活动、心理健康服务。

【公民思想道德建设】 2020年，全市举办第五届绵阳市道德模范以及感动绵阳人物、最美绵阳人物评选活动，评选道德模范39人、感动绵阳人物20人、最美绵阳人物20人、“最美快递员”10人，其中龙波等4人被评为“四川好人”。开展“扣好人生第一粒扣子”主题教育实践活动，李籽萱等2人入选四川省“新时代好少年”。涪城区妇女联合会等5家单位、李大勇等3名个人获得全省未成年思想道德建设工作表彰。推动诚信教育宣传，结合“3·15”消费者权益日、“诚信行商宣传月”，开展“诚信建设万里行”主题活动。

【版权管理工作】 2020年，全市推进软件正版化，建立工作联席会议制度，加强正版化软件使用日常管理，完善长效机制。全年完成作品著作权登记工作，共登记作品8583件。全市新培育版权示范单位5家，1家企业（四川汇德轩文化艺术有限公司）获“全国版权示范单位”称号，绵阳文昌祖庭文化传播有限公司等2家企业获“四川省版权示范单位”称号。开展著作权领域打击侵权假冒工作和打击网络侵权盗版“剑网”专项行动，查办涉版权案件线索6件，结案3件，收缴侵权盗版物2586件。市版权局版权科等4家单位被国家版权局评为2019年度查处重大侵权盗版案件有功单位。做好全市“三报一刊”（即《绵阳日报》《绵阳晚报》《绵阳广播电视报》和《剑南文学》期刊）和公开新闻媒体重点网站审读工作；成立四川文艺出版社绵阳分社。

【公共文化服务】 2020年，全市开展“中国科技城·绵州讲坛”、绵阳市“迎春诗会”“绵州大舞台·惠民演出季”、图书漂流等40余项品牌群众文化活动，举办“绵阳·鉴赏”文化大讲堂9期，组织文艺下乡、乡村艺术展演等活动340余场。开展全民阅读活动，举办各类阅读文化活动累计51场，评选“爱阅读·会生活”读书分享优秀组织单位10个、读书分享金牌推广人10人。评选出“最美书屋”10家、“特色书屋”5家。组织承办2020“天府书展”绵阳会展活动。全年组织放映农村公益电影3.89万场、城市公益电影500场。绵阳市新世纪农村数字电影院线有限责任公司、三台县文化综合执法大队被中宣部表彰为“第八届全国服务农民、服务基层文化建设先进集体”。指导市级媒体整合资源，做大做强网络平台，用户数达250万人。召开全市县级融媒体中心建设推进会和现场会，全市9个县市区全部通过全省融媒体中心建设交叉验收，绵阳市有3篇相关经验性文章被四川省《区县融媒工作动态》刊发。

【社会主义核心价值观宣传】 2020年，全市组织7个电视台、9个县级融媒体中心、11个官方移动客户端以及140余块户外LED屏和300余辆公交车载电视，对中宣部制作的“感人瞬间”9个系列微视频进行全面展播。印发公益宣传册20余万份，张贴、刊播公益广告30余万份（处），刊发公益宣传1860篇（条），推送防疫科普知识500万人次，创作发布“抗疫”文艺作品600余个，设立20余个《共建共治共享全国文明城市成果》专栏，开展“讲文明　树新风”公益广告创作征集活动，征集作品318幅（个）。推进“分餐制·公勺公筷制”行动，全市2000余家餐饮经营服务单位和所有机关单位食堂全面实行公筷公勺。组织“爱国活动周”系列主题活动，组织社会各界代表共500余人在南山烈士陵园举行公祭活动。做好“两弹一星”梓潼纪念馆创建全国爱国主义教育基地的推荐和申办工作，组织参加“辉煌七十年　奋进新时代”爱国主义读书教育活动，12人获全国特等奖。做好全市爱国主义教育示范基地管理工作，举办升国旗仪式、成人仪式、入党入团入队仪式，弘扬爱国主义精神，全年全市各级各类爱国主义教育示范基地共接待328万余人次参观，其中青少年集中参观4513批次，共122万余人。

【全市新时代文明实践中心建设试点暨农村精神文明建设工作推进会】　2020年5月21日，全市新时代文明实践中心建设试点暨农村精神文明建设工作推进会召开。会议要求各级各有关部门自觉强化担当担责，落实主体责任，探索完善“中心吹哨、部门报到、各方参与”的工作机制，形成县、乡、村三级贯通，中心、所、站密切联动的工作格局；要加强督促指导，聚焦目标任务，统筹设定时间表、路线图，倒排工期、压茬推进，加大对基层抓落实的督促指导力度；要做好工作落实，注重工作方法，把握基层工作的特点规律，抓住重点、攻克难点、培育亮点，因地制宜、分类指导，积极稳妥、富有成效地推进试点工作。会议指出2020年全市新时代文明实践中心建设会以县域为整体，以县、乡、村三级为单位，以志愿服务为基本形式，以资源整合为抓手，统筹推进学习实践科学理论、宣传宣讲党的政策、培育践行主流价值、丰富活跃文化生活、持续深入移风易俗5项重要内容，推动新时代文明实践中心建设接地气、有活力、可持续。推进农村精神文明建设工作方面，以推进移风易俗、深化农村精神文明创建、丰富农民群众文化生活等系列活动为举措，培育选树先进典型，加强基层文化阵地建设，开展爱国卫生运动，倡导文明健康生活方式，提升村容村貌、治理生活垃圾、推进“厕所革命”，营造干净整洁、山清水秀、宜居宜业的生产生活环境。

【绵阳市“道德的力量”颁奖典礼举行】　2020年11月11日，由市精神文明建设委员会主办的绵阳市“道德的力量”颁奖典礼举行，表扬第五届绵阳市道德模范39人、疫情防控“感动绵阳人物”20人、疫情防控“最美绵阳人物”20人。市委书记、市文明委第一主任刘超出席并致辞。市委常委、秘书长、宣传部部长张学民为第五届绵阳市道德模范代表颁奖，市人大常委会副主任董晓彬为疫情防控“感动绵阳人物”代表颁奖，副市长郑志恒、市政协副主席郭兴林为疫情防控“最美绵阳人物”代表颁奖。第五届绵阳市道德模范、疫情防控“感动绵阳人物”“最美绵阳人物”获奖者，以及各行各业代表等参加颁奖典礼。

第五届绵阳市道德模范一览表

表21

绵阳市助人为乐模范（6人）		
序号	姓名	所属单位或所属地
1	李红英（女）	安州区学雷锋志愿服务中心
2	吴　琼（女）	江油市人民医院
3	杨先卫	盐亭县高灯镇联和村老年协会
4	钟玉琼（女）	游仙区涪江街道绵山路社区
5	秦　龙	三台县八洞镇龙轩家园老年公寓
6	崔凤琴（女）	江油市含增镇盘江社区第二支部
绵阳市见义勇为模范（6人）		
序号	姓名	所属单位或所属地
1	田华章	游仙区魏城镇玉珠村一组
2	何　敏	安州区晓坝镇福临苑社区
3	何有义	三台县乐安镇何家桥村三社
4	赖　宁	绵阳市公交公司公交五总站
5	李见廷	安州区宝林镇调元社区居委会
6	杨　浩	涪城区新华文轩

续表

绵阳市诚实守信模范（6人）		
序号	姓名	所属单位或所属地
1	马晓晖（女）	四川绵阳科伦医药贸易有限公司
2	于　江	江油启明星氯碱化工有限责任公司
3	杨群芳（女）	游仙区魏城镇荣发村7组
4	张　巧（女）	江油市龙凤镇
5	金光琼（女）	盐亭县玉龙镇兰草村
6	谢春梅（女）	涪城区春梅饭店
绵阳市敬业奉献模范（16人）		
序号	姓名	所属单位或所属地
1	王　红（女）	涪城区城厢街道临园路东段社区
2	王益波	盐亭县人民法院金孔人民法庭
3	王　媛（女）	绵阳市卫生执法监督支队
4	王永生	梓潼县石牛邮政代办所
5	兰小奇（女）	三台县七一小学
6	龙　波	四川绵阳四〇四医院
7	羊　军	永安电力股份有限公司
8	刘明宇	游仙区委
9	刘永柏（已逝）	江油市马角镇前进村
10	陈冬冬	绵阳日报社
11	陈　旭	四川省银河化学股份有限公司
12	肖兴琴（女）	涪城区安昌路小学
13	张信威	中国工程物理研究院
14	罗春平	四川王朗国家级自然保护区管理局
15	高奕琦	武警第二机动总队某支队
16	游洪建	四川九洲电器集团有限责任公司
绵阳市孝老爱亲模范（5人）		
序号	姓名	所属单位或所属地
1	王　艳（女）	国网北川县供电公司永昌供电所
2	冯晓蓉（女）	北川羌族自治县大鱼公益
3	秦　秀（女）	平武县阔达藏族乡阔丰村
4	夏菊华（女）	游仙区魏城镇文昌宫村四社
5	崔荫森	江油市含增镇长城新村

疫情防控“感动绵阳人物”一览表

表22

序号	单位名称或人名	所属单位或所属地
1	绵阳援湖北医疗队（集体）	—
2	四川绵阳四〇四医院丰谷病区（集体）	—
3	王　娟（女）	绵阳市疾控中心职业与放射预防控制所
4	刘　冰	四川绵阳四〇四医院
5	刘　欣（女）	四川绵阳四〇四医院
6	吕　宏	江油市人民医院
7	陈　玺（女）	绵阳市人民医院
8	杨　强	绵阳市卫健委
9	杨仕荣	游仙区妇幼保健院
10	张　莉（女）	三台县人民医院
11	张明华	梓潼县仁和镇檬桠村
12	张先德	涪城区疾控中心
13	贺　婷（女）	涪城区城北社区卫生服务中心
14	贾　超	绵阳市中心医院
15	唐水英（女）	安州区妇幼保健计划生育服务中心
16	徐　丽（女）	北川羌族自治县人民医院
17	梁雪梅（女）	平武县响岩镇卫生院
18	谢洪委	绵阳市疾控中心
19	谢　英（女）	四川绵阳四〇四医院
20	虞仕国	盐亭县人民医院

疫情防控“最美绵阳人物”一览表

表23

序号	姓名	所属单位或所在地
1	龙　旭	平武县阔达藏族乡岭岗村
2	刘都泽	涪城区工区街道剑门路西段社区
3	刘剑峰	北川中国心志愿者团队、四川原点公益慈善中心
4	吕丹妮尔（女）	四川工商学院会计学院
5	羊　洋	绵遂高速公路有限公司花园收费站
6	陈攀吉	西南科技大学
7	杜仁山	游仙区石马镇横山村
8	何　静（女）	涪城区临园路西段社区

续表

序号	姓名	所属单位或所在地
9	李振平	绵阳市雷锋志愿者服务中心
10	杨会英（女）	盐亭县高渠镇魏河村
11	杨顺全	涪城区青义镇小桥村 6 社
12	林春凤（女）	四川省军区绵阳离职干部休养所
13	赵　龙、周琳夫妇	平武县响岩镇派出所、平武县江油关镇中心卫生院
14	饶春雷	梓潼县梓昌投资有限责任公司
15	梁治敏	经开区松垭镇白山社区
16	舒　皓	仙海区沉抗镇派出所
17	赖　刚	三台县潼川镇人民政府城乡规划建设办公室
18	蒲洪建	盐亭县凤灵街道滨江社区
19	廖鲜榕（女）	涪城区总工会
20	廖云锋	绵阳市公安局涪城区分局工区派出所

图7　11月11日，“道德的力量”颁奖典礼举行

【绵阳市第四次蝉联全国文明城市称号】　2020年11月20日，全国精神文明建设表彰大会召开，会上公布第六届全国文明城市入选城市名单和复查确认保留荣誉称号的前五届全国文明城市名单，表彰第六届全国文明城市、文明村镇、文明单位和第二届全国文明家庭、文明校园及新一届全国未成年人思想道德建设工作先进。其中绵阳市在全国地级复查城市排名第六，通过文明城市复查，继续保留全国文明城市荣誉称号并受到中央文明办通报表扬，至此绵阳市第四次蝉联全国文明城市荣誉称号。同时，江油市入选第六届全国县级文明城市，成为四川省首批全国县级文明城市；绵阳市涪城区吴家镇等3个镇、涪城区青义镇戈家庙村等4个村获第六届全国文明村镇称号；绵阳市住房和城乡建设委员会等5个单位获第六届全国文明单位称号，江油市委宣传部获第五届全国未成年人思想道德建设工作先进单位称号，王晓红家庭获第二届全国文明家庭称号，绵阳实验高级中学、科创区博雅学校小学部2所学校获第二届全国文明校园称号。

表24

绵阳市第六届全国文明村镇一览表

序号	村镇名称	序号	村镇名称
1	绵阳市涪城区吴家镇	5	三台县芦溪镇涪城村
2	绵阳市安州区桑枣镇	6	盐亭县高渠镇白虎村
3	北川羌族自治县桂溪镇	7	梓潼县石牛镇雁门村
4	绵阳市涪城区青义镇戈家庙村	—	—

表25

绵阳市第六届全国文明单位一览表

序号	单位名称	序号	单位名称
1	绵阳市住房和城乡建设委员会	4	国网四川省电力公司绵阳市游仙供电分公司
2	绵阳市市场监督管理局（机关）	5	绵阳市商业银行城郊支行
3	国家税务总局江油市税务局	—	—

【绵阳市单位和个人获全省未成年思想道德建设工作表彰】　2020年12月28日，全省精神文明建设表彰大会在成都召开。大会公布省文明委决定，授予什邡市等30个县市区四川省未成年人思想道德建设工作先进县（市、区）称号，授予泸州市龙马潭区鱼塘街道等100个单位四川省未成年人思想道德建设工作先进单位称号，授予何林等100人四川省未成年人思想道德建设工作先进工作者称号。其中绵阳市北川羌族自治县、梓潼县获四川省未成年人思想道德建设工作先进县称号，绵阳市涪城区妇女联合会、中共绵阳市涪城区委宣传部、共青团绵阳市委、绵阳市雷锋志愿者服务中心、绵阳市游仙区石马镇三星博爱小学获四川省未成年人思想道德建设工作先进单位称号，李大勇、王珏、何林3人获四川省未成年人思想道德建设工作先进工作者称号。　（唐东杰）

统一战线工作

【概况】　2020年，全市坚持以习近平总书记关于加强和改进统一战线工作的重要思想作为根本遵循，以“不忘初心、维护核心、服务中心、凝聚人心”为工作定位，统一战线服务中心大局贡献率提升。全年召开市委统一战线工作领导小组2020年第一次全体会议、全市统战部长会议、统战重点工作推进会、绵阳市统一战线建言献策座谈会等重要会议，承办全省宗教界代表人士培训班暨宗教团体管理工作现场交流活动、省基层统战工作提升年现场会、“海内外侨商川渝行”活动等重要活动。协调争取全国人大常委会副委员长、九三学社中央主席武维华到绵阳出席第八届科博会开幕式。协调争取到2020民进全国企业家联谊会会长联席会、中国民主建国会成立75周年暨民建四川省委成立40周年座谈会等活动在绵阳举办。发挥侨务资源优势，组织30余名海外社团侨领调研高新区综保区和跨境电商，助力扩展海外招商引资。推动四川中医药高等专科学校发挥海外校友资源，在英国、澳大利亚等地建立起中医药文化体验馆。

【大统战工作格局建设】　2020年，市委主要领导履行统战工作第一责任人责任，带头参加重要统战活动，带头与党外人士结对联系，结交党外朋友。全年市委常委会会议、领导小组会议组织学习统战政策文件、安排部署统战工作7次。统战部门强化统筹协调，推进同组织、宣传、自然规划、住建等部门联席工作制度常态运行，推动一批重点难点问题的解决。县市区、园区、国企、高校党（工）委把统战工作纳入重要议事日程，经常性进行研究安排。各级统战工作领导小组加强统筹协调、研究部署和督促检查，各成员单位履职尽责。全党重视统战工作的氛围浓厚，大统战工作格局效能提升。

【统一战线服务中心工作】　2020年，全市统一战线在抗击新冠肺炎疫情阻击战中响应担责，汇聚各方力量。各民主党派成员围绕新冠肺炎疫情防控的重点热点难点建言献策，获得省委书记彭清华肯定性批示1条、市委主要领导批示1条，医卫界383名民主党派成员坚守防控岗位职责。市新联会开展网络“防控疫情公开承诺活动”，获得50万人“打卡”转发。民营经济、宗教界、新的社会阶层人士等为抗疫捐款捐物合计3200余万元。港澳台同胞和海外侨胞为绵阳对接海外应急物资采购渠道，并向全国8省11市捐赠医用口罩、防护服、消毒液等物资60万余件。在决战脱贫攻坚中，民主

图8 7月17日，绵阳统一战线建言献策座谈会暨助推绵阳深度参与成渝地区双城经济圈建设专题协商座谈会召开

党派开展民主监督，为确保脱贫质量发挥作用。开展“百企帮百村”，467家市、县民营企业（商会）与445个贫困村结对帮扶，实施项目1044个，受帮扶贫困人数6.8万人次。全年开展对口援藏工作，到位财政帮扶资金6228万元，实施项目17个，完成投入4892万元。在推进绵阳市、重庆市北碚区合作中，两地签署统战部结对共建友好合作框架协议、友好工商联（总商会）协议，组建两地跨区域友好商（协）会、企业联盟，7个民主党派市（工）委与重庆市北碚区民主党派全部结对，围绕绵阳深度参与成渝地区双城经济圈建设形成专题调研报告10篇，提出意见建议40余条。

【民主党派建设】 2020年，全市贯彻落实加强参政党建设系列文件精神，支持民主党派履行参政党职能，围绕市委重大决策部署建言献策，形成调研报告14篇，议案提案和意见建议148条。支持民主党派开展脱贫攻坚民主监督，率先在全省启动民主党派投身优化营商环境建设民主监督工作实践。

【党外知识分子和新的社会阶层人士统战工作】 2020年，全市召开党外知识分子联谊会第四届换届大会，设立中医药分会和归国留学人员分会；四川中医药高等专科学校、四川文化艺术学院成立党外知识分子联谊会；15所高校成立绵阳市高校统战联盟，开展校地、校企、校校合作，助力绵阳经济社会发展。做好网络人士统战工作，开展净网行动，弘扬主旋律，构建清朗网络空间。组织党外知识分子、新的社会阶层人士代表开展“校地统战凉山行·凝心聚力助脱贫”“汇聚知新力量·助力县区发展”“走乡村·话小康”等主题活动。

【民营经济服务】 2020年，全市统战系统助力民营企业新冠肺炎疫情防控和复工复产，联合市税务局、市金融局开展税企恳谈会等，帮助企业解决融资难题。引导民营企业履行社会责任，开展“百企帮百村”活动，组织爱心企业“壤塘行”“红原行”援助藏区。全市近500家民营企业、直属商会、异地商会、基层商会向市内各级红十字会、慈善总会、疫情防控指挥部等单位捐款捐物共3100余万元。

【民族和宗教工作】 2020年，绵阳市被省委统战部、省民宗委确定为全省新时代城市民族工作试点城市。全市在试点工作中，健全完善“三制度一办法”新时代城市民族工作机制体制，其中“三制度”以管理、服务和关爱为核心内容，管理上确保社区有地点办事、有人员干事、有网络管事；服务上围绕落户、教育、医疗、法律、就业、人文等搭建8个服务平台，为少数民族流动人口提供均等化公共服务；关爱上围绕精神、价值和生活3个方面，为城市少数民族困难群体提供关怀关爱措施。“一办法”即《绵阳市城市民族工作星级社区评定办法（试行）》，以“小区交友、社区服务、事业协同、文化同构”为星级社区主要评定指标，围绕“三就”（就业、就医、就学）服务、营造“三圈”（各民族相互嵌入的生活圈、工作圈、朋友圈）环境，壮大“三交”（各族群众交往、交流、交融）成果等内容健全评定体系。截至年底，全市有首批城市民族工作星级社区12个。持续开展民族团结进步创建活动，强化民族团结进步示范引领，平武县等7个地区（单位）被省民宗委命名为全省民族团结进步示范区（单位）；中共平武县委员会、盐亭县大兴回族乡人民政府、国家税务总局北川羌族自治县税务局、四川经纬达科技集团有限公司、四川省绵阳普明中学5个集体被省政府表彰为全省民族团结进步模范集体，佘兰、王应武、余富强、黄晓东、何沿霖、马晓晖共6名个人被省人民政府表彰为全省民族团结进步模范个人。依法管理宗教事务，破解一批宗教领域的难点、堵点、痛点问题。常态化开展全面提升宗教界人士综合素质，全面提升宗教团体、宗教活动场所管理水平，全面提升宗教界良好社会形象“三大提升”活动，创新开展宗教场所“分类升级创六好”活动，创建“六好示范场所”（规范管理好、和谐示范好、法治建设好、安全防控好、生态环境好、文化传承好）19个。全年共争取到位省级民族类专项资金1785余万元，其中非统筹资金实施项目11个；落实市级少数民族资金400万元项目，实施项目14个。

2020年绵阳市首批城市民族工作星级社区一览表

表26

序号	所属县市区、园区	星级社区	星级
1	涪城区	南山社区	五星
2	游仙区	东路社区	五星
3	梓潼县	潼江社区	五星
4	江油市	东胜社区	四星
5	盐亭县	弥江路社区	四星
6	盐亭县	北街社区	四星
7	北川羌族自治县	禹龙社区	四星
8	北川羌族自治县	尔玛社区	四星
9	平武县	报恩寺社区	四星
10	平武县	政府街社区	四星
11	安州区	益昌社区	三星
12	经开区	滨湖社区	一星

2020年绵阳市获四川省第五批民族团结进步示范区（单位）一览表

表27

序号	称号类别	获得称号单位	序号	称号类别	获得称号单位
1	示范县（市、区）	平武县	5	示范社区	北川羌族自治县永昌镇沐曦社区
2	示范乡镇（街道）	北川羌族自治县桃龙藏族乡	6	示范学校	四川省绵阳普明中学
3	示范机关	国家税务总局绵阳市税务局	7	示范企业	绵阳市平武县走马羌寨文化旅游开发有限责任公司
4	示范社区	游仙区经济试验区游仙东路社区			

资料链接：“三制度一办法”即绵阳市城市民族工作规范制度，包括《绵阳市新时代城市民族工作管理制度》《绵阳市新时代城市民族工作服务制度》《绵阳市新时代城市民族工作关爱制度》，《绵阳市新时代城市民族工作星级社区评定办法（试行）》。

【党外干部队伍建设】 2020年，全市形成副厅级、正县级、副县级、正科级党外领导干部后备人选名册，通盘考量形成分析测算报告，为党外干部选配提供依据。做好党外干部培训教育工作，会同市委组织部举办党外中青班、少数民族干部班等培训，选派26人参加省级以上培训。推荐党外年轻优秀干部挂职锻炼，纳入“翘楚工程”管理和“铸魂工程”递进培养计划。分领域建成全市统战人士基础信息库，按成长期、成熟期、成才期分类建立优秀党外年轻干部后备人才库，实行动态管理，实现党外优秀人才储备从“有没有”到“好不好”的提升，做到培养有目标、推荐有对象、安排有人选，形成数量充足、结构合理、素质优良的发展梯队。

【基层统战工作】 2020年，全市开发统战资源，其中科创区依托统战优势揽才聚智，聚集2万余名新的社会阶层人士创新创业；涪城区迎宾社区发挥30余名代表人士特长优势，带动统战对象900余人组建16支服务队，实现自治、共治、法治“三治协同”；江油市白玉村选育68名现代乡村能人乡贤，带领群众致富奔康，助推乡村振兴，被评为全国文明示范村。反映绵阳基层统战工作创新探索成效的理论调研文章《创新做实基层统战，提质增效服务中心》被中央统战部《调研参考》第40期采用。全年分两期对全市160余名乡镇（街道）统战委员进行全覆盖培训，提升基层统战委员理论水平、履职能力。

【"统战+"工作模式】 2020年，全市探索实践"统战+"拓展工作半径，探索"统战+融媒宣传"，依托新媒体产业园，着眼价值融合、推动主体融合、强化场景融合，创新思想政治引领方式，画大网上网下同心圆；探索"统战+社团组织"，依托市统战社团服务中心，培育社团、联谊、联盟组织，运用组织信息交流和资源整合功能，实现社会各界代表人士社会参与愿望；探索"统战+普惠金融"，依托高新区金融科技中心，引导支持统战成员共育数字普惠金融服务产业集群、共创普惠金融产业发展生态、共建数字普惠金融发展社区，助力实体经济发展；探索"统战+普惠消费"，依托统战资源和组织优势，释放内需潜力，服务"六稳""六保"；探索"统战+对外开放"，构建绵阳统战工作"海外联络站"网络，服务开放发展战略；探索"统战+园区培育"，聚力打造优质创新创业生态圈，提升园区核心竞争力。

【绵阳北碚两地统一战线签署结对共建友好合作协议】 2020年6月2日，绵阳、北碚统一战线结对共建友好合作签约仪式暨交流座谈会在绵阳举行，绵阳市委常委、副市长、市委统战部部长、市总工会主席经大忠，重庆北碚区委常委、统战部部长吴萍出席会议。绵阳市委统战部、重庆北碚区委统战部签署《"绵碚"统战部结对共建友好合作框架协议书》，双方围绕党外人士交流培训平台互享互用、民营经济工作互惠互利、民族宗教工作互学互鉴、党外知识分子和新的社会阶层人士互联互动、港澳台侨工作互促互进等方面建立交流互动、信息共享、人才培养合作机制。会上，"绵碚"工商联（总商会）签署《"绵碚"友好工商联（总商会）协议书》，四川大学绵阳校友会、四川大学重庆北碚校友会签署战略合作协议。

【绵阳统一战线建言献策座谈会】 2020年7月17日，绵阳统一战线建言献策座谈会暨助推绵阳深度参与成渝地区双城经济圈建设专题协商座谈会召开。市委书记刘超主持座谈会并讲话。市委副书记、市长元方，市人大常委会主任付康，市政协主席李亚莲，市委副书记刘光强出席座谈会。会议介绍即将召开的中共绵阳市委七届九次全会拟出台重要文件起草情况，听取各民主党派市（工）委、市工商联、无党派人士意见建议。民革市委主委贺勋、民盟市委主委勾永阶、民建市委主委蒋丽英、民进市委主委李京平、农工党市委副主委李晖、九三学社市委副主委余金龙、致公党市工委主委田荣华、市工商联主席黄正良，无党派人士代表许小君、徐汝金围绕绵阳深度参与成渝地区双城经济圈建设、推进城乡基层治理制度创新和能力建设发言，并就科技创新、交通建设、产业发展、人才工作、民营经济发展、社区治理、村集体经济壮大等方面提出意见建议。

【全省宗教界代表人士培训班暨宗教团体管理工作现场交流活动在绵阳举行】 2020年7月27日，全省宗教界代表人士培训班暨宗教团体管理工作现场交流活动在绵阳举行。省委统战部副部长、省民族宗教委党组书记张富国出席开班式并讲话，省民族宗教委党组副书记、主任罗振华主持开班式。省委统战部副部长徐君，省民族宗教委副主任马飞，绵阳市委常委、统战部部长经大忠，市委常委、副市长吕剑等出席活动。7个全省性宗教团体领导班子和工作班子成员、21个市（州）民宗部门负责人和省委统战部、省民族宗教委相关业务处室、单位主要负责人参训。开班式上，与会人员观看绵阳宗教团体管理工作专题片，听取绵阳市宗教团体管理工作和眉山市宗教场所规范化管理工作交流发言。各全省性宗教团体负责人就发挥宗教界作用，抗击新冠肺炎疫情作交流发言。

【"海内外侨商川渝行"活动首站在绵阳启动】 2020年9月21日上午，由四川省侨办、重庆市侨办主办，绵阳市委、市政府承办的"海内外侨商川渝行"活动首站在绵阳启动。活动期间，35个国家和地区的150名海外川渝籍侨团及在川在渝涉侨商协会负责人到绵阳开展投资考察和交流活动，先后考察游仙高新区和绵阳综合保税区。活动中举办推介会，市经合局、高新区负责人分别介绍绵阳市和高新区产业布局、发展规划、合作方向等相关情况。

【第二届海峡两岸大禹文化交流活动】 2020年7月26日，"第二届海峡两岸大禹文化交流活动暨2020（庚子）年大禹诞辰祭祀典礼"在绵阳北川举行。全国工商联副主席、四川省政协副主席陈放宣布活动开幕，国家一级演员、电影《兰辉》主演刘之冰诵读祭文，四川省侨联副主席徐永明等参加活动。活动旨在共同弘扬大禹"公而忘私、艰苦奋斗、科学创新、民为邦本"的伟大精神，缅怀大禹治水的丰功伟绩。受新冠肺炎疫情影响，活动分为网络祭祀和现场活动两部分举行。活动期间先后举行投资推介会、四川省大禹研究会第六次代表大会、"大禹纪念馆"建设奠基仪式以及《大禹传奇》绘本发行仪式等。同时，活动增设网络祭祀环节，全球可以通过网络观看现场直播、参与同步祭祀。大禹后裔夏氏宗亲会同步在台北举行祭祀活动，并与主会场进行活动视频连线。

【全省基层统战工作提升年现场会在绵阳召开】 2020年10月26—27日，四川省基层统战工作提升年现场会在绵阳召开。省委常委、统战部部长田向利出席会议并讲话，绵阳市委书记刘超致辞，省委统战部常务副部长钟家霖主持，省委副秘书长杨天宗，省政协副秘书长朱向阳，中央统战部研究室副主任何文格，省委台办主任罗治平，团省委书记张荣，省委统战部班子成员、省委统一战线工作领导小组成员单位及省委统战部相关负责人，全省各市州、部分县市区、高校、国企党委统战部部长以及有关专家学者、基层代表等参加会议。其间，参会代表分组现场调研绵阳涪城区南山社区、迎宾社区、科创园区、四川省中医药高等专科学校等基层统战工作实践创新基地。（陈　龙）

政策研究

【概况】　2020年，市委政研室贯彻落实习近平总书记对四川工作特别是对绵阳工作系列重要指示精神，以及中央、省委、市委重大决策部署，围绕加快建设中国科技城和西部现代化强市战略目标，统筹服务新冠肺炎疫情防控和经济社会发展，发挥参谋助手作用，完成市委安排部署的工作任务。参与起草成渝地区双城经济圈建设规划纲要，修改省委十一届七次、八次全会文件，相关意见和建议被吸纳进国家、省文件内容；研究起草的市委七届九次、十次全会文件，成为绵阳新发展阶段的纲领性文件；组织呈报的两项改革“后半篇”文章综合试点推进情况报告得到省委书记彭清华、省委组织部部长王正谱的肯定性批示和市委主要领导肯定。

【重要文稿起草】　2020年，市委政研室贯彻落实习近平总书记在中央财经委员会第六次会议上的重要讲话精神，落实省委十一届七次全会精神，开展重大战略谋划布局研究，代市委起草七届九次全会《中共绵阳市委关于深入贯彻习近平总书记重要讲话精神深度参与成渝地区双城经济圈建设的决定》，对绵阳深度参与成渝地区双城经济圈建设的发展定位、主攻方向、具体行动作出系统谋划，为绵阳深度参与成渝地区双城经济圈建设指明方向路径。紧扣党的十九届五中全会和省委十一届八次全会新部署新要求，开展“十四五”重大战略谋划前瞻布局研究，代市委起草七届十次全会《关于制定绵阳市国民经济和社会发展第十四个五年规划和二〇三五年远景目标的建议》，对绵阳立足新发展阶段、贯彻新发展理念、融入新发展格局的重大工作思路和举措进行系统谋划部署。贯彻落实省委决策部署特别是省委书记彭清华指示精神，代市委、市政府起草两项改革“后半篇”文章的专项改革方案及配套文件，为全市两项改革提供指引。优化市与市辖区（园区）权责关系的主体和系列配套文件起草。根据市委放权赋能、激发基层活力的统一部署，按照“能放尽放、权责一致、聚焦问题、激发活力”原则，起草优化市与市辖区（园区）权责关系改革方案及配套文件，组织制定相关政策体系，下放8个部门71项权限，调整5个领域16项事权，推动4家市属事业单位划转989人，为理顺市与市（辖区）权责边界提供指引。

【重大战略研究】　2020年，市委政研室围绕推动成渝地区双城经济圈建设开展战略研究，形成《绵阳融入成渝地区双城经济圈重大支持政策和重大改革举措研究》成果，研究提出的“支持绵阳科技城纳入中国（四川）自贸区试验区扩区范围，或比照享受相关优惠政策”等建议被省上采纳。会同市发改委开展联合研究，制定绵阳融入成渝地区双城经济圈建设重大政策、重大平台、重大项目、重大改革“四重清单”，撰写形成《增强绵阳区域性中心城市带动作用研究》课题报告，研究提出增强绵阳引领和带动作用的对策措施。与市发改委联办绵阳市深度参与成渝地区双城经济圈建设研讨会，组织专家把脉问诊、建言献策，助推绵阳在成渝地区双城经济圈建设中展现更大作为、做出更多贡献。会同市发改委开展“十四五”发展重大问题研究，起草形成《绵阳市“十四五”经济和社会发展规划基本思路研究》，为全市“十四五”规划建议起草、纲要编制指明方向，提供指引。搭建柔性合作平台，借智借力，与省统筹城乡协会联合开展绵阳发展重大问题研究，形成《绵阳“十四五”发展规划主要思路研究》，研究成果被吸纳进绵阳“十四五”规划建议。

【综合研究工作】　2020年，市委政研室根据市委主要领导指示要求，贯彻落实国务院副总理刘鹤在科技城建设第十四次部际协调小组会议上的重要讲话精神，参与修改完善《绵阳科技城新区总体方案》，对重要意义、总体思路、主要任务进行全面丰富提升。围绕高点起步、高效推进，齐心协力推动绵阳新区建设做思考研究，起草《对绵阳科技城新区建设的几点思考》，聚焦建设理念、管理体制、运行机制、政策支持等方面建言献策，服务省级新区发展。抽派人员参与专班，起草《关于支持绵阳科技城建设科技创新先行示范区的意见（代拟稿）》。围绕疫情对绵阳经济社会发展影响加强信息收集和专题研究，撰写形成《下好先手棋打好主动仗坚决夺取疫情防控和经济社会发展双胜利》《新冠肺炎疫情对我市经济发展的影响及对策建议》等参阅文稿20余篇，编印《防控要情》91期，为市委统筹做好新冠肺炎疫情防控和经济社会发展提供决策参考。

【专题研究工作】　2020年，市委政研室围绕加快推进项目投资促进工作开展专题调研，组织力量外出学习考察，撰写形成《绵阳与宜宾、南充、泸州项目投资促进对比分析报告》，其中“完善重点项目推进机制”“加强项目储备”等对策建议被转化为《绵阳市抓项目促投资19

条硬措施》相关内容。围绕拓展园区发展空间开展专题调研，撰写形成《关于推动经开区与三台县合作共建产业示范园区的建议方案》，促进合作共建产业园区。发挥城乡基层治理政策研究牵头单位职责，系统开展相关城市基层治理课题调研，对城市基层治理存在问题进行分析，提出对策建议。做好2020年市级领导牵头重点调研课题研究统筹，围绕全市经济社会发展中的热点、难点等问题，选取专题小切口入手，列出17个研究题目，由市领导牵头实施，加强课题调研的跟踪督办，提高研究质量。部分研究成果被转化为市委、市政府重大决策。组织发布2020年新型智库重点研究课题题目，引导各类智库围绕中心工作分专题开展调查研究，评选智库重大研究优秀成果30篇，为市委、市政府决策提供重要参考。

【领导调研服务】 2020年，市委政研室为跟踪落实《中共中央、国务院关于深化体制机制改革加快实施创新驱动发展战略的若干意见》情况，牵头做好中央改革办到绵阳调研督察科技创新体制机制改革工作，展示绵阳科技领域改革的创新做法和工作成效。市委政研室为跟踪落实重大改革试点推进情况，对10个重大改革试点进行调研督导，增强重大改革试点调查研究的针对性、指导性和操作性。为跟踪落实省委推进两项改革的工作部署，发挥"两项改革""后半篇"文章综合试点领导小组办公室职责，承办省委书记彭清华、省民政厅、省委组织部到绵阳蹲点调研，市委书记刘超专题调研共4次，牵头召开各类专题会议22次，开展暗访督查12次，典型案例被省上推广18条，国省媒体宣传报道绵阳"两项改革"经验69篇。总结绵阳推进落实"两项改革""后半篇"文章综合试点创新做法和工作成效，起草报送《关于贯彻落实省委书记彭清华来绵蹲点调研指示精神做好乡镇行政区划和村级建制调整改革"后半篇"文章的报告》《绵阳市推进两项改革"后半篇"文章综合试点工作汇报》《绵阳市推进两项改革"后半篇"文章综合试点工作情况的报告》《关于乡镇行政区划和村级建制调整改革"后半篇"文章推进情况的报告》。

（顾　婷）

外事活动

【概况】 2020年，绵阳市外事工作围绕服务国家总体外交、服务地方经济社会发展、服务全面推进"一带一路"建设、服务推动构建人类命运共同体"四个服务"总体目标，把握发展和安全两件大事，因时因势调整外事工作着力点，发挥外事工作资源、信息和渠道优势，统筹推进新冠肺炎疫情防控和对外开放合作。召开市委外事工作委员会第二次会议，对全年外事工作进行统筹部署。在全省率先成立新冠肺炎疫情防控应急指挥部外事工作组，召开涉外新冠肺炎疫情防控协调会20余次，推进涉外新冠肺炎疫情防控各项工作落实。用好国务院授予的一定的出访来访外事审批权，为企业办理来华邀请审核审批33批1023人次。办理因公出国（境）审核审批17批45人次，助力全市各领域"请进来、走出去"，开展对外交流合作。加强外事干部队伍建设，组织全市外事系统干部参加涉外政务礼仪和国际形势与中国外交专题讲座，开展各类涉外业务培训7次。市委外办被省政府评为第八届科博会先进集体。

【新冠肺炎疫情防控国际合作】 2020年新冠肺炎疫情初期，绵阳市向日本庄原市等15个国家的18个友好城市、40余家机构和友好人士，发出防疫物资募捐采购信函，累计为绵阳市募集到总价值达60余万元的口罩、医疗头套、手套等各类紧缺医疗物资。本着"实事求是、量力而行"的原则，向阿塞拜疆苏姆盖特市、西班牙巴勒斯堡市等友城捐赠各类口罩9.5万只、防护服1100套、鞋套12万只、防护面罩2000个、护目镜2000个、红外体温仪300只。绵阳市与苏姆盖特市之间的互助行动受到外交部、中国驻阿使馆和阿驻华使馆的关注。相关物资捐赠工作被央视新闻网2次报道。

【涉外新冠肺炎疫情防控】 2020年，市委外办牵头市应对新冠肺炎疫情应急指挥部外事工作组，制定境外新冠肺炎疫情输入防控工作方案和处置要点，从境外新冠肺炎疫情防控措施、服务保障、应急处置等方面细化工作措施，督促指导各部门、各县市区（园区）做好航班落地、人员接返、入住隔离、样本采集、服务保障等工作，推动形成安全周密的工作闭环，累计完成境外来（返）绵阳3000余人次的接返和隔离医学观察工作。全市全年未发生境外输入确诊、疑似病例，无外籍人员确诊、疑似病例。

【涉外企业服务】 2020年，绵阳市将京东方、惠科等重点企业急需的韩国籍技术人员纳入中韩"快捷通道"，完成4批554名韩国籍技术人员到绵阳的邀请和接返工作，约占全部经中韩"快捷通道"到四川省总人数的一半（共1160人），保障企业尽快满产达产。8月，促成部分重点涉外企业急需的日本籍专家来华包机，开创新冠肺炎疫情防控期间全川组织经贸科技人员来华包机的先河。

【第八届科博会外事活动】 2020年，市委外办邀请到芬兰驻华大使肃海岚率团参加第八届科博会并致辞，并促成省长尹力在绵阳与其会见。邀请到14家驻蓉渝昆领馆共35名外宾参会，其中总领事6人、代总领事3人。做好科博会翻译工作，完成同传翻译1场、交替翻译4场、全程交传、《绵阳市宣传画册》等翻译任务，服务对象超

1000人次。创新科博会外事活动方案设计，通过参观讲解、观看表演、亲身体验等多种方式，提高绵阳科技城的国际知名度。

【国际友城工作】 2020年，绵阳市通过视频签约的方式，与玻利维亚蒂瓦纳科市建立友好合作关系，实现南美洲友城“零的突破”。向国际友城和友好合作关系城市发出抗疫慰问信以及新年贺信40余封，表达绵阳市对国际友城新冠肺炎疫情防控的关心关注。与韩国昌原等友城举办线上视频交流会，分享国际交流、招商引资方面工作经验。向俄罗斯奥布宁斯克市前任市长萨普萨就任卢加州州长致贺信，向新任市长致就任贺信，巩固城市间友谊。

【国际交流合作】 2020年，绵阳市加强与外国驻华使领馆交流合作。芬兰驻华大使肃海岚访问四川期间，市长元方与肃海岚会面，并邀请其到绵阳参加第八届科博会。参加捷克、瑞士等国家驻蓉总领事馆举办的国庆招待会等活动，泰国、新加坡、韩国等国驻成都总领事先后到绵阳参观访问，共同促进经济、文化、教育等各领域交流合作。承办“驻蓉领事官员走进四川中医药”活动，以色列、德国、新西兰等7个国家15名驻蓉领事官员走进绵阳感受中医文化。在保持与驻蓉领馆友好关系的同时，与意大利驻重庆总领事馆、柬埔寨驻昆明总领事馆等领馆建立联系，拓宽外事资源渠道。

（谭显林）

绵阳市国际友好城市和友好合作城市一览表

表28

友好城市		
序号	国名与城市名	时间
1	日本国庄原市	1990 年 9 月
2	俄罗斯奥布宁斯克市	2017 年 6 月（2006 年 4 月建立友好合作关系）
3	俄罗斯新西伯利亚市	2018 年 10 月（1994 年 8 月建立友好合作关系）
4	韩国昌原市	2019 年 12 月（2016 年 4 月建立友好合作关系）
友好合作城市		
序号	国名与城市名	时间
5	俄罗斯普斯科夫市	1992 年 11 月
6	美国明尼苏达州阿诺卡市	1994 年 8 月
7	美国罗斯威尔市	1995 年 9 月
8	以色列约克兰市	1996 年 6 月
9	法国亚眠市	1997 年 9 月
10	匈牙利克奇克梅特市	1998 年 8 月
11	刚果（布）恩卡伊市	1998 年 9 月
12	澳大利亚阿得雷德市	1999 年 7 月
13	美国奥克兰市	1999 年 10 月
14	南非艾古鲁籁尼市	2001 年 4 月
15	南非高顿省瑟迪邦市	2005 年 4 月
16	美国华盛顿州塔科马市	2006 年 4 月
17	捷克宁布尔克市	2007 年 9 月
18	新西兰黑斯廷市	2008 年 7 月

续表

序号	国名与城市名	时间
19	新西兰纳皮尔市	2008 年 7 月
20	美国蒙罗维亚市	2014 年 9 月
21	赞比亚琼圭市	2017 年 7 月
22	英国诺丁汉市	2017 年 9 月
23	匈牙利陶陶巴尼奥市	2017 年 9 月
24	美国库比蒂诺市	2017 年 11 月
25	黑山尼克希奇市	2018 年 9 月
26	西班牙巴列斯堡市	2019 年 6 月
27	阿塞拜疆苏姆盖特市	2019 年 9 月
28	意大利卢卡市	2019 年 9 月
29	玻利维亚蒂瓦纳科市	2020 年 12 月

绵阳市所辖县市区友好合作城市一览表

表29

序号	县市区	国名与市名	时间
1	江油市	美国华盛顿州大学城	2007 年 11 月
2	江油市	俄罗斯普希金区	2015 年 9 月
3	江油市	荷兰法肯堡市	2017 年 2 月
4	江油市	德国索林根市	2017 年 6 月
5	江油市	西班牙塔兰孔市	2017 年 6 月
6	江油市	意大利萨萨里市	2018 年 10 月
7	江油市	意大利加尔达市	2018 年 10 月
8	江油市	西班牙莫格尔市	2018 年 10 月
9	江油市	日本沼田市	2019 年 6 月
10	江油市	乌兹别克斯坦纳曼干市	2019 年 11 月
11	游仙区	意大利皮斯托亚佩夏市	2018 年 12 月
12	游仙区	匈牙利欧罗斯拉尼市	2018 年 12 月
13	北川羌族自治县	南非纳塔尔省乌伦迪市	2013 年 5 月

机构编制

【概况】 2020年，市委编办围绕全市中心大局，围绕巩固深化机构改革成果，统筹兼顾其他重点领域改革，坚持党管机构编制原则，优化职能配置，提高机构编制使用效率。贯彻落实市委建设中国科技城有关要求，设立绵阳科技城新区党工委管委会，优化调整绵阳综合保税区机构设置，保障市委重大决策部署落实落地。做好乡镇行政区划和村级建制调整改革“后半篇”文章综合试点工作，加强编制核定科学性，提升编制使用效益。优化市与市辖区（园区）权责关系，下放100余项行政管理和事务工作权限，并相应给予机构编制资源保障，激发基层内在动力和发展活力。完成森林公安管理体制调整、大熊猫国家公园绵阳管理分局建设、理顺应急协调配合机制、健全森林草原防灭火指挥体系等系列重点任务。落实《绵阳市市级议事协调机构管理办法》及相关规定，对设立、调整的95个议事协调机构进行前置审核，提请市委常委会、市政府常务会审议议事协调机构22次。绵阳市“深入推进乡镇扩权增能，扎实开展两项改革‘后半篇文章’改革试点”工作获评全省机构编制系统先进工作。市委编办优化乡镇机构编制资源配置经验在全省机构编制工作会上作交流发言。绵阳市获评全省机构编制系统“三个先进”（先进单位、先进工作和先进干部评选）数量连续两年(2019—2020年）位居全省前列。

【机构改革深化】 2020年，市委编办调整优化20余家部门（单位）机构职责，推进党和政府机构职能优化协同高效。持续深化综合行政执法改革，完善文化、市场监管、生态环境、交通、农业农村、城市管理6个领域综合行政执法支队机构编制事项，确保执法体制运作顺畅。规范贸促会、残联、红十字会等群团机关机构编制设置，夯实党对群团工作的领导。

【事业单位改革与管理】 2020年，市委编办做好民航局、惠民帮扶中心等撤销单位人员的分流工作，确保分流安置工作平稳有序。完成生产经营类事业单位改革，指导市级相关部门和各县市区加快推进已撤销、已转企改制经营类事业单位的资产处置、事业单位法人注销等工作，指导市水利局推进水利规划设计研究院转企改制。持续优化营商环境建设，为3个市属园区分别设置政务服务中心，推进行政权力事项和公共服务事项集中办理。加强教育、卫生等民生领域机构编制保障，逐步补齐公共服务短板。做好事业单位法人年度报告公示工作，全市3346家事业单位全部完成2020年度报告公示工作。开展“双随机、一公开”（即监管过程中随机抽取检查对象，随机选派执法检查人员，抽查情况及查处结果及时向社会公开）公示信息抽查工作，加强事业单位监管，全年抽查事业单位25家。做好市属事业单位法定代表人培训工作，全市289家市属事业单位法定代表人参加培训。

【乡镇机构编制资源配置优化】 2020年，市委编办做好两项改革“后半篇”文章综合试点工作（两项改革即乡镇行政区划和村级建制调整改革），印发《关于优化乡镇机构编制资源配置的工作方案》等专项方案。将153个乡镇划分为县政府驻地镇、中心镇、重点镇、特色镇、一般乡镇五大类，编制委托下放乡镇的行政权力事项“1+4”指导清单（包括1张基础清单和4张特色清单），共委托下放县级行政权力130项。赋予乡镇机构设置自主权，在限额内优化设置综合办事机构及事业机构，根据自身的产业特色设置特色机构。创新推行“433”系数编制核定法（即乡镇按人口、面积和经济发展水平4：3：3比例核定编制）、“基本编制+浮动编制+周转编制”编制核定法，加强编制核定的科学性，提升编制使用效益。通过“减上补下、抽肥补瘦”等方式，统筹调剂下沉编制，乡镇平均编制总量从改革前的34名增加到改革后的58名。

【街道管理体制改革】 2020年，市委编办配合市委组织部出台《关于进一步深化街道管理体制改革的实施意见》，推动街道扩权赋能增效。会同市委组织部出台明确乡镇设置综合办事机构、直属事业单位和配备领导职数的相关政策，完成全市166个乡镇（街道）的机构编制调整工作。

【机构编制监督管理】 2020年，市委编办在门户网站开设“中国共产党机构编制工作条例”和“政策法规”专栏，开展《中国共产党机构编制工作条例》等法规制度学习宣传。开展超审批权限设置机构等问题自查自纠，市县两级统筹联动，将36家违规设置的处级机构整改到位。结合市委巡察工作，对执行机构编制纪律不严肃的部门进行专项督查，督促整改问题5个，约谈部门2家。

【机构编制实名制管理】 2020年，市委编办常态化更新实名制信息系统数据，对机关事业单位的编制、领导职数、内设机构以及人员情况等信息进行全面校核，确保数据规范、完整、准确。全面系统开展机构编制统计工作，对市级各部门（单位）人员职务、职级等19项信息进行变更，变更维护信息9200余条，准确更新机关事业单位统一信用代码34条。 （王　江）

机关党建

【概况】 2020年，市直机关工委以学习贯彻《中国共产党党和国家机关基层组织工作条例》为主线，落实市直机关党的建设工作会议暨

“抓落实作表率”工作交流会精神，以党的政治建设为统领，坚持围绕中心、建设队伍、服务群众，提高机关党的建设质量。全年围绕经济社会发展、基层治理、重点课题等深化机关党建工作，发挥机关党组织战斗堡垒作用和机关党员先锋模范作用，发出《致市直机关各级党组织和广大党员的倡议书》《关于做好疫情防控期间党员干部思想政治工作的通知》，划拨留存党费55.7万元，组织捐款181.66万元，指导成立“党员先锋队”134支，“火线”入党14人，推荐获省委、省政府和市委、市政府表彰抗击新冠肺炎疫情先进集体18个、先进个人37人。制定6项举措推动机关党组织深度参与成渝地区双城经济圈建设，组织7000余名党员志愿服务全国文明城市建设，精准聚力优化行动等3项行动督促驻村帮扶1800余个问题清零。开展“机关党建助力决战决胜脱贫攻坚研究”“健全和完善机关党的建设制度体系研究”等重点课题攻坚，参加全省机关党建理论研讨活动，开展优秀文章和先进集体评选。

【机关思想政治建设】 2020年，市直机关工委强化“两个维护”自觉，巩固深化“不忘初心、牢记使命”主题教育成果，开展“学‘习’有声”我是党课主讲人——《习近平谈治国理政》第三卷音频领学活动，“坚持‘五个突出’（即突出谋篇布局、突出分类指导、突出考核评价、突出整体联动、突出围绕中心）强化指导督促”相关工作案例被全国党建研究会机关专委会、中央和国家机关工委机关党建研究杂志社评为学习贯彻习近平总书记在中央和国家机关党的建设工作会议上的重要讲话精神优秀成果三等奖。以“抓落实、作表率”为导向，在统筹做好新冠肺炎疫情防控和经济社会发展中深化“双争”活动（争创作风优良机关、争做担当作为先锋）。制定《机关思想政治工作情况报告制度》，定期开展研判。指导成立青年党员理论学习小组70个，召开青年党员“创新助力发展”讨论活动，收集意见53条。成立机关党校，办好“党员学习大讲堂”、机关党建微信公众号，与中国人民大学合作开展线上、线下学习70次，参学人数达16万人次。

【基层机关党组织建设】 2020年，市直机关工委持续推进基层党组织标准化规范化建设，修订《机关党的组织建设操作规程》，推动党组（党委）讨论和决定党建重要事项。规范组织设置7个，指导换届20个，培训发展对象100人，慰问特殊困难党员176人，送上慰问金16.76万元。开展第三轮机关党建“灯下黑”专项治理。围绕建设西部人才强市构建“一横三纵”培训模式（“一横”即党员学习大讲堂，“三纵”即机关专职党务干部、基层党支部书记、青年党员），组织专职党务培训4期、培训265人，评选市直机关“十佳”党建创新案例。组织开展绵阳市庆祝中国共产党成立99周年暨“党课开讲啦”市直机关主题党日活动，10名市直机关基层党支部书记围绕加强思想政治工作、强化青年党员教育等内容开授公开课，3.1万余名市、县两级机关党员共祝党的生日，同过主题党日。活动被“学习强国”App四川平台报道。

【机关作风纪律建设】 2020年，市直机关工委深化教育引导，推动“以案促改”，坚持在元旦、春节等重要节点下发廉洁提醒。组织涉及行政审批等职能的30余名重点部门科室负责人到法院参加旁听职务犯罪庭审警示教育活动。上门指导案发单位机关纪委开展警示教育。开展市直部门（单位）党纪处分执行情况检查。抓好纪检组织建设，把关人数设置和人选标准，邀请省市领导专家专题培训80余名机关纪检干部。组织召开市直机关纪委书记座谈会，制定《市直部门机关纪委工作责任清单》《备案案件管理办法（试行）》，抓好案件审理工作。开展驻村帮扶作风暗访，召开市直机关服务保障民营经济健康发展专题会，安排部署“金秋服务进民企”活动，为民营企业排忧解难，开展“坚持厉行节约 杜绝餐饮浪费”活动。

【机关党建主体责任落实】 2020年，全市完善机关党建领导新格局制度体系，贯彻落实市委党建领导小组《关于市直机关工委指导督促市直部门党组（党委）落实机关党建主体责任的通知》要求，构建相关指导督促制度体系。市直机关工委分5个片区联系指导81个市级部门，采取“面对面帮助提能、一对一定向指导、点对点破解难题、实打实整体联动”等方式进行指导督

图9 6月30日，绵阳市庆祝中国共产党成立99周年暨“党课开讲啦”市直机关主题党日活动举行

促，对81个市直部门全覆盖开展第三轮“灯下黑”专项治理。与市纪委监委机关、市委组织部、市委宣传部配合，强化机关党风廉政建设、党务干部队伍建设、理论学习中心组学习；与市委巡察办协调对接，创新“3+1”工作模式（即“一对一”会商，全维度开方；面对面指导，全过程参与；实打实督促，全方位履责；强化结果运用，严肃追责问责）推动巡视巡察反馈机关党建突出问题整改，相关经验做法先后被旗帜网、四川机关党建网推广。与市委目标绩效办协调对接，将部门党组（党委）落实全面从严治党主体责任纳入年度机关党建工作目标考核，明确工作导向，推动形成抓机关党建强大合力。（刘善青）

巡察工作

【概况】 2020年，市委巡察工作贯彻落实中央、省委关于巡视巡察工作部署要求，履行从严管党治党政治责任，坚持中央巡视工作方针，深化政治巡察、提升监督质量、强化整改落实，发挥巡察监督利剑作用。全年共对26个单位进行常规巡察，对8个单位开展专项巡察，对8个单位开展巡察“回头看”，参与省委第七巡视组、第五巡视组巡视带巡察，完成七届市委任期内107个巡察对象全覆盖任务。全年市委书记主持市委常委会、巡察工作动员部署会、巡察工作领导小组会、书记专题会14次，统筹推进七届市委任期内巡察全覆盖，研究审议巡察工作要点、阶段性工作安排和巡察工作方案，听取巡察情况汇报，研究巡察发现问题、问题线索、巡察整改、成果运用的处置意见，对市委巡察工作作出指示23次，明确工作要求12件次，稳固“市委主导、书记主抓、领导小组主推”的工作格局。

【七届市委第八轮巡察】 2020年，中共绵阳市委巡察工作领导小组研究决定七届市委第八轮巡察采取1轮2批次方式开展。第一批次于4月20日至6月7日开展，市委巡察组对市委宣传部、市委统战部、市委政法委、市委政研室、市委外办、市委编办、市直机关工委、市委目标绩效办、市公安局、市商务局、市审计局、市人防办、市委党校、绵阳广播电视台、市供销社、“5·12”汶川特大地震纪念馆管理中心16个单位党组织开展常规巡察。第二批次于6月11日至7月23日开展，市委巡察组对四川中医药高等专科学校、四川幼儿师范高等专科学校、市科技局、市驻京办、市信访局、绵阳日报社、绵阳市奥林匹克体育学校、绵阳广播电视大学8个单位党组织开展常规巡察。对市退役军人事务局、市医疗保障局、市应急管理局、市市场监督管理局、市委网信办、市司法局、市金融工作局等8个单位党组织开展深化机构改革专项巡察。该轮巡察进驻开展个别谈话2908人次，发放问卷调查2196份，查阅资料4.14万卷（册），受理群众来电来信来访215件次，发现问题431个，移交问题线索24件。

【巡察整改“回头看”】 2020年，全市巡察工作在常规巡察与专项巡察的同时，对七届市委第六轮、第七轮巡察的8个部门单位和国有企业的巡视巡察整改情况穿插开展“回头看”。发现未整改到位问题43个，新发现问题17个。

【巡察沟通机制构建】 2020年，市委巡察办为提高巡察发现问题质量，起草《关于建立市委巡察组与被巡察党组织主要负责人沟通机制的意见》（以下简称《意见》），并以市委巡察领导小组名义印发。《意见》明确沟通时机、沟通内容、沟通程序，并规范相关纪律要求。全年在市委第八轮巡察中，10个市委巡察组与42个被巡察单位党组织主要负责人沟通问题98个，提升巡察发现问题的精准度。

【全市延伸巡察到村（社区）工作】 2020年，市委巡察办落实中央、省委关于延伸到村（社区）党组织巡察全覆盖的部署要求，制定2020年市委巡察工作要点，印发《关于深入推进巡察延伸到村（社区）的指导意见》，细化《村级巡察“三个聚焦”监督重点细化清单》，将延伸巡察村（社区）纳入县市区党委整体规划、巡察工作规划和常委会工作要点，将各县市区年度村级巡察完成覆盖率情况纳入市委常委目标绩效考核，要求9个县市区在村（社区）党组织换届前完成对村（社区）党组织的巡察全覆盖任务，并完成既定目标。制定《关于加强对村（社区）党组织巡察整改工作的指导意见》《延伸巡察到村（社区）对象分类清单》《对村（社区）巡察监督共性+个性问题参考清单》，明确规范延伸巡察到村（社区）对象、监督重点和整改事项，提升村级巡察监督实效。截至年底，完成9个县市区共2000个村级党组织全覆盖巡察。

【巡察队伍建设】 2020年，市本级增加1个巡察组和3个行政编制，落实县处级领导职数2名、科级领导职数3名，用于增配巡察专员，9个县市区巡察机构增加编制21个。新冠肺炎疫情防控期间，通过“远程自学”“分散研讨”“在线直播”等“互联网+”方式，组织142名巡察干部全员参加线上“云培训”。集中1个月时间开展“正确认识巡察”“扎实推进巡察”“精准发现问题”等12堂专题培训课及50余场次在线提问和分享经验活动，作针对性答疑解惑，提升巡察干部政策业务水平。

【县市区巡察工作指导】 2020年，市委巡察办紧贴市县级机关“三定”规定、国有企事业单位章程等，研制常规巡察、专项巡察、“回头看”

相关巡察监督要点，指导9个县市区细化监督要点，把握监督方向在政治巡察、政治监督上聚力，推进巡察实现有效覆盖。

【七届市委第八轮巡察工作动员部署会召开】 2020年4月13日，七届市委第八轮巡察工作动员部署会召开。市委书记、市委巡察工作领导小组组长刘超出席会议并讲话。市委常委、市纪委书记、市监委主任、市委巡察工作领导小组常务副组长马骏主持会议，并对七届市委第八轮巡察工作进行安排部署。市委常委、组织部部长、市委巡察工作领导小组副组长岳勇宣布七届市委第八轮巡察组长、副组长授权及任务分工。市委巡察工作领导小组成员，市委各巡察组组长、副组长等参加会议。

（徐　琪）

老干部工作

【概况】 2020年，绵阳老干部工作坚持服务中心大局、聚焦主责主业，推动全市老干部工作质量提升。全年收集老干部重要意见建议和诉求14条，召开老干部反映情况通气会，将老干部的意见诉求反馈给有关市级单位，并跟踪督促老干部意见诉求解决到位。下沉到社区和老干部聚居小区，联合有关职能部门制定方案，推动解决城区2个老干部聚居小区维修改造、增设电梯事宜。开展特殊困难帮扶工作，向市本级96名特殊困难离退休干部发放帮扶资金27.1万元。印发《关于做好全市离退休干部新型冠状病毒感染肺炎疫情防控工作的通知》，指导动员全市老干部工作机构全面掌握存在防疫特殊困难的离退休干部情况，做好物资代买、住所消毒、送医检查等服务工作。为老干部争取到口罩、洗手液、酒精等防疫物资500余份。重视宣传教育，教育引导离退休干部提升自我防护意识和能力。发出《提高认识，为打赢疫情防控攻坚战贡献力量——致全市离退休干部的倡议书》，挖掘宣传市卫健委老干部张光贵等助力新冠肺炎疫情防控先进典型事迹，组织动员老干部带头遵守新冠肺炎疫情防控举措，号召全市老干部为新冠肺炎疫情防控捐款捐物，市本级共有4122名老同志捐款88万余元。绵阳市委老干部局（以下简称市委老干局）在离退休干部统计、老干部工作信息宣传、重点课题调研3项工作上被省委老干部局评为先进，董顺华、买子剑、张瑞光、樊淑琼4名老干部被评为“全省优秀老干部志愿者”。

【离退休干部党的建设】 2020年，市委老干局举办老干部大讲堂，邀请专家为离退休老干部解读传达党的各级全会重要精神；召开全市经济社会发展情况通报会，市委书记刘超、市长元方向离退休干部代表通报全市经济社会发展情况、党风廉政建设情况，并与离退休干部代表座谈，听取意见建议；向全市离退休党员干部发出《“坚持厉行节约、杜绝餐饮浪费”倡议书》等，组织市老干部为市委、市政府中心工作建言献策；利用“绵阳老干部之家”“绵州先锋”新媒体解读党的政策，集中宣传获全国、全省先进表彰的离退休干部集体和个人的先进事迹，编印事迹材料读本500余册；注重“关键少数”的引领带动作用，组织全市70余名离退休干部党组织负责人到“两弹一星”干部学院开展集中培训，打造高素质基层离退休党组织负责人队伍。

【离退休干部待遇保障】 2020年春节前夕，市委书记刘超、市长元方走访慰问6位市老领导；市本级共走访慰问离休干部、地厅级退休干部及离休干部无工作遗孀426人，看望90余名生病住院的离退休干部。按照政策提高中华人民共和国成立初期参加革命工作退休干部的困难补助标准，对8名中华人民共和国成立初期参加革命工作的退休干部给予适当医疗照顾，为227名市直单位“建初退休干部”审核报销门诊医疗费87.12万元。慰问异地居住和易地安置的离休干部16人。

【“我为城乡基层治理出份力”活动】 2020年，市委老干局印发《在全市离退休干部中开展“我为城乡基层治理出份力”活动的实施方案》《关于开展老同志“助力基层治理”活动的通知》《致全市老同志助力基层治理的倡议书》，召开全市老干部助力基层治理工作推进会，组织老干部和老干部工作者学习老干部参与基层治理的优秀做法，交流学习经验。指导涪城、游仙、安州挂牌成立“老党员工作室”6个。市住建委退休干部张军助推非公有制企业党建工作成绩突出，被市委“两新”工委和市住建委聘为首批专职党建工作指导员。涪城区邀请75名离退休党员干部担任党支部书记、党小组长等，领导并参与基层党组织建设。梓潼县老干部在合村并组工作中建言30条。安州区退休民警董顺华在派出所建立调解室，累计受理矛盾纠纷调解1078起，调解成功率达98%。

【青少年特色科普教育活动】 2020年，全市组织科研院所、科技企业、党政机关退休的老科技工作者组成“五老”科技宣讲团，进校园举办“科学课堂”。投入公益资金70余万元，组织实施“绵阳市青少年科技素质拓展”项目，举办青少年科技创新大赛、机器人大赛、科技城小发明家等20余场科普比赛。在涪城、游仙、江油等地建立“科技·梦工厂”等科普阵地，依托阵地开展“红色火炬”“童心筑梦寒暑假营”等青少年科技筑梦关爱成长活动120多次。建成“少年硅谷”创客教室10间。

【“增添正能量、共筑中国梦”系列活动】 2020年，全市开展“忠诚金秋·永远跟党走”活动。组织老干部收看学习新冠肺炎疫情防控相关专题报告和“天府晚霞”离退休干部先进事迹展播，依托红色文化资源，组织老干部开展现场学习、重温入党誓词等活动；开展“智慧金秋·我看中国科技城建设二十周年”畅谈建言活动。组织老干部参观重点项目建设和基层治理成效；开展“欢乐金秋·弘扬文明新风尚”文体展演活动。组织老干部以文艺演出、书画创作、体育健身等展演形式，开展文化进社区、进警营、进学校活动；开展“温暖金秋·情满夕阳”走访慰问活动。看望慰问生病住院、生活困难老干部，向抗美援朝老战士代颁纪念章。（彭垚睿）

目标督查

【概况】 2020年，市委目标绩效办围绕市委、市政府决策部署和重点工作设置考核指标，突出对科技城加快发展、经济高质量发展、深度参与成渝地区双城经济圈建设等工作的考核。筹备召开省考核党务目标推进专题会，市委、市政府目标推进会等会议，推动省、市目标任务完成。落实市委工作部署，做好省委第七巡视组巡视、省委政府采购专项巡视、省委疫情防控机动巡视的对接联络工作，承接、转办和配合反馈省委巡视组交办事项，累计开展对接联络工作110余天，转办各项交办件上千条，报送各类材料上万份，确保全市配合省委巡视工作开展。新冠肺炎疫情防控期间，对各地各部门疫情防控工作每日开展暗访督查，并同步开展国务院“互联网+督查”平台转交涉疫情群众信访件办理；根据市委、市政府决策部署，开展复工复产、春耕备耕、惠企措施落实等专项督查；共印发新冠肺炎疫情防控督查专报71期、督查通报3期，回复涉疫情群众信访件50件。

【目标绩效管理】 2020年，市委目标绩效办明确目标导向，优化目标绩效考核体系。重点围绕市委、市政府决策部署和重点工作设置考核指标，突出对科技城加快发展、经济高质量发展、深度参与成渝地区双城经济圈建设等工作的考核。在承接省下达绵阳市135项考核指标的基础上，结合工作实际，设置市级考核指标164项，较2019年减少46项。发挥考核指挥棒作用，优化目标考评实施细则，牵头组织各地各部门学习和贯彻落实省新版目标管理办法，探索采取目标任务完成数和对全市贡献度相结合的计分方式，修订完善对GDP、全社会固定资产投资、招商引资等重要经济指标的考评细则，强化正向激励。加强目标实施过程监控，会同市发改委建立主要经济指标及项目投资等“红黑榜”通报机制。加大省考核目标推进过程监控，定期通报省政府月调度指标、主要经济指标推进情况。坚持结果导向，多元运用考核结果，出台2项考核加（扣）分硬措施，在省考核结果放大3倍的基础上，设定0.5分为基数标准，设定70%为次责单位比例标准，鼓励争取加分、形成推进合力。会同市委组织部制定目标绩效考核与目标绩效奖档次升降挂钩标准，倒逼各地各部门抓好工作落实，确保年度目标任务完成。

【督查督办】 2020年，市委目标绩效办围绕党中央、国务院，省委、省政府和市委、市政府决策部署，强化督查和落实，采取“四不两直”方式（即不发通知、不打招呼、不听汇报、不用陪同接待、直奔基层、直插现场）开展督促检查，确保决策部署落地落实。围绕抓项目促投资、优化营商环境、民营经济健康发展、生态环境保护、历史遗留问题、森林防火安全、保障性安居工程建设等重点工作，会同市直有关部门、市重点工作督查组、督查专家和民生监督员等，开展实地督查50余次，发现问题并督促整改，推动各项重点工作落地落实。做好市委巡视整改办日常工作，在省委第七巡视组反馈绵阳意见后，牵头筹备“向市委主要负责同志反馈巡视情况会”等会议，制定《反馈意见整改工作任务清单》，形成《落实省委第七巡视组反馈意见整改工作方案》，印发《关于做好省委第七巡视组反馈意见整改工作的通知》，推动巡视整改工作落实。

（谢　建）

党史和地方志工作

【概况】 2020年，绵阳市党史和地方志工作贯彻全省党史和地方志工作决策部署，全面完成国家和省下达的地方志“两全目标”工作任务，传承弘扬优秀传统文化，加强史志宣传教育，开展史志资料编征和资政利用工作，加强党史课题研究，专题开发并完成多项理论成果，提前筹备全市庆祝中国共产党成立100周年系列活动。市委书记刘超、市长元方分别对史志工作作出肯定性批示。

资料链接：2015年8月25日，国务院办公厅印发《全国地方志事业发展规划纲要（2015—2020年）》，其中指出地方志事业发展的总体目标是“到2020年，全面完成第二轮修志规划任务，实现省、市、县三级综合年鉴全覆盖”（即“两全目标”），主要任务是“全面完成第二轮修志规划任务。到2020年，完成第二轮地方志书规划任务，省、市、县三级地方志书全部出版。大力推进地方综合年鉴工作。到2020年，做到地方综合年鉴由地方志工作机构组织编纂，一年一鉴，公开出版，实现省、市、县三级综合年鉴全覆盖”。

【地方志“两全目标”完成】 2020年，市委党史研究室将市县两级综合年鉴的编纂出版作为年度重点工作；1月，即向各县市区下达目标任务；3月，采取分散审读、集中审查的办法，完成所有县市区综合年鉴2020年卷篇目审查工作；9月，向市政府分管领导汇报推进情况，并按要求对推进滞后的县市区进行全程跟踪督办。截至9月21日，全市市县两级共10部综合年鉴全部交付出版社，较省上提出的“10月底前必须交付出版社”目标提前1个月。11月20日，《平武年鉴》2020卷率先出版面世。12月11日，《绵阳年鉴》2020卷印制成书。截至12月24日，全市9部县市区综合年鉴2020卷全部印制成书。至此，绵阳市全面完成纳入全省第二轮修志规划的市、县两级志书编纂出版任务（截至2019年年底全市10部市县两级二轮志书完成出版），实现市、县两级综合年鉴一年一鉴、年内公开出版，宣告绵阳市“两全目标”全面完成。

【史志资料征编】 2020年，市委党史研究室完成《中共四川省委执政实录（2019）》绵阳市综述、亮点工作及相关图文资料的征集、编写、审核、报送工作；完成《中国共产党绵阳执政实录（2019卷）》编撰、印刷工作；制发《关于规范执政实录编纂工作的通知》，指导9个县市区完成地方党委《执政实录（2019）》编撰工作，并全部交付印刷。完成《四川省脱贫攻坚亲历者口述实录》绵阳市4名市级领导、3名援川干部和其他3名亲历者口述实录稿件的撰写和报送工作，收集整理绵阳市脱贫攻坚成果图片100余幅。完成《四川省乡镇简志·绵阳卷》审改工作以及《绵阳市名镇志》编纂工作。完成《从三线建设到科技城建设》（专题研究）初稿20万字及《中国共产党绵阳历史100年大事纪略》资料收集和初稿编写。启动《绵阳红军石刻标语》图册编辑工作，完成图文资料征集工作。收集整理绵阳市新冠肺炎疫情防控图文资料500余份。

【史志资政和开发利用】 2020年，市委党史研究室组织整理《绵阳国防军工发展脉络》一文，内容涵盖绵阳“一五”建设、“三线”建设、改革开放、科技城建设等历史时期，供市委参阅，为市委强化对国务院有关部委的宣传汇报、争取国家对科技城建设的最新支持提供支撑。完成《在长征国家文化公园建设中加强绵阳长征文化资源保护利用的建议》，并得到市委书记刘超肯定性批示。专题开发并完成《学习绵阳党史 重温入党初心》《党的十八大以来国家社会治理的历史经验对新时代绵阳加强和创新基层社会治理的影响》《脱贫攻坚对乡村振兴战略实施的启示与借鉴意义——以北川羌族自治县为例》《利用红色资源助力乡村振兴——以绵阳市为例》《深刻把握习近平总书记关于扶贫工作重要论述——以绵阳市脱贫攻坚实践为例》《绵阳市实现脱贫攻坚与乡村振兴有效衔接的路径思考——坚持和完善乡村振兴制度体系建设》等多项理论成果。强化地方志特色资源的开发利用，《绵阳地情》丛书之《绵阳古建》《绵阳非遗》出版发行，《绵阳水情》（上、下册）编纂完成，进入出版阶段。协助市政协完成绵阳地方文化读本系列丛书《水润绵州》的编纂工作。参加绵阳历史建筑和历史文化街区保护地方立法、白马文化传承保护调研论证、长征国家文化公园绵阳段建设规划论证、绵阳“三线”建设博物馆建设论证、绵阳市文化旅游资源普查审定等重点工作。

【史志宣传教育】 2020年，市委党史研究室加强“史志绵阳”微信平台和“绵阳史志网”建设和运行，发布各类史志宣教文章及信息680余篇（条），其中向省地方志办公室报送信息560余条、地情文章130余篇。做好《中国影像方志》推进工作，其中梓潼篇在中央电视台播出，三台篇完成拍摄。在《绵阳日报》发表史志宣传文章10余篇。编辑出版史志学会会刊《史志天地》2期，编印工作简报《绵阳史志工作动态》6期。中共绵阳历史展览馆接待参观近40批次2000余人，与南山烈士陵园联合举办“中国精神”主题展，指导完成安州区博物馆“革命历史展厅”、平武县平南红军小学陈列室布展，指导江油市党史展览馆、涪城区谭德政烈士纪念园、绵阳经开区德政社区新时代文明实践中心和谭德政烈士事迹陈列室的建设、布展，参加绵阳“三线”建设博物馆布展、绵阳南山烈士陵园提升改造等工作。授予绵阳南山烈士陵园“绵阳市中共党史宣传教育示范点”称号。

【庆祝中国共产党成立100周年系列工作筹备】 2020年7月，市委党史研究室向市委报送《关于筹备“庆祝中国共产党成立100周年”系列活动的请示》的资政建议，获得市委书记刘超，市委常委、秘书长、宣传部部长张学民等领导的批示。资政建议包含举办“绵阳市庆祝中国共产党成立100周年”主题图片展、组织开展“四史”学习教育活动、举办绵阳市庆祝中国共产党成立100周年理论研讨会、加强宣传教育阵地建设、拍摄先锋模范系列微视频、开展网络知识竞赛、编辑出版书刊等；加强史志宣传教育阵地建设，统筹推进革命遗址、纪念设施的修缮保护，完善设施设备，优化展陈内容，拟定中共绵阳历史展览馆维护更新方案；组织拍摄绵阳党史系列微视频，拍摄制作《王右木》《邓稼先》《冯达仕》3部微视频。

【学术研究和交流活动】 2020年，市委党史研究室完成《学习绵阳党史 重温入党初心》《党的十八大以来国家社会治理的历史经验对新时代绵阳加强和创新基层社会治理的影响》《脱贫攻坚对乡村振兴战略实施的启示与借鉴意义——以北川羌族自治县为例》《利用红色资源助力乡村振兴——以绵阳市为例》等多项理论成果。全市地方志系统1篇论文入选第十届中国地方志学术年会，1篇论文入选首届全国方志论坛，3篇论文入选绵阳市脱贫攻坚调研理论与实践成果研讨会。组织全市党史系统撰文参加“从脱贫攻坚到全面建成小康社会的四川之路”研讨会，4篇论文入选（2篇论文获奖）。参加第十九次四川省社科奖和绵阳市第十七次社科奖申报工作，共申报省社科奖7项、市社科奖51项。完成“2020年度市级社会科学研究规划项目”2项一般项目结项工作。各县市区开展专题研究，形成《红军长征在游仙》《红军在安州的历程》《盐亭县长征精神数据库建设资源收集与开发的调研报告》《用好平南红色资源，打造区域旅游节点的建议》《史志视阈下天府旅游名县创建路径思考——以梓潼县为例》《三台县委党史研究室关于筹备“庆祝中国共产党成立100周年”系列活动的建议》等资政成果。开展史志研究校地合作，与西南科技大学马克思主义学院签订合作协议，共同建设“马克思主义在四川的传播与实践普及基地”。

【全市党史教育基地申报命名和宣传教育示范点规范化建设】 2020年3月18日，市委党史研究室印发《绵阳市中共党史教育基地申报和命名办法（试行）》《关于加强“绵阳市中共党史宣传教育示范点”建设的指导意见》（以下分别简称《办法》《意见》），《办法》指出，要坚持以马列主义、毛泽东思想、邓小平理论、“三个代表”重要思想、科学发展观、习近平新时代中国特色社会主义思想为指导，以民主革命时期革命遗址为重点，兼顾社会主义革命、建设和改革开放时期以及新时代形成的重要遗址、遗迹和纪念设施，加强对革命遗址、遗迹和纪念设施的保护利用，发挥其爱国主义教育、革命传统教育的教育载体作用。《办法》从教育基地遵循的基本原则、具备的基本条件、提供的基本资料、命名与授牌等方面作出具体规定。《意见》指出，要坚持以习近平新时代中国特色社会主义思想为指导，学习贯彻党的十九大和十九届二中、三中、四中全会精神，按照“以史鉴今、资政育人”的根本要求，加强党史新中国史教育、爱国主义教育、革命传统教育和社会主义核心价值观教育，提升党员干部群众和青少年的党史国史知识素养和思想政治素质，为加快建设中国科技城和西部现代化强市提供史志支撑。《意见》明确加强党史国史知识学习、举办党史国史知识讲座、建立党史知识专柜等示范点建设的主要内容，并要求将示范点建设主动纳入党建文化阵地建设抓好落实。（岑福雯）

干部培训

【概况】 2020年，绵阳市以学习贯彻习近平新时代中国特色社会主义思想为核心，聚焦统筹推进新冠肺炎疫情防控和经济社会发展、推进城乡基层治理制度创新和能力建设、深度参与成渝地区双城经济圈建设战略部署等重点工作，组织全市县级主要领导及学校、医院、企业主要负责人共2600余人参加党政主要领导读书班，市县两级举办主体班次91期，培训各级领导干部11558人。组织各级领导干部、企事业管理人员、中层业务骨干及优秀年轻干部共600余人到清华大学、北京大学、浙江大学、上海交通大学等知名高校开展专题培训。采取“理论学习+实践历练+三同教育（同吃、同住、同劳动）”相结合，递进培养年轻干部16期次840人次。全年中共绵阳市委党校（以下简称市委党校）贯彻习近平总书记关于党校办学治校系列重要指示精神和《中国共产党党校（行政学院）工作条例》《干部教育培训工作条例》，保障校（院）干部培训工作开展，举办各类干部培训班次30期41个，培训学员4.3万余人次。全年主要开展市委党校主体班（县干班、铸魂班、科干班、乡镇班、党外班、民干班、女干班、公务员初任培训班）、市委读书班、市区党校统筹办学培训班、党校师资培训班、公务员在线培训班、在职研究生班、对外培训班（2期北碚区管党政主要领导干部“成渝双城经济圈建设”专题研讨班、1期北碚区处级领导干部培训班等）。年内，《贯彻落实〈中国共产党党校（行政学院）工作条例〉重点任务清单》《贯彻落实〈办学质量评估情况反馈意见〉责任清单》经市委七届151次会议审议通过。《绵阳市县级党校分类建设方案》经市委七届162次常委会会议审议通过。绵阳市党校（行政学院）办学质量评估工作领导小组调整更名成立绵阳市县级党校分类改革工作领导小组有关事项经市委七届182次会议审议通过。召开全市党性教育资源统筹暨县级党校分类建设工作座谈会；举行中共绵阳市委市区党校一体办学挂牌仪式。“两弹一星”干部学院成立，学院提档升级，建立《“两弹一星”干部学院课程开发管理办法》，构建“两弹一星”精神教育、协同发展教育、国防爱国教育、创新创业教育四大理论课程体系，聘任胡思得、杜祥琬、胡木英、习乾平等12位专家学者为学院专家委员会委员。举办首届科学家精神论坛，学院成为“两弹一星”历史研究会永久会址，省社科院科研教学基地、重庆北碚干部人才研修基地先后在学院挂牌。

【县级党校分类改革】 2020年，全市以提升党校办学质量为重点，发挥市委党校龙头作用，整合102名市县党校、高校、干部学院优质师资，采取“一县主管+市县共管”统筹办学新模式，举办3期市县统筹示范班，培训科级年轻干部、优秀后备干部、村社区书记262人。发挥高校学科、干部学院党性教育优势，打造150余门理论和党性教育通识课程以及30余门特色精品课程；依托红色、文化、产业资源，打造35个党性教育基地和特色现场教学示范点。

【绵阳北碚两地党校合作】 2020年5月15日，绵阳市委党校与北碚区委党校签署《党校校际办学合作框架协议》，约定开展定期互访、课程共享、异地培训、课程研究、学术交流、校刊合作、师资建设7个方面合作，助推成渝地区双城经济圈建设。5月17—19日，绵阳市县党校调研重庆北碚、万州等地党校科研咨政工作等情况。9月11日，北碚区“成渝双城经济圈建设”专题研讨班（第一期）参训学员到绵阳开展学习调研活动。9月13—18日，绵阳市委党校2020年秋季主体班3个班126名学员到重庆等地开展异地党性教育。9月20—25日，2020年北碚区处级领导干部培训班到绵阳市委党校进行异地党性教育。

【第46期县级领导干部进修班】 2020年6月28日至7月28日，市委党校举办第46期县级领导干部进修班，培训对象为副县级领导干部，共40人。培训内容重点突出“坚持和完善中国特色社会主义制度、推进国家治理体系和治理能力现代化”，强化理论武装，锤炼党性修养，筑牢党性根基。

【第49期科级领导干部进修班】 2020年6月28日至7月28日，市委党校举办第49期科级领导干部进修班，培训对象为全市近两年晋升为正科级领导职务且未参加过培训的公务员（含参公人员）及部分副科级领导职务公务员，共40人。培训内容重点突出党的理论教育和党性教育，以及城乡基层治理水平和新时代履职能力。

【第15期党外中青年领导干部进修班】 2020年6月28日至7月28日，市委党校举办第15期党外中青年领导干部进修班，培训对象为全市党外优秀中青年领导干部，共40人。培训内容重点突出政治共识、文化认同、能力素质培养。

【第16期少数民族干部进修班】 2020年6月28日至7月28日，市委党校举办第16期少数民族干部进修班，培训对象为全市优秀少数民族干部，共30人。培训内容重点突出政治共识、文化认同、能力素质培养，提升民族团结和共同发展能力，推进脱贫攻坚目标任务。

【市级领导干部和县级主要负责同志读书班】 2020年7月27日，市委在市委党校举办市级领导干部和县级主要负责同志读书班，学制为1天。培训对象为全市市级领导干部和县级党政主要领导干部，共214人。市委书记刘超作开班主题报告和结业讲话，重点学习贯彻习近平总书记在中央财经委员会第六次会议上的重要讲话精神、省委十一届七次全会精神，聚焦成渝地区双城经济圈建设开展学习研讨。

【社区党组织书记培训班】 2020年7月19—24日，市委党校联合涪城、游仙、安州3所区委党校探索统筹办学，举办社区党组织书记培训班，学制6天。培训对象为游仙、安州两区社区党组织书记，共83人。培训内容重点突出用新思想武装头脑、指导实践、推动工作，推进绵阳社区治理体系和治理能力现代化。

【第3期铸魂班暨第47期中青班】 2020年8月31日至11月9日，市委党校举办第3期“新时代治蜀兴川执政骨干递进培养计划”年轻干部铸魂工程暨第47期中青年领导干部培训班，学制2个月。培训对象为全市发展潜力较大的40岁左右的正科级领导干部及35岁左右的副科级领导干部（含优秀企事业单位中层干部），共49人。培训内容重点突出党的理论教育和党性教育，加强年轻干部理想信念培养、党性修养锻炼、本领素质提升、意志品质砥砺。

【第19期科级女干部进修班】 2020年8月31日至9月30日，第19期科级女干部进修班在市委党校举办，这是市委党校首次举办女干班，学制1个月。培训对象为全市副科级以上女干部，共40人。培训内容重点突出党的理论教育、党性教育和马克思主义妇女观、女干部成长规律。

【第52期乡镇（街道）领导干部进修班】 2020年8月31日至9月30日，市委党校举办第52期乡镇（街道）领导干部进修班，培训对象为乡镇（街道）党（工）委书记或乡镇长（办事处主任），共40人。培训内容重点突出党的理论教育和党性教育，党章党纪党规、党风廉政教育，理论指导工作实践案例。

【2020年公务员初任培训班】 2020年9月1—12日，市委党校举办2020年公务员初任培训班，学制12天。培训对象为绵阳市2019年新录用公务员（参公人员）及2018年、2017年录用未参加初任培训的公务员（参公人员），共442人。培训内容重点突出政治理论、依法行政、公务员法以及公务员行为规范、机关工作方式方法等方面的知识和技能。

【市区党校联合党员干部培训班】 2020年9月20—25日，市区党校在市委党校联合举办市区党校联合党员干部培训班，属市区党校统筹办学示范班，学制6天。培训对象为涪城、游仙、安州3个区的党员干部，共90人。培训内容重点突出理论教育和党性教育，探索“课堂+基地”实训模式，增强教育培训的吸引力感染力。

【中共绵阳市委市区党校一体办学挂牌仪式举行】 2020年9月25日，中共绵阳市委市区党校一体办学挂牌仪式在市委党校举行。市委常委、组织部部长、市委党校校长岳勇，市委党校常务副校（院）长党海燕出席，副校（院）长商丽娜主持。根据省、市《县级党校分类建设计划实施方案》精神，绵阳市涪城区、游仙区、安州区3所市辖区县级党校实行以市委党校为主、市区共建共管的管理体制，在市委党校挂3所区委党校牌子。仪式上，岳勇、党海燕为涪城、游仙、安州3所区委党校在市委党校挂牌作揭牌，同时为游仙区委党校作为市委党校教学点授牌。市委组织部干训科科长罗小美，市委党校校委班子成员、中层以上干部，涪城、游仙、安州区委常委、组织部部长，区委组织部分管副部长，区委党校校委班子成员，2020年绵阳市区党校统筹办学示范班学员代表参加仪式。

【年轻干部铸魂工程培训班】 2020年10月9日至11月9日，市区党校在市委党校联合举办年轻干部铸魂工程培训班，属市区党校统筹办学规范班，学制1个月。培训对象为涪城、游仙、安州3个区的中青年领导干部及后备干部，共90人。培训内容重点突出党的理论教育和党性教育。

【“2020年市县党校骨干师资能力提升”专题培训班】 2020年12月21—25日，市委党校举办“2020年市县党校骨干师资能力提升”专题培训班，学制5天。培训对象为市委党校、9个县级党校及“两弹一星”干部学院的骨干教师，共51人。培训内容重点突出政治导向，聚焦能力提升，助推县级党校分类改革。

【“两弹一星”干部学院建设】 “两弹一星”干部学院（以下简称学院）位于中物院机关旧址梓潼“两弹城”，前身为成立于2017年7月的绵阳两弹一星干部学院（与梓潼县教育培训中心实行“一套人马、两块牌子”），是一所以传承弘扬“两弹一星”精神为办学宗旨，面向全国党员干部开展教育培训的学院。2019年，被中组部纳入全国首批《省（部）级党委（党组）批准的干部党性教育基地备案目录》，是四川省3个列入中组部备案目录的党性教育基地之一。学院先后被授予“国防科技工业军工文化教育基地”“全国社会科学普及基地”“九三学社全国传统教育基地”等30多个称号。2020年1月21日，“两弹一星”干部学院挂牌暨领导班子任职仪式在梓潼“两弹城”举行，“两弹一星”干部学院成为市委直属正县级事业单位。全年加强制度建设，规范学院管理，加强基础设施建设和人才队伍培养。建立《院务委员会议事规则》《“三重一大”事项集体决策制度》等议事规则，健全财务管理、师资队伍、培训规范、教学科研、后勤保障等方面69条管理制度。学院新区一期主体工程完成建设。学院配备正县级干部1人、副县级干部3人、事业和专业技术人员14人，其中硕士研究生学历5人。依托省委、市委党校、高校、科研院所组建150余人的专兼职教师队伍。借力学院专家委员会、中物院、“两弹一星”历史研究会、航天科技集团交流中心等单位，邀请袁和平、张翔等专家学者授课。专题课《弘扬“两弹一星”精神　建功立业新时代》入选中国干部网络学院“党性教育精品课程”专栏。全年培训规模实现增长，共开展培训班154期，培训2.6万人次，培训人数同比增长62.18%，培训范围覆盖北京、广东、重庆等全国多个地区。培训模式实现新变化，首次承担市委组织部和市级相关部门外培班，与清华大学、北京大学等多所高校建立交流合作关系，共承办12期培训，参训学员达760人。培训流程实现新标准，按照《培训管理规范化操作流程工作方案》，形成制度化、标准化培训管理流程。后勤保障建立精细服务流程，优化服务水平，建立教务沟通、培训管理、后勤服务等流程管理规范，对学院培训业务实行统一管理。采取服务保障市场化机制，建立达标授牌准入和联合议价制度，对吃住行等推行标准化指标体系，提升干部教育培训承载力。评价教学反馈精准化。建立集课程安排、后勤服务、综合评价于一体的智慧管理平台，形成实时评价、及时汇总、定期分析、综合考核的评价机制。构建学前沟通、学中实施、学后回访纵向评估和参训单位、学员感受、培训效果横向评估相结合的多维度评价体系，规范开展教学评价和信息反馈。成立“两弹一星”干部学院专家委员会，聘请12位专家学者担任学院专家委员会委员。承办首届科学家精神论坛，征集全国各地专家学者论文109篇，并

图10　9月1日，“两弹一星”干部学院专家委员会在北京成立

邀请欧阳自远等科学家、院士作主旨报告。拜访省、市党政部门、高校、科研院所62家，到中国井冈山等干部学院交流学习，建立交流合作机制。与“两弹一星”历史研究会、中国（卢作孚）民营经济学院、国网四川电力集团、西科大等单位签订合作协议10个，挂牌省社科院科研教学基地、北碚区干部人才研修基地等基地6个，成为“两弹一星”历史研究会永久会址。推广全媒体宣传，建立完善学院门户网站和公众号，推送和发布信息187期，浏览量达15万余次，被人民网、光明网等省级以上媒体转载信息7次，学院在“学习强国”App平台上发布“两弹一星”知识竞答活动，成为四川首个在全国“学习强国”App平台上发布的专项答题活动。

（罗　文　李籽利　冉光荣）

公务服务

【概况】 2020年，绵阳市公务服务中心（以下简称市公务服务中心）实施“公务接待标准化管理”“公务接待队伍建设”“公务接待辅政能力提升”三大工程，加快推进机关党的建设、制度建设、文化建设，公务接待制度化、标准化、精细化水平提升。全年共接待来宾446批次13247人次，其中级别任务4批次、省部级领导80批次118人次、外国政要2批次。完成四川省制造业高质量发展现场会、中国（绵阳）科技城建设第十四次部际协调小组会议、第八届中国（绵阳）科技城科技博览会等大型活动接待10余批次。公务服务中心被市委、市政府评为“第七届中国（绵阳）科技城国际科技博览会先进集体”。

【党和国家领导人接待】 2020年，全市完成党和国家领导人接待任务4批次。分别为全国人大常委会副委员长、党组成员白玛赤林；中央政治局委员、国务院副总理刘鹤；全国人大常委会副委员长、九三学社中央主席武维华；原国务委员戴秉国。

【国家部委和其他省的部级领导接待】 2020年，全市完成国家部委和其他省（自治区、直辖市）的部级领导到绵阳的接待任务28批次。分别为海军政治工作部副主任李道明；海军政治工作部副主任曹新元；退役军人事务部副部长、党组成员钱锋；中央组织部副部长曾一春；重庆市委常委、统战部部长李静；新疆维吾尔自治区政协原副主席黄昌元；甘肃省政协副主席、省工商联主席郝远；中国侨联原副主席、中国侨联顾问乔卫；国家防汛抗旱总指挥部秘书长，应急管理部副部长兼水利部副部长周学文；湖南省人大常委会党组副书记、副主任黄关春；全国人民代表大会农业与农村委员会副主任委员杜德印；全国人大常委会委员、农业与农村委员会副主任委员龙庄伟；全国政协常委、致公党中央副主席、天津市委会主委，天津市副市长曹小红；全国政协委员、甘肃省政协副主席、全国伊斯兰教协会副会长、甘肃省伊斯兰教协会会长马文云；中央组织部分管日常工作的副部长（正部长级）姜信治；中央委员，科学技术部部长、党组书记王志刚；科学技术部副部长徐南平；中央军委科学技术委员会主任刘国治；民政部党组成员、副部长，直属机关党委书记唐承沛；中国人民银行党委委员、副行长，国家外汇管理局党组书记、局长潘功胜；兰州市政协党组书记、主席李宏亚；全国工商联经济部部长林泽炎；全国人大常委会委员、农工党中央专职副主席杨震；全国总工会副主席、书记处书记蔡振华；中国社科院副院长、党组副书记王京清；全国人大常委会委员、全国人大农业与农村委员会委员王超英；解放军中将、原第二炮兵副司令、中国国史协会顾问、两弹一星历史研究会原理事长张翔；河南省人大常委会党组副书记、副主任马懿等。

【四川省领导接待】 2020年，全市完成四川省领导到绵阳的接待任务52批次。分别为省委书记彭清华；省委副书记、省长尹力；省委常委、秘书长、省直机关工委书记，省人大常委会党组成员、副主任王一宏；省人大常委会党组副书记、副主任王铭晖；全国政协常委，省政协副主席，全国工商联副主席、省工商联主席，省商会会长陈放；省政府副省长、公安厅厅长叶寒冰；副省长杨洪波；省委常委、宣传部部长甘霖；副省长、党组成员李云泽；省政协副主席、党组成员钟勉；省人大常委会副主任叶壮；全国政协常委、省政协副主席，民盟省委主委赵振铣；省委常委、组织部部长、省委党校校长王正谱；副省长王凤朝；省委常委、常务副省长、党组副书记、四川行政学院院长罗文；省政协副主席、党组成员李昌平；省人大常委会副主任刘作明；省政协党组副书记、副主席崔保华；省人大常委会原副主任、党组副书记黄彦蓉；省委常委、省政协党组副书记、统战部部长，省总工会主席田向利；省委常委、省军区司令员曲新勇；省人大常委会副主任、党组副书记黄新初；省政协副主席，农工党中央常委、四川省委主委王正荣；省政府副省长、党组成员尧斯丹；省政协常委、省侨联原一级巡视员赵建中；省政府副省长、党组成员李刚；省委副书记邓小刚；省政协原副主席翟占一；政协第十届全国委员会原常务委员、提案委员会副主任，省政府原省长、省老区建设促进会老会长宋宝瑞；省委常委、政法委书记邓勇；省政府副省长、党组成员曹立军等。

【大型活动接待】 2020年，全市完成大型活动接待任务11批次。7月21日，全省制造业大会；7月26日，第二届海峡两岸大禹文化交流活动开幕式及大禹诞辰祭祀典礼；7月29日，第三届驻蓉领事官员走进四川（绵阳三台）中医药活动；9月19日，绵阳科技城建设第十四次部际协调小组会议；9月20日，2020年民进全国企业家联谊会会长联席会议；9月21—25日，第八届中国（绵阳）科技城国际科技博览会；10月19日，全市现代农业园区建设现场会；10月22日，第四届材料基因工程高层论坛；10月26日，纪念中国民主建国会成立75周年暨民建四川省委成立40周年座谈会、民建四川省委九届十二次常委会会议、四川省民建组织自身建设座谈会；10月27日，全省基层统战工作提升年现场会；11月18日，“2020侨界菁英川渝汇”活动。

（简　云）

绵阳市人民代表大会

Mianyang Municipal People's Congress

概　述

【概况】　2020年，市人大常委会坚持以习近平新时代中国特色社会主义思想为指导，全面贯彻习近平总书记对四川工作特别是对绵阳工作重要指示精神，紧扣中央和省委市委重大决策部署，依法履职尽责，做好立法、监督、代表等工作，组织筹备召开市七届人大六次会议，召开常委会会议11次，颁布地方性法规1个，听取和审议工作报告48个，依法作出决议决定7个、任免国家工作人员61人次，提出审议意见、办理意见和专题询问意见160条，开展执法检查4次、专题询问1次、满意度测评30次。

绵阳市第七届人大常委会组成人员名单

主　任：马　华（2020.01止）
　　　　付　康（2020.01起）
副主任：陈兴春（2020.10止）
　　　　黄正良　董晓彬　代顺兴
　　　　李川萍　李作虎
秘书长：王昭洪
委　员：（按姓氏笔画排序）
　　　　王　涛　文　刚　白荣其
　　　　朱　林　刘加勇　刘春涛
　　　　安忠瑶　杜林平　李　晖
　　　　李显作　余　强　杨增辉
　　　　肖清华　吴　蕾　何　充
　　　　何光明　何国洪　张　彬
　　　　张周凯　季代双　奉光明
　　　　胥　洪　敖　荧　顾　建
　　　　袁玉国　高维志　郭　平
　　　　凌　云　黄　梅
　　　　黄亚春（2020.10止）
　　　　梁　建

【立法工作】　2020年3月4日，市七届人大常委会主任会议第37次会议审议通过《绵阳市人大常委会2020年立法计划》。同月18日，市人大常委会召开2020年立法计划工作推进会。同月31日，《绵阳市历史建筑和历史文化街区保护条例》获四川省第十三届人民代表大会常务委员会第十七次会议批准。5月14日，市人大常委会组织召开《绵阳市历史建筑和历史文化街区保护条例》实施工作会。6月3日，市人大常委会有关委室前往北川羌族自治县开展农村文明行为促进立法调研。6月1日，《绵阳市历史建筑和历史文化街区保护条例》正式施行。10月27日，市人大常委会主任付康主持召开市七届人大常委会第三十六次会议，审议《绵阳市文明行为促进条例（草案）》，表决通过《绵阳市文明行为促进条例（草案）》地方立法的必要性和可行性。12月1日，市人大常委会有关委室前往涪城区、游仙区开展《绵阳市文明行为促进条例》立法调研。12月29日，市人大常委会主任付康主持召开市七届人大常委会第三十七次会议听取《绵阳市文明行为促进条例（草案）》修改情况的报告。

【制度建设】　2020年，市人大常委会继续加强制度建设，提升依法履职科学化水平。健全常委会的组织制度和工作制度。3月26日，市七届人大常委会第二十九次会议通过《绵阳市人大常委会关于开展满意度测评工作的办法（试行）》。6月24日，市七届人大常委会第三十一次会议修订《绵阳市人大常委会审议意见办理办法》和通过《绵阳市人大常委会执法检查办法》。9月15日，市七届人大常委会主任会议第47次会议通过《绵阳市地方性法规立项办法》。11月19日，市七届人大常委会主任会议第51次会议通过《绵阳市人大常委会规范性文件备案审查工作规定》。

【市人大常委会服务成渝地区双城经济圈建设】　2020年，市人大常委会围绕“绵阳参与成渝地区双城经济圈建设”，组建3个调研组，听取和收集各方面意见建议，共向市委

图11 7月14日，四川省绵阳市人大常委会·重庆市北碚区人大常委会服务成渝地区双城经济圈建设工作交流暨合作签约仪式在北碚区举行

提出工作建议30余条。7月13—14日，绵阳市人大常委会考察组到重庆市北碚区交流考察，举行四川省绵阳市人大常委会·重庆市北碚区人大常委会服务成渝地区双城经济圈建设工作交流暨合作签约仪式。绵阳市人大常委会主任付康、北碚区人大常委会主任彭烨出席并讲话。绵阳市人大常委会副主任代顺兴、北碚区人大常委会副主任董江民代表两地人大常委会签署《四川省绵阳市人大常委会重庆市北碚区人大常委会推动“绵碚”合作服务成渝地区双城经济圈建设框架协议》。两地人大常委会计划发挥人大制度优势，建立合作协商机制，通过联动出台相关决议决定、联动开展重点工作监督、协作提升代表履职能力、整合发挥代表资源优势等，凝聚“绵碚”人大合力，开展交流合作，分享两地人大创新实践和经验做法，推动绵阳、北碚两地深度合作、协同发展。8月26日，市七届人大常委会第33次会议依法作出《关于深度参与成渝地区双城经济圈建设的决议》。11月9—10日，重庆市北碚区人大常委会主任彭烨带领考察组到绵阳考察交流，商议2021年联动监督议题。11月19日，绵阳市七届人大常委会主任会议第五十一次会议讨论通过《绵阳市人大常委会北碚区人大常委会2021年工作合作计划》，与北碚区人大常委会协同联动，对“绵碚”推动成渝地区双城经济圈建设合作三年行动计划2021年度任务推进落实情况的开展联动监督，推动市委决策部署落地落实。

重要会议

【概况】 2020年，绵阳市七届人大六次会议召开，会议通过绵阳市人民政府工作报告的决议、关于绵阳市人大常委会工作报告的决议、关于绵阳市中级人民法院工作报告的决议、关于绵阳市人民检察院工作报告的决议、关于绵阳市2019年国民经济和社会发展计划执行情况及2020年计划的决议、关于绵阳市2019年预算执行情况和2020年预算的决议。全年召开常委会会议11次（第二十七次会议至第三十七次会议）。审议通过民生实事、城市市容和环境卫生、新冠肺炎疫情防控和经济社会发展等事项，通过市人大常委会、市政府及市中级人民法院等相关人事任免。

【市七届人大六次会议】 2020年1月14—17日举行。1月14日上午，大会在八一影剧院开幕。大会应到代表439人，实到410人；大会主席团常务主席、执行主席马华主持开幕大会；市长元方作政府工作报告。1月15日上午，召开第二次全体会议，应到代表439人，实到代表383人；大会主席团常务主席、执行主席刘超主持会议；马华作市人大常委会工作报告，马泽波作市中级人民法院工作报告，王红作市人民检察院工作报告；会议表决通过大会选举办法、民生实事项目票决办法；表决通过关于接受马华辞去绵阳市第七届人民代表大会常务委员会主任职务的决定。1月17日上午，召开第三次全体（闭幕）会议，应到代表439人，实到代表403人，大会主席团常务主席、执行主席刘超主持会议；会议选举付康为绵阳市第七届人民代表大会常务委员会主任，王红当选为市人民检察院检察长，王

图12 1月14日，绵阳市第七届人民代表大会第六次会议在八一影剧院开幕

凤朝、付康当选为省第十三届人大代表；会议票决2020年市级民生实事项目，表决通过关于绵阳市人民政府工作报告的决议、关于绵阳市2019年国民经济和社会发展计划执行情况及2020年计划的决议、关于绵阳市2019年预算执行情况和2020年预算的决议、关于绵阳市人大常委会工作报告的决议、关于绵阳市中级人民法院工作报告的决议、关于绵阳市人民检察院工作报告的决议。

【市七届人大常委会第二十七次会议】 2020年1月9日召开，会议由市人大常委会主任马华主持。市人大常委会副主任陈兴春、董晓彬、代顺兴、李川萍、李作虎，市人大常委会秘书长王昭洪出席。市政府相关领导、市中级人民法院院长马泽波，以及市人民检察院、市监察委员会有关负责人列席。会议表决通过绵阳市人民代表大会常务委员会关于提请绵阳市第七届人民代表大会第六次会议审查《绵阳市人民代表大会常务委员会工作报告》的议案；表决通过民生实事项目票决办法（草案），并决定提请市七届人大六次会议审议；听取市政府关于2020年市级民生实事人大代表票决候选项目有关情况的报告，表决通过民生实事候选项目，决定提请市七届人大六次会议票决；表决通过《绵阳市第七届人民代表大会第六次会议建议方案》的议案，并决定提请市七届人大六次会议审议；表决通过绵阳市第七届人民代表大会常务委员会代表资格审查委员会关于个别代表的代表资格的审查报告及有关人事任免事项。

【市七届人大常委会第二十八次会议】 2020年2月14日召开，会议由市人大常委会主任付康主持。市人大常委会副主任陈兴春、黄正良、董晓彬、李川萍、李作虎，秘书长王昭洪出席。市政府副市长经大忠，市人民检察院检察长王红，市监察委员会、市中级人民法院有关负责人列席会议。会议听取关于《绵阳市人民代表大会常务委员会关于依法做好当前新型冠状病毒肺炎疫情防控工作的决定（草案）》的说明，审议通过《绵阳市人民代表大会常务委员会关于依法做好当前新型冠状病毒肺炎疫情防控工作的决定》（以下简称《决定》）。《决定》明确全市疫情防控“依法依规、科学防治、精准施策、有序规范、联防联控、群防群治”的工作原则和“坚定信心、同舟共济、科学防治、精准实施”的总体要求。《决定》规定，全市各级人民政府及其有关部门应当切实履行属地责任、部门责任，建立健全市、县市区、乡镇（街道）、村居（社区）等各级防控网络，形成跨部门、跨区域防控体系，落实联防联控、群防群控措施，实行网格化管理。任何单位和个人都应当遵守法律、法规的规定和市、县市区政府关于新冠肺炎疫情防控的各项规定，服从本辖区政府的统一指挥和管理。《决定》对违反新冠肺炎疫情防控有关法律法规的单位和个人，明确相关法律责任；对新冠肺炎疫情防控期间的临时性应急行政管理措施、物质保障和政务服务、经济社会秩序的维护和恢复，以及疫情信息的报告、公布，舆论的宣传引导和社会稳定工作等方面作出规定。

图13 3月26日，绵阳市七届人大常委会第二十九次会议召开

【市七届人大常委会第二十九次会议】 2020年3月26日召开，会议由市人大常委会主任付康主持。市人大常委会副主任陈兴春、黄正良、董晓彬、代顺兴、李川萍、李作虎，秘书长王昭洪出席。市政府副市长罗蒙，市中级人民法院院长马泽波、市人民检察院检察长王红，以及市监察委员会有关负责人等列席会议。会议邀请部分省、市人大代表，乡镇人大主席列席会议，3名公民旁听会议。会议审议市人民政府关于《绵阳市城市市容和环境卫生管理条例》执法检查问题清单整改落实情况的报告，并进行满意度测评。会议听取和审议市人民政府关于统筹推进新冠肺炎疫情防控和经济社会发展工作暨执行省市人大常委会有关决定情况的报告。会议审议并通过《绵阳市人大常委会关于开展满意度测评工作的办法（试行）》；听取市人民政府关于2019年全市环境状况和环境保护目标完成情况的报告；表决通过市七届人大常委会代表资格审查委员会关于个别代表的代表资格的报告以及有关人事事项。会议还举行颁发当选证书和任命书及宪法宣誓仪式。付康为在市七届人大六次会议当选并经省十三届人大常委会第15次会议批准任命的市人民检察院检察长王红，以及新任命的有关方面负责人颁发当选证书和任命书。

【市七届人大常委会第三十次会议】 2020年4月28日召开。会议由市人大常委会主任付康主持。市人大常委会副主任陈兴春、黄正良、董晓彬、代顺兴、李川萍、李作虎，秘书长王昭洪出席。市政府副市长蒋丽英、廖雪梅，市中级人民法院院长马泽波、市人民检察院检察长王红以及市监察委员会有关负责人等列席会议。会议邀请部分省、市人大代表，乡镇人大主席列席会议，3名公民旁听会议。会议听取和审议市人民政府关于民营经济发展情况的报告；听取和审议市人民政府关于办理市七届人大常委会第24次会议关于医疗保障工作审议意见落实情况的报告，并进行满意度测评；听取和审议市检察院关于适用认罪认罚从宽制度工作开展情况的报告；听取市政府关于中医药事业发展、文物保护工作、退役军人就业创业情况的报告；表决通过有关人事事项。

【市七届人大常委会第三十一次会议】 2020年6月23—24日召开。会议由市人大常委会主任付康主持。市人大常委会副主任陈兴春、黄正良、董晓彬、代顺兴、李川萍、李作虎，秘书长王昭洪出席。市政府副市长蒋丽英、罗蒙、廖雪梅，市中级人民法院院长马泽波、市人民检察院检察长王红以及市监察委员会有关负责人等列席会议。会议邀请部分省、市人大代表和乡镇人大主席列席会议，部分公民旁听会议。会议传达学习十三届全国人大三次会议精神、四川省十三届人大三次会议精神。会议对全市乡镇污水处理设施运行和管理工作进行专题询问；听取市政府关于执行《绵阳市人大常委会关于优化营商环境的决议》情况暨全市公安机关、司法行政机关履行职能营造法治化营商环境的专项工作报告、市中级人民法院关于全市法院履行职能营造法治化营商环境的专项工作报告、市人民检察院关于全市检察机关履行职能营造法治化营商环境的专项工作报告，对决议执行情况进行满意度测评；听取市政府关于生猪产业发展和保供给情况、社会化养老情况、县域经济发展情况、推进文旅融合发展情况及贯彻实施《中华人民共和国动物防疫法》暨执行《全国人大常委会关于全面禁止非法野生动物交易、革除滥食野生动物陋习、切实保障人民群众生命健康安全的决定》情况、律师执业权利保障情况的报告。会议就相关工作报告进行分组审议。会议表决通过《绵阳市人大常委会执法检查办法》《绵阳市人大常委会审议意见办理办法》和市人大常委会关于个别代表的代表资格的报告。会议表决通过有关人事任免案，决定任命吕剑、郑志恒为市政府副市长。会议举行颁发任命书及宪法宣誓仪式。

【市七届人大常委会第三十二次会议】 2020年6月24日召开。会议由市人大常委会主任付康主持。市人大常委会副主任陈兴春、黄正良、董晓彬、代顺兴、李川萍、李作虎，秘书长王昭洪出席。市政府副市长廖雪梅、市中级人民法院院长马泽波、市人民检察院检察长王红以及市监察委员会有关负责人列席会议。会议听取市政府向市人大常委会提出的任免案说明，表决通过人事任免案，决定任命周述为市政府副市长、市公安局局长并举行颁发任命书及宪法宣誓仪式。付康代表市人大常委会向受任命的人员颁发任命书。

【市七届人大常委会第三十三次会议】 2020年8月26日召开。会议由市人大常委会主任付康主持。市人大常委会副主任陈兴春、黄正良、董晓彬、代顺兴、李川萍、李作虎，秘书长王昭洪出席。市政府市长元方，副市长吕剑等，市中级人民法院院长马泽波、市人民检察院检察长王红以及市监察委员会有关负责人等列席会议。会议还邀请部分市人大代表、乡镇人大主席列席会议。元方代表市政府作关于绵阳市2020年1月至6月国民经济和社会发展计划执行情况的报告。会议听取市政府关于2020年市级预算调整方案及1月至6月预算执行情况、2019年市级决算（草案）、2019年市级预算执行和其他财政收支审计工作的报告；听取市人大常委会执法检查组关于检查《四川省农村扶贫开发条例》实施情况的报告及市政府关于决战决胜脱贫攻坚情况的报告、市人大常委会执法检查组关于检查《中华人民共和国传染病防治法》实施情况的报告及市政府关于做好新冠肺炎疫情常态化防控工作情况的报告；听取市政府关于全市项目投资工作情况、农村道路交通安全管理工作情况、全市宗教工作和宗教领域突出问题整改落实情况的报告。会议就相关工作报告进行分组审议。会议表决通过《绵阳市人民代表大会常务委员会关于深度参与成渝地区双城经济圈建设的决议》，审查批准2019年市级决算和2020年市级预算调整方案。会议还对有关审议意见、办理意见办理落实情况开展满意度测评；表决通过有关人事任免事项，举行颁发任命书及宪法宣誓仪式。

【市七届人大常委会第三十六次会议】 2020年10月27日召开。会议由市人大常委会主任付康主持。市人大常委会副主任黄正良、董晓彬、代顺兴、李川萍、李作虎，秘书长王昭洪出席。市政府副市长吕剑、罗蒙，市中级人民法院院长马泽波、市人民检察院检察长王红以及市监察委员会有关负责人等列席会议。会议还邀请部分省市人大代表、乡镇人大主席列席会议。会议听取《绵阳市文明行为促进条例（草案）》的说明和初审情况的报告；听取市政府关于科技城集中发展区重点项目建设情况、贯彻实施《中华人民共和国就业促进法》情况、推进实施市七届人大六次会议票决出的2020年市级民生实事项目情况的报告，以及国有资产管理情况的综合报告；听取市人大常委会执法检查组关于检查《绵阳市水污染防治条例》和《绵阳市物业管理条例》贯彻实施情况的报告；听取市“法检”两院关于全市法院、检察机关2020年1月至9月重点工作情况的报告。会议就相关工作报告进行分组审议。会议听取市政府关于科技城加快发展和融合深度发展两个《三年行动方案》实施情况、实施乡村振兴战略情况、扫黑除恶专项斗争工作情况、国有自然资源资产管理情况的报告。会议表决通过《绵阳市文明行为促进条例（草案）》地方立法的必要性和可行性、关于废止《绵阳市人大常委会关于规范性文件备案审查的办法》的决定及市七届人大常委会代表资格审查委员会关于个别代表的代表资格的报告。会议对有关审议意见、专题询问意见和办理意见办理落实情况开展满意度测评；表决通过有关辞职的决定和人事任免事项，举行颁发任命书及宪法宣誓仪式。

【市七届人大常委会第三十七次会议】 2020年12月29日召开。会议由市人大常委会主任付康主持。市人大常委会副主任黄正良、董晓彬、代顺兴、李川萍、李作虎，秘书长王昭洪出席。市政府副市长吕剑、郑志恒，市人民检察院检察长王红以及市监察委员会、市中级人民法院有关负责人等列席会议。会议邀请部分省、市人大代表，乡镇人大主席列席会议。会议表决通过《绵阳市人大常委会关于召开绵阳市第七届人民代表大会第七次会议的决定》，决定市七届人大七次会议于2021年2月4日在绵阳召开，会期预计4天。会议听取部分市政府组成部门主要负责人及部分“两院”负责人的述职报告，开展满意度测评；听取市政府关于“十三五”规划完成情况和“十四五”规划纲要编制工作情况、2020年市级预算调整方案、2019年市级预算执行和其他财政收支审计查出问题整改情况、办理市七届人大六次会议期间代表建议批评意见的报告；听取市政府关于2020年交通建设攻坚大会战推进情况、引通济安工程建设情况、农民工工作及保障工资支付情况的报告；听取《绵阳市文明行为促进条例（草案）》修改情况和关于个别代表的代表资格的报告。会议就相关报告进行分组审议。会议批准绵阳市2020年市级预算调整方案，表决通过市七届人大常委会代表资格审查委员会关于个别代表的代表资格的报告，对有关审议意见、专题询问意见和办理意见办理落实情况开展满意度测评。会议表决通过市人大常委会关于接受马泽波辞去绵阳市中级人民法院院长职务的决定，并报绵阳市第七届人民代表大会第七次会议备案；表决通过有关人事任免事项，举行颁发任命书及宪法宣誓仪式。会议任命唐浪生为绵阳市监察委员会副主任、决定其为代理主任；任命李勤为绵阳市中级人民法院副院长、决定其为代理院长。

监督工作

【概况】 2020年，市人大常委会提出并践行“深度融入中心、全方位服务大局”的工作方向，坚持把“一府两院”执行市委决策部署、依法全面履行职能、依法执法和公正司法等情况作为监督工作的重点，综合运用视察调研、会议审议、专题询问等监督方式，推动市委重大决策部署落实和群众普遍关心的热点、难点问题的解决。

【监督方式创新】 2020年，市人大常委会提高监督工作针对性和实效性，强化重点监督、问题监督、过程监督、结果监督，在全省率先探索市、县两级人大全流程全覆盖上下联动监督。组织市、县两级人大对事关全市发展大局的中心工作和群众高度关注的民生工作，从议题确定、视察调研、会议审议到结果运用实行全流程上下联动，实施全覆盖监督，增强监督合力和实效。全年对优化营商环境、项目投资、脱贫攻坚、稳就业4项工作开展全流程全覆盖上下联动监督。强化重点监督，聚焦社会各界关注的重点领域、影响工作成败的重点环节和权力集中、资金密集、资源富集的重点单位开展监督。强化问题监督，聚焦制约发展的突出问题、影响工作推进的薄弱环节、妨碍法律贯彻实施的痛点堵点开展监督，推动补短板、强弱项、促提升，基本达到解决问题、改进工作、狠抓落实、推动发展的目的。强化过程监督，聚焦阶段目标任务、重要时间节点、工作关键环节，统筹做好事前事中事后监督，增强监督工作的时效性和连续性。强化结果监督，制定出台审议意见办理办法、满意度测评办法，组织开展跟踪监督，对办理结果均进行满意度测评，推动党中央大政方针和省委、市委决策部署落实。创新开展上下联动监督。

【中国（绵阳）科技城建设监督】 2020年，市人大常委会持续推动科技城加快发展。市人大常委会主任、副主任先后分别多次带领常委会组成人员到惠科、东材科技等重点企业和威马汽车产业园、长虹智能制造产业园等重大项目建设现场调研；对科技之心、综合管廊建设等重大项目推进情况开展集中视察；专题调研促进科技成果转化法落实情况。9月，市人大常委会副主任代顺兴、李作虎带领调研组，对科技城集中发展区建设及《中国（绵阳）科技城加快发展三年行动方案》实施情况进行集中调研。10月27日，市七届人大常委会第三十六次会议听取市政府关于科技城集中发展区重点项目建设情况的报告和关于科技城加快发展和融合深度发展两个《三年行动方案》实施情况的报告。

【经济高质量发展联动监督】 2020年，市人大常委会开展市县两级人大全流程全覆盖上下联动监督。5—6月，对优化营商环境工作开展联动监督，市县两级人大组建7个联合调研组，对市本级和9个县市区优化营商环境工作开展全覆盖调研，组织召开市人大代表中的企业家座谈会，听取意见建议；6月23日，市七届人大常委会第三十一次会议分别听取和审议市“一府两院”优化营商环境工作情况的报告，对市政府及19个市级重点部门执行市人大常委会关于优化营商环境的决议情况进行满意度测评。7月，对全市项目投资工作开展联动监督，组建联合调研组到项目建设一线调研摸排情况。8月26日，市七届人大常委会第三十三次会议审议市政府关于全市项目投资工作情况、2020年1月至6月国民经济和社会发展计划执行情况、2019年市级预算执行和其他财政收支审计工作情况、2019年市级预算执行和其他财政收支审计查出问题整改情况等报告。12月29日，市七届人大常委会第三十七次会议审议“十三五”规划完成情况和“十四五”规划纲要编制工作情况的报告。市人大常委会还专题调研县域经济发展、民营经济发展、文旅融合发展、交通建设攻坚大会战、引通济安工程建设等重点工作，分别听取审议相关专项工作报告；审议国有资产管理情况综合报告、国有自然资源资产管理情况的报告。推进人大预算联网监督工作。

【脱贫攻坚工作联动监督】 2020年，市人大常委会把推进脱贫攻坚作为头等大事，依法推进全市农村扶贫开发工作。7月，对脱贫攻坚工作开展联动监督，组织对《四川省农村扶贫开发条例》开展执法检查；8月26日，市七届人大常委会第三十三次会议听取审议有关工作报告。持续开展“脱贫攻坚——人大代表再行动”活动，联系帮扶贫困户1.6万户，捐款捐物和协调社会帮扶资金3800万元。跟踪监督市人大常委会《关于大力实施乡村振兴战略的决议》执行情况，推动全面脱贫和乡村振兴衔接。

【生态环境保护监督】 2020年，市人大常委会坚持贯彻习近平生态文明思想，持续督促抓好中央和省环保督察反馈问题整改等工作，推动全市生态环境持续改善。3月26日，市七届人大常委会第二十九次会议听取2019年度环境状况和环境保护目标完成情况的报告。6月23日，市七届人大常委会第三十一次会议专题询问乡镇污水处理设施运行和管理情况。8月，组织对《绵阳市水污染防治条例》开展执法检查；10月27日，市七届人大常委会第三十六次会议审议有关工作报告。

【社会民生监督】 2020年，市人大常委会对稳就业工作开展联动监督；市七届人大常委会听取和审议就业促进法贯彻实施情况报告、听取审议医疗保障工作有关情况的报告并开展满意度测评，先后听取审议生猪产业发展和保供给、农民工工作及保障工资支付等工作情况的报告，听取扫黑除恶专项斗争、退役军人就业创业等工作情况的报告，对农产品质量安全、农村人居环境综合整治、城市老旧小区改造等工作开展专题调研。

【司法监督】 2020年4月28日，市七届人大常委会第三十次会议审议市检察院适用认罪认罚从宽制度工作情况的报告。6月23日，市七届人大常委会第三十一次会议审议市“两院”履行职能营造法治化营商环境的专项工作报告，听取市政府关于律师执业权利保障情况的报告。10月27日，市七届人大常委会第三十六次会议审议市“两院”1—9月重点工作情况的报告。

代表工作

【概况】 2020年，市人大常委会重视和改进代表工作，创新工作载体形式，探索联系代表和服务群众的长效机制，加强和改进代表履职服务保障工作，激发代表履职热情，提高代表工作水平。市人大常委会将“双联”活动（“双联”即市人大常委会组成人员联系市人大代表、市人大代表联系群众）拓展为“三联”活动（即在“双联”活动基础上，增加市人大专委会、常委会办事工作机构联系市人大代表这项内容），密切常委会组成人员、机关各委（室）同人大代表的联系、人大代表同人民群众的联系。组织开展人大代表走访企业、群众专项工作，共走访企业4985家、群众15万余人；收集问题建议8985个，协调解决6842个。邀请代表列席常委会会议和参加立法、视察调研、执法检查等活动698人次，扩大代表对常委会工作的参与度。

【代表建议督办】 2020年，市人大常委会执行代表建议交办、重点督办件督办等制度，组织开展办理情况“回头看”，听取和审议办理工作情况的报告并进行满意度测评，推动代表建议办理工作由重满意率向重办成率转变。市七届人大六次会议期间，代表提出的277件建议所提问题解决和基本解决、所提建议采纳和基本采纳率为81%，代表对办理结果反馈的满意和基本满意率为100%。

【代表履职保障】 2020年，市人大常委会实施市人大代表履职能力素质提升行动，集中培训代表161人，实现届内履职培训全覆盖。向代表通报中央、省委、市委决策部署和全市经济社会发展情况，帮助代表知情知政。指导抓好“代表之家”“代表工作站”规范化建设，发挥联系群众、服务代表的作用。加强代表思想政治建设，引导代表严格依法行使职权、履行义务，自觉接受人民群众和原选举单位监督。

【市七届人大六次会议代表建议重点督办件讨论推荐会】 2020年2月26日，市七届人大六次会议代表建议重点督办件讨论推荐会召开。市人大常委会副主任董晓彬主持会议。市人大相关专委会、市人大常委会相关办事工作机构负责人，市政府有关部门负责人参加会议。市七届人大六次会议期间，市人大代表共提出建议277件。根据《绵阳市人民代表大会代表建议、批评和意见办理办法》的有关规定，市人大常委会主任会议将在代表建议中确定一批重点督办件。讨论推荐会上，与会人员本着“人大代表和群众关注、涉及面较广、通过努力能够解决落实”的原则，对代表建议认真进行讨论研究，初步筛选推荐出一批代表建议重点督办件。会后，市人大常委会相关办事工作机构在征求相关方面意见的基础上，形成拟作为代表建议重点督办件的建议，提请市人大常委会主任会议确定代表建议重点督办件。

选举任免

【概况】 2020年，市人大常委会坚持党管干部原则和人大依法任免有机统一，全年共选举任免国家机关工作人员76人次。

【市七届人大六次会议选举任免】 2020年1月17日，市第七届人民代表大会第六次会议依法选举付康为绵阳市第七届人民代表大会常务委员会主任。选出王红为绵阳市人民检察院检察长，报经省人民检察院检察长提请省人大常委会批准。

【市政府人事任免】 2020年3月26日，市第七届人大常委会第二十九次会议决定免去杨学宁的绵阳市人民政府副市长职务。4月28日，市第七届人大常委会第三十次会议决定免去丁国旗的绵阳市人民政府副市长职务。6月23日，市第七届人大常委会第三十一次会议决定任命吕剑为绵阳市人民政府副市长，决定任命郑志恒为绵阳市人民政府副市长，决定免去经大忠的绵阳市人民政府副市长职务。6月24日，市第七届人大常委会第三十二次会议决定任命周述为绵阳市人民政府副市长、市公安局局长，决定免去王明华的绵阳市人民政府副市长、市公安局局长职务。9月3日，市第七届人大常委会第三十四次会议决定免去张贵刚的绵阳市医疗保障局局长职务。10月27日，市第七届人大常委会第三十六次会议决定任命柳江为绵阳市人民政府秘书长，谭谱为绵阳市审计局局长，贾大雁为绵阳市医疗保障局局长。决定免去吴明禹的绵阳市人民政府秘书长职务，王刚的绵阳市审计局局长职务。12月29日，市第七届人大常委会第三十七次会议决定免去赵迎春的绵阳市人民政府副市长职务。

【市人大常委会人事任免】 2020年3月26日，市第七届人大常委会第二十九次会议任命姚德行为绵阳市人大常委会副秘书长。10月27日，市第七届人大常委会第三十六次会议决定接受陈兴春辞去绵阳市第七届人大常委会副主任职务，并报绵阳市人民代表大会备案。决定接受黄亚春辞去绵阳市第七届人大常委会委员职务，并报绵阳市人民代表大会备案。12月29日，市第七届人大常委会第三十七次会议决定任命姚德行为绵阳市人大常委会办公室主任，朱林为绵阳市人大常委会法制工作委员会主任。免去朱林的绵阳市人大常委会副秘书长、办公室主任职务，王涛的绵阳市人大常委会人事代表工作委员会主任职务，蒋玉平的绵阳市人大常委会法制工作委员会主任职务，任勇的绵阳市人大常委会办公室副主任职务。

【市监察委员会人事任免】 2020年8月26日，市第七届人大常委会第三十三次会议决定免去王友富的绵阳市监察委员会副主任职务。10月27日，市第七届人大常委会第三十六次会议决定接受马骏辞去绵阳市监察委员会主任职务，并报绵阳市人民代表大会备案。12月29日，市第七届人大常委会第三十七次会议决定任命唐泯生为绵阳市监察委员会副主任、代理主任。

【市“两院”人事任免】 2020年1月9日，市第七届人大常委会第二十七次会议决定任命刘东为绵阳经济技术开发区人民法院副院长、审判委员会委员、审判员。免去刘东的绵阳高新技术产业开发区人民法院副院长、审判委员会委员、审判员职务。任命王红为绵阳市人民检察院副检察长、检察委员会委员、检察员。决定接受吴长福辞去绵阳市人民检察院检察长职务，报绵阳市第七届人民代表大会第六次会议备案，并报经省人民检察院检察长提请省人大常委会批准。3月26日，市第七届人大常委会第二十九次会议决定任命高峰为绵阳经济技术开发区人民法院院长、审判委员会委员、审判员，任命邱学南为绵阳市中级人民法院审判员，免去高峰的绵阳市中级人民法院审判委员会委员、执行庭庭长、审判员职务。6月23日，市第七届人大常委会第三十一次会议决定任命张建国为绵阳市中级人民法院刑事审判第一庭庭长，严明为绵阳市中级人民法院刑事审判第二庭庭长，左迪为绵阳市中级人民法院民事审判第一庭庭长，李川华为绵阳市中级人民法院民事审判第二庭庭长，李华峰为绵阳市中级人民法院少年审判庭庭长，张兵为绵阳市中级人民法院民事审判第二庭副庭长，刘立冬为绵阳市中级人民法院执行庭副庭长，廖小军为绵阳市中级人民法院民事审判第一庭副庭长，李维为绵阳市中级人民法院民事审判第二庭副庭长，周坚为绵阳市中级人民法院知识产权审判庭副庭长，冯安石为绵阳市中级人民法院立案庭副庭长，马翰霖为绵阳市中级人民法院立案庭副庭长，钟明宪为绵阳市中级人民法院审判监督庭副庭长，杨尧为绵阳经济技术开发区人民法院审判员。免去寿夕敏的绵阳市中级人民法院审判委员会委员、审判员职务，殷亚男的绵阳市中级人民法院立案庭副庭长、审判员职务，周琳堤的绵阳市中级人民法院民事审判第二庭庭长职务，阎晓秋的绵阳市中级人民法院刑事审判第二庭庭长职务，李川华的绵阳市中级人民法院民事审判第一庭庭长职务，张建国的绵阳市中级人民法院少年审判庭庭长职务，左迪的绵阳市中级人民法院民事审判第二庭副庭长职务，李华峰的绵阳市中级人民法院民事审判第二庭副庭长职务，张兵的绵阳市中级人民法院民事审判第一庭副庭长职务，刘立冬的绵阳市中级人民法院立案庭副庭长职务，兰大波的绵阳市中级人民法院民事审判第一庭副庭长职务，周冬青的绵阳市中级人民法院审判委员会委员、刑事审判第一庭庭长、审判员职务。免去唐蓉蓉的绵阳市人民检察院检察员职务，李尚慧的绵阳市小枧地区人民检察院检察员职务。8月26日，市第七届人大常委会第三十三次会议决定任命冯小娇为绵阳市中级人民法院审判员，欧泳如为绵阳市中级人民法院审判员，刘云锋为绵阳市中级人民法院审判员，田浩为绵阳经济技术开发区人民法院审判委员会委员、审判员，杨雪波为绵阳经济技术开发区人民法院审判委员会委员、审判员。免去黄小容的绵阳市中级人民法院审判员职务。10月27日，市第七届人大常委会第三十六次会议决定任命顾琦为绵阳经济技术开发区人民法院综合审判庭庭长，张莉为绵阳经济技术开发区人民法院立案庭庭长，杨尧为绵阳经济技术开发区人民法院审判委员会委员。免去黄颂杰的绵阳经济技术开发区人民法院审判委员会委员、审判员职务。批准勾支洋辞去江油市人民检察院检察长职务。12月29日，市第七届人大常委会第三十七次会议决定任命李勤为绵阳市中级人民法院副院长、审判委员会委员、审判员、代理院长。同日，市第七届人大常委会第三十七次会议决定免去左华的绵阳市人民检察院检察员职务。

（刘治林）

绵阳市人民政府

Mianyang Municipal People's Government

概 述

【概况】 2020年，全市贯彻中共十九大和十九届二中、三中、四中、五中全会精神，按照省委十一届七次、八次全会和市委七届九次、十次全会决策部署，统筹新冠肺炎疫情防控和经济社会发展，坚持稳中求进工作总基调，做好“六稳”工作、落实“六保”任务，完成市七届人大六次会议确定的目标，完成“十三五”规划确定的主要任务。全市仅用22天控制住新冠肺炎疫情，52天实现确诊病例、疑似病例、密切接触者“三清零”，54天实现全市全部转为低风险地区。出台“支持中小企业共渡难关20条”等政策，推动企业复工复产和省市重点项目全面复工。全市地区生产总值在全省地级市率先突破3000亿元，达3010.08亿元，同比增长4.4%，增速居全省第二位。在新增减税降费41.69亿元基础上，地方一般公共预算收入140.96亿元，同比增长7.5%；税收收入同比增长8.2%，增速居全省第三位。城乡居民人均可支配收入分别同比增长5.9%、8.8%。保费收入133.54亿元，居全省地级市第一位。规模以上工业增加值同比增长5.1%。

【经济运行情况】 2020年，全市优先发展先进制造业、加快发展现代服务业、大力发展现代农业，三次产业结构比例为12.3：39：48.7。第一产业增加值370.95亿元，同比增长5.4%；第二产业增加值1174.36亿元，同比增长4%；第三产业增加值1464.77亿元，同比增长4.5%。民营经济实现增加值1822.17亿元，同比增长3.1%，占全市经济总量的比重为60.5%。第一产业投资同比增长84.5%。全年农作物总播种面积67.45万公顷，同比增长1.1%。粮食总产量231.1万吨。小麦最高亩产量729.8公斤，再创西南地区历史新高。全年六大重点产业产值增长4.8%，其中节能环保产业同比增长10.1%，电子信息产业同比增长6.5%，高端装备制造产业同比增长6.5%，汽车产业同比增长5.1%，新材料产业同比增长1.3%，食品饮料产业增长为零。规模以上工业企业实现营业收入3141.73亿元，同比增长8.0%。城镇居民恩格尔系数36.03%，农村居民恩格尔系数36.6%。年末金融机构人民币各项存款余额5082.3亿元，同比增长14%；人民币各项贷款余额2812.66亿元，同比增长13.6%。全年完成邮政业务总量19.84亿元，同比增长16.2%。

【投资消费情况】 2020年，全市全社会固定资产投资增长10%。第一产业投资同比增长84.5%，第二产业投资同比下降1.9%，第三产业投资同比增长14.5%。全年制造业高技术产业投资同比下降27%。省市县重点项目完成投资1019亿元，投资完成率达110.7%。产业投资占全市投资比重达到37.2%，居全省前列。工业技改投资同比增长20.2%，高于全省8.1个百分点。社会消费品零售总额实现1394.26亿元，同比下降1.8%。城镇市场实现零售额933.23亿元，同比下降1.8%；乡村市场实现零售额461.03亿元，同比下降1.8%。在限额以上企业（单位）中，通过互联网实现的商品零售额95.42亿元，同比增长13.7%。

【科技城建设】 2020年，绵阳科技城建设第十四次部际协调小组会议在绵阳召开，支持绵阳科技城建设具有全国影响力的科技创新先行示范区。全国推广的第三批20条全创改革经验中，绵阳贡献3条。科技城新区申建为省级新区。净增国家高新技术企业106家，总数达446家。举办首届科学家精神论坛。26个项目进入2020年省科技进步奖公示。新增省级以上创新平台19个，总数达193个。涪城、九洲控股申建成为省级“双创”示范基地。大型科学仪器共享平台整合科研仪器设备超过6000台套，服务企业2400余家。成立中国科技城超算中心。加快建设国家知识产权示范城市，新增专利授权7636件，万人有效发明专利拥有量达14.3件。实施“科技城人才计划”，新引进高层次创新创业团队49个，建成省级首批院士（专家）产业园2个。

【深度参与成渝地区双城经济圈建设】 2020年，全市落实市委《关于深入贯彻习近平总书记重要讲话精神深度参与成渝地区双城经济圈建设的决定》，与成都、重庆共建中国西部科学城，携手打造成渝绵创新“金三角”。加快推动成绵、绵德一体化发展，绵遂协同发展，深化与成都平原经济区城市一体化发展。与重庆北碚区缔结友好城市，签署合作协议和三年行动计划。推动公共服务共享，实现与重庆住房公积金互认互贷。游仙入选成渝地区双城经济圈建设县域集成改革试点。

【全面深化改革】 2020年，全市全面深化改革190项年度任务基本完成。市与市辖区（园区）权责关系改革完成，下放权限71项、调整事项16项。市县财政改革两年攻坚行动任务全面完成。应收账款融资服务在全国率先实现全流程在线融资，累计融资2389笔438.43亿元。落实电价优惠政策，降低全社会用电成本。在全省率先启动市属国有企业“1+N”改革行动。

【城乡统筹建设】 2020年，全市实施县域经济高质量发展六大行动，县域范围地区生产总值达2459.27亿元，占全市比重81.7%，较2019年提高0.3个百分点。“一核”范围地区生产总值占全市比重保持稳定，“两翼”范围地区生产总值占全市比重较2019年提高0.1个百分点。涪城排名全国百强区第七十四位，江油排名全国西部百强县市第二十二位，涪城、三台分别入选全省县域经济发展强县、先进县。游仙高新区、江油高新区被评为全省优秀开发区。全面推进乡村振兴。统筹推进乡村振兴“五大行动”，游仙获评省实施乡村振兴战略工作先进区，涪城杨家镇、江油新安镇、梓潼许州镇获评先进乡镇，北川擂鼓镇盖头村等35个村获评示范村。新培育“美丽四川·宜居乡村”达标村1095个。两项改革完成。乡镇街道数量减幅43.2%、建制村数量减幅51.8%。两项改革“后半篇”文章。在全省率先开展综合试点，委托下放行政审批事项36项、公共服务事项80项，20项典型案例在全省推广。完成全国第四批农村集体产权制度改革试点。涪城、江油获评第四批“四好农村路”省级示范县。农村人居环境整治。农村户用卫生厕所普及率、生活垃圾治理率、生活污水治理率分别达94.2%、98.9%、68.3%。

【基础设施建设】 2020年，全市提升中心城区功能品质，坚持“建设新区、完善组团、提升旧城”，初步形成《国土空间总体规划》方案，中心城区新增面积4.97平方千米。全市常住人口城镇化率55.5%。“重构一环、贯通二环”完成，九洲大道改造等项目完工，绵吴路口等易涝点完成治理。三江湖国家湿地公园通过验收，科技城人才公园开园。开工老旧小区改造项目341个。开展“新三年棚改攻坚计划”，开工9242套，基本建成3151套。在全省率先实现市、县城区电信5G信号连续覆盖。年末全市公路通车里程23652.86千米，高速公路通车里程426.07千米，铁路营业里程268千米，民航营运航线59条。全市广播覆盖率达99.74%，电视覆盖率达99.73%，城区数字电视转换率达100%。

【开放合作】 2020年，全市举办第八届科博会，新签约重大项目320个，瑞丰光电、中电光谷等5亿元以上项目88个。国内省外到位资金788.2亿元，居全省第二位。到位外资2.04亿美元。实现进出口总额216.27亿元，居全省第二位。排名“中国外贸百强城市”第三十九位，较2019年上升21位。成绵间动车实现公交化运营。九绵高速张家坪至青莲互通段建成通车，广平高速、中遂高速加快推进，G5成绵扩容、绵苍高速控制性工程开工建设，G5绵广扩容招商成功。绵阳南郊机场年旅客吞吐量289万人次，位居全国民用机场第四十九位。T2航站楼持续建设，货运综合楼全面完工，全国首个国家电网投资运营的机场岸基供电设施启用。与成都、重庆共建中国西部科学城，携手打造成渝绵创新“金三角”。与重庆北碚区缔结友好城市，签署合作协议和三年行动计划。推动公共服务共享，实现与重庆住房公积金互认互贷。游仙入选成渝地区双城经济圈建设县域集成改革试点。与玻利维亚蒂瓦纳科市签署建立友好合作关系备忘录，国际友城和友好合作城市总数达31个。

【脱贫攻坚】 2020年，全市完成北川、平武国家脱贫攻坚普查和6个非贫困县省级脱贫攻坚调查。全市建档立卡贫困户人均纯收入达10032元，“两不愁三保障”全面实现。对口帮扶的红原、壤塘、布拖、昭觉4个深度贫困县全部脱贫摘帽。与浙江衢州东西部扶贫协作深化。李光辉、丁猛获全国脱贫攻坚先进个人称号，市扶贫开发局、中共平武县委员会办公室获全国脱贫攻坚先进集体称号。

【民生和社会事业】 2020年，全市完成学前教育“80·50”攻坚任务，普惠性幼儿园覆盖率84.4%，新建公办幼儿园37所、公办园在园幼儿占比52.5%。建成绵阳飞行职业学院，全市高等院校达15所。公立医院医疗费用下降2.1%，减免群众医疗费用2.37亿元。财政民生支出占公共预算支出比重67.5%、提高5.2个百分点。城镇新增就业5.39万人，城镇登记失业率2.73%，完成省控目标。落实社保降费政策，减免费用19.13亿元。落实社会救助和保障标准与物价上涨挂钩联动机制，累计发放价格临时补贴1.4亿元。完成南河体育中心改造等市七届人大六次会议票决确定的8个市级民生实事项目。

【生态文明建设】 2020年，全市落实《决战决胜污染防治攻坚36条硬措施》，城区环境空气质量优良天数率达89%，PM2.5年均浓度33.8微克每立方米，完成省下达年度目标任务。国省地表水考核断面优良水体比例达100%。土壤环境质量总体稳定，安州磷石膏问题完成消纳封存并整改销号。完成中央、省生态环保督察及“回头看”反馈问题整改1337件，整改率达99.4%。持续开展大规模绿化绵州行动，全市森林覆盖率达55.78%，国土绿化覆盖率达70.04%。完成长江流域重点水域退捕禁捕阶段性任务。推进大熊猫国家公园体制试点。盐亭获评第四批国家生态文明建设示范县。

【社会治理】 2020年，绵阳市第四次蝉联全国文明城市，江油成为全省首批成功创建全国文明城市的县级市。持续推进扫黑除恶专项斗争和社会治安防控体系建设，入选第一期全国市域社会治理现代化试点城市。实施安全生产专项整治三年行动计划，落实安全生产清单制管理，各类生产安全事故起数、死亡人数分别下降29.4%、33.8%，连续16年未发生重特大生产安全事故。开展森林草原防灭火专项整治，连续32年无重特大森林草原火灾。应对“8·11”暴雨洪灾，推进灾后恢复重建，争取上级重建资金18.79亿元，居全省第一位。获批全省城市基层治理示范市。 （邓　涛）

重大政务活动

【概况】 2020年，市政府召开市政府全体会议2次（市政府七届七次、八次全体会议），讨论修改《政府工作报告》等相关事项，安排部署全市主要工作。全年共召开市政府常务会议27次（七届政府第84次至110次）。

【市政府七届七次全体会议】 2020年1月7日召开，市长元方主持，丁国旗、王明华、蒋丽英、赵迎春、罗蒙、廖雪梅、吴明禹等出席会议；市政府副秘书长和各县市区政府、各园区管委会、市级有关部门（单位）主要负责人参加会议。会议总结2019年工作，安排部署2020年工作，审议《政府工作报告（送审稿）》《关于绵阳市2019年国民经济和社会发展计划执行情况及2020年计划草案的报告（送审稿）》《关于绵阳市2019年财政预算执行情况和2020年财政预算草案的报告（送审稿）》。

【市政府七届八次全体会议】 2020年7月31日召开，市长元方主持，杨学宁、丁国旗、王明华、经大忠、赵迎春、吴明禹等出席会议；市政府副秘书长和各县市区政府、各园区管委会、市级有关部门（单位）主要负责人参加会议。会议总结市政府2020年上半年工作，安排部署2020年下半年工作。

【市政府第84次常务会议】 2020年1月6日召开，市长元方主持，丁国旗、王明华、赵迎春、罗蒙、廖雪梅、吴明禹等出席会议。会议学习贯彻习近平总书记对审计工作作出的重要指示精神、12月30日国务院常务会议精神；会议传达贯彻全国畜牧业生产工作会议、大型生猪养殖企业帮带中小养殖场户发展座谈会议、生猪稳产保供政策落实情况座谈会议、全省稳定生猪生产保障市场供应电视电话会议精神；审议通过《政府工作报告（送审稿）》、举办中国（绵阳）科技城国际科技博览会有关事宜、《关于加快发展创新产业的实施意见（送审稿）》《关于建设先进制造产业功能区的实施意见（送审稿）》《关于绵阳市2019年国民经济和社会发展计划执行情况及2020年计划草案的报告（送审稿）》《绵阳市区域协同发展规划（2019—2025）（送审稿）》《绵阳市2020年市重点项目名单》《关于绵阳市2019年财政预算执行情况和2020年财政预算草案的报告（送审稿）》《2020年市本级财政收支预算报告（送审稿）》、2019年第七批预算项目资金；审议有关人事事项。

【市政府第85次常务会议】 2020年1月21日召开，市长元方主持，杨学宁、王明华、经大忠、蒋丽英、赵迎春、罗蒙、廖雪梅、吴明禹等出席会议。会议学习贯彻习近平总书记对新型冠状病毒感染的肺炎疫情作出的重要指示和李克强总理批示精神、国务院新型冠状病毒感染的肺炎疫情防控工作电视电话会议精神及省委、省政府主要领导有关批示指示精神、中央财经委员会第六次会议和省委财经委员会第四次会议精神、近期国务院常务会议精神；传达贯彻国务院第四次全体会议和省政府第五次全体会议精神、全省粮食安全和生猪稳产保供工作会议精神、全省商务工作座谈会议精神、推进综合保税区、保税物流中心（B型）建设发展专题会议精神；安排部署春节期间安全生产、社会稳定等重点工作；听取省政府考核目标自查自评工作开展情况汇报；审议通过调整部分企业军转干部救助标准；审议通过有关人事事项。

【市政府第86次常务会议】 2019年2月4日召开，市长元方主持，丁国旗、王明华、经大忠、蒋丽英、赵迎春、罗蒙、廖雪梅、汪泽元、吴明禹等出席会议。会议学习贯彻习近平总书记关于新型冠状病毒感染肺炎疫情防控工作重要指示精神和中央政治局常委会会议、中央应对新型冠状病毒感染肺炎疫情工作领导小组会议、李克强总理在湖北武汉考察指导新型冠状病毒感染肺炎疫情防控工作有关指示、省委常委会会议暨省委应对新型冠状病毒感染肺炎疫情工作领导小组会议、省委书记彭清华到绵阳检查督导防控工作有关指示、省应对新型冠状病毒感染肺炎疫情应急指挥部会议、市委常委会会议暨市委应对新型冠状病毒感染肺炎疫情工作领导小组会议精神；观看《2019年长江经济带生态环境警示片》；传达贯彻省长江经济带生态环境突出问题整改工作专题会议精神；听取2019年城区及各县市区、园区环境空气质量及目标完成情况汇报；审议通过《关于全力支持疫情防控物资企业加快生产的方案》。

【市政府第87次常务会议】 2020年2月10日召开，市长元方主持，杨学宁、丁国旗、经大忠、蒋丽英、赵迎春、罗蒙、廖雪梅、汪泽元、吴明禹等出席会议。会议学习贯彻习近平总书记在中央政治局常委会研究加强新型冠状病毒感染的肺炎疫情防控工作时的重要讲话精神和2月4日、2月6日中央应对新型冠状病毒感染肺炎疫情工作领导小组会议，2月5日国务院常务会议，国家、省关于做好公路交通保通保畅有关文件，彭清华在全省应对新型冠状病毒感染肺炎疫情工作会议上的讲话、省委新型冠状病毒感染肺炎疫情防控专家座谈会、《四川省委办公厅关于坚决反对形式主义、官僚主义让基层干部把更多精力投入到疫情防控第一线的通知》，省应对新型冠状病毒感染肺炎疫情应急指挥部第六次、第七次会议，市委常委会暨市委应对新型冠状病毒感染肺炎疫情工作领导小组第三次会议、《中共绵阳市委办公室绵阳市人民政府办公室关于贯彻落实习近平总书记重要讲话精神进一步加强新型冠状病毒肺炎疫情防控工作的通知》精神；听取近期疫情防控重点工作、调整市区口罩调配方案的汇报；审议通过《政府工作报告》2020年重点工作责任分工、《关于应对新型冠状病毒肺炎疫情支持中小企业共渡难关的政策措施》《2019年全市全社会固定资产投资和项目管理工作先进单位及个人表扬方案》、加快推进综合管廊项目建设有关事项；审议通过有关人事事项。

【市政府第88次常务会议】 2020年2月25日召开，市长元方主持，杨学宁、丁国旗、王明华、经大忠、蒋丽英、赵迎春、罗蒙、廖雪梅、汪泽元、吴明禹等出席会议。会议学习贯彻2月21日中共中央政治局会议、习近平总书记在统筹推进新冠肺炎疫情防控和经济社会发展工作部署会议上的重要讲话、习近平总书记在2月12日中央政治局常委会会议分析新冠肺炎疫情形势研究加强防控工作时的重要讲话、习近平总书记在北京市调研指导新冠肺炎疫情防控工作时的重要讲话、习近平总书记就关心爱护参与疫情防控工作的医务人员作出的重要指示、近期国务院常务会议、2月10日、2月13日、2月17日、2月20日中央应对新冠肺炎疫情工作领导小组会议，省委常委会会议暨省委应对新型冠状病毒肺炎疫情工作领导小组第三次会议、省委应对新型冠状病毒肺炎疫情工作领导小组第四次会议、省委常委会会议暨省委应对新型冠状病毒肺炎疫情工作领导小组第五次会议、2月23日省委常委会（扩大）会议、四川省应对新型冠状病毒感染肺炎疫情工作调度会，省应对新型冠状病毒感染肺炎疫情应急指挥部第十三次、第十四次会议、第十六次会议，省长尹力在绵阳调研疫情防控和复工复产工作有关指示、市委常委会（扩大）会议暨市委应对新冠肺炎疫情工作领导小组第四次会议、市委常委会（扩大）会议暨市委应对新冠肺炎疫情工作领导小组第五次会议、市应对新冠肺炎疫情工作调度会议精神；会议听取绵阳市疫情防控形势及下一步防控措施、落实省市应对疫情缓解中小企业生产经营困难政策措施有关情况汇报，安排部署统筹推进新冠肺炎疫情防控和经济社会发展工作；会议审议通过《绵阳市行政机关负责人出庭应诉工作规定》《关于实施既有住宅电梯增设三年计划（2019—2021年）的指导意见》《关于接受用于新型冠状病毒感染肺炎疫情防控工作的社会捐赠物资、资金使用管理办法》《新冠肺炎疫情防控社会捐赠物资资金用于疫情防控医疗机构购买设备需求计划》《2019年福彩公益金第三批分配方案》、绵阳科技城发展投资（集团）有限责任公司拟申请注册20亿元中期票据有关事宜、绵阳科技城发展投资（集团）有限责任公司拟申请注册30亿元非公开定向债务融资工具有关事宜。

【市政府第89次常务会议】 2020年3月12日召开，市长元方主持，丁国旗、王明华、经大忠、蒋丽英、赵迎春、罗蒙、廖雪梅、吴明禹等出席会议。会议学习《四川省宗教事务条例》；学习贯彻2月26日、3月4日中央政治局常委会会议，习近平总书记在北京考察新冠肺炎防控科研攻关工作、在武汉考察新冠肺炎疫情防控工作时的重要讲话，2月25日、3月3日国务院常务会议，2月27日、3月2日、3月5日、3月9日中央应对新冠肺炎疫情工作领导小组会议，省委常委会会议暨省委应对新型冠状病毒肺炎疫情工作领导小组第六次会议、省委常委会会议暨省委应对新冠肺炎疫情工作领导小组第七次会议，省委书记彭清华在省应对新冠肺炎疫情应急指挥部调研时的讲话、省政府常务会议暨省应对新冠肺炎疫情应急指挥部第十七次会议、省应对新冠肺炎疫情应急指挥部第十八次视频调度会暨推动复工复产做好安全生产工作推进会、省应对新冠肺炎疫情应急指挥部第十九次会议、市委常委会（扩大）

会议暨市委应对新冠肺炎疫情工作领导小组第六次会议、市委常委会（扩大）会议暨市委应对新冠肺炎疫情工作领导小组第七次会议精神、习近平总书记、李克强总理对全国春季农业生产工作作出重要指示批示和全国春季农业生产工作电视电话会议精神；传达贯彻中央脱贫攻坚电视电话会议、全省决战决胜脱贫攻坚大会精神、全省有效应对疫情大力推动基础设施等重点领域补短板工作电视电话会议精神，会议听取当前经济运行形势分析，研究部署一季度经济工作、全市违建别墅问题清查整治专项行动工作情况汇报、2019年全市投资和加快重点项目建设、实施基础设施等重点领域补短板行动有关情况；听取当前经济形势分析，研究部署一季度经济工作；传达省长江经济带生态环境突出问题暨中央生态环境保护督察反馈意见整改工作推进电视电话会议精神，通报近期大气污染防治突出环境问题，听取2020年1—2月各县市区、园区环境空气质量及目标完成情况汇报及环境空气质量排名靠后地区主要负责人述职，研究部署相关工作；审议通过《绵阳市人民政府办公室关于全面推行行政规范性文件合法性审核机制的实施意见》《绵阳市人民政府2020年立法计划（送审稿）》《关于科学应对新型冠状病毒肺炎疫情加快推动房屋建筑和市政基础设施项目开工复工的通知》《关于狠抓“三农”重点工作确保如期实现全面小康的意见（送审稿）》《关于阶段性下调水电气价格切实降低企业用能成本的方案》、支持省市重点项目复工开工的激励措施、核销建行绵阳分行委托贷款利息有关事宜、2019年绵阳市融合企业（单位）认定并授牌有关事宜；审议通过有关人事事项。

【市政府第90次常务会议】 2020年3月27日召开，市长元方主持，丁国旗、经大忠、赵迎春、廖雪梅、汪泽元、吴明禹等出席会议。会议学习《四川省消防安全责任制实施办法》《市（州）GDP统一核算实施细则及季度核算方案》；学习贯彻3月18日中央政治局常委会会议，3月10日、3月17日、3月24日国务院常务会议，3月12日、3月16日、3月19日、3月23日中央应对新冠肺炎疫情工作领导小组会议，省政府常务会议暨省应对新冠肺炎疫情应急指挥部第二十次会议，省长尹力在应急指挥部第二十一次会议上的讲话，省应对新冠肺炎疫情应急指挥部第二十二次会议、市委应对新冠肺炎疫情工作领导小组第八次会议精神，中共中央政治局会议分析研究当前经济形势和经济工作等精神；听取全市禁毒工作情况汇报；审议通过《绵阳市2020年优化营商环境工作方案（送审稿）》《绵阳市第四次全国经济普查公报》《关于促进绵阳建筑业高质量发展的实施意见》《绵阳市“中介服务网上超市”管理暂行办法》《绵阳市工业高质量发展大会表扬奖励方案》、建立北川通用机场建设联席会议制度有关事宜、2019年度绵阳市科学技术进步奖拟奖项目有关事宜、经开区某地块规划指标调整有关事宜。

【市政府第91次常务会议】 2020年4月13日召开，市长元方主持，丁国旗、王明华、经大忠、蒋丽英、赵迎春、罗蒙、吴明禹等出席会议。会议学习贯彻《中央全面依法治国委员会办公室关于开展法治政府建设示范创建活动的意见》；传达贯彻4月8日中央政治局常委会会议、习近平总书记在浙江考察时的重要讲话，近期国务院常务会议，近期中央应对新冠肺炎疫情工作领导小组会议，省委常委会会议暨省委应对新冠肺炎疫情工作领导小组第九次会议、省应对新冠肺炎疫情应急指挥部第二十二次、二十四次会议，市委常委会（扩大）会议暨市委应对新冠肺炎疫情工作领导小组第九次会议、市委常委会（扩大）会议暨市委应对新冠肺炎疫情工作领导小组第十次会议精神，习近平总书记、李克强总理对安全生产作出的重要指示批示和全国安全生产电视电话会议精神，习近平总书记、李克强总理对凉山森林火灾作出的重要指示批示，省委书记彭清华、省长尹力对凉山彝族自治州木里西昌冕宁盐源森林火灾作出的批示，3月31日省委常委会（扩大）会议和全省森林草原防火灭火暨安全生产工作会议精神、李克强总理对防汛抗旱工作作出的重要批示和全国防汛抗旱工作电视电话会议精神；审议通过《绵阳市重点企业“服务绿卡”管理办法》《绵阳城区巡游出租汽车运价调整方案》《绵阳市2020年提前批新增一般债券安排使用方案（送审稿）》，表扬2019年度保障性安居工程、城市基础设施建设和建筑业发展工作先进单位有关事宜，2020年第一批预算项目资金，清理盘活2020年市本级财政存量资金（第一批）有关事宜，有关人事事项。

【市政府第92次常务会议】 2020年4月23日召开，市长元方主持，王明华、蒋丽英、罗蒙、汪泽元、吴明禹等出席会议。会议学习贯彻4月15日中央政治局常委会会议和4月17日中央政治局会议，4月13日、4月16日中央应对新冠肺炎疫情工作领导小组会议、4月14日、4月21日国务院常务会议、省委书记彭清华在经信厅、省发改委调研时的讲话、省应对新冠肺炎疫情应急指挥部第二十五次会议精神；会议传达全国、全省国有企业退休人员社会化管理工作电视电话会议精神；听取绵阳城建攻坚行动2020年一季度推进情况汇报、绵阳市城镇老旧小区改造工作推进情况汇报；审议通过《四川省绵阳市人民政府重庆市北碚区人民政府推动成渝地区双城经济圈建设合作三年行动（2020—2022年）（送审稿）》《绵阳市新型智慧城市顶层设计(2020—2022)》《绵阳市新型智慧城市建设总体方案》《绵阳市城市服务平台建设方案》《绵阳市政府信息化项目管理办法》《绵阳市粮油集团有限公司组建方案》、科技之心片区产城融合项目有关事宜、规范《国有建设用地使用权出让合同》第十八条选填情况有关事宜、市委办公室更新公务用车有关事宜；审议通过有关人事事项。

【市政府第93次常务会议】 2020年5月18日召开，市长元方主持，经大忠、王明华、赵迎春、罗蒙、廖雪梅、汪泽元、吴明禹等出席会议。会议学习贯彻4月29日、5月6日、5月14日中央政治局常委会会议，5月15日中共中央政治局会议，4月22日、4月30日、5月7日、5月15日中央应对新冠肺炎疫情工作领导小组会议，4月28日、5月6日国务院常务会议，省应对新冠肺炎疫情应急指挥部第二十七次会议，全省2020年二季度经济运行分析调度电视电话会议暨省应对新冠肺炎疫情应急指挥部第二十八次会议精神，习近平总书记在陕西、山西考察时的重要讲话精神；会议传达贯彻省十三届人大三次会议、省政协十二届三次会议精神和省委书记彭清华在参加绵阳代表团全体会议审议时的重要讲话精神、国务院督导四川省森林草原防灭火专项整治工作动员会议精神，《贯彻落实国家森林草原防灭火指挥部办公室约谈事项整改方案》；会议听取全市汛期雨情、汛情预判及地质灾害防治、防汛备汛工作情况汇报；审议通过《2020年上半年主要经济指标预期目标建议方案（送审稿）》《绵阳市强化自然资源保障促进经济稳增长十六条措施》《绵阳市综合保税区项目入驻优惠政策（试行）》《绵阳市市本级财政资金审批管理办法（送审稿）》、绵投集团拟为四川爱创科技4亿元项目贷款提供连带责任担保有关事宜、预拨2020年均衡性转移支付资金增量有关事宜、预拨2020年县级基本财力保障机制奖补资金增量分配有关事宜；审议通过有关人事事项。

【市政府第94次常务会议】 2020年6月8日召开，市长元方主持，王明华、蒋丽英、罗蒙、廖雪梅、吴明禹等出席会议。会议学习贯彻习近平总书记在专家学者座谈会上的重要讲话精神，5月20日、6月4日中央应对新冠肺炎疫情工作领导小组会议精神，5月18日省委常委会会议精神，省应对新冠肺炎疫情指挥部第二十九次会议精神、习近平新时代中国特色社会主义思想和习近平总书记关于应急管理、安全生产、防灾减灾救灾、森林草原防灭火工作的重要论述和重要指示批示，国务院督导四川省森林草原防灭火专项整治工作动员会议精神，应急管理部党委书记黄明、省委书记彭清华在国务院督导四川省森林草原防灭火专项整治工作动员会议上的讲话精神，省森林草原防灭火专项整治工作领导小组会议精神、习近平总书记在中央政治局第二十次集体学习时的重要讲话精神、李克强总理对全国普通高等学校毕业生就业创业工作作出的重要批示和全国普通高等学校毕业生就业创业工作电视电话会议精神、李克强总理在新增财政资金直接惠企利民工作视频座谈会上的重要讲话精神；传达贯彻十三届全国人大三次会议、全国政协十三届三次会议精神，习近平总书记参加十三届全国人大三次会议湖北代表团和内蒙古代表团审议、出席十三届全国人大三次会议解放军和武警部队代表团全体会议、看望参加全国政协十三届三次会议经济界委员时的重要讲话精神，全省抓项目促投资现场会精神、全省防汛减灾工作推进会精神、四川省科学技术奖励大会精神；听取全市长江经济带生态环境问题集中排查整治及省级暗查指导工作有关情况通报、2020年1—4月各县市区、园区环境空气质量和目标完成情况汇报及环境空气质量排名靠后县市区、园区主要负责人述职，绵阳市推进有线电视网络参与“全国一网”整合工作情况汇报，“8·8”九寨沟地震平武灾区灾后恢复重建工作推进情况汇报；审议通过《绵阳市人民政府2020年法治政府建设重点工作安排》《绵阳市重点招商项目“服务绿卡”管理办法》《关于支持服务业重点产业发展若干政策措施》《绵阳市放心舒心消费环境建设工作实施方案（2020—2022年）》《绵阳市重点实验室管理办法》《绵阳市工程技术研究中心管理办法》、延长农村居民购房补贴申领受理期限有关事宜、《关于表扬绵阳市服务业发展工作先进集体和先进个人的通报（送审稿）》《关于表扬绵阳市优秀服务业企业和商（协）会的通报（送审稿）》《科技城集中发展区生态功能区项目建设实施方案》《绵阳城区巡游出租汽车运价调整方案》、一批国有建设用地使用权改变用途有关事宜、市级议事协调机构有关事项、2020年第二批预算项目资金；审议通过有关人事事项。

【市政府第95次常务会议】 2020年6月16日召开，市长元方主持，经大忠、吕剑、王明华、蒋丽英、赵迎春、罗蒙、吴明禹等出席会议。会议学习贯彻全省服务业发展大会精神；审议通过《关于加快构建“8+1”现代服务业体系推动服务业高质量发展的实施意见（送审稿）》、更新市人大常委会办公室2辆委托管理公务用车有关事宜、一批国有建设用地使用权改变用途有关事宜；审议通过有关人事事项。

【市政府第96次常务会议】 2020年6月19日召开，市长元方主持，经大忠、汪泽元、王明华、蒋丽英、赵迎春、罗蒙、廖雪梅、吴明禹等出席会议。会议学习贯彻习近平总书记在中非团结抗疫特别峰会上的主旨讲话、6月14日国务院联防联控机制会议、省应对新冠肺炎疫情应急指挥部第三十次会议、七届市委第161次常委会会议精神；听取近期疫情防控重点工作汇报，研究部署进一步加强疫情防控有关工作；审议通过有关人事事项。

【市政府第97次常务会议】 2020年7月2日召开，市长元方主持，吕剑、蒋丽英、周述、赵迎春、罗蒙、廖雪梅、郑志恒、汪泽元、吴明禹等出席会议。会议观看《绵阳市矿山矿企问题专题片》；学习贯彻习近平总书记在宁夏考察时的重要讲话精神、习近平总书记对禁毒工作作出的重要指示及全国禁毒工作先进集体和先进个人表彰会议精神、习近平总书记关于统计工作重要论述、《关于深化统计管理体制改革提高统计数据真实性的意见》《统计违纪违法责任人处分处理建议办法》《防范和惩治统计造假、弄虚作假督察工作规定》《防范和惩治统计造假、弄虚作假督察工作规定实施办法（试行）》及《四川省政府办公厅关于雅安市名山区、眉山市仁寿县、宜宾市江安县及临港经济技术开发区、德阳市广汉市统计违纪违法案件情况的通报》、习近平总书记对防汛救灾工作作出的重要指示、全省防汛救灾工作调度会议精神、近期国务院常务会议精神；传达贯彻全国、全省长江流域重点水域禁捕和退捕渔民安置保障工作推进电视电话会议及全国打击长江流域非法捕捞专项整治行动视频部署会议精神、省级领导干部和市厅级主要负责人读书班精神、四川省建设绵阳科技城领导小组第21次会议精神；安排部署2020年全市高考中考相关工作；听取全市项目投资工作推进情况以及存在问题和下一步工作措施、2017—2019年全市学前教育地方政府债券资金项目建设专项督查情况通报、生态环境暗访工作和矿产资源管理情况汇报；审议通过《绵阳市应急救援能力提升行动计划（2020—2022年）实施方案》《绵阳市市属企业领导人员管理办法（送审稿）》《绵阳市市级行政权力清单（2019年本）》《抓项目促投资19条硬措施（送审稿）》《关于做好2019—2021年既有住宅电梯增设奖补工作有关事项的通知》、市级议事协调机构有关事项、更新市政协办2辆委托管理公务用车有关事宜、2020年第三批预算项目清单、有关人事事项。

【市政府第98次常务会议】 2020年7月24日召开，市长元方主持，吕剑、蒋丽英、周述、赵迎春、罗蒙、廖雪梅、郑志恒、汪泽元、吴明禹等出席会议。会议学习《中华人民共和国民法典》；学习贯彻省委应对新冠肺炎疫情工作领导小组会议、省应对新冠肺炎疫情指挥部第三十一次会议精神，安排部署全市新冠肺炎疫情防控工作、习近平总书记在企业家座谈会上的重要讲话精神、李克强总理在经济形势专家和企业家座谈会上的重要讲话精神、习近平总书记对做好防汛救灾工作作出的重要指示和7月17日中共中央政治局常务委员会会议精神、近期国务院常务会议精神、对主要目标进行细化管理有关规定；传达贯彻全省推动制造业高质量发展现场会精神、成都平原经济区联席会议2020年专题会议精神、四川省双拥模范命名表彰大会精神、全省交通运输脱贫攻坚“两通”验收工作会议精神；听取绵阳市社会心理服务体系建设试点工作进展情况汇报；审议通过《绵阳市加快推进新型基础设施建设三年行动实施方案》《绵阳市人民政府关于开展矿产资源开发利用秩序综合整治工作的通知》《绵阳市第二批“服务绿卡”重点企业名单》《绵阳市人民政府拟定地方性法规草案和制定政府规章程序规定》《中国（绵阳）跨境电子商务综合试验区实施方案（送审稿）》《四川省绵阳危险化学品应急救援大队建设方案》《四川省绵阳市人民政府 重庆市北碚区人民政府推动成渝地区双城经济圈建设2020年度重点工作》《绵阳市市属国有企业负责人经营业绩考核办法》《〈飞行学院绵阳分院还建事宜有关协议〉的补充协议》《绵阳市2019年市级决算草案的报告（送审稿）》《绵阳市2020年市级预算调整方案及1月至6月预算执行情况的报告（送审稿）》、绵阳市投资控股（集团）有限公司拟申请注册30亿元定向债务融资工具有关事宜、有关人事事项。

【市政府第99次常务会议】 2020年8月10日召开，市长元方主持，吕剑、蒋丽英、周述、赵迎春、郑志恒等出席会议。会议学习《中华人民共和国公职人员政务处分法》；学习贯彻习近平总书记在吉林考察时的重要讲话精神、7月30日中共中央政治局会议精神、习近平总书记在中共中央政治局第二十二次集体学习上的重要讲话精神、习近平总书记、李克强总理对研究生教育工作作出的重要指示批示和全国研究生教育会议精神、习近平总书记在中共中央党外人士座谈会上的重要讲话精神、7月29日国务院常务会议精神；传达贯彻李克强总理对安全生产工作作出的重要批示和全国安全生产电视电话会议精神，中共绵阳市委七届九次全会精神，全国、全省农村乱占耕地建房问题整治工作电视电话会议精神；听取全市2020年1—6月对上争取资金及直接下达上级转移支付资金有关情况汇报、绵阳城建攻坚行动2020年1—6月推进情况汇报；审议通过《绵阳市2020年1—6月国民经济和社会发展计划执行情况的报告（送审稿）》《绵阳市人民政府与中国建设银行股份有限公司四川省分行战略合作协议》《绵阳市人民政府与中国农业发展银行四川省分行合作协议》《2020年中央财政赤字补助和抗疫特别国债资金有关事项（送审稿）》、一批国有建设用地使用权改变用途有关事宜、绵阳市投资控股（集团）有限公司拟投资组建绵阳三江医疗投资有限公司有关事宜、绵阳市投资控股（集团）有限公司控股子公司绵阳三江医疗投资有限公司拟投资建设绵阳三江医院有关事宜、更新部分委托管理公务用车有关事宜、《2020年中央财政赤字补助和抗疫特别国债资金有关事项（送审稿）》。

【市政府第100次常务会议】 2020年8月24日召开，市长元方主持，吕剑、蒋丽英、周述、赵迎春、廖雪梅、吴明禹等出席会议。会议学习贯彻李克强总理在重庆指导防汛救灾时的重要讲话、省委书记彭清华在乐山市指导防汛救灾时的重要讲话、省长尹力在乐山市和省气象局调研指导抗洪抢险工作时的重要讲话、省应急委2020年全体会议、8月17日省应急委防汛救灾工作调度会议精神、习近平总书记在安徽考察时的重要讲话精神、习近平总书记对制止餐饮浪费行为作出的重要指示精神、习近平总书记对“十四五”规划编制工作作出的重要指示精神、8月17日国务院常务会议精神；听取全市防汛减灾和地质灾害防治有关工作情况汇报、2020年1—6月各县市区、园区环境空气质量和目标完成情况汇报及环境空气质量排名靠后县市区、园区主要负责人述职、绵阳市未成年人思想道德建设工作情况汇报、全国文明城市建设工作情况汇报；审议通过《调整城乡居民最低生活保障标准低限和城乡特困人员基本生活标准低限》《绵阳城市规划区“天网”及卡口三年建设实施方案（2020—2022年）》《绵阳市人民政府　中兴通讯股份有限公司深化战略合作协议》《第八届科博会专项经费使用管理办法》《第八届科博会专项经费预算控制方案》《绵阳市人民政府　中国科学院成都分院“十四五”全面合作框架协议》《绵阳市人民政府　中国通信学会战略合作协议》、四川九洲电器集团有限责任公司不良资产损失财务核销有关事宜、2020年第四批预算项目资金、有关人事事项。

【市政府第101次常务会议】 2020年9月2日召开，市长元方主持，蒋丽英、周述、赵迎春、罗蒙、廖雪梅、吴明禹等出席会议。会议学习贯彻习近平总书记在经济社会领域专家座谈会上的讲话精神；审议通过《绵阳市农村产权流转交易管理办法》、有关人事事项。

【市政府第102次常务会议】 2020年9月25日召开，市长元方主持，吕剑、周述、廖雪梅、郑志恒、吴明禹等出席会议。会议学习贯彻习近平总书记在全国抗击新冠肺炎疫情表彰大会上的重要讲话，国务院联防联控机制秋冬季新冠肺炎疫情防控专项督查第十二督查组到绵阳督查，省应对新冠肺炎疫情应急指挥部第三十三次会议精神、习近平总书记在中央财经委员会第八次会议上的重要讲话精神、习近平总书记向中国人民警察队伍授旗并致训词和9月3日省委常委会会议精神、习近平总书记在基层代表座谈会上的重要讲话精神、习近平总书记在教育文化卫生体育领域专家代表座谈会上的重要讲话精神、近期国务院常务会议精神、国务院办公厅《坚决制止耕地“非农化”行为的通知》、全省第七次全国人口普查办公室主任会议精神；传达贯彻科技城建设第十四次部际协调小组会议、9月22日省委常委会和9月23日市委常委会会议精神；会议观看2020年第一轮河长制湖长制工作暗访发现典型问题汇报片；听取全市第七次全国人口普查工作汇报、全市河长制湖长制工作情况汇报、全市开展违建别墅问题清理整治“回头看”工作情况汇报、全市落实省扫黑除恶第4督导组“回头看”反馈问题整改工作情况汇报、中央第五生态环境保护督察组在川督察有关情况通报、全市矿产资源开发利用秩序综合整治工作情况汇报；安排部署中秋国庆期间安全生产、社会稳定等工作、近期经济稳增长工作；审议通过《市委常委会、市政府常务会安全生产职责清单（送审稿）》《市委、市政府领导安全生产职责清单（送审稿）》《2020年1—9月和全年主要经济指标预期目标建议方案（送审稿）》《绵阳市生活垃圾分类和处置工作方案》《绵阳市文明行为促进条例（草案）（送审稿）》、绵阳市征收农用地区片综合地价制定成果、《绵阳科技城新区总体方案（送审稿）》《绵阳城市公交主营业务亏损分担方案》《绵阳市水利规划设计研究院事业单位改革实施方案》《绵阳市市级行政事业单位国有资产管理暂行办法》《绵阳市市级行政事业单位国有资产处置管理暂行办法》、划转原市质监局办公用房权属有关事宜、拟表扬奖励2019年度全市建筑业先进企业有关事宜、将天力担保公司和中小担保公司国有股权无偿划转绵阳科技城发展投资（集团）有限公司有关事宜、《绵阳市商业银行2020年增资扩股方案》《2020年市级财政支出预算规划编制资金安排建议表》《绵阳市预算绩效管理工作考核暂行办法》《绵阳市对上争取资金考核管理暂行办法（修正稿）》、有关人事事项。

【市政府第103次常务会议】 2020年10月15日召开，市长元方主持，吕剑、蒋丽英、周述、赵迎春、廖雪梅等出席会议。会议学习贯彻9月28日中共中央政治局会议精神、习近平总书记在中央政治局第二十三次集体学习时的重要讲话、习近平总书记在中央党校（国家行政学院）中青年干部培训班开班式上的重要讲话精神、10月9日国务院常务会议精神；传达贯彻全省文化和旅游发展大会、第六届中国（四川）国际旅游投资大会、第七届四川国际旅游交易博览会精神、全省乡村客运“金通工程”现场会精神、全省河长制湖长制工作推进会议精神；听取全市河湖管理范围划定工作情况汇报、2019年度市级预算执行和其他财政收支审计情况汇报、2020年市级民生实事票决项目推进情况汇报；审议通过《绵阳市重污染天气应急预案（2020年修订版）》《绵阳市信息通信基础设施建设管理办法》《关于表扬2019年度见义勇为个人和群体的通报》《关于建立绵阳市困难退役军人关爱帮扶专项基金的指导意见》、洪涝灾害灾后重建项目和资金分配方案、《第三届绵阳市政府质量奖授奖组织名单》《绵阳市第18批企业技术中心名单》、绵阳市第三人民医院投资绵阳三江医疗投资有限公司有关事宜、绵阳四〇四医院拆除感染科大楼有关事宜、《2020年中央财政应急物资保障体系建设补助资金安排建议方案（送审稿）》、市级议事协调机构有关事项、市应急局更新公务用车有关事宜，市司法局、市城市照明管理处配备公务用车有关事宜，2020年第五批预算项目资金、《绵阳市2020年提前批新增一般债券科技城智慧城市建设项目安排方案（送审稿）》、有关人事事项。

【市政府第105次常务会议】 2020年11月4日召开，市长元方主持，吕剑、蒋丽英、周述、罗蒙、郑志恒、汪泽元、柳江等出席会议。会议学习贯彻中国共产党第十九届中央委员会第五次全体会议、10月30日省委常委会（扩大）会议及11月2日市委常委会（扩大）会议、10月16日中央政治局会议和10月19日省委常委会会议精神、习近平总书记对脱贫攻坚工作作出的重要指示、习近平总书记在纪念中国人民志愿军抗美援朝出国作战70周年大会上的重要讲话精神、给四川省革命伤残军人休养院全体同志的重要回信、全国双拥模范城（县）命名暨双拥模范单位和个人表彰大会、10月23日省委常委会会议及省委书记彭清华对退役军人事务工作作出的批示精神、10月21日国务院常务会议精神、森林草原防灭火专项整治辅导报告会、省森林草原防灭火专项整治工作领导小组会议精神；传达贯彻11月3日全国疫情防控工作电视电话会议、省长尹力在2020年四季度全省经济运行调度电视电话会议暨省应对新冠肺炎疫情应急指挥部第三十四次会议上的讲话精神、全省交通强省建设推进会议精神、全省农村生活污水治理工作现场会议精神、四川省综合保税区建设发展情况座谈会精神；听取全市秋冬季森林防灭火工作情况汇报、2020年全市农村生活污水治理、饮用水水源地环境问题整治工作情况汇报、全市洪涝地质灾害灾后恢复重建工作情况汇报、全市城镇老旧小区改造工作推进情况汇报、民政领域项目建设情况汇报、重点区域矿山矿企整治工作暗访情况通报、全市矿山整治情况汇报、全市农村乱占耕地建房问题摸排工作进度情况汇报、经济责任审计反馈问题整改情况汇报、科技之心片区产城融合项目推进情况汇报、绵阳综保区建设情况汇报；审议通过《绵阳市人民政府与中国人民保险四川省一体化协调委员会、中国人民财产保险股份有限公司四川省分公司战略合作协议》《关于进一步加强新时代公安派出所高质量发展的意见（送审稿）》《绵阳（江油）枢纽性文化旅游发展基地专项规划》《绵阳文化旅游精品线路建设提升方案》《绵阳城区建筑垃圾处置管理办法》《绵阳市城市生活垃圾处理费征收管理办法》《中央财政应急物资保障体系建设补助资金卫生应急物资保障部分安排方案》《2020年暴雨洪涝灾害应急恢复建设省预算内资金分配方案》《2019—2020年中央和省级水污染防治专项资金分配方案（送审稿）》、2020年第六批预算项目资金、有关人事事项。

【市政府第106次常务会议】 2020年11月20日召开，市长元方主持，吕剑、蒋丽英、罗蒙、廖雪梅、郑志恒、柳江等出席会议。会议学习贯彻习近平总书记近期系列重要讲话和重要指示、国务院近期重要会议精神；审议通过《绵阳市推进企业上市“钻石工程”计划（2021—2025）》《绵阳市人民政府与太极集团有限公司战略合作框架协议》《关于高质量做好村（社区）“两委”换届工作的通知（送审稿）》《关于加强新时代禁毒工作的实施意见（送审稿）》《2020年市本级统筹安置退役士兵方案》、绵阳交通发展集团有限责任公司拟申请注册20亿元中期票据有关事宜、《2020年中央水利救灾资金分配建议方案》《“8·11”洪灾省级交通专项资金二次分配方案》《2020年财政大预算城建攻坚项目资金分配方案》《2020年自然灾害救灾资金分配方案》《2019年涪江流域水环境保护专项资金分配方案》、市级议事协调机构有关事项、市退役军人服务中心购置公务用车有关事宜、《2020年市本级增人增资、住房补贴、退休一次性补贴等经费报告》《2020年市本级收支预算调整报告》《2020年市本级预算执行中期评估情况报告》、2020年第七批预算项目资金、有关人事事项。

【市政府第107次常务会议】 2020年12月2日召开，市长元方主持，吕剑、蒋丽英、周述、廖雪梅、郑志恒、柳江等出席会议。会议学习《中华人民共和国食品安全法》；学习贯彻近期国务院重要会议和李克强总理重要批示精神、省委、省政府近期重要会议精神；审议通过《绵阳市2021年省市重点项目建议名单》《绵阳市2021年加快前期重大项目建议名单》《成都市人民政府绵阳市人民政府以创新驱动战略支撑成渝地区双城经济圈建设和深化成绵一体化发展合作协议（送审稿)》《绵阳市人民政府与中广核核技术发展股份有限公司战略合作框架协议》、调整京东方绵阳项目投资退出方式及签订补充协议有关事宜、《2020年度彩票公益金第一批分配方案》《绵阳市深化政府采购制度改革工作方案(修订稿)》、有关人事事项。

【市政府第108次常务会议】 2020年12月10日召开，市长元方主持，吕剑、蒋丽英、周述、罗蒙、郑志恒、柳江等出席会议。会议学习《中华人民共和国预算法实施条例》；学习贯彻习近平总书记等中央领导同志重要指示批示和近期党中央国务院重要会议精神；省委、省政府近期重要会议精神；传达贯彻省委第五巡视组政府采购专项巡视绵阳市进驻沟通会议精神并听取全市迎检工作情况汇报；审议通过《关于推进绵阳市养老服务发展的实施意见》《绵阳市开放发展工作激励办法(送审稿)》《绵阳市食品安全党政同责责任清单(修订稿)》《绵阳市集群注册登记管理办法》《关于表彰绵阳市优化营商环境先进集体和先进个人的决定(送审稿)》、绵阳市消防训练基地建设有关事宜、《中力电子闲置土地变更处置方案》《思利商贸闲置土地变更处置方案》《绵阳发达实业闲置土地变更处置方案》《2020年第二批省级城乡建设发展专项资金分配方案》《2020年市级商务发展专项资金分配方案》《关于绵阳市2020年市级预算调整方案报告(送审稿)》、2020年第八批预算项目资金、市公安局、四川中医药高等专科学校购置公务用车有关事宜、有关人事事项。

【市政府第109次常务会议】 2020年12月21日召开，市长元方主持，吕剑、蒋丽英、周述、罗蒙、廖雪梅、郑志恒等出席会议。会议学习《中华人民共和国政府采购法》及其实施细则、《中共中央、国务院关于全面实施预算绩效管理的意见》《中共四川省委四川省人民政府关于全面实施预算绩效管理的实施意见》；学习贯彻习近平总书记等中央领导重要指示批示和近期党中央国务院重要会议精神，省委、省政府近期重要会议精神；听取全面目标任务完成情况汇报；审议通过《关于推进健康绵阳行动的实施意见》《绵阳市户外广告和招牌设置管理办法(草案)》《绵阳机场保障能力提升工程方案》《绵阳南郊机场净空及电磁环境保护实施办法》《绵阳市关于贯彻落实〈四川省国家综合性消防救援队伍职业保障实施细则〉的若干措施》《绵阳市国有企业深化改革三年行动实施方案(2020—2022年)》《四川省中医药管理局绵阳市人民政府共建四川中医药高等专科学校合作协议》、2020年省级融合产业发展专项资金使用计划有关事宜、绵阳科技城发展投资(集团)有限公司拟投资5亿元参与设立绵阳光电投资基金(有限合伙)有关事宜、《2020年市级国有资本经营预算支出方案》《2020年取消政府还贷二级公路收费补助资金分配方案》《2020年省级大气污染防治专项资金分配方案》、2020年第九批预算项目资金、《2020年中央和省级学前教育发展资金分配方案》《2020年“高校生均拨款补差”“教育费附加和地方教育附加”等专项资金分配方案》、2020年绵阳市优秀文艺作品和文艺项目扶持有关事宜、《2020年中央城市管网及污水处理补助资金(中西部污水处理提质增效)分配方案》、2020年度绵阳市科技项目及资金安排有关事宜、《2019年省级财政招商引资重大项目激励奖补资金分配方案》《2020年度市级先进制造业发展专项资金安排方案》、有关人事事项。

【市政府第110次常务会议】 2020年12月28日召开，市长元方主持，吕剑、周述、罗蒙、廖雪梅、郑志恒、汪泽元、柳江等出席会议。会议观看2020年长江经济带生态环境警示片；学习《中华人民共和国政府信息公开条例》《四川省人民政府关于同意设立绵阳科技城新区的批复》；学习贯彻近期国务院重要会议精神；传达贯彻省委经济工作会议精神、市委七届十次全体会议精神；审议通过《绵阳市关于大力培育发展社会企业的指导意见(试行)》、绵阳市投资控股(集团)有限公司一宗国有建设用地使用权划拨转出让并改变使用条件有关事宜、2020年第十批预算项目资金、有关人事事项。 (邓 涛)

政府办工作

【概况】 2020年，市政府办公室优化公文处理流程，加强公文处理信息化建设，网上办件率超95%；做好新冠肺炎疫情关键期间会务活动管理，确保政务畅通；加强政府网站集约化建设，制定并完善政务信息工作实施细则，信息报送工作排名全省第二位、地级市第一位。市政府办公室在公文处理、会务活动办理、电子政务、政务信息报送4个方面工作获评全省政府系统办公室工作先进。

【公文处理】 2020年，市政府办公室从公文收文、分办、审核、发文、存档等环节着手，梳理公文处理流程，出台《进一步提高疫情防控期间公文办理质效工作规范》等规章制度，加强公文源头管理、过程管理、规范管理、复核管理、专用文书管理、时限管理、责任管理，优化公文处理的程序和审核职责。全年未发生重大公文错漏，完成发文数量比2019年减少10%的目标任务。推行网上办公，加强“钉钉”政务移动办公平台等机关信息化建设，健全手机、平板等移动端云平台的开发运用，受理各类公文1.5万件，线上办件率超过95%，实现公文处理高效率、无纸化。

【会务活动办理】 2020年，市政府办公室保障新冠肺炎疫情关键时期政务畅通，印发《关于加强视频会议系统建设、提高行政效能的通知》，运用电信会易通、“钉钉”等软件，以线上视频会议代替现场面对面会议，减少人员聚集、节省会议时间，执行会务限额管理，建立健全会议计划和立项报批制度，全年累计召开政府系统全市性会议42次。协助市政府领导继续做好“六稳”“六保”工作，承办（协办）绵阳科技城建设第十四次部际协调小组会议、第八届中国（绵阳）科技城国际科技博览会、全省推动制造业高质量发展大会，完成国务院复工复产调研工作。

【政府信息公开】 2020年，市政府办公室加强政府网站管理，加快推进集约化建设，110余家网站纳入平台统一管理。坚持“公开为常态，不公开为例外”原则，按照新修订《中华人民共和国政府信息公开条例》要求，推进政府信息公开，完成全市各级各部门政府信息公开工作年度报告的组织填报编制并向社会公开，提升信息公开目录规范化，所有收到的政府信息公开申请均按时按要求进行答复。办好“12345”市长热线等政务信息平台，受理群众来信来电28万余件，办结率达99%，群众满意率超过95%。

【政务值班值守】 2020年，市政府办公室完成政务值班场所改造任务，更新应急指挥大厅显示屏系统设备，配备卫星电话等应急通信设施设备，健全完善政务值班网络。执行24小时专人值班、节假日期间领导在岗带班值班等制度，落实“较大以上突发事件发生后30分钟内向省政府总值班室电话报告、1小时内书面报告”等规定。制定《突发事件信息报告制度》《突发事件处置流程及要求》，强化突发事件应急处置，协助市政府领导应对“4·29”平武山火、“5·22”江油隧道垮塌、“8·11”特大暴雨洪涝灾害等多起突发事件。

【政务信息工作】 2020年，市政府办公室制定《绵阳市人民政府政务信息工作实施细则》，完善政务信息工作机构和队伍、采编报送流程、工作考核等。全年发挥政务信息主渠道作用，共上报政务信息800余条，其中被国办、省办采用400余条，获国家、省领导批示27条，累计得分2703.6分，排名全省第二位、地级市第一位。市本级共采编信息2000余条，编发《政务要情》121期、《要情专报》21期，获市政府领导批示30余条，获市政府领导肯定性批示8条（篇）。

【政务调研】 2020年，市政府办公室坚持把服务决策作为第一需要，把政务调研列入重要工作日程，结合新冠肺炎疫情防控常态化和深度参与成渝地区双城经济圈建设工作实际，开展《绵阳市制造业智能化发展对策研究》等重点课题调研，并提出有针对性的意见建议，为市委、市政府出台《绵阳市服务业企业疫情防控期间复工复产方案》《支持服务业重点产业发展若干政策措施》《关于加快构建“8+1”现代服务业体系推动服务业高质量发展的实施意见》提供参考。

【政务督办】 2020年，市政府办公室坚持把抓落实作为办公室工作的重要职责，出台《市政府领导同志批示和交办事项督办工作规定》，实行领导重要批示、指示及交办事项建账、交账、报账、销账的台账管理制度，做好转办交办、立项督办、结果反馈等工作。基于“钉钉”软件开发“政务督办微应用”，市政府领导可通过手机软件实时动态掌握交办事项的运转轨迹、办理情况。全年累计督办市政府主要领导重要批示、指示及交办事项130件、办结124件，跟进督办65个市政府专题会、375件议定事项，办结349件。

【机关工作制度健全】 2020年，市政府办公室落实法治政府建设新要求，梳理已有制度，修订编印《绵阳市人民政府机关工作手册（2020年版）》，对公文处理、会务办理、政务服务等流程进行优化和再造，收录机关工作制度81项，对《公文处理程序规定》《公文审核职责规定》等31项制度进行大幅度修订完善，针对新形势、新情况、新要求，尤其是针对新冠肺炎疫情防控工作要求，新制定专门工作规范12个。

（邓　涛）

民政工作

【概况】 2020年，全市完成村级建制调整改革工作，持续推进乡镇行政区划调整改革“后半篇”工作，完善养老服务体系建设和社会福利事业发展，引导社会组织助力脱贫攻坚，完成社会救助兜底保障、基层社区治理创新等重点工作任务。全市有游仙区等3个县市区、江油市中坝街道等4个街道、游仙区富乐街道沈家坝北街社区等12个社区上榜四川省城乡社区治理试点单位。

【全市村级建制调整改革工作完成】 2020年3月，绵阳市召开乡镇行政区划调整改革总结暨村级建制调整改革工作推进会议，总结全市乡镇行政区划调整改革工作，安排部署推进村级建制调整改革工作。年内，市民政局贯彻落实省委、市委决策部署，牵头做好全市村级建制调整改革工作，按照“变好、向善、更优”原则，推进村（社区）顺向调整。改革前全市有建制村3284个、社区533个，改革完成后，全市有建制村1582个、社区487个；净减少建制村1702个，减幅达51.83%，高出省上目标12.52个百分点；同步优化减少社区46个，减幅达8.63%。全市建制村平均面积由5.8平方千米增加到11.73平方千米，平均人口由1197人增加到2376人，面积、人口实现“双倍增”，完成省委下达绵阳市的改革任务。

【乡镇行政区划调整改革“后半篇”工作】 2020年4—6月，市民政局到全市19个涉改乡镇、街道开展实地调研，听取基层意见建议，收集梳理“后半篇”文章存在的问题12项，召开“后半篇”文章市级部门工作推进会，拟制《关于做好乡镇行政区划和村级建制调整改革“后半篇”文章的实施意见（初稿）》（7月省委调研后，确定此项工作由市委政研室牵头）。配合市委政研室做好“后半篇”文章试点工作，做好乡镇分类等相关统计，配合省、市调研工作，对接省民政厅，报送绵阳市“后半篇”改革信息25条。做好乡镇行政区划调整改革后续工作。组织开展全市乡镇行政区域界线勘定，召开全市区划地名工作及勘界工作业务培训会议，加强工作督导，落实勘界工作推进情况半月一报制度，确保全市勘界工作推进。完成全市乡镇行政区划代码编制。配合省民政厅建制镇、街道设立新标准调研工作。

【养老服务体系建设】 2020年，全市优化养老机构布局，结合乡镇行政区划调整和村级建制调整两项改革“后半篇”文章工作，推进全市养老服务体系建设。委托西南财大天府学院编制养老服务体系建设“十四五”规划。各地按照“撤小并大、撤旧并新、撤远并近”原则对敬老院进行布局优化。构建养老服务标准体系。完成《居家社区养老服务质量日常监测评价规范》《老年人照护需求等级评定规范》等五类绵阳养老行业地方标准文稿，并在全市征求意见。全市50%以上的养老机构达到《养老机构服务质量基本规范》国家标准。养老服务机构承载能力提升。打造“中心—站—点”相结合的农村养老服务体系。完成2020年首批敬老院院长培训，举办第二届全市最美老人、孝亲敬老楷模、优秀护理员评选活动。争取项目资金550万元建立3个社区养老服务综合体。拓展养老服务覆盖面。在确保民政服务机构公益性的前提下，面向市场，拓展服务，引入社会化、市场化运营方式。其中三台县采取统筹打包的方式将32家农村敬老院进行公建民营，在全市率先实现养老机构社会化运营不低于50%。安州区河清镇探索建立服务积分储蓄制度和积分兑换服务（实物）的老年志愿服务模式，号召志愿者服务队、老年协会等社会团体参与敬老、爱老服务活动。逐步建立养老服务领域社会信用体系，印发《养老服务市场失信联合惩戒对象名单管理办法（试行）》，实施养老服务组织或机构“红黑名单”管理。

【社会救助兜底保障政策落实】 2020年，全市加强农村低保与扶贫开发政策的有效衔接，发挥低保政策在脱贫攻坚中的兜底救助功能。全市将39460名无法通过产业扶持和就业帮扶的建档立卡贫困人口全部纳入农村低保，累计发放救助金8653.22万元。持续开展农村低保专项治理。将受新冠肺炎疫情影响出现返贫风险的农村群众及时纳入低保，全市农村低保除因死亡或户籍迁移等因素退出7985人外，新纳入低保范围1.31万人。全市累计保障城乡低保对象145.57万人次，支出资金35973.15万元，城乡累计月人均补助分别达294.72元和224.63元。全市对分散供养的特困人员开展“在线入户”调查，掌握分散特困供养人员集中供养意愿，将849名有集中供养意愿的特困人员新纳入集中供养。全市共纳入特困供养24394人（城市特困人员2648人、农村特困人员21746人）。持续开展临时救助工作，全面落实临时救助乡镇储备金制度，指导县市区民政局将小额度临时救助权限下放到乡镇，扩大乡镇对临时救助金使用权限，解决城乡困难群众因突发性、紧迫性、临时性问题致基本生活出现的暂时困难。累计临时救助1.63万人次，支出1265.28万元，人均救助水平达776.44元，救助人次、资金较2019年同期上涨超过10%。制定《绵阳市生活无着的流浪乞讨人员救助服务质量大提升专项行动实施方案》，明确救助管理工作跨部门合作机制。全市各救助管理机构共救助街面流浪乞讨人员7780余人次。

【社会组织管理培育】 2020年，全市强化社会组织管理培育，做好政策法规培训和意识形态教育，利用网络平台推送社会组织相关政策法规供社会组织学习，确保社会组织健康发展。开展社会组织年检工作，推进社会组织信用体系建设。落实社会组织登记管理改革相关措施，将社会组织参与脱贫攻坚、社会组织党建纳入社会组织年检报告内容，并对年检报告作调整。重点对社会组织负责人、会费收取、财务审计情况把关，同时把未按照规定接受登记管理机关年检的社会组织纳入活动异常名录。推进政府购买社会组织服务工作。协调福彩公益金支持社会组织公益创投资金，争取资金150万元，启动第二期社会组织公益创投项目，实施项目15个。引导社会组织参与脱贫攻坚，先后召开全市社会组织参与脱贫攻坚工作会、全市社会组织助力盐亭县脱贫攻坚座谈会。市出租汽车行业协会出资近4万元，资助北川擂鼓镇郭牛村产业发展，12家社会组织向市慈善总会定向帮扶盐亭项目捐款30余万元。

【殡葬服务管理】 2020年，全市规范创新殡葬服务管理，全面实施绿色惠民殡葬政策。全年省民政厅下达惠民殡葬资金1124万元，绵阳市自筹资金259.9万元，共有资金1383.9万元，预算下达比例为123.12%，拨付资金1122.83万元，资金拨付比例为99.89%；全市有15976名逝者家庭享受减免或补贴基本丧葬服务费用。开通“仁孝四川绿色祭奠”平台，推行预约祭扫，宣传清明祭扫安排和预约方式、网上绿色祭奠路径等，引导群众减少出行和人员聚集，共完成预约1.217万人次。在全市12个经营性公墓设立进门检测体温卡点，持续抓好新冠肺炎疫情防控。

【城乡社区治理】 2020年，市民政局指导游仙区、高新区完成非户籍常住居民和党员参加社区“两委”换届试点工作。开展调研摸底，配合组织部门起草《关于高质量做好村（社区）“两委”换届工作的通知》，推进村（居）民委员会换届选举工作。在游仙区、安州区、江油市的4个街道、12个社区开展省级城乡社区治理试点，在市级社区发展专项资金中列支160万元，确定8个社区同步开展市级社区治理试点工作。按照试点工作“硬件上有改观、软件上有提升、服务上有体现、场景上有呈现”的总体要求，推进便民服务型、智慧科技型等6个类型的试点工作。

【全市乡镇行政区划调整改革总结暨村级建制调整改革工作推进会议】 2020年3月27日，全省乡镇行政区划调整改革工作总结暨村级建制调整改革工作推进电视电话会结束后，绵阳市乡镇行政区划调整改革总结暨村级建制调整改革工作推进会议随即召开，对全市乡镇行政区划调整改革工作进行总结，安排部署推进村级建制调整改革工作。市委书记刘超出席会议并讲话。市委副书记、市长元方主持会议。市人大常委会主任付康，市政协主席、市委统战部部长、市总工会主席李亚莲出席会议。会议以电视电话会议形式召开，各县市区、园区设分会场。市委、市人大常委会、市政府、市政协有关负责人在主会场参加会议。会议指出，2019年以来，按照省委、省政府统一部署，全市完成省上下达的乡镇行政区划调整改革目标任务。会议强调要做好乡镇行政区划调整改革的“后半篇文章”，推进基层治理体系和治理能力现代化，把改革红利转化为发展实效；要针对乡镇行政区划调整改革后治理半径增大、服务对象增多等实际，加快构建完善协同高效的乡镇运行机制和工作机制；要着力构建长期稳定的财政投入机制，健全主要与区域面积、人口规模、地理条件、经济状况、公共服务需求等因素挂钩的乡镇财政转移支付机制；要研究制定支持中心镇产业发展、基础设施建设、农村人口集中居住等政策措施，完善经济发达镇的相关改革政策；要加快推动放权赋能，扩大乡镇在农业发展、农村经营管理、环境保护、公共安全、防灾减灾等方面的服务管理权限；要结合做好“十四五”规划编制工作，统筹乡镇基础设施、产业发展、社会事业等规划建设。会议指出开展村级建制调整要落实省委、省政府部署要求，总结运用推进乡镇行政区划调整改革的做法经验，坚持因地制宜、分类指导，以优化空间布局、整合发展资源、巩固基层基础、降低运行成本为主攻方向，把建制村规模调大、布局调优、实力调强、服务调好、队伍调活、机制调新。会议要求要明确目标任务，按照时间节点推进；精心组织实施，抓好调整改革重点工作；强化工作保障，齐抓共管确保工作实效，把全市村级建制调整改革工作做出成效。要按照“市级统筹、县级主体、乡级实施”原则，因地制宜、实事求是，抓好调研准备、动员部署、确定方案、组织实施、总结完善各项工作，推动村级建制调整改革稳步有序开展，构建城乡基层社会治理新格局。

图14　3月27日，全市乡镇行政区划调整改革总结暨村级建制调整改革工作推进会议召开

【绵阳北碚签署深化民政领域合作协议】 2020年6月11—12日，重庆市北碚区民政局到绵阳调研养老产业发展、社区建设及社会组织参与社会治理等工作，并与绵阳市民政局签订《四川省绵阳市民政局重庆市北碚区民政局加快推动成渝地区双城经济圈建设深化民政领域合作协议》。协议明确双方在推进绵碚养老服务开放共享、绵碚救助工作协查联动、绵碚各类儿童关爱服务、绵碚社会组织合作发展、绵碚区划地名服务管理、绵碚城乡社区治理创新发展、绵碚殡葬服务联动共享、绵碚民政精神卫生事业有序发展以及绵碚慈善和社会工作务实发展等方面加强合作，建立工作协同、信息共享、政策衔接等工作机制，共同参与成渝地区双城经济圈建设、携手实现高质量发展。

【镇村两项改革“后半篇”文章专项工作方案试点动员培训会】 2020年8月31日，镇村两项改革“后半篇”文章专项工作方案试点动员培训会由市民政局组织召开。会议学习解读《推进基层群众自治的工作方案》《加强和创新城乡社区治理的工作方案》《提升民政机构服务质量的工作方案》，对乡镇（街道）试点工作做具体安排。市民政局党组书记、局长胡科出席会议并讲话，市民政局分管副局长和相关业务科室负责人，各县市区民政局、12个试点乡镇（街道）主要负责人参加会议。会议安排部署民政系统两项改革“后半篇”文章专项方案试点工作，指出各地要重视镇村两项改革“后半篇”文章试点工作，特别是要承担起推进基层群众自治等涉及民政工作主责主业的改革试点任务；要突出重点、抓住关键，要把优化资源配置、提升发展质量、增强服务能力、提高治理效能作为写好“后半篇”改革文章的行动指南，解放和发展生产力，让群众获得更多实惠和红利；要按照试点方案确定的目标任务，细化工作举措，落实工作责任，强化监督检查，克服试点工作中出现的问题困难，确保在2个月内，各项改革试点出成效。

（陈振宇）

人力资源

【概况】 2020年，全市组织事业单位工作人员统一公开考试招聘（含教师、“三支一扶”）等笔试和面试7次，公开考核招聘71次，招聘事业单位工作人员1279人；全年考核招聘硕士研究生、高级职称及其他紧缺专业人才876人；核准和调整991家事业单位岗位设置方案，完成岗位聘用备案确认1235余人次。承担公务员招录类笔试和面试7次，1.54万人参考。

【中国（绵阳）科技城人力资源服务产业园获批全省首批省级人力资源服务产业园】 2020年10月29日，中国（绵阳）科技城人力资源服务产业园以全省最高分数通过省人社厅评估验收，获批全省首批省级人力资源服务产业园。中国（绵阳）科技城人力资源服务产业园（简称产业园）于2017年年底开始筹建，2018年揭牌运营。产业园建筑面积1万余平方米，实行“政府引导，市场为主”的管理模式，由绵阳市科创区平台公司绵阳科技城科技服务有限责任公司负责产业园整体管理运营，绵阳市博尔捷园区运营有限责任公司负责产业园企业招引、活动组织等具体工作。产业园先后出台《中国（绵阳）科技城人力资源服务产业园扶持政策》《加强对外开放合作八十条》等扶持政策，单设2000万元扶持资金。截至年底，产业园集聚30家人力资源企业，业务涵盖人力资源外包、培训、招聘、派遣、代理、咨询、评测和猎头等领域，服务企事业单位1725家，培训2万余人次，促进人力资源流动7.2万人次，实现营业收入2.92亿元，纳税593万余元，服务企事业单位近2000家，提供各类人才资源1.65万人。

【新一轮“三支一扶”计划开展】 2020年，全市开展“三支一扶”计划，引导高校毕业生服务基层参与脱贫攻坚，新招募41人服务脱贫一线。开展第三轮“三支一扶”计划总结评估工作，服务期满116人，实现就业114人，就业率达98.3%。

（赵梓宇）

退役军人事务工作

【概况】 2020年，全国双拥工作领导小组副组长兼办公室主任、退役军人事务部副部长钱锋，省委书记彭清华等先后到绵阳调研指导退役军人事务管理工作。全市退役军人事务管理工作树立“一盘棋”思想，市委书记、市长亲自研究部署退役军人事务管理工作，市人大常委会专题听取市政府关于退役军人就业创业工作汇报，市政协专题调研烈士褒扬纪念工作，领导小组各成员单位各司其职，相关部门单位配合，构建党委领导、政府主导、军地协作、部门配合、社会参与的退役军人工作新格局。参与全市成渝双城经济圈建设工作，出台《中共绵阳市退役军人事务局党组深入贯彻市委七届九次全会精神深度参与成渝双城经济圈建设十八条措施》，加强与重庆市北碚区退役军人事务局交流合作，双方签订战略合作框架协议，就思想政治、双拥工作、就业创业、人才交流等10个方面达成合作意向。绵阳市自1996以来连续7届获“四川省双拥模范城”称号，自2012年以来连续三届获“全国双拥模范城”称号。组建老兵律师法律服务团、立功送喜报、退役军人志愿服务、全国最美退役军人宣传等多项工作先后被中央电视台等媒体报道。绵阳市《“四大举措”优化退役军人公共法律服务——绵阳市退役军人公共法律服务的探索实践》《依托社会组织、聚集多方资源，共筑退役军人就业创业之梦——绵阳市依托社会资源打造退役军人创新创业综合平台》《“六抓促六固”提升军休服务管理质效——三台县军休所形成基层党建与军休文化建设“两轮驱动”新格局》3项案例入选全省退役军人工作20项创新案例，入选数量居全省第一位。组织参加首届全国退役军人创业创新大赛，其中四川伟博震源科技有限公司“高能环保气爆人工震源”项目获传统产业及生活服务业组三等奖，中科国兴（绵阳）科技有限公司“农业废弃资源综合生态循环利用”项目获现代农业组优胜奖。组织参加四川省退役军人创业创新大赛省级决赛，获得一等奖2个、二等奖2个、优胜奖2个，获奖总数位居全省第二。

【基层基础建设】 2020年，全市退役军人事务局开展“基层基础基本建设年”活动，立足实现退役军人服务体系建设“五有”（有机构、有编制、有人员、有经费、有保障）“全覆盖”目标，持续加强阵地建设、软件提升、人才建设，建成市县服务中心10个、乡镇（街道）服务站167个、村（社区）服务站1811个，全部实现规范化运行。推进全国示范型服务站创建工作，145家基层服务站通过创建验收，创建量排名全省第二。推进“五型”（即政治型、服务型、实干型、廉洁型、法治型）机关建设，创新开展“新时代学习大讲堂”“业务练兵微课堂”“政策法规大比武”等活动，举办市县乡三级服务中心工作人员培训班3期。

【退役军人服务品牌打造】 2020年，全市坚持“互联网+退役军人”理念，研发烈士纪念设施“一张图”，建成市县两级应急指挥平台、OA办公系统和服务中心“智慧大厅”，被列为全省信息化建设试点单位。推进共建共享退役军人服务超市试点工作，推出“4+N”服务项目清单先行先试（“4”即开展法律服务、就业创业服务、志愿服务、书香品读服务4项思想基础项目，“N”即中国银行、中国工商银行、中国建设银行等8家驻绵阳的央企提供共建共享服务项目）。举办“退役军人事务公众开放日”活动，推动退役军人事务工作提质增效。与各级主流媒体建立合作关系，打造退役军人系统宣传品牌，多篇报道被中央电视台、《中国退役军人》杂志等媒体报道。市退役军人事务局微信公众号被评为“绵阳市群众最满意的政务微信公众号”。

【退役军人思想政治工作】 2020年，市退役军人事务局开展“思想政治工作年”活动，选树先进典型，评选全市“最美退役军人”“退役军人就业创业之星”“爱国拥军模范”“拥政爱民模范”“最美军嫂”五大类优秀典型49人，王正富、王海、龙二伟、冯金龙、刘冰、谢明6人被评为全省“模范退役军人”。制作红色微党课和公益广告，发挥退役军人“红色宣讲团”作用，组建“老兵律师法律服务团”，志愿开展法律咨询、调解、法律援助。引导退役军人发挥作用，全市退役军人在新冠肺炎疫情防控、抗洪抢险、基层治理一线贡献力量。

2020年度绵阳市最美退役军人一览表

表30

序号	姓名	所属单位及职务
1	王伯兴	绵阳市安州区睢水镇供销社退休干部
2	王洲斌	绵阳市游仙区经济试验区桑林社区居民委员会党委副书记
3	白云平	绵阳市涪城区长虹大道消防救援站站长助理
4	冯　明	绵阳市盐亭县巨龙镇社会治理和应急管理办主任
5	杨青春	绵阳市农业农村局机关党委副书记、机关纪委书记
6	肖家良	绵阳市涪城区工区街道绵州社区党委副书记
7	陈　伟	绵阳市三台县富顺镇中心卫生院职工
8	陈　志	四川九洲电器集团有限责任公司运行保障中心副主任
9	黄光勇	绵阳市民政局基层政权建设与社区治理科科长
10	黄伟明	中国邮政集团有限公司绵阳市分公司网路运输中心邮件运输班组长

2020年度绵阳市退役军人就业创业之星一览表

表31

序号	姓名	所属单位及职务
1	丁爱华	绵阳科技城工创科技有限公司董事长总经理
2	王峻锋	盐亭峻峰建材有限公司总经理
3	汤世友	四川奇石缘科技股份有限公司董事长
4	李晓川	三台县稻鳅香食品公司董事长
5	张　铭	平武县龙洲珍禽王旅游服务有限责任公司董事长
6	赵晨颖	绵阳市财政局社会保障科副科长
7	郭治军	绵阳市苹果房地产经纪策划有限公司总经理
8	蒋明华	绵阳津丰园食品有限公司总经理
9	薛　黎	绵阳旭朗科技服务有限公司总经理

2020年度绵阳市爱国拥军模范一览表

表32

序号	姓名	所属单位及职务
1	李英明	绵阳市安州区退役军人事务局二级主任科员
2	杨志丹	绵阳市梓潼县长卿镇人民政府党委委员、人武部部长兼副镇长
3	肖隆君	绵阳市涪城区石塘街道古井社区党委书记
4	何　甫	绵阳市盐亭县黄甸镇副镇长
5	邹劲松	绵阳市住建委机关党委书记
6	张华蓉	绵阳市富乐铭典职业技术学校董事长
7	赵　军	绵阳经开区塘汛街道党工委书记
8	聂学永	绵阳市江油市二郎庙镇青林口红色文化讲解员
9	覃国勇	四川长虹网络科技有限责任公司安全后勤主管
10	曾　刚	绵阳市游仙区公安分局指挥中心主任

【双拥共建工作】 2020年，绵阳市出台《关于进一步加强新时代双拥工作的意见》，走访慰问军人军属，发放慰问金（品）。打造双拥示范点，建成一批双拥公园、双拥社区、双拥单位。常态化开展悬挂光荣牌、送立功喜报等活动，开展“情系边海防”拥军优属活动，慰问军人家属。加强英烈褒扬工作，梳理完善全市8740名烈士信息，开展烈士寻亲活动，研发“清明祭扫”线上祭扫平台，开发绵阳市烈士纪念设施信息管理系统，组织“9·30”烈士公祭活动。

【退役军人创业就业服务】 2020年，全市组织线上线下就业招聘、教育培训，为退役军人创业就业提供动态服务，减免税收、发放贷款。培育创新创业品牌，举办银企担对接会，开办“导师开讲了”微课堂，绵阳获国家级、省级创新创业大赛大奖。

【退役军人帮扶工作】 2020年，绵阳市出台《关于建立绵阳市困难退役军人关爱帮扶专项基金的指导意见》，全市各级到位关爱帮扶专项基金。落实优待抚恤政策，按时足额发放定期补助资金、义务兵优待金。按时完成部分退役士兵社保接续任务，工作总量居全省第二位。

【绵阳新冠肺炎疫情防控退役军人先进集体和先进个人集中授奖】 2020年4月27日，绵阳市新冠肺炎疫情防控工作退役军人先进集体和先进个人集中授奖暨先进事迹报告会在市退役军人事务局举行。绵阳军分区政委、市双拥工作领导小组副组长汪泽元，副市长、市双拥工作领导小组副组长王明华出席。会议对全市新冠肺炎疫情防控工作中展现全市退役军人良好精神风貌、弘扬模范带头作用的20个先进集体、60位先进个人予以表彰。先进集体代表涪城自主择业军转干部志愿者服务队队长何飞骑、先进个人代表四川绵阳四〇四医院感染大科主任刘冰分别以“退役不忘报国志，肩扛责任再前行”“摘掉领章帽徽，永不摘掉军人品质”为题，作事迹报告。

图15　4月27日，绵阳市新冠肺炎疫情防控工作退役军人先进集体和先进个人集中授奖暨先进事迹报告会在市退役军人事务局举行

2020年绵阳新冠肺炎疫情防控退役军人先进集体一览表

表33

序号	获奖单位名称	序号	获奖单位名称
1	涪城自主择业军转干部志愿者服务队	11	中共北川羌族自治县永昌镇委员会
2	绵江社区老兵志愿服务队	12	绵阳富临医院
3	中共绵阳市游仙区小枧镇紫阳第一社区总支部委员会	13	绵阳市直机关工委
4	绵阳市安州区秀水镇退役军人服务站	14	四川绵阳四〇四医院汽车班
5	绵阳安洲实业集团退伍军人志愿者团队	15	绵阳市卫生执法监督支队
6	江油市光荣院	16	绵阳市疾病预防控制中心健康教育所
7	三台县秋林镇退役军人民兵突击队	17	绵阳市中心医院安全保卫科
8	梓潼县综合行政执法局退役军人志愿服务大队	18	绵阳公交五总站老兵志愿服务队
9	盐亭县凤灵街道北街社区退役军人服务站	19	绵阳市高水农副产品批发有限公司退役军人突击队
10	平武县龙洲珍禽王旅游服务有限责任公司退役军人志愿服务队	20	四川九洲电器集团有限责任公司安全保卫部

2020年绵阳新冠肺炎疫情防控退役军人先进个人一览表

表34

序号	姓名	所属单位	序号	姓名	所属单位
1	王正富	江油市平安汽车驾驶培训学校党支部书记、校长	16	李　平	绵阳市供销合作社联合社四级调研员、办公室主任
2	王　刚	绵阳市游仙区涪江街道社区卫生服务中心党支部书记、主任	17	李　冬	市林业局野生动植物保护与自然保护地管理科副科长
3	王焕然	绵阳市市场监督管理局产品质量安全监督管理科科长	18	李西平	四川平武农村商业银行股份有限公司守押大队队长
4	王　强	绵阳经开投资集团控股有限公司党群干事	19	李　进	中共绵阳市委办公室机要通信科科长
5	毛晨光	绵阳市浙江商会副会长兼秘书长	20	李松涛	绵阳市卫生健康委员会四级调研员
6	邓　云	绵阳经开区社会事业发展局副局长	21	李　周	绵阳市涪城区丰谷中心卫生院公卫科工作人员
7	邓文烂	绵阳电信分公司政企客户支撑中心产品维护经理	22	李　波	绵阳市公安局特巡警支队综合室副主任
8	邓加强	北川羌族自治县公安局交通管理大队大队长	23	杨万寿	绵阳市商务局四级调研员
9	邓　伟	绵阳市游仙区信义镇副镇长	24	杨　强	绵阳市卫生健康委员会四级调研员
10	刘　刚	绵阳市消防救援支队防火监督科初级专业技术职务	25	肖兰学	中共绵阳市委组织部一级主任科员
11	刘　冰	四川绵阳四〇四医院感染大科第一党支部书记、科主任	26	吴天明	绵阳科创区创业园街道华奥社区党总支书记
12	刘　军	绵阳市通力汽车运输有限公司平政汽车站站长	27	吴顺涛	四川平武县农帮科技有限公司总经理
13	江　新	绵阳市发展和改革委员会执法监督科科长	28	何成川	绵阳市妇幼保健计划生育服务中心新筛办主任
14	严　成	四川文化艺术学院武装部部长兼安全保卫部部长	29	张岚翔	绵阳市疾病预防控制中心工作人员
15	苏　勇	绵阳市计划生育协会专职副会长、三级调研员	30	张　霁	四川省三台县公安局交通警察大队工人

续表

序号	姓名	所属单位	序号	姓名	所属单位
31	张德发	绵阳市公安局政治部离退休人员工作处二级主任科员	46	秦敏平	武县司法局水晶所司法助理员
32	陈利诗	中共绵阳市高新区永兴镇委员会党委书记	47	聂　荣	四川绵阳四〇四医院汽车班班长
33	陈茂银	绵阳市市场监督管理局餐饮监管科科长	48	贾国银	绵阳市骨科医院放射科主治医师
34	陈　震	绵阳市看守所二级警长	49	夏永强	绵阳市商务局市场外贸外经科科长
35	范维煜	盐亭县黄甸镇龙牌村支部书记兼村委会主任	50	唐　锐	中共绵阳市委办公室三级主任科员
36	罗　勇	绵阳安福农业科技有限公司总经理	51	黄　东	绵阳市游仙区忠兴中心卫生院党总支副书记
37	罗　峰	绵阳科创区创业园街道科虹社区专职工作者	52	黄　靓	中共绵阳市委外事工作委员会办公室出国管理科科长
38	罗　强	绵阳市涪城区西山社区卫生服务中心后勤科主任	53	梁　严	绵阳市商务局市场运行科副科长
39	周　浩	绵阳市机关事务管理局行政后勤科科长	54	彭卫兵	北川羌族自治县第三人民医院党支部书记、院长
40	赵茂林	梓潼县七曲山风景区管理局七曲村主任	55	蒋洪贵	北川羌族自治县永昌镇禹龙社区党委书记
41	赵建军	绵阳市江苏商会党支部书记、绵阳市爱博心健康管理中心主任	56	蒲洪建	盐亭县凤灵街道滨江社区党支部副书记
42	胡小娟	绵阳市卫生计生信息与技术中心医学管理科科长	57	赖　刚	三台县潼川镇长坪党总支书记
43	胡文莉	绵阳市卫生健康委员会妇幼健康科一级主任科员	58	蔡国才	绵阳市第三人民医院心内科科主任
44	饶春雷	梓潼县梓昌投资有限公司副总经理	59	潘　进	中共绵阳市委目标绩效办副主任
45	胥金龙	四川昊宇龙星科技有限公司总经理	60	薛　强	绵阳市财政局四级主任科员

【绵阳市连续7届获得“四川省双拥模范城”称号】 2020年7月9日，四川省双拥模范命名表彰大会在成都举行。会议宣布《中共四川省委 四川省人民政府 四川省军区关于命名表彰四川省双拥模范城（县、区）和双拥模范的决定》《四川省双拥工作领导小组关于表扬双拥先进城（县、区）、双拥先进单位及个人的决定》。绵阳市和涪城区、游仙区、安州区、江油市、三台县被省委、省政府、省军区授予“第十一届四川省双拥模范城（县、区）”称号，至此，绵阳市连续7届获得“四川省双拥模范城”荣誉称号（1996年起）。刘小洪（市退役军人事务局双拥科科长）、代勇（江油市退役军人事务局党组成员、副局长）被授予“四川省爱国拥军模范”称号。北川羌族自治县、平武县被省双拥工作领导小组授予“四川省双拥先进县”称号，市退役军人事务局、市公安局、市住房和城乡建设委员会、市交通运输局、涪城区退役军人事务局、安州区退役军人事务局、三台县退役军人事务局、四川九洲电器集团有限责任公司、中国工商银行绵阳分行、中国邮政集团公司绵阳市分公司、江油市马记酒店11个单位被省双拥工作领导小组授予“四川省拥军优属先进单位”称号，向华玲、刘建华、魏东、宋大军、胡朝阳、唐菱佛、宋德平、杨琳8人被省双拥工作领导小组授予“四川省拥军优属先进个人”称号。

【2020年四川省退役军人创业创新大赛（绵阳分赛）举行】 2020年7月16日，2020年四川省退役军人创业创新大赛（绵阳分赛）举行。大赛由绵阳市退役军人事务局等11家单位联合主办，中国（绵阳）科技城工业技术研究院、四川工创华融科技有限公司承办，中国银行绵阳分行赞助支持。大赛以“展退役军人新时代风采 促创业创新高质量发展”为主题，设“新兴产业”“传统产业及生活服务业”“现代农业”3个行业赛和“精准扶贫”“创新团队”2个专项赛，采用“项目路演+现场打分”方式进行评审。四川省退役军人事务厅就业创业处副处长赖兴懿，绵阳市政府副市长周述，市政府副秘书长薛凯，11家主办单位、承办单位、支持单位相关领导，各县市区、园区退役军人事务局（部门）负责人及相关人员，参

赛项目负责人及企业（团队）成员，退役军人代表，纪检监察人员等共200余人参加活动及颁奖仪式。大赛邀请创投行业领军人士、知名创业企业家、就业创业研究和指导专家、金融机构及行业著名专家学者、相关单位负责人等组成评审委员会，对参赛项目进行评审。经前期发布启动、退役军人自愿申报、县区初审、市级复核、赛前培训、路演比赛等流程，共56个退役军人创业创新项目参与行业赛和专项赛的比赛，其中行业赛项目39项、专项赛项目17项。共评选出一等奖2名，二等奖5名，三等奖8名，优秀组织奖4个。蒸汽粉煤灰生态园项目、地质勘探高能环保气爆人工震源项目获一等奖，5个赛道的第一名及具有绵阳特色的优秀项目获得推荐参加四川省决赛。

【全省退役军人服务保障系统工作推进会在绵阳召开】 2020年9月18日，四川省退役军人服务保障系统工作推进会在绵阳召开。省退役军人事务厅党组成员、机关党委书记李全庆，省退役军人管理服务中心主任孟进，绵阳市政府副市长周述出席会议并致辞，全省21个市州退役军人事务局分管领导、服务中心主任参加会议。会议对全省退役军人服务中心（站）系统“十四五”规划暨“大走访”工作相关业务作培训，传达学习推广新时代“枫桥经验”，总结全省退役军人服务保障工作，安排部署下一步工作。成都、绵阳、自贡、宜宾等10个市州就退役军人服务保障系统工作作交流展示。会议还组织与会人员到绵阳市退役军人服务中心、涪城区工区街道退役军人服务站、游仙区小枧镇退役军人服务站、涪城区石塘街道古井社区退役军人服务站参观学习。

【绵阳连续3届获得“全国双拥模范城”称号】 2020年10月20日，全国双拥模范城（县）命名暨双拥模范单位和个人表彰大会在北京举行。大会宣读关于命名411个全国双拥模范城（县）、关于表彰全国爱国拥军模范单位和拥政爱民模范单位、关于表彰全国爱国拥军模范和拥政爱民模范的决定。大会向受到命名表彰的全国双拥模范城（县）、双拥模范单位和个人代表颁奖。其中绵阳市被命名为“全国双拥模范城”。至此，绵阳市连续3届获得“全国双拥模范城”称号（2012年起）。（陈凤英）

信访工作

【概况】 2020年，全市信访系统落实中央、省、市对信访工作的决策部署，发挥在防范化解风险隐患、维护社会大局稳定中的重要作用，接待到国家信访局上访群众139批149人次，接待到省信访局上访群众133批153人次，接待到市信访局上访群众1821批7836人次。办理群众书信2682件，办理省委第七巡视组交办件1962件，办理市委第八巡察组交办件23件，受理网上投诉2047件。2—4月，全市信访系统做好新冠肺炎疫情防控工作，调整工作部署，临时关闭市、县两级来访接待场所，印发《关于做好疫情防控期间特殊重点信访事项有关工作的通知》，综合运用“绵阳信访”微信公众号、网上投诉受理平台、热线电话和邮政信箱等非接触渠道受理群众诉求。11月，绵阳市信访局被人民日报社、人民网评为2020年度“人民网网民留言办理工作活力奋进单位”。全年市信访系统参与成渝地区双城经济圈建设，到重庆市北碚区交流学习，签订《推动成渝地区双城经济圈建设信访服务保障工作合作框架协议》，构建联席会议机制、跟踪落实机制和互学共享机制。

【基层信访工作】 2020年，全市信访系统配合做好乡镇行政区划和村级建制调整改革“后半篇”文章，加强和改进基层信访工作，坚持新时代“枫桥经验”，整合基层信访、维稳、综治、调解、司法等力量，科学设置乡镇（街道）信访工作机构，加快构建解决问题、化解矛盾的基层综合治理服务平台。其中盐亭县将乡镇接访窗口设置在集市，镇乡干部在赶集日上街听民声、访民情，《“赶集日接访”走出基层善治新路子》经验材料被国家信访局《人民信访》杂志刊登宣传。

【“为民解难、化解积案”专项工作】 2020年，全市信访系统开展为期一年的“为民解难、化解积案”专项行动，共梳理交办久拖不决、反复信访投诉、有一定化解空间的“骨头案”“钉子案”163件。全市信访系统通过多措并举，实现全部办结，办结率达100%，化解151件，化解率达93%。

【省委巡视绵阳市期间信访保障工作】 2020年6月1日至9月30日，省委第七巡视组在绵阳开展为期4个月的工作。巡视期间，设专门值班电话1部、电子邮箱1个、专门邮政信箱1个、巡视意见箱5个，并在中共绵阳市委党校设置信访接待点。市信访局从全市信访系统抽派20名工作人员负责值班电话接听，电子邮箱、专门邮政信箱和巡视意见箱信件的收集登记，负责在信访接待点接待到访群众。巡视期间，共受理交转案件1962件，其中接访点受理1390件、专用邮政信箱受理278件、网络邮箱受理158件、举报箱受理105件、电话受理31件。

【绵阳市信访工作会议召开】 2020年4月8日，全市信访工作会议暨信访工作联席会议全体会议召开。市人大常委会主任、市信访工作联席会议主要召集人付康出席会议并讲话，市委常委、市委政法委书记、市信访工作联席会议召集人荣全等相关领导出席会议。会议学习贯彻习近平总书记关于加强和改进人民信访工作的重要思想，落实中央、省、市关于信访工作的决策部署，分析研判形势，安排部署2020年全市信访工作。

2020年绵阳市各县市区、园区群众来访接待中心一览表

表35

单位	地址	联系电话
绵阳市群众来访接待中心	绵阳市高新区火炬北路21号	0816-2539705
涪城区群众来访接待中心	绵阳市涪城区文庙街8号	0816-2268757
游仙区群众来访接待中心	绵阳市游仙区一环路东段139号	0816-2282600
安州区群众来访接待中心	绵阳市安州区花荄镇银河大道8号	0816-4336050
江油市群众来访接待中心	江油市中坝镇诗仙路将军巷13号	0816-3225352
三台县群众来访接待中心	三台县北坝镇梓州干道97号	0816-5912345
梓潼县群众来访接待中心	梓潼县城北新区行政办公区3号楼1楼	0816-8215922
盐亭县群众来访接待中心	盐亭县丝源路4号	0816-7225756
平武县群众来访接待中心	平武县行政新区姚家巷人社大楼B幢1楼	0816-8822703
北川羌族自治县群众来访接待中心	北川羌族自治县永昌镇云盘北路19号	0816-4821229
四川省科学城办事处	绵阳市游仙区绵山路64号	0816-2483131
高新区群众来访接待中心	绵阳市高新区绵兴东路167号	0816-2542944
科创区群众来访接待中心	绵阳市科创区元通南路14号附16号	0816-6330196
经开区群众来访接待中心	绵阳市经开区三江大道39号	0816-2841114
仙海区群众来访接待中心	绵阳市仙海区沉抗镇仙山路32号	0816-2760120

（魏俊杰）

政务服务

【概况】 2020年，绵阳市将优化政务服务环境作为优化营商环境的主阵地，围绕推进政务服务标准化建设、开展政务服务“四减一优”、推行“一件事一次办”、打造“四位一体”“多端协同”的服务平台等多项改革举措，优化政府服务，提升群众和市场主体获得感、满意度、幸福感。全年全市政务服务事项办理“好差评”评价满意率达99.99%以上。全市政务服务指标连续2年（2019—2020年）在全省营商环境评价中排名第一位。政务服务和公共资源交易工作被省政务服务和资源交易服务中心评为2020年度一等奖。根据省大数据中心公布的《2020年度四川省网上政务服务能力第三方评估报告》，全市网上政务服务能力排名全省第一位。“绵阳市推进‘一件事一次办’打造‘最多跑一次’改革升级版”经验做法被省政府办公厅列为2020年四川省深化“放管服”改革优化营商环境工作典型经验，在全省推广。绵阳“五专”（专线、专窗、专网、专班、专员）企业服务机制作为四川唯一案例入选国家发改委《中国营商环境报告2020》。

资料链接：“四减一优”指优化政务服务事项办理，全面开展减环节、减材料、减时限、减费用和优服务。“四位一体”指政务服务实体大厅、网上大厅、掌上大厅和自助终端。“多端协同”指开通政务服务多端申报、咨询渠道，并实现数据同源。如实体大厅现场受理、PC端四川政务服务网绵阳旗舰店、移动端天府通办App、自助终端绵阳政务服务一体机、政务服务热线大厅等。

【助力新冠肺炎疫情防控和复工复产】 2020年，全市政务服务系统全面推行“预约办、自助办、邮寄办、网上办、上门办”服务，推进“互联网+”在政务服务领域应用，实现“不见面审批”。利用省一体化政务服务平台，将更多的政务服务事项纳入网上办理。对能够实现全程网办的，引导申请人通过“四川政务服务网”“天府通办应用程序（App）”在线提交申请办理；对未实现全程网办事项，可通过邮递方式寄件、补件、送达。提升企业复工复产便利度，开通医用口罩、二类医疗器械、消毒产品等审批绿色通道，实行“告知承诺”“容缺预审”。推出餐饮店在线自助备案功能，通过扫描微信二维码或登录四川政务服务网绵阳站点，在“餐饮店复工复产备案”专题中在线填报姓名、身份证号、统一社会信用代码证号等8个条目即可完成自助备案，总用时不

超过5分钟。

【政务服务环境建设】 2020年，绵阳市政务服务中心7楼综合服务大厅按照“前台综合受理、后台分类审批、一窗综合出件”模式，对涉及27个部门的909个事项实行“无差别受理、同标准办理”，实现企业、群众办事“进一扇门、到一个窗、办好一件事、最多跑一次”。11楼企业服务大厅，构建专线、专窗、专网、专班、专员“五专”工作机制，上线“绵企通”政企服务平台，为企业提供“诉求反映、政策申报、企业合作、帮办代办等全天候、零距离服务。

【政务服务标准化建设】 2020年，全市推进政务服务标准化建设、场地建设标准化、办理事项标准化等建设，打造整体服务型政府。场地建设标准化。同步推进市、县两级政务服务大厅场地标准化建设，通过新建、改建、扩建等方式，优化各级政务服务大厅功能布局，科学设置前台综合受理区、后台分类办理区，以及休息等候、自助服务等区域，从过去按部门设置窗口改为以办好一件事设置专区，实现“进一门、到一窗、办好一件事”。办事模式标准化。以无差别受理为抓手，市县同步推进“一窗受理、集成服务”改革，全面实施“前台综合受理、后台分类办理、综合窗口出件”新模式，全部由政务服务中心统一接件、跟踪督办和出件发证，有效控制事项办理全过程。办理事项标准化。以企业和群众需求侧的“办成一件事”为核心，探索主题服务，梳理办事场景，利用友好场景式询问、智能引导交互方式，引导企业、群众网上办事。全市为省大数据中心提供15个主题服务场景，相关经验在全省推广。

【政务服务“四减一优”行动】 2020年，全市开展政务服务“四减一优”行动，提升企业、群众满意度，审批流程、材料、时间、费用实现精减。市级1582个政务服务事项总承诺时限在原基础上再减少2666个工作日，总转外时限再减少3047个工作日，申请材料再减少302份，办理环节再减少3208个，市本级行政许可事项承诺时限在法定时限的基础上平均提速92%以上，速度位居全省前列。

【“最多跑一次”改革升级版打造】 2020年，全市推行“一件事一次办”，从“一件事”标准指南、“多渠道”多端协同等方面，打造“最多跑一次”改革升级版。科学制定“一件事”标准指南。从公民出生到死亡、企业准入到退出2个“全生命周期”出发，通过环节整合、流程再造，将涉及多个部门、环节的事项转变成为企业和群众眼中的“一件事”。建立“一件事”目录，并按照“一表两单两图”的总体架构，编制“一件事”标准化服务指南。全年围绕群众生命周期，梳理出96个个人“一件事”应用场景和30个企业“一件事”应用场景。持续推动“多渠道”多端协同。设置“一件事”办理专窗，所有与专窗相关的部门全部进驻各专窗，确保线下一次办好。在绵阳市政务服务“一网通办”开通“一件事”申报渠道，设置“个人一件事”和“法人一件事”栏目，确保线上一次办好。

资料链接：“一表两单两图”指梳理“一件事”的总体架构，即综合申请表、申请材料清单、收费清单、线下办事流程图、线上办事流程图。

【政务服务“一网通办”平台建设】 2020年，全市搭建绵阳市政务服务“一网通办”平台，网上服务能力“五度提升”（指四川省网上政务服务能力评估的“五度”，即服务成效度、办理成熟度、服务创新度、基础支撑度、开放共享度）。依托四川省一体化政务服务平台打造兼具美观性、易用性、友好性、创新性于一体的绵阳市政务服务“一网通办”平台，实现线上平台从“能用—好用—智用”的转变。实行清单管理制度。分级逐项发布市、县、乡三级行政权力事项、公共服务事项办事指南，确保“应上尽上”，提升服务事项覆盖度。规范网上办事指南。以开展“四减一优”专项行动为抓手，全面梳理政务服务事项申请材料、承诺时限、申报流程等，并将梳理结果与“一网通办”平台有机衔接、融会贯通，提升办事指南准确度。分类开展网上办事。逐项梳理网上办理深度和推进电子证照、电子印章使用，整合各行业监管业务信息系统，实现与国家、省“互联网+监管”平台互联互通，提升在线办理成熟度。全市政务服务事项“最多跑一次”占比100%，全程网办事项占比98.89%，即办率达65.43%。开通“一件事一次办”网上申报渠道，实现“一件事”跑多个部门、窗口、网站向“一站、一窗、一网”转变。

【便民服务品牌打造】 2020年，全市推进“放管服”改革向基层延伸，制定出台《关于优化镇村便民服务体系的工作方案》《关于印发〈绵阳市乡镇（街道）便民服务中心、分中心（站）标准化建设方案〉的通知》《绵阳市镇村便民服务体系建设指导手册》《绵阳市镇村便民服务体系建设达标验收表》，提出以实施“八个一”为抓手，以绵阳市政务服务“一网通办”平台为支撑，拓展服务功能，优化服务方式，打造绵阳市便民服务品牌。打造“一件事一次办”便民服务版。按照企业和群众办事需求和办事习惯，梳理基层群众办理的高频事项，并按照“一件事”的梳理标准进行智能组合，重点围绕群众最关心的“四子三就”（砍树子、修房子、生孩子、开店子，就业就医就学）“一件事”，梳理出30件群众常办“一件事”应用场景。

资料链接：“八个一”即公布一张清单、明确一个承接机构、建好一个服务平台、推行“一窗受理”模式、打造一支服务队伍、深化“最多跑一次”改革、健全一套服务机制、用好一个运行系统。

【绵碚“异地通办”】 2020年5月22日，绵阳市政务服务监督管理局与重庆市北碚区政务服务管理办公室签订《政务服务合作协议》，就智慧政务、政务改革、异地通办、信息查询等10个方面开展合作。绵碚两地整合挖掘两地政务服务资源，依托全国政务服务一体化平台，推动两地政务服务信息平台、数据资源中心、大数据分析平台建设，实现政务信息共建共享。其中绵阳市县两级政务服务中心、北碚区政务服务中心互相设立“绵碚通办”窗口，实现居民身份证换领、电子监控违法处理、普通护照签发、机动车驾驶证补证等与老百姓日常生活密切相关的43个政务服务事项在绵阳、北碚两地跨区域通办。同时在绵阳市政务服务“一网通办”平台上开设“绵培通办”专区，让高频服务事项实现同一事项单点登录，两地可任意跳转。绵碚异地通办经验做法在《四川日报》头版头条上刊载。

【绵阳工程项目“不见面开标大厅”系统上线】 2020年7月20日，绵阳市工程建设项目招投标“不见面开标大厅”系统在市公共资源交易中心完成测试并正式上线投入使用。绵阳市成为全省首家独立开发、落地部署、公益免费、各方交易主体均无须到场见面开标的地级市。2020年，绵阳市公共资源交易服务中心贯彻落实“放管服”改革要求和国家发改委《关于积极应对疫情创新做好招投标工作保障经济平稳运行的通知》，创新技术手段，结合“新型智慧城市”建设方案，加快研发适合绵阳本地实际的“不见面开标大厅”系统。绵阳工程项目“不见面开标大厅”系统运用新兴技术，融合远程开标功能与实时音视频技术，将传统的实体开标场所全部搬到网上。实现业主代表、投标人、代理机构、现场监督等相关人员无须跑路，只需登录“不见面开标大厅”，即可实现投标文件在线解密、投标人在线质疑、招标人在线回复等操作，远程实时在线开标。同时，通过与“评标区及监督室人员管理系统”的无缝对接，行业监管人员可对当天任何一个开标项目在线监管，项目监督人员选择对应项目进行监督。所有开标信息实时向社会公众开放，并支持事后回放查看。“不见面开标大厅”系统还支持现场摇号情况全方位、无死角直播。绵阳工程项目“不见面开标大厅”系统实现“部门监管、纪检监察、中心见证、公众监督”的全方位监管，保障交易全程阳光、透明、公正。

（刘　陈）

政务信息公开

【概况】 2020年，全市围绕持续优化营商环境，印发《绵阳市2020年政务公开工作要点》，基本实现财政资金、预算信息、公共资源配置、保障性住房、食品药品安全、环境保护、安全生产、征地拆迁、价格监测、农业补贴、民生工程等重点领域的信息公开常态管理、更新及时、内容全面。落实政府信息公开透明的基本要求，主动公开市政府常务会议相关信息，加大政务舆情回应力度，回应社会关切。新冠肺炎疫情防控期间，完成“全力以赴坚决打赢抗击新冠肺炎疫情人民战争”专栏建设和内容更新，完成“疫情防控机器人”的建设和部署，覆盖政府网站集群内的91个网站。围绕“放管服”改革，持续优化“营商环境”，做好实施更大规模的减税降费、工程项目审批制度改革、压缩企业开办和不动产登记时间、优化企业注销办理流程、压减行政许可、动态调整权责清单和市场准入负面清单等方面的信息公开。加大政务服务事项清理规范、减证便民专项行动等相关成效公开力度，促进全市政务公开和政务服务融合。组织全市各级各部门围绕权力运行全流程、政务服务全过程梳理政务公开事项，编制形成市县乡三级差异化主动公开基本目录并在政府网站进行集中展示，提升基层政务公开标准化规范化水平。规范依申请公开方式和办理流程，共受理回复市政府依申请公开件32件，全部按时按要求依法进行答复。

【政府门户网站建设及管理】 2020年，全市对中共绵阳市委绵阳市人民政府门户网站进行全面梳理和整合升级，优化栏目、强化服务功能，新增“数据开放”版块，强化互动交流，注重信息公开，加强政府门户网站“政府文件”“政府公报”“新闻发布会”“政府常务会”“市内要闻”“政策解读”“公告公示”等栏目建设。全年主动公开信息16.15万条，制作、发布《绵阳市人民政府公报》24期，发布文件总数184个。强化政府网站站群管理，按季度开展政府网站检查工作，对不合格网站进行通报。

【政务网站集约化建设】 2020年，全市发挥政府网站信息公开“第一平台”作用，优化政府信息公开目录，加强政府门户网站“政府文件”“政府公报”“新闻发布会”“政府常务会”“市内要闻”“政策解读”“公告公示”等栏目建设，规范各县市区（园区）、市级各部门网站信息公开专栏建设。政府网站集约化平台囊括全市各县市区政府、园区、部分党群部门、市政府工作部门及事业单位的91个网站，形成体系庞大的网站集群，其中纳入全国政府网站信息报送系统的政府网站有54个（市委、市政府门户网站1个，县市区政府门户网站9个，园区和市级部门网站44个）。市委市政府门户网站日更新量500余篇，日均访问量达3万余人次，最高访问量达11万余人次。

【政务新媒体管理】 2020年，全市对政务新媒体进行摸底统计，有正常运营的政务新媒体282家，其中有县本级政务新媒体16家、市级部门政务新媒体56家、县级部门及乡镇政务新媒体210家。全年“绵阳发布”“绵阳政事”“i绵阳”等市级政务新媒体作用增强，发布政府各类信息、文件、政策解读共6460条。搭建由市县两级共280个政务新媒体（微信公众号、微博等）组成的“政务新媒体矩阵”，拓宽政务公开渠道，丰富政务公开载体。年内，对全市政务新媒体进行全覆盖的检查。完成全市政府网站和政务新媒体日常监测服务的采购，将全市政府网站和政务新媒体纳入日常监测。

（刘 陈）

机关事务管理

【概况】 2020年，《绵阳市市级行政事业单位国有资产管理暂行办法》《绵阳市市级行政事业单位国有资产处置管理暂行办法》印发，加强市本级国有资产管理，把住资产“出入关”。全年完成资产配置10批次，资产处置25批次，核减资产配置金额33万元。将园艺集中办公区集中采购的8172件（套）资产统一登记，通过与电子标签捆绑，通过公物仓系统归集部门闲置资产，实现闲置资产分散存储、统一调配，完成分散存储公物仓资产跨部门调剂12批次。参与新冠肺炎疫情防控，完成新冠肺炎疫情防控后勤保障2200批次，测算分配市级机关防疫物资283批次。向市妇幼保健院、四〇四医院等单位调剂专项房产2.3万平方米。督促国有平台公司落实国家应对新冠肺炎疫情帮扶政策，减免或延期收取783家小微企业和个体工商户房屋租金509万元。全年归口统计的公共管理领域固定资产投资超3亿元，为2019年同期投资量的20倍。

【办公用房管理】 2020年，市机关事务管理局按照“全面覆盖、分类处置”原则，开展市级公房资产安全隐患排查工作，完成资产安全排危16处，共3941平方米。完成192家党政机关和公益一类事业单位、总面积为43.17万平方米房产的普查摸底和16.8万平方米办公用房的实地测绘，掌握市级党政机关办公用房的地理位置、权属情况、建筑面积、使用面积、人头信息、闲置情况。提升办公用房维修的制度化、程序化、规范化水平，核减维修项目2项，节约财政资金129万元。盘活房产资源，调剂整合老城区办公用房3120平方米，减少财政租金支出22万元。优先保障民生服务，择优调剂1.68万平方米房产支持主城区教育振兴行动计划、基层社区服务阵地建设。推动房产统一管理和资产增值，委托国有平台公司对1.2万平方米闲置用房规范业态、统一租赁。督促国有平台公司强化经营管理，优化空间布局，规范承租业态，实现“以房养房”，实现房产资产保值增值。推进市纪委监委业务用房建设，土建工程完成主体工程验收。

【公务用车管理】 2020年，市机关事务管理局持续完善公务用车管理制度，印发《绵阳市市级党政机关处置突发事件车辆应急保障工作预案》，建立健全市级突发事件车辆应急保障体系。制发《普通公务用车编制调整审批程序》，核定330个乡镇应急用车编制，为乡镇行政区划和村级建制调整等工作提供车辆保障。受理审批全市公务用车编制调整13批次，受理审批市级党政机关、事业单位购置更新公务用车申请共18批次。制发《定点服务企业管理办法》，强化定点企业管理，提升公务出行社会化保障水平。组织派遣车辆505车次，服务保障绵阳科技城建设第十四次部际协调小组会议、第八届科博会、全省推动制造业高质量发展现场会等11次大型活动或会议。

【公共机构节能管理】 2020年，全市3630家公共机构务实开展能源资源节约行动，能耗数据网络报送率达100%，完成年度能源资源节约任务，通过省政府对绵阳市3项节能目标政务绩效考核。开展绿色建筑、绿色办公、绿色出行、绿色食堂、绿色信息和绿色文化六大绿色行动，启动全市节约型机关创建行动，首批创建节约型机关227家，创建市级“能效领跑者”1家，创建国家级、省级节约型公共机构示范单位11家。推进全国县（区）集中统一组织合同能源管理项目试点，节约财政投入资金1500万元。开展公共机构生活垃圾分类和禁止使用不可降解一次性塑料制品工作。牵头制定《绵阳市厉行节约制止餐饮浪费行为行动方案》，推进全市厉行节约制止餐饮浪费行为专项行动，全市公共机构9万余人参与。牵头开展“绿水青山、节能增效”全国节能宣传周活动，强化市县联动，多形式普及节能法律法规、环保知识、节能新技术，营造人人参与节能减排、环境保护氛围。

【后勤服务保障】 2020年，市机关事务管理局持续实施“品质事务供给”行动，提升市本级后勤服务保障集中统一管理水平，后勤购买社会服务改革在市本级集中办公区实现全面覆盖。依托市级集中办公区后勤监管委员会，开门制订服务标准及考核办法，组织服务公司参加ISO质量体系认证，后勤服务品质提升，84家入驻单位干部职工对机关后勤服务满意度达96%以上。落实“强精细、重安全、高标准”要求，推进各项会务服务保障工作高效开展，全年保障各类会议2276批次，综合满意度达98%以上。树立过紧日子思想，多形式宣传倡议，引导干部职工自觉抵制“舌尖上的浪费”，市级机关食堂餐厨垃圾减少1/3。采购红原、壤塘等地扶贫产品，调动全市公共机构完成“消费扶贫”采购共4420万元。

【机关事务标准化信息化建设】 2020年，市机关事务管理局将标准化建设作为提升服务保障质效的重要措施。1月，机关事务管理标准化建设成为全国第六批社会管理和公共服务综合标准化试点，市机关事务管理局成为全国首批、全省首家承担国家标准委综合试点任务的机关事务部门。8月，国家机关事务管理局选定绵阳市围绕标准化建设制作90分钟工作视频，作为全国唯一国家机关事务系统线上培训案例。12月，在2020年全国机关事务管理标准化工作组全体会议上，作为全国唯一的市级机关事务部门代表作交流发言。升级一体化信息平台，开发管理服务保障6大板块、40个场景的智慧应用，实现全局业务网上办理、一口进出。

（机关事务管理局）

中国人民政治协商会议绵阳市委员会

Mianyang Municipal Committee of the Chinese People's Political Consultative Conference

概 述

【概况】 2020年，市政协开展推进西部现代服务业强市建设、加快建设西部开放经济高地、全市二手房交易市场整治、《绵阳市文明行为促进条例（草案）》等各类协商监督活动16项，其中全会协商1次、专题议政性常委会议协商2次、专题协商4次、对口协商3次、界别协商1次、视察监督4次，提案办理协商10次，组织开展发挥专门协商机构作用、武都引水工程建设和运行情况等重点调研4项，全市重点项目推进情况、臭氧污染防控等重点视察活动6项。围绕成渝地区双城经济圈建设战略部署，邀请市委领导解读市委七届九次全会精神，引导各党派团体、各族各界人士结合自身优势，将履职重心聚焦到助推深度参与成渝地区双城经济圈建设。先后召开5次专题会议，组织省市政协委员及相关部门开展14轮座谈讨论，召开“深度参与成渝地区双城经济圈建设”专题议政性常委会会议，就增强协同创新能力、加快区域交通路网布局、推动优质资源共建共享等提出建议。持续深化与北碚区政协、党派界别交流合作，建立联合调研、协商、对上争取等协同机制，共同推动绵碚三年行动计划落地落实。

【钟勉到绵阳调研】 2020年1月6—7日，省政协副主席钟勉率队到绵阳调研政协提案办理工作情况，先后前往平武县老河沟自然保护区、熊猫小镇扶贫产业项目，北川羌族自治县通航产业园、泛美飞行职业技术学院等，实地查看提案办理典型案例。市政协主席张锦明陪同调研。

【祝春秀到绵阳调研】 2020年4月10—11日，省政协副主席祝春秀率队到绵阳，实地调研绵阳市茶叶产业建设基本情况、政策措施和主要成效，全省精制川茶产业培育（现场）推进会议工作安排。调研组先后到平武县天源茶叶有限责任公司、平武县豆叩羌族乡砚石村老茶园、平武县豆叩羌族乡桐麻湾新式茶园、平武县绿康农贸有限责任公司、平武县豆叩羌族乡茶香小镇等地，了解茶农鲜叶采摘进度、采摘结构、鲜叶市场疫情防控及交易情况、茶企加工销售、茶商管理、统筹推进新冠肺炎疫情防控和春茶生产出台的支持政策等情况，听取茶产业发展中存在的困难和相关意见建议。省政府参事室党组书记、主任，省政协常委、文化文史学习委员会副主任蔡竞，省政府参事涂建华，省政协副秘书长陈雩桢参加调研，市政协党组成员、副主席，经开区党工委书记兰劲陪同调研。

【陈放到绵阳调研】 2020年4月15日，省政协副主席、省工商联主席陈放率队到绵阳调研稳外资推动高水平对外开放情况。调研组通过到绵阳出口加工区、禾大西普化学（四川）有限公司、四川龙华光电薄膜股份有限公司、维谛技术（绵阳）有限公司等企业实地召开座谈会听取工作汇报等方式，详细了解绵阳市重大外资项目引进、重点合作区域和领域拓展、重点合作平台建设、持续优化外资营商环境等有关工作。副市长赵迎春汇报有关情况，市政协副主席李京平陪同调研。

【李昌平到绵阳调研】 2020年6月18日，省政协副主席李昌平率队到绵阳调研城市民族工作和宗教工作。调研组前往南山社区、普明中学、圣水寺，详细了解绵阳市城市民族服务管理工作、少数民族学生的思想、学习和生活状态以及宗教活动场所日常管理、宗教中国化建设工作等情况。省政协民宗委主任姚斌、省政协民宗委专职副主任华瑞康杰参加调研，市政协党组书记、主席李亚莲、市政协副主席李京平、秘书长毛一兵陪同调研。

【崔保华到绵阳调研】 2020年7月1日，省政协党组副书记、副主席崔保华率队到绵阳市三台县就政协系

图16　6月10日，市委政协工作会议召开

统“我为扶贫攻坚做件事”活动开展情况进行调研。调研组走访委员企业铁骑力士绿溪优食谷，对企业开展“公司+银行+合作社+贫困户”的产业扶贫模式给予肯定。调研组还前往三台县潼川古城，察看三台城市文化建设情况。省政协地方政协联络委员会专职副主任覃涌参加调研。市政协党组书记、主席李亚莲、市政协秘书长毛一兵陪同调研。

【王正荣到绵阳调研】 2020年7月28—29日，省政协副主席、农工党四川省委主委王正荣率队到绵阳市就“进一步发挥会展经济在服务业中的作用”开展调研。调研组实地调研绵阳国际会展中心和城记会展中心，详细了解绵阳会展行业配套硬件设施建设情况、会展龙头企业和专业人才队伍培育情况，并举行座谈会，听取绵阳会展业发展情况汇报。与会人员就绵阳及全省会展行业发展提出完善基础设施、加大政策扶持、提升市场化程度等建议。省政协文化文史和学习委员会主任吴显奎参加调研。市委书记刘超，市政协党组书记、主席李亚莲陪同，副市长赵迎春出席座谈会并汇报全市会展业发展情况，市政协副主席田荣华全程陪同。

【市委政协工作会议召开】 2020年6月10日，市委政协工作会议召开。市委书记刘超出席会议并讲话。会议强调要坚持以习近平新时代中国特色社会主义思想为指导，学习贯彻习近平总书记关于加强和改进人民政协工作的重要思想，落实中央、省委政协工作会议精神，增强“四个意识”、坚定“四个自信”、做到“两个维护”，锚定新时代人民政协的使命任务，推动全市政协事业蓬勃发展，为加快建设中国科技城和西部现代化强市提供有力支撑。市委副书记、市长元方主持第一阶段会议。市人大常委会主任付康出席。市政协党组书记、主席李亚莲在第二阶段会议上讲话。市委常委，市人大常委会、市政府、市政协有关领导，市法院院长、市检察院检察长，住绵阳的省政协委员、市政协委员代表，各民主党派市（工）委、市工商联负责人和无党派人士代表，市直有关部门（单位）负责人，各县市区政协主席、党委统战部部长等参加会议。

【市政协院坝协商会在安州区召开】 2020年10月23日，市政协院坝协商会在安州区花荄镇九合村党群服务中心院坝召开。市政协副主席胡安虎、秘书长毛一兵参加会议，市政协副秘书长陈刚主持会议。涪城区政协、安州区政协、相关市级部门负责人以及部分市政协委员、区政协委员、基层干部、当地群众参会。会议围绕乡镇行政区划和村级建制调整两项改革后社会公共服务运行、第三期学前教育行动计划开展情况开展协商讨论。市政协教科卫体委主任张有贵通报对“乡镇行政区划和村级建制调整两项改革后社会公共服务运行”及《绵阳市第三期学前教育行动计划（2017—2020年）》实施的调研情况。参会人员先后就基层卫生院建设、村镇幼儿园基础设施建设等提出问题和建议。市教体局、市民政局、市文广旅局、市卫健委等部门相关负责人作回应表态。

图17　10月23日，市政协院坝协商会在安州区花荄镇九合村党群服务中心院坝内召开

【市人民政府与市政协2020年工作联系会】 2020年11月19日，市人民政府与市政协2020年工作联系会召开。会议通报市政府与市政协2019年联系会议意见建议事项推进落实、前三季度全市经济社会发展、绵阳市“十三五”规划完成暨“十四五”规划编制、市级民生实事项目实施、全市村级建制调整改革推进等情况。与会市政协领导结合调研实际，围绕深度参与成渝地区双城经济圈建设、加快科技城建设、推动现代服务业发展、做好两项改革“后半篇”文章等工作发言，提出建设性意见建议。

【《“有事来协商”平台建设工作实施方案》印发】 2020年12月4日，市政协印发《“有事来协商”平台建设工作实施方案》（以下简称《实施方案》），对市县政协开展“有事来协商”平台建设进行专门的安排部署。《实施方案》由开展“有事来协商”平台建设的重要意义、目标要求、工作流程等4个方面构成，明确协商选题、协商议题、调查研究、协商会议、成果转化共5个具体工作流程，细化工作要求，严格考核指标，推动“有事来协商”平台建设工作实施落地落实。年内，各县市区政协陆续出台相关工作实施方案，全市市县政协“有事来协商”平台建设工作全面展开。

【“我为扶贫攻坚做件事”活动】 2020年，全市各级政协委员、政协干部围绕市内贫困地区、贫困群众和结对帮扶彝区、藏区的脱贫攻坚工作开展视察调研、走访座谈55次，形成调研报告10篇，市、县两级政协累计收到与脱贫攻坚相关提案35件、社情民意信息92条，累计做好事实事7561件，捐助资金484.82万元，协调各类资金10.34亿元，受惠群众1175.73万人次。

【走访困难企业和群众专项活动】 2020年6—8月，市政协组织全市政协系统聚焦新冠肺炎疫情影响下的中小微企业复工复产、经营发展和人民群众生产生活实际困难，开展政协委员走访困难企业和群众专项活动。全市共2076名市县政协委员参与专项活动，占市县政协委员总数的84.22%，累计走访调研困难企业712家、困难群众2557户，捐款捐物折合32.5万元，协调解决资金65.54万元，助力解决困难和问题1872个。提交提案2件、反映社情民意信息58条，报送调研报告32篇、意见建议68条。

【助力新冠肺炎疫情防控】 2020年，市政协发出倡议，引导医卫界委员立足岗位，投身疫情防控一线。协助党委、政府拓展新冠肺炎疫情防控急需物资采购渠道；号召全市政协系统为抗疫捐款捐物，全市政协系统为防控一线捐款捐物价值1368.52万元。发挥社情民意信息“直通车”作用，组织委员建言献策，共收集相关社情民意信息454条，相关建议被应急指挥部和相关部门采纳。联合法律界委员编印《抗击新冠肺炎疫情绵阳企业应对操作指引》，免费向企业发放，为企业生产经营提供专业化法律指导。

【助力绵碚合作】 2020年，市政协落实绵碚两地党政联席会议精神和市委“建立常态化联系机制，开展全方位对接、多领域互动、深层次合作”的要求，与北碚区政协沟通衔接，市政协先后4次赴北碚区考察对接，围绕区域协同、城市建设、产城融合、文化旅游、公共服务等方面进行交流。召开绵碚两地政协交流合作座谈会，建立定期联系、学习交流、协同调研、联合协商、联合对上争取等机制。

【信息宣传】 2020年，市政协召开信息宣传工作培训会议，邀请资深媒体人进行专题辅导，提升信息宣传工作人员的业务水平。制发《关于进一步加强信息宣传工作的通知》，完善信息宣传评先评优办法。运用政协官网和微信公众号，创刊《政协工作》简报，全方位、多角度、立体化宣传展示政协工作。全年共发布微信公众号信息136期、179条，阅读量达12万余次；发布网站信息856条；编印简报5期。市政协新闻宣传工作在全省排名由第十七位上升至第六位。

【《政协绵阳市第七届委员会优秀提案暨社情民意信息选编（2020年度）》面世】 2020年12月，市政协研究室牵头编印《政协绵阳市第七届委员会优秀提案暨社情民意信息选编（2020年度）》，由市政协研究室、提案委共同整理编辑。全书作为系列履职成果丛书之一，约18万字，共收录优秀社情民意信息30条、优秀提案32件，旨在反映2020年度全市社情民意工作和政协提案工作的概貌，并为全市政协各级组织、各参加单位和广大政协委员以及提案工作者、社情民意（特邀）信息员提供参考。

【《政协绵阳市第七届委员会大会发言暨调研视察报告选编（2020年度）》面世】 2020年12月，市政协研究室牵头编印《政协绵阳市第七届委员会大会发言暨调研视察报告选编（2020年度）》。该选编收录市政协七届五次会议上的8篇大会发言，市级各民主党派、市工商联、市政协各专委会、市政协办公室、市政协研究室及各县市区政协2020年度的部分调研视察报告49篇、重点工作总结1篇，共24万字。

【《绵阳市人民政协理论与实践研究成果汇编（2020年度）》面世】 2020年12月，市政协研究室筛选年度重点课题研究，汇编《绵阳市政协2020年度理论与实践成果汇编》，共收录文稿46篇26万余字，反映“人民政协与地方治理”理论与实践研讨活动成果。

政协绵阳市第七届委员会第五次会议

【概况】 2020年1月13—16日，在绵阳举行。会议听取并讨论市长元方所作的政府工作报告、市中级人民法院工作报告、市人民检察院工作报告及其他报告，对上述报告表示赞同，并提出意见建议。会议审议批准张锦明代表政协绵阳市第七届委员会常务委员会所作的工作报告，审议批准郭兴林代表政协绵阳市第七届委员会常务委员会所作的提案工作情况的报告。确认张锦明辞去政协绵阳市第七届委员会主席职务，选举李亚莲为政协绵阳市第七届委员会主席。市委书记刘超在闭幕会上作讲话。

【政协绵阳市第七届委员会第五次会议第一次全体会议】 2020年1月13日，在市委党校知行堂主会议厅召开。会议应到委员441人，实到委员425人，符合法定人数。胡安虎主持会议。会议审议通过政协绵阳市第七届委员会第五次会议议程；听取张锦明作的政协绵阳市第七届委员会常务委员会工作报告；听取郭兴林作的政协绵阳市第七届委员会常务委员会关于七届四次会议以来提案工作情况的报告。本次会议共收到发言材料88篇。会上，陈仁、范宗荣、贺强华、张恩阳、谢普、徐汝金、赵奎、王平洪8名委员代表相关界别作大会发言，就创新产业发展、文旅融合发展、优化营商环境、县域经济发展、人才强市、基层治理等问题建言献策。

【政协绵阳市第七届委员会第五次会议第二次全体会议】 2020年1月16日召开。会议应到委员441人，实到委员411人，符合法定人数。胡安虎主持会议。会议通过《中国人民政治协商会议绵阳市第七届委员会第五次会议决议》《中国人民政治协商会议绵阳市第七届委员会提案委员会关于七届五次会议提案审查情况的报告》。市委书记刘超讲话，李亚莲当选市政协主席并讲话。

图18　1月13日，政协绵阳市第七届委员会第五次会议开幕

政协绵阳市第七届委员会主席会议成员名单

（截至2020年12月31日）

主　席：李亚莲（女）

副主席（8人）：

胡安虎　沈其霖

李京平（土家族）

尚丽平（女）　郭兴林

田荣华　赵　黎（女）

兰　劲

秘书长：毛一兵

政协绵阳市第七届委员会常务委员名单

（截至2020年12月31日，68人，按姓氏笔画排序）

马培松　王　东　王　伟　王　评
王小平　王小勇　王久华（女，羌族）
王永高　王国春　文　实　邓建忠
邓裕炜　冯小涓（女）　任小军
刘平安　刘绍英（女）　刘树清
汤云春　阮期平　李　平　李　军
杨邦琼（女）　杨朝晖　肖兴亮
吴　坤　吴守澍　何中先　何显兵
余金龙　张有贵　张晓丰
张恩阳（回族）　陈　刚　陈廷方
陈清太　欧阳普卿（女）　尚传英（女）
易显云　罗太平　郑金贵　郑学锋
孟祥柱　练才伟　赵　奎　嵩金玲（女）
姜　曦　贺　勋　贺强华（女）
袁　蓉（女）　聂　丹（女）
夏　愉（女）　徐汝金　卿官亮
高艳辉（女）　黄加伦　黄国平
曹约翰　龚珍旭　康　宁　敬友忠
蒋正强　释常明　谢从玉　谢林川
雷文勇　嘎拉茶（女，藏族）
廖玉平　樊　军

常委会与主席会

【概况】 2020年，市政协七届常委会召开5次、主席会议召开5次。传达学习习近平总书记在中央政协工作会议暨庆祝中国人民政治协商会议成立70周年大会上的讲话、省委政协工作会议精神，听取市政府相关专题工作报告，审议通过《政协绵阳市委员会提案工作条例（修订稿）》《绵阳市政协委员管理办法修正案（草案）》等事项，协商讨论《政府工作报告（征求意见稿）》等内容，研究有关事项。

【市政协七届第十九次常委会】 2020年1月3日召开。会议决定，市政协七届五次会议于1月13—16日召开。会议传达学习省委政协工作会议精神，协商讨论《政府工作报告（征求意见稿)》;审议通过关于召开政协绵阳市第七届委员会第五次会议的决定,政协绵阳市第七届委员会第五次会议议程(草案)、日程,秘书长、副秘书长建议名单;审议通过《政协绵阳市第七届委员会常务委员会工作报告(审议稿)》及建议报告人、《政协绵阳市第七届委员会常务委员会关于七届四次会议以来提案工作情况的报告(审议稿)》及建议报告人、《政协绵阳市委员会关于表扬2019年度优秀政协委员的决定》,政协绵阳市第七届委员会常务委员会关于授权主席会议审议市政协七届第十九次常委会议未尽事宜的决定。协商通过政协绵阳市第七届委员会委员调整增补事宜。会议还通过有关人事事项。

【市政协七届第二十次常委会】 2020年1月14日,市政协七届第二十次常委会第一次会议召开。会议审议有关人事事项,政协绵阳市第七届委员会第五次会议选举办法(草案),总监票员、副总监票员、监票员建议名单。1月16日,市政协七届第二十次常委会议第二次会议召开。会议听取大会秘书长关于分组讨论酝酿情况的汇报;通过候选人名单;审议并通过政协绵阳市第七届委员会第五次会议选举办法(草案),总监票员、副总监票员、监票员建议名单;审议并通过《政协绵阳市第七届委员会第五次会议决议(草案)》、《政协绵阳市第七届委员会提案委员会关于七届五次会议提案审查情况的报告(草案)》。

【市政协七届第二十一次常委会】 2020年3月30日召开。会议围绕“绵阳积极参与成渝地区双城经济圈建设”开展专题协商,就发挥中国科技城优势,增强协同创新发展能力;培育优势特色产业,加快构建现代化产业体系;南北双向拓展国土空间,加强生态环境联防联控;加快区域交通路网布局,形成双城经济圈重要节点;推动优质资源共建共享,共享高品质公共服务;提高政治站位,树立“主角”“主场”意识等方面建言议政。会议协商通过政协绵阳市第七届委员会委员增补事宜和相关人事事项,通报2019年度绵阳市政协常委参加常委会议情况。市政协主席李亚莲出席会议并讲话。市政协副主席胡安虎、沈其霖、李京平、尚丽平、郭兴林、田荣华、赵黎、兰劲,秘书长毛一兵出席会议。

【市政协七届第二十二次常委会】 2020年8月26日召开。会议传达学习市委七届九次全会精神,通报全市上半年国民经济和社会发展情况以及一、二、三产业发展情况,审议通过《绵阳市优秀政协委员评选表扬办法》。市政协主席李亚莲出席会议并讲话。市委副书记刘光强到会宣讲市委七届九次全会精神。市政协副主席胡安虎、沈其霖、李京平、尚丽平、郭兴林、田荣华、赵黎、兰劲,秘书长毛一兵出席会议。

【市政协七届第二十三次常委会】 2020年11月23日召开。会议围绕“科学编制‘十四五’规划”开展专题协商议政。参会常委、委员围绕“科学编制‘十四五’规划”作专题发言,从聚焦创新产业、打造智能制造新高地、巩固脱贫攻坚成果、做好两项改革“后半篇”文章等方面提出意见建议。协商通过政协绵阳市第七届委员会委员增补事宜,审议通过相关人事事项。会议对学习贯彻中共十九届五中全会精神和“有事来协商”平台建设提出要求。市政协副主席胡安虎、沈其霖、李京平、尚丽平、郭兴林、田荣华、赵黎、兰劲,秘书长毛一兵出席会议。

【市政协七届第三十一次主席会】 2020年1月2日召开。会议传达学习中共绵阳市委七届八次全会暨市委经济工作会议精神,听取2019年度市政协委员履职情况报告,审议《政协绵阳市委员会关于表扬2019年度优秀政协委员的决定(草案)》,协商委员调整增补事宜,通过有关人事事项。

【市政协七届第三十二次主席会】 2020年1月21日召开。专题听取市政协各委室汇报2019年度工作总结及2020年工作要点。市政协主席李亚莲主持会议。市政协副主席胡安虎、沈其霖、李京平、尚丽平、郭兴林、田荣华、兰劲,秘书长毛一兵出席会议。

【市政协七届第三十三次主席会】 2020年3月24日召开。会议决定市政协七届第二十一次常委会议于2020年3月30日召开。会议学习习近平总书记在决战决胜脱贫攻坚座谈会上的重要讲话精神和全省、绵阳市决战决胜脱贫攻坚工作推进会议精神;审议《政协绵阳市委员会2020年工作要点(审议稿)》;研究市政协七届第二十一次常委会议方案和加强市政协调研视察活动统筹协调工作相关事宜。市政协主席李亚莲主持会议。市政协副主席胡安虎、李京平、尚丽平、田荣华、赵黎、兰劲,秘书长毛一兵出席会议。

【市政协七届第三十六次主席会】 2020年11月16日召开。会议决定市政协七届第二十三次常委会议于11月23日召开。会议学习《中共中央关于制定国民经济和社会发展第十四个五年规划和二〇三五年远景目标的建议》、汪洋在全国地方政协工作经验交流会上的重要讲话精神,传达学习全省地方政协联络工作座谈会暨“有事来协商”平台建设工作推进会精神、全省政协秘书长工作交流座谈会精神。研究市政协七届第二十三次常委会议方案,协商委员调整增补事宜,并通过相关人事事项。

【市政协七届第三十七次主席会】 2020年12月2日召开。会议研究审议“有事来协商”平台建设工作实施方案、开展读书活动和建设“书香政协”工作方案等,听取“绵阳政协通”App开发和市政协“网上文史馆”建设有关情况，并通过有关人事事项。市政协主席李亚莲主持会议并讲话。市政协副主席胡安虎、沈其霖、李京平、尚丽平、郭兴林、田荣华、赵黎，市政协秘书长毛一兵出席会议。

提案工作

【概况】 2020年，市政协七届五次会议共提交提案405件，其中委员个人或联名提案270件，市级各民主党派、各县市区政协委员小组、市政协各专门委员会集体提案135件。经审查，立案325件，立案率达80.25%，转作意见和社情民意信息80条，占19.75%。截至9月底，全部立案提案办理完毕，所提建议和意见解决或基本解决的267件，占82.15%；着手解决或列入计划逐步解决的48件，占14.77%；因条件限制暂时不能解决和采纳落实的10件，占3.08%。

【全市政协提案工作座谈会】 2020年6月4日，全市政协提案工作座谈会在市政协机关召开，学习贯彻习近平总书记在中央政协工作会议暨庆祝中国人民政治协商会议成立70周年大会上的讲话精神，市政协副主席郭兴林传达学习中央、省委政协工作会议精神以及全国、全省两会精神，总结交流2019年全市政协提案工作经验，安排部署2020年提案工作重点。

【《关于加快加强我市疾病预防控制中心能力建设的建议》】 该建议是市政协七届五次会议第230号提案，由委员刘平提出。建议：市政府参照国务院办公厅《关于加强传染病防治人员安全防护的意见》文件精神，建立疾控机构人员工作激励、岗位津贴以及加班补助等机制；落实一个强有力的部门来监督、实施绵阳市疾病预防控制中心的搬迁；市政府加强疾病预防控制中心在队伍建设、运行管理及效能考核等方面力度。

【《关于绵阳市社区卫生服务中心发展情况现状、问题及对策的建议》】 该建议是市政协七届五次会议第249号提案，由委员王东提出。建议：加大财政投入，完善硬件设施；加强体系建设，提升整体效能；强化队伍建设，整合人力资源。

【《关于加快推进旧城改造，提升城市品位的建议》】 该建议是市政协七届五次会议第234号提案，由农工党绵阳市委提出。建议：进一步做好政府主导、部门联动工作，探索难点解决方案，特别是有效解决“钉子户”问题；注重可行性研究，科学编制战略规划，强化规划执行效力，大的战略规划要通过人大、政协专题审议，使之成为地方法规；深挖本土文化，打造特色规划，在打造特色街区和绿色休闲广场上多下功夫；切实搞好拆迁安置补偿工作，让群众满意并积极响应支持旧改工作。

【《关于充分发挥“一核”集聚辐射作用，推动区域协同发展的建议》】 该建议是市政协七届五次会议第34号提案，由民进绵阳市委提出。建议：进一步强化领导，打造全市区域发展共同体；强化产业支撑，充分发挥示范效应；推动经济发展要素互通共享，打破发展边界藩篱；建立协调机制，实现协同共赢。

【《关于强化社区共建共治共享提升社区治理水平的建议》】 该建议是市政协七届五次会议第217号提案，由九三学社绵阳市委提出。建议：加强宣传动员，创造全民参与社区治理氛围；强化责任意识，发挥党员干部先锋模范作用；增强运行效能，推进社区综合信息平台建设；制定权责清单，提升社区工作人员工作激情。

【《关于建设涪江东岸工业经济产业带深化区域协同发展的建议》】 该建议是市政协七届五次会议第252号提案，由民革绵阳市委提出。建议：强化规划引领，明确功能定位；建立“功能区”，支持涪江东岸先行先试；加强领导，创新管理体制，推动区域协同发展顺利开展。

【《关于加快绵阳三线建设历史实物征集工作的建议》】 该建议是市政协七届五次会议第202号提案，由致公党绵阳市工委提出。建议：加快编撰“绵阳三线建设实物征集采集方案”；由市委常委、宣传部部长或者由市政府分管领导牵头，市委宣传部、文广旅、财政等部门组成协调机构，具体协调在绵阳的“三线”建设单位，解决实物征集工作中的相关问题；落实专门工作机构和人员；落实工作场地和经费预算；建立实物捐赠激励机制；加大宣传力度。

【《关于社会组织参与社会治理的建议》】 该建议是市政协七届五次会议第55号提案，由江油市政协提出。建议：加强自身建设，强化党建引领，让社会组织有方向；建立协调机制，强化管理监督，让社会组织有规矩；加大扶持力度，让社会组织有发展；发挥特有职能，让社会组织有作为。

【《关于系统打造特色商业街区的建议》】 该建议是市政协七届五次会议第214号提案，由九三学社绵阳市委提出。建议：坚持高标准、高起点做好特色街区规划；根据现有街区现状、特点，合理布局商业、餐饮、休闲、娱乐、文化等多种功能区域业态；发挥科技城优势，在特色街区打造中融入科技文化特色；制定特色街区周围的交通组织方案。缓解停车难问题；加强对特色街区建设管理工作的领导，建立健全工作机制。

【《关于加强我市养老机构管理的建议》】 该建议是市政协七届五次会议第115号提案，由民革绵阳市委提出。建议：组建绵阳市养老服务议事协调联席会议制度；放开养老服务市场，鼓励更多社会力量进入养老行业；加强服务人员的培训和人才队伍建设。

反映社情民意信息工作

【概况】 2020年，市政协共收集信息1069条，编辑报送298期，向省政协报送269期，向市委、市政府专报21期，向市级部门转送8期。其中《建议改进流动人口健康管理服务体系》《关于建设高品质生活宜居城市的建议》等51条信息被省政协采用，《关于出台民办教育机构疫情防控经费补助保障政策的建议》《关于提前开展第七次人口普查工作的建议》等5条信息被全国政协采用，社情民意信息工作继续保持全省前列。

【市政协反映社情民意信息工作推进会议】 2020年6月23日，全市政协反映社情民意信息工作推进会议召开。市政协副主席胡安虎出席会议并讲话，市政协副主席尚丽平通报表扬文件，市政协秘书长毛一兵主持会议。会议总结2019年全市反映社情民意信息工作，肯定全市各级政协组织、政协各参加单位和政协委员围绕市委、市政府中心工作，紧扣脱贫攻坚、乡村振兴战略、保障和改善民生等经济社会发展重大问题以及民众关心的热点难点问题，报送大批社情民意信息，为科学决策提供重要参考，并安排部署下一步工作。

【《关于出台民办教育机构疫情防控经费补助保障政策的建议》】 2020年，市政协委员、民革绵阳市委科技支部主委梁俊反映，财政部办公厅、教育部办公厅印发《关于切实做好学校疫情防控经费保障工作的通知》，为全国各级各类公立学校提供经费来源和保障，但对民办教育机构没有明确规定。建议：将民办教育机构纳入《关于切实做好学校疫情防控经费保障工作的通知》适用范畴，或者另行出台疫情防控中财政补助经费与民办教育机构自筹经费的有关政策，减轻民办教育机构资金压力，确保民办教育机构疫情防控有效且可持续，支持民办教育机构疫情防控和自身运转两不误。

【《医疗废物的规制范围应予扩大》】 2020年，农工党绵阳市委议政调研科干部、涪城区法院人民陪审员敬代晖反映，医疗机构所产生的污水没有被收录进医疗废物，如未做处理直接排放将会造成巨大污染。建议：修订国务院《医疗废物管理条例》第二条第一款，扩大“医疗废物”的范围。将“传染病期间除医疗卫生机构以外丢弃的带有疫情传播风险的物品”纳入规制范围，以避免特殊时期产生二次污染源。修改国家卫健委《医疗废物分类目录》，将医疗机构废水收入名录中。现有《医疗废物分类名录》分为五大类，其分类界限模糊，具体的“常见组分或者废物名称”并未包括医疗机构废水。医疗机构废水包含着大量的病毒、细菌、化学药剂，因此应进一步细化《医疗废物分类目录》，将其纳入以严格处理。

【《关于提前开展第七次人口普查工作的建议》】 2020年，农工党绵阳市委议政调研科干部、绵阳市涪城区法院人民陪审员敬代晖反映，当前各地应对新冠肺炎疫情管控力度前所未有，全国人员流动性降到最小。基层对每家每户排查的全面性、彻底性空前，能够采集到很多以前无法采集到的信息，是前所未有的人口信息摸底时机。建议：提前开展2020年第七次人口普查工作。在对居民网格化管理、地毯式排查的同时，由各地统计局协助村（社区）干部、基层党组织、志愿者、网格员等同步完成家庭成员姓名、住址、数量、联系方式等前期基础信息的登记收集。这样做的好处是：可以省时省力、为今后的统计大大减轻基层的压力；能够避免人口流动性大时可能出现的统计困难；人口普查的本身直接成本至少一百多亿元，提前摸底可以大幅度节省开支，缓解新冠肺炎疫情对经济的冲击；有助于进一步加强防控力度。针对搜集到的基础信息，各地统计局在新冠肺炎疫情结束之后及时收集整理，深入挖掘，从而确保数据的全面、真实。

【《离婚冷静期不应“一冷了之”》】 2020年，农工党绵阳市委综合支部副主委、社会工作硕士蒋寒希反映，《中华人民共和国民法典》增加30日的离婚冷静期，但“培养婚姻咨询师”方面未有相应法律、法规或配套政策措施出台。建议：建立配套调解咨询制度。有关部门要仔细研究全国夫妻婚姻生活中的主要矛盾点，参考韩国的义务调解制度及美国等国家的离婚指导和教育制度，在上海离婚“劝和”机制试点结果的基础上，整合发挥妇联、工会、村（居）委会等社会团体、基层群众性自治组织的作用，考虑引入婚姻家庭咨询师或心理咨询师等第三方的专业力量，建立符合中国国情的离婚冷静期配套调解咨询制度。尽快建立专业婚姻家庭咨询队伍培育认定方案。中国“婚姻家庭咨询师”的职业缺口在40万人以上，“心理咨询师”缺口更是多达130万人。然而从2017年开始，“婚姻家庭咨询师”及“心理咨询师”职业资格认证取消，迄今为止，新的培养认定办法仍未出台而粗离婚率逐年攀升，缺口将进一步扩大。人社部及卫健委要尽快出台新的“婚姻家庭咨询师”及“心理咨询师”职业标准和培训教材，制定注册认定办法、建立行业管理制度。

【《山东“合村并居”工程应科学稳妥实施》】 2020年，全国政协委员、电子科技大学校长曾勇，涪城区政协委员、致公党中央法治建设委员会委员、四川省委法治建设委员会主任，西南科技大学法学院教授何显兵反映，近来，山东合村并居(有媒体称之为“拆村并居”)引发学术界激烈争议，批判者甚众。

建议：中央派调查组深入实地调查山东大范围推进“合村并居”工程是否违背农民意愿，违背经济发展规律，野蛮拆迁，造成农民群众和集体财产极大浪费等问题。合村并居应坚持法治原则。坚持法治原则，就要求合村并居工作应当遵守物权法以及相关行政法，依照法定程序稳妥实施，而不能以所谓的大局要求乡民自我牺牲或者侵犯乡民合法权益。合村并居应坚持群众路线。群众路线不是尾巴主义，但同时要求深入实际调查研究，倾听群众意见，将好的群众意见归纳整理并据以开展工作；群众暂时不能理解的，应耐心倾听群众意见，反复做思想工作。合村并居应通盘考虑。如果仅选择一个或者几个原因推进合村并居，而不是通盘考虑，合村并居就可能异化，甚至引起群众强烈反对。合村并居应充分贯彻协商民主。通过广泛深入的协商凝聚乡民共识，方能制定出科学、民主的合村并居方案，方能真正促进乡村振兴。

【《关于调整“绵阳市主动融入成渝地区双城经济圈建设”提法的建议》】 2020年，市政协委员冯建华反映，此次中央提出建设“成渝地区双城经济圈”，并没有参照“长江三角洲区域一体化发展”“粤港澳大湾区发展”的提法，也没有采用国家发改委于2011年出台的《成渝经济区区域规划》（20.6万平方千米，涵盖绵阳全境）和2016出台的《成渝城市群发展规划》［区域面积18.5万平方千米，涵盖绵阳（除北川、平武）］的提法，这可能意味着“成渝地区双城经济圈”的范围会进一步缩小。建议：将当前“主动融入成渝地区双城经济圈建设”的提法调整为“主动参与成渝地区双城经济圈建设，推动绵阳高质量发展”，以更有利于抢抓机遇、主动作为、形成共识，全面推动国家重大战略部署在绵阳落地见效，为建设“成渝地区双城经济圈”贡献绵阳力量。

【《关于应对新型冠状病毒感染的肺炎疫情的几点建议》】 2020年，市政协委员、市疾控中心副主任医师刘平，市政协委员、民革市委秘书长郑学锋反映，全市虽未发现新冠肺炎病例，但也应尽早做好防范，确保在控制输入性病例的同时，防止聚集性病例发生，首先要从源头上做好防范工作。建议：人民公园观赏鸽暂停放飞并与人群隔离；在新冠肺炎疫情防控期间暂时关闭城区内的活猫、狗、兔、鸽的交易；参照成都、德阳、广元等地经验，取缔农贸市场的活禽宰杀，将活禽宰杀迁至绵阳二环以外且便于宰杀污（废）物处置区域；加强活禽宰杀、交易区域的消杀制度建设，落实清洁消毒措施，减少疾病传播风险。

【《建议整顿“渠道”公司净化房地产销售环境》】 2020年，市政协委员郑蓉反映，近年来，房产销售模式不断变化，一些房产中介公司演变为“渠道”公司，他们组织工作人员和社会闲散人员以“行销”为名，在商品房项目销售现场及周边拉客、拓客，为消费者“带路”，在房产销售与消费者中间撮合成交获取佣金。在零成本、高佣金、高奖励的驱使下，近年来绵阳的“渠道”公司发展迅猛，大多数中介公司二手房业务仅占1/3，2/3的业务专做“渠道”，发展参差不齐，对正常的房地产销售造成恶劣的影响。建议：出台文件规范“渠道”公司管理；严厉打击和整治收取高额渠道费现象；建立公开透明的房价监测平台。

【《关于大力发展绵阳食用粉丝产业的建议》】 2020年，市政协委员梁茂、安州区政协信息员邓开来反映，大力发展食用粉丝产业，既可提高农产品附加值，巩固脱贫攻坚成效，实现一、二、三产业融合发展，推动乡村振兴战略实施，还可丰富新冠肺炎疫情防控生活保障，促进稳就业、稳增长、稳预期，为此建议市委、市政府加强顶层设计，以工业化理念大力发展食用粉丝产业，力争5年内实现100亿元产值规模。建议：组建市级领导牵头的食用粉丝产业发展推进小组；实施线上线下“两条腿走路”策略；制定促进食用粉丝产业发展的专项政策；加强质量监管和品牌维护；推进食用粉丝产业集聚集约发展。

【《关于加强新冠肺炎防疫期间轻刑案件羁押必要性审查的建议》】 2020年，民革绵阳市委会机关支部主委、绵阳市检察院检察二部副主任、员额检察官张光明反映，在新冠肺炎防疫期间公、检、法在刑事案件办理中要加强羁押必要性审查，通过非羁押措施、改变强制措施等确保案件公正办理，防止变相超期羁押。建议：公安机关在案件侦办中，对轻刑案件的犯罪事实已基本查清的，结合犯罪嫌疑人供述情况、认罪认罚态度、量刑情节、可能判处刑期等因素，尽量采取取保候审措施，对认罪态度不好或者涉案事实未查清的可以采取监视居住措施；检察机关在办理批准逮捕和审查起诉案件中，对轻刑案件应当结合社会危险性、认罪认罚、可能判处的刑期等做好评估，决定是否批准逮捕并做好捕后羁押必要性审查；人民法院在审理轻刑案件中，发现被羁押被告人的羁押期限可能达到其实际判处刑期的或者不能在审理期限内办结的，要及时开展羁押必要性评估，将被告人予以释放或者变更为取保候审、监视居住等。

重点课题研究

【概况】 2020年，市政协共承担《健全绵阳公共卫生应急管理体系研究》《专门协商机构作用发挥的绵阳实践》2个重点课题，并成立课题组，形成工作专班，通过一线调研座谈后，形成课题，为市委、市政府开展相关工作提供决策参考。

【"健全绵阳公共卫生应急管理体系研究"课题】 2020年，该课题由市政协主要领导牵头，市政协教科卫体委承办。课题组调研全市公共卫生应急管理体系建设情况，对比相关市州情况，参照外地先进做法，按照中央、省上要求，就健全全市公共卫生应急管理体系针对性提出夯实突发公共卫生事件应急管理的法治保障、建设统一高效的疾病预防控制体系、改革完善重大疫情防控救治体系、健全重大疾病医疗保险和救助制度、建立统一的应急物资保障体系5个方面的意见建议。

【"专门协商机构作用发挥的绵阳实践"课题】 2020年，该课题由市政协主要领导牵头，市政协研究室主研。课题从把牢"专门协商机构"的协商方向、聚焦"专门协商机构"的协商主业、专注"专门协商机构"的协商水准3个方面，系统总结梳理绵阳市政协发挥专门协商机构作用的经验做法，被省政协表扬为优秀论文。

协商与调研视察

【概况】 2020年，市政协组织"推动九绵高速沿线交旅融合发展""推进西部现代服务业强市建设""绵阳市文明行为促进条例（草案）"等重要专题协商，发挥专门协商机构作用、武都引水工程建设和运行情况等重点调研4项，开展全市重点项目推进情况、臭氧污染防控、宗教活动场所土地确权工作推进情况、城区教育费附加支出情况专项审计意见整改情况等重点视察活动6项。

【专题协商"推动九绵高速沿线交旅融合发展"】 2020年9月，市政协副主席田荣华组织召开专题协商会，就推动九绵高速沿线文旅融合发展协商建言，提出提高认识，强化统筹协调，强化规划引领，夯实融合基础，创新工作举措，创造绵阳经验具体意见建议。

【专题协商"推进西部现代服务业强市建设"】 2020年6月19日，市政协召开"推进西部现代服务业强市建设"专题协商会，参会委员围绕政府服务保障有待加强、项目招引力度不足、市场主体培育不够、消费能力亟待激活等困难和问题，提出提高认识，加强领导；摸清情况，出台措施；加快推动服务业恢复振兴；增强市场主体活力，激活社会需求能力；加强项目招引、投资、建设力度；加强考核督促，增强发展质效等意见建议。

【专题协商《绵阳市文明行为促进条例（草案）》】 2020年8月27日，市政协召开《绵阳市文明行为促进条例（草案）》专题协商会。会前，为提出具有前瞻性、操作性和高质量的立法建议，根据市委、市政府、市政协《2020年度协商计划》安排，市政协专门成立由部分市政协常委、委员和相关领域专家等组成的课题组，并到市内相关社区、企事业单位等调研了解全市文明行为促进工作情况，到省内宜宾市、泸州市和宁夏银川市、石嘴山市、甘肃兰州市等地学习考察文明行为促进条例立法工作的成熟经验和做法。会上，市政协副主席李京平出席并讲话。市精神文明办相关负责人作《绵阳市文明行为促进条例（草案代拟稿）》起草说明，详细说明起草的必要性和可行性、起草过程、立法依据及参考资料、《绵阳市文明行为促进条例（草案代拟稿）》的主要内容和地方特色等。部分市政协常委、委员，相关领域专家，各县市区政协、市级相关民主党派和市工商联负责人以及市民代表针对《绵阳市文明行为促进条例（草案代拟稿）》具体内容，提出进一步完善和细化文明行为的规范、不文明行为的禁止、保障与监督、法律责任等意见建议。

【专题协商"探索建设科技创新先行示范区"】 2020年10月9日，市政协根据市委指示增开"探索建设科技创新先行示范区"专题协商会。参会委员围绕科技创新先行示范区目标定位、主要工作着力点、落实保障措施等提出针对性的意见建议。

【专题协商"加快建设西部开放经济高地"】 2020年12月11日，市政协召开加快建设西部开放经济高地专题协商会议。会上，市政协副主席兰劲讲话。市发改委、市商务局、市经济合作局、市政务服务监管局、市市场监管局等部门汇报全市加快建设西部开放经济高地有关情况。市政协经济委通报前期专题调研开展情况。与会市政协委员针对开放型经济平台建设亟待提升，外向型经济基础仍显薄弱，合作交流不充分、不平衡等问题，提出持续打造高效便捷的政务服务环境，加快推进产业功能区建设、探索协同发展新路径、重视本地企业发展等意见建议。

【对口协商"全市二手房交易市场整治"】 2020年9月3日，市政协召开全市二手房交易市场整治对口协商会。会前，市政协副主席沈其霖带领与会人员到江油市政务服务中心，详细了解二手房交易市场运行情况以及整治情况。会上，市住建委、市纪委监委机关、市自然资源和规划局、市市场监督管理局、市税务局等部门对全市二手房交易工作以及整治情况作汇报。参会委员围绕规范二手房中介管理、建立市场准入制度、加强信息共享、加大市场乱象整治力度等提出意见建议。市政府副秘书长衡国钰，市政协副秘书长、办公室主任冯建华，市政协城环委、江油市政府、江油市政协参加。

【对口协商"加快发展创新产业推动工业经济高质量发展"】 2020年10月22日，市政协召开"加快发展创新产业推动工业经济高质量发展"

对口协商会议。会上，市政协副主席兰劲出席会议并讲话。市政府副秘书长陶筠、市政协副秘书长陈刚参加会议。市经信局、市发改委、市科技局、市委融办、市金融工作局、市经合局等部门汇报全市加快发展创新产业推动工业经济高质量发展有关情况。市政协经济委通报前期专题调研开展情况。与会市政协委员、部分县市区政协负责人针对创新产业发展还不够成熟、传统制造业规模及效益有待提升、产业功能区建设有待加强、产业发展支持政策有待细化落实等困难和问题，提出坚持创新发展，提升产业质效；打造具备区域竞争优势的先进制造业集群；坚持以项目为中心发展工业经济；强化服务保障，优化产业发展环境等建议。

【对口协商“建立返贫监测预警和应急救助机制巩固脱贫成果”】 2020年11月26日，市政协召开“建立防止返贫监测和帮扶机制、巩固脱贫成果”对口协商会。会上，市政协副主席赵黎讲话。市政府及市扶贫开发局、市民政局、市农业农村局等职能部门介绍相关工作开展情况及下一步工作思路，市政协委联委通报前期专题调研开展情况。参会委员就进一步强化政治责任，丰富创新救助方式、提高产业质效、激发贫困群众自立自强的内生动力等提出针对性意见建议。

【界别协商“加强公共卫生应急专业队伍建设”】 2020年6—9月，市政协组织市卫健委、市疾控中心、相关医院、部分市政协委员以及相关专家组成调研组，围绕全市疾病预防控制体系中公共卫生应急专业队伍现状，分析存在的不足和问题，加强公共卫生应急专业队伍建设，提升全市公共卫生应急能力水平等方面，与9个县市区政协联动同题开展“加强公共卫生应急专业队伍建设”专题调研协商。提出组建起由医疗和公共卫生专业技术人员组成的卫生应急队伍，覆盖相关专业，形成医疗和公共卫生处置之间同步协调运行的卫生应急支援体系，达到快速、有效处置突发公共卫生事件的目的等意见建议。

【城区教育费附加支出情况专项审计意见整改情况视察】 2020年6月23日，市政协副主席赵黎带领部分市政协委员到涪城区、游仙区实地视察教育费附加建设项目，并召开座谈会，听取市教体局、涪城区政府、游仙区政府落实审计意见的情况汇报，委员就加强教育费附加管理、合理使用等提出意见建议。

【臭氧污染防控工作视察】 2020年7月30日，市政协副主席沈其霖带领部分市政协委员专题视察全市臭氧污染防控工作，先后到游仙区内国控站点、市水务集团三水厂项目建设现场、中国石油董家沟油库等地，查看臭氧防控、建筑工地扬尘防控、油库油气回收治理等情况，并围绕强化治污减排、强化科技治污、强化应急管控和快速处置、强化保障措施等提出意见建议。

【全国文明城市建设工作视察】 2020年8—9月，市政协副主席田荣华多次带队到经开区南湖汽车站、城南新区综合市场、群丰社区，科学城办事处久祥社区、五区菜市场等地实地视察全国文明城市建设工作。

【宗教活动场所土地确权工作推进情况视察】 2020年9月27日，市政协副主席李京平带领部分市政协委员专题视察全市宗教活动场所土地确权工作推进情况，围绕加强业务指导监督、推进用地现状实测、核查规划建设相关手续等提出意见建议。

【优化营商环境推进服务型政府建设工作视察】 2020年10月21日，市政协副主席兰劲带领部分市政协委员开展“切实优化营商环境推进服务型政府建设”重点视察，了解全市优化营商环境工作开展情况，并就指标考核体系建设、法治环境改善、加强企业指导培训、软硬件建设等方面提出意见建议。

【全市重点项目推进情况视察】 2020年11月18日，市政协副主席兰劲带领部分市政协委员，到高新区政务服务中心、长虹智能制造产业园、高发智能制造产业园、中南高科、长虹双创、威马汽车等省市重点项目开展视察，了解项目推进情况，并就推动项目加快建设提出意见建议。

【《绵阳市第三期学前教育行动方案(2017—2020年)》实施情况视察监督】 2020年6—9月，市政协副主席胡安虎带领由市政协委员组成的调研视察组，到各县市区开展“第三期学前教育行动计划”专项视察，并与相关市级部门和基层干部群众代表协商交流，提出扩大公办园学前教育资源、加快第三期学前教育行动计划规划公办幼儿园建设进度、提升保教质量、加强幼儿教师队伍建设等意见建议，协商成果得到市长元方肯定性签批。

【乡镇行政区划调整改革后社会公共服务运行情况视察监督】 2020年6—9月，市政协副主席胡安虎带领由市政协委员组成的调研视察组，到9个县市区开展“两项改革后社会公共服务运行情况”专项视察，实地查看乡镇便民服务中心、学校、卫生院、文化服务站等建设运行情况，并与相关市级部门和基层干部群众代表协商交流。针对推动便民服务走深走实、推动教育资源均衡配置、推动卫生医疗机构可持续发展、做实公共文化阵地、夯实社会救助保障体系等提出具体意见建议。

【科技城集中发展区基础设施项目建设推进情况视察监督】 2020年7月9日，市政协副主席沈其霖带领部分市政协委员专题视察监督科技城集中发展区基层设施项目建设推进情况，并召开座谈会，听取相关工作汇报。委员们围绕构建协同联动机制、发挥规划引领作用、强化要素政策保障、加快推进项目建设等提出意见建议。

【《中共绵阳市委关于深入贯彻落实党的十九届四中全会精神推进城乡基层治理制度创新和能力建设的意见》贯彻落实情况视察监督】 2020年10月29日，市政协副主席李京平带领部分市政协委员专题视察监督《中共绵阳市委关于深入贯彻落实党的十九届四中全会精神推进城乡基层治理制度创新和能力建设的意见》贯彻落实情况，围绕健全城乡基层治理机制、创新城市社区治理工作、选好基层组织“领头羊”、盘活用好闲置资源、大力发展集体经济等提出意见建议。

【武都引水工程建设和运行情况调研】 2020年10月28日，市政协副主席沈其霖带领部分市政协委员专题调研武都引水工程（二期灌区金峰水库）建设和运行情况，并召开座谈会，听取盐亭县、绵阳武引管理局、市委编办、市财政局、市水利局、市人社局汇报相关工作情况。调研组围绕加强工程质量、安全、进度管理，完善施工资源配置、施工工艺及质量控制措施，加大运行维护费保障力度，优化管理机构设置等提出意见建议。

【“三线建设”博物馆筹建工作情况调研】 2020年11月9日，市政协副主席田荣华带领相关部门、市政协委员组成的调研组，围绕“三线建设”博物馆筹建情况，在梓潼开展实地调研。调研组召开座谈会，听取物品征集、建设方式、领导机制、要素保障等方面工作开展情况汇报，了解项目推进过程中存在的问题和困难等。调研成果形成市政协七届六次会议集体提案。

文史工作

【概况】 2020年，市政协联合市委党史研究室、绵阳师范学院等单位编印《北川青片上五村》《平武虎牙上游村》《水润绵州》《梓潼城区记忆》等反映传统村落文化、水文化、地名文化的口袋书6本；编纂《绵阳文史资料（第三十八辑）》，从绵阳古今、史迹渊源、文化记忆、人物春秋等方面，收集绵阳相关历史人文故事。举办“众志成城·抗击疫情”书画摄影作品网络展、“墨舞涪水——绵阳书画艺术（张掖）交流展”等。出台《市政协诗书画院书画摄影作品征集收藏管理办法》，并建立书画作品收藏室，收藏书法作品114幅、美术作品38幅。

【《北川青片上五村》出版】 2020年8月，市政协文化文史和学习委牵头编印《绵阳传统村落文化读本》之《北川青片上五村》，由绵阳师范学院承担编校工作。全书从上五村的村落环境、形成与演变、建筑文化、民间文化和传说故事5个方面，对其历史资源进行较为全面的梳理。

【《平武虎牙上游村》出版】 2020年8月，市政协文化文史和学习委牵头编印绵阳地方文化读本系列之《平武虎牙上游村》，由绵阳师范学院承担编校工作。全书主要从上游村的村落概况、形成与变迁、民居建筑、民间习俗与故事传说5个方面，对其历史文化资源进行较为全面的梳理。

【《水润绵州》出版】 2020年8月，市政协文化文史和学习委牵头编印《绵阳地理概述读本》之《水润绵州》，由市委党史研究室承担编校工作。全书主要记述绵阳境内涪江水系的自然地理风貌，以及涪江干流及主要支流流域地区的人文历史。

【《北川羌族文化》出版】 2020年10月，市政协文化文史和学习委牵头编印《绵阳地方文化读本》系列之《北川羌族文化》，由市社科联承担编校工作。全书分羌族概况、风俗习惯、文化艺术、语言文字、宗教信仰5章，以图文并茂的形式全面介绍北川羌族文化的渊源和历史传承，以及北川羌族人民的风俗习惯、文化艺术等内容。

【《梓潼城区记忆》出版】 2020年10月，市政协文化文史和学习委牵头编印《绵阳地名故事读本》之《梓潼城区记忆》，由市档案馆承担编校工作。全书主要以故事形式，介绍梓潼城区内的一些地名得名来历。

【《状元苏易简的家风故事》出版】 2020年12月，市政协文化文史和学习委牵头编印《绵阳历史文化名人读本》之《状元苏易简的家风故事》，由绵阳师范学院承担编校工作。全书从家风传承（言传身教、诗礼传家）、治学理念（博学笃行、严谨求实）、为官之道（清正廉明、秉公执法）等方面讲述北宋绵州状元苏易简的家风故事。（缑志明）

概　述

【概况】　2020年，市纪委监委贯彻十九届中央纪委四次全会、省纪委十一届四次全会和市委七届八次、九次、十次全会精神，履行党章和宪法赋予的职责，增强“四个意识”、坚定“四个自信”、做到“两个维护”，以高质量发展为引领，立足监督保障执行、促进完善发展基本职能职责，服务中心大局，正风肃纪反腐。召开中共绵阳市纪委七届五次全体会议，把“严”的主基调贯穿管党治党全过程，印发《关于严明新型冠状病毒感染的肺炎疫情联防联控纪律的通知》《重点行业领域突出问题系统治理十二条措施》；召开全市审查调查暨扫黑除恶专项斗争监督执纪问责工作推进会、2019年度党风廉政建设责任制集体约谈会、重点行业领域突出问题系统治理工作推进会，组织全员培训，健全完善特约监察员制度，运用监督执纪“四种形态”，推进党风廉政建设和反腐败斗争，为全市夺取新冠肺炎疫情防控和经济社会发展双胜利提供保障。

【中共绵阳市纪委七届五次全体会议】　2020年2月20日，中国共产党绵阳市第七届纪律检查委员会第五次全体会议召开。市委书记刘超出席会议并讲话。市委副书记、市长元方，市人大常委会主任付康，市政协主席、市委统战部部长、市总工会主席李亚莲出席会议。市委常委、市纪委书记、市监委主任马骏传达十九届中央纪委四次全会、省纪委十一届四次全会精神，代表市纪委常委会作工作报告。会议强调要深入学习贯彻十九届中央纪委四次全会特别是习近平总书记重要讲话精神、省纪委十一届四次全会精神，贯彻落实党中央和省委全面从严治党系列新部署新要求，以居安思危的政治清醒、坚如磐石的战略定力、勇于斗争的奋进姿态，推进全面从严治党，巩固发展风清气正的良好政治生态，为加快建设中国科技城和西部现代化强市提供坚强政治保障。会议以电视电话会议形式召开。市委、市人大常委会、市政府、市政协有关领导，市法院院长、市检察院检察长，市人大常委会、市政府、市政协秘书长等在主会场参加会议。各县市区、园区和市级部门设分会场。

【纪检监察体制改革】　2020年，市纪委监委推进派驻监督全覆盖，将新成立和调整的3家市委、市政府直属事业单位、接受双重管理的大熊

图19　2月20日，中国共产党绵阳市第七届纪律检查委员会第五次全体会议召开

猫国家公园绵阳管理分局及科管委下属2家事业单位纳入派驻监督。坚持问题导向，理顺和规范市属园区纪检监察体制机制，提请市委编委研究制定下发《关于调整市属园区纪检监察机构编制有关事项的通知》。执行《监督执纪工作规则》和《监督执法工作规定》，健全完善问题线索集体研判和了结集体会商制度。对绵阳纪检监察系统创新实践进行剖析，注重成果转化运用，完成调研课题55篇。利用国家科技城的独特优势，依托人工智能、大数据、物联网等新一代信息技术，推进纪检监察机关信息综合查询终端建设，为监督执纪执法赋能加速。在市留置场所整体规划建设智慧园区，总结拓展江油分中心“智慧留置”探索经验，被省纪委明确为非近身看护试点准备单位。加强和规范镇村纪检监察组织建设，会同市委组织部联合印发《关于加强和规范村（社区）纪检组织建设的实施方案（试行）》，对村（社区）纪检组织设置、人选产生及资格条件、职责权限、履职保障等方面提出具体指导意见。持续推进派驻改革，修订完善派驻机构考核办法，落实委班子成员联系派驻纪检监察组工作机制，督促履职尽责。

【纪检监察干部队伍建设】 2020年，市纪委监委巩固“不忘初心、牢记使命”主题教育成果，市纪委常委会班子对照检视17个问题全部整改到位。加强机关党的建设，完成机关党委、纪委换届，优化党支部设置，开展“三会一课”、主题党日等活动。开展全员培训，市县两级培训纪检监察干部930人次，415人参加在线培训测试。对20个派驻纪检监察组和市直机关纪检监察工委开展内部督察，发现纠正问题147个。坚持“刀刃向内”，处置系统内问题线索71件，处分2人。

重要会议

【概况】 2020年，市纪委共召开全体会议1次、常委会50次。先后召开常委会（扩大）会议、中国共产党绵阳市第七届纪律检查委员会第五次全体会议、全市审查调查暨扫黑除恶专项斗争监督执纪问责工作推进会、2019年度党风廉政建设责任制集体约谈会、重点行业领域突出问题系统治理工作推进会、2020年度绵阳市落实全面从严治党主体责任暨警示教育大会等重要会议，研究部署相关工作。

【市纪委常委（扩大）会议】 2020年2月7日，市纪委常委会（扩大）会议召开。会议学习贯彻习近平总书记在中央政治局常委会会议研究加强新冠肺炎疫情防控工作时的重要讲话和在中央全面依法治国委员会第三次会议上的重要讲话精神，以及中央、省、市相关会议精神，听取相关室（部）疫情防控工作情况汇报，并对全市纪检监察系统贯彻落实具体措施进行再研究、再安排、再部署。市委常委、市纪委书记、市监委主任马骏主持会议并讲话。会议强调全市纪检监察系统要学习贯彻习近平总书记对新冠肺炎疫情作出的重要讲话精神和中央、省、市相关要求，增强“四个意识”、坚定“四个自信”，做到“两个维护”，坚决把思想和行动统一到党中央和省委、市委决策部署上来，把疫情防控工作作为当前压倒一切的头等大事，立足职能职责，强化统筹部署，精心推动落实，为做好疫情防控提供坚强的纪律保障。会议要求要按照市委部署安排，整合监督检查力量，创新监督检查方式，增强监督检查实效，减轻基层负担。要紧盯重点部位和关键环节，开展常态化明察暗访，及时发现问题，督促整改落实。要坚持问题导向，针对医疗物资调配、重点人员排查管控等，开展针对性监督检查，督促落实行业监管和属地管理责任，严肃查处敷衍应付、擅离职守、临阵退缩等形式主义、官僚主义问题，确保疫情防控工作有力有序。

【全市审查调查暨扫黑除恶专项斗争监督执纪问责工作推进会议】 2020年3月12日，全市审查调查暨扫黑除恶专项斗争监督执纪问责工作推进会召开。市委常委、市纪委书记、市监委主任马骏出席会议并讲话。会议传达学习省纪委副书记、省监委副主任郑东风在全省扫黑除恶专项斗争视频会议上的讲话精神，通报表扬2019年全市审查调查先进集体，总结2019年度全市审查调查及扫黑除恶专项斗争监督执纪问责工作情况，对下阶段工作进行安排部署，提出相关要求。会议强调要认识加强审查调查工作的重要意义；依规依纪依法，履行好监督执纪问责和监督调查处置两项职能；坚持底线思维，防范化解安全风险隐患；加强自身建设，为开创审查调查工作新局面提供有力保障；要提高政治站位，增强推进扫黑除恶专项斗争的行动自觉；保持高压态势，持续发力深挖彻查“保护伞”，深化标本兼治，巩固拓展扫黑除恶专项斗争工作成果。

【2019年度党风廉政建设责任制集体约谈会】 2020年5月8日，市纪委2019年度党风廉政建设责任制集体约谈会召开。会议指出约谈提醒，是传导压力的重要方式，党组织负责人要针对存在的问题，认真研判、对症下药，真正把政治责任担起来，把纪律规矩立起来，把监督管理严起来。会议强调落实主体责任，关键在落实，根本在担当；认识上要保持清醒，自觉担当管党治党责任，要准确把握党建发展关系，强化牵头抓总的担当，履行好管党治党主体责任，始终保持失责必究的清醒，敢于担当、敢于碰硬，引领本地区本单位的党员干部守好底线、不越

红线；行动上要务实落实，推动党风政风更加清朗，要把深化政治建设的责任放在首位，推进正风肃纪，保持惩贪治腐高压态势，强化日常监督；工作上要把准方向，确保各项工作深入开展，要构建责任网络，织密制度笼子，健全不敢腐、不能腐、不想腐的长效机制；要强化头雁效应，带头严肃和规范党内政治生活，严格执行请示报告制度，严格遵守集体议事制度，主动接受党内监督，始终保持清正廉洁的政治本色。

【重点行业领域突出问题系统治理工作推进会】 2020年6月24日，市纪委监委组织召开绵阳市重点行业领域突出问题系统治理工作推进会，市委常委、市纪委书记、市监委主任马骏出席会议并讲话。纪委副书记、市监委副主任王友富主持会议，全市重点行业领域突出问题系统治理牵头部门主要负责人及分管领导参加会议。会议指出开展对重点行业领域突出问题系统治理工作是全市推进全面从严治党向纵深发展的重要举措，也是改进工作作风的现实需要。全市重点行业领域突出问题系统治理工作开展以来，取得一定治理成效，但还存在问题清理效果不明显、阶段成效不显著、工作协调配合不够等问题。会议强调要认识开展重点行业领域突出问题系统治理的重要意义，认识系统治理的必要性，增强行动自觉，聚焦重点领域，深化标本兼治，提升行业领域治理体系和治理能力现代化水平；要注重统筹安排协调推进，点面结合、协同一体、宽严相济、标本兼治抓治理；要坚决把责任担起来，加强沟通协作，强化组织领导，确保系统治理取得实效；要全神贯注抓好落实，对标先进，总结反思，改进提高，解决突出问题，推动系统治理决策部署落地落实，提升群众的满意度和获得感。

图20　12月25日，2020年度绵阳市落实全面从严治党主体责任暨警示教育大会召开

【2020年度绵阳市落实全面从严治党主体责任暨警示教育大会】 2020年12月25日，2020年度绵阳市落实全面从严治党主体责任暨警示教育大会召开。受市委书记刘超委托，市委副书记刘光强出席会议并讲话。会议强调落实好全面从严治党主体责任，确保管党有方、治党有力、建党有效，对于全面开启建设社会主义现代化绵阳新征程、推动中国科技城和西部现代化强市建设迈上新台阶意义重大。全市各级各部门要深刻认识绵阳市全面从严治党取得的阶段性成效和形势依然严峻复杂、依然任重道远的客观实际，增强落实主体责任的紧迫感和使命感，齐心协力推动全面从严治党决策部署落地落实。要坚持“严字当头、全面从严、一严到底”，着重厘清党建与发展、主责与专责、严管与厚爱、信任与监督、干净与干事、自律与他律等全面从严治党的“六对关系”，以永远在路上的执着把全面从严治党引向深入推向前进。市委常委、秘书长、宣传部部长张学民主持会议，市委常委、市纪委书记唐浪生通报全市反腐败斗争形势和落实主体责任情况。市领导董晓彬、兰劲等出席会议。市委、市人大常委会、市政府、市政协有关副秘书长，各县市区党委和政府、各园区党工委和管委会主要负责人，市直各部门主要负责人，市纪委监委班子成员，市属学校、医院、国有企业主要负责人参加会议。

党风廉政建设

【概况】 2020年，市纪委监委坚持贯彻落实党的十九大和十九届四中、五中全会精神，树牢“四个意识”，坚定“四个自信”，践行“两个维护”，增强主动性、协同性和整体性。围绕中心，服务大局，切实发挥主责主业，保持惩治腐败高压态势。整治群众身边腐败和作风问题，深入重点行业领域突出问题系统治理工作。注重激发干部队伍活力，强化内部监督，践行忠诚干净担当，推进全市党风政风廉政建设各项工作。

【党的政治建设】 2020年，全市纪委监委系统把学懂弄通做实习近平新时代中国特色社会主义思想作为首要政治任务，全年市纪委常委会学习习近平总书记重要讲话和指示批示精神10次，在思想上、政治上、行动上始终同以习近平同志为核心的党中央保持高度一致。推进政治监督具体化常态化，面对新冠肺炎疫情防控大考，稳慎监督执纪，追责问责136人；聚焦“六稳”“六保”，开展清欠工作专项监督，督促无分歧欠款100%清偿，执行政商交往“负面清单”，查处破坏营商环境问题69件74人；围绕深度参与成渝地区双城经济圈建设等重大决策部署、特大暴雨洪涝地质灾害灾后恢复重建等重点工作，监督保障政令畅通。做好省委巡视绵阳配合工作，省委第七巡视组移交的问题线索办结率达99.6%。严明政治纪律、政治规矩，开展严重违纪违法案“以案促改”，查处违反政治纪律问题18件18人。全年落实请示报告制度，市纪委监委向省纪委监委和市委分别书面请示报告76次、135次。

【监督职责履行】 2020年，市纪委监委准确把握监督基本职责、第一职责，通过个别谈话、督导民主生活会、提出纪检监察建议等方式，抓实近距离、常态化日常监督。做实疫情防控监督，严明工作纪律，确保基层集中精力开展新冠肺炎疫情防控工作，组建7个联合督查组，开展拉网式、全覆盖监督检查，在新冠肺炎疫情防控工作中追责问责119人，党纪政务处分27人。制定日常监督工作措施，通过个别谈话、督导民主生活会、提出纪检监察建议等方式，做实近距离、常态化监督。准确把握政策策略，运用“四种形态”批评教育帮助和处理4792人次，第一和第二种形态占比达93.9%。执行谈话提醒、谈话函询制度，对县级干部谈话函询120人次。综合运用述责述廉、约谈提醒、责任考核、追责问责等措施，推动“三个责任”贯通联动，问责党组织16个，党员领导干部168人。运用“纪检监督+舆论监督+群众监督”模式，制作全媒体直播《阳光问廉》4期，曝光问题15个，推动解决一批群众反映的突出问题。

【突出问题整治】 2020年，市纪委监委常态化整治漠视侵害群众利益问题，查处群众身边腐败和作风问题657件916人。开展重点行业领域突出问题系统治理，出台《重点行业领域突出问题系统治理十二条措施》，突出发改、住建、卫健、人防等领域，聚焦工程招投标、建筑企业资质审批、人防工程监管等开展治理。深化“脱贫攻坚纪律作风保障年”活动，市纪委领导带队赴有脱贫任务的8个县市区暗访督查，发现整改问题202个；开展扶贫领域专项监督检查，组成10个暗访督查组，对问题线索处置进行“回头看”，查处扶贫领域腐败和作风问题45件69人。

【“四风”问题及违反中央八项规定精神问题纠治】 2020年，市纪委监委常态化开展明察暗访，督促各级党政机关、党员干部带头落实节约粮食、制止餐饮浪费要求，防止“四风”反弹回潮。持之以恒落实中央八项规定精神，完善“约谈提醒、集中督查、专项整治、问责追究、研判分析”常态化工作机制。全市查处违反中央八项规定精神问题280件420人，通报曝光143件。重点做好“抓落实作表率”行动，落实市委相关行动方案和行动措施，整治形式主义、官僚主义，围绕营商环境建设问题开展专项整治，对新冠肺炎疫情防控中的监督检查、情况报表等过多过滥等问题进行专项清理。全年查处形式主义、官僚主义问题256起，通报曝光典型案例39件65人。推动目标责任书等事项，纠治向基层摊派政保类商业保险销售任务，治理文山会海等问题，为基层减负。激励保护干部担当作为，建立涉及科级干部追责问责审核把关制度，防止问责泛化、简单化；对989件反映不实问题线索予以了结，为11名干部澄清正名。

惩治与预防腐败

【概况】 2020年，市纪委监委执行“三重一大”决策制度，推动各级领导干部科学决策、民主决策、依法决策，持续用力，减存量、遏增量，定期分析研判信访反映、监督执纪、审查调查工作整体情况。紧盯“三类人”“关键少数”和重要岗位，保持惩治腐败高压态势。全年全市纪检监察机关处置问题线索4093件，立案1710件，党纪政务处分1623人，移送司法56人，挽回经济损失9455.1万元。其中查处县处级干部31人、各级“一把手”48人。会同公安机关抓获外逃人员3人，实现职务犯罪外逃人员全部清零。3人主动投案、60人主动交代问题。加强法规制度建设，向省纪委监委报备规范性文件6件。督促经开区、燃气集团等案发单位开展“以案促改”工作，在发改、住建、卫健、人防等重点领域开展突出问题系统治理。

【扫黑除恶专项斗争】 2020年，市纪委监委推进扫黑除恶专项斗争，与基层“拍蝇”结合起来，落实“一线双核”“一案三查”要求，坚决打赢扫黑除恶专项斗争收官之战，落实相关工作机制，综合运用领导包案、挂牌督办、提级办理、交叉核查等措施，深挖彻查涉黑涉恶案件背后的腐败问题，查处涉黑涉恶腐败势力和“保护伞”112人。市纪委监委在全省扫黑除恶专项斗争第3次推进会上作经验交流。

【党员干部日常管理监督】 2020年，市纪委监委做实谈话提醒、谈话函询，对县处级干部谈话函询抽查核实比例达18.3%。精准稳慎运用“四种形态”，在用好第一种形态上下功夫，抓早抓小、层层设防。运用“四种形态”处理4792人次，其中第一、二种形态占比达93.9%。制定《办理党风廉政情况意见工作办法》，优化“征求党风廉政意见”办理流程，提高党风廉政意见回复质量，严把廉洁审查关口。出具提拔任用和表彰奖励党风廉政意见1420人次，出具暂缓提拔12人次、不能提拔5人次。

【廉政文化宣传警示教育】 2020年，市纪委监委深化从严治党思想防线，注重运用警示教育，形成震撼力和威慑力，引导广大党员干部明底线、知敬畏。编制《2019年度党风廉政建设法规制度汇编》，拍摄《落马的“战神”》等警示教育片，编制《迟来的忏悔Ⅴ》等警示教育读本。申报“5·12”汶川特大地震纪念馆成为省级廉洁文化基地。召开2020年度绵阳市落实全面从严治党主体责任暨警示教育大会。开展廉政教育378批次2.8万余人次，组织全市7.4万余名党员干部参加“2020年度纪律教育学习知识测试”，发送廉政短信2.4万余条。（何庆刚）

民主党派·工商联

Democratic Parties and Association of Industry and Commerce

概　述

【概况】　2020年，全市各民主党派参加绵阳统一战线建言献策座谈会暨助推成渝地区双城经济圈建设专题协商座谈会等政党协商会议，围绕“深度参与成渝地区双城经济圈建设”“十四五”规划编制、优化营商环境等，作调查研究、建言献策，共形成调研报告78篇、议案提案和意见建议627条，其中民建绵阳市委主委蒋丽英的《关于在新冠肺炎疫情常态化防控中加强个人信息保护的建议》获中共四川省委书记彭清华签批。开展脱贫攻坚民主监督，在全省率先开展营商环境专项民主监督。投身新冠肺炎疫情防控阻击战，为科学打赢新冠肺炎疫情防控阻击战提出意见建议191条，捐款捐物800余万元，全市有医卫界民主党派成员383人工作在新冠肺炎疫情防控一线。用好民主党派“直通车”机制，争取九三学社中央作为第八届科博会支持单位，邀请全国人大常委会副委员长、九三学社中央主席武维华到绵阳出席科博会；协调邀请6位民主党派中央领导到绵阳开展重大课题调研或出席重要会议活动，协调争取民建四川省委纪念中国民主建国会成立75周年暨民建四川省委成立40周年座谈会、2020民进企业家联谊会会长联席会等重大会议活动在绵阳举办。围绕“深度参与成渝地区双城经济圈建设”，各民主党派市（工）委与北碚区各民主党派进行互访并签订结对共建友好组织协议。截至年底，全市共有民主党派市级组织7个，民革绵阳市委、民盟绵阳市委、民建绵阳市委、民进绵阳市委、农工党绵阳市委、致公党绵阳市工委、九三学社绵阳市委，有民主党派成员5094人，其中民革358人、民盟1213人、民建730人、民进1276人、农工党779人、致公党225人、九三学社513人。

【民主党派队伍建设】　2020年，全市各民主党派以贯彻落实《中共中央关于加强中国特色社会主义参政党建设的意见》等文件精神为契机，加强思想政治建设、组织建设、履职能力建设、作风建设和制度建设。持续开展“不忘合作初心，继续携手前进”主题教育活动。九三学社市委进行届中调整，推荐民盟市委主委勾永阶到民盟省委担任职务。全市形成155人的市级民主党派代表人士人选，做好2021年市级民主党派换届准备工作，推进民主党派基层组织换届。按规划发展民主党派基层组织和成员，支持有关民主党派发展符合界别特色的高层次人才。

【民主党派脱贫攻坚民主监督】　2020年，全市各民主党派市（工）委突出政治监督，围绕建立扶贫长效机制、巩固脱贫攻坚成果与乡村振兴有效衔接等脱贫攻坚重点难点问题，聚焦政策落实，开展脱贫攻坚民主监督，共形成调研报告38篇、议案提案64件、意见建议103条。同时，围绕助推健康扶贫、教育扶贫、产业扶贫等，累计协调引进各类帮扶资金2.82亿元，帮助对口县市区引进项目资金近5亿元。致公党天津市委连续4年到绵阳开展脱贫攻坚民主监督，实地调研北川、平武等6个县市区13个乡镇15个村，支持绵阳市打赢脱贫攻坚战。

【民主党派优化营商环境建设民主监督】　2020年6月29日，中共绵阳市委统一战线工作领导小组印发《关于支持各民主党派市（工）委开展营商环境民主监督工作的实施方案》，率先在全省开展民主党派投身优化营商环境建设民主监督工作实践。全市7个民主党派市（工）委对口民主监督21个市政府工作部门、9个县市区和4个园区，通过开展考察调研、提出意见建议、参与专项监督评估、开展明察暗访、加强日常联系、进行政策宣讲等方式，对全市政务服务环境、市场环境、法治环境、人文环境等进行民主监督。12月14日，全市统一战线建言献策暨专题协商座谈会召开，各民主党派市（工）委、市工商联围绕优化营商环境提出35个方面的意见建议。市委统战部会同市委目标绩效办，对党外人士提出的关于优化营商环境的意见建议办理情况进行督办，16个部门（单位）办结31个，办结率88.6%。（陈　龙）

民革绵阳市委

【概况】 2020年，民革绵阳市委辖10个基层组织（3个总支、7个直属支部）、8个专门工作委员会、1个民革企业家联谊会，有党员360人。市委会机关设2个科室。4个基层组织建成党员之家；8个基层组织开展“示范支部”创建工作，1个支部建成省级示范支部。在民革全省首批抗疫先进表彰活动中，民革绵阳市委会获“抗击新冠肺炎疫情先进市委会”称号，江油总支获“抗击新冠肺炎疫情先进基层组织组织奖”，机关支部和卫生支部获“抗击新冠肺炎疫情先进基层组织贡献奖”。

【民革绵阳市委助力新冠肺炎疫情防控】 2020年，全市民革党员坚守本职岗位，医卫界党员曾娅莉、黄梅、潘淑等42名党员工作在全市新冠肺炎病毒核酸检测、流行病学调查、防治知识科普宣传等岗位上。民革党员、绵阳市疾控中心副主任医师刘平等自导自演自拍《防疫那些事》科普小视频4期，其中第1期《口罩那些事儿》被中央电视台新闻关注转发，先后被各级媒体转播，转载量突破1亿人次。经济界党员、天泰集团董事长谢从玉和汇兴实业总经理任明俊在新冠肺炎疫情防控期间保障“米袋子”“菜篮子”产品供应，四川诚隆药业有限责任公司董事长欧平组织采供酒精150件、N95口罩近万只。

【参政议政】 2020年，民革绵阳市委会开展“支持中小企业共度新型冠状病毒肺炎疫情难关”“积极参与成渝地区双城经济圈建设”“城乡基层治理和制度创新”“进一步加强我市营商环境建设”4项专题调研，完成调研报告4篇。其中向中共绵阳市委报送“党派直通车”建议1篇，通过中共绵阳市委统战部报送建议1篇，均获中共绵阳市委书记刘超签批。在市政协七届五次会议上，民革绵阳市委会提交集体提案11件，民革党员领衔提交个人提案12件，参与其他单位集体提案13件，提交联名个人提案8件。其中3件提案被列为主席会议成员督办重点提案。在市七届人大六次会议上，民革党员提出建议7件。在县市区政协会议上，10余名民革党员作大会发言和联组会议发言。向民革省委会、市政协、中共绵阳市委统战部报送社情民意信息92条。其中被绵阳市政协采用24条、民革四川省委会采用9条、中共四川省委统战部采用6条、市政府主要领导签批1条、省政协采用6条、中共四川省委办公厅《每日要情》采用1条、全国政协《每日要情》采用1条。报送新冠肺炎疫情相关社情民意信息72条，被市政协采用22条，民革四川省委会采用10条，中共四川省委统战部采用6条，省政协采用5条，中共四川省委办公厅采用1条，全国政协采用1条，中共绵阳市委、绵阳市政府主要领导签批2条，内容涉及新冠肺炎疫情防控、物资供应保障、复工复产等方面。

图21　6月12日，民革绵阳市委会、民革北碚区委会结对共建友好市区组织签约仪式在北碚举行

【社会服务】 2020年，全市民革各级组织和党员为脱贫攻坚工作捐资100余万元。民革绵阳市委会响应省委会以购代捐号召，组织党员参与购买稻城扶贫农产品；筹集现金1万元捐赠给对口帮扶村平武县莫鱼沟村，帮助该村发展集体经济产业。党员、企业家黎方华向盐亭县云溪镇3个贫困村捐赠200余盏太阳能路灯，价值28万元；向江油市雁门镇捐赠太阳路灯7盏，价值1.12万元。党员、企业家谢从玉投入资金60万元定点帮扶北川永昌镇建国村、福田村发展羊肚菌及蔬菜种植产业，以购代捐采购北川农产品近20万元；为平武县龙安镇莫鱼沟村脱贫攻坚产业发展捐赠现金2000元；为响应百企帮百村扶贫工作，向三台县塔山镇华光村捐赠现金2万元；资助游仙区贫困大学生龙某年度学费、生活费1万元。民革绵阳市委会推荐北川擂鼓八一中学乡村女英语教师1人参加四川中山学院“西部乡村英语教师培训项目”，为其提供为期1年的免费培训。涪城区总支部持续帮扶昭觉县的贫困学子学费和生活费。

【民革绵阳市委助力成渝地区双城经济圈建设】 2020年，民革绵阳市委邀请民革省委会秘书长许晓辉一同到重庆市北碚区开展共建友好组织对接活动。在重庆市北碚区举行绵阳北碚民革结对共建友好合作签约仪式暨助力成渝地区双城经济圈建设合作交流座谈会。该活动获《团结报》专栏报道。两地民革就成渝地区发展特色农业、文农旅融合发展进行联合调研。民革绵阳市委会向中共绵阳市委报送政党协商建议《关于进一步推进协同创新能力建设，积极参与成渝地区双城经济圈建设的建议》，获中共绵阳市委主要领导签批。（于　超）

民盟绵阳市委

【概况】　2020年，全市有直属组织18个、民盟盟员1213人。完成15个直属组织换届工作，新成立民盟绵阳市委直属基层委员会。民盟绵阳市委被民盟中央表彰为“思想宣传工作先进集体”“社会服务工作先进集体”和“群言杂志社2020年度优秀发行单位”，被民盟四川省委表彰为“思想宣传工作先进集体”“参政议政工作先进集体”“社会服务工作先进集体”“组织工作先进集体”和“机关建设工作先进集体”。主创的微电影《黑袋子》获“第八届亚洲微电影艺术节好作品”等3项大奖和2020年度四川统一战线“十大好新闻”荣誉称号，并获得民盟中央、民盟省委微信公众号推送。

【民盟绵阳市委助力新冠肺炎疫情防控和复工复产】　2020年，民盟绵阳市委成立抗击新冠肺炎疫情领导小组，通过网络发出《致全市盟员倡议书》，动员部署全市各级盟组织和盟员参与新冠肺炎疫情防控。5位盟员被民盟省委表彰为“新冠肺炎抗疫先进个人”。思想引领和宣传工作。通过盟市委网站和微信公众号发布抗疫工作情况相关报道32篇，其中10篇新冠肺炎疫情防控建议被民盟中央、省政协、省委统战部采纳。相关论文获2020民盟法治论坛三等奖。助推复工复产。先后多次向学校、医院、社区和绵阳监狱等捐赠防疫款项、物资，价值300余万元。

【建言献策】　2020年，民盟绵阳市委提交的《构建“四位一体”乡村治理体系，提高我省乡村治理水平》成为省政协十二届三次会议大会发言内容；提交的《关于我省森林草原火灾防控的几点建议》被省委统战部《党外人士意见建议》采用，并得到副省长尧斯丹批示。《关于加大对非法集资的防范和处理力度减少人民群众财产损失的建议》被评选为省政协2019年度好提案。市政协七届五次全委会上，提交的《关于应对乡镇行政区划调整被撤乡镇公共管理服务问题的建议》《关于聚力发展创新产业的几点建议》作为大会发言，得到中共绵阳市委主要领导的肯定性批示。市人大七届六次会议期间提交的《关于解决物流体系建设的突出问题　推动我市物流业高质量发展的建议》助推绵阳市将物流业的发展纳入全市八大重点服务业之一；提交的《全面禁止活体动物进入寄递渠道的建议》被省人大采用并刊载于常委会网站；提交的《关于强化我市物流产业推进协调机制的建议》列为重点督办件。社情民意被省委统战部采用8条、省政协采用32条、民盟中央采用14条、全国政协采用8条。

【社会服务】　2020年，民盟绵阳市委按照民盟四川省委统一安排部署，协调安排民盟绵阳中学支部和南山中学支部骨干盟员教师2次到九寨沟县开展文化教育结对帮扶活动，开展高考专题培训和心理咨询、信息教育提升等活动，并就绵阳中学和九寨沟中学教育资源共享进行沟通，现场签订结对帮扶工作协议。

【民盟绵阳市委助力成渝地区双城经济圈建设工作】　2020年5月28日，民盟绵阳市委为贯彻民盟四川省委、民盟重庆市委工作座谈会和四川省绵阳市、重庆市北碚区党政联席会议精神，主委勾永阶率队到重庆市北碚区开展考察交流活动。双方本着“围绕中心、服务大局、互惠互利、共同发展”的原则缔结为友好市区组织，就建立领导小组、构建合作机制、加强项目协作、开展联合调研、研讨交流等达成共识，现场签订合作框架协议。（刘骅鑫）

民建绵阳市委

【概况】　2020年，民建绵阳市委辖15个基层组织，有会员730人，其中经济界会员占74.3%，新的社会阶层人士占26.5%，会员平均年龄50.4岁。会员中有民建省委副主委1人、省委委员3人，全国人大代表1人、省级人大代表1人，市人大代表和政协委员29人，县级人大代表和政协委员65人；副科级及以上48人。民建绵阳市委被民建四川省委表彰为会务工作、组织工作、宣传工作、参政议政工作、机关工作、社会服务工作、反映社情民意工作和对外宣传工作先进单位。开展魅力基层组织创建工作，建设总支、医药总支、经贸总支、高新总支、经开支部等创建成为魅力基层组织。

【民建绵阳市委助力新冠肺炎疫情防控】　2020年，民建绵阳市委贯彻落实民建中央、省委、市委决策部署，动员全市各级组织和会员，发挥界别优势，利用网站、微信公众号等内部宣传平台发布中央、省委防控疫情决策部署和疫情动态，宣传介绍基层会员和会员企业的抗疫担当，共编发新冠肺炎疫情相关信息80余条、公众号12期、新媒体平台6期。民建绵阳市委获民建中央抗击新冠肺炎疫情先进集体，机关支部获民建省委抗击新冠肺炎疫情先进集体；会员郝纯获评中共四川省委、四川省人民政府抗击新冠肺炎疫情先进个人，会员蒲俊凡、王昕、赵振华等获评民建省委抗击新冠肺炎疫情先进个人。

【宣传平台建设】 2020年，民建绵阳市委坚持把参政履职和会员作为宣传报道的主题主体，搭建官方网站、微信公众号、会刊3个传统宣传平台，并在今日头条、腾讯网、百度、凤凰网等自媒体平台开设宣传账号，形成“相互融合、差异化推送”的全媒体宣传平台。自媒体平台试运行期间，平台稿件累计点击超过10万次。全年报送信息206条，获《团结报》《四川政协报》等中央、省级主流媒体采用50条，被腾讯新闻、今日头条等公众媒体采用64条。微信公众号共推送信息142条，累计点击量3.19万次。

【理论研究】 2020年，民建绵阳市委落实年度理论研究工作的要求，以班子成员联系基层组织制度和“观故居、承传统”主题活动为载体，指导和支持各基层组织加强思想政治理论学习。班子成员深入联系基层组织40余次，开展现场教育6次。主题征文活动，形成理论研究文章6篇，其中1篇获民建省委采用，1篇获市政协表彰；报送征文17篇，其中1篇获中共四川省委统战部表彰。

【献言献策】 2020年，民建绵阳市委通过协商发言以及人大、政协、统战等渠道和平台协商议政，参加各类协商、情况通报会等18次，对市委、市政府工作，“两院”工作，全市经济工作，党风廉政建设和民生工作等提出意见建议，其中主委蒋丽英代表民建市委作的《关于加强基层治理发展壮大村集体经济的对策建议》《加强创新创业人才培育引进 推进绵阳建设成渝传承经济圈创新高低》得到市委、市政府相关领导肯定。全国、省、市两会期间，会员中的人大代表、政协委员提交提案、建议41篇，其中被中央统战部《零讯》采用1篇，被全国政协采用1篇。发挥专门委员会作用，推进年度重点调研课题工作和反映社情民意信息，完成年度重点调研课题6个，报送调研成果6篇，其中3篇被全国政协、省政协、民建省委采用；上报社情民意86篇，被相关部门采用14篇；其中《关于打造成渝地区新型显示产业高地的建议》获市政协优秀调研视察报告，《关于加快发展普惠学前教育的建议》获市政协年度优秀提案。

【作风建设】 2020年，民建绵阳市委按照民建中央全面加强作风建设年要求，专题学习习近平总书记加强作风建设重要论述、民建中央主席郝明金讲话精神和《民建中央全面加强作风建设方案》，以实现“建设作风优良的中国特色社会主义参政党”为目标，制定《民建绵阳市委贯彻落实〈民建中央全面加强作风建设方案〉的实施方案》，成立领导小组，明确“抓住关键少数、重在解决问题、务求取得实效”基本要求；市委会和各基层组织领导班子成员以开展走访会员企业和新阶层人士、到基层宣讲、举办座谈会等方式，联系会员，查找在作风建设中存在的不足。民建市委的相关总结成果和经验做法在民建省委作专题交流发言。

【“走进游仙”活动】 2020年，民建绵阳市委持续推进“走进游仙”主题活动，争取民建中央副主席、四川省人大常委会副主任、民建四川省委主委陈文华到游仙区调研民营中小微企业发展；争取到民建省委调研组到游仙就“基层财政运行问题及对策”进行省市联合调研，并与财政、发改、教育、卫健、民政、农业农村和扶贫移民等相关部门作讨论交流；协调民建北海市委到游仙区就“脱贫攻坚和乡村振兴有效衔接”作专题调研交流。同时，开展“金秋助学”，捐赠4万元帮助20名游仙区困难学生。

【社会服务】 2020年，民建绵阳市委围绕“扶志、扶智、扶产业”精准施策，开展扶贫济困活动。持续推进平武莫鱼沟村定点扶贫工作，捐赠资金1万元，帮助稳固刺龙苞产业发展，改善产业发展配套建设；组织发动各基层组织和会员参与民建中央开展的助力丰宁县“聚光福、稳脱贫”捐赠活动和助力湖北省第二批滞销农产品销售活动，共捐款和购买滞销农产品合计3.6万余元；开展“以购代扶”和“以购代捐”系列活动，各基层组织和会员捐资24.92万元；争取总价值2万元的“新春礼包”40个，帮助梓潼县文昌镇40户贫困户和困难户解决实际生活困难。企工委主任刘勇连续5年持续帮扶省级贫困村江油市重华镇兴旺村，每年定向捐赠5万至10万元。会员李玉莲参与布拖扶贫教育培训工作，选派4批次10余名教师为彝族青年开展培训。

【民建绵阳市委助力复工复产】 2020年，民建绵阳市委争取到民建中央副主席、四川省人大常委会副主任、民建四川省主委陈文华到四川豪斯特电子技术有限责任公司、游仙区川富农夫食品有限公司等会员企业走访调研。民建市委会班子成员根据联系会员企业制度安排，先后到会员企业开展“大走访”，协助各会员企业常态化做好新冠肺炎疫情防控和复工复产。各基层组织向会员企业发放《关于企业如何应对新冠肺炎疫情影响的法律建议手册》，并发挥行业和会员特长优势，为困难会员企业提供法律、金融等各类援助、咨询、协调服务。新冠肺炎疫情防控期间，共走访会员企业42家次，协调解决各类困难5件次。

（黄禹铭）

民进绵阳市委

【概况】 2020年，民进绵阳市委有基层组织76个（基层委员会4个、总支4个、支部68个），会员1277人，吸收新会员128人。有省人大代表2人、省政协委员2人（省政协常委1人），市人大代表9人（常委1人）、市政协委员29人（市政协副主席1人、常委6人），县市区人大代表13人（常委6人）、政协委员66人（政协副主席2人、常委20人）。49名会员在行政单位担任副科级以上职务，其中副科级干部21人、正科级干部17人、县处级以上干部11人。市委会及下属基层组织先后获“民进全国履职能力建设先进集体”“民进四川省委综合工作先进单位”等省级以上表彰10余项，会员获“民进全国履职能力建设先进个人”“民进全国会史工作先进个人”等市级以上表彰360余项。先后承办2020年民进全国企业家联谊会会长联席会议、民进中央联络委员会全体（扩大）会议、民进社会服务专职干部工作研讨会、民进四川省监委第四次全体会议暨2020年度工作会议、“四川省政协民进界别委员来绵视察座谈会”、民进四川省委2020年社情民意信息员培训班，协办民进中央2020年“同心·彩虹行动”助力挂牌督战凉山州乡村教师培训班等省级以上会议和活动7次。开展交流合作，与重庆市北碚区、永川区民进地方组织签订结对共建友好市区组织协议，助推成渝地区双城经济圈建设；筹备与贵州省黔西南州民进地方组织开展合作，推动双方自身建设、参政议政、社会服务等方面优势互补，提升质效机制。

【绵阳民进获评“民进全国履职能力建设先进集体”】 2020年12月14—15日，民进中央履职能力建设主题年工作会议暨2020年参政议政年会议在福州市举行。民进绵阳市委获“民进全国履职能力建设先进集体”称号，民进市委副主委秦顺英获“民进全国履职能力建设先进个人”称号。按照民进中央、民进省委要求，民进绵阳市委开展履职能力建设，制定和下发《民进绵阳市委2020年履职能力建设主题年工作实施方案》，以坚持政治方向、坚持问题导向、坚持工作创新的原则，聚焦参政议政、民主监督、参加中国共产党领导的政治协商基本职能，以立言立论推动立策立法，以民主监督推进制度完善为抓手，补齐履职能力短板、注重发挥整体优势，参政议政取得成绩，履职能力得到提升。

【民进绵阳市委助力抗疫工作】 2020年，民进绵阳市委班子成员带头并组织全市会员抗击新冠肺炎疫情，会员捐款捐物共计价值650余万元；会员到街头、社区、乡村普及防疫知识830余人次；会员开展便民服务等志愿行动200批次；协调从俄罗斯等国家购回口罩、防护服、护目镜、额温枪等防护物资19批；无偿献血近4万毫升；上报抗疫社情民意60余条。印制并捐赠抗疫资料3万册；创作抗疫诗歌、歌曲、绘画、书法、剪纸作品180余（首、幅）。向医务人员、教师、公安干警等赠送防护物资2万余件。

【2020年民进全国企业家联谊会会长联席会议在绵阳召开】 2020年9月18—21日，2020年民进全国企业家联谊会会长联席会议在绵阳举行。民进中央副主席王刚，民进省委专职副主委赵川荣、秘书长张宏，绵阳市领导元方、经大忠、廖雪梅、李京平等出席会议，全国140余名企业家参会。会议要求民进各级企业家联谊会、企业界会员弘扬企业家精神，带领企业复工复产，实现企业高质量发展；开展社会服务，履行社会责任。会后，民进绵阳市委牵头跟进引资引智，先后与10余家企业和项目进行多轮洽谈。

【参政议政】 2020年，民进绵阳市委领导班子成员参与全市重大事项协商30余人次，参加省、市、县三级参政议政调研、视察等活动120余人次。提交提案、议案、社情民意等180余件，参与调研人数260余人次。全市会员开展民主监督活动200余人次，提出各类建议800余条。向民进省委、市政协等部门等报送信息、社情民意、调研报告100余篇（条）次，被全国政协采用3篇，民进中央采用3篇，省政协采用5篇，省委统战部采用6篇，民进省委采用20篇。向民进省委提交参政议政课题5篇，其中《完善公共卫生防疫体系，增强突发公共卫生事件应急能力研究》等2篇获立项并结题。

【社会服务】 2020年，绵阳民进统一战线同心孵化器项目推进办公室、企业家联谊会为会内企业家提供合作、交流、学习、互助的平台，并通过“以商招商”的形式，助力全市经济发展；理论研究会在宣传统一战线方针政策、开展多党合作理论、民进参政议政和自身建设理论研究中，有多篇文章被省、市采用；绵阳开明画院开展各类创作、写生、培训活动6次，新建的多个创作基地成为艺术界会员送文化、送艺术到企业、学校、社区、乡村的重要载体。全年到江油市战旗镇白沙村、平武县龙安镇莫鱼沟村、经开区南塔社区、涪城区迎宾路社区困难户家中了解生产生活情况，并协调资金、项目解决实际困难；参与“我为扶贫下一单”活动，“以购代捐”将爱心帮扶和优质绿色农产品消费相结合，以实际行动践行公益消费助力脱贫攻坚理念；组织会内外专家开展脱贫攻坚民主监督50余人次，提出意见和建议60余条。（涂　萍）

农工党绵阳市委

【概况】 2020年，农工党绵阳市委被农工党中央表彰为“优秀地市（县）级组织”，连续16年获评农工党省委综合先进集体、8项单项工作先进集体等荣誉。沈其霖、李晖、马晓晖、赵红等获农工中央先进个人称号。持续开展“不忘合作初心，继续携手前进”主题学习教育活动，到重庆市北碚区委会、涪陵区委会、遂宁市委会开展学习交流活动，组织骨干党员到中江县参加农工党党史陈列馆开馆仪式。举办中国农工民主党成立九十周年暨农工党绵阳市委成立三十五周年纪念大会、书画摄影展及征文活动；拍摄献礼视频《携手前行》，编印党史简明读本《在血与火的考验中前进》、年刊《绵阳农工2020》；共撰写各类稿件211篇，被省级以上媒体采用63篇次，理论文章《论历史较久的民主党派基层组织如何激发活力》获农工党中央征文二等奖，《在专门协商机构新方位中推进农工党绵阳市委反映社情民意信息工作》获市政协课题研究优秀成果二等奖。

【农工党绵阳市委助力抗击疫情】2020年，全市共有11名农工党党员担任市新冠肺炎治疗救治专家组成员，286名农工党医疗工作者工作在抗疫一线。全市党员累计捐款捐物160余万元。江油市基委会被农工中央评为抗疫先进集体；党员赵红开展心理干预工作，获评农工党中央抗疫先进个人；市委委员马晓晖保障全市防疫物资需求，获评农工党中央抗疫先进个人，中共四川省委、省政府“抗击新冠肺炎疫情先进个人”。召开企业家联谊座谈会，帮助解决企业复工复产难题。与绵阳师范学院联合开展健康宣传进校园千人大讲堂活动。综合支部、市人民医院支部、安州区支部、农林支部党员开展网上直播带货，助力区县经济复苏。新冠肺炎疫情防控期间，共提交社情民意信息43篇，3篇被全国政协采用、4篇被农工中央采用、8篇被省政协采用。

【组织建设】 2020年，农工党绵阳市委持续强化领导班子建设，召开领导班子民主生活会1次，班子成员开展交心谈心、征求意见、开展批评与自我批评，并按时完成整改。开展述职述廉和民主测评工作，完善相关制度建设。全年共发展党员33人，党员总数达773人。完成除涪城、游仙区外，其余基层组织的换届工作。成立青年工作委员会并筹备企业家联谊会换届调整工作，完成江油“农工党党员之家”创建工作。与农工党重庆市北碚区委、涪陵区委签订结对共建友好组织协议。开展基层组织年终考核考评，激励各基层组织工作多样化、科学化开展。

【参政议政】 2020年，农工党绵阳市委围绕成渝地区双城经济圈建设，“十四五”规划等中心工作建言献策。在政党协商会、《政府工作报告》征求意见会、党外人士座谈会、政协专题议政会等会议上发言20余次。承接全国人大常委会委员、农工党中央专职副主席杨震到绵阳开展“做好传承与发挥传统医学优势，建立中西医结合防治传染病长效机制”专题调研。到安州区开展成兰铁路（安州段）项目建设推进情况专题调研，开展“城乡基层治理创新共享机制”“优化两地营商环境”“推动经济高质量发展”“完善生育支持政策的配套措施”等调研活动10余次，撰写《加强中药质量监管擦亮川药金字招牌》《加快推进绵碚中医药协同发展的建议》等调研报告10余篇。省、市两会期间，提交集体提案10件、个人提案37件、人大建议16件。农工党绵阳市主委沈其霖在省政协十二届三次会议上作《加强中药质量监管擦亮川药金字招牌》大会发言。集体提案《关于加强公交车安全运营保障的建议》等被列为市政协优秀提案或主席督办提案。报送社情民意信息和党外人士建议共93条，《离婚冷静期不应“一冷了之”》等6条建议被全国政协采用；《关于在新型冠状病毒感染的肺炎疫情防控期间加强机关及企事业单位保密工作的建议》等6条建议被农工党中央采用，《关于规范儿童口罩使用并加大生产的建议》等12条建议被省政协采用，《关于暂停药店售卖发烧、咳嗽药物的建议》等10条建议被省委统战部采用。持续开展对三台县的脱贫攻坚民主监督工作，聚焦决战全面建成小康社会“脱贫”之后防“返贫”作调研，向三台县及有关部门进行反馈。在江油市开展优化营商环境民主监督工作，通过监督协商及时倾听企业及群众的意见建议。

【社会服务】 2020年，农工党绵阳市委组织党员专家40余人到基层开展“三下乡”等义诊咨询活动，发放各类宣传资料与药品，服务群众2000余人。配合中国初级卫生保健基金会在江油市、游仙区、三台县的调研工作，促成捐赠项目在全市继续实施，累计争取1.76亿元的医疗设备交付使用。联合市政协等部门帮扶平武县独木村，向对口帮扶村莫鱼沟村捐赠扶贫资金1万元。江油市中医医院支部党员牟海蓉驻点援助布拖县，为当地百姓筹集社会各界的捐赠衣物6000多件。江油市基委会与江油市第四人民医院签订合作协议。 （王　隽）

致公党绵阳市工委

【概况】 截至2020年年底，中国致公党绵阳市工作委员会（以下简称致公党绵阳市工委）有2个基层委员会、1个总支、13个支部、5个专委会，党员225人。承接曹小红、吕彩霞等致公党中央领导率队到绵阳调研脱贫攻坚工作。市工委获致公党中央“抗击新冠肺炎疫情先进集体”，是全省唯一获此荣誉的地市级致公党组织。致公党四川省委授予“抗击新冠肺炎疫情先进集体”“思想宣传工作先进集体”“参政议政先进集体”“组织建设先进集体”“对外联络工作先进集体”。被市政协授予2020年度“反映社情民意信息工作先进集体”“信息宣传工作先进单位”“我为扶贫攻坚做件事活动先进单位”“调研视察先进单位”。游仙区基层委员会被致公党四川省委授予“致公党四川省抗击新冠肺炎疫情先进集体”。江油支部原创微视频获中共四川省委统战部

图22　12月19日，致公党绵阳市机关总支部委员会成立大会举行

“2020四川统一战线同心脱贫随手拍”优秀作品。何显兵被致公党中央授予“抗击新冠肺炎疫情先进个人”，刘敏、王钦甲被致公党四川省委授予“致公党四川省抗击新冠肺炎疫情先进个人”。陈琴、吴蕾被中共绵阳市委、市政府授予“绵阳市抗击新冠肺炎疫情先进个人”。致公党绵阳市工委开展“加强中国特色社会主义参政党建设”主题宣讲活动；召开纪念中国致公党成立95周年座谈会；组织全市党员学习《中国致公党党史微课》。组织党员撰写并形成6篇理论研究成果。共转载和刊发信息600余条，编辑上报各类宣传稿件80余篇次，被团结网、致公党中央、中共四川省委统战部、致公党四川省委、市政协、中共绵阳市委统战部等综合门户网站和部门官方媒体平台采用180余篇次。

【致公党绵阳市工委助力新冠肺炎疫情防控】　2020年，致公党绵阳市工委响应中共中央的决策部署，发出《抗疫倡议书》。通过民主党派“直通车”、社情民意信息等多种途径和方式，报送意见建议49篇，其中4篇被致公党中央采用，6篇被省政协采用，14篇被中共四川省委统战部《党外人士意见建议》采用。组织全市党员参加“关爱海外侨胞抗击新冠疫情专项行动”，共捐资4.3万元。募集党员爱心捐款2.7万元，捐赠给湖北省鄂州市临空经济区沙窝乡卫生院。推出专报7期，党员个人抗疫事迹专报8期，报道党员近40人次，被《中国致公》等刊载近40次。转载转发中央、省、市主流媒体发布的新冠肺炎疫情防控信息150余篇，阅读量5000人次。共捐款捐物100余万元，其中资金近20万元。

【组织建设】　2020年，致公党绵阳市工委成立机关总支部，选派优秀青年党员充实到基层组织领导岗位。谋划基层组织布局，坚持发展与巩固相结合，推进在高新支部设立安州小组，参与科技城集中发展区建设实践。全年共发展新党员10人，党员平均年龄44岁，具有侨海关系162人，占72%。其中本科以上学历180人，中高级职称110人。担任省、市、县各级人大代表、政协委员共41人次。

【参政议政】　2020年，致公党绵阳市工委邀请致公党四川省委到绵阳市开展“夯实全省丘陵地区现代农业发展基础”调研，相关调研建议得到中共四川省委书记彭清华肯定。负责对口三台县、市财政局、市民政局和市金融工作局，开展营商环境民主监督工作。全年共向致公党四川省委申报调研课题19件，其中二类课题1件、三类课题18件。在省、市两会期间，共提交30余篇提案、建议。全年共上报社情民意信息71篇，其中被全国政协采用4篇、中共中央统战部采用1篇、致公党中央采用10篇、省政协采用12篇、中共四川省委统战部党外人士意见建议采用14篇。

【社会服务】　2020年，致公党绵阳市工委协助致公党天津市委到绵阳对口开展脱贫攻坚民主监督调研活动，协助起草《专题调研报告》并上报致公党中央。到安州区黄土镇等地开展脱贫攻坚民主监督调研，提出针对性意见建议10余条。为平武县莫鱼沟村村集体经济合作社捐赠1万元帮扶资金。联合美国加州健华社在柏林博爱学校和江油市铜星小学共建“金祖鑫健华图书馆”，捐赠价值12.1万元的图书，为21名品学兼优的学生发放2.5万元“优秀小读者奖学金”。资助涪城、平武等地贫困学生50人，发放“致公筑梦一帮一助学”助学金近7万元。举办“致美四川·健康绵阳”活动，向江油战旗小学、游仙观太北京致公爱心小学捐赠价值4万余元卫生用品。向江油市铜星小学捐赠价值3万余元的“科技包”。协调四川省科技扶贫基金会向北川境内乡镇发放粮油包、卫生健康包、发电机等救灾物资24万元。争取到爱德基金会紧急抗洪救灾资金8.6万元，为安州区塔水镇500余户群众捐赠生活急需品和户外照明设备。

【交流合作】　2020年，致公党绵阳市工委到重庆市北碚区开展学习交流和考察活动，市工委与重庆北碚区委、西南大学总支与西科大支部分别缔结友好组织。与致公党天津市委开展党务座谈交流，学习其在民主监督、机关建设、组织建设、党员培训等方面的优秀经验。对接致公党南充市工委到绵阳开展课题调研活动，共同讨论乡镇区划调整后的热点和难点问题。到南充市开展党务工作经验交流活动，调研阆中、仪陇等地文旅经济复苏和持续发展问题。参与组建市侨联青年委员会，助力在绵阳的侨属企业和侨界青年为本

地发展贡献力量。（章文超）

九三学社绵阳市委

【概况】 2020年，九三学社绵阳市委有21个支社、2个基层委员会，509名社员。以“绵碚合作”为契机，联合九三学社重庆市北碚区委开展主题教育活动，社市委主委尚丽平带队到重庆市民主党派历史陈列馆、山东潍坊九三学社全国传统教育基地“张雪岩纪念馆”参观学习；邀请社重庆市北碚区委到梓潼“两弹城”联合学习“两弹一星”精神，巩固主题教育活动成果。组织10名社员参加统一战线学习教育活动，200余人次参加社中央4期专题政治辅导“网络课堂”学习。加强九三学社全国传统教育基地建设，初步达成社省委在“两弹一星”干部学院挂牌“社员教育培训基地”的意向。邀请到九三学社中央社史研究中心、思想建设研究中心理事、九三学社重庆市委社会服务处处长郭祥等为“两弹一星”干部学院授课。邀请社省委领导参加“首届科学家精神论坛”。举办庆祝九三学社成立75周年文艺晚会、纪念九三学社创建75周年书画、摄影作品展。加强宣传队伍培养和宣传平台建设，刊印《绵阳九三》社讯400余份。到平武县龙安镇莫鱼沟村开展脱贫帮扶活动并捐款3万元。主委尚丽平率队到梓潼县开展脱贫攻坚民主监督，走访建档立卡户10户。九三学社绵阳市委被九三学社中央评为“2016—2020年社会服务先进集体”，被四川省人民政府评为“第七届科博会先进集体”，被九三学社四川省委授予2020年“组织工作先进集体”“参政议政工作先进集体”“机关建设工作先进集体”“信息工作二等奖”“2019—2020年度新闻宣传工作三等奖”。

【九三学社绵阳市委助力抗疫工作】 2020年，九三学社绵阳市委成立新冠肺炎疫情防控领导小组，设立办公室和5个工作小组。组织社员捐款4.3万余元，捐献消毒杀菌液1000千米、智能电梯语音防疫设备10部。主委尚丽平为绵阳市联系到医用口罩25万只，解决城建系统急需口罩保障的问题。组织社员编报社情民意信息46篇，被社中央采用2篇、省政协采用6篇、中共四川省委统战部采用8篇、社省委采用23篇、市政协采用15篇。凌云、张启刚、黄玲、兰莉、王娟等50余名医卫、疾控行业社员坚守抗疫工作岗位。贾超担任市重症治疗专家组组长、市防疫专家组副组长。朱伦刚带队到武昌医院，完成重症和危重症患者治疗工作。胡冬到北京协助核酸筛查工作。社员参加社区志愿服务，创作抗疫诗歌，录制抗疫歌曲《战疫》，编报宣传信息30余篇。

【参政议政】 2020年，九三学社绵阳市委参加省、市各类协商会、情况通报会、重要活动等20余次。主委尚丽平在省政协十二届第十一次常委会议上作题为《建议将“结合社区治理　加快社会心理服务体系信息化建设”纳入国家“十四五”规划》的发言。在市两会上，提交集体提案7件，个人和联名提案、建议29件，大会发言1篇、联组发言2篇。大会发言《关于进一步营造科技城良好人才环境的建议》获中共绵阳市委书记刘超批示。精选“积极参与成渝地区双城经济圈建设”等参政议政课题21个，其中申报社省委课题12个、社市委重点课题9个。反映社情民意信息83篇，被社中央采用4篇、省政协采用9篇、省委统战部采用9篇、社省委采用25篇、市政协采用18篇。《科学防控森林火灾　减少人员伤亡的建议》被采编进《森林火灾的科学防控（综合稿）专报第9期》获副省长尧斯丹签批。3篇社情民意信息被评为“2019年度优秀社情民意信息”，主委尚丽平获社省委“2020年度信息工作先进个人”。

【九三学社绵阳市委服务科技城建设】 2020年，九三学社绵阳市委邀请全国人大常委会副委员长、九三学社中央主席武维华到绵阳出席第八届科博会开幕式。社市委秘书长赵倩颖和高新支社社员、四川靓固科技集团有限公司董事长李谦被省政府评为第七届科博会组织工作先进个人。加强九绵科技合作创新试验基地建设，招引科技型小微企业16家，累计达156家。社市委与社重庆市北碚区委结为友好市级组织，推动两地共享科技资源。促成西南科技大学与重庆荣凯川仪仪表有限公司开展4个项目合作。

【组织建设】 2020年，九三学社绵阳市委强化干部队伍建设，加强理论学习，召开主委会议、全委扩大会等会议，集中学习、传达加强中国特色社会主义参政党建设相关文件精神。加强领导班子力量，增补选举贾超为社市委副主委，任命赵倩颖为社市委秘书长。加强组织建设，社市委分别与社山东省青岛市委、社重庆市北碚区委结对共建友好组织，西科大委员会与西南大学委员会、游仙基层委筹备组与德阳市机关二支社分别结对共建友好基层组织。推进基层组织换届工作。召开廉洁从政从业专题教育暨新任基层组织班子成员集体谈话会，加强作风建设，提高基层组织领导班子能力。新发展社员21人。

（杨　凤）

绵阳市工商业联合会

【概况】 2020年，绵阳市工商业联合会（以下简称市工商联）围绕全市中心工作和改革发展大局，促进非公有制经济健康发展，全市民营经济实现增加值1822.17亿元，同比增长3.1%，占全市经济总量的60.5%，对全市经济的贡献率为49.1%，拉动经济增长2.2个百分点。

市工商联被市委、市政府表扬为“中国(绵阳)科技城国际科技博览会先进集体”“绵阳市第四届‘脱贫达人’贡献奖”，被市政府表扬为“全市项目服务保障工作先进单位”，被省工商联表扬为“宣教工作先进单位”“信息工作先进单位”“系统调研工作先进单位”“组织工作先进单位”“‘万企帮万村’精准扶贫行动先进集体”“民营企业调查点工作先进单位”。

【抗击新冠肺炎疫情和复工复产工作】 2020年，市工商联动员民营企业和商会参与抗疫工作。全市有500余家民营企业、直属商会、异地商会、基层商会共捐赠3103.64万元。针对影响企业复工复产的现实问题，市工商联多方筹集，向26家企业送去价值20余万元的医用防疫物资。向主流媒体和新媒体提供宣传素材，与市经信局、四川睿桥律师事务所等合作编写《抗击新冠肺炎疫情绵阳企业应对操作指引》。收集反映全市工商联系统新冠肺炎疫情防控中的典型，通报表扬48家抗击新冠肺炎疫情先进单位。推荐绵阳剑阁商会获“全国工商联抗疫先进商会组织”称号。编写《崇高的使命 最美的逆行》等新闻被中华工商网、《川商头条》《中华工商时报》刊载，100余条新闻获《绵阳日报》、今日头条等媒体报道。

【参政议政】 2020年，市工商联围绕市委、市政府中心工作和民营企业最现实最迫切的热点难点，形成意见建议，并提交建言献策会和两会。在市两会上，组织工商联会员中的市人大代表、市政协委员提交人大代表建议22条、政协提案31份，上报社情民意30多篇。在市政协会上，提交2篇集体提案，均为市政府领导牵头办理的重点提案。针对新冠肺炎疫情影响开展调研，提交的《关于在疫情后构建优质营商环境的法律建议》被列为省政协集体提案，并被《四川日报》报道。开展民营企业调查点工作，完成在线调查5次，形成调研报告10余篇，相关调研报告、提案、社情民意等分别被省工商联、市政协评为优秀调研成果。

【经济保障服务】 2020年，市工商联引导全市民营企业绿色发展，向全市民营企业发出“推动绿色发展、守护美丽绵阳”倡议书。创建民营企业家赴驻外招商引资机构锻炼信息库，收集企业家信息55条。邀请30多家外地民营企业到绵阳开展智能制造“市州行”交流对接活动。组织服务行业开展“百企联盟、聚力赋能”绵阳民营企业联合行动。组织100余家企业参加第八届科博会线上观展。与甘肃省工商联等10余个考察团，开展互动交流。推动基层社会治理，与高新区人民法院联合设立绵阳首家涉企纠纷调解站。与市人民检察院共同举办“服务‘六稳’‘六保’，护航民企发展”检察开放日活动。配合省工商联开展网络侵权专题调研活动。组织召开“提升法治营商环境，助力企业健康发展”法治论坛。与市民营办、市司法局、市律师协会联合举办2期《中华人民共和国民法典》宣讲活动，共300余家企业参加，提升企业防范法律风险能力。协助市人大做好落实绵阳市《关于促进民营经济健康发展的意见》的专题调研，收集融资问题10余条。联合市税务局召开“减税费优服务 助复产促发展”税企恳谈会，并就落实税费政策、提升服务质量等方面提出意见建议。举办“宣传综保区政策 促民企高质量发展”主题沙龙。联合市金融局走访企业及商会，了解新冠肺炎疫情防控期间金融政策落实情况，缓解服务业企业经营压力。联合市贸促会到外贸外资企业进行实地走访，了解企业“走出去”存在的困难和问题。围绕营商环境优化，先后开展“服务企业活动月”走访蹲点调研，落实省优化营商环境20条意见、绵阳优化营商环境33条意见调研，到民营企业调研等10余次，为民营企业发展“把脉问诊”。

【参与成渝双城经济圈建设】 2020年，市工商联加强与成渝地区工商联及商会的交流互动，与北碚区、璧山区、永川区、大渡口区工商联签订友好商会协议。指导筹备成立重庆绵阳商会。组织企业家、商会代表参加重庆市首届成渝地区双城经济圈商会合作高峰论坛、“绵碚”民营经济协同发展第一次合作对接会。引荐绵阳126文化产业园落户重庆市北碚区。帮助重庆市北碚区凯德顺汽车维修服务公司落户绵阳。协助北碚区企业与长虹集团对接。带领10余家知名餐饮食品企业到北碚区考察交流，两地餐饮协会签订合作协议。组织绵阳市青年企业家联合会赴重庆北碚区考察学习，邀请重庆市北碚区青年企业家协会到绵阳参观考察学习，两地青年企业家就合作进行座谈交流并签订友好协议书。

【民营企业教育培训】 2020年，市工商联组织民营企业学习贯彻习近平总书记在企业家座谈会上的重要讲话精神和对民营经济统战工作的重要指示精神，集中宣讲党的十九届五中全会、省委十一届八次全会、市委七届九次全会精神，开展“企业家大讲堂”暨智慧党建培训活动。主办绵阳市第二届企业文化节暨北川小坝首届康养避暑季活动。围绕成渝地区双城经济圈建设三年行动计划，实施“绵商薪火”专项行动，在中国（卢作孚）民营经济学院现场教学基地举办“学习卢作孚爱国情怀 增强企业家时代精神”专题学习班。与科技城商学院等合作，举办“凝心聚力、未来可期”峰会、“精益组织落地特训营”等多期培训班。组织近30名企业家到“两弹一星”干部学院、青海原子城纪念馆等地研修培训。推荐富临精工等民营企业人才代表纳入全市人才培训体系，选送到西北工业大学、上海财经大学等开展专题培训。指导举办“第四届学习型四川创新创业峰会暨商业模式盈利系统”培训会。

【组织建设】　2020年，市工商联修订完善《绵阳市工商业联合会所属商会管理办法》，明确所属商会年度工作目标任务。落实社会组织年检要求，促进所属商会正规化建设，市青年企业家联合会、绵阳福建商会、绵阳市南充商会被全国工商联评定为“四好”商会（班子建设好、团结教育好、服务发展好、自律规范好）。推动建立领导干部联系商（协）会制度。加强会员队伍建设，开展工商联组织会员系统数据梳理工作，指导县市区工商联同步开展，市、县两级执委信息完整度达100%。全年新入会会员135个，筹建商协会4个。　　　（宋　超）

群众团体

Mass Organization

市总工会

【概况】 2020年，绵阳市总工会(以下简称市总工会)围绕全市中心工作，举行中国科技城重点工程劳动竞赛等活动，参赛企业和参与职工覆盖面达90%以上，其中融合科技创新劳动竞赛有参赛企业440家，现代服务业劳动竞赛有参赛规模以上企业382家，产业体系劳动竞赛有参赛规模以上企业333家。持续深化基层组织建设，全市有基层工会组织1.32万个，涵盖单位2.29万家。全市有职工142万余人，发展会员139万余人，入会率达97.88%。深度参与成渝地区双城经济圈建设，与重庆北碚签订《工会服务成渝地区双城经济圈建设合作框架协议》。开展“中国梦·劳动美——决胜小康奋斗有我”主题宣传教育，弘扬劳模精神、劳动精神、工匠精神。选树全国劳模和先进工作者4人、省劳模和先进工作者39人，评选绵阳市“五一劳动奖章”获得者100人。

【职工思想建设】 2020年，市总工会印发《疫情防控常态化阶段劳动领域政治安全风险及防范应对十二条措施》，维护职工队伍政治稳定。开展“中国梦·劳动美——决胜小康奋斗有我”主题宣传教育，弘扬社会主义核心价值观。组织劳模到基层、企业、高校开展先进事迹巡回报告会6场。在《绵阳日报》《绵阳晚报》、绵阳电视台刊发劳模先进事迹38期。

【职工文化建设】 2020年，市总工会推进“网聚职工正能量　争做四川好网民”主题活动，举办全市职工诵读、演讲、微电影视频作品比赛，吸引超过20万名职工观看和投票。组织参加全国和省微视频、歌曲、诵读等比赛，分获全国一等优秀作品奖、全国十大金曲奖和省级金奖。在文化比赛中，全市有20余个作品获奖，市总工会被省总工会评为优秀组织单位。持续建设职工文化建设载体，新建全国职工书屋1个，省级职工书屋2个、文化驿站1个，市级职工书屋10个、文化驿站10个。宣传昂扬向上的职工文化，开展送文化进基层慰问演出10余场。

【职工劳动竞赛】 2020年，市总工会举行中国科技城重点工程劳动竞赛工作推进暨中建科技绵阳综合管廊项目劳动竞赛启动仪式，扩大融合科技创新劳动竞赛参赛企业范围，参赛企业总数达440家。围绕发展现代产业体系布局，开展现代服务业、产业体系劳动竞赛，参赛规模以上企业分别达382家、333家。组队参加四川省女职工茶艺师技能大赛，取得总决赛第四名成绩。在全省家政服务业职业技能竞赛母婴护理项目中，母婴护理工钟诗涵获得全省第一名，并代表四川参加全国母婴护理比赛。

【市总工会参与新冠肺炎疫情防控和复工复产】 2020年，市总工会筹措抗击新冠肺炎疫情专项资金567.54万元，对新冠肺炎疫情防控一线职工和抗疫物资生产一线职工开展走访慰问活动。举办心理健康、防疫知识“云竞赛”，参与职工6万余人。助力复工复产，率先在全省开展网络就业招聘活动，累计发布319家单位、1.2万个用工岗位信息，线上求职人数达5041人。开展返岗复工“春风行动”，参与组织专车514班次，运送返岗农民工1.05万人，发放防护口罩8000余个。拨付专项经费13.99万元，用于企业职工返岗补贴。印发《关于规范落实小微企业工会经费支持政策有关事项的通知》，全年共有452家小微企业享受工会经费支持优惠政策，全额返还经费达2990.28万元。

【职工权益维护】 2020年，市总工会受理职工（农民工）维权案件105件，帮助160余名职工（农民工）追讨欠薪、工伤赔偿224.06万元。围绕构建和谐劳动关系开展集中要约行动，覆盖企业1888家。举办绵阳市第二届集体协商竞赛，组队参加全省大赛，获二等奖。在全市1576家单位开展“安康杯”竞赛活动，参赛职工26万人，劳动保护职能持续强化。

【职工解困脱困工作】 2020年，市总工会开展“解困脱困集中攻坚”行动，争取央财资金733.83万元、省财资金623.81万元，对418户国家级、2731户省级困难职工实施精准帮扶，全市国家级和省级建档困难职工全部实现解困脱贫。筹集送温暖、送清凉资金1087.34万元，走访企业（工地）808家，慰问职工（农民工）5.86万人。发放助学金207.03万元，资助1109名困难职工（农民工）子女入学。

【中国科技城重点工程劳动竞赛工作推进暨中建科技绵阳综合管廊项目劳动竞赛启动仪式举行】 2020年9月4日，由市总工会主办、中建科技集团有限公司四川分公司承办的中国（绵阳）科技城重点工程劳动竞赛工作推进暨中建科技绵阳综合管廊项目劳动竞赛在绵阳科技城集中发展区核心区综合管廊及市政道路建设工程（PPP）项目示范段启动。四川省总工会二级巡视员谢政，四川省总工会经济技术部副部长尹超，绵阳市政协副主席李京平，绵阳市总工会常务副主席彭时荣等出席启动仪式。仪式由绵阳市总工会副主席梁山主持。活动现场，中建科技绵阳综合管廊项目职工代表发出关于争创精品工程、确保按期交付的倡议。市自规局、住建委，科发集团相关负责人及参与劳动竞赛的相关单位工会负责人，中国（绵阳）科技城重点工程劳动竞赛参赛单位代表，中建科技集团党建工作部，中建科技集团有限公司四川分公司相关负责人，各重点工程项目一线职工代表参加启动仪式。

【科技城电子机械行业劳模和职工创新工作室联盟成立】 2020年12月31日，科技城电子机械行业劳模和职工创新工作室联盟成立暨交流会由市总工会举办。该联盟旨在为绵阳电子机械行业企业搭建技术协作、精神文化交流的平台，发挥劳模和工匠人才示范引领作用，带动提高职工队伍的整体素质。吸纳25名领军人物和32家成员单位加入联盟。市总工会副主席梁山出席活动。部分县市区总工会分管负责人、电子机械行业企业工会负责人以及电子机械行业企业劳模和职工（工匠人才）创新工作室的领军人参加。会议传达《关于建立科技城电子机械行业劳模和职工创新工作室联盟的意见》，从指导思想、联盟宗旨、组建原则、组建条件、职责任务、组织保障、运行管理等方面提出要求。联盟成员单位就《科技城电子机械行业劳模和职工创新工作室联盟章程（草案）》进行讨论，并提出具体修改完善意见和建议。首届联盟主席单位四川长虹电子控股集团公司工会副主席刘艺发言，四川长虹模塑科技有限公司技术部负责人报告劳模和工匠人才创新工作室工作开展报告。

（龙　文）

2020年绵阳市获全国、全省表彰的劳动模范、先进工作者一览表

表36

序号	姓名	工作单位	表彰称号	授予单位
1	唐世会	四川省长虹电子控股集团有限公司	全国劳动模范	党中央、国务院
2	张　彬	四川美乐集团实业有限公司	全国劳动模范	党中央、国务院
3	邓晓莉	绵阳市燃气集团公司王子大酒店	全国劳动模范	党中央、国务院
4	邓建军	四川绵阳四〇四医院	全国先进工作者	党中央、国务院
5	胡　明	绵阳京东方光电科技有限公司	四川省劳动模范	四川省人民政府
6	王双陆	四川九洲电器集团有限责任公司	四川省劳动模范	四川省人民政府
7	胡　波	攀钢集团江油长城特殊钢有限公司锻轧厂	四川省劳动模范	四川省人民政府
8	何秀容	四川雪宝乳业集团有限公司	四川省劳动模范	四川省人民政府
9	刘道友	绵阳市公共交通集团责任有限公司四总站	四川省劳动模范	四川省人民政府
10	梅贵才	太极集团四川绵阳制药有限公司	四川省劳动模范	四川省人民政府
11	石岷山	绵阳佳联印染有限责任公司	四川省劳动模范	四川省人民政府
12	黄伟明	中国邮政集团有限公司绵阳市分公司寄递事业部	四川省劳动模范	四川省人民政府
13	李　雷	绵阳宏盛文化传播有限公司	四川省劳动模范	四川省人民政府

续表

序号	姓名	工作单位	表彰称号	授予单位
14	冷昌霖	国网四川省电力公司绵阳供电公司高新区供电中心	四川省劳动模范	四川省人民政府
15	卢中明	四川省绵阳市丰谷酒业有限责任公司	四川省劳动模范	四川省人民政府
16	熊光兴	四川家福来实业集团有限公司	四川省劳动模范	四川省人民政府
17	何　苗	绵阳市商业银行	四川省劳动模范	四川省人民政府
18	余　强	四川中烟工业有限责任公司绵阳卷烟厂	四川省劳动模范	四川省人民政府
19	邓　猛	绵阳富临精工机械股份有限公司	四川省劳动模范	四川省人民政府
20	张　玮	绵阳市科创区创业园街道科虹社区	四川省劳动模范	四川省人民政府
21	邬　江	四川长虹电子控股集团有限公司	四川省劳动模范	四川省人民政府
22	乔　岗	绵阳万江眼科医院有限责任公司	四川省劳动模范	四川省人民政府
23	林红梅	绵阳市三台县金石镇宏梅家庭农场	四川省劳动模范	四川省人民政府
24	严　伟	绵阳市盐亭县高渠镇五里村生猪养殖场	四川省劳动模范	四川省人民政府
25	李仕斌	江油市新安镇黑滩村集体经济股份合作联社	四川省劳动模范	四川省人民政府
26	仇国梅	绵阳市梓潼县文昌镇松林村国梅家庭农场	四川省劳动模范	四川省人民政府
27	赖禄菊	绵阳市平武县响岩镇同心村	四川省劳动模范	四川省人民政府
28	成满平	绵阳市北川羌族自治县陈家坝镇四坪村生态养殖专业合作社	四川省劳动模范	四川省人民政府
29	张玉清	四川鑫港湾旅游开发有限公司	四川省劳动模范	四川省人民政府
30	杨　媚	中国电信股份有限公司绵阳分公司	四川省劳动模范	四川省人民政府
31	曾明军	绵阳海立电器有限公司	四川省劳动模范	四川省人民政府
32	龙　波	四川绵阳四〇四医院	四川省先进工作者	四川省人民政府
33	龚仙彦	绵阳市游仙区石板镇九年一贯制学校	四川省劳动模范	四川省人民政府
34	唐　春	绵阳市游仙区总工会	四川省先进工作者	四川省人民政府
35	李　勇	江油市公安局	四川省先进工作者	四川省人民政府
36	向性伟	绵阳市看守所	四川省先进工作者	四川省人民政府
37	那　微	中共绵阳市委办公室	四川省先进工作者	四川省人民政府
38	向　俊	绵阳市环境卫生管理处	四川省先进工作者	四川省人民政府
39	陈红时	绵阳市人民政府办公室	四川省先进工作者	四川省人民政府
40	熊永贵	绵阳市农机监理所	四川省先进工作者	四川省人民政府
41	王　东	绵阳市中心医院	四川省先进工作者	四川省人民政府
42	张　玲	绵阳市交通运输局	四川省先进工作者	四川省人民政府
43	晏　飞	国家税务总局绵阳市税务局	四川省先进工作者	四川省人民政府

共青团绵阳市委

【概况】 2020年，共青团绵阳市委（以下简称团市委）围绕中心大局，带领全市团员青年做好新冠肺炎疫情防控，服务经济社会发展工作，相关工作被“学习强国”App、光明网、《中国青年报》等媒体宣传报道100余次。团市委在全省率先建立线上青年突击队，吸纳全市优秀青年代表36人，设置线上宣传、线上活动、线上心理咨询、线上就业创业服务等4个小分队。到衢州学习考察，就产业支持、人才交流、教育推进等方面达成合作意向。协助举办省青企协第十一次会员代表大会，中青企协、四川青企协、重庆青企协会员代表逾400人参加会议。通过组织专题调研、专题推介和专题对接，帮助青年企业家发掘绵阳市场潜力和合作机遇。“8·11”洪灾期间，全市各级团组织发动1900余名青年志愿者服务群众疏导、搬运物资等工作。组建绵阳市助力决战决胜脱贫攻坚青年突击队，做好东西部扶贫协作、对口援彝等工作。绵阳市共青团工作进入全省前三。全市各级团组织和团员青年获国家级表彰5项、省级表彰13项。

绵阳市获“2020年度四川省优秀少先队员”荣誉称号学生一览表

表37

序号	姓名	所属学校
1	全家乐	绵阳外国语学校
2	王思博	江油实验学校
3	丁子笑（女）	安州区七一实验小学
4	赵恩铭	绵阳市实验中学
5	黄巾帼　潞　佳（女）	绵阳市石塘小学
6	赵晨琳（女）	江油市花园小学
7	陈晓轩（女）	三台县塔山镇中学小学
8	吴蕊伶（女）	绵阳市富乐实验小学
9	周琳羽菲（女）	绵阳外国语学校

绵阳市获“2020年度四川省优秀少先队辅导员”荣誉称号人员一览表

表38

序号	姓名	所属学校
1	王金华（女）	江油市胜利街小学
2	余娇娇（女）	三台县芦溪镇中心小学
3	张小波	绵阳外国语实验学校小学二部
4	王仕衡	绵阳市东辰国际小学小学二部
5	陈娇月（女）	绵阳市富乐国际学校
6	陶　然	盐亭县文同小学
7	潘鸿儒（女，羌族）	平武县平通镇中心小学

绵阳市获“2020年四川省优秀少先队集团”荣誉称号少先大队一览表

表39

序号	少先大队名称	序号	少先大队名称
1	绵阳市成绵路小学教育集团滨江校区少先队大队	6	北川羌族自治县安昌小学少先队大队
2	江油市诗城小学少先队大队	7	绵阳市第二中学少先队大队
3	三台县石安中学少先队大队	8	安州区秀水镇第一小学少先队大队
4	游仙区徐家镇清伟小学少先队大队	9	绵阳南山中学双语学校少先队大队
5	三台县潼川镇第三小学少先队大队	10	盐亭县云溪小学少先队大队

【助力新冠肺炎疫情防控和复工复产】 2020年，团市委在全市招募新冠肺炎疫情防控志愿者1016人，培训551名青年志愿者到火车站、机场、农贸市场、道路关卡等地，排查返绵人员20余万人、体温检测15万余人。举办绵阳市青年企业家暨中小企业政银企视频对接会、绵阳市务工青年就地就近就业创业视频对接会，搭建对接平台，通过新增授信、延期还款及无还本续贷等方式帮助200余家企业解决困难。成立绵阳市“助力企业复工复产青年突击队”，在团市委设总队，在人社局、经信局、金融工作局、商务局、卫健委、科技局、农业农村局、文广旅局等单位设置8支分队，发动全市青年力量服务复工复产。

【团组织建设】 2020年，团市委将驻外团工委作为联系、服务、凝聚在外青年的重要抓手，建成驻粤团工委和驻长三角团工委。加强行业系统团组织建设，在电子信息、商贸流通、建筑建设、交通运输、文化旅游、社会组织、物流快递7个领域，与行业主管部门共同成立团指委，联系覆盖青年5万余人。加强“两新”团组织建设，坚持党建带团建、团建促党建，采取单独建团、联合建团、青年组织建团等形式，新增非公有制企业团组织371个、社会组织团组织101个。

【助力成渝地区双城经济圈建设青春建功行动】 2020年，绵阳市和重庆市北碚区两地共青团组织召开联席会议4次，签订合作协议6份，开展交流互访10余次，创新实施“6+4”绵碚团青工程，绵阳市融鑫孵化产业园被评为川渝青年创新创业基地，与“5·12”汶川特大地震纪念馆共同成立绵碚青少年思政教育实践基地。组建绵碚应急联动青年志愿服务队，开展联合演练和业务交流4次，为300余名科博会志愿者和西部计划志愿者提供初级救护培训。

资料链接：“6+4”绵碚团青工程，即青少年思想政治引领、青年就业创业、青年志愿服务、共青团助力乡村振兴、共青团工作平台联建、青少年交流互促“六项行动计划”，教育基地共享、基层组织共建、志愿服务共学、创业导师共商“四项工作机制”。

【“5×4比学赶帮评”主题活动】 2020年，全市团组织系统创新实施“5×4比学赶帮评”主题活动，即开展四项比拼，以市际、县域、部室为主体，以业务工作为落脚点，通过现场点评会、平时考核、技能测试等方式，推动全市各级团组织取长补短、你追我赶、共同进步；开展四项学习，以思想政治、先进典型、综合知识为内容，建强“青年思想政治宣讲团”；开展“追梦微课堂”“团干部上讲台”等活动，推动各级团干部站起来会说、坐下去会写、甩开膀子会干；开展四项赶超，以工作指标、短板弱项、工作作风、工作质效为核心，梳理迟缓项目、短板不足、“四风”顽疾，加压奋进、对标整改，汇聚“跨越升位、勇争一流”的责任感和使命感；开展四项帮扶，以联系基层、业务结对、骨干带新人为路径，汇聚项目活动，助力基层解决“四缺”、破解“四难”；开展四项评选；以现场评、每月评、半年评、回头看为主要方式，选树先进典型、总结亮点举措、梳理鲜活经验，形成可复制、可推广的科技城青年工作特色品牌。

资料链接：“四缺”即缺编制、缺人员、缺资金、缺场所。“四难”即四少四多，人手少，事情多；经费少，开销多；职权少，职责多；资源少，对象多。

【特色青年项目活动】 2020年，团市委持续实施“逐梦计划”，累计募集实习岗位1万余个，为8000余名大学生提供社会实践和职业体验机会。实施“青恋计划”，举办“团聚英才·情动七夕”单身青年人才联谊活动，覆盖400余名青年。实施“青创计划”，全市66个项目通过复审，发放创业资金514万元；创业导师常态化巡诊项目，公益时长1500余小时。实施“童伴计划”，提质扩容建设“童伴之家”60个，共开展活动970余场，服务儿童1.6万人次。保障青少年健康，倡导“健康人生、绿色无毒”理念，与新华强戒所共同成立“志愿者联合工作室”。

【绵阳市纪念五四运动101周年大会】 2020年4月28日，由市委、市政府主办，共青团绵阳市委承办，以“绽放战疫青春·坚定制度自信”为主题的绵阳市纪念五四运动101周

图23 4月28日，绵阳市纪念五四运动101周年大会暨绵阳市第十三届十大杰出青年、青年文明号颁奖典礼在绵州大剧院举行

年大会暨十大杰出青年、青年文明号颁奖典礼在绵州大剧院举行。市委书记刘超致辞并为绵阳市第十三届十大杰出青年颁奖。市政协主席、市委统战部部长、市总工会主席李亚莲出席并为“绵阳市青年文明号”颁奖。市委常委、秘书长、宣传部部长张学民宣读《关于表扬绵阳市第十三届十大杰出青年的通报》，副市长蒋丽英宣读《关于表扬“绵阳市青年文明号”的通报》。活动以网络直播方式进行，约28万人在线观看。市人大常委会副主任李川萍、市政协副主席李京平参加活动。市级有关部门负责人，绵阳市第十三届十大杰出青年、“绵阳市青年文明号”集体以及绵阳青年突击队代表在主会场参加活动。

绵阳市第十三届“十大杰出青年”一览表

表40

序号	姓名	所属单位
1	王　霞（女）	绵阳市第三人民医院
2	白云平	涪城区长虹大道消防救援站
3	兰远航	绵阳市骨科医院
4	刘　锐	绵阳市富临精工机械股份有限公司
5	何　雨	中国工程物理研究院
6	吴　莎（女）	绵阳市公安局交警支队
7	程森中	绵阳市四〇四医院
8	雷琼先	中航发涡研院
9	廖　云	绵阳市环境信息宣教中心
10	熊正平	绵阳市京东方光电科技有限公司

【绵阳市青年工作联席会议第二次全体会议暨工作推进会】 2020年8月5日，绵阳市召开青年工作联席会议第二次全体会议暨工作推进会，学习贯彻习近平总书记关于青年工作的重要思想，传达学习《四川省中长期青年发展规划（2017—2025年）》（以下简称《四川规划》）实施工作联席会议第二次全体会议暨工作推进会精神，全面总结全市2019年以来落实《四川规划》情况，安排部署2020年重点工作。市委常委、统战部部长、市总工会主席、市联席会议召集人经大忠出席会议并讲话。副市长、市联席会议召集人蒋丽英主持会议。市联席会议副召集人，联席会议相关单位负责人，各县市区联席会议召集人和团委书记，园区党（工）委分管负责人、团（工）委书记等80余人参加会议。

【中国科技城青年科学家团建联盟成立】 2020年10月16日，中国科技城青年科学家团建联盟成立仪式暨第一期中国科技城青年大讲堂在绵阳举行。中国科协副主席、中国工程物理研究院科技委主任李华，共青团四川省委副书记王惠明出席仪式并致辞；市委副书记胥锦成出席仪式并讲话；市政府副市长、市公安局局长周述出席仪式。团省委有关负责人，市直有关部门、中国科技城青年科学家团建联盟单位负责人，青年科技人才代表，市青联委员、市青企联会员、高校学生和市直机关青年代表，县市区（园区）团（工）委负责人共360余人参加仪式。成立仪式之后，举行第一期中国科技城青年大讲堂，并组织中国科技城青年科学家团建联盟成员单位团干部、团员代表40余人前往“两弹城”开展“缅怀两弹元勋·弘扬两弹精神”纪念原子弹爆炸56周年主题团日活动。主题团日活动结束后，中国科技城青年科学家团建联盟举行第一次全体成员大会，审议通过《中国科技城青年科学家团建联盟章程》《中国科技城青年科学家团建联盟第一次全体成员大会选举办法》，选举产生第一届联盟主席单位（中国工程物理研究院团委）。中国科技城青年科学家团建联盟的成立旨在贯彻习近平总书记对绵阳科技城建设的重要指示及在科学家座谈会上的重要讲话精神，落实绵阳科技城建设第十四次部际协调小组会议精神及国务院副总理刘鹤讲话精神，是在中国第一颗原子弹成功爆炸56周年之际，团市委按照“1+9+N”的组织框架成立的全国首个青年科学家团建联盟。中国科技城青年科学家团建联盟通过“4+X”模式开展系列活动，搭建青年科技人才交流学习平台，联系服务青年科技人才，实现联盟各单位资源共享、优势互补、协同创新和共同发展。

资料链接："1+9+N"组织框架："1"即团市委作为协调单位，"9"即中国工程物理研究院、中国航发四川燃气涡轮研究院、西南自动化研究所、电子科技集团公司第九研究所、长虹集团、九洲集团、西南科技大学、绵阳师范学院、绵阳职业技术学院9家单位团委为发起单位，"N"即西南财经大学天府学院、西南科技大学城市学院、四川文化艺术学院、四川中医药高等专科学校、四川幼儿师范专科学校、四川汽车职业技术学院、四川电子机械职业技术学院、绵阳京东方光电科技有限公司等N家单位团委为成员单位。

"4+X"模式："4"即中国科技城"青科联盟杯"青年论坛暨创新创业大赛、中国科技城青年大讲堂、青年科技人才联谊活动、科普宣传"四进"，"N"即学术沙龙活动、研修培训活动、考察交流学习、业务交流合作等N项特色活动。

【绵YOUNG新时代青年宣讲团成立】 2020年12月9日，绵阳市纪念"一二·九"运动85周年暨绵YOUNG新时代青年宣讲团成立仪式在四川中医药高等专科学校举行。市人大常委会副主任李川萍，四川中医药高等专科学校党委书记秦晓明、党委副书记汪涌泉，市委宣传部副部长、市新闻出版局（版权局）局长温芬，团市委书记胡段钦等出席活动。温芬、胡段钦共同为绵YOUNG新时代青年宣讲团揭牌，并为宣讲团成员代表颁发聘书。市委宣讲团成员代表、青科联盟成员单位代表、各县市区（园区）团（工）委负责人、在绵阳的高校团委负责人及学生代表、"两弹"精神青年宣讲团负责人、绵YOUNG新时代青年宣讲团成员共100人参加活动。仪式采用网络直播方式，全市各行业领域团员青年，各级团干部，市青联、学联委员，青年教师、学生等20万人在线观看。绵YOUNG新时代青年宣讲团结合青少年认知规律，吸纳党政机关干部、企业家、乡村振兴带头人等各行业优秀青年60人，同绵阳青年理论骨干宣讲队、"两弹"精神宣讲团共同构建全市青年宣讲工作格局，全年共开展60余场主题宣讲，覆盖团员青年27万余人。

【绵阳市红领巾学院成立】 2020年12月5日，由团市委、市教体局、市少工委联合举办的绵阳市红领巾学院成立暨六届少工委第五次少先队队长培训班开班仪式在市青少年活动中心举行。团市委副书记、市少工委主任马敬，市教体局调研员、市少工委主任胥执东，团市委副书记曹艳，绵阳师范学院创新学院副院长刘昊，绵阳师范学院创新学院副院长侯小兵，成绵路小学跃北校区执行校长、市少工委副主任郭纪太，市少工委副主任、市少先队总辅导员袁晶出席活动。全市各学校大队辅导员代表、杰出青年代表、青年科技人才代表、社会公益组织负责人代表和70名优秀少先队员共120人参加。绵阳市红领巾学院是全省首个地市级红领巾学院，依托市青少年活动中心，整合社会资源，以培养社会主义建设者和接班人为根本任务，从思想引领、素质提升、社会实践和关爱帮扶4个方面，开展思想道德、传统文化、科技创新、安全法制等宣传教育活动，逐步构建起"1+4+N"的少先队工作格局。

（母金生）

资料链接："1+4+N"少先队工作格局："1"即以培养社会主义建设者和接班人为根本任务，"4"即思想引领、素质提升、社会实践和关爱帮扶4个维度，"N"即开展思想道德、传统文化、科技创新、安全法制等宣传教育活动。

绵阳市妇女儿童联合会

【概况】 2020年，绵阳市妇女联合会持续推进"3+1"提升行动（"巾帼心向党"提升行动、"巾帼建新功"提升行动、"巾帼维权服务"提升行动、家庭工作提升行动），加强妇女思想政治引领，引导妇女创业就业，培育最美家庭，保护妇女儿童权益。全市选树和推荐一批三八红旗手，全国"最美家庭"3户、"五好家庭"2户，省"最美家庭"19户、省"五好家庭"9户、省家庭工作先进集体9个、先进个人9个。

【"巾帼心向党"提升行动】 2020年，市妇联继续实施"巾帼心向党"提升行动，加强妇女思想政治引领。组织拍摄"致敬了不起的她"短视频，评选表扬一大批三八红旗手（集体）。全市各地妇联主席带头宣传家乡美景，在"学习强国""婚姻与家庭"等App开展"SHOW美绵州她来了"宣传，点击量近10万人次。市妇联"绵阳新女性"微信公众号传播指数排名居全省妇联系统前列。临东路社区申报成为省级"巾帼志愿阳光行动"试点站。强化组织，夯实基层妇联工作基础。全市妇联专兼挂队伍在全省率先全部配备到位。先后在四川幼儿师范高等专科学校、四川文化艺术学院等高校，临东商圈、绵阳市家政服务行业协会、涪城区蚕业协会等"两新"组织成立妇联。全年全市新增妇女之家110个、妇女微家180个。强化队伍，提高妇女干部整体素质。加强与市委组织部对接，将科级女干部进修班纳入市委党校主体班，全市40名副科级及以上女干部参加第19期女干部进修班。组织2名县处级女干部参加省委党校第19期女性领导力进修班。开展"基层妇联领头雁培训计划"，在省妇干校、梓潼"两弹一星"干部学院、市委党校等地举办培训班，累计培训各级妇联主席近1000人，实现市县乡三级妇联主席培训全覆盖。

【“巾帼建新功”提升行动】 2020年，市妇联继续实施“巾帼建新功”提升行动，助推经济发展。开展网上送岗位活动，发布网络招聘信息27期，共有1995家企业参加，帮助3212名妇女就业。依托妇女居家灵活就业基地等开展种养殖技术、家政服务、手工编织实用技术培训124场，培训5874人次，实现就业脱贫3497人次。对上争取20万元开展“天府妹子”家政服务进社区示范项目，开展月嫂、育儿嫂等免费培训80场，培训2320人次，帮助困难家庭妇女实现就业35人。对接昭觉、布拖、红原、壤塘，募集社会资金20万元帮扶当地贫困妇女。发放101万元“两癌”救助资金，救助101名贫困妇女。实施关爱女性保障计划，承保额达1460万元，赔付428人次，赔付额1250万元，赔付率达85.6%。率绵阳市女企业家协会到衢州、北碚考察交流，为三地女企业家搭建合作平台。推动三地妇女在脱贫增收、创新创业等方面合作。推动浙川东西部扶贫协作妇字号项目“北川柯城吴大姐巾帼扶贫车间”落地北川，带动300名妇女居家灵活就业。

【“巾帼维权服务”提升行动】 2020年，市妇联继续实施“巾帼维权服务”提升行动，创新宣传方式，提高妇女法治意识和维权能力。利用“三八”妇女节、安全生产月等节点开展《中华人民共和国民法典》《中华人民共和国未成年人保护法》等宣传教育活动。把“无毒家庭”“平安家庭”创建活动与“预防艾滋”“美德在农家”“绿色家庭”创建等活动结合，提高家庭防范和抵制毒品的能力。发起“共建平安家庭，乐享健康人生”安全·禁毒知识有奖问答。推送“天府小妹”微普法栏目19期。举办巾帼维权大讲堂、婚姻家庭法律知识宣讲会，共有基层妇女干部、社区妇女代表700余人参加。开展各类主题日街头宣传活动200余次，发出各类宣传资料5000余份。发挥阵地优势，构建集成式维权服务平台。建立婚调站点、妇女维权站点等线下阵地2244个，调解家事纠纷5000余件。完善“网上维权地图”“网上维权大厅”“12338”维权热线三大线上平台。打造“丹姐谈心室”“妇女儿童维权站点”。持续开展“法律进家”“守护港湾”“雨后彩虹”维权项目，“守护港湾”项目获评绵阳市2020年度“十佳志愿服务项目”。加强矛盾纠纷预防化解，建立健全妇女儿童维权工作相关机制，推动建立完善跨部门反家暴等妇女儿童维权发现报告、关爱服务、联防联控、舆情处置、工作督查“五项机制”落地落实。出台《关于贯彻落实〈关于建立侵害未成年人案件强制报告制度的意见（试行）〉的通知》等，形成风险联查、问题联治、工作联动、平安联创的工作合力。

【家庭工作提升行动】 2020年，市妇联继续实施家庭工作提升行动，常态化开展“家和工程”，在全市范围开展“最美家庭”评选活动，推荐全国“最美家庭”3户、“五好家庭”2户，省“最美家庭”19户、省“五好家庭”9户、省家庭工作先进集体9个、先进个人9个，市妇联获评全国家庭工作先进集体。推进家庭教育工作，开展“赞赞我们的家庭阅读”视频征集、“书香飘万家 亲子共读”展播点赞活动。指导市家促会开展“父母课堂”，阳光家长学校设立“育五好孩子”课程，培养和谐亲子关系。关爱特殊群体，争取8.6万元，慰问全市230名困境儿童。继续实施安康家园项目，为25名绵阳籍大学生争取助学金24.42万元。开展“情暖童心 快乐六一”主题公益活动及“相伴成长 童心飞扬”关爱农民工子女暨留守儿童夏令营活动，组织儿童代表参观爱国主义教育基地、禁毒教育展览馆、绵阳方特东方神画，开展烘焙体验等。

【“SHOW美绵州她来了”宣传月活动】 2020年6月8日，绵阳市“SHOW美绵州她来了”宣传月暨梓潼县“凝聚巾帼力量建设美丽乡村”活动启动仪式在梓潼县宏仁镇金宝村举行。梓潼县副县长蒲远富出席启动仪式并致辞，市妇联党组书记、主席刘春涛宣布活动仪式正式启动。梓潼县妇联，梓潼县经开区、各乡镇妇联主席，宏仁镇党委政府负责人、各村社区妇联主席、巾帼志愿者等100余人参加启动仪式。全市“SHOW美绵州她来了”宣传月活动旨在发挥各级妇联干部作用，鼓励妇联主席带头展示家乡新貌、宣传家乡产品、促进家乡发展，通过多形式凝聚巾帼力量，共建美丽乡村，展示巾帼风采。活动中，妇女代表表演“最美她故事巡讲”、情景宣讲、巾帼合唱等节目。 （罗 芳）

绵阳市科学技术协会

【概况】 2020年，绵阳市科学技术协会（以下简称市科协）下设办公室、普及部、学企部、组宣部4个部室，成立“天府科技云服务”中心；有机关工作人员16人。全市共有县市区科协9个，市级自然科学、技术科学学会（协会、研究会）40个，会员达3万余人，有高校科协3个、企业科协2家、园区科协1家，农村专业技术协会463个，会员及带动农户达8.83万户。召开科技工作者新春座谈会，推荐四川省青年科技奖候选人6人，评选市“最美科技工作者”10人，推荐省“最美科技工作者”候选人4人，推荐省重大人才计划候选人1人。重新修订《绵阳市院士（专家）工作站管理实施办法》，全市有院士工作站3家、专家工作站27家。市科协与重庆市北碚区科协签署全面战略合作框架协议，在共筑智慧服务平台、共促创新驱动发展、共育优秀人才队伍、共推两地脱贫攻坚合作、共建全域科普格局5类12个方面开展合作。

绵阳市院士（专家）工作站一览表

表41

序号	工作站名称	工作站类型	建站时间	级别
1	四川铁骑力士实业有限公司院士工作站	院士工作站	2018年6月	2018年5月24日认定为省级院士工作站（第七批）
2	四川省银河化学股份有限公司院士工作站	院士工作站	2012年11月	2020年11月17日认定为省级院士工作站（第九批）
3	西南科技大学院士工作站	院士工作站	2019年12月	2020年11月17日认定为省级院士工作站（第九批）
4	四川省绵阳西南自动化研究所（中国兵器工业第五八研究所）专家工作站	专家工作站	2015年6月	2015年3月30日认定为省级院士（专家）工作站（第四批）
5	四川东材科技集团股份有限公司专家工作站	专家工作站	2018年6月	2017年5月9日认定为省级院士（专家）工作站（第六批）
6	四川六合锻造股份有限公司专家工作站	专家工作站	2012年11月	市级
7	利尔化学股份有限公司专家工作站	专家工作站	2012年11月	市级
8	四川九州电器集团有限责任公司专家工作站	专家工作站	2012年11月	市级
9	四川皇龙智能破碎技术股份有限公司专家工作站	专家工作站	2014年2月	市级
10	绵阳富临精工机械股份有限公司专家工作站	专家工作站	2014年2月	市级
11	四川四〇四医院专家工作站	专家工作站	2014年2月	市级
12	四川圣迪乐生态股份有限公司专家工作站	专家工作站	2014年2月	市级
13	中国（绵阳）科技城工业技术研究院专家工作站	专家工作站	2015年6月	市级
14	绵阳东福高科技有限公司专家工作站	专家工作站	2015年6月	市级
15	四川华拓光通信股份有限公司专家工作站	专家工作站	2015年6月	市级
16	四川绵阳三力股份有限公司专家工作站	专家工作站	2015年6月	市级
17	四川台沃农业科技股份有限公司专家工作站	专家工作站	2015年6月	市级
18	盐亭县肿瘤医院专家工作站	专家工作站	2015年6月	市级
19	绵阳市中心医院专家工作站	专家工作站	2018年6月	市级
20	四川科莱电梯股份有限公司专家工作站	专家工作站	2018年6月	市级
21	绵阳麦斯威尔科技有限公司专家工作站	专家工作站	2018年6月	市级
22	四川龙华光电薄膜股份有限公司专家工作站	专家工作站	2018年12月	市级
23	四川九州光电子技术有限公司专家工作站	专家工作站	2018年12月	市级
24	雅化集团绵阳实业有限公司专家工作站	专家工作站	2018年12月	市级
25	绵阳市农业科学研究院专家工作站	专家工作站	2018年12月	市级
26	绵阳万江眼科医院专家工作站	专家工作站	2018年12月	市级
27	旭宏光电专家工作站	专家工作站	2019年12月	市级
28	德华皮革专家工作站	专家工作站	2019年12月	市级
29	雪宝乳业专家工作站	专家工作站	2019年12月	市级
30	天虹丝绸专家工作站	专家工作站	2019年12月	市级

2020年绵阳市“最美科技工作者”一览表

表42

序号	获奖者	单位
1	何　梅	绵阳市中心医院
2	齐莎日娜	四川圣迪乐村生态食品股份有限公司
3	徐守斌	禾大西普化学（四川）有限公司
4	王　飞	四川中医药高等专科学校
5	闫　辉	绵阳麦思威尔科技有限公司
6	刁锐敏	四川龙华光电薄膜股份有限公司
7	艾双春	绵阳市中医医院
8	张玉波	平武猫熊谷家庭农场
9	黄　晶	西南科技大学
10	李寿海	四川皇龙智能破碎技术股份有限公司

【“天府科技云服务”建设】 2020年，市科协将“天府科技云服务”平台作为引导创新资源融入绵阳产业链的重要措施，实现市县云服务中心建设全覆盖，全市共注册科技工作者12万余人，注册企事业单位1.4万余家，发布科技所能1.97万项，发布科技需求1.98万项，发布科技成果1148项，委托科研项目139项，成交2886单，精准科普覆盖率达万分之38.54，科技成果发布量和科技服务需求发布量均位居全省第一。

【科学素质提升工作】 2020年，市科协动员全市科协系统参与新冠肺炎疫情防控科普宣传，共印制1万余份科普挂图发放到村社区，发布权威信息100余条，发布防疫科普知识推文3000余篇，在全市广播网络电视网首页开设“新型冠状病毒防控科普”专区，转播疫情防控新闻报道、疫情防控科普视频。以“天府科技云服务”平台科普大厅为阵地，上传、推送贴近群众需求的各类科普信息1万余条，点击率达12万余人次。

【青少年科技教育活动】 2020年，市科协开展以科普展览、科普文艺、科普讲座等系列科普进校园活动，组织优秀作品，参加国家、省青少年科技创新大赛、青少年机器人创新大赛。在省第35届青少年科技创新大赛中，全市获一等奖6项、二等奖20项、三等奖27项，其中2个项目获得申报全国大赛直通车资格，绵阳市科协被评为“全国优秀基层组织单位”。开辟少儿科普新渠道，与市电视台合作，共同打造《绵州科普小剧场》节目，共推出12期，每期连播一周，共播出近百次。

【“海智精英绵州行”5G与卫星应用主题论坛】 2020年10月15日，市科协与市委组织部，涪城区委、区政府联合举办“智汇绵州·才聚涪城”——“海智精英绵州行”5G与卫星应用主题论坛，旨在为加快科技强区建设，搭建高端人才交流及引进平台，强化5G、卫星应用领域人才支撑，论坛是绵阳市“绵州英才荟”系列人才品牌活动之一。中国5G与卫星应用、北斗产业互联网研究等领域专家学者150余人参加论坛。活动期间，举行涪城区海智专家聘任仪式，深圳北斗卫星研究院及天仪研究院分别与涪城区政府签约。北京理工大学教授、中国卫星定位导航协会副秘书长王博，北京理工大学教授马建军，北京理工大学教授俞成浦分别作学术演讲。

【2020年川澳中医药产业发展论坛】 2020年10月25日，2020年川澳中医药产业发展论坛在绵阳举行。论坛旨在针对四川省中医药产业发展中的困难及问题，利用澳门科技大学中医药学院和中药质量研究国家重点实验室在中医药领域的科研和国际化优势，为四川中药材资源和产业传承创新发展提出建设性意见，为地方发展中医药产业提供决策咨询。论坛由省科协、澳门科技大学、绵阳市政府主办，省科协学会服务中心、澳门科技大学中医药学院、绵阳市科协、中国科协“海智计划”（四川）绵阳工作基地、重庆北碚区科学技术学会承办，绵阳市农业科学研究院、四川科技报社协办。中国工程院院士、澳门科技大学校长刘良通过视频连线讲话，副市长蒋丽英，省科协副主席周利平出席活动并致辞。澳门科技大学教授周华以“国际标准助力中药产业走向世界”为主题作专题报告。澳门科技大学副教授谢莹、副教授李娜，成都中医药大学教授吕光华，四川省中医药科学院研究院李青苗等10名

图24　10月25日，2020年川澳中医药产业发展论坛在绵阳举行

专家学者和企业高管参加论坛。论坛以“国际标准助力中药产业走向世界”“天麻产业发展的方向”“川丹参产业发展现状及展望”等为主题，通过线上或线下方式，与会专家就传承创新发展四川道地中药材资源和产业展开研讨，并分享研究成果和观点。

【绵阳市青少年科技创新大赛骨干科技教师及天府科技云服务培训大会】　2020年10月29日，2020年绵阳市青少年科技创新大赛骨干科技教师及天府科技云服务培训大会在北川召开。会议由市科协组织，各县市区科协、教体局相关负责人及全市部分科技教师代表共150余人参加。会议旨在提高全市科技教师队伍能力与素质，推动绵阳市青少年科技教育工作发展。会上，绵阳东辰国际学校科技创新中心主任魏开从青少年科技创新大赛的发展历程、申报指南、注意事项、论文写作、答辩指导与案例分享6个方面开展青少年科技创新大赛创新成果等项目业务培训，并为现场参会人员答疑解惑。绵阳一中特级教师向瑢德就“开展实践活动的专项业务培训”作详细讲解。北川天府科技云服务中心工作人员针对科技教师利用天府科技云开展工作进行操作讲解，辅导科技教师利用平台发布科技所需所能和科技成果。　（王大超）

绵阳市归国华侨侨眷联合会

【概况】　2020年，绵阳市归国华侨侨眷联合会（以下简称市侨联）贯彻落实中央关于群团改革有关决策部署以及第十次全国侨代会、第八次全省侨代会精神，围绕市委、市政府中心工作，履行侨联、友协工作职责，团结引领绵阳广大归侨侨眷、海外侨胞参与绵阳经济社会建设。市侨联以党建带侨建，推动侨联事业高质量发展的做法得到四川省侨联领导肯定性批示。

【新冠肺炎疫情防控】　2020年，市侨联发布《关于坚决打赢“新型冠状病毒感染肺炎”阻击战的倡议书》，引导全市归侨侨眷、侨商和海外侨胞参与抗疫工作，向国际友好城市、友好合作城市通报新冠肺炎疫情防控情况，共为抗击新冠肺炎疫情筹集近300万元的捐款和物资，提供50余条紧缺医用防护物资采购信息，协助绵阳际华三五三六厂解决生产原材料。调研服务侨企复工复产情况，向企业宣传国家和省、市针对复工复产的优惠、扶持政策。发布《关于做好新冠肺炎国外高风险地区来绵返绵华侨华人防疫服务工作的通知》《致海内外侨胞、留学生的一封信》，服务华侨华人及留学生。宣传四川省侨联实施的“爱心护航计划”，共为150余名川籍侨胞和留学生办理“侨爱心健康包”寄送。发动在绵阳的侨资企业、侨商支援海外侨胞抗击新冠肺炎疫情，先后向意大利、韩国和泰国捐赠价值近50万元的防疫物资。

【涉侨交流活动】　2020年7月，与国际专业服务机构（MSI）绵阳办事处进行工作座谈，就相关项目合作事项达成初步意向；8月16—17日，市侨联邀请中国侨联顾问乔卫、四川省侨联主席刘以勤一行到绵阳出席北川中学竣工十周年活动；9月1日，组织12家企业和市级有关部门参加中马企业家视频交流会，搭建两地企业交流平台；9月20日，邀请中国侨联顾问王永乐和四川省侨联主席刘以勤一行出席第八届科博会；11月4—5日，中国侨联党组成员、副主席程学源到绵阳开展调研，并肯定市侨联基层组织建设、创新工作机制和为地方经济社会发展服务等工作；同月5日，组织召开绵阳文创企业与跨境电商企业交流会；同月18—19日，承办“2020侨界菁英川渝汇”走进中国（绵阳）科技城活动，60余名侨商、侨企代表参加活动。

【文化交流活动】　2020年，市侨联邀请海外侨胞参与网络祭祀嫘祖活动，邀请四川省侨联领导到绵阳参加第二届海峡两岸大禹文化交流活动，扩大大禹文化、嫘祖文化影响力。推出4位候选人作为四川省侨联《华侨口述实录》采访人物。指导梓潼县“中国两弹城”获批成为中国侨联“中国华侨国际文化交流基地”。为绵阳大熊猫国家公园、绵阳师院生命科学和技术学院牵线，探索利用野生大熊猫资源打造具有绵阳特色、世界影响的交流品牌。组织各县市区开展世界华人学生作文大赛征文工作，加强海内外学生文化交流。

【社会建设】 2020年，市侨联重视侨法普法工作，组织开展普法宣传30余次，宣传面达5万余人次。市侨联在四川省“纪念侨法颁布30周年”知识竞赛中获得第一名。争取到中国华侨公益基金会向北川中学捐赠9.64万册图书，总价值363万余元。成立绵阳市侨联“党员志愿服务队”，多次到对口联系社区和帮扶村帮助解决实际困难。开展“送温暖、献爱心”活动，到基层慰问困难归侨侨眷88户。组织市内相关单位参加中日防灾减灾研讨会，助力全市防灾减灾工作。

【侨联友协建设】 2020年，全市实现9个县市区和西科大、绵阳师范学院两所高校“侨胞之家”全覆盖。与重庆市北碚区侨联建立友好合作关系，助力绵阳深度参与成渝地区双城经济圈建设。与西科大签署《深化“地方侨联+高校侨联+校友会”工作机制校地合作协议》，与绵阳师范学院签署《战略合作备忘录》，在资源信息共享、海内外联络联谊、人才引进、产业联动、交流互动等方面开展合作。成立绵阳市侨联青年委员会，联系和团结海内外侨界青年。开展全市对外交流资源普查工作，统计全市非物质文化遗产及其传承人、民间艺术家、在绵阳的国际友好组织及国际友好人士、开展对外交流的社会组织、涉外参观点位、向国外推介的交流合作项目、已建友好交流项目、与外国地方政府和机构间交流合作情况，建好对外友好交流资源数据库。

【“2020侨界菁英川渝汇”走进中国（绵阳）科技城活动】 2020年11月18—19日，“2020侨界菁英川渝汇”走进中国（绵阳）科技城活动在绵阳举行。活动由市政府、省侨联主办，市侨联、市经合局承办，省侨联党组成员、副主席徐永明，重庆市侨联党组成员王巍，中国侨商联合会常务副会长钟保加、副会长张钧、王邦侃等以及美国、加拿大、澳大利亚、马来西亚等国家和地区的60余名侨商、侨企代表参加活动。市委统战部部长经大忠、副市长廖雪梅等出席活动。活动以“侨力聚川渝·唱好双城记·共创双赢局”为主题，为侨资企业与绵阳交流合作搭建平台。活动期间，举行“2020侨界菁英川渝汇”走进中国（绵阳）科技城投资推介会。廖雪梅作大会推介，市委副秘书长汤克斌主持会议。徐永明出席并致辞。侨商代表上海裕都投资（集团）有限公司董事长张钧、阳光医疗集团董事长王邦侃分别作交流发言。与会人员先后参观科创区创新成果展示厅、高新区综合保税区、京东方光电科技有限公司、江油青莲诗歌小镇等地。

【绵阳市侨联青年委员会成立】 2020年12月24日，绵阳市侨联青年委员会（以下简称市侨青会）成立大会举行。市政协副主席、致公党绵阳市工委主委田荣华，省侨联秘书长、省侨青委会长杨凡出席并致辞，并为侨青会授牌、授旗。大会通过《绵阳市侨联青年委员会章程》。省侨联副主席、市侨联主席蒋蓓宣读侨青会成立决定和首届会长、副会长、秘书长人员名单。首届侨青会委员由66名侨界青年组成。首届会长范华就加强组织建设、发挥桥梁纽带作用、发挥为侨服务作用、发挥对外交流与合作作用，作发言。同时，还举行“侨胞之家”授牌仪式。 （马　晶）

绵阳市红十字会

【概况】 2020年，绵阳市正式印发《绵阳市红十字会改革方案》（以下简称《改革方案》），贯彻省红十字会“优化治理结构、完善管理体制，全面加强党的建设”等精神，结合绵阳实际，围绕“三救”“三献”业务工作，在加强党对红十字工作的领导、配强配齐绵阳市红十字会（以下简称市红会）班子、红十字基层组织建设、会员队伍建设、志愿服务活动、宣传传播方式、工作保障机制等方面细化工作举措，创新工作模式，推动全市红会系统全面改革。

【新冠肺炎疫情防控工作】 2020年，市红会落实党中央、国务院和省委、省政府及市委、市政府应对新冠肺炎疫情的决策部署，发动红十字志愿者参与地方联防联控工作。贯彻落实总会、省会、市应急指挥部关于加强新冠肺炎疫情防控捐赠款物使用管理的系列文件要求，依法依规开展捐赠款物接受工作，做到规范管理，及时公开，主动接受社会监督。市红会向社会公开24小时爱心捐赠电话，发布捐赠公告。同时，按照总会和省会的要求，市红会及9个县市区红会聘请第三方机构对新冠肺炎疫情接受的捐赠款物进行专项审计，并向社会公示。全市红会系统接收款物共4009万元，其中市本级红会接收款物1316万元，各县区红会接收款物2693万元。向省红会争取并完成6个红十字社区健康促进项目，助力社区新冠肺炎疫情防控工作。

【爱心帮扶工作】 2020年，衢州、绵阳两地在动员社会各界参与扶贫协作方面取得成绩，其中衢州市红会向绵阳市、平武、北川红会捐赠爱心款物共736.76万元。市红会向游仙区民安社区捐赠防疫物资，指导游仙区民安社区、江油市白沙村等做好“四川省红十字会健康促进项目”。动员社会爱心企业和爱心人士捐赠11万元，开展红原县、壤塘县助医、助学、助困工作。结合中国红十字基金会“天使阳光”基金项目，会同绵阳四〇四医院为红原县、壤塘县10名先心病患儿开展筛查、救治等工作，减免费用20余万元。通过民建绵阳市委组织爱心企业捐赠160万元，用于若尔盖红星镇中心小学供暖项目建设。

【“三救”“三献”工作】 2020年，全市红会系统“三救”“三献”工作取得成绩。全年开展9次应急救援演练活动，全市红会专职干部和应急救援队300余人次参加演练。配合应急管理局开展全国第19个“安全生产月”宣传活动。应对“8·11”洪灾期间，争取上级红会援助的家庭包、棉被等救灾物资，价值85万元，受益群众达2万余人。同时，为灾情严重的北川、平武两县争取到20万元人道救助资金。开展应急救护培训“五进”（进企业、进学校、进农村、进社区、进机关）工作。开展应急救护普及培训400场次，共培训3.72万人次。开展急救员培训150场次，培训持证急救员6063人。在四川中医药高等专科学校建成绵阳市红十字会应急救护培训基地，在“5·12”汶川特大地震纪念馆建成红十字救护站。做好全市60户受新冠肺炎疫情影响特殊困难家庭人道救助、新冠肺炎疫情防控一线医务人员人道救助及“红十字博爱送万家”活动。完成“小天使”“天使阳光”救助项目29例，减免费用74万元。做好“健康绵阳·光明起航”项目，救助2000多名眼疾患者，救助金达63.1万元。投入其他各类捐赠资金800余万元，惠及上万名困难群众。全市红会系统开展“三献”大型宣传捐献活动50余场次，发放宣传资料20余万份，宣传面达20万人次。到机关、社区、大专院校等地开展防艾宣传工作，共发放各类宣传资料1万余份。全市造血干细胞血样采集新增1000余份，实现捐献19例；遗体器官捐献志愿者登记3740例，完成见证遗体捐献9例、器官捐献25例、眼角膜捐献20例。争取省红会支持，完成“夏之光——让爱回家”绵阳工作站活动，活动现场展示全市15名造血干细胞捐献者和红会“三献”志愿者风采。

资料链接：“三救”即应急救援、人道救助、应急救护，“三献”即献血、造血干细胞捐献、人体器官捐献。

【红会基层组织建设】 2020年，全市红会系统发挥红十字志愿服务队作用，开展人道主义志愿服务活动100余次，新发展红十字注册志愿者50余人，组织传播红十字运动知识和精神的培训200余场次，4万余人次参加培训。结合红十字博爱周、全国防灾减灾日、安全生产日、无偿献血日等重要节点和“生命健康安全教育项目”宣传红十字“三救、三献”工作，传播红十字运动等基本知识40余场次。同时，利用工作例会、支部会等契机，宣讲红十字会参与脱贫攻坚的先进典型、动人故事，营造全系统听党话、跟党走，体现红十字的政治性、先进性、群众性。 （何晓芳）

概 述

【概况】 2020年，绵阳市学习贯彻习近平总书记全面依法治国新理念新思想新战略，把握推进国家治理体系和治理能力现代化、推进城乡基层治理制度创新和能力建设的主线，围绕新冠肺炎疫情依法防控和法治建设，推进依法治市各项工作。全市“七五”普法收官工作基本完成。“落实有关重大政策措施成效明显、创造典型经验做法”获得国务院督查激励，被列为2020年国务院大督查及专项督查中予以“免督查”的全国8个市（区）之一。绵阳市参加省营商环境评价，综合排名居全省第二。绵阳市司法局获评全国公共法律服务工作先进集体。

【地方立法工作】 2020年，全市推动构建“党领导立法、人大主导、政府依托、各方参与”的立法工作格局，落实市委常委会审议市人大常委会、市政府立法计划制度。制定《绵阳市人民政府拟定地方性法规草案和制定规章程序规定》，规范拟定地方性法规草案和制定规章程序。制定《绵阳市地方性法规立项办法》，规范地方性法规立项工作。出台《绵阳市人大常委会2020年立法计划》《绵阳市人民政府2020年立法计划》，开展《中国（绵阳）科技城条例》立法基础工作，公布施行《绵阳市历史建筑和历史文化街区保护条例》，推进《绵阳市文明行为促进条例》《绵阳市户外广告和招牌设置管理办法》立法工作。

【司法体制改革】 2020年，全市基层人民法院内设机构改革全面完成，机构总数由128个精简为86个，实现内部扁平化管理。搭建市涉金融纠纷联调中心等专项案件多元解纷平台建设，诉源治理取得新成效。认罪认罚从宽制度落到实处，适用认罪认罚案件量刑建议人民法院采纳率95.47%。全面落实检察长列席同级人民法院审判委员会会议制度，推进以审判为中心的刑事诉讼制度改革和庭审实质化。市刑事案件涉案财物管理中心投入运行。出台《关于加强综合治理从源头切实解决执行难问题的实施办法》《绵阳市限制失信被执行人子女就读高收费私立学校实施办法（试行）》《关于建立失信被执行人信用承诺和信用修复机制的实施意见（试行）》《关于做好仲裁与执行工作协调配合的意见》等，加大信息联查、失信联惩力度，完善“一处失信、处处受限”的信用监督、警示和惩戒体系，推动执行工作向解决“执行难”迈进。

【法治社会建设】 2020年，全市出台《关于深入贯彻落实党的十九届四中全会精神推进城乡基层治理制度创新和能力建设的意见》《绵阳市法治乡村建设三年行动方案(2020—2022年)》，加快构建党组织领导的自治、法治、德治相结合的城乡基层治理体系。绵阳市申报成为第一期全国市域社会治理现代化试点城市。出台《绵阳市公共法律服务体系建设行动方案》，加大公共法律服务体系建设，全市建成公共法律服务实体平台1875个，建成率达100%。出台《关于深入贯彻落实习近平总书记重要指示精神进一步加强全民普法工作的实施意见》，深化“谁执法谁普法”普法责任制，在全省首推“行政执法过程中精准普法”。开展“法治绵阳行”一月一主题和“法律走基层”专项活动630余场，演出法治文艺节目315余场次，展播法治微电影210余场，典型案例巡展315余场次，发放资料53万余份。召开全市“七五”普法工作推进会议，印发《绵阳市“七五”普法总结验收工作方案》，“七五”普法收官工作基本完成。推进扫黑除恶专项斗争，全市打掉黑社会性质组织7个、恶势力犯罪集团52个、恶势力犯罪集团团伙91个，打击总量位居全省前列。市人民检察机关办理杨某某等38人组织、领导、参加黑社会性质组织罪一案经验做法在全省予以推广，单案判决总数居全省第一。纪检监察机关查处涉黑涉恶腐败和“保护伞”249人。

【法治化营商环境建设】 2020年，市委全面依法治市委员会印发《绵阳市法治化营商环境建设行动方案》（以下简称《方案》），明确工作任务和责任单位，并从完善营商环境法治体系建设、推进政务服务法治化、规范涉企行政执法行为、强化营商环境司法保障、完善涉企公共法律服务体系、营造营商环境法治氛围6个方面，对全市打造国内一流、全省领先的法治化营商环境做出安排。印发《关于建立绵阳市优化营商环境法治保障共同体的意见》，组建由司法机关、相关政府部门、法学院校和研究机构、学会协会、仲裁机构、律师事务所等专业机构以及相关企业代表等单位组成的法治保障共同体，负责研究推进营商环境法治保障的重大问题，协同开展问题研究、政策制定、宣传培训、评估优化等工作。制定《开展法治化营商环境专项宣传活动的通知》，通过拍摄法治化营商环境典型案例宣传视频，发布保护民营企业合法权益典型案例，宣传绵阳市营商环境的经验做法。

【全市“七五”普法工作推进会议】 2020年7月23日，全市“七五”普法工作推进会议召开。会议由市委依法治市办、市司法局组织召开，各县市区全面依法治县（市、区）委员会办公室、司法局，各园区党（工）委全面依法治区委员会办公室、司法所，市直有关部门（单位）相关人员110余人参加会议。会议由市司法局副局长邹光主持，省司法厅普法与依法治理处副处长边疆到会指导。会议对总结验收标准进行解读，对全市“七五”普法总结验收工作做安排部署。（谢 玮）

> **资料链接：**2016年，绵阳市启动“七五”普法规划实施。2017年，绵阳市被全国普法办认定为全国“七五”普法依法治理工作联系点。2019年，绵阳市被司法部、全国普法办表彰为全国“七五”普法中期先进市。

地方立法工作

【概况】 2020年，市人大常委会依法行使地方立法权，召开2020年立法计划工作推进会、《绵阳市历史建筑和历史文化街区保护条例》实施工作会等重要会议，审议通过《绵阳市人大常委会2020年立法计划》，把《绵阳市文明行为促进条例》作为2020年立法项目，开展《绵阳市城市地下管线管理条例》《绵阳市城市生活垃圾分类处理条例》《绵阳市养犬管理条例》3项2020年立法调研项目，开展《中国（绵阳）科技城条例》立法基础工作。正式施行《绵阳市历史建筑和历史文化街区保护条例》。

【《中国（绵阳）科技城条例》立法基础工作】 2020年3月4日，市七届人大常委会第37次主任会议召开，将开展《中国（绵阳）科技城条例》立法基础工作纳入2020年立法计划。年内，多次赴省人大常委会汇报对接，争取到该条例被继续列为省政府、省人大常委会2021年立法调研项目，持续推进中国（绵阳）科技城发展。

【《绵阳市文明行为促进条例》立法工作】 2020年3月4日，市七届人大常委会第37次主任会议审定《绵阳市人大常委会2020年立法计划》，明确将《绵阳市文明行为促进条例》作为2020年立法项目。随即成立起草工作组及办公室，加快推进《绵阳市文明行为促进条例》立法工作。4月27日，《绵阳市文明行为促进条例（草案）》（以下简称《条例（草案）》）起草调研座谈会由市文明办组织召开。市人大、市政协、市司法局、市交通运输局、市住建委等有关部门参会。《条例（草案）》起草工作组办公室副主任蒋勇就座谈内容进行解读和说明。市公安局、市公安局交警支队、市交通运输局、市住建委等单位分别就《条例（草案）》中涉及的文明交通、文明养犬、环境卫生管理等内容作交流探讨。市人大法制委副主任委员唐江林、市人大常委会法工委副主任姜南、市人大常委会教科文卫工委副主任蒲玉春等对《条例（草案）》起草工作提出具体要求。在起草过程中，起草工作组通过线上和线下结合、实地走访和座谈调研结合等形式，开展“身边的不文明行为”征集和社会问卷调查，吸纳群众意见和建议。7月10日，《条例（草案）》立法听证会议召开，会议听取社会各界人士的意见建议。10月27日，市七届人大常委会第三十六次会议听取《条例（草案）》说明和初审情况报告，表决通过《条例（草案）》地方立法的必要性和可行性报告。12月29日，市七届人大常委会第三十七次会议听取《条例（草案）》修改情况的报告。

【《绵阳市历史建筑和历史文化街区保护条例》正式实施】 2020年3月31日，《绵阳市历史建筑和历史文化街区保护条例》（以下简称《条例》）获四川省第十三届人民代表大会常务委员会第十七次会议批准。6月1日，《条例》正式实施。《条例》是绵阳市人大常委会制定的首部保护绵阳地方历史文化遗产的地方性实体法规。《条例》共六章47条，明确历史建筑和历史文化街区确定、历史建筑保护、历史文化街区保护、法律责任等方面内容。《条例》还明确历史建筑和历史文化街区保护工作的管理体制和政府相关部门职责；突出绵阳地方特色，科学界定历史建筑的确定标准和年限；明确23条保护措施，创设历史建筑预保护制度、保护责任人制度、保护手册制度、信息平台管理制度、维护修缮补助制度和腾迁、置换、收购保护制度等，明确历史文化街区保护规划的编制审批程序，细化历史文化街区核心保护范围内进行有限制的建设活动的规定。同时，《条例》还提倡全民监督，规定任何单位和个人有权对历史建筑和历史文化街区的保护提出意见和建议，有权劝阻、投诉、举报损害历史建筑和历史文化街区的违法行为。

资料链接：2019年年初，《绵阳市历史建筑和历史文化街区保护条例》由市文广旅局牵头，市住建委、市自规局参与起草。8月27日，《条例（草案）》经市政府第73次常务会议讨论通过，提请市人大常委会审议。8月30日、10月23日，绵阳市人大常委会分别对《条例（草案）》进行第一次、第二次审议。12月17日，《条例（草案）》提经市委常委会审议同意。12月27日，绵阳市七届人大常委会第二十六次会议对《条例（草案）》进行三审并表决通过后，按程序报请省人大常委会批准。2020年3月31日，《绵阳市历史建筑和历史文化街区保护条例》获四川省第十三届人民代表大会常务委员会第十七次会议批准。这是绵阳市取得地方立法权以来制定的第四部实体性地方性法规。

【《绵阳市地方性法规立项办法》正式施行】 2020年9月15日，《绵阳市地方性法规立项办法》（以下简称《办法》）经市七届人大常委会主任会议第四十七次会议讨论通过，并于通过之日起正式施行。《办法》共4章30条，分为总则、立法规划项目立项、立法计划项目立项、附则4个部分，分别对绵阳市地方性法规立项相关制度作较为全面、合理的规定。《办法》明确“地方性法规立项工作应当坚持党的领导，遵循深度融入中心、全方位服务大局、急需先立、成熟优先和规划计划相衔接”的原则。在该原则指导下，绵阳市地方立法坚持聚焦市委中心工作和全市发展大局，坚持立务实之法、立管用之法，杜绝在立法上搞形式主义和照抄照搬。同时，还明确法规立项的征集程序、年度立法计划的项目类别和标准、立法规划和立法计划的确定和调整、立法工作部门的职责分工等内容。

（刘治林）

政法工作

【概况】 2020年，全市政法机关按照《中国共产党政法工作条例》以及《四川省贯彻〈中国共产党政法工作条例〉实施细则》要求，开展政治轮训，对全市政法领导干部进行忠诚教育、党性淬炼及法纪警示。市县两级全面完成3年内对干警轮训一遍任务。全市政法机关参与抗击新冠肺炎疫情和抢险救援，在全省率先建立新冠肺炎疫情防控期间社会安全稳定风险评估机制，并在全省推广。全市组织研究、分析研判涉疫风险隐患11类37项，摸排化解涉疫矛盾纠纷，依法打击扰乱治安、造谣滋事等案件。参与“8·11”特大暴雨洪涝灾害和平武县“8·17”特大暴雨灾害抢险救援工作，协助参与抢通公路249条、公路阻断点1116处，协助转移安置受灾群众13万余人。《精卫填海新传之公益诉讼》等3部作品获“2019年度四川省政法优秀新闻作品奖”。绵阳市游仙区《“防新案、化积案、攻难案”打造新时代“枫桥经验”升级版》《打造“四民、四心、四型”社区的探索》，北川羌族自治县《基层治理助力“大鹏”展翅高飞》3个案例入围2020全国创新社会治理典型案例评选活动。江油市公安局获评中央政法委举办的第二届“四个一百”优秀政法新媒体评选先进单位。

【经济发展服务保障】 2020年，全市推动制定《关于依法保障和服务民营经济健康发展的意见》等规范性文件7个，制定提升民营企业涉外法律服务水平等保障措施30条。保障决战决胜“三大攻坚战”，依法打击扶贫领域违法行为，妥善办理各类环境资源案件，创新构建生态环境损害修复和赔偿制度，参与重大风险防范化解，严防各类风险向政治和社会领域传导。全市法治化营商环境评价位列全省第二。依法加大知识产权侵权赔偿力度，审结涉商标侵权、技术合同案件288件。建立法院与市工商联等部门定期沟通协调机制，共同搭建融合企业多元化法律保障平台，开辟融合企业涉诉绿色通道，实行立案、导诉、指导举证“一站式”服务。

【执法司法质效提升】 2020年，全市法院受理各类案件86323件，办结85108件，收结案数均居全省第三。全市法院法官人均结案234件，未结案数量同比减少73.35%，创20年来结案数量最低，主要办案质效指标居全省第一方阵。全年执结案件2.91万件，执行到位39.76亿元。全市检察机关共批捕各类刑事犯罪914件1249人，起诉2308件3624人。依法提起抗诉22件，书面纠正侦查活动和刑事审判活动违法情形120件。全市检察机关核心业务数据居全省第一方阵。全市公安机关以“奋进”系列专项行动为牵引，绩效考核综合成绩位列全省第一。全市刑事案件立案同比下降7.7%，电信诈骗案件起诉3712件684人，抓获在逃人员2116人，位列全省第一。全市连续6年未发生1次死亡5人以上交通安全事故。民爆物品无流失、无炸响。

【法治绵阳建设】 2020年，围绕创建“全国法治政府示范区”，推动全市法治政府建设，实施行政复议指导案例制度。清理行政规范性文件制定主体55个，精简行政执法机构66个。“七五”普法工作全面收官。举办第四届“法治中国·美丽绵阳中国科技城法治微电影大赛”，打造科技城法治品牌。成立民商经济法研究会，组建绵阳法治宣讲团，启动绵阳政法大讲堂，提高党员干部运用法治思维和法治方式深化改革、推动发展、化解矛盾、维护稳定的能力。全市新型办案机制全面运行，审判权监督制约机制持续完善，繁简分流改革初显成效，诉源治理组织网络基本搭建，刑事诉讼制度改革和庭审实质化有序推进。公安机关执法勤务和警务技术职务序列、森林公安管理体制改革基本完成。司法鉴定机构和司法鉴定人清理整顿成效显著。13个涉案财物集中管理中心和13个物证保管保全中心投入使用。在企业和高校增设基层立法联系点5个。

【绵阳北碚两地政法工作合作框架协议签约】 2020年5月20日，四川省绵阳市·重庆市北碚区推动成渝地区双城经济圈建设政法工作联席会议暨合作框架协议签约仪式在绵阳市举行。绵阳市委常委、政法委书记荣全，重庆市北碚区委常委、政法委书记苟鹏出席会议并致辞。绵阳市委政法委常务副书记段光艳、重庆市北碚区委政法委常务副书记余兵代表两地签署《中共四川省绵阳市委政法委员会 中共重庆市北碚区委政法委员会 推动成渝地区双城经济圈建设政法工作合作框架协议》。根据协议，两地立足政法职能优化和合作优势，在市域社会治理创新、平安建设、执法司法协作、法律服务保障等方面加强协作，共涉及11项合作内容、3个合作交流机制。绵阳市中级人民法院院长马泽波、绵阳市人民检察院检察长王红、重庆市北碚区人民法院院长吴佳斌、重庆市北碚区人民检察院检察长李家全以及绵阳市政法部门负责人、重庆北碚区政法部门负责人，绵阳市各县市区党委政法委书记、园区政法工委（工作领导小组）主要负责人参加会议。 （文灏源）

法治政府建设

【概况】 2020年，全市推进法治政府示范创建，践行法治是最好的营商环境的理念，出台《绵阳市创建全国法治政府建设示范市实施方案》，清理《绵阳市物业管理条例》与《中华人民共和国民法典》不符6处，完成本领域2020年度的改革工作任务9项。

【行政决策合法性审查】 2020年，全市出台《关于全面推行行政规范性文件合法性审核机制的实施意见》，编制行政规范性文件制定主体清单，清理市级行政规范性文件制定主体55个。向省政府及市人大常委会备案规范性文件6件，报备率、合格率、及时率均达100%。受理审查市政府常务会、土地管理委员会、城乡规划委员会重大行政决策草案249件，出具书面审查意见225件，退回24件。按照《关于开展民法典涉及行政法规、规章和行政规范性文件清理工作的通知》要求，开展文件清理。

【行政执法规范化建设】 2020年，全市推进执法体制改革，整合执法职责，执法机构由改革前市县两级13个领域的167支执法队伍，减少为101支，精简力度达40%。出台《关于公布第一批市场轻微违法违规经营行为不予处罚清单》的通知，为市场轻微违法违规经营行为开出“免罚清单”。印发《关于全面落实行政执法公示制度执法全过程记录制度重大执法决定法制审核制度的实施意见》《关于开展人民群众最不满意行政执法突出问题承诺整改活动的通知》等，推行行政执法“三项制度”，深化“先辅导再整改后执法”执法模式，实行行政执法人员持证上岗和资格管理制度。

【行政复议与应诉工作】 2020年，市司法局履行行政复议职责，出台《绵阳市行政机关负责人出庭应诉工作规定》《行政复议与行政诉讼工作联席会议制度》，接收市政府行政复议案件28件，受理21件，依法办结20件，综合纠错率达40%；办理市政府为被告的行政诉讼案件26件，收到的生效裁判文书中，没有因市政府原因导致败诉的案件；办理省政府受理的市政府为被申请人的行政复议案件3件，已结案件均维持市政府的行政行为。 （谢 玮）

平安绵阳建设

【概况】 2020年，绵阳市开展市域社会治理现代化试点，打好扫黑除恶专项斗争收官战，加强社会治安防控体系建设，夯实基层社会治理基础，“平安绵阳”建设取得成效。绵阳市在四川省群众满意度测评中综合得分90.7分，位于全省第一方阵，同比上升2.57个百分点，“扫黑除恶”单项指标位居全省市（州）第四，游仙区排名全省县市区第一。

【平安建设工作机制建设】 2020年7月30日，市委办、市政府办印发《关于成立平安绵阳建设领导小组的通知》，成立由市委常委、市委政法委书记任组长，市政府分管领导、市中级人民法院、市人民检察院主要负责人等任副组长，36个相关市直部门负责人为成员的平安绵阳建设领导小组。领导小组办公室设在市委政法委。年内，先后召开平安绵阳建设领导小组会议、市域社会治理现代化试点工作推进会议、平安绵阳建设工作推进会，印发《工作要点》《绵阳市推进市域社会治理现代化试点工作的实施意见》等系列文件，推动建立市、县、乡三级平安建设领导机制，形成问题联治、工作联动、平安联创的工作格局。截至年底，市本级、9个县市区、4个园区、166个乡镇（街道）全部成立平安建设领导小组。

【扫黑除恶专项斗争】 2020年，绵阳市围绕“长效常治”年度目标，在提升政治站位、抓好问题整改、全力破案攻坚、深度“破网打伞”、强化综合治理、健全体制机制等方面持续加力。全市扫黑除恶三年专项斗争（2018—2020年）累计打掉涉黑组织11个、涉恶犯罪集团67个、涉恶犯罪团伙94个，九类涉恶案件立案1097起，起诉393件1368人，判决367件1200人，查获涉案资产4.5亿余元，执行到位3.3亿余元，执行到位率100%。查处涉黑涉恶腐败和“保护伞”301人，同期各项指标排名全省前列。杨某某涉黑专案办理经验在全省推广。

【矛盾纠纷预防化解】 2020年，市委办、市政府办印发《关于调整绵阳市矛盾纠纷多元化解工作领导小组成员的通知》，调整由市委常委、市委政法委书记任组长，公、检、法主要负责人任副组长，20个市直部门分管领导为成员的市矛盾纠纷多元化解工作领导小组，加强对矛盾纠纷多元化解工作组织领导。出台《关于建立健全诉源治理机制推进城乡基层治理能力现代化的实施意见》，致力于实现从源头上预防化解矛盾纠纷。持续推进社会心理服务体系建设试点，工作成效得到国家调研督导专家组高度评价，经验做法在全国社会心理服务高峰（赣州）论坛作大会交流。江油市“民转刑”命案防范化解经验在全省综治工作培训会上作交流发言。游仙、北川等地创新基层矛盾化解模式。全市各级调解组织调解纠纷1.89万件，调解成功1.85万件，调解成功率达98%，绵阳未发生因排查化解不到位引发的重大群体性事件、个人极端案（事）件和重大网络舆情事件。

【社会治安防控体系建设】 2020年，全市把全国社会治安防控体系标准化城市创建工作作为打造社会治安防控体系升级版的重要举措，高分通过全国社会治安防控体系建设标准化城市第一轮测评。以全国社会治安防控体系标准化城市创建工作为牵引，打击各类违法犯罪，加强对车站、商场、学校、医院、景区、电影院等人员密集场所、重点部位的治安管控，以及寄递物流等重点行业和枪支弹药、管制刀具、危险化学品、易制毒化学品等重点物品动态管控，落实社区矫正人员等的管理服务举措，全市未发生重特大刑事案件和治安灾害事故。全年全市刑事案件立案同比下降7.7%。

【基层社会治理工作】 2020年，市委七届八次全会决定将“全科网格化服务管理”工作作为推进市域社会治理和城乡基层社会治理的重要举措，统筹推进全域覆盖、全网整合、规范高效、常态运行的网格化服务管理体系建设。全市网格员共办理民生服务等各类事件49.5万余件。继续推进“慧眼工程”“雪亮工程”建设联网运用，建设完成1582个村“雪亮工程”、4.36万个视频监控点位。印发《关于推进“慧眼工程”规范化建设标准》，建设完成“慧眼工程”7.88万路，提升城乡治安防控能力。规范建设综治中心，13个县市区（园区）、166个乡镇（街道）、1971个村（社区）综治中心均接入“雪亮工程”“慧眼工程”视频资源，建立健全指挥调度、日常巡查等工作机制，发挥实战化作用。全年全市有获市政府表扬的市级见义勇为先进个人8人、见义勇为群体1个（2人），发放奖励金30万元。获市委政法委命名“六无”（无黑恶、无毒害、无邪教、无命案、无重大安全事故、无群体性事件）平安村（社区）111个，推荐省级“六无”平安村（社区）命名候选对象27个。全市共建立涪城“涪安联盟”等群防群治组织14个，发展信息员、志愿者2.4万余人。

【绵阳市成为全国市域社会治理现代化试点市】 2020年6月3日，绵阳市申报成为全国第一期市域社会治理现代化试点市。7月8日，市委常委会会议专题听取试点工作汇报。9月11日、12月24日，先后召开试点工作启动会、推进会，印发实施意见、工作规则、会议制度、工作重点等配套文件，建立任务清单，分解工作任务，明确重点任务、责任部门与完成时限，因地制宜创新绵阳市域社会治理现代化“一线五域三支撑”工作模式，即围绕“全国市域社会治理现代化合格城市”主线，聚焦“政治安全、社会治安、重大矛盾纠纷、公共安全、网络安全”5个领域风险防控，以“党委领导、政府负责、群团助推、社会协同、群众参与”5项机制、“政治、法治、德治、自治、智治”5项治理、“组织、制度、统筹、创新、督考”5项保障为支撑，构建市域社会治理现代化工作体系。全年全市围绕市域社会治理调研30余次，就调研中发现的问题进行会商研判，并反馈相关责任部门与地区，形成调研工作、发现问题、整改问题、完善措施的良性循环。年底，绵阳市接受平安四川建设领导小组市域社会治理组调研评估，复核综合成绩在全省试点工作评估考核中位列第一方阵。

【平安绵阳建设领导小组第一次会议】 2020年8月25日，平安绵阳建设领导小组第一次会议召开。会议贯彻习近平总书记重要指示精神，对全面落实中央、省委、市委关于成立平安建设领导小组部署要求，发挥平安建设工作协调机制作用，做好2020年平安绵阳建设各项工作进行安排部署。市委常委、市委政法委书记、平安绵阳建设领导小组组长荣全讲话。会议强调要提高政治站位，认识成立平安绵阳建设领导小组的重要意义，加强对平安绵阳的科学规划，从更高站位、更大格局、更宽视野谋划推进平安绵阳建设；要聚焦工作重点，全面推进平安绵阳建设各项任务落地落实，打好维护政治安全“主动战”、维护社会稳定“攻坚战”、扫黑除恶专项斗争“收官战”、市域社会治理试点“开局战”、防范公共安全风险“管控战”、夯实基层基础“阵地战”“六场战役”；要加强党的领导，为加快平安绵阳建设提供坚强组织保障，抓好经验交流和工作宣传，营造“人人有责、人人尽责、人人享有”平安绵阳建设良好的社会氛围。市委常委、副市长吕剑，副市长、市公安局局长、平安绵阳建设领导小组副组长周述，市中级人民法院院长、平安绵阳建设领导小组副组长马泽波，市人民检察院检察长、平安绵阳建设领导小组副组长王红，武警绵阳支队支队长、平安绵阳建设领导小组副组长聂刚等参会。

【市域社会治理现代化试点工作推进会】 2020年9月11日，全市市域社会治理现代化试点工作推进会召开。会议学习全国、全省市域社会治理推进会议精神，安排部署推进市域社会治理现代化试点各项工作。市委书记刘超对市域社会治理现代化试点工作作出批示，市委常委、市委政法委书记荣全出席会议并讲话，市政府副市长、公安局局长周述主持会议。平安绵阳建设领导小组相关副组长，市级有关部门分管负责人在主会场参加会议，各县市区、园区设分会场。会议要求围绕“全国市域社会治理现代化合格城市”目标，聚焦政治安全、风险防控、稳定隐患、公共服务4项重点，结合绵阳自身实际，探索不同区域、不同行业、不同类别N种治理特色，打造“1+4+N”的市域社会治理现代化绵阳模式。（李乐乐）

公　安

【概况】 2020年，全市公安系统坚持“打防结合、预防为主、综合治理”的工作思路，保持对突出治安问题的高压态势。全年全市刑事案件立案1.17万件，同比下降7.7%，社会治安形势持续向好。以扫黑除恶专项斗争为龙头，把有重大社会影响的案件侦破工作当作重点任务，开展专项行动，全市电信诈骗案件发案同比下降17.69%，降幅在全省排名第二。推进命案积案快侦快破攻坚行动，全市命案破案率连续10年保持100%。推进打击拐卖犯罪工作，找回失踪、走失、离家出走儿童66人。侦办经济犯罪案件226起，挽回经济损失4726万元。新冠肺炎疫情防控期间，印发《绵阳市公安局关于严厉打击新型冠状病毒感染肺炎疫情防控期间违法犯罪活动的通知》等配套文件，依法打击涉疫违法犯罪行为。先后召开全市公安工作推进会、公安高质量发展座谈会，在全省率先谋划推动公安高质量发展。绵阳市通过公安部全国首批100个社会治安防控体系建设标准化城市第一轮测评，在全省5个申报城市中，测评成绩排名第二。完成“8·17”暴雨洪灾抢险救援任务，北川公安抗洪抢险事迹被中央电视台新闻联播报道2次，片口派出所被省公安厅授予集体二等功荣誉。完成第八届科博会、市两会、全省推动制造业高质量发展现场会等重大活动安保工作。

【公安依法行政工作】 2020年，全市公安系统优化营商环境，全面落地落实公安部“放管服”改革12项便民利民服务措施，对企业申报项目实行容缺受理、即申即办，市级所有审批事项实现100%“一窗制”受理，公安政务服务事项实现100%“最多跑一次”，13项业务实现“全网办”，44项业务实现“快递到家”，交管、出入境证照及部分外管和网安业务实现市县两级同步办、“就近办”。绵阳车管所被公安部评为“全国一等车辆管理所”。压缩印章刻制时间，规范典当硬件建设，服务绵阳人才引进工作，全面放开落户政策，完成全市人口信息系统与重庆北碚区公安分局人口信息系统对接，实现两地户口迁移“一站式”办理。出台“全市公安机关支持服务企业尽快达产满产17条措施”，行政审批时限普遍压缩70%以上；建立13个园区警务室，为300余家企业提供户政、交管、出入境等服务；涉企职务犯罪、侵犯知识产权等案件受理办结率100%；市公安局被评为“全市优化营商环境先进单位”和“全省公安行政审批工作成效突出单位”。推行行政执法“三项制度”（即行政执法公示制度、执法全过程记录制度、重大执法决定法制审核制度）。印发《关于部署实施行政处罚结果公开工作的通知》，落实《关于全面实施执法全过程记录制度的通知》，全面启用公安行政处罚量裁系统，执行重大执法法制审核制度，所有案件均有法制部门（员）审核。推进政务公开，通过设置大型电子滚动显示屏、触摸式信息查询屏、便民指南等方式进行政务公开，办公场所设立警务公开专栏，以局长信箱、门户网站在线咨询、行风政风热线、“110”接处警热线等方式提供公安信息公开服务。

【公安基层基础工作】 2020年，市政府出台《关于进一步加强新时代公安派出所高质量发展的意见》，预算2亿元资金对全市派出所正规化建设实施“以奖代补”。全市公安系统结合全市乡镇行政区划调整和村级建制调整改革总体部署，提高社会依法治理水平，优化派出所设置，全市派出所由311个减至181个，运行户籍派出所由170个减至133个，运行治安派出所由1个增至6个。全面消除5人以下派出所，“两个40%以上”警力配备标准（即确保派出所不少于5人，保证派出所警力达到县级公安机关总警力的40%以上；原则上社区转兼职民警占派出所警力不低于40%）全部落实。规范建设警务室。共建警务室335个，其中有专职警务室258个，有专职社区民警278人，专职社区民警全部进入社区担任社区副书记、副主任等职务。

【多元纠纷化解机制建设】　2020年，全市公安系统坚持和发展新时代"枫桥经验"，推进"公调对接"。全市运行派出所139个，其中108个派出所建立"公调对接"机制，配备专职调解员118人、兼职调解员150人。全市驻所人民调解室共受理矛盾纠纷8671件，调解成功8490件，化解率98.3%。继续深化"访调对接"，全年全市公安信访案件按期办结回复率100%。依法推进行政调解，全年全市受理调解交通事故纠纷3.89万件，调解成功3.6万件，化解率达92.6%；受理调解治安案件8596件，调解成功8183件，化解率达95.2%。

资料链接："公调对接"指公安机关在依法履行法定职责的同时，在行政调解中依托区（县）司法局指导的各级人民调解组织和律师团队，建立行政调解和人民调解的有效对接，综合运用法律、政策、经济、行政等手段和教育、协商、疏导等方法，化解社会矛盾、调处民间纠纷的一种新机制。

【公安队伍建设】　2020年，全市公安系统开发搭建全警实战大练兵"学、练、考"综合系统，实现覆盖全员的网络练兵。举办警务实战教官和理论教官培训班，全市近80名警务实战教官和理论教官参加培训。针对性开展法律和业务培训，全市共举办执法业务培训55期，参加全省实战大练兵，全市共参训280人，参训率、合格率均达100%。

【公安勤务运行机制改革】　2020年9月1日，全市"交巡融合"启动仪式举行，绵阳市在全省率先启动城区"交巡融合"工作机制。交巡混编开展卡点盘查，城区街面见警率、管事率显著提升，工作成效被《人

图25　9月1日，绵阳市公安局"交巡融合"启动仪式举行

民日报》报道。9月29日，全市公安机关勤务模式改革全面推行农村"交所合一"启动仪式在梓潼县公安局仁和派出所举行。全市建立农村"交所合一"勤务运行机制，梓潼、三台、平武等地先后试点改革，164名民辅警、23辆警车充实到61个农村派出所，派出所警力增加，接处警平均速度提高28%。

资料链接："交巡融合"即交警部门和特巡警部门建立两警融合，一警多能，快速反应，动态控制的社会治安防控机制。"交所合一"即通过农村派出所和交警中队共同履行辖区交通治安管理职能职责，融入"放管服"措施，巩固农村地区交通治安平稳形势，提升城乡交通现代化治理能力的一项警务机制改革举措。

【打击整治城区多发性侵财犯罪"百日攻坚"行动】　2020年10月，全市公安系统在绵阳城区集中开展打击整治城区多发性侵财犯罪"百日攻坚"行动，探索建立打击整治一体化运行工作机制。累计抓获犯罪嫌疑人113人，同比上升318%；强戒执行率达100%；城区侵财案件发案数下降76.5%，破案数上升1213%。

【全市公安高质量发展座谈会】　12月11日，绵阳市公安局召开全市公安高质量发展座谈会。副市长、市公安局局长周述出席会议并讲话。会议分2个阶段举行，第一阶段9名部门负责人结合本地本部门实际，围绕公安高质量发展作交流发言；与会人员围绕《关于推进绵阳公安高质量发展的实施意见（讨论稿）》，就推进绵阳公安高质量发展分组进行讨论。第二阶段副市长、市公安

图26　12月11日，全市公安高质量发展座谈会召开

局局长周述以“抓机遇、谋新局，奋力在推进公安高质量发展中展现新担当”为题作讲话。（付雪恒）

检　察

【概况】　2020年，绵阳市人民检察机关贯彻“讲政治、顾大局、谋发展、重自强”的检察工作总要求，围绕绵阳经济社会发展大局，履行宪法法律职责，检察工作主要业务数据居全省第一方阵。执行防控部署，维护防控秩序，批捕诈骗医疗器械、防疫物资等涉疫犯罪；办理涉野生动物保护等领域公益诉讼案件50件。运用互联网视频通信系统开展远程提讯、庭审和接访等工作，实施“零接触”办案模式。开展“争创作风优良机关，争做担当作为先锋”活动。游仙区人民检察院获评“全国文明单位”，三台县人民检察院获评“全国先进基层检察院”。全市人民检察机关共获得市级以上荣誉89项。

【助力打好“三大攻坚战”】　2020年，全市人民检察机关批捕金融诈骗、破坏金融管理秩序犯罪18人，起诉78人。建立涉民企案件办理“绿色通道”，依法妥善解决民企合法诉求58件，严惩扰乱市场秩序、侵犯知识产权等侵害民企权益的犯罪，批捕17人，起诉108人。依法稳妥处理民企及其从业人员涉罪案件，做到“少捕慎诉慎押”，不批捕17人，不起诉18人。向69名生活困难的刑事被害人或其近亲属发放司法救助金60.04万元；巩固提升32个贫困村脱贫成果。严惩各类破坏环境资源犯罪，批捕8人，起诉138人；联合市河长制办公室在全省率先设立“河湖检察官”，并被《中国水利报》等媒体宣传报道。

【扫黑除恶专项斗争】　截至2020年，全市扫黑除恶专项斗争开展3年（2018—2020年）以来，全市人民检察机关共受理涉黑涉恶案件490件1761人，对涉黑及重大涉恶案件提前介入引导侦查，提前介入率100%；对认定为黑社会性质组织犯罪、涉恶集团和涉恶团伙犯罪全部提起公诉，追诉漏犯31人、漏罪14件。发现并移送“保护伞”线索28条，批捕“保护伞”犯罪6人、起诉6人；提出处理涉案财物意见40条；落实涉黑恶案件“每案必建议”，检察建议制发率达100%，回复率达100%。

【刑事犯罪打击】　2020年，全市人民检察机关严惩严重暴力犯罪，批捕109人，起诉210人。依法打击“两抢一盗”（即抢劫、抢夺、盗窃）等多发性侵财犯罪，批捕659人，起诉1483人。打击毒品犯罪，批捕222人，起诉314人。突出惩治放火、危险驾驶等危害公共安全犯罪，批捕18人，起诉391人。惩治电信网络诈骗等涉众型犯罪以及利用网络赌博、泄露个人信息等犯罪，批捕24人，起诉123人。落实食品药品安全要求，起诉危害食品安全犯罪66人。

【矛盾纠纷化解】　2020年，全市人民检察机关融入市域社会治理现代化试点工作，接待群众来信来访1323件，并全部做到7日内程序回复、3个月内办理过程或结果答复。组织检察听证28件，办结刑事申诉21件。化解5年以上疑难复杂信访积案2件。化解1起时间长达34年的信访积案，获得最高人民检察院表扬，该案被《检察日报》报道，并获评全国检察机关信访积案清理十大典型案例之一。

【未成年人司法保护】　2020年，全市人民检察机关打击侵害未成年人犯罪，批捕51人，起诉104人；办理支持起诉撤销监护权案件3件。最大限度教育、感化、挽救涉罪未成年人，依法不批捕33人，不起诉39人。最大限度保护未成年被害人，联合教体、卫健、妇联、团市委等10家单位共建“未成年人保护联盟”，建成2个未成年人“一站式”关爱保护中心，提供法律援助93人次。最大限度预防未成年人犯罪，由检察长带头共138名检察官担任法治副校长，开展“法治进校园”巡讲96场，受众6万余人。

【刑事检察】　2020年，全市人民检察机关共批捕各类刑事犯罪914件1249人，起诉2308件3624人。加强侦查监督。监督立案65件、撤案46件，不批捕761人，不起诉585人，纠正漏捕51人，追诉漏犯98人、漏罪70件。加强刑事审判监督。依法提起抗诉22件，书面纠正侦查活动和刑事审判活动中的违法情形120件。强化刑事执行同步监督。纠正监外执行与社区矫正中违法情形144人，纠正减刑、假释、暂予监外执行的提请、决定、裁定不当229人。

【民事检察】　2020年，全市人民检察机关共办结各类民事诉讼裁判结果监督案件287件，同比上升41.38%，其中提出再审检察建议112件，同比上升366.67%，人民法院采纳93件。办理虚假诉讼监督案件144件，提出再审检察建议80件，人民法院全部采纳。对民事执行中的问题，提出检察建议103件，同比上升110.2%，人民法院全部采纳。对民事审判程序中的问题，提出检察建议92件，同比上升206.67%，人民法院采纳90件。

【行政检察】　2020年，全市人民检察机关履行维护司法公正、促进依法行政双重职责。依法办理行政裁判结果监督案件27件，提请抗诉1件。依法办理行政审判程序监督案件13件，同比上升85.71%，提出检察建议10件，人民法院采纳9件。依法办理行政非诉执行监督案件34件，提出检察建议33件，采纳30件。办理行政争议实质性化解案件9件。

【公益诉讼检察】　2020年，全市人民检察机关在生态环境和资源保护、食品药品安全、国有财产保护、国有土地使用权出让等领域开展公益诉讼检察工作，立案办理行政公益诉讼案件306件，制发279件诉前检察建议，整改率达99.64%。通过办案督促治理被污染损毁耕地、湿地、林地等1.33公顷，督促回收处置固体废物10.9吨，督促收回国有财产893万元。探索建立公益诉讼案件特邀行政机关专业人员兼任检察官助理制度，聘用市生态环境局、水利局、市场监督管理局等行政机关18名专业人员担任检察官助理。拓展公益诉讼新领域，办理道路交通安全、危化品违规经营等案件9件，督促整治危害公共安全问题，发出检察建议9件均被采纳。

【认罪认罚从宽制度落实】 2020年，全市人民检察机关落实人大审议意见，完善与政法各部门配合协作机制，适用认罪认罚从宽制度审结一审公诉案件2381件，适用率达82.55%，同比上升44.14%。准确把握从宽幅度，精准提出量刑建议，法院采纳率达95.73%。构建“认罪认罚+刑事速裁”办案模式，认罪认罚从宽案件中适用简易程序、速裁程序占比达73.65%。 （洪 程）

绵阳市各级人民检察机关举报电话号码一览表

表43

序号	单位名称	举报电话
1	绵阳市人民检察院	0816-2312908
2	绵阳市涪城区人民检察院	0816-2212000
3	绵阳市游仙区人民检察院	0816-2282000
4	绵阳市安州区人民检察院	0816-4332000
5	江油市人民检察院	0816-3362000
6	三台县人民检察院	0816-5222000
7	盐亭县人民检察院	0816-7123620
8	梓潼县人民检察院	0816-8212000
9	平武县人民检察院	0816-5390983
10	北川羌族自治县人民检察院	0816-4822745
11	绵阳市高新区人民检察院	0816-2190180
12	绵阳市小枧地区人民检察院	0816-2347873

法 院

【概况】 2020年，全市人民法院受理各类案件86323件，办结85108件；其中市中级人民法院受理8823件，办结8602件。全市人民法院法官人均结案234.46件，主要办案质效指标排名全省第一方阵，案件质量和效率实现新突破。全市人民法院审结一审刑事案件2285件；审结一审民商事案件41633件；审结一审行政案件664件。执结案件30575件，执行到位39.06亿元。在全省率先出台《刑事案件庭审办案指引》，从严从快审结妨害新冠肺炎疫情防控、利用新冠肺炎疫情实施诈骗、销售伪劣防疫物资等犯罪案件。建立与新冠肺炎疫情相适应的审执工作运行秩序，临时解除涉疫企业查封、扣押等措施2518次，暂缓执行案件1397件，妥善审执疫情引发的民商事案件，2件入选全省服务保障复工复产典型案例。加强涉疫案件司法应对，主动化解企业用工矛盾，与市人社局联合出台的《关于审理新冠疫情引发的劳动争议案件若干问题解答》，被《劳动法库》收录，并在全国仲裁工作会上作交流发言。市中级人民法院获“第二届全国法院百场优秀庭审”荣誉；周庆丰获“全国法院先进个人”称号，马小丽获“全国优秀法官”称号。

【扫黑除恶专项斗争】 2020年，全市人民法院依法审结涉黑恶案件51件449人，2件案件入选全省扫黑除恶专项斗争十大典型案例。突出打击重点，依法审结涉黑恶“套路贷”案件7件58人，审结涉“保护伞”案件6件6人。围绕“黑财清底”，开展“打财断血”专项执行活动，执行到位2.4亿元。健全扫黑除恶专项斗争联席会商、督查督导、综合治理等制度机制，推动扫黑除恶专项斗争从“深挖根治”向“长效常治”迈进。

【法治化营商环境营造】 2020年，全市人民法院建立信用修复激励机制，主动修复失信企业信息2296例，解除法定代表人高消费限制4258例。加大侵权惩罚性赔偿制度适用力度，依法审结知识产权案件328件。依法审结涉“放管服”改革行政诉讼案件74件，优化营商“软环境”。依法审结各类合同案件2.95万件，涉案金额114亿元。妥善审结涉产权案件911件，依法惩处侵害企业和企业家人身财产安全犯罪，坚决防止以刑事手段不当干预经济纠纷。审结一审劳动争议案件2526件，同比上升85.1%。严禁超标的查封扣押冻结财产，灵活运用“活封活扣”等强制措施，帮助1853家涉诉企业渡过难关。审结金融及民间借贷案件8627件，涉案金额53.4亿元。设立金融纠纷联调中心，化解金融纠纷149件，工作经验受到省法院推广。组建破产案件审判团队，成立绵阳市破产管理人协会，与高校共建破产法教育实践基地。审结破产清算案件12件，释放土地资源14.07公顷，出清房产9.7万平方米，安置职工253人。

【民生权益保障】 2020年，全市人民法院巩固拓展“基本解决执行难”成效，执结案件30538件，执行到位39.1亿元，平均执行天数减少33.8天。采取淘宝直播等公开拍卖方式，拍卖执行财产5.7亿元，溢价率达222.3%，为当事人节省佣金2900万元。加大失信惩处力度，限制高消费2.02万人，纳入失信被执行人名单3464人，罚款15人，拘留37人。打击恶意欠薪，特别是拖欠农民工工资行为，执结案件2977件，执行到位1.5亿元。执行机关单位、国有企业拖欠民营企业债务案件178件，执行到位1068.8万元。深化家事审判改革，妥善审结赡养、抚养、婚姻等案件6163件，制发人身安全保护令9份。依法严惩拐卖妇女儿童、强奸等犯罪，审结案件73件83人。完善联动救助机制，发放司法救助金210.3万元，依法减免缓诉讼费490万元。创新涉案未成年人社会救助机制，为涉案未成年人提供医疗、资金等社会救助，相关工作经验获最高人民法院推广。

【诉源治理】 2020年，全市人民法院融入市域社会治理格局，配合市委办、市府办出台《关于健全诉源治理机制推动城乡基层治理能力现代化的实施意见》，将万人成讼率、委托委派调撤率纳入全市目标绩效考评体系，完善诉源治理大格局。设立诉源治理联合调解中心，创新公益律师参与多元解纷机制，获得省委政法委调研肯定。发布典型案例、发送司法建议，联办以案说法节目48期，被中央电视台《今日说法》选播6期。全市法院新收案件增幅同比下降5.1个百分点。

【审判权制约监督体系建设】 2020年，全市人民法院健全员额法官调整、遴选、退出机制。健全责任清单，实行“一人一张考核”清单。强化案件质量责任追究，推进发改异议等制度。二审案件发改率降至0.6%，指标排名全省第一。发挥院庭长带头办理重大、疑难、复杂案件示范引领作用。健全审判质效末位约谈机制，推进未结案消减，同比下降73.4%。定期通报“四类案件”监管情况，落实类案与关联案件强制检索机制，执行错案追究制。执行减刑假释案件办理规定，依法不予减刑假释25件。 （罗 丽）

> **资料链接：**“四类案件”指：涉及群体性纠纷、可能影响社会稳定的，疑难、复杂且在社会上有重大影响的，与本院或者上级法院的类案判决可能发生冲突的，有关单位或者个人反映法官有违法审判、执行行为的。

司法行政

【概况】 2020年，全市司法行政系统立足司法行政职能，以服务市委、市政府中心工作为重点，全面完成年度绩效目标任务。全年全市司法行政系统有获市级以上表彰（表扬）和记三等功以上集体47个（次）、个人71人。争取到省级农用地转用和土地征收审批权、对外开放法治示范区创建、社区矫正等试点工作4项，相关工作亮点特色在省以上推广，市级以上媒体报道司法行政工作200余篇（次）。

【法治宣传】 2020年，全市把宪法宣传纳入《2020年绵阳市普法依法治理工作要点》《2020年“法治绵阳行”一月一主题活动工作方案》和国家机关“谁执法谁普法”普法责任清单学习宣传共同科目，明确各级国家机关普法责任、普法任务、普法内容，健全日常学法制度。印发《关于组织开展2020年绵阳市“宪法宣传周”系列活动的通知》，召开工作协调会，组织45个市级部门、15个区级部门在五一广场设立法律咨询台，为群众现场解答法律疑惑300余人次，免费发放法律书籍读本、宣传页1万余份。举办第四届绵阳市中小学“学宪法讲宪法”演讲比赛和知识竞赛，遴选7名优秀选手参加省上“学宪法讲宪法”演讲比赛和知识竞赛，包揽一、二、三等奖。组织协调绵阳电视台及县市区电视台与四川卫视同步播出建设法治校园公益宣传片，实现宪法学习宣传教育全覆盖。

【合法性审查】 2020年，全市司法行政系统共受理行政决策合法性审查267件。严把规范性文件审查关、备案关、清理关，严格落实部门备案责任，实施规范性文件动态管理和及时清理制度，向省政府及市人大常委会备案规范性文件6件，规范性文件报备率、报备合格率、报备及时率均达100%。审查县市区政府、园区管委会和市级部门规范性文件13件，书面受理报备24件。

【社区矫正和安置帮教】 2020年，全市以贯彻落实《中华人民共和国社区矫正法》《社区矫正法实施办法》为主线，实现安全隐患大排查全覆盖，推进全省社区矫正试点工作，提高矫正教育管理质量。全市新增社区服刑人员1283人，解除社区矫正1455人，在册2177人；开展社会风险性调查评估1138件，变更居住地49人，核查排查6336人次，警告102人次，撤缓收监23人。全年全市组织集中教育1.61万人次、个别谈话教育1.23万人次、心理辅导4844人次，帮扶5052人次，组织社区服务2.66万人次。落实满释放人员无缝衔接，落实必接必送和台账管理、定期帮教和社会救助制度。安置帮教人员排查率和信息台账建立率均达100%；重点帮教实现对象"一对一"跟踪，刑满释放人员安置帮教率达99%以上；走访慰问特困刑满释放人员49人。

【人民调解工作】 2020年，市司法局结合乡镇行政区划和村建制调整改革，出台《坚持发展"枫桥经验"实现矛盾不上交三年行动实施方案》《关于推荐工商联、商会、企业人民调解工作的实施意见》。全市人民调解组织达2409个，其中专行业性调解组织99个。人民调解组织开展矛盾纠纷排查8173次，排查发现矛盾纠纷2599件，预防纠纷2043件，成功调处15737件，调解成功率达98%以上。绵阳交调、公调（即交调事故损害赔偿纠纷人民调解、人民调解与公安行政调解）对接经验被《新时代枫桥经验四川篇章》收录，获得中央电视台法治频道专题报道。绵阳市涪城区人民调解委员会、三台县道路交通事故纠纷人民调解委员会被司法部表彰为"大排查早调解护稳定迎国庆"专项行动表现突出集体；曹宇、张明翠、董顺华、郝俊被司法部表彰为"大排查早调解护稳定迎国庆"专项行动表现突出个人。涪城区司法局、安州区司法局、游仙区司法局、平武县司法局、三台县司法局被表彰为宣传人民调解工作先进集体。平武县江油关镇人民调解委员会获全国模范人民调解委员会；张顺祥、李晴陆、刘光烈、何文俊、文东获全国模范人民调解员。绵阳市司法局全省业务技能大比武中获"模拟人民调解"第一名。涪城区司法局邓启贵获模拟人民调解比赛最佳调解员。

【公共法律服务】 2020年，公共法律服务市级民生实事项目全面完成，优化法律援助、优化调解机制、加强实体平台建设等19项"具体改革事项"全面完成销账。14个覆盖城乡的公共法律服务中心、206个乡镇（街道）工作站、2681个村（社区）工作室均达省级标准；建成规范化司法所166个，规范化建设率为100%，109个司法所被命名为"省级规范化司法所"；2个司法所和2名司法所长分获全国模范（先进）司法所、全国模范司法所长称号，"1小时"法律服务圈（即借助乡镇街道来实现法律援助，让老百姓需要的法律援助服务在1小时内得到受理）和"一站式"服务基本实现。县级以上公共法律服务中心实体平台与"12348"中国法网和四川法网、"12348"法律服务热线平台并网互通，实现全天候服务。全年全市共受理各类民商事仲裁案件109件，解决争议标的额3571.35万元，审结案件116件，法律援助服务人次、受理案件数和大厅（工作站）建设数量分别完成70%、89%、100%。 （谢 玮）

资料链接："一站式"服务即融合法律援助、人民调解、司法鉴定、公证等司法行政服务职能，整合律所、法律服务所、专业调委会、公证处、法律援助服务站，建设综合指挥平台，实现跨部门、跨级协调联动，实现数据传输、汇总、上报公开透明，有助于及时掌握相关矛盾信息，做到情况互通、部门互联、信息共享。

惩罚与矫正

【概况】 2020年，川北监狱按照四川监狱系统应对新冠肺炎疫情相关工作标准，坚持科学防疫、依法防疫、精准防疫，建立信息摸排机制；加强环境消杀、全员体温检测和定期核酸检测等防控工作。川北监狱开展"安全隐患三年整治"活动，排查整治各类安全隐患452项，组织应急处突演练500余次，做好惩罚矫正、安防机制建设等工作经验被省监狱局转发推广。

【执法与改造工作】 2020年，川北监狱把握"惩罚与改造相结合，以改造人为宗旨"的监狱工作方针，严格刑罚执行，创新改造手段，实现刑罚执行工作水平和罪犯改造质量双提升。刑罚执行。全年坚持以"万案大评查"回头看为抓手，持续规范监狱刑罚执行工作，依法收押、释放、依法办理减刑等工作均实现零差错。监管改造。开展"遵守监规 同心抗疫 共保安全 共度时艰"专项活动，未发生重大狱内案件。发挥监狱扫黑除恶专项斗争第二战场作用，核查涉黑线索多起。承办全省二季度狱情分析会和专题狱情会，监狱一体化平台使用、新冠肺炎疫情防控期间安全管控等做法在全系统推广运用。教育改造。坚持将脱贫攻坚故事等作为政治改造和时事政策教育的主要内容；开展《中华人民共和国民法典》等法律知识教育；组织开展"一封家书报平安"等活动，激发内生改造动力；注重罪犯危险性评估和结果运用，全年完成罪犯危评和心理干预工作；开展"认罪悔罪"教育，顽固犯转化率达100%。劳动改造。常态化开展"流动红旗"等劳动竞赛活动，增强劳动改造意识，端正劳动改造态度，提升劳动技术技能，发挥劳动改造"赎罪、矫正、塑新、回归"职能。

【法治建设与狱地协作】 2020年，川北监狱持续规范罪犯收押、释放、“减假暂”（即减刑、假释、暂予监外执行）案件办理，依法保障罪犯合法权益，拓展狱务公开渠道，打造阳光执法平台，挖掘社会帮教资源，推动《中华人民共和国民法典》普及，加快打造公共法律服务中心。承担地区牵头任务，与绵阳23家市级部门签订机制制度53份，把监狱安全纳入市域社会治理和地方安全工作目标体系，提升监狱综合治理能力和安全保障水平，形成狱地共建共治共享格局。

【监狱规范化建设】 2020年，川北监狱立足争创全省管理规范监狱，加快实施会见中心内迁、AB门改造、医院扩建等工程项目，优化综合保障能力；推进“一网通办”，实现一体化平台和四川监狱云平台融合，全面启动公安平台接入、“智慧磐石”工程等。 （张 赟）

仲 裁

【概况】 2020年，市仲裁委共受理各类民商事仲裁案件380件，争议标的额总计128567.56万元，共审结案件325件，裁处金额83630.5万元。其中裁决结案173件，占结案总数的53.23%；调解结案69件，占结案总数的21.23%；当事人撤回仲裁申请83件，占结案总数的25.54%。全年生效仲裁裁决的自动履行率达80%以上。仲裁裁决被人民法院撤销0件，被人民法院裁定不予执行0件。

【仲裁队伍建设】 2020年，市仲裁委与中国政法大学仲裁研究院对接，对仲裁员作线上培训1次；组织仲裁秘书参加中国政法大学“仲裁机构骨干研修班”等全国范围的培训，提升工作技能。市仲裁委开展仲裁员增聘工作，吸收84名优秀仲裁员，其中具有硕士学历及以上的53人，具有高级职称的23人。市仲裁委针对绵阳行政区划内的拟聘仲裁员开展现场培训。

【仲裁信息化建设】 2020年，市仲裁委对网上立案平台作建设升级，打造“绵阳仲裁微服务”平台，作为手机受理端口，是四川省首个互联网商事仲裁服务平台和微信小程序。“绵阳仲裁微服务”平台设置“申请立案”“立案记录”“文书下载”“仲裁规则”“仲裁员名册”等模块，当事人实名认证后，按需点击相应模块，即可完成远程立案、查询等。“绵阳仲裁微服务”平台与绵阳仲裁委员会后端的数字化办案业务平台无缝衔接，实现案件的快速流转和规范化管理。

【宣传走访】 2020年，市仲裁委微信公众号及官网共发布原创文章50余篇，内容涵盖案例速递、仲裁指引、仲裁新闻等，微信公众号及官网全年浏览量达3.52万次。编印《绵阳仲裁》期刊共4期，通过邮寄、微信、邮箱、网站等方式同步免费发放10万余次。组织“仲裁进律所”服务活动，加强仲裁机构与律师队伍的沟通交流。在“绵阳观察”App以及《绵阳日报》刊登宣传短讯，点击总量过万人次。创新宣传方式，以二手房交易风险及防范作为主题，在绵阳广播电台103.3频道“法在身边”栏目开展仲裁法律宣传，给予听众相关风险防范措施建议。

（万欢欢）

军 事

Military

绵阳军分区

【概况】　2020年，绵阳军分区党委坚持以习近平新时代中国特色社会主义思想和习近平强军思想为指导，贯彻新时代军事战略方针，落实军委国防动员部、省军区党委和绵阳市委部署要求，坚持抓新冠肺炎疫情防控和建设发展，出动现役官兵、文职人员等负责物资搬运、群众劝导、信息登记等工作，助力辖区新冠肺炎疫情防控工作，完成各项年度任务。

【思想政治建设】　2020年，绵阳军分区采取党委常委会重点学、党委中心组常态学、结合主题教育专题学等方式，全年安排集中理论学习4期、研讨交流4次、辅导授课12次，形成调研成果34份，官兵“四个意识”更加牢固、“四个自信”更加坚定。坚持落实军委主席负责制“三项机制”末端机制建设，全年上报要讯260篇、上稿43篇。接续开展“传承红色基因、担当强军重任”主题教育，配合抓好形势战备教育、纪法警示教育和经常性思想教育，定期开展思想调查。组织参加烈士公祭、纪念中国人民志愿军抗美援朝出国作战胜利70周年纪念活动，举办“强军杯”体育比赛。梓潼县人武部编纂《红军长征在梓潼》故事集，江油市人武部制作《选择》微视频，挖掘红色资源。安州区、北川羌族自治县人武部组织参观红色圣地，强化铸魂育人效果。

【战备应急能力建设】　2020年，绵阳军分区落实战备规定，系统修订战备方案和应急预案，强化民兵常态战备执勤，汛期保持民兵战备值班，并多次接受上级抽查，保持良好战备状态。组织民兵应急营（连）全要素、全流程战备拉动演练，联合军地开展防汛抢险、地质灾害救援、森林灭火等训练演练20余次，动员指挥能力提升。全年出动民兵，完成新冠肺炎疫情防控、防汛救灾等重大任务。完成江油市武引工程隧道塌方抢救、安州区千佛镇山火扑救，以及三台、平武、北川暴雨洪涝地质灾害抢险救灾等任务。

【国防动员】　2020年，绵阳军分区推进国防动员准备，开展基础潜力统计调查和重点潜力统计核查。深化民兵调整改革，构建新型民兵力量体系。推进兵役征集工作，提供大学生征集“一站式”服务，完成新兵、直招士官征集任务，其中大学生征集率首次突破70%，较2019年提高10个百分点。“五率”考评排名全省第六。开展“奋进新时代、聚力强军梦”国防教育主题宣传活动，完成48所院校7万余名学生军训任务。

【部队正规化管理】　2020年，绵阳军分区学习贯彻新纲要，制定年度抓建基层计划，开展课题研究11项。出台抓建“四个秩序”（规范战备秩序、规范训练秩序、规范工作秩序、规范生活秩序）方案及推进计划，细化完善57项制度规定。开展“法规条例学习月”“岗位练兵月”活动，强化部队“四个秩序”。涪城区人武部被省军区表彰为“践行强军目标先进单位”。开展基层武装部规范化建设，新建各类库室，乡镇武装部全部完成达标任务，全市园区武装工作实现起步。军分区机关落实安全管理责任制，开展安全风险分析预测，梳理风险点，制定防范措施。游仙区人武部、梓潼县人武部被省军区表彰为“安全稳定工作先进单位”。

【参建参治工作】　2020年，绵阳军分区落实党管武装工作制度，增补3名区县人武部党委第一书记，组织人武部党委第一书记党管武装工作述职，市委议军会议研究出台《关于积极支持驻绵部队练兵备战的意见》《关于进一步规范党管武装工作考核的实施办法》，调整市委人民武装委员会暨市国防动员委员会成员。参与筹办第八届科博会，协调邀请与会嘉宾在绵阳参观调研。联合地方出台《绵阳市关于进一步加强新时代双拥工作的意见》《驻绵部队军人随军家属安置实施细则》，绵阳市连续3届创建成为“全国双拥模范城”。联合军地开展“八一”建军节慰问、新兵入伍欢送、送立功喜报等活动，安置军转干部、退役士兵，并为现役军人子女落实入学、高考优待。巩固脱贫攻坚成果，定点帮扶的10个贫困村、1434名贫困人口全部通过脱贫验收。

【2020年开训动员暨市领导干部军事日活动】 2020年1月2日，2020年开训动员暨市领导干部军事日活动在绵阳军分区举行，活动由绵阳军分区组织。中共绵阳市委、市人大、市政府、市政协主要领导和各高校分管武装工作负责人，市、县两级民兵应急营连官兵参加。活动中，集体学习中央军委和省军区开训动员令精神，部署新年度军事训练任务，组织民兵应急营连进行集中点验，演练应急保障、森林灭火、水上救援等6个科目。

【抗洪抢险】 2020年8月11—17日，绵阳境内普降暴雨，其中特大暴雨过程降雨量最大达784毫米，涪江、安昌河、平通河、芙蓉溪均超警戒水位，平武县白马藏族乡受灾严重，道路通信全部中断。北川7个乡镇道路通信中断。绵阳军分区司令员率抢险队分别到安州区、三台县、盐亭县、江油市指导防汛救灾工作，参与防汛救灾和群众转移安置工作。截至8月31日，军分区出动现役官兵、民兵及舟艇、机械车辆，封堵管涌28处，加固堤坝1615米，装填沙袋5.32万个，转移受灾群众2.96万人，抢通道路137千米，搬运物资71吨。

（蒲显武）

人民防空

【概况】 2020年，全市人防工作以习近平新时代中国特色社会主义思想为指导，贯彻国家关于人防改革发展和四川省人防事业发展战略，开展政治巡察反馈问题整改、人防行业突出问题系统治理，人防依法行政、综合防护、应急支援能力提升。在新冠肺炎疫情防控工作中，贯彻中央、省市决策部署，组织抗疫志愿服务活动300余人次；推进“互联网+人防”服务，推动行业企业复工复产。在人防行业系统治理中，通过上级督查、部门自查、群众反映、委托第三方审计等方式，梳理问题，建立台账，逐项整改。依法清理规范项目档案，督促补办项目申报手续，催缴易地建设费。

【人防信息指挥体系建设】 2020年，市人防办着眼全省“融合发展示范城市”建设，推进信息系统升级改造项目建设，完成信息化建设规划、项目建议书和可行性研究报告的编制上报，获省人防办批复立项。开展全省科研类重要经济目标防护建设试点任务，联合西南科技大学土木工程学院等单位，采取资料查阅、走访调研、分析研判等方式，完成相关分类定级评价方法、防护标准等科技类理论研究成果，获省人防办表彰。推进县市区防空警报器建设，提高警报鸣响率、覆盖率。全年固定电台出联300余次，无线电沟通率达98%以上。

【人防依法行政】 2020年，全市人防系统坚持应建必建、依法“结建”原则，注重优化营商环境，落实项目审批和对账制度，加强对老旧人防工程和新建人防工程监管执法力度。全年市本级批准修建防空地下室面积、竣工面积、征收人防易地建设费均超额完成年度目标任务。

【人防训练演练】 2020年1月2日，全市人防系统参与绵阳军分区2020年度开训动员暨绵阳市领导干部军事日活动，出动人防专业队伍和装备，演示指挥所开设等科目。11月23—27日，组织安州、北川、梓潼及市级人防应急通信装备6台（套）、专业人员20人，跨越甘肃、陕西、四川三省，开展为期5天的人防专业队伍互联互通。9月18日，全市人防系统同步开展“9·18”事变纪念日防空警报试鸣活动，市本级组织西南科技大学等学校进行紧急疏散演练，并发放防空防灾知识手册，开展国防教育和人民防空知识普及，全市接受人防知识宣传教育群众达10万余人次。

（王发平）

图27 “8·11”暴雨洪灾期间，民兵参与白马藏族乡抗洪抢险

概　述

【概况】　2020年，全市农业农村工作贯彻落实中央、省、市关于农业农村优先发展的各项决策部署，坚持把实施乡村振兴战略作为"三农"的总抓手，通过召开全市农村地区新冠肺炎疫情防控暨农业生产工作视频会议等方式，统筹做好农村地区新冠肺炎疫情防控和农业农村经济持续健康发展。全年全市实现第一产业增加值370.95亿元，同比增长5.4%。全年实现农林牧渔业总产值631.15亿元，同比增长6%，超过全省平均水平0.2个百分点。其中农业产值279.24亿元，同比增长4.8%；林业产值30.73亿元，同比增长7.2%；牧业产值275.14亿元，同比增长7.9%；渔业产值24.22亿元，同比增长5%；农林牧渔服务业产值21.81亿元，同比增长5.7%。第一产业累计完成固定资产投资80.33亿元，同比增长84.5%，高于全省平均水平48.9个百分点。农村居民人均可支配收入19303元，同比增长8.8%，超过全省平均水平0.2个百分点。全年农作物总播种面积67.45万公顷，同比增长1.1%。其中粮食播种面积40.15万公顷，同比增长0.4%；油料作物播种面积17.44万公顷，同比增长2.6%。粮食总产量231.14万吨，同比增长0.3%，单产5757公斤/公顷，基本保持稳定。全市大春粮食产量185.68万吨，同比增长0.2%；小春粮食产量45.46万吨，同比增长0.6%。水稻产量93.32万吨，同比增长0.1%；小麦产量36.90万吨，同比增长0.4%。油料作物产量46.75万吨，同比增长5.1%；蔬菜及食用菌产量206.6万吨，同比增长1.8%。全年生猪出栏324.26万头，同比增长16.2%；牛出栏11.82万头，同比增长1.4%；羊出栏95.5万只，家禽出栏7429.99万羽。安州区花荄镇联丰村、游仙区徐家镇白鹤村、江油市方水镇白玉村被中央农办、农业农村部、中宣部、民政部、司法部认定为全国乡村治理示范村。江油川猪种业园区、游仙川菜种业园区入围省级现代种业园区培育创建名单，获得省级财政连续3年支持，每年1000万元。游仙区被农业农村部确定为第二批全国农村集体产权制度改革经验交流典型单位。

【农村集体经济发展】　2020年，全市围绕落实村集体资产集体成员所有权，放活集体资产经营权、保护成员收益权，将全市128.97亿元农村集体资产、145万公顷集体土地确权到不同层级集体经济组织成员集体；组建2556个农村集体经济组织代表成员集体行使管理集体资产、开发集体资源的经营管理活动；56.4%的村集体经济组织将经营性资产折股量化到成员、落实到户，基本形成归属清晰、流转顺畅的"三权分置"格局。尊重民意、因地制宜采取直接合并村集体经济组织、差异化设置成员股权、联合经营等方式，推进461个合并村集体经济组织实现完全融合发展，占1225个合并村的37.6%。发挥集体经济组织"统"的功能，在前期探索出的9种经营模式（即土地经营型、产业带动型、资源开发型、服务创收型、项目兴业型、资产营运型、资本运作型、基础设施运作型、龙头企业带动型）的基础上，坚持因地制宜、可持续、低风险的原则，与各类市场主体联合与合作，就新型农村集体经济实现形式进行探索。全年全市村集体经济经营性收入1.58亿元。

【农业社会化服务发展】　2020年，全市现代农业社会化服务业体系初具规模，全市有农民合作社、农村集体经济组织、企业等农业生产服务组织880个（农村集体经济组织176个、有生产服务功能的农民专业合作社655个、企业49个），生产托管服务面积超420万亩次，各类服务主体营收达2.69亿元，累计带动小农户数量60.77万余人。创新整市推进社会化服务工作方式，并多次获上级肯定。全面启动建设全市农业社会化服务信息平台，提升市、县农业主管部门监管能力，为农业服务组织和农户搭建精准高效服务平台，提升服务水平。全年全市共争取中央资金2600万元，支持8个县市区实施生产托管土地面积1.33万公顷。

【农民专业合作社发展】 2020年，全市有农民专业合作社5740个，有农民专业合作社联合社达27个。合作社带动入社成员32.98万户，经营收入达29.97亿元，可分配盈余达2.95亿元。全市有省级及以上示范社228个。全年持续实施中央专项资金支持农民合作社项目，总投资2005万元，共支持县级以上示范社119个。安州区、江油市、梓潼县围绕发展壮大单体合作社、促进联合与合作、提升县域指导服务能力等方面，开展农民合作社质量提升整县推进试点工作。

【农产品仓储冷链建设】 2020年，全市围绕保供给、减损耗、降成本、强产业、惠民生，聚焦产地“最先一公里”和城市配送“最后一公里”，推进农产品产地仓储冷链物流设施建设。全年农产品冷链设施总投资3950万元，撬动社会资本8458万元。全市有安州区开展“菜篮子”仓储冷链物流示范县建设，江油市、仙海区开展乡村农产品产地仓储冷链物流集配中心建设，86家示范家庭农场、农民专业合作社开展田间地头仓储冷链设施建设。

【农业产业化经营】 2020年，全市贯彻中央和省委一号文件精神，坚持把推进农业产业化经营作为全市推进农业供给侧结构性改革主线，围绕六大重点产业和十大主导产品，以“做大规模、做优品质、做响品牌”为目标，以农业绿色发展为方向，以市场需求为导向，优化农业产业体系、生产体系、经营体系，增强产业发展新动能，推动产业转型升级，推进农业产业化快速发展。全市市级以上农业产业化龙头企业发展达420家（国家级龙头企业4家、省级重点龙头企业59家），市级以上龙头企业实现农产品加工经营销售收入507亿元。

> **资料链接：** 六大重点产业和十大主导产品即粮油、畜禽水产、中药材、林果、蔬菜、休闲农业和优质生猪、涪城麦冬、水稻种子、优质禽蛋、优质蜜柚、优质魔芋、优质核桃、优质厚朴、优质藤椒、平武天麻。

【农产品地理标志认证】 2020年，全市新增“涪城芦笋”“梓江鳜鱼”“盐亭桑叶”3个农产品地理保护产品，“三品一标”（即无公害农产品、绿色食品、有机农产品和农产品地理标志）新增189个，“三品一标”认证总数达1006个。游仙区“三国冬枣”、安州区“辉达粮油”获2020年第二十一届中国绿色食品博览会金奖。全市发布《饲用甜高粱高产栽培技术规范》等7项地方标准，制定《藤椒病虫害防控技术规程》等8项地方标准。

【全市农村地区疫情防控暨全市春耕生产工作视频会议】 2020年2月12日，全市农村地区疫情防控暨全市春耕生产工作视频会议召开。会议贯彻落实全省农村地区新冠肺炎疫情防控调度会暨全省春耕生产工作视频会议精神，安排部署全市相关工作。副市长经大忠、市农业农村局局长贾友忠出席会议。会议指出，各地各相关部门要认识农村地区新冠肺炎疫情防控工作的重要性、复杂性和严峻性，发挥工作专班和农村工作组组织领导、统筹协调和督促落实等职能作用，做深做细做实各项防控基础性工作，确保疫情底数清、情况明，控得住、不扩散。会议要求要落实好新冠肺炎疫情防控主体责任，始终坚持全市“一盘棋”；要发挥农村基层医疗卫生机构和村医作用，落实各项防控措施，做好外出农民工的动态情况掌握；要加强农村地区防疫知识宣传，保障群众生活必需品供应；要抓好“非洲猪瘟”、高致病性禽流感等重大动物疫病防控，加快恢复生猪生产；要在抓好新冠肺炎疫情防控基础上，动员农民不误农时抓好春耕备耕，抓好“菜篮子”农产品市场供应以及农资市场监管和供应。

【全省首个农业综合开发长江绿色生态廊道项目在安州区开工建设】 2020年5月7日，四川省利用亚洲开发银行贷款农业综合开发长江绿色廊道项目（以下简称“亚行项目”）开工仪式在安州区河清镇举行。省农业农村厅党组成员、副厅长、省农田建设外资项目管理办公室主任肖小余，省农业农村厅二级巡视员王犁田，副市长赵迎春出席开工仪式，有关技术专家、省农业农村厅、市农业农村局、县农业农村局、群众代表近100人参加开工仪式。该项目由财政部向亚洲开发银行申请贷款3亿美元，在全国6个省（市）实施的农业综合开发长江绿色生态廊道项目主要针对长江上游地区水土流失严重、面源污染日益显著、农业生产效益低等问题，以建设生态清洁小流域为重点，发展特色生态农业，综合实施现代农业工程、面源污染防治工程，配套实施机械发展与项目管理建设工程，力争打造长江上游生态文明先行示范区。项目区涉及绵阳市安州区和盐亭县的6个乡镇、28个行政村。安州区项目计划建设5年，总投资5226万元。

【游仙区太平土地托管中心入选全国第二批农业社会化服务典型案例】 2020年10月11日，农业农村部发布第二批全国农业社会化服务典型案例24个。绵阳市游仙区太平土地托管中心《全程托管“345”为农增收添翼虎》入选。游仙区太平土地托管中心（以下简称中心）成立于2014年6月，由1家农民合作社、1家龙头企业、6户种植大户和3户家庭农场发起，有成员2088户。中心是游仙区大型农业社会化综合服务体，辐射游仙区、梓潼县和江油市3县10镇，服务农户3228户，托管土地面积955.67公顷。中心依托“三种方式、四支队伍和五个统一”的“345”农业社会化服务模式，破解深丘偏远地区农村劳动力短缺、土地撂荒日益严重的困局，实现“种粮成本降低、农资用量降低、机械化成本降低、设施投入降低和粮食产量增加、经济收入增加”的“四降低两增加”。　（郭康康）

资料链接：“三种方式、四支队伍和五个统一”即土地托管的全托、半托、代管3种托管方式；机械服务队、种植技术指导队、病虫害防治队、生产物资保障队4支专业化队伍；作物统一机械收种、生产资料统一购买配送、种植技术统一指导、生产标准统一规范、种植产品统一外销的5个统一模式。

农村人居环境整治

【概况】　2020年，全市贯彻落实中央、省、市的部署和要求，推开以农村生活垃圾治理、农村生活污水治理、厕所革命及粪污治理和村容村貌提升为重点的农村人居环境整治工作，通过加强工作领导、强化工作举措、细化工作任务、加大工作宣传、构建长效机制，完成各项目标任务。全年全市共争取中央资金6051万元，实施农村“厕所革命”民生实事项目，截至12月下旬，完成132个村，5.11万户无害化卫生厕所新改建，分别完成民生实事任务的139.0%和146.2%。全市农村户用卫生厕所普及率达94.21%，超目标任务9.21个百分点。全市98.99%的行政村生活垃圾得到有效治理，超目标任务8.99个百分点。68.3%的行政村生活污水得到有效治理，超过目标任务8.3个百分点。

【农村人居环境整治工作机制构建】　2020年，市委、市政府重视农村人居环境整治工作，列入市委常委会、市政府常务会议专题研究，多次召开领导小组、专题培训、现场推进等会议，推动相关工作开展。坚持把农村人居环境整治工作纳入县市区、园区和市级部门目标绩效考核内容；印发《绵阳市农村人居环境整治考评细则（试行）》《绵阳市农村人居环境整治督导工作手册》和《绵阳市农村人居环境整治三年行动考核验收实施细则》，通过农村人居环境整治督查暗访和考核验收，通报和曝光突出问题，推动工作落实。完善“绵阳市农村人居环境整治”信息平台建设，涵盖农村垃圾、污水、厕所、村容村貌等50余项统计指标，构建“市、县、乡、村”的数据统计体系。

【农村人居环境整治专项行动】　2020年，全市通过开展农村垃圾治理、生活污水治理等专项行动，加大农村人居环境整治力度，推动农村人居环境提升。农村生活垃圾治理。各县市区、园区基本建立“户分类、村收集、镇运输、县（市）处理”的农村生活垃圾收转运模式，绵阳市98.99%的行政村将农村生活垃圾治理纳入村规民约，并建立清扫保洁、检查评比等制度，20%的行政村推行村民垃圾治理缴费机制。农村生活污水治理。出台县域农村生活污水治理规划12个，组织绵阳市生态环境系统召开业务培训会议5次，因地制宜采取治理措施，采用接入城镇管网、集中治理和资源化利用等工程与生态措施相结合的建设模式，完成全市1060个行政村生活污水治理，受益农户约85.08万户。农村“厕所革命”及粪污治理。分类实施农村户厕改建，实施28万户农村户用卫生厕所新改建，9.1万户无害化卫生厕所新改建，472座农村公厕新改建，全面消除露天粪坑，行政村公厕基本实现全覆盖，组建2000余人的农村“厕所革命”技术服务队伍。开展“美丽四川·宜居乡村”创建。持续推进旧村改造，累计完成农村土坯房改造19.09万户；全面推进“四好农村路”建设，农村公路总里程达到1.73万千米；改善农村生态环境，推进大规模绿化绵州行动，森林覆盖率达55.65%；秸秆资源化利用率达97.11%，废旧农膜回收利用率达82.99%，农药包装废弃物回收处置率达80.33%；建设美丽宜居乡村，加强乡村历史文化建筑与环境保护利用。绵阳市有省级以上传统村落56个、“四川最美古村落”3个，创建“美丽四川·宜居乡村”达标村2127个（全市乡镇行政区划调整和村级建制调整改革前数据）。开展清洁村庄行动。突出清理死角盲区，由“清脏”向“治乱”拓展，由村庄面上清洁向屋内庭院清洁、村庄周边清洁拓展；建立长效保洁机制，实现保洁员全覆盖，推动村庄由一时清洁向长效清洁转变，推动村庄清洁行动常态化、制度化、持续化；形成良好生活习惯，倡导绿色健康卫生生活理念，让群众变“要我干”为“我要干”，让“扫干净、摆整齐、爱干净、讲卫生”成为农民群众的行动自觉。

【农村生活垃圾治理行动】　2020年，全市开展农村生活垃圾治理行动，有垃圾收集点26960个（新改建农村生活垃圾分类收集点14158个），配备垃圾收集车辆4565台（新增生活垃圾收集车969台），基本实现村村都有收集车的目标。全市有生活垃圾转运站93座，乡镇和农村生活垃圾转运车辆达1296台，转运生活垃圾范围基本覆盖所有村庄。先后升级改造9座县级以上生活垃圾填埋场渗滤液处理系统，提升生活垃圾填埋场渗滤液处理能力（提升830吨/日），完全满足全市城乡生活垃圾处理需要。

【农村人居环境整治氛围营造】 2020年，全市引导农民群众开展房前屋后绿化美化、院落环境清理整洁等活动；针对农民群众积极性高、愿意干、干得了的工程项目，通过“一事一议”、事前竞争、事后奖补等方式参与建设；通过开展“百家看、千家比”“红黑榜”等评比活动，引导农民群众主动参与。全市100%的行政村建立涵盖农村人居环境整治内容的村规民约。各级投入农村人居环境整治专项资金2.08亿元，储备未来5年农村人居环境整治相关项目226个、50.3亿元。推广“财政补一点、村上出一点、村民筹一点”的资金筹措机制，吸引社会资本参与，确保项目加快推进和长期有效管护。开展专题宣传，组织各县市区、园区参加全国美丽宜居村庄短视频擂台赛活动，共拍摄上传100余个视频作品，其中三台县三清村视频被选为优秀短视频展播。《绵阳市扎实推进农村厕所革命》《美丽乡村入画来：看绵阳市如何深入推进农村人居环境整治》分获省委办公厅《每日要情》《绵阳日报》报道。 （郭康康　黄　龙）

农业产业化经营

【概况】 2020年，全市加强农业产业经营主体培育，壮大经营主体实力，提升经营主体市场竞争力。全市新增省级重点龙头企业8家，全市省级以上龙头企业总数达63家；市级以上龙头企业农产品加工经营销售收入过1亿元以上龙头企业71家，2亿元以上龙头企业42家，5亿元以上龙头企业17家，10亿元以上龙头企业5家，20亿元以上龙头企业4家，50亿元以上龙头企业1家，100亿元以上龙头企业2家。开展农产品产地初加工设施建设，建成涪城蚕茧交易中心、龙腾农机粮油烘干中心等大型烘干仓储中心4座，农产品初加工率达60%。全市开展第二批重点企业“服务绿卡”申报工作，共有13家农业产业化龙头企业获得绵阳市第二批重点企业“服务绿卡”。游仙区、梓潼县被省农业农村厅批复确定为第二批农民合作社质量提升整县推进省级试点县。至此，全市农民合作社质量提升整县推进国家级、省级试点县总数分别达到1个和3个。绵阳市游仙区崇林水果种植专业合作社、三台县广利乡霞晖种植农民专业合作社、绵阳市木龙观胡萝卜种植专业合作社等33家合作社被认定为四川省第十二批农民合作社省级示范社。

【农业产业化联合体培育】 2020年，全市坚持按照“实力龙头企业牵头，科研院所科技支撑，产业链上下游企业参与，农民合作社和家庭农场主动融入”机制，培育“风险共担，利益共享”的经济利益共同体，推进农业产业化联合体发展，实现农业生产与农产品加工流通结合起来，延伸产业链、提升价值链、完善利益链，形成完整产业链条，实现“1+1+1>3”的放大效应。全市培育发展农业产业化联合体21家，认定市级农业产业化联合体13家、县级农业产业化联合体8家。四川雪宝乳业产业化联合体等4家企业作为省级农业产业化联合体的培育项目，获省级培育资金1200万元。

【现代农业园区建设】 2020年，全市重点围绕绵阳市六大重点产业和十大主导产品，对接省上现代农业“10+3”产业体系，出台《绵阳市现代农业园区建设推进方案》《绵阳市现代农业园区建设总体规划（2019—2023年）》等文件，将现代农业园区布局为“三区协同、多点带动”。截至年底，创建国家产业园管理体系名单园区1个（三台县麦冬种养循环现代农业园区），创建省5星级园区1个（三台县麦冬种养循环现代农业园区）、省3星级园区2个（涪城区蚕桑现代农业园区、安州区粮油现代化农业园区），认定市星级园区18个、县级园区50个。全市50个县级以上现代农业园区实现总产值340.6亿元，占全市农业总产值的53.96%。

> **资料链接：** 四川省现代农业“10+3”产业体系即重点培育川粮（油）、川猪、川茶、川菜、川酒、川竹、川果、川药、川牛羊、川鱼等十大特色产业，做强现代农业种业、现代装备、冷链物流等三大先导性支撑产业。

2020年绵阳市现代农业园区一览表

表44

所属县市区	名　称	数量（个）	园区级别
涪城区	涪城区蚕桑现代农业园区	4	省三星级
	关帝镇猪菜生态循环现代农业园区		市三星级
	金峰镇蚕桑现代农业园区		县级
	新皂镇青花椒现代农业园区		县级

续表

所属县市区	名　称	数量（个）	园区级别
游仙区	游仙区葡萄+青梅现代农业园区	5	市三星级
	游仙区止语林果现代农业园区		市三星级
	绵阳市游仙区蔬菜种业现代农业园区		县级
	绵阳市游仙区优质粮油现代农业园区		县级
	花舞游仙现代农旅产业园区		县级
安州区	安州区优质粮油现代农业园区	3	省三星级
	安州区柑橘现代农业园区		市四星级
	杂交水稻制种现代农业园区		县级
江油市	江油市生猪种业现代农业园区	9	市三星级
	新安猕猴桃现代农业园区		县级
	太白蔬菜现代农业园区		县级
	贯山稻渔综合种养现代农业园区		县级
	方水蜜桃现代农业园区		县级
	小溪坝优质粮油现代农业园区		县级
	河口蜜柚现代农业园区		县级
	双河畜果生态循环现代农业园区		县级
	江油市大康百合现代农业园区		县级
三台县	三台县麦冬+生猪种养循环现代农业园区	8	省五星级
	三台县梓州藤椒现代农业园区		市五星级
	三台县优质粮油现代农业园区		市四星级
	三台县西平镇藤椒现代农业园区		县级
	三台县乐安镇青脆李现代农业园区		县级
	三台县刘营镇水果现代农业园区		县级
	三台县立新镇蔬菜现代农业园区		县级
	三台县塔山镇胭脂脆桃种养循环现代农业园区		县级
梓潼县	梓潼县蜜柚+生猪生态循环现代农业园区	8	市五星级
	梓潼县潼江河谷优质粮油现代农业园区		市五星级
	牛头山柑橘现代农业园区		市四星级
	水稻制种+优质粮油现代农业园区		县级
	梓潼县有机猕猴桃现代农业园区		县级
	梓潼县百草园中药材现代农业园区		县级
	柏木林下种菌现代农业园区		县级
	梓潼县广粤生态循环现代农业园区		县级

续表

所属县市区	名　称	数量（个）	园区级别
盐亭县	盐亭县西部水产现代农业园区	3	市五星级
	盐亭县柑橘现代农业园区		市四星级
	盐亭县七里花乡现代农业园区		县级
北川羌族自治县	北川县茶叶现代农业园区	7	市五星级
	北川县厚朴现代农业园区		市三星级
	安昌镇稻鱼综合种养现代农业园区		县级
	坝底乡蔬菜现代农业园区		县级
	片口乡中羌药材现代农业园区		县级
	桂溪镇永乐生猪繁育现代农业园区		县级
	北川县西羌竹业现代农业园区		县级
平武县	平武县果梅现代农业园区	3	市三星级
	厚朴现代农业园区		县级
	茶叶现代农业园区		县级
合计		50	

【农业产业融合发展】 2020年，全市坚持以产业强镇建设为依托，围绕六大重点产业和十大主导产品，按照“建基地、育产业、创品牌、拓市场”要求，坚持做大做强主导特色优势产业，推动一、二、三产业融合，促进县域经济发展。新增北川羌族自治县桂溪镇为国家产业强镇，全市国家产业强镇总数达3个。三台县、江油市、梓潼县被纳入四川“川猪”优势特色集群项目，争取到资金1.8亿元，成为绵阳市生猪产业获得中央财政投资额最大的单个项目。三台县涪城麦冬入选第四批国家级特色农产品优势区名单。江油市黑滩村获评中国美丽休闲乡村。北川羌族自治县石椅羌寨、江油市贯山镇稻香渔村农业主题公园、安州区红花源农业主题公园获评省级示范农业主题公园。

【全市现代农业园区建设现场会】 2020年10月20日，全市现代农业园区建设现场会召开。市委书记刘超出席会议并讲话。市委副书记、市长元方主持会议。市人大常委会主任付康，市政协主席李亚莲，市委副书记刘光强、胥锦成出席。会议强调要坚持集聚建园，壮大园区特色产业规模；要做优规划布局，聚焦“6+10”现代农业产业体系，加强与“十四五”规划、乡镇国土空间规划、村庄规划的统筹衔接，优化调整现代农业园区布局，科学合理布局农业园区内部功能板块，加快形成“三区协同、多点带动”的园区发展格局；要做强主导产业，选择比较优势明显、产业可延伸性强、市场开发价值较高且成长性好的主导产业，集中资源力量培育壮大，尽快形成聚集效应和市场优势；要做大经营主体，引进培育一批有实力、联农带农能力强的龙头企业入园发展，组建发展一批利益关系明晰、组织管理规范、群众信得过、企业连得上的合作社，培育打造一批示范家庭农场，鼓励引导龙头企业和合作社、家庭农场组建产业化联合体，形成良性互动格局；要坚持融合强园，推进园区全产业链建设；要促进一、二、三产融合发展，加快构建种养有机结合，生产、加工、收储、物流、销售于一体的农业全产业链，统筹推进特色农产品产地初加工和精深加工，把产业链上更多的附加值留在园区；推进农业与旅游休闲、农耕体验、文化传承、健康养生等深度融合，发展“互联网+”农业，培育新增长点；要推动园村一体、产村融合，把现代农业园区布局与美丽乡村建设统筹谋划、同步推进，结合乡镇行政区划调整和村级建制调整改革，聚焦特色村镇建设统筹规划优势特色产业，推动园区产业设施与乡村公共服务设施配套建设，加快建设以产兴村、以村促产、产村相融、宜居宜业的美丽乡村；要坚持绿色兴园，彰显园区优质安全特质；要坚持全程标准化生产，建立健全农业生产、管理、服务的规范标准体系、质量保证体系和检验检测体系，落实质量安全监管责任制和追究制度，

图28　10月20日，全市现代农业园区建设工作会议召开

把农业园区建成质量安全的放心园；发展生态循环农业，推广“沃野绵州”现代生态循环农业工程的好经验好做法，应用“以种定养、以养促种、种养结合”循环产业模式和“市场大循环、合作中循环、园场小循环和家庭微循环”效益驱动模式，提升绿色优质农产品供给能力；要打造更多“绵字号”知名品牌，实施品牌建设“孵化、提升、创新、整合、信息”五大工程，打造一批知名区域公用品牌、企业品牌和产品品牌，持续提升绵阳造农产品知名度和影响力；要坚持创新活园，增强园区发展内生动力；要完善组织管理机制，实行由县级党政主要负责人担任“园长”的推进机制，统筹推进农业园区的规划、建设和管理；要创新利益联结机制，引导农民与入园经营主体开展多种形式的合作，鼓励村集体以集体资产特别是集体建设用地量化入股等形式参与农业园区建设，推动资源变资产、资金变股金、农民变股东，让农民长期合理分享全产业链增值收益；要强化科技创新驱动，建立“绵阳国家农业科技园区+现代农业园区”的农业科技创新推广体系，优化农业科技服务；要把园区建设放在全局工作中更加突出的位置，加强考评激励，强化要素保障，抓好典型示范。涪城区、梓潼县、安州区、盐亭县和绵阳明兴农业科技开发有限公司、仙特米业有限公司负责人作交流发言。市委、市人大常委会、市政府、市政协有关领导，各县市区、园区和市直有关部门（单位）负责人等参加考察或会议。

（郭康康）

种植业

【概况】　2020年，全市粮食生产贯彻落实粮食安全行政首长责任制，围绕扩面增产目标，做好新冠肺炎疫情防控与保粮食安全工作，粮食生产实现面积、产量双增长，粮食产业化水平持续提升，科技支撑水平稳步增强。全年全市粮食种植面积40.2万公顷，同比增长0.4%，产量231.14万吨，同比增长0.3%，单产5757公斤/公顷，基本保持稳定。其中大春粮食产量185.68万吨，同比增长0.2%；小春粮食产量45.46万吨，同比增长0.6%。水稻产量93.32万吨，同比增长0.1%；小麦产量36.9万吨，同比增长0.4%。油料作物产量46.75万吨，同比增长5.1%；蔬菜及食用菌产量206.60万吨，同比增长1.8%。粮食适度规模经营面积保持增长，同比增长5.9%，小麦“耕、种、收”综合机械化率达83.97%，水稻“耕、种、收”综合机械化率达82.67%，全市小麦最高亩产达729.8公斤（江油市大堰镇泉水村小麦绿色高产示范片区），刷新中国西南地区小麦亩产最高纪录；市农科院自主研发的小麦品种“绵麦902”成为第一个亩产突破700公斤的绵阳品种。油料作物种植面积15万公顷，同比增长2.4%，产量38.6万吨，同比增长5%。全市发展国标三级以上优质稻10.1万公顷（国标二级及以上优质稻4.948万公顷），产量达81.2万吨。建成优质稻生产基地31个，订单生产面积达2.1万公顷。三台县获得油菜区域良繁奖励资金1000万元，游仙区获得省级蔬菜种业园区培育资金1000万元，江油市省级生猪种业园区培育资金1000万元，三台县省级生猪种业园区培育资金1000万元。三台县获得2019年度四川省粮食生产“丰收杯”。

【主粮种植】　2020年，全市稻谷种植面积约11.8万公顷，产量93.3万吨。其中涪城区稻谷种植面积0.55万公顷，产量4.4万吨；游仙区稻谷种植面积1.59万公顷，产量12.6万吨；安州区稻谷种植面积2.28万公顷，产量18.3万吨；江油市稻谷种植面积2.19万公顷，产量16.8万吨；三台县稻谷种植面积2.6万公顷，产量20.8吨；盐亭县稻谷种植面积1万公顷，产量7.9万吨；梓潼县稻谷种植面积1.46万公顷，产量11.5万吨；北川羌族自治县稻谷种植面积0.1万公顷，产量0.7万吨；平武县稻谷种植面积0.04万公顷，产量0.3万吨。

2020年，全市玉米种植面积14.83万公顷，产量约81.8万吨。其中涪城区玉米种植面积0.41万公顷，产量2.4万吨；游仙区玉米种植面积0.96万公顷，产量5.6万吨；安州区玉米种植面积0.55万公顷，产量3.2万吨；江油市玉米种植面积1.22万公顷，产量6.86万吨；三台县玉米种植面积4.92万公顷，产量28.5万吨；盐亭县玉米种植面积2.31万公顷，产量13.3万吨；梓潼县玉米种植面积1.79万公顷，产量10万吨；北川羌族自治县玉米种植面积1.06万公顷，产量5.18万吨；平武县玉米种植面积1.61万公顷，产量6.9万吨。

2020年，全市小麦种植面积约8.2万公顷，产量36.9万吨。其中涪城区小麦种植面积0.22万公顷，产量1.00万吨；游仙区小麦种植面积1.05万公顷，产量4.8万吨；安州区小麦种植面积0.82万公顷，产量3.9万吨；江油市小麦种植面积0.75万公顷，产量3.4万吨；三台县小麦种植面积2.19万公顷，产量9.9万吨；盐亭县小麦种植面积1.45万公顷，产量6.6万吨；梓潼县小麦种植面积1.59万公顷，产量7.0万吨；北川羌族自治县小麦种植面积0.02万公顷，产量0.1万吨；平武县小麦种植面积0.09万公顷，产量0.2万吨。

2020年，全市油菜籽种植面积15万公顷，产量38.6万吨。其中涪城区油菜籽种植面积0.69万公顷，产量1.9万吨；游仙区油菜籽种植面积1.6万公顷，产量4.26万吨；三台县油菜籽种植面积4.2万公顷，产量12万吨；盐亭县油菜籽种植面积1.97万公顷，产量4.44万吨；安州区油菜籽种植面积1.69万公顷，产量4.5万吨；梓潼县油菜籽种植面积1.69万公顷，产量4.75万吨；北川羌族自治县油菜籽种植面积0.50万公顷，产量0.83万吨；平武县油菜籽种植面积0.53万公顷，产量0.47万吨；江油市油菜籽种植面积2.06万公顷，产量5.43万吨。

【经济作物种植】 2020年，全市蔬菜种植面积7.292万公顷，增幅达2.6%；产量206.60万吨，增幅达1.8%；产值53.65亿元，增幅达1.01%。初步形成以涪城、游仙、安州、江油为主的城区保障型蔬菜生产基地，以三台、梓潼为主的常规大宗蔬菜生产基地，以平武、北川为主的高山蔬菜基地。在游仙区、江油市等地建设蔬菜良种繁育基地，培育蔬菜良种繁育产业，满足本市乃至全国的蔬菜种子市场需求。维斯特农业、五洲农业、清香园调味品、蜀国农业等蔬菜龙头企业持续壮大，其蔬菜产品进入成都、重庆等市场。高水农产品批发市场是川西北最大农产品集散和物流中心。全市藤椒种植面积达1.9万公顷，产量2.46万吨，产值高达10.5亿元。优质藤椒主产区集中在三台县、盐亭县等6个县，全年通过实施“区域公用品牌+企业自主品牌”发展战略，创建绿色、无公害、有机藤椒产品。注册“五柏藤”“麻呼鲜生”“花青藤悦”“麻匠铺子”等多个藤椒系列产品品牌，“三台藤椒”申报成为省级特色农产品优势区。

【中药材种植】 2020年，全市中药材种植面积1.31万公顷，产量5.53万吨。种植面积较大的有麦冬、大黄、黄连、木香、桔梗、附子、天麻、重楼等。推广无公害绿色中药材种植技术、病虫害绿色防控技术，杜绝剧毒、高毒农药用于中药材种植，促进中药材质量安全和生态环境安全。三台县“涪城麦冬”入选第四批国家级特色农产品优势区。三台县麦冬种植面积达4000公顷，麦冬产量（以烘干块根计）达1.5万吨，综合产值超过30亿元。培育麦冬产业化联合体1家，省级农业产业化龙头企业1家、各类中药材种植专业合作社70余家、中药材产业从业人员超过29万余人。以花园镇、建设镇、永明镇等麦冬核心产区为中心，新建133.33公顷的种养循环基地和133.33公顷“麦冬—玉米”“麦冬—高架蔬菜（苦瓜、豇豆）”等麦冬综合高效利用展示区，改建麦冬地高架蔬菜基地40公顷。依托新型职业农民培育培训项目，组织规模中药材生产基地的农户参加培训，通过专业课学习，中药材基地实训，外出参观考察实践等方式，提高行业从业人员中药材生产理论水平和实际操作能力，带动更多种植户科学安全生产。

【三台县麦冬种养循环现代农业园区】 三台县麦冬种养循环现代农业园区位于三台县城北部，覆盖芦溪镇、永明镇涪江东岸20个村，面积53.55平方千米，耕地面积2093.33公顷，总人口4.11万人。园区以麦冬和生猪为主导产业，2019年获评省级五星级现代农业园区，2020年入选国家现代农业产业园创建管理体系。2020年，实现总产值37.49亿元，其中“麦冬+生猪”全产业链产值37.23亿元，较2019年增加14.2亿元，同比增长61.9%。园区规模种植麦冬1346.67公顷，总产量达6574吨，实现麦冬应种尽种、全域覆盖，并建成GAP示范基地533.33公顷，推广“药—粮”套作1066.67公顷、“药—粮—菜”套作266.67公顷。建有国家生猪核心育种场2个、规模养殖场93个。全年出栏生猪7.12万头、仔猪42.4万头，启动明兴农业40万头生猪饲养宰一体化项目。以全国畜禽粪污资源化利用重点县项目为依托，全域推广“猪—沼—药”生态循环模式，铺设田间沼液管网4.1万米，建设沼液储存池1631口6.2万立方米，配置沼液运输车辆1694辆，实现种养协同配套。沼气发电站一期实现并网发电，启动二期工程。建成10万吨有机肥厂，园区畜禽粪污资源化利用率达98%以上。推进减量控害行动，全面开展多效唑禁施和产品检测工作，新建秸秆综合利用加工中心3个。建成麦冬绿色加工中心18个，气调库4座1.5万吨，麦冬年加工能力达2.2万吨。创新推出太极生脉饮、脉冬旺等麦冬产品，建成60万头A级智慧屠宰场，肉食品加工园——绿溪优食谷孵化加工企业6个，产值达4.2亿元。中国麦冬博物馆、明兴农业主题公园完成升级改造，推进麦冬特色小镇等文旅项目。国家生猪市场——四川市场、中国麦冬电子交易市场正式投入运行，全年麦冬、生猪系列产品电商销售额达11.7亿元。新建高标准农田73.33公顷，园区高标准农田达1826.67公顷，占园区耕地面积的87%。研发第七代麦冬采收机械，麦冬机械化采收占比达32.2%。四川麦冬产业技术研究院、生猪院士(专家）工作站入选全省院士（专家）产业园，省农科院、成都中医药大学等26家科研单位入驻园区。启动麦冬良种繁育园、种子资源圃建设，推出“川麦冬2号”等迭代产品。创新定制药园模式，推广植入ERP溯源、大数据运用等技术，益农信息社实现全覆盖。

【三台县涪城麦冬入选中国特色农产品优势区】 2020年9月29日，农业农村部市场与信息化司、国家林业和草原局改革发展司发布中国特色农产品优势区名单（第四批），三台县涪城麦冬入选中国特色农产品优势区。三台县是全球最大的麦冬种植基地、交易集散地、科研和精深加工聚集地，被誉为“中国麦冬之乡”，有700多年的麦冬种植历史，常年种植面积4000公顷，产值30亿元。“涪城麦冬”居全国麦冬之上品，是著名川产道地药材、国家地理标志保护产品，被列入国家药典50种基本药物目录，被列为“绵阳市现代农业首选主导产业”“四川省著名商标”“四川省首批中药材大品种和大健康重点产品”“全国精品农产品”，先后被评为“国家级农业标准化示范区”“国家农业科技园区”“国家出口食品农产品（麦冬）质量安全示范区”“四川省特色农产品优势区”“四川省五星级麦冬种养循环现代农业园区”，其栽培系统被农业农村部列入“全国重要农业文化遗产”。（郭康康）

蚕桑业

【概况】 2020年，全市桑园面积1.51万公顷，较2019年增加0.01万公顷，同比增长0.75%。全市养蚕21.14万张，较2019年减少1.44万张，同比减少6.38%；生产蚕茧8100.1吨，较2019年减少759.6吨，同比减少8.57%；蚕农茧款收入3.1266亿元，较2019年减少7934万元，同比减少20.24%。绵阳市养蚕数量和蚕茧产量均居四川省第三位，仅次于凉山、宜宾。全市栽桑养蚕主要区域是游仙区、涪城区、安州区、三台县、梓潼县、盐亭县。涪城区、游仙区政府联合申报的“涪城蚕茧”获得四川省第二批特色农产品优势区。绵阳天虹蚕桑产业化联合体被认定为市级农业产业化联合体。

【蚕桑资源综合利用】 2020年，全市通过发展生态循环农业、田间地头套作种养等方式，提高蚕桑资源综合利用率，其中涪城区立足“变废为宝、循环利用”，引进生物科技企业，利用集中成片规模化养蚕后产生大量的蚕沙、桑枝条、生产桑枝食用菌菌棒等蚕桑副产物，生产生物有机肥，达到“改善乡村环境、降低病虫基数、提升农产品品质、增加蚕农收入”目的。指导各地间作蔬菜、马铃薯等，养殖桑园鸡、桑园鹅，提高桑园土地利用效率。涪城区、三台县、盐亭县生产的桑叶（芽）茶、蚕丝被等产品销售应用“互联网+电商”模式，推动流通方式转变，电商年销售收入突破2500余万元。

【蚕业科技推广与技术服务】 2020年，全市示范推广“无核大十”“嘉陵30号”“强桑1号”“秋华×平30”“川山×蜀水”等桑蚕新品种，提高蚕茧质量、蚕桑综合效益。加强消毒防病技术指导，做好大面积蚕病的动态监控，确保全年没有出现大面积暴发蚕病减产减收。对接西南大学，在涪城区、游仙区分别建立蚕桑院士工作站和蚕桑博士工作站，为产业发展提供技术依托。

【全省蚕桑技术人员培训会在绵阳召开】 2020年11月26—27日，全省蚕桑技术人员培训会在绵阳市涪城区召开。培训会由四川省蚕业管理总站主办，全省有关市州、蚕桑重点县市区蚕业站（局）站长、技术负责人及部分龙头企业负责人参加培训。此次培训分为现场教学和专题讲座。在现场教学环节，参会人员参观涪城蚕茧交易中心、产业1号线蚕桑家庭农场聚集区、绵阳天虹现代蚕业体验园，学习涪城蚕桑基地建设及家庭农场经营管理。在专题讲座环节，高级农艺师杨建林、谢忠良，省蚕业管理总站副站长杨远萍分别以“桑树病虫害绿色防控技术”“栽桑养蚕主要设施设备及配套技术”“现代蚕桑产业发展形势与对策”为主题作专题培训。

【2020年蚕种生产经营会商会在绵阳召开】 2020年6月23日，四川省蚕业协会2020年蚕种生产经营会商会在绵阳市涪城区召开。蚕种生产、经营、使用会员单位代表，部分蚕业部门代表共30余人参加会议。根据四川省蚕业协会《蚕种市场价格协商办法》，会议对2020年一代杂交蚕种成本进行测算，参考当前茧丝市场行情和全国主产省区蚕种价格，商议全省蚕种建议价格。省农业农村厅特色产业处处长、蚕业管理总站站长杨彪等到会指导。参会代表围绕蚕品种创新与蚕种生产经营、春蚕生产、产业推进、茧丝绸行情等方面作交流发言。

【全市蚕桑新技术培训班】 2020年11月12—14日，全市蚕桑新技术培训班在涪城区举办。培训班由绵阳市农业农村局主办，全市各县市区蚕业（经作）站长，蚕桑企业和蚕种场技术人员、养蚕大户、专业合作社、家庭农场代表共50余人参加培训。市农业农村局党组成员、副局长严元宝出席会议并讲话。培训班邀请省蚕业管理总站副站长杨远萍、省蚕业管理总站二级调研员吴钢、省蚕业管理总站四级调研员谢忠良，省蚕桑创新团队岗位专家、省三台蚕种场副场长苏茂科分别就“现代蚕桑产业发展形势与对策”“蚕病综合防控技术”“蚕桑生产主要设施设备及配套技术”“桑树栽培及管理技术”进行专题培训。

（郭康康）

林　业

概　述

【概况】　2020年，全市新增森林面积2733.33公顷，新增森林蓄积182.2万立方米，森林覆盖率达55.78%，林业有害生物成灾率控制在2.9‰以下，森林火灾受害率低于0.1‰，连续32年未发生重特大森林火灾，落实市级以上财政资金3.05亿元，林业总产值达240.56亿元。全市落实全国人大常委会《关于全面禁止非法野生动物交易、革除滥食野生动物陋习、切实保障人民群众生命健康安全的决定》，清退79家以食用为目的的陆生野生动物人工繁育主体，合计给付补偿资金1311.2万元，动物处置率和资金补偿率均达100%。完成国有林区改革并通过省级验收，将4个涉改国有林小型采伐企业和9.14万公顷国有林，整合组建安州区龙峰安国有林场、平武县涪水源国有林场、北川羌族自治县林峰国营综合林场。

【大规模绿化绵州行动完成】　2016年，按照省委、省政府开展"大规模绿化全川建设长江上游生态屏障"的决策部署，市政府结合绵阳实际，印发《大规模绿化绵州总体规划（2016—2020年）》，启动大规模绿化绵州行动，开展城区绿化提升、环城彩林带建设、水岸生态林网建设、荒山荒地造林绿化、森林质量精准提升等生态建设"十大工程"。2020年，全市各级党委政府、各牵头单位和市县林业主管部门，坚持以目标为导向抓落实、以问题为导向补短板，持续推进各项任务落地落实，确保大规模绿化绵州行动（2016—2020年）收官。全年全市完成营造林任务6.58万公顷，巩固退耕还林成果4.12万公顷，累计实施新一轮退耕还林5406公顷；落实资金1288万元，实施国省造林补贴、森林抚育、森林质量精准提升、储备林基地建设等项目16个；全面启动实施世界银行贷款长江上游森林生态系统恢复等重点项目；持续推进森林城市体系建设，做好国家森林城市3年复核验收，平武县锁江羌族乡入选第四批省级森林小镇，全市累计建成省级森林小镇6个、国家森林乡村28个；古树名木全部挂牌保护，完成古树名木普查14730株，数量位居全省第一，保护率达100%；继续推进全民义务植树，举办"花开马鞍山，绿美科技城"义务植树活动，开展"互联网+义务植树基地"建设，参与义务植树142.3万人次，完成义务植树493万株；全市评选产生绿化模范标兵10人，绿化模范单位100个，绿化模范村163个，绿化模范户775人。大规模绿化绵州行动开展5年来，全市累计完成营造林24.72万公顷，新增森林面积5.67万公顷，新增森林蓄积909.5万立方米，全市森林覆盖率达55.78%，城区绿化覆盖率达41.2%，道路林网绿化率达87.95%，水系绿化率达85%。绵阳市获国家森林城市荣誉称号。

【森林资源管护】　2020年，全市围绕实现森林资源总量增加、质量提高、功能改善目标，落实保护发展森林资源目标责任制，构建保护发展森林资源的机制。全市获得长期使用林地221宗767.9611公顷，临时使用林地61宗254.29813公顷，直接为林业生产服务设施用地208宗108.0729公顷；获取先行用地5宗406.1529公顷，确保交通大会战、城建攻坚、科技城集中发展区的重点项目实施。办理生猪使用林地115宗130.34公顷，做到应保尽保，稳定生猪稳产保供大局。林业有害生物防控能力加强，全年清理病枯死木2788株，疫木除治面积47.4公顷，松林监测面积7.01万公顷，实现无松材线虫病疫情乡镇疫点数量4个，成灾率远低于2.9‰，超额完成目标任务，松材线虫病、林业鼠害等林业有害生物的发生和危害得到控制。健全完善林业行政执法和监督机制，在全省各市州率先设立林业行政执法监督科室，落实林业行政执法信息依法及时主动公开、执法全过程留痕和可回溯管理、重大执法决定法制审核全覆盖。

【现代林业产业发展】　2020年，全市围绕六大重点产业和十大主导产品，在"做大规模、做优品质、做响品牌"上下功夫。全市新建全国森林康养基地建设县1个（平武），国家级森林康养基地4个（安州汇森、江油窦圌山、游仙鹤林绿洲、平武浮云山）；新建省级中药材重点县1个（北川）、省级特色中药材基地1个（北川瓦壶沟厚朴基地）、省级森林康养基地3个、省级竹林小镇1个、省级翠竹长廊1条、省级竹林人家1个、省级涉林专业合作社2个；新建市级现代林业园区1个。全年新增各类林业产业基地1.01万公顷，林业总产值达240.56亿元，同比增长1.5%，农民人均年林业收入2460元，同比增长1.3%。全年持续建设现代林业园区（基地），争取到国省级产业发展资金1285万元，林业龙头企业贷款贴息补助969.13万元。

【森林草原防灭火专项整治】　2020年，全市开展森林草原防灭火专项整治，落实"党政同责，一岗双责"和地方行政首长负责制，压实党政领导属地责任、林业主管部门监管责任、部门协同责任、经营单位主体责任和护林员岗位责任，督导森林防灭火1700余批次。强化隐患排查，排除隐患1459起，安排专人看守，制止野外祭祀用火行为，建立零星墓地台账4.6万余个，安排专人值守4300余人次。清理可燃物732吨。强化火源管控，推行盯住"五头"（即山头、地头、坟头、人头、源头）、看好“五口”（即村口、沟口、路口、卡口、入口）、查清“五边”（即林边、地边、田边、路边、村边），推广使用“防火码”，试行护林员App在线巡护。全市设立防火检查站点580个，派驻站点950余人，收存火种约3500个。强化能力建设，新购置防灭火物资1100余万元，储备防灭火物资4.3万台（套）。新建地方专业扑火队5支250人、半专业扑火队108支2573人，开展扑火演练165次。强化宣传教育，全面推行“六个天天”（即电视广播天天讲、手机短信天天发、防火警钟天天敲、宣传车辆天天跑、护林人员天天巡、防火检查口天天查），开展“五进”（即进林区、进牧区、进校园、进社区、进家庭）和“开学第一课·森林草原防灭火”主题教育活动。全市增设宣传牌、警示牌1.2万余张（块）、悬挂横幅1余万条（块）、LED屏438余块，发放《森林防火告知书》、明白卡55.75万余份、《森林防火教育读本》6万本、挂图3万册；发放宣传物品24万余个，编印《绵阳市森林草原应知应会手册》2.4万册。

【古树名木挂牌保护】 2020年，全市古树名木普查、认定工作全面完成，全市共有古树名木14730株（一级古树373株、二级古树793株、三级古树13562株、名木2株），数量居全省第一。一、二、三级古树分别由省、市、县级人民政府认定公布，所有古树名木均实现挂牌保护和管护责任落实，并确定具体的管护单位或责任人，古树名木保护率达100%。

（查　维）

自然保护区

【概况】 2020年，全市有自然保护区13个，其中国家级自然保护区4个（平武王朗、平武雪宝顶、北川小寨子沟、安州千佛山），省级自然保护区5个（平武小河沟、江油观雾山、北川片口、梓潼翠云廊、安县海绵生物礁），县级自然保护区4个（平武余家山、三台水禽及湿地、盐亭弥江河、游仙水禽湿地）。保护区总面积达2987.36平方千米，占全市面积的14.75%。

【自然保护地管理】 2020年，全市按照“保护面积不减少、保护强度不降低、保护性质不改变”的总体要求，把全市38个自然保护地整合优化为23个，系统解决各类保护地范围和功能区划不合理、交叉重叠严重等问题。整合优化方案经修改后，通过省级联审，并报送至国家林草局审查。游仙水禽湿地自然保护区范围调整获得省政府批复。完成中央环保督察及“回头看”反馈问题整改情况再核查、“绿盾2020”卫星遥感核查，强化自然保护地规范化管理，防止老问题反弹、新问题发生。持续开展三江湖国家湿地公园湿地保护与修复工作，5年（2016—2020年）累计修复湿地25.5万平方米。三江湖国家湿地公园试点建设通过国家级验收，获批为国家湿地公园。三江湖国家湿地公园自然教育中心面向公众免费开放，开展各类宣教活动12次，参观人员超3万人次，并获批为省、市自然教育基地。

【四川王朗国家级自然保护区】 四川王朗国家级自然保护区位于平武县，地处全球生物多样性核心地区之一的喜马拉雅——横断山区，始建于1965年，是全国建立最早的4个以保护大熊猫等珍稀野生动物及其栖息地为主的自然保护区之一。2002年，经国务院批准为国家级自然保护区，总面积3.23万公顷。区域内保持完整的自然生态系统。区内生物多样性丰富，国家一级保护动物有大熊猫、川金丝猴、四川羚牛等。该区域是大熊猫栖息地的重要走廊地带，是连接岷山大熊猫种群的枢纽；植物组成复杂，起源古老，有许多种类为中药材、观赏花卉和森林蔬菜。王朗保护区的原始森林是川西北保存最完整的一片。

【四川雪宝顶国家级自然保护区】 四川雪宝顶国家级自然保护区位于平武县，地处岷山山系东坡的岷山主峰雪宝顶区域，始建于1993年，2006年经国务院批准为国家级自然保护区，总面积6.36万公顷，是连接岷山山系大熊猫走廊带至关重要的组成部分，由于保护区显著的稀有性和典型的自然生态系统被列入“中国生物多样性保护行动计划”中“应于优先保护的森林生态系统保护区”，在“中国生物多样性保护综述”中列为“A”级，是具有全球意义的保护区。有大熊猫、川金丝猴、林麝、四川羚牛、红喉雉鹑、金雕、岩羊等国家重点保护动物。

【四川小寨子沟国家级自然保护区】 四川小寨子沟国家级自然保护区位于北川羌族自治县，地处岷山山系大熊猫栖息地的核心地带，是亚洲自然生态保存得最完好的地区，也是地球同纬度地区生态环境保存最好的地区之一。保护区始建于1979年，2013年经国务院批准为国家级自然保护区，总面积4.44万公顷。区域内自然环境和生物区系复杂，植被垂直带谱完整，生物资源极其丰富，有大熊猫、豺、鸳鸯、秃鹫、四川林鸮等国家重点保护野生动物。

【四川千佛山国家级自然保护区】 四川千佛山国家级自然保护区位于安州区，地处青藏高原东南缘岷山南端、龙门山中南段的西侧，是以大熊猫、金丝猴、扭角羚、红豆杉、珙桐等珍稀野生动植物及其栖息地生态环境为主的森林和野生动物类型的国家级自然保护区。始建于1993年，2014年经国务院批准为国家级自然保护区，总面积1.11万公顷。区域内原始森林覆盖率达96%，有银杏、红豆、楠木、香樟等珍稀树木，以及大熊猫、金丝猴等国家一级保护动物，猕猴、小熊猫等国家二级保护动物。

【四川小河沟省级自然保护区】 四川小河沟省级自然保护区位于平武县，地处摩天岭和岷山之间，1993年经省政府批准为省级自然保护区，总面积2.82万公顷。保护区所处地理位置是岷山大熊猫“A”种群栖息地的重要组成部分，属全球生物多样核心地区之一的喜马拉雅山区，该区域也是全球25个生物多样性保护的热点地区之一。保护区因显著的稀有性和典型的自然生态系统被列为“中国生物多样性保护行动计划”中“应于优先保护的森林生态系统保护区”，在“中国生物多样性保护综述”中列为“A”级，是具有全球意义的保护区。

【四川片口省级自然保护区】 四川片口省级自然保护区位于北川羌族自治县，地处四川盆地西缘，青藏高原东南缘岷山中段，龙门山西侧，1993年经省政府批准为省级自然保护区，总面积8825.8公顷。区域内植被垂直分布明显，有常绿落叶阔叶林带、针叶林混交林带、针叶林带和高山灌丛、草甸，灌丛以小杜鹃、铁苞剑竹为主。有大熊猫、金丝猴、马熊、小熊猫、藏马鸡、绿尾虹雉等国家重点保护野生动物。

（查　维）

森林公园

【概况】 2020年，全市有森林公园10个，其中国家级4个（梓潼七曲山、安州千佛山、盐亭高山、北川国家森林公园）、省级5个（平武龙池坪、平武龙门洞、涪城凤凰山、三台凤凰山、江油观雾山）、市级1个（游仙渔父村），总面积168.4平方千米。

【四川七曲山国家森林公园】 四川七曲山国家森林公园位于梓潼县，地处蜀道翠云廊南端，1994年经林业部批准建立，总面积2000公顷，呈带状分布柏类森林。公园景观资源除作为森林公园主体的森林群落景观外，其景观资源还有以“古文化、古道、古建筑、古树”的四古为主的人文景观。公园内有文昌大庙、古柏林等历史文化资源，体现出“古、奇、幽、深”的特色。

【四川北川国家森林公园】 四川北川国家森林公园位于北川羌族自治县，2012年9月经国家林业局批准建立，总面积3656公顷，由九皇山、药王谷和望禹坪组成。药王谷景区有古辛夷花药树林200公顷，年龄大多在百年以上，最高树龄达500年，胸径50厘米以上的有2000余棵，是世界上最大的古辛夷花聚生地。

【四川盐亭县高山国家森林公园】 四川盐亭县高山国家森林公园位于盐亭县，1993年经林业部批准建立，总面积837.87公顷，是综合性、城郊型国家森林公园。公园内生态环境优美，人文历史景观丰富。有凤凰、宝莲、香坛、紫金4座山峰，风景秀美。

【四川千佛山国家森林公园】 四川千佛山国家森林公园位于安州区，2002年经国家林业局批准建立，总面积7800公顷。公园内森林植被繁茂，森林覆盖率高达95%，大气环境、水土环境均达国标一级水平。公园内有大面积的原始林、珙桐林、杜鹃林和箭竹林，以及大量的古树名木，其中号称“杜鹃王”的古树胸径达1米、银杏王胸径达2.8米，树姿优美。

【四川省龙池坪森林公园】 四川省龙池坪森林公园位于平武县城北侧，1992年经四川省林业厅批准建立，总面积730公顷。公园内山峰高峭、山坡陡峻、沟谷深切，属中山深切割地貌，有国家保护一、二级动物30多种。公园主要服务对象是分流九寨沟东环线旅游线上的游客，同时满足本市和邻市、县不同层次群众森林旅游的需要。

（查　维）

水　利

概　述

【概况】 2020年，全市加快骨干水利工程建设，推进武引二期灌区工程、引通济安工程、沉水水库灌区工程、引沉济芙河湖连通项目等重点工程建设；加快推进防洪基础设施建设，实施主要支流和中小河流治理项目19个，建成涪江龙门段香社堤防等防洪工程10个，开工建设涪江花园段堤防工程等项目9个，综合治理河道22千米。

【农村水利建设】 2020年，全市推进农业水价综合改革，完成改革灌区水利工程成本水价监审、供水价格核定、奖补机制建立、用水管理、节水农业推广等工作，完成改革面积3.16万公顷，涉及全市6个县市区（主要分布在都江堰灌区、武引灌区等大中型灌区）。

【水土保持】 2020年，全市共治理水土流失253.66平方千米，其中中央水利发展资金水土保持项目共治理水土流失面积81.44平方千米，其他部门共治理水土流失面积172.22平方千米。全市完成坡改梯4047.14公顷、水保林1893.16公顷、经果林2785.86公顷，封禁治理4753.07公顷，其他措施11886.99公顷。

【节水型社会建设】 2020年，全市践行绿色发展理念和“节水优先”方针，以国家节水行动为统领，理顺工作机制，落实重点任务，推进各行业、各领域节约用水工作，完成“十三五”规划水资源消耗双控目标和节水行动年度目标任务。全年全市万元GDP用水量73.53立方米，较2015年（104.82立方米）降低29.85%；万元工业增加值用水量23.18立方米，较2015年（45.73立方米）降低49.34%；农田灌溉水有效利用系数由2015年的0.47提高到0.483。

【水利脱贫攻坚】 2020年，全市实施“水利扶贫五大行动”（饮水安全、水源保障、防洪保安、水生态治理、人才支撑），发挥水利项目在脱贫攻坚中的重要作用，开展农村饮水安全、防洪保安、水生态治理、骨干水源工程等多个水利建设项目，确保全市农村贫困人口脱贫。全面实施农村饮水安全巩固提升，修建集中供水工程68处，受益人口达25.06万人，其中贫困人口1.53万人。推进梓潼、安州、江油等地城乡供水一体化建设，拓展延伸农村集中供水网络，有效解决全市乡镇行政区划调整和村级建制调整改革“后半篇”农村供水保障问题，全市农村集中供水率达85.7%，自来水普及率达84.1%，规模供水工程供水保证率达标程度达100%。

【河长制湖长制落实情况】 2020年，市级8大主要河流水质持续向好，7个地表水监测断面水质优良（达到或优于Ⅲ类）比例达100%；县级及以上城市集中式饮用水水源地水质优良比例达100%。12月18日，生态环境部通报2020年11月全国地表水质量状况，绵阳市地表水考核断面水环境质量状况位列全国31个省（自治区、直辖市）338个地级以上城市第二十位。

【水资源保护】 2020年，全市加强水资源调度管理，完成涪江流域9个主要控制断面流量在线监测设施建设并确保最小下泄流量达标。持续开展水资源监测，实施全市4个全国重要饮用水源地安全保障达标建设评估，对12个大中型水库、9条河流主要控制断面、4个全国重要饮用水源地开展水质监测。加强地下水管理保护，编制重点区域地下水取水水位、总量双控方案，对20口城区地下水井持续开展动态监测。加强国家水资源监控系统运维和应用，实现对全市47户规模以上取水户72个监测点水量和7个饮用水源地水质的在线监测。

【三江河道管理】 绵阳市三江水利水电综合工程（以下简称三江工程）是绵阳市“九五”重点建设项目，是绵阳市建成百万人口大城市的关键性基础设施，是集城市防洪、发电、土地开发、交通、环保、灌溉、养殖、旅游等为一体的综合性水资源开发利用工程。三江工程坝址位于涪江干流绵阳城南郊10千米塘汛镇李家渡处，距安昌河、芙蓉溪与涪江汇合处下游7.5千米，工程涉及涪城区石塘镇、塘汛镇和游仙区小枧镇。三江工程主要由拦河闸、电站、防洪堤、交通桥等建筑物组成。2000年，三江工程建成后，年平均发电量2.1亿千瓦时；防洪堤采用堤路结合，防洪能力达到50年一遇洪水标准；三江大桥成为连接塘汛至小枧的主要交通通道，起到改善城市交通作用；三江工程保障农业灌溉，改善灌溉面积6000公顷。2017年，三江景区成为国家AAAA级景区。2020年汛期，洪水频繁，大量漂浮物过境三江大坝，三江管理处组织力量打捞漂浮物1000余立方米。投入1000余人次，对涪江段、安昌河、芙蓉溪等重点河段组织突击清理，集中整治河道两岸岸线100余千米，清理面积约98万平方米，清理垃圾80余吨，确保城区河道水质、堤防岸线洁净。

【“引通济安”工程】 “引通济安”工程是引调通口河流域水资源为安昌河流域补充生产生活及生态供水的江河湖库联通工程，是“绵—安—北”产业带水资源配置体系中的重大战略性引水工程，具有极大的经济效益、社会效益和生态效益。工程位于北川羌族自治县境内，规划实施总长11.32千米的引水隧洞，从通口河唐家山堰塞坝体上游200米右岸取水，引水进入位于擂鼓镇麻柳湾村处的苏宝河段，从而实现为安昌河补水。工程设计最大引水流量8立方米每秒，年调水量8450万立方米，最大年调水量1.1亿立方米。项目总施工期为49个月，设计概算总投资4.7559亿元，属于政府全额投资并使用专项债券资金的建设项目。工程建成后，与唐家山水利枢纽工程、开茂水库、开茂水厂实施联合调度，形成区域性水资源配置体系，提升安昌河流域，特别是科技城新区供水保障能力，满足绵阳未来建设300平方千米、300万人口大城市的生活生产用水以及生态补水需要。2019年12月31日，引通济安工程开工仪式举行，工程进入实质性建设阶段。2020年，工程完成征占地划定工作，明确12.87公顷用地补偿标准，基本完成相关报批手续。累计完成投资1.29亿元。 （王 平）

武都引水工程

【概况】 2020年，绵阳市武都引水工程建设管理局（以下简称市武引局）做好新冠肺炎疫情防控和武都饮水工程（以下简称武引工程）建设管理工作，确保供水，实现灌区生产生活稳定。搭建视频会议系统，召开防疫工作视频会议17次，解决复工问题232个，3月初即实现武引二期灌区工程全线复工。做好武引工程二期灌区扫尾，实现金峰水库试充水，做到工程安全和人员安全。市武引局通过中央精神文明委“全国文明单位”复查验收和水利部“全国水利文明单位”复查验收，被省水利厅表扬为“年度节约用水工作先进集体”，被市政府表扬为“年度全市交通攻坚大会战服务保障工作先进单位”“市级项目实施先进单位”。

【盐亭金峰水库完成充水试验】 2020年，市武引局采取“领导包片、部门包段”组织方式，围绕人大票决民生项目建设，完成建设投资3.79亿元。1月11—12日，完成从梓潼凤凰水库向盐亭金峰水库充水试验，全面实现二期灌区项目建设节点目标。

【“8·11”暴雨洪灾应急抢险】 2020年，市武引局组织召开安全生产专题工作会议2次，召开防汛减灾工作会议3次，成立51个应急抢险突击队，落实安全生产和汛前隐患排查30余次，组织开展汛前综合演练3批1500人次，武都水库单日最大削峰3805立方米/秒，错峰14小时，拦蓄洪水2.16亿立方米，全面发挥防汛功能。“8·11”特大暴雨洪灾中，组织调动机械20余台次，清理渠道30余千米，实现武引工程安全、人员安全。

【灌区管理和生产经营】 2020年，市武引局完成渠道清淤除障29.3万立方米、平台整治352千米，实现春灌及农业供水1.5亿立方米，灌区实现满栽满插，无用水纠纷。落实河长制工作，灌区市级河长巡渠6人次，县级河长巡渠32人次，河长制工作被评为绵阳市先进单位。石龙嘴电厂全年发电8397万千瓦时，实现发电收入2908万元，累计安全运行7363天。全年实现非农供水收入1348万元，农业水费收入459万元。

（王泽淋）

水产业

【概况】 2020年，绵阳市有渔业村41个，渔业从业人员6.72万人；水产养殖面积2.27万公顷，同比增长0.2%；稻田养鱼面积5250公顷，同比增长8.6%；生产各类鱼苗154237万尾，同比增长1.3%；水产品总产量达11.92万吨，同比减少0.05%；实现渔业经济总产值37.5亿元，同比增长6.55%；全市人均占有水产品22公斤（按常住人口计算）。主要养殖品种及产量是：草鱼28586吨、鲢鱼27482吨、鳙鱼17589吨、鲫鱼14213吨、鲤鱼9436吨、鲶鱼3061吨、叉尾鮰3208吨、鳊鲂2680吨、鲈鱼4427吨。鲢、鳙鱼主要产自水库和池塘，其他品种主要产自池塘、稻田。全年全市新创建农业农村部水产健康养殖示范场5个，新增无公害水产基地10个，新认证无公害水产品37个，部级水产健康养殖示范场总数达40个，无公害水产基地累计达40个，无公害水产品累计167个。

绵阳市农业农村部健康养殖示范场一览表

表45

序号	所属县市区	名称	数量（个）	级别	备注
1	涪城区	绵阳市震华水产养殖有限责任公司养殖场	4	部级	
2		绵阳市大昊水产养殖专业合作社			
3		绵阳市渔耀水产养殖专业合作社			
4		绵阳市涪城区金峰镇莲花池水产养殖专业合作社			
5	游仙区	绵阳市金汇丰水产养殖专业合作社	6	部级	
6		绵阳市深蓝泥鳅养殖专业合作社			
7		绵阳市润隆种养殖专业合作社			
8		绵阳市游仙区建业水产养殖专业合作社			
9		绵阳市精豆水产养殖专业合作社			
10		绵阳仙海生态渔业有限公司			2020年新增
11	安州区	安县鑫源渔业有限公司	9	部级	
12		安县上游鸿发生态渔业专业合作社			
13		绵阳时新水产生物技术有限公司（所属水产养殖场）			
14		安县天河生态渔业养殖专业合作社			
15		安县菩提新富水产养殖专业合作社			
16		安县睢水水产养殖场			
17		安县永强水产养殖有限公司			
18		安县塔水镇鑫发水产养殖专业合作社			
19		绵阳正熙农业科技有限公司			2020年新增

续表

序号	所属县市区	名称	数量（个）	级别	备注
20	三台县	新德镇福田生态鱼养殖专业合作社	4	部级	
21		三台县鲁班水库渝丰渔业养殖专业合作社			
22		三台县团结水库惠丰渔业养殖专业合作社			
23		三台县金石镇金辉水产品养殖专业合作社			
24	盐亭县	盐亭佰强生态渔业养殖有限公司	6	部级	
25		盐亭县华腾水产养殖场			
26		四川孝廉农业发展有限公司（所属水产养殖场）			
27		金钟水产养殖专业合作社			
28		浩森水产养殖专业合作社			
29		盐亭县黄甸井盐家庭农场			2020年新增
30	梓潼县	梓潼县浩瀚水产科技有限公司（所属水产养殖场）	3	部级	
31		绵阳市通泽农业科技有限公司			
32		梓潼县旺水家庭农场			
33	江油市	江油市三齐水产养殖有限公司	8	部级	
34		江油市绿溪特种水产养殖公司			
35		四川宁润农业科技公司（所属水产养殖场）			
36		四川森林雨农业科技有限公司			
37		绵阳永强水产养殖有限公司			
38		江油市云强水产养殖专业合作社			
39		江油市鲜鑫农业科技有限公司			2020年新增
40		江油市新春乡潮洋家庭农场			2020年新增

【长江流域重点水域禁捕工作】 2020年，全市重视长江流域禁捕退捕工作，执行“中央统筹、省负总责，市、县抓落实”工作要求，市、县两级均成立以政府主要负责人任组长的长江流域禁捕和退捕渔民安置保障工作领导小组，公安、人社、市场监管、农业农村等部门分别成立工作专班，构建起全市长江流域禁捕退捕工作机制，形成政府主要领导亲自抓，分管领导具体抓，职能部门抓落实的齐抓共管工作格局。禁捕退捕工作均纳入市、县政府绩效、河（湖）长制考核体系，并落实周调度和督导通报制度。建立农业农村（渔政）、公安、市场监管、水利（河长办）、交通运输（海事）联动执法机制，组织开展“中国渔政亮剑2020”系列专项执法行动、打击非法捕捞专项执法行动、打击市场销售非法捕捞渔获物和“三无”（即无船名船号、无船舶证书、无船籍港）船舶清理整治行动，加强禁渔管理，保护渔业资源。截至年底，全市全面完成禁捕退捕各项工作任务，170名捕捞渔民、170艘捕捞渔船100%完成退捕，实现证件收回注销、渔船回收处置、网具彻底销毁。退捕渔民100%落实养老保险政策，解决退捕渔民的后顾之忧。共开展水产养殖、面点师等技能培训127人，参训比例达85.81%，培训比例位居全省第一。有劳动能力和就业意愿渔民100%实现转产就业，杜绝退捕渔民“零就业”家庭出现。

【西部水产现代农业园区建设】 西部水产现代农业园区成立于2013年，位于盐亭县，主要从事梓江鳜鱼的养殖，2020年，产值达1.78亿元，创建成为市五星级现代农业园区，并被纳入省级现代农业园区培育，全面完成基地建设、设施装备、产品加工、新业态发展、质量品牌培育、科技创新与推广、主体培育与联农带农机制完善，实施农产品地理标志产品保护建设项目。

【水产绿色健康养殖“五大行动”】 2020年，市农业农村局印发《关于实施2020年水产绿色健康养殖“五大行动”的通知》结合绵阳实际，重点开展生态健康养殖模式推广、养殖尾水治理模式推广、水产养殖用药减量、水产种业质量提升等行动，落实省级实施点8个、市级实施点31个，全市新增池塘高低位循环养殖池600余平方米，玻璃钢循环养殖池2500余平方米。发展稻渔综合种养5310公顷，同比增长9.9%。

【小水电站水生生态影响评价及补偿措施审批】 2020年，全市根据农业农村厅统一部署和要求，清理排查122座小水电站，建立监管台账，制定整改时间表，加强督促，对70座需要补充水生生态影响评价及补偿措施审批的水电站，按规定组织审查或上报审批，在规定时间内全面完成整改任务，保护长江经济带河流生态系统健康。

【全市首座水产品精深加工厂投产】 2020年5月14日，三台县双乐乡奕川水产养殖专业合作社的泥鳅精深加工厂正式投入生产。该加工厂投资600多万元，年可加工泥鳅400—600吨，主要产品有泥鳅酱、麻辣泥鳅干、蜜汁泥鳅条、泥鳅肉片、泥鳅肉丸子、泥鳅肉水饺等，主要供应国内市场。该厂是绵阳市首座水产品精深加工厂。弈川水产养殖专业合作社也是全省唯一一个从泥鳅选育、繁育、成鳅养殖、加工到产品销售一条龙的经营主体。

【绵阳市7家单位通过农业农村部“水产养殖健康示范场”现场验收】 2020年10月19—20日，德阳市农业局受四川省水产局委托，对绵阳市新申报创建第十五批农业农村部水产健康养殖示范场（站）的绵阳正熙农业科技有限公司、江油市云强水产养殖专业合作社、江油市鲜鑫农业科技有限公司、江油市新春乡潮洋家庭农场、绵阳仙海生态渔业有限公司和复核第十批农业农村部水产健康养殖示范场（站）的三台县鲁班水库渝丰渔业养殖专业合作社、三台县团结水库惠丰渔业养殖专业合作社共7个单位进行现场考核验收。考核验收小组成员根据对7个主体单位进行现场察看和质询，7个申报主体平均得分88分，均达到创建标准（80分）以上，通过现场验收。 （郭康康）

畜牧业

【概况】 2020年，绵阳市按照“全产业链开发、突出优势特色、全价值链提升”的思路，做大、做强、做优特色产业，集中资金资源，以抓种业、建基地、集要素、重联结、创品牌为抓手，加快现代畜牧业发展，超额完成省委、省政府下达的目标任务。

【畜牧生产】 截至2020年年底，全市生猪存栏227.09万头（同比增长29.3%，环比增长2.0%），其中能繁母猪存栏22.5万头（同比增长29.6%，环比增长2.0%），生猪出栏324.26万头（同比增长16.2%，环比增长63.8%）。完成省政府下达绵阳市生猪出栏目标任务数的107%，排名全省第六位。生猪存栏、能繁母猪存栏、生猪出栏分别恢复到2018年水平的98%、100.45%、91.03%。小家禽出栏7430万羽，同比增长-1.16%；肉牛出栏11.81万头，同比增长1.39%；肉羊出栏95.5万只，同比增长-3.21%；肉类总产量38.35万吨，同比增长7.61%；禽蛋产量15.9万吨，同比增长4.73%。畜牧产值实现突破275.14亿元，增速7.17%。

【畜牧业种业发展】 2020年，全市畜牧业坚持“外引”和“内育”相结合的思路，打造“一心、两核、三区”国家生猪种业基地（一心即川猪高质量发展引领中心，两核即明兴农业和铁骑力士两大生猪种业核心引擎，三区即川猪育繁推一体化建设区、川猪种业产业融合发展区、种养循环生态绿色发展区）。明兴农业公司等7家大型生猪龙头企业和四川农业大学合作，形成育种创新中心利益共同体，建立四川川猪生物科技公司，统筹整合育种优势资源，打造全国生猪种业“芯片”企业。开展全国基因组联合育种，建成全国性优秀种公猪基因库和集散地，推进生物育种成果产业化应用，实现年提供优质种猪精液200万份以上。

【生猪产业一体化发展】 2020年，全市推进生猪标准化、规模发展和全产业链建设，推动生产、加工、流通一体化发展，资金支持聚焦重点区域、重点环节，推动优势特色产业做大做强做优。新（改扩）建高标准猪场330个，建成标准化圈舍1240栋，其中种猪场32个、育肥场298个。新增能繁母猪存栏2.15万头，新增育肥猪出栏产能122万头。全市将生猪屠宰加工向养殖基地县区域转移，达到养殖屠宰匹配，产销衔接，加快“小散乱”生猪屠宰淘汰退出、大中型屠宰企业提档升级。建设冷链物流基地，实现集中屠宰、冷链运输和冷鲜上市。提档升级“小散乱”屠宰场15个，关停并转中小屠宰场25个，新增（升级）生猪屠宰加工能力90万头，新建猪肉精深加工能力5000吨，新建仓储冷链物流配送体系达1万吨，创建“绵阳生猪”区域品牌和“忆乡”“枫叶牧场”等产品品牌。发挥新希望、正大等6家龙头企业示范带动作用，创新推广“龙头企业+标准化代养场”“龙头企业+养殖小区”“合作社+农户”等利益联结模式。全市

"龙头企业+标准化代养场"模式能繁母猪存栏15.8万头，同比增长54.7%；生猪出栏205.3万头，同比增长26.3%。新建专业合作社3个，带动贫困户、困难党员114人，人均增收2500元以上。

【生猪现代化养殖】 2020年，全市重点围绕乡村振兴发展战略，坚持"政府引导、市场主导、多元合作、企业领建、共享共赢"的原则，立足区域资源优势，提升现代标准化基地，集成标准化、规模化、绿色化、优质化技术模式，构建科技高效、集约节约、环境友好的全产业链现代化发展新格局。建立"六统一保"（即统一猪苗、饲料、防疫、药品、回收、销售，保底收入）的"代养模式"，构建种猪养育、仔猪繁育、生猪回购、精深加工、市场拓展等全产业链闭环，带动8000余户农户、200个社会主体科学化、专业化养殖生产。规模化率达70%以上，较2019年提升12个百分点，创建国家、省、市标准化示范养殖场310余个。建立地方政府、龙头企业和四川省农业大学、四川省畜牧科学研究院等构建产学研推联合发展机制，探索科技高效养殖模式，开展自动化、机械化、智能化和信息化提档升级，推动猪"上电梯住楼房"，建成"楼房圈舍"3.5万余平方米，新建现代化猪舍300多栋，养殖企业生产效率、养殖质量、生产成本呈现"两高一低"态势。坚持科学生产和绿色发展并重，加快实施种养循环示范、基础设施设备提升等内容。三台县、盐亭县、梓潼县、江油市、游仙区共5个县市区实施畜禽粪污资源化利用整县推进项目，完成投资3.5亿元，中央财政补助1.165亿元，新建有机肥处理厂7个，提档升级畜禽粪污设施设备规模养殖场150余个。全市畜禽养殖废弃物资源化综合利用率达95%以上，规模养殖场处理设施配套装备达98%以上，大型规模养殖场设施配套率达100%。（郭康康）

农业机械化

【概况】 2020年，全市农机化工作落实创新、协调、绿色、开放、共享发展理念，坚持稳中求进总基调，深化巩固农业机械化，全面完成"十三五"农业机械化发展目标任务。截至年底，农机总动力达349.15万千瓦，同比增长1.8%。主要农作物耕种收综合机械化水平达65.62%，较2019年增长4.42个百分点。全市共完成机耕作业面积48.6万公顷，机械播种面积16.9万公顷，同比增长22.5%；机械收获面积29.8万公顷，同比增长5.3%。加强对农机专业合作组织指导，培育和引导农机大户，全市新增农机专业合作社13个，农机专业合作社总数达124个。江油市创建成为部级主要农作物生产全程机械化示范县。全国马铃薯生产全程机械化推进活动会议和全省农机购置补贴综合奖补试点工作培训会在绵阳市召开。绵阳市"农机服务助力春耕生产"汇报片在全省春耕生产电视会议上作交流，《因势利导　综合施策　大力培育壮大农机新型经营主体》经验在全省"五良"融合暨农业装备推进现场会上作交流。

【农机化投入增长】 2020年，全市农机化投入总量达43638.96万元，其中一般行政事业支出1117.8万元、基础建设24492.2万元、农业机械购置18028.96万元。在国家强农惠农富农政策的引导下，农民购机踊跃，全市兑付农机购置补贴资金4825.714万元，补贴机具9284台，直接受益农户达6884户。

【农机装备结构优化】 2020年，全市通过实施农业机械购置补贴强农惠农政策，新增各类机具9200余台（套）。通过示范推广，全市油菜机播和机收、水稻机插、玉米机收等薄弱环节机具大幅增加，其中大中型拖拉机同比增长2.14%，播种机同比增长13.2%，乘坐式水稻插秧机同比增长10.3%，谷物联合收割机同比增长4.01%，秸秆粉碎还田机同比增长7.9%，谷物烘干机同比增长8.23%，畜牧饲养机械同比增长13.4%，畜禽粪污处理机械同比增长7.27%，植保无人机同比增长38.96%。全年全市在农业机械上安装农业用北斗终端1720套，上线运行"绵阳市农机精准作业平台"，监测服务耕、种、收等环节作业面积8.73万公顷。

【主要作物关键环节机械化】 2020年，全市围绕提高主要作物关键环节机械化水平，加强农机农艺融合，推广机械化育插秧，油菜机播、机收，玉米机收等先进适用的新机具新技术。水稻机械化插秧技术推广取得进展，机械化种植面积达6万公顷，同比增长12.1%；油菜机播面积达4.6万公顷，同比增长25.48%；油菜机收面积达8.71万公顷，同比增长11.52%。玉米机收面积达1.67万公顷，同比增长24.63%。各县市区推进主要农作物生产全程机械化示范区建设，新增江油市创建成为全国第五批率先基本实现主要农作物生产全程机械化示范县，至此，全市有全国率先基本实现主要农作物生产全程机械化示范县市区2个（安州为第四批），总数居全省第二位。

（郭康康）

农业监测

【概况】 2020年，江油市、盐亭县通过省级农产品质量安全监管示范县资格复审，盐亭县入选第三批国家农产品质量安全示范县创建单位名单，巩固全市省级农产品质量安全示范市、省级农产品质量安全示范县和安州区国家级农产品质量安全示范县创建成果。印发《绵阳市全面试行食用农产品合格证制度实施方案》，全市1791家生产主体100%实施开具合格证制度，累计开具68.79万张，附带合格证上市的农产品达12.64万吨，入驻省平台开展追溯达2078家。建立覆盖9个县（市、区）的耕地质量监测网络，完成68个耕地质量监测点年度监测任务，完成县级耕地质量等级评价9个。

【农产品监管监测】 2020年，游仙区检测站通过“双认证”（即市场监管局质量认证和农业部门技术认证）验收，至此，全市所有检测站通过“双认证”。全市共完成食用农产品质量安全抽样5546个，达1.1批次/千人，超额完成抽样任务。省级农产品质量安全例行监测合格率达99.14%，市级农产品质量安全例行监测合格率达99.8%。建立《绵阳市农产品生产主体质量安全“重点监控名单”和“黑名单”制度》，健全生产主体信用档案，对例行监测抽检发现的6个不合格样品及省级监督抽检发现的5个不合格样品，进行重点监控。

【农作物重大病虫害监测防治】 2020年，全市主要农作物病虫草鼠害发生面积1596万亩次，防治面积2491万亩次，挽回损失33.7万吨，病虫草鼠害危害总损失率达1.53%。有效控制突发迁飞性害虫草地贪夜蛾为害。全市草地贪夜蛾发生面积达9400公顷，防控面积达1.72万公顷，防控效果达90%，危害损失率达0.04%。全市主要农作物绿色防控覆盖率达47.2%，专业化统防统治覆盖率达56.5%，粮经作物主产区农药包装废弃物回收率达76.5%。重点抓好已有检疫性有害生物的防控阻截，突出遏制铲除环节。安州区通过换种和防除，连续3年未发现毒麦；盐亭的稻水象甲被控制在局部区域，发生984.53公顷，较2019年稻水象甲发生面积减少348.4公顷，达到延缓其扩展目标；未发现疑似黄瓜绿斑驳花叶病毒症状。建立毒麦、稻水象甲、黄瓜绿斑驳花叶病毒等检疫性有害生物监测点340个，检疫性有害生物防控示范片4个，构建完整的农业植物检疫性有害生物阻截网。

【重大动物疫病监测】 2020年，全市开展“非洲猪瘟”4次专项监测及日常监测，共采集1917份样品，调查68个养殖场和24个屠宰场“非洲猪瘟”防控情况。开展重大动物疫病春季防控工作交叉检查，对采集样品进行口蹄疫、猪瘟、小反刍兽疫、高致病性禽流感4种疫病相关的9种免疫抗体和6种抗原进行实验室检测，共测试4259份次，结果显示，全市免疫抗体总合格率达96.79%，远高于农业农村部抗体合格率70%的要求。开展禽流感日常监测，监测禽流感H5、H7亚型抗体共780份，H5亚型合格率达97.31%，H7亚型合格率达100%。

【人畜共患病监测】 2020年，全市共监测奶牛结核病1600头，其中阳性1头；监测牛羊布病6833头，其中阳性6头；将阳性牛羊按要求处置。监测270份犬只血清狂犬病抗体水平，合格率达72.96%，远超全省平均抗体水平。

【外来动物疫病监测】 2020年4月，省内发生兔病毒性出血症2型，全市开展该兔病监测和防控工作，共完成175个兔养殖场（户）共2137份样品的兔病毒性出血症2型监测，监测结果均为阴性。同年8月，全国多省份发生牛结节性皮肤病，全市开展养牛业全覆盖排查工作，共排查牛15.2137万头，其中2头阳性，其余为阴性，并将阳性牛按要求处置。 （郭康康）

农村能源建设

【概况】 2020年，全市贯彻落实中央一号文件，省、市农业农村工作会议以及全省农村能源助推现代高效特色农业带建设会议精神，围绕生态环保、种养循环、绿色发展，聚焦提质增效、脱贫攻坚、农村人居环境整治和能源建设工作目标，做好项目管护、项目新建、安全监管和农村人居环境整治技术服务支撑等重点工作。农业农村部农业生态与资源保护总站生态能源处处长李惠斌、省农村能源办公室主任向淼等先后到绵阳调研农村能源建设发展工作。

【沼气工程种养循环利用项目】 2020年，全市开展农村能源沼气工程种养循环利用项目实施，将项目建设融入成渝现代高效特色农业带建设，与绵阳现代生态循环农业发展、现代农业园区建设、长江流域生态环境保护等相结合，科学规划，合理布局，因地制宜。共建成游仙区兴浩农业科技有限公司及游仙区奇三养殖专业合作社2处沼气工程种养循环利用项目。2处项目总投资157.2万元，其中省级补助资金131万元、业主自筹26.2万元，沼渣沼液利用面积达14.58公顷。2处沼气项目正常运行后，日产沼气90立方米，主要用于周边60户农户供气及养殖场使用，年节约生活用能开支32.85万元；年产优质沼肥5000余吨，产生的沼渣沼液用作液体有机肥。其中奇三养殖场产生有机肥供应周边果树利用，每年可减少200吨化肥使用，节约成本6万元；兴浩养殖社产生有机肥供应农作物利用，每年可减少300吨化肥使用，节约成本9万元。

【“沼改厕”试点项目】 2020年，全市完成省级财政资金在游仙区新桥镇、魏城镇、信义镇3个乡镇6个村500户农户的“沼改厕”试点项目建设，探索农村“厕所革命”农户改厕经验和推广模式，共投入经费25万元，助力农村人居环境整治“厕所革命”推进和改厕质量提升。

【农村能源安全生产监管】 2020年，全市农业系统以全市安全生产月活动为契机，以“农能服务进农家”为载体，开展农村能源安全生产宣传咨询、教育培训、隐患排查、问题整改、隐患曝光、应急演练等活动。强化安全检查和隐患排查整治，共派出安全调研服务组25组次112人次，对9个县市区、园区农村沼气安全进行调研指导服务，抽查沼气工程69处，隐患整改35处；户用沼气350户，隐患整改70处，并实行闭环销号。举办农村能源安全管理培训，组织全市180人参加。做好沼气安全清单制工作，为全市134处沼气工程建立责任清单，落实安全生产责任。全年开展安全宣传118场次，覆盖2.1万人；发放手册3.5万份、安全挂图1.6万份；广播宣传1300次、视频宣传240场次。

【全省农村能源助推成渝现代高效特色农业带建设现场会在绵阳召开】 2020年6月19日，全省农村能源助推成渝现代高效特色农业带建设现场会在绵阳市游仙区召开。会议总结2019年全省农村能源建设取得的成绩，表彰2019年度全省农村能源工作先进单位，部署2020年农村能源工作，组织与会代表参观绵阳市游仙区推进农村沼气项目建设、种养循环农业的现场。农业农村厅党组成员、副厅长杨波出席会议并讲话，绵阳市委常委、统战部部长、副市长经大忠，游仙区委副书记、区长陈华斌致辞。农业农村部沼科所副所长胡国全，省农村能源办公室主任向森等参加会议。游仙区、宣汉县、阆中市、普格县和自贡市农业农村局有关负责人分别作交流发言。会议要求全省要推进农村沼气综合利用项目建设，推进农村能源安全生产，推进农村厕所革命，推进农村能源示范区建设，推进“十四五”农村能源规划编制工作，在建设示范工程、实现全年安全生产零事故目标、提升农村人居环境技术服务水平、融入成渝现代高效特色农业带建设、推进农村能源转型发展等方面下功夫。 （郭康康）

概 述

【概况】 2020年，全市推动工业稳定增长，分区分类有序推进复工复产，按照低风险地区全面推进企业（项目）复工复产、中风险地区有序恢复企业（项目）复工复产的指导原则，统筹推进工业企业（项目）复工复产。建成并推广“绵阳市抗疫援企在线平台”，支持企业做好疫情防控和复工复产、满产达产工作。加快推动防疫物资生产企业加快生产，1月26日泰诺尔恢复生产，2月11日31家防疫物资生产企业全面复工复产。重点推动关系国计民生企业复工复产，实现大米、食用油、牛奶、猪肉、蔬菜等36家生产企业提早复工复产。统筹推动规模工业企业复工复产，鼓励大企业大集团率先复工复产，支持龙头企业在绵阳的供应链企业复工复产，协同带动在绵阳的上下游配套企业复工复产，全市规模工业企业于2月底实现全面复产，77个省市重点在建工业项目于3月上旬实现全面复工。全年工业增加值882.65亿元，同比增长4.1%，对经济增长的贡献率为36.7%。年末有规模以上工业企业1083家（含绵阳卷烟厂等4家企业），全年规模以上工业增加值同比增长5.1%，增速居全省第四位，连续10个月逐月回升，分别高于全国（2.8%）、全省（4.5%）2.3、0.6个百分点。

【重点产业发展】 2020年，全市制定电子信息、汽车、新材料、节能环保、高端装备制造、食品饮料六大重点产业年度工作计划，明确全年任务目标、重点工作、工作措施和考核目标，组织开展“第四届材料基因工程高层论坛”、特色食品“金字招牌”等专项活动，做好六大重点产业统计和分析工作，动态掌握企业运行态势，形成产业发展科学运行分析报告。全年六大重点产业同比增长4.8%，均实现正向增长，其中电子信息产业同比增长6.5%，汽车产业同比增长5.1%，新材料产业同比增长1.3%，节能环保产业同比增长10.1%、高端装备制造产业同比增长6.5%，食品饮料产业同比增长0.02%。全市印发《关于加快创新产业发展的实施意见》，筹备召开绵阳建设西部先进制造强市领导小组及全市创新产业发展推进会，印发实施推进创新产业发展工作任务清单、年度重点工作和创新产业三年培育方案等。实施创新产业“一清单三机制”工作推进办法，即将创新产业发展各项工作和重点任务等，以清单形式明确和落实工作内容、完成时限、责任单位、责任人等，建立人员联系对接机制（落实责任领导和联络员）、工作完成情况月报机制（每月10日前各有关单位报送上月工作情况）、工作动态通报机制（以简报形式在全市通报工作开展情况，全年共印发工作简报16期）。全年新型显示、智慧家庭、新型功能材料、5G、北斗卫星应用、新能源与智能网联汽车六大创新产业产值同比增长14.24%，其中新型显示产业、北斗卫星应用产业保持两位数以上增长，新型显示产业同比增长519.84%，北斗卫星应用产业同比增长23.62%。

【工业重点项目建设投资】 2020年，全市共有东材科技年产1万吨PVB树脂产业化项目等130个项目竣工投产，际华三五三六转型生产疫情防控物资生产基地等109个项目开工建设，龙华光电OLED显示和5G通讯膜材产业化项目等64个项目加快建设，富临建材产业园和装配式建材生产线项目等107个项目加快前期工作。全年工业投资同比下滑1.9%，较年初止滑回升19.3个百分点，技改投资同比增长20.2%，较年初回升65.9个百分点。京东方6代AMOLED（柔性）生产线等7个省重大标志性项目完成投资202.26亿元，占年度投资计划的100.63%；惠科8.6代薄膜晶体管液晶显示器件生产线等17个省政府重点项目完成投资213.64亿元，占年度投资计划的104.4%；新敏雅150亿瓦时汽车用动力电池等52个列入省经信厅重点项目完成投资263.88亿元，占年度投资计划的100.39%。

【产业载体建设】 2020年，全市先后印发《关于建设先进制造产业功能区的实施意见》和先进制造产业功能区统计监测指标体系，明确全市先进制造产业功能区建设的任务清单、重点工作等，先后召开5次产业功能区建设专题会议，部署安排产业功能区建设工作任务。成立工作专班，形成工作合力。截至年底，全市新型显示产业功能区、智慧家庭产业功能区等11个先进制造产业功能区产业总规模达2684.35亿元；聚集主导产业企业319家，主导产业经济总规模实现644.59亿元；实施基础设施建设项目225个，完成投资286.47亿元；实现新签约主导产业项目68个，签约投资额达310.58亿元。绵阳出口加工区升格为国家级综合保税区；江油高新区、三台工业园区获批第二批省院士（专家）产业园，绵阳累计获批院士（专家）产业园4个，获批总数位居全省第一；绵阳高新区、游仙高新区、江油高新区被评为全省优秀开发区，安州工业园区通过申报省级高新区的专家评审。

【重点企业培育】 2020年，全市重点推进工业龙头企业做大做强，支持鼓励骨干企业在产业链的中高端取得提升和突破，初步形成“千亿级企业领航、百亿级企业带动、十亿级企业支撑”的大企业大集团群体。长虹、九洲分别位列2020中国制造业企业500强第五十七位和第二百八十三位，分别位列2020中国战略性新兴产业领军企业100强第三十三位和第八十七位。13家企业上榜2020年四川制造业100强榜单，数量位居全省第二；2家企业入围全国电子信息竞争力百强，5家企业入围全国电子元件百强榜单（绵阳开元磁性材料有限公司、四川华丰企业集团有限公司、四川安和精密电子电器股份有限公司、四川九洲线缆有限责任公司、四川经纬达科技集团有限公司），上榜数量全省第一。精选优质中小企业，培育专精特新企业、高成长型企业、行业小巨人企业，促进有潜力的企业成长为“单项冠军企业”等。银河化学的重铬酸钾晋级国家第五批制造业单项冠军产品，全市单项冠军企业总数与成都并列全省第一；新增规模企业114家，总数达1083家；6家企业(开元磁性材料有限公司、四川湖山电器股份有限公司、四川华拓光通信有限公司、四川惠泉生物科技有限公司、四川九洲空管科技有限责任公司、四川六合特种金属材料股份有限公司）获工信部专精特新“小巨人”企业认定。全市共有省级重点中小企业313家，其中有高成长型中小企业88家、专精特新中小企业203家、行业“小巨人”企业22家。

2020年绵阳市上榜四川制造业100强榜单企业一览表

表46

序号	企业名称	序号	企业名称
1	长虹（第 2 名）	8	双汇（第 60 名）
2	九洲（第 11 名）	9	银河化学（第 78 名）
3	铁骑力士（第 17 名）	10	东材科技（第 80 名）
4	京东方（第 24 名）	11	佳联印染（第 85 名）
5	富临实业（第 35 名）	12	富临精工（第 88 名）
6	利尔化学（第 39 名）	13	兴事发（第 93 名）
7	波鸿实业（第 46 名）	—	—

【企业研发创新能力建设】 2020年，全市开展省、市认定企业技术中心及国家、省技术创新示范企业核查、推荐工作，推动一批研发能力较强的企业开展创新能力提升行动，华拓光通信等11家企业通过省级企业技术中心认定，绵阳京东方等32家企业通过市级企业技术中心认定，至此，全市国家、省、市企业技术中心总数分别达到9家、91家、141家。全市东材科技“5G通讯用高性能树脂关键技术研发及产业化”等14个产业研发和创新平台类项目获得省工业发展资金4603万元。支持工业企业知识产权创造、运用、保护和管理能力，九州电子科技等10家企业被工信部认定为“工业企业知识产权运用试点企业”，全市“工业企业知识产权运用试点企业”总数达23家。推荐29个项目申报2021年等省级研发及平台建设提升项目，17个项目进入公示阶段。以骨干企业为主体，依托中物院、中航发燃气涡轮机研究院等相关科研院所，初步组建先进材料中试与产业化基地等13个产学研用合作载体。鼓励、指导企业建设制造业创新中

心，全年共认定市级制造业创新中心4家，全市市级制造业创新中心总数达12家。华丰牵头的“光电互连创新中心”、六合特材牵头的“高品质高温合金创新中心”被认定为四川省制造业创新中心，全市四川省制造业创新中心总数达2家，认定数及总数均位列全省地级市第一。

2020年绵阳市省级企业技术中心一览表

表47

序号	地区	单位名称	序号	地区	单位名称
1	涪城区	四川华丰科技股份有限公司	30	高新区	四川九洲线缆有限责任公司
2	江油市	四川矿山机器（集团）有限公司	31	三台县	三台县启明星磷酸盐有限公司
3	经开区	禾大西普化学（四川）有限公司	32	梓潼县	四川圣迪乐村生态食品股份有限公司
4	高新区	四川省绵阳市丰谷酒业有限责任公司	33	江油市	四川皇龙智能破碎技术股份有限公司
5	三台县	绵阳佳禧印染有限责任公司	34	科创区	四川九洲空管科技有限责任公司
6	涪城区	四川绵阳三力股份有限公司	35	盐亭县	四川金和新型建材有限公司
7	高新区	四川长虹模塑科技有限公司	36	科创区	四川久远环境技术有限公司
8	高新区	四川长虹器件科技有限公司	37	高新区	绵阳西磁磁电有限公司
9	科创区	四川科瑞软件有限责任公司	38	游仙区	四川科莱电梯股份有限公司
10	高新区	四川光友薯业有限公司	39	高新区	新希望六和股份有限公司
11	三台县	绵阳佳联印染有限责任公司	40	经开区	四川雪宝乳业集团有限公司
12	游仙区	绵阳开元磁性材料有限公司	41	涪城区	四川海瑞尔包装集团有限公司
13	涪城区	四川龙华光电薄膜股份有限公司	42	高新区	绵阳高新区恒奥电子科技有限公司
14	高新区	四川长虹新能源科技股份有限公司	43	高新区	四川长虹技佳精工有限公司
15	三台县	四川三台力达泵业有限公司	44	游仙区	中国核工业二四建设有限公司
16	科创区	四川九洲光电科技股份有限公司	45	江油市	四川清香园调味品股份有限公司
17	三台县	四川省三台县固锐实业有限责任公司	46	江油市	江油市长祥特殊钢制造有限公司
18	高新区	际华三五三六实业有限公司	47	涪城区	四川永贵科技有限公司
19	高新区	四川灵通电讯设备有限公司	48	经开区	绵阳华晨瑞安汽车零部件有限公司
20	高新区	四川长虹包装印务有限公司	49	游仙区	绵阳市维博电子有限责任公司
21	三台县	四川三台剑门泵业有限公司	50	经开区	四川绵阳好圣汽车零部件制造有限公司
22	三台县	鸿凯双泰（四川）零部件有限公司	51	游仙区	太极集团四川绵阳制药有限公司
23	江油市	四川六合特种金属材料股份有限公司	52	高新区	四川九州光电子技术有限公司
24	科创区	四川九州电子科技股份有限公司	53	经开区	四川旭虹光电科技有限公司
25	高新区	绵阳华瑞汽车有限公司	54	高新区	绵阳高新区天力机械有限责任公司
26	游仙区	四川兴事发门窗有限责任公司	55	高新区	四川经纬达科技集团有限公司
27	三台县	台沃科技集团股份有限公司	56	经开区	四川长虹电源有限责任公司
28	游仙区	雅化集团绵阳实业有限公司	57	游仙区	绵阳铜鑫铜业有限公司
29	游仙区	四川湖山电器股份有限公司	58	江油市	攀钢集团江油长城特殊钢有限公司

续表

序号	地区	单位名称	序号	地区	单位名称
59	高新区	四川安和精密电子电器有限公司	76	游仙区	四川海格恒通专网科技有限公司
60	涪城区	中九建工集团有限公司	77	科创区	四川九洲防控科技有限责任公司
61	高新区	四川绵阳德鑫机械有限公司	78	安州区	四川爱联科技有限公司
62	高新区	四川隆盛科发实业有限公司	79	科创区	绵阳美能材料科技有限公司
63	高新区	绵阳惠利电子材料有限公司	80	安州区	绵阳新华内燃机股份有限公司
64	平武县	四川中物材料股份有限公司	81	游仙区	四川东方绝缘材料股份有限公司
65	经开区	绵阳海立电器有限公司	82	科创区	四川长虹网络科技有限责任公司
66	江油市	四川鑫鼎新材料有限公司	83	江油市	四川德华皮革制造有限公司
67	经开区	四川同舟化工科技有限公司	84	经开区	绵阳禾本生物工程有限公司
68	经开区	四川瑞可达连接系统有限公司	85	平武县	四川泰虹科技有限公司
69	科创区	四川九洲北斗导航与位置服务有限公司	86	高新区	四川精上缝纫机有限公司
70	涪城区	四川利尔作物科学有限公司	87	游仙区	四川高达科技有限公司
71	经开区	四川长虹教育科技有限公司	88	梓潼县	四川梓潼林江苎麻纺织有限责任公司
72	科创区	四川奇石缘科技股份有限公司	89	涪城区	四川华拓光通信股份有限公司
73	盐亭县	绵阳迪澳药业有限公司	90	江油市	四川远方高新装备零部件股份有限公司
74	三台县	四川代代为本农业科技有限公司	91	科创区	四川恒泰环境技术有限责任公司
75	三台县	四川神龙粮油有限公司	—	—	—

2020年绵阳市工业企业知识产权运用试点企业一览表

表48

序号	企业名称	备注	序号	企业名称	备注
1	好医生药业集团有限公司	2020 年新增	13	四川东材科技集团股份有限公司	—
2	四川龙华光电薄膜股份有限公司	2020 年新增	14	绵阳新晨动力机械有限公司	—
3	四川九州电子科技股份有限公司	2020 年新增	15	四川省三台县固锐实业有限责任公司	—
4	禾大西普化学（四川）有限公司	2020 年新增	16	四川省银河化学股份有限公司	—
5	四川帝威能源技术有限公司	2020 年新增	17	四川九洲电器集团有限责任公司	—
6	四川九州光电子技术有限公司	2020 年新增	18	四川长虹电器股份有限公司	—
7	四川奇石缘科技股份有限公司	2020 年新增	19	四川旭虹光电科技有限公司	—
8	新希望六和股份有限公司	2020 年新增	20	绵阳铜鑫铜业有限公司	—
9	四川蜀旺新能源股份有限公司	2020 年新增	21	四川德华皮革制造有限公司	—
10	西科农业集团股份有限公司	2020 年新增	22	四川雪宝乳业集团有限公司	—
11	雅化集团绵阳实业有限公司	—	23	四川靓固科技集团有限公司	—
12	绵阳富临精工机械股份有限公司	—	—	—	—

【龙头企业生产情况】 2020年，全市127家4亿元以上重点企业实现产值同比增长3.8%，实现正向增长的有82家，增长面达64.6%。其中长虹受疫情影响同比下降3.5%，但5月起降幅持续收窄，较上半年收窄8.9个百分点；九洲达产满产推进较快，同比增长10.0%；京东方产能逐步释放，全年产值跨越50亿元大关，达到50.2亿元；重汽济南卡车产销两旺，同比增长173.0%；铜鑫铜业生产持续回暖，同比增长9.0%；美能材料因疫情影响原南通订单转移绵阳生产，同比增长29.4%；爱联科技市场订单增加，同比增长28.8%；四川环龙纸业产品市场销售良好，同比增长24.1%；双汇食品订单增加、产量提升，同比增长22.6%；银河化学主要产品价格上涨、产量提升，同比增长23.1%；开元磁材因5G领域及新基建领域市场需求增大，同比增长22.7%。全年4亿元以上重点企业共实现利润78.1亿元，同比下降3.95%。

【重点工业品产量提高】 2020年，全市182种重点工业品中有104种同比增长，增长面达57.1%，其中增长两位数及以上的有67种，占比36.8%；增长20%及以上的有42种，占比23.1%；增长30%及以上的有32种，占比17.6%。同比增长较快的重点工业品有：载货汽车同比增长140%，硅橡胶同比增长122.5%，鞋同比增长105.5%，石灰石同比增长48.1%，熟肉制品同比增长43.8%，电子元件同比增长40%。

【先进制造业态发展】 2020年，全市推进光纤宽带和4G网络深度覆盖，加快5G商用步伐，推进IPv6和窄带物联网部署，5G实现规模商用，电信运营商骨干网完成IPv6改造，5G基站总数达3455座。组织开展全市工业企业智能制造项目入库、升级改造需求调研和实地调研工作等，掌握制造业智能化发展现状、工业企业智能化改造需求，科学评估出全市制造业、各县市区（园区）智能制造发展水平。高达科技“红外线多波长纸张定量水分在线测控系统”通过2020年四川省首台套保险补偿机制试点评审，中科国兴“秸秆纤维丝成套设备”、陆亨能源“矿热炉烟气余热锅炉”通过2020年四川省重大技术装备首台套认定。推进产业数字化转型，长虹集团初期面向家电行业的工业互联网平台建设基本完成，并实现在长虹智能制造产业园的部署示范和在四川爱联、长虹模塑等企业的应用、开发；铁骑力士集团面向农牧产品养殖、加工、销售全产业链的产业互联网平台和体系持续建设。全市累计建成智能工厂21个、数字化车间34个、智能生产线164条，重点领域数字化研发设计工具普及率达73%，关键工序数控化率达51%，数字化车间/智能工厂普及率达16%。对标国家、省级标准，制定市级工业绿色体系建设标准，开展绿色产品、绿色工厂、绿色园区、绿色供应链、绿色关键技术突破工作。创建国家级绿色产品7款，全市国家级绿色产品总数达18款，名列全省第二位；创建国家级绿色工厂5家，总数达9家，名列全省第二位；创建国家级绿色供应链管理示范单位2家，与成都并列全省第一位；创建省级绿色工厂18家，全市省级绿色工厂总数达34家，名列全省第二位；创建省级绿色园区2家，全市省级绿色园区总数达4家，与遂宁市并列全省第一位；创建省级绿色供应链管理示范单位1家，与成都并列全省第一位；获得国家级绿色关键技术4个（含2家绿色制造系统解决方案供应商），名列全省第一位。“安州区磷石膏堆场环境问题”整改任务完成销号，全市2995家“散乱污”企业完成整治并销号。重点推动工业设计、电子商务平台发展，制定并实施《绵阳市促进先进制造业和现代服务业融合发展方案》，探索先进制造业和现代服务业融合发展新业态、新模式、新路径，培育示范平台及示范企业，获批省级示范企业（项目、平台）6个；培育设计公共服务平台，发展众创设计、众包设计、用户参与设计、云设计、网络协同设计等转型模式，推动工业设计企业实现线上转型。全年组织企业申报省级工业设计中心2家，复核7家。

【“十三五”期间绵阳市工业发展情况】 “十三五”末，全市规模以上工业营业收入达3141.7亿元，居全省第四位，较“十二五”末增加584.2亿元，全省排位提升2位；全部工业增加值实现882.7亿元，居全省第四位，较“十二五”末增加154.7亿元，全省排位提升1位。全市规模以上工业增加值增速在全省排位由“十二五”末的全省第八位提升至2020年的第四位，其中2019年居全省第三位，是2004年以来在全省最好位次。在争创全省经济副中心的七个区域性中心城市中，绵阳规模以上工业增加值增速居第二位。主要产业情况。到2020年年底，六大重点产业产值占规模工业比重达70.1%，较“十二五”末提升3.5个百分点；新型显示、智慧家庭等六大创新产业成为全市工业新的增长点，占全市工业比重27%；战略性新兴产业产值占工业总产值比重达40.1%，较“十二五”末提升6.1个百分点。项目投资情况。“十三五”期间引进实施5亿元以上的重大工业项目83个，其中包含465亿元京东方柔性面板项目、240亿元惠科液晶面板项目等6个百亿级工业项目，京东方、惠科均建成投产。累计实施工业项目714个，完成工业投资2488.9亿元，是“十二五”投资总额的1.65倍，工业投资年平均增速18.4%，其间连续36个月保持两位数增长；累计实施技改项目503个，完成技改投资1711.5亿元，技改投资年平均增速20.8%，其间连续38个月保持两位数增长。企业培育情况。“十三五”末全市有规模以上工业企业1083家，较“十二五”末增加303家，其中全市4亿元以上企业由98家增加至140家；9家企业纳入全省大企业大集团培育名单，13家企业上榜2020年四川制造业100强榜单，均位居全省第二位；2家企业入围全国电子信息竞争力百强，5家企业入围全国电子元件百强榜单，居全省第一位；7家企业获工信部专精特新“小巨人”企业认定，省级重点中小企业总数达313家；3家企业获国家级制造业单项冠军企业（产品）称号，总数与成都并列全省第一。中小企业服务体系加速完善，全市有国家级小型微型创业创新示范基地3家、省级20家；国家级中小企业公共服务示范平台1家、省级11家。创新能力情况。“十三五”末全市国家级、省级工程技术研究中心分别有6个和19个，其中国家级较“十二五”末增加2个；国家级、省部级重点实验室分别有10个和24个，其中国家级较“十二五”末增加2个；国家、省认定企业技术中心分别有9个和91个，分别较“十二五”增加1个和34个。23家企业获工信部认定为“工业企业知识产权运用试点企业”，较“十二五”末增加15家。国家、省创新示范企业分别有4家和5家。“十三五”期间全市累计实施核心技术攻坚项目150余项、科技成果转移转化项目120余项，全国首条偏光片基膜生产线打破国外技术垄断，研发出国内首款自动化三维激光扫描雷达等。率先开展市级制造业创新中心建设，全市共认定12家。华丰集团牵头的光电互连创新中心、六合特材牵头的高品质高温合金创新中心被认定为“四川省制造业创新中心”。“十三五”期间，全市获中国质量标杆2个，新增中国驰名商标2个，牵头制修订国际标准4项、国家标准22项。园区建设情况。全市有国家级工业园区2个、省级8个、市级2个。聚集规模企业901家，较“十二五”末增加454家，总产值2370.19亿元，产业集中度达84.5%，较“十二五”末提高3.5个百分点。产业园区改革创新加快推进，绵阳高新区、经开区2个国家级产业园区规模分别达728.5亿元、209.6亿元，在国家同类产业园区中分列第五十四位、第七十位；游仙、江油工业园区升格为省级高新区；绵阳高新区、游仙高新区、江油高新区、三台工业园区获批省院士（专家）产业园；游仙高新区获批省级新型工业化示范基地，三台工业园区、盐亭经济开发区获批四川省特色产业基地；绵阳高新区、游仙高新区、江油高新区被评为2020年全省优秀开发区。启动实施11个先进制造产业功能区建设，聚集主导产业企业319家，主导产业经济总规模实现644.59亿元；新签约主导产业项目66个，签约投资额达296.18亿元。科技城集中发展区产业加快培育，累计实施产业项目191个，完成投资552.36亿元。

【电力工业】 2020年，全市35千伏及以上变电站达125座，实现对重点工业企业全覆盖，电力市场化交易普惠政策惠及面逐年扩大，重点火电、水电企业发电能力稳定，全市工业用电量年均增长8.46%，降低企业用电成本2亿元以上。电力工业拥有4亿元以上企业3家，其中四川巴蜀江油燃煤发电有限公司实现产值8.8亿元，同比下降0.2个百分点；神华四川能源有限公司江油发电厂实现产值6.13亿元，同比增长12.6%；四川华能涪江水电有限责任公司实现产值5.01亿元，同比增长8.6%。全年工业用电量持续增长。全市工业用电量69.8亿千瓦时，同比增长11.38%，自5月起持续两位数以上增长，工业用电量增速位居全省第二位（仅次于广元），其中用电量前十位的工业企业用电总量为25.3亿千瓦时，同比增长28.1%，占全部工业用电的比重为36.2%；用电量排名前三的依次为京东方、攀长钢、惠科，特别是京东方、惠科因产能快速爬坡，用电分别同比增长27.1%、6024.97%。

【工业企业税收情况】 截至2020年年底，全市受新冠肺炎疫情和落实减税降费等因素影响，工业增值税收入同比下降23.6%，但降幅较上半年收窄5.2个百分点，较1—4月降幅最高时（−44.7%）收窄21.1个百分点，表明随着复工复产和稳产满产的推进，工业税收状况好转明显。全年税收超过1亿元的企业有5家，超过5000万元的有15家，其中长虹、九洲税收同比分别减少42.5%、39.9%，双汇食品税收同比增长129.7%；美能材料税收同比增长222.7%；攀长钢税收同比增长51.9%。全市税收增速位居前三的行业为造纸及纸制品行业同比增长46.9%，化工产品行业同比增长37.9%，服装皮革行业同比增长34.1%。

【金融支持工业发展】 截至2020年年底，全市工业贷款余额632.3亿元，同比增长1.9%；中小微企业贷款余额1200.6亿元，同比增长18.2%。全年备案融资担保机构共为1974家中小微企业贷款担保2227笔，贷款担保发生额31.8亿元，在保余额44.9亿元；共帮助38家工业企业转贷50笔，转贷总金额达4.1亿元，降低企业融资成本2000余万元；实现应收账款融资577笔、金额126.1亿元，同比下降2.2%。

【国家级工业设计中心揭牌仪式在科创区举行】 2020年1月8日，四川科瑞达电子技术有限公司（以下简称科瑞达）获得国家级工业设计中心揭牌仪式在科创区创新中心二期举行。科创区党工委书记周钰，市经信局副局长肖元书等出席揭牌仪式，并为科瑞达揭牌。科瑞达于2019年12月在第三届中国工业设计展览会上获工信部授牌为第四批国家级工业设计中心。科瑞达是高新技术企业，专业从事技术研发、产品设计、产品制造及技术咨询、人才培训的工业设计一体化服务。先后为中国工程物理研究院等单位开展

300余项工业产品的研发设计服务，并参与2项国家重大相关科研专项的研究和设计，获得65项国家发明、实用新型、外观专利及软件著作权和30余项省级工业设计奖项。

【《关于加快创新产业发展的实施意见》印发】 2020年2月23日，市委、市政府印发《关于加快创新产业发展的实施意见》（以下简称《实施意见》）。《实施意见》提出按照2022年、2025年、2035年3个时间节点，分阶段推进创新产业发展，重点发展新型显示产业、智慧家庭产业、新型功能材料产业、5G产业、北斗卫星应用产业、新能源与智能网联汽车产业六大产业，主要任务是培育壮大创新主体、大力引育创新人才、加快建设创新平台、加速转化创新成果、着力建设特色园区、构建多层次金融服务体系、营造浓厚创新创业氛围，主要坚持财税政策向创新产业倾斜、产业政策向关键领域聚焦、投入导向向产出导向转变、放权赋能激发各类主体活力等政策导向。明确绵阳建设西部先进制造强市领导小组负责统筹推进全市创新产业发展工作，组建绵阳创新产业发展工作专班，建立统计体系，创新工作机制，形成全市上下推进创新产业发展格局。

【《关于加快建设先进制造产业功能区的实施意见》印发】 2020年2月25日，市委、市政府印发《关于加快建设先进制造产业功能区的实施意见》（以下简称《实施意见》），提出分2022年、2025年2个时间节点，推进先进制造产业功能区建设的发展目标，围绕构建"一核两翼、三区协同"区域发展新格局，明确科学统筹布局、高标准编制规划、建设11个先进制造产业功能区；壮大主导产业，引进和培育一批具有国际竞争力、产业带动力、品牌影响力的龙头企业和重大项目，完善产业链条、打造拳头产品；完善基础设施、生产性服务、生活性服务等功能配套建设；提高创新能力，培育创新主体，健全创新平台，优化创新环境；推进绿色发展，建立绿色制造体系，提高集约发展水平，提升生态建设水平等七大主要任务以及先进制造产业功能区认定标准。提出产业定位、资源要素供给、财政资金奖励等方面的政策支持。

【建设西部先进制造强市领导小组2020年第一次会议】 2020年3月10日，建设西部先进制造强市领导小组2020年第一次会议召开，会议由市委副书记、市长、领导小组组长元方主持。会议审议《绵阳市六大创新产业2020—2022年培育方案》《绵阳市创新产业发展2020年重点工作任务》《绵阳市先进制造产业功能区建设2020年重点工作任务》等事项，安排部署下一步工作。会议强调要坚持以项目为中心，重点围绕六大创新产业，依托长虹、九洲、京东方、惠科等企业，加快引进实施一批市场前景广阔、竞争优势突出的延链补链扩链项目，增强发展后劲；要培育企业主体，坚持大中小企业并进、调优存量和做大增量并举，在帮助企业克服疫情困难、尽快达产满产的前提下，鼓励企业加强科技创新，促进品质革命和品牌创建，增强市场竞争力和持续发展能力；要推动园区做大做强，依托市、县现有工业园区，按照产城融合理念，统筹生产、生活、生态空间，推进产业发展与城市功能同步完善，推动园区特色化、高端化、专业化发展，提升先进制造业发展的综合承载能力；要加快发展创新产业，突出工业自动化、智能化、数字化，加快资源集聚、精力集中、政策集成，壮大产业发展规模，抢占未来发展制高点；要提升要素保障水平，推动惠企政策全面落地落实，继续开展降成本专项行动，确保水电气等要素价格在全省处于较低水平，构建金融和产业多方联动机制，引导更多金融活水流向先进制造业。会议以视频形式召开。市领导罗宗志、廖雪梅，市政府秘书长吴明禹在主会场出席会议。各县市区、园区、市级有关部门设分会场。

绵阳市规划建设11个先进制造产业功能区一览表

表49

序号	功能区名称	责任县市区、园区	序号	功能区名称	责任县市区、园区
1	新型显示产业功能区	高新区	7	先进结构材料产业功能区	江油市
2	智慧家庭产业功能区	经开区	8	高端纺织产业功能区	三台县
3	新型功能材料产业功能区	游仙区	9	绿色食品产业功能区	梓潼县
4	5G产业功能区	涪城区	10	生物医药产业功能区	盐亭县
5	北斗卫星应用产业功能区	科创区	11	通用航空产业功能区	北川羌族自治县
6	新能源与职能网联汽车产业功能区	安州区	—	—	—

【绵阳市出台工业稳增长稳投资7条措施】 2020年3月13日，绵阳建设西部先进制造强市领导小组办公室印发《促进全市工业稳增长稳投资若干措施》，支持企业稳产满产，对一季度实现正向增长且对全市工业稳增长做出突出贡献的企业给予奖补。7条措施是：加快项目复工开工，对一季度固定资产投资2000万元以上，形成一定产值且贡献突出的竣工项目给予奖补；对一季度新开工项目形成实物工作量且贡献突出的给予奖补；对一季度固定资产投资亿元以上且贡献突出的在建项目给予奖补。降低资金转贷费用，对一季度符合支持条件的企业使用应急转贷专项资金，其资金占用费一律执行基准利率。降低生产要素成本，对一季度工业稳增长做出突出贡献的规模工业企业，给予生产要素成本补助。加大融资担保补助，融资担保机构在2020年1月1日后为中小企业银行贷款提供担保，且单户金额在1000万元以内、年化担保费率不高于2%的，按照折算担保金额的1%给予担保费用补贴，最高不超过50万元。发挥保险稳岗作用，鼓励企业保障员工权益，对购买疫情保险产品（用于员工）的工业企业给予奖补。用好用活既有政策，落实兑现国家、省、市各项支持政策，鼓励各县市区、园区制定出台本地促进工业经济稳增长稳投资的有关政策措施；对一季度企业稳产满产、项目复工开工的奖补，力争6月底之前兑现。该措施有效期为2020年。

【全市先进制造产业功能区建设专题工作会】 2020年3月18日，全市先进制造产业功能区建设专题工作会由市经信局组织召开。会议传达市委、市政府主要领导召集研究绵阳建设先进制造产业功能区专题会议、绵阳市建设西部先进制造强市领导小组会议精神，要求各县市区、园区推动先进制造产业功能区建设工作全面铺开；安排部署2020年全市先进制造产业功能区建设目标和重点工作任务，要求加快制定和出台产业功能区规划；要完善统计体系，做好数据统计基础工作；建立信息报送机制，产业功能区建设推进情况实行周报送、月分析；要筹备现场会，先进制造产业功能区建设推进大会每月召开1次，各功能区之间相互交流经验和做法。

【长虹新能源绵阳锂电项目开工】 2020年4月18日，长虹新能源绵阳锂电项目暨绵阳高新区招商引资项目集中开工仪式在长虹智能制造产业园举行。绵阳高新区11个项目集中开工，总投资50.53亿元。其中长虹新能源绵阳锂电池项目投资19.58亿元，主要研发生产应用于电动汽车、电动自行车、低速车、平衡车等领域的锂离子电池产品，打造高品质锂电池研发及智能制造基地。

【绵阳获国务院督查激励】 2020年5月5日，国务院办公厅发布《关于对2019年落实有关重大政策措施真抓实干成效明显地方予以督查激励的通报》，对2019年落实中央重大政策措施真抓实干、取得明显成效的213个地方予以督查激励，相应采取30项奖励支持措施。其中绵阳市3项工作受到国务院督查激励。在促进工业稳增长和转型升级、实施技术改造方面，绵阳市成效显著，成为2019年西部地区和全省唯一获得该项督查激励的地方。

资料链接：全国工业稳增长和转型升级、实施技术改造成效明显市评选，每年举办1次，旨在国家对真抓实干成效明显地方进一步加大激励支持力度。工业稳增长和转型升级、实施技术改造成效明显市（州）是指认真贯彻落实制造强国战略，在工业促投资、稳增长和转型升级方面真抓实干、成效突出，具有引领和示范带动作用的市（地、州、盟）。

【全省推动制造业高质量发展工作会议在绵阳召开】 2020年7月21日，全省推动制造业高质量发展工作会议在绵阳召开。会议由省委书记彭清华主持，通报全省上半年经济运行和下一步经济工作安排情况，对贯彻落实会议精神、抓好制造业高质量发展提出要求。会议强调要坚持“工业挑大梁”，走出一条具有四川特色的制造业高质量发展之路；要把“新基建”摆在突出位置，以信息化数字化智能化赋能制造业高质量发展；要推动川渝制造业协作共兴，夯实成渝地区双城经济圈建设产业支撑；各市州和省直各部门要贯彻会议精神，结合实际研究制定推进制造业高质量发展的具体政策和措施办法。会上，成都市、泸州市、德阳市、绵阳市作交流发言。省委、省人大常委会、省政府、省政协有关领导，各市州和省直有关部门负责人及有关方面代表参会。

（王月利）

电子信息产业

【概况】 2020年，全市聚焦新一代信息技术，以推动新型显示、智慧家庭、5G创新产业发展为主攻方向，围绕相关先进制造产业功能区建设，培育一批高成长型优势企业，提升产业核心竞争力，促进产业高端化、智能化、绿色化、服务化和集群化发展，加快培育壮大以“芯—屏—智—物”为主体的电子信息产业集群。全市有电子信息产业规模以上企业107家，实现总产值823亿元，同比增长6.5%。长虹、九洲2家龙头骨干企业入选2020年全国电子信息竞争力百强企业（长虹位列第六，较2019年提升1位；九洲位列第四十二），开元磁材、华丰公司、安和精密、九洲线缆、经纬达5家企业入选2020年全国电子元件百强企业（全省共7家企业入围，其中绵阳5家），在数量上仅次于广东深圳，与江苏苏州、浙江杭州、浙江宁波并列，其中华丰公司同时入选2020年中国电子元件百强研发实力前十强，位居第四。电子信息产业创新能力持续加强，拥有国家企业技术中心2家、省级企业技术中心21家、市级企业技术中心24家，国家技术创新示范企业2家（长虹、九洲）、工程技术研究中心3家（国家级1家、省级2家）、国家工程实验室2家（长虹PDP国家工程实验室、九洲基于北斗的多模式智能信息技术研究与应用国家地方联合工程实验室）、省级实验室1家。电子信息产业在智慧家庭、通信器件等领域优势凸显，拥有物联网无线通信模组、移动通信终端用微型振动电机等10余个国内市场占有率第一的重点产品。京东方第6代AMOLED（柔性）生产线、惠科8.6代薄膜晶体管液晶显示器件项目、长虹智能制造产业园项目等重点项目先后投产，持续建设长虹“双创”产业园等项目。

【电子信息产业集聚化发展】 2020年，全市提高电子信息产业集聚度，其中高新区以新型显示、智慧家庭为发展重点，聚集电子信息企业35家，打造新型显示产业功能区；涪城区以5G、新型显示、软件为发展重点，打造5G产业功能区，科技城软件产业园入驻软件企业138家；经开区围绕智慧家庭产业，建设经开电子信息产业园，打造智慧家庭产业功能区；科创园区集聚科技型创业企业。全市围绕新型显示、智慧家庭、通信等重点领域产业链，聚集以京东方、惠科为龙头的新型显示产业企业近20家，以长虹为龙头的智慧家庭相关企业近50家。九州光电子、艾默生、华正电子、海格恒通、华拓光通信等光通信器件、移动通信网、专网通信企业规模逐步扩大，形成通信产业集群。

【电子信息产业重点领域发展】 2020年，全市电子信息产业按照“壮大产业规模，突出重点领域，延伸产业链条”的发展路径，聚焦发展新型显示、5G、智慧家庭创新产业，培育发展集成电路、软件等重点领域，优化产业结构，提升“产品+应用+服务”融合发展水平。新型显示产业。有长虹、京东方、惠科、旭虹光电、龙华薄膜等相关企业近20家。上游有高铝盖板玻璃、偏光片基膜、触摸屏用电子化学品、高纯度氮氧气体、LCD显示屏用扩散板和导光板等产品；中游有AM-OLED面板制造、TFT-LCD面板制造、LCD背光模组制造环节；下游有显示终端拥有智能平板电视、节能LED两面翻显示屏、超大拼接显示屏、激光电影放映机等显示终端产品。全年新型显示产业产值（不含显示终端）达66.6亿元，同比增长520%。智慧家庭产业。有长虹、九洲、兴事发等相关企业30余家，其中长虹、九洲均以智慧家庭为重要产业发展方向，主要产品有智能家电（电视、空调、冰箱）、智能网关、智能机顶盒等，推动家庭娱乐、家居控制、健康管理、家庭安防、智慧教育等应用，形成“材料及关键零部件+系统及软件+终端制造及平台+服务及应用”的产业格局。全年智慧家庭产业实现产值277.7亿元。5G产业。有华丰、爱联、九州电子、九州光电子等20余家网络通信企业，在5G器件和材料、高速连接器、光器件、一体化基站、通信模组、智慧铁塔等方面有优势。其中爱联科技物联网无线通信模组在国内市场占有率位居第一。全年5G产业实现产值67亿元，同比增长2.57%。软件产业。全市软件与信息服务业主要涉及软件产品开发、信息技术咨询服务、信息系统集成、嵌入式系统软件、信息安全等行业，软件产品主要应用于工业控制、企业管理、金融、安全、教育、医疗、通信、政务服务等领域。龙头企业四川九洲电器集团有限责任公司在2020年中国软件企业百强中排名第五十二位。全年软件和信息技术服务业主营业务收入达160亿元，同比增长14.3%，居全省第二位。

【长虹“5G+工业互联网”智能电视大规模定制生产线投产】 2020年1月15日，长虹“5G+工业互联网”智能电视大规模定制生产线在绵阳落成投产。该生产线是国内首条投产的“5G+工业互联网”生产线，从启动建设到下线投产，仅1年时间。该生产线应用工业机器人、机器视觉、边缘计算等5G与工业互联网技术，集成生产信息化、智能设备、原材料物流传输等系统，提升多批次、小批量订单的制造能力，最终实现个性化定制与大规模生产的兼容运行，产线效率提升60%以上。

【全球首款5G工业互联网模组下线】 2020年2月20日，全球首款5G工业互联网模组在长虹控股旗下子公司爱联科技下线。该款5G模组具备业界领先的传输速率、-40°C到85°C工业温宽性能稳定、毫秒级低时延等多项核心技术，可满足工业环境下设备互联和远程交互应用需求，实现智慧工厂全流程的数据采集、数据回传、控制指令收发、监控、可视化应用、设备信息化及数据安全可管可控，可广泛应用于5G工业产线、工业物联网、工业自动化控制、物流追踪、工业AR、AGV小车等工业智能制造领域。同日，5G视频、5G智慧交通等专业模组也在爱联科技同步下线。

【5G网联无人机应用示范基地建设】 2020年4月7日，成都纵横自动化技术股份有限公司与北川三元投资发展有限公司签订合作协议在北川建设5G网联无人机应用示范基地。该基地计划打造无人机“飞行测试、检测认证、教育培训、运营服务、场景应用”一体化的产业生态，建成北川5G网联无人机综合服务和应用示范基地。该项目总投资1亿元至2亿元，将分2期建设，旨在

通过建设基于5G、人工智能、云计算为基础的网联无人机综合服务基地，为西南地区各类无人机企业提供飞行服务场地，并对外开展无人机的飞行测试、认证审定、教育培训、应用示范、航飞及数据服务等运营活动。同时，该项目申请建设“民用无人驾驶航空试验基地”试点示范项目，以城市场景运行试验为目标定位，探索制定针对性强、可推广复制的适航、飞标、空管等标准及市场准入规则，提升北川在无人机领域的影响力。

【绵阳惠科第8.6代薄膜晶体管液晶显示器件项目建成点亮】 2020年4月29日，绵阳惠科第8.6代薄膜晶体管液晶显示器件项目建成点亮。副省长王凤朝出席点亮仪式并宣布点亮。市委书记刘超、惠科股份有限公司总裁王智勇致辞，市委副书记、市长元方主持。市人大常委会主任付康，市政协主席、市委统战部部长、市总工会主席李亚莲出席仪式。项目建成点亮，标志着项目由工程建设阶段正式转入生产运营阶段。点亮仪式结束后，举行绵阳惠科配套项目签约仪式。涪城区政府分别与康宁新加坡控股有限公司、四川省房地产开发投资有限责任公司签署《康宁玻璃基板项目投资协议》《绵阳市涪城区石塘空港项目投资协议》。

【康宁显示科技玻璃基板项目落户绵阳】 2020年4月29日，“康宁显示科技8.6+代薄膜晶体管液晶显示器件（TFT-LCD）项目配套玻璃基板生产线建设工程”签约落户绵阳。项目计划成立康宁显示科技（绵阳）有限公司，投资5.71亿元，注册资本1.9亿元，在涪城区高端装备制造产业集中发展区投资建设。项目位于惠科项目东侧，S8道路北侧，占地6.68公顷，建设1条8.6代玻璃基板后段加工生产线。11月4日，项目土地交付。

图29　5月30日，西部半导体集成电路高科技产业园项目开工仪式在游仙区举行

【西部半导体集成电路高科技产业园项目开工仪式举行】 2020年5月30日，西部半导体集成电路高科技产业园项目开工仪式在游仙区举行。市委副书记、市长元方出席并宣布项目开工。该项目涵盖集成电路（芯片）研发、设计、制造、生产等环节，总投资80.26亿元，计划2年内形成年产60万片8英寸晶圆芯片生产能力。项目建成达产后，可实现年销售收入50亿元，年上缴税收4亿元，解决就业约2000人。

【经开区电子制造产业园竣工】 2020年6月19日，经开区电子制造产业园项目通过竣工验收，项目位于经开区塘汛镇，是省重点项目，占地9.6公顷，总投资约7亿元，总建筑面积为21.2万平方米，其中新建生产厂房19.6万平方米。主要吸引电子信息、高端制造、节能环保、新材料及其他相关配套产业项目。与长虹集团、东材科技、旭虹光电等重点企业的上下游配套企业签订意向入驻协议，四川长虹包装印务有限公司、绵阳鼎圣机械有限公司、四川宇飞连接电子有限公司等企业入驻园区。

【长虹研发出首款国产超小体积5G通信模组】 2020年7月6日，长虹旗下四川爱联研发出首款国产超小体积5G通信模组——AI-NR11，该5G模组可广泛应用在智慧工业、智慧能源、工业机器人、医疗健康等领域，尤其能满足超小摄像头、精密测量仪器等对模组尺寸的要求。AI-NR11采用上海海思5G模组中间件方案设计，支持5G/4G/3G多种网络制式，支持5GNRn1/n3/n28/n41/n77/n78/n79全频段网络，并支持SA和NSA两种组网方式；可以实现最高支持4.6Gbps（DL）/1.2Gbps（UL）连接速率。采用标准M.2封装设计，宽度仅比1元硬币宽5毫米，做到和4G模组同尺寸。

【长虹模组智能制造中心在中山成立】 2020年7月8日，长虹模组智能制造中心在广东省中山市举行揭牌仪式并投产运营。长虹模组智能制造中心一期工程总投资约3000万元，包含4条全自动模组生产线，应用高度自动化的工业装备，搭载以物联网、大数据、人工智能等技术为基础的信息化系统，提升生产制造全过程的自主调度、自主管理能力，适应各类产品的大规模定制生产。该制造中心投产后可增加年模组单班产能150万台，新增产值10亿余元。　（王月利）

汽车产业

【概况】 2020年，全市有华瑞、野马、中国重汽等规模以上汽车及零部件企业91家，其中4亿元以上企业16家，亿元以上企业39家。汽车产业领域有国家级技术中心2个、省级技术中心10个、市级技术中心11个。全年汽车产业实现产值208.6亿元，同比增长5.1%。有野马汽车、华瑞汽车、绵阳重卡3家整车企业，新晨动力、野马动力2家发动机企业，绵阳重专1家专用车企业，富临精工、三力股份、华晨瑞安等85家传统零部件企业，野马汽车、力神电池、泰坦豪特、英志新能源、天明新能源、帝威能源、瑞可达连接、正能新能源8家新能源与智能网联汽车企业。全年绵阳威马汽车自动驾驶示范园项目的试验试制中心项目及自动驾驶配套示范产业园项目均完成总体进度的80%。富临精工向新能源与智能汽车领域拓展，开发的减速电机切入华为汽车配套体系，子公司湖南升华科技生产的电池正极材料为宁德时代配套。新晨动力与理想汽车合资启动建设总投资106亿元的增程器研发及生产基地项目，计划实现年产增程器100万台。

图30 新晨动力生产线

【中国重汽集团济南卡车股份有限公司绵阳分公司】 中国重汽集团济南卡车股份有限公司绵阳分公司(以下简称公司)是中国重汽集团响应山东省委、省政府和四川省委、省政府号召，进行的“5·12”汶川特大地震灾后产业援建项目，是中国重汽集团济南卡车股份有限公司在绵阳设立的全资分公司，项目设计产能为单班年产重型卡车2万辆。公司面积41.48万平方米，实际规划和使用面积为33.35万平方米。主要生产HOWO品牌系列车型，主要产品包含HOWO-7、HOWO-T5G、HOWO-T7H系列自卸车、牵引车、载货车等卡车公司全系列车型。2020年，公司生产卡车1.2万辆，产值31亿元，同比增长171.9%，实现利税4662万元。

【野马汽车绵阳公司】 野马汽车在绵阳高新区投资建设年产12万辆新能源及传统能源乘用车生产基地，项目总投资32.3亿元，用地面积80公顷。一期投资16.8亿元，建设新能源及传统能源整车四大工艺及配套设施。二期建设20万台发动机以及新能源电动汽车电机、电控等关键零部件配套产业园、员工培训中心、新能源基地职工宿舍。2019年2月，雷丁汽车与富临实业签订“关于四川野马汽车股份有限公司100%股权转让的正式协议”，雷丁与野马汽车的战略重组。重组后，公司仍为企业重要生产基地布局，承担产品B10、T70、T80、M302等生产及新能源轿车智能化工厂建设。其中新能源项目有乘用车四大工艺，形成包含SUV、MPV、轿车全品类并能覆盖A00、A0以及B级车的全系产品线，2020年建成投入使用。

(王月利)

新材料产业

【概况】 2020年，全市新材料产业重点聚焦高品质特种钢铁材料、磁性材料、新型膜材料、功能玻璃和新型光学材料等优势领域，提升产业能级和核心竞争力。新材料产业新增规模企业11家，规模以上企业总数为98家。规模以上工业产值为279.2亿元。新材料产业有攀长钢、东材科技、六合特材3家20亿元以上龙头企业，有开元磁材、龙华薄膜、旭虹光电等一批4亿元以上骨干企业17家，有麦思威尔、中物材料、神光石英等一大批成长态势良好的科技型中小企业。年内，开元磁材、六合特材成为全国专精特新“小巨人”企业。新材料产业形成龙头企业引领、骨干企业支撑、中小企业跃进的梯次发展格局。六合特材牵头的“高品质高温合金创新中心”成为四川省制造业创新中心，龙华薄膜成为四川省技术创新示范企业，六合特材、旭虹光电成为2020年四川企业技术创新发展能力100强企业。新增远方装备等省级企业技术中心，开元创亿、江油重鑫等市级企业技术中心。截至年底，全市新材料产业共创建各级企业技术中心31个，其中国家级企业技术中心1个、省级企业技术中心13个、市级企业技术中心17个。东材科技开发出5G通信高速PCB用低介质损耗高Tg活性酯树脂，开元磁材5G基站电源用宽温域低损耗磁芯产品实现产业化，旭虹光电抗落摔高度提升5倍以上耐摔玻璃技术获得突破。攀长钢公司航空燃机产业化能力提升项目竣工投产。中电科九所一期全面建成。龙华薄膜2.5米宽偏光片基膜生产线竣工投产，成为全国首条偏光片基膜生产线，实现“绵阳造”取代进口。六合特材航空燃机及高端模具钢技改项目试车成功。东材科技年产1万吨PVB树脂产业化项目、年产1.5万吨特种聚酯薄膜项目建成投产。

【新材料产业集群发展】 全市新材料企业主要分布在江油市、游仙区、高新区，三地新材料合计产值占全市新材料产业总产值的74%。江油市依托攀长钢、六合特材、长祥特钢等高品质特钢龙头企业，基本形成高品质特钢材料产业集群。游仙区依托东材科技、开元磁材、聚合新材等龙头企业，形成新材料产业特色发展集群。绵阳高新区依托中电科九所、中物材料等龙头企业，以磁性材料、工程塑料及合成树脂材料为重点发展方向，形成集聚发展态势。

【新材料产业重点项目进展】 2020年，四川旭虹光电科技有限公司高铝盖板玻璃生产线技术改造项目完成投资4787万元，年度投资完成率达100%，设备安装基本完成，进行试生产，准备竣工验收。四川恒增装配式建筑科技有限公司装配式建筑生产线（一期）项目完成投资11500万元，年度完成投资率达100%，厂房基本建设完成，开展试生产。龙华光电薄膜公司OLED显示和5G通讯膜材产业化项目完成投资15500万元，年度完成投资率达155%，进行设备调试。绵阳麦思威尔科技有限公司年产2.5万吨水性纳米及石墨烯特种涂料产业化项目完成投资7000万元，年度完成投资率达100%，主体施基本完工，进行设备安装。四川特锐祥科技股份有限公司年产1000吨高频高介电陶瓷粉料及陶瓷微型基片SMD-Y CAP产业化项目完成投资5000万元，年度完成投资率达100%。四川省江油市蜀玉实业有限公司年产60万吨纳米级高端系列钙产品生产线项目完成投资33068万元，年度完成投资率达165.34%，双膛窑主体结构完成，4台环保立窑主体结构完成。绵阳开元磁性材有限公司年产1万吨高性能软磁电子材料及2000万只电子变压器建设项目完成投资4100万元，年度完成投资率82%，推进办理规划、环评等前期手续以及拆迁工作。

【新型功能材料产业功能区现场会】 2020年12月27日，绵阳市新型功能材料产业功能区现场会暨成渝绵新材料产业对接会在绵阳举行。会议由绵阳市经信局、游仙区政府主办，游仙区工信局、重庆市新材料产业联合会、成都新材料产业研究院承办。会上，中国电子科技集团公司首席专家、中国电子材料行业协会磁性材料分会秘书长张明，四川大学教授、四川省功能材料物理化学与工程重点实验室副主任朱建国出席活动并分别作“5G时代下的磁性材料”“先进信息功能材料及其产业发展趋势”专题报告。重庆市经信委原常务副主任蔡永生、四川省经信厅巡视员肖世同、绵阳市政府副秘书长赵琳出席活动并致辞。绵阳市经信局局长韩晓清出席活动，介绍绵阳市先进制造产业功能区有关情况。游仙区政府作新型功能材料产业招商推介，与重庆市新材料产业联合会签署《新型功能材料跨区域战略合作协议》。企业代表围绕新型功能材料发布项目推介，介绍先进信息功能材料及其产业发展趋势、5G时代下的磁性材料、高功率光纤激光产业项目及产品。重庆市经信委、四川省经信厅，中物院化工材料研究所、中国航发四川燃气涡轮研究院、中国电子科技集团第九研究所等科研院所，以及40余家国内新型功能材料领域企业代表参加活动。 （王月利）

节能环保产业

【概况】 2020年，全市节能环保产业实现工业总产值236.8亿元，同比增长10.1%，占全市工业总产值的8.6%。有规模企业70家，其中总产值1亿元至4亿元有24家，4亿元至10亿元有6家，10亿元至30亿元有5家，30亿元以上有3家。中国金属资源利用有限公司入选“中国民营企业500强”“四川民营企业100强”；兴事发门窗获全国房地产行业调查评选“门业类”竞争力100强企业，综合排名前五。依托“国家烟气脱硫工程技术研究中心”“国家城市污水处理及资源化工程技术研究中心”科研和人才优势，孵化培育出中科城环保、恒泰环境、久环科技、久润环保等一批骨干企业。恒泰环境“烟气资源化超净排放”“重金属废水资源化零排放”“锰渣治理及资源化利用”等技术及装备水平处于国内领先水平。形成以江油市、游仙区、绵阳经开区等节能环保产业发展集聚区，拥有中金公司、中科城环保、绵阳海立、兴事发门窗、九洲光电等一批骨干企业，逐步形成高效节能、先进环保、资源综合循环利用为主的多种形式并存的产业发展格局。截至年底，节能环保产业依托中物院、西科大、绵阳师院建成国省重点实验室4家、工程（技术）研究中心4家、企业技术中心11家。全市在节能环保装备制造、环境污染治理、资源综合利用等领域获得300余项具有较大开发利用价值、成熟度较高的科技成果和国内发明专利。

【节能环保产业集群发展】 2020年，全市以绵阳经开区、游仙高新区、江油高新区等产业园区为重点，推动节能环保产业集聚发展。经开区依托九州环保、鑫科源等重点企业，发展工业废弃物的无害化处理及综合利用产业。江油市依托川矿(集团)、铁鹰机械等骨干企业，加快发展节能装备制造产业，推进节能矿山机械及关键零部件制造等重点领域抱团发展。游仙高新区以节能环保为主导产业，依托铜鑫铜业等龙头企业，建成四川保和富山再生资源产业园国家级“城市矿产”示范基地，通过国家验收（2020年3月）；依托中金资源等重点企业，实施国家级再生资源回收体系建设试点城市项目，提升再生资源收集分拣、综合利用能力；依托锐洋科技、鸿琪科技等企业，打造国家废旧资源综合利用工业化配套和橡胶粉、改性塑料产品的再制造基地，实现废旧橡胶、塑料的规模化处理和高值化利用。

【高效节能领域发展】 全市以绵阳海立、海立电器、兴事发门窗等为代表的企业在节能设备制造、电光源制造、绿色建筑材料方面具备较强竞争实力。产业布局方面，江油工业园重点布局节能矿山装备制造，游仙区发展节能建筑门窗制造产业，经开区扩大高效空调压缩机产能。江油市集聚川矿（集团）、皇龙破碎、铁鹰机械等一批中小型节能采矿设备制造企业，呈现集群式发展格局。2020年，全市有高效节能产业规模以上企业28家，实现工业产值71.3亿元，同比增长15%。

【先进环保领域发展】 全市依托中物院、中国气动中心、西南科技大学、绵阳师范学院等科研院所，有“国家烟气脱硫工程技术研究中心”“国家城市污水处理及资源化工程技术研究中心”，水处理、大（空）气净化、工业固废处理方面的技术和装备达到国内领先水平。产业布局方面，游仙区重点发展城市污水处理设备及工程服务，科创区重点布局烟气除尘脱硫脱硝、中空纤维膜及组件、新风净化系统、环境监测仪器仪表等产业。恒泰环境、美能科技、汇邦环保、久环仪器等企业，在烟气除尘脱硫脱硝、中空纤维膜及组件、新风净化系统、环境监测仪器仪表等方面，具备一定技术优势。2020年，全市有先进环保产业规模以上企业23家，实现工业产值56.6亿元，同比增长9.9%。

【资源循环利用领域发展】 全市以游仙区“城市矿产”示范基地为基础，建成以废旧铜为主的铜加工、废轮胎综合综合利用产业，构建2条较为完整的循环型产业链，形成年再生铜15万吨、生产改性胶粉3万吨的能力。依托九洲环保、金岸环保、鑫科源，率先在全省建成具备满足本地、辐射周边的危险废弃物处置能力；加快推进国家级“循环经济示范产业园”建设。产业布局方面，游仙区重点发展废铜加工、废旧橡胶轮胎综合利用产业；涪城区重点发展生活垃圾、餐厨、医疗、市政污泥等一体化处置产业；经开区发展危险废弃物综合利用产业。2020年，全市有资源循环利用产业规模以上企业19家，实现工业产值108.9亿元，同比增长7.1%。

【工业废弃物综合利用处置项目开工】 2020年3月26日，四川格润中天环保科技有限公司工业废弃物综合利用处置项目在绵阳盐亭工业园区开工。四川格润中天环保科技有限公司是长虹控股旗下，以废弃电器电子产品处理业务为主，从事危险废物综合利用和处置的环保企业。工业废弃物综合利用处置项目于2019年3月取得市生态环境局审查批复，该项目属危险废物综合利用工程，设计规模为废活性炭再生2万吨/年、废包装容器再生100万只/年。

【长虹电源助力高速磁浮试验样车试跑】 2020年6月22日，时速600千米高速磁浮试验样车在上海同济大学磁浮试验线上试跑成功。项目磁浮样车所搭载的440V及24V电源系统的研制工作由长虹电源公司承担。该电源系统采用自制高功率电池组，具有循环寿命高、放电倍率高、安全性好等优点，主要为磁浮试验样车起浮、加速、紧急停降、紧急制动提供电能，保证车辆安全、可靠运行。

【长虹润天能源入选《新能源汽车废旧动力蓄电池综合利用行业规范条件》企业名单】 2020年12月16日，工信部公告第二批符合《新能源汽车废旧动力蓄电池综合利用行业规范条件》的22家企业名单。其中四川长虹润天能源科技有限公司入选，成为中国西部唯一取得梯次白名单的企业。四川长虹润天能源科技有限公司系四川长虹格润环保科技有限公司旗下公司，是四川省锂电池试点工作的示范单位，四川省动力锂电池回收利用产业联盟副理事长单位，专业从事锂电池研发、设计、生产、销售，废旧锂电池无害化环保处置、资源化综合再生利用，节能环保技术及产品的研发、咨询、转让、服务，危险废物收集、运输、储存、处置及综合利用等，拥有年生产锂电池200兆瓦时及环保处置废旧锂电池1万吨的能力。（王月利）

高端装备制造产业

【概况】 2020年，全市有装备制造产业规模以上企业142家，其中有高端装备制造产业规模以上企业51家。全市高端装备制造产业主要集中在航空装备、卫星及应用、轨道交通装备、智能制造装备、核技术应用等领域，经过多年积累，在空管系统、北斗位置服务、航空发动机与燃机、轨道交通连接器、特种电容器、高档数控机床、机器人、无人机、金属3D打印设备、智能传感器、焊缝检测系统、医用回旋加速器等领域具有比较优势。产业规模持续扩大。全年高端装备制造规模工业产值同比增长6.5%，以科莱电梯、永贵科技为代表的高端装备制造规模企业达46家。全市高端装备制造产业创新能力持续提升，建成国省重点实验室16家、工程技术研究中心9家、工程实验室7家、企业技术中心7家，在航空发动机短舱、重型燃气轮机、激光雷达领域取得重大技术突破。全市高端装备制造产业竞争实力持续增强，科莱电梯成为西部综合实力最强的电梯研制、生产基地；维博电子在电量隔离传感器、数控系统、3D打印设备及机器人等领域具有领先优势；久信科技独创“第五代电容器技术——多层聚丙烯双面金属化膜双面电极技术”；永贵科技是国内轨道交通用连接器行业龙头；九洲集团是四川省北斗卫星导航产业联盟的发起者和牵头单位。

【新松机器人中国科技城（绵阳）智能制造产业基地项目】 2020年，新松机器人中国科技城（绵阳）智能制造产业基地项目（一期）启动建设。项目计划投资3.9亿元，新建机器人应用研发创新基地、机器人装备生产基地、智能制造产业基地、游乐工厂基地，推进机器人应用示范基地、智慧社区、智能商业中心、智能公共服务中心等及相关配套设施建设。

【北斗卫星应用产业功能区现场会】 2020年11月22日，北斗卫星应用产业功能区现场会在科创区举办。现场会由市政府主办，市经信局、科创区管委会、九洲投资控股集团承办，四川省北斗卫星导航产业联盟、四川九洲卫星导航投资发展有限公司协办，以“北斗赋能科技城，打造产业新高地”为主题，邀请中国科学院院士杨元喜、俄罗斯自然科学院院士艾克拜尔·伊拉洪出席活动。省经信厅副厅长皮亦鸣、副市长廖雪梅出席活动并致辞。市经信局局长韩晓清出席活动，介绍绵阳市先进制造产业功能区有关情况。科创区管委会与中国卫星导航定位协会签署《战略合作框架协议》，与四川弘森晟实业有限公司签署《北斗导航产业园一期项目投资协议》。省内外相关领域的专家学者、企业代表围绕“北斗卫星应用产业发展新趋势”等话题发表主旨报告，介绍北斗在农业、应急管理、防灾减灾救灾等领域应用层面的实践、探索和展望，并对绵阳发展北斗卫星应用产业提出建议。

【基于北斗三号的区域时空信息服务体系建设与应用项目】 2020年12月，基于北斗三号的区域时空信息服务体系建设与应用项目开工建设。项目计划投资1.5亿元，重点突破多源异构时空大数据融合处理、星地一体位置增强服务、北斗三号短报文通信等关键技术，构建包含区域北斗时空基准、地理信息、遥感影像、位置服务数据等基础数据与行业应用数据的时空信息共享数据资源库。研究以北斗三号专用芯片为核心的，包含手持、穿戴、车载等多种形态的北斗三号行业专用终端产品。围绕北斗与交通运输、智慧旅游、安全应急、现代物流、城市管理、环境保护、食品安全、智能制造等行业的融合应用需求，建立时空信息服务体系、探索创新服务模式，在不少于3个行业开展跨领域规模化示范应用，实现终端推广数量不少于3万套。（王月利）

生物医药产业

【概况】 截至2020年年底，全市拥有好医生药业、太极绵药等为代表的生物医药规模以上企业34家；实现规模工业产值78.3亿元，其中产值4亿元以上企业有5家（好医生药业集团、太极绵药、代代为本、四川华西动物药业、四川云亳堂药业），产值1亿元的企业有17家。全市生物医药产业有企业技术中心14个，其中国家级1个（好医生药业）、省级1个（太极制药）、市级12个。全市形成以好医生药业、太极绵药、一康制药等为代表的中成药制造企业，以天雄、中坝附子等为代表的中药饮片加工企业，以迪澳药业、新华康药业等为代表的植物提取企业，以赛卓药业为代表的化学药制造企业，以和润电子、立德电子等为代表的医疗器械制造企业，以伴农动保、华西兽药为代表的兽药制造企业。全市有麦冬、附子、桔梗等道地药材资源优势，现代中医药领域发展优势明显。有绵阳高新区生物医药孵化器、梓潼生物医药产业园孵化器等孵化平台，持续建设盐亭县生物医药产业功能区。

【生物医药产业重大项目进展情况】 2020年，成都奥蓉生物科技多肽药物产业园等项目开工建设；凯瑞华创生物体外诊断生物原液研发生产等项目主体基本竣工，设备安装和内部装饰装修工程完工；四川康养健生物科技有限公司北川中药材供应保障公共服务能力平台及深加工项目完成厂房建设、设备安装，进行试生产阶段。绵阳三香汇生物科技有限公司总投资5000万元的生物科技项目竣工。

【生物医药企业防疫物资生产情况】 2020年，全市有25家医药企业转产或生产中成药、中药饮片、消杀用品、口罩、体温计等防疫物资。优可得从经销商转型为生产商，成为全省最大的红外体温计生产企业，新冠肺炎疫情防控期间为绵阳本地提供红外体温计数万支，向省内其他地方提供红外体温计10万余支，向国内省外提供红外体温计40余万支。好医生药业引入医用防护用品生产线，转产生产一次性医用口罩，缓解绵阳地区口罩紧缺的局面；做好抗感颗粒、桑姜感冒胶囊、复方板蓝根颗粒、清热解毒口服液等抗疫所需药品生产供应。一康制药、太极绵药、伴农动保、永生和等企业分别转产84消毒液、医用酒精等，保障本地消杀用品供应。中兴药业转产生产口

罩原料熔喷布。（王月利）

化工产业

【概况】 截至2020年年底，全市有规模以上化工企业40家，规模以上企业实现产值177亿元，同比增长12.9%。化工产业占全市工业总产值的6.6%，占全省化工产业总产值的3.7%，其中9家4亿元化工企业实现产值122.8亿元，同比增长12%，占全市化工产业总产值的76.6%。全市化工产业有国家级技术中心2个（银河化学、利尔化学）、省级技术中心6个（利尔作物、同舟化工、三台启明星磷酸盐、雅化集团绵阳实业、四川台沃农业、禾大西普）、市级技术中心6个（四川美丰实业、绵阳启明星磷化工、江油启明星、雅化三台、恒益科技、蓝狮科技）。银河化学的“安剑”商标、雅化绵阳的“雅化”商标（国家定点民用起爆器材）获得“中国驰名商标”称号。全市化工产业基本形成以基础化学品、农用化学品、精细化学品制造为主的产业门类，其中基础化学品领域实现产值90.8亿元，同比增长17.6%，占化工产业规模企业总产值的51.2%；农用化学品领域实现产值62.1亿元，同比增长11.4%，占化工产业规模企业总产值的35.1%；精细化学品领域实现产值24.1亿元，同比增长1.4%，占化工产业规模企业总产值的13.6%。精细化学品占比逐渐增强，同时澄泓微电子有限公司“电子化学品”填补全市高附加值、精细化学品的空白，化工产业结构持续向精细化方向发展。

【化工产业重大项目进展情况】 2020年，鑫达新能源投资6亿元的5万吨/年聚甲氧基二甲醚生产线正式投产；利尔化学的草铵膦原药完成生产线的建设和改造，实现全面达产，成为国内首先开发和产能最大的生产线；银河化学自主研发项目“10万吨/年双自返富氧液相氧化与碳化法制备红矾钠产业化技改项目（一期）”建设完成并全面投产，并建成环保处理及综合利用中心。

【银河化学重铬酸钾成为国家第五批制造业单项冠军产品】 2020年12月21日，工信部公布第五批制造业单项冠军企业（产品）名单，绵阳企业四川省银河化学股份有限公司（以下简称银河化学）的重铬酸钾成为国家第五批制造业单项冠军产品。银河化学的重铬酸钾产品主要销往全球各大电镀、铬系颜料等厂家，国内市场占有率达57.6%，全球市场整体份额的20%以上。

【利尔化学股份有限公司】 利尔化学股份有限公司（以下简称利尔化学）成立于1993年，2008年上市，是全市最大农药生产企业，总部位于绵阳市，有四川绵阳、江苏南通、四川广安、湖南岳阳、河南鹤壁、湖北荆州6个生产基地。产品出口美国、巴西、阿根廷、澳大利亚等国家和地区，与美国陶氏、杜邦、德国拜耳、巴斯夫等化工巨头建立战略合作关系。利尔化学是四川省最大的农药企业，西部地区最主要的农药供应商之一，主要从事农药原药、制剂、中间体及其他化工产品的研究、开发、生产和销售，公司产品包括杀虫剂、除草剂、杀菌剂三大系列共19个品种（4个原药、15个制剂），主要产品毕克草、毒莠定和氟草烟，均为高效、低毒、低残留的吡啶类除草剂农药产品。2020年，利尔化学实现产值35亿元，同比增长16.4%。

【雅化集团绵阳实业有限公司】 雅化集团绵阳实业有限公司（以下简称雅化绵阳公司）成立于1958年，是国家定点专业民爆器材生产企业，是一家集科研、生产、配送及爆破服务为一体的综合性企业，拥有集团“国家级企业技术中心”下设的起爆器材研究所和装备自动化研究所，拥有“国家认可实验室”，是高新技术企业、专利优势培育企业、省级安全文化示范企业，是ISO 9001、OHSAS 18001、ISO 14001三体系认证企业。雅化绵阳公司拥有有效的发明专利35项、实用新型专利35项、省级及以上奖励7项。雅化绵阳公司与中国工程物理研究院、南京理工大学、西南科技大学等多家院所、高校建立战略合作关系。雅化绵阳公司主要产品有工业雷管、导爆索、导爆管、电子雷管等五大系列30多个品种，其中“雅化”牌工业雷管、普通导爆索被授予四川省名牌产品称号，“雅化”牌商标被认定为驰名商标。2020年，雅化绵阳公司实现产值8.8亿元，同比增长3.3%。

（王月利）

食品产业

【概况】 截至2020年年底，全市有规模以上食品企业162家，实现产值318亿元（不含烟草）；有产值4亿元以上重点企业21家、亿元以上企业51家。食品产业总产值占全市规模以上工业总产值的比重为12.2%，在六大重点产业总产值的比重达16.42%，产业支柱的作用表现突出，产业规模在6个重点优势产业中位居第二位。全市食品产业企业建有国家级技术中心1个、省级技术中心7个、市级技术中心12个；创中国驰名商标6个、四川省著名商标26个。食品产业发展重点集中在屠宰及肉制品加工、酒类、精制茶、调味品、烟草等领域。其中屠宰及肉制品加工业实现产值71.49亿元；酒类制造业实现产值25.03亿元；精制茶制造业实现产值6.36亿元；调味品业实现产值21.85亿元；烟草工商两端实现销售收入124.01亿元，同比增长3.7%，入库税金31.01亿元，同比增长17.5%。食品产业龙头企业受新冠肺炎疫情影响，双汇食品实现产值35.53亿元，同比增长22.58%；四川铁骑力士实现产值8.31亿元，同比增长10.74%；丰谷酒业实现产值10.99

亿元。

【食品产业重点项目建设】 “十三五”期间，绵阳仙特米业有限公司仙特米业粮食加工项目（1.18亿元）、四川省羌山农牧科技股份有限公司50万头生猪冰鲜冷链健康猪肉精深加工及年产1万吨“羌山牌”系列风味罐头生产线项目（1.45亿元）、绵阳烟厂膨胀烟丝生产线易地技术改造项目（2.5亿元）、绵阳辉达粮油有限公司年产2万吨高品质非转基因食用植物油预榨生产线及全自动灌装生产线等重大项目全部完工。2020年，麦冬大健康领旗食品产业园项目（一期）（16亿元）、天宝蜜柚综合加工建设项目（2.6亿元）等开工建设。

（王月利）

粮油工业

【概况】 2020年，全市围绕粮食供给侧结构性改革，以行业需求为导向，以实现效益为目标，按照做实基础、做强产业、做亮品牌的思路，推动粮食产业经济创新发展、绿色发展、高质量发展。争取上级专项资金投入。其中游仙区仙特粮食加工仓储项目和盐亭县粮油购销中心站应急配送中心项目共争取到第二批中央预算内投资粮食安全保障调控和应急设施项目资金1768万元；游仙区被纳入全省粮油产业高质量发展示范县，绵阳市粮油集团被纳入全省“优质粮食工程”示范企业，获得项目补助资金1000万元；安州区、梓潼县和三台县实施“中国好粮油”和“天府菜油”示范行动项目，共获得补助资金9000万元。全年全市争取省级财政产油（粮）大市（县）奖励资金约1.6亿元。“8·11”特大暴雨洪灾后，争取到省级仓储设施维修资金184万元。协调投放粮油类贷款9.4亿元。全年全市纳入统计的粮油加工和粮油转化企业共70家，比2019年增加6家。其中酿造企业5家（1家停产）、饲料转化企业12家（1家停产）、养殖企业1家，其余52家均为粮油加工企业。全市粮油加工、粮油转化企业工业总产值达76.2亿元，比2019年增加3.9亿元，增幅达5.4%；销售收入88.5亿元，比2019年增加6.5亿元，增幅达7.9%；费用总额8.8亿元，比2019年增加0.2亿元，增幅达2.5%；应交增值税1.1亿元，比2019年减少0.2亿元，降幅达20%；利润总额4.9亿元，比2019年减少1.1亿元，降幅达18.2%。

【粮油加工企业产业化升级改造】 2020年，全市粮油加工企业数量在粮油产业化中占比为74.3%。全市52家粮油加工企业共创造工业总产值20.6亿元，占全市工业总产值的27%，利润仅0.5亿元，占比达10.3%。全年稻谷收购价格大幅上涨，大米销售价格与2019年相比基本持平，大米加工企业利润减少，部分规模较小的加工企业减少稻谷收购量和大米生产量，大米生产量比2019年减少2.6万吨。部分规模较大的粮油加工企业增加资金投入，对设备进行改造升级、提高产能、丰富产品类型，扩大企业规模，扩大市场占有率，提高抗风险能力。其中绵阳市绿源米业投资480万元进行基础设施建设和设施改造升级，大米产量比2019年度增长34%，市外销售量增长45%；绵阳辉达粮油有限公司投资2100万元，引进芝麻油、花生油生产线，丰富生产品种，提高精炼油产能，生产的精炼菜籽油数量比2019年增长50%；绵阳市绿清香植物油脂有限责任公司经过技改升级，生产精炼油0.9亿吨，年销售收入3.1亿元，比2019年增加2.1亿元，增幅达208.2%，利润增长116.4%。

【酿造企业经济效益】 2020年，全市有正常生产的酿造企业4家，仅1家小幅亏损。其中绵阳市丰谷酒业有限责任公司和华润雪花啤酒绵阳分公司2家企业工业总产值达13.7亿元，占全市工业总产值的18%，企业利润共3.6亿元，占利润总额的73%，处于绝对领先地位。受新冠肺炎疫情影响，制酒产品比2019年减少1.6万吨。绵阳市丰谷酒业有限责任公司工业总产值减少2.2亿元，降幅达16.4%；利润减少1.3亿元，降幅达41.5%。华润雪花啤酒绵阳分公司拓展销路，在全年工业总产值下降16.4%的情况下，利润比2019年增加0.4亿元，增幅达35.9%。

【粮油项目和品牌建设】 2020年，全市推动“中国好粮油”项目建成达效。全市以“中国好粮油”四川行动示范为契机，持续推动粮油产业延链发展、转型升级。安州区、三台县、梓潼县加快推动项目实施，坚持以优粮优产、优粮优购、优粮优储、优粮优加、优粮优销“五优联动”，以全区（县）粮油优品率加快提升和农民增收为目标，发挥本地在资源、规模、基地、技术、产能、品牌、营销等粮油产业发展方面的优势，推进优质粮油流通体系建设和区域粮油产业发展。“中国好粮油”三年行动（2018—2020年）项目计划总投资1.5亿元，完成投资达1.4亿元。截至年底，全市有“富乐花香”“川熟乡”“金福泉”“丹桂”“鑫浩东”“仙特”“台沃”“和香玉”“和香”“富乐山”等10多个优质粮油品牌，在天猫、京东等大型电商平台销售，在大润发、沃尔玛等超市设立专柜，建成线上线下营销体系，成为地区性特色粮油产品。市粮油集团有限公司“丹桂”、四川浩东食品科技公司“鑫浩东”等7个粮油产品获得“四川好粮油”品牌称号，绵阳辉达粮油有限公司“川菜王”、四川浩东食品科技公司“川熟乡”菜籽油等2个粮油产品获得“中国好粮油”品牌称号。全市拥有粮油类驰名商标2件、国家地理标志保护产品1个，全年粮油商标有效注册量同比增长9.6%。融入“天府菜油”品牌塑造，组织安州、三台、梓潼参加全省“天府菜油”示范基地项目建设。全市3个“天府菜油”示范基地县通过建立“优质优价”奖补的长效机制，形成“公司+基地+农户”的组织模式和“订单种植、保护价收购、二次返利”的经营方式，实现粮食种植面积和产量持续稳定增长，从而促进农民增收、企业增效，绿色优质粮油供给水平提升。安州区争创中国浓香型油菜籽地理标志，区内绵阳辉达粮油有限公司入选全省“天府菜油联盟企业”，并成为“天府菜油”标准制定单位之一，公司旗下“川菜王小榨浓香菜籽油”获得全省首批授牌的“天府菜油”品牌称号。

（陈俊伟）

概　述

【概况】　2020年，全市持续推进交通建设攻坚大会战，以项目建设为龙头，实行清单管理、挂图作战，推进交通工程项目建设，全年完成投资160.56亿元，其中高速公路完成投资78.79亿元，干线公路完成投资23.26亿元，农村公路完成投资31.68亿元，养护及其他专项完成投资12.53亿元，车辆更新和场站建设完成投资4.56亿元。自2015年开展交通攻坚大会战以来（2015—2020年），全市累计完成投资达740亿元。截至年底，全市公路通车里程2.37万千米，其中高速公路427千米、一级公路443千米、二级公路902千米、三级公路1112千米、四级公路18387千米、等外级公路2383千米。客运站14个，其中一级站5个、二级站8个、三级站1个；便捷站和招呼站3580个，其中便捷站131个，招呼站3449个。公路客货营运汽车20301辆，其中客车2943辆、货车17358辆。公路旅客运输量1899.38万人，旅客周转量133876.24万人千米；公路货物运输量6790.92万吨，周转量686054.42万吨千米。

【新冠肺炎疫情防控工作】　2020年，全市交通系统坚持“外防输入，内防扩散（反弹）”“人物同防”，牵头交通运输联防联控工作，筑牢“公铁空水”立体防线。新冠肺炎疫情防控期间调整区域航班航线，暂停发往湖北、广东车辆。关闭境内10个高速公路口，并在其余21个高速公路口设立检疫站点，机场、火车站及全市14个三级以上客运站设置隔离观察室，对进出人员全部进行体温检测。坚持保通保畅保运保供，落实“一断三不断”（即坚决阻断病毒传播渠道，保障公路交通网络不断、应急运输绿色通道不断、必要的群众生产生活物资运输通道不断）要求，率先提出企业复工复产及群众生产生活等重要物资运输服务保障八条措施。高速公路推行“一检多认”机制（即对体温检测正常的司乘人员发放“今日体温已测”标识，一车一标，持标识人员当日再次进入联防联控检疫点时无需重复检测体温），排解干线公路和普通公路道路阻断问题，确保公路网通畅。维持城区63条公交线路，落实医务人员凭证件免费乘车优待政策。全市共调用货车216台次，运送物资1680吨。

【交通复工复产】　2020年，全市落实国家“一断三不断”和复工复产期间《保障四川省公路畅通的七条措施》要求，制定保障公路畅通相关措施，并根据疫情防控工作的变化，拆除全市21个高速公路收费站、41个国省干道、288个农村公路的卫生检疫站、动态检疫点，恢复关闭的10处高速公路出入口，保障路网运行畅通。研究制定《企业复工复产及群众生产生活等重要物资运输服务保障工作方案》，率先推出企业复工复产及群众生产生活等重要物资运输服务保障“八条措施”，做好新冠肺炎疫情防控期间复工复产、春耕生产及群众生活等重要物资运输服务保障工作，征召120台客车、20台货车作为应急运力储备，确保重要物资运得进来、产品运得出去。开展“春风行动”，根据全省《农民工安全有序返岗“春风行动”方案》，按照“政府牵头、部门协调，统一组织、供需对接，全程管控、安全温馨”的原则，组织“点对点、一站式”直达运输服务和公路铁路航空旅客联程运输，将返岗（务工）的农民工运至工作岗位。截至3月14日，全市共发送“春风行动”专车797班，运送人员1.53万人次。

【重要物资运输服务保障“八条措施”】　2020年2月，全市推出企业复工复产及群众生产生活等重要物资运输服务保障“八条措施”，并被省交通厅在全省推广。“八条措施”明确属地责任，要求各县市区落实属地管理责任，统筹安排辖区内重要物资运输服务保障工作，督促辖区交通运输、公安、卫健、发改、经信、住建、商务、市场监管、农业农村、自然资源和规划等部门加强行业管理，按照职责分工做好相关工作；保障持证通行，按照《四川省应对新型冠状病毒肺炎疫情应急指挥部公告（第8号）》要求，落实保运人员健康证办理及互认工作，要求各县市区之间互认持有健康证明的驾驶员、押运员等保运人员，不得另行设置限制人员进入本区域的门槛，市卫健部门负责指导各地做好健康申报证明的办理工作；强化保通保畅，各县市区清理辖区国省公路、农村公路阻断点，严控卡点设置，避免重复检测，严禁擅自设置卡点、断道、硬隔离等阻断交通的行为，保障公路路网畅通；做好运力组织，各县市区负责，鼓励支持和保障货运、快递企业在落实交通运输疫情防控相关举措的前提下，尽快恢复正常运营，提供运力保障；服务民生物资运输；各县市区负责做好保障人民群众生活所需的粮油、肉、蛋、奶、蔬菜、水果等鲜活农产品的运输及邮政、快递、配送业务的正常运行，不得非法禁止相关车辆正常通行，不得随意扣押货物及人员，市发改、商务、市场监管、农业农村等部门负责指导各地做好运输需求协调、市场调控等工作，市交通运输部门负责指导各地做好运力组织，市邮政管理部门负责加强行业管理、协调工作，市公安部门负责指导各地做好车辆通行管理和秩序维护（包括各级检疫卡点）等工作，保障群众生活必需物资运输绿色通道；统筹应急物资运输，市交通运输部门负责统筹协调省际、市际、县际应急物资运输服务保障，做好道路运输应急运力、疫情防控应急物资运输服务保障工作；构建快速协调机制，市交通运输局负责建立省、市、县三级重要物资运输服务保障协调机制、绵阳市重要生产生活物资运输服务保障联络员机制。

【交通攻坚大会战决策部署】 2020年2月27日，市委副书记、市长、市交通建设攻坚大会战指挥部指挥长元方主持召开指挥部第11次会议，审议《2020年全市交通项目建设和投资计划》《2019年度交通运输工作先进单位表扬方案》等事项。副市长、市交通建设攻坚大会战指挥部副指挥长罗蒙，市政府秘书长吴明禹在主会场出席会议。市交通建设攻坚指挥部成员单位及相关企业负责人在分会场参加会议。11月4日，元方主持召开市政府第105次常务会议暨交通攻坚大会战指挥部第12次会议，听取1月—10月全市交通建设攻坚大会战推进情况汇报。会议要求强化目标意识、责任意识，抓住当前施工黄金时期，倒排工期、挂图作战，冲刺年度交通投资任务；突出问题导向，对照问题清单，逐一细化梳理，采取有效措施，推动问题加快解决，加快项目建设进度；强化责任落实，做好要素保障，营造良好施工环境，落实“红黑榜”机制；研究谋划2021年交通工作计划，加快推进“十四五”综合交通运输发展规划编制工作，提前启动实施一批重点项目，确保“十四五”开好局、起好步。12月28日，元方主持召开交通建设攻坚大会战指挥部第13次会议，会议听取2020年全市交通建设攻坚大会战推进情况的汇报，审议《2021年交通项目建设和投资计划》及省级激励资金使用有关事宜。会议要求，按照“四个一批”要求，及早谋划实施2021年交通攻坚项目相关工作，形成梯次接续、压茬实施的项目工作格局；突出问题导向，对照《交通重点项目问题清单》，制定整改方案，逐项推动落实；加强项目监管，守住质量、安全、稳定、廉洁四条底线，确保把每个项目都建成精品工程。

【“十三五”交通运输发展成就】 “十三五”期间，市委、市政府实施开展交通建设攻坚大会战的战略决策，累计完成投资达716亿元，是“十二五”时期的1.7倍。高速公路先后开工建设绵（阳）西（充）高速、九（寨沟）绵（阳）高速、广（元）平（武）高速、中（江）遂（宁）高速、国道5号线成（都）绵（阳）高速公路、绵（阳）苍（溪）高速6条、总里程407千米，建成绵（阳）西（充）高速1条和九绵高速公路青莲互通至张家坪枢纽路段，新增通车里程108千米，全市高速公路通车及在建总里程达726千米，从“十二五”末全省第十一位跃升至第三位；省交通运输厅、省发改委联合印发《四川省高速公路网规划（2019—2035年）》，将绵阳市盐（亭）江（油）茂（县）高速、国道5号线成(都）绵（阳）广（元）扩容、南（江）盐（亭）高速3条高速纳入该规划，使全市高速公路规划总里程增长37%，突破1000千米大关，达到1026千米。国省干线提档升级。省道205线绕城改线游仙段和江油段省道、省道416线绵阳至中江一级公路以及大中修绵江绵三路等国省干线达1090千米，普通国道二级及以上比例达94%，普通省道三级及以上比例达62%，较“十二五”末分别提升23%和6%，提前1年完成发展任务。农村公路新改建1.1万千米，建成渡改公路桥12座、溜索改桥1座，完工旅游路、资源路、产业路264.6千米，提前2年实现乡镇和建制村通硬化路“两个100%”目标，全面完成脱贫攻坚任务。推进“四好农村路”示范创建工作，创建省级示范县3个，培育市级示范乡镇39个、县级示范村129个、示范路924千米。枢纽场站提升改造一级客运枢纽1个、新改建二级客运站3个，新建乡镇综合运输服务站1个，建成港湾式车站75个。实施公交优先发展战略，涪城区、游仙区实现公交全覆盖，全市公交线路数量由111条上升至197条。推动乡村客运"金通工程"全覆盖，乡镇和建制村客车通达率均达100%。

【全市交通项目投资现场会】 2020年10月30日，全市交通项目投资现场会召开。会议要求把握交通投资现状，发挥交通建设投资规模大、效益好、见效快和带动力强的特点，把基础设施投资的短板补上来，确保完成交通建设年度目标任务。要倒排工期、挂图作战，在确保项目安全和工程质量的前提下，形成更多投资额和实物工作量，力争项目早日建成并发挥效益。要压紧压实各方责任，强化要素保障，加强协同配合，为重点交通项目建设提供良好环境。要加快推进"十四五"综合交通运输发展规划编制工作，特别要做好2021年交通项目投资计划，强化项目储备，加大对上衔接，力争更多项目纳入国省大盘子，为"十四五"开好局、起好步打下坚实基础。

公　路

公路建设

【概况】 2020年，全市实施高速公路项目6个，其中在建5个，为九（寨沟）绵（阳）高速、广（元）平（武）高速、国道5号线成（都）绵（阳）扩容高速、中（江）遂（宁）高速和绵（阳）苍（溪）高速；开展前期工作1个，为国道5号线绵（阳）广（元）扩容高速；全市高速公路通车里程427千米，建成和在建总里程726千米。全年实施新改建干线公路项目23个、总里程638千米，其中完工项目5个、67千米，在建项目18个、571千米；开展前期工作9个项目。实施国省干线大中修工程项目30个、总里程287千米。实施农村公路587千米，其中新改建县乡道224千米，新改建村道363千米。

【主要高速公路建设情况】 2020年，绵阳市境内实施高速公路项目有九（寨沟）绵（阳）高速、广（元）平（武）高速、中（江）遂（宁）高速、国道5号线成（都）绵（阳）扩容高速、绵（阳）苍（溪）高速、国道5号线绵（阳）广（元）扩容高速6个项目。九（寨沟）绵（阳）高速项目全长241千米，绵阳境内全长187千米，起于九寨沟交界白马隧道，经平武、北川桂溪、江油，止于游仙区东林乡，双向四车道高速公路，路基宽25.5米。截至年底，九绵高速（除裂腹鱼段）完成路基70%、桥梁桩基82%，隧道开挖50%。12月31日24时，九绵高速公路青莲互通至张家坪枢纽路段13.8千米正式开通并试运行。广（元）平（武）高速项目全长90千米，绵阳境内全长20千米，起于青川界白杨坪隧道，止于母家山互通（平武枢纽）接九绵高速，双向四车道高速公路，路基宽24.5米。截至年底，广平高速完成路基工程80%，桥梁工程68%，隧道工程60%。中（江）遂（宁）高速项目全长84千米，绵阳境内全长24千米，起于中江县玉兴镇，经三台县观桥、景福，止于射洪县回马，双向四车道，路基宽25.5米。截至年底，中遂高速基本完成征地拆迁，完成路基50%。国道5号线成（都）绵（阳）高速公路扩容项目全长127.7千米，绵阳境内全长41千米，起于成都绕城高速，经新都、青白江、金堂、广汉、中江、涪城、三台，止于游仙区魏城镇，双向八车道，路基宽度41米。截至年底，项目施工作业面扩大，4处工点启动建设。绵（阳）苍（溪）高速项目全长101.9千米，绵阳境内全长41千米，起于绵阳市魏城镇，经梓潼县、剑阁县、苍溪县，止于苍溪国道75号线兰海高速广南段，对接拟建的苍溪至巴中高速，双向四车道，路基宽度25.5米。截至年底，项目施工作业面扩大，旺瓢山、王家湾、梓潼江大桥等7处工点启动建设。国道5号线绵（阳）广（元）高速公路扩容项目路线全长约123.82千米，起于广元绕城高速黑水塘枢纽互通，经昭化区、剑阁县，绵阳市梓潼县、游仙区，与国道5号线成（都）绵（阳）扩容对接，双向六车道，路基宽度34.5米。截至年底，国道5号线绵（阳）广（元）扩容完成招商，并签订投资协议。

【深度参与成渝地区双城经济圈建设交通规划】 2020年，市交通运输局牵头并会同市发改委、市商务局等单位研究，根据绵阳交通发展基础，分析绵阳深度参与成渝地区双

图31　1月17日，建设中的九绵高速江油涪江特大桥

城经济圈所面临的机遇和挑战，提出统筹铁路、公路、水运、民航等交通基础设施规划建设，完善多层次网络布局，实现立体互联，增强系统弹性，加快构建“安全、便捷、高效、绿色、经济”的现代化综合交通运输体系，把绵阳建设成为连接长江经济带和丝绸之路经济带、辐射成渝地区双城经济圈的西部区域性综合交通枢纽的总体思路。对外形成“1、2、3”出行交通圈，即实现成渝双核1小时到达，成渝地区双城经济圈内2小时互通，国内重要经济节点城市3小时畅达。对内形成市域1小时全覆盖，实现与江油、三台、北川半小时通勤，基本实现各县市区行政中心到乡镇场镇1小时到达的发展目标。研究绵阳综合交通运输规划布局，对重点项目深入梳理，提出工作建议，形成专题研究报告并通过专家评审。

【绵阳市和北碚区交通一体化发展战略合作框架协议签订】 2020年5月15日，市交通运输局、市发改委与重庆市北碚区交通局签署《推动成渝地区双城经济圈交通一体化发展战略合作框架协议》。绵阳市副市长罗蒙、重庆市北碚区副区长赵祺及两地交通部门主要负责人参加签约活动。根据协议，三方共同开展编制区域交通规划，加快省际高速公路、铁路通道建设，推动运输服务一体化，搭建交通运输信息共享平台、人才互派交流等工作。

【国省干线公路建设】 2020年，省道205改线游仙段完工通车，实现一环、二环实质闭合；国道347线梓潼县城段完工；宝成铁路跨线桥、省道418线花荄至睢水段、省道209线梓潼段、省道210线江油段等项目持续推进。

图32　5月，安州区高川乡天池村通村道路

【农村公路建设】 2020年，全市农村公路建设衔接精准扶贫、产业发展等规划，以县乡道改善提升、窄路基路面加宽、渡改公路桥等专项为重点，编制交通基础设施脱贫实施方案；实施通乡通畅、通村通畅工程，加快建设产业路、扶贫路，解决贫困地区群众“出行难”问题，专项总投资54.52亿元，完成交通运输脱贫攻坚任务。新改建农村公路587千米，其中新改建县乡道224千米、村道363千米。印发《关于决战决胜交通脱贫攻坚战的通知》，开展“两通”（符合条件的乡镇和建制村100%通客车、通硬化路）挂牌督战，对9个县市区“两通”工作开展督促整改，巩固全市271个乡镇、3245个建制村（撤并前口径）100%通硬化路、通客车的兜底性任务。

【绵阳市决战决胜交通脱贫攻坚问题整改现场会】 2020年5月21日，绵阳市决战决胜交通脱贫攻坚问题整改现场会在安州区召开。省交通运输厅第五督战组到会指导，市县交通运输系统50余人参加会议。会议要求将工作重心转移到“两通”上来，坚决完成兜底任务；验收标准要明确，吃透省交通运输厅和省扶贫开发局联合制定的“两通”标准，对标对表全面查漏补缺；难点重点要聚焦，首要抓好通客车任务，推进问题整改和项目建设，提高干线路网路面水平；保障措施要强化，通过强化组织、资金、舆论、作风保障，夺取交通脱贫攻坚全面胜利。

【“四好农村路”创建】 2020年，全市坚持以示范创建为抓手，加快推进农村公路高质量发展，实现“四好农村路”示范创建工作提质扩面。江油市、涪城区创建第四批“四好农村路”省级示范县，安州区千佛镇等13个镇（乡）创建成为第二批绵阳市“四好农村路”示范乡镇。根据四川省对绵阳市农村公路自动化路况抽检情况通报，全市抽检里程940.7千米，中等路以上比例达到94.9%，PQI值86.44，完成省下达指标任务。

绵阳市第二批“四好农村路”示范乡镇名录

表50

序号	乡镇名称	所属县区	序号	乡镇名称	所属县区
1	千佛镇	安州区	8	永昌镇	北川羌族自治县
2	新安镇	江油市	9	古井镇	三台县
3	演武镇	梓潼县	10	魏城镇	游仙区
4	豆叩镇	平武县	11	石安镇	三台县
5	杨家镇	涪城区	12	新桥镇	游仙区
6	丰谷镇	涪城区	13	大康镇	江油市
7	大康镇	江油市	—	—	—

公路运输

【概况】 2020年，全市公路客运量完成1899.38万人，货运量完成6790.92万吨；旅客周转量完成133876.24万人千米，货物周转量完成686054.416万吨千米；公路客货运输周转量加权增加值完成686054.42万吨千米，同比增长4.88%。

【春运水陆运输】 2020年春运期间，全市投入班线客车2943辆，运输旅客238.817万人次；投入船舶65艘，客位数1544客位，完成客渡运量8.44万人次。全市水路运输未发生事故，道路客运未发生较大道路运输行车事故和重大服务质量投诉事件。组织开展“春风行动”，服务农民工返程高峰需求，组织“点对点、一站式”直达运输服务和公路、铁路旅客联程运输，共开行专车485趟次，运送1.42万余人次。

【科博会交通保障】 2020年第八届科博会期间，市交通运输部门投入各类车辆131辆、运输服务工作人员157人，发车570余趟次，运送嘉宾、志愿者、演职人员等7100人次，保障参会嘉宾和参观群众的交通运输需求。

【客运服务】 2020年，全市新建乡镇综合服务站1个，建成乡镇港湾式车站81个、村级招呼站（牌）2378个。全市乡镇、建制村客车通达率100%，提前1年完成交通运输脱贫攻坚兜底目标。持续推进定制客运发展，以推进市际定制客运班线为主，投入客车31辆，新开通绵阳至巴中、遂宁，三台至成都，盐亭至成都4条市际定制客运班线。鼓励客运企业加快推广线上信息服务，引导实行车辆统一调度，提高车辆使用效率。完成梓潼县许州综合运输服务站建设并投入运行，结合县域物流集散中心建设和乡镇综合运输服务功能拓展契机，实现县乡村三级物流网络上下融通。

【乡村客运“金通工程”现场推进会召开】 2020年11月11日，绵阳市乡村客运“金通工程”现场推进会在安州区召开，市交通运输局、安州区政府、市邮政管理局、各县市区交通运输局和局直有关单位主要负责人等50人参加会议。与会人员现场参观安州区桑枣镇齐心村、花荄镇九合村，实地查看“金通工程”“四统一”及“交通+旅游”“交通+物流”等融合发展情况。

公路交通管理

【概况】 2020年，全市推进交通运输行业信用体系建设，建立交通运输行业双公示信息常态化报送制度和半年通报机制；组织开展打击非法营运、出租车经营、驾培市场、道路客货运输以及公路水运建设环境领域的专项治理。开展交通环保、公路绿化等专项行动，实施农村公路路长制，做好交通建设质量造价管理、道路运输安全监督管理等工作。全市根据《绵阳市综合行政执法改革工作任务清单》和《四川省行政权力指导清单（2019年本）》，梳理216项行政处罚、13项行政强制和15项行政检查权，形成行政执法清单和执法监管清单，报送市司法局进行合法性审查。

【交通环境保护】 2020年，全市实施机动车排放检测与强制维护制度（I/M制度）。开展机动车维修行业秋冬季大气污染防控专项行动，全市433家企业的454个烤漆房完成升级改造。印发《绵阳市港口和船舶污染物接收转运及处置设施建设方案》，全市8个码头、37道渡口、106艘22千瓦以上船舶的防污设施设备按相关规范标准配备使用。加强对涉路施工和非道路移动机械的监督管理，累计登记非道路移动机械340台。

【交通运输行政审批】 2020年，市级交通运输行政审批事项全部实现“最多跑一次”和“全程网办”，实现“一窗受理、集成服务”。全年共完成办结行政审批件数1.03万件，群众满意率达100%，实现零投诉目标；为办理市级交通运输的服务对象免费复印办理资料1988份，为办理市级交通运输的服务对象免费邮寄82份。

【农村公路路长制】 2020年，全市将推行农村公路路长制作为年度重点工作，市推进“四好农村路”建设工作领导小组印发《绵阳市关于全面推行农村公路路长制的实施意见》，推进各县市区及相关园区路长制工作，实现路长制建立率100%。明确路长制工作参与部门，机构办公室职责，县域实行县、乡、村三级路长的组织管理体系。建立总路长办公会议、公路巡查和绩效管理3项制度，推行路长制信息公示制度，接受社会监督，确保管理养护责任落实。

【公路绿化行动】 2020年，全市坚持以提高生态环境效益为目标，以服务地区经济发展为中心，以树立良好社会形象为目标，立足川西北山地丘陵地区特点，实施绵阳公路绿化美化，提升“畅、洁、绿、美”的公路绿化效果，完成年度普通公路绿化目标任务。全市公路绿化累计完成绿化新植29.3千米、补植358.7千米，其中国省道公路完成新、补植126.5千米，农村公路完成新、补植261.5千米。

【“8·11”特大暴雨洪灾交通抢通保通】 2020年8月10—18日，绵阳市全域范围经历持续特大暴雨天气过程，降水持续时间和总降雨量均突破历史极值，造成公路交通基础设施大面积损毁。全市普通公路损毁1609.02千米，坍塌方2153处、约1843万立方米，桥梁损毁57座，涵洞损毁524道，挡防设施损毁885处、56万立方米，造成633条、1576千米公路断道。北川羌族自治县、平武县28个乡镇公路交通完全中断。灾毁金额达26.7亿元，其中国省干线16.3亿元、农村公路10.4亿元。全市累计投入各类抢险机械4194台次，抢险人员1.99万人次，恢复国省干线和农村公路通行，确保群众的交通出行和抢险救灾需要。

【绵阳参加交通运输部“十三五”养护管理测评】 2020年，全市围绕“全面消灭中次差等路、路面使用性能指数(PQI)指数达90”的目标，研究制定养护工程项目实施任务方案，总计投入8.6亿元，针对30个、287千米养护工程项目分类施策开展路况整治工作，强化项目统筹推进，提升普通国省干线公路路况水平。做好43千米抽取路段的路况提升达优养护工程，确保绵阳市代表四川省受检的220千米路段路况指标全部达优。经检测，全市国道路面使用性能指数（PQI）完成值为91.07，达到优等水平。

【交通执法】 2020年，全市组织开展打击非法营运、出租车经营、驾培市场、道路客货运输以及公路水运建设环境领域的专项治理，出动执法人员6.11万人次、执法车辆1.82万台次，检查客运车辆5458台次、出租汽车7.34万辆次、货运源头企业1010次、道路运输站场180次、维修企业312次、机动车驾驶培训机构326次。查处违规客运车辆173台、违规货运车辆3243台、违规出租汽车375台。加强公路路政巡查，共办理路政案件743件。

【交通建设质量造价管理】 2020年，全市通过“检查组+专家+第三方检测机构”等方式，严把造价控制关、设计审批关、质量监督关等环节，推进工程质量监督全覆盖。全年组织各类质量检查178次，对重点交通项目发出整改通知91份。对全市从业的42家试验检测机构、24家监理单位，结合检查情况进行信用评价，促进建设市场健康发展。严把交通建设项目竣工验收关，全市交通建设项目一次性验收合格率达100%。严格投资控制，对56个项目开展造价审核，审减金额1.73亿元，审减率3.59%。

【道路运输安全监督管理】 2020年，全市开展道路运输专项整治，做好重点营运车辆联网联控，全市“两客一危”车辆（从事旅游的包车、三类以上班线客车和运输危险化学品、烟花、爆竹、民用爆炸物品的道路专用车辆）全部安装带行驶记录功能的卫星定位终端并接入道路运输车辆卫星定位系统省级监管平台，安装率和接入率均达100%、上线率达98.76%。核查省局“一月一通报”8期，核查属实7起；下发市级“一周一通报”46期，核查属实违规行为36起。开展危货运输企业专项检查，对全市28家危货运输企业进行全覆盖检查，对全市19家正式经营满1年的危险货物运输企业进行质量信誉考核；考核AAA级企业18家、AA级企业1家。推进道路运输企业主要负责人和安全生产管理人员安全考核管理工作，组织考核10期，参加考核776人，合格478人，合格率达61.5%。

【公路超限治理】 2020年，全市结合矿产资源开发利用秩序综合整治整改工作，督促有关县市区开展严打“百吨王”专项行动，落实“一超四罚”（即对超限超载行为的运输车辆、驾驶人、货运企业、承动人实行吊销车辆经营许可证等处罚）等规定，全年共出动交通运输执法人员6万人次、执法车辆1.8万台次，检查货运车辆37万台次，联合执法查处案件2848起；开展严打“百吨王”专项行动157次，查获“百吨王”货车53台次；“一超四罚”等处理违法驾驶员344人、货运车辆644台、运输企业19家。

【“12328”交通运输服务监督电话运行情况】 2020年，全市“12328”交通运输服务监督电话受理业务总量为2.23万件，环比下降12.98%，其中投诉举报类4347件，占比19.47%，环比下降22.49%；信息咨询类1.74万件，占比78.17%，环比下降10.42%；意见建议类527件，占比2.36%，环比下降7.05%。全年10秒接通率为98.66%，信息咨询类即时答复率为99.63%，即时答复满意率为100%，限时办结率为92.16%，抽查回访率达44.54%，回访满意率达98.35%。

【交通运输行业信用体系建设】 2020年，全市加快推进交通运输领域信用建设，建立全市交通运输行业双公示信息常态化报送制度和半年通报机制，共报送双公示信息1.3万条；完善市级公共信用信息目录，归集整理7万多条信用基础数据信息。规范全市道路运输市场秩序和参与者行为，依据《四川省道路运输条例》《四川省道路营运驾驶员计分管理办法》对违章驾驶员实施记分360人次，吊销从业资格证5人。推进信用修复，多次约谈警示失信主体，引导失信主体履行法定义务，主动纠正失信行为，完成信用修复232件。健全信用评价体系，制定并试行《绵阳市公路建设从业单位信用管理办法》，开展5批次49家从业单位初次信用评价、1次不定期信用评价。按规定对高速公路、国省干线进行年度信用评价。开展信用交通宣传月，出动人员200余人，宣传车50辆次，发放宣传资料1500余份。 （罗鹏程）

2020年绵阳市地方交通经济运行一览表

表51

指标	计算单位	2020 年完成情况	2019 年同期完成情况	累计较 2019 年同期增减（%）
全社会营业性客运量（公路）	万人	1899.379	3280.115	−42.9
全社会营业性旅客周转量（公路）	万人千米	133876.24	214555.69	−37.6
全社会营业性货运量（公路）	万吨	6790.917	6670	1.81
全社会营业性货物周转量（公路）	万吨千米	686054.416	645446	6.29
公路运输客货周转量加权增加值	万吨千米	699442	666901.6	4.88
营业性汽车总数	辆	20231	19161	5.95
其中：客车	辆	2943	2843	3.52
货车	辆	17358	16318	6.37

说明：2019 年货运数据由交通运输部根据全国货运专项调查进行重新修订

铁　路

铁路建设

【概况】 2020年，全市铁路有宝成铁路、西成客专（成绵乐城际），在建项目有成兰铁路；运营总里程264千米，其中高铁运营里程121千米。宝成铁路绵阳境内143千米，西成客专绵阳境内121千米，成兰铁路绵阳境内33千米。

【成兰铁路（安州区段）建设】 成兰铁路（安州区段）起于安州区睢水镇宝元村，途经光明村、灌滩村、道喜村，高川乡二郎村、甘沟村、新桥村，千佛镇宝藏村，全长33千米。客站位于睢水镇宝元村，货站位于光明村。成兰铁路（安州区段）红线内用地约46.13公顷、临时用地约36.67公顷。涉及拆迁安置农户184户614人。业主单位为成兰铁路有限责任公司，总投资44.62亿元，项目于2013年10月开工。2020年，计划完成投资2亿元，实际完成投资2.47亿元，累计完成投资33.39亿元。成兰铁路（安州区段）跃龙门隧道总长23.84千米，跃龙门隧道分为左、右、平导设计。左线设计5千米，累计开挖4.54千米；右线设计5.39千米，累计开挖3.52千米；外移平导设计3.41千米，累计开挖2.58千米。完成无砟轨道浇筑安装11.28千米。睢水货站挖方78.5万立方米、车站区间路基填筑189.99万立方米全部完成；安州区车站站房完成主体框架水泥建筑施工，完成工程量的96%；高川站完成站房基础施工，完成工程量的90%。白溪河三线大桥下部工程完工；睢水河双线大桥、高川站四线大桥主体工程完成。

【绵遂内铁路项目】 绵遂内铁路被纳入《国家中长期铁路网规划》和《成渝地区城际铁路建设规划(2015—2020年)》，并作为开工建设项目纳入四川省“十四五”规划纲要。绵遂内铁路起点为成兰铁路绵阳市安县站，向东南经绵阳，沿涪江而下，经绵阳市三台县与遂宁相连；绵遂内正线长约272.19千米，其中绵阳境内82.85千米，估算总投资603.21亿元，绵阳境内投资263.63亿元。绵遂内铁路牵头工作由绵阳市负责，由绵阳市、遂宁市、资阳市、内江市组建的绵遂内铁路公司负责建设。2020年，绵遂内铁路公司开始启动项目可研编制准备工作。5月，可研编制单位招标准备工作基本完成。

（杨柳青）

铁路客运

【概况】 2020年，全市铁路发送及达到旅客共1442.9万人，同比下降33.4%，其中绵阳客站1130.1万人，同比下降34.34%。全年绵阳客站发送旅客552.1万人，比2019年减少301.9万人，同比减少35%。直通人数67.73万人，比2019年减少42.73万人，同比减少38.7%。管内人数484.38万人，比2019年减少259.17万人，同比减少34.8%。按照四川省动车公交化运营工作要求，交发集团代表绵阳市出资约9500万元，融资租赁CRH6A-A型城际动车1组，于9月底投运。截至年底，日开行动车达117趟，平均动车发车间隔20分钟，最小间隔5分钟。

【春运客运情况】 2020年，春运自1月10日起至2月18日止，为期40天。春运收入完成6392.81万元，与2019年同期相比增加1958.1万元，同比增长44.1%。发送旅客46.65万人，较2019年同期减少40.56万人，同比减少46.5%，其中直通旅客发送7.71万人，较2019年同期减少7.38万人，同比减少48.9%，管内旅客发送38.94万人，较2019年同期减少33.18万人，同比减少4.6%。

【"十一"黄金周客运情况】 2020年，"十一"黄金周自9月30日（节前一天）起，至10月7日止，为期8天。全市发送旅客22.48万人，较2019年同期减少2.88万人，同比下降11.3%。其中直通旅客发送2.52万人，较2019年同期减少3994人，同比下降13.6%。管内旅客发送19.96万人，较2019年同期减少2.48万人，同比减少11%。（杨柳青　张　妮）

2020年绵阳站旅客列车时刻一览表

表52

序号	车次	始发—终到	类别	绵阳			序号	车次	始发—终到	类别	绵阳		
				到	停	开					到	停	开
1	K1363	北京西—成都	快速	2:44	8	2:52	20	D1912	峨眉山—西安北	动车	8:45	2	8:47
2	K257	天津—成都	快速	3:08	8	3:16	21	K196	成都—呼和浩特东	快速	8:46	9	8:55
3	K205	青岛—成都	快速	3:38	5	3:43	22	C6235	江油—成都东	高峰	8:49	2	8:51
4	K195	呼和浩特东—成都	快速	3:53	9	4:02	23	K2631	西宁—成都	快速	8:52	3	8:55
5	K351	上海南—成都	快速	4:11	6	4:17	24	G2204	成都东—郑州东	动车	8:52	5	8:57
6	C6224	成都东—绵阳	动车	6:47	—	—	25	C6305	广元—眉山东	动车	8:56	2	8:58
7	D1779	绵阳—北海	动车	—	—	6:50	26	D1855	绵阳—广州	动车	—	—	9:04
8	C6227	绵阳—成都东	动车	—	—	6:59	27	D4104	成都东—西安北	高峰	9:06	3	9:09
9	K283	上海—成都	快速	7:02	5	7:07	28	K546	成都—哈尔滨	快速	9:10	7	9:17
10	C6206	成都东—江油	动车	7:06	2	7:08	29	K451	喀什—成都	快速	9:15	3	9:18
11	K2057	乌鲁木齐—成都	快速	7:18	5	7:23	30	G2232	重庆西—西安北	动车	9:15	3	9:18
12	C6236	成都东—江油	高峰	7:24	2	7:26	31	D4105	汉中—成都东	高峰	9:19	2	9:21
13	G8763 新增	江油—贵阳北	高峰	7:31	3	7:34	32	K855	兰州西—成都	快速	9:29	4	9:33
14	D1902	成都东—太原南	动车	7:59	3	8:02	33	C6226	成都东—绵阳	动车	9:30	—	—
15	C6301	江油—宜宾西	动车	7:56	2	7:58	34	C6229	绵阳—成都东	动车	—	—	9:48
16	G2220	成都东—郑州东	暂不开行	8:11	2	8:13	35	G1282	成都东—沈阳北	动车	9:52	3	9:55
17	D1914	成都东—西安北	动车	8:20	3	8:23	36	D1920	成都东—西安北	动车	9:59	2	10:01
18	C6303	江油—峨眉山	动车	8:26	2	8:28	37	T8	成都—北京西	特快	10:13	4	10:17
19	D1904	成都东—太原南	动车	8:36	3	8:39	38	Z389	福州—成都	直达特快	10:13	20	10:33

续表

序号	车次	始发—终到	类别	绵阳			序号	车次	始发—终到	类别	绵阳		
				到	停	开					到	停	开
39	C6307	苍溪—峨眉山	动车	10:16	2	10:18	69	D1925	西安北—成都东	动车	13:47	2	13:49
40	C6316	峨眉山—绵阳	动车	10:16	—	—	70	D1930	成都东—西安北	动车	13:42	2	13:44
41	C6319	绵阳—乐山	动车	—	—	10:27	71	G2206	重庆西—徐州东	动车	13:53	2	13:55
42	G1836	重庆西—青岛	动车	10:28	2	10:30	72	C6304	峨眉山—江油	动车	14:04	2	14:06
43	D1911	西安北—成都东	动车	10:32	2	10:34	73	D1901	太原南—成都东	动车	14:18	3	14:21
44	K1057	格尔木—成都	快速	10:40	4	10:44	74	G2208	成都东—郑州东	动车	14:22	2	14:24
45	G2088	成都东—烟台	动车	10:53	3	10:56	75	D1932	成都东—西安北	动车	14:27	2	14:29
46	G574	重庆西—北京西	动车	11:00	2	11:02	76	DJ1134	贵阳北—西安北	动车	14:33	14	14:47
47	D1922	成都东—西安北	动车	11:06	3	11:09	77	G2217	郑州东—成都东	动车	14:52	6	14:58
48	D4109	西安北—峨眉山	高峰	11:06	2	11:08	78	C6318	乐山—绵阳	动车	14:54	—	—
49	G2855	西安北—南宁东	动车	11:12	2	11:14	79	C6214	成都东—广元	动车	15:02	2	15:04
50	D4102	成都东—西安北	高峰	11:12	3	11:15	80	D1929	西安北—成都东	动车	15:04	4	15:08
51	G1702	成都东—秦皇岛	动车	11:25	3	11:28	81	C6308	峨眉山—江油	动车	15:08	3	15:11
52	G308	成都东—北京西	动车	11:31	3	11:34	82	C6311	江油—宜宾西	动车	15:14	2	15:16
53	G1976	重庆西—上海虹桥	动车	11:38	2	11:40	83	C6313	江油—宜宾西	动车	15:26	2	15:28
54	G2680	重庆西—盐城	动车	11:50	2	11:52	84	G2205	商丘—成都东	动车	15:38	2	15:40
55	K1615	银川—成都	快速	12:06	5	12:11	85	Z390	成都—福州	直达特快	15:41	7	15:48
56	G1888	重庆西—南京南	动车	12:09	2	12:11	86	D4110	峨眉山—西安北	高峰	15:43	9	15:52
57	C6302	眉山东—江油	动车	12:15	2	12:17	87	C6321	绵阳—眉山东	动车	—	—	15:52
58	D1851	广元—广州	动车	12:22	2	12:24	88	G2207	徐州东—重庆西	动车	15:59	3	16:02
59	D1924	成都东—西安北	动车	12:26	2	12:28	89	D1906	成都东—太原南	动车	16:05	9	16:14
60	G2201	郑州东—成都东	动车	12:33	2	12:35	90	K258	成都—天津	快速	16:10	3	16:13
61	D1919	西安北—成都东	动车	12:45	2	12:47	91	C6315	江油—峨眉山	动车	16:09	2	16:11
62	D1921	西安北—成都东	动车	12:51	2	12:53	92	D1933	西安北—成都东	动车	16:19	4	16:23
63	G1832	重庆西—济南西	动车	12:58	3	13:01	93	D1940	成都东—西安北	动车	16:22	2	16:24
64	G1710	重庆西—天津西	动车	13:11	4	13:15	94	D1935	西安北—成都东	动车	16:32	2	16:34
65	D1923	西安北—成都东	动车	13:14	2	13:16	95	G2214	成都东—郑州东	动车	16:36	2	16:38
66	D1928	成都东—西安北	动车	13:22	2	13:24	96	G1831	济南西—重庆西	动车	16:43	2	16:45
67	G2216	重庆西—郑州东	动车	13:31	3	13:34	97	K1616	成都—银川	快速	16:44	14	16:58
68	K856	成都—兰州	快速	13:36	4	13:40	98	G2215	郑州东—重庆西	动车	16:49	3	16:52

续表

序号	车次	始发—终到	类别	绵阳			序号	车次	始发—终到	类别	绵阳		
				到	停	开					到	停	开
99	D4103	西安北—成都东	高峰	16:58	12	17:10	128	D4108	峨眉山—西安北	高峰	19:59	3	20:02
100	K291	上海—成都	快速	17:08	3	17:11	129	G1835	青岛—重庆西	动车	20:01	3	20:04
101	G1887	南京南—重庆西	动车	17:14	2	17:16	130	K2632	成都—西宁	快速	20:05	3	20:08
102	D1942	成都东—西安北	动车	17:15	2	17:17	131	K545	哈尔滨—成都	快速	20:22	5	20:27
103	G1709	天津西—重庆西	动车	17:20	2	17:22	132	K352	成都—上海南	快速	22:26	5	22:31
104	G8716 新增	万州北—绵阳	动车	17:20	—	—	133	G2231	西安北—重庆西	动车	20:31	3	20:34
105	G2212	成都东—郑州东	动车	17:29	2	17:31	134	K284	成都—上海	快速	20:35	3	20:38
106	K2615	兰州—成都	快速	17:34	8	17:42	135	G2679	盐城—重庆西	动车	20:39	2	20:41
107	G1975	上海虹桥—重庆西	动车	17:40	2	17:42	136	D1947	西安北—峨眉山	动车	20:56	2	20:58
108	K452	成都—喀什	快速	17:44	7	17:51	137	D4106	成都东—汉中	高峰	20:46	2	20:48
109	C6317	广元—贵阳北	动车	17:51	3	17:54	138	G1281	沈阳北—成都东	动车	20:50	2	20:52
110	D1939	西安北—成都东	动车	17:57	3	18:00	139	C6312	宜宾西—广元	动车	21:10	2	21:12
111	D1852	广州—广元	动车	17:59	12	18:11	140	D1780	北海—绵阳	动车	21:03	—	—
112	G8743 新增	绵阳—重庆西	动车	—	—	18:06	141	G2087	烟台—成都东	动车	21:17	3	21:20
113	G571	北京西—重庆西	动车	18:16	3	18:19	142	K245	扬州—成都	快速	21:28	5	21:33
114	C6330	峨眉山—绵阳	动车	18:27	—	—	143	G2219	郑州东—成都东	暂不开行	21:29	2	21:31
115	G2856	南宁东—西安北	动车	18:35	2	18:37	144	D1903	太原南—成都东	动车	21:38	3	21:41
116	D1948	成都东—西安北	动车	18:41	3	18:44	145	C6336	宜宾西—广元	动车	21:41	2	21:43
117	C6331	绵阳—眉山东	动车	—	—	18:43	146	K2058	成都—乌鲁木齐	快速	21:46	5	21:51
118	K206	成都—青岛	快速	18:59	7	19:06	147	D1949	西安北—成都东	动车	21:50	2	21:52
119	G307	北京西—成都东	动车	18:50	2	18:52	148	C6332	眉山东—绵阳	动车	21:55	—	—
120	D4101	西安北—成都东	高峰	19:04	3	19:07	149	G2211	郑州东—成都东	动车	22:00	2	22:02
121	T7	北京西—成都	特快	19:04	4	19:08	150	K2616	成都—兰州	快速	22:01	6	22:07
122	C6320	眉山东—绵阳	动车	19:13	—	—	151	C6225	绵阳—成都东	动车	—	—	22:14
123	C6323	绵阳—峨眉山	动车	—	—	19:25	152	D1951	西安北—成都东	动车	22:19	8	22:27
124	K292	成都—上海	快速	19:28	5	19:33	153	D1905	太原南—成都东	动车	22:47	2	22:49
125	D1856	广州—绵阳	动车	19:34	—	—	154	K1058	成都—格尔木	快速	23:23	3	23:26
126	D1943	西安北—成都东	动车	19:41	2	19:43	155	K1364	成都—北京西	快速	23:54	7	0:01
127	D1952	成都东—西安北	动车	19:45	3	19:48	—	—	—	—	—	—	—

铁路货运

【概况】 2020年，全市货物吞吐量为759万吨（发送121万吨、到达638万吨），同比增长2.2%，其中绵阳北吞吐量207.6万吨（发送9.6万吨、到达198万吨）。宝成铁路在绵阳市境内共有货运站10个，分别是绵阳北（一等站）、江油（二等站），马角坝、二郎庙、厚坝、小溪坝、三合场、皂角铺（5个均为四等站），双河口、石马坝（2个均为五等站）。截至年底，皂角铺物流基地基本建成。

【皂角铺铁路物流基地】 皂角铺铁路物流基地是国家规划的175个二级铁路物流基地之一，是以公铁联运为主的区域性铁路物流枢纽，是国家发改委、交通运输部、铁路总公司确定的2016年交通物流融合发展第一批重点项目，革命老区振兴发展和四川省的重点项目。项目位于涪城区新皂镇，建设用地约88.07公顷，总投资7.9亿元，其中成都局集团承担工程建设费用3.8亿元，绵阳市承担征地拆迁费用约4.1亿元。项目新建货物线5条，含集装箱、笨重、冷链线各1条，怕湿线2条，另预留货物线3条；新建仓库占地约1.75公顷，近期年货运量规模500万吨，远期规模1000万吨。项目建成后，主要承担铁路大宗物资及集装箱作业，是绵阳市建设四川经济副中心、构建区域性铁路枢纽，开行中欧班列、发展国际物流的重要支撑性平台。2018年5月，基地开工建设；2019年10月完成中石化、中航油油库拆除，2020年11月，完成宝成线1.5千米铁路拨移。

（杨柳青）

民用航空

【概况】 2020年，全市民航生产运输受新冠肺炎疫情影响，民航运输2.5万架次，同比下降19.9%；运输旅客289.1万人次，同比下降30.5%。运输货邮行1.9万吨，同比下降26.8%；航班年平均客座率为68.71%，同比下降12.6%。夏航季共有20家公司在绵阳运营59条航线，通航城市42个；冬航季共有16家航空公司在绵阳营运航线45条，通航城市37个。8月，民航起降架次首次实现正增长，同比增长3.2%；9月，旅客吞吐量首次实现正增长，同比增长5.7%。1—12月，绵阳机场集团实现总收入1.54亿元，较2019年同期下降20.62%，完成全年目标任务的104.05%；成本费用总额2.09亿元，较2019年减少2.39%。

【机构改革情况】 2020年，绵阳南郊机场按照市委、市政府关于事业单位改革安排部署，组织完成分流事业人员定岗定级，平稳安置和分流事业人员，成立机场集团公司党委，完善企业管理结构，健全法人治理结构，初步建立以现代企业管理为核心的各项管理、内控制度，实现事企分离，进入公司化运营。

【航空安全情况】 2020年，绵阳南郊机场未发生运输航空责任事故、劫机炸机和恐怖袭击事件、空防安全责任事故、通用航空事故、重大航空地面事故和特大航空维修事故，完成年初制定的安全责任目标。修订《一岗双责手册》与《岗位操作手册》；推进机场安全管理体系与危险品安全管理体系建设；开展安全整顿等活动；常态化开展空防安全检查与安保测试工作；基本完成飞行程序优化调整，绵阳南郊机场纳入成都终端区工作取得突破，推进ADS-B管制方式转变，航班放行正常率达70.55%，同比提升7.32%。

【航空服务情况】 2020年，绵阳南郊机场加强客货运输及服务质量管理，印发《绵阳机场“民航服务质量品牌建设”专项行动方案》，打造“舒适乘机、环保出行、快速通检”服务品牌。结合“查隐患、添措施、补短板、强弱项”专项活动，梳理完善旅客运输保障流程。根据货运保障新环境、新设备、新系统、新流程等变化，梳理完善货物运输保障流程。推进利用SMS安全管理理念的服务质量管理体系建设。处置各类舆情，由专人做好投诉处理，利用SMS理念对每个投诉进行案例分析、通报。向航空公司提供相关服务，为西藏航空机组体检共450次、1350人次；首次完成南航CZ3400航班航前航后工作，全年完成南航过夜飞机保障工作30余次。

图33 11月9日凌晨3时，宝成铁路绵阳皂角铺下行线拨移

【重要工程项目建设】 2020年，绵阳机场成立项目领导小组，建立重大工程推进机制，加快推进基础设施和保障能力建设。T2航站楼建设项目完成施工总承包标段及多个设施设备标段的招标工作，完成民航专业工程施工和民航专用设备招标工作。货运综合楼建设项目完成并投入使用。安全保障设施升级改造项目和飞行区整治、助航灯光及供配电系统改造工程完工。

2020年绵阳南郊机场通航城市一览表

表53

序号	城市	序号	城市	序号	城市	序号	城市
1	北京	12	博鳌	23	宁波	34	桂林
2	上海	13	兰州	24	扬州	35	三亚
3	广州	14	乌鲁木齐	25	厦门	36	海口
4	深圳	15	西宁	26	福州	37	昆明
5	天津	16	青岛	27	泉州	38	丽江
6	石家庄	17	济南	28	长沙	39	版纳
7	郑州	18	腾冲	29	武汉	40	大理
8	沈阳	19	南京	30	南昌	41	红原
9	徐州	20	杭州	31	拉萨	42	西昌
10	哈尔滨	21	温州	32	汕头	—	—
11	北海	22	合肥	33	南宁	—	—

航务海事管理

【概况】 2020年，全市通航里程645.79千米，有涪江、梓江、凯江等通航河流7条。按海事统计口径有各类登记船舶285艘、8716总吨（客渡船151艘），有渡口37处；有船乡镇46个；有船员958人。全市未发生水上交通安全责任事故，保持连续18年无水上交通安全责任事故的良好态势，安全形势持续保持稳定。全年完成客运量6.6693万人，旅客周转量78.921万人千米。组织开展水上交通应急训练。通过对水上应急救援知识、体能训练、队列训练、救生设施的使用、冲锋舟基础知识、冲锋舟驾驶操作、突发事件应急处置等内容的学习和训练，提升全市航务海事系统水上交通应急救援实操能力和快速反应能力。在安州区桑枣镇小学开展水上交通安全知识进校园活动，将水上交通安全知识送进校园、带进课堂，增强学生涉水出行安全意识和自我保护能力。加大船舶防污染工作督查和动态监管，督促辖区船舶所有人、经营人按规定安装垃圾公告牌、油水分离器，发放垃圾管理计划、垃圾管理记录簿，并将生活污水、垃圾和废油等上岸交由有资质的单位进行处理。

【水路运输监管】 2020年，全市对取得水路运输营业性运输船舶进行核查，共核查水路运输企业7家，其中5家企业有营业性运输船舶54艘、818总吨、1306客位、3378.95千瓦，均通过核查；2家企业有营业性运输船舶8艘、306总吨、220客位、604.8千瓦，经整改后通过年度核查。

【水路运输保障服务】 2020年，全市以提升水路客运服务质量为主线，指导督促各水路客运企业坚持“以人为本、安全第一、服务至上”的原则，向旅客提供多种优质化、人性化、便民化、多元化的购票、候乘、乘船等服务工作。各水路运输企业加强员工服务意识培训，开展网上预订船票、LED屏播放乘船须知等特色服务。完成春运及“十一”黄金周等水路旅客运输组织协调工作。

【长江经济带船舶和港口污染突出问题整治】 2020年，全市分批组织对7个重点涉水县市区的船舶、客运码头、乡镇渡口及水运企业进行摸底排查，重点检查8个码头、37道渡口、106艘22千瓦以上船舶的整治推进情况，梳理船舶、渡口码头等3类清单11个重点问题，逐项制订整治措施和明确整治时限，并提出整改要求。截至年底，全市登记船舶285艘，安装垃圾公告牌252艘，发放垃圾管理计划书110艘，发放垃圾管理记录簿110艘。

【水上交通安全管理及风险源管控】 2020年6月，全市围绕“消除事故隐患，筑牢安全防线”的主题，在重点水域、渡口、码头、企业开展“安全生产月”活动。全年做好元旦、春运、“五一”、国庆等重点时段的水上交通安全生产工作；出动水上交通检查组516组次，出动检查人员2076人次，检查船舶1.03万艘次。针对风险源制订相应的管控措施，并制作“辖区水上交通风险源分布及管控示意图”和“全市水上交通风险源分布及管控示意图”。

【“三无”船舶整治】 2020年9月，绵阳市印发《“三无”船舶专项整治工作方案》，通过“属地管理、部门配合、齐抓共管”，推进“三无”(无船名船号、无船籍港、无船舶证书）船舶的整治工作。共出动检查组242组次、海事执法人员1136人次，到7家水运企业，37个渡口开展宣传教育，检查船舶2524艘次，摸排通航水域内“三无”船舶数量、分布情况、主要用途和运行情况，建立辖区“三无”船舶管理统计台账和清单。截至年底，全市共排查“三无”船舶257艘，其中申请重新换证56艘、拆解和注销船舶110艘、停航91艘。 （罗鹏程）

邮政管理

【概况】 2020年，全市拥有邮政营业网点447个、便民服务站2300个、邮乐购站点1278个、村级转接点1582个，建制村直接通邮率达100%；有邮路310条，邮路总长度(单程) 1.19万千米，1582个建制村通邮率达100%。有登记在册的快递品牌26个、法人企业37家、分支机构139家、末端网点615个。有邮政快递行业从业人员6605人、行业汽车851台，其中快递新能源汽车50台、电动三轮车1954辆。国内各大快递品牌均在绵阳注册法人企业或设置直营分支机构，邮政快递乡镇网点覆盖率达100%。全年全市邮政行业累计完成业务收入13.74亿元，同比增长4.23%；累计完成业务总量19.84亿元，同比增长16.17%。

【邮政普遍服务业务】 2020年，全市邮政寄递服务业务量累计完成8415.18万件，同比下降2.63%；邮政寄递服务业务收入累计完成0.62亿元，同比下降6.64%。函件业务继续下降。全年函件业务累计完成74.88万件，同比下降6.42%。包裹业务有所上升。全年包裹业务完成3.57万件，同比增长2%。报刊业务量同比下降。订销报纸累计完成7357.16万份，同比降低0.52%；订销杂志累计完成173.23万份，同比降低13.7%。汇兑业务略有上升。汇兑业务累计完成1.23万笔，同比增长0.82%。

【快递业务】 2020年，全市快递服务企业业务量累计完成6677.46万件，同比增长49.24%；业务收入累计完成7.33亿元，同比增长1.56%。其中同城业务量累计完成965.7万件，同比增长59.66%；异地业务量累计完成5706.55万件，同比增长47.72%；国际（港澳台）业务量累计完成5.21万件，同比降低18.87%。同城、异地、国际（港澳台）快递业务量分别占全部快递业务量的14.32%、85.61%和0.08%；业务收入分别占全部快递收入的8.07%、57.53%和1.22%。

【新冠肺炎疫情防控】 2020年，市邮政管理局到企业检查新冠肺炎疫情防控和防疫物资储备情况，指导主要快递企业复工复产，保障防疫物资和群众生活必需品通过邮政快递渠道寄递。组织行业抗疫志愿活动，服务医院、社区新冠肺炎疫情防控。市邮政公司开辟绿色通道，对寄往湖北的防疫物资免除寄递费用。顺丰、京东快递等6家企业响应号召，春节期间坚持正常经营，优先保障涉疫物资寄递服务。统筹新冠肺炎疫情防控和行业发展，强化寄递渠道各环节安全，加快推进快递与电商、制造业、现代农业融合。

【邮政物流基础能力建设】 2020年，邮政快递借助“金通工程”，以区县客运站融合升级、农村乡镇客运站改造、农村电商物流示范品牌打造为依托，与市交通运输局联合推动北川、梓潼交通与邮政、交通与快递合作，打造示范点，助力快递进村，交通与邮政、交通与旅游、交通与电商协同机制逐步建立。联合市交通局、商务局、农业农村局等出台《绵阳市县、乡、村三级物流体系建设推动方案》，搭建交邮合作政策支撑环境和工作机制。推进县乡村三级物流体系建设，推进游仙区助力快递产业园区筹备建设，助力乡村振兴战略。打造具有绵阳本土特色和品牌的综合性云仓项目，提供“仓储+配送”一体化服务，全年2家企业云仓引进236个电商产品，通过云仓发出快递业务量达706.76万件。

【产业协作融合】 2020年，绵阳快递企业嵌入制造业、农业等行业，助力“绵阳造”产品外销，打造以“绵阳造”纸品、农产品、电子产品为主的6个特色项目，其中绵阳纸品1638.97万件、川蜀老味道380.56万件、绵阳米粉102.94万件、菜籽油35.23万件、泡菜40.19万件、长虹电子产品21.31万件。推动邮政综合服务平台建设，警邮合作87.75万件、税邮合作业36万件、代征税款1327.4万元、政邮合作52万件。

【邮政快递业监管】 2020年，绵阳邮政开展邮票印制销售监督检查和机要通信保密安全、扫黄打非、省委巡视专用信箱保障等专项检查工作。中国邮政集团有限公司绵阳市分公司机要通信分局获得“全国邮政行业先进集体”称号。联合市公安局等部门开展禁毒、反恐、打击破坏野生动植物资源犯罪等专项行动。实施“双随机、一公开”监管，发起4次双随机检查，检查企业法人及分支机构80个，并公开随机抽查、约谈告诫、责令整改和行政处罚等信息，接受社会监督。全年约谈企业4人次，发出行政处罚决定书32份，责令整改通知书47份，罚款24.97万元。 （赵 欢）

贸易

Trade

国内贸易

概述

【概况】 2020年，全市实现社会消费品零售总额1394.26亿元，总额居全省第二位；同比增长-1.8%，分别比全国、全省平均增速高2.1、0.6个百分点；社会消费品零售总额增速居全省第四位，居省内7个区域中心城市第三位，较2019年位次不变；全市1137家限上企业（单位）实现社会消费品零售总额394.98亿元，同比增长2%，比社会消费品零售总额增速高3.8个百分点。按销售所在地分，城镇市场实现消费品零售总额933.23亿元，同比增长-1.8%；乡村市场实现消费品零售额461.03亿元，同比增长-1.8%。按消费形态分，全市餐饮业实现零售额228.98亿元，同比增长-4.9%。全市商品零售实现零售额1165.28亿元，同比增长-1.1%，15类热点商品中7类零售额实现同比增长，其中增长较快的有：通信器材类零售额4.8亿元，同比增长110.3%；文化办公用品类零售额10.27亿元，同比增长75.7%；体育娱乐用品类零售额6957.4万元，同比增长78%；家具类零售额2.46亿元，同比增长11.0%；家用电器和音响器材类零售额108.18亿元，同比增长6.7%；粮油食品饮料烟酒类零售额31.32亿元，同比增长9.7%。

【消费升级行动】 2020年，全市开展“乐购春晓”“绵州里·悦生活·新消费”、天府一品购物节等特色活动。抢抓“五一”、端午、中秋、国庆等假日消费热点，指导全市商务主管部门开展“洋马路”开街暨安州区第二届音乐啤酒节活动、“香醉绵州”餐饮活动周、第九届绵阳之春国际车展、“促消费、助脱贫2020绵阳市电商直播节”等特色活动，带动消费增长。全年累计开展惠民促销活动900余场次，活跃节日消费市场，拉动节日消费快速增长，实现交易额750余亿元。累计发放消费券2.08亿元，覆盖网约车、商超、餐饮、酒店、民宿等行业1200余家“行、购、游、文”企业（单位），累计带动消费14.8亿元。全市59家重点商贸流通监测企业12月单月销售额27.71亿元，同比增长9.77%。依托绵阳电商直播基地举办“电商助农爱心抗疫”“县长来了”“518购物节”“电商直播节”“数字绵阳好物购”等直播带货活动，累计带货金额逾8亿元，产品有农产品、电器、建材、汽车、母婴、美妆等。全年全市实现网络零售额222.8亿元，同比增长17.4%。

【服务业发展】 2020年，全市实现服务业增加值1464.77亿元，总量稳居全省第二；服务业增加值同比增长4.5%，居全省第四位，分别高于全国（2.1%）、全省（3.4%）2.4、1.1个百分点，首次高于全省服务业增加值平均增速1个百分点以上；服务业对全市经济增长贡献率达43.4%；服务业占GDP比重达48.7%，居省内7个区域中心城市第一位。全市服务业实现固定资产投资同比增长14.5%，较全市固定资产投资增速（10%）高4.5个百分点，较全省服务业固定资产投资增速（8.3%）高6.2个百分点。全市服务业市场主体33.14万家，占全市比重达88.68%，其中全市规模以上服务业企业共379家。印发《关于在新型冠状病毒感染的肺炎疫情防控期间全市服务业企业灵活安排工作的通知》《绵阳市服务业企业疫情防控期间复工复产方案》，组织服务业企业复工复产。召开全市服务业大会，出台《关于加快构建“8+1”现代服务业体系推动服务业高质量发展的实施意见》，印发《支持服务业重点产业发展若干政策措施的通知》。

【服务业“513”工程】 2020年，全市持续推动中国（绵阳）国际康养小镇项目、江油李白文化产业园等50个服务业重点项目建设，培育四川快益点电器服务连锁有限公司、四川长虹民生物流股份有限公司等100家市级服务业重点企业，打造六月雪、好农等30个服务业重点品牌，推动更多项目、企业和品牌进入省服务业“三百工程”建设。全年梳理西部写生创作基地等10个续建重大项目、中国（绵阳）科技城大数据中心项目等4个新建重大项目、四川长虹佳华信息产品有限责任公司等27个重点企业、哆啦有货等23个重点品牌申报省服务业“三百工程”。

资料链接： 四川省服务业“三百工程”即建设100个业态先进、规模较大、拉动效应强的服务业重大项目，不断增强投资对服务业发展的关键性作用；培育100户创新能力强、发展潜力大、示范引领作用突出的服务业重点企业，打造一批十亿级、百亿级服务业企业，不断壮大服务业市场主体队伍；培育100个效益好、影响大、竞争力强的服务业重点品牌，不断提升服务品牌核心价值。

【服务业工作机制建设】 2020年，全市先后印发《绵阳市服务业发展领导小组工作议事规则》《绵阳市服务业发展领导小组办公室工作细则》《关于调整绵阳市服务业发展领导小组内设机构及职能职责的通知》《关于调整绵阳市服务业发展领导小组组成人员的通知》，规范议事决策规则和程序，健全服务业发展工作组织领导机制，提高服务业重大决策的科学性和工作效率。

【现代服务业集聚区建设】 2020年，全市推进现代服务业集聚区建设，提升石塘·商贸物流城（商贸流通）、金家林总部经济试验区（信息软件）、绵阳市科创区现代服务业集聚区（科技服务）、绵阳市安县罗浮山温泉旅游休闲服务集聚区（旅游休闲服务）4大现代服务业集聚区引领作用，推动各县市区根据自身发展定位，布局一批特色鲜明、重点突出、导向明确的服务业集聚区。引导安州区罗浮山温泉旅游休闲服务集聚区、梓潼七曲文体旅游集聚区、北川羌族自治县永昌羌族特色商旅文现代服务业融合发展集聚区3个服务业集聚区项目申报2020年省现代服务业集聚区，其中安州区罗浮山温泉旅游休闲服务集聚区入选省现代服务业集聚区，获得1000万元奖励资金。引导涪城区等5个地区申报省服务业强县，涪城区入选省服务业强县并获得1000万元奖励资金。

【夜间经济发展】 2020年，市委、市政府将“积极发展夜间经济”写入2020年政府工作报告；出台《加快构建“8+1”现代服务业体系推动服务业高质量发展的实施意见》，明确提出要“活跃夜食、夜购、夜娱、夜展、夜秀、夜读、夜健等夜间消费业态，大力发展夜间经济”；出台《关于印发支持服务业重点产业发展若干政策措施的通知》，明确对发展夜间经济给予资金支持，激发夜间消费活力。开展夜间经济特色区建设试点。试点建设夜间经济特色街区，以打造“绵州记忆”“花开会仙”“上马·望蜀苑”“安州洋马路水韵风情一条街”“三台潼川古城步行街”“江油都汇水街”等特色商业街区为依托，在全市范围内打造3—5条市级特色夜市街，争创省级夜间经济发展示范区。试点建设夜间经济特色景区，依托李白故里、富乐山、越王楼、小枧湿地公园、罗浮山风景区、仙海国家水利风景区等打造夜间经济特色景区。试点建设夜间购物商圈，引导凯德、百盛、新世界、万达等重点商业综合体以店庆、假日和传统节庆等为契机，开设节令商品夜卖专区、节日夜卖一条街，打造互动体验夜间消费场景，提供丰富的夜间消费“菜单”。促进夜间经济业态多元化发展。发展夜间城市旅游，以涪江、安昌江沿线景观带为轴线，借助三江河畔“美丽绵阳”灯光秀和铁牛广场等载体，重点推出“夜游三江”精品旅游线路，开发“越王楼之夜”“夜仙海”“博物馆夜游”等多元化都市夜游项目，打造一批常态化、特色化的夜间特色体验活动。丰富夜间文化演艺生活，鼓励绵州大剧院等上演《天鹅湖》《丑小鸭》等精品剧目，加大夜间文化产品供给。加快实施“绵阳街头艺人联盟”项目，将葫芦雕绘、玉龙化石雕刻、炳林毛笔、鑫田粮艺、涪城剪纸、唐绣娘等传统手工艺引入夜市，为夜间经济注入活力。丰富夜食产品，依托马家巷特色餐饮街、富乐山—芙蓉汉城蜀汉风情一条街、上马·望蜀苑等打造特色美食夜市街区，鼓励夜市街区发展餐饮老字号、品牌餐饮、特色小吃，开设24小时深夜食堂，满足市民夜间餐饮需求。开展夜间主题促销活动，举办夜宴购物节、啤酒节、吃货节、美食节等系列夜间消费主题活动，引导凯德、百盛、新世界、万达等城区重点综合体和零售企业通过延时经营、打折促销等方式吸引夜间消费人群，激发夜间居民消费需求。完善夜间城市管理体系，出台《关于实施深化“放管服”优化营商环境36条措施》，支持商贸企业开展促销活动，把每周占道促销时间在原双休日2天的基础上延长到5天；印发《关于加快全市餐饮业全面恢复正常营业的通知》，允许企业和经营者在不影响市容环境、居民生活和安全通行的前提下，经辖区城管执法部门审批后，开展临时“占道越门”经营。出台《新冠疫情防控期间规范发展“地摊经济”指导意见》，引导和规范“地摊经济”“夜间市集”有序发展。

【服务业市级重点项目专题研究会】 2020年1月13日，市服务业发展领导小组组织召开研究服务业市级重点项目专题会。副市长赵迎春出席会议并讲话，市政府副秘书长尹亮主持会议。市商务局、市发改委、市住建委、市经合局等部门分管负责人，各县市区政府、园区管委会分管负责人，商务局局长、发改委主任参加会议。会议旨在贯彻落实市委、市政府对绵阳服务业高质量发展的指示精神，加大全市服务业项目招引、培育力度，推动重点项目加快建设，夯实服务业发展基础。会上，市商务局汇报2019年全市服务业重点项目推进情况和存在的问题，对2020年全市服务业项目招引、建设工作进行安排。市发改委、市住建委、市经合局分管负责人就2019年各领域项目建设情况、存在的困难以及2020年工作计划作发言。各县市区政府、园区管委会汇报各地区2020年服务业新建、续建、拟签约项目情况。

【全市支持商贸流通企业复工复产政策宣讲暨政银企视频对接会】 2020年3月5日下午，市商务局、市金融工作局联合召开全市支持商贸流通企业复工复产政策宣讲暨政银企视频对接会。会上，市商务局相关负责人宣讲绵阳市支持商贸企业复工营业政策，重点介绍国家、省、市支持商贸流通企业应对疫情共渡难关政策，内容涵盖房租减免、稳岗补贴、职业培训补贴、社保减免、物流费用补贴、电费补贴、税收优惠等方面。市金融工作局相关负责人宣讲支持商贸流通企业渡难关、促发展的金融政策。中国银行绵阳分行、光大银行绵阳分行、绵阳市商业银行等8家金融机构分别介绍相应的特色金融服务产品。北川好又多超市、绵阳车之沃汽车、四川君涪康药业等多家企业就信贷、房租减免等与多家银行达成贷款意向。8家金融机构在主会场参加会议，全市有资金需求的74家商贸流通企业在线参会。此次视频对接会采取在线直播形式召开，吸引5万余人在线观看。

【全市商贸企业复工复产及安全生产工作会议】 2020年3月10日，全市商贸企业复工复产及安全生产工作会议召开。市商务局相关负责人，各县市区、园区商务主管部门分管负责人参加会议。会议听取县市区、园区商务主管部门商贸企业复工复产、安全生产、消费品市场运行等情况汇报。对《绵阳市应对新型冠状病毒肺炎疫情支持餐饮业发展的若干措施》的起草进行讨论研究。解读近期国家、省、市出台的支持商贸企业应对疫情“渡难关、促发展”政策。传达市安委会近期会议精神。通报全市商贸企业复工复产及一季度消费品市场有关情况。安排部署下阶段复工复产及安全生产工作。

【2020年“乐购春晓”惠民消费券促销活动】 2020年3月28日，绵阳市2020年“乐购春晓”惠民消费券促销活动启动，活动于3月底至6月底在全市范围开展，为全市2020年“弘扬诚信经营理念，促进放心舒心消费”活动月系列活动之一，按照“政府引导、企业主体、协会参与、市场化运作”方式进行，旨在倡导购物消费，通过组织一批消费券、折扣券，带动市民到卖场、商超、餐饮饭店等消费购物，促进全市经济复苏。活动通过微信公众号抽奖和现场发放等形式发放7000万元消费券，消费者凭券在170余家定点商家消费使用。商家同步开展店内促销返利活动，消费者可叠加享受优惠福利，活动总让利消费者金额达1亿元以上。

【绵阳市获省服务业发展大会表彰】 2020年6月9日，四川省服务业发展大会公布一批四川省促进服务业发展工作先进单位以及四川省优秀服务业企业表扬名单，绵阳市获四川省促进服务业发展工作先进市党委、政府；涪城区、游仙区、三台县获四川省促进服务业发展工作先进县（市、区）党委、政府；四川长虹佳华数字技术有限公司、四川智易家网络科技有限公司、四川中油九洲北斗科技能源有限公司、四川博鳌纵横网络科技有限公司4家企业获四川省优秀服务业企业称号。

【《关于加快构建“8+1”现代服务业体系推动服务业高质量发展的实施意见》出台】 2020年7月2日，市委、市政府出台《关于加快构建“8+1”现代服务业体系推动服务业高质量发展的实施意见》（以下简称《意见》）。《意见》对接四川省“4+6”现代服务业体系，明确全市“加快发展现代服务业，构建以科技服务、现代物流、现代金融、电子商务、会展、文化旅游、健康养老、人力资源服务为重点，商贸流通业为支撑”的“8+1”现代服务业产业体系。《意见》提出发展目标为：2020年，统筹新冠肺炎疫情防控和经济社会发展工作，促进服务业各行业加快振兴，确保服务业增加值增速全省领先；到2022年，力争服务业增加值在地区生产总值中的占比达到52%，“8+1”重点产业占服务业比重达70%，基本建成总量优势持续扩大、产业结构更加优化、供给质量明显提升、市场主体不断壮大、发展环境全省领先的区域性服务业中心城市和西部现代服务业强市。《意见》提出八大重点产业率先发展的各个重点方向、2022年具体目标以及构建区域性服务业协调发展新格局、提升服务业供给质量、拓展服务业需求潜能、创新服务业发展方式、优化服务业发展环境等措施。

资料链接：四川省“4+6”现代服务业体系中“4”即商业贸易、现代物流、金融服务、文体旅游四大支柱型服务业，“6”即科技信息服务、商务会展服务、人力资源服务、川派餐饮服务、医疗康养服务、家庭社区服务系。

图34 7月3日，绵阳市服务业发展大会召开

【绵阳市服务业发展大会】 2020年7月3日，绵阳市服务业发展大会召开。省商务厅厅长刘欣、市委书记刘超出席会议并讲话。市委副书记、市长元方主持会议，市人大常委会主任付康、市政协主席李亚莲、市委副书记刘光强出席会议。大会向受表扬的优秀服务业企业代表授牌，并播放绵阳市服务业发展专题片《好风凭借力 扬帆正当时》。市商务局、涪城区、四川中油九洲北斗科技能源有限公司、绵阳市高水农副产品批发有限公司、四川家福来实业集团有限公司作交流发言。会议强调，在疫情影响、经济下行相互交织的复杂形势下，绵阳的服务业要把恢复振兴作为当务之急，把提质增效作为长远之计；要抢抓机遇，坚定化危为机的信心决心，推动服务业由恢复振兴步入高质量发展阶段；要牢固树立新发展理念，坚定实施扩大内需战略，持续深化服务业供给侧结构性改革，支持传统服务业改造升级，加快培育服务业新产业、新业态、新模式，优化服务业发展结构、增加优质市场主体、提升服务业供给质量和效率；在优化产业结构上下功夫，以重点产业牵引服务业高质量发展，加快“8+1”现代服务业体系建设，把科技服务、现代物流、现代金融、电子商务、会展、文化旅游、健康养老、人力资源服务和商贸流通业作为服务业发展的主攻方向，推动生产性服务业向专业化和价值链高端延伸、生活性服务业向精细化和高品质转变，打造具有区域特色的现代服务业优势产业集群；要在优化空间布局上下功夫，以优质平台保障服务业高质量发展，构建协调发展新格局，推进服务业集聚区建设，抓好综合服务平台建设，形成规模效应、集群优势；要在创新发展方式上下功夫，以业态融合促进服务业高质量发展。加快推动产业融合发展，发展“互联网+服务业”，加快培育新场景新消费，推动新技术、新产业、新业态、新模式蓬勃发展，最大限度激发服务业发展活力和潜力；要在抓项目促投资上下功夫，以重大项目支撑服务业高质量发展，持续深化服务业领域对外开放，抓项目招引、项目建设、项目储备，以大项目牵引服务业大提速，以大开放促进服务业大发展；要在壮大市场主体上下功夫，以领军企业带动服务业高质量发展；要在提升供给质效上下功夫，以知名品牌助推服务业高质量发展。

【绵阳万企联动乐享金秋消费季活动】 2020年9月15日，2020年“全国消费促进月”“四川省金鼠闹金秋”零售促销暨绵阳万企联动乐享金秋消费季活动在绵阳百盛购物广场启动。副市长赵迎春出席启动仪式。市商务局局长潘大钦、人民银行绵阳市中心支行行长梁涛、涪城区政府副区长陈洪芳，以及市发改委、市住建委、市文广旅局、市市场监管局、市经信局、市农业农村局、市妇联、市总工会、团市委等市级相关部门负责人，13个县市区、园区商务主管部门负责人，涪城区相关部门负责人、重点商贸流通企业、金融机构和社区群众代表等100余人参加启动仪式。此次活动旨在贯彻落实国家、省、市关于实施扩大内需战略、做好“六稳”工作、落实“六保”任务的决策部署，响应2020“全国消费促进月”“四川省金鼠闹金秋”活动有关要求，抢抓“金九银十”传统消费旺季。启动仪式由市商务局、中国人民银行绵阳市中心支行、涪城区政府主办，中国银联股份有限公司四川分公司、涪城区餐饮和酒店业行业协会、涪城区零售商协会（筹）、绵阳市各金融机构、绵阳富临百盛广场有限公司承办。活动从9月中旬持续到10月底，聚焦以展促销、夜间经济、假日经济等消费新场景，依托百盛、家福来、杨肥肠等重点商贸企业，市县联动、因地制宜，在百货、家电、汽车、餐饮、老字号等10多个行业开展百盛23周年庆暨“双十一剁手节”、立宇国际家居——乐享消费美好生活超级家装狂欢节、国美新生活·美遍绵州、2020绵阳新能汽车消费节暨绵阳新能源汽车下乡、川派餐饮·香醉绵阳展览展示、厨艺大赛等线上线下配套活动240余场次。活动期间，市餐饮协会联合重庆市北碚区企业开展农产品扶贫产品、地方名特优新产品、绵阳重庆特色产品展示活动；四川银联联合各大银行机构开展“感恩有您 礼惠绵州”云闪付惠民消费券发放活动，将向消费者发放消费券480万元；绵阳广电开展“我为家乡代言”十佳电商主播、“我为家乡好货打call”评选活动。云闪付、饿了么、滴滴出行等线上平台同步开展各类优惠让利活动。 （于加兴）

粮油购销

【概况】 2020年，全市纳入统计范畴的涉粮（油）企业共102家，其中国有粮食企业21家。全市从生产者购进粮食共36.3万吨，其中稻谷19.1万吨、小麦16.1万吨、玉米1.1万吨；国有粮食企业收购14.1万吨，占总收购量的38.8%；从企业购进粮食（含成品粮折原粮）共144.7万吨，其中主要品种稻谷10.2万吨、小麦15.9万吨、玉米92.9万吨、其他品种25.7万吨。全市收购菜籽10.2万吨，其中国有粮食企业收购油菜籽1.8万吨，占总收购量的17.6%。购进菜籽2.6万吨、菜油6.1万吨。全市累计销售粮食81.1万吨，其中国有粮食企业销售45.7万吨，占总销量的56.4%；销售食用油（含籽折油）12.7万吨，其中国有粮食企业销售1万吨，占总销量的7.9%。

【国家粮食收购政策执行情况】 2020年，全市贯彻落实国家粮食收购政策，安排部署政策性粮食收购相关工作，支持引导多元主体入市，多措并举做好市场化收购和政策性收购。协调收购资金、仓容和运力等保障，加快组建粮食收购贷款信用保证基金，健全粮食收购市场化融资支持机制。加强农企对接、订单收购，强化产后服务、科学储粮、优粮优价，保护和调动农民种粮的积极性。各县市区发改（粮食和物资储备）局和市粮油集团有限公司研究政策措施，提前摸清粮源分布，合理设置收购网点并制定相关工作方案，全年没有出现农民“卖粮难”情况。全市稻谷收购价格普遍高于国家最低收购价，没有启动稻谷最低收购价执行预案。国有粮食收储企业利用仓储条件，多种方式筹措市场化收购资金，通过委托收购、签约代购、自购商品粮源等方式，充实粮源库存，保障全市粮食供给。

【粮食收购总量下降】 2020年，全市粮食收购总量下降，其中全市国有粮食企业的稻谷收购数量比2019年度减少近3万吨。主要原因为全市稻谷在生长期受夏季暴雨灾害影响，产量有所下降；受新冠肺炎疫情以及国际国内复杂因素影响，稻谷收购价格明显高于往年。稻谷收购开秤价格为2.6—2.9元/公斤，高于2019年收购期最高价2.56元/公斤，并一直维持在高位，最高达3.1元/公斤。收购价格上涨让部分农户对市场后期存在更高预期，增加家庭粮食存储量。三台、梓潼、盐亭3个产粮大县（粮食总产量占全市产量的1/2）优质粮食受到多方抢购，造成当地粮源紧张，本地承储企业轮换压力增大。全年全市粮食收购总量为36.3万吨，稻谷和小麦收购量占比97%，其中小麦收购量与2019年持平，稻谷收购量减少7.6万吨，减幅达28.4%。

【粮食产销合作】 2020年，全市推进农业供给侧结构性改革，推动粮食产销合作向纵深发展，完善相关扶持政策，搭建服务平台，引导企业主动作为，激发企业内生动力，开展多种形式的产销合作。全市粮食主产区与非主产区之间加强协同，建立长期稳定的粮食产销合作关系。各县市区加强合作，按照“部门推动、企业自主、市场运作、互惠互利、丰歉保证、同等优先、诚信合作、形式多样”的原则，建立长期稳定粮食产销合作关系，并制定粮食产销合作交流机制，促进粮油产销合作有序开展，实现信息资源共享，发挥部门协调作用。探索“互联网+”粮油产销模式。发挥粮油企业在粮食产业发展中的主体作用，政府引导，搭建平台，发挥企业的主观能动性，创新产销合作方式。其中游仙区发挥“仙特粮食种植产业联合体”等纽带作用，带动辖区内外种植规模20公顷以上专业合作社、农业企业及40余户种粮大户共谋发展，实现产值11.4亿元；绵阳市粮油集团入驻832贫困地区农副产品网络销售平台，与吉林、内蒙古、黑龙江、甘肃、新疆等10余地区近60个客户开展业务合作，实现销售收入2.7亿元；浩东科技有限公司在“阿里巴巴”“微信小程序”网络平台建成“浩东食品商城”，实现线上线下同步销售。 （陈俊伟）

盐　业

【概况】 2020年，盐业公司销售各类盐产品43257吨，其中小袋盐13769吨、大袋盐20021吨、行业盐9467吨；实现销售收入3173万元，实现毛利909万元。非盐销售4972万元，累计毛利375万元。新冠肺炎疫情防控期间，开展全天候配送服务，共配送小袋食盐6758.56吨、大袋盐13442.23吨，做好食盐市场保供稳价工作。

【盐业管理】 2020年，盐业公司与经信、食药等政府部门加强沟通协调，做好政府储备盐工作，建立健全业务台账，加强仓储管理，坚持动态轮换，确保规范达标。推进品牌建设，宣传“品质保障、国企责任”的公司形象和“安全放心、我选川晶”的产品形象。全年在“5·15”预防碘缺乏病日活动等节点，宣传各类“川晶”牌盐产品，提升“川晶”盐品市场占有率。

【财务管控】 2020年，盐业公司落实财务改革，加强费用管控，加强费用管理，出台《分公司费用管理办法》《业务经营保障用车限额费用管理办法》等。同时，做好资金管理，降低现金的净流出；加强费用定额管理，经营费用、管理费用等全部实行定额或限额管理。

【审计监督】 2020年，盐业公司加强审计监督，调整和充实监察审计人员，开展违规经营投资责任追究排查工作。对购销管理、工程承包维修建设、资金管理、风险管理等方面进行排查，规范经营行为。

（邓　吉）

烟草专卖

【概况】　2020年，全市烟草商业系统实现卷烟销售14.2万箱，同比增长1.49%；实现含税销售收入52.5亿元，同比增长4.75%；实现税利14.46亿元，同比增长7.6%，入库税金10.76亿元，同比增长17.78%。

【卷烟营销】　2020年，全市烟草商业系统以市场需求为导向，统筹兼顾各地市场差异性，强化运行调控，确保市场状态良好、价格稳定。在市场状态维护上，坚持“自主采集”和“市场随访”相结合，在全省率先利用“红码管家”App问卷智能采集客户信息，动态掌握市场状态，采取多模式营销策略组合，推动精准投放，全年平均社会存销比维持在合理水平。在现代营销推进上，搭建会员店铺体系，沉淀消费者“数据池”，加快推动消费者数据的分析运用，通过打造一批优质核心客户群体和消费者群体，释放数据生产力。在零售终端建设上，实施客户精准分档管理，推动“控制大户、发展中户、扶持小户”落地落实，橄榄型客户生态逐步形成。在重点品牌培育上，坚持“大品牌”发展战略，推动完善品牌进退和评价机制，加快全国重点品牌成长。

【专卖管理】　2020年，全市保持卷烟打假打私高压态势，突出管控一体、打防并举、协调联动，维护卷烟市场秩序，市场管控水平持续提升。在市场监管上，持续构建完善多方联合、参与、协作机制，推进差异化走访、大户分类治理，推动粗放式向精准化监管转变；推行明察暗访，探索对违法违规零售户分级管理，引导零售户诚信规范经营，市场净化率稳步提升。在打假破网上，深化线索运用，致力精准打击，全年查获案件2150起，其中5万元以上案件38起，查获涉案卷烟1348万支，总案值934万元，罚没款87.9万元；通过省烟草专卖局认定一类网络案件3起，破获拟成型百万网案4起、四类网案1起，抓获犯罪嫌疑人27人；在跨省打击等方面均有新突破。在“放管服”落地上，对接国家烟草专卖局在线服务平台，畅通网上办证渠道；“互联网+监管”落地应用，实现行政许可信息、行政检查过程、行政处罚结果“三公开”；推广运用轻微违法案件快处，推进网上便捷解缴，提高行政服务效能。

（勾　婷）

餐饮业

【概况】　2020年，全市餐饮业克服新冠肺炎疫情带来的挑战，立足保民生、促消费，开展新冠肺炎疫情防控和复工营业，餐饮业成为全市激发消费潜能、拉动消费增长、恢复烟火气的中坚力量。全年全市餐饮业实现零售额228.98亿元。

【餐饮品牌规模提升】　2020年，全市餐饮品牌连锁企业持续发展壮大，森林雨公司旗下有“森林雨”“古今一家”“炫美”3个品牌，拥有各种直营、加盟管理店近60家，是“绵阳最具影响力餐饮品牌”，在全国营业年收入超过近4亿元。紫金印象餐饮公司旗下拥有“紫金湾”“紫金印象”“滋味工坊”“十三小厨”等多个品牌。“六月雪”旗下餐饮产业涵盖特色干锅、养生汤锅、中高档中餐，其直营品牌“六月雪”“三缺一”“八道菜”“新鱼上任”均为绵阳市知名品牌，在省内外开设直营店23家，加盟店120余家，拥有配套的中央冻库、调味品生产、物流运输企业。四海香公司拥有“四海香”“仙龙潭”2个品牌，在省内外发展多家连锁加盟店。绵阳米粉品牌在全国开展连锁经营，是绵阳餐饮小吃代表，是本土老百姓早餐的首选，主要品牌有德华开元米粉、高水杨米粉、永华米粉、老牌胖米粉、通安巷胖米粉、安县鲜米粉、四维涪娃米粉等连锁品牌。

【餐饮菜品创新发展】　2020年，全市餐饮菜品吸收各大菜系特点，兼容并蓄，在食材选择的广泛化、烹饪技艺的多样化、菜品口味的多元化、呈现方式的艺术化等方面进行创新和升级，形成具有绵阳地域特点的新“绵州菜”。其中较为出名的菜品有：川东别院的糯香真味黄辣丁、豆豉爆虾球，紫金湾酒楼的石锅三角蜂、木瓜炖雪蛤，六月雪的糯香鸭掌，海上海的十年一碗汤、沙场点兵，四海香的三姐鸡丝凉面，虾圣的蒜蓉小龙虾，老灶房的神仙粑猪脚，钟兔子风味店的麻辣兔头，安州焦鸭子酒楼的全鸭席，何记集美的大刀玻璃耳叶，廖排骨卤菜店的五香卤排骨等。同时，绵阳餐饮市场还引进泰国菜、日式料理、意大利面等外国菜品，以及湘菜、粤菜等国内菜系。餐饮业经营品种丰富，消费者选择多样性强。

【餐饮文化活动】　2020年，全市先后举办第二届“绵阳市十大名菜名点”评选、2020绵阳市网红美食选拔赛、“香醉绵州”餐饮活动周、世界第三届川菜大会技能大赛绵阳选拔赛、餐饮行业从业人员·前厅服务人员和后厨人员技能大赛、“春节不打烊·年夜饭”“乐购春晓”等活动，促进全市餐饮业快速复工营业。组织近300余家餐饮企业、食材企业、老字号企业参加全省“味美四川”川派餐饮汇活动、第九届餐饮食材暨酒店用品博览会等省内外大型食品展览活动共15场次，实现交易额2460万元。加大与本地大中专院校、职业技术学校合作，通过提供实习基地、担任顾问等校企合作模式，共同培养高质量餐饮烹饪人才。结合新冠肺炎疫情防控和餐饮业复工营业实际，推广“分餐制·公筷公勺制”，倡导健康文明用餐礼仪，助力“舌尖上的抗疫”。指导餐饮企业创新服务模式，设立“网上餐厅”，开展“无接触配送服务”，推动“面对面”转为“网上购”，推动“餐饮业数字化建设”。响应中央关于厉行节约制止餐饮浪费的号召，开展光盘行动，推出“半份半价”“小份适价”等服务，杜绝“舌尖上的浪费”，倡导节约、文明、健康、理性的新兴消费时尚。

【餐饮业复工复产】 2020年3月5日，市商务局、市市场监督管理局根据市应对新冠肺炎疫情应急指挥部公告精神，按照防控优先、分区分级、分类指导、精准施策、有序复工的原则，出台《关于新型冠状病毒感染肺炎疫情期间做好餐饮行业有序复工营业的函》，在确保新冠肺炎疫情防控的前提下，从落实企业主体责任和各项防控措施，强化复工准备、就餐环境管理、严格堂食管控等方面作出规定，推动餐饮行业有序复工营业。同时，市商务局和市财政局联合发出《关于支持餐饮企业“渡难关促发展”的通知》，对3月15日前复工营业并纳入统计的限额以上餐饮企业，且推广“分餐制、公筷公勺制”的，经企业所在地商务主管部门认定，给予0.5万元/户一次性奖励；对纳入统计的限上餐饮企业2019年营业收入2000万元以上，2020年上半年增速达10%的给予奖补5万元；2019年营业收入500万元至1000万元，2020年上半年增速达15%的给予奖补3万元；2019年营业收入500万元以下，2020年上半年增速达到20%的给予奖补2万元；鼓励行业协会、餐饮企业等开展美食节、餐饮技能大赛、厨艺比赛、餐饮宣传推广等形式多样的线上线下餐饮消费促进活动，根据活动影响力择优给予活动主办方30%的活动费用补助，每次活动补助金额不超过10万元。3月20日，市商务局、市市场监督管理局、市住房和城乡建设委员会联合发布《关于加快全市餐饮业全面恢复正常营业的通知》，要求全市所有餐饮服务经营单位全面恢复营业，取消原有“堂食餐位密度低于50%、中餐大厅桌与桌之间间距不低于3米、小餐饮店餐椅单向摆放、单侧入座”等流量管控措施；加强餐饮营业场所的通风换气和卫生消毒。消费者佩戴口罩，测温正常，即可进店正常消费。同时，《绵阳市市场监督管理局、绵阳市商务局关于禁止举办群体性餐饮经营活动的通告》《绵阳市商务局、绵阳市市场监督管理局关于新型冠状病毒感染肺炎疫情期间做好餐饮行业有序复工营业的函》不再施行。3月26日，《绵阳市商务局绵阳市市场监督管理局关于终止餐饮业经营限制的通知》出台，终止“限制大规模集体性聚餐和大规模宴席（含农村自办群体性宴席）”和备案、佩戴口罩、检测体温等相关规定，并要求各地商务和市场监管部门抓好落实，加强宣传，为餐饮业正常经营创造良好的市场氛围。

【绵阳市开展“分餐制·公勺公筷制”行动】 2020年3月6日，全市在市商务局举行推广“分餐制·公筷公勺制”承诺仪式，餐饮企业代表作现场宣誓承诺，绵阳紫金湾餐饮公司、绵阳四海香餐饮公司、绵阳集美食府等200余家餐饮单位签订承诺书，加入推广使用“公筷公约”的行列。4月，市精神文明建设办公室、市商务局、市场监督管理局等5家单位联合印发《绵阳市深入推进“分餐制公勺公筷制”行动工作方案》，决定用1年时间在全市公共场所和居民家庭分阶段开展“分餐制·公勺公筷制”行动，并发出倡议书，倡导健康、卫生、文明的用餐方式。6月11日起，《绵阳市餐饮业公筷公勺使用管理规范》正式实施，对公筷公勺适用场所、公筷公勺制作、公筷公勺配置、公筷公勺使用规范、公勺公筷消毒等方面作出详细规定。 （于加兴）

供销合作商业

【概况】 2020年，全市供销合作社系统实现销售总额63.8亿元，利润总额5.72亿元，农村土地流转鉴证交易额累计达30.1亿元，土地托管服务面积达3.58万公顷，助销扶贫农产品1亿元。发挥供销社的职能和优势，从组织体系、农村电商、校农结合、冷链物流、农业生产资料、农村产权交易等7个方面，助推脱贫攻坚。推进实施浙川两省供销社蓝莓产业扶贫项目，发展蓝莓基地73.33公顷。组织申报使用“四川扶贫”集体商标，109家企业、166个农产品品类获得商标使用授权。绵阳市供销社与重庆市北碚区供销社签署《“绵碚”供销社融入成渝地区双城经济圈建设合作协议》，推进绵碚两地供销社系统协作发展。市供销社被四川省供销社表彰为“全省供销合作社系统2019年度供销综合改革、统计工作、信息宣传、监事会建设成绩突出单位”。

【助力新冠肺炎疫情防控和复工复产】 2020年，全市供销合作社系统统筹做好新冠肺炎疫情防控和经济发展各项工作，保障市场供应。春耕期间，组织调运化肥、农药、农膜等农资产品3.5万吨。指导市级各专业市场，依托连锁超市、农贸市场、社区菜店等终端，多渠道组织商品投放市场，保障粮油、果蔬、肉禽蛋奶等生活物资供应4200余吨。打通销售渠道，助农渡过难关，帮助安州区、游仙区等地销售滞销果蔬菜近3000吨，销售金额1300余万元。支援湖北省防疫工作，累计支援物资180吨，捐赠现金115万元。

【为农服务方式创新】 2020年，全市供销合作社系统以服务乡村振兴为主线，提升小农户组织化程度和生产经营能力，围绕谁来种地问题，完善提升“大田托管”等新型服务模式，构建面向小农户的农业社会化服务体系。围绕解决“地怎么种”问题，完善“农资供应+技术服务”模式，以农机服务、植保服务、庄稼医院、粮食烘干等建设为载体，开展农业生产耕、种、管、收、加、销全程社会化服务，推动小农户与现代农业发展衔接，土地托管服务面积达3.58万公顷。游仙区太平土地托管中心服务模式被农业农村部推广为第二批全国农业社会化服务典型案例。

资料链接：“大田托管”即托管农业服务，在不流转土地经营权的情况下，将耕、种、防、收等作业环节委托给社会化服务组织。

【基层供销社建设】 2020年，全市落实《供销合作社培育壮大工程实施意见》，按照“改造薄弱社、培育示范社、重建空白社”的基本思路，升级改造基层社12个、乡村农资供应网点和庄稼医院200余个。采取自办、领办、合作等方式，培育农民专业合作社841家，农村综合服务社903个，发展村级基层供销社15个。制定《推进区域电商发展实施方案》，推进“互联网+农产品”出村进城工程，改造农村电商服务网点200余个。

【农村产权流转交易】 2020年9月10日，《绵阳市农村产权流转交易管理办法》出台，为规范全市农村产权流转交易行为，保障交易主体的合法权益，推动农村生产要素有序流动提供政策保障。全市拓展延伸服务，开展农村产权抵押融资，渔业养殖饲料集中采购业务试点，吸引养殖业主、饲料生产商、银行及担保公司、保险公司等入驻交易平台，解决养殖业主饲料成本高、贷款困难、养殖风险大的问题。截至年底，制定农村产权流转相关交易规则和交易细则等配套制度21个，培训镇村干部3000余人次，办理农村产权流转交易鉴证1345宗，交易鉴证金额达30.1亿元，组建1000余人的农村产权评估队伍，融资396户，发放贷款1.56亿元。

【社有企业转型升级】 2020年，市供销社系统优化整合社有企业资源，推动企业组团发展，企业实现营业收入39.5亿元，同比增长47%，利润总额5.72亿元，企业资产达54.3亿元。全年提升社有企业发展质量，加快传统业务转型，培育新兴业务，增强企业发展动能。强化企业内部管理和风险防控，持续推进企业降本增效，加大长期亏损企业和低效无效资产处置力度，退出股东身份6户，收回投资38.3万元，股转债53.5万元，向优势主业企业新增投资235万元。深化联合合作，与中国通信服务公司绵阳分公司、四川铁骑力士集团、山野河谷生态农业公司、成都矢量科技公司等在市场对接、产业开发、扶贫协作等方面开展交流合作。

【游仙区太平土地托管中心服务模式入选第二批全国农业社会化服务典型案例】 2020年10月11日，全国农业生产托管工作推进会在山西省晋中市召开。会上发布第二批全国农业社会化服务典型案例，案例包括服务公司、农民专业合作社等各类服务主体共24个。其中游仙区太平土地托管中心服务模式入选供销合作社系统开展社会化服务典型案例。 （余 玲）

物流业

【概况】 2020年，全市营业性货运车辆保有1.73万辆，同比下降23.13%，累计公路货运量6790.92万吨，同比增长1.81%，公路货物周转量686054.42万吨千米，同比增长6.29%。铁路货物到发量712.81万吨，同比下降4%，其中发送量110.31万吨，同比下降4.6%。航空运输货邮行运输量（即旅客运输量、行李运输量、邮件运输量和货物运输量）1.9万吨，同比下降26.8%；其中运输货邮7564.7吨，同比下降14.6%。全年全市快递服务企业业务量完成6677.46万件，同比增长49.24%；业务收入完成7.33亿元，同比增长1.56%。其中同城业务量累计完成965.7万件，同比增长59.66%；异地业务量累计完成5706.55万件，同比增长47.72%。

【物流通道建设】 2020年，全市物流通道建设主要集中在公路、铁路、物流基地、航空等方面。全市高速公路通车里程427千米，位居全省第五位、成都平原经济区第二位。建成G5京昆高速、G93成渝环线高速、S1成万高速成都至绵阳段、S2成巴高速、S32西绵高速、S41绵阳绕城高速。在建有G5成绵扩容、G8513平绵高速、S1成万高速绵苍段、S18广平高速、S53茂遂高速，全市高速公路通车及在建里程达726千米，居全省第三位。绵阳境内形成完备的国道网和省道网，其中普通国道5条770千米（不含重复里程），二级及以上比重94.4%；普通省道17条1420千米，二级及以上比重26.8%。绵阳境内建成铁路有西成客专（成绵乐城际铁路）（250千米/小时）、宝成铁路（80千米/小时），全市铁路营业里程达264千米，其中高铁运营里程121千米，成兰铁路（200千米/小时）建成33千米。截至年底，绵阳市皂角铺铁路物流基地完成主体工程建设。全年绵阳机场运营航线59条，通航城市45个，初步构建起覆盖全国主要区域、经济发达城市和重要旅游城市的航线网络，成为周边城市航空运输中心。年旅客吞吐量289万人次、货邮行吞吐量1.9万吨，旅客吞吐量在全国民用运输机场中排名第四十九位，在全省15个民航机场中排名第二位。

【重点物流园区建设】 2020年，全市加快推进中国（绵阳）科技城科技物流产业园建设，基础设施建设累计投资约4亿元，其中皂角铺铁路物流基地完成98%建设任务量。中建科技绵阳产业化基地项目（工业）建成并投产，项目占地约10公顷，投资约2亿元，年产值约4亿元，为装配式建筑工业化生产基地。智慧物流信息中心项目（工业）占地面积约4.26公顷，总建筑面积约11.6万平方米，总投资约2亿元，一期工程开工建设。新地绵阳电子商务物流园项目占地约10公顷，总投资约3亿元，进行土地报征工作。安州区国家级冷链物流基地建设项目、盐亭江南综合商贸物流中心、北川羌族自治县永安物流小镇建设项目一期等县级物流园区（中心）均开工，启动前期场地平整和基础建设工作。

【物流市场培育】 2020年，全市注册物流企业约700余家。纳入物流服务业统计企业65家（规模以上企业51家），实现增加值4.51亿元，同比增长5.6%；实现营业收入42.16亿元，同比增长4.7%；A级物流企业8家，其中5A级1家、3A级5家、2A级2家。全省重点物流联系企业25家，涵盖农业、医药、仓储、供应链金融和第三方物流等企业。物流园区有石塘商贸物流园、龙门农副产品物流园、西北物流园（钢材物流）以及在建的中国（绵阳）科技城物流产业园。（于加兴）

2020年绵阳市重点物流企业一览表

表54

序号	企业名称	地址	地区
1	四川银丰科耀实业有限公司	四川省绵阳市安州区创业服务中心	安州区
2	绵阳市吉瑞物流有限公司	四川绵阳安州工业园区青安片区	安州区
3	绵阳市安州区粮食储备库	绵阳市安州区花荄镇大南街	安州区
4	绵阳市安州区直属粮库	绵阳市安州区塔水镇振兴街	安州区
5	四川长虹民生物流股份有限公司	绵阳市涪城区绵绢路 9 号	涪城区
6	绵阳朝阳物流服务有限公司	绵阳市涪城区绵绢路 9 号	涪城区
7	四川保通物流有限公司	绵阳涪城区园通东街 320 号	涪城区
8	绵阳市好连运快运有限公司	绵阳高新区菩提寺社区 2 期	涪城区
9	绵阳川运物流有限公司	绵阳市涪城区青龙大道 73 号附 2-1-2 号	涪城区
10	绵阳市城市停车管理有限公司	四川省绵阳市涪城区临园路东段 59 号 8 栋 5 楼	涪城区
11	绵阳市黑犬货运代理有限公司	绵阳市涪城毅德商贸城电商产业园 1 区	涪城区
12	四川双汇物流有限公司	绵阳市涪城区飞云南路中段 9 号	涪城区
13	绵阳实安装卸服务有限公司	绵阳科学城一四八大院内	涪城区
14	中央储备绵阳直属库	绵阳市涪城区一环路西段 3 号	涪城区
15	绵阳华驰物流有限公司	绵阳高新区永兴镇飞云大道中段	高新区
16	四川乾坤物流有限责任公司	绵阳市高新区永兴镇兴业南路 21 号	高新区
17	四川宏远物流有限责任公司	绵阳高新区温州商贸广场	高新区
18	绵阳安运物流有限公司	绵阳高新区一康路	高新区
19	绵阳市正翰物流有限公司	绵阳高新区磨家镇接龙寺村 5 社	高新区
20	绵阳富邦物流有限责任公司	绵阳市高新区飞云大道中段 155 号 4 幢 1—3 层	高新区
21	绵阳市坤马运业有限公司	绵阳高新区永兴镇飞云大道八号路口	高新区

续表

序号	企业名称	地址	地区
22	绵阳涪翔航空货运有限公司	绵阳高新区永兴镇弘光路195-18号	高新区
23	绵阳市乾顺包装材料有限公司	绵阳高新区技术产业开发区	高新区
24	江油市武都全安运输有限公司	江油市武都镇	江油市
25	江油锦德物流有限公司	江油市太平镇龙茶村12组	江油市
26	江油市蜀玉物流服务有限责任公司	江油市含增镇界池村7组	江油市
27	四川佳庆运输有限公司	江油市三合镇双江村四组	江油市
28	江油市华川运业有限公司	江油市青莲镇裕光村2组	江油市
29	江油市正原物流有限公司	江油市彰明镇明月村5组	江油市
30	江油市远强物流有限公司	江油市二郎庙镇明镜村王家桥2组	江油市
31	江油市天鑫贸运有限责任公司	江油市二郎庙镇明镜路256号	江油市
32	江油玖源农资化工有限公司	江油市大堰镇解放下街66号（大堰镇创新创业服务中心）	江油市
33	四川有贤仓储服务有限公司	江油市彰明镇明月村3组	江油市
34	绵阳市建刚物流有限公司	绵阳市经开区跃进村	经开区
35	四川君仁物流有限公司	绵阳农科区德政街18号	经开区
36	绵阳机场（集团）有限公司	绵阳市经开区机场东路6号	经开区
37	四川领军云仓供应链管理有限公司	四川省绵阳市经开区贾家店街89号	经开区
38	绵阳市万安达公路运输有限责任公司	绵阳高新区飞云大道东段261号	科创区
39	三台县鹏恒公路养护有限责任公司	四川省绵阳市三台县北坝镇北泉路原运管所房	三台县
40	四川荣磊物流有限公司	盐亭县云溪镇政府综合业务用房4楼4-1-8	盐亭县
41	四川君银物流有限公司	四川省绵阳市盐亭县梓江闸坝桥旁政府综合业务用房行政服务中心4楼	盐亭县
42	盐亭县凤灵粮油收储站	绵阳盐亭县云溪镇城东路	盐亭县
43	盐亭县富驿粮油收储站	盐亭县富驿镇	盐亭县
44	雅化集团绵阳运输有限公司	绵阳市游仙区新桥镇	游仙区
45	金循环金融仓储有限公司	绵阳市游仙经济开发区凯越路1号	游仙区
46	梓潼县益通路桥有限公司	四川省梓潼县文昌镇东风村	梓潼县
47	绵阳天天快运物流科技有限公司	绵阳市涪城区御中路66号（西部现代物流城D区电商产业园）	涪城区
48	绵阳顺发物流有限公司	绵阳市涪城区长虹大道北段11号都市港湾	涪城区
49	绵阳远淋运输有限公司	四川省绵阳市涪城区圣水南街64号中房·阳光水岸9栋1层9号	涪城区
50	四川广都仓储有限公司	四川省绵阳市安州区工业园（界牌镇）	安州区
51	四川好农物流有限公司	绵阳市安州区花荄镇红武村9组（辽安路）	安州区

续表

序号	企业名称	地址	地区
53	江油捷方物流有限公司	江油市二郎庙高坝村5组	江油市
54	江油市铁兴装卸服务有限公司	江油市三合镇火车货站内	江油市
55	江油市明艳物流有限公司	江油市雁门镇石元乡场镇	江油市
56	绵阳市通发物流有限公司	四川省绵阳市江油市含增镇界池村1组	江油市
57	江油市金顺科技有限公司	江油市含增镇含增村13组	江油市
58	江油市平祥物流有限公司	江油市太平镇大莜村5组	江油市
59	盐亭县通达公司养护工程有限责任公司	盐亭县云溪镇文同路下段172号	盐亭县
60	盐亭县诚昆运输有限公司	盐亭县云溪镇凤凰大道隧道口	盐亭县
61	梓潼百润物流有限公司	四川省绵阳市梓潼县长卿镇石河村2社（原长卿收费站内）	梓潼县
62	梓潼龙泰物流有限公司	四川省梓潼县文昌镇文昌路北段469号	梓潼县
63	四川洋业物流有限公司	四川省绵阳市经开区塘坊大道138号	经开区
64	平武县恒燃物流有限责任公司	平武县龙安镇金龙路	平武县
65	四川宽行物流有限公司	四川省绵阳市仙海水利风景区仙山路26号	仙海区

会展业

【概况】 2020年，全市举办各类展会（含节庆赛事）198场次，其中展览27场次，展览总面积32.6万平方米，会展业直接收入10.7亿元，同比增长17.6%，带动商务、交通、旅游、餐饮、住宿、广告等相关行业收入73亿元，总收入达83.7亿元。全市有会展企业13家，其中规模以上企业3家，规模以上企业营业收入4684万元，会展服务业增加值达1438万元。

【第九届绵阳之春国际车展】 2020年7月22—26日，第九届绵阳之春国际车展在科发国际会展中心举行。绵阳之春国际车展是绵阳乃至川西北地区备受关注的汽车展会，是新车发布、品牌展示、推广新技术、加强行业交流的重要展示交易平台。本届展会启用绵阳国际会展中心4个大型室内展馆及室外通道，展出面积达5万余平方米，共吸引60个国内外知名汽车品牌近1000款车型参展。展会期间，开展“绵阳之春国际车展9周岁全面嗨购”抖音大赛、汽车吉祥物人偶PK比赛、绵阳首届金牌教练（驾校）评选活动、品牌主题日试驾等配套活动，共计吸引3万人观展。现场销售汽车2530辆，成交金额约3.8亿元。

【第十届绵阳国际汽车展】 2020年11月11—15日，城记·绵阳国际汽车展十周年庆典暨第十届绵阳国际汽车展在绵阳会展中心举行。本次展会展出面积超10万平方米，共吸引59个乘用车整车品牌500余款车型参展。同时引入20辆经典老爷车、百辆改装车（机车）、限量兰博基尼、法拉利、蝰蛇等10台稀有超跑参展。车展期间，举办“领克·童梦工厂最萌车展代言人”“小小体能王”挑战赛等亲子活动，“星球大战”篮球挑战赛、动感单车挑战赛、“王者之巅”电竞水友赛、车主运动会、卡丁车障碍赛等运动项目。开展购车有礼、幸运刮刮乐、问卷有“礼”由、2020绵阳车主嘉年华活动、“车展10周年，送你10辆车”抽奖等配套活动。车展共实现整车销售4889台，成交额约7.8亿元，近10万人次观展。（于加兴）

电子商务

【概况】 2020年，全市商务系统围绕市委、市政府决策部署，把电子商务作为“8+1”现代服务业发展的重点产业之一，贯彻落实《绵阳市电商营商高地建设实施方案》，以建设国家电商示范城市为契机，坚持把优化营商环境作为推动电商高质量发展的重要举措，推行9张“网”（即网+销售、网+物流配送、网+招工、网+定制、网+基地、网+培训、网+社区、网+居民服务、网+平台数据赋能），加快布局新业态新模式。全年全市实现网络交易额2834.96亿元，总量排名全省第二位。

【电商产业融合发展】 2020年，全市创新消费新模式，激发经济新增长。全市利用直播电商助力“绵阳造”产品拓宽市场，组织传统企业、实体门店利用“网+”直播、短视频等实现电商转型，推动“网+销售”落地，促进“绵阳造”产品走出去。针对新冠肺炎疫情防控期间出现的大量时令生鲜、季节产品积压和滞销等问题，先后举办“电商助农爱心抗疫”“川货抖起来”“川货网购节绵阳分会场”等直播带货活动，带货金额达3.47亿元。新冠肺炎疫情防控期间，探索“生鲜到家”等线上线下融合模式。引导大西门、成绵路、高水等农贸市场利用第三方平台开展“菜篮子”外送业务。马小果、优鲜奇季生鲜电商平台企业联动各社区、小区物业，采取线上下单，线下无接触配送服务，将“菜篮子”送到百姓家门口。引导传统商超创新零售模式。引导重点商超利用互联网开展线上下单线下配送服务。其中永辉超市发挥连锁优势，开发永辉超市小程序，为居民提供3千米范围配送服务，截至年底，线上订单占门店总销售的14%。大润发、沃尔玛等商超均上线美团外送、淘宝淘鲜达等平台，开启线上下单，送货上门服务。发挥电商企业资源优势，对接贫困地区农合社、家庭农场、贫困户。江油微米电商、松鼠拼拼、美莱网等企业帮助贫困户销售腊肉、山货等农特产品，其中微米电商帮助10余户贫困户销售土鸡、土鸡蛋，销售额达20余万元。

【电商直播基地建设】　2020年，市商务局制定《品质绵阳产品直播网络流量新高地行动计划（2020—2021）》，推进电商赋能产业，发展直播电商、社交电商等新业态新模式，结合国家级电商示范城市建设，依托科创区电商示范基地及西部数字经济示范区基础优势，加快打造“电商直播基地”，建设直播电商产业集群。该基地一期入驻20余家电商直播企业，有30余个直播间，总面积约2000平方米。开展“电商助农·爱心抗疫”“县长来了”“518购物节”等直播带货活动10余场次，产品涵盖农产品、电器、建材、汽车、母婴、美妆等100余个品类。

【电商培育培训】　2020年，全市为发挥电商保障市场供应、防控新冠肺炎疫情扩散、恢复生产运营的重要作用，加快布局传统企业、实体门店利用直播、短视频等方式，全方位引导企业创新经营模式，助推企业全面复工复产，鼓励新冠肺炎疫情防控期间利用电商创业就业。全年累计开展“线上内容电商实操培训”“直播电商创业培训班”“直播交流分享会”等电商培训及交流活动约15场，培训1600余人次。其中直播电商培训受到传统制造业、商贸流通企业及个体门店从业者热捧，吸引线下报名280余人，在线直播点击率最高达7000余次。

【电商进农村示范项目】　2020年，全市加快推进国家电子商务进农村示范项目建设。北川羌族自治县、梓潼县争取到国家级电商进农村示范县项目，争取到中央财政支持资金4000万元，至此，全市电商进农村示范项目达6个。通过示范项目的带动实施，全市6个示范县市区共建设县级运营中心4个、143个镇级服务站、970个村级服务点，并在166个贫困村建设村级电商和物流服务点。在国家电子商务进农村示范项目带动下，全市累计建设村级服务网点1480个（贫困村270个），服务范围覆盖所有贫困村。

【绵阳市电商直播基地落户创新中心】　2020年3月26日，由市商务局和科创区共同打造的绵阳市电商直播基地落户创新中心。绵阳市电商直播基地计划分两期建设，一期起步区位于科创区创新中心5号楼下沉式广场，总面积约2000平方米，计划建设30余个直播间，可容纳20余家电商直播企业入驻。二期启航区规划面积约1万平方米，计划构建直播技术、内容输出、商品汇集、栏目开发、主播运维、产品运营等多功能、全链条的直播生态系统。

【“县长来了”淘宝直播活动】　2020年4月15日晚20时，“县长来了”淘宝直播活动在科创区创新中心绵阳市电商直播基地开启首播。活动由市商务局指导，市电商中心、科创区商务局主办，在淘宝直播平台“麻辣闯天下”中进行，盐亭、平武、北川及仙海等县和园区农产品亮相直播，相关领导出镜代言，助力直播活动。活动中共直播推销平武桑叶茶、北川麻辣香肠、盐亭沃柑、新月牛肉以及仙海石斛干花等28项品类。直播总时长为3小时，总观看人数2.5万人次，最高同时在线8000人次，累计成交5万余单，总销售额逾200万元。

【中国（绵阳）跨境电子商务综合试验区设立】　2020年4月27日，国务院发布《关于同意在雄安新区等46个城市和地区设立跨境电子商务综合试验区的批复》，同意在雄安新区、大同市等46个城市和地区设立跨境电子商务综合试验区，其中绵阳市获批设立跨境电商综合试验区。年内，绵阳市贯彻落实国家、省关于跨境电商综试区建设相关工作要求，成立跨境电商综试区建设工作推进领导小组，负责统筹协调绵阳综试区建设工作；制定《中国（绵阳）跨境电子商务综合试验区实施方案》，并经省政府常务会议审议印发；制定《绵阳跨境电商综试区建设工作任务责任清单》，推动相关工作落实，先后前往成都、泸州、宁波等地考察学习跨境电商综试区建设工作；草拟绵阳市跨境电商发展扶持政策，政策覆盖范围包括跨境电商主体培育、传统工贸企业转型、创新创业孵化和人才培育体系等重要领域。其中高新区出台《高新区电子商务发展扶持办法（试行）》，每年设立1000万元电子商务专项资金用于推动跨境电商发展。持续推动绵阳跨境电商公共服务平台、绵阳跨境电商监管中心改造升级等跨境电商综试区重点项目建设并恢复开展跨境电商零售出口（9610）模式通关。全年全市200余家跨境电商企业实现跨境电商零售额2.4亿元。

【《绵阳市电商营商高地建设实施方案》】 2020年7月30日，市政府印发《绵阳市电商营商高地建设实施方案》提出全市电商营商高地建设主要目标是“到2022年，电商营商环境水平有效提升，政务服务流程再造取得实效，形成营商环境改革的比较优势。综合水平提档升位，全方位推进电子商务和一、二、三产业融合。电子商务交易额突破3500亿元，网络零售额达到240亿元”；提出创新企业登记注册方式、创新“一表通办”制度、精简纳税服务流程、推进跨境电商便利化、促进快递物流加快发展、培育新经济业态模式、推动产业融合创新、构建电商产业生态圈、构建电商服务体系、开展区域协同合作、实施试点示范工程、加强人才引进培育、拓展财金扶持渠道、建立健全监管机制、建立公平竞争机制15项重点任务及具体责任单位和保障措施。

资料链接：“一表通办”即优化整合申请要件及办理流程等，推进以“一件事”为标准优化审批流程，统一梳理电商企业从企业登记到开始经营、经营过程等全流程的审批事项。清理涉企证明材料，对没有法律法规依据的一律取消。推广电子证照、电子印章、电子档案应用，采取自动调用等方式最大限度精简申请材料，实现申请人实际提交材料平均减少50%以上。

【促消费·助脱贫2020绵阳市电商直播节】 2020年10月23日，促消费·助脱贫2020绵阳市电商直播节活动在铁牛广场举行。本次活动由市商务局、市总工会、市文广旅局、市农业农村局指导，绵阳电子商务中心、盐亭县商务局、涪城区商务局、仙海区经济发展局联合主办，同步开展线上和线下活动。线下活动时间为10月23—25日，线上直播带货时间为10月23日至11月22日。全市100余家绵阳企业和本土“四川扶贫”公益性集体商标企业参加活动，其中60余家企业参加线下展销活动，参展产品包括酒类、茶叶、蜂蜜、乳制品、腌腊制品、调味品、手工艺品等。线下活动实现销售额41万余元。在产销对接环节，100余家本土企业与福建、浙江、上海、安徽、江苏、江西等地100余家带货机构、电商平台进行对接，累计达成326万元销售订单，与中粮、中国供销集团达成采购意向。

【全市“双十一”网络零售额突破23亿元】 2020年“双十一”活动期间(11月1—11日)，全市在淘宝、天猫、京东、拼多多等电商平台实现网络零售额23.68亿元，同比增长38.68%；其中实物型网络零售额实现21.28亿元；行业中，3C数码、食品保健和母婴用品网络零售额排名全市网络零售额行业前三，分别实现12.77亿元、3.14亿元、1.83亿元(四川省电子商务大数据中心数据)。本土电商企业长虹智易家在11月11日销售突破4亿元，“双十一”期间累计销售额达10亿元。科创区云豪电子商务有限公司在11月11日实现交易额8236.54万元，安州区川蜀老味道自热火锅等方便食品在11月11日销售突破350万元，订单数超24万单。清香园调味品、翔风科技、六味魔方、北川禹珍实业等重点电商企业销售金额均突破百万元。全市传统商贸企业、品牌门店均开展线下促销活动，通过线下体验、线上销售相结合开展新零售体验；同时创新应用直播、短视频等社交电商，提升新零售消费体验。活动期间，通过直播电商实现零售额达0.71亿元，直播观看人次累计500万人次，累计直播场次达7800场。直播热销品类中，生活日用、粮油调味、家用电器等品类直播热度排名靠前。

【2020川货电商节绵阳分会场】 2020年12月11日，2020川货电商节绵阳分会场暨数字绵阳好物购活动在涪城万达广场启动。活动由省商务厅指导，市商务局主办，绵阳电子商务中心等单位承办。省商务厅二级巡视员荆林屏，市委常委、统战部部长、市总工会主席经大忠出席绵阳分会场活动。绵阳分会场活动以“万商云川·邀您嗨购”为主题，依托实体商圈平台和线上电商平台，开展在线直播、网店优惠等系列促

图35 12月11日，2020川货电商节绵阳分会场暨数字绵阳好物购活动在涪城万达广场启动

销活动。线下活动为期3天（12月11—13日），线上活动持续1个月。活动商品主打绵阳好物、家乡优品，打造一批本土优秀电商品牌。

（于加兴）

外贸与交往

出口贸易

【概况】 2020年，全市贯彻落实国、省出台的各项稳外贸政策，加大支持外贸企业技术改造、转型升级力度，持续开拓“一带一路”沿线国家和地区等新兴国际市场。全年全市外贸出口达78.28亿元，同比增长10.9%，高于全国平均增速6.9个百分点，出口总值位居全省第四位。全年全市梳理编制各级支持稳外贸政策指南，发放200本宣传册和组织线上线下专题培训，提高企业政策知晓度。全年组织企业开展各类外经贸政策培训6次，累计培训企业600余家、1000余人次，促进新增外贸备案企业141家，全市外贸获权企业累计达1428家，其中有实绩企业255家。

【机电和高新技术产品出口】 2020年，全市坚持“稳增长、调结构、促发展”的工作基调，支持企业优化出口产品结构，提升外贸产品科技含量。优势产品出口延续增长态势，全年全市机电产品出口53.04亿元，同比增长8.8%，占出口总值的67.8%；高新技术产品出口43.36亿元，增长24.2%，占出口总值的55.4%。

【加工贸易出口】 2020年，全市发挥中央及省级外经贸专项资金使用效益，制定补贴企业物流成本、企业融资贴息、支持自建厂房及租赁补助等政策，同时在全市深改体系机制下，各责任单位协调联动，形成工作合力推动绵阳加工贸易发展取得成效。全年全市加工贸易出口达22.75亿元，同比增长9.4%，其中加工贸易重点企业旭虹光电同比增长15.3%，长虹电器同比增长15.8%，开元磁材同比增长54.4%。

【开放平台体系建设】 2020年，全市获批国家开放平台2个，其中国家科技兴贸创新基地通过商务部考核转型成为国家外贸转型升级基地，中国（绵阳）跨境电子商务综合试验区获国务院批准设立。全市新增省级开放平台涪城区省级外贸转型升级基地（机电产品）、高新区省级外贸转型升级基地（5G产业）2个。

【国际市场开拓】 2020年，全市持续推进“万企出国门”活动，组织近百家企业参加进博会、加博会、东盟博览会、美国CES展等线下展会，意向成交金额达1.7亿美元。引导企业拓宽线上营销渠道，组织长虹、九洲、广鑫粮油等60余家企业参加第127届网上广交会、“兜兜非洲”等网上展会，开展“绵阳造”中东非洲数字贸易展览及经贸交流活动对接会，帮助企业开拓新兴国际市场。

【防疫物资出口】 2020年，全市组织医疗物资出口政策培训，建立医疗物资出口微信群，优化政务服务。全年共协助四川优可得等10余家防疫物资生产企业快速办理对外贸易经营者备案登记。落实防疫物资出口相关政策，动员辖区防疫物资生产企业自愿申报全国出口企业“白名单”，全年全市有四川省中兴药业、际华三五三六实业有限公司被商务部纳入“白名单”。

【信保金融】 2020年，全市落实出口信保支持政策，支持中信保、太平洋保险、人保财险共建绵阳市小微企业出口信保统保平台，扩大出口信用保险覆盖面，鼓励企业利用出口信用保险开拓多元化国际市场，防范收汇风险，推动企业稳健经营。全年全市新增参保企业22家，新增投保金额2100余万美元。

【全市重点外贸企业座谈会】 2020年1月8日，全市外贸重点企业座谈会在市商务局召开。市商务局局长潘大钦主持会议并讲话，长虹、九洲、利尔化学、京东方、惠科、东材科技等30余家重点企业的代表参会。会上，与会企业代表分别汇报本单位2019年外贸情况，市商务局通报2019年全市外贸总体情况，对2020年的进出口业务作梳理和分析，并解答企业提问。

【全市医疗防疫物资出口工作座谈会】 2020年3月30日，全市医疗防疫物资出口企业座谈会召开。市商务局局长潘大钦主持会议，副局长李晓波出席，相关县市区、园区商务主管部门负责人，际华三五三六实业有限公司、四川省中兴药业有限责任公司等60余家医疗防疫物资生产企业负责人参加会议。会议通报全市医疗防疫物资出口情况，鼓励企业抓住机遇，谋划医疗防疫物资出口工作，要求相关县市区、园区商务主管部门强化措施，为企业医疗防疫物资出口做指导。市商务局持续优化服务，简化进出口备案登记业务流程，推动更多绵阳医疗防疫物资生产企业实现出口，同时，加强同四川省外贸集团等大型企业对接联系，为企业提供原料购买渠道以及销售渠道。

【首场“落实金融支持外经贸企业复工复产”专题宣讲会举行】 2020年4月20日，首场“落实金融支持外经贸企业复工复产专题宣讲会”在绵阳城区举行，这是新冠肺炎疫情发生后，绵阳首次针对外经贸企业举行的线下金融政策宣讲会。宣讲会由商务局主办，市商务协会承办，旨在支持全市外经贸企业渡过难关，实现又好又快复工复产。会上，中国银行绵阳分行、农业银行绵阳分行、工商银行绵阳分行、建设银行绵阳分行、中国出口信用保险公司四川分公司分别就“定向支持绵阳外贸企业、稳外贸金融服务、银行支持外贸企业复工复产等金融服务政策作宣讲。四川长虹、爱联科技、九洲电子、利尔化学、长虹电源、国豪种业、光友薯业、富临精工等100余家绵阳骨干外贸企业参会。

（于加兴）

进口贸易

【概况】 2020年，全市进口主力企业绵阳京东方光电科技有限公司项目设备进口业务收缩，本地龙头企业长虹集团零配件国产化替代进程加快，绵阳惠科光电科技有限公司项目设备进口业务快速发展。全市进口贸易实现137.99亿元，与2019年基本持平，居全省第二位，高出排名第三位的宜宾78.86亿元，高出排名第四的泸州93.52亿元。

【主要进口市场稳定】 2020年，全市主要进口市场保持稳定，主要进口市场为韩国、日本、东盟、美国等，进口总额为118.07亿元，同比增长4.56%，高于全市整体进口增速近5个百分点，其中与东盟地区进口贸易额同比增长达127.34%。

【进口品种多样化】 2020年，全市企业从境外进口产品品种多样，主要涵盖从工业产品到生活日用品，涉及机械器具、精密仪器设备、化工、塑料制品、毛皮、服装纺织和矿产品以及饮料、酒等18大类，200多个品种。

【进口贸易政策支持】 2020年，全市落实国家及省上各项政策措施，并出台支持外经贸企业应对疫情稳定外贸发展10条措施，建立周报、季报制度，跟踪解决企业遇到的困难和问题，助力企业稳定健康发展。同时，对上争取资金鼓励企业扩大进口，全年指导绵阳京东方光电科技有限公司、绵阳惠科光电科技有限公司、四川龙华光电薄膜股份有限公司等7家公司申报进口贴息资金，为企业获取资金支持，提高企业生产积极性。

【防疫物资进口】 2020年，市商务局支持帮助长虹集团从境外采购口罩等防疫物资600多万只，率先实现复工复产；引导长虹集团发挥大企业责任担当，为供应链中小企业提供防疫物资、人力资源、融资等帮助，带动300余家中小企业实现复工复产。

【《关于支持外经贸企业应对疫情 稳定外贸发展措施的通知》印发】 2020年2月24日，市商务局、市财政局、绵阳海关联合印发《关于支持外经贸企业应对疫情 稳定外贸发展措施的通知》，推动全市对外贸易健康平稳发展，夺取新冠肺炎疫情防控与实现经济社会发展双胜利，提出支持企业降低物流成本、支持企业安全有序复工复产、优先支持关键岗位人员返岗、建立出口绿色通道、支持新业态模式发展、落实税收优惠政策、加大援企稳岗力度、加大出口信用保险支持力度、实施商务审批便利化、加大涉外法律援助力度共10条措施。

（于加兴）

利用外资

【概况】 2020年，全市克服新冠肺炎疫情影响，实现市场主体数量、外资项目、到位外资规模等各项外资主要指标增长。新增外资企业15家，同比增长13.58%；注册资本合计1.24亿美元，投资额合计1.98亿美元。新增服务业外资企业11家，占新增外资企业总数的73.3%，形成全市以工业、服务业为主的外资产业结构。全市外商投资实际到位资金2.04亿美元，同比增长13.49%，完成全年省政府下达目标任务1.5亿美元的135.82%。全年先后促进投资康宁玻璃基板项目、新加坡丰树物流产业园项目、法液空二期项目等外资项目签约落地。

【FDI到资工作】 2020年，市委、市政府重视吸引外资工作，市委书记、市长先后对FDI（Foreign Direct Investment，即外商直接投资）到资工作、吸引外资工作作出指示批示，要求做好外资到位、外资“二次招商”等工作。将FDI到资和重大外资项目招引结合起来，多次专题研究部署FDI到资工作。8月，市经合局印发《关于进一步做好利用外商直接投资工作的通知》，制定促进FDI到资的工作措施，将FDI到资目标任务分解到各县市区、园区（包括省级以上产业园区），并到各县市区、园区调研指导FDI到资、到位资金挖掘和统计工作，督导县市区、园区加快外资项目促进。

【外商投资服务】 2020年，全市发挥互联网平台优势，举办招商引资网络推介会2场，与俄罗斯巴什科尔公司、康宁公司、德国弗劳恩霍夫研究院等外商进行视频洽谈会20余次。新冠肺炎疫情防控期间，搭建外资企业网络交流平台，向外资企业传递新冠肺炎疫情防控官方信息，为企业提供防护物资采购渠道，畅通德国、美国等10余个采购渠道，帮助企业采购口罩、护目镜、消毒液等防疫物资，助力外资企业复工复产。举办外资企业与金融机构银企对接会，为外资企业与重点金融机构搭建合作平台，帮助外资企业融资。市经合局搭建服务外资企业要素保障平台，分别与科发基金公司、国网电力公司等机构和要素保障部门签订合作协议，促进外资项目在绵阳落地。利用科博会契机，搭建科博会云展览服务平台，为重点外资企业搭建长期线上模式展览展示、企业合作平台。优化外资营商环境，优化审批流程、压缩审批时限，外资企业登记实现全程网络办理，开通外资企业登记“绿色通道”，设立企业登记自助服务区。印发《绵阳综合保税区项目入驻优惠政策（试行）》，为入驻外资外贸企业提供更多优惠便利，增强入驻企业竞争力。根据龙华薄膜、长虹佳华等外资企业实际需求，向有关部门提出《鼓励类外商投资产业指导目录》新增条目建议7条，力争绵阳市更多优势产业纳入外商投资鼓励类目录。完成并上报涉及《中华人民共和国外商投资法》贯彻落实情况、优化外资营商环境、外资准入负面清单等方面稿件9篇，准确反映外资企业诉求。

【扩大利用外资“冬季攻坚”战】 2020年，全市按照《2020年四川省扩大利用外资“冬季攻坚”行动工作方案》，召开专题会议，研究制定出绵阳市扩大外资“冬季攻坚”行动工作方案，细化工作措施，围绕拜访目标外商、走访存量外资企业、抓FDI到资增量等方面进行攻坚，确保完成各项工作任务。 （廖霜霜）

国际商务活动

【概况】 2020年，绵阳市组织企业参加中国—巴西商务理事会年会、中国（四川）—马来西亚（滨州）企业家视频交流会、全球化在线起航2020外贸企业出海线上论坛等经贸交流活动25场次，举办线上线下商事法律培训8场次，帮助企业拓展国内国外市场，扩大全市对外交流合作。市贸促会获评2017—2019年度全省贸促系统先进集体，温兴成等4人被评为全省先进个人。

【对外经贸商事服务】 2020年，全市围绕“国内一流、全省领先”营商环境建设，外贸企业发展需求，制定6项便捷化举措，通过线上办理和线下邮寄相结合的方式，实现企业单证办理“全程不见面”服务。全年累计为企业办理原产地证786份，金额达8263.7万美元；办理优惠原产地证37份，金额达108.3万美元；代办商事认证107份、领事认证105份。市贸促会先后为6家企业代办新冠肺炎疫情不可抗力事实性证明，涉及合同金额7.49亿元。绵阳市申建成为“中国贸促会四川省绵阳市经贸摩擦预警点”，创新在市贸促会设立商事法律服务站，编印《经贸合同风险防范与新冠疫情不可抗力证明案例汇编》，依托上级贸促机构商法服务平台，开展商法援助服务。通过中国国际贸易促进委员会绵阳市委员会官网、QQ群、“绵阳贸促”微信公众号等渠道对外发布经贸政策、国际商机、经贸预警等各类信息400余条。

【“疫情防控涉外法律风险防范”线上培训】 2020年3月3日，市贸促会举办“疫情防控涉外法律风险防范”线上培训。培训围绕因疫情对国际贸易投资合同履行的影响和参加境外展会维权2个专题，邀请资深律师就新冠肺炎疫情防控期间鉴定不可抗力事实、规避因不可抗力无法履行合同的风险、因新冠肺炎疫情无法参展的对策和建议等方面在线讲解授课。绵阳市20余家涉外企业参加培训。

【绵阳组团参加四川省防疫产品国际贸易促进线上专项活动】 2020年4月，绵阳市贸促会组织四川博百生物科技有限公司、四川华郎医疗有限公司、四川绿洞生物科技有限公司、四川精上缝纫机有限公司、四川宇峰科技发展有限公司5家市内防疫物资生产企业参加“四川省防疫产品国际贸易促进线上专项活动”。4月17日，第二期“四川省防疫产品国际贸易促进线上采购洽谈会”在成都融创国际举办。美国、加拿大、法国等8个国家的境外机构、企业等65家采购商，四川省30家优质防疫物资生产企业参会，进行防疫产品推介、样品展示、“一对一”商洽。经过省贸促会筛选，绵阳企业四川精上缝纫机有限公司参会，并推介防护服、热风缝口密封机、医用外科口罩3类产品，达成初步合作意向。

【绵阳组团参加2020遇见巴蜀·国际融合采洽会】 2020年9月25日，2020年遇见巴蜀·国际融合采洽会在成都和重庆两地线上线下同步举行。绵阳市贸促会组织四川台沃生态农业发展有限公司入驻线下展位，通过现场展示、线上直播，推介台沃香米、台沃“虫草鸭”等产品。

【绵阳组团参加中国（四川）—南亚东南亚国家工商领袖云会议】 2020年9月25日，中国（四川）—南亚东南亚国家工商领袖云会议暨南亚、东南亚国家线上商品展在成都线上线下同步举行。马来西亚、巴基斯坦、新加坡等17个国家和地区的37个国际组织、政府机构以及驻华使领馆、商协会代表，重庆、广东等省市贸促会，境内外企业代表参会。绵阳市贸促会组织四川博百生物科技有限公司、四川华郎医疗有限公司、四川绿洞生物科技有限公司等企业参加会议。

【中国贸促会经贸摩擦预警点授牌仪式暨经贸摩擦预警与应对培训会】 2020年10月29日，中国贸促会经贸摩擦预警点授牌仪式暨经贸摩擦预警与应对培训会在绵州酒店举行。会议由省贸促会和市政府主办，市贸促会承办。省贸促机构负责人和外经贸企业代表120余人参加会议。省贸促会会长黄莉为绵阳市经贸摩擦预警点授牌。市贸促会与四川睿桥律师事务所签订商事法律服务合作协议。绵阳环球律师事务所合伙人任清解析新冠肺炎疫情常态化下经贸摩擦最新形势，省贸促会商事法律部部长杨世波讲授经贸摩擦预警与应对工作对企业国际化经营的重要性，海关总署加贸业务三级专家唐碧英解读综合保税区政策和典型案例。 （杨　玲）

金融

Finance

概述

【概况】 2020年，全市金融系统贯彻国、省、市各项金融稳企政策，做好新冠肺炎疫情防控和复工复产工作。人行绵阳中支、市经信、银保监、金融工作局等多个部门联动，先后印发《关于全市金融系统服务支持新型冠状病毒感染肺炎疫情防控工作的通知》《关于做好企业复工复产金融支持相关工作意见》《绵阳市金融支持实体经济恢复发展应对新冠疫情影响的十三条措施》《绵阳市金融支持稳企业保就业工作方案》，汇聚全市金融系统合力，加大对新冠肺炎疫情防控相关领域的信贷支持力度，提高保险保障服务水平，强化资本市场服务，提高新冠肺炎疫情防控期间金融服务的效率。通过摸排企业复工复产融资需求，组织金融机构梳理制订支持企业复工复产融资产品手册，建立银企双向交流对接机制，调整还款方式，安排专项信贷规模，向企业提供优惠利率的信贷支持，发放小微企业防疫专项贷款、专项再贷款等普惠金融支持等措施，满足企业复工复产融资需求，为企业发展“输血供氧”。先后召开农业、科技、文旅行业相关企业政银企视频对接会，专项再贷款工作推进会等会议，开展银行机构“访店访企访园区、问需问计问困难、送政策送产品送服务”等活动，搭建政银企对接平台，加强金融政策宣传引导，推动金融机构响应企业融资需求，确保“应贷尽贷”，帮助企业渡过难关。全年全市共有33家银行、56家保险机构、36家证券期货机构、35家融资担保公司，有4万余名金融从业人员。全市金融机构人民币存款余额5082.3亿元，比年初增加624.51亿元，同比增长14.01%。人民币贷款余额2812.66亿元，比年初新增336.49亿元，同比增长13.59%。全年保费收入133.55亿元，同比增长6.41%，总量稳居全省地级市第1位。全年实现直接融资313亿元，同比增长84.1%。

【全市青年企业家暨中小企业政银企视频对接会】 2020年2月14日，市金融工作局、团市委联合举办绵阳市青年企业家暨中小企业政银企视频对接会，推动金融支持企业复工复产。对接会上，市金融工作局从加大货币信贷支持力度、提高保险保障服务水平、强化资本市场服务、发挥地方金融组织补充作用等方面介绍金融支持打赢新冠肺炎疫情防控阻击战相关政策。建行、绵商行等7家金融机构介绍新冠肺炎疫情防控期间金融产品。农业、工业、服务业等90余家企业负责人通过“会易通”App在线上参会，在线观看直播人数达2.6万人次。

【“设备仪器贷”科技金融服务新模式入选国务院第三批全创改革经验】 2020年2月21日，国务院办公厅发文推广第三批支持创新相关改革举措，全国共20条。由市科技局、市财政局、工商银行绵阳分行、17共享网（四川大型科学仪器共享平台）联合推出的创新融资产品“设备仪器贷”入选。这是平台创新服务模式继2017年首批入选后再获国务院肯定。仪器设备信用贷，是针对科技型中小企业无抵押购置仪器设备的需求，“政府+银行+平台”三方，按照风险共担原则建立“风险池”，设立专项金融产品，企业依托仪器共享服务平台定向推荐使用，并签订仪器设备抵押合同和获优先处置协议，设备可以进行闲置再使用，若发生风险，仪器设备可进行市场化利用或处置。通过创新改革，解决中小企业仪器设备融资需求并建立再利用和风险处置通道，发挥财政资金使用效应，调动银行和共享服务平台的积极性，实现多方协同支持企业研发创新。

【绵阳出台金融支持实体经济恢复发展应对疫情影响13条措施】 2020年2月26日，银保监会绵阳监管分局、人民银行绵阳市中心支行、市金融工作局联合印发《绵阳市金融支持实体经济恢复发展应对疫情影响的十三条措施》（以下简称《十三条措施》），支持新冠肺炎疫情防控期间全市实体经济发展，确保企业获得实惠。具体措施有：分类施策，帮助存量客户渡过难关；主动对接，满足企业复工复产融资需求；优化服务，加大对外贸企业的支持力度；精准匹配，支持在建和新开工项目建设；保障民生，个人贷款实施差别化管理；主动担当，发挥地方金融组织补充作用；统筹推动，增强金融支持的协同性；简化流程，提高首贷客户覆盖面；降低利率，帮扶受困小微民营企业；深耕细作，加大春耕春种金融支持力度；多措并举，支持防疫情物资生产企业；应赔尽赔，发挥保险保障功能；强化责任，将各项金融政策抓实抓细。

【支持科技企业复工复产政策宣讲暨政银企视频对接活动】 2020年3月11日，支持科技企业复工复产政策宣讲暨政银企视频对接活动举行，活动由市金融工作局、市科技局联合举办。100余家科技企业通过“会易通”App线上参加活动，4.8万人通过西蜀网在线观看直播。活动中，市金融工作局宣讲金融支持政策，市科技局宣讲科技支持政策，绵商行科技支行、工商银行绵阳分行普惠金融事业部、农业银行科技支行、建设银行科技金融服务中心、富达双创基金、人保财险绵阳分公司、太平洋财险绵阳分公司等金融机构发布针对科技企业的支持措施及专项融资产品，并现场回答企业代表提问。会议要求对企业复工复产“应贷尽贷”，全市各银行业机构要履行服务实体经济的主体责任，根据各级政府部门复工复产安排，提前制定金融服务方案，合理安排专项信贷规模，持续加大信贷支持力度，特别是对制造业、中小企业、民营企业的信贷支持力度。鼓励银行机构通过适当下调贷款利率、完善续贷政策安排、增加信用贷款和中长期贷款等方式，支持相关企业战胜新冠肺炎疫情。金融机构对存量客户要“应续尽续”，对有发展前景但受新冠肺炎疫情影响暂遇困难的科技企业，特别是小微企业，不得盲目抽贷、断贷、压贷。对中小微企业贷款实施临时性延期还本付息。

【加强金融服务推动全省重点项目加快建设融资对接电视电话会议绵阳分会场】 2020年3月18日，加强金融服务推动全省重点项目加快建设融资对接电视电话会议绵阳分会场举行，并同步举行全市重点项目融资协议签约仪式。副市长赵迎春在绵阳分会场参加会议。会议学习贯彻习近平总书记在统筹推进新冠肺炎疫情防控和经济社会发展工作会议上的重要讲话精神，落实省委、省政府决策部署，加大金融支持力度，推动重点项目加快建设，努力完成全年经济社会发展目标任务。重点项目融资协议签约仪式上，5个重点项目业主与5家金融机构代表签订合作协议或意向书，签约金额22.25亿元。其中有长虹双创智能制造工业园项目、绵阳科技城集中发展区（涪城区属范围）基础设施、绵阳游仙经济开发区二期基础设施建设PPP项目3个省级重点项目，四川古川藏优食谷食品科技有限公司“年出栏10万头商品猪产业一体化”项目一期建设、江油至三台芦溪公路改建工程（江油段）及福田渡改桥工程2个市级重点项目。

【金融助力西部先进制造业示范区建设政金企共谋发展融资对接会】 2020年4月22日，金融助力西部先进制造业示范区建设政金企共谋发展融资对接会举行。副市长赵迎春出席并讲话，市政协副主席、经开区党工委书记兰劲致辞。农发行、工行、农行、中行、建行、市商行等10家金融机构与经开区管委会签订战略合作协议，金额达591亿元。农发行与经开投控、工行与东材科技、农行与同立实业、中行与九洲环保、建行与长虹集团、邮储银行与鑫科源、市商行与华丰集团、兴业银行与利尔化学、涪城联社与黄河电子、游仙联社与雪宝乳业分别签订融资协议，授信金额超100亿元。根据协议，各金融机构支持经开区西部先进制造业示范区建设，创新金融产品、优化金融服务，共同打造政金企合作发展的典范。

【全市新设中小微企业贷款风险补偿基金】 2020年4月，市财政局与绵阳市商业银行、工商银行绵阳分行、中国银行绵阳分行、邮储银行绵阳分行、平安银行绵阳分行5家银行签订合作协议，新增设立总规模1亿元的“绵阳市中小微企业贷款风险补偿基金”（市级财政分别往5家合作银行贷款风险补偿基金专户注入资金0.2亿元，共1亿元）。设立该风险补偿基金旨在贯彻落实市委、市政府促进民营经济健康发展、支持中小企业应对新冠肺炎疫情共渡难关的相关决策部署，鼓励和引导银行类金融机构，加大对绵阳中小微企业贷款支持力度，是市委、市政府出台的一项有效缓解中小微企业融资难、融资贵问题的财政支持政策。根据合作协议约定，风险补偿基金合作期限5年，5家银行向绵阳市中小微企业至少新增投放贷款合计不低于15亿元，用于帮助中小微企业在银行类金融机构获取低门槛、低成本的融资贷款，支持中小微企业持续发展。

【全市金融支持稳企业保就业工作推进会】 2020年6月30日，全市金融支持稳企业保就业工作推进会暨2020年金融精准扶贫工作推进会召开。副市长赵迎春出席会议并讲话。会议对中国人民银行、中国银保监会、国家发改委等八部委联合下发的《关于进一步强化中小微企业金融服务的指导意见》《关于进一步对中小微企业贷款实施阶段性延期还本付息的通知》《关于加大小微企业信用贷款支持力度的通知》文件进行解读，传达中央、省金融支持稳企业保就业会议精神。会议从提高站位强化稳企业保就业工作统筹、把握重点加强银企融资对接、加强合作提升政策工作合力等方面，对做好全市金融支持稳企业保就业工作作安排和部署。对相关部门责任落实、问题整改以及金融扶贫向乡村振兴有机衔接等方面提出具体要求。

【绵阳市重点项目融资对接暨金融支持“稳企业、保就业”政策宣讲会】 2020年9月15日，绵阳市重点项目融资对接暨金融支持“稳企业、保就业”政策宣讲会召开。副市长赵迎春出席并讲话。市政府副秘书长尹亮主持会议。会上，市发改委副主任梁馨发布项目融资需求；市人行宣讲金融支持政策；中行绵阳分行、工行绵阳分行等银行代表和部分项目业主分别进行金融服务产品介绍和项目推荐。中国银行绵阳分行、工商银行绵阳分行等多家金融机构与项目方达成合作协议，累计签约项目83家，融资金额202.14亿元。其中现场签约项目8家，签约金额47.28亿元。市发改委、市金融工作局、人行绵阳中心支行等市级有关部门，各县市区政府、园区管委会分管负责人和各地发改部门相关负责人，部分金融机构和项目业主代表参加会议。（段　飞）

金融监管

人民银行绵阳中心支行

【概况】 2020年，人行绵阳中支做好基础金融服务，保障各级政府防疫资金供应，创建市级现金服务示范区（点）6个，通过分行级评价示范区、点各1个。开设基本民生支出专户和直达资金账户各12个，推动全辖金融机构建成“社区（乡村）国库惠民服务平台”877个。推进普惠金融建设，开展农村信用救助工作；开展金融扶贫，推出“扶贫再贷款+精品民宿贷”“政担银企户”五方联动精准扶贫模式。加大金融消费权益保护和金融宣传力度，推动线上线下相结合的投诉处理方式，全年接收处理金融消费投诉86件，同比增长91.1%。

【金融管理与风险防控】 2020年，中国人民银行绵阳中心支行（以下简称人行绵阳中支）发挥金融监管协调机制作用，构建联合风险防控新格局。联合银保监分局修订《金融稳定与发展协调工作机制备忘录》。推动构建金融案件“银法联动”工作机制。探索开展反洗钱监管合作，联合有关部门制定《涉嫌贪污贿赂及洗钱犯罪问题线索移送、核查和案件查办工作指引》，签订《反洗钱和反恐怖融资合作备忘录》。加强风险监测预警和处置。强化对重点领域、重点企业风险监测，督促金融机构根据疫情影响完善应急处置预案，推进地方法人金融机构资本补充工作，协调市县区政府化解农信机构遗留不良贷款问题，配合推动江油农商银行挂牌及绵阳农商银行筹建。依托金融机构央行评级和信贷资产质量真实性核查，引导金融机构合规稳健发展。发挥差别化存保费率的市场约束作用，开展存保业务宣传，完成辖内29家金融机构1332家网点存保标识启用工作。开展银行业机构执行人民银行与外汇管理局法规政策和管理规定情况综合评价，持续拓展综合评价结果运用，发挥综合评价的正向引导作用。维护金融秩序。推动1起涉黑案件共犯以洗钱罪立案侦查，移送线索26份，持续保持对电信网络新型犯罪活动的高压预防态势，压实金融机构银行账户管理主体责任，防范不法分子利用银行账户进行电信网络诈骗。

【金融改革创新】 2020年，人行绵阳中支持续深化科技金融结合。在全国首创“仪器设备信用贷”，支持40余家科技型企业购买仪器设备近百套，入选全国第三批全创改革经验。推进国家级科技金融改革创新试验区建设，牵头起草申建建议及方案。启动探索组建科技银行工作，推动该事项纳入科技城建设“十四五”规划。开展绿色金融创新。推动绵商行成为全国第五家、四川第一家宣布采纳赤道原则的银行。深化应收账款融资服务试点。推动中征应收账款融资服务平台扩大应用，新增银河化学、新晨动力2家直连企业，全年实现融资577笔，金额达126.12亿元。

【外汇管理改革】 2020年，人行绵阳中支完善外汇管理服务，指导银行对符合条件的3家企业落实资本项目外汇收入支付便利化业务，金额共1821.96万美元。落地全省首笔资本项目收入支付便利化真实性审核区块链应用场景试点业务，核验金额共9544.78万元。指导3家企业实质性开展跨国公司跨境资金集中运营业务，归集和下拨外汇资金19.38亿美元、人民币资金17.08亿元。支持绵商行以人民币营运资金转换美元外汇营运资金用于发展外汇业务，支持长虹集团财务公司开展即期结售汇业务。全年全市跨境收支总额达43.23亿美元，同比增长27.38%。提高跨境贸易便利度。会同绵阳综保区管委会签订《信息共享和实施联合监管合作备忘录》，组织银行推进落实服务贸易对外支付税务备案信息网上核验，支持跨境电商等贸易新业态发展。满足企业合理的跨境投融资需求，全年累计办理外债、内保外贷和境外放款登记3.56亿美元，全市外商投资企业资本金流入1729.95万美元。（胡子奇）

绵阳市银保监分局

【概况】 2020年，绵阳银保监分局围绕“服务实体经济、防控金融风险、深化金融改革”三项核心任务，引领银行保险机构服务绵阳经济社会发展。截至年末，绵阳共有银行业机构33家，其中法人机构14家；资产总额6230亿元，负债总额5989亿元，各项存款余额5190亿元，各项贷款余额3063亿元。有保险公司56家、保险中介58家，保险公司实现保费收入134亿元，赔付支出41亿元。出台应对新冠肺炎疫情影响的13条金融帮扶措施，保障新冠肺炎疫情防控期间金融服务连续性，强化新冠肺炎疫情防控保险保障，对临时性延期还本付息政策做到“应延尽延”，向疫情防控重点保障企业发放贷款63亿元，对受疫情影响的企业办理续贷展期及延期安排340亿元。

【地方实体经济服务】 2020年，绵阳银保监分局引导银行保险机构聚焦重点项目、重点领域、重点企业，强化信贷支持和保险保障。全市银行业贷款规模首次突破3000亿元大关，各项贷款占资产总额比例提高1.23个百分点，中长期贷款占比提高3.7个百分点，全面改革创新和大众创业领域贷款新增超100亿元，民生工程贷款增速超20%，并首次实现银行网点乡镇全覆盖和基础金融服务行政村全覆盖。全市保险业风险保障金额达5.8万亿元，为103万户次农户提供风险保障近100亿元，向26万户次农户支付赔款3.2亿元，城乡居民大病保险和城镇职工补充医疗保险的保障人数分别增至415万人和69万人，为重大产业项目相关企业提供保险保障200亿元，为科技创新等重点领域提供保险保障650亿元。

【重点风险防控】 2020年，全市银行业总体风险水平呈持续收敛趋势，“高风险机构”摘帽成果持续巩固，被接管的相关保险公司分支机构经营稳定，重点企业债务风险得到妥善应对。组织各银行业机构开展信用风险排查，督促落实“早暴露、真暴露、全暴露”要求，真实反映信用风险。截至年末，银行业落实整体不良率下降至1.46%，在7大区域中心城市中最低；法人机构资本充足率为13.17%，拨备覆盖率为229.27%，主要经营指标处于合理区间。其中逾期贷款同比下降17%，逾期90天以上贷款与不良贷款比例同比下降7个百分点。前瞻应对风险反弹，充足计提贷款拨备，加大不良处置力度，多渠道补充资本，科学制定风险预案，提前采取帮扶措施，2020年度法人银行累计新提拨备29亿元，共处置不良贷款28亿元，共组建债委会247家涉及贷款1224亿元。持续整治金融市场乱象，开展扫黑除恶专项斗争、金融放贷突出问题整治等工作，建立并执行保险满退风险监测季报制度，打造良好的行业秩序。

【法人机构改革发展】 2020年，绵阳银保监分局将农信社改制作为年度工作的“一号工程”，做到主导引领、全程参与、事前介入。截至年末，江油农商行获批开业，绵阳农商行筹建进展顺利。绵阳商行发行永续债20亿元，并获省局批复同意增资扩股。长虹财务公司完成增资10亿元。

【车险综合改革】 2020年，绵阳银保监分局推进车险综合改革，向10家保险公司发出金融监管意见书，对8家保险公司开展监管约谈，坚持车险综改监管指标回溯分析。截至年末，件均保费比全省平均低258元，较改革前下降580元，整体和新车自主折扣系数均符合回溯标准。

（银保监分局）

银行业

【概况】 2020年，全市金融机构本外币各项存款余额5100.19亿元，较年初新增627.34亿元，同比多增18.78亿元，余额同比增长14.03%。全市存贷款规模居全省第二。全市金融机构本外币各项贷款余额2823.72亿元，较年初新增341.80亿元，同比多增44.33亿元，余额同比增长13.77%。

【中国工商银行绵阳分行】 2020年，工商银行绵阳分行持续深化金融服务供给侧结构性改革，加强项目金融、科技金融、普惠金融、民生金融创新，金融服务保障能力增强。全年实现贷款投放182亿元，贷款余额净增39亿元，投放与增量双创历史新高。围绕成渝双城经济圈建设、决战脱贫攻坚、“六保”“六稳”工作调整优化信贷规划布局，普惠贷款（银保监口径）净增完成114%，精准扶贫贷款净增完成160%，组织完成扶贫捐款14.7万元，超额完成消费扶贫132.38万元，对口引进帮扶资金80万元、电商平台消费扶贫交易额414万元，8个定点扶贫村均提前实现“脱贫摘帽”。新冠肺炎疫情防控期间保持至少40%以上的网点对外开门营业服务。开辟金融服务“绿色通道”，春节期间共完成69笔财政专项资金的紧急划拨、9家企业的防疫物资采购贷款的快速支持、3家企业境外采购防疫物资的高效结汇；提前增加金库现金库存，累计加送钞和御卸钞逾4亿元，自动柜员机正常运行率保持在98%以上；打造线上办公、线上购物、线上教育三大智慧服务场景，其中“菜鸽子”线上购物场景交易笔数超过11万笔。帮助疫情受困企业39家、金额10.4亿元，调整100家小微企业还款计划、金额9552万元。向重点企业发放抗击疫情、复工复产贷款5.6亿元，推出“油e贷”“铁骑e贷”等融资产品，支持企业延链补链强链。开展稳外企、稳外资、稳外贸行动，全年办理国际结算量22亿美元，同比增长69.23%；办理跨境人民币业务量26亿元，同比增长85.71%；办理外汇资金交易量12亿美元，同比增长35.55%。支持重点项目建设，向4个棚改、隐债、PPP、扩能等重点项目投放贷款35亿元。落实减费让利，小微企业1年期贷款利率最低降至3.05%，普惠贷款平均利率较2019年降低近70个BP。全年新开对公账户5357户，净增普惠金融有贷户拓户647户；净增对公存款126.39亿元，净增银保监口径普惠贷款4.6亿元。加快互联网金融转型，加快推进重点场景平台建设，完成智慧校园建设，加快布局民生消费等生活场景20个，打造智慧教育、智慧停车、智慧医疗等应用场景6个，线上智慧服务场景总数达12个。围绕提振消费市场，打造“吃遍马家巷”“周末火锅节”“爱购商超行”“出行扫码惠”“绑卡支付减”等多个支付场景。全年个人手机银行用户净增20.02万户。优化渠道建设，完成迁址新建网点3个、原址装修网点5个、局部改造网点2个，优化低效自助银行机具62台，建成五星级网点1个，实现渠道建设系统二级分行排名第一，服务管理考核全省系统排名第一。市场竞争力持续提升，实现拨备前利润13.6亿元、净利润9.18亿元、中间业务收入4.4亿元。

（赵亚雄）

【中国农业银行绵阳分行】 截至2020年12月31日，中国农业银行绵阳分行各项存款时点余额509.4亿元，比年初增加30.8亿元，增幅6.4%；各项贷款余额399.5亿元，比年初增加53.3亿元，增幅15.4%。发放防疫贷款2.6亿元，为际华三五三六、好医生药业、嘉鸿医药等涉及防疫医疗物资企业组建防疫贷款“绿色通道”。支持稳产保供，为铁骑力士、雪宝、仙特米业等提供1.6亿元贷款。为38户受疫情影响客户办理贷款展期，金额达3.2亿元。截至12月末，金融精准扶贫贷款余额17.75亿元，较年初增长3.59亿元；国定贫困县贷款余额77.59亿元，较年初增长6.2亿元。推进“金穗惠农通”工程提质升级活动，贫困地区电子机具行政村覆盖率提升至84.2%，在平武县黄羊乡新设立乡镇物理网点。强化消费扶贫，线上线下结合，实现消费扶贫总金额176万元。按照绵阳市政府重点项目清单，全年累计发放法人贷款146亿元，支持政府主导重点项目14个、金额28亿元，是绵阳市支持项目最多、金额最大的国有商业银行。支持科技城建设，实现科技城集中发展核心区综合管廊、省道S418、经开区基础设施建设和中科绵垃圾焚烧等政府主导重点项目投放。支持各级政府需求，支持市县两级国投公司27家，用信余额64亿元，新增一批区县级国投公司贷款，在全市率先实现县级平台债融计划成功提款。支持融合发展，累计向长虹、九洲等34家龙头企业发放贷款26亿元。围绕绵阳市深度参与成渝地区双城经济圈建设，重点支持先进制造业、现代服务业、现代农业三大产业体系企业。助力先进制造业，通过项目贷款、信用证等方式重点支持京东方、惠科、东绝材料等为代表的制造业产业链中的重点企业；通过供应链融资，支持九洲、京东方等核心企业上下游小微企业5578万元。形成梯次衔接、链条完整的金融服务模式。助力现代服务业，在独家支持绵阳方特东方神画项目贷款的前提下，在园区内安装自助设备、提供上门收款业务。助力现代农业，全年涉农贷款净增4亿元，支持铁骑力士、北川羌山农牧、正邦生猪养殖等龙头企业。立足金融供给侧改革和需求侧管理，发挥金融杠杆作用，引导消费、促进投资，全年实现基础贷款（信用卡、个人贷款、普惠贷款及农户贷款）增量25亿元。准入花园批发市场、高水农贸市场、毅德商贸城、北川巴拿恰等12个特色经营场景，支撑培育市场主体、做强消费场景。服务小微企业，小微企业贷款较年初净增8.3亿元，同比多增3.2亿元，增速达71.61%，增量位居全省农行第二、国有四大行第二。执行优惠政策，对小微企业减费让利金额1021万元。实施普惠小微企业贷款延期还本付息政策，惠及105家小微企业。服务农户金融，农户贷款累计投放5015户、9.9亿元，较年初净增6.1亿元，余额、增量持续保持国有四大行首位。通过农户信息建档，实现超8万户的农户信贷信息采集，用信余额4.5亿元，位列全省农行第一位。服务居民消费，个人贷款累计投放超44亿元，较年初净增24亿元，余额、增量跃升为国有四大行首位。发放住房贷款35亿元，较年初净增22亿元，排名国有四大行第一。办理购车、家装和日常消费等信用卡消费分期业务6.2万笔、10.5亿元，排名国有四大行第二。

（农业银行绵阳分行）

【中国银行绵阳分行】 2020年，中国银行绵阳分行内设部门12个（不含营业部），辖属县域支行6个，经营性营业网点37个（含分行及各县域支行营业部）。截至年末，全辖在岗员工578人。本外币时点存款（含表内理财）余额265.03亿元，较2019年增长43.62亿元，增幅达19.7%；本外币贷款余额131.44亿元，较2019年增长30.98亿元，增幅达30.84%。实现拨备前利润24438.28万元，实现中间业务净收入12540.69万元。不良贷款余额6511万元，较2019年下降368.83万元；不良率为0.5%，较2019年下降0.19%。支持重大项目和重点工程，加大对基础设施补短板、高端制造业、民营经济等重点领域和四川国科、中建管廊、中医院等企业的支持力度，实现对绵阳市主城区市区级平台公司的贷款全覆盖。提升资产业务对实体经济的信贷支持，推动制造业高质量发展。全年新获批项目总量15户，授信金额19.59亿元。搭建多元化场景，落实支持小微企业复工复产举措。实现个人房贷投放17.86亿元，净增14.42亿元，市场份额提升0.56%，零售贷款余额成为四川中行辖内首家个贷余额突破70亿元的二级分行。发展中票、短期融资券等项目争取融资资金沉淀，营销主导客户、归集账户，扩大供应链资金体内循环，拓展医疗卫生、教育学校等行政事业单位存款新增长点，实现与某研究院结构性存款合作突破。年末金融本外币时点余额102.65亿元，较2019年新增29.26亿元，在四川中行辖属市州分行中排名第一，完成收口任务的325.84%。年末20万元以上理财客户较2019年新增1929户，100万元以上财富客户较2019年新增288户，600万元以上私行客户较2019年新增27户。全年实现代发薪27.36亿元，较2019年同期新增2.68亿元；全年新拓展代发薪商户228户，新增代发个人客户23506人。年末公司有基础客户8679户，较年初新增965户，增幅达12.56%；有效客户1270户，较年初新增124户，增幅达10.24%。账户总数10780户，较年初新增1766户，新增位列四川中行全辖第一。新开立结算账户2386户，同比增长40%，总量位列四川中行全辖第一。公司网银活跃客户数6611户，企业手机银行新开2116户，均位列四川中行全辖第一。个人加权客户较年初新增43577户，社保卡发卡9029张，跨境客户较年初新增14830户，信用卡新客户全年累计新增13153户。跟进代收场景建设，落实富乐中学新增云缴费项目，稳固火炬中学、永兴中学、永顺路小学、东原实验小学等云缴费产能；跟进绵阳市移动支付场景建设，建成覆盖绵阳市全境的公交车扫码支付场景。跟进售卖机场景建设，累计布设售卖机74台，涵盖代发薪、政府机关、网点周边商业圈等区域。对设施陈旧、布局交叉重叠的涪城支行、长城花园支行、长虹大道南段支行、安州支行营业部等6家营业网点进行布局调整和装修升级。对低产低效的金柱园、东津路支行实施跨区域搬迁。向绵阳市四〇四医院赠送420份、人均280万元的“抗击新冠疫情”专属保险，向三台县人民医院捐赠50份、人均280万元的“抗击新冠疫情”专属保险。累计向羌山农牧科技股份有限公司投放防疫保供贷款6000万元。

（苗卫锋）

【中国建设银行股份有限公司绵阳分行】 2020年，中国建设银行股份有限公司绵阳分行（以下简称建行绵阳分行）有员工666人，下设13个内设部门、42个对外营业网点，其中有16个综合型支行。截至年末，建行绵阳分行各项存款总量余额610.13亿元，新增100.66亿元；各项贷款余额189.9亿元，新增17.08亿元；实现账面利润5.58亿元，增速达22%。新冠肺炎疫情防控期间，开通绿色通道，为政府机构、防疫相关企业提供紧急取现、资金划转等应急金融服务；落实减费让利惠民惠企政策；为各批次援鄂医疗队医护人员、社区工作人员赠送疫情防控保险；为防疫重点医院及重点企业提供快速融资；组织开展“抗击疫情，希望同行”捐赠活动；推广智慧社区疫情防控平台，打造“线上菜篮子”工程。“产教循环一体化”系列培训项目被总行评为“金智惠民创新项目”。探索推动脱贫攻坚与乡村振兴衔接，在三台宝林村发放全省系统首笔“驻村干部帮扶贷”，协助宝林村成立“农机专业合作社”，惠及村民6000余人。在国声智库文化发展中心与中外智库国际经济文化交流中心开展的“智库观扶贫·优秀脱贫案例征集活动”中，绵阳分行被评选为全国15个优秀单位之一。开展“信贷大会战”，落实金融支持“六稳”“六保”，全年新增贷款17.08亿元。增强风险管控能力，贷款不良及核销管控成效明显。成立国际业务部，增强国际业务竞争能力。住房租赁业务连续3年蝉联系统内市州第一，获省建行2020年度住房租赁业务组织奖（一等奖）。开展“众志成城·共克时艰”普惠专项营销活动及“不忘初心·惠程万理”第二届“普惠金融节”，普惠金融贷款余额及新增位列系统内市州第一。着眼农村基础金融服务，布点完成2079个裕农通综合服务点，实现绵阳市辖内行政乡村100%全覆盖。金融科技助力创新转型，创新成果位居全省系统内排名第一。加强与地方机关单位合作，与绵阳市医保局签约，联合推出“医保抗疫贷”；与市商务局签订战略合作协议，协办举行“抗疫情·稳外资·稳外贸”政企银对接会；与市市场监督

图36　5月26日，“抗疫情·稳外资·稳外贸”政企银对接会召开

管理局签署合作备忘录；牵头承办经开区金融支持稳企业保就业会议；与市妇联签署战略合作协议；建行四川省分行与绵阳市人民政府签署《战略合作协议》。个人金融资产总量新增、个人有效客户新增居系统内全省第一；私人银行客户金融资产余额、客户总数、资产新增及家族信托均位居系统内全省第一；个人资产业务稳步发展。增强渠道综合竞争和服务能力。建行绵阳分行通过中央文明委复查确认，继续保留“全国文明单位”荣誉称号，获四川省脱贫攻坚领导小组“2020年四川省脱贫攻坚奖先进集体”，获总行“普惠金融金牌营销团队”，市委、市政府“绵阳市优化营商环境先进集体”。高新支行通过中银协“中国银行业文明规范服务千佳示范单位”评定。（卿烈海）

【中国农业发展银行绵阳市分行】 2020年，中国农业发展银行绵阳市分行（以下简称农发行绵阳分行）有内设部门9个、分支机构7个（市分行机关以及安州、北川、江油、三台、盐亭、梓潼6个县级支行），全辖在岗员工159人。农发行绵阳分行服务新冠肺炎疫情防控、脱贫攻坚、粮食安全和生猪等重要农产品稳产保供、民营小微等实体经济复工复产、乡村振兴和长江大保护等国家重大战略，全年累计投放各类贷款50.44亿元，各类贷款余额146.16亿元，较年初增长27.74亿元，增幅达23.43%，保持不良贷款为零；重点建设基金余额13.06亿元。各项存款余额32.6亿元，增幅达3.33%；中国农发重点建设基金余额13.06亿元；实现净利润1.69亿元。服务粮食安全稳定市场。履行“粮食银行”政策职能作用，保证中央和地方储备粮储备、轮换资金供应，做好市场化粮油收购贷款投放，确保农民增产增收，保障粮食市场安全稳定。有粮油类存量客户36户，占贷款客户总数34%。发挥粮油收购资金供应主渠道作用，全年投放粮油贷款9.4亿元，累收累放19.13亿元，粮油贷款余额25.32亿元，夏粮收购贷款投放额居全省首位。其中投放政策指令性贷款2.74亿元、政策指导性贷款6.66亿元；支持收储小麦14.76万吨、稻谷11.64万吨、玉米3.62万吨、油菜籽5.73万吨。全市粮油收购市场份额超90%，较2019年增长8%，助力“让中国碗，盛满中国粮”。支持生猪全产业链发展，覆盖生猪育种场建设、规模化养殖、屠宰加工、饲料生产等各个环节，全年获批贷款14.21亿元，累计投放7.05亿元，净增4.95亿元，重点支持新希望、铁骑力士、正邦等生猪行业龙头企业发展，确保生猪稳产保供，促进链条提档升级。聚焦“两不愁三保障”，以项目扶贫和产业扶贫为抓手，加大扶贫力度，持续将信贷资源向北川、平武2个国家级贫困县倾斜，助力两县顺利脱贫摘帽，建设“扶贫银行”，支持国家脱贫攻坚发展战略。全年投放扶贫贷款18.21亿元，直接服务和带动建档立卡贫困人数97608人，其中产业扶贫贷款13.06亿元，占比达71.72%，扶贫贷款余额42.45亿元。聚焦基础保障，持贫困地区住房改造，助力基础民生改善；助推产业扶贫，立足各地资源禀赋，夯实产业基础，带动贫困人口稳步致富；聚力教育扶智，持续支持贫困地区教育事业发展，信贷支持教育设施建设，阻断贫困人口的代际传递。重点支持绵阳市“两弹一星”红色旅游研学营地建设项目、三台县潼川古城旅游综合开发项目、东西部扶贫协作的柯城—北川扶贫协作产业园、安州区长虹双创园等项目建设。市分行和辖内6个支行均被当地政府和有关部门表彰为“脱贫攻坚先进集体”。以支持长江大保护、农村人居环境改善、棚户区改造、产业园建设、农业现代化建设等基础设施建设为重点，服务城乡融合发展，打造“水利银行”“绿色银行”特色品牌。全年新上报项目21个，贷款61.8亿元；批项目14个，贷款44.74亿元；投放项目贷款34.09亿元，较2019年多投放1.94亿元，增幅达6.03%。与绵阳市生态环境局签署120亿元生态环保项目融资合作框架协议，开展生态环保重点领域合作，投放长江大保护贷款12.08亿元，信贷支持省重点项目绵阳市草溪河综合治理、绵阳木龙河整体整治项目，市重点项目梓潼县农村饮水安全巩固提升项目、江油市农村饮水安全巩固提升项目建设，向北川、平武投放“8·11”洪灾应急贷款。新冠肺炎疫情发生后，绵阳市分行开辟信贷应急和绿色通道，加大加快对防疫抗疫药品物资生产、采购和重要生活物资保供稳价的信贷支持。全年累计向纳入防疫类贷款应急通道的天雄药业、铁骑力士、太极制药公司等8家企业投放贷款3.1亿元，其中向全国疫情防控重点保障企业天雄药业投放2734.21万元，为全省农发行系统内首笔疫情防控专项再贷款；向纳入复工复产绿色通道的兴事发木业、新耀实业和2020年新发放中小微贷款的17家企业累计发放贷款9.82亿元。落实国家和总行利率优惠政策，共85笔22.42亿元贷款享受首年优惠政策，最低贷款利率仅2.4%。（李星儒）

【绵阳市商业银行股份有限公司】 截至2020年年底，绵阳市商业银行股份有限公司（以下简称绵阳市商业银行）有执证机构79家、在岗员工1466人，资产总额达1260.76亿元，较年初增加197.32亿元，同比增长18.55%；存款余额达779.92亿元，较年初增加139.28亿元，同比增长21.74%；贷款余额634.65亿元，较年初增加127亿元，同比增长25.02%；实现净利润5.9亿元，上缴税金5.11亿元；全行累计投放贷款484.16亿元，较2019年同期多投放19.5亿元。支持抗击新冠肺炎疫情捐款385万元，支持阿坝壤塘县脱贫攻坚投入200万元。2月19日，绵阳市商业银行第5家异地分行——绵阳市商业银行遂宁分行正式揭牌开业。6月1日，绵阳市商业银行建设的绵阳市首家融合青少年财商教育体验式银行开业，该支行以关爱青少年财商教育为宗旨，以金融知识普及教育活动为载体，为青少年提供丰富多彩的互动游戏、寓教于乐的金融知识学习体验课程。7月20日，绵阳市商业银行正式采纳赤道原则，成为国内继兴业银行、江苏银行、湖州银行、重庆农商行后的全国第五家、西部第二家、四川第一家“赤道银行”。12月22日，绵阳市商业银行首期无固定期限资本债券发行。发行规模为20亿元，主体及债项评级分别为AA和AA-，发行期限5+N年，发行利率4.8%，全场认购倍数1.78倍。12月31日，绵阳市商业银行第六家异地分行——绵阳市商业银行德阳分行开业获批。年内，绵阳市商业银行城郊支行被表彰为第六届全国文明单位，绵阳市商业银行城西支行、绵阳市商业银行江油支行被授予四川省文明单位称号，绵阳市商业银行通过省文明单位复审，绵阳市商业银行党委副书记、董事长何苗被表彰为“四川省第八届劳动模范”。

（宋　毅）

【中国交通银行绵阳分行】　2020年，中国交通银行绵阳分行（以下简称交通银行绵阳分行）贯彻习近平总书记关于新冠肺炎疫情防控工作重要讲话和重要批示精神，做好“六稳”工作，落实“六保”任务。截至年末，交通银行绵阳分行人民币各项存款增幅达24.10%，各项贷款增幅达48.03%，超额完成普惠金融监管目标。交通银行绵阳分行响应“抗疫情、稳外资、稳外贸，促进绵阳市涉外经济高质量发展”要求，主动对接制造业龙头企业，依托交通银行离岸银行牌照优势，通过境内机构对离岸非居民直接授信，完成四川省分行首笔离岸客户授信。该笔创新业务为中资企业集团境外成员开拓新型贸易融资渠道。新冠肺炎疫情防控期间，绵阳分行响应市委、市政府备足“米袋子”“菜篮子”等民生保障要求，为6家企业发放疫情贷款1.85亿元，其中为人行重点保障名单企业发放疫情防控专项再贷款3家、1.55亿元，排名全省系统内第二，在绵阳同业排名第一；发放90余家中小微企业和个体工商户贷款15.19亿元；为重点企业复工复产支持12.73亿元，为市重点项目支持3.88亿元，促进3万余人稳定就业，助力企业复工复产。年内，获2020年度四川金融系统抗击新冠疫情优秀集体称号、绵阳市金融改革创新先进单位称号。自2013年以来，累计为三台县秋林镇红星村、石安镇长河村捐赠扶贫资金25万余元，协调扶贫专项资金25万元，捐赠慰问物资7万余元，2个扶贫村均实现全面脱贫。

（李　晶）

【邮储银行绵阳分行】　2020年，邮储银行绵阳分行内设15个一级部门，下辖9个管理支行、256个营业网点（70%以上分布在县域及以下地区），其中自营网点32个、代理网点224个；运营ATM、CRS、ITM等自助机具823台，其中自营136台；在职员工552人。截至年末，全行总资产439.54亿元，年净增达38.41亿元；总负债437.28亿元，年净增达38.19亿元；各项贷款余额122.48亿元，年净增达14.58亿元；各项存款时点余额（自营+代理）409.13亿元，其中自营存款116.25亿元。践行普惠金融理念，累计设置助农取款点660个，并在200多个乡镇行政村布设惠农金融服务室，乡镇覆盖率达100%；累计建成信用村53个、信用户468户，打通乡村金融服务的“最后一公里”；累计发放再就业贴息贷款近3.2亿元，惠及全市2000余名创业就业人员；聚焦产业发展，信贷政策重点向农业新型经营主体、现代农业园区建设等方向倾斜，满足三农融资需求，累计投放涉农贷款超80亿元，惠及客户超8万户。做好金融扶贫工作，升级“金融立体扶贫”模式，联手邮政公司，在基础金融服务、信贷业务、电商平台等方面进行分层次、多角度、全方位支持，累计投放金融精准扶贫贷款3.28亿元，结余1.36亿元，被人行绵阳中支、市总工会联合评选为“绵阳市金融精准扶贫先进集体”。支持辖内长虹、九洲集团等重点支柱企业发展，参与绵西高速、绵九高速等基础设施建设，涉足新基建、高端制造等优势行业，助力民营和小微企业发展，全年累计投放各类贷款99.55亿元。年内，市分行营业部创建成为“省级现金服务示范网点”，邮储银行绵阳分行获得“绵阳银行业安全保卫工作先进单位”“工业和信息化要素保障先进单位”“2020年度市直属医疗保险参保先进单位”“银行家问卷三等奖”等荣誉称号。

（冉欢欢）

【上海浦东发展银行绵阳分行】　2020年，上海浦东发展银行绵阳分行（以下简称浦发银行绵阳分行）推进合规案防工作，建立横向到边、纵向到底的合规案防联络制度，开展各类排查、培训近30次，员工家访16次，转发合规案防工作信息简报15期。推进反洗钱和征信管理工作。定期召开反洗钱和征信领导小组会议，并组织专项检查。分行行长与员工签订《员工案件防控目标责任书》《信息安全责任书》《安全保卫工作目标管理责任书》《合规承诺书》，按季对员工进行家访，按季对员工开展行为排查。通过召开会议、刊发简报、转发邮件、制作合规文化建设宣传专栏等形式加强规章制度的学习，分行合规专员定期组织开展对各部门、各条线规章制度执行情况巡查。运营员工王宇获四川银行业2020合规知识竞赛初赛第四名。全年收回不良贷款本息1.06

亿元。收回进入破产程序长达7年之久的广安腾飞不良贷款5000万元。与长虹、九洲、绵投建立实质性合作关系，累计新增投放贷款逾3亿元，并申请总行理财资金直投4亿元。落地绵阳分行首笔海外直贷业务、首笔国内信用证业务、首笔债券承销业务等多笔首单，对公存款年度目标完成率居全行第二。零售业务方面，围绕客户、负债等目标，开展营销宣传，实现负债和金融资产的稳步增长，全年金融资产和储蓄存款增量均居全行第一。针对电子对账签约率、坐销等指标长期处于分行末尾的情况，11月末实现电子对账率签约率96%，进入成都分行中游。运营排名由三季度末的全行第二十位提升至11月的第十三位。通过千佳网点创建工作，增设各类便民服务设施，改善分行环境。做好金融消费者权益保护工作，制定《2020年度金融消费者权益保护工作计划》《金融消费者权益保护工作员工培训计划》和相关应急预案等制度。全年共受理金融消费者投诉9件，均及时处理并得到客户认可。全年累计收到金融消费者表扬12件（次）。继续对口帮扶绵阳市盐亭县双碑乡高雄村，捐赠5万元修建一级饮用水提灌站。通过“以购代捐”助力凉山脱贫，共购买农副产品1.35万元。（付　伟）

【兴业银行绵阳分行】 2020年，兴业银行绵阳分行下辖营业网点4个（营业部1个、江油小微支行1个、社区支行2个），有正式员工55人。全年优化资产负债结构，提升综合排名。同上市公司开展合作，上线“银财直联”“双币资金池”“票据池”“银企直联”等业务；从传统的项目贷款扩展到投债、外债、专债、非标、信托、租赁、外汇资本、跨境转让等领域，品种翻新。零贷余额突破10亿元。私人银行客户翻番，新增量位居全省第一。截至年末，在全省综合考评中位列第四；完成监管指标，小微普惠贷款余额较年初增长4875万元，完成上级行下达任务的125.97%；涉农贷款余额较年初增长2253.48万元；各项存款余额达209270.34万元，各项贷款余额达543328.31万元，实现中间业务收入356.48万元。年内，获“千佳网点”称号，被总行评为“文明规范服务示范单位创评大赛优胜行”和“服务明星支行”，被市总工会评为“金融精准扶贫劳动竞赛先进集体”。连续4年（2017—2020年）获人行综合评价A等，并在股份制银行中唯一获年度“外汇业务合规与审慎经营评估A类银行”评价。（张　辉）

【中国光大银行股份有限公司绵阳分行】 中国光大银行股份有限公司绵阳分行（以下简称光大银行绵阳分行）成立于2012年，隶属中国光大银行股份有限公司成都分行。光大银行绵阳分行下辖营业部、涪城支行、高新支行和长虹世纪城社区支行4个经营网点，有正式员工67人。截至2020年年末，光大银行绵阳分行一般性存款时点余额42.30亿元，较年初增长7.47亿元，同比增长21.45%；各项贷款时点余额43.18亿元，较年初增长4.08亿元，同比增长10.43%。资产质量优良，不良率达0.01%，无重大责任事故发生。全年加大对市内重点项目、重点企业、重点产业以及小微企业、涉农产业等领域的信贷投放。2012—2020年，光大银行绵阳分行累计投放对公信贷资金超过200亿元；历年帮助企业发行短期融资券、定向工具、债权融资计划69亿元，其中2020年帮助绵投集团发行中期票据20亿元（光大银行绵阳分行占比60%）。全年落实新冠肺炎疫情防控要求，保障金融服务顺畅。为医药、医疗器械、医疗机构、公共卫生基础设施建设、科研攻关等单位特事特办，开辟绿色通道，通过专项服务方案、信贷规模安排、利率优惠等措施，满足企业的合理融资需求。全年对19家企业续贷8.31亿元，为2家企业到期贷款临时性延期0.39亿元，并通过提供优惠利率为受困企业减免贷款利息。参与中央金融团工委等组织发起的“抗击疫情　金融青年在行动”公益捐赠活动，共捐款6000余元。组织开展“3·15”金融消费者权益日、普及金融知识·守住“钱袋子”“金融知识进万家·争做理性投资者·争做金融好网民”、反假货币宣传月等活动。（唐　微）

【四川省农村信用社联合社绵阳办事处】 2020年，四川省农村信用社联合社绵阳办事处辖9家行社，其中有农村商业银行5家（安州、江油、三台、梓潼、平武）、农信联社4家（涪城、游仙、盐亭、北川）；共有营业网点432个、在岗员工3219人。截至年末，资产总额1225亿元；各项存款余额1060亿元，比年初增加118亿元；各项贷款余额621亿元，比年初增加76亿元，存贷余额均领跑全市金融机构，贷款增量全市第一。全年缴纳各项税费3.3亿元，实现净利润6.09亿元。落实“六稳”“六保”任务，提供基础金融“零接触”服务，开辟金融服务绿色通道，单列疫情防控专项信贷计划10亿元、稳企保就专项信贷计划50亿元，创新金融产品、加大信贷投放。全辖区累计发放稳企业、保就业贷款45亿元，保障就业人数25万人；累计发放“战疫贷”“稳保贷”专项贷款3398笔14.4亿元，发放笔数和金额分别位居全省农信系统第一位、第二位，减费让利达9000万元；累计办理延期还本付息贷款3731户、金额87.5亿元。围绕农业供给侧结构性改革主线，累计发放涉农贷款401亿元，余额442亿元，涉农信贷投放居全市金融同业第一位。其中累计发放农户小额信用贷款137亿元；为1.9万家产业化农业企业和新型农业经营主体提供信贷支持，余额达32亿元。创新金融服务，增强信贷有效供给，支持地方经济社会发展。成立专营中心和网点，采取单列信贷计划等措施，提升小微企业金融服务可得性。创新推出“科惠贷”“税e贷”等特色产品，满足小微企业融资需求，降低融资成本，助力解决民营和小微企业“融资难、融资贵”难题。全年累计发放中小微贷款253亿元，余额达387亿元，较年初净增40亿元，信贷服务惠及7.6万家中小微企业。其中科技型中小企业贷款余额达34亿元，累计支持涉旅企业及个人140家（人），发放涉旅贷款6.4亿元，余额达5.9亿元。对重点客户及项目实行名单制管理，累计对接省市县区重点项目140个，达成S209线梓潼县城至江油河口段改建工程PPP项目、东辰聚星国际学校、梓潼县七曲山风景区创AAAAA旅游景区基础设施、江油李白文化产业园等合作33个，授信金额26亿元，发放贷款7.5亿元。加大农村金融基础设施建设投入，在全市城乡构建起432个营业网点、758个乡村服务金融综合服务站（点）、7420台金融机具组成的便民金融服务网络，年末电子银行交易占比达93.71%，较年初提升3.1个百分点。做实互联网金融平台，推广“蜀信e+”，丰富支付及行业应用，助推工业品下乡、农产品进城，将地方资源、生态、文化等优势整合为发展优势。重点做好信贷扶持、金融服务、对口帮扶3项工作，全辖累计发放扶贫贷款53.6亿元，余额15.8亿元，其中产业扶贫贷款11.7亿元，项目扶贫贷款1.8亿元，个人精准扶贫（含扶贫小额信用贷款）5.1亿元，扶贫小额信贷投放量占全市银行业92%，惠及建档立卡贫困户4万户。加强扶贫帮扶，全年累计开展帮扶活动2621人次，通过定向捐赠、以购代捐等形式，累计投入扶贫帮扶资金45万元。强化教育扶贫，向近万名贫困大学生发放生源地助学贷款11014万元。培植风险防控长效机制，确保不发生区域性、系统性风险，不发生任何责任性案件及事故。（蒋　鑫）

【华夏银行绵阳分行】　华夏银行绵阳分行于2012年入驻绵阳。2020年，华夏银行绵阳分行有分行营业部、绵阳高新支行、东方华尔街社区支行3个对外营业网点，有员工47人，存款达19亿元、贷款16亿元。2012—2020年，华夏银行绵阳分行立足地方，与多家企业合作，累计为企业发放短期融资票据8亿元，建立票据池业务，为绵阳投放6亿元城镇化建设贷款，募资4.7亿元辖内首笔资产证券化（ABS）业务，支持江油的建设发展，落地30亿元非公开定向债务融资工具发行业务，以股权质押担保为某“新三板”上市企业投放组合授信业务，为政府投放2亿元转贷资金贷款，支持农村金融。华夏银行绵阳分行先后获得经营单位重点产品运用奖、内控合规管理先进单位奖、“中国银行业文明规范服务三星级营业网点”等荣誉称号，绵阳高新支行被中国银行业协会评为“2019年银行业文明规范服务五星级网点”。（温佳妮）

【长城华西银行股份有限公司绵阳分行】　2020年，长城华西银行绵阳分行制定“坚持党建引领，明确营销方向、强化公私联动，完善激励考核、增强团队建设”的发展思路，完成经济增加值3740万元，完成总行下达目标任务的116.8%。年内，获2018—2019年度银保监会系统“青年文明号”以及公司系统“青年文明号”称号。推进分行业务和地方建设共同发展，坚持深度参与区域重点项目建设，在区域平台业务拓展和重点项目建设上持续发力。新拓展三台、经开、高新、科创、游仙、安州6个区域的区县级平台。业务涵盖贷款、债项、非标、票据等多个品种，促进绵阳市重点项目、重点工程建设。坚持多投、快投、投好的基调，重视信贷项目的筛选和落地，项目风险性和过程合规性。坚持资产负债联动思路，借助信贷杠杆，做强增存增效工作。建立“绿色通道”，采取“容缺受理”的方式“随到随批”，缓解企业燃眉之急。运用疫情专项支小再贷款，降低中小企业融资成本。通过综合运用续贷、展期、再融资、宽限期、调整还款计划等方式，解决企业因疫情影响暂时出现的还款问题。“一户一策”为企业提供缓付本息、下调利率、新增贷款、无还本续贷等金融服务方案，为受新冠肺炎疫情影响关闭企业缓解资金压力，稳住员工的工作岗位。丰富金融产品，优化服务流程，继续推进诚易贷、税易贷、投保贷等信用贷款产品的运用。为企业排忧减负，对存量客户采取不压降本金、增加贷款期限、降低利率举措，节约贷款成本。服务小微企业，与本地担保公司形成合作，对于符合条件的小微企业引入担保公司，最大化保障其融资需求。年末小微贷款较年初净增3033.48万元；普惠余额28424.63万元，较年初净增2367.04万元。（陈　平）

【乐山市商业银行绵阳分行】　2020年，乐山市商业银行绵阳分行下辖1个营业网点，在职员工26人。截至年末，存款余额达20.03亿元，较年初增长122%；贷款余额达30.81亿元，较年初增长67%。全年无任何案件和重大责任事故发生，优质服务和会计核算质量持续保持较好水平。坚持以“服务小微企业、助推地方经济”为己任，持续创新金融产品，提升服务水平，融入绵阳经济社会。围绕绵阳地方发展战略，推进普惠金融服务。以“政采贷”“乐税贷”为拳头产品，探索产品与服务模式的创新，全力推广支小再贷款等惠民信贷产品，利用支小贷款利率低的优势，对小微企业、个体工商户提供金融支持，降低企业融资成本，帮扶企业发展工作。梳理、修订消费者权益保护工作机制。

借助金融知识进万家等活动，组织相关宣传活动。完善“公众教育区”，规范宣传形式和内容。全年未发生消费者投诉情况；接受消费者网点咨询近300人次。（吴　迪）

证券业

【概况】　2020年，绵阳市共有证券期货业经营机构36家。截至年底，绵阳市共有证券投资者75.76万人，客户总资产达569.83亿元，证券交易额达9129.05亿元，融资融券余额达27.38亿元，金融产品销售额达182996.46亿元，承销融资额达254.86亿元，较2019年净增146.5亿元，占全省融资总额的8.14%，同比增长135%。

2020年绵阳市证券期货业金融机构一览表

表55

序号	机构名称	机构地址
1	安信证券绵阳涪城路证券营业部	绵阳市涪城路167中央美地商住楼4楼1号
2	长江证券绵阳花园南街证券营业部	四川省绵阳市涪城区花园南街56-23
3	光大证券绵阳飞云大道证券营业部	四川省绵阳市高新区飞云中街1号
4	中信证券绵阳临园路证券营业部	绵阳市涪城区临园路西段附5号1-1-4
5	国都证券绵阳滨江路证券营业部	绵阳市涪城区滨江路10号（凯信·水韵滨江）
6	国海证券绵阳滨江路证券营业部	四川省绵阳市涪城区剑南路西段8号4幢102号
7	国金证券绵阳警钟街证券营业部	绵阳市涪城区警钟街6号
8	国融证券江油金燕南路证券营业部	四川省江油市金燕南路8号中润御翠豪庭7幢2层228号-230号
9	中邮证券绵阳市涪城区证券营业部	四川省绵阳市涪城区临园路西段49号1栋1楼
10	国泰君安证券绵阳剑南路证券营业部	四川省绵阳市涪城区剑南路西段8号富临东方广场
11	国信证券绵阳兴达街证券营业部	四川省绵阳市兴达街11号长兴商厦5楼
12	国信证券绵阳园艺街证券营业部	绵阳市科创区园艺街6号长兴星城7幢2层31号
13	海通证券绵阳长虹大道证券营业部	绵阳市涪城区长虹大道北段21号未来城4幢2楼
14	红塔证券绵阳临园路证券营业部	绵阳市涪城区临园路东段78号兴达国际大厦1幢16层D号
15	宏信证券江油金轮干道证券营业部	江油市中坝镇昌明河东街38号
16	宏信证券绵阳滨江路证券营业部	四川省绵阳市涪城区滨江路10号凯信水韵滨江4号4楼1号
17	华林证券绵阳九洲大道证券营业部	绵阳科创区九洲大道创新中心1688号
18	华西证券川北分公司	四川省绵阳市安昌路33号2楼
19	华西证券绵阳安昌路证券营业部	四川省绵阳市安昌路33号2楼
20	华西证券绵阳恒源大道证券营业部	四川省绵阳市安州区花荄恒源大道花城广场1楼8号
21	华西证券江油东大街证券营业部	江油市东大街152号
22	华西证券三台恒昌路证券营业部	四川省三台县北坝镇恒昌路耀森花园B区2楼
23	金元证券绵阳安昌路证券营业部	四川省绵阳市涪城区安昌路18号（爱喜嘉年华）
24	粤开证券绵阳五里堆路证券营业部	四川省绵阳市游仙区五里堆路昊星·观岭8号18栋-1-1

续表

序号	机构名称	机构地址
25	天风证券江油李白大道证券营业部	江油市李白大道东侧宏安中华御景1栋2楼1号
26	万和证券绵阳跃进路证券营业部	绵阳市涪城区跃进路6号长虹国际城18栋-1层9号
27	西藏东方财富证券绵阳临园路证券营业部	四川省绵阳市涪城区临园路中段80号综合楼
28	西南证券绵阳安昌路证券营业部	绵阳市涪城区安昌路6号
29	新时代证券股份绵阳泗水巷证券营业部	四川省绵阳市涪城区泗水巷58号海赋外滩2栋3楼4号
30	新时代证券司三台北泉路证券营业部	四川省绵阳市三台县北坝镇北泉路百乐时代广场一幢1-1号
31	中国银河证券绵阳跃进路证券营业部	四川省绵阳市涪城区跃进路6号长虹国际26幢3单元5楼1-4号
32	英大证券司绵阳体运村路证券营业部	绵阳市涪城区体运村路2号嘉益安江名园4栋1层
33	招商证券绵阳临园路证券营业部	绵阳市临园路西段5号（花园文体中心综合楼8-5）
34	中国中金财富证券绵阳临园路证券营业部	绵阳市临园路东段56号
35	五矿证券绵阳跃进路营业部	四川省绵阳市涪城区跃进路50号九洲·跃进路1958 8栋2层1-12号
36	倍特期货绵阳营业部	绵阳市涪城区临园路东段54号临园商务大厦16楼

【“新三板”改革论坛在绵阳举行】 2020年1月10日，由全国股转系统、市政府共同主办的全国股转系统“新三板”改革论坛暨创新型高科技企业投融资路演活动在绵阳举行。活动旨在通过专家论坛、项目路演等形式，助力绵阳优秀的科技企业抓住政策风口，借力资本平台实现做优做强。副市长杨学宁出席活动并致辞。全国40余家投资机构和多家银行、证券机构的100余位代表出席。活动中，绵阳市一批科技企业与全国股转系统、绵阳市金融工作局联合签署“共同推进绵阳科技企业在‘新三板’挂牌”辅导培育三方协议。绵阳本土21家高科技企业作集中路演。

【羌山农牧科技通过上市辅导验收】 2020年1月，绵阳市羌山农牧科技股份有限公司（以下简称羌山农牧）经四川证监局审核同意，进入上市辅导期。上市辅导机构为华西证券股份有限公司。3月，羌山农牧向四川证监局报送变更辅导备案事项申请并获受理，进入精选层辅导期。6月，羌山农牧收到四川证监局下发的《关于华西证券股份有限公司对四川省羌山农牧科技股份有限公司辅导工作的无异议函》，通过辅导验收。羌山农牧注册于北川羌族自治县，属混合所有制股份公司，为“新三板”挂牌企业。羌山农牧主要从事农牧技术开发服务，畜禽的育种、扩繁养殖及销售，畜禽屠宰、加工及销售，畜禽鲜肉的购销及加工等。所建养殖项目系集“育种、养殖、饲料加工、食品加工、生物产品加工”于一体的闭环式健康养殖集成产业，属于国家超大型养殖基地，具备独立自主的研发团队和协同科研支撑单位。

【长虹新能源进入上市辅导备案期】 2020年5月19日，四川长虹新能源科技股份有限公司经四川证监局审核同意，进入上市辅导备案期，上市辅导机构为申万宏源证券承销保荐有限责任公司。长虹新能源公司是集全系列碱性电池、锂离子电池的研发、制造和销售于一体的国家高新技术企业，中国电池百强企业、中国电池工业协会副理事长单位。拥有四川绵阳、浙江嘉兴和江苏泰兴三大制造基地，具备年产超过18亿只（组）碱锰电池及1.2亿只18650、21700高倍率圆柱形锂电的制造能力。碱锰电池产销规模位居全球前六位、中国前三位，销售规模在电动工具及园林工具市场居国内前三位。

【全市拟上市企业反馈问题首次对接会】 2019年12月26日，全市拟上市企业座谈会召开，参会企业提出请求支持解决事项和意见建议62项，会后请求支持解决事项和意见建议全部交办给各办理责任单位。2020年2月28日，市政府召开全市拟上市企业反馈问题首次对接会。副市长杨学宁、赵迎春出席会议并讲话。涪城区政府等12家办理责任单位、龙华光电薄膜等5家重点企业参会。对接会上，各办理单位就企业反馈问题进行现场对接和专题研究，对属于答复事项的当场答疑解惑，对属于办理事项的当场会商拟办意见。会议决定，建立办理工作长效机制，

对企业反馈问题实行台账管理，办结一起销号一起，纳入目标绩效考核管理。（段　飞）

保险业

【概况】 2020年，绵阳保险业实现保费收入133.55亿元，同比增长6.41%，总体保费收入继续保持全省地级市第一位，与绵阳经济发展规模相适应。其中机动车辆保险21.91亿元，同比增长2.91%；人寿保险75.62亿元，同比增长5.49%；健康保险25.83亿元，同比增长10.49%；意外伤害保险3.17亿元，同比增长3.27%。全年新增保险机构4家，保险公司共56家，其中产险机构21家、人身险机构35家。有保险中介机构58家，其中法人机构1家、分支机构57家。新冠肺炎疫情防控期间，全市保险机构开通绿色通道，应赔尽赔快赔，丰富产品供给，扩展保险责任范围。辖内保险业向受疫情影响的个人及企业提供保险保障2377.34亿元，赔付支出1900.37万元，累计下调免赔额4327万元，累计提高和扩展保额130.05亿元，累计减免费用38.83万元；捐赠保险责任保险（含新冠肺炎保险）8.2万人次，保险金额203.4亿元。“8·11”“8·17”暴雨洪灾后，绵阳银保监分局及保险行业协会组织保险公司开展防灾减灾工作，维护客户权益，加大赔付资金准备、加强查勘定损值守，简化手续应赔尽赔，最大限度降低人员和财产损失，确保受灾客户正常生活和社会稳定。全市保险行业协会组织各保险公司刊发各类新闻共300余篇，开展各类宣传活动50余次，在《绵阳日报》《绵阳晚报》等开辟宣传专栏，解答消费者关心的热点难点问题。开展2020年绵阳市保险行业大型系列宣传活动，全市43家保险公司参与，助力各行业复工复产，提高社会公众保险意识。

【人身保险公司监督管理】 截至2020年年底，绵阳人身险公司提供风险保障金额27942.86亿元，同比增长20.85%；实现原保险保费收入100.76亿元，同比增长7%；赔付支出20.35亿元，同比增长21.25%。人身险新单期缴率58.63%，较2019年同期增加7.61个百分点，高于全省新单期缴率7.11个百分点。剔除归属地调整因素后，人身险个人代理渠道业务占比67.41%，较2019年同期上升3.3个百分点；银邮代理渠道业务占比27.18%，较2019年同期下降2.83个百分点。

【财产保险公司监督管理】 截至2020年年底，绵阳财险公司实现原保险保费收入32.79亿元，同比增长4.61%；实现承保利润1.30亿元，同比增长17.69%；资产总额17.58亿元，同比增长3.98%。其中农险共为103万户次农户提供风险保障近100亿元，向26万户次农户支付赔款3.2亿元。

【经济社会发展服务】 2020年，全市保险业通过推动生猪保险工作促进生猪稳产保供，全市中央补贴育肥猪保险费率由4%提高至5.5%，共为319.66万头生猪提供风险保障27.72亿元，赔款支出2.11亿元。支持先进制造业和科技企业发展，首台（套）重大技术装备保险共为53家企业提供风险保障1419.43万元。服务外贸活动，出口信用保险共支持70家企业提供保险金额3.56亿元。发展重点领域责任保险，共提供风险保障3613.81亿元，同比增长57.82%。

【保险业风险防控】 2020年，绵阳银保监分局稳妥处置重点机构风险，成立接管工作领导小组办公室，派专人驻点值守，做好对辖内3家保险公司的接管工作。开展人身险满退风险排查，建立重点机构满退季报制度，持续监测重点公司、产品、渠道、地区、时段和人群的满退情况，全年满退工作平稳有序。开展意外险市场清理整顿、保险中介市场乱象整治等工作，对保险中介机构许可证管理情况开展检查，对部分机构开展农险合规调查，妥善处置突发风险，防止理赔纠纷和负面舆情。

【车险综改】 2020年，绵阳银保监分局多次组织召开车险综改专题座谈会，建立车险非现场监测体系，加强市场运行监测，始终保持对违法违规行为的高压态势，营造良好的改革环境。按照银保监会统一部署，推进车险综改，开展车险综改监管指标回溯分析，对2家公司进行风险提示谈话，对6家公司开展监管约谈，向10家保险公司发出金融监管意见书。保险协会出台绵阳车险自律公约，每周定时召开工作例会，分析车险市场动态和数据。截至年底，车均签单保费同比降幅达13.47%，较综改前下降约540元，全市整体和新车自主折扣系数均符合回溯标准，“降价、增保”阶段性目标基本达成。

【2020年绵阳市保险行业大型系列宣传活动】 2020年5月29日，“保险超级碗——2020年绵阳市保险行业大型系列宣传活动”正式启动。活动由市委宣传部指导，市金融工作局、市银保监分局、市广播电视台、市保险行业协会等联合举办，旨在助力全市各行业复工复产，提高社会公众保险意识，发挥保险经济“减震器”和社会“稳定器”作用。活动共设置行业、公司、产品、个人四大类分项，参评单位（个人）标准为2年内公司及个人未受过执法监管部门处罚，无改组、整顿、停业等情况，个人无违法犯罪纪录。共43家机构报名参加。活动评出消费者信赖的十佳保险公司、成长性潜力十佳保险公司、践行社会责任十佳保险公司、新经营服务十佳保险公司、消费者喜爱的十佳险种、十佳保险销售明星、十佳保险服务明星、绵阳保险行业十佳领军人物。7月16日，绵阳2020保险超级碗颁奖

图37　5月29日，“保险超级碗——2020年绵阳市保险行业大型系列宣传活动”启动

典礼在虹苑剧场举行。市委副书记、市长元方通过视频致辞。副市长赵迎春参加颁奖典礼。（李洪敏）

【中国人寿保险股份有限公司绵阳市分公司】 2020年，中国人寿保险股份有限公司绵阳市分公司（以下简称人保绵阳分公司）实现保费收入22.63亿元，同比增长6.34%。关键业务指标超年度预算，其中首年标保、首年期交、10年期、大短险和保障型等关键业务指标超额完成全年预算。人保绵阳分公司经营指标考核排名全省系统第一位。举办“最美母亲·相聚国寿”体质养生大讲堂、“健行人生·与爱同行”“打造四川国寿卓越理赔服务品牌”等活动，主推“温暖—快捷”的理赔服务，推进“重疾一日暖心赔”工作，完成“重疾一日赔”662件，赔付金额2437万元。推广运用科技智能化服务手段，完成移动端掌上理赔服务1.4万件。优化客户体验，理赔时效达1.03天，个人业务理赔e化率达98.79%，团体业务理赔e化率达95.63%。全年参与城乡居民大病保险承办工作，累计为6.57万人次提供城乡居民大病保险和城镇职工补充医疗保险理赔服务，支付赔款约1亿元。推进农村小额人身保险、安康保险、计生保险等普惠业务。助力脱贫攻坚，开展“扶贫保”业务，全年参保人数2.55万人，总保费达34万元，保额达7.8亿元，支付赔款达141.35万元。出台《2020年高标准风控专项方案》等专项绩效奖励方案，建立客观评价风险管理工作标准。反洗钱工作被人民银行绵阳市中心支行评为A级。（蒋　勇）

【中国人民财产保险股份有限公司绵阳市分公司】 2020年，中国人民财产保险股份有限公司绵阳市分公司（以下简称人保财险绵阳分公司）下设区县级支公司12家、营销服务部78家、乡级服务站97个、村级服务点928个，有员工520人、营销员828人、农村保险服务人员1117人。全年实现保费收入13.38亿元，同比增长-1.55%，占全市财险市场份额40.79%，市场份额在全市排名第一位；全年上缴税金1.14亿元，累计承担风险保障金额达8380.67亿元。车险线上化率逐步提升，家用车微信绑定率达92%，电子投保率达97%，电子保单占比达98%；增值服务小程序激活率达53%，线上增值服务次数的5.5万人次。深化销售能力建设，清分业务，落地双直渠道，完善制度、人力、费用等配套方案。首创数字化理赔模式，组建线上理赔团队，实现远程查勘、远程定损、GIS调度等精细化、透明化过程管控，理赔质量和效率提升。全年累计处理案件10.88万件，同比降低6.6%；直接赔款6.75亿元，同比增长4.17%。车险万元以下案件平均理赔周期为10.3天；全年有效投诉量达6件，较同期减少33%，客户满意度持续提升。丰富线上服务内容，完善增值服务平台建设，升级线上故障救援、线上车驾管服务、车辆安全检测服务等，线上增值服务项目共11项。助力复产复工，全面升级业务端支持保障。“8·11”特大洪涝灾害期间，共处理理赔案7494件，赔款1.31亿元。（田海清）

【中国平安财产保险股份有限公司绵阳中心支公司】 2020年，中国平安财产保险股份有限公司绵阳中心支公司（以下简称平安产险绵阳中心支公司）有涪城区、游仙区、安州区、江油市、盐亭县、三台县、梓潼县、平武县8个分支机构，有员工200余人。全年累计上缴税金1900万元（自缴），代扣代缴税金5858万元，共计纳税7758万元。保费收入6.89亿元，市场份额达21.01%，累计为绵阳市经济发展提供8139亿元的风险保障，为客户提供3.52亿元保险补偿。车险理赔服务方面，共处理车险理赔案件超过67万件，案件处理时效最快133秒。财产险理赔服务方面，依托“E企宝”微信小程序，在非车险服务领域率先实现从报案查勘到确认支付的全流程“零接触”“无纸化”线上理赔。农险理赔服务方面，依托平安科技农险三大工具（PC核心系统、平安AI农宝App、平安爱农宝小程序），实现报案、查勘、资料上传线上化，推动业务全流程线上化变革。全年累计投入50余万元开展产业扶贫项目和公益捐

赠活动。向盐亭县和三台县捐赠新冠防疫扶贫资金25万元。向三台县“百企帮百村”专项行动对口帮扶村定向捐赠4万元。参加“国家扶贫日”活动，捐款9.5万元。采取为疾控和医护人员无偿提供专属风险保障、捐赠防控物资、捐赠复业保、升级产品保障、提供线上快捷承保理赔服务等措施，助力疫情防控和复工复产。年内，平安产险绵阳中心支公司获评“消费者信赖的十佳保险公司”“践行社会责任十佳保险公司”“创新经营服务十佳保险公司”“消费者喜爱的十佳险种”“绵阳市保险业先进单位”“2020年优秀公司”“2020年脱贫攻坚先进单位”“2020年度行业通讯工作优秀单位”“绵阳保险业消费者权益保护中心2020年度先进单位”等荣誉。

（穆雨恒）

【中国平安人寿保险股份有限公司绵阳中心支公司】 2020年，中国平安人寿保险股份有限公司绵阳中心支公司共实现规模保费收入94162.35万元，比2019年同期减少237.55万元，同比下降0.25%；共实现原保险保费收入77119.54万元，比2019年同期减少342.76万元，同比下降0.44%。处理各类理赔案件6937件，支付赔款4965.6万元；有员工99人、营销员2773人。推出理赔创新服务“智能预赔”。依托平安科技平台和大数据模型，智能预赔服务将赔付环节前置，符合条件的客户在治疗过程中即可获得部分理赔金，缓解就医经济压力。全年完成智能预赔案件43件。

（杨　杰）

【中国太平洋保险股份有限公司绵阳中心支公司】 2020年，中国太平洋财产保险股份有限公司绵阳中心支公司年保费规模位居市场第三，承保业务涉及各行各业、各个领域。设有高新、江油、三台、安州、盐亭、梓潼支公司，在平武、北川等地设有服务站点。应对车险市场改革，加大开拓非车险的力度和深度，先后承保绵阳涪城区财政车辆、三台县财政车辆、安县财政车辆、四川长虹、绵阳新华集团、农业银行、工商银行等单位保险项目。9月，完成车险系统切换测试。在全省首推“全年无休、365天营业、24小时理赔”的服务新举措，依托全国统一客户服务电话号码（95500），实现全方位、无障碍的客户沟通；开通全国通赔服务，实现异地查勘、异地定损、异地单证收集、异地理算核赔、异地支付赔款。配合市委、市政府开展新冠肺炎疫情防控工作，成立太保服务新战“疫”工作小组和理赔线下救援队，推广非接触式客户服务。开展理赔服务进高速路口、爱心送水助力民警等活动，走访慰问一线执勤交警。为客户提供便民咨询、小额极速赔付、免费道路救援等服务。为车主提供安全行车咨询、胎压监测、备胎更换等增值服务。完善农村交通管理基础信息，实现政府职能部门与保险公司合作共赢。年内，获“消费者信赖的十佳保险公司”“践行社会责任十佳保险公司”等荣誉称号；非车险“太健康·百万全家桶PLUS”被评为“消费者喜爱的十佳险种”；车商二分部工作人员鲜莉被评为“十佳保险销售明星”。开展“不忘心中牵挂　助力梦想腾飞”募捐，为贫困学子筹集爱心款2000元。8月暴雨洪灾期间，共接到水淹车报案145起，损失估值达355万余元。通过走访摸排、涉水施救，安抚客户情绪。开展“破茧计划”行动，强化人才梯队建设，挖掘青年员工潜力与能力，打破部门岗位间的壁垒，激励员工跨岗位学习知识。（吴　静）

自然科学

概　述

【概况】 2020年，全市落实国、省、市关于科技创新的安排部署，整合创新资源，聚集创新要素，搭建创新平台，提升创新能力。全市研究与试验发展经费支出占地区生产总值比重达6.52%，技术合同认定登记额实现13.6亿元，高新技术产业主营业务收入实现1973亿元。全市科技创新水平指数达74%。市级科技型中小企业新增上升规模纳入统计64家，科技部认定的国家科技型中小企业达1375家，高新技术企业达446家。全市获得四川省科技进步奖27项，其中一等奖3项、二等奖5项、三等奖18项。市农业科学研究院、三台县科学技术局分别获省科技特派员选派单位、组织管理单位先进集体，5名农村科技工作者获省科技特派员先进个人。

【绵阳市委七届五次全会以来科技创新成果展】 2020年8月21—23日，市政府在绵阳经开区电子制造产业园举办绵阳市委七届五次全会以来科技创新成果展暨2020年“科技战疫　创新强国”科技活动周。展览设有科普图文展板、互动展品体验、展教活动、创客空间、科普影片五大板块，免费向公众开放。其中科普图文展板展示全市现代农业科技、先进电子信息科技、新型材料科技、前沿医疗科技、新兴环保科技、创新智能制造等领域，围绕重点产业发展，介绍代表企业的高新科学技术，系统呈现绵阳市委第七届五次全会以来的科技创新成果。在互动展品板块，通过虚拟现实技术和混合现实技术，让观众以情景沉浸式体验，身临其境地感受前沿科技的魅力。展教活动板块展示绿茵竞赛、月球探秘、智造航模机、太阳能汽车、趣味答题系列展教活动。

【2020年全国大众创业万众创新活动周绵阳分会场启动】 2020年10月15日，2020年全国大众创业万众创新活动周绵阳分会场活动在绵阳市职业技术学院启动，活动周以“创新引领创业，创业带动就业”为主题，采取线上线下相结合，同步通过“直播绵阳”进行线上直播。启动仪式由市科技局副局长熊仪江主持，游仙区副区长熊华明、市政府副秘书长赵琳分别致辞和讲话，市政协副主席李京平宣布2020年双创活动周绵阳分会场活动正式启动。各县市区、园区、市直各部门、在绵阳的高校、科研院所、双创企业等单位负责人100余人参加活动，启动仪式特邀重庆市北碚区科技部门和西南大学专家共同参与。启动仪式后举行科技成果发布。海天实业有限公司、中国航发四川燃气涡轮研究院、西南自动化研究所、西南科技大学等科研院所现场展示科技成果。西南大学发布“全国首创物理型杀螨农用助剂”产品。

【第四届材料基因高层论坛院士绵阳行活动】 2020年10月22日，第四届材料基因工程高层论坛院士绵阳行活动举行。多位海内外院士走进绵阳，为全市材料产业发展出谋划策。市委副书记刘光强、胥锦成，副市长廖雪梅陪同。活动中，院士们分别前往西南科技大学、四川龙华光电薄膜股份有限公司、四川旭虹光电科技有限公司、四川东材科技集团股份有限公司、四川六合特种金属材料股份有限公司参观交流，现场提出意见和建议，并就相关问题答疑解惑。市科技局局长刘青川、副局长曹建龙、“两金”中心主任胡尚清参加活动。　（李芝军）

科技工作

【概况】 2020年，全市实施高新技术企业数量质量双提升行动，着重加强高新技术企业培育工作，高新技术企业净增106家，总数突破446家；高新技术产业主营业务收入实现1973亿元。实施科技型中小企业提质增效工程。新增市级科技型中小企业680家，科技型中小企业新增上升规模纳入统计64家；瞪羚企业达10家，入库国家科技型中小企业达1375家，位列全省第二。做好科技服务业发展。科技服务业营业收入增速达22.7%；省下达绵阳市第四季度重点目标任务——科学研究和技术服务业营业收入增速实现33%，超额完成目标任务的20%。贯彻落实绵阳科技城建设第十四次部级协调小组会议精神，到科技部、省科技厅进行汇报和工作对接，推进全市西部科学城建设方案编制工作。对上汇报争取支持绵阳科技城建设科技创新先行示范区事项。深化科技体制改革，完善科技管理基础制度，解决制约科技创新的突出问题，发挥科技在转变经济发展方式和调整经济结构中的支撑引领作用，推进科技治理体系和治理能力现代化。加强与重庆市北碚区交流合作。两地科技部门签订《双城经济圈建设协同创新合作协议》，国家两用技术交易中心重庆分中心和四川大型科学仪器共享平台（17共享网）重庆中心分别揭牌，两地高校、院所和企业一批合作项目持续开展，科技资源共享开创新局面。市科技局将科研成果应用到抗击新冠肺炎疫情中，发挥科研攻关组长单位牵头作用，加大科研攻关力度，组织实施18个全市重点医疗科研单位应急科研项目，总资金200万元。推进国家科技和金融结合试点。

【科技创新平台】 2020年，全市加强创新研发平台建设，北斗应用工程技术研究中心等4家平台通过省级工程技术研究中心认定。全市国省级工程技术研究中心达32家（国家级5家、省级27家）。加强科技创新服务平台建设。市场化运营好国家两用技术交易中心、四川大型科学仪器共享平台，实现技术合同认定登记额达13.6亿元。四川融合大型科学仪器共享平台有大型仪器总共6000余台（套），服务企业2400余家，“设备仪器贷”累计放款1800万元。“设备仪器贷”科技金融服务新模式入选国务院第三批全创改革经验。加强孵化平台建设和培育。根据大众创业、万众创新的发展需求，加快创新创业孵化载体建设和培育，全市新备案市级众创空间5个，备案省级孵化器1个、众创空间3个，全市国省级孵化器（众创空间）达47个。

【科技创新措施】 2020年，市科技局推广“科金云”绵阳科技金融服务模式，截至年底，全市科技型企业贷款余额345.42亿元，科技型企业2033家，其中高新技术企业贷款余额179.17亿元，高新技术企业525家；累计发放知识产权质押融资6.1亿元。深化“融创绵阳”品牌。指导高新区做好“双创”升级示范园区建设，高新区科技资源支撑型特色载体建设任务基本完成，在财政部组织的绩效评估中获得好评。加大人才引进力度。引导企业申报国家级、省级高端人才引智项目，全年为国（境）外高端专家提供智力服务124人次，办理外国人来华工作许可219件次，引进A类高端人才39人。

【科技服务民生】 2020年，全市调整、改进、优化服务方式，落实国省市系列优惠政策，解决收集到的各类创新创业问题和困难，对有能力和条件生产、转产医用防护等防疫物资的企业，开辟“绿色通道”，助力企业有序复工复产。持续开展科技扶贫工作。在北川、平武、梓潼打造5个科技扶贫示范村，落实60余名“三区”（即边远贫困地区、民族地区和革命老区）科技人才到北川、平武等开展科技扶贫工作，7个省级“科技特派团”到7个县市区开展服务。宣传推广科技扶贫在线平台，线上线下累计有效解决贫困户产业发展技术难题4000余个。开展科普宣传。利用企业微信群、QQ群、印发宣传单等形式宣传防疫权威信息和防控科普知识，对各类创新主体和群众开展宣传引导。结合中国（绵阳）科技城建设20周年和经开区建区20周年契机，举办“科技创新·智造未来”——绵阳市委七届五次全会以来科技创新成果展暨2020年“科技战疫　创新强国”科技活动周。（李芝军）

专业技术和技能人才队伍

【概况】 2020年，全市推动中级职称评审权下放和下放初级职称评审（定）权责给部分园区，协调市农业农村局新组建市农业系列副高级职称评审委员会。全年评审通过中级职称人员1730人、副高级职称人员1606人、正高级职称人员137人。组织专业技术人员参加继续教育培训97186人；组织参加职业技能鉴定28242人（高级77人、中级6933人、初级21232人）。

【职业培训与比赛】 2020年，全市开展职业培训48482人次，其中面向企业职工培训16606人次、创业培训5909人次、以工代训10662人，支出技能提升专账资金6417.41万元。完成职业技能大赛办赛参赛工作。牵头承办四川技能大赛——第四届“四川工匠杯”职业技能大赛选拔赛暨第四届绵阳市职业技能大赛。组队参加中华人民共和国第一届职业技能大赛四川省选拔赛暨第四届“四川工匠杯”职业技能大赛，获得4金7银11铜，奖牌总数位居全省第二。在中华人民共和国第一届职业技能大赛中，选派5名选手代表四川获得1金、1银及3个第四名，5名选手被授予“全国技术能手”荣誉称号。选拔3名选手代表四川省参加全国扶贫职业技能大赛，获得“家政服务员”项目银牌和“餐厅服务”项目优胜奖。

【技能人才培育平台建设】 2020年，全市有申报“卓越计划”项目产业技能培育团队2家，获得支持资金180万元；建成省级高技能人才培训基地1个、省级技能大师工作室3个，获得上级建设资金390万元；推荐申报第十五届中华技能大奖和全国技术能手候选人各1人；新建第七批市级技能大师工作室5个。绵阳市公共实训基地完成建设并投入使用，累计完成投资3980万元，承办中华人民共和国第一届职业技能大赛四川省选拔赛暨第四届“四川工匠杯”职业技能大赛绵阳赛区比赛。全年新获批1所民办技工院校。

【第四届“四川工匠杯”职业技能大赛选拔赛】 2020年7月16—18日，第四届“四川工匠杯”职业技能大赛选拔赛暨第四届绵阳职业技能大赛主赛场决赛在绵阳经开区举行。市委副书记、市长元方致贺信。省人社厅副厅长王勇出席开幕式并致辞，副市长郑志恒讲话并宣布大赛开幕。市人大常委会副主任李川萍，省人社厅职建处处长雷勇、省职业技能鉴定指导中心副主任尹晓，市人社局局长张斯恩、市人社局副局长吴培华、绵阳经开区管委会主任陈鼎、重庆市北碚区人社局就业和人才服务局局长肖蓓等参加开幕式。大赛围绕全市“686”重点产业布局，遴选砌筑、数控车、美发、焊接、车身修理、中式烹饪、餐厅服务、健康和社会照护等10个通用性强、从业人员较多、社会影响力大的工种作为比赛项目，共有58支代表队通过组织岗位练兵、举行技能比赛，选拔262名优秀选手参加角逐。7月18日举行决赛，共有88名选手获得个人单项奖，其中有10个一等奖、20个二等奖、38个三等奖、20个优胜奖。12个代表队获得团体奖，其中北川羌族自治县“七一”职业中学获得团体一等奖。获得单项一、二、三等奖的选手分别获得30万元、20万元、10万元额度的创新创业“匠心贷”。颁奖典礼上，绵碚两地人社局、四川绵阳高级技工学校与重庆市新华技工学校，四川九洲技师学院与中国人民解放军总参通直职业技术学校签署合作协议，开展双方教育教学文化交流与合作。

图38 中华人民共和国第一届职业技能大赛“烘焙”金牌获奖者田孝清

【绵阳组织参加全国扶贫职业技能大赛】 2020年8月11日，全国扶贫职业技能大赛在山西大同举行。大赛由人社部、国务院扶贫开发领导小组办公室共同主办，全国30个省（区、市）参赛代表队的341名选手参赛。绵阳市代表队由市人社局带队，3名选手分别参加钳工、家政服务、餐厅服务项目比赛。绵阳代表队选手分别获得家政服务银奖、餐厅服务优秀奖。

【绵阳组队参加首届全国职业技能大赛】 2020年12月10—13日，中华人民共和国第一届职业技能大赛在广州举行。绵阳选派的田孝清、刘晓涛、兰芙蓉、赵吉泽、胡涛5名选手分别夺得“烘焙”金牌、“数控铣”银牌、“健康照护”“装配钳工”“CAD机械设计”3个第四名的成绩，所有选手均获“全国技术能手”称号。中华人民共和国第一届职业技能大赛经国务院批准，由人社部主办，广东省人民政府承办，是全国首次举办的赛事规格最高、竞赛项目最多、参赛规模最大、技能水平最高的综合性国家职业技能大赛。四川代表团共派出97名选手参加全部86个项目的比赛，共获得4块金牌、5块银牌、6块铜牌和36个优胜奖。12月30日，市委书记刘超会见5名获奖选手。

（赵梓宇）

农业科技

【概况】 2020年，全市推进现代农业建设，基本实现主要农作物良种全覆盖，主要农作物耕种收综合机械化水平达66.75%；农业科技进步贡献率达60%以上，绵阳市发展成为国家大型商品粮基地市、全国生猪战略保障基地、优质商品猪外销基地和国家级杂交水稻制种基地市。全市农业科技水平在全国地市级居领先地位。全市培育大批优良农业品种，集成推广一批绿色高质高效新技术新模式，为保障粮食安全、菜篮子安全，促进农民增收和农业可持续发展做出贡献。全市小麦高产示范片最高田块亩产达729.8公斤，刷新西南地区最高纪录。绵阳市畜牧站参与完成的“特色资源北川白山羊生产关键技术研究与应用”项目获四川省科学技术进步奖三等奖。全市测土配方施肥推广面积53.3万公顷以上，覆盖率96%以上，全市化肥使用量保持负增长；全市主要农作物病虫草鼠害防治面积2491万亩次，在主要粮经作物上都开展专业化统防统治和绿色防控。专业化统防统治1018.9万亩次，覆盖率达56.5%；绿色防控技术使用达31.4万公顷，主要作物病虫害绿色防控覆盖率达47.2%，化学农药使用量较2019年减少2.2吨；全市畜禽粪污综合利用率达95.27%，规模养殖场粪污处理设施装备配套率达98.71%，大型规模养殖场粪污处理设施装备配套率达100%。全市生猪规模化率达68.44%，创建标准化示范养殖场236个。《蜜蜂授粉油菜提质增效与病虫害绿色防控融合技术推广》《西南地区奶牛健康养殖关键技术创新集成与示范推广》获得全国农牧渔业丰收奖，在全国范围内宣传推广。

【农业科技合作平台建设】 2020年，全市建设对外农业科技合作平台，承担与美国、以色列、墨西哥的国际合作项目5项，建成涪城区蚕业院士工作站、四川麦冬产业技术研究院等科研平台19个。对内引智平台建设方面，游仙区建立印遇龙院士工作站，本土农业企业中科国兴公司利用科学技术来改善农田原生态系统，自主研发出修复农业环境的有机质土壤制备、多效土壤调理剂制备、农业生态生物链修复、利用有机质土壤改善农业生态环境4项专利技术。龙头企业自建平台持续壮大，其中省级企业技术中心——台沃企业技术中心设立生态农业研究中心、四川省生态环保配方肥研发中心、土壤数据分析应用试点单位，并设立“四川省作物专用配方肥工程实验室”、绵阳市院士（专家）工作站、台沃安徽水稻育种站、台沃玉米育种研究室等。市农业农村局加盟全川农业科技创新联盟并成为联盟理事单位。

【基层农技推广体系建设】 2020年，全市利用中央资金615万元加强基层农技推广体系建设，推进基层农技推广体系改革创新，提升基层农技人员服务能力，建设长期稳定的农业科技示范基地，培育具有示范带动作用的农业科技示范主体，示范推广农业优质绿色高效技术，加强农技推广服务信息化建设等。对全市1110名基层农技人员进行知识更新培训，提升基层农技推广队伍能力和水平。围绕生猪、蜜柚、水产、蔬菜、水稻、玉米、蚕桑等产业，建设24个长期稳定的农业科技试验示范基地。推广应用“中国农技推广”App，全市农技员使用率达90%以上。结合农业科技示范主体和农业科技示范基地开展新技术示范推广，全市示范推广优质绿色高效技术60项，主要包括水稻病虫害全程绿色防控技术、玉米全程机械化生产技术、水产养殖稻田综合种养技术、优质小麦高产栽培技术、中蜂活框养殖技术、规模猪场健康养殖和安全生产关键技术、丘陵山地玉米规模生产节本增效技术、水产养殖节能减排技术等。

【农业技术扶贫行动】 2020年，全市驻村农技员和农业技术巡回服务小组对全市所有省定建档立卡贫困村和贫困户超过20户的非贫困村实现全覆盖。全年在农业农村系统内选派549名专业技术人员（省厅3人、绵阳市34人、县市区512人）、农业技术巡回服务小组120个（411人），到全市520个贫困村进行“一对一”农业技术帮扶、技术扶贫行动，农技扶贫覆盖率达100%。全市13名驻村农技员获省委、省政府表彰为2019年脱贫攻坚先进个人，2名驻村农技员获市委表彰为全市脱贫攻坚先进个人。平武县响岩镇畜牧兽医站梁君被推荐成为四川省在全国农业农村厅局长会上通报表扬的对象。

【绵阳市认定首批高素质农民培育市级实训基地】 2020年11月，全市选拔认定首批16个高素质农民培育市级实训基地。实训基地主要是具备从事农业生产技术、社会服务、管理演练等实地培训条件的市级以上农业龙头企业、合作社示范社、家庭农场示范场，涵盖粮油、畜禽养殖、水果、蔬菜、蚕桑、水产等重点产业及主导产品，专门为农民培训提供实践操作、新技术、新品种、新农机示范展示以及创业孵化服务。首批16家高素质农民培育市级实训基地是：绵阳市安州区永福农机专业合作社、绵阳市安州区益昌薯类种植专业合作社、绵阳市涪城区八零农庄、绵阳天虹丝绸有限责任公司、江油市小溪坝镇川通生态农场、江油市聚源家庭农场、三台县刘营镇连心果业家庭农场、四川台沃新秀健康植物保护服务有限公司、四川梓州农业科技开发有限公司、绵阳梓商农业科技（集团）有限责任公司、四川省田宝生物科技有限公司、四川圣迪乐村生态食品股份有限公司、盐亭县华腾水产养殖专业合作社、四川天水缘生态农业开发有限公司、北川羌族自治县羌山雀舌茶业有限公司、北川维斯特农业科技集团有限公司。

【绵阳小麦亩产刷新西南地区小麦亩产最高纪录】 2020年5月8日，市农业农村局邀请四川省农业科学院和中国科学院成都生物研究所等科研院校组成专家组，对江油市大堰镇泉水村的小麦绿色高产示范片区田地进行实产验收。专家组选择3个典型田块实行全田机械化收获，按13%标准水分折算亩产，3个田块亩产分别为729.8公斤、626.3公斤、701.3公斤，平均亩产为685.8公斤，其中最高田块亩产刷新2010年四川省小麦亩产710.7公斤最高纪录和2012年云南省创造的西南地区小麦亩产724公斤的最高纪录。

【“绵阳造”小麦品种亩产突破700公斤】 2020年5月14日，省农业农村厅主持并邀请农业农村部小麦专家指导组成员、国家小麦产业技术体系岗位专家、研究员汤永禄，国家统计局四川调查总队高级统计师林德容等专家对梓潼县酿酒专用小麦“绵麦902”高产示范片进行实产验收。验收结果显示，田块一实收面积1.99亩、亩产703.2公斤，田块二实收面积3.31亩、亩产694.5公斤。两块田实收面积5.3亩，平均亩产698.9公斤。“绵麦902”是由绵阳市农业科学研究院经过8年时间选育，于2019年正式通过省级审定，是首个亩产突破700公斤的绵阳造小麦品种，也是四川省历史上实收面积超过3亩产量最高的品种。（郭康康）

社会科学

概　述

【概况】　2020年，市社科联聚焦构建新时代中国特色、绵阳特点的哲学社会科学发展目标，围绕市委、市政府中心工作，调动社科资源，充分凝聚社科力量，整体推进社科研究体系建设、社科人才队伍建设、社科平台阵地建设，深化社科普及活动，拓展决策咨询服务。全市5家社科组织受到省人社厅、省社科联联合表彰，获奖数量位列全省市州第一；“社科组织体系”“省市县三级联动社科普及基地网络体系”等建设经验受到省社科联肯定。

【绵阳市社科工作者综合能力提升培训会】　2020年7月22日至24日，全市社科工作者综合能力提升培训会议举行。县市区社科联，省、市社科普及示范基地，省、市社科研究中心，市级牵头社科组织及在绵阳的“天府社科菁英”、绵州文化名家（社科类）、“绵州社科菁英”等共70余人参会。培训围绕提升社科工作能力、压实社科领域意识形态工作责任制、加强社科组织党的建设工作等内容开展专题辅导。市社科联党组书记、主席何季德作动员讲话，就持续推动社科工作提出要求。

【绵阳市社科联第七届理事会秘书长暨在绵高校联络员工作会】　2020年10月16日，市社科联第七届理事会秘书长暨在绵高校联络员工作会举行。市社科联第七届理事会兼职副秘书长、在绵阳的高校联络员及市社科联机关各业务负责人共20余人参会。会议组织学习习近平总书记关于繁荣发展哲学社会科学系列重要讲话精神，安排部署意识形态责任制工作，对社科规划项目、课题研究、社科评奖、学术研讨、社科普及、社科研究基地建设、人才队伍建设及信息报送等提出工作要求。市社科联党组书记、主席何季德围绕加强联系服务、推进社科工作落地落实提出希望和要求。

【绵阳市社科研究基地建设工作培训会】　2020年11月24—25日，全市社科研究基地建设工作培训会举行。部分在绵阳的高校社科（科技）处负责人、省市级社科研究基地负责人、“绵州社科菁英”和绵州文化名家（社科类）等共60余人参会。会议组织调研白马人文化艺术研究中心、中国酱文化社科普及基地、四川李白文化社科普及基地。绵阳师范学院教授高梧作“保护与创新：绵阳非遗文化的传承路径”主题培训，西南科技大学教授郭四代作“社科基地项目管理与平台建设经验与体会”专题讲座。市社科联党组书记、主席何季德就发挥社科研究基地功能作用，服务学科建设和地方经济社会发展作讲话。

社科普及

【概况】　2020年，全市社科系统通过打造嫘祖文化、大禹文化等绵阳特色人文社科论坛，开展白马文化传承发展专项活动等特色社科普及活动，加强社科普及项目和基地建设等方式，推进社科文化普及。

【特色人文社科讲坛建设】　2020年，市社科联突出“中国科技城·绵州讲坛”辐射带动，持续打造特色人文社科讲坛。举办“天府人文讲坛”“中国科技城·绵州讲坛”进基层走进平武活动，邀请中央民族大学教授潘守永讲授“生态——社区博物馆的发展：平武白马文化保护传承的思考”，线上线下听众达1700余人。邀请绵阳地方历史文化知名专家集中开展“绵阳与嫘祖文化”“绵阳与大禹文化”等9场公益讲座，并制作视频在国家图书馆作为公开课件向全国开放。持续推动县市区社科联规范建设各地特色讲坛或讲座，支持相关社科组织打造具有行业特点的人文社科讲座，举办“绵州金融讲坛”“李白文化讲堂”“嫘祖故里大讲堂”“乡村大讲堂”等多类别分讲坛活动，全市共开展线上线下的各类社科人文讲座500余场次。

【特色社科普及活动】　2020年，市社科系统开展新冠肺炎疫情防控科普活动，编写新冠肺炎疫情防控宣传资料10余种，其中市心理学会面向全市群众开展心理危机干预和心理疏导工作，市预防医学会专家参与制作的短视频《口罩那些事儿》，被《央视新闻》关注，转载量破亿次。开展“绵州书香·社科阅读”活动，向“两弹城”赠送社科书籍；举办第二届“小小讲解员”比赛，全市近300名中小学生参加；发挥科普基地作用，支持全市科普基地开展传承发展历史名人文化、中国传统文化、革命红色文化等特色主题活动；开展“白马文化传承发展专项活动”，省市县三级社科联联合调研，围绕白马文化传承发展，推动白马文化研究中心、普及基地建设；编写《平武白马藏族》《涪源平武》《北川羌族文化》《绵阳红色文化——三线建设篇》等科普读物，发放科普读物3000余册。

【社科普及载体建设】　2020年，市社科系统加强社科普及项目规划，申报全市社科普及项目47项，支持项目18个。《四川省小学生中医药历史文化知识读本》等3个社科普及项目获得四川省社科规划项目立项。

持续推动社科普及基地建设，形成省市县三级基地联动局面。集中对9个满3年的市级科普基地开展复核评估；认定“中国酱文化普及基地”“袁诗荛与革命理想信念教育普及基地”“白马文化传承发展普及基地”3个基地为市级社科普及基地；推荐2个市级基地申报省级社科普及基地。

【绵阳市社科普及工作推进暨业务培训会】 2020年12月10—11日，全市社科普及工作推进暨业务培训会召开。各县市区社科联、省市社科普及基地负责人共60余人参会。会议传达学习2020年四川省社科普及工作经验交流会相关精神，参观调研三台县梓州历史文化普及基地、潼川古城等地，并从重视项目策划、基地建设、培育打造活动品牌等方面提出意见和建议。三台县社科联、游仙区社科联、社会法制教育普及基地、四川李白文化社科普及基地分别就社科普及工作和基地建设作交流发言。绵阳师范学院教授高梧围绕文化的定义、文化的内核、文化的整合与碰撞作专题培训讲座“文化的向度”。市社科联党组书记、主席何季德就加强社科普及基地建设讲话。

学术活动

【概况】 2020年，市社科联坚持以“中国科技城·智库论坛”统领全市社科座谈、交流会和学术研讨活动，打造学术智库活动品牌，围绕中央、省市发展战略和社会热点问题搭建交流合作平台。组织开展全市脱贫攻坚理论与实践研讨会、绵阳市第十届社会科学学术年会等会议10余次；与西安、泸州、北碚、涪陵等地社科联开展交流；在绵阳的高校和全市社科组织共开展各类学术交流活动250余场。

【市级经济类社科组织农村基层治理专题调研活动】 2020年4月17日，由市社科联主办，市商务协会承办，安州区委宣传部、安州区社科联协办的“为农村基层治理贡献社科组织的智慧和力量”专题调研活动在安州区举行。四川循环经济研究中心、四川县域经济发展研究中心、市市场信息协会、安州区乡村大讲堂社科普及基地、市金融学会、市财政学会、市政治经济学会等30余家社科组织代表，绵阳联通、四川广电、国豪种业、光友薯业、海上海酒店等市商务协会副会长单位代表，以及文教类、管理类牵头社会组织负责人共50余人参加。调研组先后到安州区塔水镇、桑枣镇等地参观乡村建设，了解土地流转、乡村治理、产业发展、脱贫攻坚、乡村旅游、疫情防控等情况，并对绵阳农村基层治理提出对策建议。

【市级管理类社科组织民营企业发展专题调研活动】 2020年5月15日，由市社科联主办，市国土资源学会、市法学会、市档案学会、四川新时代党建创新研究中心、四川省社会法制教育普及基地承办的“疫情对绵阳民营企业发展的影响”专题调研活动举行，50余名管理类社科工作者参加。调研组先后到四川王迪体育文化传播有限公司、四川东辰股份有限公司、四川三阳汽车有限公司、四川聚点人力资源服务有限公司和绵阳华钢实业有限公司作实地调研。听取公司经营状况介绍，围绕疫情对民营企业经营产生的影响等相关事宜作交流，并对全市民营企业发展提出对策建议。

【《中华人民共和国民法典》专题讲座】 2020年9月24日，由市社科联主办，四川新时代党建创新研究中心、四川省社会法制教育普及基地、市国土资源学会、市法学会、市档案学会、市新媒体协会联合承办的《中华人民共和国民法典》专题讲座在绵阳师范学院举行。各县市区社科联负责人、部分市级学（协）会、研究中心、科普基地负责人、在绵阳的商会和民营企业代表、绵阳师范学院部分教师等共150余人参加。西南科技大学法学院副教授石江水、副教授王恒，绵阳师范学院副教授刘颖分别以“《中华人民共和国民法典》中的人格权”“《中华人民共和国民法典》合同编的适用范围”“你我身边的《中华人民共和国民法典》”为主题作解读和分享。

【市级文教类社科组织专题调研活动】 2020年10月16日，由市社科联主办，市图书情报学会、市教育学会、四川民间文化研究中心、三线建设历史文化研究中心、四川李白文化社科普及基地承办的市级文教类社科组织专题调研活动举行。市级文教类社科组织负责人和骨干以及部分经济类、管理类的市级社科组织负责人共50余人参加。活动调研绵阳市艺术学校、书言悦享书店、鑫义堂年画连环画博物馆，了解3家单位发展建设情况，并为其发展献计献策。

【首届科学家精神论坛】 2020年11月5日，由中国工程物理研究院、中国社会科学院当代中国研究所、四川省社会科学院、中共绵阳市委、绵阳市人民政府主办，当代中国文化建设与发展史研究中心、中共梓潼县委、梓潼县人民政府、“两弹一星”干部学院、邓稼先干部学院承办的主题为“弘扬科学家精神 建功立业新时代”首届科学家精神论坛在“两弹一星”干部学院举行。中央、省、市有关单位部门、科研院所、干部学院、高等院校的300余名领导嘉宾、专家学者参会。会前，在中国两弹城邓稼先旧居举行缅怀仪式。论坛第一阶段，中共绵阳市委书记刘超代表中共绵阳市委、绵阳市人民政府致欢迎辞。中国工程物理研究院党委副书记何颖波，中国社会科学院当代中国研究所副所长、研究员李正华，中国航天科技集团有限公司科技委常委、中国宇航学会航天科学与技术教育工作委员会主任委员郭建宁，中科院直属机关党委宣传部部长李斌致辞。本次论坛共征集各高等院校、党校、科研机构及社会人士的论文共109篇，评选出一等奖3篇、二等奖5篇、三等奖10篇、优秀奖43篇，并在大会上举行颁奖仪式。论坛第二阶段进行主旨报告。中国月球探测工程首席科学家、中国科学院院士欧阳自远通过视频连线方式作主旨报告，中国工程院院士、中国工程物理研究院流体物理研究所总工程师邓建军，北京航空航天大学教授、“两弹一星功勋奖章”获得者朱光亚之子朱明远，四川省社会科学院党委书记、教授李后强在会场分别作“发扬‘两弹’精神 建设科技强国”“朱光亚的三进三出‘北大’与中国的核武器事业”“让科学家精神照亮人间”主旨报告。中国社会科学院世界历史研究所原党委书记、研究员赵文洪，当代中国研究所经济史研究室主任、研究员郑有贵等7位专家学者，以及来自中国石油大学、山西省委党校、大连外国语大学等4位获奖作者分别发言。中共绵阳市委常委、组织部部长、“两弹一星”干部学院院长王华蓉对本次论坛作总结讲话。

【绵阳市脱贫攻坚理论与实践成果研讨会】 2020年12月11日，由市社科联、市扶贫开发局联合举办的全市脱贫攻坚理论与实践成果研讨会召开。此次活动共征集到脱贫攻坚专题调研报告和理论文章76篇，评选出一等奖3篇、二等奖5篇、三等奖6篇、优秀奖11篇。会议总结脱贫攻坚工作经验做法，研讨巩固拓展脱贫攻坚成果同乡村振兴有效衔接的办法措施，交流调研心得体会，对获奖作者进行表扬。市扶贫开发局、市社科联分管领导，各县市区扶贫部门负责人，部分获奖代表参加会议。

【绵阳市第十届社会科学学术年会】 2020年12月23日，中国科技城·智库论坛——绵阳市第十届社会科学学术年会召开。各县市区社科联，高校社科联，在绵阳的大中院校，市级社科学会，市级有关部门，2020年度市级社科研究规划项目负责人、主研人共90余人参会。会议总结回顾2020年社科研究工作，并对下一步工作进行安排部署。8位社科研究学者联系绵阳经济社会发展实际，从疫情防控、社会治理、成渝双城经济圈、民营企业发展、乡村振兴、地方历史文化等方面作交流发言。会议编发成果专辑《智库文萃（2020年）》。

学术成果

【概况】 2020年，全市申报国家社科基金项目获立项8项，结项7项；申报教育部人文社会科学研究项目获立项3项，结项3项；申报省社科规划项目获立项30项，结项32项。市级社科研究规划项目立项192项，结项169项。专项课题申报立项305项，结项92项。将“抗击新冠疫情”“乡镇行政区划和村级建制调整‘后半篇’文章”“乡村振兴（脱贫攻坚）”等课题列入专项规划，形成专项成果36项。开展绵阳市第十七次社会科学优秀科研成果评奖，评选出200项获奖成果，其中一等奖11项、二等奖29项、三等奖60项、优秀奖100项。开展四川省第十九次社科评奖的组织申报及初评推荐工作，全市共有31项成果通过初评进入省社科评奖学科组评审。

【学术成果转化运用】 2020年，市社科联编印《绵阳论坛》6期，登载124篇文章。编印《智库文萃（2020年）》，收录166项课题的170篇研究成果。先后为市委办公室、市政府办公室、市委政研室、市经信局、市文广旅局等部门提供相关研究成果。编印《绵阳市中小民营制造企业要素成本研究》《发展生态经济理念下绵阳市民营企业环境成本控制对策研究》等重要成果专报，参与编写的科技城20周年信息被中办单篇单刊采用，参与制定的《国家科研人员激励计划试点工作方案》被评选为党的十八届三中全会以来，全省全面深化改革35个典型案例之一。《充分履行社科联职能职责，做好新时代社科工作》经验材料在省社科联主办的《四川社科界》刊登。省市社科研究重点基地四川犯罪防控研究中心主持完成的四川省社会科学“十三五”规划重大项目核心成果被《改革内参·高层报告》采用。履行市委、市政府决策咨询委员会办公室职能，推进新型智库建设，编印《绵阳决策咨询》17期，7项课题建议获市委、市政府主要领导和市级相关领导签批。

【绵阳市第十七次社会科学优秀科研成果评奖工作会】 2020年8月4日，绵阳市第十七次社会科学优秀科研成果评奖委员会第一次全体会议召开。会议通报前期评奖工作的开展情况，对学科评审组评审工作进行安排部署。市评奖委员会全体评委参加会议。会议由市社科联党组书记、主席，市评奖委副主任、市评奖办主任何季德主持。市委常委、秘书长、宣传部部长、市评奖委主任张学民出席会议并讲话。会上，市委宣传部副部长、市评奖委副主任陈进宝宣读《关于绵阳市第十七次社会科学优秀科研成果评奖委员会组成人员的通知》和《绵阳市第十七次社会科学优秀科研成果评奖委员会评委分组名单》。市社科联副主席、市评奖委员会办公室副主任车韵飞介绍《绵阳市第十七次社会科学优秀科研成果评奖工作方案》《绵阳市第十七次社会科学优秀科研成果评奖工作实施细则》，汇报此前评奖工作开展情况，对学科评审组评审工作进行安排。本次评奖参评范围为全市行政区域内的作者在2018年1月1日至2019年12月31日内发表或出版的，涉及基础理论研究、应用对策研究，学术专著、学术论文、调研报告、科普读物、工具书、资料书、译著、古籍整理等各类社会科学研究成果。全市社科组织从近两年的成果中，组织申报近千项成果进入初评推荐环节。各初评单位成立初评小组，按照市评奖办下达的初评推荐比例和评奖的范围、标准，对申报成果进行初评筛选。初评工作按照“哲社政法、经济、文史、教育与管理”4个学科类别进行推荐，共推荐出445项成果进入学科组评审，其中学术专（编）著141项、学术论文（调研报告）共304项。会后，评奖工作进入学科评审组评审环节。（向　鑫）

气象监测与服务

【概况】　2020年，全市气象部门按照“监测精密、预报精准、服务精细”的总要求，强化监测预警、深化部门联动，做好各项气象监测预报预警服务，发挥气象防灾减灾第一道防线作用，为防汛减灾救灾、森林防灭火、生态文明建设、农业生产及第八届科博会、四川省先进制造业发展现场会等重大活动等提供气象服务保障。全市共有区域自动站366个，乡镇覆盖率达100%。市气象局与市生态环境局深化信息共享机制，市气象台共制作重污染专题天气预报61期、空气污染气象条件预报730期，为全市大气污染防治提供科学依据。推动气候资源品牌建设，北川羌族自治县曲山镇获“四川生态气候标志——五彩康养羌乡”称号。

【防灾减灾气象服务】　2020年，全市气候异常，冬春夏三连旱，主汛期降水偏多，共有9次大暴雨天气过程，特别是8月11—17日特大暴雨是绵阳有气象记录以来最强的持续大暴雨天气，引发严重的洪涝和地质灾害。全市气象部门强化监测预警和部门联动，全年报送《绵阳气象工作要情专报》55期，为市委、市政府和防汛抗旱救灾部门提供分析材料近百次。

【人工影响天气服务】　2020年，全市气象部门面对全市气象部门提前谋划、主动出击，应对冬春夏三连旱和森林火险等级持续偏高等情况，服务重大活动和突发事件应急保障的需要，联合省人影办和成都市人影办实施地空立体化作业。全年开展各类人工影响天气作业130余架次，消耗人影火箭弹412枚、碘化银焰条70根，作业规模和用弹量是2019年全年2倍以上，为历年之最，累计增加降水量超8500万立方米。

【曲山镇获“四川生态气候标志”授牌】　2020年12月8日，2020年川渝生态气候资源品牌发展大会在成都举行。大会由四川省气象局、重庆市气象局联合主办，四川省文化和旅游厅、重庆市文化和旅游发展委员会协办。“四川生态气候标志”创建活动旨在系统梳理以乡镇为单位的气候背景，挖掘乡镇特色气候生态资源。共有22个乡镇获“四川生态气候标志”授牌，其中绵阳市北川羌族自治县曲山镇获得“四川生态气候标志——五彩康养羌乡”称号。

【农业气象服务】　2020年，全市气象部门完成基层气象防灾减灾标准化建设，提高全市基层气象灾害防御能力。全年围绕气象灾害和农业生产关键时节开展为农气象服务，开展气候趋势预测和灾害性天气影响评估，共开展农情调查68次，制作农业气象服务产品71期。新成立绵阳市农业气象防灾减灾工作专家团队，“四川e农”App用户覆盖40%以上新型农业经营主体，“直通式”农业气象服务达100%。（任　然）

地震监测与预警

【概况】　2020年，市应急管理局根据《预测意见登记制度》《群测群防工作制度》《异常落实管理制度》等制度，做好宏微观异常信息的及时核实与上报，共调查、核实、处置全市前兆宏微观异常5项。按照要求报送宏微观异常“零报告”及前兆数据跟踪分析月报。年初制定2020年度震情跟踪方案，细化责任措施，做到任务明确、措施可行；加强督促检查，推动震情跟踪措施实施到位。全年市境内共发生ML≥

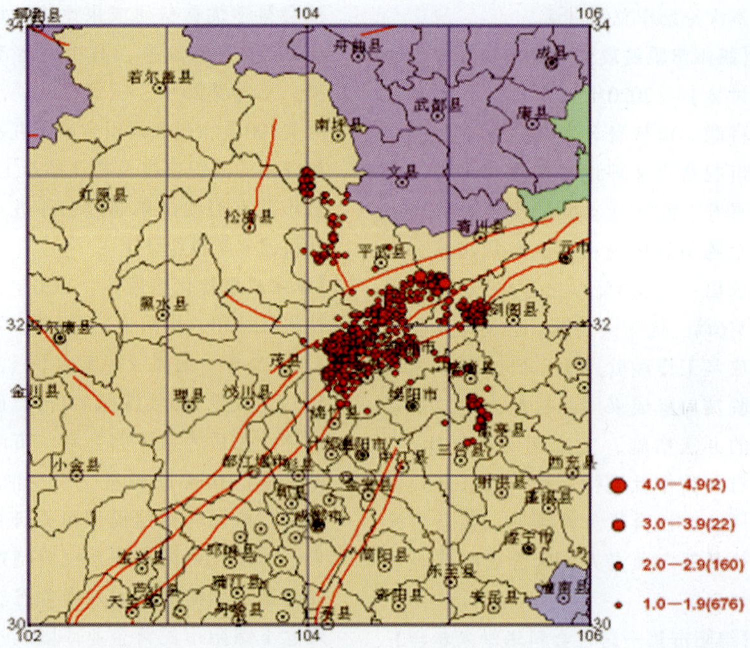

图39　2020年绵阳市境内1级以上地震活动分布图

1.0级地震860次，其中1.0≤ML≤1.9级地震676次，2.0≤ML≤2.9级地震160次，3.0≤ML≤3.9级地震22次，4.0≤ML≤4.9级地震2次，无5.0级及以上地震。全年最大地震为10月22日北川4.7级地震。

【日常数据处理】 2020年，市应急管理局指定专人负责对网络、电脑、电台进行定期维护与检测，处理发现和遗漏的问题，确保信息、资料数据传输系统正常运转，资料连续可靠、通信畅通。做到资料的及时收集、分析、处理和上报。全年分析处理地震事件1160个，分析预处理前兆数据913.81万个。测震台网数据记录连续率96.4%，前兆监测川10井地下水观测数据连续率达99.4%，川41井地下水观测数据连续率达99.6%，川43井地下水观测数据连续率达99.2%。

【震情趋势会商】 2020年，市应急管理局按照《绵阳市震情会商制度改革实施方案》要求，组织开展年度会商1次、半年会商1次、季度会商3次、月会商12次、周会商52次、加密会商7次，参加陕甘宁川四省区十三市州地震联防区第43届年会（甘肃）、四川省川西北震情监视跟踪工作协作区会商会（绵阳），编纂完成2020年半年会商报告1份、2020年年度会商报告，向市委、市政府上报震情监视跟踪报告4份，完成年度震情会商工作。

【地震台监测设施建设】 2020年，全市地震监测数据共享与监控系统实现地震监测台网全数字化市内各测震、前兆数据共享，与所有县市区实现音频视频的互联互通，与省地震局及周边县台网数据实现共享。省地震烈度速报与预警工程项目中绵阳市境内的12个基准站、25个基本站站址基建工作基本完成，69个一般站设备安装基本完成，1个市级信息转发平台和8个县级信息转发平台安装基本完成。 （罗冠森）

技术标准

【概况】 2020年，市市场监管局引导和支持企事业单位主导参与标准制修订工作，主导或参与制修订国际标准1项、国家标准7项、行业标准3项，全市企事业单位共主导和参与制修订国际标准4项、国家标准124项、行业标准101项，位居全省前列。向上争取标准制修订资助、奖励资金410余万元。指导市机关事务管理局承担的省级服务业标准化试点项目通过验收，并申报成为国家级服务业试点项目；盐亭香桂农业标准化试点项目通过验收；推进三台藤椒标准化示范基地建设。印发《疫情防控应急物资生产企业转产新办指南》，上门为生产口罩、防护服、消毒剂等新冠肺炎防疫急需产品的企业开展技术服务，对企业产品标准采用与制定等现场作技术指导。为50余家企业转产复产提供技术服务，指导帮助企业制定并发布口罩、防护服、消毒剂等新冠肺炎疫情防控急需物资的产品标准50余项。对全市口罩企业的产品标准开展检查评估，提升全市口罩企业产品标准质量。

【企业技术标准管理】 2020年，全市502家企业在全国统一的企业产品标准信息公共服务平台上声明公开标准达2946项，涵盖5051种产品，新增871项，与2019年同期相比增加52%。对企业自我声明公开的250项标准进行审查、评估，责令企业按要求整改。将通用音响作为对标样品，进行比对检测，找出与国内标准的差异及全市产品的优势及差距。开展“网络变压器”的质量提升行动，提升全市网络变压器产品质量。九州LED路灯获得四川省质量对标提升达标产品称号。指导长虹公司制定的企业标准，连续2年（2019—2020年）被国标委确定为全国企业标准“领跑者”。全市商品条码成员达950余家。

【地方标准制修订】 2020年，市市场监管局推动行业主管部门加强标准实施管理，组织开展全市地方标准审批发布工作。成立绵阳市标准化研究院，是全省市州级首家标准化研究服务机构。在全国率先探索建立放心舒心消费环境建设标准体系，制定绵阳市地方标准16项、团体标准3项、企业标准3项。共批准《放心舒心消费环境建设指南》《商品和服务明码标价公示规范》等28个地方标准制定项目立项，发布有效地方标准达70余个。

【国家技术标准创新基地绵阳区域中心成立】 2020年6月1日，国家技术标准创新基地绵阳区域中心获四川省市场监督管理局批准成立，是全省唯一区域中心。6月23日，绵阳区域中心正式在绵阳创新中心挂牌，办公场所面积约150平方米，设置综合秘书处、标准创新中心、标准应用中心和平台服务中心4个工作机构。制定建设实施方案，明确磁性材料、核技术应用、空中管制、激光技术应用、智能装备制造5个领域作为融合标准化建设的重点工作领域。建立联席会议制度和共建单位制度，形成由市市场监管局牵头，市经信局、市科技局、科创区管委会等单位组成联席会议制度。建立首批融合技术标准研制项目任务清单，其中16个项目被省市场监管局列为全省重要技术标准研究项目。在原“中国科技城质量发展服务平台”基础上借鉴浙江市场监管局“浙里检”模式新建“中国科技城计量认证检验检测公共服务平台”，探索市场化运作。

【地理标志地方标准制修订工作会】 2020年6月18日，市市场监管局召开地理标志地方标准制修订工作会。市市场监督管理局商标与专利监管科，标准化科，各县市区、园区知识产权工作主管部门负责人参加会议。会上学习国家知识产权局《地理标志专用标志使用管理办法（试行）》，安排部署地理标志保护产品专用标志相关工作以及涉及地理标志的地方标准制修订工作。会议要求各县市区局要加大宣传力度，鼓励地理标志保护产品产地范围内的生产者申请使用专用标志；各县市区局要高度重视，起好牵头组织作用，明确标准制修订单位，尽快开展工作。

【长虹获2020年企业标准“领跑者”证书】 2020年12月19日，2020年企业标准“领跑者”大会在北京举行，会上发布2020年企业标准“领跑者”名单。长虹旗下子公司长虹激光显示科技公司（以下简称长虹激光）获得2020年企业标准“领跑者”证书。该证书由国家电子信息技术领域标准化研究权威机构“中国电子技术标准化研究院”评估，在全国激光投影机行业领域仅3家企业入围。 （陶飞鸿）

知识产权

【概况】 2020年，全市完成对市知识产权工作领导小组组成人员、市打击侵犯知识产权和制售假冒伪劣商品工作领导小组成员单位的调整，制定工作规则和职责分工，统筹推进全市知识产权工作，形成各成员单位齐抓共管、通力合作的良好工作机制。全年全市专利授权7636件，居全省第二位；有效发明专利拥有量6996件，有效商标注册量42985件，地理标志商标14件，地理标志保护产品15件，万人发明专利拥有量突破14件；拥有国家知识产权强县工程试点示范县（区）5个；有国家级知识产权示范园区1个；知识产权质押融资累计突破8.7亿元；绵阳毅德城、天泰剑南食品城被评为第四批国家级知识产权保护规范化市场。国家知识产权查询机入驻市政务服务中心企业开办区，打通服务群众“最后一公里”。举办以“知识产权与健康中国”为主题的知识产权宣传周活动，活动期间开展国家级知识产权保护规范化市场授牌仪式、发布《绵阳市知识产权发展与保护状况（2018—2019）》白皮书、线上知识产权促进企业高质量发展培训、开展专利、商标、版权行政执法检查等系列活动。

证书编号：ESF2020-00347201110188 04

企业标准“领跑者”证书

ENTERPRISE STANDARD FORERUNNER

四川长虹电器股份有限公司：

贵公司企业标准 Q/20541230-8.154-2019《激光投影机》经评估荣获 2020 年企业标准“领跑者”。

评估机构：中国电子技术标准化研究院

发证日期：2020 年 12 月 19 日

本证书及相关信息在企业标准“领跑者”管理信息平台（http://www.qybzlp.com）上查询

图40 12月19日，长虹获得2020年企业标准“领跑者”证书

【知识产权示范城市建设】 2020年，全市围绕加快推动中国科技城和西部现代化强市建设，实施知识产权战略，以改革和创新为动力，推动国家知识产权示范城市建设工作。形成市县联动、园区各显特色，全市“一盘棋”的工作格局。三台县、安州区、江油市通过国家知识产权强县工程试点县验收，推进游仙区、涪城区国家知识产权强县工程示范区工作。做好绵阳游仙经济开发区、安州区工业园区等3个省级试点示范园区的提档、转型、升级。支持游仙区石马镇开展知识产权特色小镇建设，采集141家入驻企业知识产权信息，针对优势企业、优势产业，开展专利导航、分析和预警，引导企业培育高价值专利。培育国家知识产权示范企业和优势企业25家，省级知识产权示范、优势培育和试点企业35家。

【知识产权创造】 2020年，全市支持长虹公司、中物院、旭虹光电等6家单位获批开展高价值专利育成中心建设。落实《绵阳市专利专项资金管理办法》，完成2020年市级专利资助申请审核2409项，知识产权运用与保护、知识产权贯标、知识产权优势企业等资助项目达33项，资金共424.95万元。推动西南科技大学和铁骑力士集团开展职务发明知识产权归属和利益分享制度改革试点工作，西南科技大学有47项职务发明专利及植物新品种使用权获得转让，累计转让金额332.97万元，转让收益按照《西南科技大学科技成果转化实施办法》进行分配。铁骑力

士集团出台《四川铁骑力士实业有限公司科技成果转化实施办法（试行）》，开展已确权科技成果作价投资入股转化试点。

【商标注册与地理标志保护】 2020年，全市按照"商标促发展、品牌树形象"的发展思路，鼓励引导企业进行商标注册，培育绵阳自主品牌。推进"绵阳米粉"集体商标注册工作，"江油市肥肠产业协会及图"集体商标注册成功，发挥商标品牌效益，引领江油肥肠在餐饮、方便食品等行业的产业发展。继续发掘地理标志资源，建立地理标志梯次培育库，指导产业协会和企业加强品牌培育。全年全市新增"盐亭贡柑""盐亭莲花湖鲢鱼""梓潼桔梗"3件地理标志证明商标、"三台藤椒"地理标志集体商标，向国家知识产权局提交"崭山米枣""江油雾山石刻""马槽玉米酒""大兴黄牛肉"4个国家地理标志产品保护申请。截至年底，绵阳市有地理标志保护产品15个、地理标志商标14件。其中三台"涪城麦冬"被列入《中华人民共和国政府与欧洲联盟地理标志保护与合作协定》首批"100+100"地理标志名单（即100种中国的地标产品及100种欧盟国家的地标产品）。

【知识产权保护】 2020年，全市贯彻落实中办、国办《关于强化知识产权保护的意见》和《四川省强化知识产权保护实施方案》，围绕知识产权强市建设工作要求，强化知识产权保护。建立绵阳市市场监管领域行政执法与刑事司法衔接工作联席会议制度，加大对各类违法犯罪行为打击力度。落实成德绵眉资知识产权跨区域执法协作协议，实现知识产权联合惩戒。加大知识产权惩戒力度，开展"春雷""铁拳"等知识产权专项行动，查处商标、专利、地理标志侵权假冒等违法行为，维护市场的良好竞争环境。做好展会和电商领域知识产权执法保护工作；坚持集中检查与日常检查相结合，推进打击知识产权侵权假冒行为工作开展。全年共查办知识产权类案件382件。强化政府职能部门协作，联合社会各方力量，推进行业自律，形成知识产权保护合力。开展"蓝天"行动，建立全市专利、商标代理机构监管台账，组织辖区内52家商标代理机构进行自查并作出承诺，督促加强行业自律。开展知识产权保护规范化市场培育工作，绵阳毅德城、天泰剑南国际食品城获批成为国家级知识产权保护规范化市场。发挥四川（绵阳）知识产权举报投诉与维权援助中心作用，为丰谷酒业、华丰公司提供知识产权维权援助服务，邀请专家上门提供技术咨询。与省知识产权保护中心联合举办知识产权协同保护预审业务培训班，为全市企事业单位提供先进制造业与新一代信息技术产业领域的专利快速预审和快速维权服务培训。四川省知识产权保护中心绵阳分中心获批建设，为创新主体提供专利快速预审、快速维权、知识产权保护、人才培训等"一站式"综合服务，实现知识产权快速协同保护机制。

【知识产权运用】 2020年，全市围绕聚焦价值实现，加快知识产权转移转化。开展对上争取，组织企业申报省级知识产权专项资金项目，帮助辖区企业争取到省级专项资金644.82万元。推动开展新一轮企业"贯标"工作，强化企业知识产权制度运用能力建设，加强全市企业知识产权标准化管理水平。截至年底，全市通过知识产权贯标认证企业达65家。推荐利尔化学等6家企业成为国家知识产权优势企业，全市国家知识产权优势企业总数达25家。四川长虹电器股份有限公司、绵阳铜鑫铜业有限公司等获中国专利奖、四川省专利奖共6项。推动知识产权质押融资，与有关部门共同出台《加强知识产权质押融资十条措施》，与银行机构签订《政银合作备忘录》，将知识产权质押融资纳入合作事项，邀请绵阳商业银行、农业银行、游仙信用联社等金融机构，中金浩资产评估公司、勤德资产评估公司等评估机构，三阳智造、科莱电梯、中物材料等企业召开知识产权质押融资座谈会，了解知识产权质押融资贷款的堵点、难点，共同寻找措施。全年向企业兑现知识产权质押融资贴息41.68万元，向开展知识产权质押融资工作的金融机构兑现质押融资互动奖补资金53.92万元。组织四川清香园调味品股份有限公司、四川省中兴药业有限公司、四川圣迪乐村生态食品股份有限公司3家公司参加2020年中华品牌商标博览会，四川清香园调味品股份有限公司获得金奖。三台县"涪城麦冬"获四川省市场监管局批准，创建成为省级地理标志产品保护示范区，品牌价值达20亿元。

【专利信息服务点建设】 2020年，全市推动信息服务网点延伸，选取市政务服务中心、市图书馆、西南科技大学图书馆、四川（绵阳）知识产权公共服务平台4个地点建设专利信息服务网点，为创新主体提供专利检索、查询等信息服务。加快推进四川（绵阳）融合知识产权公共服务平台建设，完成线下窗口建设和线上系统开发，一期建设通过省中心验收，并先后对接中物院、西南自动化研究所、西南科技大学，梳理可对外转让知识产权，全年促成知识产权转让项目24项，累计转让金额4900余万元。

【知识产权人才培育】 2020年，全市发挥省知识产权教育培训基地（西南科技大学）作用，推动西南科技大学知识产权相关学科建设，知识产权专业毕业学生达327人；加强知识产权远程教育站点建设，累计注册学员2.1万人，累计选课27.4万人次，位居全国第十六位。市知识产权促进服务中心副主任杨荫茂、四川旭宏光电科技有限公司工作人员沈子涵等8人分别被国家知识产权局评为2019年度企业知识产权工作先进个人。

【知识产权交流合作】 2020年5月，绵阳市市场监督管理局与重庆北碚区市场监管局签订《深化绵阳北碚知识产权工作推进市场监管一体化发展合作协议》，从共建知识产权大保护格局、共促高校院所知识产权创造运用、共享知识产权公共服务、共推知识产权转化运营、共培知识产权人才队伍5个方面开展合作，建立例会和调研制度，强化区域协同，共同服务和支撑区域高质量发展。全年两地实现互访交流2次。12月，两地联合举办国防知识产权培训，为相关专利申请单位提供专利申请、维护和受理审查业务培训。年内，好医生药业集团有限公司、四川省绵阳市丰谷酒业有限责任公司、四川九州电子科技股份有限公司、四川铁骑力士实业有限公司、四川长虹电器股份有限公司等6个商标品牌被纳入第一批四川省川渝知识产权合作重点商标品牌保护名录。北川茶叶、涪城麦冬进入第一批四川省川渝知识产权合作优质地理标志保护名录。四川九洲电器集团有限责任公司、四川旭虹光电科技有限公司、四川长虹电器股份有限公司共3项专利进入第一批四川省川渝知识产权合作重点高价值专利名录。加强与地方科研单位合作，建立联系沟通机制，推动专利技术向地方转移，全年科研院所新增专利申请1897件，专利授权1168件。

【绵阳举行国家级知识产权保护规范化市场授牌仪式】 2020年4月23日，绵阳市举行国家级知识产权保护规范化市场授牌仪式，四川省知识产权服务促进中心党组书记、省市场监督管理局党组副书记、副局长赵辉，副市长赵迎春等领导出席授牌仪式并致辞。赵辉代表省市场监管局、省知识产权服务促进中心向天泰剑南国际食品城、绵阳毅德商贸城授予“国家级知识产权保护规范化市场”牌匾。全国入选第四批国家级知识产权保护规范化市场认定的企业共26家。涪城区毅德商贸城、天泰剑南国际食品城是绵阳市首批获得该荣誉的市场，也是全省在第四批国家级知识产权保护规范化市场申报培育并通过认定的2家市场。

【知识产权促进企业高质量发展线上培训】 2020年4月22日，“绵阳市2020年知识产权宣传周培训活动——知识产权促进企业高质量发展”线上培训活动举行。培训旨在实施创新驱动发展战略和知识产权战略，发挥知识产权助力创新创业的重要作用，围绕企业知识产权管理、服务和运营需求，助力企业创新发展。培训采取网络直播的方式进行，由市市场监督管理局、市知识产权促进服务中心主办，四川（绵阳）知识产权公共服务平台承办，面向知识产权管理部门、知识产权服务机构及相关企业展开。冯玲玲等专家分别就“专利挖掘与布局”等主题，作详细讲解和回答观众问题。共600余人次观看直播。

（蒲晓梅）

2020年绵阳市知识产权服务机构一览表

表56

序号	机构名称	序号	机构名称
1	四川九鼎智远知识产权运营有限公司	8	成都行之专利代理事务所
2	四川行之智汇知识产权运营有限公司	9	四川力久律师事务所
3	北京远大卓悦知识产权代理事务所	10	成都华风专利事务所
4	绵阳市博图知识产权事务所	11	成都睿道专利代理事务所
5	成都虹桥专利事务所	12	绵阳弘毅融创知识产权运营服务有限公司
6	成都九鼎天元知识产权代理有限公司	13	绵阳山之南专利事务代理所
7	成都市天策商标专利事务所	14	成都蓉信三星专利事务所

概　述

【概况】　2020年，全市开展新基建建设相关工作，推动区块链等新型基础设施建设。市经信局开展新基建项目的收集及储备工作，向市发改委推荐新基建重点储备项目11个，其中长虹工业互联网平台项目入选省发改委高质量发展新基建项目。召开四川区块链服务基础设施（“蜀信链”）对接座谈会，组织绵阳本地区块链企业对接四川省区块链行业协会，促成“蜀信链”生态建设战略合作协议签约。绵阳市获得四川首批区块链服务基础设施“蜀信链节点建设城市”授牌。市政府与中国通信学会签署战略合作协议，在研究咨询服务、产业化项目、科技创新等方面开展合作。新冠肺炎疫情防控期间，全市向企业征集可服务分散办公、远程诊疗、居家生活、网络学习等方面的免费信息产品及服务名录，四川长虹智慧健康科技有限公司、奇安信科技集团股份有限公司、绵阳瑞特信科技有限公司中国移动、中国联通、中国电信绵阳分公司、中国移动成都产业研究院绵阳分院、华为软件技术有限公司等企业均参与征集，相关产品和服务在全市获推广和使用。全市先后征集14批次，宣传推广100余个免费使用的信息产品及服务名单。

【基础网络建设】　2020年，全市以推进5G建设为重点，推动基础电信企业加大通信基础设施建设力度，拓宽通信基础服务。截至年底，全市城域出口带宽超4T；有固定电话用户117万户、移动电话用户604万户、固定互联网宽带接入用户188万户；有通信基站总数2.8万个，其中3G/4G基站1.9万个，NB-IoT基站近4000个，完成对市域范围内的NB组网，可提供NB-IOT物联网接入业务。通信基础设施建设各项主要指标位居全省第二。全市建成5G基站3455个，实现对中心城区、重要交通枢纽、党政办公场所、市内核心商圈、重点高校科研院所以及重点工业园区和重点景区的覆盖。先后出台《绵阳市信息通信基础设施建设管理办法》《绵阳市加快5G发展2020年度重点工作计划》等文件。委托中国铁塔绵阳分公司编制完成《绵阳市通信基础设施专项规划（5G增补）(2017—2035)》。

【无线电管理】　2020年，全市根据国家、省开展无线电发射设备型号核准随机抽查工作的要求，对属地企业进行摸排，了解企业复工复产情况。对4家企业、12种型号的无线电发射设备进行核查。完成全国高考、中考以及公务员招考等各类考试无线电安全保障31场（次），出动无线电监测车90余台次、无线电设备180台次，监测时间达150小时。

【绵阳市获“蜀信链节点建设城市”授牌】　2020年5月29日，四川区块链服务基础设施（“蜀信链”）对接座谈会在绵阳召开，绵阳市获得四川首批区块链服务基础设施“蜀信链节点建设城市”授牌，标志着四川首批区块链服务基础设施城市节点落户绵阳。会议介绍“蜀信链”背景、发展规划，省区块链行业协会秘书长安红章和中国移动通信集团四川有限公司绵阳分公司副总经理朱厚杰签订“蜀信链”生态建设战略合作协议。绵阳本地区块链企业现场对接四川省区块链行业协会，并就区块链现状及发展进行交流。中国电子科技网络信息安全有限公司、工业云制造（四川）创新中心有限公司、四川省数字证书认证管理中心有限公司、四川长虹、四川瑞祥颐和、四川思安特等企业代表参会。（王月利）

大数据管理

【概况】　2020年，全市围绕“推进中国科技城建设实现新突破、打造经济高质量发展新体系、构建‘一核两翼、三区协同'区域发展新格局、建设西部内陆改革开放新高地、推进民生福祉得到新改善"主攻方向，印发《全市政务信息化项目建设管理办法》《绵阳市新型智慧城市建设总体方案》《绵阳市城市服务平台建设工作推进方案》，实现电子政务外网5级（国家、省、市、县、乡镇）连通、100%的市县区和乡镇接入，全市政府系统共上线终端2万余台并实现互联网政务应用和外网用户互联网出口分离，其中外网用户上网区出口带宽为6Gb；互联网政务应用出口带宽为1Gb，完成电子政务中心机房的IPv6改造工作，支持IPv6、IPv4双栈部署；全市各地各部门全面使用一体化政务服务平台；全市有本地城市服务平台"i绵阳"App、政务服务一网通办平台、全民健康信息平台、智能交通二期、建设企业服务云平台、绵阳市政务服务一网通办平台等各类信息平台。

【政务云平台建设】 2020年，全市规范审核上云需求，完成政务云国产化平台搭建改造，政务云共有40多个部门（县市区）的110个应用（749台），有物理内存32TB，平均使用率达51.58%，CPU物理核心达2486核，平均使用率达29.87%，存储1PB，使用率达53.22%。

【数据建设与共享】 2020年，全市继续促进政府数据整合、共享、开放，推动政府业务协同及数据开发利用，完成市级政务信息资源共享交换平台建设，并与省级平台实现对接。集中开展数据攻坚专项行动，推进市政务信息资源共享交换平台纵向与省级共享平台对接，横向与市级部门业务系统对接，完成56个部门（含政府部门、相关机构、区市县）信息资源梳理，开放2012个数据集、714个数据库表、535个接口，挂接数据资源总7239万条，为全市推进民生服务优化提质和"放管服"改革优化营商环境提供数据共享的应用支撑。截至年底，市政务信息资源共享交换平台接口资源被调用300万余次。

【城市服务平台建设】 2020年，全市整合公共服务、社会服务等各种数据信息资源和服务资源，打造全市统一的城市服务平台（"i绵阳"App），为全市各类应用系统提供统一数据服务和应用服务。"i绵阳"App于7月25日上线运行，开展统一身份认证和接入便民服务事项，市民注册一次即可享受全市32家委办局、16家国企事业单位的服务，虚拟一卡通、消息推送、微服务治理、内容发布管理、全文搜索、位置服务等1685项功能，以及社保、公积金、个人房屋查询、预约挂号、疫苗预约、水电气缴费、客运购票、停车缴费等1208项高频服务项目。

【政务服务应用建设】 2020年，全市依托四川省一体化政务服务平台和"天府通办"App绵阳站点，建设绵阳市政务服务"一网通办"平台，构建政务服务实体大厅、网上大厅、掌上大厅、自助大厅、"12345"热线大厅"五端协同"的政务服务新格局。服务方式完备度、服务事项覆盖度、办事指南准确度、在线办理成熟度、在线服务成效度方面等网上政务服务能力持续提升。

【智慧健康应用】 2020年，全市升级完善绵阳市全民健康信息平台功能，推动医疗服务、公共卫生、家庭医生签约、医学教育等方面与"互联网+"融合，实现全市范围内的电子健康档案调阅、重复检查、重复用药提醒全覆盖，实现市中心医院等6家三级医疗机构检查检验结果在线互认。建立医联体远程诊疗平台，助推优质医疗资源下沉。全年汇集全市各级各类医疗卫生数据27亿条，经授权调阅健康档案信息7万余次，发送重复检验检查提醒2.91万次、重复用药提醒12.77万次，累计发放电子健康卡146万人次，累计开展远程医疗服务18.9万人次。

【生态环境治理信息化建设】 2020年，全市建成绵阳市生态环境快反指挥平台，研发整合快反任务调度、大气环境、水环境、土壤环境、污染源监控、一企一档、自然生态、固定污染源视频监控、用电监控、在线监控等多个模块，利用大数据预测和AI智能识别，形成"预测云图""污染地图""快反地图"三大版图，可了解污染物分布来源特征，对重点管控区内的环境污染行为进行智能识别、定位、取证，实现重点区域污染源24小时监测、监控和溯源。加强重点排污单位日常监控，国控污染源在线监控平台接入企业175家。截至年底，共监控并上报超标异常情况602次，涉及企业74家。 （刘 陈）

信息安全

【概况】 2020年新冠肺炎疫情防控期间，全市组织网站做好网络新闻宣传，开展网络专题宣传活动，创新推出新媒体产品，引导全市网络舆论环境积极向上。针对不同阶段的防控工作重点，开展网络宣传，组织辖区重点网站和移动客户端开设"奋力夺取疫情防控和实现经济社会发展目标双胜利""坚决打赢两场硬仗奋力夺取双胜利""绵阳支持复工复产政策解读""防控新型冠状病毒 绵阳在行动""战疫一线 党旗飘摇"等专题专栏，发布市新冠肺炎疫情防控指挥部公告、复工复产等权威信息，集纳中央、省市主流媒体最新报道2.3万余篇，刊发《新冠肺炎疫情防控企业复工复产法律知识问答》5期。组织绵阳市互联网协会、新媒体联谊会发出相关倡议书，引导网民和自媒体遵守网络行为规范。与西蜀网联合发布"防控疫情 绵阳在行动"号召，近10万名网友参与"不信谣、不传谣"线上承诺。组织西蜀网开展"在星星火炬指引下争做先锋小卫士"

"绵阳守护天使公益活动"等线上活动。组织绵阳晚报策划"疫情来袭，做一个负责任的绵阳人"网络倡议接力活动。组织西蜀网开展线上人才直播招聘会，吸引1000余个企业参加，观看人数达5万人，助力企业复工复产。全市各网络平台先后推出H5、动画、漫画、MV歌曲、小视频等新媒体产品，宣传新冠肺炎疫情防控工作成效和防控科普知识。市卫健委制作的居家口罩消毒、重复使用的小视频获中央电视台推荐。绵阳MV歌曲《战疫》被学习强国、川报观察等媒体报道推送；绵阳广播电视台"直播绵阳"抖音号累计制作和发布疫情防控视频100余个，浏览量超过2亿人次。

【2020"清朗"未成年人暑期网络环境专项整治】 2020年7月24日，全市开展2020"清朗"未成年人暑期网络环境专项整治。专项行动由市委网信办联合市委宣传部、市文广旅局、市教体局、市公安局、市市场监管局等多部门，结合属地管网治网工作，共同整治网络有害信息。重点整治诱导未成年人无底线追星、饭圈互撕等价值导向不良的信息和行为，清理宣扬攀比炫富、奢靡享乐等不良价值观的信息；打击诱导未成年人在社交平台、音视频平台的热搜榜、排行榜、推荐位等重点区域应援打榜、刷量控评、大额消费等行为；整治明星话题、热门帖文的互动评论环节煽动挑拨青少年粉丝群体对立、互撕谩骂、人肉搜索等行为；清查处置"饭圈"职业"黑粉"、恶意营销等违法违规账号。通过网上巡查，发现并处置涉及直播打赏、游戏充值、非法广告等有害信息300余条。同时，对本地游戏平台进行账号实名制清理，清理没有实名登记的账号千余个。

（刘耘巧）

信息产品开发与利用

【概况】 2020年，全市推进产业数字化转型，其中长虹集团初期面向家电行业的工业互联网平台建设基本完成，并实现在长虹智能制造产业园的部署示范和在四川爱联、长虹模塑等企业的应用、开发；铁骑力士集团面向农牧产品养殖、加工、销售全产业链的产业互联网平台和体系持续建设。全市累计建成智能工厂21个、数字化车间34个、智能生产线164条，重点领域数字化研发设计工具普及率达73%，关键工序数控化率达51%，数字化车间/智能工厂普及率达16%。

【"长虹造"5G智能测温手环通过验收】 2020年3月26日，长虹控股公司联合比利时迈来芯电子科技（上海）有限公司研发生产的5G智能测温手环通过联调联试验收，计划在长虹旗下爱联科技进行商业化量产。该5G智能测温手环（智能测温云）由手环终端、手机App、测温云健康在线管理平台3部分构成，融合5G物联网NB-IoT通信、红外体温监测传感器、运动传感器等技术方案，实现医疗级测温要求，可在高校、中小学校以及企事业单位大型会议等场合推广使用，方便实时掌握人员体温等健康状况。

【全市"5G+智慧农业"交流会议】 2020年6月19日，全市"5G+智慧农业"交流会议举行。会上，移动绵阳分公司与市农业农村局签署《战略合作框架协议》，根据协议，全市计划以建设5G精品网络为基础，以应用为牵引，以技术、产品创新为重点，促进5G网络、技术、产品与应用深度融合，加快构建具有科技城特色的5G产业生态体系，推动新旧发展动能接续转换。会议展示区还展示"麦冬数字化管理平台"、5G农业综合管控平台、5G植保无人机、5GVR应用、5G区块链产品等。

【长虹中标中国移动5G企业网关项目】 2020年6月2日，长虹网络科技公司中标中国移动政企公司5G企业网关招标项目。本次标案是国内三大运营商5G企业网关首次量产招标。长虹网络科技公司是长虹集团旗下企业，主营业务为5G网关产品开发。主要产品除5G企业网关之外，还有5G工业网关、5G个人WiFi、5G+8K融合智能网关等，以全带宽网络接入与覆盖、数字电视智能终端、物联网行业端到端解决方案三大业务板块为基础，致力于为全球电信、广电基础服务运营商和垂直行业服务商提供产品与服务。

（王月利）

智慧城市建设

概　述

【概况】 2020年4月23日，《绵阳市新型智慧城市建设顶层设计（2020—2022）》（以下简称《顶层设计》）、《绵阳市新型智慧城市建设总体方案》（以下简称《总体方案》）、《绵阳市城市服务平台建设方案》经市政府第92次常务会议审议通过。《顶层设计》旨在依托全市科技创新资源，推进基础网络提升、智慧政务、智慧健康服务、文化教育惠民、智能交通畅行等13项重点工程，推动互联网、大数据、人工智能和实体经济深度融合，打造以资源融合为驱动、精细化城市治理为内涵、市民与企业获得感为特征的智慧城市生态体系。《顶层设计》及相关文件的审议通过，标志着绵阳市新型智慧城市建设正式启动。全市新型智慧城市建设目标以"惠民、兴业、优政"为重点，着重开展"1—2—5—13"新型智慧城市建设行动，即"坚持一个目标引领，强化两个转换、两个构建，落实五大任务，实施十三项重点工程”，推进基础设施智能化，实现城市数创资源共享化，深化民生服务便捷化，提升城市治理协同化，加快产业发展数字化；到2022年年底，初步构建覆盖全域的智慧城市生态体系，搭建以“城市智脑”为核心的共性平台，实现城市数据资源汇聚融合、智慧应用创新普惠，大数据、人工智能等新一代信息技术与城市发展深度融合，政府治理能力和服务水平提升，城市综合服务能力增强，市民的获得感、幸福感提高，物联网、大数据等智慧产业创新发展，城市核心竞争力提升，建成国内一流、西部领先具有科创特色的国家新型智慧城市标杆。新型智慧城市建设总体架构为“1131”，构建以“城市智脑”为核心、以民生服务、城市治理、产业经济融合应用为重点的智慧城市生态体系，其中第一个“1”即1套基础支撑体系，是指建设统一的城市大数据平台，构建高速稳定的通信网络和覆盖广泛的感知体系，形成绵阳智慧城市建设的“数字底座”；第二个“1”即1个绵阳城市智脑，是指以数据的开放共享和融合利用为核心，重点建设数据共享和业务共性支撑能力，建设城市态势感知与仿真平台、城市联动指挥与协同处置平台、城市智能决策与预测预警平台，实现绵阳城市运行体征的监测和统一指挥调度；“3”即3类融合应用，是指建设民生服务、城市治理、产业经济3类融合应用，构建均等化的民生服务体系，提升个性化、便捷化的服务体验，提升城市治理精细化水平，建立产业经济发展支撑体系；第三个“1”即1个城市统一服务入口，是指汇聚城市的政务服务、公共服务、便民服务以及其他各类城市应用，为政府、企业及个人提供统一的移动综合服务入口。根据《总体方案》，2020—2022年，全市首批重点建设统一城市服务工程、智慧政务提升工程、智能交通畅行工程、智能交通畅行工程、智慧健康服务工程、公共安全保障工程、城市大数据及智脑工程共6大系统工程、29个项目，打造西部领先、全国一流的新型智慧城市。全市计划按年度推进新型智慧城市建设，其中2020年以“重点突破、夯实基础”为导向，围绕城市发展的刚性需求和民生领域短板，将城市大数据与城市智脑、城市服务平台、智慧健康等建设内容纳入重点建设项目清单；2021年以“融合协同、全面推进”为导向，以“集约化、协同化、泛领域化”为着力点，将智慧交通、智慧环保、智慧社区平台等建设内容纳入重点建设项目清单；2022年以“智能引领、建成标杆”为导向，加快建设数字化、智慧化政府，通过众多平台将城市全场景与人、物全面连接起来，绵阳智慧城市建设突显局部性或领域内的智能化，达到“智能城市”标准。

【5G智慧园区项目落户科创区】 2020年3月31日，科创区举行绵阳科技城创新中心5G智慧园区项目战略框架合作协议网上签约仪式。项目计划总投资约3亿元，由科创区联合中稹实业集团有限公司、中国信科武汉虹信技术服务有限责任公司、中铁二十二局集团有限公司在绵阳科技城创新中心二期建立5G智慧园区，即以5G基础网络通信为基础，构建“1124”创新5G智慧平台应用（即1套园区基础设施体系，1个园区整体的智慧联办综合平台，2套系统为创新孵化集群发展服务系统和智能化低成本管理系统，可视化平台、移动App（小程序）、门户网站、智能展厅4类名片）。

城市信息化建设

【概况】 2020年，全市城市信息化建设（“数字绵阳”）工作，围绕构建“智慧住建”工作目标，在加强城市建设和管理信息化建设的同时，调整优化数字城管系统业务运转效能，提升为民服务成效。编制《绵阳市城市精细化管理导则》数字化城市管理专篇，从“管理标准”和“精细化管理要求”方面，对数字化城市管理工作责任分工、处置流程、工作要求、管理机制进行明确规范，提升城市精细化管理水平。完成“智慧住建维修资金监管平台LED展示系统”“城区LED电子显示屏发布管理系统升级服务”“市污水处理厂信息监管平台”“数字城管信息采集服务外包”“数字城管处置通租赁及通信运行采购”“数字城管对讲机指挥调度系统”等信息化项目建设。全年数字城管系统共受理城市建设和管理相关案件16.43万件，处置率达99.01%，结案率达99.57%，“12319”热线满意率达97.24%。相关工作获得省委网信办、四川新闻网传媒集团、麻辣社区联合颁发的“2020年度四川网络理政十佳市（州）理政单位”奖。

【数字城管服务】 2020年，全市通过媒体宣传，提升“12319”热线和数字城管为民服务形象，把住建系统网络理政、网舆监控、环境污染防治等相关民生业务，统一依托数字城管系统进行立案处置并评价考核。拓展业务受理范围，接入数字城管平台的业务处置部门由31个增至70个。

【智能公交系统建设】 2020年，绵阳市升级GPS智能调度系统，利用冗量首次实现信息服务输出。对城区180座智能公交电子站牌进行全面提升改造，升级微信公众号功能，集合线路查询、服务投诉等应用，与掌上公交App、公交网站、车载语音视频联动报站系统及头腰尾牌等构成“一站式”公交服务信息平台。

【绵州“一卡通”】 2020年，绵州“一卡通”拓展全支付系统功能，在全国首创收银点钞钱袋卡系统，公交支付和收银管理更加便捷。公交全支付系统实现一票制和多票制公交线路全覆盖，非现金支付量超过总收入的60%。发行全国交通“一卡通”卡3万张，互联互通城市达460个。

【“智慧农贸”市场建设】 2020年，全市创新推出《绵阳市市场智慧监管工作方案》，计划利用5年时间，分期构建具备绵阳特色和亮点的市场监管信息化体系，形成“平台统一支撑、大数据智慧服务、系统全面融合、服务惠民、监管共治”的市场监管信息化创新发展格局，实现“智慧城市智慧监管”新模式。市民可享受到可回溯的食品安全服务和便捷可靠的支付管理服务，同时，商户可以享受支付通道管理、银行账户管理以及小额经营授信贷款等一系列便捷的普惠金融服务。全市共建成并运营科创园区和安州区2家智慧农贸市场。（王　波）

【智慧药房升级面世】 2020年3月19日，科伦药业智慧药房经升级改造后在游仙区东津路科伦药房首次投入使用。科伦药业智慧药房系统于2018年由四川科伦智慧药房科技有限公司研发，具有24小时自助购药、远程问诊、药品公众查询、远程预约挂号、红外线测体温等功能，属行业首创，曾获5项国家实用新型专利。智慧药房系统升级改造后，新增无接触购买防护物资模式。群众通过智慧药房系统扫码支付，就可实现全天候、无接触式自助购买口罩、酒精、消毒液等防护物资，减少人群接触，降低病毒传播概率。（黄　龙　罗鹏程）

金融信息化建设

【概况】 2020年，人民银行绵阳中支加强电票业务系统维护，强化业务操作管理；加强宣传推广力度，注重绵阳电票业务品牌的塑造和维护。业务交易量稳步提升，共办理电票再贴现业务366笔，合计金额85.89亿元。配合完成市本级、涪城区和盐亭县的集中支付“无纸化”系统上线工作。运用电子退库审核比对程序，完成大批量、集中性个人所得税汇算清缴退税，完善退库流程，提高退库效率，全辖国库办理各类退库19.55万笔。

【移动支付便民工程建设】 2020年，人民银行绵阳中支持续推进移动支付便民工程建设，提升支付便民服务水平。推动辖内139家百货超市便利门店、76家餐饮快餐门店、8个景区移动支付受理改造，建成160个县域农村移动支付示范点。联合市商务局开展绵阳市惠民消费券促销活动，扩展移动支付应用场景范围。组织实施小微商户拓展“千行万店”行动和云闪付App推广竞赛活动，会同市总工会联合开展绵阳市移动支付便民工程劳动竞赛，与市卫健委共同组织开展“感恩逆行”消费券发放专项活动。

【大数据场景应用专项试点工作】 2020年，人民银行绵阳中支组建大数据国库应用专项工作课题组，制定行内大数据专项试点工作的技术架构和应用框架。搭建四方伟业大数据可视化系统UE和帆软Fine BI商业智能软件，为大数据应用实操提供支持。建立中支大数据人才培养库，组织参加星环科技大数据平台工程师培训。

【金融科技服务】 2020年，人民银行绵阳中支推进“人脸识别线下支付安全应用”试点项目，推动金融标准应用，开展金融机构代码管理工作，组织辖内16家银行业金融机构完成第二代金融社会保障卡卡面变更审批工作，巩固辖内“畅行巴蜀·金融IC卡交通便民工程”优势，实施新技术金融应用安全评估与备案机制，组织开展商用密码应用安全性评估，组织地方性法人机构开展二代TIPS外联机构SM接口改造工作，持续指导督促法人金融机构IPv6推广工作。

【征信系统管理】 2020年，人民银行绵阳中支完成二代征信系统切换运行工作，更新查询设备、升级查询软件，完成全辖各网点二代系统切换过度。推广“天府信用通”平台，注册认证用户9397个，促成企业融资对接501.69亿元。增设个人征信自助查询设备，全辖共设16台个人征信自助查询终端，实现辖区人行系统、绵阳城区人流集中区域查询服务全覆盖，满足社会公众就近查询需求。（胡子奇）

企业信息化建设

【概况】 2020年，全市贯彻落实国务院《关于深化“互联网+先进制造业”发展工业互联网的指导意见》和绵阳市《关于工业互联网发展实施方案》，完成数字经济目标考核办法编制工作，推进全市工业互联网健康有序发展。推动长虹集团四川电子信息产业聚集区工业互联网平台项目建设，按月进行项目进度总结及汇报，按季度举行项目季度推进会。先后召开5G+工业互联网推动转型升级宣介会、推进建设特钢产业工业互联网座谈会，为本地企业转型和工业互联网升级提供实践方案。对接三一重工、西门子等企业，探索通过地方政府和重点企业的牵头和投入，推动资源整合，提升重点企业信息化建设水平，推进传统制造业数字化转型。组织企业、园区到江西赣州等地调研工业互联网。开展数字经济发展调研工作，摸清各类企业的信息化建设基本情况，发挥政府在产业数字化转型升级方面的推动作用。先后到绵阳丰谷酒业、兴事发集团、双马水泥、长虹爱联、铁骑力士、富临精工、湖山音响等20家本地企业调研，宣贯全市数字化转型升级有关保障政策，指导企业利用新一代信息技术助力企业高质量发展。举办第八届科博会“5G+工业互联网高峰论坛”，探讨5G+工业互联网赋能绵阳市制造业数字化转型发展的实践路径。承办

2020“数字经济·智慧四川”市州行绵阳专场活动，为企业提供数字化应用方案和应用场景。持续开展两化融合贯标工作，组织开展省级两化融合管理体系贯标试点企业和国家级两化融合管理体系贯标示范企业申报推荐工作，新增四川六合特种金属材料股份有限公司、绵阳惠科光电科技有限公司、四川九州电子科技股份有限公司3家省级两化融合管理体系贯标试点企业。

【全市“企业上云”宣传推介会】 2020年1月8日，全市“企业上云”宣传推介会召开。会议由市经信局主办，以“加快发展数字经济，助推制造业高质量发展”为主题，旨在贯彻落实市委七届八次全体会议暨市委经济工作会议精神，发展实体经济，培育经济发展新动能。市委常委、科技城党工委副书记、管委会常务副主任、市国资委党委书记罗宗志出席会议并讲话。会议强调要以实施“千企上云”工程、推动企业上云为入口，持续推进企业和产业的数字化转型，加快数字经济发展，为全市经济高质量发展注入新动能；提出2020年全市工业和信息化领域的数字经济工作以5G网络建设为重点推动通信网络基础设施建设，以工业互联网平台和数据中心建设为重点推动新型信息基础设施建设，以芯片、传感器、网络通信设备、计算设备等为重点引进培育数字核心基础产品制造业，以智能终端、智能家居产品、超高清视频产品、智慧城市系统产品等为重点提升消费应用端数字产品规模和品质，以推动制造过程数字化和企业管理互联网化为重点推动产业数字化转型。会上展示本地云服务商的多款产品，行业专家就企业上云的方案、安全产品和5G+工业互联网等进行介绍和讲解。各县市区、园区工信部门和120余家企业的负责人参加会议。

【5G+工业互联网推动转型升级宣介会】 2020年4月14日，5G+工业互联网推动转型升级宣介会召开。会议由市经信局主办、中国联通绵阳分公司承办。市经信局局长韩晓清，中国联通绵阳分公司总经理许东出席会议，全市各地工信部门负责人及100余家本地企业代表参会。会议邀请主管部门、专家对工业互联网的发展情况作介绍，分析工业互联网对于推动企业和产业转型升级的重要作用，对绵阳发展工业互联网的路径作剖析。

【华为云全面赋能科技城企业高峰论坛】 2020年6月4日，华为云全面赋能科技城企业高峰论坛在中国(绵阳)科技城软件产业园举行。绵阳市的部分企业代表、技术专家等与华为云共同探讨新时代下互联网行业的发展新趋势。绵阳·华为数字经济联合创新中心总经理方济平发表题为“云端引擎，助推行业新动能”的演讲，对AI技术的研发与应用、大数据、华为云服务器、数据库等以及华为云物联网、软件开发等技术进行讲解。华为云开发者生态运营总监严龙国作题为“敏捷转型，助跑研发新赛道”的演讲，介绍“敏捷”开发模式及Scrum工作流程，演示DevOps平台项目流程管理。四川讯视科技有限责任公司技术总监唐玥璨、四川零点自动化系统有限公司技术总监廖亮等企业家代表分享华为云服务使用经验。

【5G工业互联网创新应用实验室在合肥揭牌】 2020年8月8日，长虹美菱、中科类脑公司、安徽联通、科大智能以及安徽大学互联网学院共建的5G工业互联网创新应用实验室在安徽省合肥市揭牌。实验室基于长虹美菱智能制造车间的实际应用场景，利用各单位在5G领域的技术优势，以解决业务痛点、满足实际生产诉求为出发点，构建基于5G、云+智能AI的工业互联网解决方案，共同打造5G+智能工厂，探索工业互联网融合创新应用示范，最终实现企业数字化和智能化升级。

【长虹—上海海思5G应用联合实验室成立】 2020年8月18日，四川长虹电器股份有限公司与上海海思技术有限公司在成都签署合作协议，同时成立“长虹—上海海思5G应用联合实验室”，共同围绕5G应用与创新，服务数字智能工厂、工业互联网、智能显示、物联网模组、智慧家庭、安全芯片、智慧交通等领域。双方基于联合实验室开展人才培养和产品认证与测试服务，服务产业合作伙伴，联合创新。

【2020“数字经济·智慧四川”市州行绵阳专场活动】 2020年8月27日，2020“数字经济·智慧四川”绵阳站暨市（州）行系列活动在科创区启动。活动是“数字经济·智慧四川”市州行系列活动第一站，由省经信厅主办，省大数据产业联合会、市经信局、科创区管委会、金碟公司联合承办，蓝凌软件、亚信科技、绵阳华为等协办。省经信厅副厅长皮亦鸣，市委常委、副市长吕剑等领导出席。活动旨在开展政策解读、专家分享、协议签约等，搭建政企交流平台，为企业提供数字化应用方案和应用场景，加快园区产业数字化、数字产业化。活动中，省大数据产业联合会、侠客岛、金蝶公司、绵阳华为等单位和企业代表到科创区参观，进行数字经济、北斗产业投资对接座谈。

【长虹两项目入选“2020鼎革奖中国数字化转型先锋榜”】 2020年10月30日，清华大学全球产业研究院、《哈佛商业评论》中文版以及思爱普(SAP)共同发起的《哈佛商业评论》中国年会公布“2020鼎革奖——中国数字化转型先锋榜”榜单。“长虹数据中心ARM平台战略推广项目”“长虹财务云项目”分别获得“年度新技术应用突破奖”和“年度财务转型典范奖”。“长虹数据中心ARM平台战略推广项目”是在数据中心基础上推进业务系统向ARM平台转移，包括ARM硬件及其之上的信息系统、数据库、中间件等的ARM化适配、测试、运行等工作，通过技术积累，成为公司天宫服务器战略中ARM生态迁移和保障的重要一环。“长虹财务云项目”是长虹利用互联网模式，依托财务团队和信息技术团队，建成的集“财务云、税务云、金融云”为一体的应用平台。平台集云计算、大数据、人工智能、互联网等技术为一体，具有智能性、灵活性、可配置等优势，提供一站式财税资综合服务，实现扫描原始凭证后，财务处理、资金结算、发票认证、会计报表和纳税申报等全部可通过平台自助完成。（王月利）

农业信息化建设

【概况】 2020年，全市加快实施信息进村入户工程，强化益农信息社建设，通过线上、线下支撑服务，提升现代农业服务便捷化水平。与中国电信绵阳公司联合引发《关于加强益农信息社管理运营工作的通知》，规范发展益农信息社。支持三台乐安镇、江油新安镇、安州桑枣镇开展益农信息社规范提升试点示范。全市共建设2762个益农信息社，规范运营社2484个。

【“互联网+现代农业”行动计划】 2020年，全市实施“互联网+现代农业”行动计划，推动农业数字化转型。支持安州、江油、三台、梓潼、盐亭5个县市区开展大田种植、设施园艺、畜禽水产养殖等农业物联网试验示范基地建设，支持三台县国家数字农业试点县建设；举办“5G+智慧农业”交流会议，与移动绵阳分公司签署《战略合作框架协议》，促进5G网络技术、产品应用与“三农”融合，构建具有科技城特色的5G农业产业体系，促进现代农业发展。

【农业信息网站和微信公众号建设】 2020年，全市农业农村系统按照国务院办公厅《政府网站发展指引》和省、市政府相关工作要求，完善网站栏目设置、功能拓展、内容更新，提升网站服务水平。全年累计更新各类信息和资料2143篇，整合栏目、调整页面2次。全年网站总浏览量达38万次。利用“绵阳农业农村”微信公众号宣传全市农业农村工作，共发布各类信息140余条，用户关注量767人。市气象局围绕乡村振兴、脱贫攻坚、农业产业体系建设以及粮食安全保障等重点工作，收集上传供求信息365条、为农气象服务情报信息240条、绵阳新闻资讯242条。全年绵阳市高水蔬菜批发市场信息服务站采集上传市场内各类蔬菜、粮油、肉类等商品价格信息3658条。

【农业宣传与信息报送】 2020年，全市农业农村系统共报送农情55期报表85份、洪涝风雹灾情等临时农情报表及文字材料55期报表95份，撰写并报送省农业农村厅大小春备耕及播栽特点等文字分析材料11篇。加强与新闻媒体合作，全面报道绵阳农业农村经济发展。做好与绵阳电视台联办的《乡韵绵州》农业专栏，全年录播42期。共报送网站信息1000余条，采用900余条，其中被部省级官网采用300余条。与绵阳电视台、绵阳日报社、绵阳手机党政报等媒体联系，宣传报道全市农业农村工作新闻670余条。

【直通式为农气象服务】 2020年，绵阳市县两级气象局开展直通式为农气象服务，按照农事活动进程，制作发布春耕春播、夏收夏种、秋收秋播农用天气预报100余次，向全市种粮大户、农技、植保人员发布“直通式”农业气象服务短信30余次。年内开展麦冬、茶叶、辣椒、藤椒等特色农业气象服务，制作特色农业气象服务10余期。通过“四川e农”App发布大小春农作物田间快报信息27条，制作发布农业气象情报36期、大小春农作物气象产量预报3期。

（郭康康　杨　戬　刘雅琳）

通信技术

【概况】 2020年，全市通信技术服务主要以电信、联通、移动为主要运营商。全年3家通信公司助力全市智慧城市建设，其中电信重点保障新冠肺炎疫情防控期间重要网络会议通信、医疗系统5G+新冠肺炎远程诊疗系统等；开展5G+智能制造科研和应用试点，助力制造产业转型；布局基站建设，推出“三千兆”网络（即具备“千兆5G、千兆宽带、千兆WiFi”网络能力），助力绵阳在全省率先实现城区和县县通5G，并成为全国首批“三千兆”城市。

【中国电信绵阳分公司】 2020年，中国电信绵阳分公司（以下简称绵阳电信）实现天翼用户超260万户、IPTV用户超106万户、光纤宽带用户超105万户；实现主营业务收入14.29亿元，同比增长6.6%；实现利润2.9亿元。再次获得“全国用户满意企业”称号，被市委、市政府表彰为“优化营商环境先进集体”。新冠肺炎疫情防控期间，上线“会易通”云视频会议平台作为全市远程多方数字化指挥协调调度系统。累计投入150多名专业技术人员，保障全市各类重要会议360场；累计为市县乡村单位开通指挥调度账号（平台）1720个，接入客户端超14.6万个，保障云视频会议3836场。发挥5G和双千兆优势，建设以四〇四等三家市级医院为核心节点，上接华西，横联市卫健、疾控，下联8家县医院的5G+新冠肺炎远程诊疗系统。保障省长尹力与绵阳专家、世界卫生组织连线，听取绵阳防控经验，省专家与绵阳专家特殊病例会诊，市与各县医疗机构每日会诊等重要通信。临时延伸“慧眼工程”云视频监控点近1582个，帮助街道、社区等基层做好居家监护工作。谋划布局5G

建设，全市新建5G基站数持续保持全省第二，在全省率先实现城区和县县通5G，并取得开通全球首个FDD 40MHz HDSS（Hybrid DSS）创新解决方案基站等技术突破。8月28日，绵阳电信联合华为在绵阳开通全球首个2.1GHz 40MHz HDSS创新解决方案基站。该基站通过HDSS实现2.1GHz频谱利用率最大化，开通5G大带宽场景（HDSS最重要的应用场景），即5G使用40MHz连续大带宽频谱。现场测试各项指标均达到预期，大带宽场景的HDSS解决方案得到验证。同时，联合华为打造全球首个面向商用的5G A+P创新站点，针对部分被遮挡的弱覆盖区域，通过A+P创新解决方案适配5G天面受限场景，实现快速部署。与长虹、九洲、华拓、爱联、湖山等26家规模企业开展5G+智能应用的深度合，开展5G+智能制造的相关科研和应用试点，助力绵阳本地制造产业转型。率先推出“三千兆”网络，使绵阳成为全国首批“三千兆”城市。截至年底，实现全市各县市区城区全覆盖。

【绵阳移动5G生活节】 2020年5月16日，绵阳移动在涪城区凯德广场开展首届5G生活节活动，该活动以“5G千兆，宽带千兆，WiFi千兆”为主题，宣传绵阳移动“三千兆”服务（千兆5G、千兆宽带、千兆WiFi）。活动现场设立5G应用展示区，邀请市民体验云逛街、云看房、云旅游等项目。（杜鋉秋）

概 述

【概况】 2020年，全市聚焦文广旅发展目标任务，把握文旅融合发展趋势，推进发展格局创新、产业结构优化、市场主体壮大、事业繁荣发展、服务品质提升。全年全市共有不可移动文物4319处，其中全国重点文物保护单位22处、省级文物保护单位69处、市级文物保护单位45处、县级文物保护单位303处；馆藏珍贵文物5495件，其中一级文物83件、二级文物361件、三级文物5051件。列入国家级非物质文化遗产代表性项目7项（其中“羌年”列入联合国教科文组织急需保护非物质文化遗产名录）、省级非物质文化遗产代表性项目42项、市级非物质文化遗产代表性项目191项。全市有融媒体中心（含广播电视台）10个、广电网络公司11个、公共广播8套、公共电视10套，广播综合覆盖率达99.73%，电视综合覆盖率达99.73%；有线高清数字电视机顶盒在网用户达38万户，同比减少5%，高清机顶盒渗透率达80%；全市共有网吧396家、娱乐场所（含歌舞娱乐、电子游戏）218家、艺术品经营单位4家、演出团队32个。利用数字文化馆、数字图书馆、数字博物馆以及相应的网站、微信公众号、手机客户端等，推出各类线上文化服务项目2424项，其中数字图书馆资源230万余册、线上慕课400余门、在线教师899人、在线课程2万余节，为群众提供线上文化服务。全市有市级文化馆1个、县市区级文化馆9个、乡镇文化站273个、社区（街道）文化中心16个；市级公共图书馆1个、县市区级公共图书馆9个；市级博物馆（纪念馆）2个、县市区级博物馆（纪念馆）9个；市级非物质文化遗产保护中心1个，市级广播电视台1个、县市区级广播电视台9个；国有文艺院团1个。年内，绵阳市文化市场综合行政执法支队正式挂牌，下设城西新区、城南新区、涪城区、游仙区4个综合行政执法大队。

【文化产业市场化运作】 2020年，126文化创意园实现管理模式输出，在西安、重庆等地运营5个文化产业园区。李白诗意书画、汉代文物、土司文物等3个文物展到陕西、广东、重庆等地外展。诗舞剧《李白归来》实现景区驻演，多媒体儿童剧《哪吒》、话剧《疫战中的婚约》到成都、深圳、巴中、贵阳等地商演。7家“非遗”扶贫工坊、24家“非遗”企业入驻京东、淘宝等线上平台，实现线上销售收入2000余万元。

【公共服务效能提升】 2020年，全市开展送文化下乡65场，“绵州大舞台”惠民演出103场，首批开放凯德广场等4个广场街头艺人表演试点。市新世纪农村电影公司、三台县文化执法大队获评“全国服务农民、服务基层文化建设先进集体”称号。完成全省首家市级网络视听监管平台建设，江油市入选省智慧广电示范区，游仙区、三台县入选省应急广播体系建设，取缔“黑电台”窝点2处，109件作品参加“精彩短视频·记录新时代”省级展播。

【抗击新冠肺炎疫情文艺作品征集】 2020年，市委宣传部、市文广旅局、市文联面向全市征集“战疫”主题文艺作品，号召全市广大文艺工作者和爱好者创作宣传防疫、讴歌英雄的文艺作品。全市征集主题文艺作品约1000件，涵盖文学、音乐、美术、书法、摄影、戏剧、曲艺、民间文艺、视频等多个门类。开展绵阳市抗击新冠肺炎疫情文艺专辑录制工作，专辑分为《上篇：使命》《中篇：希望》《下篇：力量》3个篇章。

【文化和旅游部非遗司调研绵阳“非遗”助力精准扶贫工作】 2020年8月27日至28日，文化和旅游部非物质文化遗产司调研组到绵阳调研“非遗”助力精准扶贫工作。调研组在北川羌族自治县曲山镇振兴茶叶合作社、“非遗”扶贫工坊等地，了解羌茶、羌绣、羌族草编、马槽酒、北川老腊肉等“非遗”项目通过技能培训、居家就业、合作社、产品回收等模式助力精准扶贫工作情况，以及“非遗”技艺转化、“非遗”产品走向市场等生产性保护成果，对绵阳的扶贫工坊通过技能培训解决贫困妇女居家就业，通过产品回收增加学员收入，面向市场研发“非遗”文创产品等方面给予肯定，并指导“非遗”传承人和扶贫工坊带头人抓好创意设计、产品研发、市场开拓等工作。

【绵碚文旅融合发展合作协议】 2020年5月20—22日，重庆市北碚区到绵阳交流文旅融合发展合作事宜。其间，市文广旅局与北碚区文旅委签署《促进绵碚文化和旅游融合发展合作协议》，启动实施《2020年绵碚文旅协同发展计划》。由绵碚两地文旅部门牵头，全行业领域参与、全产业链条互动，共同建立工作联络互通互动、公共文化服务共建共享、旅游互送互促、文旅产业共创共赢、宣传营销互推互助、文旅市场合作联动、文旅人才共培共育7项长效机制；启动公共文化服务共建共享、旅游交流合作、文旅产业协作发展、市场宣传营销4类年度协同发展项目，实施双城群众文化互动相关工程、搭建文创创业孵化平台、线上线下文旅资源推介、文献（数字）资源共享等7大行动，联合举办文旅消费季、绵碚文创大赛、“网络大V绵碚行”、景区门票互惠互送等26项文旅协作活动，挖掘和整合两地文化旅游资源，结对打造文旅融合示范区。（葛　佳）

物质文化与非物质文化遗产保护

文物·博物

【概况】 2020年，全市有飞龙山红军战斗遗迹、江油重华县苏维埃政府旧址、平武的川陕省平南县苏维埃政府旧址3处文物保护单位增补为第九批省级文物保护单位；“5·12”汶川特大地震纪念馆获评国家一级博物馆，绵阳市博物馆、李白纪念馆获评国家二级博物馆。申报国家文物保护资金立项项目20个（工程类项目15个、三防类项目5个）、省级文物保护专项资金项目10个。实施国家文物保护项目4个、省级文物保护项目3个、市级文物保护项目2个，累计投入资金1705万元；7个项目获国家文物保护资金项目立项。启动梓江流域盐亭段考古调查勘探工作，发现盐亭张家坝遗址。开展覆盖全市所有县市区的文物安全大检查2次，检查文博单位23个，督促整改安全隐患16项。截至年底，全市共有不可移动文物4319处，其中全国重点文物保护单位22处、省级文物保护单位69处、市级文物保护单位45处、县级文物保护单位303处、未核定公布为文物保护单位的不可移动文物3880处。有馆藏珍贵文物5495件，其中一级文物83件、二级文物361件、三级文物5051件。有可移动革命文物1302件。在文物部门登记备案国有博物馆（纪念馆）11家，其中9家纳入免费开放。有民营博物馆1家，实行免费对外开放。全年12家博物馆共接待游客162万余人次，开设常展29个、临展19个。

【展览交流活动】 2020年，市博物馆组织“涪城汉韵——四川绵阳市博物馆藏汉代精品文物展”到镇江博物馆、无锡博物院、福建民俗博物馆展出，“土司遗珍——四川平武明代土司家族墓出土文物精品展”到南越王宫博物馆、深圳博物馆展出，“余风激兮万世——李白诗意书画特展”到杭州博物馆、重庆中国三峡博物馆展出。同时，引进“古吴神韵——镇江出土吴文化青铜器精品展”“范金琢玉——耀州窑历代陶瓷精品展”“乡土新韵——重庆中国三峡博物馆藏綦江农民版画展”“紫玉金砂——无锡博物院藏紫砂精品展”“石墨镌华——西安碑林名碑书法展”“瓷国明珠——福建德化瓷展”6个外省市特色展览在绵阳展出。与重庆北碚等相关单位、个人联合举办“伯埙仲篪——重庆市北碚区美术馆馆藏二十世纪中国书画名家作品展”“江峡寻墨——当代巴蜀优秀国画作品展”“绵阳市第二届书法篆刻作品展”“金猴百态——平武野生川金丝猴摄影展”等7个书画、摄影展。

【盐亭县张家坝三星堆文化时期大型聚落遗址发现】 该遗址地处盐亭梓江流域大坡山，1984年发现成组礼器石璧后对其进行原址保护。2020年，经四川省文物局批准，绵阳市博物馆组织考古队实勘和试掘，在大坡山西南方向约1.5千米的张家坝发掘出规模上万平方米的重要遗址，发现房基、灰坑、墙体等遗迹以及石璧、陶罐、陶豆、鸟头形勺把等遗物，与三星堆文化二、三期文化面貌一致。经省文物考古研究院专家组初步鉴定，该遗址距今3600年左右，是除成都平原外发现的规模最大、保存最好、遗迹最丰富、遗址性质最明确的三星堆文化时期大型聚落遗址。

【社会宣传教育】 2020年，全市多家博物馆、纪念馆综合运用传统媒体、新媒体等各类宣传手段，通过建设网站、微信公众号、微博等线上平台，展示绵阳优秀文化遗产。各级博物馆（纪念馆）围绕“致力于平等的博物馆：多元和包容”主题，开展“5·18”国际博物馆日线上线下系列宣教活动，线下接待参观者8000余人次，线上“云观展”吸引逾千万人次。市博物馆启动主会场活动，现场上演传统川剧；“5·12”汶川特大地震纪念馆联合今日头条、新浪微博、四川观察等12家网络平台，开展为期4个半小时的“5·12”汶川特大地震12周年纪念日5G现场直播，在线观看人数达1005万人次；

安州区组织“流动博物馆”走进乡镇、街道和社区，展出三足青铜鼎、清代铜编钟、宋芙蓉花金碗（复制品）等文物实物；江油市开展李白文化讲座直播，点击量上千人；开展“木石古韵——江油市文物古迹摄影展”“‘5·12’汶川特大地震亲历者大型口述史展览”“金猴百态——平武野生川金丝猴摄影展”等。“5·12”汶川特大地震纪念馆启动第二批地震亲历者口述史征集工作，选取100组代表人物，形成“‘5·12’汶川特大地震亲历者视频采访意向清单”，到汶川、茂县及北川羌族自治县拍摄亲历者视频50余组。

【绵阳新增三处国家级博物馆】 2020年12月21日，中国博物馆协会发布第四批全国博物馆定级评估结果，核定绵阳市“5·12”汶川特大地震纪念馆为国家一级博物馆，绵阳市博物馆、江油市李白纪念馆为国家二级博物馆。

【跃进路历史文化街区等被评为省级历史文化街区】 2020年12月23日，省政府发布关于核定并公布第三批历史文化街区的通知。绵阳市涪城区跃进路历史文化街区、游仙区碧水寺——越王楼历史文化街区、江油市彰明东街历史文化街区、三台县方家街及下南街历史文化街区、三台县南外街历史文化街区、平武县报恩寺历史文化街区被确定为四川省第三批历史文化街区。

【“三线”建设博物馆项目启动】 2020年，绵阳市“三线”建设博物馆建设项目启动。该馆选址在梓潼县长卿镇长卿村七组，规划占地面积约6.53公顷。项目委托西南科技大学社会科学处等专业机构对全市“三线”建设的历史、文化、遗产相关内容作研究并形成研究成果。

（顾晓燕）

2020年绵阳市文物保护单位一览表

表57

序号	文物保护单位名称	类别	年代	所属县市区
1	河边九龙山崖墓群	古墓葬	汉	涪城区
2	鱼泉寺	古建筑	明至清	游仙区
3	马鞍寺	古建筑	清	游仙区
4	平阳府君阙	古建筑	汉代	游仙区
5	碧水寺摩崖造像	石窟寺及石刻	唐代	游仙区
6	开禧寺	古建筑	明至清	安州区
7	云岩寺	古建筑	宋至清	江油市
8	青林口古建筑群	古建筑	清代	江油市
9	老君山硝洞遗址	古遗址	明至清	江油市
10	云台观	古建筑	明至清	三台县
11	尊胜寺	古建筑	明至清	三台县
12	潼川古城墙	古建筑	明至清	三台县
13	郪江崖墓群	古墓葬	汉	三台县
14	卧龙千佛岩摩崖造像	石窟寺及石刻	唐	梓潼县
15	七曲山大庙	古建筑	元至清	梓潼县
16	李业阙	古建筑	汉	梓潼县
17	平武报恩寺	古建筑	明	平武县
18	永平堡遗址	古遗址	明	北川羌族自治县
19	蓝池庙	古建筑	明、清	三台县
20	花林寺	古建筑	元代	盐亭县
21	文星庙	古建筑	明代	盐亭县
22	“三线”核武器研制基地旧址	近现代重要史迹及代表性建筑	1969年	梓潼县

非物质文化遗产保护

【概况】 2020年，全市新增8个市级“非遗”代表性项目、1个市级“非遗”扩展性项目、11所“非遗”传习基地。编制完成《白马文化生态保护区规划纲要》，组织申报省级文化生态保护实验区，“白马文化生态保护实验区”通过省文化和旅游厅实地考察。授牌绵阳“非遗”扶贫就业工坊17家，联合阿里、京东、拼多多等电商平台，上线绵阳“非遗”扶贫就业工坊7家、“非遗”企业24家，新增网上店铺21家。组织完成四川省文旅资源普查全市“非遗”普查资料收集整理等工作。组织开展2020年“文化和自然遗产日”系列宣传活动暨“非遗”购物节、2020年“绵阳市非遗传承人技艺大赛”“非遗五进工程”等相关大型活动。潼川豆豉技艺等7个“非遗”项目入选四川省首批农村生产生活遗产名录。绵阳市羌族草编传统技艺代表传承人黄强入选2020年度全国乡村文化和旅游能人。

【2020年“文化和自然遗产日”系列活动】 2020年6月13日，绵阳市以“非遗传承·健康生活”为主题，举办“文化和自然遗产日”系列活动，市级集中活动在三台潼川古城举行。组织7家“非遗”就业工坊上网销售，24家“非遗”企业、90余种“非遗”产品参与淘宝、京东等电商平台线上购物节，其中3家企业在京东开设8个店铺，8家企业在淘宝开设13个店铺。开展“非遗”购物节和“非遗”展示展览活动，精选潼川豆豉制作技艺、梓潼酥饼制作技艺等30余项餐饮类“非遗”项目，在潼川古城布设“美食一条街”，并同步展示、展销羌绣、羌族草编等20余项地方特色“非遗”项目。举办“文化遗产日”主题展演，组织30余项“非遗”项目开展巡游和专题展演等活动。邀请川剧变脸、被单戏、绵州古琴等“非遗”项目及古筝、茶艺、汉服等传统文化表演项目进行定点展示；邀请平武虎牙藏族斗牦牛、金峰雄狮、鄞江镇城隍庙会（鄞王出巡）、建中高跷等20余项“非遗”项目开展巡游表演。开设“非遗大讲堂”，组织平武剪纸、鑫田粮艺、涪城面塑等“非遗”项目代表性传承人开展现场授课。组织刘氏骨科、陈氏筋络调理等进行义诊，讲授传统中医药文化，倡导健康生活理念。活动现场还举办国家级羌族文化生态保护区摄影展，并为“非遗”扶贫工坊授牌。

【第六批市级“非遗”代表性项目名录公布】 2020年1月10日，绵阳市人民政府印发《关于公布第六批市级非物质文化遗产代表性项目名录和市级非物质文化遗产扩展性项目名录的通知》，蜀派古琴演奏技艺、海灯武术、上刀山技艺、窝窝店包子传统制作技艺、擀酥麻饼制作技艺、龙树汤羊肉、羊皮褂制作技艺、刘氏正骨疗法8个项目进入第六批市级非物质文化遗产代表性项目名录；史派川菜传统技艺进入第六批市级非物质文化遗产扩展性项目名录。至此，绵阳市有市级非物质文化遗产代表性项目和扩展性项目191项，涵盖传统口头文学、传统表演艺术、传统技艺、传统民俗、传统体育等六大种类，形成比较完整的市级非物质文化遗产传承体系。

【2020绵阳“非遗”主题展示展销展演活动】 2020年11月13日，2020绵阳“非遗”主题展示展演活动在科创区科技城人才公园举行。活动期间，举办2020年“绵阳市非遗传承人技艺大赛”颁奖仪式、绵阳市第四批“非遗”传习基地（校园）授牌仪式、绵阳市“非遗”扶贫就业工坊授牌仪式等活动。其中技艺大赛共有117件作品参赛，10件作品获得传承创新奖、18件作品获创意设计奖、31件作品获优秀作品奖。绵阳市园艺小学等11所学校、安州区花庙土陶“非遗”扶贫就业工坊等10个工坊分别获得绵阳市第四批“非遗”传习基地（校园）、绵阳市“非遗”扶贫就业工坊授牌。

【绵阳市第四届中华吟诵（“非遗”）展演】 2020年12月2日，由市艺术剧院公司、市“非遗”中心、市文化馆、市图书馆主办，四川省吟诵学会等承办的“2020年李白诗歌专场吟诵晚会暨绵阳市第四届中华吟诵（‘非遗’）展演”在绵州大剧院举行。“绵州吟诵”是绵阳市非物质文化遗产项目，参演人员逾2500人次，现场观众、网络观众达40万人次。

（王　伟）

2020年绵阳市国家级非物质文化遗产名录项目一览表

表58

序号	项目名称	区域	序号	项目名称	区域
1	抬阁（青林口高抬戏）	江油市	5	禹的传说	北川羌族自治县
2	洞经音乐（文昌洞经古乐）	梓潼县	6	口弦音乐	北川羌族自治县
3	豆豉酿制技艺（潼川豆豉酿制技艺）	三台县	7	跳曹盖	平武县
4	羌年	北川羌族自治县			

2020年绵阳市第六批市级非物质文化遗产代表性项目一览表

表59

序号	项目名称	项目类别	申报地区	保护单位
1	蜀派古琴演奏技艺	传统音乐	涪城区	四川省太祖文化传播有限公司
2	海灯武术	传统体育、游艺与杂技	江油市	江油市文化馆
3	上刀山技艺	传统体育、游艺与杂技	平武县	平武县文化馆
4	窝窝店包子传统制作技艺	传统技艺	涪城区	四川省绵阳市饮食服务有限责任公司
5	擀酥麻饼制作技艺	传统技艺	江油市	江油市文化馆
6	龙树汤羊肉	传统技艺	三台县	三台县龙树镇文化站
7	羊皮褂制作技艺	传统技艺	北川羌族自治县	北川羌族自治县文化馆
8	刘氏正骨疗法	传统医药	涪城区、三台县	绵阳市涪城区刘明光中医门诊部 四川刘氏正骨医疗科技有限公司

2020年绵阳市省级非物质文化遗产名录项目一览表

表60

序号	项目名称	所属区域	序号	项目名称	所属区域
1	文昌出巡	梓潼县	22	大禹祭祀习俗	北川羌族自治县
2	灯戏（许家湾十二花灯戏）	北川羌族自治县	23	睢水春社踩桥会	安州区
3	石刻工艺 (雾山石刻)	江油市	24	蚕姑庙会	盐亭县
4	重华烟火架制作工艺	江油市	25	灯舞（羌族麻龙马灯）	北川羌族自治县
5	蚕丝祖神传说	盐亭县	26	梓潼片粉制作技艺	梓潼县
6	羌族沙朗	北川羌族自治县	27	梓潼酥饼制作技艺	梓潼县
7	龙舞（盐亭桃子龙）	盐亭县	28	凄江镇城隍庙会	三台县
8	耍蚕龙	盐亭县	29	羌族婚俗	北川羌族自治县
9	羌戈大战（羌族古典叙事长诗）	北川羌族自治县	30	龙舞（盐亭水龙）	盐亭县
10	江河号子（涪江号子）	三台县	31	羌笛演奏技艺	北川羌族自治县
11	平武虎牙藏族斗牦牛	平武县	32	龙舞（盐亭梓江龙）	盐亭县
12	建中高跷狮灯	三台县	33	羌绣传统刺绣工艺	北川羌族自治县
13	花灯（大新花灯）	梓潼县	34	羌绣传统刺绣工艺	平武县
14	马鸣阳戏	梓潼县	35	毛笔制作技艺（炳林毛笔制作技艺）	涪城区
15	羌族推杆	北川羌族自治县	36	蒸馏酒传统酿造技艺（玉米酒传统酿造技艺）	北川羌族自治县
16	羌族水磨漆艺	北川羌族自治县	37	太极五子衍宗丸制作技艺	游仙区
17	四川手工剪纸（平武剪纸）	平武县	38	聋派指画	游仙区
18	四川手工剪纸（涪城剪纸）	涪城区	39	铁索飞渡	江油市
19	传统民居营造技艺（羌家石碉房与吊脚楼）	北川羌族自治县	40	白马毡帽擀制技艺	平武县
20	羌族碉楼营造技艺	北川羌族自治县	41	被单戏	安州区
21	羌族碉楼营造技艺	平武县	42	四川绿茶制作技艺（羌族罐罐茶制作技艺）	北川羌族自治县

2020年绵阳市市级非物质文化遗产名录项目一览表

表61

序号	项目名称	所属区域	序号	项目名称	所属区域
1	回龙传说	涪城区	32	羌族吹吹	北川羌族自治县
2	李白民间故事	江油市	33	羌族响器	北川羌族自治县
3	哪吒故事及民俗	江油市	34	金峰雄狮	涪城区
4	鲁班的传说	三台县	35	火龙	三台县
5	杜甫的梓州传说	三台县	36	马马灯	三台县
6	大佛寺的传说	三台县	37	彩莲船	三台县
7	石柱盘龙的传说	三台县	38	长卿彩船	梓潼县
8	郪城故事	三台县	39	先锋莲宵	梓潼县
9	川剧绝技（游仙川剧变脸）	游仙区	40	石牛火龙	梓潼县
10	藏丝洞的传说	盐亭县	41	高跷狮灯（黎雅高跷狮灯）	梓潼县
11	文同传说	盐亭县	42	青岭狮灯	梓潼县
12	文昌神话传说	梓潼县	43	虎牙藏族锅庄	平武县
13	白马人口头民间文学	平武县	44	羊皮端公舞	北川羌族自治县
14	药王传说	北川羌族自治县	45	腰梆	北川羌族自治县
15	荞麦的传说	北川羌族自治县	46	板凳龙马马灯	北川羌族自治县
16	吟诵（绵州吟诵）	涪城区（市“非遗”中心）	47	高跷狮舞	北川羌族自治县
17	安县茶坪民歌	安州区	48	羌族丧舞	北川羌族自治县
18	原始器乐（吹号、吹树叶）	安州区	49	铁牛街川剧坐唱	涪城区
19	云集薅秧歌	江油市	50	川剧绝技（脱手变脸）	涪城区
20	川北薅草锣鼓	江油市	51	皮影	游仙区
21	三台民歌	三台县	52	皮影戏	安州区
22	石工号子	三台县	53	被单戏	江油市
23	花花锣鼓	三台县	54	川剧绝技（三台川剧变脸）	三台县
24	龙潭鼓乐	盐亭县	55	皮影	三台县
25	文昌古籍	梓潼县	56	皮影戏	盐亭县
26	虎牙山歌	平武县	57	被单戏	梓潼县
27	白马民歌	平武县	58	清音（刘丽华清音）	涪城区
28	平武薅草锣鼓	平武县	59	金钱板	涪城区
29	平武羌族民歌	平武县	60	金钱板	安州区
30	平武山歌	平武县	61	评书	安州区
31	羌族山歌	北川羌族自治县	62	金钱板	三台县

续表

序号	项目名称	所属区域	序号	项目名称	所属区域
63	竹琴	三台县	94	梓潼木刻、年画	梓潼县
64	评书	三台县	95	梓潼木雕、泥塑	梓潼县
65	金钱板	梓潼县	96	糖画	梓潼县
66	评书	梓潼县	97	曹盖面具	平武县
67	道情	梓潼县	98	白马藏人剪纸	平武县
68	打岔	北川羌族自治县	99	木刻、木雕.书版（北川）	北川羌族自治县（2008年转入）
69	高空杂技	游仙区	100	鑫田粮艺	涪城区
70	赵门武术	游仙区	101	民间工艺云登	涪城区
71	民间棋艺	安州区	102	肖氏漆艺	涪城区
72	独角木偶	梓潼县	103	草编（赵氏草编）	涪城区
73	绵阳拼布	市“非遗”中心	104	涪城拓片技艺	涪城区
74	石雕（李氏古艺石刻）	涪城区	105	古陶瓷修复技艺	涪城区
75	玉龙化石雕刻	涪城区	106	西蜀木艺（古蜀木艺）	涪城区（高新区宣传中心）
76	天地九五堂葫芦雕绘	涪城区	107	邹氏古建木制作工艺	涪城区（高新区宣传中心）
77	唐绣娘刺绣	涪城区	108	西蜀木艺（古木造型技艺）	游仙区
78	上方大篆书法	涪城区	109	草纸制作技艺	安州区
79	月饼模制作技艺	涪城区	110	特色饮食制作工艺（焦鸭子）	安州区
80	何氏吹糖人	涪城区	111	特色饮食制作工艺（红酥）	安州区
81	面塑（涪城面塑）	涪城区	112	特色饮食制作工艺（谷花糖）	安州区
82	糖画（李氏麦芽糖画）	涪城区	113	特色饮食制作工艺（鲜米粉）	安州区
83	糖画（富乐糖画）	游仙区	114	纸扎技艺	安州区
84	川剧脸谱	游仙区	115	西蜀木艺（恒源木雕）	安州区
85	文昌年画	游仙区（仙海）	116	平武传统食品制作工艺（陈年梅饯制作工艺）	平武县
86	民间灶台画	安州区	117	张包蛋制作技艺	安州区
87	画坛罐	安州区	118	土陶制作技艺（安州花庙土陶）	安州区
88	木刻、木雕.书版（三台）	三台县	119	青林口豆腐宴制作技艺	江油市
89	面塑（三台面塑）	三台县	120	黄杨木梳手工制作技艺	江油市
90	建筑石雕	三台县	121	桂华斋米花糖制作工艺	江油市
91	三台剪纸	三台县	122	中坝附子栽培及炮制工艺	江油市
92	高灯泥塑	盐亭县	123	炼硝工艺	江油市
93	糖画	盐亭县	124	中坝口蘑酱油酿造工艺	江油市

续表

序号	项目名称	所属区域	序号	项目名称	所属区域
125	土陶制作技艺（三台柳池土陶）	三台县	154	龙抬头	三台县
126	麦冬酒酿制技艺	三台县	155	云台观庙会	三台县
127	杜氏皮蛋腌制技艺	三台县	156	婚嫁习俗（哭嫁）	三台县
128	金鼓粉条手工制作技艺	三台县	157	磨刀会	三台县
129	盔头制作工艺	三台县	158	灵峰寺庙会	三台县
130	鹅溪绢传统制作技艺	盐亭县	159	马祖寺庙会	三台县
131	杜氏根雕	盐亭县	160	吴氏宗族祭祖仪式	三台县
132	史派川菜	梓潼县	161	岐伯行乡会	盐亭县
133	金龙场折席制作技艺	梓潼县	162	文昌祭祀	梓潼县
134	梓潼“十大碗”与梓潼镶碗	梓潼县	163	文昌庙会	梓潼县
135	许州凉粉	梓潼县	164	白马风俗	平武县
136	白马人花腰带制作技艺	平武县	165	白马十八寨文化村	平武县
137	平武套枣制作工艺	平武县	166	虎牙藏人婚俗	平武县
138	平武传统食品制作工艺（洋芋糍粑）	平武县	167	泗耳藏人婚俗（座斗）	平武县
139	白马藏人咂酒制作工艺	平武县	168	羌族风俗	北川羌族自治县
140	白马藏人蜂蜜酒制作工艺	平武县	169	正河羌族文化村	北川羌族自治县
141	北川老腊肉制作技艺	北川羌族自治县	170	羌族转山会	北川羌族自治县
142	羌茶手工制作技艺	北川羌族自治县	171	千佛山佛祖庙会	北川羌族自治县
143	羌族草编制作工艺	北川羌族自治县	172	土建习俗	北川羌族自治县（2008 年转入）
144	杨氏疗蛇伤术（原名：杨氏驱蛇术）	安州区	173	道家丧葬习俗	北川羌族自治县（2008 年转入）
145	民间验方	安州区	174	片口乡民俗（“上九会”烧火龙灯）	北川羌族自治县
146	中医诊疗法（罗氏按摩）	梓潼县	175	片口乡民俗（三月三抢童子）	北川羌族自治县
147	中医传统制剂方法（文派宋氏金钢酒配制技艺）	梓潼县	176	片口乡民俗（“六月十九”抬狗羞灵官·祭天耍水龙）	北川羌族自治县
148	跳端公	安州区	177	羌族丧舞	平武县
149	道家丧葬习俗	安州区	178	猫猫舞	平武县
150	土建习俗	安州区	179	圆圆舞	平武县
151	婚嫁习俗	安州区	180	火龙	安州区
152	圌山庙会	江油市	181	火龙	梓潼县
153	揪揪会	三台县	—	—	—

文艺创作

【概况】　2020年，全市文艺单位和个人共创作涵盖音乐、美术、书法、摄影、戏剧、曲艺、民间文艺、视频等多个门类的抗疫题材作品约1000件。市委宣传部、市卫健委、市文广旅局、市文联、市广播电视台组织市艺术剧院有限责任公司、市文化馆、市“非遗”中心等文艺单位联合录制“绵阳市抗击新冠肺炎疫情文艺专辑”。市艺术剧院有限责任公司创作抗疫情景剧《我不能停下来》、抗疫歌曲《在一线》《好想隔空拥抱你》、抗疫舞蹈《洗手舞》等抗疫文艺作品，分别在人民网、“学习强国”App等平台传播。市文化馆创作的《逆行》《祖国》两首原创歌曲入选省委宣传部首批优秀抗疫作品，《祖国》获第八届亚洲微电影艺术节抗疫单元优秀作品奖；MV《那一场雪落江汉》被“学习强国”App全国平台、人民日报文创、文旅中国等平台刊发。市“非遗”中心创作的歌曲《心的温暖》分别被“学习强国”App全国平台、中国文明网、人民日报文创、凤凰网等平台刊发。全市2个剧目（话剧《疫战中的婚约》、儿童剧《说唱俑》）、2名青年艺术家（王宬蒖、石旭）获2020年四川艺术基金扶持。市艺术剧院有限责任公司创排的四川艺术基金资助剧目——话剧《疫战中的婚约》首演。相声《采访》等6件作品在2020年四川省乡村艺术节群众文艺作品比赛中获奖。

【第八届科博会开幕式展演】　2020年9月21日，第八届科博会开幕式展演在九洲体育馆举行。该展演由绵阳市委宣传部、绵阳市文广旅局承办，绵阳市艺术剧院有限责任公司创排执行。以“科技引领、自主创新、众志成城、奋发有为”为主题线，以北斗卫星为视觉线，以《我们走在大路上》为音乐线，通过“科技引领北斗之路”“众志成城抗击新冠疫情”“新基建催生新发展动能”“国家战略推动高质量发展”“我们走在大路上”5个部分，分别呈现同心抗疫、新基建如火如荼、国家战略推动高质量发展等场景，展现中华儿女奋发有为共筑中国梦的豪情壮志。展演运用高精度编程激光光绘、交互影像数字技术、浮球矩阵、可变混响环绕声学系统等手段，与主背景视频和舞台表演融合。《四川日报》以专文《揭秘第八届科博会开幕式展演——18分钟展演背后的考量》对展演进行报道。

【话剧《疫战中的婚约》成都首演】2020年9月27—28日，由绵阳市艺术剧院有限责任公司出品，成都大庸戏剧文化艺术有限公司参与联合制作的原创话剧《疫战中的婚约》在成都新声剧场首演，这也是四川首部创排并公演的抗疫题材话剧。作为2020年四川艺术基金资助项目，《疫战中的婚约》获得四川省艺术基金大型舞台艺术创作资助。

【绵阳原创作品获四川省乡村文化艺术节大奖】　2020年10月16日—18日，2020年四川省乡村艺术节在广安市武胜县举行。绵阳市选送的相声《采访》获曲艺类一等奖，小品《山湾农庄的笑声》获戏剧类二等奖，原创歌曲《扶贫路上》参加艺术节开幕式演出和惠民巡演。

【多媒体儿童剧《哪吒》在深圳演出】　2020年11月，绵阳原创多媒体儿童剧《哪吒》在深圳蛇口风华大剧院上演。原创多媒体儿童剧《哪吒》由国家一级编剧董妮在中国传统神话故事的基础上进行的改编、新创，由绵阳艺术剧院18位青年演员出演。作品传承中华民族优秀传统文化中关于“礼、智、仁、义、信”的精髓，对青少年儿童有教育启迪意义。该剧自2017年首演以来，在全国巡演110余场。

【大型现代川剧《文昌第一福》走进贵州】　2020年11月17日，绵阳市艺术剧院有限责任公司出品打造，由全国戏剧梅花奖得主、著名川剧表演艺术家蒋淑梅领衔主演的大型现代川剧《文昌第一福》在贵州省国际会议中心剧场上演。

（孙　瑛　王　伟）

文化行政审批

【概况】　2020年，市文广旅局围绕“放管服”改革主线和优化营商环境的决策部署，推进“一窗受理、集成服务”“最多跑一次”等工作，优化审批流程，营造文化、广电和旅游市场良好营商环境。落实“三集中、三到位”，即实行审批职能向一个科室集中、承担审批职能的科室向政务服务中心集中、行政审批事项向电子政务平台集中，做到审批事项进驻落实到位、授权到位、电子监察到位。落实政务公开和双公示制度，将部门行政许可事项公开，在信用绵阳网站和部门网站上发布双公示信息向社会公布办理结果，接受群众监督和社会监督，确保行政权力运行规范化、公开化和透明化。全年累计办结行政审批事项104件，其中行政许可97件、其他行政权力7件，提供咨询服务900余人次，群众满意率达100%。

【政务服务改革】　2020年，市文广旅局动态调整部门权责清单，对照文化和旅游厅、省广电局权责清单变化，核实调整部门行政权力事项清单（2019年本）和一体化政务服务平台中的事项清单。开展部门事项清理规范，核对事项汇总表和事项动态调整确认单，共梳理政务服务事项88项，其中行政许可44项、行政奖励7项、行政确认3项、其他行政权力18项、主动服务9项、依申请服务6项、咨询1项。将部门所有依申请政务服务事项全部纳入四川政务服务网，并将办事指南的各项要素信息予以公开。

【"互联网+"政务服务】 2020年，市文广旅局依托省一体化政务服务平台办理审批业务，对平台事项实施清单实行动态管理，将行政审批事项、公共服务事项的申办条件、申办材料、承办时限、法律依据等信息通过政务服务网站、部门网站向社会公开发布。部门依申请类政务服务事项承诺时限在法定时限基础上提速90%，政务服务事项平均"最多跑一次"占比达100%，政务服务事项网上可办率达100%，即办件事项占比超50%，部门全年政务服务事项按时办结率达100%。

【"一件事一次办"场景服务】 2020年，市文广旅局、市民政局、市政务局、技术公司共同梳理文化类民办非企业及文化类社会团体相关业务的申请表、申请材料清单、线上线下流程图、空表、材料范本等场景信息，将其作为首批试行事项入驻"一件事一次办"窗口实施场景化办理。实现企业和群众办事从"事项最多跑一次"向"一件事最多跑一次"转变，办一件事从多个部门、多个网站向一窗受理、一网通办转变。

【行政审批规范化建设】 2020年，市文广旅局核实调整《绵阳市人民政府政务服务中心"一窗受理、集成服务"综合受理事项申请材料目录》和部门办事指南。印发《规范文化和旅游行政审批工作实施方案》，围绕行政审批信息公开、行政审批办件流程、行政审批工作台账等方面要求各县市区开展自查自纠和总结整改，深化行政审批制度改革，提升依法审批工作水平。

（李　娜）

文化市场

【概况】 2020年，全市文化市场监管部门做好市场规范和新冠肺炎疫情防控，开展文化旅游市场整治行动，加强市场巡查，依法打击违法经营行为，规范文化市场经营秩序，制发《2020年安全生产工作要点》《安全监管责任清单》《安全生产委员会工作方案》，确保文化市场环境安全有序。开展文化市场检查2673次，出动执法人员1.36万人次，检查网吧2066家次、娱乐场所700家次、演出市场63家次，联合执法21次，受理投诉举报120件，责令整改65家，行政约谈140家，行政处罚18家。回复并处理群众举报信件120件，接待来访群众800余人次。

【"双随机、一公开"监管工作】 2020年，市文广旅局制订《绵阳市文化市场"双随机、一公开"监管工作实施方案》及实施细则，建立随机抽查事项清单和市场主体名录库、执法检查人员名录库，对接四川省"双随机"任务管理平台，形成从随机抽查到信息公示、信用分类及信用应用的完整工作链。共依法建立互联网上网服务、歌舞娱乐、广播影视、印刷复制、营业性演出等随机抽查事项清单24类，录入市场主体名录库3342家，入库综合执法人员84人，基本实现"应录尽录、应管尽管"，形成"部门监管、行业自律、主体自治、社会监督"的新常态。出动执法人员464人次，"双随机"抽查232家次，责令整改62家次，超过抽查频率不少于4次/年、抽查比例不低于10%的指标。

【网吧市场监管】 2020年，市文广旅局下发《关于规范2020年暑期互联网上网服务营业场所、娱乐场所经营秩序和安全工作的通知》等文件，采取随机检查和集中整治相结合的方式，组织联合执法整治行动10次，做好校园周边网吧市场管理，行政约谈网吧100余家次，对12家网吧违法违规经营行为进行惩处，办理行政处罚案件11件，结案率达100%。市文化综合行政执法机构与互联网经营场所经营户签订安全目标责任书，明确安全主体责任，提高安全防范意识。组织全体文化市场从业人员进行消防应急疏散演练，面向从业人员开展消防知识讲座2次。

【广电市场整治】 2020年，市文广旅局牵头组织开展广播电视广告播出、网络视听节目传输、IPTV等专项整治活动15次，联系相关部门取缔查处"黑电台"3起，阻止非法安装使用地面卫星接收设施45起，拆除违规安装使用的卫星地面接收设施366台套。

【文物市场监管】 2020年7月，市文化市场综合执法部门集中开展全市文物保护单位执法检查行动；11月至12月，集中开展为期2个月的全市文物执法巡查行动。专项行动按照"全覆盖、零容忍、严执法、重实效"的总体要求，排查整治文物保护单位各类安全隐患和违法行为，发出文物安全风险警示函2件。

【版权市场整治】 2020年，全市持续开展版权执法行动，取缔非法销售出版物单位25家，收缴非法出版物光碟1100张、图书1052册，现场处罚9家，对出版物发行市场、印刷企业实现全覆盖检查。

（黄仁全　顾　宏）

2020年绵阳市文化市场基本情况一览表

表62

产业分类 \ 数量情况		经营单位数量（个）	从业人数（人）	总资产额（万元）	年总收入（万元）
文化娱乐	娱乐场所	218	1528	44322	11100
	文艺表演团体	32	652	5842.0	3015
网 吧		396	1372	21947	9010
艺术品		4	17	417.0	160.0

城市文化

【概况】 2020年，全市围绕公共文化服务体系建设，设置服务项目，提高公共文化设施利用率，发挥图书馆、文化馆（站）、博物馆等在社会教育、文化传播、公共文化服务等方面的阵地作用。新冠肺炎疫情防控期间，全市公共文化单位做到“场馆关闭，服务不停”，运用网络、新媒体等手段，开展远程公共文化服务。指导“两馆一站”做好新冠肺炎疫情防控常态化时期的免费开放工作，利用“线上+线下”两种方式做好公共文化服务。先后举办元旦春节系列活动、“我们的节日”、迎春诗会、中华吟诵展演等系列群众文化活动。按照“公益性、基本性、均等性、便利性”原则，以健全和完善市、县、镇、村四级公共文化服务体系为主线，以保障城乡居民基本文化需求为目的，实施文化惠民工程，提高公共文化服务的能力和水平。

【四川省吟诵学会入驻绵阳市文化馆】 2020年1月19日，四川省吟诵学会驻会挂牌仪式暨李白诗歌吟诵展演在绵阳市文化馆举行。四川省吟诵学会是省级一级学会，影响力覆盖全川，在成都、绵阳、内江等地设有24处基地和推广中心，学会驻会绵阳市文化馆后，计划让吟诵传统文化实现进学校、进机关、进企业、进社区。

【绵阳市第十九届迎春诗会评奖揭晓】 2020年5月21日，由市委宣传部、市文广旅局主办，市文化馆、重庆市北碚区文化馆、市群众文化学会承办的绵阳市第十九届迎春诗会作品评奖工作在市文化馆举行。诗会以“绵山碚水展画图·山花烂漫迎春归”为主题，收到来自北京、天津、重庆、福建、江苏等地及绵阳市内应征作品600余件。经初评、复评、终审，共30件作品分获等级奖和优秀奖。

【绵碚两地文化旅游交流】 2020年5月20—22日，绵阳市文广旅局和重庆北碚区文旅委签署《加快推动成渝地区双城经济圈建设，促进绵碚文化和旅游融合发展合作协议》《促进绵碚文化和旅游融合发展合作协议》，启动实施《2020年绵碚文旅协同发展计划》。5月26—28日，绵碚双城文化馆文化交流互动活动在重庆北碚举办，两地文化馆签订《绵碚文化馆联盟合作协议》，开展“绵碚两地文化馆书画摄影文创作品联展”“艺动绵碚——北碚区文化馆、绵阳市文化馆双城文化互动云演出”等，融入成渝地区双城经济圈建设，共推两地公共文化服务高质量发展。

【梁时民美术馆在三台潼川古城开馆】 2020年7月2日，四川省美协主席、中国当代花鸟画家代表梁时民个人美术馆在三台县潼川古城开馆。来自全国的艺术家、文化界嘉宾等数百人出席开馆仪式。当天，“清风掠过”梁时民艺术作品展同步开幕，展出梁时民、姚叶红、邝明惠等人的《包谷林》《暖冬》等画作100余幅、藏品100余件。

【2020天府书展绵阳分展场文创集市开市】 2020年10月17日，2020天府书展绵阳分展场文创集市在绵阳新华文轩开市。其间，开展绵阳作家陈霁作品《雀儿山高度》分享会、“馆店融合——你选书，我买单”“历史名人李白来圈粉啦”、历史英雄人物大禹传奇故事分享会等活动。

【2020健康绵阳全民运动汇·越舞越好看】 2020年11月8日，2020健康绵阳全民运动汇暨“越舞越好看”绵阳市第五届群众广场舞展演决赛在铁牛广场举行。活动由市委宣传部、市教体局、市文广旅局、市卫健委主办，市文化馆、市体育总会、市疾病预防控制中心、四川广电网络绵阳分公司共同承办。该活动以“全面健身　全面健康　全面小康”为主题，于8月启动，吸引全市上百支舞队、上千名队员参与。经过初赛、复赛，25支舞队进入全市总决赛。

【央视新闻新媒体直播走进北川】 2020年12月30日，由央视新闻新媒体推出的直播特别节目《告别2020　迎新机　开新局》走进北川新县城巴拿恰商业步行街进行现场直播，展示北川特色产品、“非遗”文化和精神风貌。直播由中央电视总台驻四川站承办，持续30分钟，观看人数达40多万人次。　（周大文）

农村文化

【概况】 2020年，全市推进农村公共文化服务标准化建设，巩固文化扶贫建设成果，加快转变农村文化发展方式，持续实现广播村村响、电视户户通，村村有文化活动。开展全民阅读活动，其中三台县农村公共文化服务集市“四下乡”；安州区、江油市等地举行乡村文化旅游节，北川羌族自治县举办“情歌节”“泼水节”活动，游仙区举办魏城镇首届乡村文化艺术节活动。平武县土城藏族乡独木村等获评四川省2020年“文化扶贫示范村”。全年全市举办文化专干、群众文艺骨干培训班12期，开展送文艺、送戏曲到乡镇（社区）90余场，完成绵州大舞台惠民演出季100余场，村级综合文化服务中心和农家（社区）书屋全部免费开放，并实行错时延时开放。

【江油市第八届乡村文化旅游节】 2020年3月28日，江油市第八届乡村文化旅游节在大康镇“星火花园”启动。乡村文化旅游节主会场设在大康镇“星火花园”，同步连线戴天山辛夷花海、窦圌山“三月三”民俗节、大堰锦花台、西屏海棠花海、百合爱情谷及佛爷洞等景区景点。乡村文化旅游节系列活动包括大康辛夷花节、永胜采茶节、青莲芍药花节、方水白玉枇杷节、重华传统民俗文化节、青龙峡漂流节、新安采果节、大堰钓鱼节等。

【北川小寨子沟第五届“瓦尔纳泽”情歌节举办】 2020年6月20日至8月20日，第五届北川“瓦尔纳泽”情歌节在青片乡正河村举办。情歌节主题为“在世界行走，为北川停留”，开幕式上，大型文艺实景表演再现当地人民生产生活、民风民俗和地域文化，同时举行小寨子沟首届羌族音乐会暨电音节。情歌节期间，举办特色龙舟漂流、少数民族传统体育运动会、羌族传统民歌大赛、抖音拍摄比赛及羌寨寻宝、小寨子沟森林徒步穿越游等活动。

【安州区第二届千佛消夏节开幕】 2020年7月26—30日，安州区第四届乡村文化旅游节暨第二届千佛消夏节举行。活动分为春赏花、夏纳凉、秋观景、冬玩雪四大板块，涵盖幸福七里桃花节、“超凡脱俗”民宿节、“洋马路”消夏啤酒节、美食狂欢节等28项活动，实现季季有主题、月月有活动。通过沉浸式体验、展陈展演、互动娱乐、美食品鉴、文体活动等多种形式，满足游客多元化需求。

【北川羌族自治县片口民俗活动】 2020年8月8日，北川羌族自治县片口乡举行“抬狗羞灵官”“祭天耍水龙”民俗活动。同时，举办以“乡音未改众乡贤·共商家乡新发展”为主题的招商引资推介暨乡贤座谈会，开展乡土风情民俗表演和巡游、羌族民族服饰展示、老街风情坝坝宴、篝火狂欢沙朗展演等活动。

【独木村等获评2020年全省“文化扶贫示范村”】 2020年12月，省委宣传部、农业厅、文化和旅游厅、省广电局、省体育局、省扶贫开发局联合公布2020年四川省“文化扶贫示范村”名单，绵阳市平武县土城藏族乡独木村、三台县八洞镇付家垭村、三台县官桥镇天登村、盐亭县嫘祖镇星星村共4个村入选。

【3个案例入选四川省文旅扶贫典型案例】 2020年10月13日，文化和旅游厅公布“四川省文化和旅游扶贫典型案例”名单，平武县《实施旅游兴县战略　坚决打赢脱贫攻坚战》、北川县《脱贫路上茶飘香》《不忘创业初心　致力脱贫事业》入选。

（周大文）

公共图书馆

【概况】 2020年，全市有公共图书馆10个，其中市级公共图书馆1个、县市区级公共图书馆9个。绵阳市图书馆坐落于长虹大道中段47号，由社会学家费孝通题写馆名，为国家一级图书馆，馆藏60万册（件）。全年市图书馆新增图书5161种、10186册，期刊8483册，港澳台及地方期刊337册。图书馆官方网站发布公告47条、新闻资讯72条，网站独立IP访问16043次，PV浏览56282次。市图书馆微信公众号关注19360人，同比增长15%，全年发送图文446条，月均推送图文信息37条，微信荐书4期。举办“中国科技城·绵州讲坛”公益讲座25场，其中线上15场；举办诗词写作、书法绘画等社会教育培训30余场次，举办各类专题图片展览15次，开展流动图书车进校园、进社区、进广场等流动服务和宣传活动6次，参加全市文化科技卫生法律“三下乡”“科技之春”科普宣传等集中活动3次。以图片展、书法展、诗歌朗诵等多种形式开展《我们的节日》系列文化主题线上线下活动6次。举办“4·23”世界读书日系列活动，集中表扬优秀读者、优秀志愿者和优秀图书馆分馆，为富临医院分馆补充图书文献300余册，联合人天公司开展阅读服务进126社区活动。参加四川省天府书展活动，联合绵阳师范学院、四川文化艺术学院开展《雀儿山高度》阅读分享会和《媒体艺术写作》公益讲座，开展“你选书我买单”活动。配合市委宣传部、市全民阅读指导委员会、市新闻出版局等联合开展评选表彰10家“绵阳最美书店”、5家示范书店和10名全民阅读有奖征文比赛优胜选手、阅读推广人等活动，吸引20余万人参加。市图书馆承办全省公共图书馆盲人摸读比赛决赛。组织参加四川省图书馆最美家乡话、川阅之声活动，获二等奖。

【资源建设和项目成果】 2020年，市图书馆完成数字图书馆推广工程资源项目招标采购和国图公开课加工任务，完成公共数字文化工程资源项目验收。完成超星读秀、维普科技期刊、龙源期刊资源、新语听书等电子资源续订或采购。加强绵阳市科技成果登记及档案管理，完成科技成果查新106项。指导各县市区图书馆加快总分馆制建设，统筹协调会商解决社保卡转读者证技术问题。推进搭建统一管理平台，开展全市图书馆一张网前期准备工作。

【绵碚两地图书馆签订全面合作协议】 2020年6月10日，绵阳市图书馆与重庆市北碚图书馆签订《绵碚图书馆全面合作协议》。根据协议，双方建立联系协作机制，在地方文献交流、数字资源共享、讲座展览互办、场馆建设、古籍保护、读者互认等方面加强合作。两馆联合开展图书馆馆员学习交流、专题业务培训、特色馆藏文献展览、地方历史文化名人讲座、有奖读书征文、共读一本书等业务活动以及总分馆制建设、法人治理结构改革等主题研讨。

【地方文献收集与整理】 2020年，市图书馆选编印制《绵阳市公共图书馆地方文献联合目录（1949—2019年卷）》，同绵阳富乐诗联书画院合作完成编辑《历代诗人咏绵阳》初稿，参编《庚子年抗疫诗书画选》，委托完成清代红学家《孙桐生大事记、书信》点校初稿。加强同市档案局、市方志办等部门联系，开展地方文献收集整理交流活动。

【全民阅读服务空间拓展】 2020年，市图书馆联合绵阳市商业银行长兴街支行建成少儿阅读空间、同西南财大天府学院设立科创园区分馆、与四川中医药高等专科学校打造岐伯文化中心阅读空间、支持科创园区管委会建立科技城人才公园读书吧，拓展全民阅读服务空间。向武警三台县中队赠送图书，与绵阳民协共同打造绵阳市传统文化体验馆。 （郭育辉）

“5·12”汶川特大地震纪念馆

【概况】 2020年，“5·12”汶川特大地震纪念馆做好地震遗址治理保护、临展策划巡展、安全生产等工作，保障参观环境安全稳定。开展文献实物资料征集和陈列布展工作，累计征集地震文献实物资料5265件，馆藏珍贵文物数量达64件（套）。开展馆校合作，推进学术科研、文创开发、志愿服务合作交流。围绕爱国主义教育、研学旅行、减灾实训等活动为抓手，传承红色基因，弘扬抗震救灾精神、普及地震科普知识、提升公众应对处置突发事件能力，创建成为国家一级博物馆、四川省最佳文明单位、省廉政文化基地、巴蜀文化旅游走廊新地标。截至年底，“5·12”汶川特大地震纪念馆（含北川老县城地震遗址）接待社会公众106.023万人次。

【国家一级博物馆创建】 2020年12月21日，中国博物馆协会发布《关于第四批国家一、二、三级博物馆名单的公告》，其中“5·12”汶川特大地震纪念馆被核定为国家一级博物馆。“5·12”汶川特大地震纪念馆围绕场馆功能作用，坚持“以评促建”，对标国家一级博物馆创评体系，经过材料申报、书面审查、现场评估、数据比对、综合评定，正式成为绵阳市首家国家一级博物馆。提升综合管理能力，优化陈列展览，开展藏品管理工作，强化研究保护工作，提升窗口服务，发展科普教育和爱国主义教育基地作用，增强安全保障能力，完善健全信息服务功能，打造服务型博物馆。

【社会教育活动】 2020年新冠肺炎疫情防控期间，“5·12”汶川特大地震纪念馆“闭馆不停服务”，利用“云端”发布馆藏、介绍展览，开展“云游博物馆·宅家看展览听展览”活动，联系央视频、沃视频、新浪微博、抖音、快手等直播平台，开展“讲好中国故事，弘扬中国精神”主题5G直播活动，其中《汶川十二周年》在新华社、封面新闻等媒体抖音号播放，观看人数达2216.3万人次；在湖南省长沙市博物馆、黑龙江省防震减灾宣教中心、遂宁市爱教基地开展“弘扬伟大的抗震救灾精神，培育和践行社会主义核心价值观”临展活动3场次；在江油市、安州区、绵阳普明社区等地开展“听亲历者讲述——‘5·12’汶川特大地震纪念馆大型亲历者口述史”巡展活动11场次；引进绵阳市博物馆“史海拾贝——绵阳市博物馆精

图41 “5·12”汶川特大地震纪念馆俯瞰

品文物图片展”；联合市教体局开展“研学基地十佳百优德育班主任教师评选和表彰活动”，特聘130名“十佳百优班主任”作为地震纪念馆研学实践德育讲师。联合共青团绵阳市委和市少工委举办暑期社会教育网络公开课直播活动，通过央视频、今日头条、直播绵阳，微博、抖音五大平台同步进行网络直播。

【绵阳市第七届地震纪念馆杯“致敬最美奋斗者”主题征文活动】 2020年7月2日至9月25日，“5·12”汶川特大地震纪念馆联合市委宣传部，开展绵阳市第七届地震纪念馆杯“致敬最美奋斗者”主题征文活动。征文围绕“致敬最美防疫天使、致敬最美逆行者消防员、致敬最美一线工作者、致敬全面奔康最美奋斗者”4个主题，累计收到全市126所大中小学校提交的参赛作品1.53万份。经专家组评审，初评入围征文作品184份，并最终评选出优秀作品80个、优秀指导老师49人、优秀组织单位8个、优秀组织学校12个。

【汶川特大地震纪念馆获评“巴蜀文旅走廊新地标”】 2020年11月18日，由省委宣传部、四川日报报业集团指导，封面新闻、《华西都市报》主办的“成渝十大文旅新地标”颁奖典礼暨成渝文旅发展交流活动在成都市双流区举行，“5·12”汶川特大地震纪念馆获得“巴蜀文化旅游走廊新地标”称号。

【校馆共建合作】 2020年，“5·12”汶川特大地震纪念馆与成都理工大学、绵阳师范学院、绵阳艺术学院等18所高校开展馆校共建合作，利用高校教育资源和智囊团，完成学术研究课题2个。7月21日，“5·12”汶川特大地震纪念馆与四川文化艺术学院举行馆校合作共建签约仪式，双方在思政教育校外常设课堂开办，党组织、工会、教职工理论学习等活动开展，志愿者服务合作与校外实践，地震文物征集与文保建筑测绘，博物馆展陈设计与灾害文物鉴定保护和数字媒体实践基地建设等开展合作。10月18日，“5·12”汶川特大地震纪念馆与成都理工大学地球物理学院签订战略合作协议并揭牌成立“成都理工大学地球学科研教学实践基地”“成都理工大学课程思政教育基地”“成都理工大学地震中心地震监测实验室”。

（赵建平）

新闻出版与版权

【概况】 2020年，全市有印刷企业217家，其中出版物印刷企业25家、数字印刷企业1家、包装装潢印刷企业64家，其他印刷企业127家，从业人员4397人，完成印刷工业总产值13.91亿元。全市有出版物发行单位（网点）374家，其中书刊零售单位357家（含报亭50个）、音像电子出版物零售单位17家、网上书店31家，从业人员1130人，全市出版物发行单位完成销售总量1233.93万册（盘），销售总额6831万元。印刷、出版物发行实现利润总额1141.74万元。有作品登记站点15个，全年申报作品免费登记9003件，审核发证7946件，完成省确定目标任务132%。9月27日，绵阳市在2020年全国版权示范工作培训班上被授予“全国版权示范城市”称号。

【新闻出版行业监管】 2020年，全市完成新闻出版统计年报、出版物发行单位年度核验和印刷企业年度报告工作。开展全市新闻记者证年度核验和3家记者站及26家内部资料性出版物的年审、换证工作。组织召开报刊审读会4次，印发《绵阳市报刊审读工作简报》12期。

【版权行业监管】 2020年，市版权局联合市委网信办、市经信委、市公安局开展打击网络侵权盗版“剑网2020”专项行动。加强侵权盗版、出版物市场及有害信息监管，打击违法出版传播活动，维护新闻出版传播秩序。全市出动执法人员9710人次，检查出版物市场、店档摊点3270个次，检查印刷复制企业2104家次，取缔出版物市场、店档摊点51个，收缴违法出版物10337件。

【版权产业发展】 2020年，四川汇德轩文化艺术有限公司被国家版权局授予“全国版权示范单位”称号。绵阳文昌祖庭文化传播有限公司、北川羌族自治县和谐旅游开发有限公司被四川省版权局认定为“四川省版权示范单位”。市版权局通过开设网络直播课和依托西南科技大学教研基地，开展2期版权保护及成果转化培训，培训从业人员1300余人。市版权局联合市统计局、西南科技大学经济学院开展绵阳市版权产业的经济贡献率调研。

【版权宣传教育】 2020年，全国知识产权宣传周期间，全市连续8天通过《绵阳晚报》开展版权宣传报道，转载版权宣传片、宣传海报，宣传版权知识、作品登记流程，宣传版权示范单位和优秀版权作品，公布打击侵权盗版典型案件。在主要公共场所和交通主干道的公共视听载体上统一播放版权保护宣传标语。组织开展绵阳市第一届大学生版权征文活动，激励青年学生关注版权事业、投身版权建设。

【软件正版化】 2020年，市委宣传部牵头，组织经信、司法、财政、审计、卫生等12个部门建立绵阳市推进使用正版软件工作联席会议制度，协调推进绵阳市党政机关和企事业单位软件正版化工作，形成分工负责、相互支持、密切配合的工作格局。全市举办软件正版化培训11次，参训单位646个，培训软件正版化工作人员974人。市联席会议办公室委托第三方机构，通过资料查阅、软件工具检测等方式，检查调研市级单位84个、县级机关48个、市级国有企业8家，到教育、卫生等系统调研指导软件正版化工作。全市党政机关和企事业单位新采购正版软件5838套。

【惠民服务】 2020年，全市以阵地建设为依托，以惠民服务为载体，围绕农家（社区）书屋、实体书店、阅报栏、乡镇出版物销售网点建设，推动全民阅读全覆盖。完成2033个农家书屋出版物补充更新不低于60种任务。举办“最美书屋”“特色书屋”“阅读金牌推广人”评选和“书香绵州·全民悦读”主题征文活动。组织开展天府书展“爱阅读会生活”系列活动和“科幻之梦”启动仪式，邀请知名科幻作家、本土作家、评论家开展网上互动、作品分享和创作讲座，指导举办主题书展、馆店融合、名师精品课堂、历史名人诵读、地方特色文化等各类阅读文化活动51场。

【绵阳市版权协会成立】 2020年12月1日，绵阳市版权协会成立大会暨第一次会员代表大会在西南科技大学马克思主义学术报告厅举行。第一次会员代表大会选举王洪友为绵阳市版权协会理事长，王钦甲为绵阳市版权协会副理事长，李伟玉任秘书长，胡姗姗任副秘书长，并通过《绵阳市版权协会章程》。

（唐东杰）

现代传媒

广播影视

【概况】 2020年，全市有线高清数字电视机顶盒在网用户38万户，同比减少5%，高清机顶盒渗透率达到80%；有广电网络传输高清电视节目82套。开展防范“5G基站干扰C频段广播电视卫星信号接收”专项工作，全面关停地面无线发射模拟电视信号。组织2019年度广播电视节目评审工作，评出优秀奖作品30件、提名奖60件。开展“弘扬社会主义核心价值观共筑中国梦”第九届全省广播电视公益广告创作展播活动作品征集、评审、上送和展播活动。组织开展“精彩短视频 记录新时代”短视频创作传播活动，32件作品获奖，市文广旅局被评为优秀组织。电视剧《红灯记》完成后期制作，取得发行许可证。电影《白马天堂》《禹城谜事》完成拍摄，进入后期制作。

【节目创新创优】 2020年6月28—30日，全市组织2019—2020年度优秀广播电视融媒节目评审活动，共收到10个广播电视播出机构报送的113件初评作品（广播类25件、电视类88件），评出优秀奖作品30件、提名奖60件。绵阳广播电视台的广播节目《小叮当》获得国家广电总局2019年度少儿节目精品发展专项扶持资金2万元。

【全市第九届广播电视公益广告创作大赛】 2020年4月至7月，市文广旅局在全市范围内开展“弘扬社会主义核心价值观 共筑中国梦”第九届广播电视公益广告创作大赛，面向全市公开征集作品，共收到来自11个单位和个人报送的35部作品，推送作品22件参加全省“弘扬社会主义核心价值观 共筑中国梦”第九届广播电视公益广告作品征集创作大赛比赛，4件作品获奖，2个播出机构被省广播电视局评为优秀播出机构。

【短视频创作】 2020年3月至11月，市文广旅局组织开展“精彩短视频 记录新时代”短视频创作传播活动，共收集12个单位报送作品156件，向四川省广播电视局推送109件，其中32件作品获奖（10个优秀奖、22个提名奖、1个获最佳摄影奖），市文广旅局获2020年四川省“精彩短视频 记录新时代”创作传播活动优秀组织单位奖。绵阳广播电视台微视频《云顶之光》在中华全国总工会、中央网信办主办的“网聚职工正能量、争做中国好网民”微视频征集活动中获得一等奖。

【电视剧制作】 2020年，绵阳市文旅集团加大电视剧生产力度，完成电视剧《红灯记》的后期制作，取得发行许可证，并于12月28日在辽宁经济频道开播，入选2020年四川省省级广播电视重点项目，获得星锐榜2020年度“优秀电视剧”及2020年度“观众最喜爱的影视作品”奖。在四川省广播电视局、四川省网信办举办的2019年度“美丽四川”活动中，电视剧《向天》获得“十佳优秀作品”奖，电视剧《那年小米正芬芳》获得“年度优秀作品”提名奖；绵阳文化旅游集团有限公司获评“十强优秀制作机构”。

【“高清绵阳 智慧广电”建设】 2020年，全市继续推进广播电视公共文化信息服务平台——“文旅绵阳”App上线和内容建设工作。该App于1月20日完成上线运行，公共文化服务WiFi项目搭建“文旅绵阳”“文旅北川”“文旅安州”“文旅游仙”“文旅涪城”“文旅平武”“文旅江油”“文旅梓潼”“文旅盐亭”“文旅三台”10个手机App客户端，共布置建设907个WIFI覆盖点位。通过省、市、县、乡镇、村五级架构，市、县分平台可在本地上载更新智慧广电数字公共文化服务内容，县级平台可在本地上载（县、乡镇、村）三级智慧广电数字公共文化服务内容，实现公共文化服务数字化、均等化、智慧化、信息化，全面构建现代公共文化服务体系，通过手机App结合免费WiFi热点向全市广大人民群众提供服务。截至年底，“文旅绵阳”平台上载信息1.87万条，累计点击量178.33万人次，注册用户达4.5万人，发布《文旅绵阳工作简报》13期。

【广播电视基础设施建设】 2020年，广电网络绵阳各分公司迁改广播电视线路180处、800余千米。加强绵阳城区新建住宅小区广播电视有线电视系统建设，开展有线电视系统工程验收工作，累计完成验收45个小区、2.26万户，确保新建小区的入住居民能够选择广电网络收看双向互动高清电视节目。开展防范“5G基站干扰C频段广播电视卫星信号接收”专项工作，完成处置22个C频段广播电视卫星接收天线的技术改造。

【网络视听监测监管信息平台建设】 2020年1月至10月，市文广旅局对绵阳网络视听节目监管平台进行改造升级建设，通过相关部门专家技术人员评审。该平台初步实现对绵阳辖区内注册网站、微信公众号、微博、网络视听持证机构和县级融媒体中心网络视听节目进行监测监管，发现有害信息和违规传播视听节目行为，并对违规内容进行定位和取证，为监管部门提供日常监测数据和信息。截至年底，通过平台监测，发现涉嫌发布非法信息约40万条，提供要情通报30余份。 （王　潜）

电影市场

【概况】 2020年，全市有院线影院40个，院线影院票房收入6668.1万元，电影排片场次11.81万次，其中艺术影片放映2830场，观影人数达206.5万人次。受新冠肺炎疫情影响，全市院线影院停业近半年，全市35家院线影院得到省电影局纾解电影院经营困难资金，共计108万元。

【公益电影放映】 2020年，全市放映农村公益电影3.89万场。在社区、工地、学校、养老院等场所，针对城市低收入人群、农民务工人员、孤寡老人等进行电影公益放映500场，受惠群众达5万余人次。

报　业

【概况】 2020年，绵阳日报社围绕“坚决打赢两场硬仗　奋力夺取双胜利”主题，统筹《绵阳日报》《绵阳晚报》及绵阳观察、绵阳日报社微信公众号等15个媒体平台，开设“战疫一线　党旗飘扬”“一手抓疫情防控　一手抓复工复产”“奋力夺取疫情防控和实现经济社会发展目标双胜利”等专栏，突出报道市委、市政府统筹新冠肺炎疫情防控和经济社会发展的决策部署与举措成效，加强舆论引导。全年各媒体刊发相关宣传报道5100余篇次。共转发《人民日报》、新华社、《四川日报》重要时政报道3800余篇(次)，完成市委、市政府重要会议、重大活动的宣传报道1300余篇次。推出重点专栏专题报道480余组，刊发重点专栏宣传稿件6300余篇次。

【融媒体发展】 2020年，绵阳日报社以融媒体中心为平台，加速推进“快速反应、安全高效、多元传播、移动优先”的现代融媒内容生产体系建设。截至年底，绵阳日报社新媒体矩阵用户总数达360万户，其中绵阳观察客户端下载量达到35万人次，绵阳日报社官方微信、《绵阳晚报》官方微信订阅用户总数超50万户，绵阳日报社微博、《绵阳晚报》微博、绵阳新闻网微博粉丝总数65万人次，《绵阳日报》抖音号、《绵阳晚报》抖音号用户总数达73万户。

【新闻宣传】 2020年，绵阳日报社丰富创新版面（页面）呈现形式，提升宣传报道效果。《绵阳日报》在报网互动“微绵阳”栏目推出网友互动反馈报道《MY-Baby，“棉被”组合好暖心哦》，在全市中心工作与市民网友关切之间架起互动渠道；《绵阳晚报》官微策划“全民阅读”最美书店评选活动等线上活动和系列网络直播；绵新网短视频工作室拍摄制作的新闻视频产品和抖音短视频作品受到主流媒体和网民关注，其中短视频《爆笑！你觉得考得怎么样　看刚考完的学渣和学霸是怎么回答的》浏览量达1.1亿人次、点赞量354.1万人次、评论18.9万次、转发8万次。加大外宣力度，全年报社共获省级、市级及其以上新闻奖75件（次）119项（次）。报社编采人员在国家、省级报刊和网络平台及客户端共发布宣传绵阳重点稿件119篇，3篇稿件被《人民日报》刊用；“学习强国”App平台发布稿件和视频共1800条，26件作品被“学习强国”App全国平台选用。

【媒体经营创新】 2020年，绵阳日报社完成绵阳观察客户端技术调整和页面优化及UI设计，加强技术研发，开发广告、H5页面、小程序、专题投票及线上答题抽红包程序等。对“i绵阳”App进行新闻头条专题系统开发及数据接口开发对接；完成“绵阳电信”、绵阳熊猫分局、绵阳妇联“绵阳新女性”等多个微信公众平台网站开发建设及程序对接。截至年底，绵阳日报社实现总收入4645万元，其中广告经营收入1462万元，同比增长2.3%，《绵阳日报》发行量保持在5万份。绵新网公司实现新媒体经营723.9万元，媒体融合经营成为报社经营工作增长点。绵新网公司推进项目制，成立3个工作室，产品打造与媒体经营取得双丰收。日报社报业公司和晚报公司开展承办活动、承接专题片拍摄、直播带货等非媒活动。 （何　艳）

互联网与新媒体

【概况】 2020年，市委网信办统筹开展习近平新时代中国特色社会主义思想、党的十九届五中全会、全省推动制造业高质量发展现场会、深度参与成渝双城经济圈建设等专题宣传42次，开办专栏121个，刊发新闻稿件8.2万余篇。开展“护网2020”攻防演习，与重庆市北碚区组织开展“双城联动·网络护航”跨省域网络安全攻防演习。开展关键信息等级备案和测评工作，将全市646个信息系统纳入等级保护。开展关键信息基础设施网络安全执法检查，现场检查129家单位、359个信息系统。对全市79个单位的重点网站和信息系统进行全天候技术监测预警，对全市400多个政府网站和企事业单位的网络开展漏洞扫描和预警，印发通报71期。开展2020“清朗”专项行动及系列专项整治，约谈属地网站和自媒体主要负责人3次，整改网站2家，关闭网站1家，向相关单位移交线索40余条；举报并删除各类有害信息1100余条；清理属地游戏平台近300个违规账号。

【新媒体宣传互动】 2020年，绵阳市自媒体和网络达人参与各项活动，形成宣传矩阵。市委宣传部、市委网信办组织川内主流媒体等近40名代表组成的“KOL人气团”走进长虹，参观长虹科技馆、长虹智能制造产业园智慧显示工厂、四川爱联科技有限公司等。举办“走乡村·话小康”自媒体采风活动，30余家自媒体到安州塔水镇宇承玫瑰园、桑枣镇齐心村，北川永昌镇高安村、宝林村，通过动漫、视频、稿件等多种形式对全面建成小康社会中涌现的先进典型进行报道。11月，由中央网信办网络新闻信息传播局、文化和旅游部非物质文化遗产司、国务院扶贫办政策法规司联合举办的“决战决胜谱新篇·文化扶贫在行动”网络主题传播活动四川站启动，人民网、新华网、国际在线、中国日报网、央视网、中国青年网、央广网、中国新闻网等中央媒体和川观新闻、四川观察等省级主要网络媒体分别到北川曲山镇石椅羌寨、大水村，永昌镇高安村、金龟村，北川经开区和安州区秀水镇、桑枣镇进行实地走访，宣传报道绵阳市乡村文化扶贫的典型经验和主要成绩。

【网络宣传引导】 2020年，绵阳市网络空间占据主导地位，组织网站做好网络新闻宣传，开展网络专题宣传活动，创新推出新媒体产品，引导全市网络舆论环境积极向上。组织辖区重点网站和移动客户端开设“奋力夺取疫情防控和实现经济社会发展目标双胜利”“坚决打赢两场硬仗奋力夺取双胜利”“绵阳支持复工复产政策解读”“防控新型冠状病毒 绵阳在行动”“战疫一线 党旗飘摇”等多个专题专栏，集纳中央、省市主流媒体最新报道2.3万余篇，刊发《新冠肺炎疫情防控企业复工复产法律知识问答》5期。与西蜀网联合发布《防控疫情绵阳在行动》号召，近10万名网友参与“不信谣、不传谣”的线上承诺。组织西蜀网开展“在星星火炬指引下争做先锋小卫士”“绵阳守护天使公益活动”等线上活动，丰富市民网上生活。组织绵阳晚报策划“疫情来袭，做一个负责任的绵阳人”网络倡议接力活动，吸引近千万人次点击观看。组织西蜀网开展线上人才直播招聘会，吸引1000余个企业参加，观看人数5万人，助力企业复工复产。各网络平台陆续推出H5、动画、漫画、MV歌曲、小视频等新媒体产品，宣传新冠肺炎疫情防控工作取得的成效、疫情防控科普知识。绵阳第一首鼓舞人心的抗疫MV歌曲《战疫》被“学习强国”App、川报观察等媒体报道推送；绵阳日报社融媒体中心制作出品《向城市守护者致敬》、新冠肺炎疫情防控知识等系列宣传片、公益广告和短视频等新媒体作品，传递疫情防控“最强音”；绵阳广播电视台“直播绵阳”抖音号累计制作和发布新冠肺炎疫情防控视频100余个，浏览量超过2亿人次，视频《大哥自制口罩有些粗糙，但比起那些不戴口罩还嚣张的人，你绝对是好样的》浏览量超过3800万次，点赞量达170万次；涪城区推出《防控疫情，人人有责》《众志成城，画疗“新冠”》、三句半《打赢防控阻击战》、MV《最美逆行者》等音视频、动漫新媒体作品；盐亭县创作歌曲《三大纪律八项注意》、防控系列诗歌等网络文艺作品。

（刘耘巧）

概　述

【概况】　2020年，全市共有各级各类学校1488所、在校学生884559人、教职工65973人。全市各级各类学校教育经费投入总额119.89亿元，较2019年增长13.93亿元，增幅达13.15%，其中一般公共预算安排教育经费72.69亿元，较2019年增长6.85亿元，增幅达10.4%。绵阳教育基金会接受社会捐赠101.19万元，其中接受扶贫捐赠6.31万元，接受社会个人捐赠0.3万元，接受社会团体捐赠94.58万元。

【新冠肺炎疫情防控】　2020年，全市成立教育系统防控领导小组和5个工作小组，先后召开防疫工作专题会和视频会40余次，科学研判、统筹安排各项防疫工作。实行严格管控，在组织开展地毯式排查的同时，严禁学校提前开学或补课，禁止师生参加群体性活动，取消大型体育艺术赛事等53场次，暂停610个校外培训机构营业，切断聚集传染渠道。在全省率先启动线上教学，开通10个高清频道播放空中课堂教学内容，确保“离校不离教，延期不延学”。全市线上教学做法被中央电视台《新闻联播》栏目报道。严格审批开学条件，制定开学防控60条措施，分区分类、分级分段、错时错峰开学，4月下旬全市中小学全面复课。抓好常态化防控，突出重点场所、人群、时节、事项“四重”，紧抓防输入、防反弹、防突发、防松懈“四防”，落实每日晨、午、晚“三检”，巩固防疫成果。全市实现在校师生员工“零感染”。

图42　3月12日，市教体局开展新冠肺炎疫情应急演练

【教育惠民】　2020年，全市共为14.82万名家庭经济困难学生发放奖助学金和生活补助，为8.56万名家庭经济困难学生减免学杂费和保教费，全年共发放和减免各类资助资金3.48亿元。其中为2.47万名普通高中家庭经济困难学生发放国家助学金，免除2.46万名非民族自治地区普通高中家庭经济困难学生学费，为9689名中职学校家庭经济困难学生发放生活补助，为10649名普通高校优秀学生发放国家励志奖学金，各项资助政策得到有效落实，做到“应免尽免、应补尽补”。同时优先将各学段建档立卡贫困家庭学生全部纳入学生资助政策范围，实现从学前教育到高等教育建档立卡贫困家庭学生资助全覆盖。

【对上争取项目】　2020年，市教体局指导直属学校和县市区抓好项目储备，对接发改、财政等部门，对上争取教育体育项目，争取到中央预算内投资、灾后恢复重建、中央和省化解大班额建设、义务教育学校薄改提升、学前教育债券、教师周转房建设、高中攻坚等项目，共到位资金5.86亿元，为学校改善办学条件提供资金保障。

【农村义务教育经费保障机制改革】 2020年，全市继续落实城乡义务教育经费保障机制，统一城乡义务教育学校生均公用经费基准定额，对城乡义务教育学校（含民办学校）按不低于小学650元/生·年、初中850元/生·年的标准补助公用经费，在此基础上，寄宿制学校寄宿生按照200元/生·年标准补助公用经费；特殊教育学校和随班就读残疾学生按6000元/生·年标准补助公用经费；对学生规模不足100人的村小学和教学点均按100人以上核定公用经费，此项政策惠及全市城乡义务教育中小学校学生43.91万人。

【薄弱环节改善与能力提升工作】 2020年，全市累计实施薄弱环节改善与能力提升项目65个，完成投资33.22亿元，累计开工校舍面积17万平方米，竣工校舍面积11.6万平方米，设施设备采购完成1.52亿元。游仙区富乐二中、游仙区富乐二小、科创区云泉路学校、绵阳经开区三江实验学校、盐亭县指南小学等学校先后开工。

【教育项目建设】 2020年，全市新冠肺炎疫情得到基本控制后，召开全市学校（幼儿园）项目建设工作现场会，对标上级政策和投资方向，研究制定具体措施，做好归口教体系统的省市级18个重点项目和教育体育类城建攻坚项目等重点项目建设工作。全年市本级2个重点项目按计划推进，南河体育中心升级改造工程如期完工，绵阳职业技术学院孵化楼项目主体竣工。全市规划建设公办幼儿园27所，完工13所；超额开工建设公办园10所，完工5所。向省教育厅和市发改委申报2021年至2025年教育体育行业政府投资储备项目近100个，总投资近80亿元。

【区域协同发展】 2020年，市教体局持续深化与成都、广元等地交流合作。与德阳、遂宁、广元等地教育行政部门签订《教育一体化发展合作协议》；与遂宁签订教育信息化合作协议，开展数字教育资源共享、互联网+教育等方面的交流合作；组织30余名初中校长到成都走访名校，参加成都市“文翁大讲堂”“都江堰国际论坛”等论坛，委托成都相关培训机构到绵阳举办全市幼儿园教师培训等。建设网络资源共享平台。初步实现在国家教育资源公共服务平台获奖课程共享，其中在四川省课堂教学大比武平台上共享正高级、省特级教师优质课程。建立干部交流合作机制。与遂宁互派10—15名教师参加市级教师培训和学术交流；接收阿坝地区150余名培养对象跟岗研修；邀请藏区选派骨干教师400余人到绵阳参加各项学科培训活动；组织“送培送教专家团”到藏区培训骨干教师和管理干部1200余人。

【特殊教育】 2020年，全市7个30万人口以上的县市区均建有特殊教育学校，有专任教师155人。接受特殊教育学生总计3073人（特殊教育学校在校931人、普通学校随班就读1591人、送教上门551人），残疾儿童少年义务教育入学率达96.3%。全年2次对全市特殊教育发展情况进行座谈、调研，做好适龄残疾儿童、少年的摸排、入学等工作。全市9个县市区均成立由教育、心理、康复、社会工作等方面专家组成的残疾人教育专家委员会，健全残疾儿童入学评估机制，完善教育安置办法，对适龄残疾儿童少年入学提出安置意见。对适合在特殊教育学校就读的，安排在特殊教育学校就读；能够适应普通学校就读要求的适龄残疾儿童少年，优先采用普通学校随班就读的方式，就近安排接受义务教育；不能到校就读、需要专人护理的，采取送教进家庭、进社区、进儿童福利园的方式实施教育。全市建成143间普通学校特殊教育资源教室，完善融合教育，提高特殊教育普及水平。涪城区根据学生的学习能力进行分组式教学、差异化教学、合作学习等方式，帮助残疾儿童更快适应环境、更好进行人际交往，提高残疾儿童认知、语言交往、心理康复、生活自理及社会适应性等能力，涪城区融合教育经验作为典型案例入选《中国残疾人事业发展报告（2020）》。三台特教校开设理疗按摩、手工绳编、丝带绣、农场种植等职业培训项目。涪城特教校联合绵阳职业技术学校开展特殊学生融合职业教育，根据毕业学生就业情况、学生职业兴趣爱好调查，结合聋生特点，筹划实施与中西式烹饪专业相关的融合课程，并申报课题“基于特职融合的初中听障生面点课程的实践探索”。

教育管理

【概况】 2020年，绵阳市出台《绵阳市进一步推进学前教育发展的实施方案》《关于进一步加强和改进师德师风建设工作的通知》《绵阳市学校安全工作行业监管责任清单》等文件。创建国家级文明校园2所、省级7所、市级33所，打造市级第二批心理健康教育特色学校12所，建设市级特色（示范）学校少年宫18所。启动网络课堂教学，开通10个高清频道播放空中课堂教学内容。举办全国第七期幼儿园优秀园长高级研修活动。

【教育体育深化改革】 2020年，全市以立德树人为根本任务，以促进教育公平、提高教育质量为主线，以激发释放学校办学活力、构建全民终身学习体系为重点，通过推进省、市级改革项目和申报国家级改革项目，推进涵盖教育保障机制、校长和教师队伍建设、教育评价创新、课堂教学改革、学科课程改革等方面的全市教育体育深化改革。重点加强对2个教育部改革项目、9个省级教育体制机制改革项目和5个市级改革项目的指导推进，其中省级教育体制机制改革项目全部完成，转入正常推动程序。做好教育部和省教育厅安排部署的教育行政执法和教育督导协同推进改革试点承接，起草完成试点方案，开展前期筹备工作。

【依法治教治体工作】 2020年，全市组织开展送法下基层活动，市教体系统普法教师团为206名市属学校和园区学校新入职教师作依法执教培训。开展青少年学生学《中华人民共和国宪法》和《中华人民共和国民法典》演讲比赛、知识竞赛，全市共有17万余名学生参与。选送的代表在全省青少年学生学《中华人民共和国宪法》和《中华人民共和国民法典》演讲比赛、知识竞赛决赛中，获得特等奖2项，绵阳师范学院学生李明瑶入选四川省代表队，参加全国总决赛。网上普法工作。建设“检察官说法”在线普法栏目，上传普法视频16个，阅读量达40余万人次。加强“一号检察建议”落实，完善依法治教治体协作体系。联合市人民检察院召开“一号检察建议”落实推进会，共同组织“检察开放日”活动，邀请人大代表、政协委员、教师和家长代表28人到市人民检察院法治教育中心参观学习。选聘78名检察官兼任学校法治副校长，全市法治副校长队伍实现从单一依靠派出所干警向法官、检察官、警察和司法局干部有机结合的转变。选派8人参加市委政法委组织的“防范打击未成年人违法犯罪关爱保护未成年人健康成长”专项调研，组织开展“一号检察建议”落实情况督导，走访学校45所，参与调研师生达1300余人次，收到意见建议200余条。开展教职工入职查询工作。联合市人民检察院、市公安局发布《关于组织开展教职工入职查询工作的通知》，对全市各级各类学校2020年新招录、聘用或以劳务派遣方式聘请的在校园内工作的教职员工开展入职前涉罪信息查询，经查询有性侵犯罪记录和因其他故意犯罪被刑事处罚的，不得安排在校园内工作，违规录用相关犯罪记录人员的，追究学校和相关工作人员责任。完成查询26953人，对筛查出有违法犯罪史的，全部按照相关规定进行处置。

【教育系统队伍建设】 2020年，全市直接考核招聘省属公费师范生52人，录用特岗教师214人，银龄讲学计划招聘24名退休骨干教师，公开招聘、直接考核招聘教师3700人（含2020届高校毕业生1700人），其中公办学校公开招聘及直接考核招聘补充教师916人（含2020届高校毕业生521人），缓解师资不足及教师队伍结构不合理的问题。指导各县市区采取定期交流、跨校竞聘、学校联盟、对口支援等多种形式，做好义务教育学校校长、教师交流轮岗工作，确保年均交流人数比例达应交流人数10%以上。全年全市公办义务教育学校共交流教师2216人，校长（含副职）轮岗119人。修订《绵阳市中小学教师专业技术水平评价标准条件》《绵阳市中小学正高级教师职务任职资格推荐量化评分细则》，更新调整中小学教师高级职称评审委员会、中等专业学校高级讲师职称评审委员会专家库，指导8个县市区开展中小学教师中级职称评审工作。全年共评审中小学中高级教师、中等职业学校中高级讲师约1500人，推荐中小学正高级教师14人，推荐中等职业学校正高级讲师1人。持续深入推进教体系统师德师风建设。开展“不忘初心修师德、牢记使命塑师风”学习活动，全市4万余名教师参与。印发《关于进一步加强和改进师德师风建设工作的通知》，加大师德失范查处力度。

【教师队伍培训】 2020年，全市完成“国培”“省培”等7000余人次。组织开展市级培训26项5.6万余人次，其中线下集中1.3万余人次、网络培训4.3万余人次；指导三台县申报成为“国培”项目县，安州区完成“国培”任务。打造13所省级校本研修示范学校，研修成果居全省前列。魏东国家级名校长工作室在全省大会上作经验交流发言，何云竹省级名园长工作室绩效考评被四川省认定为“优秀”等次，绵阳职业技术学院和四川幼儿教育高等专科学校被评为“优质省级职教师资培养培训基地”。启动首批名师名校长鼎兴工作室建设，全市建立第一批10个市级名师名校长鼎兴工作室，围绕“培养一个专家，带动一门学科（领域）、引领一个团队、结出一批成果、建设一批资源、辐射一个区域”的“六个一”目标，实现“培养一个，带动一批，辐射一片”目的。围绕学前教育健康领域和中学思政课，组织开展全市骨干教师培训暨教育教学成果展评活动，绵阳工作案例《赛课与研修相融　研修与培训共生》获得全省教师培训优秀成果一等奖。承办全国第七期幼儿园优秀园长高级研修活动，活动期间，绵阳市花园实验幼儿园被命名为首批全国幼儿园园长培训“学员实践教育基地”（四川唯一）。

【学校安全管理】 2020年，全市共发生学生意外死亡事件5起，死亡5人，受伤0人，比2019年同期相比，事件起数和死亡人数持平，无较大及以上安全事故，无安全责任事故。各级教体行政部门和各级各类学校全面落实学校安全监管和主体责任，推进校车、消防、“防溺水”、实验室危化品等专项治理，集中开展“防风险、保安全、迎大庆”和安全生产大检查、十大专项整治、扫黑除恶专项斗争等工作，全市共开展风险辨识点1197个，督促整改隐患543处。制定并公布《绵阳市学校安全工作行业监管责任清单》，开展专项检查4次，暗访暗查2次，检查发现涉及食品、校车、消防、地质灾害、危险化学品等问题隐患543处（一般隐患540处、重大隐患3处），督促整改542处、推动校园安全防范建设，全市中小学幼儿园专职保安配备率达95%，封闭化管理达99.8%，开展一键式紧急报警接入公安系统。义务教育阶段学校开齐开足《生命·生态·安全》地方教育课程，加强“绵阳安全教育交流平台”建设，组织开展“安全生产月”“暑期消防宣传教育”“反传销防诈骗”等主题宣传教育活动。加强与公安、市场监管等部门协同配合，形成工作联动机制。绵阳市“齐抓共管，精准施策，教育园区周边环境治理成效明显”典型经验做法被《川教观察》刊登。

【教育督导评估】 2020年，市教体局按照国家、省相关要求，组织指导各县市区政府、园区管委会、科学城办事处及相关市级部门开展义务教育教师工资收入落实情况自查，全市所有县市区实现“义务教育教师平均工资收入水平不低于当地公务员平均工资收入水平”目标。督促各县市区人民政府、园区管委会履行主体责任，加大教育投入，科学配置资源，通过国家县域义务教育基本均衡发展督导检查。组织对江油市、北川羌族自治县开展义务教育优质均衡发展县市区创建工作专项督导，对照全国义务教育优质均衡发展县市区督导评估标准，从资源配置、政府保障程度、教育质量等方面进行指导，推动其向义务教育优质均衡稳步迈进。指导安州区、江油市高质量完成国家义务教育质量监测。通过“网络+电话+现场”指导相结合的方式，全面督促各县市区、园区、科学城及市直属学校推进各项改革发展重点任务落实，完成全市7项教育改革发展重点交账任务。组织对8所市直属学校开展教育收费管理和防疫资金物资使用管理专项督导，做好防疫资金物资使用管理。创新组建青年后备督学队伍，创新实施督学、专家、青年后备督学积分制管理，与腾讯企业微信联合打造教育督导信息化平台，提升教育督导工作效率，提高教育督导信息化、科学化水平，促进教育督导职能作用发挥。

【校园文化建设】 2020年，全市学校整合学校课程文化、管理文化以及德育特色等元素，彰显学校办学理念，突出学校文化观念和文化活动引领，突出中华优秀传统文化的培根铸魂作用，建设南山中学、三台中学、小枧置信小学等一批精神标识明显的校园文化特色学校。突出社会主义核心价值观的文化导向，建设一批如绵阳中学、太白小学、魏城小学、花园实验幼儿园等为代表的经典性元素和标志性符号明显的校园文化特色学校。围绕文明校园创建，夯实校园文明根基，全年创建国家级文明校园2所、省级7所、市级33所，打造市级第二批心理健康教育特色学校12所，建设市级特色（示范）学校、少年宫18所。

【未成年人思想道德建设】 2020年，全市举办绵阳市首届班主任工作论坛暨“十佳百优班主任”颁奖大会，承办“基于学科关键能力课堂教学论课活动”；评选表扬市级“三好”学生1251人、优秀学生干部673人、先进班集体733个。全市521所学校100%建立少工委，完成录入各级团组织1969个、团员30764人。组织开展“美好生活　劳动创造”主题教育读书活动，全市有50万名中小学生参加。在“新时代好少年·美好生活　劳动创造”主题教育读书活动中，绵阳市教体局及下属41个单位被教育部关心下一代工作委员会评为先进集体。新冠肺炎疫情防控期间，引导学生爱党爱国，开展“抗疫学群英，传递爱国情”“致敬最美奋斗者”主题教育系列活动，共收到抗疫原创作品3000余件，致敬最美奋斗者征文15327份。

【教育审计监督】 2020年，市教体局指导各地各校发挥内审机构作用，实行市、县、校三级跟踪审计监督，重点关注防疫资金拨付使用、采购物资和社会捐赠款物使用情况，以及防疫资金财务管理制度建立、疫情防控相关政策和决策部署落实情况，提出审计建议意见28条。配合市审计局对学前教育地方政府债券资金，职业教育发展资金分配管理和使用情况，2019年度预算执行情况，普明中学党委书记、校长任期经济责任专项审计调查，促进学前教育、职业教育专项资金、财政资金规范高效使用。加强对市直属学校（单位）的基建、物资采购招投标等重点环节和招生行为、干部选任等重点工作进行全过程监督，确保程序规范、风险可控。调查核实群众来电、来信投诉举报事项，重点围绕预收学费退还、学校提前开学、违规补课等热点问题，加大线索查处力度，督促相关学校抓好整改。全年共办理书记、市长、局长信箱和群众来信13件，处理咨询、投诉电话100余个；组织值守行风政风热线2次，倾听、解决群众咨询诉求21个。

【教育信息化和教育技术装备工作】 2020年2月，市教体局印发《关于延期开学期间开展网络课堂教学指导意见》，提出运用课程资源推送、搭建网络课堂、网络学习空间、数字电视IPTV频道等模式，开通10个高清频道播放空中课堂教学内容，确保“离校不离教，延期不延学”。绵阳实验高中的线上教学做法被中央电视台《新闻联播》报道。“在线教育应用创新”项目被中央电化教育馆列入项目区域。全市开学复课后，启动市级资源中心升级，转变资源应用方式，由原来的“人找课”变成“课找人”。启动全市融合平台建设，打通市内各级应用，统一用户认证，统一登录。开展2020年“课堂教学大比武”活动，全市8860

名老师参与晒课，晒课10998节，评出县级优课614节。组织开展全市中小学实验教学说课评选活动，采取网络评选的形式，学科涵盖小学科学、初中物理、化学、生物，高中物理、化学、生物和学科融合8个学科。经过市级、省级评选，推荐3名教师参加全国中小学实验教学说课活动，其中徐丽获得“2020年度全国中小学实验教学能手”奖，绵阳市教体局获得组织奖。持续推进本地资源体系化建设，高标准完成高中理科教师实验操作能力提升培训网络课程建设61节；持续推进情绪管理素养课程建设，完成家长课程全部内容共25节；启动“非遗”项目进校园系列视频课程《中华传统读书法——吟诵》拍摄工作，完成小学生必背古诗中63首的拍摄。中央电化教育馆全国人工智能培训教师第一站在绵阳举办，采用线上和线下的培训方式，特邀21个地市州的电教馆馆长参加。全市线下有190多名教师参加，线上有5600多名教师参加；举行首次全市电教系统工作人员业务培训，开展技术装备和信息化工作封闭式培训；通过教师专业发展平台，对全市约1万名教师进行专业能力培训。

【交流活动】 2020年新冠肺炎疫情防控期间，全市教育体育系统暂停出访、出国培训及赴港澳台团组等因公出国（境）审批工作；暂停举办各类涉外活动，暂停邀请外国人到绵阳工作或短期交流。全面摸排到绵阳外籍、留学生及港澳台师生情况，将其纳入教体系统、学校新冠肺炎疫情防控管理体系，做好动态管理。复学复课后，加强教育部中外人文交流中心的合作，8月，南山中学、绵阳外国语学校、高新区火炬实验小学入选中国教育国际交流协会举办的GoodTalk（地球村）项目；12月，参加GoodTalk（地球村）国际青少年双语演讲大赛。绵阳职业技术学院和四川电子机械职业技术学院被教育部中外人文交流中心确定为“2020年中外人文交流明材工赋学堂项目共建院校”。9月，绵阳外国语学校、南山中学双语学校、绵阳中学英才学校入选中国少年儿童基金会开展的四川省“护航计划实践教育项目校”。指导西南科技大学申报引智项目，全年申报到省级国（境）外高端人才引进项目2项，获批国家留学基金委创新型人才培养项目、中东欧国家高校联合教育项目。

图43　5月28日，全市教育脱贫攻坚问题整改清零行动工作会召开

【教育脱贫攻坚】 2020年，全市教体系统统筹安排教育脱贫攻坚收官各项工作，挂牌督战落实控辍保学“五长”责任，抓好“义务教育有保障”回头看等问题整改并全部销号清零，全市建档立卡贫困学生无一人失学辍学。健全各类帮扶机制，规范困难学生资助，持续实施免费午餐工程和营养改善计划，对口帮扶民族地区和贫困山区，推动教育脱贫攻坚任务通过国家、省、市多方评估验收。全年为23.38万名困难学生发放和减免各类资助金3.48亿元，做到“应免尽免、应助尽助”；为456所农村义务教育阶段学校的16.9万余名学生提供免费午餐，其中有210所学校的7.25万余名学生同时享受到营养改善计划；派出各类支教教师及帮扶人员近300人，开展各类送教活动培训教师1万余人次；在壤塘县、红原县开办“绵阳班”和在北川羌族自治县、平武县举办“绵中班”“南山班”等，为民族地区和贫困山区免费代培学生近1000人。

【体育和美育发展】 2020年，全市以课促学，督促学校开齐开足上好体育课，教会学生科学锻炼和健康知识，引导学生养成健康生活方式。以考促教，持续深化体育中考体考工作，倒逼学校和学生重视体育锻炼，引导学生增强身体素质，全市学生体质健康合格率达93.4%。以赛促训，指导开展校园“三大球”四级联赛，普及推广校园体育活动，引导学生掌握1—2项运动技能。坚持以美育提升审美素养。通过完善大中小幼相衔接的美育课程体系，改善美育设施设备条件，开展形式多样的美育活动，打造美育特色学校等，提升学生审美素养。全年投入2000余万元配备艺术功能室895间、艺术场馆136个，组织开展艺术活动642场次。截至年底，全市建成省级艺术教育特色学校30所、优秀文化艺术传承学校10所、美育实践基地10个、优秀学生艺术团15个。

【语言文字工作】 2020年11月，市语委办联合市文明办举办全市基层干部综合能力提升暨普通话培训班，来自各县市区（园区、科学城）乡镇（街道办事处）基层干部、驻村干部、公共服务窗口单位工作人员200余人参加培训。联合市委宣传部在全市各行业各系统开展中华经典诵写讲演大赛活动，共收到教育系统788件参赛作品，居各行业之首。举办全市小学生诗词大会总决赛，全市118所学校、3万余名小学生及家长参与，参与人数居全省第二，创历年新高。开展全市书法名家、诵读名家进校园活动，做好县域普通话普及情况调查工作。全市通过计算机测试普通话的人数达4万余人。绵阳广播电视大学被省教育厅推荐申报国家语言文字推广基地，是四川7所高校中唯一的市属学校。梓潼和平武通过语言文字市级督导评估，全市所有县市区在省政府教育督导委、省语委规划的年限内全面完成目标任务。全市有1253所学校通过语言文字工作达标验收，达标完成率达85%以上，市本级涌现出普明中学、南山双语、绵阳电大等一批特色鲜明、成效显著的学校。绵阳语言文字三项工作在全省处于领先地位，即第一个全面完成县市区语言文字工作督导评估，第一个全面完成普通话基本普及县域验收，第一个全面完成学校语言文字工作达标建设。

【学校后勤制度建设】 2020年，全市围绕学校后勤管理“五化”（美化、绿化、净化、文化、信息化）建设，完善管理制度，加强督促指导，确保特色打造。开展“厉行节约制止餐饮浪费”专项行动，持续做好光盘行动打卡、美好“食”光、“六个一”节粮爱粮主题宣传教育等系列活动，让节约成为校园时尚和文化习惯；执行学校食材大宗物资统一招投标制度，加强“明厨亮灶”监控，大气污染防治油烟在线监控等信息化平台建设；其中“明厨亮灶”基本完成，全面消除C级食堂，所有中小学幼儿园实现自主经营。绵阳实验高中“公共机构能效领跑者”创建顺利完成国家级验收。

> **资料链接：**“公共机构能效领跑者”称号是国家公共机构节约型工作的最高荣誉，2020年四川省内仅有3家完成创建，也是市委、市政府公共机构节能专项工作重大课题。

【教育深度参与成渝地区双城经济圈建设】 2020年6月17—18日，绵阳市教育代表团到重庆北碚区开展教育合作交流。代表团先后参观重庆市朝阳小学、北碚区缙云幼儿园、重庆青年职业技术学院、重庆市朝阳中学等地，了解北碚区学前教育、基础教育和职业教育的发展理念、教学管理和人才培养等情况。其间，绵阳市教体局与北碚区教委签订《绵阳—北碚教育区域合作协议》，南山中学、绵阳外国语学校、绵阳高新区火炬实验小学分别与西南大学附中、兼善中学、人民路小学签订《友好学校协议》。联合建设西南大学绵阳实习基地和西南大学基础教育研究基地，共建共享成渝绵优质教育资源平台，推动互助共赢、协同发展，搭建绵阳教育融入成渝地区双城经济圈建设区域开放新格局。

【两项改革“后半篇”文章教育试点】 2020年9月，市委办、市政府办印发《关于优化乡（镇）机构编制资源配置的工作方案》等28个工作方案，其中《关于提升城乡教育供给水平的工作方案》明确实施“1+4”工程（即乡镇学校布局调整工程+寄宿制中心学校建设工程、乡镇教师队伍建设工程、乡镇学校质量提升工程、闲置校舍利用工程），到2020年年底前，制定完成学校布局调整实施方案；到2022年年底前，完成学校布局调整、寄宿制中心学校建设、教师队伍结构基本优化、闲置校舍有效利用；到2025年，力争创建“双千双百”示范校100所，全面完成“1+4”工程目标任务，学校硬件条件得到有效改善，教学软件水平得到大力提升，教育资源配置更加优质均衡，学校发展更加高质内涵。截至年底，整合高中阶段学校3所，撤并初中小学73所；规划改扩建中心集镇寄宿制学校178所，提供标准寄宿学位12.1万余个；规划新建学校46所（初中、小学24所，公办幼儿园22所），增加城区学位供给5.5万余个。

图44　11月13日，绵阳市教体系统两项改革“后半篇”文章现场推进会召开

基础教育

【概况】 2020年，全市有幼儿园833所、在园幼儿143486人、教职工13765人。有义务教育学校576所、在校学生439057人，较2019年增加9508人，有教职员工26863人，较2019年增加260人。有普通高中33所、在校学生104658人、教职员工11978人。

【学前教育】 2020年，全市建立工作专班，督促落实教育部门、县级政府主管、主体责任，实行局班子成员分片联系督查和每月通报制度，定期约谈进度滞后的县市区（园区），推进第三期学前教育行动计划、公办幼儿园建设和城镇小区配套幼儿园专项治理。其中第三期学前教育行动计划中2018—2019年规划建设的75所公办幼儿园全部竣工，增加公办学位12325个；2020年规划新建的27所公办幼儿园全部开工，完工13所，增加公办学位2075个；超额开工建设公办幼儿园10所，完工5所，增加公办学位1520个。通过转普惠性民办园、移交或购置、新建或补改建等方式，全部完成82所城镇小区配套幼儿园治理任务，增加普惠性学位18065个。出台《绵阳市普惠性民办幼儿园认定和管理办法》，支持引导民办幼儿园提供普惠性服务，新增认定普惠性民办幼儿园103所，增加普惠性民办学位9270个。采取租赁办园、公民办合作办园等方式，持续扩大学前教育普惠资源；制定保教费收费标准，持续改善民办园条件，提升办园水平，吸引更多学龄儿童就读。全市秋季公办园有在园幼儿7.53万人，民办园有在园幼儿6.82万人（普惠性民办园有在园幼儿4.57万人），公办园在园幼儿占比从2019年的29.05%提高至52.49%，普惠性幼儿园覆盖率从2019年的63.34%提高至84.35%，基本建成广覆盖、保基本、有质量的学前教育公共服务体系。

【义务教育】 2020年，全市对所有公办、民办义务教育阶段学校招生实行统一管理，实行公办义务教育学校划片招生，公办、民办学校同步招生，民办义务教育学校100%随机派位，严禁以任何形式选拔义务教育阶段学生，以各类考试、竞赛、培训成绩或证书证明等作为招生依据，以及以面试、评测等名义选拔学生，确保免试入学全覆盖。妥善解决进城务工随迁子女、“居住证”持有人入学需求。坚持以建设、管理、教研、资源“四个一体化”激发学校办学活力，整体提升义务教育水平，加快推动义务教育城乡一体化发展，实现城乡教育资源同质共享。加快实施“改薄”提升项目65个，投资3.3亿元开工校舍17万平方米，义务教育学校办学条件大幅改善。加快实施乡镇义务教育学校质量提升工程，推行“名校托新校、强校带弱校”等集团化办学模式，指导6个县市区（园区）、38所学校建立校联体集团，推动集团内学校统一建制、管理、考核。加快设立城乡教育质量提升科研专项，启动全市“教科研能力提升三年行动计划”培训课程，通过建立小区域教研联盟，强化城乡教育科研协作，促进城乡共生教育策略、共享教育智慧。加快建设全市统一平台，打造“专递课堂”“名师课堂”“名校网络课堂”3个课堂，共建共享城乡优质数字教育资源，实现教师、学生、家长全覆盖，学段、学科全覆盖，学习、工作、生活全覆盖。

【普通高中教育】 2020年，全市高考一本硬上线17953人，上线率达41.46%，比2019年增长0.5%；二本硬上线31374人，上线率72.46%，比2019年增长0.3%。被清华大学、北京大学录取学生59人；被“一流学科”大学录取9009人，比2019年增长1.5%。推动中考改革稳步实施，率先将艺术科目和外语听说纳入中考。结合高中教育质量评价结果，设置中考志愿5批次9个阶段。首次实行现场学籍确认，确保招生录取规范有序。实施教师队伍保障、办学条件攻坚、高中大班额化解、考试保障条件建设4项工程，适当减少普通高中年度招生计划，全市高中阶段毛入学率达97.4%，基本消除超大班额，大班额比例化解到15%，在调结构、控规模、促内涵发展方面取得成效。完善德智体美劳全面培养体系，深化课程管理和课堂教学改革。实施“双特”工程，找准特优生和清北生培养的着力点。探索创新育人方式，优化空军青少年航空学校培养模式。采取“校对校”模式，带动北川、平武等民族地区

图45 9月，绵阳科创区园艺东街实验幼儿园投入使用

教育质量提升。

【民办教育】 2020年，全市有各级各类民办学校805所（不含民办培训机构），其中民办幼儿园770所、民办中小学18所、民办中职学校12所、民办高等学校5所。民办学校有在校学生253449人、教职工24662人。严把校外培训机构开学复课关口，要求培训机构必须经当地教育行政部门批准，方可重新开展线下培训业务；指导各地按照防疫要求制定校外培训机构开学复课审批标准，完成对668家培训机构的检查审批，通过审批662家、关停6家，确保培训机构开学安全。加强暑期关键节点强化监督管理，督导各地做实做细培训机构“回头看”“告家长的一封信”等工作，确保暑期市场平稳运行。组织对7个县市区（园区）50余家培训机构进行随机检查，发现整改问题89处。6月底，集中公布校外培训机构“黑白”名单，10家机构被列入黑名单，为学生和家长提供可靠参考和安全保障。对校外培训机构办学经营状况进行摸底研判，排查处理问题隐患30余个，停业机构34家。开展校外培训机构教材教辅资料排查专项行动，细化梳理教材课程备案审查工作流程，制定审核清单，全市集中审核与随机抽查实现排查全覆盖。

【民族教育】 2020年，全市指导涪城区、游仙区、江油市、盐亭县、高新区、经开区、科创园区对口帮扶深度贫困县116所学校，接收壤塘、红原、昭觉80名初中毕业生就读市直属高中。指导北川、平武落实民族地区教育发展十年行动计划，北川400万元资金全部到位，48个项目基本完成；办好普明中学甘孜班和绵阳民族中学，接收培养对口帮扶地区初中毕业学生。探索帮助深度贫困地区培养优秀人才新模式，采取挂职互访、送教上门、资源共享、接收生源等方式，帮助凉山、阿坝培养优秀人才。

【四川省绵阳中学】 四川省绵阳中学创建于1957年，是四川省首批国家级示范性高中、一级示范性普通高中、阳光体育示范学校和艺术教育特色学校；全国16所“中国空军青少年航空学校”之一，位列“中国百强中学”第十七名；是清华“领军计划”、北大“博雅计划”全国首批推荐资质学校和全国116所著名高校“优质生源基地”。学校占地约20公顷，建筑面积17万平方米，形成“一墙一路一亭、十楼六园两区”的整体布局，拥有全省一流的现代化设施设备。有教学班158个，在校学生9000余人，教职工600余人，其中在职正高级教师11人、在职特级教师16人、高级教师207人，硕士171人。近3年（2018—2020年）137人被清华北大录取，高考硬上线重本率均在90%以上，高考600分以上特优生占比68%以上，蝉联绵阳市普通高中教育质量综合评价A1组学校特等奖第一名。五大学科竞赛在国际竞赛中获得4金1银，在全国决赛中获得16金15银（2018年获8金6银，全国第十六名；2019年获4金2银，全国第十五名；2020年获4金7银，全国第十六名）。近3年，13人公派留学新加坡，近100名毕业生进入哈佛、麻省理工、剑桥等世界名校，8人考取清华美院、中央美院，10人入选中国篮协U18国家集训队。

【四川省绵阳南山中学】 四川省绵阳南山中学创办于1908年，1953年被确定为四川省首批办好的十四所中学，1978年被确定为首批省重点中学，2000年被确定为四川省首批国家级示范性高中，2011年被确定为全国拔尖创新人才培养基地，2013年被确定为四川省首批一级示范校。学校是清华大学、北京大学等近百所高校优质生源基地。拥有正高级教师11人、特级教师10人、高级教师193人，建有“四川省杨劭斌名师工作坊”“四川省卢礼金名师工作坊”，培养学生的思维品质和创新意识，提升学生的学习能力和实践能力。学校连续多年获得绵阳市高中教育质量评价特等奖。

【四川省绵阳实验高级中学】 四川省绵阳实验高级中学创建于2000年，由省部级重点中专——绵阳机电工业校改制而成，是绵阳市教体局直属公办高中，2004年晋升为四川省示范性普通高中，2013年通过省教厅“四川省二级示范性普通高中”的复核确认，2018年晋升为四川省一级示范性普通高中。学校有在籍学生5560人、在岗教师356人。有全国优秀教师6人、四川省特级教师5人、四川省正高级教师3人。学校占地15.44公顷，校舍建筑面积7.23万平方米。学校先后获得“全国素质教育示范校”“全国青少年普法教育先进单位”“全国足球示范校”“全国五四红旗支部”“四川省文明校园（首批）”“四川省食品卫生信誉A级单位”等荣誉。

【四川省绵阳第一中学】 四川省绵阳第一中学系绵阳市教体局直属公办学校，始建于清乾隆五年（1740年），是宋代文豪欧阳修诞生地，2003年被授予“四川省示范性普通高中”，2013年被授予“四川省二级示范性普通高中”。学校占地3.17公顷，建筑面积4.12万平方米，固定资产2.13亿元。有教学班75个、在校学生近5000人。有在职教职工273人，其中特级教师4人、高级教师85人、中级教师123人。学校推行新课改，践行以“导学案为载体的小组合作学习”理念，实施“二段八步”课堂教学模式，是“四川省校本研修示范学校”，被教育部授予“全国校本课程研修示范学校”称号。射击、赛艇、皮划艇等传统体育项目特色突出。多元升学渠道畅通，学校是“新加坡公派留学”学校，“德国歌德学院项目”联系学校，中美“千校携手”合作学校，俄罗斯、乌克兰留学直通学校，西安交大少年班直升学校。

【绵阳普明中学】 普明中学始建于1906年，2000年收归绵阳市教育局直属，2004年创建四川省示范性高中，2014年通过四川省二级示范校验收，2020年年底创建四川省一级示范校（国重）。学校有在校师生员工6000余人，校园面积10.67公顷，全校按功能区划，分教学区（高中区82个班及所有功能用房、初中区18个班）、生活区（3幢学生公寓、1幢食堂）、运动区（国家二级标准运动场1个、五人制足球场1个、篮球场9个、网球场3个、排球场3个、柔道训练馆1个、健美操训练馆1个）和休闲区。有教职工327人，其中正高级教师3人、特级教师5人、省级骨干教师10人、市级骨干教师46人、市级学科专家库教师31人、高级教师108人、中级教师134人，中高级教师占教师总数的79%，退休教职工40人。研究生（含研修班）100余人，本科率达100%。

【四川省绵阳外国语学校】 四川省绵阳外国语学校始建于1999年，是绵阳市教体局直属的集小学、初中、高中于一体的全寄宿制、现代化、国际化品牌学校，是一所适应现代教育发展规律和社会主义市场经济发展特色的新机制学校。学校占地15.33公顷，2020年有161个教学班、在校学生7796人、教职工544人。专任教师中，中高级教师和特级教师占60%以上。学校是“全国素质教育先进单位”“全国外国语学校会员学校”“国家公派留学新加坡指定生源学校”“四川省教育工作先进集体”“四川省校风示范学校”“四川省艺术教育特色学校”“四川省青少年足球基地学校”“绵阳市教育质量先进学校”“绵阳市培养输送体育特长生先进学校”“绵阳市科技教育示范学校”“国家公派留学新加坡指定生源学校”以及“绵阳市全国外语等级培训考试中心”。

【四川省绵阳南山中学双语学校】 四川省绵阳南山中学双语学校创建于2001年，是一所集小学、初中、高中一体化、现代化的寄宿制、股份制学校，是绵阳市教体局直属学校。学校占地30公顷。2020年，有名、优、特教师540余人，在校学生8500余人。学校连续多年在教育教学质量综合评估中获得绵阳市特等奖，先后被评为“全国科技体育传统校”“中国少年科学院科普基地”“全国校园足球特色学校”“全国青少年校园网球特色学校”“四川省青少年信息学科普基地校”。

【四川省科学城一中】 四川省科学城一中是中国工程物理研究院将原院属九所子弟中学进行调整、优化、集中，于1990年重组而成的一所大型高中。1999年，通过四川省“国家级示范性高中”的检查验收，是四川省第一所国家级示范高中。学校占地约6公顷，建筑面积1.88万余平方米，建有国家级标准运动场、大型体育馆、图书馆、多媒体理、化、生、语言实验室、计算机校园网；教室均装备电脑多媒体演示系统。学校有享受政府津贴的教育专家2人、特级教师5人、中学高级教师95人，专任教师144人，具有硕士学历32人，本科学历136人。

【绵阳东辰国际学校】 绵阳东辰国际学校创办于2000年，占地23.33公顷，是集小学、初中、高中、出国预备教育于一体的全日制寄宿制民办学校，有纸质图书262991册、电子图书24680GB、计算机1708台、实验室34个。高中占地6.68公顷。2020年，有56个班、学生2857人、教职工241人。先后获评北京大学校长实名制推荐学校、四川高中前三强、中国高中教育五十强、全国百强中学、四川省一级示范性普通高中、绵阳市特优生培养基地；连续12年获得“绵阳市普通高中教育质量综合评估A1组特等奖”。

【四川省江油中学】 四川省江油中学前身为1914年建立的“省立第二中学”，1956年建新校，2000年创办成四川省重点中学，2003年与长城高中强强联合创建成国家级示范性普通高中，2013年成为首批四川省一级示范性高中。学校占地面积约13.33公顷，校舍建筑面积12万多平方米。2020年，有教学班119个、在校学生近8000人、在编教职工439人，其中具有中高级专业技术职务教师294人。学校连续多年获得绵阳市A类学校教育质量综合评估特等奖、特优生培养一等奖、特优生贡献奖、学困生转化显著奖，是北京大学博雅计划、清华大学领军计划优质生源学校，西南大学、西南政法大学等10多所优质大学生源基地。学校先后被评为全国体育先进集体、全国篮球、足球特色学校、中国/WHO健康促进学校，是四川省一级示范性普通高中，四川省校风示范学校、四川省实验教学示范学校、四川省研学游基地学校，绵阳市最佳文明单位、绵阳国际理解教育试点学校。

【四川省绵阳市安州中学】 四川省绵阳市安州中学占地10.53公顷，有在岗教职工383人，中学特级、高级教师140人，全国优秀教师2人，省、市级优秀教师、明星教师、优秀班主任等130人。2020年，有教学班86个、在校学生近5000人。学校秉承“厚德善学、发展为本”办学理念，形成“重实际、重实效、重落实、重实绩”德育特色，位列绵阳市普高教育“第一梯队”。学校先后获得“全国五讲四美为人师表先进集体”“全国群众体育先进单位”“四川省文明单位”等荣誉称号。

【四川省绵阳市三台中学】 四川省绵阳市三台中学创建于1905年，是四川省一级示范高中、四川省阳光体育示范学校。学校占地约13.33公顷。2020年，有教职工578人，其中高级教师203人、正高级教师1人、特级教师3人，有学生7900余人。学校形成“学立文峰，成己兴邦”的办学理念。以课题教研为引领、互联网大数据为支撑打造“智慧课堂”升级版，全省领先，全国一流；以小组合作学习为抓手，提升高效课堂效益；以青年共产主义学校为载体，围绕“校内社会实践活动”“自管委建设”“心理成长中心”，创新思路做好德育，凝练“家国情怀”。学校先后获得全国首届文明校园、全国校园安全教育工作先进单位、全国校园文化建设先进学校、全国学校体育工作先进单位、四川省教育工作先进集体等荣誉称号。

2020年绵阳市小学、幼儿园情况一览表

表63

	校数（所）	班数（个）	毕业生（人）	招生数（人）	在校生（人）	预计毕业生（人）	教职工（人）	
							计	其中：专任教师
合计	1235	11882	94613	82169	427059	101292	28136	20618
幼儿园	833	5302	46713	37469	143486	53856	13765	7080
小学	402	6580	47900	44700	283573	47436	14371	13835

2020年绵阳市普通中学情况一览表

表64

	校数（所）	班数（个）	毕业生（人）	招生数（人）	在校生（人）	预计毕业生（人）	教职工（人）	
							计	其中：专任教师
合计	207	5115	78243	87895	260142	82413	24470	21837
初中	182	3181	44112	53727	155484	48042	12492	11277
高中	33	1970	34131	34168	104658	34371	11978	10560

2020年绵阳市义务教育阶段学校收费标准一览表

表65

单位：元/生·年

教育类别	收费项目		现行收费标准			
			标准说明	最低标准	最高标准	平均标准
义务教育学校	公办普通小学	住宿费	—	—	—	—
	公办普通初中	住宿费	—	900	1030	1160

2020年绵阳市高中教育收费标准一览表

表66

单位：元/生·期

学校	学费			高中毕业会考费	住宿费	课本费	作业本费
类别	国家省级示范高中	市级示范高中	一般高中				
绵阳市	460	340	280	5元/生·科（只对高二学生一次性收取）	按当地物价部门核定的标准执行	300（据实结算，多退少不补）	30（据实结算，多退少不补）

职业教育和成人教育

【概况】 2020年，全市有中等职业学校24所，其中国家级示范中职学校1所（绵阳财经学校）、国家级重点中职学校3所（绵阳农业学校、绵阳职业技术学校、三台县刘营职业高级中学校）、省级示范中职学校4所（江油市职业中学校、绵阳市游仙职业技术学校、北川羌族自治县七一职业中学、四川九洲技师学院）、省级重点中职学校3所（绵阳职业技术学校、江油市职业中学校、盐亭职业技术学校）。开设专业70余个，涉及加工制造类、信息技术类、财经商贸类、旅游服务类、交通运输类等15个专业大类。有中职在校教职工2154人、在校学生43970人（不含技工学校），年培养合格毕业生2万余人。

【职业教育改革发展】 2020年，绵阳职业技术学院与绵阳财经学校改革发展大会召开，加快推进绵阳财经学校与绵阳职业技术学院改革发展后续工作，调整优化职业院校布局结构。坚持围绕“示范学校”“示范专业”建设，打造绵阳中职学校品牌，成立示范学校、示范专业建设工作联盟，召开第一次绵阳市示范校建设联盟大会，做好省级示范学校、省级示范专业项目建设指导工作，完成省教育厅对第二批示范学校、示范专业中期督导评估工作。共获得省教育厅批准建设的省级示范专业4个，“双示范”获批总数居全省地级市第一。

【职业教育管理】 2020年，职业学校规范办学工作会召开，督促指导辖区内所有中职学校加强管理，规范办学，巩固绵阳职业教育风清气正的育人环境。组织中职学校清理2019届毕业生信息工作，审核发放毕业证书8758本；做好学生学籍管理工作，为中职免学费和助学金发放提供依据；审核办理毕业生学历证明150份，审核具备招生资格的学校及专业，为学生填报职业院校志愿提供指南。全市执行《四川省中等职业学校专业设置管理办法（试行）》相关规定，组织专家组对学校新申办专业、专业设置合理性等进行督导评估，确保专业设置顺应市场需求、满足地方经济社会发展需要。新增专业9个，停办6个专业，申报省级示范专业4个。成立绵阳市中职名校建设评审工作领导小组，围绕基础条件、投入保障、学校管理、校企合作、教育教学、办学效益、规范方案、发展前景8个方面的重点内容，对绵阳市游仙职业技术学校、三台县刘营职业高级中学校申报中等职业教育名校建设项目进行现场评审。开展校企合作，调研绵阳企业用工需求，到长虹集团、九州电子、京东方、惠科4家企业座谈，为校企双方合作搭建平台，游仙职业技术学校、绵阳职业技术学校分别与四川长虹电子集团、绵阳惠科光电科技有限公司达成战略合作协议。北川羌族自治县七一职业中学获得全国职业院校技能大赛改革试点赛全国中职组沙盘模拟企业经营、车身修理赛项二等奖。参加2020年四川省中等职业学校技能大赛，市教体局获得优秀组织奖，绵阳代表队获得一等奖4个、二等奖11个、三等奖12个，4名老师获得“四川省优秀指导教师”荣誉称号。举办2020年全市中等职业学校教师教学能力大赛，共评选一、二、三等奖作品近60个。

【职业教育政策宣传】 2020年，全市贯彻落实全省职业教育会议精神，制定《2020年绵阳市职业教育政策宣讲工作方案》，印制宣传手册3万本，组建宣讲团10个，并首次将职业教育政策宣讲情况纳入局领导班子重点督查事项。利用网络媒体。拍摄制作《中国科技城　职教新高地》绵阳职业教育形象宣传片，开展职业教育口号征集活动，利用四川电视台、《绵阳日报》、微信公众号等加强职业教育政策宣传。将各县市区中职学校招生任务完成情况纳入《2020年县市区、园区教育体育工作评价指标》，实行网上统一招生录取。全市共有41206名学生填报中职志愿，较2019年增长49.1%，基本实现职普比大体相当。

2020年绵阳市中等职业教育情况一览表

表67

	校数（所）	毕业生（人）	招生数（人）	在校生（人）	预计毕业生（人）
合　计	24	16783	19448	43970	13663
其中：调整后中职学校（类）	10	1484	1755	5021	1458
普通中专学校（类）	3	3374	2530	7846	2883
成人中专学校（类）	1	6504	2578	3560	2803
职业高中学校（类）	10	5421	12585	27543	6519
其他机构（类）	—	—	—	—	—

说明：不含技工学校

【成人教育】 2020年，全市共有社区大学1所（校区在绵阳电大）、社区学院1所（校区在三台电大）、社区教育学习中心23个。有社区教育专职人员3人、专兼职教师110人、志愿者568人。发挥全市社区教育职能，助推学习型社会建设。指导江油市、梓潼社区学院成立，各社区学院、社区学校、社区教育学习点线下参与防控网格管理，线上推广防疫公益课程。开展线上教学，参与四川省社区教育服务指导中心“乐学防疫”联合行动。因地制宜打造特色项目，参与全省社区教育领域专家研讨“四川省省级社区教育实验（示范）区建设标准”。推进联合国教科文组织驻华秘书处及中国成人教育协会开展的“城市社区学习中心能力建设提升项目（CLC）”“西部社区教育调研”“终身学习背景下的社区教育融入社区治理”研究并形成自评报告。举办绵阳市2020年职业教育活动周暨全民终身学习活动周系列活动，启动仪式采用云上直播方式，12.6万人线上观看。动员各县市区结合“人人出彩，技能强国”和“全民智学，助力双战双赢”主题开展活动。

【绵阳泛美飞行职业技术学校】 2020年，绵阳泛美飞行职业技术学校经市教体局批准成立，是泛美教育集团重点打造的以飞行人才培养为特色、专注航空专业人才培养的全日制中等职业学校，是绵阳飞行职业学院唯一附属中专，是中国首家以飞行为特色的中专学校。学校位于中国科技城（北川）航空城，是北川羌族自治县重点建设项目“大美羌城——泛美航空科技城”的核心部分。学校开设航空服务、民航运输、飞机维修、无人机操控与维护等专业，覆盖民用航空、通用航空各个领域。学校拥有领先的航空专业实训设施设备，配备R44五级训练器、PA-28五级训练器、PA-44五级训练器、B737应急撤离训练舱、A350客舱服务训练舱、A320出口模拟训练舱、A320灭火训练舱，建立空中乘务实训中心、模拟飞行训练中心、空保训练中心、飞机发动机拆装训练中心等多个航空专业实训中心。依托泛美教育集团航空教育办学模式，建立航空专业培养课程体系，组建民航专业师资团队，构建“网络教育、技能培训、课堂互动、素质养成”的四模块人才培养模式，崇尚科技，重视创新，全面推行“移动互联网教育生态系统”。秉承“以人为本，突破文本主义思想，全面提升学生综合素质，培养跨岗作业能力，培养现代绅士与淑女”办学理念，突出办学特色，实行标准化军事化管理。在泛美教育集团“中高职一体化”办学模式下，实现中高职教育的无缝衔接，并实现毕业生就业与航空企业岗位要求的“无缝对接”。

教育园区建设

【概况】 2020年，绵阳教育园区内有川幼春晖教育南路实验幼儿园、绵阳外国语实验学校、绵阳南山中学实验学校、绵阳中学实验学校、绵阳紫荆民族初级中学、绵阳农业学校、绵阳广播电视大学、四川中医药高等专科学校、四川幼儿师范高等专科学校、东辰聚星国际学校、涪城区西园学校等10余所学校，实现学前教育到大学（专科）教育的全覆盖。园区有各类在校学生5万人，初、中、高级教师人才近3000人，其中教投集团下属3所实验学校（绵阳外国语实验学校、绵阳南山中学实验学校、绵阳中学实验学校）有在校生2.6万余人、教职员工1400余人。截至年底，教育园区累计实现各类总投资逾80亿元，完成园区道路建设11.6千米，亮化工程10.5千米，绿化工程13万平方米，开发春晖花园、西园新城、西园大学居、五方校园、苹果国际社区、兴发御景湾等9大学区楼盘，常住人口约8万人。

【园区普教发展】 2020年，绵阳外国语实验学校、绵阳南山中学实验学校、绵阳中学实验学校有在校学生2.6万人、教职员工超2500人（特级教师5人、省市骨干教师82人、高级教师271人、硕士研究生255人）。在2020年高考中，绵阳中学实验学校参考4960人，一本上线3651人，上线率73.61%，二本上线4589人，上线率92.52%，清华北大录取4人；南山中学实验学校参考4240人，一本上线3278人，上线率77.31%，二本上线3994人，上线率94.2%，清华北大录取1人；外国语实验学校中考参考930人，A1上线人数218人，上线率23.44%，成为市内重点高中重要生源基地。绵中实验、南山实验均获

图46　11月10日，绵阳中学实验学校举办“中华经典千人诵读”活动

绵阳市2020年普通高中教育质量综合评价A2组特等奖。东辰聚星国际学校位于绵阳园艺山教育园区教育中路，占地4公顷，学校开设小学和初中学段，于9月开学；涪城区西园学校一期校舍主体封顶。

【园区中高职教育发展】 2020年，四川医高专面向全国19个省、市、自治区招生的29个医学类专业达1.3万余人，是全国中医资格考试基地，入选国家“卓越医生”教育培养计划试点高校。毕业生助理中医师、护士资格等执业考试通过率连续保持全省同类院校首位；毕业生就业率连续5年达96%；新生入学录取分数线连续5年位居全省80所同类院校前五位；四川幼专（绵阳校区）招生分数线在省内普招专科文史类、理工类调档线均为省内专科院校第一名，超本二批省控线录取新生占比均超过30%；艺体类专业录取成绩（专业）100%超本科线。新建建筑面积约2万平方米、施工合同金额4812万元的四川幼专绵阳校区学生公寓、综合实验楼、艺术中心、第一附属幼儿园开工建设。绵阳农业学校招进全日制中职生420人，比2019年净增152人；完成基层农技人员知识更新、退役军人、基层干部综合能力提升暨语言文字工作等5期共1258人次的培训任务；获得3项国家实用新型专利。申报省市科研课题4项。在单招和统招考试中共上线73人，占报考学生90%。绵阳民族初级中学作为四川省唯一一所为支援阿坝藏族羌族自治州民族教育事业而创办的公立全寄宿制初级中学，累计为阿坝培养合格初中毕业生3000余人。 （刘 庆）

招生考试

【概况】 2020年，全市组织普通高校招生考试、高中阶段学校招生考试等各类国家教育考试21次，考生达70.21万人次。

【普通高校招生考试】 2020年，全市高考报名共计49570人。高职单招录取4716人，西安交大少年班录取1人，共有44853人参加高考。全市共设9个考区、23个考点、1509个正式考场、36个备用考场、82个发热隔离考场，共1627个考场，动用考试工作人员8000余人。高考录取43968人，总录取率为90.32%。其中重点本科录取16287人，录取率达36.18%，较2019年增加0.37个百分点；本科录取30625人，录取率达68.04%。

【高中阶段学校招生考试】 2020年，全市高中阶段学校招生考试报考人数42916人、初二生物地理学业水平考试报名48151人、中考英语听说测试报名42916人；全市高中阶段学校录取41956人，其中普通高中录取25892人，中职统招录取13780人，自主招生247人，五年制高职录取2037人。

【自考和非学历考试】 2020年，全市高等教育自学考试报考人数31737人，共报考73581科次；全年累计办理社会型自考毕业证书319人，毕业人数较2019年增加140人，增幅达57.9%。全年非学历教育考试共计8次，报考共14.7万人次。其中全国大学英语四、六级考试全年报考66936人，全国计算机等级考试报考15491人次，中小学教师资格考试（笔试）报考27361人、54421科次，中小学教师资格考试（面试）报考6348人；四川省特岗教师招聘笔试报考6944人、科数13888科；全市书法水平测试报考22488人，较2019年增长54.7%，报考人数再居全省第一。

【成人高考及研究生招生考试】 2020年，全市共有7767名考生报名参加成人高考，其中高中起点专科4618人、高中起点本科30人，专科起点本科3119人。全市共设9个考区、10个考点、272个考场。全市共录取6746人，其中高中起点专科4100人、高中起点本科16人、专科起点本科2630人，录取率为86.85%；在全国硕士研究生招生考试中，全市设5个考点、462个考场，考生人数15366人。其中西南科技大学考点设110个考场、考生3954人，是全市考生人数最多的考点；西南科技大学城市学院考点设91个考场，考生3212人，是2020年首次组织研究生招生考试的考点。

高等教育

【概况】 2020年，全市有高等教育学校15所，其中全日制普通教育本科院校6所、市属全日制高职高专院校3所、全日制民办高等职业技术学院3所、成人教育本科院校1所、成人教育专科院校2所。全市高校在册大学生总数为16.69万人，其中各类全日制在校大学生达14.94万人（硕士研究生及以上3987人、本科生82857人、专科生62560人）、成教大学生17578人；共有教职工9965人，其中教授627人、副教授1968人，具有博士学位教师1084人，具有硕士学位教师3167人。全市高校校园总面积约1066.67公顷，校园内总建筑面积310.14万平方米，图书馆藏书总量（含电子图书）3134.17万册，学校固定资产总值2808555.83万元。

2020年全市高等教育学校一览表

表68

序号	学校名称	类别	数量（所）
1	西南科技大学	全日制普通教育本科院校	6
2	绵阳师范学院		
3	四川文化艺术学院		
4	中国民航飞行学院绵阳分院		
5	西南财经大学天府学院		
6	西南科技大学城市学院		
7	绵阳职业技术学院	市属全日制高职高专院校	3
8	四川中医药高等专科学校		
9	四川幼儿师范高等专科学校		
10	四川汽车职业技术学院	全日制民办高等职业技术学院	3
11	四川电子机械职业技术学院		
12	绵阳飞行职业学院		
13	中国工程物理研究院职工工学院	成人教育本科院校	1
14	绵阳广播电视大学	成人教育专科院校	2
15	涪江机器厂职工大学		

【高等教育管理及发展】 2020年，全市投入990万元打造市级特色优势专业20个和示范实训基地10个，指导在绵阳高校结合产业需求优化专业设置，提高人才培养与产业发展的契合度，提升高校办学综合水平，增强服务科技城建设能力。全年10余次到教育部、省教育厅汇报对接，争取到教育部增加西南科技大学研究生招生指标，将全市7所高校纳入“1+X证书制度”试点单位，在绵阳本科院校所有学位点通过国家首轮学位授权点合格评估。绵阳职业技术学院获评“四川省优质高职院校”。全年获批国家、省部级科研项目89项，获得授权专利206项、转化项目17个；调整专业47个、创建国省级一流专业23个，新增校内外实习实训基地100余个，与县市区签订校地、校企合作协议73份，向社会输送大学毕业生3.7万人。

【西南科技大学】 2020年，西南科技大学实施“一流学科攀登计划”，打造学科高峰，牵引带动相关学科加速发展。矿业工程、化学工程、材料科学与工程3个学科入选2020软科世界一流学科排名。推进35个学位授权点落实学科负责人制，24个学科和16个专业学位类别实施“对标竞进”；强化4个优势特色学科统筹建设和指标监测；组织申报新增13个学位授权点（博士学术学位5个、博士专业学位2个、硕士学术学位2个、硕士专业学位4个），全部通过省级审核。学校自主增列3个二级学科。获得省级一流专业11个，18个专业推荐参评国家一流专业。建成“科技创新数据资源服务平台”“含能材料基础数据平台”和“四川省高新技术企业创新能力评估系统”。获批国家级一流课程3门、省级一流课程3门、省级应用型示范课程1门；立项建设校级精品在线开放课程17门，培育虚拟仿真实验教学项目17个，立项资助教材21本。承办4项四川省大学生竞赛项目；获批省级创新创业教育示范课程1门，获省级创新创业类教学大赛奖4个，2个大学生创新创业训练计划项目入选全国创新创业年会。停招过程装备与控制工程、市场营销2个专业，撤销政治学与行政学1个专业，新增人工智能、数据科学与大数据技术2个专业，新增第二学士学位专业12个。新增新工科建设国家级项目1项，新农科建设国家级项目1项、省级2项，获批省级特色化示范性软件学院。毕业研究生发表核心论文364篇、三大检索收录259篇；奖励研究生高水平学术论文306篇、评选优秀硕士学位论文42篇。资助出版研究生教材2本，制定《专业学位研究生联合培养基地管理办法》等，加强

《工程伦理》课程建设。修订《研究生指导教师管理办法》，学校新增博士生导师23人、企业合作博士生导师3人、硕士生导师119人、校外合作硕士生导师109人。固体废物处理与资源化利用教育部重点实验室、特殊环境机器人技术四川省重点实验室通过五年周期评估；四川省工业自主可控人工智能工程技术研究中心通过全省首批工程技术研究中心公示。出台《“三类高质量论文”遴选办法（试行）》等科研奖励办法。全年获得自然科学类科研项目630项，立项经费2.91亿元，同比增长78.53%，到校经费近1.87亿元。获批两项国家自科基金区域创新发展联合基金重点项目，立项经费超600万元。获得省部级等科研成果奖24项，其中省部级科技成果一等奖2项。发表学术论文1225篇，其中重要核心894篇，国际高影响期刊高水平学术论文20篇；出版著作18部；获得授权发明专利252项。全年社科类科研项目获批国家级立项11项、省部级39项，立项经费1489万元，到校经费1226万元，同比增长67.63%。出台《西南科技大学哲学社会科学研究机构管理办法（试行）》。3个省社科重点研究基地通过2017—2020年考核评估；与四川省文联共建“四川文艺评论研究中心”。学校获得四川省“社科组织先进集体”称号。获2020年四川省、重庆市社科规划“成渝地区双城经济圈”重大项目1项。新增教书育人名师2人，引进博士50人，新聘学术院长1人。8人获得国家公派留学基金资助，选派3人出国进行6个月以上的研修学习；全年组织培训教师400余人次。获四川省第五届青教赛等奖励7人次，学校在全国普通高校教师竞赛状态数据排名中跃升至第四十一位。获批四川省教科文卫系统技能人才创新工作室2个，5个团队获准“巾帼建功岗”立项建设，心理教育与辅导中心获“四川省五一巾帼标兵岗”荣誉称号。选派10名骨干参加国家、省级培训；开展首届辅导员工作案例大赛；1人获全国高校辅导员年度人物，1人获四川省名辅导员称号，1人获四川省高校辅导员年度人物提名奖。“思想政治理论课实践教学”获批国家一流本科课程。授牌建设6个思政教育“名师工作室”；“课程思政”立项35项，评定“课程思政”示范专业2个。精准资助贫困生7.5万人次，落实资助金额5000余万元。设立“抗疫补贴”专项，发放184万元。学校易班获得省级奖励6项；3名学生获全国高校“百佳心理委员”；学校心理育人项目获批全省高校思想政治工作精品项目；获全国心理情景剧大赛优秀组织奖，2个剧目获二等奖；心理教育与辅导中心获得“四川省高校心理健康教育示范中心”。1人获“全国优秀共青团干部”称号，2个集体和2人次获绵阳市表彰。1人获“全国关心下一代工作先进工作者”称号。学生获得各类国家级、省级创新创业及科技竞赛奖励650余项，获得省级以上文化艺术类竞赛奖励100余项，获得国家级、省级体育竞赛奖项34个。“西南科技大学中华传统文化学院”获四川省首批高校重点中华优秀传统文化学院立项，学校入选四川省第二批“省级文明校园”。推进龙山薪火系列《扶贫路上的西南科大人》《我的清华分校情缘》丛书出版工作。一本招生比例达到89.58%。录取全日制博士研究生68人，同比增加7%；硕士研究生1715人，同比增加31%。推进研究生教育教学改革，制定《专业学位研究生联合培养基地管理办法》等，完成各工程类别专业学位培养方案和学位标准制定。加强就业指导，2020届毕业生（含本硕博学生）一次性就业率达86.28%，研究生一次就业率达92.67%。学校获得四川省“2020年度硕士研究生招生考试工作目标考核先进单位”称号。联合四川音乐学院、四川美术学院、四川大学、重庆大学等68所成渝地区艺术类高校（院系）成立成渝地区双城经济圈高校艺术联盟；推进与成渝地区校企校地合作，与重庆庚业新材料科技有限公司签订产学研合作协议。完成14项发明专利及植物新品种使用权转化，转化金额95.6万元。组织12个团队与遂宁续签“高校·企业创新人才团队支持计划合作协议”。国家大学科技园被科技部评为优秀国家级科技企业孵化器（A类）。深化四维共建工作机制，与董事单位交流互访29次，签订战略合作协议25项；新增实习（实践）基地9个、共建联合创新中心1个。开展对口支援工作，持续推动中国科大—西南科大《“十三五”重点事项备忘录》和2020年度重点工作落地；推动对口支援四川文理学院建设。推进对口帮扶工作，助力布拖县决战决胜脱贫攻坚圆满收官。聚焦国家战略需求和学科优势，获批国际平台项目8项；四川省国际科技合作（拉美）研究院获准建设。9名教师获批出国交流学习，43名学生获批留学基金委项目、校际交换等，与波兰、萨尔瓦多等国高校签订校际合作协议。（张丁杰）

【绵阳师范学院】 2020年，绵阳师范学院在校生总数19256人，其中普通本科生18167人、普通专科生506人；招生数4947人，毕业生4450人；在校研究生74人；成人教育学生5083人；留学生59人。有本科专业52个、专科专业8个、硕士授予点1个。有教职工1505人，其中专任教师1137人（硕士以上专任教师910人，副高级以上职称519人），引进博士30余人，专任教师中博士学位教师占比25.2%，硕博教师占比80.2%。学校占地面积105.86万平方米，校舍面积46.23万平方米。有纸质图书172.56万册，教学用计算机5567台，有省级实验室（实训中心）7个。以课堂为中心打造“金课”“教育概论”等5门课程立项省级一流本科课程，“心理统计学与SPSS应用”等4门课程立项省级应用型示范课程，“财务管理与创新创业实战演练”获批省级创新创业示范课程，“幼儿游戏与指导”入选首批国家级一流本科课程，“化学”“小学教育”2个专业通过师范专业二级认证。围绕“资源与环境”专业硕士学位点建设，打造学科特色，深化产教融合，健全校企协同育人机制，构建“高层次、高素质、应用型”的专业学位硕士研究生培养模式。制订《绵阳师范学院一流本科专业建设实施方案》，推进国家、省、校三级一流专业建设工作，构建起三级一流专业建设梯队。制定《专业评估实施办法》，推进专业结构优化调整，加强专业内涵建设。实施“双带头人”培育工程，推行“党建+课程思政”等“党建+”模式，助力课程思政建设，打造大思政教育生态圈。教师万吉湘、刘兴萍在四川省总工会、四川省委教育工委和四川省教育厅主办的四川省第五届青年教师教学技能大赛中获三等奖。在各类学科竞赛中获奖1055人次，较2019年增长47.32%。获全国师范院校师范生教学技能竞赛二等奖3个、三等奖2个，获奖率100%。成立中华传统文化学院，被四川省教育厅确定为第一批全省高校重点中华优秀传统文化学院。举办“品李白诗歌，拾唐韵遗风”美术作品展，推动中华优秀传统文化传承发展。学院团委获共青团中央授予“全国五四红旗团委”称号。学院入选省委教育工委四川省首批“三全育人”综合改革试点高校，获省文明委授予“四川省文明校园”称号。教师韩晓娟入选教育厅组织评选的2020年四川“最美教师”，微电影《初心》获2020年“我心中的思政课”四川高校大学生微电影展示作品一等奖。学生曾靖婧获“四川省高校大学生讲思政课”一等奖。学生社团自强社被中国扶贫基金会评为“全国优秀自强社”。坚持以党建带团建，完成共青团、学生会改革。立项国家级科研项目8项、省部级科研项目28项；省部级科研获奖5项，市厅级科研获奖40项、发明专利2项；立项横向合作项目116项；全年到账纵横向科研经费4589.99万元。获评“大熊猫国家公园自然教育人才培养和培训基地”“四川省自然教育基地”。与资阳市乐至县人民政府等5家地方政府、企事业单位签订校地战略合作协议，加入成渝地区双城经济圈文化和旅游产教联盟，与绵阳市委共建中国科技城城乡基层治理学院，与平武县共建白马文化研究院。与绵阳对外友好协会签署合作协议，依托学院生物科研团队打造绵阳熊猫外交新名片。选派驻村帮扶干部7人，组织学生顶岗支教265人，投入帮扶资金410余万元。通过智力扶贫、党建扶贫、以购代捐、一帮一结对帮扶等措施助力对口帮扶的绵阳市平武县、阿坝藏族羌族自治州壤塘县脱贫摘帽，结对帮扶的124户贫困户脱贫。

（赵子波）

【四川文化艺术学院】 2020年，四川文化艺术学院在校生17502人，其中本科生12846人、专科生4656人；招生6052人，其中本科生3601人、专科生2451人；毕业生总数3341人，其中本科生2691人、专科生650人。学校本科专业41个，专科专业28个。成人教育共计招生751人，其中本科生113人、专科生638人；共开设专业19个，其中本科专业10个、专科专业9个。教职工共计1363人，其中专业教师910人、正高级职称教师55人、副高级职称教师197人。引进专任教师138人，其中博士2人、硕士46人、副教授以上职称16人。完成2020年度国家奖助学金、校级奖学金以及省校级“优秀毕业生”等评优评先活动，共评选国家奖学金21人、国家励志奖学金323人、国家助学金229人，发放奖助学金1144.87万元。学校获得2020年度四川省高等院校安全保卫工作“平安校园”建设先进单位荣誉称号。开展防疫文创，创作作品1.3万余件，其中《同力抗疫》等文创作品被中央电视台、“学习强国”App、新华社、《人民日报》《四川日报》等媒体刊发展播；学校划拨10万余元进行表彰。四川省2018—2020年高等教育人才培养质量和教学改革项目《“乐舞一体”理念下羌藏歌舞人才培养体系构建与实践》结题。“民办艺术类院校公共体育课的探索与改革研究”“5G时代下应用型数字媒体艺术人才培养课程体系构建研究”2项校级教学研究课题，“戏剧教学与创作一体化课程研究——戏剧影视学院应用型人才培养模式实验”“新校区背景下学风建设体系的构建与实践”“数字媒体艺术专业‘两跨三融合’应用型人才培养模式改革”3项质量工程人才培养模式试验区项目和“传统文化通识课双语读本特色教材开发”1项质量工程特色教材开发项目立项。“海外藏敦煌遗书音乐文献整理与研究”课题获2020年度教育部人文社科规划项目立项。完成本年度国家社科统计工作，发布科研申报信息20余条，申报200余项，其中省部级立项7项、市厅级立项30余项、校级立项95项。完成4项校级、13项市厅级的结题验收及中期检查工作和4项省部级科研项目的中期检查工作，其中教师文飞主持的省部级“教育部人文社科规划基金项目《茶马古道北线（川甘段）音乐文化遗存的调查与研究》结项。教师发表论文270篇（中文核心15篇），其中住宅区环境设计用沙盘、景观设计用林木护根装置获得发明专利。申报“应用心理学”1个本科专业，有本科专业42个、专科专业28个。新增“金融工程”“艺术教育”“风景园林”3个本科专业、旅行管理与服务等4个高职高专专业，并从秋季开始招生。会展经济与管理、文物与博物馆学进入省民办高校重点特色专业质量提升计划，广播电视编导、环境设计、动画、视觉传达设计4个专业获批地方普通本科高校应用型示范专业立项；动画、视觉传达设计、文化产业管理3个专业被列为省级一流本科专业建设点；动画、视觉传达设计2个专业申报国家级一流本科专业建设点。成立教师发展中心，修改完善相关培训制度，组织实施并审核教师外出培训40余次，教师参加四川省教师技能岗前培训138人，取得教师资格证69人。职称评审高校序列申报人数197人次，最终通过正高级9人、副高级39人、中级74人、初级129人。教师孙文忠绘画作品《江山毓秀》被人民大会堂收藏，教师马青虹签约巴金文学院，教师陈继光受聘为教育部四川专家组成员，耿纪朋、任彦等5名教师入选四川文化与旅游专家人才库。（张玉琴）

【西南财经大学天府学院】 2020年，西南财经大学天府学院共录取普通高等教育本科生6224人、专科生2975人。学校在四川省内二本批次调档线为文科480分（超过控制线21分）、理科466分（超过控制线23分）；实际录取3005人（不含高职扩招），较2019年增长5%。学校高职单招计划2198人，一次报名499人，确认报名455人，实际参考413人，拟录取407人，实际录取383人，最终报到359人，报到率为93.7%，高于普通专科报到率。学校开设35个本科专业、26个专科专业，新增物联网工程、西班牙语、学前教育3个本科专业，新增跨境电子商务、学前教育2个专科专业。组织开展国家级、省级一流本科专业建设点申报工作，计算机科学与技术、社会工作2个专业获批省级一流本科专业，共有4个省级一流本科专业建设点。学校依据省教育厅相关工作要求，选定重庆工商大学与宁波诺丁汉大学为对标对象，结合学校长期规划中增量进位工作目标，启动对标竞进工作。新签约专业任课教师92人，行政教辅人员70人；完成兼职人员协议签订教师200人；外聘专家68人，其中特聘教授19人、客座教授21人、特聘专家4人、行业导师19人、行业专家4人、学术委员会主任1人。组织线下大中型双选会4场、线上双选会3场、线上专场招聘会208场、线下专场招聘会48场，企业签订校企合作协议总数增至419份，累计发布招聘单位信息2378条，提供有效用人岗位7762个，共组织学生1.8万余人次参加各类招聘会。2020届毕业生5740人，就业人数5016人，就业率达87.39%。学校开课1445门，比2019年上升69门，《包装设计》《Excel在财务中的应用》《财务报表分析》《面向对象程序设计与实践》《思想道德修养与法律基础》5门课程获批立项为第一批省级一流课程。组织开展省级第二批“课程思政”示范课程、专业、教学团队项目申报工作，对22门课程申报材料、2个专业申报材料、2个教学团队申报材料进行审核筛选上报，会计学专业入选省级“课程思政”示范专业，艺术设计类课程组群教学团队入选省级“课程思政”示范教学团队，1门课程立项为示范课程；开展校内优秀“课程思政”示范课程大赛，从74门校级“课程思政”立项课程中评选出19门获奖课程以及2个教学标兵。设立第四批校级自设研究机构，新设立天府课程思政教学研究中心、天府互联网课程资源建设与研究中心2个校级自设研究机构；组织开展3个市级研究机构以及12个校级研究机构的评估工作；四川传统文化研究中心申报成为市级自设研究机构。学校将《创业与创新教育》选修课程调整为必修课，参加省级创新创业示范课程院校互评，申报该门课程为四川省第四批次高等学校省级创新创业教育示范课程。学校在三大主体创新创业竞赛中获省级一等奖2项、二等奖6项、三等奖12项。各二级学院参加学校鼓励参赛的赛事获得省级一等奖25项、二等奖50项、三等奖87项；获得国家级一等奖7项、二等奖16项、三等奖36项；参加省教育厅主办的比赛获得省级一等奖19项、二等奖42项、三等奖69项。共收到80余项大学生创新创业训练计划项目申报书，最终立项20项省级项目，其中7项被选拔为国家级项目，同时对2019年的项目进行结项工作，完成7项国家级项目，11项省级项目的线上结项答辩。

【西南科技大学城市学院】 2020年，西南科技大学城市学院在校生规模达12388人，设置本专科专业60个，组织师生在省教育厅主办的学科竞赛获奖中233人次。《基础英语》《数字电子技术》《三大构成基础》3门课程获省级课程思政示范课程称号，《大学数学》获省级课程思政教学团队荣誉。申报备案教育部2020年第一批产学协同育人项目3个。申报中国教育博览会“双百”计划项目2项，专家库遴选2位。完成四川省2018—2020年教学改革与质量工程项目验收结题1项，组织在建项目各阶段验收工作共计86项，结题验收52项。《民办高校“一心两翼”应用型人才培养模式的创新与实践》获四川省民办高等教育协会教学成果一等奖、《校企合作协同培养经济管理类专业应用型人才模式探索与实践》获二等奖。“测绘工程”专业获省一流专业建设立项，《高等数学》《电气控制与PLC技术》《金融学》等3门课程获省一流课程立项建设；出版《高等数学(第二版上册)》《App UI设计》《文化创意产品项目实训教程》教材3部。教师罗小娇获2020年省民协优秀教师称号。师生获得专利授权53项，其中实用新型专利受理授权45项、发明型专利2项。校级科研立项79项，完成结题课题34项。纵横向科研立项28项，到校经费41万元。搭建心理教育与辅导平台、学生自主管理平台、校园文化平台、学生综合能力培养平台，探索项目化学生工作模式，开展特色班级、和谐宿舍等项目建设，推动“一院一特色”，构建多渠道、多面向育人新体系。学校推行“第二课题成绩单”制度，完成雅居乐·学生活动中心建设。评选出省级优秀毕业生116人，校级“三好”学生、先进个人1459人，先进班集体58个。3021名学生获得助学贷款，4180名学生被认定为家庭经济困难学生；2888名学生获得国家奖学金、国家励志奖学金、国家助学金，学校发放奖助学金582.12万元。立项36个校级学科重点竞赛项目，组织师生参加各级各类学科竞赛31余项，获奖233个，其中获国家级三等奖2个，省级一等奖41个、二等奖84个、三等奖102个。创建省级大学生创新创业园。申报并立项大学生创新创业项目省级100项、国家级33项。学生发表论文8篇，获软件著作权2个、专利3个。申报四川省第六届“互联网+”大赛项目568项，参与人数2043人，获省级铜奖1项。创业精英班学生参加学科竞赛8人，获得省级竞赛二等奖4个（含团体）、三等奖3个；申报立项校级科研课题8个；成立公司7家；开设网店（跨境电商）6家；发表论文8篇。承办“南方测绘杯”第六届四川省大学生测绘技能竞赛，学校获得14个单项奖和团体一等奖。

（何闫旭）

【绵阳职业技术学院】 绵阳职业技术学院前身为1933年创建的江苏省立宿迁玻璃科职业学校，历经多次搬迁和更名，1994年迁建至绵阳，2001年升格为高等职业学校，2011年通过国家示范性职业院校验收。2020年，学校组织开展科技创新和专业竞赛，获国家省市奖励400余项，组织参加2020年全省大学生“互联网+创新创业”大赛获1金1银3铜。建筑工程系学生毛秀英当选“全国百佳心理委员”及第三届全国心委论坛副主席。4006名学生获得国家奖助学金，金额达1387.97万元。毕业生实现跨校专升本727人。停招发电厂与电力系统等6个专业，新增电力系统自动化技术专业，专业总数调减到40个。建筑材料工程技术专业国家级教学资源库、四川省优质高职院校建成并通过验收。获得认定国家级骨干专业4个、精品在线开放课程1门、生产性实训基地1个和建材行业“双师型”教师培养培训基地，省级认定生产性实训基地4个、技能大师工作室1个、虚拟仿真实训中心1个以及省级职业教育集团，申报四川省产教融合示范基地项目。入选“十三五”职业教育规划教材5门、四川省第四批创新创业教育示范课程2门，立项省级思政示范课程3门。7个省级高等教育人才培养质量和教学改革项目结题验收。推进“双师”队伍建设，完成向俊成家用电子产品维修等4个技能大师工作室阶段性建设；通过基地助力、双师双能，建成校企合作“双师型”教师培训基地2个。实施“青蓝工程”师徒结对工程，遴选32名指导教师与42名新教师开展师徒结对活动。引进各类人才31人，其中硕士研究生及以上学历25人、副高以上职称3人、技能大师3人；新增教授2人、副教授6人；选送2名青年教师攻读博士学位；组织参加线上线下各级各类培训930余人次。教师中入选全国高职院校图书情报工作委员会委员1人、四川省教书育人名师1人。立项科研项目94项，获得支持经费30余万元，其中四川省科技计划项目5项、绵阳市科技计划项目3项。主持的科研项目先后获四川省科技进步奖三等奖1项，绵阳市科技进步奖一、二等奖各1项。学校当选四川职业教育科研协同创新联盟副理事长单位，校社科联获省人社厅和社科联联合表彰的“全省社科组织先进集体”，学校及2名教师获绵阳市2019年度全市社科工作先进集体、社科普及工作先进集体和先进社科工作者等荣誉。与重庆青年职业技术学院联合牵头成立成渝地区双城经济圈文化和旅游产教联盟，参与建设职业教育协同发展联盟、商贸流通联盟、建设职教联盟、艺术联盟。大学科技园建设正式纳入绵阳市《深入推进全面创新改革试验实施方案》及重点事项清单、游仙区《集成改革试点方案》，引进四川速加云链等9家科技型企业。与西南大学、游仙区科技局共同签署科技协同创新合作协议，与中材国际等23家校友企业合作，举行联建全国建材行业职教联盟、推动“双城经济圈”文化和旅游产教联盟校企合作等备忘录集中签约。领办绵阳职业教育集团，通过四川省骨干职教集团验收并由省教育厅推荐申报第二批国家示范职教集团。立项建设4个工程技术研究中心和技术创新团队，签订“工业镁渣、煤粉灰资源化应用”等校企横向合作项目7项，合同经费54.5万元；与江油市融创生产力促进中心合作，先后为28家科技型中小企业开展新技术新产品研发、科技成果转化等服务。承办全国研究生招生等多项国家考试，参考规模达3万余人次；承办电子商务专项职业能力等培训项目规模达到3000余人；组织参加SYB创业培训899人，为各级各类双创大赛选送项目1300余个，大学生创客俱乐部新增会员130余人。开展培训服务绩效累计达4万人日，到账培训经费超200万元。录取考生4049人，实际报到3785人，报到率达93.48%；五年一贯制转录437人，实际报到428人，报到率达97.94%；与18所中等职业学校合作联办五年制专科专业12个，录取考生1105人。毕业学生4056人，实现就业3696人。配备专职思政课教师30人、兼职10人，专职辅导员54人、兼职辅导员65人。开展第四届“书山·学海”学风建设月、第六届“助学·筑梦·铸人”资助育人、第十三届“5·25”心理健康活动月、第七届“珍爱生命、阳光生活”心理健康主题活动、“共抗疫情、爱国力行”主题班会、“学习微报告”微视频大赛等学生活动。办理“绿色通道”1203人，发放各类奖助学金、助学贷款9433人次，总金额3393.81万元。组织参加第二十一届中国国际教育年会、中柬职教联盟会议、香港职业专才教育国际研讨会等一批线上活动。入选教育部17所中外人文交流中心“中外人文交流明材工赋学堂项目共建院校”，与马来西亚、埃塞俄比亚等“一带一路”沿线国家相关企业联合建设“鲁班工坊”，培养当地技术技能人才，服务中材国际项目。选派驻村干部6个，结对帮扶红原、北川等5个贫困县，对口帮扶贫困村7个，落实教育培训、党建结对、文化扶贫、志愿服务等帮扶项目16个，落实帮扶资金80余万元。发挥专业技术人才等资源优势，实施扶贫“三大行动计划”，获四川省“省内对口帮扶藏区彝区贫困县先进集体”荣誉，3人获得市级脱贫攻坚先进个人，2人获支教先进个人。

（唐应平）

【四川汽车职业技术学院】 2020年，四川汽车职业技术学院有在校生4696人，其中专科生3857人。有教职工280人，其中专任教师211人。学校占地面积35.19万平方米，校舍面积13.35万平方米，图书馆面积4340.24平方米，纸质图书35万册，教学用计算机720台，各类专业实训市25个。236名2020届毕业生报名参加专升本，172名学生升入本科院校，其中宜宾学院录取54人，四川轻化工大学录取88人，西南科技大学录取30人。录取人数占报考人数的72.9%，录取人数和录取率均创历年新高。全年校内科研课题立项15项，校外科研课题立项4项。校外科研课题结题6项，校内课题结题2项，其中1项校外课题（“校园贷”风险防范与教育引导机制研究）获得四川省民办教育协会首届民办高校优秀科研成果三等奖。发表论文17篇，组织学术讲座8场。全年开展校内教师培训10次，组织20名教师参加“省培”“国培”，开展教师基本功能力提升大赛和教学能力大赛8次。敬素清、刘洪秀获“四川省民办高校优秀教师”称号，王鹏技能大师工作室获“绵阳市优秀教师团队”，付巍获绵阳市“优秀教育工作者”称号，席忠超、刘华、董艳军、沙谦、熊鑫获“绵阳市优秀教师”称号。2个项目参加第六届四川省中国国际“互联网+”大学生创新创业大赛，项目“英舍夫——开启汽车安全领域的新时代”获得四川省教育厅第六届四川省国际“互联网+”大学生创新创业大赛铜奖。与比亚迪汽车、中国平安、好又多、爱贝尔幼儿园等10家企业签订校企合作协议并建立校外实训基地；与10家中职学校建立意向性战略合作关系；与17所中职学校签订贯通培养合作协议。组织2018级、2019级1131名学生到上汽大众、比亚迪、汕头矢崎等企业跟岗实习，获汕头失崎“最佳实习团队”奖。对305名学生及绵阳顺洁汽车公司、绵阳艾潇汽车公司和平武职高、自贡倍乐职业技术学校等单位82人开展技能鉴定工作，鉴定合格率为96.7%，获得“1+X汽车领域绵阳工作站”称号。

（常　晋）

【四川省中医药高等专科学校】 2020年，四川中医药高等专科学校完成“中医学”专业资源库《中医基础理论》等6门专业核心课程的更新；《儿科护理》等8门校内在线开放课程立项；《中医妇科学》等4门校内中医学专业资源库课程立项建设。完成《人体解剖学与组织胚胎学》等6门在线课程上线学堂在线平台，时长超2100分钟，选课人数超3.8万人次。中药化学学科获批为省中医药管理局重点学科；《中医药历史文化基础》和《传统体育养生》2门课程被认定为四川省中华优秀传统文化重点建设系列课程；预防医学等7个专业被立项建设为市级优势特色专业，临床技能实训基地等3个实训基地立项建设为市级示范实训基地；学校为第一主编单位的《护理管理》《中医学基础概要》及《应用文写作》3册教材入选“十三五”职业教育国家规划教材目录。新设置口腔医学、医疗器械维护与管理2个专业，专业设置数达27个，实现高职医药卫生大类6个国控专业全覆盖。开设成都中医药大学第一个“专升本”教学点，5个专业260名成都中医药大学“专升本”学生在学校开班就读。引进硕士及以上人才18人，入选省卫健委学术和技术带头人后备人选1人、省中管局学术技术带头人3人、省中管局学术技术带头人后备人选2人、省教育名师1人、省中医药文化传承发展专家库专家2人、绵阳市师德标兵1人、绵阳市优秀教师4人、绵阳市优秀教育工作者1人、绵阳市优秀教师团队1个、绵阳市工程技术高级职称评审委员会专家1人、绵阳市中小学高（中）级教师职务评审委员会评审专家8人。新增四川省教育科学院、绵阳市教育科学研究所、绵阳市职业教育研究中心3家单位作为学校教师教育科研课题来源机构，完成学校《教学成果奖评选办法》的修订，重启校级教学成果奖培育与评选工作。立项各类科研课题69项，其中省级项目2项、市厅局级36项、校级31项，到账经费45万元。教授王飞获得“绵阳市2020年最美科技工作者”称号；课题“川麦冬资源的研究与利用开发”研究成果被授予“2019年度绵阳市科学技术进步奖二等奖”；学校教师主持科研项目获绵阳市第十七次社会科学优秀科研成果三等奖1项、优秀奖3项。教师发表论文267篇，其中SCI 3篇、EI 1篇。获批授权专利60项、软件著作权成果17项。继续承担布拖县等6个点的扶贫工作。与好医生集团共建的中药材基地种植面积达966.67公顷，其中附子种植面积466.67公顷、大黄133.33公顷、川续断366.67公顷，惠及7个乡镇30个村，使600余名贫困群众脱贫摘帽。先后为驻村农技员、村干部和村民开展培训共计32期千余人次。对布拖县18个乡镇中心校的1000名“种子”教师开展“青春健康”教育师资培训，捐赠价值3万余元的教材和资料。开展入户诊疗百余次，“送医下乡”9次，捐赠常规药品2万余元，在新冠肺炎疫情防控期间，捐赠口罩、消毒用品等防疫物资3万余元。完成招生5262人，其中普通专科3817人、五年高职转录1201人、高职扩招244人。首次向在岗基层医疗卫生人员考生开放临床医学、中医学、针灸推拿和预防医学4个国控专业的招生；向下岗失业人员等考生开放中医康复技术、医学美容技术2个专业的招生。编印《大学生就业指导手册》，为毕业生提供全程就业指导服务；举办秋季校园就业双选会，吸引用人单位260余家，提供就业岗位6000余个；举办5场春季空中招聘会；安排用人单位的专场招聘宣讲50余次；举行大型就业能力提升讲座2次；帮助300名困难毕业生申报就业帮扶资金18万元，为693名符合条件的毕业生发放求职创业补贴103.95万元；评选35名2020届毕业生就业之星，学校2020届毕业生共4247人，初次就业率达91.8%，在全省医药卫生类高职高专院校中居于首位。学校中医诊所（名中医馆）正式开业，开设中医内科、妇儿科、名医馆、针灸推拿科、中医美容科、中医外科等诊室，为学校中医临床平台的建立奠定基础。

【四川电子机械职业技术学院】 2020年新冠肺炎疫情发生后，四川电子机械职业技术学院捐款捐物近60万元。其中向湖北抗疫一线捐款36.96万元，向绵阳经开区应对新冠肺炎疫情应急指挥部捐赠价值22.5万元的疫情防控急需物资；师生党员自愿捐款7.9万元。近100名师生投身抗击疫情一线志愿服务；组织青年师生志愿者支援防疫企业物资生产一线。对接中国（绵阳）科技城建设、四川省“5+1”产业发展需要，立足绵阳、四川社会经济建设发展，对接产业、企业需求，加强专业布局调整与建设。在学院开展市场调研、走访企事业用人单位，组织相关企业、行业专家论证，开展专业自主评价，按照“产业链+专业集群”思路，促进学院专业建设的针对性、前瞻性和高水平发展，构建“电子信息类专业群”“装备制造类专业群”“人工智能专业群”“财经商贸类专业群”“土木建筑类专业群”5个专业集群，撤销房地产经营与管理、建筑动画与模型制作2个专业，新增电子产品制造技术、计算机应用技术、现代移动通信技术、物联网应用技术、智能控制技术、幼儿发展与健康管理6个专业，建立专业动态调整机制，初步形成结构合理、重点突出、特色鲜明、协调发展的专业格局。重点建设电子信息工程技术、数控技术、会计、建筑工程技术4个专业，以重点专业带动，整体推动学院专业建设水平提升。投入516.87万元，新建移动互联开发实训室、在线实训室、云平台大数据开发实训室、口袋云大数据开发实训室等，扩建机械加工实训中心，增加和更新部分实训设备，教学仪器设备总值达4257.065万元。电子信息工程技术和数控技术2个专业被评为“四川省民办高校特色（骨干）专业”。开展课程建设，重新制定和新修订472门课程标准。启动18门院级精品在线开放课程建设，在“学银在线”平台建成2门精品在线开放课程。推进信息化教学，教师使用信息化教学手段全覆盖，根据超星“一平三端”信息化教学平台数据，325门课程使用信息化教学，每个专业建立1门以上信息化示范教学课程。探索任务式、项目化、翻转课堂、理实一体、探究式课堂教学方法和教学改革工作，22门课程使用以上教学模式。共组建27个参赛代表队，124名选手参加第二届“科云杯”全国职业院校高职组税务技能大赛、四川省高职院校学生技能大赛等国家级、省级学生技能比赛和行业技能大赛，获得国家级奖项6个、省级奖项17个、市级奖项2个。强化科研激励机制，对各类科研课题提供专项资金或配套经费。有在研省市级科研课题46项、院级科研课题13项，在公开出版物上发表论文60篇。有专任教师260人，其中正高级职称12人、副高级职称43人。组织教师参加各级各类项目校外培训138人次。录取普通专科新生6177人，实际报到5062人，报到率达81.94%，其中三年制专科生4875人、五年制高职生61人。举办现场大型双选会9场，100余家单位参加，提供7872个工作岗位，通过学院就业网站、QQ群推荐用人单位43家，提供岗位828个，共向2020届毕业生提供岗位8700个，供需比近3：1。学院共有315个基层团支部，团员8453人，各类社团34个，注册会员1053人，开展社团艺术节和各类社团活动15余次。依托“PU口袋校园”信息平台，创建400个学生部落，开展第二课堂各类活动345次，7645人次通过第二课堂获得学分。建成中科院（绵阳）创新园大学生创新创业孵化基地、绵阳经开区创新创业教育基地；建立“电子技术创新创业实践基地”“电子商务创新创业实践基地”等校级创业平台；有省级创新创业导师1人、市级创新创业导师2人、校级创新创业导师20人；学生参与创新创业活动8762人次，创新创业政策教育覆盖率达100%。学院获第五届“互联网+”大学生创新创业大赛铜奖1项、四川省2020年“挑战杯”四川农业银行大学生创新创业大赛铜奖1项。制定《四川电子机械职业技术学院2020年定点帮扶计划》，通过产业扶贫、教育扶贫、智力扶贫、文化扶贫、党建扶贫、光亮工程、以购代捐等措施，帮助苟扎村脱贫致富。截至年底，学院用于定点帮扶的资金累计约100万元，其中直接硬性投入帮扶资金64.51万元。获评阿坝县委县政府表彰的“2019年先进定点帮扶省直单位”。

（王　果）

【四川九洲技师学院】　四川九洲技师学院创建于1979年，由国家重点国有企业九洲集团主办，是一所“校中有厂、厂中有校”的国有公办技工院校，是国家重点技工院校、国家高技能人才培训基地、全国人事人才职业资格认证授权培训中心、全国职工教育培训优秀示范点、四川省教育工作先进集体、四川省技能人才培育突出贡献集体。学院坚持校企合作、产教融合的办学理念，培养出以全国技术能手、中华技能大奖获得者游洪建、国家级技能大师领办人冷晓江为代表的大国工匠和新时代工人，累计培养高素质技能人才3.6万人，年均为企业实施5000余人次的职业技能培训。2020年，学院占地面积14.73公顷，有学生4183人、教职工217人，开设有电子技术应用、数控技术、机械设备装配与自动控制、汽车运用与维修等17个专业，有电子技术应用和数控加工2个省级重点专业、机械设备装配与自动控制1个省级示范专业。有实训基地6个、实训室56处、设施设备2000余台（套），可提供3500余个实习工位。建设有国家产教融合、绵阳市公共实训基地2个项目，总投资8000万元，建设规模约1.8万平方米。学院教师在2020年绵阳市中职学校教师教学能力大赛中获一等奖6个、二等奖3个；在2020年四川省教师教学能力大赛中，获一等奖3个、二等奖1个、三等奖3个；在第二届全国技工院校教师职业能力大赛四川选拔赛决赛中，获三等奖2个；在2020年九洲集团电子装接职业能力大赛中，获二等奖1个。学院学生在中华人民共和国第一届职业技能大赛四川省选拔赛暨第四届“四川工匠杯”职业技能大赛中，获三等奖2个；在川渝毗邻地区首届技能人才暨农民工交流大赛中，获一等奖1个；在第四届绵阳市职业技能大赛中，获二等奖1个、三等奖2个、优胜奖2个。学院通过“四川省示范中等职业学校建设项目”及“四川省中职学校示范专业（机械设备装配与自动控制专业）”中期验收。学院依托九洲集团和地方产业资源，制定《校企双主体育人制度》和《政校双主体育人制度》。与衢州智造新城管委会、绵阳市高新区管委会、梓潼县人民政府等单位签订战略合作框架协议并开展交流合作。学院发挥学校和企业双主体作用，加强工学结合、实习管理和服务，初步形成对学生专业知识、岗位技能、职业素养的“三位一体”的育人综合评价体系。全年共开展大学生电子商务专项职业能力培训、大学生创业培训、企业新型学徒制培训等3007人次；举办中职院校技能提升和企业实践培训班38人次；承办第四届四川工匠杯技能大赛。　（彭泽宇）

图47　九洲技师学院数控车间

【四川幼儿师范高等专科学校】　2020年，四川幼儿师范高等专科学校在校生12267人，其中三年制专科生10498人，五年制高职生1769人；招生数4707人，毕业生3268人，成人教育在校学生50人，留学生1人。有教职工577人，其中专任教师485人（正高级职称12人、副高级职称125人、外籍教师2人。）学校占地面积64.95万平方米，校舍面积24.77万平方米，纸质图书45.93万册，教学用计算机1627台，有各类专业实验（训）室189个。全年申报市教体局“三三工程”特色示范专业6个、实训示范基地4个；承接“双高计划”“三教改革”、继续教育与社会服务等任务27项。学前教育专业被认定为省级“课程思政”示范专业，学前教育专业语言文学课程群教学团队被认定为省级“课程思政”示范教学团队，学前教育专业教学创新团队被评为“绵阳市优秀教师团队”。强化辅导员队伍建设，推广新生班级小导师制度，开展主题班团活动，被市教体局评为绵阳市学校德育工作先进集体。推进学生思想政治工作阵地建设，启动6个学生公寓党员服务站全面运行。组织安全及法治教育6场次、各种安全演练6次。规范开展学生资助工作，全年各级各类资助金额达1780余万元，服务学生4.3万余人次；表彰国家奖学金16人、国家励志奖学金336人、校级优秀学生奖学金895人。举办学术研讨及交流活动30余次。“白马人文化艺术研究中心”入选四川省非物质文化遗产保护协会。1名教师加入绵阳市教科研能力提升三年行动计划，3名教师入选江油市社科联“社科菁英”项目人才库等人才培养计划。全年立项课题58项，各级科研项目结题共计29项。教职工发表的专著、论文、专利达145项。学术专著《李白文化心理探微》获绵阳市第十七届社科优秀成果三等奖。立项《蜡染》《扎染手工工艺创新手工作坊》等省级“双创”项目14个。教师张连获得四川省第八届“导航名师”大学生创新创业教学大赛三等奖，被聘为“成渝地区双城经济圈高校就业创业‘双百’导师团专家”。《科启青少年机器人编程系统》等7个项目获2020年“挑战杯”四川省大学生创业计划竞赛铜奖。投资4812万元，新建完成学生公寓、综合实验楼，新增建筑面积约2万平方米；完成教学楼连廊封闭项目；推动艺术中心、第一附属幼儿园建设。全年累计投入70余万元，协调30万元通过“以购代捐”等形式资助帮扶地区。选派8名党员干部对口帮扶4县7村。为扶贫地区开展“STEM人工智能课程”和“信息化教学”等专题培训。被四川省委教育工作委员会表彰为“2020年高校定点扶贫工作先进单位”，被江油市委、市政府评为“2020年脱贫攻坚工作先进单位”。举办绵阳市2020年幼儿骨干教师培训暨幼儿园健康领域教育教学成果展评活动，受培幼儿骨干教师1800余人。支持四川幼专春晖幼教集团建立23所普惠性幼儿园。向全市9个县市区输送顶岗支教学生308人。中标四川省“国培计划”6项幼师国培项目，获专项经费322.8万元；开设江油市本年度职业技能1200余人培训。举办成渝双城经济圈学前教育联合研讨会暨绵阳市幼教联盟第四届年会。与科学城春雷学校签订战略合作框架协议。

（陈晓丽）

体　育

【概况】　2020年，绵阳市承办2020年四川省青少年游泳锦标赛、沙滩排球锦标赛、速度轮滑锦标赛等7项省级赛事活动，举办2020年绵阳市青少年田径锦标赛、游泳锦标赛、羽毛球锦标赛等7项市级青少年体育赛事活动，并在2020年四川省青少年体育锦标赛上取得27金、44银的成绩。全年组织校园足球联赛800余场次，参与师生近30万人次。全市63名学生入选校园足球四川最佳阵容；26名学生入选全国最佳阵容，占全省总数的41.3%，入选人数居全省第一。全市体育产业总规模实现48.75亿元，同比增长15.78%，规模以上企业达5家。体育彩票销售网点同比增加12个，销售3.88亿元（销量全省排名第二），筹集公益金1.01亿元。全年全市向四川省优秀运动队输送运动员11人，向国家队、省队输送集训运动员119人。有422名学生运动员通过体育单招或从高水平运动队升入本科院校。绵阳市运动员黎禹汐入选冬季奥运项目钢架雪车国家队。

2020年绵阳市体育场馆一览表

表69

序号	场馆名称	占地面积（平方米）
1	绵阳市九洲体育馆	111322
2	绵阳市南河体育中心	99990
3	涪城区体育馆	46000
4	游仙区全民健身活动中心	1333
5	江油市体育中心	59096
6	江油市全民健身中心	1400
7	三台县体育馆	13327
8	三台县全民健身中心	34500
9	三台县体育场	41958

续表

序号	场馆名称	占地面积（平方米）
10	安州体育馆	4000
11	盐亭县体育场	46667
12	盐亭县体育健身馆	2100
13	平武县文化体育中心	14300
14	北川羌族自治县体育中心	56000
15	科学城九龙运动休闲中心综合运动馆	45000

图48　绵阳外国语实验学校大课间活动

【学校体育】　2020年，绵阳市实施体育教育教学，督促学校开齐开足体育课，强化大课间和阳光体育运动、课外体育锻炼，确保学生每天1小时校园体育活动时间。线上教学期间，指导学校录制体育锻炼视频，组织学生开展居家体育学习和锻炼；复课后，印发《关于做好防疫期间中小学开学复课后体育与健康教学工作的指导意见》，科学指导学校体育教育教学工作。采取优化考试项目、顺延考试时间等措施，优化推进体育中考，完成176个考点4.4万余名学生的体育中考工作。编印《绵阳市校园足球教学指南》，面向36.8万名学生开设足球课，足球纳入体育中考选考项目，开展校园足球普及推广活动，创建全国青少年校园足球特色学校10所。按照《学生体质健康标准》，开展学生体质健康监测，全市学生体质健康合格率达93.4%。

【竞技体育】　2020年，全市统筹推进新冠肺炎疫情防控和青少年业余训练工作，组织开展形式多样的居家训练，逐步形成“学生居家训练打卡、教练员线上时时指导”的训练模式。落实布点单位选拔和培养后备人才的主体责任，继续做好运动员选材注册工作，新周期注册青少年运动员5491人，注册人数居全省前列。发挥教育资源优势，完善优化省运会项目布局，以优质教育资源促进体育后备人才培养，实现所有省运会项目布点在全市60余所优质中小学校，并确定省运会项目牵头学校30余所。深化体教融合发展，修订体育特长生招生办法，打通人才培养和成长通道，优化竞技体育后备人才培养体系。

图49　11月10日，2020年“中国体育彩票杯”四川省五人制业余足球联赛省级分区赛（川北赛区）在绵阳举行

【群众体育】 2020年，绵阳市通过争取国家、省、市、县四级资金投入，落实县市区建设主体责任，督促指导公共体育场地加快建设，推动群众健身场地设施更加完善，完成南河体育中心升级改造、涪城区城北游泳馆和全民健身中心建设，新建全民健身路径272条、社会足球场地30块、行政村农民体育健身工程898个，实现行政村（社区）健身设施全覆盖；公共体育场馆免费或低收费开放服务健身群众130万人次。通过培训社会体育指导员抓好群众科学健身指导工作，在新冠肺炎疫情常态化防控时期搭建线上线下全民健身展示平台，培训社会体育指导员3700人，组织开展线上线下赛事活动1100余次，参与群众超过235万人次。

图50 升级改造后的南河体育中心

【体育产业】 2020年，绵阳市通过建立全市体育项目管理系统，动态储备项目121个，估算总投资30亿元。培育健身休闲、竞赛表演、体育培训等服务业态，体育服务业占比达76.66%，超过全省72%的平均水平。打造绵阳三台西部运动鞋服产业园，吸引鸿星尔克、翰彬霖等全国知名体育制造企业落地。创建体育产业示范基地、示范项目、体育服务综合体，引领带动全市体育产业高质量发展。创建省级体育综合体18个，涪城区成为全国首批社会足球场地设施建设专项行动重点推进城市，九皇山旅游风景区被评为国家级体育产业示范项目，九皇山滑雪、仙海端午龙舟公开赛被评为中国体育旅游精品项目，北川羌族爬天杆被评为中华体育文化优秀民族项目。指导涪城区体育馆在全市率先进行体育场馆运营管理改革创新，以特许经营的方式，先后引进民间资本9000余万元，在保障全民健身公益服务的同时，将体育事业产业化，年产值超过2000万元。体育制造企业鸿星尔克、翰彬霖规模均突破4.5亿元，健身服务企业在新冠肺炎疫情中同比增长13.22%。

【体育文化建设】 2020年，绵阳坚持以校园足球文化引领校园体育文化、以校园体育文化助推青少年人才培养。在普及推广足球运动中逐渐引申和发展形成校园足球影视、剪纸、音乐等系列跨学科足球主题文化，产生以南山中学双语学校为代表的足球社团文化和足球队徽文化、以三台七一小学“十二生肖踢足球”为代表的剪纸文化和足球队歌《加油、少年》为代表的足球音乐文化及《魅力足球》为代表的校本教材文化、以三台广化小学金牛娃吉祥物为代表的足球创意文化和金牛娃童谣为代表的童谣文化、以南山中学双语学校为代表的足球绘画等特色足球文化品牌项目。其中三台七一小学剪纸作品《十二生肖足球图》参加全国体育文化博览会，作品被国家体育博物馆收藏；以安州区迎新小学留守儿童校园足球文化为题材的电影《破门》入选教育部和国家电影总局向全国中小学生推荐的4部优秀影片之一。

（廖丽莎）

2020年绵阳市运动员参加世界比赛获得前八名成绩一览表

表70

姓名	项目	比赛名称	比赛地点	比赛时间	名次	成绩	备注
黎禹汐	钢架雪车	2019—2020 赛季国际雪车联合会钢架雪车世界杯	奥地利（因斯布鲁克）	2020 年 1 月 19 日	第四名	55 秒 89	—
黎禹汐	钢架雪车	钢架雪车德国温特贝格世界青年锦标赛	德国（温特贝格）	2020 年 2 月 9 日	第五名	2 分 00 秒 24	—
罗海明	单板滑雪障碍追逐	南美杯男子个人赛	阿根廷	2020 年 9 月 29 日	第六名	—	—
朱雨玲	乒乓球	2020 年卡塔尔公开赛	卡塔尔·多哈	2020年3月3—8日	女双第一名	—	搭档王曼昱

2020年绵阳市运动员参加全国比赛获得前八名成绩一览表

表71

姓名	项目	比赛名称	比赛地点	比赛时间	名次	成绩	备注
钟蕊琪	帆板	2020年全国帆板冠军赛	海南·万宁	2020年12月20—27日	第八名	—	女子T293级长距离赛
冷雨桐	乒乓球	2020年全国青年乒乓球锦标赛	广西·百色	2020年12月1—9日	女子团体第三名	—	—
朱雨玲	乒乓球	2020年10月全国锦标赛	山东·威海	2020年10月	女团第三名	—	—
邓智舰	田径	2020年全国田径锦标赛	浙江·绍兴	2020年9月15—18日	4×100米第三名	39秒96	—
牟春俊	田径	2020年全国田径锦标赛	浙江·绍兴	2020年9月15—18日	400米第八名	53秒72	—
邓智舰	田径	2020年“多康杯”全国U系列田径通讯赛（四川赛区）	四川·成都	2020年9月27—29日	100米第一名 200米第一名	10秒42 21秒44	
伏　涛	举重	全国举重锦标赛	浙江·开化	2020年10月1日	61公斤级第六名	总成绩300公斤	
陈　雨	帆板	2020年全国帆板锦标赛	河北·秦皇岛	2020年8月23日	女子RS：X级U21场地赛第三名 女子RS：X级U21长距离第五名 女子RS：X级障碍赛第八名		
陈　雨	帆波板	2020全国翻波板锦标赛	广东·汕头	2020年12月11日	女子RS：X级场地赛第八名 女子RS：X级U21场地赛第三名 女子RS：X级U21长距离第四名 女子RS：X级障碍赛第三名 女子RS：X级全能赛第五名		
陈　雨	帆板	2020全国帆板冠军赛	广东·湛江	2020年12月21日	女子RS：X级场地赛第七名 女子RS：X级U21场地赛第二名 女子RS：X级U21长距离第五名 女子RS：X级障碍赛第五名 女子RS：X级全能赛第五名		
何　佳	足球	2020年中国太平中国足球协会女子甲级联赛	江苏·南京	2020年9月12日—10月3日	第一名		
万佳瑶	足球	2020年中国太平中国足球协会女子甲级联赛	江苏·南京	2020年9月12日—10月3日	第一名		

概　述

【概况】　2020年，全市有医疗卫生机构4857个，总数居全省地级市第四位，有三级医疗机构18家（含妇保院）、二级医疗机构48家（含妇保院、不含乡镇卫生院）。有综合医院77家、中医类医院14家、专科医院31家、护理院2家，有社区卫生服务中心23家、社区卫生服务站105家、乡镇卫生院270家、门诊部（诊所、卫生所、医务室）1056家及村卫生室3251家，有专业公共卫生机构45家。全市医疗卫生机构（不含村卫生室）占地面积276.3万平方米，建筑面积295.2万平方米。有床位数4.07万张，卫生技术人员3.63万人，执业（助理）医师1.4万人，注册护士1.6万人，每千人口床位数8.34张，每千人口卫生技术人员7.45人，每千人口执业（助理）医师数2.89人，每千人口注册护士数3.29人。建成院士（专家）工作站3个，国家级重点专科3个，省级重点学科、专科92个。全年总诊疗3740万人次、健康检查254万人次、入院107万人次、出院人次107万人次。徐维国等16人被确定为第十四批省卫生健康委学术技术带头人，赵新华等10人被确定为第十四批省卫生健康委学术技术带头人后备人选，当选人数较第十三批增加52.9%，创历史新高。贯彻落实市委、市政府关于成渝地区双城经济圈建设的决策部署，先后与成都市、重庆市北碚区等城市和地区签订一体化发展合作协议和行动计划。开展区域对接，先后在德阳和眉山召开区域医疗协作会议；组建“绵阳市跨区域心身整合医疗联盟”，探索建立远程会诊协作机制，开展远程会诊123例；持续推进对口支援，共派驻61名医务人员对口支援广元市和阿坝藏族羌族自治州。强化区域传染病联防联控，与成都、德阳等地区定期进行传染病疫情信息的交换互通；抽调12名专业技术人员前往成都双流机场海关协助做好入境人员防疫排查。开展与北碚区及成都市的应急工作交流，加强与周边市州的卫生应急工作合作，组织召开绵阳市及周边市州卫生应急协作联席会。

【医疗预防保健】　2020年，全市卫健系统完成全省推动制造业高质量发展会、第八届科博会等重大会议活动疫情防控和医疗保障任务110次，同比增长74.6%；派出医疗卫生专业人员1450人次，同比增长222.2%；派出救护车446台次，同比增长346%。全年为重点人群提供医疗保健服务5000余次，其中门诊就医4793人次、住院207人次。

【无偿献血】　2020年，全市加大无偿献血宣传招募工作力度，设置县域内就诊率、无偿献血千人口献血率、血液采集量、县级公立医院费用增幅2大类8小项具体指标，要求各县市区达到相应标准。绵阳市获得“2018—2019年度全国无偿献血先进市”荣誉称号。全年采集血液5.79万人次，采血总量达18.53吨，位居全省地市州血站第一位。

【社会心理服务体系建设试点】　2020年，绵阳市作为全国社会心理服务体系建设试点城市（2019年获批），将社会心理服务体系建设作为创新社会治理、深化平安建设、维护社会稳定的重要载体，建立试点工作联席会议，市政府主要领导任总召集人，将试点工作列入市委深改项目和目标绩效考核。建立公共精神卫生重大事项信息报告制度、联席会议制度、分析研判机制、疏导干预机制、服务转介机制、工作联动机制、考核奖惩机制等。依托村（社区）党群服务中心、综治中心、矛盾调解中心法律援助中心或辖区社会心理服务机构建立村（社区）心理服务工作室2040个。全市有14所高校、517所中小学校建立心理咨询（辅导）室，建成心理健康特色教育学校31所。建成1个省未成年人心理成长与指导中心（同时也是市级中心），14个县市区级分中心。建成市、县、基层工会三级职工心理健康服务体系，建立省、市级“职工心灵驿站”示范点20家，60%的机关企事业单位可为员工提供心理健康服务。开通24小时公益心理援助热线，组建多部门跨区域心理危机干预队伍并开展培训演练，100%的精神专科医院、53.5%的二级以上综合医院设立心理门诊。社会心理服务网络覆盖城乡居民、在校学生等不同人群。推行试点工作创新项目管理，整合多部门、高校及社会组织资源，围绕严重精神障碍患者、青少年、残疾人等重点人群，开展“守护港湾”“雨后彩虹”“儿童保护”等心理服务项目。探索出“信访+社会心理服务”模式、“政府+高校+社工机构”共建模式、“家长+学校”心理健康共育模式等一批可复制和推广的绵阳经验。举办2020年世界精神卫生日主题宣传活动暨健康绵阳心理健康促进专项行动启动仪式。全市获得全省精神卫生技能竞赛总决赛团体特等奖，严重精神障碍管理治疗综合评分排名全省第三。

【慢性病防治】 2020年，全市强化督导指导和人员培训，加强与人社局、民政、公安等多部门合作，形成信息共享交换机制，查漏补报，减少漏报，提升全人群死因监测、肿瘤随访登记、心脑血管疾病监测等慢病监测工作质量。截至年底，全市户籍人口报告粗死亡率为6.55‰；共报告新发肿瘤病例14540例，报告发病率为275.11/10万；报告肿瘤死亡病例7342例，报告死亡率为138.91/10万。报告心脑血管事件2.6万例，按首次确认时间和住址为绵阳市进行统计，发病病例为2.22万例，报告发病率为455.4/10万。

【疫苗接种】 2020年，全市加强国家免疫规划疫苗和非国家免疫规划疫苗的接种数据分析，每月报告疫苗接种情况。全市以县和接种点为单位报告完整性均为100%，国家免疫规划疫苗报告接种率达99%以上。全市流感疫苗接种情况实行周报告，做好疑似预防接种异常反应监测数据管理。截至年底，全市连续33年无脊灰野病毒引起的病例发生；连续35年无白喉病例报告；连续14年无流脑病例报告；全市预防接种门诊全部建成规范化接种门诊，推广预防接种手机App和线上家长课堂，实现接种单位可在百度地图上查询；全市共有省级免疫规划示范区3个；有3个疾控机构承担疫苗临床研究现场实施工作。

【“十三五”期间卫生健康工作成就】 “十三五”期间，全市卫生健康系统共争取中央预算内投资43个项目，资金达14.03亿元，位居全省卫生健康系统第一位。2020年，全市有医疗卫生机构4857个，增长9.96%，其中三级医疗机构达到18家，居全省地级市第一位。卫生从业人员总量达4.6万人，增长23.2%，其中执业（助理）医师增长23.4%、注册护士增长42.8%；博士、高级职称人数分别增长68.6%、93.9%，人才队伍职称结构逐步向高位发展。农村30分钟、城市15分钟医疗卫生服务圈基本建立。持续深化医药卫生体制改革。公立医院全部取消药品和耗材加成，累计减轻群众就医负担11.68余亿元。组建各类医联体64个，有成员单位430家。全面推行家庭医生签约服务。2020年，全市患者满意度达95.05%，住院患者满意度达95.90%，门诊患者满意度达94.51%，均位居全省第一位。公共卫生保障能力加强。全市人均基本公共卫生服务经费标准从45元提高到74元，建成国家级“群众满意的乡镇卫生院”84家。全市520个贫困村均建有达标村卫生室并配备村医。全市人民平均预期寿命达80.3岁，提前11年实现《“健康绵阳2030”规划纲要》目标；妇幼核心指标优于全国全省平均水平，5岁以下儿童和孕产妇死亡率分别提前14年和6年实现联合国千年发展目标。

【“绵州育才计划”新增新冠肺炎疫情防控和医疗救治人才项目】 2020年3月，市委组织部、市人社局、市财政局、市卫健委联合印发《关于加大关心关爱力度　激励引导专家和医护人员在抗击疫情一线担当作为的十条举措》，新增新冠肺炎疫情防控和医疗救治人才项目。通过推荐申报、资格初审、初选、终评等程序，绵阳市中心医院许治华等30人入选2020年“绵州育才计划”新冠肺炎疫情防控和医疗救治人才。入选者可享受经费资助、培训进修、团队建设、科研激励、成果转化、岗位职称、研修考察、金融支持、购房优待等13项支持政策。

【全市举行预防接种技能竞赛】 2020年9月24—25日，2020年绵阳市预防接种技能竞赛举行。竞赛由市卫生健康委、市总工会、市妇联主办，市疾控中心承办。各县市区选拔组成的10支参赛队伍59人参加竞赛。竞赛是全省范围内开展的首次免疫规划和预防接种技能比拼，分预防接种理论水平测试、技能操作比赛、免疫规划和预防接种知识现场竞答等环节。由省疾控中心免疫规划所专家对实践技能操作环节进行点评和指导。最终决出团体一等奖1个、二等奖2个、三等奖3个，个人特等奖2人、一等奖4人，二等奖6人、三等奖8人。

【绵阳市职业病医院开业】 2020年12月27日，绵阳市职业病医院正式开业。绵阳市职业病医院于2019年划转由绵阳四〇四医院负责，建筑面积1.05万平方米，开放床位200张。按照“大专科、小综合”的发展格局，设有职业健康体检科、预防接种门诊、犬伤门诊、职业病尘肺与中毒科、职业病康复医学科、综合内科。并开设尘肺、职业病中毒、职业病康复、心血管内科、消化内科、呼吸与危重症医学科、妇产科、普外科、神经内科、肾内科、泌尿外科、骨外科、康复疼痛科等专家专科门诊，由省市知名专家坐诊。可从事职业病体检及咨询指导、职业病康复、预防接种等，其中预防接种门诊全年提供医疗服务（含节假日）。

新冠肺炎疫情防控

【概况】　2020年新冠肺炎疫情发生后，全市卫生健康系统发挥新冠肺炎疫情防控主力军作用，指导各级党员干部、网格员、志愿者等投入新冠肺炎疫情防控工作，通过网格化管理，进村（社区）入户开展拉网式、地毯式排查，防止早期新冠肺炎疫情的输入、倒灌。在全省首次将新冠肺炎疫情防控信息统计纳入地方统计项目管理，开发绵阳市新冠肺炎疫情监控和管理系统，实现“重点人员”找得到、管得住、服好务，为动态管理、精准施策奠定坚实基础。开展企业上门新冠肺炎疫情防控指导服务，派驻专员在长虹、京东方、惠科等大型企业驻点，助力企业复工复产。强化卫生、教体、公安、市场监管等部门的联系和配合，与学校建立“一对一”的联系指导机制，先后保障全市幼儿园、中小学和高校复学。1月22日，绵阳市第一例病例确诊，全市仅用22天控制住疫情，52天实现确诊病例、疑似病例、密切接触者“三清零”。流行病学调查“绵阳案例”在世卫组织中国调研会上作交流分享。“绵阳危重救治模式”受到省救治专家组认可，为全省危重救治提供重要借鉴。全市进入常态化防控阶段后，坚持领导机制不变、责任落实不变、措施力度不变、跟踪问效不变，持续巩固新冠肺炎疫情防控向好态势。市卫健委成立新冠疫苗接种工作专班，建立“50家驻点保障医疗机构、19家定点救治医疗机构绿色通道、市级三甲医院

图51　1月30日，四〇四医院丰谷分院

分工保障4个片区”的三级医疗救治保障体系，推进重点人群新冠疫苗接种和疑似预防接种异常反应监测与处置，完成省指挥部下达绵阳市的重点人群首剂接种任务。按照国家联防联控机制和省指挥部统一安排部署，制定新冠疫苗接种医疗救助指南，组织辖区内二级以上医疗机构对每一个接种点安排具备气管切开和环甲膜穿刺能力的医护人员和救护车实施现场保障。年内，省委书记彭清华到绵阳检查督导新冠肺炎疫情防控工作，看望慰问医务工作者；省委副书记、省长尹力在绵阳召开专题会议，指导全市迎接国务院联防联控机制秋冬季新冠肺炎疫情防控专项督查工作。龙波被党中央、国务院、中央军委表彰为全国抗击新冠肺炎疫情先进个人。肖红兵等35人被评为四川省抗击新冠肺炎疫情先进个人，绵阳市卫生健康委员会等12个集体被评为四川省抗击新冠肺炎疫情先进集体，吕宏等5人被评为四川省抗击新冠肺炎疫情优秀共产党员，绵阳市中心医院党委等4个基层党组织被评为四川省抗击新冠肺炎疫情先进基层党组织。王娟等20人被评为新冠肺炎疫情防控“感动绵阳人物”，龙旭等20人被评为疫情防控“最美绵阳人物”。

【医疗救治】　2020年新冠肺炎疫情发生后，全市严格落实“四集中”（即集中患者、集中专家、集中资源、集中救治）救治要求，最大限度减少患者死亡，最大限度避免医务人员感染，科学防治、精准施策，打好生命救治战。建立健全组织体系。1月17日，市卫生健康系统应对新型冠状病毒工作领导小组成立。将市应对新冠肺炎疫情应急指挥部医疗救治组内部划分为综合协调组、信息统计组、资料培训组、对口支援组、专家管理组、督导检查组6个小组；成立由呼吸内科、院感、重症等15个专业、162位专家组成的医疗救治专家组；成立以四川大学华西医院重症医学科副主任金晓东为顾问的重症救治专家组（含28位专家）、外国人和港澳台到绵阳人员医疗救治专家组（含15个专业、69位专家）。科学精准救治。落实“一人一策”诊疗方案，制定《绵阳市级医疗救治专家组工作职责及运行制度（试行）》《市级医疗救治专家组医疗救治支援流程（试行）》《市级医疗救治专家组分区包干负责制度》《市级医疗救治专家组远程日查房工作方案》，明确实行组长负责制、远程日查房制、专家微信群开展远程指导、加强对重点病例医疗救治指

导、发挥中医药特色等13条制度，规范专家组运行。在重症患者救治方面，坚持“三统筹”（即统筹资源、统筹专家、统筹管理）、“三到位”（即多学科合作到位、上下联动实施到位、精准治疗管理到位），坚持重症、呼吸、感染、影像、中医、心理等多学科联合会诊，并在省内率先开展远程日查房，率先落实华西+市级+县级医院远程会诊制，成立以省级专家为首的绵阳市重症患者救治团队，全天候监测病情变化。

【医院管理】 2020年新冠肺炎疫情防控期间，全市结合绵阳实际编制印发院感防控指南、制定《预检分诊参考流程》等规范医疗机构、医务人员的医疗行为。在省内率先开展网上继教培训，共有7.02万人次完成学习并考试合格。在全省率先关停门诊部、诊所等高风险医疗机构，口腔科、耳鼻喉科等高风险科室，降低交叉感染的风险。对一线的医务人员实行轮休制，并加强心理干预、服用中药预防等提升抵抗力。进入常态化防控阶段后，全市卫健系统始终坚持领导机制不变、责任落实不变、措施力度不变、跟踪问效不变。做好院感防控，强化医疗机构流程改造，执行预检分诊、发热门诊人员24小时值守制度，落实三级医院“三通道”、二级医院“双通道”机制；执行新住院患者先核酸检测阴性再入院和急诊急救患者先进入医院缓冲病房救治的规定，加强“一患一陪护”和探视管理；加强发热门诊、发热哨点建设，全市28家医疗机构均建成发热门诊，其余288家医疗机构建立哨点诊室，严格病区闭环管理；建立医院感控监督员体系，促进医院内部监督管理；推广网上预约挂号和分级诊疗，减少患者在医院的聚集。

【出院患者服务】 2020年，全市在全省率先加强出院病人管理，要求出院前核酸检测标本必须采集下呼吸道及粪便标本。实施病人出院后的健康监测和跟踪随访。首例治愈患者出院后，由社区医疗机构介入，进行居家隔离14天，由社区医疗机构专职医务人员定人定岗定时进行指导、监测、追踪患者出院后的健康情况。根据要求，又适时将居家隔离调整为集中隔离观察。全市实现确诊患者零死亡、医务人员零感染。“绵阳危重救治模式”受到省救治专家组认可。

【核酸检测能力建设】 截至2020年年底，全市共建成45家核酸检测机构、2个日检测量达1万份的城市检测基地，拥有76台核酸提取仪、95台PCR扩增仪和2台移动核酸检测方舱，共有采样人员8671人，检测人员431人，实现全市三级医院、传染病医院、疾控中心和县市区核酸检测能力全覆盖目标。全市核酸检测日单人单管最大检测量为6.5万份，检测机构数和检测能力位居全省地级市第一。与11家第三方检测机构建立协作关系，可实现2日内全市全员核酸检测的目标。按照省指挥部统一安排，建成2支核酸检测应急队。

【应急医疗救治储备】 2020年，全市共建立定点医院8家，其中市级1家（四〇四医院丰谷分院）、县市区7家；共有救治床位1189张（可转换ICU床位169张）。全市储备体外膜氧合机6台、呼吸机741台、移动CT1台。储备3个梯队医务人员22265人，第一梯队有医务人员2908人，其中呼吸内科1069人、传染病科581人、重症医学科1061人、院感科197人；第二梯队有医务人员14868人，其中呼吸内科外其他内科4870人、急诊科1316人、普外科1270人、康复科731人、儿科1899人；第三梯队有其他专科医护人员以及基层医疗机构内科和全科医生4489人，其中其他专科医护人员3699人、基层内科715人、基层全科75人。全市疾控机构职工总数657人，其中病毒类专业人员32人。制定定点医院启用方案、定点医院腾空方案和新冠肺炎救治医护人员排班表，确保一旦出现疫情，2小时内可以收治患者。举办2020年秋冬季新冠疫情应急演练、绵阳市暨涪城区应对秋冬季新冠肺炎疫情医疗救治应急演练，承办全省应对冬春季新冠肺炎疫情应急演练，检验全市新冠肺炎疫情防控和各部门间横向合作。

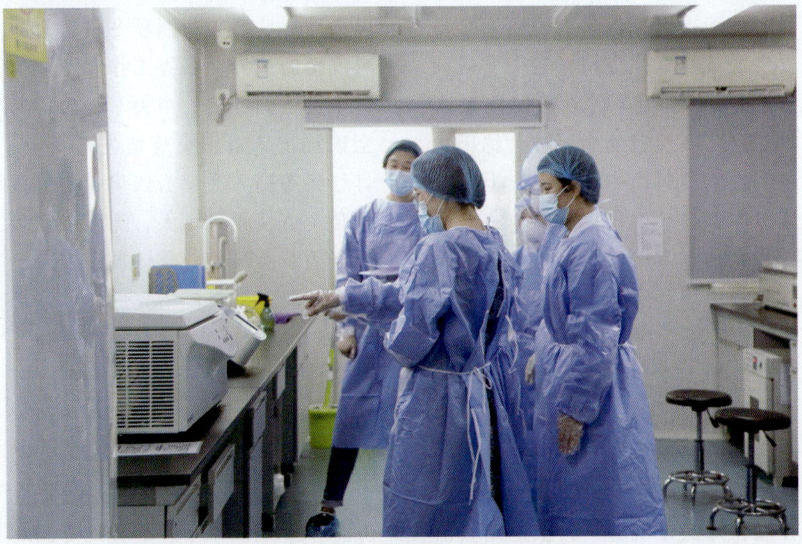

图52　6月，绵阳市人民医院核酸检测实验室建成投用

图53　1月28日，绵阳市首批赴湖北医疗救援队集合出发

【医疗援助湖北等地】 2020年，全市共派出5批次88名医疗卫生队员援助湖北，分别在武汉市红十字会医院、武昌医院、汉阳方舱医院、硚口武体方舱医院、蔡甸区人民医院负责医疗救治、心理干预等工作。1月28日，第一批援助湖北医疗队出发赶到武汉市，负责武汉市红十字会医院15楼病区29张病床，是当时四川省唯一单独接管独立病区的市州医疗队。其后派出13名核酸检测人员携带设备分别驰援北京、新疆、云南。3月17—21日，绵阳援湖北医疗队三批医务人员（2名疾控队员继续驻守外，共86人）先后返回四川，进行为期14天的集中隔离休养。至此，绵阳派出的援湖北医疗队员全部返回四川。4月1日，绵阳市援湖北医疗队首批队员回到绵阳。市委、市政府在火炬广场举行迎接仪式，市委书记刘超，市委副书记、市长元方，市人大常委会主任付康，市政协主席、市委统战部部长、市总工会主席李亚莲等出席仪式。4月3日，绵阳市援湖北医疗队第二批队员回到绵阳。市委、市政府在火炬广场举行欢迎仪式，市委常委、秘书长、宣传部部长张学民，副市长蒋丽英，市政协副主席沈其霖等出席仪式。4月21日，支援湖北和首都机场的3名绵阳疾控队员返回绵阳。至此，全市支援湖北等地的医疗疾控人员全部回到绵阳。

2020年绵阳市援湖北的医疗疾控队员一览表

表72

序号	姓名	单位	批次
1	李　丹	绵阳市中心医院	第一批
2	赵洁琨	绵阳市中心医院	第一批
3	李　欣	绵阳市中心医院	第一批
4	张亚清	绵阳市中心医院	第一批
5	廖　宏	绵阳市中心医院	第一批
6	黄世豪	绵阳市中心医院	第一批
7	许治华	绵阳市中心医院	第一批
8	蒋剑文	绵阳市中心医院	第一批
9	李　玮	绵阳市中心医院	第一批
10	罗顺于	绵阳市中心医院	第一批
11	贾耀州	绵阳市中心医院	第一批
12	高　峰	绵阳市第三人民医院	第一批
13	刘铖一	绵阳市第三人民医院	第一批
14	黄　琴	绵阳市第三人民医院	第一批
15	樊婷婷	绵阳市第三人民医院	第一批
16	曾　铖	绵阳市第三人民医院	第一批

续表

序号	姓名	单位	批次
17	高　晔	绵阳市中医院	第一批
18	陈弋霈	绵阳市中医院	第一批
19	杨昱婷	绵阳市中医院	第一批
20	刘贝贝	绵阳市中医院	第一批
21	郭建英	绵阳市中心医院	第二批
22	谢亚玲	绵阳市中心医院	第二批
23	肖代君	绵阳市中心医院	第二批
24	肖志刚	绵阳市中心医院	第二批
25	黄春华	绵阳市中心医院	第二批
26	唐　凡	绵阳市第三人民医院	第二批
27	姚　平	绵阳市第三人民医院	第二批
28	冯潇潇	绵阳市第三人民医院	第二批
29	王　霞	绵阳市第三人民医院	第二批
30	龚娜娜	绵阳市第三人民医院	第二批
31	李施颖	绵阳市中医医院	第二批
32	李明余	绵阳市中医医院	第二批
33	张小玲	绵阳市中医医院	第二批
34	向书锐	绵阳市中医医院	第二批
35	谢水瞻	绵阳市中医医院	第二批
36	刘　迪	绵阳市妇幼保健院	第二批
37	严丁琳	绵阳市妇幼保健院	第二批
38	王一淋	绵阳市妇幼保健院	第二批
39	谭俊琦	绵阳市妇幼保健院	第二批
40	何丽春	绵阳市妇幼保健院	第二批
41	邱立志	科学城医院	第三批
42	张义翠	科学城医院	第三批
43	伍彩虹	科学城医院	第三批
44	黄　琴	科学城医院	第三批
45	李秋菊	科学城医院	第三批
46	韩　梅	科学城医院	第三批
47	雷　佳	科学城医院	第三批
48	刘　玲	科学城医院	第三批

续表

序号	姓名	单位	批次
49	刘茂林	九〇三医院	第三批
50	黄　聪	九〇三医院	第三批
51	廖明静	九〇三医院	第三批
52	张婷婷	九〇三医院	第三批
53	吴　娟	九〇三医院	第三批
54	孙若兰	九〇三医院	第三批
55	蔡佳君	九〇三医院	第三批
56	王　东	绵阳市中心医院	第四批
57	朱伦刚	绵阳市中心医院	第四批
58	冯　勇	绵阳市中心医院	第四批
59	徐海涛	绵阳市中心医院	第四批
60	刘　洋	绵阳市中心医院	第四批
61	李希西	绵阳市中心医院	第四批
62	李　波	绵阳市中心医院	第四批
63	蒲亚玲	绵阳市中心医院	第四批
64	刘　霜	绵阳市中心医院	第四批
65	李梦舟	绵阳市中心医院	第四批
66	曹璐璐	绵阳市中心医院	第四批
67	梁拯华	绵阳市中心医院	第四批
68	李代文	绵阳市中心医院	第四批
69	陈　莉	绵阳市中医医院	第四批
70	强　莉	绵阳市中医医院	第四批
71	申建华	绵阳市中医医院	第四批
72	苟魏霞	绵阳市中医医院	第四批
73	曾　虹	绵阳市中医医院	第四批
74	杨　明	绵阳市第三人民医院	第四批
75	游婧秀	绵阳市第三人民医院	第四批
76	张玲玲	绵阳市第三人民医院	第四批
77	赵　红	绵阳市第三人民医院	第五批
78	赵　峻	绵阳市第三人民医院	第五批
79	赵　静	绵阳市第三人民医院	第五批
80	罗　利	绵阳市第三人民医院	第五批

续表

序号	姓名	单位	批次
81	彭应君	绵阳市第三人民医院	第五批
82	姚晓波	绵阳市第三人民医院	第五批
83	宋　辉	绵阳市第三人民医院	第五批
84	任燕霞	绵阳市第三人民医院	第五批
85	徐　宏	绵阳市第三人民医院	第五批
86	雷　江	绵阳市第三人民医院	第五批
87	王保东	绵阳市疾控中心	—
88	黄志强	绵阳市游仙区疾控中心	—

【全市首例被治愈新冠肺炎患者出院】 2020年2月2日，绵阳市首例被治愈的新冠肺炎患者从绵阳四〇四医院丰谷分院出院。患者安某，19岁，男性，家住绵阳市涪城区。1月19日因出现头晕、发热、咳嗽等症状到绵阳市某医院就诊，医院随即收治隔离，核酸检测呈阳性。1月23日晚，安某被转入绵阳四〇四医院丰谷分院。经专家组会诊，安某病情很快得到控制并好转。1月28日、29日，2月1日，经绵阳四〇四医院丰谷分院3次核酸检测阴性，符合解除隔离治疗标准。

【全市首次市—县5G+新冠肺炎远程会诊完成】 2020年1月29日16时，绵阳市卫生健康委组织市中心医院、市三医院、绵阳四〇四医院完成江油市传染病医院1例新冠肺炎确诊病例和北川羌族自治县人民医院1例疑似新冠肺炎病例远程会诊。平武县人民医院远程在线观摩会诊。整个会诊过程顺畅，图像清晰，实时画面无延迟。绵阳市是全国首批开通5G+新冠肺炎远程会诊系统的地区。5G+新冠肺炎远程会诊系统能连接卫生健康行政部门、市级医疗机构、县级医疗机构及专家组成员，使得远程会诊便于组织和管理。同时，手机、电脑等设备均可实时连接，不受时间、地点限制，确保会诊及时高效。

【龙波获得全国抗击新冠肺炎疫情先进个人称号】 2020年9月8日，全国抗击新冠肺炎疫情表彰大会在北京举行。大会对全国抗击新冠肺炎疫情先进个人、先进集体和全国优秀共产党员、全国先进基层党组织进行表彰。绵阳四〇四医院感染大科副主任、结核病区（丰谷病区）主任龙波获全国抗击新冠肺炎疫情先进个人称号，并应邀参加全国抗击新冠肺炎疫情表彰大会。绵阳四〇四医院丰谷病区是全市新冠肺炎患者救治集中收治点。2020年1月17日，医院成立新冠肺炎疫情防控领导小组，启动新冠肺炎疫情防控应急处置预案。丰谷病区主任、感染大科第二党支部书记龙波迅速组织丰谷病区近60名患者有序转移，清空整个病区，建立规范化隔离病房，做好收治确诊、疑似新冠肺炎患者的各项准备，为救治新冠肺炎患者争取宝贵的时间。1月20日，丰谷病区收治第1例新冠肺炎确诊病例。龙波带领全科医护人员奋战53天，取得患者“零死亡”、医护人员“零感染”的成绩。

医疗技术

【概况】 2020年，全市坚持以人民群众满意为目标，打造医疗服务高质量新格局，全市患者满意度、门诊患者满意度、住院患者满意度在国家卫健委医院满意度第三方测评中，均位居全省第一。全市公立医疗卫生机构配备使用国家基本药物达到规定比例的机构数量占比93.92%。基层医疗卫生机构中医药服务量占基层医疗卫生服务总量的比例达46.54%。市级城市公立医院取消药品加成补助2380万元。在平武县实施国家基本药物制度综合试点。

【危急重症处置能力提升】 2020年，全市提升重大急性病医疗救治质量和效率，持续深入健全卒中中心、胸痛中心建设，建成基层版胸痛中心7个、标准版胸痛中心3个，其他三级综合医院（含中医综合医院）及北川、平武县人民医院胸痛中心注册率达100%。全市救治单元建设总量位居全国第三位。建成高级卒中中心3个、防治卒中中心4个，数量居全省地级市第一位。

【临床路径实施管理】 2020年，全市组织开展临床路径管理工作，建立组织体系，明确职责分工，运用PDCA模式推进临床路径质控管理，强化绩效考核指挥棒和信息化服务作用。全市三级公立医院临床路径管理率达45.17%，二级公立医院临床路径管理率达39.01%。

【医疗质量控制】 2020年，全市建立内科、外科、妇产科、儿科等专业的市级医疗质控中心54个，省级质控中心对应覆盖率超100%。保障质控专项经费，坚持“一统一、三联合、四集中”工作模式，即连续4年按照统一标准和集中资源、集中专家、集中时间、集中整改的原则，实施医疗、卫生执法监督、疾病预防控制的联合质控。新冠肺炎疫情防控期间，将纪检工作组融入质控，探索“四联合”工作模式，推进全市医疗服务同质化发展。全年全市质控中心以问题为导向，分专业、分批次、分时段对各医疗机构开展联合质控指导，发现各类质控问题300余条，并督促医疗机构及时整改落实到位。

中医管理

【概况】　2020年，全市共有中医医疗机构417所，其中中医医院14家、中西医结合医院1家、中医诊所334家、中西医结合诊所67家、中医（综合）门诊部1家；有开放床位4083张，出院患者平均住院日11.28日，总诊疗量达217万余人次；有中医类执业（含助理）医师3950人。全市有国家中医重点专科3个、省级中医重点专科33个，中医药医疗服务能力和诊疗水平位居全省地市州前列。国家发改委、国家中医药管理局确定的中医药传承创新工程项目绵阳市中医医院基本建设方面主体工程完工。四川中医药高等专科学校中药化学成为四川省首批中医药重点学科建设项目；市中医医院痴呆病建成省中医药防治重大疾病中心项目；市中医医院李孔定肺病经典传承中心建成省中医经典传承中心项目。全市12家中医医院均为二级甲等及以上中医医院，其中三甲3所、三乙1所、二甲8所；县级以上综合医院均设置中医科，基层医疗卫生机构中医科设置率为100%；全市形成以公立中医医院、综合医院中医科为骨干，乡镇卫生院、社区卫生服务机构为主体，村卫生室、社区卫生服务站为网底，民营中医医疗机构为补充的“市县乡村”四级中医药服务网络，构建起多元化办医提供中医药服务的格局。

【中医药参与新冠肺炎疫情防控】2020年，全市发挥中医药在新冠肺炎疫情防控中的特色优势，建立中医药人群预防和早期介入、全程诊疗的机制。针对新冠肺炎疫情防控形势，市卫健委组建市中医药应对新冠肺炎疫情专家组，形成专家会诊和驻派医生结合的中医参与救治模式。制定印发《绵阳市新型冠状病毒肺炎中医防治知识手册》，在省级预防干预处方的基础上，结合全市实际，研究制定绵阳市预防新冠肺炎中药处方，号召各地各单位发放中医药大锅汤，全面覆盖所有机关、企事业单位、学校、厂矿以及城市社区和乡镇，发挥中西医结合、中医药并用在疫情防控中的独特作用。

【《关于促进中医药传承创新发展的实施意见》出台】　2020年10月，全市出台《关于促进中医药传承创新发展的实施意见》（以下简称《意见》），明确指出要从完善中医药服务体系、发挥中医药在健康绵阳建设中的独特作用、推动中医药全产业链发展、加强中医药人才队伍建设、推进中医药传承与开放创新发展、改革完善中医药管理体制机制6个方面发力，推出要加强中医药服务机构建设、提升中医药在应对突发公共卫生事件的能力、加强资源保护与中药材产业发展、支持四川中医药高等专科学校发展、挖掘和传承“绵州医派”中医药文化精髓、统筹推进中医药全行业管理等22条意见，促进中医药传承创新发展。

【安州区通过“全国基层中医药工作先进单位”复审】　2020年9月3—4日，安州区接受“全国基层中医药工作先进单位”复审（2010年，安州区创建成为“全国基层中医药工作先进单位”，2020年届满，具备复审条件）。复审工作组通过听取汇报、查阅资料、实地检查、集中座谈、访谈调查、满意度和知晓率测评等方式，对安州区全国基层中医药工作先进单位工作进行复评。其间，对安州区桑枣镇中心卫生院以及清泉镇卫生院、黄土镇人民村卫生室、秀水镇方林村卫生室、安州区中医医院、安州区人民医院、安州区妇幼保健院进行实地检查。经评审，安州区的中医药工作符合《全国基层中医药工作先进单位建设标准》，重点指标达标，达到评审标准要求，复评验收合格。

【基层中医药服务能力提升工程】截至2020年年底，全市贯彻落实《四川省基层中医药服务能力提升工程“十三五”行动计划实施意见》要求，强化组织领导，细化各级各单位工作完成任务目标，层层压实责任。全市94%以上的县级综合医院设有标准化中医科和中药房，100%的县级妇幼健康服务机构能够提供中医药服务，100%的社区卫生服务中心和乡镇卫生院设有标准化中医科和中药房，100%的社区卫生服务站和96%的村卫生室能够提供中医药服务。基层中医药服务量达46.5%，65岁以上老年人中医药健康管理率达74.1%，0—36个月儿童中医药健康管理率达82.5%，全市基层中医药服务能力提升提升。

【中医药科研专项项目】　2020年，全市为提升中医药科技创新能力，加大科研课题立项、成果评定对中医药项目的支持力度。全市2018年5项省中医药管理局科研专项项目经验收评价和综合评议，均通过验收，予以结题。全市组织申报2020年度省级中医药科研专项项目，共11项中医药科研项目获得省中管局立项。联合市科技局向市新冠肺炎疫情应急指挥部报送关于审定《关于开展新型冠状病毒感染肺炎疫情应急科研项目的实施方案》的请示。组织市内重点科研项目单位申报新冠肺炎疫情应急科研项目。市中医医院3项中医药科研项目获得立项，每个项目获得10万元课题经费。

【省中医药旅游示范基地申报】 2020年11月10日，省中管局及省文旅厅组建专家组对北川九皇山等3个中医药健康旅游示范基地、江油中医药养生文化产业园2个健康旅游示范项目展开考核验收工作。其中江油中医药养生文化产业园通过验收，创建成为2020年四川省中医药健康旅游示范项目。

妇幼健康

【概况】 2020年，全市孕产妇、婴儿及5岁以下儿童死亡率分别为2.65/10万、1.99‰、3.47‰，艾滋病母婴传播率为0，妇幼核心指标位居全省前列。推进妇幼重大公共卫生服务项目优先保障贫困地区妇女儿童，实现新生儿疾病筛查项目、农村适龄妇女“两癌”（宫颈癌和乳腺癌）检查项目覆盖所有贫困地区，北川、平武农村适龄妇女宫颈癌和乳腺癌年度目标任务完成率分别为123.15%、124.39%和100.29%、118.50%。儿童营养改善项目营养包发放率达91.80%，累计发放率达81.67%，有效服用率达95.36%，看护人接受咨询指导率达100%。市儿童医院正式投入使用，市妇幼保健院通过三甲现场评审，三台县妇幼保健院通过二甲复审，涪城区、平武县妇幼保健院通过二乙复审，游仙区中医院通过四川省爱婴医院复评。市中心医院成为四川省新生儿保健特色专科建设单位，市第三人民医院被评为2020年度省级母婴安全优质服务单位。市中心医院妇科内分泌诊疗能力建设项目通过国家卫健委评审。全市“两纲”（即《绵阳市妇女发展纲要（2011—2020）》《绵阳市儿童发展纲要（2011—2020）》）任务收官，妇幼健康管理水平提升。市卫健委被省卫健委表彰为2020年度全省母婴安全保障工作成效突出集体。

【妇幼健康服务项目建设】 2020年，全市申报梓潼县妇幼保健院整体搬迁及康养服务项目、三台县妇幼保健院门急诊住院综合楼项目等，计划在“十四五”期间布局一批重大项目。全年共争取项目建设资金7.12亿元，其中中央资金2.56亿元（抗疫特别国债1.92亿元、中央预算内投资6400万元）、地方政府专项债券4.09亿元、自筹及其他投资4750万元。年内，投资1.8亿元的游仙区妇幼保健院业务综合楼项目、投资8050万元的北川县人民医院内儿科大楼项目、投资3100万元的三台县妇幼保健院综合住院楼项目、投资3000万元的盐亭县妇幼健康保障综合楼建设项目先后开工建设。投资1.33亿元的市儿童医院建设项目、投资3000万元的市妇幼保健院急危重症救治能力提升项目、投资1000万元的江油市妇幼保健院设备设施提升项目先后竣工建成。加强土地要素供给，累计协调落实6公顷土地用于涪城区、游仙区、盐亭县等妇幼机构基础设施等项目建设。

【妇幼健康队伍建设】 2020年，全市健全“请进来、送出去”常态化集中培训机制，共邀请国家、省级专家20余次，开展培训14期，培训2068人次。实施精英人才招募计划，引进博士1人、硕士4人、大学本科64人；副高以上职称8人、主治医师9人，构建合理的全市妇幼系统人才结构。规范危重孕产妇及新生儿救治标准化、同质化处置流程，培训全面覆盖县市区，提升基层妇幼综合处置能力，定期开展专题知识培训17次，定期举办全市母婴安全急救演练，开展妇幼健康巡讲9次，培训基层技术人员达7268人次。推进妇幼专科联盟建设，市妇幼保健院牵头组建的绵阳市妇幼专科联盟成员单位达36家。

【妇幼保健信息化建设】 2020年，全市推进“互联网+妇幼健康”服务，市县两级妇幼保健院实施电子健康卡“一卡（码）”通用项目。依托绵阳母子一卡通系统开发手机客户端“绵阳妇幼健康助手”。应用互联网技术和大数据平台，全面开展预约诊疗服务，推广预约住院分娩，引导有序就诊，改善群众就诊体验。全年在线预约诊疗量达11.6万人次。

【出生缺陷综合防治】 2020年，全市推进出生缺陷一级预防，加强出生缺陷防治健康教育宣传，2.79万对新婚夫妇接受婚前医学检查，婚检率达98.17%；为3.3万名计划怀孕夫妇提供免费检查，孕检率达111.55%；为3.23万名生育妇女补服叶酸，农村妇女增补叶酸目标人群服用率达99.16%。加强二级预防，逐步扩大产前筛查和产前诊断覆盖面，加强孕产妇健康宣教，增强孕产妇主动接受产前筛查意识；市妇幼保健院引进全省首辆移动产检车，打通联系服务群众“最后一公里”；科普作品《产检攻略》获全国首届出生缺陷防治科普作品征集大赛图片类一等奖。绵阳成为全省唯一开展新生儿疾病免费筛查的地级市，全面开展新生儿疾病免费筛查项目，实现应筛尽筛。全市新生儿遗传代谢性疾病筛查率达99.94%，新生儿听力筛查率达98.66%。全市将新生儿疾病免费筛查项目纳入2020年市级民生实事人大代表票决制项目，印发《绵阳市新生儿疾病筛查项目工作实施方案》，召开全市新生儿疾病免费筛查项目工作培训会，表彰2019年度母婴安全保障工作先进集体和个人，对2020年妇幼健康工作作出安排部署。

【市儿童医院正式启用】 2020年5月9日，市儿童医院建设项目进行主体工程初验。6月1日，门诊试营业。7月8日，通过正式竣工验收。儿童医院位于高新区石桥铺238号，是国家儿童医疗服务体系建设项目，省、市重点项目和重要民生实事，于2019年12月31日举行落成仪式。按照三级医院标准设计修建，是全省地级市首家专科儿童医院、华西联盟医院。占地1.6公顷，建筑面积约2万平方米，计划床位数200张。以儿童内外科疾病诊疗、儿童危急重症救治、儿童保健和康复理疗为重点，综合开展内科、外科及公共卫生、卫生应急等业务。该院建成后，填补全市专业儿童医院的空白。

基层卫生

【概况】 2020年，全市深化“优质服务基层行”活动实效，238家基层医疗机构参加活动申报，其中达到推荐标准的5家、达到基本标准的24家。加强基层卫生人才队伍建设，完成1693名基层卫生人员医疗服务与保障能力提升培训，持续推进124名基层卫生骨干人员，60名乡村医生培训。全市每万人全科医生数达2.49人。拨付在岗乡村医生基本公共卫生项目经费、基本药物补助等，落实退出乡村医生生活补助。推进岗编适度分离等举措落地落实。以“携手家医、同心抗疫”为主题，围绕家庭医生签约服务活动内涵及意义，开展第10个“世界家庭医生日”宣传活动。通过宣传展板、发放宣传资料、家庭医生签约服务团队进村入户等方式，对家庭医生签约服务相关政策、内容进行讲解。

【基层传染病防控能力建设】 2020年，全市立足新冠肺炎疫情防控工作“强基础、补短板”，加强基层重大传染病防控能力建设。市卫健委联合经信、民政、公安、教体、商务、国资等7部门下发《关于建立社会卫生员制度的实施意见》，组织完成社会卫生员师资培训100余人。落实预检分诊制度，推动基层医疗卫生机构发热哨点体系的规范运行，规范设置和管理发热门诊1个、发热诊室74个、发热哨点219个，实现应设尽设。

【家庭医生签约服务】 2020年，全市为改革完善家庭医生签约服务，以紧密型县域医共体为载体，推动全专结合家庭医生签约服务模式改革试点，以高血压、糖尿病为切入点，做实家庭医生签约服务，促进医防融合。为提升家庭医生的服务能力和水平，发挥家庭医生作为居民健康“守门人”的作用，选派10名骨干全科医生参加全省星级家庭医生能力培训。推行家庭医生电子化签约，全市组建签约服务团队1891个，常住人口签约率达68.39%，重点人群签约率达66.79%。

【国家基本公共卫生服务】 2020年，全市国家基本公共卫生服务人均补助标准增加至74元，按照人均不低于65元的标准拨付至基层医疗卫生机构，新增5元统筹用于新冠肺炎疫情防控，强化基层防疫。制订出台《绵阳市促进基本公共卫生服务项目均等化指导中心日常运行方案实施细则》。全市全年组织开展国家基本公共卫生服务项目相关业务培训50余次，参加人次数4500余人。全市坚持每2个月或者每季度开展基本公卫业务指导和督导。市级财政部门坚持在收到上级补助资金后，于30日内全部下达县市区财政。

图54 10月28日，家庭医生入户为老人测量血压

医学教育科研

【概况】 2020年，全市推进重点学科（实验室）及重点专科高质量发展，立项省卫健委重点专科10个，数量位居全省第一；立项省卫健委科研课题19个、省卫生健康适宜技术推广项目4个，数量均居全省地级市第一；立项市级重点学科（实验室）及重点专科24个、市卫健委科研课题76个；推荐市科技进步奖19个。获得国内实用新型和外观设计专利授权80个。

【继续教育项目申报和培训】 2020年，全市申报国家级继教项目10个、省级继教项目129个、市级继教项目245个。市卫健委将新冠肺炎防治知识培训与继教学习相结合，在全省率先启动疫情防治知识线上学习和线下培训工作，基本实现市、县、乡、村四级医疗卫生专业技术人员学习培训全覆盖。全市共有3.31万人、9.88万人次参加线上新冠肺炎防治知识培训，培训人次数位居全省第一。组织全市西医人员学习中医知识培训结业考核，共73人考核合格。组织101人参加中医全科医生转岗培训。

【中医药科研专项项目】 2020年，全市2018年5项省中医药管理局科研专项项目通过验收，予以结题。组织申报，共11项中医药科研项目被省中医药管理局纳入2020年度省级中医药科研专项项目立项。组织市内重点科研项目单位申报新冠肺炎疫情应急科研项目。市中医医院有3项中医药科研项目获得立项，每个项目获得10万元课题经费。

【高级职称评审】 2020年，按照全省深化职称制度改革的实施意见，基层卫生、中医药系列高级职称评审权被下放到绵阳市。全市开展高级职称评审工作，申报高级职称人员697人，审核合格638人，其中一线医务人员66人。组织开展卫生、中医药副高级职称和基层高级职称评审500人；卫生副高级职称评审涉及47个专业，中医副高职称评审涉及10个专业，基层高级职称评审涉及19个专业，根据专业分步随机抽取专家81人。经专家初审材料、现场答辩、专业组合议、评审委员会合议表决等评审程序，共有38人通过中医药副高级职称现场评审、320人通过卫生副高级职称现场评审、89人通过基层高级职称现场评审。

卫生行政管理

【概况】 2020年，全市卫生行政政务服务事项实现100%“全程网办”，共受理卫生行政许可427件，办结427件，现场办结率、按时办结率、群众满意率、提前办结率均达100%。

【卫生行政“放管服”改革】 2020年，全市中医诊所和养老机构内设诊所、医务室、卫生所、护理站实行备案管理。行政服务优化流程配置，压缩各环节办理时间，100%的政务服务事项实现可“网上咨询”“原件核验”，100%的事项可“全程网办”，“即办件”事项占比达66.18%，行政许可事项承诺时限在法定时限基础上提速94.59%。

【市深化医改领导小组办公室2020年度第一次会议】 2020年5月8日，绵阳市深化医药卫生体制改革领导小组办公室2020年度第一次会议召开。市委编办、市卫健委、市发改委、市财政局、市医保局等市医改领导小组成员单位参会。会议通报福建省和三明市医改经验，绵阳市2020年度深化医改工作方案的起草背景、主要内容、任务分解等，要求各成员单位谋划2020年度深化医改工作，学习借鉴先进地区好的经验做法，并结合实际，提出工作举措。参会人员围绕推进绵阳市医药卫生重点领域改革工作作经验交流，对人事薪酬制度改革、紧密型医共体建设、医保精益化管理等进行探讨。

【市级医院病案评析会】 2020年9月7日，市级医院病案评析会议由市卫健委组织召开。市卫健委副主任李晓林主持会议，市中心医院、市三医院、四〇四医院、市中医医院、市妇保院分管负责人等参会。会上，相关医院对典型的医疗纠纷案例和低风险死亡病例进情况介绍。与会人员围绕案例总结的经验、应该吸取的教训和完善的制度措施作讨论发言。会议要求各单位要梳理救治流程和薄弱环节，建立健全相关管理制度和多科联动等机制举措，防范系统性漏洞和薄弱环节；要加强医院内部管理，加强医患沟通，提升医疗服务；要持续加强医务人员对国家卫生相关法律法规、诊疗指南、规范、医疗核心制度等知识的培训和业务学习，提高医务人员综合素质。

爱国卫生运动

【概况】 2020年，全市开展国家卫生城市复审相关准备工作，成立国家卫生城市复审工作专班，调整市爱卫会组成单位和职责分工，召开全市国家卫生城市复审工作动员会，印发全市国家卫生城市复审工作方案、迎接国家卫生城市复审印证资料收集建档指南，编纂绵阳市国家卫生城市创建工作指南，制作国家卫生城市创建宣传视频。调整完善市爱国卫生运动咨询专家成员库，开展2轮爱国卫生专家培训会和模拟暗访；结合新冠肺炎疫情防控，开展以“防疫有我　爱卫同行”为主题的第32个爱国卫生月活动，聚焦复工复产的企事业单位、市场、车站、校园等重点场所，市场、背街小巷、城中村、城乡接合部、建筑(拆迁)工地、老旧居民区等薄弱环节，做好卫生整治和病媒生物防治，提升全市城乡环境卫生质量，增强群众卫生意识、健康意识和参与意识。完成城乡环境卫生整治行动的终期评估；推动爱卫成员单位及卫健直属单位的爱卫与新冠肺炎疫情防控工作；参加全省“云健身”网络运动会；开展2020年绵阳市直机关工间操比赛和绵阳市第五届群众广场舞展演等群众性健身活动；制作《学校新冠肺炎防控这样做》《健康绵阳》电视专栏等专题宣传片，推动群众了解和掌握健康常识和预防知识。加强卫生创建工作，建成省级卫生乡镇11个、省级卫生村250个。省级卫生乡镇覆盖率达77.85%，省级卫生村覆盖率达50.06%。

【“周末卫生大扫除”活动】 2020年3月14日，市爱卫办发起全市“周末卫生大扫除”活动，动员全市参与。活动旨在响应省委、省政府办公厅倡议的“周末卫生大扫除”活动，推动全市爱国卫生运动开展，营造良好的健康环境，做好新冠肺炎疫情防控工作。活动得到全市响应、参与。机关、企事业单位、市民群众开展环境卫生大扫除活动，对办公区、城镇主次干道、背街小巷、生活区、农贸市场、居民区、河堤、绿化带、城中村、城乡接合部、公路沿线等重点场所的垃圾、树叶及乱堆乱放、乱贴乱画现象进行清理，消除病媒生物滋生地。

【爱国卫生运动工作暨卫生城市创建培训会】 2020年7月21—23日，全市爱国卫生运动工作暨卫生城市创建培训会由市爱卫办举办。会议旨在推进做好全市爱国卫生运动工作和新一轮绵阳市国家卫生城市复审准备工作。会议组织学习习近平总书记对爱国卫生工作的系列讲话，对做好爱国卫生运动工作及国卫复审工作提出要求，邀请国家爱卫办专家组成员就现场技术评估（评审）程序与组织管理、暗访和技术评估、病媒生物控制与标准、卫生城市技术评估资料准备等内容作专题培训。培训结束后，与会人员分4个检查组，由专家分别带队指导，按照卫生城市复审标准对绵阳城区作模拟暗访检查，分别形成检查报告和评分结果。专家对暗访工作及检查报告进行专题点评。

地方病与传染病防治

【概况】 2020年，全市报告法定管理传染病22种，报告发病1.99万例，报告死亡140人。传染病报告发病率为408.10/10万，较2019年下降62.80%。全年无甲类传染病报告发病。

【地方病防治】 2020年，安州区通过血吸虫病消除达标省级考核验收后，全市血吸虫病6个历史流行区全部实现血吸虫病消除目标。市卫健委指导江油市、游仙区、涪城区开展包虫病人管理工作。每月定时审核各县市区血片复核数据。指导各县市区对3例输入性疟疾病例进行流行病学调查和现场处置。指导各地开展碘缺乏病症状监测工作，监测结果均符合碘缺乏病消除标准。组织对全市碘缺乏病和大骨节病进行消除评估，对饮水型氟中毒进行控制评估，结果为均保持消除和控制状态，达到全市“十三五”规划目标。

【艾滋病防治】 2020年，全市共完成艾滋病检测215.48万人次，检测率达44.36%，艾滋病感染者和病人CD4细胞检测5943人，检测比例为95.72%。全市治疗覆盖率95.58%，治疗成功率达94.55%，病毒载量检测率达95.71%；新增艾滋病抗病毒治疗1086人，在治5983人，抗病毒治疗比例为95.58%。报告现住址为绵阳市的艾滋病感染者和病人1124例，报告死亡241人，报告存活的艾滋病感染者和病人为6260例。全市共建立艾滋病抗体确证检测实验室1个、艾滋病筛查实验室65家、艾滋病快速检测点323家，实现县市区、乡镇全覆盖。

【第33个“世界艾滋病日”活动】 2020年12月1日是第33个“世界艾滋病日”，全市“世界艾滋病日”活动在安州区文化广场举行。此次活动以“携手防疫抗艾，共担健康责任”为主题，由市政府防艾委主办，安州区政府、市卫健委承办，市政府副秘书长陶筠、市卫健委副主任周万明，市疾控中心主任李六林，安州区副区长陈琴等出席宣传活动，市、区防艾委成员单位、医疗卫生单位、防艾社会组织等共1000余人参加活动。活动中，举行艾滋病防治知识宣传示范基地授牌、HIV健康咨询、现场HIV抗体检测、文艺会演等。

人口与计划生育

【概况】 2020年，全市推进全面两孩政策落实，强化计划生育目标管理责任制，推动计划生育服务管理改革，简化办事办证程序。实行生育服务和再生育网上审批、网上办理，推行承诺办理、委托办理。全市生育40098人，其中一孩23721人、二孩16061人、多孩316人，二孩占比达40.05%。全市出生率达7.48‰，死亡率达6.15‰，人口自然增长率达1.33‰，出生人口性别比为106.48，生育秩序保持稳定。申请并开工建设国家发改委婴幼儿托育服务普惠试点项目12个，争取中央预算内投资1175万元。中国人口发展研究中心与绵阳市签约共建全国托育服务政策研究实验基地，绵阳成为继杭州之后的第二家全国托育服务政策研究实验基地。

【计划生育惠民帮扶】 2020年，全市落实独生子女父母奖励、农村部分计划生育家庭奖励扶助、计划生育家庭特别政策，纳入计划生育家庭奖励12.8万户、奖励扶助19.68万人、特别扶助1.05万人，资格确认准确率达100%，共发放资金3.07亿元，资金到位率达100%。继续实施计生特殊家庭就医、养老、住房、日常照料、殡葬等优先优惠政策。加强上门走访，发放慰问金280万元。开发计生综合保险，投保224.25万元，承保5.1万人，理赔金额218.17万元。落实计生特殊家庭住院护理补贴保险，投保209.8万元，承保1.05万人，理赔178.87万元。

【婴幼儿托育服务】 2020年，全市婴幼儿托育服务坚持先行先试、高效推动，形成“政府主导、部门联动、社会参与、协会发力”局面。托育服务机构多元。全市招收3岁以下婴幼儿的托育机构有500余家，供给托位数约2.7万个，从业人员7200余人，其中登记注册婴幼儿托育服务机构29家。包含公办、私营、股份制等多种创办形式，实现托育服务多元发展。托育服务形式多样。3岁以下婴幼儿托幼服务形式从单纯的生活照料需求逐渐向全方位关爱、综合素质培养转变。全市各大托育机构逐步推进各种形式的婴幼儿照护、早教服务，并向3岁以下托育延伸服务。

【绵阳市婴幼儿托育服务行业协会成立】 2020年7月16日，绵阳市婴幼儿托育服务行业协会（以下简称托育协会）第一次会员大会暨成立大会召开。大会听取《绵阳市婴幼儿托育服务行业协会筹备工作报告》，审议通过《绵阳市婴幼儿托育服务行业协会章程》《绵阳市婴幼儿托育服务行业协会会费标准》，选举产生托育协会第一届理事会。托育协会是四川省首家婴幼儿托育服务行业协会，吸纳首批单位会员35个、个人会员35人。10月，5名会员获得教育部“1+X”婴幼儿照护师及考评员培训认证，具备婴幼儿照护师培训考评资格。11月，同西南财经大学天府学院等高校签约，建立校企合作培训关系。12月，同四川省幼儿专科学校、成都师范大学、绵阳师范学院等高校建立合作关系，承接婴幼儿照护专业学生实习培养，为婴幼儿托育服务储备人才。

绵阳市大型医院简介

【绵阳市中心医院】 绵阳市中心医院（以下简称中心医院）始建于1939年。2020年，中心医院占地面积7.67公顷，有职工3300余人，开放床位2200张。设职能部门30个、各类专业学科47个。有国务院授予的“有突出贡献专家”9人，省级、市级“科技拔尖人才”及高科技人才100余人，兼职博士生导师3人、兼职硕士生导师36人，博士、硕士近400人。装备有3.0T磁共振、直线加速器、双源CT、DSA、SPECT、全飞秒激光近视治疗仪、海扶刀等大中型现代化仪器设备。院内设有绵阳市急救中心、放射介入诊疗中心、临床检验中心、医学影像中心、病理诊断中心、眼病防治中心、白内障复明低视力康复训练中心、妇科腔镜治疗中心、癌症防治中心、危重孕产妇救治中心、四川省新生儿听力障碍诊治绵阳分中心。建成国家高级卒中中心、胸痛中心、房颤中心、心衰中心。有省级重点学（专）科22个、市级重点学科37个、市级医疗质量控制中心33个。中心医院是以临床医疗、健康管理为主，集医疗、教学、科研、预防、急诊急救、灾难医学为一体的三级甲等综合医院，是四川省川西北区域医疗中心。医疗服务辐射川西北区域和甘肃、陕西等省，服务覆盖人口上千万。中心医院在四川省综合医院排名位列全省第三位。全年遵循国家卫健委新冠肺炎疫情防控指南，持续优化预检分诊流程，落实“三通道”管理，持续改造优化发热门诊、临时隔离病房、应急手术室、CT检查室、儿童发热集中预检分诊点、核酸检测等流程和设备设施建设。专家救治团队实行COVID-19量化分层综合管理方案，实施患者分类管理救治工作。持续做好院内及周边环境治理、病区电梯管控等，形成联防联控工作机制。全员开展培训及应急科研工作。建立多渠道防护物资采购及物资调配绿色通道。截至年底，医院“三通道”管理完成常态化设施改造，“发热门诊”实现闭环管理，完成城市集中核酸检测基地建设，完成核酸检测应急队伍的组建、培训及演练工作。先后派出3批医疗队29人援助湖北，5名核酸检测队员援助北京和新疆。实现新冠肺炎患者零误诊、医务人员零感染、院区零污染。医疗服务能力持续提升。开展首次应用医疗技术项目62项。开展川西北第一台TAVR手术、川西北首例自体干细胞移植手术、川西北首例全麻下大容量全肺灌洗术、首例新生儿腹膜透析、儿童实体肿瘤放化疗等先进技术项目。在全市率先开展“颞浅动脉—大脑中动脉吻合搭桥术”。体外循环年手术量突破100例大关。绵阳市病理诊断中心和市医学影像中心落户中心医院。药物临床试验机构完成国家药监局备案，备案9个专业，并接受省药监局备案后首次督导检查。获批省卫健委“四川省新生儿保健特色专科”。作为绵阳市“卒中地图”管理单位，被授予“绵阳市卒中急救地图质控中心”，在2020年全国高级卒中中心综合排名单月最好成绩为全国第二十九名，全省第一名。中心医院牵头建设的绵阳市“胸痛中心全市模式”被纳入2020年度省市卫健委医政医管重点工作内容。成立川西北区域医疗中心罕见病中心，肿瘤科通过省级GPS评审。获评全国“舒适化医疗培训基地”、国家卫健委“妇科内分泌诊疗能力建设及健康教育研究”试点单位。新增心脏外科门诊等10个专科门诊，开设神经急诊、特需门诊。临床教学工作持续进步。做好研究生教育等各类教学工作，举办国家、省级继续医学教育项目83项；住培基地和专培基地通过省卫健委督导评估，完成全市3132人国家医师资格实践技能考试、省内290人住院医师规范化培训结业技能考核工作。重点学科能力持续加强。4个学科获得省重点专科立项，新增“国家级专科护理实践基地”1个、省级专科护士培训基地2个；作为主研单位，获批科研立项54项；获得实用新型专利授权54项；核心期刊发表论文166篇，同比增长34%；SCI收录论文43篇，同比增长79.2%；出版专著25部。汇编新冠肺炎专项科研论文集，收录427篇文章。引进4名外聘科研专家指导临床研究项目组工作。生物标本库及中心实验室建设完成。持续强化放射与防护安全管理、母婴健康管理、慢病管理和传染病管理等工作。在全省30家流感监测哨点医院质量评估中排名第一；在全市哨点医院食源性疾病监测中总排名第一；母婴安全管理获全省、全市先进集体表彰；作为绵阳市癌防中心，工作经验在全省癌症防治工作会上交流；完成全市27所大中小学、9000余人青少年视力防控等重点常见病筛查工作。挂牌电子科技大学附属绵阳医院；牵头组建绵阳市卫生经济学会；与市残疾人康复中心签署医康合作协议，打造川西北残疾人康复服务示范基地、四川省儿童早期发展基地；与绵阳高新区管委会签订共建绵阳市中心医院高新医院合作框架协议；采购高压氧舱设备更新、PET-CT和数字减影X光机；核医学中心建设被纳入“国家核医疗健康产业基地”统筹规划。

【绵阳市第三人民医院】 绵阳市第三人民医院（以下简称三医院）始建于1955年，是四川省精神卫生中心、绵阳市精神卫生中心，以脑系和老年医学为特色的三级甲等医院，牵头全省精神医学医教研防及重精病人督导管理工作，下辖高新分院、游仙区分院2个分院。2020年，院本部占地8.67公顷，总资产10.92亿元，编制床位1200张，开放床位2060张，开设有临床学科63个，建有省市级重点学（专）科33个，为国家级高级卒中中心、胸痛中心（标准版）、市级危重孕产妇救治中心、市级危重新生儿救治中心等医疗中心；有硕士研究生导师12人、博士12人（博士后3人）、硕士250人，高级职称288人、中级职称501人，省市级学术带头人22人，先后承担省级科研课题立项80余项，市级科研课题立项130余项。拥有3.0T超导磁共振、瓦里安医用直线加速器、四维彩超、64排128层螺旋CT、大型数字血管机、生化免疫流水线、飞秒激光近视手术治疗系统、脑立体定向治疗系统等大型高精设备100余台件。设置有独立注册的法人单位“四川三益法医学司法鉴定所”，主办有国内外公开出版发行的《四川精神卫生》杂志（双月刊），系西部唯一精神卫生专业期刊（2016年入选《清华核心期刊目录》）。是华西医院绵阳区域联盟中心医院，是重庆医科大学、西南医科大学、川北医学院、成都医学院非直管附属医院，成都中医药大学、西南科技大学等高等院校的教学医院；与台湾马偕医院、中南大学湘雅二院、海军总医院等机构签订战略合作协议，与电子科技大学、西南科技大学、成都信息工程学院等单位进行合作；与美国、德国、以色列和泰国的相关机构建立友好合作关系。先后获全国文明单位、全国百佳医院、全国工人先锋号、全国巾帼文明示范岗、全国卫生系统首批院务公开示范点、四川省五一劳动奖状集体、四川省基层党组织建设先进单位、四川省纪检监察先进集体等荣誉称号100余项。新冠肺炎疫情发生后，三医院成立疫情防控工作领导小组及应急指挥组，制定防控工作方案，开展全员防控培训，启动院内流程再造，设置防控专用综合病房及“三区两通道”，开展四级体温监测筛查等。发挥专业优势，开通心理热线、搭建网络咨询平台、派出心理咨询团队，在全市26个集中医学观察点建设“心灵守护站”，编写《新冠疫情下心理专家百问百答》《新冠疫情下精神障碍患者自助手册》等，开展心理卫生服务工作。提升医政管理。继续加强三级质控管理、临床路径管理及病历质量分析，拓展多学科协作，推进肺癌、糖尿病、前列腺癌、癫痫MDT建设，提升胸痛中心、卒中中心建设内涵，加快中毒中心、创伤中心、VTE项目建设实施。启动“互联网+护理”服务，开展科普宣传与健康促进工作，推送的科普视频获2020年健康中国·癌症防治行动健康科普大赛讲解类优秀作品奖。GCP（药物临床试验机构）获得备案并通过验收，超额完成国家集中采购药品任务。获批“国家药品不良反应监测哨点”“首批绵阳市药械化安全性监测哨点医院”。PCR实验室通过新冠肺炎核酸检测确诊资质。获评2019年度优秀市级质控中心挂靠单位，获评优秀市级质控中心10个、省市级优秀质控中心专家8人。科研教学协同发展。2个学科通过省级重点专科立项，3个学科通过省级重点专科验收、动态管理、科技影响力评价。申报EC-MO、肿瘤深部热疗等多项限制性技术及90余项新技术，建成国家级前列腺癌治疗一体化中心，获评四川省2019—2020年度癌症早诊早治“优秀项目点”。申报国家自然科学基金12项，省、市、院级科研课题278项，参与省级项目4项；申报省、市科学技术进步奖，省、市医学科技奖等15项，获批8项。发表论文400篇，其中SCI 22篇、中文核心期刊论文69篇。正式成为重庆医科大学非直管附属医院和眉山药科职业学院实践教学基地。《四川精神卫生》杂志获省卫健委表彰的期刊社会效益评价第一名。加大内培外引，新培养博士及研究生9人、新招聘各类人员共120人。以“科科·科院”联盟为抓手，做好医联体建设，开展三医党员送健康六进活动310场，服务3.12万人次。开展绵阳市首届工伤预防培训，被省人社厅在全省推广。在2019年度国家满意度测评中，门诊患者、住院患者满意度指数分别达96.64%、96.04%，均名列全市市直医疗机构第二名。获2020年改善医疗服务示范医院等多个奖项。重大项目建设。争取抗疫特别国债和专项地方债建设资金资金2.6亿元，精神医学综合楼项目被列为省市重点项目及绵阳市城建攻坚项目，完成项目招标施工单位入场；绵阳高新医院（肺病医院）建设项目取得立项批复，并完成招标确定代理机构；三江医院项目持续推进，医技楼项目完成基础和主体全部建设任务，地下智能化停车场项目动工，发热门诊完成改造。参与全省精神卫生顶层设计，上报精神卫生法实施办法、抑郁低龄化问题、精神专科医疗服务等多项政策建议，派出专家参与全省心理健康促进工作。加强精神科医师人才培养，做好精神医师转岗培训及心理危机干预师资培训，累计为全省培训师资100余人、转岗医师580人，举办国家及省级人格障碍诊治培训班等会议。医院获中华医学会精神医学分会“2019年度精神分裂症回归社会杰出贡献项目”表彰。严重精神障碍患者个案管理技术获批四川省卫生健康委适宜技术推广项目。带领绵阳队获2020年绵阳区域精神卫生防治技能竞赛一等奖和四川省首届精神卫生防治技能竞赛省级总决赛特等奖。

【四川绵阳四〇四医院】 四川绵阳四〇四医院（以下简称四〇四医院）是集医疗、教学、科研、预防、保健于一体的国家三级甲等综合医院，系川北医学院附属第二医院、绵阳市红十字医院、绵阳市传染病医院、绵阳市职业病医院，是西南医科大学、川北医学院、成都医学院等高等院校临床教学基地，是中国住院医师规范化培训基地，部分专科医师规范化培训基地，中国基层医师心血管疾病培训示范中心，国家级心血管病专科护理及技术培训基地，先天性心脏病三级防治培训基地，国务院重大疾病救助儿童先天性心脏病定点救助医院。四〇四医院始建于1964年，系原电子工业部部属重点医院，1994年，由原绵阳市卫生局管理，系市直属卫生事业单位。2020年，四〇四医院占地4.67公顷，业务用建筑面积7万余平方米，除跃进路本部外，建有四〇四医院丰谷分院（绵阳市传染病医院）、大西门分院（绵阳市职业病医院）。有编制床位1198张、开放床位1500张，内设内科、外科、妇科、儿科、传染科等临床、医技科室45个，其中有省级重点学（专）科11个、市重点学科29个。开展高新微创诊疗技术，拥有微创外科诊疗技术、介入诊疗技术、内镜诊疗技术、肿瘤综合诊疗技术四大核心技术。有绵阳市心血管疾病防治中心、绵阳市消化疾病防治中心、绵阳市传染病防治中心三大省内领先品牌专业，其中绵阳市心血管疾病防治中心是四川省乙级重点学科、绵阳市甲级重点学科，累计开展近6000例体外循环下心脏大血管手术，手术成功率达98.6%；绵阳市消化疾病防治中心是四川省甲级重点专科、四川省胃癌协作组组长单位，开展消化内镜诊治超3.5万例次/年；绵阳市传染病防治中心是四川省甲级重点建设专科，系绵阳市市级及主城区唯一传染病定点治疗机构，全省学科排名第一名。四〇四医院总资产6.71亿元，同比增长13.23%，其中新增固定资产7494.45万元。有万元以上医疗设备1435台（件），总价值2.63亿元。内设内镜中心、介入中心、放射治疗中心、血液透析中心、ICU、CCU、PICU、NICU以及全净化手术间等，拥有10万元以上医疗设备300余台（件），其中包括移动全身CT、移动核酸检测车、1.5T超导核磁共振、128层CT、大型平板数字减影血管成像仪（DSA）、直线加速器、数字化乳腺X线摄像系统、心脏三维标测仪、超声支气管镜和超声胃镜等先进诊疗设备。有在岗职工1500人，高级职称243人、占比16.2%，中级职称446人、占比29.7%。博士研究生导师1人、硕士研究生导师19人、博士5人、硕士163人。职工中有全国抗击新冠肺炎疫情先进个人1人、全国先进工作者1人、全国卫生计生系统先进工作者1人，西部之光访问学者1人，四川省学术和技术带头人后备人选3人、四川省有突出贡献的优秀专家1人、四川省卫生计生委有突出贡献中青年专家1人、四川省卫生健康委学术技术带头人8人、四川省卫生健康委学术技术带头人后备人选3人、四川省临床技能名师1人、四川省名中医1人、四川省“首届新时代健康卫士”8人、四川省卫生计生系统先进个人3人，绵州名医1人、绵州杰出科技工作者1人、绵阳市中青年学术技术拔尖人才5人、绵阳市名中医2人、绵阳市卫生高级专业技术职务任职资格评审专家56人、绵阳市事业单位专业技术三级岗位8人。四〇四医院是“国家自然基金依托单位”，共承担、参与各级政府资助的医学科研项目266项，其中国际合作项目2项、国家重大科技专项及国家自然科学基金项目8项、省部级项目17项、市厅级项目238项。科研成果获奖74项，其中有国家卫计委科技进步二等奖1项、中国新时期人文科学优秀成果一等奖1项、中国康复医学会科学技术三等奖1项、省科技进步奖9项、省医学科技奖12项、市科技进步奖43项，其他科研成果奖7项，科技成果转化成功2项。与四川大学公共卫生学院、西南科技大学等高校建立战略合作关系，有高校博士研究生导师1人、硕士研究生导师19人。先后与西南科技大学、西南医科大学、川北医学院、成都医学院等10所高校进行教学和科研合作，每年在院实习生400余人。作为川北医学院附属第二医院，累计培养川北医学院全程教学班学生215人。公共卫生事业上加强艾滋病治疗管理和其他传染病防治。结核及呼吸道传染病门诊14403人次，同比下降14.2%；其他感染门诊76984人次，同比增长16.33%；结核病出院964人次，同比下降16.1%，其他传染病出院2388人次，同比下降57.5%。新冠肺炎疫情发生后，当即启动应急预案，成立新冠肺炎疫情防控指挥部，组织开展全员培训，再造院内就诊流程10余次，落实各项院感防控措施，做好应急物资储备供应。收治绵阳市第1例确诊病例，集中力量、科学救治。专家组实行远程日查房制；对于重点病例和危重病例，每日多次组织院内专家现场会诊并指导救治工作；每日对发热门诊初筛疑似和可疑患者进行研判，开展现场或在线远程会诊。2月7日，按市卫健委要求，启动北川第一后备医院，共收治22例留观病人和5例隔离医学观察病人。3月13日，全市22例确诊患者全部治愈出院。其中危重症患者毛某，经过40多天的救治，成为全省第一例拔管后康复出院的危重症患者。历时52天，实现绵阳新冠肺炎患者“零”漏诊、危重患者“零”死亡、医护人员“零”感染。在新冠肺炎疫情常态化防控阶段，调整工作重点，落实疫情常态化防控各项举措。定期召开指挥部例会，传达国家、省、市最新要求，更新医疗救治流程和工作方案；对重点科室、关键岗位工作人员进行培训，增强医务人员的防控意识和应急处置能力。强化院感防控，落实重点环节防控措施。对预检分诊、发热门诊、缓冲病房设置、就诊流程和要求、住院患者陪护管理、院区通道管理、环境监测和医废处置做出规范。建立三级巡查制度和联合督导问责机制，发现问题及时整改，杜绝院内感染。加强工作人员健康状况监测及管理，定期开展核酸检测，并全员接种流感疫苗和新冠疫苗。加强核酸检测能力建设。建立核酸检测人员库和核酸采样人员库，规范核酸采样流程。快检可实现在采样后约2小时出具检测结果。加强应急演练和防控物资储备，先后制定《应对秋冬季新冠肺炎医疗救治工作方案》《新型冠状病毒疫苗预防接种异常反应医疗救治实施方案》《疫情防控防疫物资应急调配方案》。

【绵阳市中医医院】 绵阳市中医医院（以下简称中医院）是国家三级甲等中医医院、成都中医药大学附属绵阳医院、成都中医药大学绵阳临床医学院、四川中医药高等专科学校附属医院、西南医科大学实践教学医院、绵阳市中医医院互联网医院、全国中医医院信息化建设示范单位、国家99家中医药传承创新项目重点中医院之一、国家级中医住院医师、中医全科住院医师规范化培训基地、全国中医诊疗模式创新试点单位、四川省博士后创新实践基地、四川省智慧健康医疗服务示范单位、四川省三星数字化医院、四川省护士规范化培训基地、四川省西医住院医师规范化培训协作单位、四川省中医经典传承中心建设单位（四川省李孔定肺病经典传承中心）、四川省重大疾病中医药防治中心建设单位（四川省痴呆病中医药防治中心）、四川省急性胰腺炎中西医结合防治技术协作中心、绵阳市定点优抚医院、绵阳市中医医疗集团理事长单位、中国卒中中心联盟成员单位，胸痛中心获中国胸痛中心总部认证授牌 。先后获得全国中医药应急工作先进集体、四川省发展中医药先进集体、四川最美丽医护中心——熊猫奖、四川群众满意的医疗机构、四川城市医院管理优秀奖、市直卫生系统行风政风第三方满意度测评第一名等荣誉。2020年，中医院持续实施绵阳中医健康城项目建设，计划总投资约12.5亿元。该项目位于经开区松垭镇日新村，主要包含经开区分院、科教综合楼项目和康养中心三大板块，拟分2期实施，是一个集中医医疗、科教培训、康复养护为一体的医养结合基地。新冠肺炎疫情防控期间，做好南桥分院密切接触者集中隔离医学观察。实现发热门诊患者闭环管理，医务人员、患者及陪护探视人员零感染。先后派出19名医务人员到湖北、云南及本地定点医院参与抗疫工作，1人被人民网人民健康栏目评为“2020年度群众满意的医务工作者”、2人被评为“四川省抗疫先进个人”、18人被湖北省、四川省授予“最美逆行者”称号等荣誉。发挥中医药防治新冠肺炎作用，向重点岗位、重点人群免费发放价值约15万元的中药，免费为市民熬制大锅汤药；用于预防新冠肺炎的芪景防感合剂获省药监局医院制剂备案。康复科、内分泌科申报成为省级重点专科。共有国家临床重点专科1个（脾胃病科）、国家中医药管理局重点专科3个（脾胃病科、针灸科、眼科）、省级重点专科8个（肺病科、心血管病科、骨伤科、老年病科、内分泌科、康复科、康复科、内分泌科）、市级重点专科16个。妇产科挂牌“肖承悰名医工作室”，普外科组建“四川省中医药学会微创外科专业委员会”。推进中医药传承与创新工程建设项目和中医医院科教综合楼项目建设。将绵阳市中医医院制剂中心建设项目、消洗供应中心建设项目、中心实验室建设项目、能力提升及设备设施配套建设项目、康复养护中心建设项目纳入“十四五”项目储备，开展前期工作。与华西医院合作启动人才培训项目。新增享受四川省政府特殊津贴人员1人，新增硕士生导师15人，硕士生导师总数达27人，其中12人成为第七批四川省中医药管理局学术和技术带头人及后备人选，1人被评为四川省中医药传承创新发展先进个人。继续对口支援马尔康中藏医院、昭觉县中彝医院以及绵阳市7个薄弱地区医疗机构，常年有约40名医务人员在外开展对口支援工作。

【绵阳市妇幼保健计划生育服务中心】 绵阳市妇幼保健计划生育服务中心（以下简称中心）同时挂牌“绵阳市妇幼保健院”“绵阳市儿童医院”，实行“三块牌子，一套班子”的管理体制，为市卫健委直属的公益二类副县级事业单位，是全国PAC项目优质服务医院、中国保健协会出生缺陷防控——耳聋基因培训实验基地、中国计生协优生优育指导中心、四川省新生儿遗传代谢疾病筛查中心绵阳分中心、全省母婴安全优质服务示范单位、绵阳市产后康复中心、绵阳市危重新生儿救治中心、绵阳市出生缺陷防治管理中心。中心是全市唯一一家三级妇幼保健机构，是绵阳市妇、产、儿专科预防、保健、医疗、科研、教学、情报信息交流和培训中心，承担全市9个县市区妇幼健康业务管理及质量控制工作，负责牵头完成衡量绵阳市经济发展及健康水平的孕产妇死亡率、婴儿及5岁以下儿童死亡率等重要妇女儿童健康指标，为全市350万名妇女、儿童提供健康服务。中心实行“一院三址”运行模式，有业务用房4万平方米，编制床位400张，职工630人，施行妇、产、儿三大专科为主，内科、外科、中医科、皮肤性病科、口腔科、眼科、乳腺甲状腺等多学科“大专科小综合”的发展模式。新冠肺炎疫情发生后，中心先后完成流程改造、应急处置、培训考核，并落实消毒隔离措施、提升核酸检测能力、推行预约诊疗、持续督查整改等重点工作。参与火车客站、市交通局、学校、社区和医联体单位等联防联控工作，牵头开展市级新冠肺炎疫情防控母婴安全急救演练，并组织院内专家组对全市9家县级妇幼保健院开展疫情预防与控制专项指导及质量评价。中心获得中国妇幼保健协会“2020年度抗疫先进集体”和市委、市政府“绵阳市抗击新冠肺炎疫情先进集体”荣誉称号。创建成为“国家三级甲等妇幼保健院”，实现市儿童医院项目正式运营。截至年底，市儿童医院收治门诊病人1.1万余人次，住院882人次，手术6人次，分娩2人次。完成市级民生项目“新生儿免费疾病筛查”工作任务。全年下基层开展业务指导338人次，举办技术培训14期，培训2068人次，覆盖全市2/3以上的医疗保健机构。与市财政局联合出台《绵阳市2020年新生儿疾病筛查项目工作实施方案》。中心获推荐为“国家级母婴安全优质服务单位”，挂牌“绵阳市0—6岁残疾儿童筛查评估中心”“四川省儿童早期综合发展示范基地”“绵阳市儿童眼视光中心”“绵阳市0—6岁残疾儿童筛查评估中心”；市儿童医院建成中华医学会儿童哮喘标准化门诊；建成西南科技大学法学院实习基地、西南财经大学天府学院非直属关系附属医院。

（赵　怡）

旅 游

概 述

【概况】 2020年新冠肺炎疫情发生后，绵阳市在全省最早关停景区景点、文化场馆、娱乐场所，停办文化娱乐活动，文旅领域未出现一例疫情。疫情初步控制后，又在全省最早启动复工复产，通过减免房租税费、暂退服务质量保证金、开发特色信贷产品等方式为企业纾困解困，兑现资金1570万元，全市文旅规模以上企业无一因疫情倒闭。新冠肺炎疫情防控取得重大阶段性胜利后，开展消费提振行动，开发上线“文旅绵阳”公共服务平台，改组市旅游协会，举办首届绵阳网络文旅消费季。年内，全市构建文旅经济发展新格局，夯实西部文化强市、旅游强市发展基础。完成《绵阳（江油）枢纽性文化旅游发展基地专项规划》《绵阳文化旅游精品线路建设提升方案》编制。“一个枢纽基地、三条精品线路、全域旅游示范区”的文旅经济发展新格局加速落地，江油扛起“枢纽基地”大旗，打造华强方特等文旅新地标；北川、平武、梓潼、游仙等依托精品线路，推动资源优势转为产业优势；涪城、安州、三台、盐亭、仙海等主动融入全域旅游格局，推动文旅多元发展。“两弹城”红色旅游入选全国红色旅游典型案例，藏羌环线、蜀道三国、川北巴山3条线路纳入全省“十大非遗之旅”，“5·12”汶川特大地震纪念馆、“两弹城”爱国主义教育基地进入全省“十大研学旅游”线路。全市实现旅游收入639.91亿元，同比下降11.31%；接待国内游客6271.48万人次，同比下降15.42%。

【旅游企业复工复产】 2020年2月中下旬，在新冠肺炎疫情得到初步控制后，根据国家、省、市安排部署，全市文旅行业主管部门坚持“有序+受控+有组织”原则，对旅游企业实施复工专业指导。建立文旅企业与疫情防控部门协调联动机制，分区分类制订企业复工方案、开业指南及A级景区有序受控开放办法，实行清单式管理、责任化推进。根据疫情影响程度分区开放景区，平武、梓潼等无疫情地区在严格管控客流量、落实防控措施等前提下，自2月20日起，由县文广旅局报备、县疫情防控指挥部安排有序开放；其他地区按“公园式景区、近郊游农家乐（民宿）、A级景区”3个类别逐步有序受控开放。根据疫情变化分类复工，制定46个在建、新建重大文旅项目复工开工时间表，落实项目动态跟踪机制；印发酒店、旅行社等涉旅企业开业指南，指导相关企业经所在地疫情防控指挥部同意后有序受控开放。

【疫情防控常态化工作】 2020年，市文广旅局印发《绵阳市新型冠状病毒肺炎流行期间旅行社及文化服务业企业卫生防护指南》《绵阳市接待境外人员酒店新型冠状病毒疫情防控工作指南》等指导性文件，对市内景区、星级酒店、旅行社等落实防控措施情况进行逐一核查，凡是防控措施不到位、存在安全隐患的文旅场所，坚决禁止开放。坚持有序开放、预约限流，要求各文旅场所严格落实实名登记制度和“健康码”查验制度，要求各景区日最大承载量和瞬时最大承载量不高于核定值的75%，并对场所内游客数量实行动态管理，防范聚集性风险。

【文旅市场主体壮大】 2020年，北川创建成为天府旅游名县；江油入选天府旅游名县候选县，上榜“中国县域旅游综合竞争力百强县市”，江油黑滩村获评中国美丽休闲乡村。“两弹城”景区创建成为AAAA级景区，全市新增4家AAA级景区，A级景区总数达35家。新增文旅经营主体102个，总数达2921个。出台《绵阳市支持乡村旅游发展金融服务方案》，花间伴山、安逸·箱几等精品民宿落地运营。雁门镇青龙峡村等5个村入选省级乡村旅游重点村，杨家社区入选全国乡村旅游重点村。

【文旅项目建设】 2020年，全市文旅产业重点推进项目63个，其中在建40个，计划完成投资122.89亿元，实际完成投资125.18亿元，完成率达101.86%；第六届中国（四川）旅游投资大会发布招商项目15个、投资690亿元；集中签约项目7个，开工5个。建成方特东方神画、潼川古城、蝴蝶谷特色民宿聚集区等重点文旅项目。方特东方神画于7月18日开园，截至年底，接待游客82.15万人次，实现营业收入1.49亿元，名列全国同期方特园区前三。

【2020绵阳市文化和旅游发展大会】 2020年11月6日，2020绵阳市文化和旅游发展大会召开，市委书记刘超出席会议并讲话。会议强调要抓好文旅行业常态化疫情防控，巩固文旅市场恢复发展态势，多措并举帮扶市场主体，强化服务意识，纾困惠企；要建设高品质旅游交通网，推动九绵高速、广平高速、G5扩容等通道建设，拓展绵阳机场航运线路，开设主要景区旅游专线，加快畅通旅游大通道；建设信息化智慧旅游网，加快建设智慧旅游城市和智慧旅游景区，全方位衔接“吃、住、行、游、购、娱”六大要素；要建设更有引领力的文旅项目，加大项目招引力度，加快推进在建项目，尽快落地签约项目；发展更有竞争力的文旅业态，深入推动文旅与科技、交通、农业、教育等相关产业和行业融合创新；打造更有影响力的文旅品牌，持续打造三大精品线路文旅品牌。

【北川和江油入选天府旅游名县】 2020年9月24日，省委、省政府发布《关于命名第二批天府旅游名县的决定》，北川羌族自治县等10个县市区被命名为“第二批天府旅游名县”。9月19日，省政府办公厅发布《关于公布四川省第二批天府旅游名县候选县（市、区）、文化旅游特色小镇和文化旅游产业优秀龙头企业名单的通知》，江油市递补为“第二批天府旅游名县候选县”。

【省级全域旅游示范区创建】 2020年1月14日，省文旅厅公布首批省级全域旅游示范区认定及创建名单，其中首批省级全域旅游示范区认定名单17家、首批省级全域旅游示范区创建名单60家。绵阳市北川羌族自治县入选认定名单，游仙区、江油市、梓潼县入选创建名单。6月29日，北川羌族自治县在四川全域旅游示范区创建工作推进会上获得首批省级全域旅游示范区正式授牌。

【杨家社区入选第二批全国乡村旅游重点村】 2020年10月，文化和旅游部、国家发改委公布第二批全国乡村旅游重点村名单，涪城区杨家镇杨家社区入选，实现绵阳市全国乡村旅游重点村“零的突破”。杨家社区按照“一心一轴一环四区”发展规划，创建“一基地（农民夜校香草园实践基地）、一站点（党群服务站）、一堡垒（红色走廊、红色园地、红色广场）”，引入原香国际香草园、碧水蓝天度假中心、欢乐碗水上乐园、原香居等旅游项目，将蚕桑文化、传统农耕文化、本地历史文化融入景观道、社区、园区、农庄等建设中，投资10余亿元建成集农业文化创意、生态饮食体验、特色食材交易和休闲观光旅游为一体的乡村旅游集聚区。全村年接待游客200万人次，旅游收入9000万元；1600人从事乡村旅游业，占比98%，人均年收入2.5万元。

【梓潼“两弹城”景区入选红色旅游发展典型案例】 2020年9月25日，国家发改委、文化和旅游部公布60个全国红色旅游发展典型案例，梓潼“两弹城”景区上榜，全省仅2例。该景区原貌保存167栋二十世纪六十年代建筑物及防空洞、国魂碑林等旧址实物，新建“两弹”历程馆、“三防”教育馆、“两弹”模型馆等基础设施，续建红色旅游研学营地、绵阳“三线”建设博物馆和航天体验馆等重大项目，打造集怀旧体验、休闲度假、红色旅游、拓展训练等于一体的红色旅游目的地。先后入选全国红色旅游经典景区名录、国家AAAA级旅游景区。

【传统村落保护】 截至2020年，绵阳市共有省级以上传统村落56个，其中国家级传统村落16个（2020年无新增）；有江油市二郎庙镇青林口村、平武县豆叩镇银岭村、游仙区刘家镇曾家垭村、盐亭县黄甸镇龙台村4个“四川最美古村落”。年内，市住建委组织开展传统村落白蚁危害专项大检查，通过掌握传统村落的白蚁种类、危害程度等情况，旨在形成历史古迹、传统民居和传统村落白蚁防治长效机制。

（葛　佳　黄　龙）

绵阳市国家级传统村落一览表

表73

序号	所属县市区	所属镇（乡）	村落名称	所属批次	获批时间
1	北川	青片乡	上五村	第二批	2013.08
2	北川	马槽乡	黑水村	第二批	2013.08
3	江油	二郎庙镇	青林口村	第二批	2013.08

续表

序号	所属县市区	所属镇（乡）	村落名称	所属批次	获批时间
4	游仙	魏城镇	绣山村	第三批	2014.11
5	平武	虎牙藏族乡	上游村	第四批	2016.12
6	平武	白马藏族乡	亚者造祖村	第四批	2016.12
7	平武	木座藏族乡	民族村	第四批	2016.12
8	安州	桑枣镇	红牌村	第四批	2016.12
9	涪城	丰谷镇	二社区	第四批	2016.12
10	游仙	魏城镇	铁炉村	第四批	2016.12
11	游仙	刘家镇	曾家垭村	第四批	2016.12
12	游仙	玉河镇	上方寺村	第四批	2016.12
13	游仙	东宣乡	鱼泉村	第四批	2016.12
14	盐亭	林山乡	青峰村	第四批	2016.12
15	盐亭	黄甸镇	龙台村	第五批	2019.06
16	梓潼	文昌镇	七曲村	第五批	2019.06

绵阳市省级传统村落一览表

表74

序号	所属县市区	所属镇（乡）	村落名称	所属批次	获批时间
1	安州	宝林镇	大沙村	第三批	2017.04
2	安州	高川乡	天池村	第三批	2017.04
3	安州	桑枣镇	红牌村	第三批	2017.04
4	安州	塔水镇	双林村	第三批	2017.04
5	安州	雎水镇	红石村	第三批	2017.04
6	北川	片口乡	保尔村	第三批	2017.04
7	北川	曲山镇	石椅村	第三批	2017.04
8	北川	桃龙藏族乡	大鹏村	第三批	2017.04
9	北川	青片乡	正河村	第三批	2017.04
10	涪城	丰谷镇	二社区	第三批	2017.04
11	江油	重华镇	公安社区	第三批	2017.04
12	江油	含增镇	长春村	第三批	2017.04
13	平武	白马藏族乡	亚者造祖村	第三批	2017.04
14	平武	大印镇	金印村	第三批	2017.04
15	平武	豆叩镇	银岭村	第三批	2017.04
16	平武	豆叩镇	紫荆村	第三批	2017.04

续表

序号	所属县市区	所属镇（乡）	村落名称	所属批次	获批时间
17	平武	虎牙藏族乡	上游村	第三批	2017.04
18	平武	龙安镇	两河堡村	第三批	2017.04
19	平武	木座藏族乡	民族村	第三批	2017.04
20	平武	响岩镇	双凤村	第三批	2017.04
21	平武	响岩镇	中峰村	第三批	2017.04
22	三台	塔山镇	南池村	第三批	2017.04
23	三台	西平镇	柑子园村	第三批	2017.04
24	盐亭	安家镇	鹅溪村	第三批	2017.04
25	盐亭	柏梓镇	龙顾村	第三批	2017.04
26	盐亭	高灯镇	阳春村	第三批	2017.04
27	盐亭	黄甸镇	龙台村	第三批	2017.04
28	盐亭	黄溪乡	马龙村	第三批	2017.04
29	盐亭	巨龙镇	五和村	第三批	2017.04
30	盐亭	林山乡	青峰村	第三批	2017.04
31	盐亭	石牛庙乡	风华村	第三批	2017.04
32	盐亭	五龙乡	龙潭村	第三批	2017.04
33	盐亭	洗泽乡	凤凰村	第三批	2017.04
34	游仙	东宣乡	鱼泉村	第三批	2017.04
35	游仙	东宣乡	飞龙村	第三批	2017.04
36	游仙	观太乡	卢家坪村	第三批	2017.04
37	游仙	刘家镇	曾家垭村	第三批	2017.04
38	游仙	石板镇	白马村	第三批	2017.04
39	游仙	太平乡	南山村	第三批	2017.04
40	游仙	魏城镇	铁炉村	第三批	2017.04
41	游仙	魏城镇	先锋村	第三批	2017.04
42	游仙	徐家镇	和阳村	第三批	2017.04
43	游仙	玉河镇	上方寺村	第三批	2017.04
44	梓潼	定远乡	同心村	第三批	2017.04
45	梓潼	交泰村	高垭村	第三批	2017.04
46	梓潼	双板乡	南垭村	第三批	2017.04

续表

序号	所属县市区	所属镇（乡）	村落名称	所属批次	获批时间
47	梓潼	文昌镇	七曲村	第三批	2017.04
48	梓潼	先锋乡	甘滋村	第三批	2017.04
49	梓潼	演武乡	柏霖湾村	第三批	2017.04
50	盐亭	巨龙镇	凤林村	第四批	2019.10
51	安州	永河镇	安罗村	第四批	2019.10
52	平武	黄羊关藏族乡	曙光村	第四批	2019.10
53	游仙	朝真乡	石龙村	第四批	2019.10
54	游仙	柏林镇	洛水村	第四批	2019.10
55	游仙	凤凰镇	木龙村	第四批	2019.10
56	北川	马槽乡	黑亭村	第四批	2019.10

旅游行业管理

【概况】 2020年，全市旅游行政管理部门联合公安、市场监管等相关职能部门，实施虚假违法旅游服务广告、未经许可经营旅行社业务、“保健”市场乱象等专项整治，组织开展全市旅游行业新冠肺炎疫情常态化防控、旅游行业安全大检查、地质灾害隐患排查和防治、应急工作，打击各类违法违规行为，加强日常监管及节假日、暑汛期等出游高峰期安全督查，确保旅游市场安全有序。全市共出动执法人员1.36万人次、执法车辆3600余台次，开展文化旅游市场执法检查2673次，检查旅行社及其分支机构685家次、星级饭店152家次、景区208家次，联合执法21次，受理投诉举报120件，责令整改65家，行政约谈140家，行政处罚18家。全年无重大旅游投诉和旅游安全事故发生。

【旅游饭店管理】 2020年，全市共有星级饭店23家，其中四星级以上10家。对全市8家满3年期旅游星级饭店进行评定性复核，其中四星级2家、三星级4家、二星级2家。

2020年绵阳市星级饭店一览表（四星以上）

表75

饭店名称	星级	等级（金树叶级或银树叶级）	邮编	联系电话	地址	配套设施
富乐山九洲国际酒店	五星	金叶级	621000	0816-2284888	四川绵阳市游仙区芙蓉路一段1号	酒店建筑依山势而建，总占地面积16.73公顷，主楼高4层，主楼后方分别有5幢风格各异的独立别墅。共有客房176间（套），床位数239个；酒店有富悦楼粤菜厅（设特色豪华包房20个）、锦芳园川菜厅、爱雅丽西餐厅、异域主题餐厅、如意堂宴会厅等，可供1000人就餐；西川会议中心是全市重要的会议接待基地，共有大小会议室5间，最大的多功能厅面积556.35平方米；酒店健身中心拥有6片网球场（其中1片室内网球场）以及乒乓球、沙狐球、健身器械等服务和设施；康乐中心设有棋牌、足浴、SPA等服务；店内设有商场和美容美发

续表

饭店名称	星级	等级（金树叶级或银树叶级）	邮编	联系电话	地址	配套设施
长虹国际酒店	四星	金叶级	621000	0816-2416666	四川省绵阳市高新区火炬西街北段89号	酒店是四星级的旅游商务酒店，由长虹电子集团公司投资兴建，属长虹集团公司下的子公司。酒店主体大楼地面共6层，地下1层，总建筑面积3.2万平方米。酒店有客房216间（套），374个床位。酒店1、2楼分别设有能同时接待200人、400人就餐的中餐厅和多功能宴会厅，有棋牌包间、茶吧、游泳池和健身房。另有大小会议室40余个，其中最大的会议室可容纳400人，适合举行大型政务、商务会议、学术论坛等会展活动
王子大酒店	四星	金叶级	621000	0816-6358999	四川省绵阳市临园路西段25号	酒店是绵阳燃气集团公司下属子公司，餐饮、会议室、棋牌茶艺、康乐中心一应俱全。有客房230间，其中套房39间、单间76间、标准间115间。设置5个各具特色的会议室，餐饮采用中西式风格，君悦大厅采用现代设计风格，可同时容纳300余人就餐，12个雅间可同时接待150人就餐
绵州酒店	四星	金叶级	621000	0816-6350999	四川省绵阳市涪城区临园路东段62号	酒店占地面积1.6万平方米，总建筑面积4.3万平方米。设餐饮部、房务部、前厅部、营销部、工程部、安全部、行政部、计财部、质培部共9个部门,员工393人。有符合四星级标准的客房298间（套）、446个床位，有西蜀宫、西餐厅、南涛宫等三大餐厅及一个“山海多功能厅”和21间包房，可同时容纳1000人用餐。拥有各类大中小型会议室共6个，可提供会议、用餐及住宿服务
绵州温泉酒店	四星	金叶级	622650	0816-4636282	四川省绵阳市安县桑枣镇松林村	酒店占地11.73万平方米，总建筑面积3.5万平方米。有客房249间（套）、床位453张，其中三开间套房1套，套房14套，单间28间，标间155间，经济房50间，可满足政务接待、商务会议、休闲度假等不同客人的需求。内设叠翠轩宴会厅及各型雅间12间及罗浮宫西餐厅，可为近800人同时提供餐饮服务
顺辉·世纪巴登酒店	四星	—	621000	0816-6353333	临园路西段28号	酒店占地面积约5300平方米，建筑面积近2.1万平方米，是集商务、会议、度假、旅游为一体的高端商务型酒店。有不同类型的豪华客房206间（套）。餐饮服务区拥有5个中餐贵宾包房和宴会大厅1个，可为300余位客人提供用餐。会议中心有可接待200余人的大型会议室1个，课桌式、洽谈式、会见式等形式的会议室4个，商务会所大厅能容纳50余位客人同时品茗、休闲，另有棋牌包间12个
梓州国际酒店	四星	—	621100	0816-5899999	三台解放上街49号	酒店占地面积1万平方米，建筑面积2万平方米，分主楼和附属楼两栋，其中主楼共计14层。主要有餐饮、客房、会议、娱乐、健身、休闲及各类中西式糕点等服务项目
新北川宾馆	四星	—	622750	0816-4229999	北川羌族自治县尔玛路25号	宾馆占地面积1.46万平方米，建筑面积约2万平方米，距离绵阳市中心37千米，周边景点有AAAAA级羌城旅游区、AAAA级九皇山景区、千佛山景区、罗浮山温泉、药王谷、吉娜羌寨等景点

续表

饭店名称	星级	等级（金树叶级或银树叶级）	邮编	联系电话	地址	配套设施
江油宾馆	四星	—	621700	0816-3277777	江油市东大街169号	宾馆是涉外、商务、会议、旅游、休闲酒店，占地1.3万平方米。客房总数128间（套）：其中行政套房1间、豪华套房8间，豪华单间28间、标间91间。会议中心拥有8个能同时接待20—800人使用的各种规格会议室和同时容纳100多桌婚宴的多功能厅。客房设有行政楼层，行政廊，设有商务中心、健身房、棋牌室、KTV包房等娱乐设施、配套项目齐全
江油国际大酒店	四星	—	621700	0816-3233333	江油市花园路北段1号	酒店位于江油市涪江河畔，建筑面积1.18万平方米，有94套不同功能的客房和155个床位（含4套套房，30套单间，60套标间），有1个可容纳500余人聚会的中餐厅、14个VIP宴会包间、1个环境优雅的咖啡厅、1个中型会议厅、4个小型会议室、1个洽谈室、1个小商场、1个行政酒廊、1个健身房、11个风格各异的KTV包厢，1个茶室及6个棋牌雅间

【旅行社管理】 2020年，全市共有旅行社56家、旅行社分社22家、旅行社服务网点229个。许可核发旅行社业务经营许可证6家，注销8家，变更2家，发布旅行社许可、注销、变更公告信息16条。通过旅行社责任保险续（投）保提醒、督促和催办，全市56家旅行社续（投）保2020年度旅行社责任保险，投保率达100%。根据《四川省文化和旅游厅办公室关于暂退部分旅游服务质量保证金支持旅行社应对经营困难的通知》精神，全市暂退部分旅游服务质量保证金的旅行社共31家，退还质量保证金694万元。

2020年绵阳市旅行社一览表

表76

序号	许可证号	旅行社名称	经营业务	法人	投诉电话	注册地址	所在地区
1	L-SC-B00002	绵阳市交发旅游集散中心管理有限责任公司	国内旅游业务 入境旅游业务	唐孝鹏	0816-2228499	绵阳市涪城区临园路西段29号	涪城区
2	L-SC-B00003	绵阳青年旅行社有限责任公司	国内旅游业务 入境旅游业务	周　岩	0816-2239926	绵阳市安昌路18号爱喜嘉年华B座5楼5号	涪城区
3	L-SC-B00004	绵阳东方旅行社有限公司	国内旅游业务 入境旅游业务	夏　英	0816-2233111	绵阳市临园路西段5号	涪城区
4	L-SC-B00005	绵阳市康辉国际旅行社有限责任公司	国内旅游业务 入境旅游业务	范宗荣	0816-2378658	绵阳市临园路中段84号三力大厦5楼	涪城区
5	L-SC-B00006	绵阳中旅西部旅行社有限公司	国内旅游业务 入境旅游业务	张敏娟	0816-2226488	绵阳市安昌路17号（百盛富临花园3楼5号）	涪城区
6	L-SC-B00007	绵阳市天马旅行社有限责任公司	国内旅游业务 入境旅游业务	岳俊颖	13881136966	绵阳市警钟街72号	涪城区
7	L-SC-B00008	四川天颂国际旅行社有限公司	国内旅游业务 入境旅游业务	杨挺彪	0816-2269723	绵阳涪城区御苑路9号5幢1楼	涪城区
8	L-SC-B00009	绵阳市仙海旅行社有限公司	国内旅游业务 入境旅游业务	王一平	0816-6620924	绵阳市红星街61号	涪城区

续表

序号	许可证号	旅行社名称	经营业务	法人	投诉电话	注册地址	所在地区
9	L-SC-B00011	绵阳市中旅假日旅行社有限公司	国内旅游业务 入境旅游业务	王小丽	0816-2228499	绵阳市涪城区临园路东段72号新益大厦（栋）公寓12层4号	涪城区
10	L-SC-B00012	绵阳市三国旅行社有限公司	国内旅游业务 入境旅游业务	郑　红	0816-2323710	绵阳市富乐路22号	涪城区
11	L-SC-B00015	绵阳市友谊旅行社有限公司	国内旅游业务 入境旅游业务	杨志勇	0816-2344822	四川省绵阳市涪城区警钟街2号滨江大厦九层C-2号	涪城区
12	L-SC-B00016	绵阳温馨国际旅行社有限公司	国内旅游业务 入境旅游业务	贾雪蕾	0816-2239993	绵阳市涪城路盛鑫苑2幢8楼C号	涪城区
13	L-SC-B00017	四川同业国际旅行社有限公司	国内旅游业务 入境旅游业务	贾小平	0816-2250117	绵阳市涪城区临园路西段29号绵阳汽车客运总站办公楼3-19	涪城区
14	L-SC-B00018	绵阳高新国际旅行社有限公司	国内旅游业务 入境旅游业务	杨子贤	0816-2333653	绵阳市涪城区顺河前街7号1楼	涪城区
15	L-SC-B00020	绵阳市启明星国际旅行社有限责任公司	国内旅游业务 入境旅游业务	宋钒嘉	0816-2301183	绵阳市剑南路西段73号	涪城区
16	L-SC-B00021	四川亚晖国际旅行社有限责任公司	国内旅游业务 入境旅游业务	张　兵	13700963026	绵阳市涪城区剑南路西段26号	涪城区
17	L-SC-B00022	绵阳市联合国际旅行社有限责任公司	国内旅游业务 入境旅游业务	安　俊	0816-2310288	绵阳市涪城区临园路东段67号	涪城区
18	L-SC-B00023	绵阳骏辉旅行社有限公司	国内旅游业务 入境旅游业务	汪德俊	0816-2358412	绵阳市涪城区花园路9号绵阳涪城万达广场6栋1单元19层16号	涪城区
19	L-SC-B00024	四川绵阳国际旅行社有限公司	国内旅游业务 入境旅游业务	贾小平	0816-2221331	绵阳市警钟街28号商住楼3楼	涪城区
20	L-SC-B00025	绵阳众信国际旅行社有限公司	国内旅游业务 入境旅游业务	汪忠鹏	0816-2240686	绵阳市安昌路18号ESSE爱喜嘉年华1幢2-12-B14	涪城区
21	L-SC-B00027	四川捷伴国际旅行社有限责任公司	国内旅游业务 入境旅游业务	顾皓翔	15181607755	绵阳市涪城区剑南路西段8号	涪城区
22	L-SC-B00028	绵阳七曲山旅行社有限公司	国内旅游业务 入境旅游业务	梁　勇	0816-8260987	四川省绵阳市梓潼县文昌镇崇文街东段北侧金柏林1幢1层10、11号	梓潼县
23	L-SC-B00029	绵阳绿地假日旅行社有限公司	国内旅游业务 入境旅游业务	黄　勇	0816-2351026	绵阳市涪城区花园路9号（万达广场）	涪城区
24	L-SC-B00030	四川乐行天下国际旅行社有限公司	国内旅游业务 入境旅游业务	何　春	13308119988	四川省绵阳市涪城区临园路西段25号王子大酒店	涪城区
25	L-SC-B00033	绵阳五洲旅行社有限责任公司	国内旅游业务 入境旅游业务	程红梅	0816-2233737	绵阳市涪城区安昌路18号	涪城区
26	L-SC-B00036	江油阳光旅行社有限公司	国内旅游业务 入境旅游业务	陈秋华	0816-3271003	江油市顺辉购物广场1楼	江油市

续表

序号	许可证号	旅行社名称	经营业务	法人	投诉电话	注册地址	所在地区
27	L-SC-B00039	江油畅游旅行社有限公司	国内旅游业务 入境旅游业务	张琴	13340886799	江油市中坝镇东大街1号1楼	江油市
28	L-SC-B00040	江油青年旅行社有限公司	国内旅游业务 入境旅游业务	何英	0816-3253473	江油市新华中路279号(诗城大酒店内一楼大厅)	江油市
29	L-SC-B00041	绵阳神州国际旅行社有限公司	国内旅游业务 入境旅游业务	秦鸣	0816-2231882	绵阳市临园路东段68号富临大都会2幢2单元3楼4号	涪城区
30	L-SC-B00044	北川羌族自治县民族旅行社有限公司	国内旅游业务 入境旅游业务	孙莉	0816-4825082	北川羌族自治县永昌镇白沙街22号	北川羌族自治县
31	L-SC-B00054	绵阳环球国际旅行社有限公司	国内旅游业务 入境旅游业务	王丽辉	13198666999	绵阳市西大街50号	涪城区
32	L-SC-B00056	绵阳华阅国际旅行社有限责任公司	国内旅游业务 入境旅游业务	刘红梅	13890173968	绵阳市安州区花荄镇文苑路中段北侧1栋2单元6号	安州区
33	L-SC-B00058	四川金赐国际旅游有限责任公司	国内旅游业务 入境旅游业务	林华	0816-6095888	绵阳市涪城区成绵路一巷5号	涪城区
34	L-SC-B00060	绵阳市百事通国际旅行社有限公司	国内旅游业务 入境旅游业务	陈宗雅	0816-2242816	绵阳市涪城区安昌路18号ESSE爱喜嘉年华1栋2层2029号	涪城区
35	L-SC-B00061	四川美亚假日旅行社有限公司	国内旅游业务 入境旅游业务	张志辉	0816-2748700	四川省绵阳市涪城区临园路东段54号	涪城区
36	L-SC-B00062	绵阳优游之旅旅行社有限公司	国内旅游业务 入境旅游业务	林波	0816-2557938	四川省绵阳市经开区文武西路498号B区409号	经开区
37	L-SC-B00063	平武县龙洲旅行社有限公司	国内旅游业务 入境旅游业务	王良波	0816-3560887	四川省绵阳市平武县龙安镇北街112号	平武县
38	L-SC-B00065	四川彩色小马国际旅行社有限公司	国内旅游业务 入境旅游业务	林森	0816-4651828	四川省绵阳市安州区创业服务中心	安州区
39	L-SC-B00067	四川省天启旅游有限公司	国内旅游业务 入境旅游业务	梁大山	0816-5398217	四川省绵阳市涪城区西山东路95号（五一广场五一大厦）	涪城区
40	L-SC-B00069	四川环游天下旅行社有限公司	国内旅游业务 入境旅游业务	罗祖国	0816-3670086	四川省江油市川信巷68号	江油市
41	L-SC-100066	四川中嫘国际旅行社有限公司	国内旅游业务 入境旅游业务	胥明道	0816-7122358	绵阳市盐亭县云溪镇石龙大道9号	盐亭县
42	L-SC-100068	绵阳两弹城国际旅行社有限责任公司	国内旅游业务 入境旅游业务	雷蕾	0816-8321178	绵阳市梓潼县长卿镇长卿村七社四川铁骑力士实业有限公司	梓潼县
43	L-SC-100085	绵阳海川国际旅行社有限公司	国内旅游业务 入境旅游业务	夏伟	0816-2245589	绵阳市涪城区小北街7号富临外滩花园商业C区2楼2号	涪城区
44	L-SC-100143	绵阳嘉途旅行社有限责任公司	国内旅游业务 入境旅游业务	陈默	0816-2218883	四川省绵阳市游仙区仙人路一段32号绵阳职业技术学院大学科技园	游仙区
45	L-SC-100144	绵阳愉逸游国际旅行社有限公司	国内旅游业务 入境旅游业务	黄红梅	0816-2788018	四川省绵阳市涪城区泗水巷58号海赋外滩2-2-38号	涪城区
46	L-SC-100145	绵阳市欣晚游旅行社有限公司	国内旅游业务 入境旅游业务	易强	0816-4581232	四川省绵阳市安州区界牌镇龙集村	安州区

续表

序号	许可证号	旅行社名称	经营业务	法人	投诉电话	注册地址	所在地区
47	L-SC-100132	绵阳市凯途旅行社有限责任公司	国内旅游业务 入境旅游业务	张晗	0816-5743289	四川省绵阳市三台县北坝镇东河路	三台县
48	L-SC-100127	四川金敏和泽研学旅行服务有限公司	国内旅游业务 入境旅游业务	蒲泽安	0816-2972722	绵阳科创区创新中心 2 号楼 210 室	科创园区
49	L-SC-100110	四川省鹊程旅行社有限公司	国内旅游业务 入境旅游业务	熊红玉	0816-7110885	四川省绵阳市三台县潼川镇西外街 22 号	三台县
50	L-SC-CJ00019	四川绵阳假日国际旅行社有限公司	国内旅游业务 出境旅游业务 入境旅游业务	何淑华	0816-2222499	四川省绵阳市临园路东段 58 号	涪城区
51	L-SC-CJ00036	四川省绵阳九龙国际旅行社有限公司	国内旅游业务 出境旅游业务 入境旅游业务	王卓	0816-2496233	绵阳市绵山路 64 号（科学城八区职工班车站）	科学城办事处
52	L-SC-CJ00045	四川长虹国际旅行社有限责任公司	国内旅游业务 出境旅游业务 入境旅游业务	袁冬梅	0816-2418499	绵阳市高新区长虹国际酒店内	高新区
53	L-SC-CJ00074	四川中盛国际旅行社有限公司	国内旅游业务 出境旅游业务 入境旅游业务	李海清	0816-2310108	绵阳市涪城区临园路东段 67 号	涪城区
54	L-SC-CJ00091	绵阳市绵州国际旅行社有限公司	国内旅游业务 出境旅游业务 入境旅游业务	王刚	0816-2233598	绵阳市临园路东段 68 号（富临大都会七栋二单元六楼 8 号）	涪城区
55	L-SC-CJ00096	四川绵阳机场国际旅行社有限责任公司	国内旅游业务 出境旅游业务 入境旅游业务	党红	0816-2334998	绵阳市涪城区花园北街 6 号海关（副楼）	涪城区
56	L-SC-CJ00104	绵阳沪春秋旅行社有限公司	国内旅游业务 出境旅游业务 入境旅游业务	孙文霞	0816-2223727	绵阳市涪城区铁牛街 12 号樊华商业城	涪城区

【安全生产工作】 2020年，市文广旅局印发《绵阳市文化广播电视和旅游局2020年安全生产工作要点》《安全监管责任清单》《安全生产委员会工作方案》，调整局安全生产委员会成员；研究学习安全工作12次，开展行业领域安全风险分析研判4次，印发《安全生产“排险除患”集中整治工作方案》，修订《绵阳市旅游安全应急预案》，对旅游用车、人员密集场所、重点地段和重点区域等加强安全监管；落实节假日和汛期值班制度，落实紧急信息报送机制。

【文旅质量强市建设】 2020年，市文广旅局印发《2020年质量提升行动计划》，围绕提升文化旅游服务质量、强化标准引导、加强市场监管、推进信用建设、严格行业自律、文明旅游6方面内容开展绵阳文旅质量提升。组织参加2020年四川省导游大赛，七曲山导游杨静被评为四川省十佳导游；组织参加2020年四川省旅游饭店服务技能大赛，绵阳代表队获团体第二名。

【2020年四川省旅游饭店服务技能大赛】 2020年9月27—30日，2020年全省旅游饭店服务技能大赛和中餐主题宴会创意大赛在遂宁市举行。绵阳代表队分获前台服务二等奖、中餐主题宴会创意大赛三等奖，客房服务、中餐厅服务、西餐厅服务优秀奖，以及团体赛二等奖，绵阳市文广旅局获优秀组织奖。绵州酒店推出的“文昌杂瓣汤”、长虹国际酒店推出的“青枝杨桃酥”、顺辉世纪巴登酒店推出的“鲍鱼酥”、新北川宾馆推出的“太白醉酒”、绵阳市饮食服务公司推出的“窝窝店包子”入选“第三届四川省金牌旅游小吃”名单。

（孙　涛）

旅游资源管理

【概况】 2020年，全市共有国家A级旅游景区35个，其中AAAAA级景区1个、AAAA级景区16个，省级旅游度假区2个、省级生态旅游示范区3个，四川省文化旅游特色小镇1个，全国乡村旅游重点村1个，省级乡村旅游重点村5个。有星级农家乐、乡村酒店382家，其中四星级以上农家乐44家、四星级以上乡村酒店12家。全年创建国家AAAA级旅游景区1个（梓潼县“两弹城”旅游景区）、AAA级旅游景区4个。

【全市文化和旅游资源普查】 2020年，绵阳市成立市、县两级资源普查工作领导小组、普查办，组建县（市、区）、镇（乡）、村（社）三级普查队伍，落实普查经费200余万元，开展全市文化和旅游资源普查工作。成立市、县两级专家委员会，汇聚地文、水域、生物、气象、建筑、历史、人文等多个领域专家100余名；邀请省技术总包、省外业工作组工程师、第三方服务公司全程指导和协助。本次普查共查明6大类文化类资源17.34万个，其中古籍3.68万种、美术馆藏138个、地方戏曲剧种9个、传统器乐乐种25个、非物质文化遗产610个、可移动文物13.13万个、不可移动文物4433个。查明旅游资源总数1.68万个，其中新发现总数3652个、优良级资源3356个、四级资源429个、五级资源102个。按类别分，有建筑与设施7535个、历史遗迹2292个、旅游购品1890个、生物景观1840个、地文景观1240个、水域景观1165个、人文活动636个、天象与气候景观213个。根据普查结果，全市新发现新认定资源主要为自然资源类，以地文景观为主；新发现新认定涪江六峡康养基地、武引水库、九院十所旧址、平武金丝猴栖息地等五级旅游资源11个，新发现新认定小寨子沟彩叶林、中航发涡轮院、长卿村红色旅游研学营地等四级旅游资源53个。绵阳市自然景观主要以山岳景观、丹霞地貌、喀斯特景观、水域景观、河曲与河湾、珍稀动植物栖息地6个方面为主要特色，人文景观主要以建筑遗迹、宗教文化、红色文化、历史文化、民俗风情、乡村休闲、农副土特产品、三线建设遗址8个方面为主要特色。

【文创产品开发】 2020年，全市加大文创产品开发力度，参加各类展示展销活动及比赛。2组旅游商品获得“2020中国特色旅游商品大赛”银奖；北川巴拿恰、绵阳126文化创意园入选四川首批“文创集市”；22组作品在“2020四川特色旅游商品评选”中获得金奖5件、银奖5件、铜奖12件；3件作品获四川省红色旅游文创产品大赛金奖1件、铜奖2件；5件参赛作品获首届“天府文创”大赛铜奖。

【梓潼县“两弹城”旅游景区获评国家AAAA级旅游景区】 2020年5月20日，梓潼县“两弹”城旅游景区获评国家AAAA级旅游景区。该景区是中国工程物理研究院院部旧址，建于二十世纪六十年代后期，核心区占地20公顷，建筑面积20万平方米。大礼堂、模型厅、邓稼先旧居、王淦昌旧居、防空洞等167栋建筑物及众多纪念实物仍完整保存。景区先后被评选和命名为“全国中小学生研学实践教育基地”“全国红色旅游经典景区”“第八批全国重点文物保护单位”“国防科技工业军工文化教育基地”“全国社会科学普及基地”“两弹一星国防科技科普基地”等。

【三台县潼川古城景区等获批国家AAA级旅游景区】 2020年12月22日，三台县潼川古城景区、平武县老河沟景区、梓潼县文昌艺术小镇景区、绵阳北川飞鸿滑草场景区4家旅游景区成为国家AAA级旅游景区。至此，全市国家A级旅游景区有35家，其中AAAAA级景区1家、AAAA级景区16家、AAA级景区12家、AA级景区6家。

【石椅村等入选省级乡村旅游重点村】 2020年6月10日，省文旅厅、省发改委联合发布2020年四川省乡村旅游重点村名单，成都市龙泉驿区山泉镇桃源村等100个村入选省级乡村旅游重点村名录。绵阳市涪城区杨家镇杨家社区、北川羌族自治县曲山镇石椅村、江油市雁门镇青龙峡村、平武县白马藏族乡亚者造祖村、平武县平通镇桅杆村5个村入选省级乡村旅游重点村名录，涪城区杨家镇杨家社区获推荐参加全国乡村旅游重点村遴选。

【星级农家乐和乡村酒店复核】 2020年8月至12月，市文广旅局组织相关乡村旅游专家，对绵阳市星级农家乐和乡村酒店开展复核工作。全市应参加年度复核星级农家乐和乡村酒店389家，通过复核保留星级368家，取消星级21家。截至年底，全市星级农家乐和乡村酒店实际存量382家，其中乡村酒店24家、农家乐358家，五星级乡村酒店6家、五星级农家乐5家、四星级乡村酒店6家、四星级农家乐39家、三星级乡村酒店12家、三星级农家乐116家、二星级农家乐176家、一星级农家乐22家。

【北川2020羌历新年活动】 2020年11月14—17日，以“幸福羌年　五彩北川”为主题的2020羌历新年系列文化旅游活动在北川举行。活动期间，羌历新年开幕式及主题演出、沙朗展演大赛、第二届羌博汇、沙朗篝火晚会等20余项羌族特色文化活动相继举办，共接待游客41万余人次，实现土特产销售1.3亿元、旅游综合收入4.8亿元。

【安州区第四届乡村文化旅游节】 2020年4月25日，以“来安州·耍安逸”为主题的安州区第四届乡村文化旅游节暨首届安州农商银行杯“超凡脱俗”民宿节在国家AAA级景区“枣皮走廊·蝴蝶谷”开幕。活动场地集中在桑枣、睢水和千佛3个乡镇的特色景区以及33家乡村民宿、36家农家乐和7家温泉酒店，开展非遗展示、文化文艺进民宿、徒步趣味打卡、踏青采鲜、精品民宿论坛、网络民宿展示、最美民宿网络评选等文旅活动。　（李晓军）

2020年绵阳市AAAA级及以上景区一览表

表77

序号	景区	级别	其他类型	景区简介
1	北川羌城旅游区	AAAAA	—	北川羌城旅游区位于绵阳市北川羌族自治县境内，总面积6.01平方千米，由北川地震遗址区、北川新县城，北川地震纪念馆、北川羌族民俗博物馆、吉娜羌寨、维斯特游客中心等景点组成
2	绵阳市九皇山旅游景区	AAAA	北川国家森林公园	九皇山旅游景区位于绵阳市北川羌族自治县。距绵阳市区68千米，距成都170千米，距九寨230千米，九环东线穿景区大门而过。景区以神秘的西羌文化为主线，完整保留、真实再现西羌文化遗迹与生活习俗。春观奇花，夏品绿黛，秋赏红叶，冬恋雪景，景色各异，四季如画
3	绵阳市北川药王谷旅游景区	AAAA	北川国家森林公园	药王谷景区位于四川省北川羌族自治县桂溪镇，占地总面积15平方千米，平均海拔1400米，气候舒适宜人，森林覆盖率高达90%以上，拥有中国唯一古辛夷花药林，盛产160多种常用中药材，主产天麻、杜仲、厚朴、辛夷、党参、刺五加等，现成片药林约66.67公顷，是全国辛夷花三大种植地之一，具有独特的天然资源优势和良好的生态环境
4	梓潼县七曲山风景区	AAAA	七曲山大庙全国重点文物保护单位、国家森林公园	七曲山风景区位于剑门蜀道之南端，蜀道翠云廊起点，规划面积106平方千米。有以古蜀道、古皇柏、古建筑、古文化为主体的人文景观50多处，被誉为“蜀道奇观”。核心景区有七曲山大庙景区和水观音景区。七曲山大庙是海内外文昌宫观之祖庭，有元、明、清古建筑23处，被誉为“古建筑博物馆”；水观音景区以古蜀道为依托，珠串古蜀道、趟脚石、送险亭、坡去平来坊、五丁遗剑处等众多古迹，有古建筑10多处。2012年，景区南山门游客接待中心建成，总建筑面积为7700平方米，共3栋，风格为仿汉唐建筑，结构类型为全框架结构，楼层为9米，建筑高度为34.8米
5	绵阳市平武报恩寺	AAAA	国家文物保护单位	平武报恩寺，坐落在平武县城之东侧，背依箭楼山，三面临江，是明代王朝镇守平武的土官佥事王玺建造
6	绵阳市江油窦圌山风景区	AAAA	窦圌山—佛爷洞省级风景名胜区	窦圌山，又名圌山，位于四川江油市城北20千米的涪江东岸。景区内，植被茂盛，夏季平均气温21.7摄氏度，是极佳的避暑胜地
7	江油李白纪念馆景区	AAAA	—	江油李白纪念馆位于四川省江油市北郊昌明河畔，占地4万余平方米。昌明河左边是李白纪念馆的主体景区，清莲池东边有醉仙楼，西边从下到上分别是古风堂（历史文物陈列），太白书屋（李白生平陈列馆），故园情，北边则是杜甫堂和李白堂。在杜甫堂左侧分布布置有诗苑和临江仙馆。在昌明河中游左右分别分布着李白诗意雕塑园和历代名人咏李白雕塑园
8	绵阳市科技馆旅游景区	AAAA	—	绵阳科技馆景区由娱乐风洞、主题展馆、球幕影院和中环影城四部分构成。全馆占地8.8万平方米，共设展项148个。该馆以“两弹一星”为主题，分航空航天展区、卫星与信息展区、卫星与空间信息技术、科技绵阳等板块。展项设定重视“科技性、教育性、娱乐性、艺术性”的融合
9	绵阳市江油李白故居景区	AAAA	李白故里省级风景名胜区	李白故里位于江油市青莲镇，是当今世界上反映李白文化最完整、最集中的地方，是绵阳市重点打造的“国际诗歌小镇”。有“诗仙”李白遗迹陇西院、洗墨池、磨针溪、石牛沟、粉竹楼等；有太白碑林、太白祠、金樽广场；有李白衣冠冢——明贤祠；有李白胞妹李月圆墓

续表

序号	景区	级别	其他类型	景区简介
10	绵阳市北川维斯特农业休闲旅游区	AAAA	—	北川维斯特农业休闲旅游区位于北川羌族自治县新县城西北部，总面积33.33公顷。该旅游区包括生态农业观光示范园、开心农场、生态采摘园、高效种植厅、天然活氧温泉、恒温游泳馆、度假酒店等景点。景区集现代设施农业科普知识与农业产业化经营理念于一体
11	绵阳市仙海旅游景区	AAAA	国家级水利风景区、省级旅游度假区	绵阳市仙海旅游度假区总面积75平方千米，辖15个村和2个社区，总人口2.3万人。以仙海湖为中心的核心区，由6.8平方千米的浅丘低山和7平方千米的水面构成，森林覆盖率达90%，湖面纵深视野达3.8千米，形成有46座半岛，泊岸长达40余千米。有鸬鹚、白鹭、野生鱼群、银杏树等多种动植物
12	绵阳寻龙山景区	AAAA	四川绵阳生物礁国家级地质公园	寻龙山风景旅游区位于绵阳市安州区老县城南1.5千米处。景区处于九寨旅游环线上，背靠罗浮山、千佛山，总占地面积3.14平方千米。景区由喀斯特地貌和砾石岩群，由卧龙洞、龙隐镇、沙汀墓、龙鳞坡石林等景点构成
13	绵阳市江油佛爷洞景区	AAAA	窦圌山—佛爷洞省级风景名胜区	佛爷洞景区位于江油市大康镇，占地约116平方千米。景区以大型溶洞、地河景观、清溪深峡、草地森林、石山石海等景观为主
14	绵阳市百年好合爱情谷景区	AAAA	—	百年好合爱情谷位于江油市大康镇境内，与九皇山相邻，相距仅16.3千米。园区内有百合品种1500余种，种植百合面积346.67公顷。园区由“风情月意、青梅竹马、爱情小筑、青云花梯、爱情隧道、百合博览园”等主题公园组成
15	绵阳市越王楼·三江半岛景区	AAAA	—	绵阳市越王楼·三江半岛景区由越王楼和三江半岛两部分组成。越王楼始建于唐高宗显庆年间（656—661年），是与黄鹤楼、滕王阁、岳阳楼齐名的唐代文化名楼之一。三江半岛规划起始点为绵阳市涪江河段东方红大桥，以三江大坝为终点，芙蓉溪及安昌江部分河段，总长约7.5千米。规划核心区为总面积约5.35平方千米的湖面、三江半岛区域
16	绵阳市罗浮山景区	AAAA	罗浮山—白水湖风景名胜区、四川绵阳生物礁国家级地质公园、省级旅游度假区	绵阳市罗浮山旅游景区位于安州区桑枣镇，总占地面积约3平方千米，是四川绵阳生物礁国家级地质公园的重要组成部分。景区属1.9亿年前古海洋（古提特斯洋，又叫古地中海）上浮起的陵相磨拉石砾岩形成的孤山丹霞地貌景观，有罗浮12峰为核心的孤山丹霞地貌景观及海绵生物礁礁体、羌王城遗址、西游记外景拍摄地、醒狮戏鼓、涌风洞、经堂坪、讲经台、神仙磨、飞来石、补天石、情侣龟、神龟望月等81处景点
17	绵阳市梓潼县“两弹城”旅游景区	AAAA	红色经典教育基地	“两弹城”景区是中国工程物理研究院院部旧址，建于二十世纪六十年代后期，核心区占地20公顷，建筑面积20万平方米

2020年绵阳市A级景区一览表

表78

序号	景区	级别	评定时间	地址
1	北川羌城旅游区	AAAAA	2013.05.04	绵阳市北川羌族自治县永昌镇
2	绵阳市西羌九黄山猿王洞景区	AAAA	2006.10.23	绵阳市北川羌族自治县桂溪乡
3	绵阳市北川药王谷旅游景区	AAAA	2013.09.13	绵阳市北川羌族自治县桂溪乡林峰村二组
4	梓潼县七曲山风景区	AAAA	2006.10.23	绵阳市梓潼县七曲山
5	绵阳市平武报恩寺	AAAA	2008.04.30	绵阳市平武县龙安镇
6	绵阳市江油窦圌山风景区	AAAA	2005.12.22	江油市武都镇团山村

续表

序号	景区	级别	评定时间	地址
7	江油李白纪念馆景区	AAAA	2012.12.11	江油市文风街1号
8	绵阳市科技馆旅游景区	AAAA	2014.05.04	绵阳市游仙区一环路东段232号
9	绵阳市江油李白故居景区	AAAA	2015.01.06	江油市青莲镇粉竹路
10	绵阳市北川维斯特农业休闲旅游区	AAAA	2015.01.06	北川新县城农业科技园
11	绵阳市仙海旅游景区	AAAA	2015.12.16	绵阳市仙海水利风景区
12	绵阳寻龙山景区	AAAA	2015.12.16	绵阳市北川县安昌镇沙汀路
13	绵阳市江油佛爷洞景区	AAAA	2016.12.06	江油市大康镇因明村
14	绵阳市百年好合爱情谷景区	AAAA	2017.01.03	江油市大康镇
15	绵阳市越王楼·三江半岛景区	AAAA	2017.11.29	绵阳市剑南路东段326号
16	绵阳市罗浮山景区	AAAA	2018.10.	绵阳市安州区桑枣镇
17	绵阳市梓潼县两弹城旅游景区	AAAA	2020.5.19	绵阳市梓潼县长卿镇
18	三台梓州杜甫草堂	AAA	2009.10.12	绵阳市三台县西外街
19	绵阳市安州区花城果乡旅游景区	AAA	2017.01.16	绵阳市安州区花荄镇联丰村
20	绵阳市安州区幸福七里旅游景区	AAA	2017.01.16	绵阳市安州区塔水镇七里村
21	绵阳市平武印象梅林景区	AAA	2017.02.06	绵阳市平武县平通镇桅杆村
22	绵阳市安州区红花源景区	AAA	2018.01.15	绵阳市安州区花荄镇红花村
23	江油市中国酱文化博览园景区	AAA	2018.01.15	江油市创元路南段1号
24	绵阳市安州区环湖碧荷园景区	AAA	2018.08.22	绵阳市安州区雎水镇白河村
25	绵阳市枣皮走廊·蝴蝶谷景区	AAA	2019.12.16	绵阳市安州区桑枣镇
26	三台县潼川古城景区	AAA	2020.12.22	绵阳市三台县北坝镇北泉路
27	平武县老河沟景区	AAA	2020.12.22	绵阳市平武县高村乡五一村
28	梓潼县文昌艺术小镇景区	AAA	2020.12.22	绵阳市梓潼县永利街929号
29	绵阳北川飞鸿滑草场景区	AAA	2020.12.22	绵阳市北川羌族自治县永昌镇诺西社区石庄沟
30	富乐山	AA	2002.12.11	绵阳市游仙区芙蓉路1段10号
31	碧水蓝天旅游景区	AA	2010.12.16	绵阳市涪城区杨家镇团阳寺三社
32	涪城区小桥村	AA	2007.10.16	绵阳市涪城区龙门镇小桥村
33	涪龙苑旅游景区	AA	2010.12.16	绵阳市涪城区龙门镇香社村七社
34	绵阳市盐亭县玉龙山旅游景区	AA	2012.12.13	绵阳市盐亭县大仁路附近
35	绵阳市涪城区晨曦森林度假村旅游景区	AA	2012.12.13	绵阳市涪城区丰谷镇民杨村一组

旅游市场推广

【概况】 2020年，全市文化旅游宣传推广围绕“安逸游绵州”的宣传主题，以绵阳文旅形象宣传为重点，文旅节庆活动为依托，整合资源，加强区域合作，出台《旅行社组织游客在绵阳市旅游补贴奖励办法（试行）》，开展2020“向往的生活·寻找绵阳最美民宿”“美拍绵阳”摄影大赛等活动，扩大绵阳文旅市场影响力。

【文旅品牌推广】 2020年，市文广旅局编制完成绵阳自驾游手册（二维码卡台）、绵阳旅游手绘地图、绵阳旅游精品线路宣传折页、绵阳旅游LOGO文化袋、绵阳文旅资源宣传展架，展示绵阳文旅资源。全年先后组织县市区并联动区域合作城市重庆市北碚区参加四川省国际旅游博览会、重庆市文化产业博览会、成都国际旅游展等，以“绵阳三大文旅品牌”的主题宣传、文创产品陈列展示和“非遗”活态展演相结合的形式，推广绵阳文旅资源，提升绵阳文旅美誉度。以精品线路为主打产品，组织县市区举办“烟火绵阳·乐赏秋实”重庆专场推介会，联合成都市文旅局到青岛开展“在成都的街头遇见你”推广交流活动。

【媒体矩阵体系推广】 2020年，全市形成以绵阳旅游微信公众号、绵阳旅游微博公众号、“文旅绵阳”App、《绵阳日报》、“绵阳观察”App文旅专栏、绵阳电视台系列短视频和“直播绵阳”App文旅板块为主，绵阳文旅抖音公众号和众多绵阳文旅本地KOL和网络达人为辅的融媒体矩阵，涵盖全部本地主流媒体和抖音、小红书、快手等新媒体，做到推广平台全覆盖。

【“引客入绵”奖补办法出台】 2020年2月，市文广旅局印发《旅行社组织游客在绵阳市旅游补贴奖励办法（试行）》（以下简称《办法》），鼓励旅行社按“分区分级管理”原则，尽快恢复除跨省、出入境及“机票+酒店”旅游业务外的其他经营活动，符合相关条件可申报补贴奖励。《办法》规定，市内外所有具备资质的旅行社（或分社）组织游客到绵阳市旅游，单团游客人数在20人以上、自驾游30人以上，组团游客在绵阳住宿1晚以上且游览2个以上售门票景区，遵守有关法律法规，执行相关旅游服务标准，均可申报补贴奖励。市财政每年安排专项奖励资金，对组织境内、入境、航空、高铁、自驾、直通车及“绵阳人游绵阳”7类组团旅游项目进行补贴奖励。同时给予团队、航空组团规模累计奖励，全年组织国内团队游客、入境团队游客累计达到相应数量，可获最高5万元一次性奖励。

【绵阳网络文化旅游季活动】 2020年9月11日，“安逸四川·春回绵州”2020年绵阳网络文化旅游季颁奖暨“非遗”进景区活动在平武县平通羌族乡举办。活动现场，首届网络文化旅游季颁奖典礼、白马西羌“非遗”项目展示及民俗活动展演、白马西羌精品文化旅游线路推介、白马西羌文创产品及平武农特产品展览等相继开展，羌绣、梅饯制作、剪纸、织花腰带、擀毡帽、曹盖制作等特色“非遗”项目走进平通“非遗+科技”展馆及扒昔加古寨非遗工坊，展现平武县自然环境和人文旅游景观。“安逸四川·春回绵州”2020绵阳网络文化旅游季活动从2020年3月开始至7月结束，全市51家景区、29名景区讲解员、4处研学基地参加评选。江油窦圌山风景区、平武报恩寺等入选绵阳十大金牌景区，梓潼“两弹城”等入选四大金牌研学基地。

【2020“向往的生活·寻找绵阳最美民宿”】 2020年12月，由市委宣传部、市文广旅局、市广播电视台主办，FM103.3绵阳交通广播承办的2020“向往的生活·寻找绵阳最美民宿”活动落幕。经各县市区推荐、网络实地考察、网络投票、组委会评议等程序，安驿·箱儿、花间·伴山、翎谷濯缨、龙盘丫·溪语、瑞丰竹庐、三和养生山庄、泰谷里、西羌神木寨、夜泊楠山、逸迹时光、遇见栖心、烟雨溪12家民宿被评为2020年“绵阳市最美民宿”。

【2020“美拍绵阳”摄影大赛】 2020年10月30日，“秘镜之眼·共赏醉美绵阳”——2020“美拍绵阳”摄影大赛评选结束。大赛于1月21日启动，由视觉绵阳和“绵阳观察”App面向全国，征集反映绵阳美人美物美食美景、丰富多彩的文旅活动等，展示“多彩山水　富乐绵阳”城市魅力的优秀摄影作品，共收到作品1194幅。最终评选出获奖作品66幅，其中一等奖1幅、二等奖2幅、三等奖3幅、优秀奖10幅、入选奖50幅。

（张丽娜）

园　林

公　园

【概况】 截至2020年，绵阳城区有人民公园、富乐山公园、南山公园、西山公园、科技城人才公园、小枧城市生态公园、三江湖国家湿地公园等主要城市公园，集文化、历史、人文、科技、自然景观于一体，供群众休闲、娱乐、参观。

【人民公园】 绵阳人民公园原名绵阳公园、川西北第一公园，位于绵阳城中心。1930年始建，1950年更名为绵阳人民公园。1999年作为市政府向市民办的实事之一，人民公园在川内率先拆除围墙，免收门票，还绿于民。开放式的人民公园由文化广场和后公园两部分组成。文化广场占地面积3.47公顷，内园11.73公顷，合计15.2公顷。2020年，人民公园完成迎春节日文化活动的筹办工作。共悬挂万盏灯笼、3000余串装饰彩灯、百余株LED树灯，布置13万株鲜花盆，设置百米摄影展架。

【富乐山公园】 富乐山公园始建于1985年，内有汉皇园、豫州园、绵州碑林、富乐阁、富乐堂等十大纪念性景点。有富乐堂山谷崖壁的摩崖石刻及佛教造像，有著名爱国将领宋哲元陵墓。公园所处的富乐山风景区是省级风景区，建成开放面积79.27公顷。2020年10月23日至11月24日，绵阳市第三十九届暨富乐山第三十三届秋季菊花展举办。本次秋季菊展分布在富乐山、五一广场、科学文化公园（倍特湖）广场、西山公园、南山公园广场、滨江路景观大平台6处。共展出独本菊、三五头菊、地被菊、盆景菊、悬崖菊、大立菊等各类菊花10万余盆，菊花品种约500余个。另有彩叶草、一串红等时令鲜花12万盆。

【南山公园】 南山公园位于涪江、安昌江、芙蓉溪汇合处的南山。始建于1955年，扩建于1986年，占地面积18.37公顷。园内有烈士纪念馆、纪念广场等纪念建筑和大湾湖、小湾湖、海棠园、三江园风景区等景点，古南塔、汉代郭玉读书处遗址等人文景观，是集教育、观光、休闲为一体的综合性开放式城市公园。2020年，南山公园圆满完成绵阳市烈士公祭活动服务保障工作，摆放时令鲜花3万余盆，清理各种园林废弃物150余立方米，准备祭奠花篮和菊花等。发挥红色教育基地资源优势，为学校、机关、部队等开展爱国主义教育、党性教育和未成年人思想道德教育搭建平台，全年接待参观者3万余人次，团队200余个，免费讲解100余场次，接待烈士亲属探视50余次。

【西山公园】 西山公园位于绵阳市市区西面凤凰山，始建于1986年，占地面积约36公顷，是以“西蜀子云亭”为中心，文物古迹与园林景观相结合的风景名胜区。集名亭、古墓、寺观、秀山、碧水于一体，园内茂林修竹、亭台楼榭、湖光山色相得益彰。有桂花园、蜡梅园、红梅园、樱花园、海棠园等特色园林；读书台、蒋琬墓、玉女泉摩崖石刻道教造像、西山观等文物古迹。

【科技城人才公园】 科技城人才公园位于绵阳科创园南部林海山庄旁，2020年投用。公园景观设置具有科技城特色，体现科技城尊重人才、使用人才、爱惜人才主题。分人才创新交流区、人才创业活动区、人才成果展示区3个功能区。总用地面积约34.56公顷，总建筑面积1.15公顷，建设绿地23.98公顷、水体1.69公顷、园路及铺装7.03公顷、相关配套建筑面积0.43公顷，总投资约3.43亿元。

【小枧城市生态公园】 小枧城市生态公园位于小枧片区绵盐路以西、涪江以东的滨水绿地，南起涪江三江大坝，北至一号桥，总占地面积（含河堤）约73.33公顷。由绵投集团实施面积约48.8公顷，其中绿化面积约25.6公顷，人工湖面积约14.07公顷，配套房屋和道路广场用地约8.47公顷，配套房屋建筑面积约1.14公顷。项目总投资约3.65亿元。公园是城南新区重要的动植物栖息地和绵阳旅游休闲新地标。

【三江湖国家湿地公园】 三江湖国家湿地公园位于绵阳市城市建成区内，涉及绵阳市的游仙区和涪城区，北起涪江二桥，南至三江大坝，西起安昌河洞天大坝，东至小枧湿地。范围主要包括三江湖、涪江干流东方红大桥至涪江二桥段、安昌河洞天大坝至入江口段、芙蓉溪一环路北二段至入江口段、中脊岛、桃花岛以及小枧湿地，总面积921公顷，其中湿地面积791公顷，占公园总面积的85.9%。2015年12月31日，国家林业局正式批准公园开展国家湿地公园试点建设。2020年12月，公园试点建设通过国家林草局验收。

广　场

【概况】 绵阳城区有滨江广场、铁牛广场、青年广场、文化广场、火炬广场等城市广场，供市民休闲娱乐，也是城区绿化相对集中地区。

【滨江广场】 滨江广场位于涪江西岸，始建于1998年8月，1999年10月竣工，占地面积7.835万平方米，是绵阳城市基础设施重点工程之一。北起东方红大桥300米处，南抵涪江三桥，总长1600余米，宽29—39米，分上下两层，上层为步行广场，下层为机动车道、停车场，是集防洪、休闲、停车等功能为一体的综合性大型广场。步行广场上有铁牛、汉代铜车马、说唱俑等青铜雕塑。以大面积绿地为主，适当栽植乔、灌木组成绿化景观，上有乔木、中有灌木、下有植被花草。共建植混播草坪1万余平方米，栽植5厘米胸径黄葛树178株、高山榕40株、蒲葵4株，杜鹃36株；在草坪中配置30—50厘米胸径黄葛树5株，以数万盆四季花卉布置造型图案，设置玻璃钢装饰花钵26组（套）。

【铁牛广场】 铁牛广场位于绵阳市滨河路，东方红大桥东侧，占地近2万平方米，绿地面积1.19万平方米，是城市居民密集居住地段，紧邻涪江，地势开阔，交通便利，四面均有道路到达城区交通干道。环境绿化以马蹄筋草坪建植为主，黄葛树、桂花、南天竹、芭蕉等植物为辅，罗汉松、棕竹、苏铁等树桩盆景点缀其间，并有7株胸径50厘米以上的黄葛树。

【青年广场】 青年广场位于绵阳市滨河北路东段，是城区主要绿地广场之一，面积4.1万平方米。种植有大规格香樟、银杏、朴树、菩提、栾树，中小乔木桂花、樱花、红叶李、白玉兰，栽植红继木、洒金珊瑚、红叶石楠等灌木，分季节点缀不同品种花卉，是周围居民重要的休闲、健身场所和城区重要的避难场所之一。

【文化广场】 文化广场位于人民公园内，建于1990年，占地3.73万平方米，广场绿化面积2.84万平方米，有彩色音乐喷泉和观赏鸽等主要景观，栽植有丰花月季、树状月季、毛鹃、红花葱兰，有草坪2.45万平方米。

【火炬广场】 火炬广场位于绵阳国家高新技术开发区东、西街之间，东西长600米，跨越德绵公路，南北宽240米，总面积约6万平方米。广场呈中心对称式布局，中心硬地广场为正方形，面积1600平方米，是主要的群众性活动场所。东西两侧各有一放射状椭圆形硬地广场。广场中心是声控彩光喷泉，四周安放8组科学家花岗石雕塑。栽植有红叶李、桂花、樱花等为主的乔木，迎春、红继木、红叶石楠、春羽等大灌木，八角金盘、十大功劳等小灌木，麦冬、扁竹根等地被。

【五一广场】 五一广场位于涪城区滨江西路中段，兴建于1999年1月，同年5月1日竣工并对外开放，是绵阳市人民政府1999年为市民办的十件实事之一，由绵阳市总工会主持建设和管理。由清华大学建筑设计院设计，是集文化、娱乐、体育、休闲于一体的多功能广场，总投资4000万元，绿地建设经费260万元，占地面积10万平方米，其中建筑面积1.62万平方米，绿地面积7.1万平方米，道路面积1.28万平方米。五一广场在植物造景中运用生态学方法和生物多样性原则，以常绿植物为主，强调大乔木的比例，以速生乔木的即时效果和慢生树的持续发展进行空间组合，配置乔、灌、草、花卉。在绿化配置中根据广场的功能分区，除表现绿化四季季相景观外，重点突出春季绿化景观。在主题广场两侧的缓坡草坪中，大块面配置流线型灌木色带。在运动休闲区中，由红枫、银杏、香樟组成背景林带。 （黄　龙）

综合监管

Comprehensive Supervision

审　计

【概况】　2020年，全年全市审计机关共审结审计项目268个（含审计调查）。其中财政审计116个、经责审计52个、投资审计39个、专项审计58个、社保审计1个、企业审计2个。审计共查出违规金额2542万元，管理不规范金额2224764万元，审计发现非金额计量问题2226个，核减投资额954万元，审计后挽回（避免）损失954万元，提出审计建议768条，提交审计信息262篇，移送处理事项76件，向社会公告审计结果109篇；得到省委常委肯定性批示1件，得到市委、市政府主要领导肯定性批示7件。涪城区、安州区、市审计局组织实施的经济责任审计项目分别获省优一、二、三等奖。

【新冠肺炎疫情防控资金和捐赠款物专项审计】　2020年，市审计局派出10个审计组60名审计人员对市县两级新冠肺炎疫情防控资金和捐赠款物的分配、管理、使用、公示、绩效等情况开展专项审计调查，累计审计资金1.64亿元，延伸审计单位、企业170余家，促进3家单位完善账务核算、2家单位加快资金拨付进度、4家单位及时公示捐赠款物信息、1家单位建立健全规章制度1项。

【重大政策落实情况跟踪审计】　2020年，市审计局组织市、县两级审计机关围绕深化供给侧结构性改革、“六稳”“六保”政策、防范化解重大风险、优化营商环境、新增财政资金直达市县基层直接惠企利民等重点任务开展跟踪审计，累计派出参审人员252人次，抽审单位341个，抽审项目92个，发现问题117个，促进出台完善配套政策、建立健全规章制度15项，促进增收节支和挽回损失3000余万元。

【民生审计】　2020年，市审计局对市本级2019年职业教育发展资金、市本级及市属园区2017年1月至2020年6月学前教育地方政府债券资金开展专项审计调查，重点关注资金申报、管理、使用以及项目推进等方面情况，共发现问题5类15个。

【经济责任审计】　2020年，市审计局对59名主要领导干部进行任期经济责任审计，共查出问题金额450149万元，提出审计建议155条，促进增收节支580万元。

【乡村振兴和脱贫攻坚审计】　2020年，市审计局对6个县市区乡村振兴战略实施情况开展专项调查，对6个县市区脱贫攻坚工作情况进行审计，共审计资金81344.69万元，揭示反映问题金额931.18万元，促进扶贫政策落实3项。

【大数据审计】　2020年，市审计局搭建“会易通”远程视频会议系统，保障新冠肺炎疫情防控和审计业务工作齐头并进。做好“金审三期”准备工作，完成市县两级近2000个单位的财务数据采集、分析，基本实现全市财务数据分析的全覆盖。

【投资审计】　2020年，市审计局对中国（绵阳）科技城管理委员会、市住建委及江油市政府等相关单位2016年至2019年期间组织实施的地下综合管廊建设情况进行专项审计调查，共发现问题19个。对相关单位组织实施的省市重点项目新开工准备情况开展专项审计调查，共发现问题17个。对绵阳市殡仪馆组织建设的市殡仪馆迁建项目骨灰寄存及殡葬服务用房建设工程等项目进行跟踪审计，共发现问题12个。　（喻佳丽）

财　政

【概况】　2020年，全市地方一般公共预算收入实现140.96亿元，同比增长7.49%，完成预算的100.75%。其中税收收入86.73亿元，同比增长8.18%；非税收入54.23亿元，同比增长6.39%。一般公共预算支出实现444.7亿元，同比下降1.93%，完成预算的97.11%。政府性基金预算收入实现287.76亿元，同比增长21.35%，完成预算的101.56%。政府性基金预算支出实现362.15亿元，同比增长72.6%，完成预算的95.93%。国有资本经营预算收入实现4.34亿元，完成预算的100%，可供安排的收入总量为4.34亿元。国有资本经营预算支出实现4.32亿元，完成预算的99.6%。社会保险基金预算收入实现85.36亿元，完成预算的100%；加上2019年滚存结余后，可供安排的收入总量为227.33亿元。社会保险基金预算支出实现78.91亿元，完成预算的100%。

【市级财政收支】 2020年，市本级一般公共预算收入实现20.89亿元，同比增长19.59%，完成预算的101.82%。（自2015年1月1日起，城区执行新的财政体制，市属企事业税收收入按照属地原则划归各区、园区，市级分享财力）一般公共预算支出实现103.4亿元，同比增长8.49%，完成预算的90.01%。政府性基金预算收入实现104.76亿元，同比下降15.26%，完成预算的100.19%。政府性基金预算支出实现81.55亿元，同比下降1.29%，完成预算的85.51%。国有资本经营预算收入实现3.32亿元，完成预算的100%，可供安排的收入总量为3.32亿元。国有资本经营预算支出实现3.32亿元，完成预算的100%。社会保险基金预算收入实现70.33亿元，完成预算的100%；加上2019年滚存结余后，可供安排的收入总量为181.15亿元。社会保险基金预算支出实现69.37亿元，完成预算的100%。

【财政收支平衡情况】 2020年，全市一般公共预算结存资金23.83亿元，结存资金按规定清理后，补充预算稳定调节基金10.61亿元，因项目跨年实施需要结转下年继续使用13.22亿元。其中市本级结存资金16.69亿元，结存资金按规定清理后，补充预算稳定调节基金5.22亿元，因项目跨年实施需要结转下年继续使用11.47亿元。

【重点支出完成情况】 2020年，全市财政系统围绕工作大局，加力提效保障重点，应对新冠肺炎疫情和洪灾影响，加大稳增长方面支出。全市教育支出74.2亿元，同比增长12.36%；文化体育与传媒支出7.4亿元，同比增长41.69%；卫生健康支出50.56亿元，同比增长7.52%；农林水支出57.61亿元，同比增长12.51%；交通运输支出22.95亿元，同比增长44.6%；资源勘探工业信息等支出9.55亿元，同比增长21.75%；商业服务业等支出3.35亿元，同比增长66.66%；住房保障支出16.57亿元，同比增长75.5%；灾害防治及应急管理支出11亿元，同比增长282.62%。

【财政转移支付情况】 2020年，全市对县市区的财力性补助（包括返还性补助和一般性转移支付补助）、专项转移支付补助共241.61亿元。其中均衡性转移支付48.36亿元，县级基本财力保障12.17亿元，下达各项专项拨款补助31.99亿元，主要用于促进地区均衡性发展，提升民生保障，落实中央、省、市重大决策等。（只包含一般公共预算方面）

【经济发展财政投入】 2020年，全市落实“积极的财政政策要更加积极有为”要求，应对新冠肺炎疫情和洪灾影响。落实各项减税降费政策，减轻市场主体负担，支持企业特别是中小微企业渡过难关。全年全市新增减免税费41.69亿元。发挥财政职能，支持经济持续健康发展，投入财政资金9.55亿元，实施大企业大集团培育“领航计划”、制造业单项冠军企业培育“登峰计划”、中小企业培育“涌泉计划”，一批企业脱颖而出，成为行业冠军和领军企业；投入财政资金37.79亿元，优先发展先进制造业，加快发展现代服务业，大力发展现代农业，推动三次产业协调发展；投入财政资金28.52亿元，统筹推进新型城镇化与乡村振兴，支持县域经济发展，加快构建“一核两翼、三区协同”区域发展新格局。坚持抓项目促投资，支持京东方、惠科等重大项目建设，投入“三大攻坚行动”财政资金78亿元。发挥财政资金撬动作用，3支风险补偿基金和应急转贷资金总规模达4.8亿元。

【新冠肺炎疫情防控财政投入】 2020年，全市贯彻落实党中央决策部署，建立防控资金拨付“绿色通道”，筹集新冠肺炎疫情防控资金14.49亿元。启动紧急采购程序，满足新冠肺炎疫情防控物资需求。落实一线医务人员待遇，对患者实行免费诊疗。加强新冠肺炎疫情防控库款保障，合理筹集调度资金，确保疫情防控工作开展。统筹推进新冠肺炎疫情防控和经济社会发展，出台支持中小企业共渡难关20条政策措施，累计安排财政补助性资金2.44亿元，减、免、缓征企业房租、税收、社保缴费17.21亿元。投入新增债券7.4亿元支持四〇四医院疑难病症诊治能力提升工程、涪城区中医医院等19个项目，安排抗疫特别国债8.13亿元支持市儿童医院、市三医院精神医学综合楼等项目建设。

【民生事业财政投入】 2020年，全市坚持从人民群众最关心最直接问题入手，完善财政民生政策体系，构建稳定的民生投入机制，全市财政民生支出占一般公共预算支出的比重为67.45%。投入财政资金57.14亿元，办好28件省级民生实事、35件市级民生实事，包括新生儿疾病筛查、南河体育中心提升改造等8件民生实事人大票决项目。保障重点民生领域，新建公办幼儿园37所，减免社保费用19.13亿元，减免群众医疗费用2.37亿元。巩固完善城乡居民基本养老保险制度。持续加大困难群众救助投入。安排财政资金6.97亿元，发展文化体育事业。推动老旧小区改造，安排补助资金3.7亿元。支持打好污染防治攻坚战，安排环保资金1.5亿元。

【脱贫攻坚财政投入】 2020年，全市贯彻落实党中央决策部署，加大脱贫攻坚投入，全市落实脱贫攻坚财政扶贫资金26亿元，支持15个扶贫专项计划实施。加强4支扶贫基金管理，截至年底，基金总规模达6.6亿元，累计惠及贫困人口13万人次。建立涉农资金统筹整合长效机制，北川羌族自治县、平武县整合涉农资金3.93亿元。推进资产收益扶贫试点，支持贫困村发展集体经济。

【财税体制改革】 2020年，全市围绕建设现代财政制度，优化财政资源配置，服务市场经济体制，推进财税体制改革。设立兴绵基金、县域基金等4支子基金，总规模18.2亿元，累计投资四川华丰、湖山电器等产业项目13个，投资总额7.28亿元。全市落地实施PPP项目25个，投资总额258.1亿元，吸引社会资本（含融资）239.6亿元。市县财政改革两年攻坚行动全面完成。做好全市乡镇行政区划调整和村级建制调整两项改革“后半篇”文章，盘活利用镇村公有资产，推进乡镇政府购买服务工作。建立预算绩效管理部门联动、分工协作机制，实施绩效目标管理，推进事前绩效评估、事中绩效监控和事后绩效评价，拓展重点财政政策（项目）绩效评价。市本级评价资金总量68.37亿元。加大委托第三方机构参与市级财政支出绩效评价力度，建立全市预算绩效管理工作考核制度。加大绩效结果应用，全市“全方位”“全过程”“全覆盖”预算绩效管理体系初步建成。

【财政管理监督】 2020年，全市推进新时代法治财政建设，强化财政管理监督，推动财政部门依法行政、依法理财。组织开展社保基金财政专户、长江流域退捕禁捕资金等专项监督检查10次。建立特殊转移支付机制，49.81亿元直达资金分配进度达100%，支付进度为97.7%。财政电子票据改革全省领先，北川羌族自治县率先实现“双覆盖”（即财政电子票据改革覆盖所有单位和所有票种）。制定行政事业单位国有资产管理办法，行政事业单位资产管理更加规范。市本级、涪城区、盐亭县国库集中支付电子化业务率先在全省实现上线试运行。实施政府采购全流程电子化，全市实现政府采购40.66亿元，节约率达4.55%。完成财政评审项目352个，审减支出7.19亿元。继续压缩一般性支出，全市压减幅度达18%。 （梁文彬）

2020年绵阳市一般公共预算、政府性基金预算收入完成情况一览表

表79

单位：万元

区域	2020年绵阳市一般公共预算收入完成情况					2020年绵阳市政府性基金收入完成情况				
	调整预算数	2020年	2019年	占预算的%	增长（%）	调整预算数	2020年	2019年	占预算的%	增长（%）
绵阳市	1399178	1409644	1311475	100.75	7.49	2833518	2877600	2371372	101.56	21.35
市本级	205200	208930	174707	101.82	19.59	1045599	1047563	1236219	100.19	-15.26
市区县合计	1193978	1200714	1136768	100.56	5.63	1787919	1830037	1135153	102.36	61.22
涪城区	219127	219292	214830	100.08	2.08	95955	95955	34523	100.00	177.95
游仙区	107000	107507	104937	100.47	2.45	11213	11202	1580	99.90	608.99
江油市	229600	229987	227240	100.17	1.21	841141	841541	400921	100.05%	109.90
安州区	83500	82714	73984	99.06	11.80	350414	348489	156744	99.45	122.33
梓潼县	32400	33020	30020	101.91	9.99	50000	65027	63072	130.05	3.10
平武县	29500	29573	28503	100.25	3.75	12323	12343	17675	100.16	-30.17
北川县	41415	41550	34094	100.33	21.87	57300	57283	14346	99.97	299.30
三台县	116500	116795	110927	100.25%	5.29	195000	195249	273197	100.13	-28.53
盐亭县	40154	40183	38984	100.07	3.08	108500	109417	123147	100.85	-11.15
高新区	132597	132733	128735	100.10	3.11	30455	30455	35496	100.00	-14.20
科创区	51717	54701	53603	105.77	2.05	—	3457	48	—	7102.08
经开区	90078	91504	70632	101.58	29.55	35618	59619	14045	167.38	324.49
仙海区	10030	10345	10012	103.14	3.33	—	—	359	—	
科学城	10360	10810	10267	104.34	5.29	—	—	—	—	—

2020年绵阳市一般公共预算、政府性基金支出完成情况一览表

表80

单位：万元

区域	2020年绵阳一般公共预算支出完成情况					2020年绵阳市政府性基金支出完成情况				
	调整预算数	2020年	2019年	占预算的%	增长（%）	调整预算数	2020年	2019年	占预算的%	增长（%）
绵阳市	4577757	4446984	4534296	97.14	-1.93	3775655	3621523	2098193	95.92	72.60
市本级	1146607	1033975	953045	90.18	8.49	949668	815482	826108	85.87	-1.29
市区县合计	3431150	3413009	3581251	99.47	-4.70	2825987	2806041	1272085	99.29	120.59
涪城区	386735	386721	362310	100.00	6.74	376491	371852	200397	98.77	85.56
游仙区	334322	334322	296331	100.00	12.82	164541	159121	224488	96.71	-29.12
江油市	454551	449313	585366	98.85	-23.24	975639	970926	310741	99.52	212.46
安州区	279593	279593	274479	100.00	1.86	420731	420731	146126	100.00	187.92
梓潼县	232836	231932	232062	99.61	-0.06	103203	102767	33751	99.58	204.49
平武县	221589	218279	175103	98.51	24.66	23007	21173	18097	92.03	17.00
北川县	251433	248642	297888	98.89	-16.53	96236	95541	10541	99.28	806.38
三台县	628313	624901	674239	99.46	-7.32	273355	272971	154481	99.86	76.70
盐亭县	314433	312459	402931	99.37	-22.45	161577	159942	48694	98.99	228.46
高新区	158228	158099	120666	99.92	31.02	101867	101730	84812	99.87	19.95
科创区	57365	56996	50339	99.36	13.22	29544	29491	2193	99.82	1244.78
经开区	88975	88975	79119	100.00	12.46	88624	88624	30712	100.00	188.56
仙海区	12147	12147	13596	100.00	-10.66	11165	11165	7037	100.00	58.66
科学城	10630	10630	16822	100.00	-36.81	7	7	15	100.00	-53.33

税　务

【概况】　2020年，国家税务总局绵阳市税务局做好新冠肺炎疫情防控和税收工作，税收宣传教育培训、优化营商环境、税收经济分析、平台企业监管等工作得到总局和总局稽查局、省局及市委、市政府领导肯定。落实税费优惠，开展3批次复工复产涉税问卷调查，汇编《支持新型冠状病毒感染的肺炎疫情防控税费问题解答》及电子书，制作微课107个，举办税费优惠专场宣讲会、辅导会、座谈会8场次。全年减免税费101.62亿元（减税99.15亿元，同比增长15.5%），同比增长16.6%；其中新增减税降费21.06亿元；减税规模和新增减税降费均居全省第三。办理出口退（免）税9.35亿元，同比增长32.7%，规模居全省第三。制定实施新冠肺炎疫情防控期间办税服务厅管理30条措施及“一局一策”工作安排，制发《推进“非接触式”办税缴费方案》，推出29项措施，提升网办率。整理涉及新冠肺炎疫情防控的税收政策，利用媒体和网站发布《疫情防控涉税政策的温馨提示》。市税务局和邮政绵阳市分公司合作，在全市范围内实行纳税人网上申领发票和网上代开发票的免费邮寄服务，税邮合作累计免费邮寄发票24.45万户次，节约办税成本170万元。推行税费项目预约办、容缺办、错峰办，为123户纳税人延期缴纳税款4.13亿元。实施税收经济分析揭榜挂帅管理，相关做法被推荐至总局。开展14批次专项分析助力复工复产。按月报送的《重点企业复工复产情况报告》成为市委、市政府重要参考。与重庆市北碚区税务局签署合作协议，制定《绵碚税务专项合作事项（2020—2022年）》，开展10项合作。市税务局微信公众号获评全市“群众最满意的政务微信公众号”。全市系统新增全国文明单位、四川省民族团结进步模范集体、全省脱贫攻坚“五个一”先进单位、四川省第八届先进工作者等省部级及以上荣誉7项，厅级、处级荣誉170项。

【组织收入工作】 2020年，全市税务系统依法依规组织税费收入，实施“一县一策”“一税一策”“一行一策”“一企一策”组织收入策略，组织各项收入286.13亿元。其中税收收入202.58亿元，同比增长3.5%，规模居全省第五；社会保险费收入71.31亿元；非税收入12.24亿元。税收收入中，中央级收入91.31亿元，同比增收0.37亿元，同比增长0.4%；地方级收入111.27亿元，同比增收6.46亿元，同比增长6.2%。

【法治税务建设】 2020年，全市税务系统构建“1网1微1平台N厅”(即税务系统行业外网、绵阳税务微信公众号、行政执法信息公示平台、全市税务系统办税服务厅）执法公示体系，在全省率先设立行政执法微信公示频道，完成公示平台上线并发布信息15万余条。加强执法全过程记录制度及硬件建设，建成约谈（询问）室15个。制发《重大执法决定法制审核事项清单》，明确重大执法决定法制审核范围。对内加强法制与稽查衔接，实施联席会议、税收政策法规疑难问题会商、重大税务案件法制先行参与3项机制。对外深化税、公、检、法、司“五维互动”，与市中级人民法院签订协作联动机制工作备忘录，与市人民检察院建立税务行政执法与检察工作衔接机制，与市司法局持续在法治创建、公职律师使用管理、税收普法等方面共商共建。开展“打击虚开骗税违法犯罪两年专项行动”和扫黑除恶专项斗争，严打假企业、假出口、假申报。税警协作侦破“4·16”“6·9”虚开骗税违法犯罪专案，受到公安部、总局稽查局、省局批示肯定。审结重大税务案件和行政复议案件各3件。

【税收业务建设】 2020年，全市税务系统制定实施《关于加强税收业务建设提高税收治理能力的意见》，细化30项54条措施，一体推进税收业务环境、基础、平台、能力、质量、品牌“六大建设”。印发《优化税收征管方式提高税收治理能力工作方案（试行)》，探索将优势征管力量向税收风险或税收集中度高的地方集中。树立科技兴税、信息管税、数据治税意识，召开信息化建设专题会议5次，开展专题调研，抓征管手段创新、业务规范、数据运用和“非接触式”办税，把信息化基础夯牢抓实。用活税收征管数据，试点成立税控中心。构建“1+2+N”税收管理模式。推进数据强税，实施风险联动分析，风险应对入库税收5.64亿元。税费种管理推进增值税专票电子化试点准备以及SIM卡、Ukey开具电子普票工作。支持绵阳综合保税区和跨境电商综合试验区建设，推进综保区增值税一般纳税人资格试点。编制《房地产税收全税种管理概引》，实行房地产税收全税种链条式管理。完成个人所得税三步改革任务，平稳实施个税汇算。完成社保划转，开征农网还贷资金等4项电力类基金，做好自备水源污水处理费等4项非税收入划转准备工作。

> 资料链接：“1+2+N”的税收管理模式即建立1个以“信用+风险”为主要内容的业务核心处理机制；成立基础事项管控和风险事项管控2个中心，对基础管理和风险管理实施统筹安排，流程化管理；N指按税源的行业、规模、地域等，取消税收管理员固定管户关系，建立管事+统筹的税收征管模式，将税收管理部门划分为N个专业化管理机构。

【税收营商环境优化】 2020年，全市税务系统实施优化税收营商环境两年行动计划，开展纳税人满意度调查、纳税人满意度指标提升行动，建立税收营商环境和纳税人满意度约谈问责机制，做好国家、省、市三级营商环境评价及政务服务“好差评”。全市2020年纳税人满意度综合排名位列全省第四位，连续3年排名全省前列，纳税指标在全省营商环境评价中名列第二。在全国营商环境评价中，本市纳税指标排名全国第十八位，被国家发改委点名表扬，成为纳税指标全国标杆城市。市税务局连续2年被市政府评为建设服务型政府先进单位、政务服务先进单位。连续7年开展“便民办税春风行动”并细化83项措施，推出不动产交易涉税业务“一窗办理”等举措，开通社保费银行批扣、微信缴费等便捷渠道，累计255个涉税事项实现“最多跑一次”，216项业务事项实现“全程网上办”。纳税信用建设上，评出2019年度A、B、M级纳税人5.67万户，同比提高10.71%，信用良好率居全省第一。深化银税互动，通过“减税抗疫贷”“税务贷”等金融产品，助力企业获取信用贷款28.66亿元，惠及企业5704家，规模居全省地级市第一。

【税务干部队伍和税务文化建设】 2020年，市税务局制定实施《2020年加强全市税务系统班子及队伍建设工作落实方案》，统筹抓好班子建设、专业骨干队伍建设、青年才俊及领军人才培养。持续推动教育培训创新转型，建立骨干师资、视频微课、兼职教师、核心业务4个团队，组织培训56批次，724人参训。将“崔崔说税”志愿服务团队升级为“崔国工作室”，打造成集税法宣传、志愿服务、人才培带为一体的党业融合示范窗口，被确定为绵阳市劳模和工匠人才创新工作室。开展练兵比武竞赛、全税种全业务考试及公文写作技能大赛。全年入选总局人才库1人、省局人才库61人次，新增税务师30人、律师3人、中级会计职称6人。召开精神文明建设和税务文化建设工作会。群团组织开展道德讲堂、中华经典诵写等活动84次。建设税务文化陈列室、展厅及走廊32个。摄制的微电影《微光》获国内国际微电影节多项大奖。

【绵阳办理首笔疫情防控重点保障物资生产企业增值税留抵退税业务】 2020年2月28日，绵阳市税务局为新冠肺炎疫情防控重点保障物资生产企业——际华三五三六实业有限公司办理增值税留抵退税，为企业解决86万元的流动资金需求，这也是绵阳市办理的首笔疫情防控重点保障物资生产企业增值税留抵退税业务。际华三五三六实业有限公司在新冠肺炎疫情发生后转产医用一次性防护服，并被省经信厅列为全省疫情防控重点保障物资生产企业。为帮助企业转产扩能，保障医务人员的防护物资供应，绵阳市税务部门点对点开展税费优惠政策、征管服务措施宣传辅导，帮助解决转产扩能中的涉税问题，特别就增量留抵退税的政策内容、享受范围、办理时间及流程等进行“非接触式”讲解，确保企业知政策、会操作、能享受。退税办理中，按照“先辅导、再办理、后核查”原则，实行特事特办，先行开展退税业务全流程测试，加强部门联动配合，缩短办理时间，实现1个工作日内即受理办结。

【“减税费　战疫情　促外贸”集中调研座谈会】 2020年4月1日，市税务局举办以“减税费　战疫情　促外贸”为主题的集中调研座谈会，全市20家出口企业代表参会。此座谈会是绵阳市第29个全国税收宣传月启动会。会上，市税务局相关负责人介绍全市税务系统支持出口企业复工复产的一系列工作举措和成效。长虹电器、九洲集团、利尔化学等在场企业代表介绍企业受新冠肺炎疫情影响和复工复产情况，并提出问题需求和意见建议。市税务局相关业务部门负责人逐一回应解答。

【手机开票办税服务】 2020年4月，市税务局开展“便民办税春风行动”，拓宽“非接触式”办税渠道，与中国电信绵阳分公司加强合作，推行小规模纳税人手机开具增值税电子普通发票服务，方便纳税人掌上办税。小规模纳税人只需向电信公司免费领取一张SIM卡，经主管税务局授权发行后，即可通过“移动开票”App掌上开具增值税电子普通发票，还可掌上办理发票查询、发票分发、发票红冲等业务，不受时间和空间限制，节约办税成本。

【“银税共携手　千户链万家”支持中小企业供应链融资启动仪式】 2020年4月28日，市税务局、市商业银行联合举办“银税共携手　千户链万家”支持中小企业供应链融资启动仪式，长虹、九洲及部分中小企业代表参加活动。启动仪式上，市税务局和市商业银行、长虹、九洲等单位签订支持中小企业供应链融资合作备忘录，从征信数据支持、财务数据支持、纳税情况证明、经营数据支持等9个方面深化银税互动，运用纳税信用等税收大数据推动供应链融资，解决中小企业复工复产中的融资难题。市税务局宣讲支持新冠肺炎疫情防控税费优惠政策，与参会企业代表座谈交流，现场回答企业涉税政策疑问。

【绵阳全域实现不动产交易办税与登记业务“一窗受理”】 2020年5月，市税务局协同住建、不动产登记等部门推进不动产交易办税与登记业务系统融合，实现全市不动产交易办税与登记业务“一窗受理”。通过与自然资源、住房城乡建设等部门合作，搭建协作平台，设立综合受理窗口，一次性收取3个部门业务事项所需全部资料，通过内部流转办理，推进“一窗受理、集成办理”的实现。通过“一张申请表单、一套申请资料、一个平台流转、一次办结出件”的办理方式，整合办理流程，精简办理资料，压缩办理时间，解决纳税人“多头找、往返跑”等问题。

【绵阳税务局“崔国工作室”成立】 2020年6月30日，绵阳市税务局“崔国工作室”正式挂牌成立并召开首次工作例会。“崔国工作室”以全国税务系统先进工作者、最美四川税务人崔国命名，前身为“崔崔说税”志愿服务团队，工作室成员包括9名税务业务骨干和3名特聘财务、法务专家。该工作室是绵阳税务加快骨干人才孵化、提升税收治理能力的创新举措，通过集聚专业人才参与党员先锋队建设、特色税收宣传、税收疑难问题研商、重点业务项目实施和重点课题调研，旨在打造党建与业务融合的示范点、专业人才培育的基地、疑难问题解决的平台和政策宣传辅导的阵地。年内，“崔国工作室”通过市总工会评审，被确定为绵阳市劳模和工匠人才创新工作室。

【《微光》获第八届亚洲微电影艺术节大奖】 2020年11月7日，第八届亚洲微电影艺术节在云南省临沧市举办。市税务局报送的微电影作品《微光》获得优秀编剧和中国税收单元优秀作品2个奖项，并在颁奖晚会展播，是电影节上唯一获得金海棠奖的税务题材作品。《微光》由市税务局摄制，根据全国税务系统先进工作者、“最美四川税务人”崔国带领的“崔崔说税”志愿服务团队的真实事迹改编而成，讲述新冠肺炎疫情发生后，绵阳餐饮业遭遇“寒冬”，餐饮老板林可盈面临破产困境，崔国带领“崔崔说税”志愿服务团队坚守工作岗位，通过上门了解情况、宣传税收政策、联系减免房租等为纳税人纾困解难的故事。

（刘　操）

2020年绵阳市税务局税收及其他收入情况一览表

表81　　单位：万元

序号	项目	累计收入
1	一、收入总计 (=税收收入总计+社会保险费+其他收入总计)	2861329
2	二、税收收入总计	2025748
3	(一) 国内增值税	826476
4	(二) 国内消费税	110800
5	(三) 企业所得税	350133
6	(四) 个人所得税	130627
7	(五) 资源税	20456
8	(六) 土地增值税	83858
9	(七) 城镇土地使用税	34359
10	(八) 城市维护建设税	66331
11	(九) 印花税	25378
12	(十) 房产税	49331
13	(十一) 车船税	24048
14	(十二) 耕地占用税	48149
15	(十三) 契税	153329
16	(十四) 车辆购置税	98328
17	(十五) 环境保护税	2084
18	(十六) 其他税收	2061
19	三、社会保险费	713111
20	1.企业职工基本养老保险基金收入	230364
21	2.失业保险基金收入	9792
22	3.职工基本医疗保险基金收入	155307
23	4.工伤保险基金收入	1996
24	5.城乡居民基本养老保险基金收入	46450
25	6.机关事业单位基本养老保险基金收入	167333
26	7.城乡居民基本医疗保险基金收入	101869
27	四、其他收入总计	122470
28	1.教育费附加收入	31799
29	2.文化事业建设费收入	93
30	3.地方教育附加	20738
31	4.残疾人就业保障金	12577
32	5.税务部门罚没收入	158

续表

序号	项目	累计收入
33	6.废弃电器电子产品处理基金收入	1904
34	7.农网还贷资金收入	15923
35	8.大中型水库移民后期扶持基金收入	4375
36	9.地方大中型水库库区基金收入	3729
37	10.国家重大水利工程建设基金收入	1569
38	11.可再生能源发展基金	10756
39	12.公路路产损坏占用赔（补）偿费	251
40	13.工会经费收入	18598
41	五、出口退税	–93516
42	其中：免抵已调增值税	–19570
43	六、海关代征	228270

2020年度绵阳市重点纳税企业一览表

表82

纳税人名称	行　业
四川省烟草公司绵阳市公司	批发和零售业
四川中烟工业有限责任公司绵阳卷烟厂	制造业
绵阳经开万达广场投资有限公司	房地产业
绵阳市商业银行股份有限公司	金融业
中信产业投资基金管理有限公司	租赁和商务服务业
四川省绵阳市丰谷酒业有限责任公司	制造业
四川长虹电器股份有限公司	制造业
绵阳双汇食品有限责任公司	制造业
绵阳市畅泰实业有限公司	房地产业
华润置地（绵阳）有限公司	房地产业
江油红狮水泥有限公司	制造业
绵阳美能材料科技有限公司	制造业
四川长虹佳华数字技术有限公司	批发和零售业
四川长虹佳华信息产品有限责任公司	批发和零售业
绵阳富临精工股份有限公司	制造业
绵阳市永合万益置业有限公司	房地产业
四川富临实业集团有限公司	房地产业
四川华能涪江水电有限责任公司	电力、热力、燃气及水的生产和供应业
绵阳市商业银行股份有限公司营业部	金融业

续表

纳税人名称	行　业
四川东方绝缘材料股份有限公司	制造业
四川省烟草公司绵阳市公司直属分公司	批发和零售业
绵阳市涪城区农村信用合作联社	金融业
绵阳市万合仁辉置业有限公司	房地产业
北控中科成环保集团有限公司	科学研究和技术服务业
利尔化学股份有限公司	制造业
江油市农村信用合作联社	金融业
四川国大水泥有限公司	制造业
华润雪花啤酒（四川）有限责任公司绵阳分公司	制造业
四川长虹集团财务有限公司	金融业
攀钢集团江油长城特殊钢有限公司	制造业
江油市创元开发建设投资公司	房地产业
绵阳鸿远领悦房地产开发有限公司	房地产业
绵阳市酒鑫鑫商贸有限公司	批发和零售业
绵阳市投资控股（集团）有限公司	房地产业
四川三台农村商业银行股份有限公司	金融业
江油鸿飞投资（集团）有限公司	电力、热力、燃气及水的生产和供应业
绵阳宏达资产投资经营（集团）有限公司	租赁和商务服务业
北川中联水泥有限公司	制造业
四川美丰化工科技有限责任公司	制造业
江油城市投资发展有限公司	租赁和商业服务业
绵阳市游仙区农村信用合作联社	金融业
绵阳金循环金属材料有限公司	制造业
绵阳市圣鼎房地产开发有限公司	房地产业
雅化集团绵阳实业有限公司	房地产业
四川巴蜀江油燃煤发电有限公司	电力、热力、燃气及水的生产和供应业
安县中联水泥有限公司	制造业
绵阳西部冷都投资有限公司	房地产业
四川东辰（集团）股份有限公司	房地产业
神华四川能源有限公司江油发电厂	电力、热力、燃气及水的生产和供应业
绵阳科久置业有限公司	房地产业

市场监督管理

概述

【概况】 2020年，市市场监督管理局贯彻党中央、国务院和省委、省政府及市委、市政府关于新冠肺炎疫情防控及经济社会发展工作安排部署，先后召开市市场监管局党组（扩大）会、专题会，研究、安排市市场监管局新冠肺炎疫情防控及经济社会发展工作，审议《绵阳市市场监管局服务经济社会发展和企业复工复产工作措施》；先后印发《支持复工复产复市的九项措施》《疫情防控期间小微企业和个体工商户复工复产“万户帮扶”工作方案》《2020年优化营商环境工作方案》等举措支持市场主体复工复产，开展“万户大帮扶”行动，确定1万家困难小微企业、个体工商户进行定向帮扶，推动各类小微企业和个体工商户复工复产。将中央、省、市以及各级各部门出台的复工复产政策内容汇编成册，编印发放《支持小微企业和个体工商户复工复产政策指引》，向小微企业和个体工商户发放6000册。全年在依法合规前提下，最大限度减少市场监管行政事项的审批时限，施行网上办理、预约办理、容缺办理、急事特办，保障重点项目进度不延后。联合市商务局发布《关于禁止举办群体性餐饮经营活动的通告》，对新冠肺炎疫情防控期间全市各类群体性餐饮经营活动做出规范，并加强农村群体性聚餐监管工作。发布“消费警示”，对新冠肺炎疫情防控期间的消费和经营活动做提醒。突击检查哄抬口罩等价格行为。成立防控领导小组，安排各地市场监管部门密切关注新冠肺炎疫情防控期间的口罩、消毒液、抗病毒药物、疫苗等相关商品价格异常波动情况，并不定期进行价格监督检查，查处借机哄抬价格等违法行为，对违法行为依法严处，对情节恶劣的典型案件做公开曝光。加强猪肉蔬菜“保供稳价”检查，联合公安部门开展网贷机构排查整治工作，加密各类市场新冠肺炎疫情防控及市场交易工作检查，对餐饮服务单位的新冠肺炎疫情防控、餐饮具消毒、原料购进索证索票、就餐环境卫生等作督导检查。做好对上争取，通过省市场监管局的资质审批“绿色通道”，为多家检验检测机构颁发资质认定扩项证书，涉及医疗器械、消毒用品等方面。到防疫物资生产企业际华三五三六厂、美科电子、泰诺尔、优科德等公司现场办公，加快办理医疗器械注册证和生产许可证，为企业转产口罩防护服额温枪等应急物资建立绿色通道。市计量测试所免费为企业检测服务172次，费用减半检测服务44次，共为小微企业和个体工商户减免费用达23万余元。市特检所到绵阳市中心医院、平武县人民医院等医疗机构，完成498家复工复产企业、4858台（套）特种设备的检验任务。协调建设银行为全市小微企业和个体工商户调整信贷政策，延长贷款期限，降低信贷利率，支持复工复产。截至年底，共为667家受疫情影响的小微企业和个体工商户办理各类贷款1.79亿元。

【际华三五三六公司获得全省首张应急审批医疗器械生产批文】 2020年2月9日，际华三五三六实业有限公司（以下简称三五三六公司）在省药监局领取全省首张应急审批的医用一次性防护服医疗器械注册证和医疗器械生产许可证。三五三六公司成为全市首家拥有该资质的企业。三五三六公司位于绵阳市高新区，是西南地区最大的行业制式服装生产厂家。2020年，三五三六公司谋划生产医用防护服等医用应急物资。市市场监管局协调绵阳美科电子设备有限责任公司和三五三六公司开展合作，由三五三六公司提供原材料和资金等资源，美科提供生产车间和医疗器械生产管理，实现强强联手。市市场监督局选派技术骨干、组建工作专班开展帮扶指导，协助企业做好前期相关资质申报和样品生产。2月7日，邀请省药监局专家团队到三五三六公司和美科电子现场办公，了解企业生产、产品检验和质量管理情况，对企业申请办理医用防护服医疗器械注册证和医疗器械生产许可证进行研讨。2月8日，三五三六公司生产的第一批医用防护服样品送检主要指标合格；2月9日，省药监局向三五三六公司颁发应急医用一次性防护服注册证和生产许可证。

【禁止野生动物交易9条措施制发】 2020年2月，市市场监督管理局制发禁止野生动物交易9条措施，具体为：排查农（集）贸市场、商场、超市、花鸟鱼虫市场、宠物交易市场等从事和可能从事动物（宠物）交易的经营户，摸清底数，加强宣传，严禁以任何形式交易野生动物及其制品；检查督促农（集）贸市场开办者严格落实野生动物禁售措施，加强对市场内经营户的教育、管理。禁止市场开办者为出售、购买、利用野生动物及其制品或者禁止使用的捕猎工具的经营者提供交易服务；严格监督餐饮单位，加强对餐饮单位是否存在采购、存储、加工、销售野生动物情况的检查，特别对以经营野味为特色的餐饮店、农家乐进行持续巡查检查，严厉打击经营野生动物行为，督促集体用餐单位不采购、不馈赠、不接收、不加工野生动物及其制品；监测各类电商平台和平台内经营者、自建网站等电子商务经营者的行为，严禁以任何形式进行野生动物及其制品或者禁止使用的捕猎工具的网络交易服务活动；开展广告监测，严厉打击为出售、购买、利用野生动物及其制品或者经营禁止使用的猎捕工具发布广告的行为；配合林业部门封控隔离野生动物饲养繁育场所，督促饲养繁育场所经营者在新冠肺炎疫情防控期间做到不售卖饲养繁育的野生动物。严查野生动物及其制品对外销售和转运贩卖；发挥“12315”平台作用，处理消费者和社会公众的投诉举报，对投诉举报反映的违反禁售规定问题线索立即核实，同时向上一级市场监管部门报告，回应社会关切；发现有违反禁止交易野生动物规定的行为，应依据野生动物保护相关法律法规严肃从重查处，对经营者、经营场所分别予以停业整顿、查封，对情节严重、性质恶劣的典型案件公开曝光，对涉嫌犯罪或者妨碍执行公务的，移送公安机关；开展野生动物保护和防治疫病知识宣传，帮助消费者认识保护野生动物的意义和食用野生动物的健康风险，远离“野味”。

【小微企业和个体工商户复工复产“万户帮扶”行动】 2020年3月，市市场监管局出台《小微企业和个体工商户复工复产“万户帮扶”工作方案》（以下简称《工作方案》）。根据《工作方案》，具有新冠肺炎疫情防控期间直接经济损失较大；不能正常复工复产；积极开展复工复产，但缺少必要疫情防护物资的；从事地方名特优、传统工艺等特色产品生产经营，复工复产有困难的；以小微企业或个体经营为家庭主要经济收入来源，且复工复产有困难等5种情形的小微企业和个体工商户，可以申请帮扶。对符合条件的对象，绵阳市市场监管系统通过政策帮扶、防护物资帮扶、众筹帮扶、经营协作帮扶、结对帮扶5种形式实施帮扶。政策帮扶，即加强对中央、省、市关于复工复产政策的宣传指导，推进国家、省、市市场监管部门支持企业复工复产政策措施的落实，帮助小微企业和个体工商户解决在复工复产过程的具体困难和问题。防护物资帮扶即按照属地为主、市级为辅的原则，对小微企业和个体工商户复工复产所需要口罩、体温检测、消毒用品等疫情防控物资实施定向帮扶。组织众筹帮扶，即引导非公有制经济党组织和有关行业协会，对疫情防控期间遭受经济损失数额较大，因复工复产困难影响家庭生计的，组织开展众筹定向帮扶，帮助其渡过难关。经营协作帮扶即发挥行业协会作用，支持引导企业之间、企业与个体户之间，开展产销对接、产业链接、行业带动等市场化协作帮扶，推动产业链各环节协同复工复产；引导大中型企业结合经营业态、行业特点与小微企业和个体工商户开展经营协作，帮扶其尽快走出经营困境。开展结对帮扶即组织市场监管系统党员干部与小微企业和个体工商户开展“一对一”结对帮扶，解决生产经营中的具体困难，以及做好防护物资协调、心理辅导等帮扶工作；特别对于复工复产困难影响家庭生计的，要通过结对帮扶形式帮助其渡过难关。市场监管部门县处级干部、三级及以上调研员每人联系3—5户帮扶对象，科级干部、四级调研员每人联系2户帮扶对象，普通党员干部每人联系1户帮扶对象。在“万户帮扶”助力复工复产期间，共出动市监系统人员9400余人次，帮助小微企业和个体工商户1.65万户次，解决问题3812个次，技术服务4599次，心理疏导6360次，发放口罩、测温仪等防疫物资19.16万个，消毒用品1.86万公斤，全市小微企业和个体工商户复工复产率达96%。

【支持企业复工复产复市9条措施出台】 2020年3月，市市场监管局出台支持企业复工复产复市9条措施，落实市委、市政府统筹做好新冠肺炎疫情防控和经济社会发展的工作部署，并对接省市场监管局支持复工复产复市11条措施。具体措施为：高效办理申报审批，允许许可事项采取网上办理、预约办理、容缺办理、急事特办；延长许可期限，对营业执照登记事项发生变化不能及时办理变更的、食品生产经营许可证到期等情形均可延期办理；定向帮扶困难中小微企业、个体工商户，为开办或转产办理营业执照、增加经营项目、商标注册、专利申请、检验检测和商品条码注册等提供便捷服务；帮助降低企业发展成本，市局所属检测机构对受疫情影响生产经营困难的中小微企业，以及防护服、口罩等生产企业委托的质量检测，一律开通绿色通道并实行优惠服务，对新冠肺炎疫情防控期间企事业单位计量器具检定校准费用按现有标准50%收取，推行设备贷，用于帮助企业购置获租赁所需仪器设备，解决发展早中期“无抵押、融资难”问题；提供物资帮扶，多方筹集资金对受疫情影响特别困难的小微企业、个体工商户实行定向帮扶；加强知识产权服务与保护，编制《疫情防控期间企业复工复产知识产权服务指南》，组建“知识产权专家服务团”，对受疫情影响企业开展全程服务指导；规范指导坚守食品安全底线，加强对学校、养老机构、医疗机构等企事业单位食堂复工复产的食品安全监管和指导，强化从业人员健康管理，督促严格落实各项防疫措施，推行职工用餐自带餐具、分时分散就餐、盒饭配送等方式，督促餐饮、外卖配送单位落实使用“食品安全封签”和“外卖放心卡”；强化特种设备安全，指导复工复产企业做好特种设备风险分级管控和隐患排查等；营造良好市场秩序，发挥“12315”热线作用，增加中小企业生产经营困难诉求转接功能，加大对消费者投诉化解和举报线索的查办力度，打击防控物资领域相互串通、操纵市场价格和捏造、散布涨价信息、哄抬价格等违法行为，加大新冠肺炎疫情防控期间食品安全监督抽检力度，对严重违法的失信企业，依法实施信用约束和失信联合惩戒；实施包容审慎监管，对在复工复产复市中发生且情节轻微的违法行为，通过行政建议、行政指导纠正；鼓励企业参加“保价格、保质量、保供应”行动，引导带动更多企业加快恢复产能，保证产品质量，保持价格稳定，保障市场供应，组织开展质量专家企业行活动，优化质量奖推荐申报条件，组织开展质量奖申报评奖培训，指导和帮助企业做好质量奖申报工作。

【“弘扬诚信经营理念　促进放心舒心消费”活动】 2020年3月，市市场监管、商务、发改、总工会等部门联合开展为期1个月的“弘扬诚信经营理念，促进放心舒心消费”活动，促进全市消费品市场繁荣。活动期间，全市相关部门围绕“弘扬诚信经营理念，促进放心舒心消费”活动主题，以推进企业信用建设、探索开展信用消费、推进放心舒心消费环境建设工作、开展大类商品促销、倡导购物消费、推介参与活动企业6个方面活动为重点，结合“政府引导、企业主体、协会参与、市场化运作”等方式，在百货、家电等行业开展线上与线下、商品与服务相结合的多层次、宽领域的非聚集性展销促销活动。鼓励活动企业分类分时开展防疫保供网上行、云上购物等活动，推出实体或电子消费券、购物券，促进消费回流和人气回升。倡导签订活动服务承诺书，强化企业自律，坚持诚信服务，创建良好的销售秩序，保障消费者合法权益。发布鼓励全市干部职工带头消费支持经济发展的倡议书，倡议全市广大干部职工带头购物消费，以实际行动支持发展，为全市经济复苏贡献力量。

【绵阳率先在全国探索建立放心舒心消费环境建设标准体系】 2020年3月15日，绵阳市正式实施《放心舒心消费环境建设指南》和《放心舒心消费街区建设规范》《放心舒心消费农贸市场建设规范》等7个地方标准，标志着全市在全国率先建立放心舒心消费环境建设标准体系，营造放心舒心消费环境。全市针对国家、省、市尚无可参考的放心舒心消费环境建设标准及评价体系建立，结合消费领域中的投诉热点、消费难点和民生焦点，发动行政、司法、行业组织、专业人士、消费者和经营者等各方力量，确定在全国率先探索建立放心舒心消费环境建设“1+N”标准体系，即先建立1个《放心舒心消费环境建设指南》，再建立农贸市场、景区、示范街区、食品生产、家居建材商场、汽车销售6个重点消费领域地方标准，通过优化和完善标准的实施，提高全市消费安全度、经营者诚信度、消费者满意度和消费过程体验舒心度。科学制定消费重点领域的建设标准，内容涵盖组织保障、机制制度建设、基础设施建设、信息化建设、维权机制建设等内容，做到标准制定覆盖广、多维度、实用强。突出消费相对集中、消费者生活密切相关的领域和行业，以商圈卖场、特色街区、专业市场等为重点，督导企业自觉履行消费环境建设主体责任，推动部门协同配合、联动响应，引导公众参与消费全过程监督，营造放心舒心消费环境建设良好氛围。根据对全市放心舒心建设和管理各个环节的剖析，明确建设主体及框架，从场所设置、组织建设、消费环境建设等方面设置技术指标，建立“消费者评价、建设单位自评、第三方评价”等方式相结合的评价体系，形成长效建设机制。

【“设备仪器贷”推介会暨认证培训会】 2020年4月，市市场监管局组织“设备仪器贷”推介会暨口罩、防护服等防疫用品领域认证培训活动。活动旨在规范认证市场秩序，帮助企业了解防疫物资出口认证政策，解决企业发展早中期融资难问题。市市场监管局副局长雒敏见出席并讲话。大型科学仪器共享平台及市工商银行相关部门负责人向参会企业介绍“仪器设备贷”融资项目相关情况。北京天一认证公司专家就质量管理体系认证作专题讲座。市场监管局认检科负责人就防疫物资常规认证的种类，欧盟CE认证和美国FDA注册证书真伪的辨别、判定等进行讲解。四川大型科学仪器共享平台、工商银行绵阳分行和绵阳市部分民营检验检测机构、科技型中小企业及全市口罩等防疫用品生产企业负责人100余人参与此次推介培训会。

【“政银保”合作备忘录签字仪式】 2020年5月29日，市市场监督管理局分别与工商银行绵阳分行、建设银行绵阳分行签订《政银合作备忘录》，与国寿财险绵阳市中心支公司、人保财险绵阳市分公司签订《政保合作备忘录》。《政银合作备忘录》是市市场监督管理局为贯彻落实党中央、国务院和省委、省政府及市委、市政府关于做好“六稳”工作落实“六保”任务的决策部署，帮助中小微企业、个体工商户纾困解难的重要举措。签约各方以落实《绵阳市市场监督管理局、绵阳市金融工作局关于深化“政银合作”支持中小微企业、个体工商户融资的实施意见》为切入点，在建立登记注册、信用监管信息共享机制，创新普惠金融服务，优化信贷业务流程，完善信贷产品风险管理机制等方面开展合作，提升中小微企业和个体工商户融资可获得性、便捷性和服务效率；各方将建立有效沟通机制，结合各自工作职能范围和项目规划，探索多样化的合作模式，解决企业资金周转、债务偿还和扩大融资等困难，为企业复工复产提供支撑。《政保合作备忘录》是市市场监督管理局落实食品安全责任，构建协同高效的市场治理体系的举措。签约各方按照《绵阳市食品安全责任保险工作实施方案》安排部署，通过开展全面政保合作，充实社会第三方监管力量，为各行各业带来切实保险保障；市市场监督管理局支持国寿财险、人保财险持续开展并持续升级食品安全卫生领域的保险配套服务工作及风险管理服务；国寿财险、人保财险承诺在依法合规经营前提下，为全市广大公众食品安全卫生提供全面、优质、优价的保险配套服务，针对市场不同风险提供最切实的保险产品、保险配套服务；签约各方将建立战略合作联席会议制度，通过举行定期或不定期高层会晤，研究解决合作中遇到的重大问题，并共同开展食品安全卫生保险领域相关课题研究。11月19日，市市场监管局与四川农信绵阳办事处、邮储银行绵阳分行举行“政银合作”签字仪式。签字各方在建立登记注册、信用监管信息共享机制，创新普惠金融服务，优化信贷业务流程，完善信贷产品风险管理机制等方面开展合作，拓展“政银合作”领域，搭建银行与企业对接的桥梁，推动解决中小微企业、个体工商户融资难问题。

【《绵阳市放心舒心消费环境建设工作实施方案（2020—2022年）》印发】 2020年6月24日，《绵阳市放心舒心消费环境建设工作实施方案（2020—2022年）》印发，安排部署全市放心舒心消费环境建设工作。明确以“美丽诚信绵阳　放心舒心消费”为总体工作目标，以政府统一主导、企业主体责任、部门联动协作、公众广泛参与、构建社会共治格局为原则，提高全市消费安全度、经营者诚信度、消费者满意度和消费过程体验舒心度。明确主要重点工作有：夯实消费维权基础，构建维权保障体系；推动消费环境整体提升，助推经济高质量发展；持续推进质量强市战略，优化市县两级质量工作考核机制，探索质量提升督查模式；突出重点消费领域建设，营造全域建设氛围；全面加强诚信体系建设，营造失信联合惩戒格局等。

【放心舒心消费环境建设倡议活动暨万人签名活动】 2020年7月16日，市市场监督管理局、市消费者权益保护委员会联合在涪城区万达广场举行绵阳市放心舒心消费环境建设倡议活动暨万人签名活动。市人大常委会副主任代顺兴、市政府副市长赵迎春、市政协副主席田荣华出席活动并带头签名。市市场监督管理局党组书记、局长陈兴刚发出倡议。活动由市政府副秘书长尹亮主持。涪城区、游仙区、安州区政府，高新、科创、经开、仙海区管委会分管负责人，市级相关部门分管负责人，各县市区、园区、科学城市场监管局，以及行风政风监督员代表、行业协会和企业代表参加活动。会上，市商务协会、绵阳宜家美实业有限公司、科创区市场监管分局发言。建设参与单位代表发出职能部门要把开展放心舒心消费环境建设作为工作要求等5点倡议。

【网络主播带货乱象整治工作约谈会】 2020年8月5日，网络主播带货乱象整治工作约谈会召开。市市场监管局网监科、广告科、科创分局对8家开通网络直播账号的经营主体企业进行约谈。市委网信办网络应急管理科负责人到会指导。约谈会传达学习《关于开展网络主播带货乱象整治和规范管理的通知》《关于长江禁捕打非断链专项行动通知》文件精神，通报消费者对网络交易投诉举报情况，梳理分析网络主播带货乱象问题。网监科、广告科负责人对《中华人民共和国电子商务法》《中华人民共和国广告法》等相关法律法规进行宣贯，就网络主播带货企业自律和落实主体责任提出建立和完善管理制度、自觉遵守各类法律法规对照整治内容开展整改等具体要求。市委网信办网络应急管理科负责人就推进网络直播行业乱象专项整治工作进行安排。（杨文杰）

工商行政管理

【概况】 2020年，市市场监管局把优化营商环境作为推动经济高质量发展的“头号工程”，发挥市场监管职能，推进商事制度改革，优化营商环境。全年全市新登记各类市场主体55489户，增速16.21%，其中企业15886家，增速20.70%。截至年底，全市实有各类市场主体373698家，同比增长9.19%，其中企业85509家，同比增长11.43%。市场主体总量、企业总数均居全省第二位。

【广告监管】 2020年，市市场监管局组织开展专项整治，查处虚假违法广告。开展新冠肺炎疫情防控广告监管、新冠肺炎疫情防控公益广告宣传，指导绵阳广告商标传媒协会会员单位滚动播放中国广告协会和国家卫健委制发的新冠肺炎疫情防控公益广告。开展专项整治，监测检查涉及新冠肺炎疫情防控广告688条次，责令停止发布涉嫌虚假违法广告4条次，约谈广告发布单位1家；约谈电子产业园网络经营户24家，开展行政指导24次；开展打击市场销售长江流域非法捕捞渔获物专项行动，监测抽查户外广告3173条，发现并处置违法广告10条次，监测平武、北川、盐亭、梓潼、三台、江油6地电视台广告598条次，未发现违法广告；检查医疗美容单位45家，立案查处发布虚假违法广告的美容机构12家，结案8件，没收无合格证明文件的医疗器械19盒，罚没款9.7万元。查处虚假违法广告。打击涉及新冠肺炎疫情、食品、保健食品、药品、医疗服务、金融投资理财等虚假违法广告，立案查处虚假违法广告案件75件，罚款49.52万元。处置2起广告突发事件，对绵阳科发集团、绵阳九州千城置业违法广告进行调查，对违法当事人开展行政约谈，并责令当事人对违法广告下架。建立完善绵阳市广告监测平台。3月起，上线运行绵阳市广告监测平台，每月对全市1000条户外广告、50条公益广告和6套县级电视台进行抽样检查。规范广告监测线索处置。全年全国互联网广告监测平台、全国移动互联网广告监测平台派发绵阳涉嫌违法广告线索9条；四川省广告监测系统监测全市主流媒体广告17.38万条次，派发涉嫌违法广告线索10条；全市广告条次违法率大大低于国家局、省局监测传统媒体广告条次违法率低于1%、食品广告条次违法率低于0.8%的考核指标。

【合同格式条款专项整治】 2020年，市市场监督管理局开展合同格式条款专项整治行动，重点对房地产业、汽车销售、旅游合同中典型不公平、不合理、不合法的合同格式条款进行清理、整治，并向健身行业、培训行业、预付卡销售等领域延伸。加大宣传力度，走访检查相关企业、经营主体，收集违法格式条款20余条，针对突出问题，加强整改。各地约谈企业10余次，收集合同格式条款违法线索52条，下发责令整改通知9份，立案调查13件。推进“守合同重信用”企业公示活动。完成2018—2019年度省级“守合同重信用”企业申报工作，93家企业入选省级“守合同重信用”企业公示名单。开展2018—2019年度市级“守合同重信用”企业申报、复查工作，109家企业入选省级“守合同重信用”企业公示名单。

【企业登记管理】 2020年，全市新设个体工商户3.92万家，新增资金数额43.87亿元，分别同比增长15.10%、21.31%。截至年底，全市个体工商户总数达28.28万家，同比增长8.94%；资金总额241.35亿元，同比增长17.23%。5年中（2016—2020年），全市个体工商户呈现逐年稳步增长态势，其中2020年年底实有个体工商户数量较2016年年底增长48.06%，平均每年净增18366家。

2016—2020年绵阳市个体工商户情况一览表

表83

项目 / 年份	新设户数（户）	同比（%）	新增资金数额（亿元）	同比（%）	实有户数（户）	同比（%）	实有资金数额（亿元）	同比（%）
2016	24089	2.59	24.60	0.56	197044	3.13	124.10	14.43
2017	35191	46.09	35.07	42.58	221894	12.61	151.65	22.20
2018	37296	5.98	36.94	5.34	241994	9.06	178.23	17.53
2019	36730	-1.52	38.19	3.39	259682	7.31	205.87	15.51
2020	39200	6.72	43.87	14.87	282890	8.94	241.35	17.23

【消费者权益保护】 2020年，全市畅通消费维权渠道，建立和完善消费维权“一会两站”2370个，其中消费者协会分会89个、消费者投诉站和“12315”联络站2281个。受理市场监管系统“12315”热线电话、互联网平台、“12345”市长热线转办等消费者诉求56872件，其中咨询25974件、投诉22710件、举报8188件，投诉举报件处理率100%，投诉调解成功率达87.02%，办理“诉转案”154件，处罚没170余万元，为消费者挽回经济损失650万元。在主流媒体、门户网站发布维权文章、消费警示75篇（期）。强化维权机制建设，开展线下无理由退货承诺活动，全市落实赔偿先付制度商家318家、线下无理由退货商家180家。推广“互联网+消费维权”新模式，利用“ODR”（即在线消费纠纷解决机制。消费者投诉后，直接转到被投诉企业进行处理，降低消费者维权时间和成本，开通这个机制的企业即“ODR”企业）“一码通”等信息平台进行在线消费纠纷解决，全市有“ODR”企业291家，“一码通”快捷维权商家3594家，初步形成各级消费维权组织纵向贯通、与商家经营户横向互通的网络体系。建立和完善消费纠纷多元化解机制，全面推行“消费维权三级调解机制”（企业协商和解、社会组织调解、行政部门调解）。加强与政法、信访等部门的沟通协调，建立信访与消费投诉衔接工作机制，在市信访局设置专门窗口和消费维权“12315”接访调解室，实现消费维权关口前移，做到小纠纷调解不出村、社区、企业，一般纠纷调解不出乡镇、街道、系统，大纠纷调解不出县区，打造消费维权调解品牌。

【放心舒心消费环境建设】 2020年，市市场监管局持续开展建立放心舒心消费环境建设标准体系。实施标准化战略，推动产品和服务标准制定，鼓励引导行业协会、企业制定放心舒心消费环境建设标准。在全国率先探索制定绵阳市放心舒心消费环境建设的“1+6”（“1”即《消费环境建设指南》，“6”即具体的街区、汽车销售市场等6个具体的建设标准）标准体系，发布实施《绵阳市放心舒心消费环境建设指南》和《放心舒心消费街区建设规范》等7个地方标准。全年全市建立相关建设标准22个。开展放心舒心消费环境示范点位建设，围绕示范街区（商圈）、集农贸市场、汽车交易市场、家居建材市场、旅游景区和食品生产企业6个重点消费领域，选择一批基础好、服务好、消费者认可的商家、企业，按照“双心”（即放心舒心）标准进行打造。共建设示范点位143个，其中示范街道33个、示范景区11个、示范企业（商场）72个、示范行业27个，实现重点区域、重点行业全覆盖。

（苏　婕）

食品药品监督

【概况】　2020年，全市贯彻落实国家、省食品药品工作会议精神，实施食品药品安全战略，推进安全治理体系和治理能力现代化，在维护食品药品市场秩序、保障人民群众饮食用药安全方面取得成效，全年无一起重特大食品药品安全事故发生。

【食品监督】　2020年，全市加强冷链食品监管，开展“强化冷链食品安全监管　筑牢冷链食品安全防线”宣传活动，印制《致全体市民和冷链食品经营者的公开信》，编写绵阳市《冷链食品生产经营新冠病毒防控指南》，完成“川冷链”平台备案主体数1300余家，检查冷链生产经营企业895家。加强食品经营过程监管，开展节日期间食品质量安全专项监督检查、镉超标大米专项核查和校园及周边食品安全检查，检查大型超市、农贸市场258家，大米加工企业和小作坊、销售者1860家，餐饮企业、学校食堂及校园周边食品经营者6272家。实施食品安全监督抽检，完成省抽（常规）1163批次，市县级自定食品抽检7001批次，市县级食用农产品抽检4960批次，省级食品安全评价性抽检419批次，开展新冠肺炎疫情防控期间专项抽检、校园食品专项抽检100批次。开展食品安全示范创建活动，梓潼县第三批省级食品安全示范县创建工作通过省级验收，研发食品小作坊、小经营店备案管理系统，推进“三小”（即食品小作坊、小经营店、小摊贩）智慧监管，江油市被确定为四川省食品小作坊试点市，加强肉菜等食用农产品质量安全管理，巩固“放心肉菜示范超市”创建成果，推行“阳光餐饮”“消费环境指数”智能监管系统建设，科创区望蜀苑餐饮一条街被定为消费环境消费指数建设试点。加大违法检查威慑力度，全年立案查处各类违法案件1735件，处罚没金额680余万元。推进“长江禁捕　打非断链”专项行动，检查水产制品生产企业、加工小作坊802家次，检查农贸（批）市场、商超、餐饮单位20693个次，网上检查电商平台（网站）29836个次，督促下架（删除、屏蔽）非法交易信息282条次，监测广告96684条次，检查高速公路、车站码头等区域（场所广告）914条次，部门联合执法、检查等16次，全市公安机关侦办食品安全领域违法犯罪刑事案件92件，移送起诉73件。

【药品监督】　2020年，市市场监管局保障新冠肺炎疫情防控期间药品供应，建立绵阳市新冠肺炎疫情防控应急物资采购主渠道，协调企业采购、储运、配送防疫物资588.61万件（套），配发应急防护用品452.14万件（套）。开展药品零售和使用环节监督检查。完成对辖区内特殊药品零售企业、区域性定点批发企业和疾病预防控制机构、疫苗接种单位监督检查全覆盖，实现检查率200%以上，对医疗机构监督检查覆盖率达80%。开展“春雷行动2020”药品安全放心执法行动，打击药械化领域违法行为。共检查药品、医疗器械、化妆品经营、使用企业共2万余家次，累计责令整改374家，警告52件、立案278件，结案105件，罚没金额132.9万元，向省市场监管局报送大要案3件、典型案例12件。规范药械网络销售行为。开展“药品网络销售违法违规行为专项整治”，检查药品网络销售企业200余家次，督促药品网络销售持续合规经营；开展医疗器械“清网行动”，检查全市262家网络销售医疗器械企业，检查覆盖率达81%，对虚假宣传和违规销售第三类医疗器械行为立案查处，处罚没款6万余元。推进中药饮片和第二类精神药品经营环节专项整治。完成6238家中药饮片经营使用单位、2183家第二类精神药品流通环节的重点检查，开展国家组织药品集中采购和使用中选药品质量安全专项检查。进行药品经营环节“排险除患”，检查药品经营和使用单位1.46万家次，责令整改534家次，罚款12.7万元。

【食用农产品质量安全监管】　2020年，全市强化集贸市场食用农产品质量安全监管，做好源头管理。督促指导绵阳高水农副产品批发市场等3家食用农产品批发市场加强源头治理。制定食用农产品安全管理制度、食品安全培训制度、食品安全举报投诉处置制度、食品安全事故处置方案4项管理制度。规范食用农产品质量安全协议、集中交易市场食品安全信息公示、食用农产品产地证明、进货查验记录、销售凭证以及食用农产品集中交易市场批发销售记录台账、销售者食品安全检查（自查）记录、食用农产品包装标识检查（自查）记录、入场销售者食品安全信息档案等11项。建立完善入场销售者档案，确保批发市场对入场销售者的建档率达100%。全市3家食用农产品批发市场入场销售者建档率达100%，主城区7家大型农贸市场也建立入场销售者档案。开展食用农产品日常监督检查，同时结合文明城市创建、“春雷行动

2021"，开展整治食品安全问题联合行动等工作，对农贸市场、超市等食用农产品销售场所进行全覆盖监督检查，重点检查蔬菜、水果、畜禽肉类、冷链食品等，督促其落实主体责任，建立健全食品安全管理制度，配备食品安全管理员，履行食品安全日常巡查，执行索证索票和进货查验制度，落实产地准出和市场准入制度，保障食用农产品质量安全。全年共检查经营户2861家，责令整改38家。全市按照省市场监督管理局下发的《2020年食品安全监督抽检计划的通知》要求，制定《绵阳市2020年食品安全监督抽检实施方案》，明确全市2020年度食用农产品抽检任务、职责分工和相关工作要求，全市共抽检食用农产品4945批次，不合格131批次，立案查处131件。开展食用农产品快检工作，共计检验1.21万批次。

【网络订餐"食品安全封签"投放启动仪式】 2020年1月17日上午，绵阳市"食在绵阳·安在心间"网络订餐"食品安全封签"投放启动仪式在涪城区1958美食街举行。市市场监督管理局副局长张军出席仪式并讲话。仪式现场向网络订餐食品安全监督信息员颁发聘书，向入网经营户代表发放"食品安全封签"，并作"食品安全封签"使用和送餐箱消毒演示。外卖第三方平台区域负责人、网络订餐食品安全监督信息员代表、入网餐饮企业代表作承诺发言。

【全市启动2020年食品安全抽检工作】 2020年3月27日，市市场监督管理局组织召开全市食品安全抽检工作会议，启动全市2020年食品安全抽检工作。市市场监管局药品总监余若江出席会议并讲话。会议分析食品抽检工作面临的新形式、新要求，总结2019年食品抽检工作成绩和不足，安排部署2020年食品安全抽检工作。会议要求加强组织领导，发挥好各地食安办统筹协调作用，争取地方财政支持，结合本地区抽检工作实际，制定实施方案，明确抽检分工，确保年度食品（食用农产品）抽检计划实施；做好工作落实，市场监管部门和承检机构要共同努力，围绕工作目标，加强抽检、核查处置、信息发布各环节工作的"无缝衔接"，形成监管合力，提高抽检效率，全面落实年度食品抽检各项工作要求；加强监督考核，提高抽检工作水平。各县市区、园区市场监督管理部门食品抽检相关负责人、承担市局食品抽检任务的各检验机构负责人参加会议。

【网络餐饮服务食品安全集中自查整治行动】 2020年4月1日开始，全市启动为期1个月的网络餐饮服务食品安全集中自查整治行动。整治行动旨在规范网络餐饮服务行为，保障公众网络订餐食品安全。整治行动分为集中自查和规范整治2个阶段，由第三方平台（自建网站平台）负主体责任，市场监管部门负监管责任，采取线上自查、线下核查相结合的方式进行。重点清查整治第三方平台（自建网站平台）履行主体责任及制度建设情况、落实使用外卖食品安全封签情况、入网餐饮户营业执照和食品经营许可证情况、入网餐饮户信息公示情况、实体门店加工场所环境卫生及人员健康管理情况等方面，力争实现第三方平台（自建网站平台）备案率达100%，网络平台公示信息及合规率达98%以上的目标。对公示主体信息不完善、不清晰、不易辨识的；许可信息变更不及时的，一律先下线整改，符合法律法规要求后重新审核上线经营。对加工场所环境卫生较差、餐饮具消毒不严格等违规问题，将依法处置，限期整改。对入网餐饮服务者不具备实体经营门店、无证入网销售、持食品经营备案证入网销售、涉嫌使用虚假伪造证件、超过许可的经营项目范围等严重违法行为，第三方平台（自建网站平台）停止提供网络交易服务，市场监管部门应依法立案查处。

【学校饮食安全监管】 2020年4月，市市场监管局为做好学校复学复课前准备，确保师生复学后饮食安全，出台5项举措做好学校及校园周边食品安全监管。联合市教体局制定印发《2020年春季学校及校园周边食品安全专项检查工作方案》，明确检查时间、范围、内容、方式及要求，确保学校食品安全监管工作落地落实落细；强化教育培训，各级市场监管部门采取网络、微信群、QQ群、现场授课等多种形式，开展《四川省中小学校食品安全管理办法》等食品安全法律法规宣传培训。涪城区、江油市、三台县、盐亭县、经开区等市场监管部门到学校，对学校食品安全管理人员、从业人员开展复学前食品安全专题培训，并现场进行测试；强化驻点保障，按照市市场监管局、市教体局等4部门联合印发的《关于做好开学复课定向联系指导工作的通知》要求，各地市场监管部门安排人员，对开学复课的学校实施定人定点对接联系保障，指导复课学校的食品安全工作；强化监督检查，成立2个检查组，对辖区复课学校食品安全进行督查，各级市场监管部门加大对辖区复课学校检查指导力度，其中三台、江油等地市场监管局开展高三年级复课开学条件验收工作，确保高三年级安全开学复课；强化部门协作，市市场监管局加强与市教体局、市公安局、市住建委等部门联动，安排贯彻省市场监管局、省教育厅、省公安厅《关于组织开展学校食堂新冠肺炎疫情防控暨2020年春季学校食品安全专项检查工作的通知》等文件精神，加大对校外供餐单位、学校及学校周边食品安全监督检查力度，依法查处食品安全违法违规行为，向公安机关移送涉嫌犯罪的食品安全案件，形成监管合力。（熊金蝉）

质量技术监督

【概况】 2020年，全市推进质量强市，加强宏观质量管理，组织申报2019年度市场监管工作真抓实干成效明显地方（推荐质量工作），开展2019年度质量状况分析和2020年度质量满意度调查，为宏观质量管理提供理论依据。总结分析“十三五”质量发展规划目标任务完成情况，编制《绵阳市“十三五”质量发展规划总结评估报告》。绵阳在省政府质量工作考核中获2019年度市（州）政府质量工作考核A级评定。国家电器安全质量监督检验中心（四川）正式挂牌营运，四川省磁性材料产品质量安全监督检验中心挂牌成立。全市新增检验检测机构18家，总数达143家，总量居全省第二。绵阳中学空军青少年航空实验班（组织）和四川九洲空管科技有限责任公司程旗（个人）分获2020年度四川省天府质量奖，获奖数量位居全省第一。

【质量提升行动】 2020年，全市开展质量提升行动，围绕音响、网络变压器等消费产品，以国际标准、国家标准以及国内知名品牌产品执行标准为参照进行产品质量检验和标准比对，分析查找“绵阳造”产品的技术差距和质量短板，并提出解决方案。6个市级质量提升重点示范项目投入1.95亿元，研发（R&D）经费投入1.1亿元，实施技改项目11项，开展QC小组（质量控制小组）活动86项。开展油品行业乱象、危险化学品等工业产品质量安全专项整治，安排下达产品质量抽检795批次，试点设立工业产品质量安全风险信息监测点，收集风险信息258条，报送风险信息193条。先后开展“春雷行动2020暨知识产权保护执法行动”“知识产权执法铁拳行动”“长江禁捕　打非断链”“冷链物流疫情防控”等质量安全执法整治行动，立案查处3421件。

【质量品牌标杆树立】 2020年，全市树立质量品牌标杆，组织争创首届“四川省天府质量奖”，绵阳中学空军青少年航空实验班（组织）和四川九洲空管程旗（个人）分获2020年度四川省天府质量奖，获奖数量位居全省第一。组织开展第三届市政府质量奖申报评审工作，四川东材科技集团、四川爱联科技2家企业被授予第三届“绵阳市政府质量奖”称号，丰谷酒业、六合特材、科伦医贸、雅化集团、台沃科技5家企业被授予第三届“绵阳市政府质量奖提名奖”称号。

【质量文化建设】 2020年，市市场监管局印发《2020年绵阳市“质量月”活动工作方案》，12个市级部门重点开展27项质量活动。协调绵阳京东方光电科技有限公司开展质量开放日活动，推广先进质量管理方法。在国家市场监督管理总局质量发展局的指导下，中国质量标准出版传媒有限公司在绵阳开展“质量知识进校园”活动。

【质量认证标准体系建设】 2020年，全市建成全省唯一的国家技术标准创新基地区域中心。全市主导和参与制修订国际标准1项、国家标准4项、行业标准3项。517家企业声明公开3075项标准，同比增加48.19%。在全国率先制定并发布《放心舒心消费环境建设指南》等16个地方标准。四川长虹企业标准被确定为2020年全国企业标准“领跑者”。提升计量与认证认可效能。新建社会公用计量4项，向中国工程物理研究院计量测试中心授权89项社会公用计量标准，实现地方计量主管部门向相关科研计量技术机构授权的“零的突破”。梓潼县建成“有机产品认证示范创建区”，平武县申创全市首个省级“有机产品认证示范区”，三台县申创“有机产品认证示范创建区”，全市拥有各类认证获证组织1678家、证书6077张，数量位居全省第二。

【特种设备监管】 2020年，市市场监管局制定特种设备安全专项整治《三年行动方案》，提升全市特种设备安全防控水平。推动1.6万台特种设备安全责任保险。推进“96933”电梯应急救援平台使用，救援被困人员平均用时仅17分45秒。开展特种设备安全整治6次，共完成670家企业风险分级和隐患排查，发现安全隐患461处，查办特种设备案件75件。

【国家技术标准创新基地区域中心落户绵阳】 2020年6月1日，国家技术标准创新基地绵阳中心（以下简称绵阳中心）经省市场监督管理局批准成立，落户绵阳。绵阳中心由绵阳市市场监督管理局发起，以绵阳市国家电器安全质量监督检验中心（四川）为主体申报机构、其他在绵阳的科研及生产机构为合作机构。绵阳中心是国家技术标准创新基地在四川的唯一区域中心，计划打造成集机制创新、资源共享、标准孵化、集成示范、推广应用、交流合作和人才培养等为一体的标准化创新平台，是绵阳市参与建设成渝地区副中心城市重要创新成果转化技术标准的载体。

【西部首家第三方磁性材料省级质检中心落户绵阳】 2020年6月15—16日，四川省市场监督管理局评审组对四川省磁性材料产品质量监督检验中心（以下简称省磁材检测中心）进行现场验收评审。经现场评审，评审组认为省磁材检测中心整体建设水平达到国内先进、省内领先，并同意验收通过。省磁材检验中心是西部首家第三方磁性材料省级质检中心。

资料链接：2018年6月28日，四川省磁性材料产品质量监督检验中心经四川省质量技术监督局正式批准筹建。2020年1月，通过省级资质认定现场评审。在建设过程中，绵阳市产品质量监督检验所按照省磁材检测中心建设总目标，立足全省、辐射全国，高标准配套、高标准引进、高水准建设，发挥区域地理优势，开展相关科研攻关研究。检测能力重点在永磁、软磁材料的磁性能测试、化学成分检测、ROHS（有毒有害物质）检测、环境性能检测，以及磁性元器件的安全检测方面，检测能力覆盖磁性材料原材料、磁性材料、磁性产品元器件等的全产业链，检测能力处于国内先进水平。

【国家电器安全质量监督检验中心（四川）等揭牌】 2020年6月23日，全市举行国家电器安全质量监督检验中心（四川）、国家技术标准创新基地绵阳区域中心、绵阳市标准化研究院揭牌仪式。副市长赵迎春出席仪式并讲话。市市场监管局党组书记、局长陈兴刚宣读相关批复文件。国家电器安全质量监督检验中心（四川）于2020年1月由国家市场监管总局正式批复成立，是西南地区唯一一家电器安全综合性检测机构。国家技术标准创新基地绵阳区域中心于2020年6月经省市场监管局批复，依托国家电器安全质量监督检验中心（四川）组建。绵阳市标准化研究院是以检验检测以及科学研究为依托，梳理新技术、新产品可复制模式，为先进技术成果运用实现标准化形成工作成果的公共标准研究平台。

【《商品和服务明码标价公示规范》通过技术审查】 2019年9月，市市场监管局将《商品和服务明码标价公示规范》列入年度地方标准修订项目。开展资料收集、市场调研、标准编写、意见征求、送审稿编制、报批稿编制等工作。2020年8月25日，市市场监管局组织编制的《商品和服务明码标价公示规范》地方标准通过专家评审，成为全国首个明码标价地方标准。

【全国“质量月”活动——质量知识进校园在绵阳开展】 2020年9月16—17日，由国家市场监督管理总局质量发展局指导，中国质量标准出版传媒有限公司主办的“质量知识进校园”活动在绵阳开展，先后走进四川九洲技师学院和西南财经大学天府学院。中国质量标准出版传媒有限公司质量与标准化事务所所长、教育培训中心主任张玉，市市场监管局党组副书记、副局长任晓平，九洲集团党委委员、工会主席游鲁和西南财经大学天府学院副校长、绵阳校区负责人袁勋出席活动并讲话。活动邀请全国质量管理和质量理论研究领域专家李正权围绕质量开展专题讲座。

【全省认证宣传周在绵阳启动】 2020年9月15日，2020年全省认证宣传周暨检验检测机构开放日系列活动在绵阳启动。活动主题为“认证认可共铸四川质量，检验检测同绘强省蓝图”，启动仪式由省市场监督管理局主办，市质量强市领导小组办公室、市市场监督管理局和绵阳科技城科教创业园区管委会承办，省市场监督管理局党组成员、安全总监吴锐，副市长赵迎春出席活动并讲话。启动仪式上，市市场监管局与重庆市北碚市场监管局签订绵碚认证认可检验检测合作框架协议；国家电器安全质量监督检验中心与重庆岩土工程检测中心有限公司签订战略合作协议；绵阳市科创区与方圆标志认证集团四川有限公司，中国质量认证中心成都分中心、中国检验认证集团签订战略合作协议；四川中科融创科技有限公司与方圆标志认证集团四川有限公司签订合作协议。

【绵阳市质检所通过国家实验室认可（CNAS）监督等评审】 2020年9月19—20日，中国合格评定国家认可委员会、中国国家认证认可监督管理委员会专家组到绵阳市产品质量监督检验所，进行实验室评审，对该所国家电器安全质量监督检验中心（四川）申请的CNAS实验室认可监督、扩项及国家资质认定扩项进行现场评审。现场评审期间，评审组按照《检验检测机构资质认定能力评价检验检测机构通用要求》《检测和校准实验室能力认可准则》《检测和校准实验室能力认可准则在电气检测领域的应用说明》等文件要求，通过开展现场试验、查看设施和环境、查阅档案和相关文件、听取汇报、人员座谈等方式，对绵阳市质检所（国家电器产品质量监督检验中心）在认可周期内的质量管理体系运行、人力资源、质量控制、实验室设备条件、档案管理、技术能力等各方面情况进行全面核查，对检验检测各项工作开展情况给予肯定，并一致认为绵阳市质检所符合CNAS实验室认可要求，同意对绵阳市质检所申请认可的电子电器产品的安全、性能、化学、电磁兼容及环境试验的检测能力共1461项项目参数进行推荐，其中新增参数50项，国家电器产品质量监督检验中心（四川）新增资质认定参数50项。（翁　惠）

自然资源和规划管理

【概况】 2020年，市自然资源和规划局围绕国家、省、市各项决策部署，做好“六稳”工作，落实“六保”任务，坚持保护资源和保障发展并重，统筹抓好先导引领、管控约束、要素保障等工作。全市第三次国土调查成果通过国家复核，拟定2020—2025国土空间总规初稿，推动《科技城集中发展区核心区科技之心片区控制性详细规划调整》等通过市政府批复并实施，做好重点项目用地保障。

【第三次全国国土调查】 2020年，全市9个县级调查单元的统一时点更新调查工作全面完成，全市第三次国土调查成果全面通过国家复核。全年市本级核发“一书二证”539件，其中“建设项目用地预审与选址意见书”65件、“建设用地规划许可证”230件、“建设工程规划许可证”244件。市本级办理不动产登记业务3.1万件、13万户，颁发不动产登记证书证明8万本（份），协助企业办理抵押融资609亿元，向市财政上缴非税收入1472万元。完成农村地籍调查，全市宅基地颁证率达92.97%，集体建设用地颁证率达91.26%。落实市委权责调整改革部署，推动规划管理、土地供应、统征储备等方面10余项职权下放，向市辖区、园区、随编划转118名干部，实现人编岗统一、事权责一致，工业、公益等项目用地从报征、收储到供应，基本实现区级全链条“一条龙”办理，工业项目用地审批提速达1—3个月。

【国土空间规划】 2020年，市自然资源和规划局聚焦“跨入Ⅰ型大城市行列”目标，形成《绵阳市国土空间总体规划（2020—2035）》初步方案。国土空间规划实施评估和风险识别评估、资源环境承载能力和国土空间开发适宜性评价“绵阳经验”先后被自然资源部在全国推广。生态保护红线评估调整成果通过部际联合会审，城镇开发边界试划研究工作在全省率先完成。

【控制性详细规划】 2020年，市自然资源和规划局按照法定程序推进控制性详细规划编制及修改项目共22个，规划研究面积约96.91平方千米，其中《科技城集中发展区核心区科技之心片区控制性详细规划调整》《科技城集中发展区核心区西北片区（原综保区）控制性详细规划调整》《绵阳市涪城区青义镇镇区控制性详细规划》等经市政府批复实施。

【用地保障】 2020年，市自然资源和规划局做好省政府农用地转用和土地征收审批权下放承接实施工作，制定绵阳市承接省政府委托农用地转用和土地征收审批权实施方案，促进项目征地落地效率提升；清理历年项目征地欠账，上报项目用地2786.67公顷，居全省地级市第一位，获批准2186.67公顷，消除二环路二期、九绵高速等重点项目长期“用而未征”状态；上报省级调整3批次土地利用规划269.93公顷，保障综合管廊等73个项目用地；保障重点项目用地需求，全年市辖区完成土地供应78宗459.33公顷；建立“省市重点项目用地保障机制”，对300个重点项目用地实行“一个重点项目、一位牵头领导、一个责任单位、一个项目专员、一套保障方案”；出台《强化自然资源保障促进经济稳增长十六条措施》，办理12家企业延长新冠肺炎疫情防控期间土地出让价款缴纳期限和免交滞纳金申请，为企业减负约3.38亿元。

【自然资源和规划改革试点】 2020年，市自然资源和规划局争取并加快推进全域土地综合整治国省试点和混合用地省级试点；做好两项改革“后半篇”文章，以游仙区新桥镇、江油市青莲镇、盐亭县黄甸镇作为试点率先开展乡镇国土空间规划编制，做好“省市县乡”四级联网土地审批省级试点；全面推进工程建设项目审批改革，率先在全省实现“建设用地规划许可证”“立等可取”；推进不动产登记提速增效，开展“一窗受理综合服务”“延伸服务”“延时服务”，实现“就近可办”“全城通办”，不动产登记提速改革，提前完成国务院改革目标；借鉴学习先进地区亩均论英雄先进经验，形成“标准地”出让改革工作方案。结合绵阳实际，研究形成国有建设用地多用途混合利用改革试点的指导意见。

【土地执法监察】 2020年，市自然资源和规划局做好新形势下卫片执法工作，立案查处土地违法案件47件（涉及土地面积303.03公顷、耕地面积191.83公顷、永久基本农田面积77.75公顷），罚款1501.17万元，没收违法建筑物面积96.86万平方米；推进全市农村乱占耕地建房问题整治工作，对全市37.1856万个图斑进行审查，纳入问题台账1.48万个，面积576.73公顷；做好例行督察“挂账”问题整改，整改到位并填报督察成果管理系统问题678宗、1115.21公顷、金额66.44亿元；报请市政府印发《关于进一步开展闲置土地处置推动清闲促建的通知》，完成闲置土地处置145.61公顷，处置率达30.7%，超额完成年度处置任务；完成3469处小庙治理工作，完成违规确权“河滩地”清理排查整改、“大棚房”“重点区域”清理整治等专项行动“回头看”工作；推动“散乱污”企业违法用地清理整治等工作，完成划拨土地、出租土地收益金专项工作非税收入197.87万元。

【矿产资源管理】 2020年，市自然资源和规划局通过开展矿业权、生态环境、安全生产、民用爆炸物品管理和交通违法行为、涉矿税费5个方面综合整治，完成全市274座矿山的清理摸排，对108座矿山545个问题纳入台账管理；查处超越批准范围开采行为7宗、处罚没款114万余元，查处超限超载、非法改装、抛洒滴漏等问题4000余起，查补入库税款及滞纳金917万余元。

【生态修复】 2020年，市自然资源和规划局启动国土空间生态修复规划编制，开展矿产资源开发利用秩序综合整治，对全市274座在建矿山拉网摸排，对108座矿山545个问题纳入台账管理；争取上级生态修复奖补资金224万元（中央170万元、省级54万无）用于4处废弃矿山修复，涉及修复面积共9.52公顷。

【乡村规划管理】 2020年，市自然资源和规划局指导完成游仙区魏城镇牌坊村、新桥镇复兴社区、胜利村，新桥镇高意村、石庙村，新桥镇王家坝村；江油市太平镇大莼村、大康镇星火村6个村规划成果编制。其中游仙区魏城镇牌坊村村、新桥镇复兴社区、胜利村规划成果率先取得省厅备案，形成试点；江油市太平镇大莼村等4个规划成果通过省厅初审。

【测绘管理】 2020年，市自然资源和规划局完成全市国土空间基础信息平台建设暨“一张图”实施监督系统（即全市所有城镇及土地规划反映在一张图中）的项目立项、方案制定、方案技术评审和财政评审等工作，落实项目启动经费500万元；完成科技城集中发展区16.7平方千米基础测绘，保障科技城新区396平方千米内1：1000地形图全覆盖；启动绵阳市测绘工程院测绘地理信息质量监督抽查工作，抽取9家测绘单位实施测绘产品成果质量监督检查，将市不动产登记中心权籍登记项目纳入质检范围；同步开展测绘成果保密检查、地图市场检查和测绘资质巡查等专项工作；印发《绵阳市测绘地理信息中介服务机构管理办法（试行）》，推动全市测绘地理信息市场秩序公开、透明。

【历史遗留问题化解】 2020年，全市213件涉地历史遗留问题彻底化解到位115件，化解滨江世纪花园、芙蓉世纪阳光、瑞士名都等6个楼盘办证难问题，办理不动产登记4200余户；为32家企业办理不动产登记33件、涉地169.33公顷，解决经开区建区以来、高新区灾后重建以来17家工业企业“未供即用”问题。

（胥　英）

国有资产监管

【概况】 2020年，市国资委制定《防范化解市属国企债务风险工作计划》，梳理重大风险点，明确11项工作重点，设置资产负债率年度控制指标，综合运用绩效考核、薪酬分配等手段引导企业做好债务风险防范化解工作。加强投资融资管理，推动扩大有效投资，全年市属企业融资到位金额796.08亿元，实施各类项目580个，完成投资233.53亿元。

【国有资产监管方式改进】 2020年，市国资委制定《市属商业类功能性企业重要领域和关键环节监督管理实施意见》，加强平台公司监管。制定出台《国资监管提示函工作规则》《国资监管通报工作规则》，加大对监管企业存在风险和问题警示力度；运行绵阳国资在线实时监管平台，增强监管的针对性和及时性。持续抓好法治建设，开展市属企业主要负责人履行法治建设第一责任人职责年度述职。

【重要领域关键环节监管】 2020年，市国资委督促指导科发集团落实市委、市政府关于企业健康持续发展有关安排部署，完成科发地润、波鸿实业无偿划转和绵投集团增资科发集团有关工作，指导企业科学制定2021年经营发展计划和债务偿还计划安排。首次开展监事会主席述职，编报企业重大事项月度动态报告12期，发挥监事会监督作用。

【国有企业历史遗留问题处置】 2020年，全市国资系统落实退休人员社会化管理，涉及移交管理关系2.83万人、转接党员关系7648人、移交人事档案4.76万人，工作受到省国资委专函表扬，工作经验被《国办专报》刊载。清理处置63家僵尸企业、长期亏损企业和88宗低质无效资产、闲置资产，处置完成公交长途运输公司历史遗留问题。

（董子军）

统　计

【概况】 2020年，绵阳市统计局推进重大国情国力调查，完成第四次全国经济普查工作，开展第七次全国人口普查入户调查，做好国省脱贫攻坚普查。立足创新发展，开展新冠肺炎疫情对全市经济运行影响的预判研判，聚焦重点领域，客观分析“六稳”工作、“六保”任务落实成效，形成统计分析68篇。开展新冠肺炎疫情对种养业影响的快速调查工作；安排部署乡村振兴战略统计监测工作。围绕“投资唱主角”，推进项目投资统计监测精细化，从20个行业大类细分到95个行业小类进行通报分析。加强经济形势数据发布和解读，解读全市经济社会发展趋势，加大重点领域、重点主题统计宣传力度，统筹利用网站、微信、微博、直播等政务媒体平台，开展人口普查、统计数据等主题宣传。首次以线上直播形式创新开展“统计开放日”活动，观看总人数突破11万人次。发布《绵阳市第四次全国经济普查公报》。选派统计工作人员参与新冠肺炎疫情防控工作，牵头负责医疗物资统计工作，协助做好来绵返绵人员统计调查工作等。坚持依法行政，将办理好代表建议作为统计的重要工作，推进自然资源资产负债表编制工作开展。以全省乡镇行政区划调整和村级建制改革为契机，收集、走访、调研县市区、乡镇，抽取部分企业和部门统计基础工作情况，参与统计基层基础规范化建设创新试点工作。严格执行农业、工业、投资、服务业、能源、劳资、科技等专业统计制度开展统计定期报表和年度报表；健全统计基础资料管理制度，做好地方统计调查项目审批管理，保障统计调查的科学、统计数据的可靠；推进基层数据报送流程规范化管理。

【"四上"企业复工复产情况调研】 2020年，市统计局为掌握新冠肺炎疫情对全市"四上"企业生产经营情况的影响，按照周、旬、半月、月等周期先后多次对全市"四上"企业复工复产情况进行全覆盖调查、形成调查报告，为市委、市政府研判形势、制定政策提供参考。开展全市"四上"企业统计人员(5200余人)分专业到岗情况全覆盖摸排，对5%左右因疫情未到岗的，利用在家办公，远程完成报送。

【统计法治宣传教育】 2020年，市统计局以多形式、多渠道、多主题宣传普及《中华人民共和国统计法》和《中华人民共和国统计法实施条例》，以及《关于深化统计管理体制改革提高统计数据真实性的意见》《统计违纪违法责任人处分处理建议办法》《防范和惩治统计造假、弄虚作假督察工作规定》，提升全社会统计意识。推动将统计法律法规列入普法计划，列入党校（行政学院、干部学院）必修科目。推进统计法律法规进机关、进企业、进学校、进社区。先后在市委常委会、市政府常务会上组织学习习近平总书记关于统计工作的重要论述，学习《关于深化统计管理体制改革提高统计数据真实性的意见》《统计违纪违法责任人处分处理建议办法》《防范和惩治统计造假、弄虚作假督察工作规定》精神。

【数据审核机制规范流程建设】 2020年，市统计局修订和完善《绵阳市地区生产总值（GDP）数据质量审核评估办法》《绵阳市GDP数据协调性评估办法》《绵阳市社会消费品零售额数据质量审核评估办法（试行）》和《绵阳市工业增加值增长速度评估办法（试行）》。制定《绵阳市统计数据管理、提供和发布制度》《关于统计机构负责人和统计人员防范和惩治统计造假弄虚作假责任制实施办法（试行）》《统计执法检查"双随机"实施细则》《统计违法举报受理工作实施办法》等系列措施制度，以制度规范加强统计工作规范化建设。

【绵阳市发布《第四次全国经济普查公报》】 2020年3月27日，《绵阳市第四次全国经济普查公报》经绵阳市政府第90次常务会议审议通过后，在绵阳市电视台、《绵阳日报》、绵阳市政府门户网站、绵阳市统计内外网、绵阳统计微信公众号等主要媒体同步发布。《绵阳市第四次全国经济普查公报》由7个公报组成，其中一号公报是对经济普查工作的主要特点和主要指标结果的综述；二号公报发布普查单位基本情况；三号公报发布2018年末第二产业单位基本情况；四号公报发布2018年末第三产业中批发和零售业，交通运输、仓储和邮政业，住宿和餐饮业，信息传输、软件和信息技术服务业，房地产业，租赁和商务服务业6大类单位基本情况；五号公报发布2018年末第三产业中科学研究和技术服务业，水利、环境和公共设施管理业，居民服务、修理和其他服务业，教育，卫生和社会工作，文化、体育和娱乐业，公共管理、社会保障和社会组织7大类单位基本情况；六号公报发布2018年末部分新兴产业基本情况；七号公报发布2018年末县市区、园区、科学城单位和从业人员情况。（王杰凡）

统计调查

【概况】 2020年，国家统计局绵阳调查队（以下简称调查队）共撰写报送各类调查信息、分析报告235篇次，上报约稿57篇，其中被国办专报采用5篇，国家统计局采用6篇。政府办信息采用得分成绩位居驻绵阳单位第一名，获2020年全市政务信息工作先进单位及个人。撰写报送《我市农村居民对疫情期间生产生活有四个期盼》《猪肉节后价格仍居高位，家禽压栏现象突出均价大幅下降》《战胜疫情信心坚定面临困难亟须重视》《绵阳制造业企业复工达产情况报告》等多篇专题调研报告，反映社情民意，为党委政府制定新冠肺炎疫情防控和民生保障相关措施提供参考依据。在全省评比中，9个专业获优秀、7个专业获良好，获奖面达84.2%。

【统计法治建设】 2020年，调查队学习贯彻习近平总书记关于统计工作重要讲话指示批示精神以及《关于深化统计管理体制改革提高统计数据真实性的意见》《统计违纪违法责任人处分处理建议办法》《防范和惩治统计造假、弄虚作假督察工作规定》等文件，推进防范和惩治统计造假、弄虚作假工作，完善统计违法行为有奖举报规定。严肃监督执法，将执法检查和数据质量巡查有机结合，全年共检查巡查9个区县、180个调查对象。对统计执法"双随机"检查中发现的2起统计违法行为依法立案查处，限期整改。落实"七五"普法规划，宣传深化普法。开展警示教育，将统计法治培训列为专业培训固定内容，全年开展各类普法宣讲50余次。

【脱贫攻坚普查】 2020年3月，全市成立国家脱贫攻坚普查领导小组，领导小组办公室设在国家统计局绵阳调查队，负责全市脱贫攻坚普查日常工作。4—11月，先后完成北川羌族自治县、平武县国家脱贫攻坚普查和涪城区、安州区、三台县、盐亭县、梓潼县、江油市非国家贫困县脱贫攻坚调查任务，覆盖8个县、3082个村、78453户建档立卡贫困户。

【农业农村调查统计改革】 2020年，全市粮食畜牧业统计调查数据归口国家统计局绵阳调查队统一管理。调查队将粮食产量抽样调查和生猪抽样监测从产粮大县、生猪调出大县扩展至所有县市区，实现县级粮食生猪抽样调查监测全覆盖。利用无人机等现代信息技术，对农作物面积调查数据质量开展事后抽查。改革完善调查方式，选聘一批国家农情观察员，适时收集粮食、畜牧业生产发展等农情信息，直接上报至国家统计局。

【流通消费价格调查等基期轮换】 2020年，调查队分别开展流通消费价格调查（CPI）、工业生产者价格调查（PPI）和房地产价格调查（HPI）基期轮换，分阶段进行多轮样本清理和补充、基础数据资料收集处理、权数专项调查、权数测算和评估、两期数据衔接测试等工作，实现权数、样本结构的科学调整，以及两期数据接轨。

【住户调查样本轮换】 2020年，住户调查样本轮换共涉及7个县市区，样本总量1300户，其中城镇630户，农村670户。8月中上旬，调查队组织各县市区对调查小区进行全面摸排，掌握有效样本量和样本结构。8月底，召开全市样本轮换工作部署会，对样本轮换工作作出细化安排。9月至10月中旬，对全市7个县市区开展现场指导，执行全省工作方案，做好摸底和开户数据质量，随机抽查换户情况，杜绝随意换户的现象，维护样本代表性，确保样本轮换工作完成。

【劳动力调查持续推进】 2020年，调查队除按月完成192户城镇居民、48户农村居民户信息及家庭成员个人基本信息、就业状况、工作信息等数据的采集、审核、上报外，按照国家统计局要求，完成对新增42个调查小区常住人口、户籍人口等相关情况的摸底工作，择优选聘42名调查员，搭建市、县、乡、村四级协作平台。

【重大专项调查】 2020年，调查队完成全面从严治党民意调查、绵阳建设全国文明城市模拟测评、江油创建全国文明城市模拟测评等政务服务专项调查。先后开展新冠肺炎疫情对企业生产经营影响、新冠肺炎对城镇低收入居民生活影响、应届大学毕业生就业、智慧养老、农村耕地流转、邮政快递业发展情况等多项民生专题调查。 （邢 为）

物价管理

【概况】 2020年，全市物价管理围绕中心工作，着力稳物价、保民生、促发展。全市CPI累计增长3.1%，物价总水平保持基本稳定。从分类指数来看，全市八大类商品价格累计同比呈现“3涨5降”。其中食品烟酒价格同比上涨11.6%，其他用品和服务、教育文化和娱乐价格分别同比上涨3.1%和0.1%，交通和通信、衣着、居住、生活用品及服务、医疗保健价格分别同比下降3.7%、1.5%、1%、0.8%和0.1%。

【价格调控】 2020年，市发改委关注涉价舆情，引导市场预期。新冠肺炎疫情防控期间，通过媒体开展正面宣传，释放复工复产有序推进、相关商品市场供应充裕、政府调控措施得力等信号，引导市场预期，稳定市场价格秩序。加强价格形势研判，累计向市政府报送价格专报50余期，根据新冠肺炎疫情防控需要先后提出屠宰企业提前复工、引导生猪养殖企业适时出栏生猪、加大价格执法告诫力度、视情况允许定点宰杀的活禽交易、及时疏导群众紧张情绪等意见建议，并被转化为政府或相关部门的政策措施。实施联动机制，保障民生。提高“菜篮子”保供稳价水平，加大冻猪肉收储及投放力度。落实社会救助和保障标准与物价上涨挂钩联动机制，启动并按月发放价格临时补贴。全市累计启动价格补贴联动机制9次，共向符合条件的困难群众发放价格临时补贴1.4亿元，惠及困难群众200余万人次。

【重点领域价格改革】 2020年，市发改委制定实施《关于阶段性下调水电气价格切实降低企业用能成本的方案》，降低企业用能成本，助力企业复工复产、加快发展。全年全市共降低企业水电气成本2.53亿元。推进水价改革，启动实施非居民用水超定额累进加价制度，下达2020年绵阳城区非居民用水计划。持续推进农业水价综合改革，完成6.04万公顷的改革目标任务。用好电价优惠政策措施，支持电力用户参与市场化交易，落实丰水期居民生活用电电能替代价格政策，开展转供电环节价格专项整治。

【价格管理】 2020年，市发改委落实“放管服”改革优化营商环境要求，制定落实《进一步规范行业协会商会收费重点任务清单》，清理规范涉企收费、行政审批中介服务收费。完善收费目录清单制度，开展行政事业性、政府定价经营服务性收费“一张网”建设，推进清单之外无政府定价收费，用公开和透明遏制乱收费。发起为医务工作者免景区门票倡议，全市17家景区响应倡议，对医务工作者免收门票，并开设优待窗口和绿色通道。审慎调整教育收费，制定普惠性幼儿园保教费收费标准。全面落实新能源汽车停车收费优惠减免政策。

【价格监测监审认定】 2020年，市发改委完善价格监测机制，促进监测成果转化。根据应对新冠肺炎疫情需要，调增价格监测频次，扩大价格监测范围，建立全市重要民生商品和应急物资价格应急监测日报制度。建立砂石价格市场动态采报价机制，保障重大项目复工复产建设需求。开展医用口罩和防护服的生产成本、全市AAA级以上景区门票复工复产和农产品生产、流通环节成本情况调查，形成《绵阳市疫情防控期间农业生产情况的报告》等专题报告。加强全市重要商品和服务成本的动态管理，完成主城区供水、污水处理、城镇管道燃气商品和服务的成本调查。依法开展价格认定，全市共完成各类价格认定案件1078件，认定金额约3.93亿元，案件办结率达100%，无一起重新认定和复核裁定案件的发生。

（胥　霆）

安全生产管理

【概况】　2020年，市应急管理局树立“安全发展”理念，贯彻落实党中央、国务院、省委、省政府和市委、市政府关于安全生产工作决策部署，围绕防范化解安全生产重大风险，落实安全生产清单制管理，推进安全生产三年专项整治，落实安全生产各项工作。全年共发生生产安全事故48起、死亡49人、受伤36人，事故起数、死亡人数分别同比下降29.41%、33.78%，受伤人数与2019年同期持平，发生较大事故2起，未发生重特大生产安全事故，全市安全生产形势持续稳定向好。

【防范化解安全生产重大风险攻坚】2020年，市应急管理局牵头制定《绵阳市2020年防范化解安全生产重大风险工作计划》，对交通运输、城市运行、非煤矿山、危险化学品和烟花爆竹、消防、特种设备、工贸等十大行业领域等重点行业领域36项重大风险实行“清单制+责任制”管控，确保重大风险防控任务明确、责任落实，并将10处重大隐患纳入市级挂牌整治。对硝酸铵生产企业、五类重点涉爆危险化学品企业和危险化学品重大危险源开展检查，持续开展危险化学品存储排查治理，对18家重点企业实行市级检查全覆盖；通过“购买专家服务”的方式，开展全市危险化学品区域安全风险评估项目，遴选出9家高风险企业（红、橙风险）、86个高风险区域（红、橙风险）；开展危化品百日安全专项整治等行动，检查企业685家次，发现隐患1135项。开展工矿领域专项整治等行动，检查工矿企业407家次，发现隐患1544项，停产停业整顿33家次，立案查处76家次。推动尾矿库闭库治理工作，对1座长期停用尾矿库实施闭库。聚焦“春节”“两会”“五一”、汛期、科博会、“中秋”“国庆”等时期，召开专题会商会6次、约谈警示会3次，开展安全生产督导检查12次，发出工作督办、提示函200份，印发工作通报6期。

【安全生产清单制管理】　2020年，市安委会印发《绵阳市全面推行安全生产清单制管理工作实施方案》，督促各级党政领导、行业监管、企业主体责任落实；市应急局起草《市委常委会、市政府常务会安全生产职责清单》《市委、市政府领导安全生产职责清单》经市委、市政府审定印发；全市197个市、县行业部门制定发布部门监管职责清单，2331家企业编制企业主体责任清单，3039家企业编制明责卡。争创省级安全生产清单制管理示范企业1家、市级示范企业63家。

【安全生产专项整治】　2020年，全市启动安全生产专项整治三年行动，成立以市长为组长的领导小组，下设13个工作专班，形成各地各部门各负其责、齐抓共管的局面。截至年底，全市共编制建立问题隐患和制度措施清单80项，其中问题隐患清单36项（突出问题18项、重大隐患18处）、制度措施清单44项（制度层面5项、隐患整治措施39项）；组织开展危险化学品、交通运输、建筑施工、非煤矿山、烟花爆竹、消防、特种设备、城镇燃气、旅游、油气输送管道和城市道路塌陷等重点行业领域“排险除患”集中整治，共排查整治企业、单位6156家，排查隐患6235处。联合开展矿山综合整治，加快推进矿权整合重组和矿企改造升级，改善矿山安全生产条件。

【安全生产工作法治化建设】　2020年，全市安全生产执法机构检查企业1234家（次），同比增长33%；预防性监察执法罚款222.9564万元，同比增长3.9%。对平武县大茅坡铅锌矿1处风机转动装置未设置安全防护网案、四川亿达纸业有限公司未建立健全特种作业人员档案等案件进行公开曝光。对神华四川能源江油发电厂、绵阳双汇等重点企业开展解剖式执法。全年共查处安全生产违法违规案件188件，均按要求办结。市应急局印发《安全生产“铸安2020”监管执法专项行动实施方案》，成立专项行动指挥部，制定考核细则，列出任务清单、执法检查清单和整改清单，绘制危险化学品行业涉及“两重点一重大”（即重点监管的危险化工工艺、重点监管的危险化学品和重大危险源的监管）、金属非金属地下（露天）矿山作战任务图。全市共检查企业303家次，督促整改安全隐患1729项，采取现场处理措施暂时停产停业、停止建设（使用设备）45家，立案处罚106家，处罚款205.5万元。在事故调查评估方面，执行事故分级管理及挂牌督办的规定，开展事故调查，均在规定期限内结案，按期结案率达100%，并依法在政府门户网站公布事故调查报告。全年共处事故罚款735.07万元，移送司法机关追究刑事责任3人，对2个属地政府、5个行业主管部门及12名公职人员追究党纪政纪责任。针对市内2起道路交通较大事故，均按要求开展事故调查，经调查认定不属于生产安全事故。全年全市没有省级挂牌督办事故。

【安全生产基层基础建设】　2020年，全市实施“科技兴安”，完成重大危险源接入部、省系统，推动直管行业重点企业视频接入安监信息平台，开展“机械化换人、自动化减人”行动，全年“科技兴安”投入达2亿元。推进安全生产标准化建设，新建、复评标准化企业80余家。推动安全城市发展，全市18个省级安全社区通过复评。开展安全宣传活动，制作播放安全生产事故警示教育片2部及《冬季交通安全》《冬季用火用电用气安全》《汛期安全常识》《防震避险常识》等系列公益广告宣传片4部，编印并向群众、企业发送《公众应急知识普及读本》《企业员工安全生产教育读本》《安全生产挂图》等宣传资料16万余册（页），通过媒体等播放、推送科普知识公益片、“安全风险提示”260余次，加大对公民安全意识和自救互救能力的宣传教育力度。邀请电视台主播走进美丰公司开展“主播走现场”活动，通过4个网络平台直播，约140万人次观看直播。

（张　瑶）

绵阳海关

【概况】　2020年，绵阳实现外贸进出口总值216.3亿元，较2019年同比增长3.5%，其中出口78.3亿元，同比增长10.9%；进口138亿元，同比下降0.3%。绵阳海关审核货物报关单1.9万份，同比增长2.9%，“两税”（关税和进口环节增值税）入库22.8亿元，同比增长138.3%；监管进出口货运量4.3万吨，同比增长12.6%，货物总值126.1亿元，同比减少2%；监管进出境货物集装箱6534个，同比增长13.2%，其中进口5763个、出口771个；办理减免税手续3216批次，同比增长53.1%，货值22.8亿美元，同比增长258%；减免“两税”2.2亿元，同比增长53.9%。完成检验检疫2550批次，同比增长61.5%，货值24.3亿元，同比增长35.8%；其中进口724批次，货值19.3亿元，分别同比增长81.9%、25.8%，出口1826批次，货值5亿元，分别同比增长54.6%、4.1%；签发出口原产地签证2012份，同比减少5.5%，货值1.5亿美元，同比增长4.1%。开展海关业务数据安全专项行动，规范业务数据使用。完成海关总署下达的绵阳海关消防设备维修专项工程。持续做好“非洲猪瘟”疫情防控，指导绵阳明兴农业进境种猪隔离场建设。加强检疫监测，组织开展实蝇监测、杂草监测等工作，通过事前加强国门生物安全监测，事中落实安全风险监测和现场查验，事后推行专项调查，科学合理再造业务流程，为绵阳稻种出口提供全过程服务。强化粮食进口监管，完成进口粮食储备、加工监管18批共3.2万吨。落实进出口食品监管溯源管理，辖区出口食品实现国外风险反馈“零”通报。完善应急处置预案，开展监管场所综合整治，督促经营方落实主体责任。优化监管模式，制定并实施危化品检验合格评定方案，平均每批节约检测时间3.5个工作日。全年共检验进出口危化品718批，实施危险货物包装使用鉴定712批，检出不合格12批。实施性能检验24批，检出不合格3批。推进“多查合一”（即将海关后续监管职责、原检验检疫后续监管职责统一归口稽查部门管理）改革，落实“审查分离”制度，实施核查分类施策改革，做好“选、查、处”衔接，强化核查结果运用。深化“双随机”应用，防范核查风险，全年完成稽查作业8家，稽查补税7.69万元，办结“两简案件”（简单案件、简易程序案件）2起。全年绵阳海关缉私分局行政立案11起，调查终结12起（含2019年2起），结案11起（含2019年2起），结案案值1652.66万元，罚没入库27.8万元，补税71.49万元；刑事案件结案3起（含2019年2起），结案案值461万元。办理协查案件9起。

【新冠肺炎疫情防控】　2020年，绵阳海关成立新冠肺炎疫情防控应对工作领导小组，召开11次领导小组会议对新冠肺炎疫情防控工作进行研究部署。坚持“日平安报告制度”和“日工作报告制度”，做好从高风险地区返回绵阳的人员清理排查工作。组建支援双流机场旅检工作突击队，先后派出13人次支持口岸新冠肺炎疫情防控。承担绵阳市防控指挥部工作，多次配合协调绵阳市境外捐赠和境外采购应急物资通关事宜。严防新冠肺炎疫情经货物渠道输入，按海关总署要求，暂停来自疫区的非食用动物产品进口。保障进出口防疫物资质量安全，全年累计放行进出口防疫物资92批，货值7610万元。确保“零延时”快速通关，严密事中监管和后续处置，查发2起申报不实案。

【绵阳综合保税区等对外开放平台建设】　2020年4月，绵阳综合保税区获批设立。绵阳海关对照综保区验收要求，开展政策宣讲和方案论证，支持卡口改造、信息化系统优化、监管设施改造和招商引资等工作，保障基建改造期间综合保税区卡口业务正常运行。12月29日，绵阳综合保税区过正式验收，具备封关运行条件。绵阳跨境电子商务综合试验区于同年5月获批，绵阳海关参与起草《中国（绵阳）跨境电子商务实施方案》，协调帮助建设绵阳跨境电商公共服务平台和跨境电商监管中心，做好绵阳跨境电商业务数据接入准备工作。12月，绵阳本地第一票跨境电子商务直购（9610）出口业务通关离境。

【通关能力建设】　2020年，绵阳海关落实新海关全面深化业务改革2020框架方案和海关全国通关一体化改革各项举措，推广应用国际贸易“单一窗口”和进口“两步申报”通关模式。落实“提前申报”容错机制，实行“业务先办、资料后补”的线上容缺办理，提升报关放行便利度。在风险可控基础上压缩内部审核环节，实现通关全流程无纸化，进出口环节监管证件全部实现网上申报、网上办理。对重大项目进口成套设备实行“一站式”和“随到随检”服务，压缩通关时间，优化口岸营商环境提升企业满意度。参与营商环境国评工作，作为牵头单位承担绵阳市“跨境贸易”一级指标参评的统筹推进工作，获评绵阳市先进单位，1人获评绵阳市先进个人。

【通关监管环境建设】　2020年，绵阳海关对辖区主要进出口企业开展调研，并出台15项措施支持外贸企业复工复产。根据企业需求实施“一企一策”，开通绿色申报窗口，提供预约通关服务，利用微信、电子邮件等信息化手段24小时为企业提供政策辅导和业务指导。对京东方、惠科等重大产业项目，采取即到即办、高效验放等方式提供通关便捷，支持绵阳外贸企业复工复产。对长虹、京东方、中外运等有需求的企业开展企业信用培育及认证工作，其中绵阳京东方通过AEO高级认证。推行“无陪同查验”“视频面对面讲解”“个案点对点”指导等工作方式。创新检验检疫签证放行模式，首次通过互联网及邮递方式为企业办结检验检疫证书。简化企业信息变更手续，对企业信息变更实行“无纸化”办理，提升监管效能。探索开展远程稽核查作业模式，推进“互联网+稽核查”“线上+线下核查”试点，对企业实施远程网上非侵入式保税监管和稽核查。建立口岸收费目录清单制度，对清单外事项一律不得收费。推进落实自报自缴、汇总征税等税收征管方式改革，完善税收担保方式，减少企业资金占用。落实海关总署18号公告精神，推迟汇总征税，辖区长虹电器、绵阳京东方受益。对政府公布复工日起15日内企业逾期纳税产生的税款滞纳金予以减免，辖区美达科技公司受益。实施对美加征关税商品排除工作，为企业办理关税退还2063万元。

【加工贸易企业服务】 2020年，绵阳海关复制推广自贸试验区与综合保税区相关改革试点经验，推动海关特殊监管区域间保税货物流转、区内企业货物流转自行运输、实施“批次进出、集中申报”、海关特殊区域“四自一简”（即自主备案、合理自定核销周期、自主核报、自主补缴税款及海关简化业务核准手续）等措施落地落实。创新加工贸易企业备案验核方式，首次在办理加工贸易企业备案工作中采取远程视频连线方式进行验核，帮助企业快速办理加工贸易手册。优化加工贸易手册设立、变更、核销、内销征税、深加工结转等审核作业环节，优化监管模式，提升监管效能。指导惠科、京东方等公司以“区内物流货物”贸易方式申报一线进出口货物共计货值6.3亿元；区内虹锐公司首次应用“两步申报”模式进口。全年绵阳海关办理加工贸易手册11本，备案货值3490万美元；核销手册8本，内销征税79万元，深加工结转总货值1.94亿元。

【打击走私专项活动】 2020年，绵阳海关开展“国门利剑2020”“蓝天行动2020”“打击走私珍贵野生动物及其制品”等专项行动，全年绵阳海关缉私分局查证走私进境的珍贵动物制品，查扣疑似抹香鲸牙制品94克，疑似犀牛角制品60克，疑似砗磲制品404克，疑似动物胆粉309克，疑似动物皮1张，疑似动物角、牙齿及其骨头制品5353克；查扣亚洲象或非洲象象牙制品936.05克。查获走私枪支1支、枪支零部件34件。其中“6·20”走私象牙制品进境案被中央电视台《今日说法》栏目播出。（任　静）

卫生执法监督管理

【概况】 2020年，全市卫生执法监督部门联合市商务局、市文广旅局等部门制定下发《绵阳市“信用+综合监管”试点工作实施方案》，印发《关于推进医疗机构在线依法执业自查的通知》《关于建立完善卫生健康行业“执法+”工作机制的通知》等文件5个，争取规范化建设等省级试点项目2个、项目资金300万元，全市医疗卫生多元化监管工作经验在全省交流推广。联合市委网信办、市教体局、市商务局、市公安局、市市场监管局联合开展新冠肺炎疫情防控、二次供水、医疗美容、学校卫生等执法检查20余次，累计监督检查医疗卫生机构9700余户次、公共场所1.17万余户次、学校及托幼机构2690余户次、采供血机构27户次，下达执法文书3.9万余份，办理行政处罚案件800件，罚没款134.772万元。在全市73家二级以上医疗保健机构全面实施卫生监督协管员驻点制度，率先在全省全面推行在线依法执业自查及依法执业诚信经营公开承诺活动，430余家医疗机构、2.4万余名医务人员签订《依法执业承诺书》，累计对163家医疗机构进行不良执业行为记分590分，对5名医师进行不良执业行为记分40分，在信用平台录入行政处罚并公示49件，录入行政许可并公示261件。在全省率先启用执法专用电子印章，实现移动执法终端现场打印执法文书，全面推行“移动执法”App应用，为市县两级卫生执法监督机构配备执法终端、执法记录仪150余台，摄像机、照相机、录音笔70余台，便携式打印机70余台，53家二级及以上医疗机构全面接入省医废在线监管平台，“互联网+监管”新模式初步形成。完成国家、省“双随机”抽检任务1269户次，完结率、上报及时率均为100%，抽查事项、抽查计划、抽查结果均按要求在政府网站上进行公示，检查结果公开率达100%。

【食品安全风险监测和营养健康指导】 2020年，全市卫生执法监督部门联合市发改、经信、海关、市场监管局印发《绵阳市2020年食品安全风险监测实施方案》《2020年绵阳市食源性疾病监测方案》，针对风险程度较高、污染水平呈上升趋势的食品开展抽样检测，采集样品279份，样品采集覆盖率达100%，监测任务完成率达100%。全市50家食源性疾病监测哨点医院上报食源性个案病例1.01万例，任务数完成率达202.82%，开展食源性疾病病原学检测694份，任务数完成率达144.58%，

图55　11月4—6日，全市第一届营养配餐技能竞赛在三台县芦溪镇举行

病原学阳性检出率为14.84%，居全省第一。落实食品安全风险监测报告通报制度，累计向食安办等相关部门推送食品安全风险监测简报7期。建立绵阳市国民营养健康指导委员会及合理膳食专项行动专家组，45名临床营养人员入选专家库首批专家，组建营养宣传志愿者队伍248人，择优选聘食品安全事故流行病学调查员43人，初步形成行政指导、专家把脉、社会参与的食品安全与营养健康工作机制。多渠道多形式开展营养健康科普知识宣传，累计开展“全民营养周”和“5·20”中国学生营养日主题宣传活动、营养健康科普知识“五进”（进社区、进乡村、进学校、进超市、进餐厅）活动250余期次，受益25万余人次，在网站、微信公众号等发布营养健康宣教信息400余篇次，发放宣传资料20余万份、宣传礼品2万余份，接受健康咨询40万余人次。联合市人社局、市商务局、市总工会举办绵阳市第一届营养配餐技能竞赛，各县市区营养和烹饪岗位的11支队伍33位选手参加竞赛，并在全省决赛中取得团体一等奖、优秀组织奖、2个个人二等奖和1个个人三等奖的成绩。

【饮用水水质监测】　2020年，市卫生系统按照《2020年绵阳市城乡饮用水水质监测工作方案》，在城区设置96个城市饮用水监测点，在全市268个乡镇设置548个农村饮水安全工程监测点，分别抽取50处重点公共场所，分夏季、冬季2个时段开展监测，累计完成城市饮水监测水样111份、农村饮用水监测水样567份，在安州区40个行政村开展土壤监测，对200户家庭开展农村环境卫生调查。

【职业健康执法能力提升项目】　2020年，市卫生系统推进“智慧卫监”建设，省、市财政投入资金260多万元，执法装备配备到县级卫生执法机构，基本实现手持执法终端现场执法和信息实时录入。全市落实专兼职执法人员28人、卫生协管员509人，对全市职业健康执法人员及职业健康协管员进行全员培训10余次。非煤矿山、冶金、建材、化工4个行业监督检查覆盖率均达100%。

（赵　怡）

应急管理
Emergency Management

概 述

【概况】 2020年，市应急管理系统完善各专项指挥部工作规则、办公室工作细则和处置流程，形成统筹、明责、联动的运行机制，建立完善统一指挥、防救一体、联动应对、体系支撑、专常兼备、快速响应的全市大应急工作体系。对接做好森林防灭火指挥部办公室从林业局调整到应急局相关事宜。执行市委、市政府的应急指令，年内共组织实施应急救援行动12次，妥善处置“3·29”涪城龙门货运车辆危化品燃烧、“9·13”平武洪涝灾害、“9·30”涪城龙门农资市场火灾、“12·9”安州4.6级地震等事故和灾情。1月24日四川省启动突发公共卫生事件Ⅰ级响应后，全市当即启动应急预案，组织领导、协调指挥各级各部门落实各项预防控制措施，确保人民群众生命安全和身体健康。8月11—17日，全市范围内持续出现强降雨天气过程，引发多地严重洪涝灾害和泥石流灾害，降水总量超历史极值、流域洪水50年一遇、洪灾损失历史最重，为中华人民共和国成立以来全市最大暴雨洪灾过程。全市启动防汛应急响应，各地各部门联动，开展应急抢险救援。

【重大风险研判和防范】 2020年年初，市应急委办公室会同市安委会办公室、市减灾委办公室组织相关成员单位开展年度安全生产和自然灾害重大风险研判，梳理重大风险，并上报防范化解计划，经市委、市政府审定后，指导各级各部门开展工作。进入汛期后，针对气象、雨情、水情趋势，组织水利、自然资源、气象等部门，江油、北川、平武等县市区开展防灾应对分析，为基层主动应对可能发生的灾害风险提供技术支撑。

【监测预警发布】 2020年，市应急委办公室联合响应专项指挥部办公室和市气象局发布气象和灾害预警，跟踪天气变化和灾情发展趋势，会同相关部门开展会商研判，加强对重点区域的精细化预报预警及监测，把握防灾救灾的主动权，为做好防汛救灾决策部署提供重要依据。汛期共发布灾害预警预报信息350余期、雨情通报100余期，向特定人群发布防汛应急短信200余条，覆盖面近40万人次，发布预警应急通报10次、应急提示21次。

【应急预案体系建设】 2020年，市应急委办公室安排各地编修防汛、防地灾、防地震等主要灾种的应急预案，先后2次开展《绵阳市突发事件总体应急预案》修订工作。市总体预案征求意见稿基本修订完成，各地区各有关部门和单位按要求做好预案编制修订、备案等工作。完善《应急救援处置流程规范（试行）》《洪涝灾害应急处置工作方案（试行）》《地质灾害应急处置工作方案（试行）》。制定《绵阳市消防安全事件应急处置工作流程（试行）》《绵阳市地震应急工作方案（试行）》，规范处置程序，明确各方责任，突出事故处置流程化、清单化、规范化，确保应急处置流程清晰、措施到位、有力有序。制定应急救援行动“一张图”，把队伍、物资、装备、通信等救灾资源集成为作战能力，组织、指导各地、部门开展应急演练。

【应急联动机制建设】 2020年，市应急委办公室印发《绵阳市防灾减灾部门应急联动机制（试行）》《绵阳市市、县（市、区）防灾救灾联动处置工作规范（试行）》，建立市、县联动和部门联动工作机制；与绵阳军分区联合印发《关于进一步完善落实军地抢险救灾协调联动机制的通知》，建立军地抢险救灾协调联动机制，密切军地抢险救灾的协同联动；加强区域应急救援联动，牵头与周边5个省内市州和重庆市北碚区共同研究应急救援合作事项，签订区域应急联动工作协议。

【基层应急能力建设】 2020年，市应急委办公室组织全市基层乡镇干部应急能力提升培训和全市应急系统救援业务培训，以洪涝灾害桌面推演的方式对应急救援流程进行讲解。为做深做实乡镇行政区划和村级建制调整改革“后半篇”文章，市应急委办公室制定加强基层应急管理能力建设试点工作方案，在游仙区新桥镇、北川羌族自治县永昌镇、平武县高村乡开展试点工作，构建“6+4”基层应急管理工作体系。11月13日，在游仙区新桥镇组织召开全市应急管理系统推进基层应急管理能力建设现场会议，推广试点经验。

资料链接：“6+4”中“6”即构建党委政府统一领导的综合性应急指挥部，设置应急管理工作办公室，压实应急管理责任，建立综合性应急救援队伍，编制综合性应急预案，落实救援站点、救灾物资、避难场所6个方面。“4”即建立和完善风险管控和隐患排查治理机制，建立及时预警预报工作机制，建立县乡村应急区域联防联动机制，建立镇村宣传教育培训机制。

【应急值守联动】 2020年，市应急委办公室建立与县市区、市水利、自然资源、气象等部门和市级应急救援队伍间的值守联动，跟踪掌握灾情、汛情，形成应急值守联动、灾情研判会商联动、预警信息发布联动的“一盘棋”格局。全市各级应急委办公室和市应急委相关成员单位，落实领导带班制、24小时值班制。事故、灾情发生后，市县两级启动应急响应和应急预案，各级领导干部快速赶到现场检查指导、调度指挥抢险救援工作，做到“第一时间研判灾情、第一时间调度集结、第一时间抢险处置”。预案启动后，应急委相关成员单位在同级指挥部的统一领导和指挥下，按照预案职责分工和指挥部的安排，协同做好相关工作。绵阳军分区、武警绵阳支队、市消防救援支队组织专业人员和物资，投入营救被困群众、转移物资、维护秩序工作。

【应急抢险救援】 2020年，市应急委办公室发挥应急救援牵头抓总作用，事故、灾情发生后，立即启动应急方案，成立前后方工作组，主要负责人带领应急快反小组到现场指导抢险救援工作。并针对重大险情、灾情，发挥专业化支撑力量作用，调动消防、武警部队、重工机械等市级应急救援力量，协调组织军地通用航空力量和专家参与抢险救援行动。5月22日11时57分左右，江油市厚坝镇武都引水工程永重支渠隧道坍塌事故3人被困。5月29日20时，经过176个小时紧急救援，3名被困人员全部救出，且生命体征平稳。8月，针对“8·11”特大暴雨洪涝灾害，组建13个督战组，派出25批125人到平武、北川、安州、江油、三台等受灾重点县市区督导抢险救援工作。

【救灾物资保障】 2020年，市应急委办公室为保障抢险救灾需要，发挥统筹协调作用，根据抢险救援实际，紧急调派抢险物资设备至抢险一线，向国家、省争取支持。调拨航油、柴油等油料保障直升机和抢险机械设备所用，调派防疫物资支援当地防疫工作；根据救灾需要，紧急调拨生活类保障物资保障受灾群众生活所需。全年全市应急部门共紧急调拨46类救灾物资，其中帐篷258顶、折叠床1470张、棉被9436床、棉大衣2470件、雨伞874把、雨衣3911套、雨鞋3263双、强光手电1866个、大米1.26万公斤、食用油2660公斤、柴油5.7吨。12月12日，向全市受灾县市区发放御寒物资棉被5000床、棉大衣3000件、棉衣裤（棉衣）2200套、防寒服500件、棉帽1000顶、棉鞋1000双、折叠床200张。

【实战案例分析研讨】 2020年，全市在事故灾害应急救援终止后，由事发地相关部门按职责分工做好灾后评估、案件查处、问题整改等工作，并将涉及刑事案件、渎职失职行为线索移交有关部门。市应急委办公室针对江油“5·22”和平武“8·17”抢险救灾实战案例，进行实战案例分析研讨，对江油“5·22”抢险救援进行复盘，吸取经验，总体形成“八抓”方法和“五必须”经验。“八抓”即抓值守体系的规范建设、抓灾害风险研判预测、抓救灾工作应急提示、抓救援行动专案编制与启用、抓救援行动的组织指挥、抓现场处置协调、抓救援物资保证、抓灾情统计核查；“五必须”即必须建立强大的应急通信网络并实行一体化管控，必须建立专业化救援攻坚队伍，储备特种抢险作业装备，必须在边远山区乡村前置应急物资、人员和装备，必须落实各地各行业抢险物资储备，必须优化应急值守安排和调度协同。

【应急救援队伍建设】 2020年，市应急委办公室在组建的应急救援队伍基础上，编组具有机械性、专业性的防洪、防地灾等灾害事故救援骨干分队。该骨干分队以消防、武警、武警交通二支队、社会化专业力量为主体人员，共有各类装备、器材近千套。全年完善全市应急救援队伍信息，动态掌握救援力量的配置地域、人员、装备、救援能力等情况，督导相关队伍加强应急救援能力建设，根据灾害种类、救援需求、灾害位置等条件；筛选可调度力量，为指挥决策提供支撑。调整原“绵阳市危险化学品应急救援队”，成立四川省绵阳危险化学品应急救援大队。

【全市洪涝地质灾害灾后恢复重建工作专题会议】 2020年8月11—17日，全市遭受特大暴雨天气过程，引发严重的洪涝和泥石流灾害，波及范围大、成灾强度大、造成破坏大、叠加影响大。8月31日，全市洪涝地质灾害灾后恢复重建工作专题会议召开。市委书记刘超主持会议。市人大常委会主任付康、市政协主席李亚莲、市委副书记刘光强出席会议。会议通报全市洪涝地质灾害受灾情况和抗洪抢险救灾情况，部分县区和市直有关部门作发言。会议要求贯彻落实党中央、国务院和省委、省政府决策部署，把握重点领域和关键环节，科学谋划灾后恢复重建工作，高质量完成灾后恢复重建各项任务，全面恢复灾区生产生活秩序，全面提升灾区经济社会发展水平。提出要抓紧完成灾损评估，妥善安置受灾群众，抓好隐患排查整治，科学编制灾后恢复重建规划，加快住房恢复重建，加快基础设施恢复重建，加快公共服务设施恢复重建，加快恢复产业发展，加强组织领导，强化协作联动，加强对上争取等要求，保障重建工作推进。

【四川省绵阳危险化学品应急救援大队成立】 2020年11月19日，四川省绵阳危险化学品应急救援大队（以下简称“大队”）成立暨授牌仪式在经开区消防救援大队举行。大队依托经开区专职消防队及原绵阳市危险化学品应急救援队组建，共配置队员150人，队部驻地经开区专职消防队。大队下属1个专职骨干分队和4个兼职分队，其中兼职分队有经开区分队（42人）、涪城区分队（14人）、安州区分队（23人）、江油市分队（21人），共100人。大队是全市应对处置危险化学品事故的专兼职救援力量，担负全市危险化学品事故应对处置任务和危险化学品行业安全生产技术服务工作。

2020年绵阳市应急值班电话一览表

表84

区域	应急值班电话	总值班电话	区域	应急值班电话	总值班电话
市应急局	2899170	—	梓潼	8480507	8512345
涪城	2400883	2263562	盐亭	7120025	7122052
游仙	2276828	2276828	平武	8822623	8812345
安州	2338911	4336163（区委） 4336201（区府）	高新	2546667	2546667
江油	3257215	3221515	经开	8130111	8130111
三台	5333039	5335112	科创	6336487	6336487
北川	4821095	4825560	—	—	—

【绵阳集体和个人获评抗击重大自然灾害先进】 2020年12月24日，2019年度四川省抗击重大自然灾害表彰大会举行。会上，经省政府同意，省应急管理厅、省人力资源和社会保障厅决定，全省98个集体被授予“2019年度四川省抗击重大自然灾害先进集体”称号；198名个人被授予“2019年度四川省抗击重大自然灾害先进个人”称号。其中绵阳市有市应急管理局、市林业局、市水政监察支队、安州区应急管理局4个单位被授予“2019年度四川省抗击重大自然灾害先进集体”称号；敬东阳、唐洪斌、熊伟、苟运军、王斌、陈鹏6人被授予“2019年度四川省抗击重大自然灾害先进个人”称号。（刘一成）

应急演练

【概况】 2020年，全市先后印发《绵阳市应急委员会办公室关于统计报送近三年应急演练开展情况及2020年应急演练计划的通知》《绵阳市应急委员会办公室关于开展全市2020年应急演练的通知》，召开市级部门应急演练计划的协调会，对全年全市应急演练任务作安排部署。截至年底，全市除个别因汛期及新冠肺炎疫情等特殊原因未按期完成应急演练外，其他演练计划均完成。全年开展森林灭火、抗洪抢险、企业事故、抗震救灾等各类应急演练。其中市应急局通过市县联动，共开展5次应急救援实战化演练；交警支队先后组织开展“3·16”LNG管线泄漏应急处置演练、“5·13”防灾减灾·珍爱生命应急救援实战演练、“5·29”道路交通事故应急处置联合演练、“6·28”公路抢通保通和桥梁管控应急演练等各类交通突发事件应急演练共21次；多次举行新冠肺炎疫情防控演练。

【“迎春节　保安全”市级救援队伍应急拉动演练】 2020年1月15日，市应急委办公室组织开展“迎春节保安全”市级救援队应急拉动演练活动。演练在不预先告知拉动时间、集结地点的情况下，模拟高新区祥尔工业园区附近发生山体滑坡地质灾害，组织相关市级部门和部分级救援队开展协同救援。上午9时35分，市应急委办公室演练总指挥下达演练指令，模拟山体发生滑坡导致进入园区的主要交通要道中断，导致园区生产生活用气、用电、用水等基础管线以及途经此处的输油管线设施受损严重。指令下达后，市应急委办公室调度公安对滑坡路段进行交通管制、对受灾区域实施警戒、组织疏散波及区人员。10时10分开始，工程机械、危化救援、医疗救护、电力抢险、燃气抢险、供水抢险、地质灾害救援、航空救援、危化救援涪城分队、市应急局快反小组10个救援队陆续抵达现场，各队负责人在向现场指挥部报告后，按照受领任务开始实施抢险救援。11时10分，救援行动结束。市应急委办公室主任、市应急管理局局长敬东阳对拉动进行点评，市政府副秘书长赵琳就做好应急工作讲话。本次应急拉动出动市级救援队10支、救援人员139人、各类车辆40辆、各类应急抢险设备（器材）235件（套）。

【2020年地震应急救援综合演练】 2020年5月12日，由绵阳市抗震救灾指挥部、江油市人民政府主办的江油市2020年地震灾害综合应急救援演练在江油市武都镇海金村举行。演练旨在健全市、县、乡三级应急联动机制，检验应急队伍，提高综合应急救援能力。副市长廖雪梅出席并讲话。演练模拟5月12日上午9：30，江油市武都镇发生5.8级地震，导致部分通信电路设施中断、道路受阻，危化品泄漏燃烧，80余名群众需要紧急避险转移。“地震”发生后，江油市启动《江油市地震应急预案》Ⅲ级响应，将震情、灾情等信息向上报告，绵阳市抗震救灾指挥部决定启动《绵阳市地震应急预案》Ⅲ级响应。演练现场设置应急指挥决策及救援力量集结拉动、突发地质灾害应急避险和群众疏散转移安置、道路抢通应急、房屋垮塌人员搜救、被困人员水上紧急救援及河堤抢险加固、危化品泄漏燃烧应急处置、危险废弃物回收处置等科目。市县乡三级救援队伍500余人参加演练。演练完成设置科目，取得预期效果。

【水上应急演练】 2020年6月18日，绵阳市水上快艇驾驶技术培训以及水上应急演练由市地方海事局在仙海湖码头组织开展。全市各县市区海事处共30名工作人员参加。演练模拟1位游客不慎落水，演练人员快速启动救援应急预案，同时逐级汇报，救援人员利用海事巡逻艇和应急冲锋舟，迅速将“溺水游客”妥善营救上岸。演练完成设置科目，取得预期效果。

【全市防汛抢险暨超标洪水防御调度演练】 2020年6月19日上午，全市举行防汛抢险暨主城区超标洪水防御调度演练。演练模拟绵阳涪江干流及平通河、通口河、安昌河、芙蓉溪等支流水位持续上涨。设置1个主演练场和5个分演练场，分别演练会商研判防汛形势、武都水库下闸拦蓄洪水调度、安昌河老茶树台地群众紧急避险、游仙区韩家脊社区居民安全转移和三江闸坝险情排除5个科目。在韩家脊演练现场，巡河员发现芙蓉溪河堤滨湖花园段出现管涌，沿线居民生命财产安全受严重威胁，立即向指挥部报告险情。接到指令后，现场临时指挥部快速启动社区防汛抢险应急预案，组织韩家脊社区群众转移，组织民兵排除管涌险情。10余分钟后，险情排除，群众安全转移，巡河员继续巡查河道。涪江、安昌河、芙蓉溪洪峰分别通过绵阳城区，无人员失踪失联。安昌河老茶树台地人员全部转移出河道，芙蓉溪韩家脊河堤险情得到控制。演练完成设置科目，取得预期效果。

【公路抢通保通和桥梁安全管控应急演练】 2020年6月24日，市交通、交警部门联合在三台县开展公路抢通保通和桥梁安全管控应急演练。演练模拟6月24日10时20分，受暴雨影响，三台县境内省道306绵盐路忠孝大桥下的魏柳河水持续上涨超过警戒水位，三台县交通运输局应急办提升应急Ⅲ级响应，交通公管路政部门和交警当即进行桥梁安全管控和交通管控。1个多小时后，直到魏柳河水下降至警戒水位下，经专家评估检测桥梁安全，确认符合安全通行条件，忠孝大桥路段管控解除。同时，连日暴雨冲刷，导致绵盐路忠孝大桥附近局部地段路基边坡垮塌，造成道路阻塞，相关部门当即对该路段实施交通管制，并进行塌方清理，排除安全隐患，抢通道路。本次演练分为预警、应急处置和应急终结3个阶段，桥梁安全管控和道路抢通保通2个演练项目。全市共30余人参与演练，各相关单位共40余人观摩，出动指挥车、自卸车、装载机、挖掘机、桥梁检测车、物资保障车等车辆10余台。演练完成设置科目，取得预期效果。

【道路运输应急处置演练】 2020年8月，全市道路运输应急演练在安州区城北汽车客运站举行。演练科目为“突发公共卫生事件道路运输应急保障”，旨在通过实战演练检验全市道路运输行业突发公共卫生事件的应急处置能力，提高运输车辆集结、应急通行手续办理、车辆消毒和驾驶员、乘客自我防护能力，高效、快速、安全地完成政府下达的应急运输保障任务。同月，组织开展应急运输运力集结演练，在没有任何准备工作的情况下，临时下达应急运力征用集结指令，90分钟内共集结10辆客车、2辆平板货车、2辆油罐车、3辆载货5吨货车、3辆载货10吨货车，所有车辆均按照要求按时抵达指定地点。演练完成设置科目，取得预期效果。

【秋冬季新冠肺炎疫情应急演练】 2020年9月9日，全市举行2020年秋冬季新冠肺炎疫情应急演练。演练由市卫健委主办，市疾控中心承办，涪城区、游仙区卫健局，高新区社发局、市紧急救援指挥中心协办。市公安局等21个市级部门分管负责人，各园区社发局主要负责人，第八届科博会开幕组、安保组负责人在主会场观摩，9个县市区相关成员单位负责人在分会场观摩。演练分为桌面推演（绵阳市疾控中心）和现场演练（九洲体育馆、高新区疾控中心），设置模拟病例的发现与报告、九洲体育馆发热人员现场调查与处置、分区分级防控等9个场景19个问题。市卫健委、市疾控中心、绵阳四〇四医院、涪城区卫健局和疾控中心、游仙区卫健局和疾控中心、市紧急救援指挥中心、高新区疾控中心参演。演练结束后，绵阳市应对新冠肺炎疫情应急指挥部疫情防控首席专家张光贵、市疾控中心副主任李永清、绵阳四〇四医院感染科主任刘冰对演练作点评。专家组认为演练达到检验全市秋冬季新冠肺炎疫情应急预案和常态化疫情防控能力的目标。

【应对秋冬季新冠肺炎疫情医疗救治应急演练】 2020年9月29日，绵阳市应对新冠肺炎疫情应急指挥部医疗救治组组织举行绵阳市暨涪城区应对秋冬季新冠肺炎疫情医疗救治应急演练。市应对新冠肺炎疫情应急指挥部医疗救治组副组长、市卫健委副主任李晓林，涪城区副区长林勇等出席演练。市卫健委、绵阳四〇四医院、市疾控中心、市紧急救援指挥中心、涪城区政府、涪城区卫健局、绵阳市人民医院、吴家中心卫生院等单位参演，市指挥部医疗救治组成员单位市财政局、市人社局、市医保局、市市场监管局、市卫健委直属医疗卫生单位分管负责人、各县市区指挥部成员单位、医疗机构负责人分别在主会场和各分会场通过视频连线参加演练观摩。演练分别设置市、区两级分会场，模拟9月21日绵阳市涪城区出现一例境外输入病例，继而引发涪城区多地出现确诊病例、疑似病例、无症状感染者。各地、各部门密切配合、联防联控开展确诊患者救治，无症状感染者、密切接触者追踪管理；各地各部门根据出现的各种突发状况，采取措施，阻断疫情扩散，维护全市社会经济秩序正常运行。演练以桌面推演形式开展，通过“提问”和“事件进展信息”方式将场景依次展开。参演单位和人员依据应急预案对事先假定的演练情景进行交互式讨论，重点检验病例的发现与报告、应急响应、密接排查及隔离、综合防控等内容，设置专家组对演练全程进行评估。通过演练提升各应急响应单位对新冠肺炎疫情应急医疗救治流程的熟练程度，检验各参演单位应急指挥、快速响应、规范报告和处置能力。演练结束后，市指挥部医疗救治专家组副组长龙波、疫情防控专家组组长李永清、绵阳市首批援湖北医疗队队长许治华对演练作总结点评，专家组认为演练对模拟疫情医疗救治应急响应各个流程环节处置得当，达到检验预案、磨合机制、锻炼队伍的目的。

【突发环境事件应急演练】 2020年11月6日，“天府行动——2020年绵阳市突发环境事件应急演练”在经开区举行。演练由市政府组织，市生态环境事件指挥部主办，市生态环境局、市经开区管委会承办，市级多部门联合参演。生态环境厅二级巡视员甘晓英，副市长、公安局局长周述，市生态环境局党组书记、局长冯中兵以及市突发环境事件指挥部各成员单位，全市生态环境系统各派出机构、部分危险化学品重点监管企业人员120余人现场观摩演练。演练模拟绵阳市突发地质灾害，导致经开区一化工企业生产设施受损，先后发现液位计放射源防护破损、液氨泄漏和机械润滑油泄漏等问题而引起的突发环境事件。在演练中，接到警报后，巡检人员当即到现场核实。公司和市生态环境局先后启动《辐射事故现场应急处置方案》，经环境监测、现场检查、放射源安全转移到铅罐、妥善放到暂存库等环节，险情解除。接着又在雨水口发现油污，该公司30立方米机械润滑油中间存储罐金属软连接发生破裂，机械润滑油泄漏，经雨水沟、清洁下水沟，进入木龙河、涪江。救援人员又当即开展堵漏除油应急处置。演练结束后，甘晓英对演练进行点评，认为演练达到预期目的和效果。

【应对新冠肺炎疫情大规模核酸检测应急演练】 2020年12月8日14时30分，绵阳市暨游仙区应对新冠肺炎疫情大规模核酸检测应急演练在游仙区科学家公园举行。演练分为疫情研判和全员核酸检测启动、疫点控制、组织动员、采样点设置和现场采样、标本转运、实验室检测、核酸检测阳性病例处置及新闻发布会8个部分。演练模拟游仙区在门诊发热病人筛查中发现新冠肺炎确诊病例，经省、市、区三级联合调查，又陆续发现确诊病例及无症状感染者以及聚集性新冠肺炎疫情。在密切接触者筛查中，专家组发现疫情播散至多个县市区。随后，市疫情防控指挥部向社会公布疫情相关数据，并发出出行警示。全市立即组织疫情防控专家组开展风险评估，并建议启动实施全市大规模核酸检测。在市、区新冠肺炎疫情防控指挥部的综合指挥协调下，仅用几天时间，全市就基本完成大规模核酸检测，且14天内无新增确诊病例和无症状感染者，确定的疫情防控中高风险地区调整为低风险地区。通过此次大规模核酸检测联合应急演练，达到检验全市各项应急预案的合理性、有效性和可行性，检验各参演单位应急指挥、规范报告、快速响应和处置能力，检验全市核酸采样检测资源调集机制，提升发生局部聚集性疫情时较短时间内完成大规模人群核酸检测能力，提升跨区域疫情防控高效性和科学性等目的。

【绵阳富临医院地震应急疏散演练】2020年12月16日，由市应急管理局、市卫健委主办的2020年绵阳富临医院地震应急疏散演练在富临医院举行。演练模拟12月16日15时突发强烈有感地震，富临医院大楼摇晃厉害，电力通信中断，电梯突停。地震发生后，富临医院立即启动地震预案，演练现场设置紧急避险、紧急疏散、紧急救援、演练总结4个科目，绵阳富临医院共100余人参加演练。演练还开通线上观摩功能。演练完成设置科目，取得预期效果。

【城市大型综合体灭火救援实战演练】2020年12月24日，四川省消防救援总队、绵阳市消防安全事件指挥部主办，高新区管委会、市应急管理局以及市消防救援支队联合承办的“绵阳市2020年消防综合应急演练暨川北（绵阳）战区城市大型综合体灭火救援实战演练”在东辰九宜城城市奥莱大型城市综合体举行。成都、德阳、广元、巴中、阿坝和绵阳的消防救援部门专家到场观摩。演练模拟12月24日10时50分，高新区东辰九宜城城市奥莱广场1楼1家电商铺因电线短路引发火灾，现场浓烟较大并伴随爆裂声，广场大量工作人员滞留，商场内高温烟气迅速向上蔓延，严重威胁综合体消防安全。接到增援请求后，全市立即启动三级消防安全应急响应。市应急管理局快速通知市消防安全事件指挥相关成员单位，调动市级有关救援力量到达事发现场。市消防救援支队调动市级消防救援力量、灭火专家组到现场，参与灭火救援行动准备。组织人员撤离后，经消防队员查看，现场火势较大，处于猛烈燃烧阶段，在2楼、3楼、顶楼共发现6名被困人员。救援现场采用洒水车、医疗救护车、应急通信保障车、电力保障车等共15辆保障设备车辆，并首次使用灭火无人机。该灭火无人机经防尘、防水、放热表面处理，标准荷载25千克，极限荷载可达60千克，反应迅捷、不受道路和空间限制，能在不超过7级的风力条件下进行起飞、着陆、悬停。300米爬升仅需30秒，40秒单架次灭火面积100平方米，能够使用红外光谱快速识别火源，自动追踪危险环境远程操控。经过约20分钟作战，现场火势得到有效控制，完成演练设置科目，取得预期效果。

（刘一成　罗鹏程）

突发公共卫生事件应急处置

【概况】 2020年1月15日，市疾控中心成立应对新冠肺炎疫情相关领导小组，下设综合组、疫情分析组、检验检测组、技术专家组等，制定专项应急预案，全面清点所有县市区疾控中心的应急物资储备，实施物资统一调度；开展相关药品及防护设备采购，调试设施设备，做好应急准备。1月17日，全市卫生健康系统召开新冠肺炎疫情防控及培训工作视频会，安排布置全市新冠疫情防控工作。1月20日，绵阳市疾控中心发布新型冠状病毒肺炎健康指南。同日，绵阳市第1个疑似新型冠状病毒样本送达绵阳市疾控中心微生物与临床检验所。1月21日，全市新型冠状病毒感染的肺炎疫情防控工作专题会召开，对全市做好新冠肺炎疫情防控工作作出安排部署。1月21—23日，市卫健委分8个组对所有县市区和园区的防控工作落实情况进行专项督查和指导，确保相关工作落实落地。南郊机场、火车站等枢纽启用红外测温仪对到绵阳的旅客进行体温检测。1月22日，绵阳市第一例病例确诊。1月24日，四川省启动突发公共卫生事件Ⅰ级响应。按照省突发公共卫生事件应急指挥部的统一部署和要求，绵阳市当即启动应急预案，按照市新型冠状病毒感染的肺炎疫情防控工作领导小组要求，组织领导、协调指挥全市各级各部门开展突发公共卫生事件处置工作，落实各项预防控制措施。实行最大限度减少公众聚集活动的管制措施，确保人民群众生命安全和身体健康，防止新冠肺炎疫情扩散。市卫健委落实人防、物防、制防、技防“四位一体”联防机制，摸排潜在病例。集中优势力量，全面启动救治应急预案，全面落实定点单位，全面落实医疗救治，确保全市未出现重症病例和死亡病例。开通24小时全天候免费公益心理援助热线及互联网诊疗咨询门诊，启动疫情时期紧急心理干预与心理抚慰工作。派出督导组，到全市医疗机构和公共场所开展督察指导，推动防控举措落地落实。1月27日，市委召开常委会（扩大）会议，会议决定成立市委应对新冠肺炎疫情工作领导小组，在市委常委会领导下开展全市新冠肺炎疫情防控工作。市政府成立指挥部负责处理具体工作。调整充实工作机构，加强对全市新冠肺炎疫情防控工作的组织领导，确保新冠肺炎疫情防控机制顺畅高效。从1月22日绵阳市确诊第一例病例起，全市仅用22天控制住疫情，52天实现确诊病例、疑似病例、密切接触者“三清零”。

【防控体系建立健全】 2020年，全市压实各方责任，健全防控体系。市委、市政府主要负责人亲自抓、负总责，多次召开会议研究部署新冠肺炎疫情防控工作，组织开展督导检查10余轮次，形成市委、市政府统一领导、“市县乡村组”五级防控的领导指挥体系。坚持管行业必须管好新冠肺炎疫情防控，制定行业领域新冠肺炎疫情防控指导方案、防控指南80余个。单位企业落实防控主体责任，加强内部风险隐患排查和安全防范，配齐必要防疫物品设施，强化清扫保洁和消毒，累计消杀面积100余万平方米。加强群众自我防护教育，发放《预防常识手册》5万余本，“出门戴口罩、勤洗手、多通风”等良好卫生习惯持续形成。印发《绵阳市新冠肺炎疫情常态化防控工作方案》《绵阳市应对秋冬季新冠肺炎疫情应急预案》等防控措施40余个，持续强化重点场所、重点机构、重点人群等的分类防控。严格落实大型商超、医疗机构、办公楼宇等人群密集公共场所体温检测、“一米线”、健康码查验等制度，督促养老机构、儿童福利院、监狱、医疗机构等特殊场所加强日常管理；持续推进农贸市场、海鲜市场等重点场所清洁、消杀、通风和个人防护措施；建立完善医院、疾控机构与学校“点对点”联系机制。加强对“一老一小”及孕产妇、严重慢性病患者等重点人群的健康服务指导，发动健康咨询人士、社会志愿者等近10万人，开展心理疏导、健康教育和关爱帮扶50余万人次，出台《关爱激励专家和医护人员10条措施》等政策10余项。突出网格管理，发动党员干部、网格员、志愿者40余万人，下沉街道（乡镇）、楼栋、病区、居民小区、村组开展新冠肺炎疫情防控工作，整体提升网格化防控能力。

【监测预警工作】 2020年，全市坚持重心前移，强化监测预警，落实“四早”（即早发现、早报告、早诊断、早隔离）、“五有三严”（即有防护指南、有防控管理制度和责任人、有防护物资设备、有医护力量支持、有隔离转运安排等措施，严格发热门诊设置管理、严肃流行病学调查、严防医院院内感染）等各项防控措施，累计开展形势研判15次，制定专家建议28期，完善新冠肺炎疫情防控措施50余项，下发工作提示20期，消除潜在防控风险。严格人防，全面落实国内高、中风险地区来（返）绵阳人员信息收集、排查机制，对出入境人员严格实施“三查三排一转运”检疫措施（“三查”即全面开展健康申明卡核查、体温监测筛查、医学巡查；“三排”即严格实施流行病学排查、医学排查、实验室检测排查；“一转运”即对判定的确诊病例、疑似病例、有症状人员和密切接触者“四类人员”，一律按照有关规定移交地方联防联控机制做后续处置），完善全程闭环管理。截至12月31日12时，累计摸排疫情高发地区来（返）绵阳人员46.76万人，隔离观察境外到绵阳人员3057人，规范开展流感监测和新冠病毒病原学检测调查628人，追踪密切接触者1877人。部署开展冷链食品疫情防控专项联合执法检查，累计检查检测冷链食品生产、运输、贮存、销售等相关企业21万余家次，采集环境、从业人员咽拭子等样本3420余份，核酸检测结果均为阴性，实现重点人群“应检尽检”、重点行业“适时抽检”、一般人群“愿检尽检”。

【境外返回绵阳人员新冠肺炎疫情防控】 2020年，市卫健委成立境外人员接返工作专班，做好入境人员居家隔离及健康监测工作，负责成都入境集中隔离人员接返工作，严格落实居家隔离等防控工作。各县市区、园区成立相应工作专班，开展境外返回绵阳人员新冠肺炎疫情防控服务保障工作。截至12月31日12时，全市累计隔离观察境外返回绵阳人员3057人，其中从成都接回境外返回绵阳人员1412人。

【新冠肺炎疫情防控能力建设】 2020年，全市强化要素保障，提升防控能力。加强疫情防控人员、物资、经费保障，建成卫生应急队伍41支、673人，救治专家160余人、后备医护人员1970余人，举行新冠肺炎疫情防控应急演练、应对新冠肺炎疫情大规模核酸检测应急演练等12场次，建成应急物资储备库15个。推进核酸检测能力建设专项行动，全市28家医疗机构、10家疾控机构具有检测能力，实现9个县市区全覆盖，累计检测核酸样本超过89万份。设置57处符合标准的集中隔离场所、3189间房间。投入1.03亿元紧急采购负压救护车等5批次防疫物资，防控能力显著提升。

【公共卫生应急管理体系建立健全】 2020年3月18日，全市印发《绵阳市新型冠状病毒肺炎疫情防控应急预案（修订）》，贯彻落实省委、省政府应对新型冠状病毒肺炎疫情工作领导小组和应急指挥部应对新冠肺炎疫情联防联控机制决策部署，依法、科学、规范、有序、有效开展防控工作，提高新冠肺炎疫情防控的针对性、精准性、科学性和有效性，严防疫情扩散，最大限度减少疫情对经济社会发展和人民生活的影响，统筹推进经济社会发展。7月16日，市委深改委办公室印发《关于健全完善公共卫生应急管理体系的工作方案》。推进健全完善公共卫生应急管理体系工作，结合新冠肺炎疫情反映出的新情况、新问题，抓紧补短板、堵漏洞、强弱项，聚焦疾病预防控制、重大疫情防控救治、重大疾病医疗保险和救助、应急物资保障等重点领域，从体制机制上创新和完善重大疫情防控举措，提高应对突发重大公共卫生事件的能力水平。11月16日，市卫健委、市财政、市经信、市市场监督管理局联合印发《绵阳市应急医药物资储备管理办法（试行）》《绵阳市应急医药物资储备资金管理办法(试行)》，并与四川绵阳科伦医药贸易有限公司、四川绵阳人福医药有限公司、四川天诚药业股份有限公司签订医药物资储备协议，拨付给储备企业中央直达医药物资储备资金2229万元，年底前市级应急医药储备完成资金总额的70%实物储备任务。

【绵阳市发现首例新冠肺炎确诊病例】 2020年1月20日19时21分，绵阳四〇四医院报告，该院收治1名不明原因肺炎病例，经院内会诊为不明原因肺炎。涪城区疾控中心在接到报告后当即上报市疾控中心，开展流行病学调查，2次采集患者鼻咽拭子送市级和省级疾控中心检测。1

月22日，经四川省专家组确认该患者为新冠肺炎确诊病例，为绵阳首例新冠肺炎确诊病例。2月9日，该患者治愈出院。

【市委应对新冠肺炎疫情工作领导小组及市应疫指挥部成立】 2020年1月28日，市委应对新型冠状病毒感染肺炎疫情工作领导小组及绵阳市应对新型冠状病毒感染肺炎疫情应急指挥部成立。其中市指挥部由市政府主要领导担任指挥长，指挥部下设立疫情防控组、医疗救治组、科研攻关组、宣传舆情组、后勤保障组、交通运输组、市场监管组、综合工作组8个工作组。后因工作需要陆续增设农村工作组、生活物资保障组、社会稳定组、外事工作组，总共12个工作组。指挥部职责为：贯彻落实党中央、国务院和省委、省政府关于应对新冠肺炎疫情的重大决策部署，负责全市应对和处置疫情的具体组织、指挥和协调，依法、科学、规范开展防控工作；督察和指导各地、各单位做好疫情应急处置工作，根据需要适时发布疫情防控工作情况及有关公告等；紧急调集人员、物资和交通工具等，对人员进行疏散、隔离，封锁疫区以及采取其他控制措施等。指挥部实行工作会议制度，工作会议由指挥长或受其委托的副指挥长召集，根据工作需要定期或不定期召开，研究新冠肺炎疫情应对和处置重大问题，决定重大事项，安排部署下一阶段工作。

【绵阳市发现首例新冠肺炎聚集性疫情】 2020年1月31日至2月1日，江油市疾病预防控制中心先后接到江油市中医医院、903医院报告共有4名疑似不明原因肺炎病例，均来自江油市某小区同一家庭，经院内会诊为不明原因肺炎，均不排除新冠肺炎可能。接报后，江油市疾控中心当即派出专业人员前往现场进行相关调查和消毒处置工作。后经市疾控中心检测，上述人员均为新冠肺炎确诊病例。2月6日，该家庭的1名孩子也被确诊为新冠肺炎病例。本次疫情为绵阳市首例新冠肺炎聚集性疫情，共有确诊病例5人，互为家人。该家庭成员分别在2月17日、2月21日、3月4日治愈出院。

【绵阳市发现首例无症状感染者】 2020年2月5日17时32分，三台县人民医院报告，当日该院发热门诊收治1名疑似不明原因肺炎病例，经院内会诊为疑似新冠肺炎。三台县疾控中心当即派出专业技术人员开展流行病学调查，并采集患者鼻咽拭子送市疾控中心检测。三台县疾控中心在密切接触者的追踪过程中，排查出3名无症状感染者，为绵阳首次发现无症状感染者。2月7日9时30分，三台县疾控中心接到绵阳市疾控中心通知该名人员确诊为新冠肺炎。3月17日，该患者治愈出院。

【绵阳市新冠肺炎疫情监控与管理系统投入使用】 2020年2月5日，绵阳市新冠肺炎疫情监控与管理系统投入使用。在抗击新冠肺炎疫情期间，市卫健委协调市统计局、市公安局、中国联通支持，组织专业人员在全省率先开发出新冠肺炎疫情监控与管理系统，各地利用系统迅速申报和准确统计来（返）绵阳人员，并对重点人员进行动态管理依照统计法，对疫情统计数据作规范统计。截至12月31日12时，全市累计摸排重点地区来（返）绵阳人员46.76万人，纳入管理25.01万人。

【新冠肺炎疫情防控暨卫生应急技术培训会】 2020年9月23—25日，市疾控中心举办全市疾控系统新冠肺炎疫情防控暨卫生应急技术培训会，市疾控中心全体应急队员和各县市区疾控机构卫生应急分管负责人、技术骨干等110人参会。培训会邀请四川省疾控中心、成都市疾控中心卫生应急专家授课。主要针对新冠肺炎疫情形势分析、流行病学调查、新版新冠肺炎防控方案秋冬季疫情应急预案解读、援湖北人员经验交流、卫生应急管理、重点场所消毒技术等进行讲授。

【应急医药物资储备和供给】 2020年11月16日，市卫生健康委与市财政局、市经信局、市市场监管局联合印发《绵阳市应急医药物资储备管理办法（试行）》《绵阳市应急医药物资储备资金管理办法（试行）》。11月19日，与四川绵阳科伦医药贸易有限公司、四川绵阳人福医药有限公司、四川天诚药业股份有限公司签订绵阳市应急医药物资储备协议书，落实3家医药公司分别负责药品、医疗器械、消杀药品的储备工作，到位中央补助卫生应急物资储备建设资金2229万元，并在年底前完成70%的实物储备。库存品种共计337类，数量共计208万个（台件），确保疫情应急医药物资供给。（赵　怡）

“8·11”特大暴雨洪灾应急处置

【概况】 2020年汛期，全市平均降雨量1142.2毫米，超常年均值43%。8月11—17日，全市范围内持续出现强降雨天气过程，引发多地严重洪涝灾害和泥石流灾害，降水总量超历史极值、流域洪水50年一遇、洪灾损失历史最重，为中华人民共和国成立以来全市最大暴雨洪灾过程。其间，全市8个国家气象站平均降雨量463.8毫米，为常年同期的8.2倍，其中北川站（809.9毫米）、江油站（641.8毫米）、安州站（563.6毫米）、绵阳站（521.5毫米）分别位列全国同期降雨量前十位中的第一、三、六、十位。受强降雨影响，涪江流域出现流域性洪水过程，持续时间长、范围广、量级大，按四川省主要江河洪水编号规定，涪江流域发生2020年第一号和第二号洪水，其中包括4次较大洪水涨落过程。江河洪水持续时间长：8月11日，涪江第一号编号洪水涪江桥站过程流量大于7500立方米每秒时长6小时；8月

图56　“8·11”特大暴雨洪灾中，平武县白马藏族乡受灾

16日2时30分至8月18日12时40分，涪江第二号编号洪水涪江桥站过程流量在7500立方米每秒以上时长58小时，其中流量大于1万立方米每秒时长21小时。超警戒和超保证水位范围广：本次涪江流域洪水过程中，全市涪江干流和安昌河、梓江、凯江、魏城河及中小河流中的方水河、宝石河、木龙河等13条河流17站均发生超警戒水位洪水；涪江平武、绵阳段和芙蓉溪、平通河、通口河、魏城河及中小河流中的秀水河、榉溪河部分段等7条河流10站均发生超保证水位洪水。洪水量级大：8月11日19时55分，涪江2020年第一号编号洪水涪江桥站洪峰流量9020立方米每秒；8月17日16时，涪江2020年第二号编号洪水涪江桥站洪峰流量12500立方米每秒，达到50年一遇标准；本次涪江流域洪水过程中，平通河太白水文站出现建站以来第二大洪水，治城、游仙、永昌、江油等水文站出现建站以来最大洪水。

【全市受灾情况】　2020年“8·11”特大暴雨洪灾期间，强降雨诱发的洪涝地质灾害导致全市9个县市区、161个乡镇（街道）、138.1万人受灾，农作物受灾面积67749.29公顷，房屋倒塌受损10817户29725间，直接经济损失约163亿元。全市水利基础设施直接经济损失达27.87亿元，为全市有灾情统计以来最重。8月11—17日，持续特大暴雨导致全市水利、地质、交通等基础工程设施险情频发。8月11日，安昌河安州区新勘堰段堤防出现基础及面板损毁险情，严重威胁堤后1800余名群众和500千伏安高压线铁塔及下游中石油管道的安全。8月16日，涪江三台县明台水电站库区段堤防出现溃决风险，严重威胁当地5000余名群众安全。8月18日，火溪河平武县白马藏族乡片区先后出现泥石流、道路中断、河道壅塞体等灾情和水牛家水库高水位运行险情，严重威胁当地1200余名群众安全和水牛家水库自身安全。此外，还先后出现梓潼县八一水库和凤凰水库漫坝、涪江平武县县城段堤防垮塌60米、北川羌族自治县桃龙乡和青片乡等区域山区道路中断和河道壅塞、游仙区芙蓉溪堤防面板损毁、城区堤防多处管涌和山区道路多处中断等险情。

【突发险情应急处置】　2020年8月11日，全市启动4级防汛应急响应。8月15日，启动3级防汛应急响应和自然灾害救助4级应急响应，推进防汛减灾各项工作。市委多次召开市委常委会会议、专题调度会议，安排部署防范应对强降雨天气过程。市委主要领导在突发重大灾情险情后，迅速赶到平武、北川、安州、三台等地，指导抗洪抢险救援工作，现场指挥调度。市政府主要领导赶到各县市区抢险救灾现场以及市水利、公安、气象、水文、水务集团、供电公司等单位，研判雨水情趋势，安排部署抢险救灾工作，组织武都水库调度，推动恢复全市供电供水。各地各有关部门特别是气象、水文、水利、应急、交通、自然资源和规划等部门合力抢险救援，确保防汛救灾各项工作开展，最大限度地降低洪涝灾害损失。相关部门加强对雨情、水情的监测预报，会商研判天气变化和灾害发展趋势，共发布

图57　“8·11”特大暴雨洪灾期间，市公安局民警冒雨组织交通

灾害预警预报信息350余期，雨情通报100余期，向特定人群发布防汛应急短信覆盖约40万人次，发布预警应急通报10次、应急提示21次。市应急管理局执行24小时值班值守制度，指导协调各级开展灾害应急；组建13个督战组，派出25批125人次的快反小组赶到受灾重点县市区，组织当地干部群众、民兵并协调消防、武警支队、武警交通二支队和社会化救援力量，开展应急抢险救援。绵阳军分区、武警绵阳支队、市消防救援支队组织专业人员和物资，投入营救被困群众、转移物资、维护秩序。水利部门调度水库、闸坝等水利设施，发挥大型水利工程拦洪、错峰、削峰作用，为受困群众安全转移赢得时间，保障堰塞体处置、抢通保通、小型水库安全度汛等工作有序进行。市水利局调拨大量防汛抢险物资用于堤防险情处置，针对不同险情派出9批23人次水旱灾害防御专家，分赴安州区、三台县、平武县、梓潼县等地，为水利工程险情应急处置提供技术支撑。市减灾委办公室、市应急管理局与发改、经信、商务等部门沟通对接，做好帐篷、折叠床、衣被等生活庇护类物资，米、面、粮油、方便食品等生存必需品物资以及汽、柴油等抢险救援物资的调拨准备。8月20日，市委书记刘超到平武县指导抢险救援工作，并主持召开会议安排部署抢险救援工作，听取失联人员搜救、受困人员转移安置，以及道路、通信、电力等基础设施受损情况和抢通保通进展情况汇报。会议要求贯彻落实省委书记彭清华等领导的指示批示精神，做好抢险救援各项工作，最大限度保障施工人员和周边群众生命安全；要加强组织领导，形成抢险救援合力，要全面准确掌握情况，抓紧搜救失联人员，转移受困人员，开展抢通保畅，加强监测预警预报，做好卫生防疫工作。特大暴雨洪灾期间，针对安昌河安州区新勘堰段堤防出现大面积面板下沉险情，市应急管理局调度武警交通二支队、重工救援队到现场开展救援行动；市水利局经紧急采取爆破拦河坝降低河流水位、装料主动防护网压脚等措施，确保水毁堤防损失降到最低。涪江流域涪城区与三台县交界的赵家脊河段水位迅速上涨导致部分人员被困，市应急管理局调度救援力量开展救援，转移安置全部被困人员。安昌河上游1辆挖掘机被冲至高新区段普明大桥桥墩处，市应急管理局组织有关部门连夜开展抢险救援。针对涪江三台县明台水电站库区段堤防出现溃决风险，市水利局采取迎水面抛投四面三角体、装料主动防护网压脚、背坡面砂石料培厚反滤层进行加固、新建临时丁坝导流等措施，成功应对8月17日23时涪江干流洪峰挑战未决堤。针对火溪河平武县白马藏族乡片区先后出现泥石流、道路中断、河道壅塞体等灾情和水牛家水库高水位运行险情，省、市、县领导、专家到县城组织指导抢险排危工作，通过开挖明渠泄流、科学调度水牛家水库泄洪、紧急转移白马片区受困群众等措施，于8月25日全面完成险情排除。此外，全市还紧急处置梓潼县八一水库和凤凰水库漫坝、涪江平武县县城段堤防垮塌、北川羌族自治县桃龙乡和青片乡等区域山区道路中断和河道壅塞、游仙区芙蓉溪堤防面板损毁、绵阳城区堤防管涵等多处险情。8月31日，全市洪涝地质灾害灾后恢复重建工作专题会议召开，通报全市洪涝地质灾害受灾情况和抗洪抢险救灾情况，安排部署灾后恢复重建工作。9月3日，市应急管理局分别组织各县市区、园区和市级相关涉灾部门召开“8·11”洪涝灾害灾情核查工作会议，向各地传达国务院、省政府关于“8·11”洪涝灾害灾情核查工作的安排部署，对全市灾情核查工作提出具体要求。

（王　平　刘一成）

自然灾害应急处置

地震震害防御

【概况】　2020年，绵阳市境内共发生ML≥1.0级地震860次，其中1.0≤ML≤1.9级地震676次，2.0≤ML≤2.9级地震160次，3.0≤ML≤3.9级地震22次，4.0≤ML≤4.9级地震2次，无5.0级及以上地震。最大地震为10月22日北川4.7级地震。全年分析处理地震事件1160个，分析预处理前兆数据913.81万个。测震台网数据记录连续率96.4%，前兆监测川10井地下水观测数据连续率99.4%，川41井地下水观测数据连续率99.6%，川43井地下水观测数据连续率99.2%。全年全市将督促检查作为常态化措施，落实地震应急检查工作制度。对北川、安州、平武和江油开展地震防范准备工作指导检查。对绵阳南500千伏变电站新建工程、铂金时代、引通济安等建设项目进行地震安全性评价应用情况开展行政执法。

【全市处置应对北川4.6和4.7级地震】　2020年10月21日12时04分，据中国地震台网测定，绵阳市北川羌族自治县坝底乡（北纬31.8度、东经104.2度）发生4.6级地震，震源深度17千米；10月22日11时03分，绵阳市北川羌族自治县坝底乡（北纬31.8度、东经104.2度）发生4.7级地震，震源深度20千米。地震发生后，市委、市政府高度重视，指导北川羌族自治县抗震救灾指挥部迅速启动Ⅳ级应急响应，就做好地震震情灾情调查核实及震情监视等工作做出安排部署。市应急管理局快速进行紧急部署，出动局快反小组到震区调查了解，会同省地震局专家进行震情分析会商，要求北川、安州、江油等台站强化震情监测，指导北川做好查灾核灾工作。市应急管理局加强舆情管控，核实甄别网络舆论，正确引导，正面宣传，回应社会关切。市地震监测台网中心加强地震震情监视跟踪，实行24小时应急值守，做好应急工作，此次4.6级、4.7级地震中，全市没有发生人员伤亡和重大财产损失。震区电力、交通、通信等设施正常。当地群众人心稳定，社会秩序正常。

（罗冠森）

地质灾害防治

【概况】 2020年，市自然资源和规划局全覆盖组织传达中央、省、市地质灾害防治相关指示批示和会议精神，组织召开全市地质灾害指挥部主汛期地质灾害防治工作专题会议；编写《绵阳市地质灾害预警预报制度等六项制度》《绵阳市地质灾害群测群防专职监测工作实施细则（试行）》，修订《全市突发地质灾害应急预案》，制定市县自然资源和规划系统部门应急处置工作预案，细化与应急管理部门救援工作职责；建立绵阳市地质灾害抢险救灾项目工程队伍储备库，确定勘察设计、施工、监理等19家单位纳入市公共资源交易中心抢险救灾项目工程队伍储备库平台，为地质灾害应急工程抢险储备专业队伍；印发《2020年度地质灾害防治方案》《2020年地质灾害防治工作要点》《地质灾害防治年度绩效考评实施办法》。全年全市实行24小时值班值守制度，市、县自然资源部门每天安排13名领导带班，36名值班人员全天值班，汛期以来全市共抽查县市区值班室4530人次、防灾责任人9540人次、监测责任人1.13万人次、专职监测人4.33万人次，平均每天抽查464人，每周对全市监测人员轮抽1遍，发现情况实时记录处置并定期通报。

【地质灾害隐患排查】 2020年，市自然资源和规划局把隐患排查贯穿地质灾害防治全过程各环节，组织3家技术服务单位、14支专业队伍，对所有可能存在地质灾害隐患点位进行全覆盖拉网排查，全市共计排查地质灾害隐患点位1.35万处次，发现新增隐患点位1196处，销号508处隐患点。

【地质灾害防灾体系建设】 2020年，市自然资源和规划局持续完善“市县乡村社点”六级群测群防体系，考虑县市区撤乡并镇、撤村并村实际，结合隐患排查，逐点调整防灾责任人，确定监测人员、完善点位防灾预案，制定具体防灾措施，全市落实专职监测人员3468人，更新隐患点预案3468个，累计发放防灾工作明白卡、避险明白卡1.74万户。

【地质灾害防治培训演练】 2020年，市自然资源和规划局坚持统分结合、分级实施抓实培训演练，市县级组织集中培训和综合演练，提升应对应急综合协作能力；乡镇村社重点开展面对面宣讲和点到点的演练，重点讲清识灾防灾常识，重点演练信号发送、人员通知和避险路线，全市每个地质灾害隐患点至少开展1次避险演练，提升干部群众避险救生和自救互救能力。全年全市累计开展分散性宣传培训1480场，培训2.53万人，组织点位避险演练875场、2.25万人参与。

【地质灾害监测预警】 2020年，市自然资源和规划局强化与气象、水利、应急等部门联动，建立预警信息发布网络，将各级防灾责任人、监测责任人、专职监测员全部纳入预警信息通信网络，不间断发送气象、地灾风险预警信息，实时发布气象预警信息，把传递预警信息到防灾一线。进入汛期后，累计发布预警短信（信息）10余万条；建立自动化监测预警平台，对176处隐患点实施24小时全天候监测。

【地质灾害工程治理】 2020年，市自然资源和规划局按照省市复工复产工作要求，推进年度项目实施，完成安州区千佛镇廖家山滑坡治理工程、高川乡黄洞子泥石流，北川羌族自治县陈家坝镇樱桃沟泥石流治理提升工程等15处地质灾害防治项目，全年争取补助资金27225万元，用于地质灾害综合防治体系建设和灾后恢复重建地质灾害防治工作。

【地质灾害应急处置】 2020年，市自然资源和规划局坚持“闻汛早撤、临灾快跑”，刚性落实主动避让，严格执行“三个紧急撤离”（即危险隐患点发生强降雨时要紧急撤离，接到暴雨蓝色及以上预警或预警信号要立即组织高风险区域群众紧急撤离，出现险情征兆或对险情不能准确研判时要紧急撤离），坚持接到预警“立即撤”、克服侥幸“果断撤”、不讲条件“坚决撤”、统筹安排“白天撤”、老弱病残“帮扶撤”、劝说无用“强制撤”，各级领导和党员干部到场，现场组织撤离转移，做到应转尽转、应转必转，快速转移、安全转移、全部转移群众到安全地带，杜绝因私自返回危险区域造成人员伤亡事件。全年成功应对和妥善处置“6·16”“7·25”“8·3”“8·6”“8·11”等强降雨天气过程，全年提前撤离转移人数达8.68万人次，实现成功避险11起，避免37户104人伤亡。全市全年未发生1例地质灾害伤亡事故，地质灾害防治实现连续10年“零伤亡”。在“早撤快跑”经验的基础上，摸索出“六早、六撤”地灾防治工作经验，被自然资源厅在全省推广。

（胥　英）

资料链接：“六早、六撤”地灾防治工作经验中“六早”即隐患排查“早发现”，技术支持“早识别”，专业设备“早监测”，完善预案“早演练”，险情处置“早预警”，资金支持“早排危”。“六撤”即接到预警“立即撤”，克服侥幸“果断撤”，不讲条件“坚决撤”，统筹安排“白天撤”，老弱病残“帮扶撤”，劝说无用“强制撤”。

气候灾害处置

【概况】 2020年，全市气候异常，前期冬春夏三连旱，初夏旱情持续发展；盛夏强降水过程高度集中，多项降水要素创历史极大值，西北部山区出现严重的洪涝地质灾害；初秋9月阴雨寡照天气较明显。汛期降水时空分布不均，前旱后涝、旱涝急转，洪涝和地质灾害异常严重，总体气候条件属偏差年景。全年市气象局做好气象灾害应急联动。4月，市气象局对全市气象预报预警信息接收人信息进行收集更新，气象防灾减灾短信预警发布平台覆盖市、县、乡（镇）、村（社）四级防灾减灾责任人共1.4万余人。市气象局强化与防汛相关部门的会商联动，滚动通报强降雨天气过程形势及降雨实况。联合相关部门发布地质灾害气象风险预警148期、小流域山洪气象风险预警46期、中小河流洪水气象风险预警68期。

【预报预警信息发布】 2020年，全市气象部门共发布灾害性天气预警144次、预警信号379次、灾害天气短临预报355次；发送决策气象短信490余万人次、新浪微博1700余条；报送高考、中考、节假日和其他专题天气预报50余期。

【应急响应启动】 2020年，市气象局共启动应急响应13次，其中重大气象灾害应急响应10次、重大活动气象保障服务应急响应1次、重污染天气气象保障应急响应1次、森林火灾气象服务保障应急响应1次，应急响应天数共50天。

【应急处置】 2020年，市气象局强化对森林草原防灭火、重污染天气、农业抗旱救灾等事件应急处置，加大人工影响天气作业力度和强度，作业规模和用弹量达2019年的2倍以上，为历年之最，累计增加降水量超8500万立方米。在安州、平武2次森林火灾现场开展气象要素监测，为科学灭火提供气象决策依据。“8·11”特大暴雨期间，全市气象部门为三台县新德镇明台库区防洪堤抢险、江油市武都水库调蓄洪峰、平武县白马藏族乡抢险救援等工作提供气象保障服务。（任　然）

环境污染处置

【概况】 2020年，全市强化突发环境事件风险防控，修订完善《绵阳市突发生态环境事件应急预案》《核辐射事故应急预案》，制定《生态环境安全“排险除患”集中整治工作方案》，定期组织相关部门针对汛期、强降雨等极端天气及重大节会活动，开展环境应急风险研判会商，对突出问题提出防范应对措施。落实应急预案制度，采取专项执法、联合执法、交叉执法、跟踪执法及错时抽查暗访等多种形式，组织开展环境风险排查，消除环境安全隐患。全年全市共出动执法人员共1320人次，检查企业1100余家次。

【突发事件防范应对】 2020年，市生态环境局落实24小时应急值守制度和领导带班制度，强化应急、公安、交运、水利等部门信息互通，做到突发环境事件信息尽早获取、迅速核实和及时报告。全年应急处置成都人民渠油类物质泄露、利尔化学公司化学品环丁砜泄露、日普精化危险废物暂存间燃烧、安州区兰成渝输油管道过江河段因汛裸露、北川片口乡加油站被淹、安州银河化工集团芒硝堆存库土工棚破损等突发事件。

【环境应急保障】 2020年，全市加强环境应急队伍建设，提高各类环境突发事件的应对处置能力，选取高校、市级部门等应急管理人员29人，组建环境应急专家库。争取应急管理资金用于环境应急装备和物资储备库建设，制定《应急装备和物资储备建设方案》，并协调相关企业共建应急物资储备库。举办“天府行动——2020绵阳市突发环境事件应急演练”，全市生态环境系统、部分危险化学品重点监管企业人员120余人现场观摩，全市生态环境应急处置能力得到提升。（任刚常）

公共突发事件处置

农业畜牧业突发事件处置

【概况】 2020年，全市学习贯彻习近平总书记关于“三农”工作的重要论述，落实党中央、国务院和省委、省政府决策部署，抓好外防输入、内防反弹工作，持续抓好无“非洲猪瘟”小区创建等生物安全措施，打好“非洲猪瘟”防控和生猪稳产保供战，加快发展现代生猪产业。

【“非洲猪瘟”防控】 2020年，全市以强化组织领导、强化科学防控、强化长效机制建设“三个强化”打好“非洲猪瘟”防控战。市委、市政府重视防控工作，多次对全市“非洲猪瘟”防控和生猪生产工作作出重要指示批示并召开专题会议。农业农村、交通运输、公安等25个部门完善联防联控机制，市指挥部办公室组织编写《绵阳市无“非洲猪瘟”小区建设指引》等指导性工作措施文件，开展全覆盖排查监测、生猪及其产品调运监管、大消毒大培训大宣传“三大行动”、网格化管理、屠宰监管、无害化处理、无疫小区建设、实验室建设、有奖举报等工作。指挥部办公室成立防疫工作专班和生猪生产工作专班，技术专员“点对点”联系县市区，“一对一”联系龙头企业，强化督促措施落实和服务指导，确保目标任务完成。市级财政拨付440万元推进“养殖场规定动物疫病根除工程，养殖场进出物料交换规范研究，中药增强生猪抗病力研究，共建无疫小区共享产业发展”示范项目的建设和推广。梓潼县、三台县开展“非洲猪瘟”区域综合防控技术示范与应用项目研究，梓潼正大雷公山种猪场创建成为国家“非洲猪瘟”无疫小区，明兴农业通过省级无“非洲猪瘟”小区评估。市级新增市动物疫控中心编制4个，县级由行政管理、动物卫生监督所、农业综合行政执法、动物疫病预防控制中心四套机构构成，其中动物卫生监督所和农业综合行政执法实行“局队合一”管理。乡镇建制调整后，全市有157个乡镇（街道）设有畜牧兽医站，负责乡镇动物防疫检疫、畜牧业生产发展等工作，村级防疫员基本按建制调整前配备。全市动物疫病预防控制系统9个兽医实验室通过省农业农村厅验收并正常使用。市、县、乡三级均建有防疫物资储备冷库和冷链配送设施设备。各镇乡均设有检疫申报点，建立市、县、乡、村四级动物疫情监测网络和网格化管理体系。生猪产业基地县和养殖重镇均建有生猪运输车辆洗消中心。三台县盛德祥生物科技有限公司可实现年处理病死畜禽1.2万吨，全市基本实现防疫设施现代化。

（郭康康）

交通突发事件处置

【概况】 2020年，全市组建交警应急救援大队，并在市交通安全事件指挥部下设立交警应急救援大队，具体负责救灾现场交通管制、现场交通秩序管控以及人员、车辆疏散等应急处置任务。各县市区交警大队依托大队指挥室，也成立组建应急救援队伍。为确保各类突发交通事件应急处置有章可循，交警支队制定《绵阳市道路交通安全应急保障工作预案》《绵阳市道路交通事故应急保障工作预案》《高速公路交通突发事件应急预案》等10个应急救援预案；出台《绵阳交警支队道路交通应急管理实施细则》，细化道路交通应急处置流程；印发《关于进一步加强对外信息发布管理的通知》《绵阳市公安局交通警察支队应急信息发布工作机制》《绵阳市交警支队关于明确应急信息发布审核人员名单的通知》，规范完善应急信息报告和信息发布工作。各县市区交警大队结合各自辖区实际情况，共制定预案80个。全年全市交警系统参与汛期平武、北川等地抢险救援。全年市交通局推进预案的编制修订工作，印发《绵阳市水上交通事故应急预案（试行）》《普通国省干线道路桥梁抢险保通应急预案（试行）》《抢险救灾运输保障预案（试行）》《交通基础设施建设工程事故应急预案》。加大应急抢险物资、机械、车辆、船舶的储备和保养工作，调整补充道路保通、运输保障等应急队伍近600人，储备挖掘机、装载机等抢通保通机械140余台套、应急客（货）车辆300辆、应急救援船舶12艘。全市交通系统应对“8·11”“8·17”强降雨，共投入抢通机械4436台次，人员18437人次；抢通道路288条、公路阻断点1191处。

【平武县交通应急处置】 2020年8月19日8时至20日8时，绵阳全市普降暴雨，平武县因强降雨导致多处山洪泥石流暴发，全县多处道路损毁，受灾乡镇达10个，受灾人口达3万人，其中白马藏族乡片区受灾尤为严重。市公安局启动应急预案，抽调交警支队、特巡警支队干警100人组成应急抢险突击队驰援平武县抢险救援工作。交警支队在江油、北川、平武交界处药王谷游客中心设置公安交警前线指挥部，组织市、县两级公安交管部门3次召开专题会议研究部署九环线应急救援通道的保通保畅工作方案，统筹市、县两级102名警力按照远端管制、分段分型管控原则设置值勤管制点位29处，对九环线林家坝至白马藏族乡138千米道路全线布警值勤，其中江油北街口、水口庙、林家坝、平武县城进出口5处管控点进行24小时值守，平武县境内8个道路隐患点按照“白天限行、夜晚禁行”的原则实行管控。应急处置期间，沿线警力对6轴及以上货车和9座以上客车实行劝返疏导。

【白马藏族乡抢险救援】 2020年8月23日，平武县白马藏族乡上游电站库容预警，595名群众急需紧急转移，交警支队应急抢险突击队当即挺进至道路严重损毁的平武县木座至白马路段，配合沿途道路抢通工程实施递进式布警管控，指挥疏导群众车辆安全通过危险路段。在各部门协同配合下，受困群众于24日15时全部转移完毕。市、县两级公安交警部门累计出动警力430人次，出动车辆120台次，排查隐患点共52处，疏导抢险救援车辆500台次，疏导滞留车辆1000余辆，疏散滞留群众2500余人，紧急转移受灾群众、民工4700余人，出动护送受灾群众、民工车辆200台次。完成一级交通警卫任务1次，实现应急处置全过程人员零伤亡、财产零损失工作目标。

（付雪恒　罗鹏程）

社会治安突发事件处置

【概况】 2020年，特巡警支队以建设打造“平安城区主战队、急难险重突击队、反恐防暴尖刀队、为民服务先锋队”为引领，围绕新冠肺炎疫情防控和社会稳定目标，完成盐亭“12·7”侦办，处置“7·13”挟持人质事件，成功处置涉爆警情5次。

【盐亭“12·7”案件侦办】 2019年12月7日，盐亭县公安局看守所在押人员刘某趁在外出劳动之际脱逃。根据市公安局指示，特巡警支队抽调警力协同市公安局指挥中心、刑侦、情报、技侦等多个警种组成“12·7”案件追逃小组，赶到盐亭县执行追逃任务。2020年3月30日23时许，历经114天，追逃小组将刘某缉捕归案。

【"7·13"挟持人质事件处置】 2020年7月13日，四川三台男子何某在绵阳市涪城区小北街被民警盘查过程中，突然逃窜并持刀挟持1名3岁女童与民警对峙。现场执勤的交警、特巡警、增援民警立即控制现场，疏散群众，稳住嫌疑人。最终在民警规劝下，何某释放被挟持女童。特巡警支队将何某现场抓获并移交涪城区公安分局处置，处置过程中无人员伤亡和财产损失。（付雪恒）

工业企业安全突发事件处置

【概况】 2020年，全市发生工业企业一般生产安全事故13起，死亡11人，受伤16人，事故数和死亡人数与2019年同期基本持平，未发生较大及以上工业企业生产安全事故。事故涉及行业主要是建材、轻工、机械、工商贸4种行业，其中轻工、建材、机械行业事故最多，事故起数、死亡人数分别占工业企业事故的76.92%、72.73%。事故类型分属高处坠落、机械伤害、物体打击、车辆伤害、触电、容器爆炸等类型，其中高处坠落和机械伤害事故类型最多，占所有事故总数的38.46%和15.38%。成立省级救援骨干队伍——绵阳危险化学品应急救援大队，重新科学编组危险化学品、工程机械救援、爆破专业等10支、465人的市级应急救援骨干队。

【工业企业生产安全事故处置】 2020年，全市重视工业企业安全突发事件应对工作，市委多次召开市委常委会会议、专题调度会议安排部署防范应对工作，市政府多次召开会议专题研究部署。在较大生产安全事故等事故灾害的应对处置中，市委、市政府主要领导到现场指导、指挥抢险救援工作。市应急委办公室从安全生产、自然灾害、公共卫生和公共安全四大方向，划分各部门应急处置职能任务和责任，向市委编办上报《关于进一步完善应急管理职责体系的报告》，明确各部门职责边界。各地各有关部门特别是应急、卫生、公安、经信、消防等部门各司其职、通力合作，在事故发生后迅速赶到事故现场，组织力量投入救援工作，并对善后赔偿、安抚等事宜进行合理处置，全年年妥善处置攀钢集团江油长城特殊钢有限公司"4·4"一般高处坠落事故、安州区中联水泥有限公司"6·7"一般触电事故等工业企业生产安全事故。

【工业企业生产安全事故调查】 2020年，全市工业企业事故发生的原因多为生产作业场所安全防护设施欠缺，设备质量缺陷，安全防护措施不到位，作业场所环境不良，违章操作，违反劳动纪律，安全常识缺乏或因处理不当等原因。依据《中华人民共和国安全生产法》《生产安全事故报告和调查处理条例》《四川省生产安全事故报告和调查处理规定》等法律法规，工业企业生产安全事故发生后，根据市政府授权，均成立由应急管理部门牵头，纪委监委、经信、工会、公安、事故发生地相关部门等单位组成的事故调查组并邀请市人民检察院派员参加。通过现场勘验、调查取证、综合分析，查明事故发生的经过、原因和直接经济损失情况，分析认定事故性质和责任，提出对责任单位、责任人员的处理意见以及事故防范和整改措施建议。全年按照相关法律法规，各地应急部门对发生事故的单位依法进行行政处罚，共处罚金719.17万元。

【工业企业突发事故应急预案编制及演练】 2020年，全市完善应急预案机制，组织修订《全市突发事件总体应急预案》《绵阳市安全生产事故灾难应急预案》等20个重点应急预案，提高预案完整性和可操作性，并按不同行业分类，督促指导各类工业企业修订完善专项应急预案，充实和完善工业企业应急预案。全年全市共组织各类应急演练44余次，6425人次参加。

【工业企业突发生产安全事故防范】 2020年，全市组织开展安全生产重大风险研判与防范，针对汛期等重要时段，发出提示函、督办函1000余份，强化安全生产督导检查，开展"铸安2020"等8个专项行动，检查企业1234家次，排查隐患2867项，完成整改2760项，停产停业整顿45家，立案查处企业188家次，处罚款942.12万元。（王　琴）

城乡建设与管理

Urban and Rural Construction and Management

概 述

【概况】 2020年，市住建委按照省、市决策部署和重点工作安排，围绕构建“一核两翼、三区协同”区域发展新格局，继续以“建设新区、完善组团、提升旧城”和夯实县域建设为攻坚方向，统筹落实住建领域稳增长、促改革、调结构、惠民生、防风险各项工作，加快推进I型大城市建设。全年集中发展区攻坚基础设施项目完成投资约109.18亿元，占年度计划完成投资的109.18%。城建攻坚项目共372个，实际完成投资约153.9亿元，占确保投资的133.83%。全市棚改攻坚计划新开工9160套，计划基本建成3148套，计划完成投资45.25亿元。截至年底，全市棚改实际新开工9242户（套），实际基本建成3151套，完成投资58.4亿元，分别占年度目标任务的100.90%、100.10%、129.07%。全市建筑业总产值842.6亿元，同比增长11.5%，高于全省平均增速0.9个百分点，在全省排名第四位。全市房地产开发投资完成364.28亿元，同比增长37.9%；商品房销售面积724.3万平方米，同比增长1.6%。市住建委围绕新冠肺炎疫情防控和经济发展大局，先后印发《关于全面做好建筑工地开复工前后新冠病毒肺炎疫情防控排查、报告、检查工作的紧急通知》《关于有序恢复建筑业生产施工的通知》《绵阳市建筑工地新型冠状病毒感染的肺炎疫情防控工作手册》等，按照分类指导、精准施策、分期分批、鼓励复工的原则，在人员排查、设施设备消杀、防疫物资保障等方面强化建筑行业复工准备的监督指导。成立科技城集中发展区建设项目、城建攻坚行动建设项目等4个复工复业服务保障专班，落实企业复工申请、行业指导和服务保障事宜。推动辖区砂石、水泥、钢材等建筑原材料生产运输企业复产，简化复工复业手续，通过电话申请、现场确认、快速备案，推动建筑项目复工。

【全市住房城乡建设工作会议】 2020年4月1日，全市住房城乡建设工作会召开。会议传达全国、全省住房城乡建设工作会议精神和副市长罗蒙对全市住房城乡建设工作批示精神，宣读《关于表扬2019年度全市住建系统成绩突出业务工作的通报》。市住建委党委书记申泽作题为“以‘人民为中心’改革创新 加快推动绵阳住建事业高质量发展”的工作报告，回顾2019年成绩，安排部署2020年的工作。会议指出2020年主要目标有科技城集中发展区攻坚计划完成投资100亿元，城建攻坚完成投资115亿元；棚改项目新开工9160套，基本建成3148套，计划完成投资44.25亿元，发放公租房补贴1255户；建筑业总产值力争实现1100亿元，同比增长23%，新培育建筑业企业200家；装饰装修业力争完成总产值40亿元，新培育建筑装饰装修企业15家。提出要全面完成脱贫攻坚危房改造任务，做好产业发展、基层治理、风险防范等8个方面的工作。

【全市出台促进建筑业高质量发展的实施意见】 2020年4月16日，市政府印发《关于促进绵阳建筑业高质量发展的实施意见》（以下简称《意见》）。《意见》提出3年内全市建筑业总产值力争达到1500亿元的目标，明确扶持企业资质升级，对首次晋升特级、一级施工总承包和一级专业承包资质的企业，由市政府在升级年度分别给予200万元、10万元、5万元的奖励；提出扶持企业资质升级、培育骨干龙头企业、引进优势企业、支持企业做大做强做优、鼓励企业创新争优、加强人才队伍培养、调整和优化产业结构、支持带动建筑产业发展、加快推行工程总承包和培育全过程工程咨询服务企业、实施“走出去”战略、减轻企业负担、严格执行工程预付

款制度等26项措施，深化建筑业“放管服”改革，优化扶强建筑企业，推动高质量发展。　（黄　龙）

城市重大基础设施建设

【概况】　2020年，全市坚持“建设新区、完善组团、提升旧城”，中心城区新增面积4.97平方千米，总面积达167.58平方千米。“重构一环、贯通二环”城市交通建设目标全面完成，九洲大道改造等项目完工，绵吴路等易涝点完成治理。开工老旧小区改造项目341个。开展“新三年棚改攻坚计划”，开工9242套，基本建成3151套。由绵阳市投资控股(集团)有限公司（以下简称绵投集团）负责实施的城市重大基础设施建设项目有绵兴路（辽宁大道至双碑铁路立交段）改造提升工程、涪滨路三江闸坝桥头公园项目、二环路西半环绿化项目、代家湾泵站扩容及周边雨水通道改造工程、一环路绵吴路口内涝治理工程等。由绵阳科技城发展投资（集团）有限公司（以下简称科发集团）实施的城市重大基础设施建设有地下综合管廊、创业大道跨二环路高架桥、综合管廊四条道路两侧绿化带项目、八家堰大桥提升改造工程、科技之心片区次支路网及街头游园等集中发展区攻坚行动项目7个，有朝阳厂片区国有工矿棚户区改造项目、农科区松垭镇五号道路工程、科技物流产业园启动区市政道路工程纵七路西段部分工程、科技物流产业园启动区市政道路工程纵七路东段等城建攻坚行动项目10个，以及中国科技城（绵阳）科技物流产业园铁路专用线项目。由绵阳市交通发展集团有限责任公司（以下简称交发集团）负责实施的城市重大基础设施建设并完工的有省道205线绵阳绕城段改线建设工程（游仙区段）、省道205线一二环立交主线段加宽工程、二环路南段与省道205线主线立交匝道建设工程、省道205线绵阳城段交通安全设施完善项目等5个重点项目，其中省道205线绵阳绕城段建设工程完工标志着全市“重构一环、贯通二环”战略目标全面实现。

【绵兴路（辽宁大道至双碑铁路立交段）改造提升工程】　项目西起永惠路口，沿道路向东，止于双碑铁路立交，改造道路全长约7.2千米，红线宽度60米，双向8车道，设计车速为60千米。主要建设内容为道路工程、照明工程、绿化景观工程、排水工程及附属设施工程等。工程总投资约1.5亿元。2020年5月，项目开工建设。建设单位为四川嘉来建筑工程有限公司，施工单位为四川嘉来建筑工程有限公司，监理单位为四川正菱建设监理咨询有限公司，设计单位为安徽省交通工程设计研究总院股份有限公司，勘察单位为四川省地质勘查院集团有限公司。

【涪滨路三江闸坝桥头公园项目】　公园总用地面积约13.17公顷，主要建设内容为土方工程、建筑工程（云檐、管理用房、公厕等）建设、园区道路、生态停车场、绿化景观工程、园区小品、导视系统、监控系统以及附属配套设施等。工程总投资约6800万元。2019年11月，开工建设；2020年，项目持续建设。建设单位为四川嘉来建筑工程有限公司，施工单位为四川嘉来建筑工程有限公司，监理单位为四川元丰建设项目管理有限公司，设计单位为信息产业电子第十一设计研究院科技工程股份有限公司，勘察单位为绵阳市川交公路规划勘察设计有限公司。

【二环路西半环绿化项目】　项目分三部分进行，其中第一部分起于塘汛立交，止于科大立交，道路全长约30千米，建设内容为道路两旁宜绿空地进行补植补栽，隔离带移植大型乔木及补充绿化建设，提升西二环线景观品质量。第二部分为二环路西半环新增节点绿化工程6.74万平方米，建设内容为场地整理、乔木的移栽及新增植物栽植等。第三部分为石马立交互通桥区景观工程8.55万平方米建设、中绵路道路两旁宜绿空地进行绿化及游步道修建、绿化灌溉系统建设、排水系统提升修复，提升石马立交互通桥区景观品质量。整个项目总投资约4300万元。2019年3月，开工建设；2020年10月，项目完工。建设单位为四川嘉来建筑工程有限公司，施工单位为四川嘉来建筑工程有限公司，监理单位为四川现代建设咨询监理有限公司，设计单位为绵阳市川交公路规划勘察设计有限公司。

【代家湾泵站扩容及周边雨水通道改造工程】　项目位于御营坝代家湾，占地5033平方米，服务御营坝一环路以东片区。建设内容及规模为：对代家湾泵站进行扩容；将泵站抽排能力提高至20立方米/秒；对李家沟进行清掏、疏通；对原有雨水通道闸门进行自动化改造。工程总投资约5998万元。2019年11月，项目开工建设；2020年6月，项目完工。建设单位为四川嘉来建筑工程有限公司，施工单位为四川嘉来建筑工程有限公司，监理单位为四川亿科项目管理有限公司，设计单位为中国市政工程西南设计研究总院有限公司，勘察单位为绵阳市川交公路规划勘察设计有限公司。

【一环路绵吴路口内涝治理工程】　项目旨在通过新建雨水泵站临时解决一环路南段与绵吴路交叉口处的雨水内涝问题。建设内容为：在一环路南段与绵吴路交叉口新建一体化雨水泵站1座（规模3204立方米/小时），配套建设DN600压力雨水管道1根，长度约664米，由雨水泵站接至安昌河。工程总投资约1800万元。2020年4月，项目开工建设，同年10月，项目完工。建设单位为四川嘉来建筑工程有限公司，施工单位为四川嘉来建筑工程有限公司，监理单位为四川现代建设咨询监理有限公司，设计单位为悉地（苏州）勘察设计顾问有限公司，勘察单位为四川正基岩土工程有限公司。

【科学城隧道及隧道两端接线道路】 项目主要内容为对科学城隧道及隧道两端接线车行道罩面进行提升，全长约1.1千米；对绵阳南郊机场航管楼前道路进行路面整治，改造面积约1500平方米。工程总投资约400万元。2020年11月，项目开工建设；2020年12月，项目完工。建设单位为四川嘉来建筑工程有限公司，施工单位为四川嘉来建筑工程有限公司，监理单位为四川亿科项目管理有限公司，设计单位为中国市政工程西南设计研究总院有限公司，无勘察单位。

【中国（绵阳）科技城会议展览中心三期项目竣工】 中国（绵阳）科技城会展中心三期项目位于高新区，作为一、二期项目的配套项目，定位为会议中心，涵盖会议、表演、宴会、酒店四大功能。2017年8月，项目开工。2020年9月，项目正式建成投运。项目总投资8.97亿元，规划用地面积34159.6平方米，建筑面积72133.9平方米。建设单位为科发集团，施工单位为中国五冶集团有限公司，监理单位为四川伟业建设监理有限公司，设计单位为悉地国际设计顾问（深圳）有限公司，勘察单位为中冶成都勘察研究总院有限公司。

【创新中心三期项目收尾】 2017年4月，创新中心三期项目开工。2020年，项目进入收尾阶段。项目总投资13.5亿元，总建筑规模23.82万平方米，包括数据中心、服务外包企业孵化器及地下车库及配套设施。

【省道205线绵阳绕城段改线建设工程（游仙区段）完工】 省道205线绕城改线项目起于绵阳江油市，经游仙区，止于三台县芦溪镇并接原有省道205线，项目全长75千米。其中省道205线绵阳绕城段改线建设工程（游仙区段）于2020年完工，6月1日通车试运行，全长32千米，由交发集团负责实施24.8千米，该路段采用一级公路技术标准设计，时速为60千米，设计为双向四车道（石马镇3.8千米、五里梁6.5千米等路段为双向六车道）。省道205线绵阳绕城段改线建设工程（游仙区段）项目共分三期，一期工程起于游仙区欧家坝牡丹庭小区，止于游仙区小枧镇一心社区（7.4千米），于2016年2月开工建设，2019年8月30日完成交工验收；二期工程起于游仙区石马镇，止于经开区松垭镇（16.96千米），于2018年2月开工建设，2020年11月交工验收；三期工程（跨宝成铁路段）于2020年5月开工建设。

资料链接： 省道205线绵阳绕城段位于涪江东岸，由南至北通过松垭、小枧，经石马至江油，南端起点为绵盐路跨线桥，北端终点为天坪村。是省、市重点项目。省道205线绵阳绕城段建设工程对优化绵阳城区路网布局，提高城市交通承载能力有着重要作用。省道205线绵阳绕城段分别在小枧镇一心社区、小枧镇五星村与一环路南段东延线、一环路北段东线交会，同时，该道路两次与二环路相交，左转可以通过二环路进入城区，右转可以通过游仙经开区收费站和游仙长明收费站上绵遂高速。省道205线绵阳绕城段项目完工后，绵阳城区实现“重构一环、贯通二环”目标。

【梓东路建成通车】 绵苍高速梓潼段梓东路（梓潼县城至东石乡）是绵苍高速梓潼境内首条连接线工程，全长4.687千米（包含支线0.57千米），新建段宽32米，双向四车道，设计时速80千米，总投资近3亿元。2017年11月，项目开工建设，分两段建设实施，其中改建段及支线段2.7千米路面工程于2018年9月建成投用。2020年7月1日，项目举行交工验收会，标志着项目全线正式建成通车。

图58　中国（绵阳）科技城会议展览中心三期项目

图59　梓东路

【火车客站广场人行天桥建成投用】 绵阳火车客站广场人行天桥是绵阳市城建攻坚重点项目，于2019年9月开工建设。项目由交发集团负责实施，采用装配式构件进行施工。2020年1月15日，项目投入使用。

【东西第二干道（安州段）完工】 东西第二干道（安州段）是科技城集中发展区攻坚重点项目，也是2020年市级民生实事项目，路线为东西走向，西起辽安路，东接东西第二干道（涪城段），道路总长度2.76千米，按照城市主干道设计，双向六车道，路基宽度40米，沥青混凝土路面，设计时速为40千米，总投资3.29亿元。2020年5月9日，由恒通建工承建的东西第二干道（安州段）项目路基工程通过验收。12月，项目完成整体工程建设。项目建成后，形成由安州区、教育园区、高水片区和游仙区共同组成的快速交通走廊带，可分流城市东西方向交通。

【科技城大道二期涪江大桥开工建设】 科技城大道二期涪江大桥是科技城集中发展区内重要主动脉。科技城大道涪江大桥位于涪城区龙门镇和游仙区石马镇交界处，设计时速60千米，作为科技城大道横跨涪江的重要节点工程，是连接科技城集中发展区南北翼、涪城区及游仙区的重要桥梁。项目于2020年5月进场开展前期工作，6月完成初步设计文件、概算文件和初勘地质报告编制等。

【青石路涪江大桥启动选型】 青石路涪江大桥是横跨涪江的重要节点工程，北距绵广高速公路大桥1.9千米，南距二环路跨江大桥1.5千米，向东连接绵江路，向西连接科学城大道。交发集团于2020年9月25日面向全国公开征集绵阳市青石路涪江大桥概念设计方案，初步征集桥型10余种。

（吴辉昌　邱盼鸿　杨　怡）

图60　青石路涪江大桥备选设计效果图

建筑业管理

【概况】 2020年，全市建筑业总产值842.6亿元，同比增长11.5%，高于全省平均增速0.9个百分点；建筑业增加值为292.71亿元，同比增长3.7%，建筑业总产值在GDP的比重为9.7%，对GDP贡献率为8.1%，拉动GDP增长0.355个百分点；建筑业产值的总量在全省排名第四位（与2019年持平），增速居全省第六位（同比上升5位）。全市建筑业税收22.4亿元，同比增长10.1%，占全市税收的11.1%，较2019年提高0.73个百分点。全市推广使用散装水泥717.6万吨，散装水泥率达68.1%。全市在建工程质量监督覆盖面达100%，受监工程竣工验收合格率达100%。全年获得“天府杯”1项、“绵州杯”市优质工程奖13项，创省级标准化工地5个、市级标化工地33个。

【建筑业管理和服务】 2020年，绵阳市印发《关于促进绵阳建筑业高质量发展的实施意见》，明确绵阳建筑业高质量发展工作目标，提出扶持企业资质升级、培育骨干龙头企业、引进优势企业、支持企业做大做强做优、鼓励企业创新争优、加强人才队伍培养等26条政策措施，扶优扶强建筑企业，推动全市建筑业高质量发展。市住建委贯彻落实市棚改攻坚领导小组第三次全体会议暨建筑业、房地产业发展专题视频会议精神，引导本地企业参与全市重大产业、民生项目、招商引资项目、基础设施以及国有投资项目建设。对先进企业予以表彰奖励，组织开展2019年度全市建筑业先进企业表扬奖励评选工作，对引领发展、纳税、就业、产业贡献突出、产值高以及对外拓展好的33家建筑企业予以表扬奖励，颁发奖金305万元。中国核工业二四建设有限公司等6家先进建筑企业、孙云华等7名优秀企业经理、罗太忠等13名优秀项目经理分获省住建厅对外开拓先进建筑业企业和优秀个人表扬。推进“服务绿卡”措施落地，组织评选出2020年度建筑业“服务绿卡”企业，授予中国核工业二四建设有限公司等60家建筑业企业“服务绿卡”，通过提供行政审批绿色通道、建立市住建委领导“一对一”定点联系帮扶等精准政务服务，营造优质高效的政务环境。

【建筑业从业资格管理】 2020年，全市建筑业企业竞争能力持续增强。中国核工业二四建设有限公司晋升为特级资质，绵阳九华建设有限责任公司、四川省江油市建工建筑工程有限公司、四川跃宸建筑工程有限公司3家公司新取得建筑施工总承包一级资质，四川金和新型建材有限公司取得建筑施工总承包二级资质。截至年底，全市共有建筑企业3096家，其中总承包企业1584家（特级企业2家、一级企业30家、二级企业211家、三级企业1341家）。中九建工集团有限公司、四川嘉来建筑工程有限公司、绵阳市浩龙天星建筑工程有限公司、四川鸿宇实业集团有限公司、四川佳富美建设有限公司5家企业入围四川省工程总承包试点单位名单。市住建委配合人社部门做好建造师考试资格审查工作，对4200余名一级建造师、1.45万名二级建造师报考人员开展考试资格审查。做好安全生产能力考核三类人员（A、B、C）以及建筑特种作业人员考试资格审查工作，共审核三类人员9285人、特种作业人员3047人。对专业技术人员职业资格违规“挂证”情况进行清理，全市社保存在问题的人员共1145人，共整改919人。组织开展全市建筑行业第九届职业技能大赛，21家建筑企业、50位选手参加砌筑工和钢筋工2个工种的技能比武，罗有权等28人获评优秀选手，绵阳市同立建筑工程有限公司等21家获评优秀组织单位。

【建筑企业资质审批系统治理】 2020年，市住建委开展建筑企业资质审批突出问题系统治理，把中央、省、市部署要求落实到系统治理的全过程、各环节。对标治理靶向，对照相关方案内容，落实工作力量，细化工作措施，逐项对标对表，推进各项工作落地落实，向省建设厅和纪检监察部门报告相关工作情况。坚持问题导向，重点整治在建筑企业资质审批、企业业绩和人员资格核查监管中以权谋私、吃拿卡要，在资质申报中制假造假、利用企业重组分立承继资质非法牟利等违纪违法问题，共梳理排查问题线索4个。强化工作责任，聚焦重点治理任务，找准具体问题和深层次原因，查找在资质审批过程中企业核查和资质动态监管、业绩录入等是否存在非法牟利问题，严格按照“清单制+责任制”，建立问题台账，明确整改措施和时限。全年通过系统治理，完善企业工程业绩和人员资格核查工作制度，对所梳理排查出来的问题全部限时整改到位。经征求服务对象和市民满意度问卷调查，建筑企业资质审批突出问题系统治理满意度达90%以上。

【建筑企业资质事中事后监管】 2020年，市住建委严格企业资质条件核查，定期对当年所有新核发资质企业开展资质批后核查。通过现场核查、函询等方式开展，对核查中发现在申请资质、增项中有弄虚作假行为的企业，按照规定查处；对经核查认定不符合相应资质标准的企业，撤回其资质。加强注册人员事中事后监管。为保证注册人员在岗履职，对注册单位与社保不一致的，撤销其注册许可，对违规使用“挂证”人员的单位视情节记入不良行为记录或建筑市场“黑名单”。全年共对75家企业进行资质资格条件和“双随机、一公开”核查，共撤回22家企业资质证书。通过对部分无业绩、无人员的“僵尸”空壳企业、经营管理不善、扰乱建筑市场等不良企业的核查，规范建筑市场秩序，促进全市建筑业健康发展。

（黄　龙）

住房建设

【概况】 2020年，全市共完成房地产开发投资364.28亿元，同比增长37.9%；其中商品住房投资274.92亿元，同比增长35.8%；商业营业用房投资47.63亿元，同比增长38.45%。全年绵阳城区（含安州区）完成房地产投资253.38亿元，同比增长57%；其中商品住房投资187亿元，同比增长49.71%；商业营业用房投资33亿元，同比增长65.61%。全市商品房销售面积724.3万平方米，同比增长1.6%；实现销售额473.17亿元，同比增长1.8%，其中商品住房销售591.86万平方米，同比下降0.1%；商业营业用房销售70.89万平方米，同比增长2.74%。

【商品房销售】 绵阳城区（含安州区）商品房销售面积414.81万平方米，同比下降6.7%，实现销售额314.96亿元，同比下降3.33%；其中商品住房销售339.13万平方米，同比下降10.56%；商业营业用房销售33.41万平方米，同比增长7.57%。

2020年绵阳市房地产投资销售一览表

表85

区域	房地产开发投资（亿元）				商品房销售面积（万平方米）			
	2020年累计	增长±%	住宅投资	商业投资	2020年累计	增长±%	住宅投资	商业投资
绵阳市	364.2797	37.9	274.9222	47.6259	724.3	1.6	591.86	70.89
涪城区	72.9994	77.8	54.9572	9.6323	144.23	4.6	133.95	3.57
游仙区	36.9863	51.2	28.7860	4.1277	86.71	18.5	65.38	15.24
安州区	39.5894	109.7	27.0994	7.7761	62.13	−23.5	42.96	6.29
高新区	41.9903	127.3	31.4651	3.1660	44.35	7.9	44.12	0.16
经开区	48.6649	30.6	35.1422	6.0282	53.99	−39.2	37.67	4.59
科创园区	11.9717	−17.4	8.4466	2.2063	20.68	4.8	12.33	3.56
仙海区	1.1827	−82.6	1.0992	0.0632	2.72	3.4	2.72	0
江油市	49.4181	19.7	37.7930	7.0805	119.67	13.9	105.05	7.02
三台县	32.1928	−6	24.8665	4.5408	81.32	4.4	61.83	13.8
盐亭县	12.3520	−19.6	10.4404	1.5315	62.43	12.1	43.74	13.89
梓潼县	11.6189	133.7	10.6763	0.5310	28.97	133.6	27.53	1.15
北川羌族自治县	4.1572	−7.8	3.2054	0.8761	11.29	2.5	10.27	1.02
平武县	1.1560	−50.2	0.9449	0.0662	5.82	−4.7	4.3	0.6

【住房保障】 2020年，市住建委坚持目标导向，指导各地分项目制定推进方案，共开展专项检查督查5次，印发《棚改攻坚工作简报》8期、督查通报5期，对1个进度滞后的地方政府发出督办函。跟踪中央、省棚改专项支持政策，做好向上汇报，最大限度争取上级部门资金倾斜。全市争取上级补助资金4.01亿元，棚改专项债券资金4.45亿元。强化业务指导，开展定点帮扶，狠抓棚改项目落地。召开专题培训会、运用微信群、QQ群，传达最新棚改政策和会议精神。组织工作专班，开展政策指导和“一对一”帮扶。筹集公租房房源，完善公租房配套，做好公租房建设。推进配建公租房建设。全年全市棚户区改造新开工9242套，基本建成3151套，投资58.40亿元，公租房租赁补贴发放1806户，配建公租房竣工交付使用3个、139套。加快续建项目建设，做好保障房小区维护维修。强化动态审查，做好公租房后期管理。

（黄　龙）

住房公积金管理

【概况】 2020年，全市住房公积金实缴职工31.23万人，新开户职工5.71万人，新开户单位654家，缴存51.15亿元，同比增长6.94%。截至年底，缴存总额达383.64亿元，同比增长15.38%；缴存余额171.46亿元，同比增长10.93%。全年全市提取住房公积金8.29万人、34.25亿元，分别同比增长3.85%、9.46%，提取占当年缴存额的比率为66.97%，同比增加1.54个百分点。从分项提取来看，住房消费类提取26.49亿元，占77.34%；其中购买、建造、大修自住住房提取0.91万人、8.72亿元；非住房消费类提取7.76亿元、占22.66%，其中离退休、完全丧失劳动能力、与单位终止劳动关系提取1.02万人、1.75亿元。截至年底，全市累计提取总额达212.17亿元，同比增长19.25%。全年住房公积金管理费用实际支出2788.01万元，其中人员经费1401.67万元、公用经费119.36万元、专项经费1266.98万元。出台《提取转移业务实施细则》《住房公积金贷款实施细则》，支持“租购并举”，多渠道保障住有所居。全年新增合作楼盘63个，发放贷款和购房提取向市场释放资金47.82亿元，支持职工购房86.29万平方米，推动住房销售63.71亿元；支持9208人次办理租房提取，涉及金额9872.7万元。明确既有住宅加装电梯提取办理要件、审批流程，支持老旧小区改造。全年为12名职工办理加装电梯提取公积金47.18万元。

【住房公积金贷款】 2020年，全市发放住房公积金个人住房贷款0.83万户、31.37亿元，分别同比增长12.59%、10.09%。截至年底，全市累计发放个人住房贷款10.18万户、240.28亿元，分别同比增长8.86%、15.01%；贷款余额累计达133.58亿元，同比增长9.57%。全市住房公积金贷款余额占缴存余额的比例（个贷率）为77.91%，下降0.96个百分点；全年回收个贷本金19.70亿元、利息4.17亿元，当年还清个贷0.54万户，累计还清个贷4.51万户；住房公积金贷款逾期73户，逾期金额达688.22万元，逾期率为0.52‰。

【住房公积金增值收益】 2020年，全市住房公积金实现业务收入5.82亿元，业务支出2.87亿元，实现增值收益2.95亿元，同比增长13.6%；增值收益率为1.82%；实现的增值收益按上级有关规定进行分配并报市财政局审核通过，其中提取贷款风险准备金0.12亿元，提取管理费用0.26亿元，提取城市廉租房（公共租赁住房）建设补充资金2.57亿元。

【住房公积金资金存储】 截至2020年年底，全市住房公积金存款37.88亿元，其中活期存款0.61亿元、协定存款7.02亿元、1年以内定期1.58亿元、1年以上定期28.67亿元。全年全市未发生用住房公积金购买国债业务，年末国债余额为0。

【住房公积金便民利企服务】 2020年新冠肺炎疫情防控期间，市公积金中心先后出台《关于推行新型冠状病毒疫情防控期间便民服务的通知》《关于支持新冠肺炎疫情防控有关公积金政策的通知》《关于支持新冠肺炎疫情防控有关公积金政策的实施细则》，通过“不见面”审批、支持企业降比缓缴、放宽贷款缴存条件、延长业务办理有效时限、特殊人群逾期不纳入信用管理、对一线医务工作者贷款给予支持等具体举措，保障受新冠肺炎疫情影响的企业、职工和一线医务工作者的权益。全年审批降比企业35家，涉及1044人；降低用工成本120万元，累计审批缓缴企业182家，涉及3.88万人、2.62亿元。

【住房公积金服务能力建设】 2020年，市住房公积金中心强化信息化建设，拓展线上平台功能，拓展线上平台功能，开展“全市通办”，推进“不见面、网上办”服务，全市线上办理业务7770笔，其中“掌上办”4118笔，“非接触式”缴存率达95.97%。丰富门户网站、微信公众号、手机App等服务体系，全市综合服务平台访问量达507.1万次，微信公众号关注人数达24.1万人，“12329”热线提供服务2.88万次，自助查询提供服务13.32万次，推送业务短信223.6万条。推行城区住房公积金一体化发展，在全市范围内推行住房公积金提取业务跨区域通办，实行延时服务、上门服务、预约服务、绿色通道特色服务，实行综合柜员制，构建“一窗办、一次办、网上办、就近办”服务新模式。实施住房公积金政策优惠，企业可在5%—12%的缴存比例范围内自主浮动确定缴存比例，经营困难企业可阶段性降至5%以下比例缴存或缓缴，允许企业对内部不同人员实行3个以内差异化配缴等措施，为企业减轻用工成本，便于留住人才，支持企业自身建设和发展。实行增值服务，推行“中小企业住房公积金信用贷”，将规范缴存转化为资源优势，为企业增加融资渠道，增强住房公积金制度吸引力。通过市场监管局的“企业开办协同平台”实现企业在开办时，由系统自动推送其登记注册时的相关信息，同步完成住房公积金自动开户。实行楼盘准入“备案制”，降低准入门槛。推行“容缺后补、取消贷款保证金”放款新模式，破解公积金放款慢问题。公积金贷款办理时间由原来的2个月缩短至10天内，提速84%。试点开展“商转公”直转业务，采取顺位抵押的方式，解决职工自筹资金结清商贷的难题。推行住房公积金贷款银行现金保函，减轻企业负担。

【绵阳市试点取消住房公积金贷款保证金】 2020年3月，市住房公积金中心在全省率先开展取消住房公积金贷款阶段性担保保证金试点工作，旨在为企业减费降负，支持房地产企业发展。按照原住房公积金贷款项目管理规定，个人住房公积金贷款由开发企业作阶段性担保的，须办妥房屋预抵押登记手续、缴纳个人贷款总额5%—10%的保证金后才能放款。试点后，房地产开发企业不再缴纳个人公积金贷款阶段性担保保证金，预计试点期间每年将为企业减免阶段性担保保证金约3000万元。试点工作先期由市直属、涪城、游仙管理部在市政府确定的绿卡服务企业开发的合作项目中实施，为全市推广奠定基础、积累经验。

【绵渝两地住房公积金一体化发展】 2020年5月15日，绵阳与重庆住房公积金信息互查测试成功，标志着两地住房公积金信息共享机制建立。8月5日，绵阳公积金直属管理部与重庆中心沙坪坝办事处共同打造住房公积金窗口标准化服务。8月28日，绵渝两地住房公积金异地缴存证明无纸化系统测试成功，实现两地住房公积金线上办理和两地住房公积金互认互贷。9月，绵阳公积金中心所属10个分支机构（管理部、分中心）住房公积金政务窗口开辟川渝住房公积金一体化发展业务办理绿色通道。12月24日，渝绵住房公积金一体化发展战略合作暨资金融通使用签约仪式在重庆举行。住建部住房公积金监管司司长杨佳燕，四川省住房城乡建设厅党组成员、副厅长樊晟，重庆市住房和城乡建设委员会党组成员、重庆市住房公积金管理中心党组书记、主任张其悦，绵阳市住房公积金服务中心党组书记、主任蒋静瞻出席仪式。签约仪

图61　绵阳川渝住房公积金一体化绿色通道

式上，双方签署《渝绵住房公积金一体化发展战略合作协议》《渝绵住房公积金资金融通使用合作备忘录》，双方达成联动治理违规提取、协同开展司法划扣、强化两地公积金政策趋同性等11个方面的战略合作。至此，绵阳市在全国开创公积金资金跨区域融通使用先河，绵阳市公积金中心也成为省内率先与重庆成功实现缴存证明无纸化的公积金中心。截至年底，绵阳与重庆信息共享54人次；从重庆异地转入绵阳54人，金额达100.17万元；从绵阳转出至重庆50人，金额达111.60万元；绵阳受理重庆异地贷款30笔，办结32笔，发放金额1063.80万元；绵阳向重庆开具异地缴存证明33张；绵阳受理重庆异地购房提取132笔，办结123笔，金额916.59万元。

（王春明）

城市综合管理

公用事业管理

【概况】　2020年，全市加强城镇供排水、燃气供应、公共交通等公用事业管理。汛期之前，全市完成汛前清掏、泄洪闸门维护保养、泵站进出水通道及雨、污水池清淤、跨河桥梁检测等工作，同步加快推进防汛重点整治项目。对高新区双碑中街、普明北街等老旧街区地进行改造，对慢行道采用海绵城市建设理念，将降雨就地消纳利用。

【城镇供排水】　2020年，全市加强城镇供水、污水处理行业监管，在公示水质检测结果制度的基础上适时抽查供水企业水质情况。全年各供水排水企业无大小安全生产责任事故，完成年度安全生产目标任务，绵阳市城区建成排水管网总长度为2929.2千米。

【城市燃气供应】　2020年，全市强化燃气行业汛期防灾减灾、自然灾害应急处置及监测预警预报防范工作，落实燃气行业安全隐患排查工作，开展燃气入户安全隐患排查。绵阳燃气集团公司天然气储配站燃气综合信息化系统投用运行正常。绵阳城区建成高中压燃气管道4135.74千米，有储配站1座、门站7座、LPG充装站4座、CNG加气站22座、LNG加注站4座。全年绵阳市城区范围内有天然气居民用户88.39万户；液化石油气用户1.06万户；天然气用气量6.22亿立方米，液化石油气用量2946.40吨。

【公路建设监管】　2020年，全市制定《绵阳市公路水运工程聘请专家咨询管理办法》，以公开征集方式建立专家咨询库，入库专家超过50人，涵盖咨询决策、招标投标、工程管理等9个方向，提升建设监管决策科学性。经公开招标建立公路工程抢险救灾队伍储备库，涵盖施工类10家、监理类5家、勘察类5家、设计类4家、试验检测类3家，配套制定《绵阳市公路抢险救灾项目工程队伍储备库管理办法》。出台《绵阳市交通运输科技项目管理办法（试行）》等管理制度，规范科研管理、设计审批、工程变更、竣工验收、质量管理等工作。

【公交优先发展】　2020年，全市推进绵（阳主城区）安（州区）城市客运同城化工作，反复研究论证同城化时间节点、方案措施、行业稳定等问题。11月1日起，全面放开15路公交线路运行时间限制，安州区与主城区公交同城化取得实质性突破。加快推进科创园区、游仙经济试验区等一批公交枢纽场站建设，弥补公交场站基础设施短板。

【公交服务质量建设】　2020年，全市公交系统修订出台《星级线路管理规定》《公交服务人员岗位规范》等制度，举办涉及服务技巧、行为规范、心理疏导等专题培训72余场次，提高驾售人员业务技能和服务意识，车厢整洁合格率、服务合格率等指标保持在98%以上。完善行业、社会、企业"三位一体"监督平台，通过政风行风值守、书记市长信箱等理政平台，受理各类舆情1150件，接听"12328""12319""12345"等热线电话36.54万次，回复率达100%。落实特殊人群免费乘车政策，免费服务近4000万人次。创建星级线路106条，占线路总数的89%，其中三星级及以上线路21条。

【出租汽车管理】　2020年，全市完成出租汽车信息化平台建设招标工作，组织实施城区23家出租汽车企业（含网约车平台企业4家）2019年度服务质量信誉考核工作，其中1家企业获评B级，2家企业获评A级，15家企业获评AA级，5家企业获得省厅运管局AAA级评定。继续网约车办证“直通车”（直接面向车辆所有人办证），推进网约车许可工作。截至年底，全市经许可平台公司共5家，发放网约车运输证5116个、驾驶证2.31万个，发放网约车运输证、驾驶证数量均位居全省第二。

【城区巡游出租车运价结构调整】 2020年，全市完成城区巡游出租汽车运价调整的成本监审、专家论证、风险评估、公开听证、集体决议等工作。7月16日零点起，执行绵阳城区巡游出租汽车运价新标准（基本运价基准为6元，含1千米基本里程；车公里运价为1.6元/千米，超过10千米后，车千米运价加收50%；每日22时至次日6时，车千米运价基础上加收深夜乘车费0.3元/千米）。此次为结构性调整，目的是建立科学合理、更加灵活、富有弹性的运价形成机制，促进城区巡游出租汽车市场公平竞争，促进出租汽车行业稳定和可持续发展，缓解市民出行难、打车难问题。 （黄 龙 罗程鹏）

电力管理

【概况】 国网绵阳供电公司（以下简称供电公司）供电区域包括绵阳市涪城区、游仙区、安州区、江油市、梓潼县、北川羌族自治县、盐亭县，与三台县、平武县有趸售关系，拥有电力客户192.92万户，是绵阳境内最主要的电网规划、建设、运营和电力供应企业。2020年，绵阳电网以500千伏平武站为水电汇集点，以500千伏富乐站、诗城站为枢纽，构筑围绕主要负荷中心的220千伏双环网骨干网架，配电网规模位居四川省第二。供电公司资产总额达55.98亿元，拥有35千伏及以上变电站125座、变电容量920万千伏安，输电线路296条、线路长度4385.92千米；全网最高负荷237.9万千瓦（2020年8月20日），最大日用电量4444万千瓦时（2020年8月20日）。全年完成售电量116.54亿千瓦时，同比增长12.01%。

【电力生产供应】 2020年，供电公司深化建设施工等安全大检查，安全局面保持平稳。开展安全生产专项整治三年行动、森林草原输配电线路火灾隐患排查治理等行动，治理各类隐患1.5万余项。开展带电作业2225次，减少停电7.56万时户。集中整治“高跳”线路，输配电线路跳闸分别压减12.5%、21.19%。全面应用安全生产风险管控系统等可视化手段，有效管控六级及以上电网运行风险102项、四级作业风险16项。全面加强143家新冠肺炎疫情防控重点单位供电保障，为10家新冠肺炎疫情防控定点医疗机构建设双电源，完成江油、北川医院配套电力设施建设。应对日电量2次创新高、负荷3次创新高和安州、平武山火及“8·11”特大暴雨洪灾等，保障三叉河110千伏西会一、二线和10千伏会西、会界线避险应急抢险被中央电视台直播。完成科博会等重要保电任务120次。

【电网建设】 2020年，供电公司深化与市政府汇报沟通机制，与区县党委、政府，公交集团、中国通服、省综合能源等企业开展会谈交流，签订战略合作协议。促成公司60个远景（2035年）规划站址坐标被纳入国土空间规划，绵阳南220千伏配套等7个项目取得核准批复。分析诊断电网薄弱环节，制定县域35千伏电网提升方案，精准储备项目。配合省发改委开展农村电力基础设施调研，编制绵阳市两项改革“后半篇”文章农网改造升级试点方案。推动500千伏绵阳南、天明电厂工程加快建设，按期开工中物院110千伏供电工程等项目7个，投产青林口牵引站220千伏改接供电工程等项目5个。牵头全川多站融合建设，建成全川首家、算力规模最大的数据中心站。在绵阳南郊机场建成并启用全国首个国家电网投资运维的机场岸基供电项目。

【电力服务】 2020年，供电公司兑现新冠肺炎疫情优惠电费补贴，鼓励用户参与电力市场化交易，降低客户用电成本约6.85亿元。助力复工复产，新装增容业务1.4万笔，容量202.04万千伏安，高、低压业扩客户平均办电时长分别下降4.27天、0.22天，线上办电率、缴费率分别达99.79%、

图62 1月25日，供电公司对新冠肺炎疫情防控定点医疗机构进行保电特巡

81.58%，投诉同比下降35.37%。促成市发改委下发“村网共建”试点文件，试点村在游仙、安州、盐亭拓展至114个，相关做法纳入绵阳市两项改革“后半篇”文章试点项目推广。推广“办电e助手”，建立“面对面”服务模式，引导高压新装客户业扩流程全景体验。强化政企信息互联互通，开通“i绵阳”办电渠道，实现“一证办电”、房电联动过户。促请政府出台优化外线掘路审批流程政策，并联审批时限降至1个工作日。支持惠科第8.6代液晶面板项目配套220千伏输变电工程建设实施，建立项目绿色通道，推动惠科配套电力项目提前建成投运。

【绵阳南郊机场岸基供电设施启用】 2020年9月21日，绵阳南郊机场飞机岸基供电项目正式启用。该项目是全国首个国家电网投资建设并运行维护的机场岸基供电设施项目，旨在为绵阳南郊机场提供绿色、安全、稳定的电力保障。该项目以电力替代航空燃油，可达到省油、减少噪声和空气污染的效果，每年为航空公司减少航空燃油使用1320吨，减少二氧化碳排放3960吨，每年产生电能替代电量逾120万千瓦时。

（马　畅）

水务管理

【概况】 2020年，全市加强泵站管理，确保汛期运行正常。按照汛前工作安排，对城区22座雨污水提升泵站进行高压供电预防性试验、全面检查控制室、闸门、格栅机等附属机电设备，完成各站起重设备、应急抽水泵、发电机组维保和108台水泵的检修工作，保证泵站机电设备处于良好运行状态。开展汛前泵站清掏工作，完成代家湾等22座雨污水提升站雨水池、污水池的汛前清掏和1970余米泵站进出水通道的清理，共清运淤泥杂物3260立方米，确保泵站汛期排水通畅。全年泵站共检修大型设备设施68次，小型设备设施87次，电气设备维修、保养76次，更换备用泵7台，维修变压器2台，共提升雨污水9268万立方米（污水7386万立方米、雨水1882万立方米），启闭泄洪闸门50余次，完成防洪排涝工作任务。落实防汛职责，保障安全度汛。汛前组织各区（园区）开展应急演练，汛期严格落实24小时值班和领导带班制度，建立《防汛抢险救灾物资储备台账》，共配备疏通车、排水车、吊车等各类抢险车辆60余辆，移动抽水泵40余台，有毒气体检测仪48台、柴油发电机20台，以及大量安全警示爆闪灯、安全探棒、警示标杆、警示服、警示牌、防毒面具等抢险器材，做好汛期物资保障。汛期共组织防汛抢险30余次，出动抢险人员5000余人次，出动各类抢险车辆600余台次。特别是在“8·11”特大暴雨洪涝灾害中，累计出动防汛抢险人员1.24万人次，出动排水车、疏通车、高空作业车、挖掘机等各类抢险车辆近2000台次，启闭泄洪闸门50余次，处理积水1100余处，疏通排水管道5200余米，处理绿化乔木倒伏203株、断枝180余处，清除淤泥杂物1.16万立方米，确保绵阳城区未发生较大险情和灾情。组织抢险队到乐山市、犍为县开展排涝抢险救援，投入大功率排水车1辆、应急发电机2台、潜水泵3台，共抽排内涝积水7.15万立方米。

【三江大坝防汛管理】 2020年“8·11”特大暴雨洪灾期间，三江大坝有连续2次大洪水过境，过境流量持续在1万立方米/秒以上，先后启动涪江三江管理所防汛蓝色预警2天、黄色预警3天、橙色预警4天；三江大坝起降闸门100余次，最大提升高度240米，保证洪水安全过境。从8月11日18时开始，三江大坝过境洪峰流量达1.1万立方米/秒，形成天然河道；8月14日洪峰退去下闸蓄水；8月16日6时过境洪峰流量1.3万立方米/秒以上，第二次形成天然河道；8月17日16时过境洪峰流量接近1.5万立方米/秒，为全年最大洪峰；8月19日三江大坝再度下闸蓄水。

【三江河道涉河工程管理】 2020年，全市涉及三江库区范围内的过江工程主要有沈家坝—桃花岛污水管线抢险工程、小枧污水提升过江管线工程、九院污水管线涉江工程等。三江管理处加大巡查力度，多次进行安全、环保检查和砂石管理。在沈家坝—桃花岛污水管线抢险工程和小枧污水提升过江管线工程同时水下施工期间，利用空库运行和安全低水位以下蓄水调度相结合，保障2项工程实施。

【河道河堤秩序管理】 2020年，市水利局坚持河道河堤巡查，制止和处理河道河堤内的乱倾乱倒、乱挖乱采、乱搭乱建、乱耕乱种等违法违规事件，依法维护河道河堤秩序。坚持对主城区河道进行清漂和保洁，不定期对河道内的杂树杂草进行清理。加大打捞力量，每天出动4船次打捞，打捞漂浮物近3吨，保持水面和岸坡环境。（黄　龙　王　平）

市政设施管理

【概况】 2020年汛前，全市对城区雨污水管道淤堵段、雨污水提升泵站集水池、泄洪口、排水管网、雨水篦、雨污水检查井进行全面清掏。通过对主干管清淤疏浚，增设雨污水收集口和排水管道，安装雨水篦及检查井，增强管网泄水能力，确保收水及时，排水通畅。

【城市桥梁维护】 2020年，全市完成城区110余座桥梁年度常规定期检测。共维修桥梁车行道1400余平方米、护栏290余米，修补桥梁伸缩缝200余米，涂刷桥梁及防撞护栏约3.6万平方米，确保城区市政桥梁安全和美观。

【道路管理】 2020年，全市在市政道路维护管理中坚持“全方位覆盖、精细化管理”的工作原则，做到发现问题，迅速处理，确保市政设施完好、整洁、美观和安全。全年更换检查井、雨水箅4000余套，维修人行道、广场5.7万平方米，维修车行道约7万平方米，沥青灌缝10万余米。

（黄　龙）

城市卫生与绿化管理

【概况】　2020年，全市围绕城市精细化管理，将国家文明卫生城市建设和生态环境治理进行统管统治。编制《绵阳市城市精细化管理导则（试行）》，对市政公用设施、公园绿化、建筑工地、环境卫生、市容秩序、物业小区和数字城管7个领域29个方面进行规范。推进“强基础、转作风、树形象”行动等，持续开展占道经营、道路扬尘、餐饮油烟、露天焚烧、共享单车、违规广告、违法建设等专项整治行动，化解困扰城市管理、影响市容秩序的难题，推动经济发展，维护卫生城市建设成果。探索“城管+公安”联勤联动工作新模式，召开全市“城管+公安”联勤联动工作试点现场会，通过常态化联勤联动联合巡查、联合整治、联合处置、联合值守、联合训练，重点整治市容秩序、环境卫生，管控油烟噪声，严控违法建设，构筑平安校园，排查安全隐患，致力于城管执法效能、城市治理水平和城市环境品质提升。组建城市精细化管理考核专班，落实日检查、周汇总、月考核、季通报、年评价制度，查找影响城市市容和环境卫生的问题，并督促整改，综合各区（园区）数字城管工作处置情况，印发城区城市管理检查考核通报。制定《绵阳城区重要点位和线路环境提升行动工作方案》，开展城区重要点位和线路环境提升行动，对城区重要点位及道路沿线周边区域的市政基础设施、市容秩序和环卫绿化等方面的改造，推动市容和环境治理，并安排城市精细化管理考核专班随机开展检查督导，保持治理成效，全面提升城市品质。

【市容秩序管理】　2020年，全市开展市容秩序专项整治行动，重点对城区游商占道经营、坐商跨门经营、店外促销活动占道、非机动车（电瓶车）乱停放等问题进行整治。共开展流动摊贩集中整治1308次，出动执法人员1.38万人次，纠正查处流动无照经营2.4万余人次，依法暂扣经营工具1.2万件。

【环卫作业管理】　2020年，全市加强环卫清扫保洁工作，重点清除卫生死角堆存的生活垃圾和废弃物，合理设置废弃口罩收集点，增加巡回收集频次，定期对环卫设施设备进行全面清洗消毒，做到生活垃圾日产日清，科学收运处置废弃口罩。全年城区道路清扫保洁面积2706.38万平方米，实施机械化清扫保洁面积2288.78万平方米；共有城区市容环卫专用车辆284辆，其中道路清扫保洁专用车辆160辆、生活垃圾专用运输车辆124辆，城区道路机械化作业率达84.56%。有城区公共厕所（含社会公厕）336座、生活垃圾转运站66座（中型2座、小型64座）。

【垃圾处理】　2020年，《绵阳市生活垃圾分类和处置工作方案》印发，在游仙区（3个小区、1个学校、1家医院、3个政府部门、1个社区）开展垃圾分类试点，实行垃圾分类投放、分类收集、分类转运等全产业链市场化运营，对可回收物进行集中收集；城市生活垃圾回收利用率达15%。城区公共机构先后组织培训2000余人次，发放宣传资料5000余份，配备垃圾分类箱3000余个，累计投入300余万元，城区1260家公共机构基本实现垃圾分类全覆盖。全年城区清运生活垃圾56.59万吨，日清运生活垃圾1550.51吨，其中焚烧处理42.51万吨、填埋处理14.08万吨，生活垃圾无害化处理率达100%，城区餐厨垃圾清运处置量达3.47万吨。

【城市绿化管理】　2020年，全市在临港经济区、高新区八家堰大桥、游仙二环路石马段、一环路北段东延线、三江大道等13个点位新增市树香樟5112株；在青年广场、三江湿地公园、时代广场等15个道路景观节点新增树状月季4377株、丰花月季1.43万株。全年补栽补植香樟1021株、丰花月季3.34万株、树状月季1429株。截至年底，城区有香樟约10万株、丰花月季105万余株、树状月季2.7万株。全年完成南塔路、高水北街、富乐路、双碑中街等134条道路行道树树池绿化美化，共完成树池绿化8814个、树池美化1.94万个。城区绿化树池总数达3.23万个，美化树池总数达4801个。全年完成淘金大道、绵州大道相关路段、小枧湿地公园至老龙山、五里梁至一环路南段等健康绿道建设58.3千米。通过改造提升，在文化公园周边、九洲大道、园兴东街、仙海区、高新区科技大道等区域新增绿地共126.67万平方米。完成行道树、大小乔木、灌木集中修剪2次，清理残渣废弃枝叶1860立方米，修剪地被、灌木累计达1540万立方米；绿地病虫害防治施药4500吨；集中施肥2次、部分植物追肥3次，共使用肥料308余吨；补植补栽树木近3.9万株、地被植物8000余平方米；开展柳树、法国梧桐、白杨飞絮治理，治理数量达7200余株，使用植缘1.6万支；更换草花45万余盆；冬防树木刷白18万余株。

（黄　龙）

城市交通管理

【概况】　2020年，交警支队围绕《2020年全市公安交通管理工作要点》和《2020年全市公安交警改革工作要点》，成立畅通优化小组，争取交通提升改造资金，强化交通信息发布，布局科技化信息化建设，启动“交巡融合”警务机制改革，推进城市交通缓堵保畅工作。

【城市交通拥堵治理】 2020年，交警支队针对复工复产以来城区交通流量快速增长、城区部分路口交通高峰时段延误时间大幅增加的实际，全面收集城区道路交通流量数据，发现影响城区交通运行指数的关键点位并在支队范围内挂牌督办、限期整治。成立畅通优化小组，组织专班针对城区交通拥堵节点，制定科学合理的道路渠化改造方案。对接住建部门调整城建攻坚项目。争取到4800万元的交通提升资金，先后完成涪江二桥路口、九洲家园路口等16个平面交叉口，长虹大道南段（南山路交叉口至代家湾立交段）、一环路西段（御营大桥至绵吴路口段）2条交通拥堵路段渠化改造，对南郊机场直通道隧道进行慢行交通一体化设计改造，城区新增交通信号灯控制路口32个、最右侧车道掉头路口2个、可变导向车道3条、路口待行区LED提示屏8块，交通信号灯实现“绿波”控制道路达15条。优化占道施工作业管理，保障“重构一环、贯通二环”、绵兴路等20余处城市道路项目施工以及连接城市的108国道、247国道维修项目实施。完善城区交通信号灯维护机制，全年调整维护城区交通信号灯600余次，保障城区交通正常运行。强化城区交通信息发布，城区智能交通诱导显示屏在实时发布城区道路交通运行指数的同时，插播各类城区交通管理信息1000余条。优化城区临时占道停车泊位设置，对城区路内1.44万个临时占道停车泊位、4509个人行道临时占道停车泊位、73个经营性停车泊位进行全面梳理和优化调整。

【交通安全管理】 2020年，交警支队按照现代交通安全管理工作需要，推进交通安全管理科技应用水平和能力。加强公安交通集成指挥平台应用水平，全年机动车缉查布控系统有效预警量达4.87万次，出警拦截量达4.78万次，成功拦截量达4.76万次，拦截成功率达99.6%，利用机动车缉查布控系统现场查处各类交通安全违法3.02万起。支队、大队两级指挥平台加强假牌套牌车辆研判，部局总队下发的83条假牌套牌嫌疑车辆信息有效研判数达27条，通过指挥中心扁平化指挥调度，指引路面警力现场挡获假牌车辆1辆、套牌车辆13辆、逾期未报废车辆15辆。利用各类交通技术检测设备开展警情研判，对各类涉案车辆查缉布控246次，利用城市大脑检测断道223次，系统主动预警交通事故128次。

【“交巡融合”警务机制改革】 2020年，全市建立“交巡融合”工作机制，出台《关于进一步加强和推进“交巡融合”的实施意见（试行）》《“交巡融合”110接处警工作规范（试行）》，正式启动“交巡融合”工作。明确“交巡融合”工作绩效考核办法（试行），确定绩效考核客观指标和主观指标相互结合的考核模式。街面见警率、管事率有效提高。

【慢行交通安全违法查处】 2020年，交警支队根据全市道路交通安全违法行为以及交通事故发生情况，督促各大队加大行人、非机动车交通安全违法查处。全年查处行人和乘车人交通安全违法14.68万起、非机动车交通安全违法19.45万起，其中行人不走人行道的3.31万起、非机动车不在非机动车道内行驶的7.97万起、非机动车未依法登记上道路行驶的1.62万起。 （付雪恒）

消防管理

【概况】 2020年，全市优化审批程序，实现消防设计审查“最多跑一次”，将消防设计审查并入施工图设计文件审查工作，即建设单位不需另行向其他部门申请消防设计专篇审查，消防设计专篇与施工图设计审查文件可一并向建设行政主管部门窗口申请。全年全市消防设计审查备案项目160个。筹建专家库，申请每年特殊消防设计审查初评专项经费50万元。按照《建设工程消防设计审查验收管理暂行规定》《建设工程消防设计审查验收工作细则》，开展建设工程消防验收和抽查工作，将涉及消防的相关检查纳入日常监督，加强源头和过程质量控制，确保涉及消防的建筑防火和设施设备满足设计和规范要求。加强对未进行消防验收或验收不合格、未进行备案抽查或抽查不合格即投入使用等项目的排查，通过向项目下发督办函，并抄送应急、安监、辖区政府等部门，多方联动促使项目立即纠正违法行为，化解火灾隐患。全年全市共发生各类火灾664起，死亡3人，受伤1人，直接财产损失1330.9万元。火灾起数同比增长69.2%，伤亡人数同比下降55.6%，直接财产损失同比下降72.7%。全年全市消防救援队伍共接警出动4923起，先后参与处置“4·26”千佛镇山火扑救、“5·26”京昆高速22吨液化天然气罐车泄漏排险、“7·8”增援德阳广汉金雁花炮有限责任公司爆炸事故处置、“8·15”北川关内乡镇抗洪抢险、“8·17”三台涪江河明台库区抢险、“8·18”跨区域增援乐山抗洪抢险救援、“8·20”平武白马藏族乡山洪抢险救援、“9·7”玉女路尚立雅家具厂火灾扑救等抢险救灾任务。开展消防安全社区建设工作，建成消防安全社区283个，依托社区及重点单位微型消防站筑牢“三分钟”灭火圈，共建成微型消防站1263个，提高基层隐患自查自改、火灾自防自救和区域应急联动能力。

【消防信息化管理】 2020年，全市消防救援系统创新运用大数据技术，融入“智慧城市”建设，建成市级消防数据中心，研发并应用火灾规范录入、火灾风险预警、社会单位消防安全管理服务、多维时空分析、物联网可视化和报警定位6个系统，汇集政府部门、社会单位信息数据，将分散信息有机整合，实现互联互通，共享融合，提升应用效益。全年“微消防”平台覆盖全市社会单位7000余家，累计扫描检查量达700万余次，重点单位数据录入率达100%。

【火灾隐患整治】 2020年，全市落实“双随机、一公开”消防监管执法检查，坚持依法执法、从严执法，实施消防执法全过程记录、法制审核、执法公示三项制度，组织开展错时夜查、专项检查6次，累计检查单位5888家次，督促整改火灾隐患和违法行为2372处，责令“三停”（即停止施工、停止使用、停产停业）11家，临时查封64家，处罚款142.43万元。结合消防安全专项整治三年行动，部署开展打通“生命通道”专项治理、大型商业综合体专项检查、危险化学品、城乡火灾防控、文博单位和宗教活动场所等消防工作11项，督促落实单位主体责任，全市有615个住宅小区、330栋公共建筑实施标准划线管理，实施标准划线管理率达80%；全市694家消防安全重点单位完成消防安全责任清单制作；13家重大火灾安全隐患整改销案8家，全市重大消防安全隐患总量持续降低，消防安全环境持续改善。

【消防安全宣传】 2020年，全市坚持“全民消防”、群防群治，把风险化解在初始，集中培训各级政府、行业部门、重点单位和村居委会工作人员、网格员消防安全责任“明白人”1万余人，分行业、分批次约谈社会单位负责人300余人次。开展消防宣传月活动，在绵阳科技馆广场组织全民互动体验，全市各县市区同步组织现场活动，参与群众8万余人。开展消防进校园“四个一”消防宣传活动（一堂消防安全课、一场疏散演练、一次科普馆参观、一份消防安全家庭作业），参与师生达40余万人。组织发动全市中小学开展消防安全文化作品征集活动，报送作品8000余幅。

【“4·26”千佛镇山火扑救】 2020年4月26日14时左右，安州区千佛镇双电村1组发生一起山火。山火发生后，市委书记刘超，市委副书记、市长元方当即作出批示指示，并赶赴现场指挥调度，对科学扑救、群众疏散、隐患排查等工作作出安排部署。市消防救援支队接警后，调派2个执勤站，共32人前往处置。4月29日，山火被彻底扑灭。

【“5·26”京昆高速22吨液化天然气罐车泄漏排险】 2020年5月26日18时22分，京昆高速广元往成都方向距离小溪坝2千米处一液化天然气罐车发生交通事故起火。市消防救援支队接警后，先后调派3个执勤站、1个战勤保障站、4个企业专职队，共计13车59人前往处置。5月27日13时28分，现场处置完毕，危险排除。

（黄　龙　胡　攀）

城乡人口和户政管理

【概况】 2020年，全市总人口为5285126人，比2019年减少27803人，减少率为5.23‰；总户数1984879户，平均每户2.66人。其中男性人口2705284人，占总人口的51.2%；女性人口2579842人，占总人口的48.8%。男女性别比为105：100。总人口中城镇人口1933622人，比2019年增加54556人，城镇人口占总人口数的36.59%；乡村人口3351504人，比2019年减少82359人，乡村人口占总人口数的63.41%。全市出生人口45318人，比2019年减少7002人，其中男性23337人，占总出生人口的51.5%；女性21981人，占总出生人口的48.5%。出生男女性别比为106.17：100；出生率为8.6‰。死亡和重户注销户籍人口63325人，其中男性35333人、女性27992人，死亡和重户注销率为11.98‰。出生与死亡相抵，自然减少18007人，自然减少率为3.41‰。迁入人口27852人，其中省内迁入22417人，省外迁入5435人；迁出人口37648人，其中迁往省内25980人，迁往省外11668人。迁入与迁出相抵，机械减少9796人，机械减少率为1.85‰。截至年底，全市居住证制度实现全覆盖，共受理和办理居住证29757个；强化流动人口基础信息采集，共采录流动人口987243人。

【城镇人口】 2020年，全市城区（涪城区、游仙区、安州区、高新区、经开区、科创区、仙海区、科学城办事处）总人口1745060人，比2019年减少44人，减少率为0.025‰。其中城镇人口1111907人，比2019年增加57706人。绵阳城区出生17738人，死亡和重户注销户籍人口24371人，自然减少6633人。迁入21379人，其中省内迁入18151人、省外迁入3228人；迁出14790人，其中迁往省内11034人、迁往省外3756人，机械增长6589人。

【第七次全国人口普查户口整顿】 2020年，全市注销重复户口359人，清理不规范照片6942人，注销死亡未销户口人员19613人，变更及更正户口登记项目146391项。结合全省行政区划调整改革，清理规范不标准街路巷地址信息5720条，为第七次全国人口普查提供基础。

（付雪恒）

出入境管理

【概况】 2020年，全市受理签发中国公民出国（境）证件签注量达25664本（枚），同比减少91.4%。共签发往来港澳签注6111枚，往来台湾签注297枚。内地居民赴香港定居7人，赴澳门定居0人，赴台定居4人。为61个国家1934名外国人签发证件，其中普通签证272件、居留许可548件、停留签证1101件、外国人出入境通行证13件。群众在窗口现场评价满意达20130条、短信评价达221条，其中满意220条、一般满意1

条。境外人员临时到绵阳主要事由为商务、旅游、探亲、访问。其中商务4896人次，同比下降47%；旅游593人次，同比下降74%；访问86人次，同比下降68%；学习442人，同比下降16%；探亲532人，同比下降10%。

【出入境受理窗口建设】 2020年，全市共设立出入境受理窗口14个（1个市级窗口、12个县级窗口、1个社区受理点），其中市公安局、涪城、游仙、高新、安州、江油、三台、盐亭、梓潼、北川、平武11个窗口被省公安厅出入境管理总队评为“三星窗口”。全市有24小时自助服务区14个，部署自助设备96台，窗口自助区、受理区、等候区功能区域明确，形成照相、填表、预受理、发证等自助服务“一条龙”的现代化接待大厅。

【涉外单位信誉等级评定】 2020年，全市参加公安出入境管理部门“涉外单位信誉等级评定”的单位共92家。涉外单位集中于市区和重点县市区，其中涪城34家、高新16家、城北10家、游仙8家、城南8家、江油7家、仙海3家、梓潼2家、三台2家、安州1家、科学城1家。按等级划分，有一级信誉等级单位10家、二级信誉等级单位20家、三级信誉等级单位62家。 （付雪恒）

城乡环境综合治理

城乡环境集中整治

【概况】 2020年，全市覆盖9个县市区和4个园区的生活垃圾收转运体系全面建成，新增转运能力2000吨/日；全市生活垃圾转运能力达5000吨/日；实现城市生活垃圾无害化处理率100%，县城达95%以上，乡镇生活垃圾转运设施覆盖率达100%，行政村生活垃圾有效治理率达90%。绵阳城区公共机构生活垃圾分类设施实现全覆盖，城乡垃圾分类治理工作有序启动。

【垃圾处理设施建设】 2020年，全市建成绵阳城区焚烧发电厂二期，日处理500吨；建成三台县焚烧发电厂一期，日处理1000吨；全市焚烧处理垃圾能力达2500吨/日；完成绵阳市玉皇生活垃圾卫生填埋场技改，提升渗滤液处理能力300吨/日。全市构建的“全市统一规划、县区整体实施、投建运营一体、收集处理一体、政府购买服务”垃圾治理新模式基本形成。

【“厕所革命”三年行动收官】 2020年，全市“厕所革命”三年行动收官。2018—2020年，全市累计完成新建（改建）城镇公厕418座，新建（改建）农村公厕365座（完成率达124.5%），全市建有1座公厕的行政村占比为95.75%；交通、旅游厕所品质提升。农村户用卫生厕所普及率提高，农村户用卫生厕所普及率达90.1%。

【铁路沿线环境治理】 2020年，全市建立市与县市区、县与乡镇（街道），地方与铁路三级“双段长”制，铁路和地方形成团结合作、相互借力、齐抓共管的氛围。涪城区、游仙区、高新区和江油市加大工作力度，完成419个问题如期治理并销号（实际完成426个）。

【住建系统事权调整改革完成】 2020年2月底，全市住建系统完成事权调整改革工作。根据《绵阳市综合行政执法改革总体意见》《关于优化市与市辖区（园区）权责关系的实施意见》文件精神，此轮改革按照能放尽放、权责一致、聚焦问题、激发活力的原则，下放市住建委及下属市城市管理行政执法支队、城市建设管理监察支队、建设工程质量监督站、城市绿化中心、环境卫生管理处、市政设施维护中心、建设工程技术服务中心相应事权，划转编制242名，调整转隶989人，撤销市城管支队。通过改革，优化市与市辖区（园区）在城建项目建设、建设工程项目审批监管、市政基础设施维护、环卫绿化、城管执法等方面的权责关系。 （黄 龙）

市场秩序集中整治

【概况】 2020年，全市市场监管部门围绕群众反映热点问题和突出问题，坚持集中整治与制度建设、打假治劣与扶优扶强相结合，在全市范围内开展知识产权、食品药品、长江禁渔、特种设备、防疫产品和油品乱象专项整治。全年立案查处食品药品类案件1698件，查办特种设备案件75件，查处不正当竞争违法案件72件，查处价格违法案件343件，立案查处知识产权类案件392件，查处虚假违法广告案件75件，查处“长江禁捕、打非断链”案件20件，打击各类违法违规行为，规范市场秩序。开展扫黑除恶专项斗争，做好涉黑涉恶线索排查和乱象治理，共摸排收集涉黑涉恶线索63条，线索清仓率达100%；整治乱点乱象线索892条，结案892条，结案率达100%，办理完结“三书一函”（即司法建议书、检察建议书、监察建议书及公安提示函）326份。

【重点领域价格监管】 2020年，全市市场监管部门围绕重点领域加强价格监管，出台全国首个明码标价地方标准。组织编制《商品和服务明码标价公示规范》地方标准，通过专家评审后正式发布，成为全国首个明码标价地方标准。加强公用企业督促检查，落实价格减负惠民政策。对绵阳市各水电气企业执行阶段性下调水电气价格的情况进行督查，优惠水电气非居民用户35万余户，累计优惠金额1.87亿元。开展各领域收费专项检查。先后开展重点场所节假日价格检查、42家行政审批中介服务机构和35家行业协会商会收费检查、287家转供电主体专项整治检查（共退还用户违规收费金额180.45万元）和对银行、交通物流等领域涉企收费检查。

【广告监管】 2020年，全市市场监管部门加强广告导向监管，发挥绵阳市户外广告监测平台作用，开展涉及导向内容广告定向监测。集中开展医疗美容、网络主播带货、打击市场销售长江流域非法捕捞渔获物等广告专项整治行动，立案查处发布虚假违法广告的美容机构12家，没收无合格证明的医疗器械19盒，罚没款9.7万元。完善广告监测体系，加强业务骨干培训，规范监测平台运行，监测发现涉嫌违法户外广告线索741条次、电视媒体广告68条，立案查处37件，责令整改138件。

【市场主体监管】 2020年，全市市场监管部门加强“双随机、一公开”（即在监管过程中随机抽取检查对象，随机选派执法检查人员，抽查情况及查处结果及时向社会公开）监管，组织开展工业产品生产许可证获证企业、定量包装商品净含量、广告发布登记、特殊食品销售等领域定向抽查33次，落实省市场监管局不定向抽查2次、定向抽查3次，涉及各类市场主体共5344户，其中企业5194家，占全市实有企业总数的6.8%，超额完成上级要求年度抽查比例3%的目标。截至年底，全市共归集公示涉企信息5.44万条，其中行政许可4.71万条、行政处罚5127条，抽查检查结果2164条，公示率均达100%。

【违法行为查办】 2020年，全市市场监管部门开展“春雷行动2020”暨知识产权保护执法行动。共立案查办各类案件3421件，案值320.15万元，处罚没款893.40万元。查处与新冠肺炎疫情防控有关的案件163件，案值45.69万元，罚没36.3万元。开展“双打”工作（即打击侵犯知识产权和制售假冒伪劣商品工作），调整“双打”工作领导小组，加强部门联动，实施重点打击，立案查处侵权假冒违法案件333件，处罚没款159.52万元，捣毁制假窝点1个，移送司法机关案件2件。

【公平竞争市场环境营造】 2020年，全市市场监管部门维护公平竞争市场环境，贯彻落实公平竞争审查制度。率先实现市、县两级议事协调机制全覆盖，修订联席会议制度，制定工作规则和指导意见，组织开展“存量”清理和“增量”审查，累计清理政策措施类“存量”文件54289件，其中涉及市场主体经济活动的4543件，废止22件，适用例外规定的2件，审查“增量”文件1081件，其中符合标准的1055件、需调整的1件、适用例外规定的25件。加大重点领域垄断线索排查和反不正当竞争执法力度。开展宣讲、培训、合规性指导共169次，跨部门、跨区域执法68次，检查各类市场主体3335个次，查处不正当竞争案件72件，处罚没款112.93万元。

【打击传销】 2020年，全市市场监管部门营造浓厚的打击传销宣传氛围，组织开展宣传活动33次，印制发放各类宣传读本、资料4.89万份，在各媒体平台发布相关宣传信息42次，短信推送相关科普知识5万余条，约谈直销企业片区负责人11人次，调查处理涉传投诉12起，捣毁取缔传销窝点、场所3个，清查传销人员22人，教育遣返涉传人员40人。

（邹家应）

民生工程

【概况】 2020年，全市实施省级、市级民生实事项目的同时，集中力量做好普惠性、基础性民生实事，首次实施市级民生实事项目人大代表票决制，确定公办幼儿园建设、新生儿疾病筛查、东西第二干道（安州段）建设等8个年度人大代表票决市级民生实事项目。全年实施省级、市级（含人大代表票决项目）民生实事63件89项，全部完成或超额完成各项年度目标任务。计划投入资金67.18亿元，实际投入资金67.63亿元，占计划投资的100.67%。其中实施省级民生实事28件37项，项目完成率超过100%的21件，占项目总数的57%；计划投入财政资金44.65亿元，实际到位资金46.5亿元，占计划投资的104.13%；实施市级民生实事35件52项（含市人大代表票决项目8件8项），计划投入财政资金22.53亿元，实际到位资金21.13亿元（8件民生实事人大代表票决项目完成年度投资7.63亿元，占计划投资比例112.24%）。

【就业和社会保障项目】 2020年，全市为企业减、免、缓征社保费19.13亿元，发放稳岗补贴4.89亿元；帮助2.1万名农民工返岗；全市城镇新增就业5.39万人，城镇登记失业率达2.73%，低于省控目标1.77个百分点；为全市7.28万名贫困人口、低保对象、特困人员等困难群体代缴城乡居民基本养老保险个人缴费。

【脱贫攻坚项目】 2020年，全市做好贫困户就业扶贫、产业扶贫、消费扶贫，实现有务工意愿的贫困户劳动力100%就业；争取中央、省扶贫专项资金4.55亿元，实施扶贫项目1474个；实施东西部扶贫协作项目45个，投入帮扶资金0.84亿元；认定扶贫产品516个，销售达12.6亿元。发放低保资金4.44亿元，实施“十免四补助”政策累计受益71.73万人次；发放价格临时补贴1.03亿元，惠及群众175余万人次。全年贫困人口年人均纯收入达10032元，实现全市8.3万户22.7万名贫困人口在现行标准下的稳定脱贫。

资料链接：“十免四补助”政策即对贫困人口就诊免收一般诊疗费、院内会诊费，免费开展白内障复明手术项目，免费艾滋病抗病毒药物和抗结核一线药物治疗，免费提供基本公共卫生服务、妇幼健康服务、巡回医疗服务，免费药物治疗包虫病患者，免费提供基本医保个人缴费，免费实施贫困孕产妇住院分娩服务；对手术治疗包虫病患者、符合治疗救助条件的晚期血吸虫病人、重症大骨节病贫困患者以及进行手术、康复训练和辅具适配的0—6岁贫困残疾儿童给予对症治疗补助。

【教育类项目】 2020年，全市开工新建（改扩建）公办幼儿园37所，其中竣工18所；新增中小学学位1.5万个；为9.71万名义务教育阶段家庭经济困难学生提供生活费补助8726万元，免除3.51万名中职学生学费6205万元；投入各级各类资金1.7亿元，实施农村义务教育学校学生免费午餐计划和营养膳食补助，惠及全市农村义务教育阶段学生16.9万余人。

【医疗卫生服务项目】 2020年，全市三甲医院数量达12家，位居西部同类城市第一位；持续推进医用耗材加成改革，累计减轻群众用药负担12亿元；为483.33万名城乡居民免费提供基本公共卫生服务；为2.9万余名新生儿提供疾病筛查服务，投入资金656万余元，筛查率位居全省前列；电子健康卡“一卡（码）”发卡人数达121.9万人次，投入资金880万余元，提升群众就医体验。

【人居环境改善项目】 2020年，全市城镇危旧房棚户区改造新开工9242户（套），完成投资58.4亿元；

新开工老旧小区改造项目341个，惠及2.51万户；完成新改建农村生活垃圾分类收集点8324个，全市农村生活垃圾行政村有效治理占比99%，全市乡镇生活垃圾设施收转运覆盖率达100%；新（改）建城镇公厕227座，新（改）建农村公厕155座。

【交通类项目】 2020年，"重构一环"实现主线通车，"贯通二环"实现全线闭合，达到"外部联通、内部贯通"；加快建设九绵高速、广平高速、中遂高速等重大项目，高速公路通车及在建里程达726千米，居全省第三位；全市271个乡镇、3245个符合条件的建制村通客车率达100%；持续推动"四好农村路"创建工作，新（改）建农村公路300.624千米；南郊机场T2航站楼完成基础建设。

【食品药品安全项目】 2020年，市食品药品检验所新增医疗器械类理化（环氧乙烷残留量）和微生物指标（无菌、细菌菌落总数等）8项参数的检测资质，成为省内第一家获得医疗器械资质认定的地市州检验所。新冠肺炎疫情防控期间，完成食品应急监督抽检100批次；帮助企业完成应急药械检验230批次，减免检验费用共14余万元。市本级民生实事投入资金541.47万元，共抽检监测食品6198批次。

【绵阳首次实施市级民生实事项目人大代表票决制】 2020年1月17日，市七届人大六次会议第三次全体会议对2020年市级民生实事候选项目进行集中投票表决。400余名人大代表以无记名投票方式，从10个候选项目中投票选出8个项目作为2020年市级民生实事项目。这是绵阳市首次把政府民生实事项目票决列入人代会议程，也是全市首次实施市级民生实事项目人大代表票决制。此次人大代表票决产生的8个市级民生实事有南河体育中心提升改造项目、草溪河综合整治项目（集中发展区范围）、武引二期灌区建设项目、公办幼儿园建设项目、推进电子健康卡"一卡（码）"通用项目、新生儿疾病筛查项目、一环路绵吴路口内涝治理项目、东西第二干道（安州段）项目。截至年底，公办幼儿园建设项目（开工27所）超额完成年度目标任务，其中竣工项目14个、在建项目13个，完成资金预算执行8000万元，占计划投资100%；南河体育中心提升改造项目形成9类10个体育健身功能区，缓解中心城区市民健身场所不足难题，完成资金预算执行1238.97万元，占计划投资90.44%；武都引水二期灌区建设项目完成从梓潼凤凰水库向盐亭金峰水库充水试验，金峰水库达到安全蓄水条件，其中涉及中小渠系渠道工程的江油市、盐亭县、梓潼县均超额完成任务，完成总体进度100%，项目共完成资金预算执行约3.65亿元，占计划投资130.55%；草溪河综合整治项目（集中发展区范围）完成科技城集中发展区内6.8千米（晏家堰—师院2号桥）范围内的所有水利和市政景观工程，优化草溪河周边人居环境，改善交通条件，完成总体进度100%，项目完成资金预算执行约1.23亿元，占计划投资100%；电子健康卡"一卡（码）"通用项目（40个）完成49家二级医院联调建设任务，全面实现电子健康卡的应用，累计发卡121.9万人次，超额完成年度目标任务，项目共完成投资898.5万元，其中市、县两级财政全额拨付642.5万元，占计划投资100%；新生儿疾病筛查项目筛查2.9万余名新生儿，做到应筛尽筛，查出患有遗传代谢性疾病的新生儿180余人，给予治疗，减轻患儿家庭和社会负担，项目完成投入资金656.45万元；一环路绵吴路口内涝治理项目，新建并投运一体化规模为3204立方米/小时雨水泵站1座，配套建成DN630×9压力雨水管道，解决一环路南段与绵吴路交叉口雨水内涝问题，项目共完成投资750万元；东西第二干道（安州段）项目完成路面沥青混凝土铺设，主体完工，达到通车条件，共完成投资1.6亿元，占计划投资100%。

（倪　雁）

脱贫攻坚

【概况】 2020年，全市巩固"党政一把手负总责、四级书记一起抓"脱贫攻坚工作格局，执行四级书记遍访贫困对象行动，保持扶贫队伍稳定，压实帮扶主体责任。先后召开4次市脱贫攻坚领导小组会议、全市扶贫开发工作会、决战决胜脱贫攻坚工作推进会等重要会议。印发《绵阳市2020年脱贫攻坚工作要点》《绵阳市巩固提升脱贫成效实施方案》《绵阳市脱贫攻坚问题整改"清零"行动实施方案》《绵阳市15个扶贫专项2020年实施方案》等重要文件，聚焦问题整改和巩固提升，安排脱贫攻坚收官之年各项工作，夯实贫困人口"两不愁三保障"脱贫基础。全市建档立卡贫困人口实现"两不愁"，人均纯收入由2014年的2679元增加到2020年的10032元。全年实现全市8.3万户22.7万贫困人口在现行标准下的稳定脱贫，脱贫攻坚取得全面胜利。应对新冠肺炎疫情影响，做好贫困户就业扶贫、产业扶贫、消费扶贫，全市贫困劳动力务工就业8.14万人，实现有务工意愿的贫困户劳动力100%就业；帮助销售滞销扶贫产品400余万元；加快扶贫项目开工复工，推进63家扶贫龙头企业、19个扶贫车间全部复工复产。在夏季洪涝地质灾害期间，组织各级扶贫干部参与救灾减灾工作，紧急转移安置贫困群众1102户2915人，紧急生活救助668户1873人，解决610户1649人因灾住房问题和2258户6334人因灾饮水问题，贫困群众"两不愁三保障"达标情况未受疫情及灾情影响，全市无因灾新增致贫返贫户。全年落实《绵阳市防止致贫返贫监测和帮扶工作方案》，加大502户1119人脱贫不稳定户和1288户2875人边缘易致贫户的“两不愁三保障”实时监测。累计使用致贫返贫预警处置基金465.34万元，惠及4931人次。推进29个试点村解决相对贫困长效机制探索工作。完成全市脱贫攻坚问题整改清零行动，梳理全市历年各级巡视巡察、审计调查、督查考核等反馈发现的扶贫领域各类问题共23748个，完成台账建立，并全部完成整改销号。组织开展3轮“直插到底”式暗访，共发现问题52个，立行立改。开展“两不愁三保障”回头看大排查突出问题整改情况全覆盖检查，并对6个有脱贫攻坚任务的非贫困县2019年国家、省内脱贫攻坚成效考核发现问题和中纪委国家监委调研督导发现问题整改情况进行抽查。全市共检查“两不愁三保障”回头看大排查突出问题户2191户，突出问题全部整改到位。

图63　10月17日，2020年绵阳市国家扶贫日主题活动暨第四届脱贫达人颁奖典礼

【社会力量扶贫】　2020年，全市推广申报使用“四川扶贫”公益性商标，用标企业达124个，用标产品达441个。申报认定488个扶贫产品，供应商达104家，年度销售达11.87亿元。发动社会各界捐赠扶贫资金及物资募集累计达1.5亿元。推进绵阳—衢州东西部扶贫协作，实施扶贫协作项目45个，投入帮扶资金0.84亿元；引入到绵阳投资的浙商企业24家，完成投资9.08亿元。推动红原、壤塘、布拖、昭觉4个深度贫困县对口帮扶工作，新增投入帮扶资金1.5亿元，累计投入8.95亿元。

【年度扶贫专项完成】　2020年，全市围绕交通、水利、教育、商务、就业、产业、文化、健康等领域，实施15个年度扶贫专项。中央和省扶贫专项资金到位4.55亿元，市级财政安排资金0.7亿元，扶贫项目1474个全面完工。做好扶贫小额信贷，优化贫困地区金融环境，新增信贷0.82亿元，历年累计贷款达10.45亿元，逾期率控制在0.8%以内。

【脱贫攻坚普查调查】　2020年，全市完成北川羌族自治县、平武县的国家脱贫攻坚普查和6个非贫困县市区的省级脱贫攻坚调查现场登记工作，相关数据上报国家、省审核汇总。各县“两不愁三保障”和安全饮水等主要指标全部达标，贫困户生活水平明显改善，入户登记情况如实客观反映全市脱贫攻坚成效。全市普查工作受到省脱贫普查办通报表扬。

【脱贫工作宣传】　2020年，全市开展“感恩奋进”主题教育和脱贫典型案例宣传。编撰完成15万字的《四川脱贫攻坚书系——绵阳卷》。在各级各类媒体刊（播）发新闻、文章、信息5000余篇次。绵阳市脱贫攻坚工作成效被《四川日报》专版报道。绵阳市1人获得全国脱贫攻坚奖，4人3集体获得全省脱贫攻坚奖，30人10集体被评为绵阳市第四届“脱贫达人”。

2020年绵阳市获得四川省脱贫攻坚奖先进集体和个人一览表

表86

序号	获奖类别	获奖人（获奖单位）
1	2020年四川省脱贫攻坚奖先进集体	中国建设银行股份有限公司绵阳分行
2		中国共产党绵阳市安州区委员会组织部
3		梓潼县发展和改革局
4	2020年四川省脱贫攻坚奖先进个人	丁　猛（三台县石安镇党委副书记、镇长）
5		王华祁（羌族，北川禹珍实业有限公司董事长）
6		李　全（四川铁骑力士实业有限公司执行总裁）
7		冷　建（涪城区新皂镇大石桥村村民）

2020年绵阳市第四届"脱贫达人"一览表

表87

序号	获奖类别	获奖人（获奖单位）
1	奋进奖	文　国（江油市永胜镇新春村村民）
2		刘光华（三台县立新镇李家祠村村民）
3		刘顺德（北川羌族自治县桂溪镇树坪村村民）
4		羊　毛（盐亭县黄甸镇金益村村民）
5		李玉斌（游仙区仙鹤镇龙文村村民）
6		辛加虎（涪城区新皂镇刘家坪村村民）
7		张　勇（平武县江油关镇垭头坪村村民）
8		岳映军（梓潼县玛瑙镇黄花村村民）
9		陈习华（平武县水晶镇竹柏村村民）
10		曾跃富（安州区秀水镇朝阳村村民）
11	贡献奖	中国致公党绵阳市工作委员会
12		平武县弘安农业有限公司
13		四川省农村信用社联合社绵阳办事处
14		四川绵阳四〇四医院
15		江油市扶贫开发和乡村振兴服务中心
16		绵阳市工商业联合会
17		绵阳市社会科学界联合会
18		绵阳市教育投资发展（集团）有限公司
19		绵阳市涪城区扶贫开发服务中心
20		绵阳遂宁商会
21	奉献奖	王　杰（绵阳耳鼻喉医院院长、首席专家、主任医师）
22		文健军（四川海上海酒店管理有限公司董事长）
23		帅　兰（四川兰兰食品有限公司董事长）
24		冯　萍（绵阳市机关幼儿园党支部书记、园长）
25		李　胜（盐亭县岐伯镇金罐村村民委员会村主任）
26		张　明（平武县绿康农贸有限责任公司总经理）
27		赵小平（绵阳科航商品混凝土有限公司法人、总经理）
28		梁智刚（梓潼县中药材协会党委书记、理事长）
29		蒋理洪（绵阳市腾晖建材有限公司董事长）
30		魏小凤（四川平强电子商务有限公司董事长）

续表

序号	获奖类别	获奖人（获奖单位）
31	创新奖	王　伟（绵阳市城市照明管理处设施管理科科长）
32		刘　鹏（中共平武县委组织部常务副部长、机关党支部书记）
33		邱川（江油市双河镇党委副书记、镇长）
34		宋绍明（涪城区农业农村局产业规划发展股股长）
35		宋振国（新华文轩出版传媒股份有限公司绵阳市分公司总经理）
36		张映艳（梓潼县文兴镇党委书记）
37		赵　毅（三台县扶贫开发服务中心副主任）
38		黄洋瑞（安州区农业农村局团委书记）
39		曹小龙（绵阳市经济和信息化局信息化和数字经济科副科长、江油市新安镇保宁村驻村工作队队员）
40		熊　英（北川羌族自治县桃龙藏族乡党委书记）

【市脱贫攻坚领导小组2020年第一次会议】 2020年2月19日，市脱贫攻坚领导小组2020年第一次会议召开。市委书记、市脱贫攻坚领导小组组长刘超主持并讲话。市委副书记、市长、领导小组组长元方，市人大常委会主任、领导小组第一副组长付康出席。领导小组副组长、成员，以及各县市区、园区相关负责人等参加会议。会议强调要学习贯彻习近平总书记关于扶贫工作的重要论述，落实党中央、国务院和省委、省政府及市委、市政府关于坚决打好打赢脱贫攻坚战的各项决策部署，统筹推进新冠肺炎疫情防控和脱贫攻坚工作，坚持如期全面完成脱贫攻坚任务，打赢脱贫攻坚收官战。会议传达学习习近平总书记关于扶贫工作的重要论述，以及全国、全省扶贫工作会议等会议精神；听取三台县、北川羌族自治县、平武县脱贫攻坚工作情况汇报；审议《绵阳市2020年脱贫攻坚工作要点》《绵阳市脱贫攻坚成效巩固提升实施方案》等文件。会议强调全市要围绕“两不愁三保障”，落实“四不摘”要求（即摘帽不摘责任、摘帽不摘政策、摘帽不摘帮扶、摘帽不摘监管），聚焦问题整改和巩固提升，实现全市所有贫困人口在国家现行扶贫标准下稳定脱贫，确保高质量打赢脱贫攻坚战；要尽最大努力降低新冠肺炎疫情对决战决胜脱贫攻坚的影响；要巩固提升脱贫攻坚成效；要强化打赢脱贫攻坚收官之战的组织领导。

【绵阳市决战决胜脱贫攻坚工作推进会议】 2020年3月13日，绵阳市决战决胜脱贫攻坚工作推进会议召开。市委书记、市脱贫攻坚领导小组组长刘超出席会议并讲话。市人大常委会主任、市脱贫攻坚领导小组第一副组长付康主持会议。市政协主席、市委统战部部长、市总工会主席李亚莲出席会议。会议以电视电话会议形式召开，在各县市区以及有脱贫攻坚任务的乡镇设分会场。三台县、北川羌族自治县、平武县江油关镇、盐亭县永泰镇主要负责人作交流发言。市脱贫攻坚领导小组副组长，有关市领导，市直部门（单位）主要负责人，各民主党派市（工）委主要负责人，部分在绵阳的国有企业、高校、金融单位主要负责人，有脱贫攻坚任务的乡镇主要负责人，有脱贫攻坚任务的村党组织书记、贫困村第一书记等6000余人参加会议。会议强调全市要深入学习贯彻习近平总书记在决战决胜脱贫攻坚座谈会上的重要讲话精神，落实党中央和省委决策部署，要坚决克服新冠肺炎疫情对脱贫攻坚的影响，抓好脱贫攻坚领域问题整改，统筹推进全面脱贫和乡村振兴有效衔接，做好东西部扶贫协作和援彝援藏工作，凝聚起打赢脱贫攻坚战的强大合力，打赢脱贫攻坚收官之战，夺取全市脱贫攻坚战的全面胜利。

【市脱贫攻坚领导小组2020年第二次会议】 2020年6月28日，市脱贫攻坚领导小组2020年第二次会议召开。市委书记、市脱贫攻坚领导小组组长刘超主持并讲话。市人大常委会主任、领导小组第一副组长付康，市委副书记刘光强出席。领导小组副组长、成员，以及各县市区、市直有关部门负责人参加会议。会议传达学习习近平总书记2020年以来关于脱贫攻坚的重要指示和论述，以及全国、全省相关会议精神；听取2020年以来全市脱贫攻坚工作推进情况汇报；指出全市上下要提高政治站位，坚定决战决胜脱贫攻坚的思想自觉和行动自觉，克服新冠肺炎疫情对脱贫攻坚的影响，奋力夺取脱贫攻坚战全面胜利；强调要聚焦问题整改夯实脱贫基础；要聚焦“四个不摘”巩固脱贫质效；要聚焦相对贫困试点探索；要继续做好东西部扶贫协作和援彝援藏工作。

【绵阳选手获全国扶贫职业技能大赛银奖】 2020年8月11日，全国扶贫职业技能大赛在山西省大同市开幕。大赛由人社部、国务院扶贫开发领导小组办公室共同主办。全国30个省（区、市）参赛代表队的341名选手参赛。绵阳市3名选手分别参加钳工、家政服务、餐厅服务项目比赛，其中袁红获得家政服务项目银奖。

【绵阳扶贫产品走进大湾区】 2020年9月14—18日，全市组织北川、平武2个国定贫困县14家企业、200余种扶贫产品到广东东西部扶贫协作交易市场参加展示交易活动。本次活动按照省脱贫办统一安排部署，旨在深化东西部扶贫协作，推广实施消费扶贫。绵阳参展扶贫产品全部来自“四川扶贫”用标企业和“扶贫832”平台入驻企业，种类涵盖腊肉、香肠、高山茶叶、高山蜂蜜、猕猴桃、窝托泉、玉米酒、木耳、松茸、羊肚菌、茶树菇、坚果、炒货、调味品等。活动期间，还举办羌族文化和白马藏族文化展演。

【市脱贫攻坚领导小组2020年第三次会议】 2020年9月28日，市脱贫攻坚领导小组2020年第三次会议召开。市委书记、市脱贫攻坚领导小组组长刘超主持会议并讲话。市委副书记、市长、领导小组组长元方出席会议。领导小组副组长、成员，以及各县市区、园区，市直有关部门负责人等参加会议。会议传达学习《习近平谈治国理政》第三卷中关于“决胜全面建成小康社会，决战脱贫攻坚”部分和习近平总书记关于脱贫攻坚的重要指示和论述，以及中央和全省有关会议精神；听取全市决战决胜脱贫攻坚工作、全市脱贫攻坚国家普查及省级调查工作情况汇报；听取相关县市区脱贫攻坚工作情况汇报。会议指出全市做好脱贫攻坚收官之战各项工作，推动全市脱贫攻坚工作取得新成效；强调脱贫攻坚进入冲刺阶段，各地各部门要全力做好冲刺阶段各项工作；全市各地要降低洪涝地质灾害影响，统筹安排恢复重建，优先考虑受灾贫困地区基础设施恢复重建，帮助受灾贫困群众解决实际困难；要巩固提升脱贫攻坚成效，全力稳岗就业，坚持把贫困劳动力稳岗就业摆在优先位置；要做好脱贫攻坚成效考核工作；要做好总结宣传和后续衔接工作，形成一套科学可行的解决相对贫困的长效机制，探索出可复制可推广的经验做法；要做好东西部扶贫协作和援彝援藏工作。

【李光辉获“全国脱贫攻坚奖”】 2020年10月19日，全国脱贫攻坚奖评选表彰活动办公室在《人民日报》第8版公布2020年全国脱贫攻坚奖获奖先进个人和先进单位名单，其中绵阳市北川羌族自治县县委常委、统战部部长，县脱贫攻坚办主任李光辉获“全国脱贫攻坚奖创新奖”。

【市脱贫攻坚领导小组2020年第四次会议】 2020年12月24日，市脱贫攻坚领导小组2020年第四次会议召开。市委书记、市脱贫攻坚领导小组组长刘超主持会议并讲话。市委副书记、市长、领导小组组长元方，市委副书记、领导小组副组长刘光强出席会议。领导小组副组长、成员，以及各县市区、园区，市直有关部门负责人等参加会议。会议传达学习习近平总书记关于扶贫工作的重要论述和重要指示精神，以及中央、省关于脱贫攻坚工作最新精神，听取15个扶贫专项工作情况汇报，审议《绵阳市脱贫攻坚先进集体和先进个人评选表彰工作方案》。会议指出2020年全市消除疫情灾情不利影响，实现全市所有农村贫困人口在现行标准下稳定脱贫，全面完成全市脱贫攻坚目标任务；强调要全面落实“四个不摘”要求，保持扶贫政策不变、扶持力度不减、帮扶队伍不撤，下足功夫，全面巩固拓展脱贫攻坚成果；要持续健全防止致贫返贫监测和帮扶机制；要持续抓好脱贫人员稳岗就业；要持续发展壮大扶贫产业；要持续加强易地扶贫搬迁后续扶持；要持续抓好脱贫攻坚总结宣传，总结推广具有示范作用的长效机制和工作范式，展示脱贫攻坚成就；要持续做好解决相对贫困试点探索，形成一套可复制可推广的解决相对贫困的经验和机制；运用脱贫攻坚工作中的好经验好做法，统筹谋划、加快促进巩固拓展脱贫攻坚成果同乡村振兴有效衔接。 （周军丞）

对口帮扶

衢州市对口援助绵阳

【概况】 2020年，衢州与绵阳继续按照浙江、四川两地省委、省政府的相关要求开展对口协作工作。按照两市签订《东西部扶贫协作框架协议》的相关要求，衢州市柯城区对口支援绵阳市北川羌族自治县，衢州市衢江区对口支援绵阳市平武县。衢州市政府按照《浙江省扶贫协作四川省26个贫困县帮扶规划（2018—2020）》和实施方案，对平武和北川产业园建设、教育、医疗以及旅游等给予全方面援助。全年两地市级主要领导互访2次，先后召开衢州—绵阳东西部扶贫协作联席会议2次、东西部扶贫协作领导小组会议2次。配合共同编制《绵阳市东西部扶贫协作2020年工作要点》《2020年绵阳市东西部扶贫协作工作目标任务分解表》等政策性文件，统筹指导平武、北川开展东西部扶贫协作工作，形成上下联动的局面。衢州社会各界为平武、北川洪涝地质灾害捐款捐物914万元。将平武、北川等东西部扶贫协作工作在国家、省级主流媒体、网站、微信平台刊发报道宣传。中央电视台财经频道

"经济信息联播"栏目以"四川平武：东西部协作扶贫 群众增收有保障"为题，关注衢江—平武东西部扶贫协作工作，为平武脱贫攻坚工作点赞。"衢江·平武阿里巴巴生态扶贫的平武实践""平武全覆盖式帮扶残疾人就业创收""'共享+'电商扶贫新路径"等入选川浙东西部扶贫协作经验交流汇编。

【扶贫协作项目资金管理】 2020年，全市对照《四川省东西部扶贫协作项目资金管理实施办法》，修订出台《绵阳市东西部扶贫协作项目资金管理实施办法》，指导北川、平武两县政府分别修订出台《平武县东西部扶贫协作资金管理办法》《北川羌族自治县东西部扶贫协作项目资金管理实施办法》《北川羌族自治县东西部扶贫协作资金管理实施细则》，确保项目资金使用依规合法。衢州市到位帮扶资金8420万元，实施扶贫协作项目45个，项目资金累计使用8008万元，使用率达95%以上。

【人才交流】 2020年，两地立足"观念互通、思路互动、经验互学、作风互鉴"，发挥浙江省人才密集优势，开展干部人才挂职、交流、培训活动。全年两地互派党政干部13人，教师、医生等优秀专业技术人才69人。组织致富带头人专项培训和扶贫干部培训，提高致富带头人创业能力，完成培训2238人。

【产业合作】 2020年，衢州市引导24家东部优质企业到绵阳扶贫投资，引导企业实际投资9.45亿元，带动673名贫困群众脱贫增收。其中浙江飞鸿北川草上运动旅游综合体项目接待游客35万余人，新增就业岗位200余个，带动贫困群众300余户。推动绵阳供销社、浙江农林大学、山野河谷生态农业公司建立绵阳茶学院，帮助平武、北川两地培养茶行业实用型人才，塑造绵阳茶产业品牌，提升茶产品核心竞争力。

【劳务协作】 2020年，两地立足平武、北川劳务输出需求量大和衢州市企业用工量大的实际，持续深化人力资源部门对接，开展劳务精准输转工作，帮助2545名贫困群众完成就业，累计举办劳务培训班52期，开展贫困人口就业培训1522人次。

【结对帮扶】 2020年，两地乡镇结对12对，村社结对17对，医院结对14对，学校结对18对。推进东西部扶贫协作"万企帮万村"行动，53家东部企业结对帮扶平武、北川42个贫困村。衢州社会各界向平武、北川捐款813万元用于支持平武、北川两县贫困村发展医疗、教育事业。在区县、镇街、村居精准对接的基础上，扩大至学校、医院间的行业结对帮扶。

【柯城—北川扶贫案例获评"第三届中国优秀扶贫案例"】 2020年12月25日，"第三届中国优秀扶贫案例"报告会在北京举行。报告会由国务院扶贫办指导，人民网、《中国扶贫》杂志社主办。北川羌族自治县政府和浙江省衢州市柯城区政府选报的《用心奏响"协奏曲"，用情谱好"双城记"——柯城—北川创新"四个三"模式推进扶贫协作落地落效》案例获评"第三届中国优秀扶贫案例"。自东西部扶贫协作开展以来，柯城—北川按照浙川两省、衢绵两市、柯北两区（县）部署要求，聚焦精准脱贫精准扶贫，助力北川国家贫困县摘帽。两地携手创新的"四个三"模式，在帮助北川脱贫并巩固脱贫成效的过程中发挥巨大作用。"四个三"模式，即构建"三大机制"（联动共建机制、人才交流机制、联合监管机制），加强"三产互动"（一产推动、二产撬动、三产联动等），推动"三网融合"（电商飞地网、供销联盟网、同步课堂网），实现"三个聚焦"（转移就业、携手奔康、社会帮扶）。"全产业链"扶贫协作新模式、"点亮微心愿"社会帮扶新经验2个柯城—北川扶贫协作相关经验案例入选《全国携手奔康行动会议案例汇编》，"衢鲜森牵手羌妹子"电商扶贫新路径入选《中国样本》和《全国电商精准扶贫典型案例50佳》，"'共享+'村播新计划"入围《全国消费扶贫优秀典型案例》，"'小蓝莓'撬动扶贫协作新产业"在全国蓝莓产业峰会上作交流发言，"互联网+同步课堂'志智双扶'新探索等"5个经验入选浙川帮扶模式及典型案例。

（邓　涛）

绵阳对口帮扶阿坝

【概况】 2020年，绵阳市贯彻落实省委、省政府关于省内对口帮扶的系列部署，持续开展对口帮扶阿坝红原县、壤塘县工作，履行对口帮扶工作职责，助力两县脱贫攻坚。全市突出统筹谋划，持续加大受扶地帮扶力度，持续将红原、壤塘作为绵阳的"第十个县"来支援，将帮扶工作列入市委、市政府目标绩效考核。市委主要领导、分管领导带队到红原、壤塘调研，面对面商议对接帮扶工作，对红原、壤塘提出的需求进行专题研究落实。市委组织部、市委统战部先后召开4次专题推进会，安排布置各市级有关部门年度帮扶任务，构建起"联动协作、整体推进"的对口帮扶工作格局。对接两县"十三五"规划，落实《2017—2021年对口帮扶项目规划》，立足两县所需、帮扶地所能，对年度帮扶计划进行科学调整，助力两县实现同步小康，各项事业协调发展。全年除按规定比例应拨付的财政帮扶资金6558万元外，市财政局还超额投入财政帮扶资金800万元，共实施对口帮扶项目26个。多方筹措社会帮扶资金2772万元，落实社会资金帮扶项目52个，其中市总工会、市机关事务管理局等单位在全市企事业单位中落实消费扶贫项目，鼓励全市干部职工共购买受扶地特色农牧产品1261万元。

【产业发展帮扶】 2020年，绵阳市协调两县优势资源，突出产业发展，围绕基地、加工和品牌打造，持续增强两县发展动能。壮大产业规模。在壤塘县引进壤塘县小伊利航生态文旅产业有限公司等8家，其中壤塘县宗科水电开发有限公司发展成为壤塘县首家规模以上企业。投入60万元帮扶红原牦牛乳业公司、新希望红原分公司、红原县牦之牛科技推广服务公司等企业研发新产品，巩固扩大产业及市场规模。培育市场经营主体。在壤塘县培育壤巴拉高原双低油菜产业园，培育布康木达村蔬菜种植基地、切洛玛蔬菜种植基地等7家专业合作社及东洛、俄真玛等4户种植大户，发展特色农业产业，助推壤巴拉高原双低油菜产业园申报“壤塘县州级农业园区建设项目”。拓展产销渠道。在红原县投入帮扶资金673万元，帮助红原县建立电子商务公共服务中心，在绵阳市、三台县共建立1家红原农特产品展馆和23家展厅进行线下销售，构建起“产销宣展”一体化农牧产品供销链条。助力壤塘县推进国家级电商示范县建设，升级改造乡镇和村级电商站点47个，新建网点18个、特色站点3个，通过“扶贫832”平台销售农产品327.8万元，助农增收160万元，解决就业102人。共建飞地产业园区。整合利用东西协作、省内帮扶等各方优势资源，利用红原的用地指标、三台的招商引资优惠政策、温州企业在三台县芦溪工业区建成“红原·三台·温州援建县飞地产业园区”，其中首期引进洪鼎包装印务有限公司，到位资金5亿元。

资料链接：“扶贫832”全称是贫困地区网络销售平台，该平台的网址为www.fupin832.com。“832”是指中国832个国家级贫困县。该平台是中国供销电子商务有限公司（供销e家）在财政部、国务院扶贫办、中华全国供销总社的指导下，建设和运营的集“交易、服务、监管”功能于一体，实现贫困地区农副产品在线展示、网上交易、物流跟踪、在线支付、产品追溯一站式聚合的B2B平台，连接贫困地区带贫能力强、产品质量好、有诚信的企业、合作社、家庭农场等市场主体与各级预算单位、工会组织、承担定点帮扶任务的企业等，为全社会广泛参与采购贫困地区农副产品提供渠道，推动各地消费扶贫目标的实现。

【全域结对帮扶】 2020年，全市指导游仙区、三台县按照“机构对等、行业相近、优势互补”原则，构建起“一对一”“多对一”“点对点”“面对面”的全域结对工作体系。基层组织结对帮扶。组织绵阳的18个乡镇与红原、壤塘的18个乡镇全覆盖结对，共同研究制定产业发展帮扶规划，通过党建攻坚、农民夜校、党员积分超市等措施助力结对乡镇建强基层组织，推进基层治理。学校医院结对帮扶。协调组织31所学校和8所医院分别与红原、壤塘结对，先后派出200余名教师到红原县、壤塘县各中小学“传帮带”，跟岗培训800余人次，协调500名红原壤塘学生到绵阳市名优学校就读；举办“送医入寺”“先心病筛查”等多项爱心医疗活动，采取远程会诊、基层义诊、互访交流等帮扶形式，累计开展义诊、巡诊120余次，捐赠设备药物价值700余万元，惠及各族群众1.3万余人次。行业系统结对帮扶。在红原县组织32个机关企事业单位与三台县的38个机关企事业单位签订全域结对帮扶协议书44份，确定资助孤儿、残疾人员等困难群体帮扶事宜。游仙区委组织部、宣传部等5个机关单位与壤塘县结对，提供干部教育培训、宣传思想、农业技术支持等精准帮扶措施，通过“传帮带”培育本土人才。

【人才培育帮扶】 2020年，全市突出智力服务，持续助力两县人才队伍建设。实施干部人才培优工程，促进两地的党员干部和专业人才双向互动交流、共同提升能力。强化人才培养。在红原、壤塘两县共投入专项帮扶资金205万元，举办专题培训班23期，共培训党政干部及专业技术人才1568人次，提高干部人才理论水平和实践能力。人才互动交流。协调受扶地25名干部及专业人才到绵阳企事业单位挂职锻炼，落实171名绵阳干部和专业人才到两县相关部门任职，开展“传帮带”工作，帮助两县培育干部人才180人。帮助就业创业。绵阳职业技术学院、绵阳高级技工学校免费培训红原县致富带头人、旅游管理、景区管理、牦牛养殖、高原有机蔬菜从业人员185人次。通过壤塘县手工编织、产业（蔬菜）基地开展技能培训，吸纳40余名建档立卡贫困户就近就业，同时帮助52名贫困劳动力到绵阳转移就业。 （陈　龙）

绵阳对口帮扶凉山

【概况】 2020年11月17日，省政府批准凉山彝族自治州普格县、布拖县、金阳县、昭觉县等7个县退出贫困县序列，全省161个有脱贫攻坚任务的县建档立卡贫困人口全部脱贫，11501个贫困村全部退出，88个贫困县全部清零。其中昭觉县由绵阳市涪城区对口帮扶，布拖县由绵阳市江油市对口帮扶。

【涪城区对口帮扶昭觉县】 2020年，涪城区以“争创省内对口帮扶标杆典范”为目标，累计落实帮扶资金7321.758万元（财政专项资金2200万元），全面完成实施教育医疗、产业就业、基础设施等8大类34个帮扶项目，协助昭觉县按期打赢脱贫攻坚战。全区构建党政竭力、部门尽力、社会助力的“立体式”帮扶格局，建立“区委区政府牵头抓总、区级领导分工负责、部门单位全面参与、前线指挥部集中攻坚”的领导体制和工作机制，党政主要领导互访对接3次，召开联席会议4次。区委区政府2次召开常委会、专题会研究对口帮扶工作，制定《绵阳市涪城区对口帮扶昭觉县脱贫攻坚专项2020年度实施方案》，将对口帮扶工作纳入全区目标考核体系，细化量化考核内容，与全区重点工作同研究、同部署、同考核。做好帮扶资金、项目、人才工作，将帮扶资金比例提高到2019年地方公共财政预算收入的0.5%以上，累计投入财政专项资金2200万元，启动实施安全住房、基础设施、产业就业、教育医疗等项目34个，选派149名干部人才到昭觉县挂职。

单位结对帮扶。2020年，涪城区整合力量，重点围绕产业发展、智力支援、社会帮扶、劳务协作、支部共建、群众工作等方面，制定《涪城区对口帮扶昭觉县全域结对帮扶工作规划》《涪城区对口帮扶昭觉县全域结对帮扶工作任务清单》，建立“涪城联系单位+前线指挥部+结对帮扶单位”三方联动机制，实现涪城区内32个单位对口帮扶昭觉县24个深度贫困村，统筹175个单位部门分别与昭觉52个部门、47个乡镇、3个社区、57所中小学、52所医疗卫生机构形成全域结对。持续开展“我为涪城援彝添光彩”、以购代捐、爱心募捐等活动，全区160余家单位认购昭觉特色农产品349.2万元。

社会力量帮扶。2020年，涪城区立足经济发展、文明创建、公共服务和招商引资优势，动员社会各界形成对口帮扶合力。先后邀请绵阳市清朗农业开发有限责任公司、轩迈生态农业种植有限公司、一优品珍农业科技有限公司等到昭觉考察投资兴业，累计为昭觉吸引社会帮扶资金5003.178万元。全区各界爱心人士、志愿服务团体300余人次到昭觉开展爱心帮扶活动，累计为贫困群众捐款捐物900余万元，直接帮助贫困家庭400余户、贫困学生200余人。

基础设施建设。2020年，涪城区先后投入专项帮扶资金1100万元，协助昭觉完成非贫困户危旧房改造任务。投入财政专项资金180万元，实施覆盖31个贫困村800盏太阳能照明路灯项目建设。投入财政专项资金10万元，协助昭觉实施乡级电商阵地建设。围绕标准化校园建设，投入财政专项资金20万元，协作昭觉学校开展信息化建设，落实帮扶资金30万元，助力东方红小学建设。围绕医疗卫生机构规范化建设，投入帮扶资金35万元，助力昭觉新城镇、解放乡、三岔河等5个医疗机构实施“三化建设”（即标准化、规范化、示范化）。

产业帮扶。2020年，涪城区坚持“输血”与“造血”相结合，将产业扶贫作为对口帮扶工作重点。加快推进涪昭现代农业产业园续建项目，新增投资750万元助力涪昭产业园新增大棚蔬菜74.67公顷，配合企业争创省级农业示园区；加大羊肚菌推广种植力度，在火普村、竹核乡、库依乡各莫井村等第新增羊肚菌种植26.67公顷。争取社会帮扶力量，协助帮扶贫困村发展牛、羊、乌金猪等特色养殖业，全年增养家禽5000羽、家畜500只。推广“合作社+基地+农户”模式，帮助成立种养殖专业合作社3个，发展扶贫车间项目2个。

教育帮扶。2020年，涪城区围绕基础教育有保障，发挥绵阳优质教育资源优势，实施“校校结对”、人才培养计划、绵阳昭觉班等项目；统筹区内24所中小学校与昭觉县57所中小学校实现“校校结对帮扶”全覆盖。围绕“智慧型、德育型、特长型”学校建设目标，协作昭觉县东方红小学实施学校达标建设。完成昭觉2020年度小升初代培招考工作，通过涪昭贫困学生扶贫基金、社会募捐、川阳爱心项目资助等方式，全年共资助贫困生200余人次，累计捐赠图书3000余册、体育生活用品2000余件、衣物5230套。全年累计派出教师团队3批143人次，交流公开课300余节，培训昭觉教师和管理人才340余人次，开展年度送教下乡活动9次。

医疗帮扶。2020年，涪城区围绕基本医疗有保障，实施医院结对、科室共建、规范化建设、等级创建、人才培养、派驻带教、巡诊义诊等工程，协作昭觉打造凉山区域医疗卫生中心。统筹区内52家医疗卫生单位对口帮扶昭觉县人民医院、中心卫生院、村卫生室等322个单位，构建起覆盖县、乡、村三级医疗卫生机构的结对帮扶体。搭建帮受两地“综合医联体”，协助昭觉3个县直医疗机构和7个中心卫生院完成科室共建项目。派驻带教卫生专业人员23人次，协助昭觉新城镇、解放乡、三岔河等5个医疗机构启动实施“三化建设”。全年两地卫计系统互访交流12批次120人次，开展巡诊义诊21次，开展大型业务专题讲座14场次，培训643人次，培养县级医疗技术骨干199人次。

就业帮扶。2020年，涪城区加强与昭觉县人社局对接，准确掌握昭觉劳动年龄内贫困劳动力基本情况，协助昭觉就业局建立劳动力资源和劳务输出信息数据库以及建档立卡贫困劳动力基本信息、就业意愿、技能培训和外出务工人员信息等台账。分类收集有劳动能力和就业意愿的昭觉建档立卡贫困人口400余名，因人制定帮扶措施。依托涪城—昭觉招聘信息平台，开发一批岗位，为昭觉贫困群众提供有针对性的就业信息咨询，吸纳更多贫困人口就业。挖掘绵阳涪城区企业用工潜力。举办2020年涪城·昭觉劳务协作专场招聘会，32家企业参会，提供管理、技工、普工等80余个工种、1600余个就业岗位，达成就业意向近百人。引导和帮助有劳动能力特别是建档立卡贫困户中有劳动能力和就业意愿的人员转移就业。在三岔河等地因地制宜实施“劳动转移代培计划”。在解放沟乡火普、库依乡各莫井村等地推广羊肚菌产业“师带徒就业帮扶计划”。坚持“听得懂、学得会、能管用”的培训原则，对本土农技人员和贫困劳动力进行全覆盖培训。举办2020年贫困劳动力技能培训班3期，培训人员210余人次。

【江油市对口帮扶布拖县】 2020年，江油市继续按照落实省委、绵阳市委和凉山彝族自治州委安排部署，对口帮扶布拖县，实施帮扶项目9大类29个，投入资金2513万元，涉及“两不愁三保障”基础设施类项目全面完成。6月底，全面达到脱贫验收条件。11月17日，省政府批准布拖县等7县退出贫困县序列。江油市对口帮扶布拖县脱贫攻坚前线指挥部被表扬为2020年凉山彝族自治州脱贫攻坚组织创新奖。从2016年8月按照省委安排部署，启动对口帮扶布拖县脱贫攻坚工作起，江油即聚焦“精准扶贫、精准脱贫”，坚持“布拖所需、江油所能”，坚持“布拖不脱贫、江油不脱帮”，突出党建示范引领，突出科学高效清廉帮扶。成立对口帮扶布拖县领导小组和前线指挥部，29名帮扶干部与31户贫困户结对子。编制《江油市对口帮扶布拖县脱贫攻坚2016—2020年工作规划》，确定工作思路和举措。加大财政投入，5年资金总额不低于5000万元。推进帮扶任务实施，助力布拖解决“两不愁三保障”突出问题，发挥江油在产业发展、教育资源、文化传承等方面的优势，突出产业联帮、志智双扶，做好产业扶贫、教育扶贫、文化扶贫。

全域帮扶。建立全域结对帮扶模式，制定总体规划、专项计划、年度要点等帮扶规划体系，推动江油53个市级部门、24个乡镇（街道）、31所学校、22家医疗机构、4家国有公司分别与布拖相关单位建立结对关系，先后3000余人次到布拖全面开展结对帮扶，实现对口帮扶工作全方位立体式推进。

全面帮扶。把对口帮扶布拖脱贫攻坚摆在与自身脱贫攻坚同等重要位置，推动落实抓强组织保证、抓紧项目实施、抓牢产业帮扶、抓深智志帮扶、抓好社会帮扶、抓实全域结对“六抓”任务，累计实施安全住房、教育保障、医疗保障、产业发展、就业促进、基础设施、移风易俗、社会帮扶、干部培养等9大类146个帮扶项目。

人才资金投入。最大程度整合资源力量推动帮扶工作，江油党政主要负责人先后17次到布拖对接推进，累计派驻布拖援彝干部人才228人，常驻干部人才136人、企业人才18人。累计帮助争取和投入各类帮扶资金1.74亿元，其中年度帮扶资金按“五年五千万”、占江油地方公共财政预算收入的0.57%的标准执行。

基础设施建设。对口帮扶的火烈乡若普村、火烈村“彝家新村”成为布拖县异地搬迁现场检查示范点，九都乡奎久村和觉莫村饮水设施、联补乡海木村水利设施等有效解决当地群众生产生活用水难题，俄里坪乡果木村活动阵地成为布拖基层阵地建设的标杆，争取新建的基只乡卫生院和推进规范化建设的3所小学、12所幼儿园和3所县级医疗机构、7所乡镇卫生院、4所村卫生室成为同类机构发挥作用、服务群众的示范。

产业扶贫建设。协助完成产业扶贫发展顶层设计和多个重点产业、重点园区规划、项目招商活动，帮助签约引进产业项目47个、总投资13亿元，同时签约智力帮扶合作项目4个；协助创成州级现代农业园区3个、AAA级景区1个，带动乡村建设高标准种植基地10余个600公顷，建成蓝莓、桃树、花椒等示范基地6个、生猪规模化养殖代养场4个11幢，累计扶持养羊、养猪等种养大户46户。布江蜀丰现代农业科技园成为布拖马铃薯全产业链发展的牵引平台、全省深度贫困地区现场会参观点。协助实施的布拖国家电商项目在全省国贫县同批项目国家绩效评价中排名第一。协助引进的蓝莓产业并帮扶实施的布拖高原蓝莓示范园先后被中央电视台《新闻联播》和四川电视台新闻栏目报道。

教育扶贫项目。先后在江油设立初、高中“布拖班”和幼教师资班，代培“布拖籍”学生21个班940人，2017级江油“布拖班”（高中班）高考本科上线36人、100%超过专科录取线职中高考上线率100%；在布拖通过支教教师设立“江油班”3个，派出1个校级团队结对帮扶新布拖中学、1名校长领办帮扶拖觉石咀小学。

文化扶贫项目。先后组织帮扶干部和志愿者组建“感恩奋进·倡树新风”文艺轻骑兵和医疗义诊队，累计为3万余名乡村群众开展送文化、送医疗、送岗位、送法律活动53场次；抽派文化、宣传、招商等专业队伍，协助办好2019中国·布拖彝族火把节，策划推出文化扶贫精品剧目《火源·都格》，拍摄《布拖县脱贫攻坚纪实片》等5部专题片。

（刘雪梅　谢小东）

社会保障

【概况】 2020年，全市制定统一的保障对象、保障办法、资金筹集、资金管理、业务经办等工作流程，确保全市不出现政策执行偏差。新冠肺炎疫情防控期间，市人社局采取送政策、送服务、送培训“三送”模式推动人社支持政策落实。开设人社政策解读直播间，设置劳动关系、就业促进、社保减负、业务经办4个专题，宣传人社支持政策。落实延长社保申报缴费期、缓缴相关社保费、继续阶段性降低缴费费率、暂缓执行企业职工养老保险缴费基数下限过渡比例、确保疫情防控期间养老待遇支付等政策，减轻新冠肺炎疫情防控期间生产经营困难企业社会保险费缴纳压力，帮助企业渡过难关。落实关心关爱医护人员待遇保障、工伤保险、奖励激励、简化招聘流程4项政策，激励一线防疫人员担当作为。支持企业渡过难关，保障企业复工复产。全年全市社保卡发卡总量达520.85万张，全市18个部门共有123个有效项目纳入“一卡通”信息系统发放，累计向1306万余人次发放各类补助资金40.22亿元。全市失业保险参保44.41万人。严格社保基金监管，打击社保违规违法行为，全年追回社保基金171.78万元。启动川渝人社合作，实施5大板块33项年度合作项目，绵碚两地实现社保卡数据共享、专业技术人才职称互认。

【基本养老保险】 2020年，全市提前完成退捕渔民参保工作，补贴标准位居全省前列。细化完善社保补助相关政策措施，推进退捕渔民依法参保，将符合条件的退捕渔民全部纳入相应的社保体系，实现养老保险应保尽保。助力绵碚两地社保“跨省通办”，实现两地养老保险待遇领取资格“就地认”和养老保险关系无障碍转移等工作。完成全市企业退休人员基本养老金“16连涨”，以及企业、机关事业退休人员养老金同步“五连调”，涉及586946人，补发2020年1—7月调整总金额4.81亿元，人均月养老金由1999.95元增加到2116.54元。联合财政上调全市城乡居民基础养老金标准。全年全市参加城镇职工基本养老保险152.14万人(企业在职参保97.23万人)，城乡居民养老保险参保220.01万人。

【社保减负政策落实】 2020年，全市社保部门应对新冠肺炎疫情，按照国家、省相关文件精神，结合实际情况，联合相关部门先后下发系列帮助企业复工复产文件，明确工作职责与办理程序，落实社保减负政策，缓解企业困难，帮助企业复工复产。2—12月，全市累计落实“减、免、缓”各项社会保险费用19.13亿元。

【社保扶贫保障】 2020年，全市发挥社保扶贫在决战脱贫攻坚、决胜全面小康中的兜底保障作用。开展“两不愁三保障”回头看，排查问题整改工作，加强与扶贫、民政等部门协调沟通，核实应参保对象，锁定目标群体，做好建档立卡未标注脱贫等人员社保代缴工作，实现符合条件人员参保、代缴、发放、协办完成率均达100%。全市成为全省首批提前完成社保扶贫应保尽保任务的市州之一。

【工伤保险】 2020年，全市参加工伤保险56.45万人，办理职工工伤认定2406件，劳动能力鉴定1091人。推进尘肺病重点行业企业工伤保险工作，其中170家职业病重点企业工伤保险参保率达82%，超额完成目标任务。实施工伤预防项目，相关工作经验先后在全省工伤保险基金运行分析会和全省工伤保险工作会上作交流发言。 （赵梓宇）

社会福利

【概况】 截至2020年年底，全市60周岁以上人口有115.42万人，占常住人口（486.82万人）的23.71%；65周岁以上人口有89.38万人，占户籍总人口的18.36%。全市拥有社会福利机构251家、总床位3.02万张，入住老人13840人（公办7534人、民办6306人）。建成日间照料中心1051个（农村537个、城市514个），有床位5016张。全市有17家医养结合机构。建立139对医疗机构与养老机构合作关系，规模以上养老企业达6家。在全省率先建立最全面的养老服务地方标准，出台《老年人照护需求等级评定规范》（DB 5107/T82－2020）、《农村特困供养机构（敬老院）运营与服务质量规范》（DB 5107/T83－2020）、《居家社区养老服务质量日常监测评价规范》（DB 5107/T84－2020）、《养老机构服务质量日常监测评价规范》（DB 5107/T 85－2020）4项地方标准。

【残疾人福利保障】 2020年，全市继续实施困难残疾人生活补贴和重度残疾人护理补贴制度。为持有第二代残疾人证的绵阳市户籍低保对象发放困难残疾人生活补贴，补贴标准按每人每月100元执行。对一级重度残疾人按每人每月不低于80元的标准给予护理费用补贴，对二级重度残疾人按每人每月不低于50元的标准给予护理费用补贴。截至年底，全市共发放残疾人困难生活补贴41.85万人次，补贴资金4185.37万元。发放重度残疾人护理补贴72.27万人次，补贴资金4374.503万元。全市共有社区精神卫生康复站95个。依托精神卫生机构（乡镇卫生院）、农村敬老院和日间照料中心等场所，为精神障碍患者中病情较稳定的患者，提供康复场所，通过精神抚慰，加强心理疏导引导，辅助工疗、农疗、娱疗等方式训练患者的生活自理能力和社会交往能力。

【养老服务体系建设】 2020年，全市继续夯实养老服务体系建设基础工作，对44个养老机构、4495个床位进行适老化改造。鼓励公办养老机构实行社会化运营，全市公建民营的养老机构总数达43家。发展商业养老保险，常青藤养老服务中心与平安银行联合开发绵阳首款护理保险，有2000多名老人直接购买该保险。完成养老项目固定资产投资4.8亿元。继续为全市10.397万名困难老人购买居家养老服务。将居家社区养老服务纳入城乡社区治理，在涪城、游仙、梓潼投资600余万元建设社区养老服务综合体。通过建立社工站，将社会组织、专业社工、志愿服务统筹，探索建立居家社区探访制度。

【养老服务质量建设】 2020年，市民政局、市财政局联合印发《关于加强养老服务项目和资金管理工作的通知》，规范养老服务项目建设。把项目工作纳入对各县市区目标绩效考评。建立市民政局、市财政局、派驻纪检组的联动机制，加大对项目建设进度、资金使用等的督查检查。针对项目推进情况开展督查检查。先后召开项目建设专题会议8次，组织项目督导2次。公安、民政、金融等部门建立信息共享机制，共享养老产业信息，联合处置涉及养老产业的问题。建立健全失信联合惩戒机制，对存在严重失信行为的养老服务机构和人员实施联合惩戒。全市39家民办养老机构均按市民政局要求张贴《关于进一步规范养老机构服务收费工作的通知》与《提醒广大老年人谨防借“养老”名义开展非法集资的公告》。开展为期4个月（7—10月）的养老服务领域防范非法集资集中宣传。联合市场监督、住建、卫健、应急、消防等部门印发《关于做好2020年养老院服务质量建设专项行动工作的通知》，形成多部门齐抓共管落实养老机构安全工作的领导机制。引入第三方机构对养老机构质量建设情况进行评估，确保养老机构服务质量、项目进度、消防安全达标。加强养老专业人才队伍建设。在全省率先建立养老护理员培训师资库，吸纳省内外专家学者200余人。与市中心医院、四川中医药高等专科学校、西南财大天府学院等签订战略合作协议，在科研学术、技术服务、人才培养、产业发展、文化共建等方面开展合作。将九九佳园和中心社会福利院确定为全市养老实训基地。将养老服务培训资金列入项目预算，举办提升养老机构服务质量的专题培训班2期。开展全市“孝亲敬老楷模”和“优秀养老护理员”评选活动；成立老年志愿服务支队，发挥为老服务示范引领作用。

【农村养老服务体系建设】 2020年，全市结合做好两项改革“后半篇”文章要求，科学规划农村养老服务体系建设。各地要按照撤小并大、撤旧并新、撤远并近的原则对敬老院进行优化。围绕资源整合，推动乡镇敬老院转型为区域性养老服务中心。建成区域性养老服务中心35个、养老服务站68个、养老服务点241个。在江油市新安镇和经开区松垭镇率先实施农村敬老院和乡镇卫生院“两院一体”建设，组建养老医疗联合体。探索建立农村留守老人安全巡防制度，通过“线上—线下”相结合的方式搭建农村留守老人巡防体系。截至年底，各级投入农村养老资金4925万元。 （陈振宇）

社会救助

【概况】 2020年，全市累计保障城乡低保对象174.57万人次，累计支出保障金4.44亿元，城乡月人均补助分别达300.62元、232.87元。落实《绵阳市脱贫攻坚三年实施方案》，加强农村低保与扶贫开发政策衔接，发挥低保政策在脱贫攻坚中的兜底保障功能。实施“低保兜底脱贫一批”月报制度，每月按时向市脱贫办报送保障人数和救助资金，准确掌握保障对象底数，确保兜底保障“不漏一人、不落一人”，坚持“脱贫不脱政策”。全年对符合农村低保条件的建档立卡贫困户，按规定程序纳入农村低保范围，累计将无业可扶、无力脱贫、符合条件的3.93万名建档立卡贫困人口全部纳入农村低保，实施政策性兜底扶贫，累计发放救助金10841.56万元，确保全市完成脱贫攻坚任务。

【城乡低保标准调整】 2020年7月1日起，全市城市低保标准低限由540元/月调整到610元/月，农村低保标准低限由350元/月调整到410元/月，均比省定标准低限高出20元，从政策上确保绵阳市困难群众全部脱贫。

【农村低保专项治理】 2020年，全市民政系统干部职工签订不违规办理低保承诺书并报市民政局机关纪检备案，组织全市民政系统低保工作人员开展低保对象入户清理，落实低保对象动态调整。以惠民惠农财政补贴资金“一卡通”管理专项治理和审计署成都特派办反馈低保问题核查为契机，提升入户调查、经济收入核对、定期复核、公开公示等低保规范化工作水平，遏制“错保”“漏保”“人情保”等问题发生。全年全市各级民政工作人员共核实低保对象14.46万人次，全市城乡低保累计清退1.06万人，新增1.35万人。

【特困人员救助供养】 2020年，全市组织对特困供养人员逐人逐户进行入户调查，精准认定供养对象，准确掌握供养意愿，将符合特困人员救助供养条件的对象24268人全部纳入救助供养范围，其中城市特困人员2603人、农村特困人员21665人，完全丧失和部分丧失生活自理能力特困供养人员10024人。经市政府100次常务会议审议通过，7月1日起，全市城乡特困人员基本生活标准低限按照2020年低保标准低限的1.3倍执行，即城市为793元/月，农村为533元/月。

【临时救助】 2020年，全市对受新冠肺炎疫情影响无法返岗复工、连续3个月无收入来源、生活困难的个人，经本人申请，可发放一次临时救助金（无户籍限制，可在务工地或经常居住地申请）。对受新冠肺炎疫情影响的家庭或个人，临时救助标准按低保标准3倍及以上发放。全面建立乡镇（街道）临时救助备用金制度，开展“先行救助”。全市走访受新冠肺炎疫情影响困难群众3705

人，其中社会救助对象3648人。发放救助资金共114.94万元，发放物资价值40.09万元。在走访中发现困难群众并纳入低保等社会救助的有5829人，临时救助346人。坚持“托底线、救急难、可持续”的原则，将遭遇突发事件、意外伤害、重特大疾病或其他特殊原因导致基本生活陷入困境的家庭或个人全面纳入临时救助范围，缓解群众临时性困难。全年全市累计临时救助2.02万人次，支出2245.21万元，人均救助1107.92元。

【流浪乞讨人员救助管理】 2020年，全市贯彻落实中央《关于加强和改进生活无着的流浪乞讨人员救助管理工作的意见》、省委《关于加强和改进生活无着的流浪乞讨人员救助管理工作的实施意见》等文件要求，组织落实“救助管理服务质量大提升专项行动”，投入148万元对救助管理机构基础设施进行改造升级。全年全市累计救助8425人次，开展人脸识别人数636人，报请公安机关采集DNA人数46人，寻亲成功116人，安全送返（含自主劝返）流浪乞讨人员1084人次。按照《四川省流浪乞讨救助管理机构新型冠状病毒感染的肺炎疫情防控工作指南》和《绵阳市新型冠状病毒感染肺炎疫点防控指南》，做好救助管理机构防疫工作。全市救助管理机构核酸检测人数共995人，其中工作人员85人、受助人员910人。新冠肺炎疫情防控期间，各救助管理机构加大救助力度，救助非本地流浪乞讨人员共480人次。

（陈振宇）

社会捐赠

【概况】 2020年，市慈善总会联合省慈善总会开展省福彩帮困助学活动、“金秋助学”活动、大病救助活动，实施“富临爱心儿童基金”活动，助力脱贫攻坚，联合省慈善总会开展新冠肺炎疫情困难群众救助项目；共实施各类慈善项目12个，惠及困难群众3048人次。

【慈善资金募集】 2020年，市慈善总会共募集慈善资金及物资1187.83万余元。针对新冠肺炎疫情，市慈善总会启动专项募捐活动方案，向社会组织、爱心企业和个人宣传慈善相关规定，发布新冠肺炎疫情防控需求，引导社会力量有序、合规、依法参与捐赠。按规定对募集资金物资的用途进行公示，回应社会关注。共募集到用于新冠肺炎疫情防控的捐赠款808.55万元，护目镜、医用口罩等防疫物资价值约282.26万元。开展抗洪救灾专项募捐活动——“携手赈灾·共建家园”公开募捐活动，共募集专项资金31.04万元，全部用于受灾严重的平武、北川等地区重建。

【募捐活动创新】 2020年，市慈善总会通过微信公众号推出新冠肺炎疫情募捐活动、抗洪救灾专项募捐活动、爱心一元捐、春蕾明天困境儿童救助等项目。联合香港钻石美美集团公司，在城区珠宝卖场设置募捐箱，接收社会爱心人士捐赠。同时卖场以每成交1位顾客即捐赠1元钱的方式向市慈善总会持续捐赠，所得善款全部用于全市困难儿童的救助。

【慈善捐赠监督】 2020年，市慈善总会接受党委、政府的领导和监督，接受社会舆论监督。邀请第三方审计公司进行检查审计，通过理事会向会员报告慈善总会工作和财务收支情况。坚持将募捐的款物及使用情况向社会公示，打造“阳光慈善”品牌。按照《中华人民共和国慈善法》规定，加强规范化管理，在全市范围内对不具备公开募捐资格的慈善组织进行规范引导。

【市红十字会接受捐赠】 市红十字会贯彻落实总会、省会、市应急指挥部关于加强疫情防控捐赠款物使用管理的相关要求，依法依规开展捐赠款物接受工作，做到规范管理，及时公开，主动接受社会监督。市红十字会及9个县市区红十字会聘请第三方机构对新冠肺炎疫情接受的捐赠款物进行专项审计，并做到及时向社会公示。全市红十字系统接收款物共计4009万元，其中市本级红十字会接收款物共计1316万元，各县区红十字会接收款物共计2693万元。向省红十字会争取并完成6个红十字社区健康促进项目，助力社区新冠肺炎疫情防控工作。

（陈振宇　何晓芳）

婚姻与家庭

【概况】 2020年，全市共有10个县级婚姻登记机关，分别是涪城区、游仙区、安州区、江油市、盐亭县、三台县、梓潼县、北川羌族自治县、平武县、科学城民政局婚姻登记处。

2020年绵阳市各县市区居民结婚及离婚登记情况一览表

表88

序号	县市区	离婚登记（对）	结婚登记（对）	序号	县市区	离婚登记（对）	结婚登记（对）
1	涪城区	3131	4296	6	三台县	3412	6899
2	游仙区	1914	3117	7	梓潼县	850	2171
3	安州区	1061	2315	8	北川羌族自治县	803	1357
4	江油市	3026	4805	9	平武县	355	861
5	盐亭县	1391	2771	10	科学城	97	211

【婚姻管理】 2020年，全市宣传贯彻《中华人民共和国婚姻法》，按照法律法规要求开展婚姻登记管理工作。加强全市婚姻登记机关标准化建设，提高婚姻登记机关依法行政、规范服务的能力和水平。贯彻落实《婚姻登记条例》和《婚姻登记工作规范》的各项要求，婚姻登记合格率达100%。加快中华人民共和国成立以来纸质婚姻登记历史数据的补录工作。

【家庭文明建设】 2020年，全市常态化开展“家和工程”。市妇联联合市文明办印发《关于开展绵阳市2020年寻找最美家庭活动的通知》，在全市范围开展“最美家庭”评选活动，推荐全国“最美家庭”3户、“五好家庭”2户，省“最美家庭”19户、“五好家庭”9户、家庭工作先进集体9个、先进个人9个，市妇联获评全国家庭工作先进集体。游仙区、高新区、科创区等地在村（社区）开展“最美家庭”故事巡讲活动，盐亭县开展线上“最美家庭”故事连载。会同7个市级部门印发《绵阳市绿色家庭创建行动方案》，指导各县市区开展创建工作，安州区开展“美在家庭”创建活动，梓潼县开展“最美庭院”评选活动，助力乡村振兴、助推乡风文明。

【家庭教育工作】 2020年，全市以“书香绵州　亲子共读”为主题，开展“赞赞我们的家庭阅读”微视频和“我的读后感”征集活动，共征集视频90个、读后感20余篇。在“绵阳新女性”微信公众号上开展“书香飘万家　亲子共读”展播点赞活动，点赞量达上万次。市家促会开展“父母课堂”，阳光家长学校设立“育五好孩子”课程，四川启创推出“乡村妈妈讲故事”活动，市家长学校总校设“花蕾护航　女童保护”课程，开展女童健康教育。各县市区开展家庭家教家风宣传活动，其中三台县妇联联合纪委开展“廉洁的你、幸福的家”清廉家书征集活动，引导党员干部及家人开展廉洁家庭建设；科创区妇联举办“享读书之乐”主题活动，引导社区居民养成“爱读书、读好书、好读书”习惯。

【特殊群体关爱】 2020年，市妇联争取到8.6万元，慰问全市230名困境儿童。继续实施安康家园项目，为25名绵阳籍大学生争取助学金24.42万元。市妇联到精准脱贫帮扶村、综治联系点等4个帮扶点看望慰问100名少年儿童。开展“情暖童心　快乐六一”主题公益活动，组织梓潼、平武、江油等地30名贫困儿童参观绵阳科技馆、“5·12”汶川特大地震纪念馆。联合团市委开展“在星星火炬指引下　争做新时代好队员”主题队日活动。同中国人寿绵阳分公司举办“相伴成长　童心飞扬”关爱农民工子女暨留守儿童夏令营活动，组织60名留守儿童代表参观爱国主义教育基地、禁毒教育展览馆、方特东方神画。市女企业家协会为市福利院儿童捐赠价值3万元的生活用品。

【绵阳家庭获评全国先进】 2020年5月15日，全国妇联在央视网、央视影音客户端云发布2020年全国抗疫“最美家庭”，其中绵阳市中心医院赵洁琨、孙剑彬家庭入选。12月31日，全国妇联在北京召开第十二届全国五好家庭暨家庭工作先进集体、先进个人表彰和2020年全国最美家庭揭晓电视电话会。绵阳市杨群芳家庭、蒋利军家庭获评全国五好家庭，罗英家庭、谭小燕家庭获评2020年第二批全国最美家庭。

（陈振宇　罗　芳）

物　价

【概况】 2020年，全市生活物资和生产要素供应充足、市场运行平稳、社会大局稳定，物价总水平运行在合理区间，符合宏观调控预期。粮、油、肉、蔬菜等农副产品和居民生活用品市场供应充足，价格稳中略涨。其中基础农产品价格小幅上涨，生活必需品价格有涨有跌，日用工业消费品、居民服务价格相对稳定，商品住房价格攀升，农业生产资料、能源、工业生产资料价格稳中有涨。

【基础农产品价格】 2020年，全市受汛期洪涝灾害的影响，粮食产量降低，粮食收购价格出现小幅上涨。12月小麦（混等）收购均价1.24元/500克，较6月份上涨6%，同比上涨12.73%；稻谷（混等）综合收购均价1.38元/500克，较6月份上涨12.2%，同比涨幅9.52%。新上市油菜籽（中等）含油量较2019年有所上升，6月份全市新油菜籽（中等）

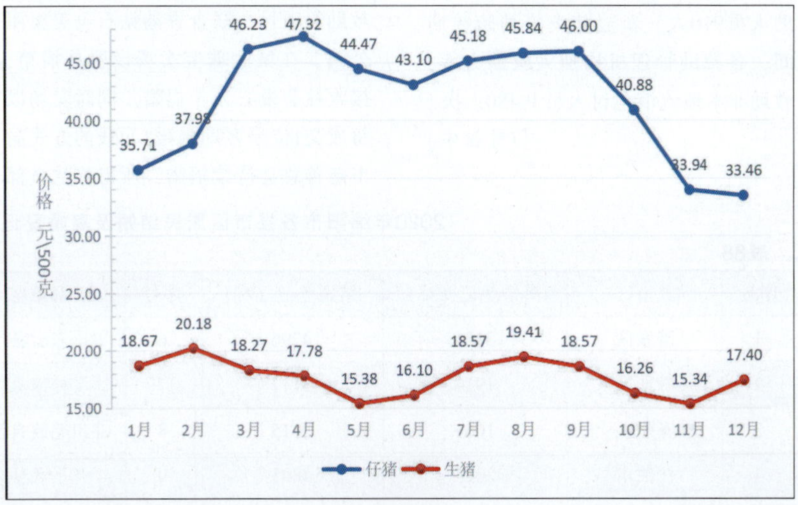

图64　2020年仔猪、生猪价格走势情况图

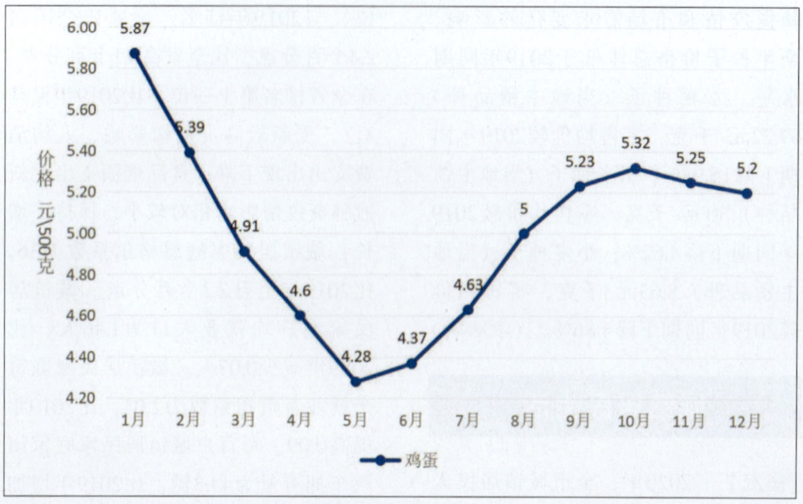

图65 2020年绵阳市鸡蛋价格走势情况图

收购均价2.78元/500克，同比略涨2.2%。全年春季雨水少，气温适宜，蚕茧产量较好，同时受国际市场生丝价格影响价格同比有所下降，6—10月，蚕茧（混等）收购均价36.11元/千克。全年仔猪价格先升后降，生猪价格小幅波动，饲料价格小幅上涨。12月全市饲料玉米（混等）2.70元/千克，饲料（育肥猪配合饲料）3.55元/千克，麦麸（二等）批发均价1.97元/千克，批发均价同比分别上涨16.88%、5.79%、4.23%。

【生活必需品价格】 2020年，全市粮食、食用油价格稳中有涨。12月城区面粉（本地、特一粉）零售均价2.10元/500克，同比微涨1.45%；中籼米（本地、二级）2.2元/500克、粳米（东北珍珠米）2.73元/500克、面粉（外地、特一粉）2.3元/500克，零售均价同比持平。12月城区菜籽油（桶装、金龙鱼AE纯香）75.69元/5升、食用调和油（桶装、金龙鱼二代、转基因）59.33元/5升，零售均价同比上涨1.17%。全年副食品价格涨跌互现。猪肉、牛肉价格上涨。鲜猪肉零售价格走势与生猪价格走势基本一致。12月城区鲜猪肉（去骨一级）零售均价26.75元/500克，较6月份上涨8.34%，同比下跌4.87%。受城市规划禁养范围扩大以及牛犊存栏偏低的双重影响，牛肉价格有一定幅度上升。12月城区鲜牛肉（牛腩）零售均价41.79元/500克，同比上涨3.83%。鸡蛋价格呈现U型波动。家禽价格前三季度总体走势较平稳，四季度受供需关系影响有所上涨。12月城区鸡肉（鸡场鸡）12.8元/500克，同比下跌19.2%。淡水鱼价格稳中有涨，12月城区鲫鱼零售均价10.7元/500克，同比上涨9.18%；草鱼9.44元/500克、花鲢11.6元/500克，零售均价同比分别上涨7.15%、1.75%。蔬菜价格呈现正常的季节性波动。

【商品住房价格】 2020年，全市商品住房网签备案面积505.13万平方米，同比下降0.45%，销售套数47168套，同比增长1.64%。市房地产登记信息系统即时数据汇总，1—12月全市商品住房销售均价6989元/平方米，同比上涨4.16%；绵阳城区商品住房销售均价8727元/平方米，同比上涨5.59%。12月份绵阳城区商品住房销售均价9016元/平方米，环比上涨1.29%，同比上涨8.31%。（以上为网签数据）

【建材价格】 2020年一季度，钢材价格在2019年年底阶段高位的基础上震荡上行，4月小幅回落后价格继续上行。12月监测的38个品规的钢材综合平均价格5873元/吨，同比上涨2.67%。水泥价格跌幅明显，新冠肺炎疫情发生以来，受宏观经济的影响，水泥市场需求放缓，市场价格跌幅明显，价格总体低于2019年同期水平。截至12月底双马水泥32.5R强度普通硅酸盐水泥445元/吨、42.5R强度普通硅酸盐水泥475元/吨，出厂均价同比分别下降6.32%、5.94%。其他建材价格有升有降。12月国产浮法平板玻璃（5毫米）40元/平方米，零售价格同比上涨5.26%、密度板（1.22毫米×2.44毫米×15毫米）75元/张，零售均价同比小幅下跌2.60%。

【农业生产资料价格】 2020年，全市化肥、农膜价格略涨。受农产品价格的影响，化肥价格涨跌不一。12月6种化肥综合零售均价2.49元/千

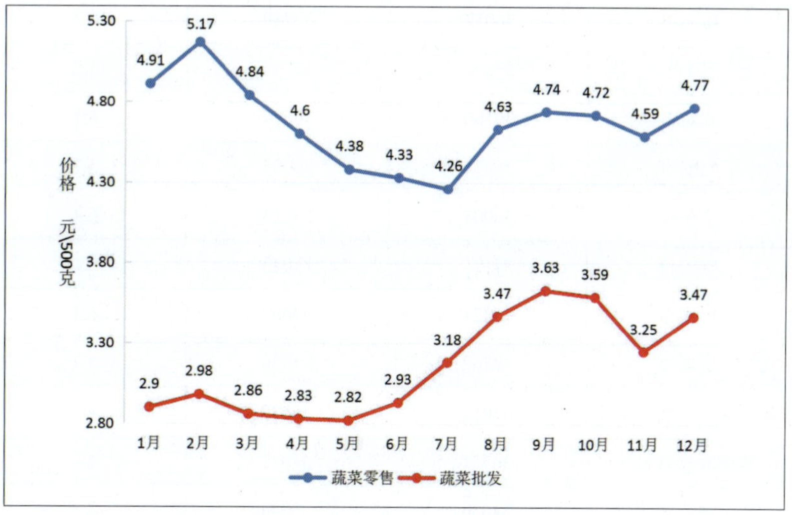

图66 2020年绵阳市蔬菜零售和批发价格走势情况图

克，同比上涨3.30%。其中尿素（含氮46%）2.14元/千克、碳酸氢铵（含氮17%，国产）0.89元/千克、复合肥（有效成分含量45%，国产硫基）3.61元/千克。受国际聚乙烯价格和生产季节的影响，农膜价格有涨有跌，12月监测的2种农膜（地膜、棚膜）综合零售均价13.94元/千克，同比上涨12.15%。农药价格涨跌不一。12月多菌灵（50%超微可湿性粉剂）5.51元/100克，零售均价同比上涨1.29%；草甘膦异丙胺盐（41%水剂）3.88元/100毫升，零售均价同比上涨0.52%；乙草胺（900克/升乳油）9.26元/100毫升，零售均价同比下降5.12%。种子价格有所下降。受新冠肺炎疫情和市场需求变化的影响，全年种子价格总体低于2019年同期水平。水稻种子（当地主销品种）67.22元/千克，零售均价较2019年同期下降15.98%；玉米种子（当地主销品种）30元/千克，零售均价较2019年同期下降4.62%；小麦种子（当地主销品种）8.63元/千克，零售均价较2019年同期下降4.86%。（李欣颐）

城镇居民生活

【概况】 2020年，全市城镇居民人均可支配收入39680元，比2019年增长5.9%。收入水平比全国低4153元，比全省高1427元，在全省排名第三位，与2019年持平；增速比全国高2.4个百分点，比全省高0.1个百分点，在全省排名第十一位，比2019年提升3位。受新冠肺炎疫情影响，人均消费支出出现下降；食品烟酒支出受新冠肺炎疫情影响相对较小，保持正增长；城镇居民家庭恩格尔系数为36，比2019年上升2.3个百分点。城镇居民家庭户均就业人口为1.46人，比2019年减少0.07人。城镇居民家庭每个就业者负担系数为2.04，比2019年提高0.09。每百户城镇居民家庭家用汽车拥有量为44.8辆，比2019年增加3.6辆，增长8.7%。城镇居民家庭人均现住房建筑面积40平方米，比2019年减少0.1平方米，下降0.2%。

2020年四川省各市州城镇居民人均可支配收入情况一览表

表89　　单位：元、%

市州名称	2020年	2019年	增速	收入水平排位	增速排位
成都市	48593	45878	5.9	1	11
自贡市	38781	36622	5.9	9	11
攀枝花	44209	41864	5.6	2	18
泸州市	39547	37252	6.2	4	8
德阳市	39360	37222	5.7	5	15
绵阳市	**39680**	**37454**	**5.9**	**3**	**11**
广元市	35740	33481	6.7	20	3
遂宁市	37117	34854	6.5	14	4
内江市	38337	36059	6.3	10	7
乐山市	38931	36676	6.1	7	9
南充市	36057	33749	6.8	17	1
眉山市	38892	36743	5.8	8	14
宜宾市	39166	36694	6.7	6	2
广安市	38071	36005	5.7	11	15
达州市	36001	33823	6.4	18	5
雅安市	37191	35043	6.1	13	9
巴中市	35821	33663	6.4	19	5
资阳市	37562	35536	5.7	12	15
阿坝藏族羌族自治州	37011	35470	4.3	15	21
甘孜藏族自治州	36521	34831	4.8	16	19
凉山彝族自治州	34636	33044	4.8	21	19

【城镇居民人均可支配收入和生活消费支出情况】 2020年，从收入构成看，城镇居民人均转移净收入增长最快，比2019年增长12.3%；受新冠肺炎疫情影响，人均经营净收入增长最慢，比2019年增长0.2%。全市城镇居民人均生活消费支出24730元，比2019年减少1.2%。八大类消费中仅食品烟酒消费实现增长，同比增长5.6%，占人均生活消费支出的比重由2019年的33.7%升至36.0%，上升2.3个百分点。

2020年绵阳城镇居民人均可支配收入情况一览表

表90

单位：元、%

指标名称	2020 年	2019 年	增速
可支配收入	39680	37454	5.9
其中：工资性收入	23569	22523	4.6
经营净收入	4163	4144	0.2
财产净收入	3492	3245	7.6
转移净收入	8457	7532	12.3

2020年绵阳城镇居民人均生活消费支出情况一览表

表91

单位：元、%

指标名称	2020 年	2019 年	增速	比重
消费支出	24730	25026	–1.2	100.0
其中：食品烟酒	8894	8425	5.6	36.0
衣着	1979	2111	–6.2	8.0
居住	4137	4210	–1.7	16.7
生活用品及服务	1605	1635	–1.8	6.5
交通通信	3130	3286	–4.7	12.7
教育文化娱乐	2408	2721	–11.5	9.7
医疗保健	1808	1829	–1.1	7.3
其他用品和服务	768	809	–5.1	3.1

【县市区城镇居民人均可支配收入及生活消费支出情况】 2020年，全市分区域看，山区地区城镇居民人均可支配收入增长最快，丘陵地区与平原地区增速相近。分县区市看，安州区、江油市增速低于全市平均水平，盐亭县、梓潼县与全市持平，其余区县均高于全市。生活消费支出方面，安州区、北川羌族自治县、江油市增速居全市各地前列。

2020年绵阳各县市区城镇居民人均可支配收入及生活消费支出情况一览表

表92

单位：元、%

区县名称	可支配收入			生活消费支出		
	2020 年	2019 年	增速	2020 年	2019 年	增速
涪城区	42268	39861	6.0	29757	29492	0.9
游仙区	46584	43947	6.0	22192	22668	–2.1
安州区	37451	35378	5.9	23923	23569	1.5
三台县	37019	34910	6.0	22466	23042	–2.5
盐亭县	36498	34465	5.9	22058	22600	–2.4
梓潼县	36081	34071	5.9	22183	22589	–1.8
北川羌族自治县	34348	32221	6.6	21586	21394	0.9
平武县	35873	33652	6.6	23284	23832	–2.3
江油市	38267	36169	5.8	29757	29492	0.9

农村居民生活

【概况】 2020年，全市农村居民人均可支配收入19303元，比2019年增长8.8%。收入水平比全国高2172元，比全省高3374元，在全省排名第五位，与2019年持平；增速比全国高1.9个百分点，比全省高0.2个百分点，在全省排名第十二位，比2019年上升1位。

2020年四川省各市州农村居民人均可支配收入情况一览表

表93 单位：元、%

市州名称	2020年	2019年	增速（%）	收入水平排位	增速排位
成都市	26432	24357	8.5	1	18
自贡市	18788	17277	8.7	7	14
攀枝花	19938	18352	8.6	2	15
泸州市	18035	16531	9.1	10	5
德阳市	19790	18249	8.4	3	20
绵阳市	**19303**	**17735**	**8.8**	**5**	**12**
广元市	14367	13127	9.4	20	2
遂宁市	17815	16358	8.9	13	9
内江市	17918	16450	8.9	11	9
乐山市	18175	16728	8.6	9	15
南充市	16431	15027	9.3	15	3
眉山市	19730	18177	8.5	4	18
宜宾市	18569	16999	9.2	8	4
广安市	17867	16445	8.6	12	15
达州市	16876	15504	8.8	14	12
雅安市	15890	14586	8.9	16	9
巴中市	14429	13232	9.0	19	6
资阳市	19076	17592	8.4	6	20
阿坝藏族羌族自治州	15539	14252	9.0	17	6
甘孜藏族自治州	13967	12808	9.0	21	6
凉山彝族自治州	15232	13908	9.5	18	1

【农村居民人均可支配收入和生活消费支出情况】 2020年，从收入构成看，全市农村居民人均转移净收入增长最快，比2019年增长12.5%；人均工资性收入增长最慢，增速为6.4%。全市农村居民人均生活消费支出15038元，比2019年增长7.5%。八大类消费呈现“七升一降”态势，人均医疗保健消费支出增速居八大类消费首位，同比增长11.7%；人均教育文化娱乐消费支出呈负增长，同比下降1.6%。农村居民家庭恩格尔系数为36.6，比2019年增加0.3个百分点。农村居民家庭户均就业人口为2.35人，比2019年下降0.04人。农村居民家庭每个就业者负担系数为1.43人，比2019年增加0.02。农村居民家庭人均现住房建筑面积47.7平方米，比2019年增加0.2平方米，增长0.4%。

2020年绵阳农村居民人均可支配收入情况一览表

表94　　单位：元、%

指标名称	2020年	2019年	增速
可支配收入	19303	17735	8.8
其中：工资性收入	7465	7018	6.4
经营净收入	7362	6718	9.6
财产净收入	712	653	9.0
转移净收入	3764	3344	12.5

2020年绵阳农村居民人均生活消费支出情况一览表

表95　　单位：元、%

指标名称	2020年	2019年	增速	比重
消费支出	15038	13992	7.5	100.0
其中：食品烟酒	5507	5084	8.3	36.6
衣着	950	946	0.4	6.3
居住	2954	2682	10.1	19.6
生活用品及服务	1126	1057	6.5	7.5
交通通信	1861	1723	8.0	12.4
教育文化娱乐	1034	1051	–1.6	6.9
医疗保健	1220	1093	11.7	8.1
其他用品和服务	388	356	9.0	2.6

【县市区农村居民人均可支配收入及生活消费支出情况】 2020年，全市各县市区分区域看，山区地区农村居民人均可支配收入增长最快，平原地区次之，丘陵地区增长相对较慢。分县市区看，盐亭县、梓潼县增速低于全市平均水平，安州区、三台县与全市持平，其余县市区均高于全市。生活消费支出方面，涪城区、江油市、盐亭县增速低于全市平均水平，北川羌族自治县与全市持平，其余县市区均高于全市。

2020年绵阳市各县市区农村居民人均可支配收入及生活消费支出情况一览表

表96　　单位：元、%

区县名称	可支配收入			生活消费支出		
	2020年	2019年	增速	2020年	2019年	增速
涪城区	23606	21685	8.9	18243	17211	6.0
游仙区	20628	18933	9.0	16028	14854	7.9
安州区	20177	18552	8.8	15334	14146	8.4
三台县	18653	17152	8.8	14281	13272	7.6
盐亭县	18383	16919	8.7	14546	13556	7.3
梓潼县	18554	17076	8.7	14257	13201	8.0
北川羌族自治县	15811	14485	9.2	13201	12280	7.5
平武县	15105	13838	9.2	11768	10836	8.6
江油市	20487	18821	8.9	16368	15311	6.9

创业就业

【概况】 2020年，全市城镇新增就业5.3899万人，完成目标任务的114.68%。失业人员再就业人数1.1189万人，完成目标任务的113.02%；就业困难人员就业3681人。城镇登记失业率达2.73%，低于省控目标1.77个百分点。举办第四届“中国创翼”创业创新大赛绵阳赛区选拔赛暨中国科技城第六届大学创新创业大赛等各类创业大赛，激励自主创业。发放创业担保贷款562笔、12420.6万元，完成目标任务的130.74%；创业培训完成5909人次，占省下达目标任务（2200人）的269%。扶持创业成功1227人，完成任务的122.7%。全年教育部门移交离校未就业高校毕业生7314人，其中就业5814人、准备就业1291人，就业率达97.14%。全市退捕渔民转产转业148人，转产转业率达100%。新冠肺炎疫情防控期间，利用西蜀网直播平台召开青年就业创业视频对接会，解读新冠肺炎疫情防控期间稳就业16条举措。通过微信微博、电视广播等多渠道推送，提升政策知晓度。强化公共服务体系建设，启用省就业创业服务管理信息系统v2.0版，就业创业服务实现全程网办。创新“线上、预约、延时”服务模式，开展网络招聘会、线上咨询、视频面试、线上签约，实现“不见面”就业对接。全年共开展“春风送岗位”“民营企业招聘周”等现场招聘活动235场次，其中网络招聘会69场，累计提供岗位18万个次，累计协助276个重点企业和重大项目新招聘员工1.18万人。开展中小企业职工线上培训宣传和组织工作，建立和完善线上培训资源库，为企业提供培训资源。开展2020年制造业人工成本监测和企业薪酬调查工作，推进国有企业负责人薪酬制度改革工作。做好绵阳、衢州两地人社部门结对帮扶，组织北川、平武贫困户免费乘坐高铁，到浙江省衢州市就业。

【劳动关系管理】 2020年，全市创新“云上”仲裁、“线上”调解模式，组织开展和谐劳动关系“春风行动”。统一全市涉疫类劳动人事争议案件处理标准，联合市中院印发《关于审理因新冠肺炎疫情引发的劳动争议案件若干疑难问题的解答》，被中国劳动人事争议仲裁、劳动法库微信公众号全文转发，在人社部涉疫情劳动人事争议处理工作政策线上培训会上作交流。全年受理劳动人事争议案件2618件，结案2607件，涉案金额1.02亿元，涉案劳动者13466人，调解结案1717件，调解率达65.6%。

【农民工服务保障】 2020年，全市农民工服务保障工作开展劳务品牌培训11238人，返乡创业培训完成3948人，分别完成目标任务的102.16%、103.89%。贯彻落实《保障农民工工资支付条例》，推进根治欠薪体系建设，常态化开展全市清理整顿人力资源市场秩序专项整治行动，打击各类欠薪案件。全年共查处欠薪案件160件，涉及农民工1580人，讨回工资3089.24万元。全年未发生50人以上群体性欠薪突发事件，办理办结省级督办案件23件。先后召开全市农民工就业服务暨稳就业工作视频推进会、全市农民工就业服务工作视频会等，对接岗位信息，解决农民工就业和企业用工需求。梳理具备较好基础条件，符合国家产业政策、环保政策，适合返乡入乡的创业项目，鼓励农民工返乡创业就业。

【绵阳市出台新冠肺炎疫情防控期间稳定就业16条措施】 2020年2月，全市为应对新冠肺炎疫情影响，缓解中小企业生产经营困难，确保就业形势稳定，出台《关于疫情防控期间稳定就业十六条措施的通知》，对做好农民工等重点群体就业提出要从组织劳动者返岗、保障重点企业用工、支持中小微企业稳定就业、鼓励返乡创业、促进重点群体就业方面，采取加强宣传引导、开展网络招聘、帮助有序返岗、强化用工调度、发放吸纳就业补贴、发放就业创业服务补助、加大失业保险稳岗返还力度、帮助企业缓解困难、支持中小企业开展在岗培训、发挥创业担保贷款作用、发放创业补贴、强化孵化载体建设、完善高校毕业生就业举措、开发岗位托底安置、保障群众基本生活等16条措施。

【全市农民工就业服务工作视频会议】 2020年2月28日，市政府召开全市农民工就业服务工作视频会议，贯彻落实中央、省相关决策部署，安排部署为本地重点企业满产达产、重大工程开工复工提供用工服务、促进劳动力就地就近就业工作。副市长经大忠出席会议并讲话，市人社局党组书记、局长张斯恩参加会议并作工作安排。会议要求要提高政治站位，认识做好农民工就业服务工作重要意义；整合力量共同抓好农民工就业服务工作；要突出工作重点，为本地产业项目、重点企业、重大工程落实支持扶持政策，解决其用工难问题，最大限度促进农村劳动力实现就地就近就业，为脱贫攻坚和全面建成小康社会贡献力量。

【全市就业创业工作电视电话会议】 2020年4月14日，全市就业创业工作电视电话会议召开，分析当前就业创业工作形势，安排部署2020年全市就业创业工作。市委副书记、市长元方出席会议并讲话。副市长经大忠，市政府秘书长吴明禹参加会议。会议强调要想方设法解决企业需求和人员供给两方面突出矛盾，提升就业创业成效；要加大援企稳岗力度，激活就业创业大市场；要加强人力资源服务；要突出重点群体精准施策，织密就业创业保障网；要着眼长远拓展发展空间，夯实就业创业基本盘；要加大对新经济企业支持力度，持续优化政策环境、创业环境、生活环境，激发全社会创新创造创业活力。

【中国科技城第六届大学生创新创业大赛决赛】 2020年7月23日，第四届"中国创翼"大赛四川赛区选拔赛绵阳赛暨中国科技城第六届大学生创新创业大赛在绵阳虹苑剧场举行。本次比赛共有128个参赛项目，涉及科技创新、文化传媒、新材料研发、新型农业等领域。大赛设置创新组、创业组、扶贫专项组3个组别对项目进行选拔，50个优质项目进入决赛。最终，助残扶贫项目"旧衣服变废为宝300计划"项目获得扶贫专项组一等奖。"地质勘探高能环保气爆人工震源项目"获得创新组一等奖。农林牧废弃资源综合生态循环利用项目获得创业组一等奖。（赵梓宇）

社区管理

【概况】 2020年，全市坚持"党委领导、政府负责、社会协调、公众参与、法治保障"的工作路径，围绕巩固基层政权、创新社区治理、改革服务格局、加强基层自治，构建共建共治共享的城乡社会治理格局，加强和创新社会治理，维护社会稳定。到6月底，全市全面完成村级建制调整改革各项工作。改革前，全市有建制村3284个、社区533个。通过改革调整，全市建制村减少至1582个，社区减少至487个，减幅达8.63%。起草《关于加强和创新城乡社区治理的工作方案》《关于积极推进基层群众自治的工作方案》2个专项工作方案，明确社区治理10项任务、基层群众自治8项任务等内容，选择8个乡镇（街道）先行先试，先后组织召开业务培训、工作推进会、现场会，推进两项改革"后半篇"文章。

【社区工作者关爱】 2020年，全市贯彻落实国家、省、市应对新冠肺炎疫情工作领导小组的决策部署，加强联防联控，重点守好城乡社区这个新冠肺炎疫情联防联控第一线。加大关心关爱城乡社区工作者，根据新冠肺炎疫情防控需要，为城乡社区配发口罩、防护服、消毒水、非接触式体温枪等卫生防护器材和防控器具。全市协调指导落实好城乡社区工作者保障政策，共为2.88万名城乡社区工作者发放新冠肺炎疫情防控补助资金3968.9261万元。推荐城乡社区工作者表彰表扬，推荐申报全国抗击新冠肺炎疫情优秀城乡社区工作者、全国最美城乡社区工作者各1人。

【城乡社区治理试点】 2020年，全市在游仙区、安州区、江油市的4个街道（乡镇）、12个社区开展省级城乡社区治理试点，在市级社区发展专项资金中列支160万元，确定8个社区同步开展市级社区治理试点工作。试点工作坚持高站位谋划，定期组织研究和跟踪问效。组织高校教授、法律工作者、信息技术专家、街道及社区负责人代表等对所有试点实施方案进行评审，确保试点任务明确。组织召开现场会、业务培训会、经验交流会等，持续提升基层民政、试点单位业务骨干的工作能力。坚持紧扣试点任务实施，遵照省民政厅"硬件上有改观、软件上有提升、服务上有体现、场景上有呈现"的总体要求，推进便民服务型、智慧科技型等6个类型的试点工作。

【游仙区等入选四川省首批城乡社区治理试点单位】 2020年6月30日，四川省启动城乡社区治理试点示范3年行动计划，全省确定44个县市区、44个街道（乡镇）、150个社区作为首批城乡社区治理试点单位，其中绵阳市有3个县市区、4个街道、12个社区入选。绵阳市游仙区、安州区、江油市入选四川省城乡社区治理试点县市区名单。游仙区富乐街道、江油市中坝街道上榜"三社联动"机制创新试点街道（镇）。游仙区涪江街道、安州区花荄镇上榜"社区服务项目化"试点街道（镇）。游仙区富乐街道沈家坝北街社区、仙人路社区，游仙区涪江街道五里堆社区、韩家脊社区，安州区桑枣镇枣园社区、花荄镇益昌社区、河清镇富乐社区，江油市太平镇永丰社区、涪滨社区、德胜社区，江油市龙凤镇龙泰社区，江油市三合镇北二社区共12个社区上榜试点社区。（陈振宇）

> 资料链接：城乡社区治理试点示范以"城乡社区建设示范工程"为抓手，以县市区为承接单位，时间为2020年至2022年，通过"县级申报、市级把关、省级审核"等程序，每年在全省选取40个左右的县市区，具体承担县市区、街道（乡镇）、社区3个层级的试点任务；考核验收后择优确定一批基层治理省级示范县市区、30个基层治理省级示范街道、100个基层治理省级示范社区，示范引领全省社区治理迈上新台阶。

社会组织管理

【概况】 2020年，全市共有社会组织2975家（社会团体1637家、民办非企业单位1338家），其中全市性社会组织531家（社会团体368家、民办非企业单位163家）。全市社会组织建设管理坚持党建引领。全市性社会组织党组织建立83个，覆盖率达72.5%，超额完成省委组织部要求建立70%的目标。提升社会组织党建工作规范化、标准化水平。市建筑装饰协会党支部、浙江商会党支部被命名为市级基层"3+2"书记项目示范点；市建筑装饰协会党支部被列为省级示范点建设单位。全年严把社会组织审批关口，新登记22家社会组织。先后组织全市社会组织负责人培训学习6次，开展社会组织年度检查工作，对存在问题的2家社会组织发出“责令整改通知书”。推进行业协会商会与行政机关脱钩改革工作，按照“应脱尽脱”要求，市本级完成124家行业协会商会与行政机关脱钩改革，厘清政府、市场、社会关系。全面清理清查和规范涉企收费工作，对35家全市性行业协会（商会）涉企收费进行清理清查。组织实施2020年度社会组织等级评估工作，共完成8家社会组织的等级评估。做好福彩公益金支持社会组织公益创投项目，全年共实施3类16个项目。

【全面推开行业协会商会与行政机关脱钩改革工作部署会】 2020年6月18日，市民政局和市发改委联合组织召开全面推开行业协会商会与行政机关脱钩改革工作部署会。市民政局党组书记、局长胡科，市发改委副主任邓小虎出席会议。市委编办、市委外办、市机关事务管理局、市社会组织综合党委相关负责人，相关行业协会商会业务主管单位分管负责人、纳入行业协会商会与行政机关脱钩改革范围的55家协会商会负责人等参加会议。市委编办、市委外办、市机关事务管理局、市社会组织综合党委分别在会上就行业协会商会与行政机关脱钩的主要任务进行安排，对相关政策进行解读。市发改委分管负责人对行业协会商会与行政机关脱钩改革试点工作进行总结，明确全面推开脱钩改革工作任务和要求。会议要求开展行业协会商会与行政机关脱钩改革，各相关部门要搞好协作配合、凝聚工作合力；要抓好风险防范、维护稳定大局。

【公益慈善类社会组织能力建设培训】 2020年9月8—9日，绵阳春天社会工作服务中心承办的2020年绵阳市社会组织第三期培训会——公益慈善类社会组织能力建设培训在市社会组织孵化中心举办。培训是绵阳市社会组织和志愿服务中心运营项目，旨在规范绵阳市公益慈善类社会组织财务管理，提升项目管理与项目执行能力，促进项目服务质量，推动绵阳市民政局第二期福彩公益金支持社会组织公益创投项目开展。培训会邀请绵阳师范学院社会工作教研室主任、绵阳市社工协会副会长赖渝，绵阳市志愿服务联合会副秘书长、为乐志愿服务与研究中心主任胡星，四川精鉴会计师事务所有限责任公司高级项目经理邹居博分别围绕社会组织党建、发展性志愿者管理系统构建、财务管理、公益性捐赠税前扣除等作辅导。绵阳市社会组织和志愿服务中心对绵阳市民政局第二期福彩公益金支持社会组织公益创投项目评估方式、评估内容、提交资料、评估安排、常见问题、项目具体要求等做讲解分享。绵阳市民政局党组成员、社会组织综合党委书记吴宝玉等出席会议。绵阳市第二期福彩公益金支持社会组织公益创投项目16家承接主体以及18家县市区公益慈善类社会组织共43人参训。

【绵阳市社会组织参与社会治理能力建设培训会】 2020年11月16—18日，绵阳市社会组织参与社会治理能力建设培训会在子云酒店举行。市民政局局党组成员、社会组织综合党委书记吴宝玉出席会议并讲话。各县市区民政局分管负责人及全市100家社会组织约130人参训。培训内容为社会组织财务管理、社会组织参与社区治理、社区设计与规划、社区营造等。（陈振宇）

残疾人事业

【概况】 2020年，绵阳市残联推进残疾人小康建设进程，深化“量体裁衣”式残疾人服务，落实“六稳”“六保”、残疾人康复、教育就业、文化体育、脱贫攻坚等重点任务。全市贯彻中央关于加强和改进群团工作决策部署，印发《绵阳市残疾人联合会改革方案》，重点推进各项改革事项。推进组织改革和服务创新，指导县市区在年内全部出台改革方案。总结梳理拟争取列入全市“十四五”发展规划、重点规划、一般规划意见建议。启动《绵阳市“十四五”残疾人保障和发展规划》编制，推动更多涉残事项纳入全市“十四五”发展规划。推进新冠肺炎疫情防控和相关企业复工复产，推送手语版、语音版、图文版新冠肺炎疫情防控指南，在“绵阳残联”微信公众号、官网刊登预防新冠肺炎疫情注意事项和“致全市残疾人朋友及家人的倡议书”。引导康复机构利用互联网等信息手段提供康复咨询服务，调整和优化“春风行动”就业援助月活动方式，推广企业远程面试。科学引导盲人按摩店延后营业。引导社会组织开展社区慰问、卡点执勤、摸排登记等志愿服务。与重庆市北碚区残联开展工作互访交流，签订《推动成渝地区双城经济圈残疾人事业协同发展框架协议》，双方从促进人才交流互动等8个方面开展交流合作，共同提升双方残疾人工作者能力水平。市残联被省政府评为全国第十届残疾人运动会暨第七届特殊奥林匹克运动会做出突出贡献的单位，市残疾人康复、教育就业、宣传文化体育、组织联络、维权5项工作分别获得工作先进单位称号，四川炳林文化传播有限公司被评为全国残疾人文化创意产业基地。

【“不忘初心、牢记使命，争做新时代合格残疾人工作者”大讨论】 2020年，全市残联系统开展“不忘初心、牢记使命，争做新时代合格残疾人工作者”大讨论活动，班子成员、科室负责人和县市区残联结合工作实际，聚焦残疾人事业发展新的历史方位、岗位职责等内容谈认识谈感想谈思路，开展各类讨论活动19期。围绕认清绵阳残疾人事业发展新的历史方位、工作方略、主责主业方面，形成高质量讨论文稿10余篇。

【民生实事完成情况】 2020年，全市累计投入民生资金1364余万元，惠及4.05万余名残疾人。城乡残疾人居家灵活就业30235人，完成目标任务（28900人）的105%，落实资金612.76万元。扶持农村贫困残疾人发展生产6269人，完成目标任务（6090人）的103%，落实资金392.25万元。为符合条件的残疾人适配亟须的基本型辅助器具3879件，完成目标任务（3000件）的129.3%，落实资金316.56万元。资助残疾学生和困难残疾人家庭子女学生132人，完成目标任务数（130人）的102%，落实资金42.9万元。

【残疾人就业方式创新】 2020年新冠肺炎疫情防控期间，市残联为残疾人提供线上线下就业服务。调整和优化"春风行动"就业援助活动方式，将线下招聘改为网络招聘，通过网招、微招、群招提供就业岗位831个，实现就业135人。138名残疾人通过"云尚行"助残居家灵活就业项目实现足不出户居家就业，每人年增收达5000元以上，相关经验被《中国残疾人杂志》报道。将残疾人培训融入全市就业发展大局，联合市人社局重新修订《2020—2021年残疾人技能扶贫提升行动实施意见》，对包括盲人技能培训在内的残疾人培训项目、培训补贴标准进行提标扩面，纳入市人社局培训计划给予补助。四川欧阳曼娘文化传播公司、四川善途微客网络科技公司参加川渝地区首届残疾人自媒体营销大赛，分别获得总决赛三等奖和年度潜力网红奖。

【全国康复示范基地落地北川】 2020年1月11日，全国康复研究区域中心和示范基地建设启动大会在北京中国康复研究中心召开。会上北川羌族自治县残疾人康复服务中心获授牌为全国康复研究基地西南中心康复示范基地，成为全国9个获得授牌的康复示范基地之一。全国康复研究区域中心和示范基地以中国康复研究中心为引领，下设东北、华东、华南、北方、西北、中部及西南7个区域中心，依托区域中心打造一批康复示范基地，以缩小区域、省域间的医疗技术和服务水平差距，推进全国康复机构建设进程，保障残疾患者就近享有高水平康复医疗服务。北川羌族自治县残疾人康复服务中心是"5·12"汶川特大地震后由香港特别行政区政府援建，中心占地面积5350.3平方米，建筑面积3206.61平方米。自2013年1月运行以来，为有康复需求的残疾人、地震伤员开展训练、康复知识辅导、心理咨询服务以及集中托养服务和辅助器具适配，累计为残疾人和地震伤员提供免费服务2万余人次。

【绵阳市残疾人联合会成立三十周年汇报演出举行】 2020年1月16日晚上，"爱的阳光·共享芬芳"公益助残文艺晚会暨绵阳市残疾人联合会成立三十周年汇报演出在虹苑剧场举行。晚会由中国残疾人事业新闻宣传促进会和绵阳市残疾人联合会主办，省残联、市委、市政府、市人大、市政协机关以及市残工委成员单位干部，各县市区残联、全市残疾人工作者、工区街道办事处各社区代表、残疾人、残疾人亲属代表等1000余人观看演出。晚会中先后演出《茉莉花》《千手观音》《腾飞的中国梦》《川剧变脸吐火》等节目，邀请第六次全国自强模范获得者韩玉平、熊翎好以及全国残疾人之家获得者何志绪上台分享感言，回顾绵阳市残联成立30年来残疾人事业发展历程。

【绵阳市首届残疾人集邮展览活动举行】 2020年8月19—22日，由绵阳邮政主办的以"携手战疫 共克时艰"为主题的绵阳市第二十五届集邮展览暨首届残疾人集邮展览在游仙区海悦银河城广场举行。中华全国集邮联合会副会长薛康、市人大常委会副主任代顺兴、市政协副主席胡安虎等出席开幕式，副市长罗蒙宣布活动开幕。市残联党组书记、理事长谭荣达和市邮政公司党委书记、总经理黄全明为绵阳市首届残疾人邮展纪念封揭幕。邮展共展出邮集90框，其中残疾人邮集25框。本次邮展以展现抗击新冠肺炎疫情期间的中国精神、中国力量为主线，弘扬医务工作者等在抗疫一线不畏生死、忘我战斗的无私奉献精神。

【绵阳扶残助残公益计划获第四届"中国创翼"创业创新大赛四川赛区二等奖】 2020年9月10日，第四届"中国创翼"创业创新大赛四川赛区决赛在宜宾举行，绵阳"扶残助残女性300公益计划"获四川赛区创业扶贫专项赛二等奖。"扶残助残女

图67 1月16日，"爱的阳光·共享芬芳"公益助残文艺晚会暨绵阳市残疾人联合会成立三十周年汇报演出在虹苑剧场举行

性300公益计划”是绵阳市残疾人双创实训基地四川欧阳曼娘文化传播有限公司打造的助残扶贫公益项目。主要是对废旧衣服的创新处理和爱心公益的自助行为，参与者把家里不需要的旧衣服交由残疾人团队设计制作成手工作品，比如抱枕、靠垫、地垫、窗帘、玩偶等，作品做好后交还给参与者，参与者支付300元手工费。项目负责人欧阳曼娘致力于扶持残疾人居家灵活就业，从2018年起，主要为残疾人特别是重度残疾人开展手工艺创作、设计培训，心理健康辅导等，搭建残疾人作品展销平台，实现残疾人居家灵活就业增收。先后免费开展残疾人福袋、拼布、香包等手工艺品培训和制作4期，120余人参加培训，实行“女性助残300计划”，众多残疾人实现居家灵活就业，人均收入达2500元。（唐 阳）

消费者权益保护

【概况】 2020年，全市建立和完善消费维权“一会两站”2370个，其中消费者协会分会89个、消费者投诉站和“12315”联络站2281个。受理市场监管系统“12315”热线电话、互联网平台、“12345”市长热线转办等消费者诉求56872件，其中咨询25974件、投诉22710件、举报8188件，投诉举报件处理率达100%，投诉调解成功率达87.02%，办理“诉转案”154件，处罚没170余万元，为消费者挽回经济损失650万元。在主流媒体、门户网站发布维权文章、消费警示75篇（期）。“3·15”国际消费者权益日活动期间，全市围绕“凝聚你我力量”消费维权年主题，营造放心舒心的消费环境，通过“3·15”国际消费者权益日座谈会、分管副市长在《绵阳日报》发表题为《凝聚你我力量 全力营造放心舒心消费环境》的署名文章、召开新闻发布会和广场宣传活动、强化投诉举报中心热线值守和应急处置、发布2019年消费维权十大典型案例等方式丰富“3·15”国际消费者权益日活动。

【消费维权机制建设】 2020年，全市开展线下无理由退货承诺活动，全市落实赔偿先付制度商家318家，线下无理由退货商家180家。推广“互联网+消费维权”新模式，利用“ODR”（在线消费纠纷解决机制）“一码通”等信息平台进行在线消费纠纷解决，全市有“ODR”企业291家，“一码通”快捷维权商家3594家，初步形成各级消费维权组织纵向贯通、与商家经营户横向互通的网络体系。建立和完善消费纠纷多元化解机制，全面推行“消费维权三级调解机制”（企业协商和解、社会组织调解、行政部门调解）。加强与政法、信访等部门的沟通协调，建立信访与消费投诉衔接工作机制，在市信访局设置专门窗口和消费维权“12315”接访调解室，实现消费维权关口前移，做到小纠纷调解不出村、社区、企业，一般纠纷调解不出乡镇、街道、系统，大纠纷调解不出县区，打造消费维权调解品牌。

【放心舒心消费环境建设】 2020年，全市实施标准化战略，推动产品和服务标准制定，鼓励引导行业协会、企业制定放心舒心消费环境建设标准。在全国率先探索制定绵阳市放心舒心消费环境建设的标准体系，发布实施《绵阳市放心舒心消费环境建设指南》和《放心舒心消费街区建设规范》等7个地方标准。截至年底，全市建立相关建设标准22个。开展放心舒心消费环境示范点位建设，围绕示范街区（商圈）、集农贸市场、汽车交易市场、家居建材市场、旅游景区和食品生产企业6个重点消费领域，选择一批基础好、服务好、消费者认可的商家、企业，按照放心舒心标准进行打造。截至年底，建设示范点位143个，其中示范街道33个、示范景区11个、示范企业（商场）72个、示范行业27个，实现重点区域、重点行业全覆盖。

【“3·15”国际消费者权益日座谈会】 2020年3月11日，市消委会联合市市场监管局等职能部门和行业协会代表举行“3·15”国际消费者权益日座谈会，总结2019年以及疫情防控期间全市的消费维权工作，围绕“凝聚你我力量”消费维权年主题，研究部署2020年工作任务。副市长赵迎春出席会议并讲话，市市场监管局党组书记、局长陈兴刚出席会议。会议要求各职能部门、各行业协会增强做好消费维权工作的责任感和使命感；要凝聚维权合力，推进构建绵阳消费维权共建共治共享新格局；开展放心舒心消费环境建设，推动消费维权社会共治，共同营造放心舒心消费环境；各县市区要履行主体责任，注重示范引领、标准制定、舆论宣传、协调联动、机制建设等方面工作，为提升工作水平提供制度保证和支撑。市发改委、市住建委、市经信局、市商务局、市文广旅局、市邮政局等部门，中国人民银行绵阳市中心支行、律师协会、商务协会、保险协会等行业协会、企业代表出席会议。（陈 骞）

志愿服务

【概况】 2020年，全市开展志愿服务各项工作，推进志愿服务制度化常态化，印发《关于做好2020年学雷锋志愿服务工作的通知》《关于进一步深化社区志愿服务工作方案》《绵阳市疫情防控志愿者培训手册》等规范性文件，先后召开文明委会议、文明办主任会议对志愿服务工作进行安排部署。拓展新时代文明实践中心建设试点工作，搭建“5+N”综合服务平台，发展文明实践志愿服务队伍3661支，建成新时代文明实践中心4个、实践所75个、实践站895个。深化“志愿之城”建设成果，完善志愿服务总队组织体系建设，建成涪城区等4个县级志愿服务促进中心。培育壮大志愿者队伍，全市注册志愿者达91.3万人，占居民人口总数的比例达17.1%，有服务记录的志愿者占注册志愿者的比例达57.8%。设立“道德银行”“爱心超市”，开展志愿者星级评定和志愿服务“四个十佳”评选表扬。聚焦空巢老人、残疾人、留守儿童等重点人群，开展“邻里互助”“扶弱帮困”等志愿服务活动1.2万次。联合市民政局、市委组织部、团市委开展社区志愿服务制度化常态化专题调研，由市领导带队开展督导检查10余次。市委书记、市长及其他市级领导以志愿者身份参加2020年大规模绿化绵州春季义务植树等志愿服务活动。开展“疫线学雷锋”“暖冬行·爱传递”“四川志愿·携手圆梦”“文明实践进万家”等主题志愿服务活动。

资料链接：“5+N”综合服务平台即理论宣讲、教育服务、文化服务、科技与科普服务、健身体育服务，以及卫生、法律、民政等涉及群众生产生活的服务平台。

【志愿服务队伍与平台建设】 2020年1月2日，绵阳市志愿服务联合会成立。7月17日，市文广旅局、市文化馆等联合发起成立绵阳市文化志愿者协会。涪城区、游仙区、江油市、北川羌族自治县等地先后建立县级志愿服务促进中心。先后举办“疫情防控志愿者培训”“团干部+社工+志愿者”培训、青少年社会工作专题培训、社会组织负责人培训、社区志愿服务培训等各类培训交流活动1000余期，培训志愿者6.7万余人。全市城乡社区志愿服务工作站实现全覆盖，城区60余个志愿服务站完成提升改造。在广场、公园、车站、机场、景区以及服务窗口、公共文化设施，建立爱心驿站、暖心亭、志愿服务岗等多种形式的志愿服务站点500余个。依托“全国志愿服务信息系统”“志愿云”微信端等信息平台，加强志愿者注册招募、项目发布、时长记录等工作，累计线上发布活动项目1.35万个。

【志愿服务项目建设】 2020年，全市发布“2020年特色志愿服务项目清单”，通过购买服务、以奖代补、争取基金等形式，推动志愿服务项目化。聚焦空巢老人、残疾人、留守儿童、贫困家庭等群体，开展“邻里守望”“暖冬行”“留守儿童家园”“阳光助残”等志愿服务项目3516个；聚焦公共秩序，开展新冠肺炎疫情防控、文明劝导、治安巡逻等志愿服务项目736个；聚焦文明风尚，开展“我是文明绵阳人”“文明健康·绿色环保”“垃圾分类我先行”“法在身边”等志愿服务项目1034个；聚焦新时代文明实践，开展习近平新时代中国特色社会主义思想宣传宣讲、诚信教育、厉行节约等志愿服务活动1.7万次。

【志愿者优待工作】 2020年，全市在学习培训、参观游览、就业升学、参加重大活动等方面对优秀志愿者实行优先优惠等优待政策。普遍建立社区爱心银行和道德银行，开展激励回馈和兑换服务。市县两级财政安排志愿服务工作经费150余万元，为志愿者参与活动提供交通、误餐补助，为全市注册志愿者购买人身意外伤亡保险20万元。向2020年度绵阳市“十佳志愿者”赠送意外伤亡和健康保险。

【绵阳市志愿服务联合会成立】 2020年1月2日，绵阳市志愿服务联合会第一次会员代表大会暨成立大会举行。市委书记刘超向大会发来问候寄语。市委常委、宣传部部长、市文明委副主任张学民出席会议并讲话。会议审议《绵阳市志愿服务联合会章程》，选举产生绵阳市志愿服务联合会第一届理事会及领导成员。会议要求提高认识，增强志愿服务工作的政治感责任感使命感，用志愿服务提升基层社会治理水平。要强化引导，推进学雷锋志愿服务制度化常态化，提升能力水平；要注重联合，发挥和履行好联合会在志愿服务工作中的职责功能，发挥好志愿服务“总枢纽”的功能和作用；要发挥优势，投身全国文明城市和新时代文明实践中心试点建设，打通宣传群众、教育群众、关心群众、服务群众的“最后一公里”。

【胡刚入选全国学雷锋志愿服务“最美志愿者”】 2020年8月26日，由中宣部、中央文明办、全国总工会、共青团中央、全国妇联等17个单位联合评选的2019年度学雷锋志愿服务“四个100”先进典型暨疫情防控最美志愿者名单公示，四川共有5名个人、3个组织、4个项目、1个社区入围。其中，绵阳市江油星乙农业投资公司志愿服务大队志愿者胡刚获评2019年度全国学雷锋志愿服务“最美志愿者”。

【2020年度绵阳市志愿服务“四个十佳”评选】 2020年，绵阳市精神文明建设办公室组织实施2020年度绵阳市志愿服务“四个十佳”评选活动。11月30日，通过逐级推荐、资格审查、事迹展示、网络投票、综合评议等流程，评选出北川羌族自治县“心沐计划”等10个“十佳志愿项目”、绵阳市志愿者协会等10个“十佳志愿服务组织”、涪城区工区街道西山社区等10个“十佳志愿服务社区”、杨先卫等10名“十佳志愿者”。

2020年度绵阳市“十佳志愿服务项目”一览表

表97

序号	项目名称	序号	项目名称
1	北川羌族自治县“心沐计划”志愿服务项目	6	安州区“阳光助残·关爱老人”志愿服务项目
2	涪城区“涪娃夏令营”志愿服务项目	7	绵阳春天社工“爱助事实孤儿”志愿服务项目
3	三台县“荷香童伴之家”志愿服务项目	8	科学城办事处“医诺千金”志愿服务项目
4	市妇联“守护港湾”志愿服务项目	9	仙海区“重精患者关爱帮扶”志愿服务项目
5	绵阳水草预防青少年犯罪教育中心“阳光播种”志愿服务项目	10	绵阳四〇四医院“绵医爱心周”志愿服务项目

2020年度绵阳市“十佳志愿服务组织”一览表

表98

序号	志愿服务组织名称	序号	志愿服务组织名称
1	绵阳市志愿者协会	6	西南科技大学春晖支教服务团
2	绵阳市涪城区蒲公英应急救援中心	7	国网绵阳供电公司“电力小绵羊”志愿服务队
3	绵阳市老年大学志愿服务队	8	绵阳市第三人民医院志愿服务队
4	三台县青年志愿者协会	9	游仙区天启社会工作服务中心
5	游仙区沈家坝东街社区富乐小区党员志愿服务队	10	盐亭县爱心志愿者协会

2020年度绵阳市“十佳志愿服务社区”一览表

表99

序号	社区名称	序号	社区名称
1	涪城区工区街道西山社区	6	平武县古城镇古城社区
2	游仙区魏城镇桂花社区	7	北川县禹里镇石泉社区
3	安州区花荄镇白鹤林社区	8	高新区永兴镇华裕路社区
4	江油市太平镇永丰社区	9	科创区创业园街道华奥社区
5	梓潼县文昌镇崇文社区	10	科学城办事处春雷街道春晓社区

2020年度绵阳市“十佳志愿者”一览表

表100

序号	姓名	所属单位及职务	序号	姓名	所属单位及职务
1	杨先卫	盐亭县高灯镇联和村老年协会会长	6	聂　语	绵阳市强制隔离戒毒所志愿者
2	聂学永	江油市二郎庙镇青林村红色讲解员	7	颜　丽	安州区妇联心理健康服务志愿者
3	尹　恒	绵阳市中心医院肾病内科医生	8	赵　远	绵阳市残疾人康复中心志愿者
4	石林峰	江油市润物青少年志愿服务中心理事长	9	田明莉	三台县文化馆文艺志愿者
5	徐小双	北川羌族自治县启智新公益志愿者	10	张小宁	经开区塘汛街道桃花岛小区党支部书记

【李红英等入选四川志愿服务先进典型】 2020年12月4日，由四川省文明办联合14家省直有关部门（单位）主办的第八届“四川志愿·携手圆梦”志愿服务先进典型名单揭晓。活动推选出2020年度“四川省百名优秀志愿者”“四川省十佳志愿服务项目”“四川省十佳志愿服务组织”“四川省十佳志愿服务社区”“四川省十大最美志愿者”。其中绵阳市的李红英（女，安州区学雷锋志愿服务中心志愿者）、杨先卫（盐

亭县高灯镇联和村老年协会会长）、聂学永（江油市二郎庙镇青林村志愿服务队志愿者）、尹恒（女，绵阳市中心医院医生）、邓启志（江油市中石油西南油气分公司宝石花志愿服务队志愿者）获评“四川省百名优秀志愿者”。涪城区城厢街道临东社区获评“四川省十佳志愿服务社区”。北川羌族自治县“心沐计划”志愿服务项目获评“四川省十佳志愿服务项目”。邓启志还同时获评“四川省十大最美志愿者”。

（唐东杰）

彩票业

【概况】 2020年，按照省财政厅留成彩票公益金分成比例，省财政厅下达绵阳市市级彩票公益金4266.84万元。其中福利彩票公益金2662.69万元、体育彩票公益金1604.15万元。

【彩票销售】 2020年，全市完成体彩星级网点改造103家，累计改造达314家；全市体彩在售网点共491家，同比增加12家；全年体彩销售额达3.36亿元，位居全省第二。全市福彩销售额达5.08亿元，位居全省第二。

【福利彩票公益金使用情况】 2020年，省财政厅下达绵阳市2662.69万元，2019年结转1211.05万元，2020年当年支出2438.69万元，年末结余1435.05万元。支出分配情况为“金秋助学”活动84万元、农村社会组织建设50万元、社会救助107.19万元、居家养老服务补贴497.66万元、适老化改造748.73万元、独居老人保障50万元、困难群众意外保险100万元、养老服务人员培训80万元、社会公益创投项目150万元、党群服务中心建设100万元、农村敬老院改造升级60万元、老年大学设施维护等48.19万元、儿童生活费用49.68万元、社会组织和志愿者服务管理中心运营26万元、社会组织孵化中心运营及租金等70.1万元、精神障碍社区康复点补助45万元、“十四五”养老体系规划60万元、敬老月最美老人等三项评选16.14万元、普惠养老专项行动20万元、志愿者服务10万元、公益人员培训20万元、社会工作项目26万元、社会组织帮扶20万元。

【体育彩票公益金使用情况】 2020年，省财政厅下达绵阳市1604.15万元，2019年结转280.75万元，2020年当年支出1514.09万元，年末结余370.81万元。支出分配情况为市南河体育中心场馆维修改造1009.85万元、各区分成资金504.24万元。

（梁文彬）

殡　葬

【概况】 2020年，全市有1个市级殡仪馆（绵阳市殡仪馆）和6个县级殡仪馆（安州区、江油市、盐亭县、梓潼县、三台县、平武县、殡仪馆）。市殡仪馆有火化炉7台，全年火化遗体8923具。安州区殡仪馆有火化炉3台，全年火化遗体3662具。盐亭县殡仪馆有火化炉4台，全年火化遗体1964具。梓潼县殡仪馆有火化炉3台，全年火化遗体564具。三台县殡仪馆有火化炉5台，全年火化遗体2834具。江油市殡仪馆有火化炉5台，全年火化遗体6261具。平武县殡仪馆有火化炉1台，尚未启用。

【殡葬管理工作】 2020年，全市按照《殡葬管理条例》，依法开展殡葬管理工作，贯彻民政部等部委《关于进一步推动殡葬改革促进殡葬事业发展的指导意见》精神，宣传国家、省、市殡葬政策，持续推进殡葬改革，倡导绿色环保祭祀，推行节地生态安葬。推行预约祭扫，通过“仁孝四川绿色祭奠”平台，分时段提前实名预约，并登记实地祭扫人数、日期和时段、车辆数等信息，限定单次祭扫时间，定向推送短信，向祭扫群众宣传新冠肺炎疫情防控知识。在全市12个经营性公墓设立进门检测体温卡点，加强个人防护，加大公共场所通风和消毒力度，持续抓好新冠肺炎疫情防控。清明期间，全市12处经营性公墓共服务扫墓群众35万余人次，完成清明节祭扫服务保障。免费向社会捐赠鲜花葬、树葬、草坪葬、壁墓葬等不保留骨灰、节地的生态穴位共200个。全年下拨惠民殡葬资金1345.49万元，完成民生工程目标任务119.71%。组织开展殡葬领域突出问题专项整治、殡葬服务环保专项整治等行动。

【全市公墓推行实地祭扫提前预约】 2020年清明节期间（3月21日起），全市公共墓地推行实地祭扫提前预约，市民凭二维码入内；并倡导线上绿色祭奠，建议市民通过网上祭奠平台寄托哀思。清明期间，参加实地祭扫的群众只需用手机扫描省民政厅官网“清明祭奠”二维码，或在“四川民政发布”微信公众号点击“清明祭奠”菜单，或微信搜索用户名“仁孝四川绿色祭奠”，进入“仁孝四川绿色祭奠”微信小程序，通过“公墓祭扫预约”功能，提前实名预约开放实地祭扫服务的公墓，登记前往人数、扫墓日期和时段、车辆数等信息。此举旨在控制清明扫墓的人流量，防止大规模的聚集，确保群众安全祭扫。参加线上祭奠的群众可通过省民政厅“仁孝四川绿色祭奠平台”手机服务端，进入“仁孝四川绿色祭奠”微信小程序，选择“申请网上纪念馆”，通过网络祭奠平台寄托哀思。

（陈振宇）

县市区·科学城办事处

County, City, District and Science City Office

概　述

【概况】　2020年，全市贯彻落实省市县域经济发展决策部署，围绕各项目标任务，推动县域经济发展工作取得实效，县域各地竞相发展、加快发展、特色差异化发展趋势更加凸显，全市经济发展的底部基础更加坚实。全年县域范围实现地区生产总值2459.27亿元，较2019年增长134.77亿元，占全市总量的81.7%，同比提高0.3个百分点。

【县域经济发展考核】　2020年，全市开展2019年度县域经济发展目标考核，对不同类型地区实行差异化考核，县域经济发展考核结果以30%的权重折算到市委、市政府对县市区的考核总分中。优化2020年县域经济发展考核指标体系及分值权重，分解下达2020年度县域经济发展目标任务。对全市县域经济发展先进县评选和奖励方案进行专题研究，明确奖励标准和奖励方式。

【县域经济发展部署】　2020年，全市做好县域经济发展“十四五”规划前期研究，完成《推动县域经济高质量发展研究报告》，经专家评审后，编入《绵阳市“十四五”规划前期重大研究课题》。指导各县市区着眼发展科学编制“十四五”规划，将支持县域特色差异化发展、县域争创国家省试点示范等内容写入全市“十四五”规划纲要。

【县域基础设施建设】　2020年，全市推动交通攻坚大会战向纵深发展，完成投资160.56亿元、同比增长11%，连续5年（2016—2020年）在百亿元以上高位增长。高速通车里程新增13.8千米，共计427千米。南郊机场运营航线增加4条，共计59条，南郊机场货运综合楼完工。完成农村土坯房改造19.98万户。新改建县乡道224千米、村道363千米，所有乡镇、建制村均实现通硬化路、通客车。

【县域生态环境优化】　2020年，全市推进农村人居环境整治，农村户用卫生厕所普及率、生活垃圾治理率、生活污水治理率分别达94.2%、98.9%、68.3%，均高于全省平均水平。县级及以上城市集中式饮用水水源地水质优良比例为100%，木龙河黑臭水体整治通过住建部评估认定，达到目标任务。完成中央、省生态环保督察及“回头看”问题整改1337件，整改率99.4%。安州磷石膏问题完成消纳封存并整改销号。推动森林覆盖率提升0.13个百分点。盐亭县被授予第四批国家生态文明建设示范县称号。

【县域民生保障改善】　2020年，全市持续加大民生投入，财政民生支出占一般公共预算支出比重达67.5%。城乡居民人均可支配收入分别增长5.9%、8.8%。做好502户1119人脱贫不稳定户和1288户2875人边缘易致贫户精准帮扶，建档立卡贫困户人均纯收入达10032元。落实社会救助和保障标准与物价上涨挂钩联动机制，发放价格临时补贴1.4亿元，惠及困难群众200余万人次。全面夯实基本医疗保障，参保人数达491.32万人。发展公平优质教育，公办幼儿园在园幼儿占比达52.5%，普惠性幼儿园覆盖率达84.4%。

（罗　欢）

涪城区

【概况】　2020年，涪城区面积554.47平方千米，其中耕地面积1.68万公顷。辖6个镇、7个街道。年末户籍人口74.96万人，总户数28.92万户，城镇化率84%，人口出生率8.88‰，人口自然增长率3.15‰。森林面积1.23万公顷，森林覆盖率22.21%。区属地区生产总值541.15亿元，同比增长4.9%；社会消费品零售总额237亿元，同比下降1.4%；服务业增加值371.05亿元，同比增长4.7%；新增规模以上工业企业12家/

1亿元以上工业企业4家，规模以上工业增加值同比增长8%，实现规模以上工业总产值206.7亿元，同比增长11.2%；地方一般公共预算收入21.93亿元，同比增长2.1%；城镇居民人均可支配收入42268元，同比增长6.0%；农村居民人均可支配收入23606元，同比增长8.9%。高铁大道全线贯通，建成各类支路16条，完成投资30.21亿元。中关村信息谷等专业平台签约入驻科技智谷，引进天仪研究院商业卫星等项目51个，服务中心建成投用。通过国家科技型中小企业评价数178家，有效国家级高新技术企业53家，华拓光通信、中久防务获评四川省“瞪羚”企业，实现“瞪羚”企业“零的突破”，创建四川省大众创业万众创新示范基地。惠科液晶面板项目点亮投产，配套引进世界500强企业康宁玻璃基板项目，龙华薄膜建成全球首条2.5米偏光片基膜生产线，富临精工二期竣工投产，新型显示、汽车电子、5G三大先进制造业集群壮大。申报国家级绿色工厂2个，获评国家级专精特新“小巨人”企业1家。发展直播经济、首店经济等新业态，创新开展“品质零售进社区”等促销活动，有效拉动消费50亿元。科技物流产业园等项目加快建设，现代物流、现代金融等生产性服务业占服务业比重达到35%。创建省级外贸转型升级基地，金家林总部经济试验区被表彰为四川省现代服务业集聚区创新发展先进单位。现代农业加快发展，“千鹤桑田”蚕桑文化主题公园基本建成，生态循环现代农业园晋级市级三星级园区。全区“三品一标”（无公害农产品、绿色食品、有机农产品和农产品地理标志）认证总数111个。农业生产三级社会化服务网络初步形成，稳定培育农民专业合作社125家、家庭农场156家。农产品质量安全工作被全省通报表扬。改造提升乡村产业道路、旅游道路4条26千米，建设通组连院入户道路100千米，有效治理农村生活污水39401户，建成水美新村9个。有区本级直管各类学校189所，在校学生10.135万人。新建、改扩建公办幼儿园22所，完成“50”“80”任务。完成金家林幼儿园建设等十大区人大代表票决民生实事项目。有医疗卫生机构431家、医务人员4478人。建成投用核酸检测实验室4个，骨科医院创建成为三级甲等中医专科医院。民生支出占地方一般公共预算支出70.15%。全区城镇新增就业1.04万人，获评全省农民工技能培训工作先进单位。完成长江流域、重点水域禁捕退捕渔民安置保障。涪城区通过省现代公共文化服务体系示范县中期评估。完成第七次全国人口普查省级试点，高标准通过全国文明城市复查验收。获省委、省政府表彰为“四川省促进服务业发展工作先进单位”

相关链接：“50”“80”任务：2018年11月7日，《中共中央 国务院关于学前教育深化改革规范发展的若干意见》提出，2020年公办园在园幼儿占比达到50%，普惠性幼儿园覆盖率（公办园和普惠性民办园在园幼儿占比）达到80%。

【中科（绵阳）创新园】 中科（绵阳）创新园是中国（绵阳）科技城科技智谷科技园区规划的科技园区之一，由中科院科技创新发展中心旗下全资子公司绵阳中科钛领科技公司作为项目运营主体，建筑总面积约1万平方米，2020年8月30日建成投用。园区设置钛领在线绵阳站、中科院产业研发中心集群区、科技产业孵化加速区、创新成果展示区、专业科技服务对接区5大创新服务平台。全年招入驻企业18家，实现成果对接25项，对接中科系资源协助企业联合建立实验室2个，开展线上院士专家交流、企业金融对接等活动20余场。

图68　涪城区金西湖畔

【四川省5G产业联盟绵阳基地授牌仪式】 2020年9月23日，中国（绵阳）科技城科技智谷科技园集中签约暨四川省5G产业联盟绵阳基地授牌仪式在中国（绵阳）科技城科技智谷举行。市政府分别与中国移动四川公司、科大讯飞股份有限公司签署战略合作协议。涪城区政府分别与科大讯飞股份有限公司、广东高科技产业商会签署合作协议。中国（绵阳）科技城金家林总部经济试验区管委会分别与四川省5G产业联盟、南京硅基智能科技有限公司、长沙天仪空间科技研究院等8家企业签署合作协议。四川省5G产业联盟绵阳基地、粤港澳大湾区高科技产业示范园区招引联络站相继落户涪城。同时，签约5G产业联盟绵阳基地和科大讯飞、硅基智能、天仪研究院等科技创新项目52个，项目总投资11.7亿元，涉及5G产业、人工智能以及数字经济等多个产业类别。举行四川省5G产业联盟绵阳基地授牌、粤港澳大湾区高科技产业示范园区招引联络站授牌仪式。

【惠科项目点亮投产】 2020年4月29日，四川省重点项目、绵阳市重大招商项目、涪城区建区以来最大工业项目——绵阳惠科第8.6代薄膜晶体管液晶显示器件项目在绵阳市涪城区临港经济发展区点亮投产。绵阳惠科项目总投资240亿元，占地面积56.67公顷，建设周期18个月。2020年，惠科项目实现总产值10.57亿元。

游仙区

【概况】 2020年，游仙区面积1018平方千米，辖1个高新技术产业园区、1个经济试验区、3个街道、8个镇。有森林管护面积6231公顷，森林覆盖率为31.19%，区内有自然保护区1个，自然保护区面积11073公顷。辖区总人口46.70万人，其中男性23.58万人、女性23.12万人。实现区属地区生产总值376.38亿元，同比增长4.2%，其中第一产业增加值36.74亿元，同比增长5.4%，贡献率为9.6%；第二产业增加值136.29亿元，同比增长3.7%，贡献率为43.6%；第三产业增加值203.36亿元，同比增长4.5%，贡献率为46.8%。三次产业结构为9.8∶36.2∶54。城镇居民人均可支配收入46584元，同比增长6%；农村居民人均可支配收入20628元，同比增长9%。

【激光产业基地落户游仙区】 2020年12月，中国（绵阳）科技城激光产业基地正式落户游仙区，项目总投资30亿元，围绕激光材料、激光器件、激光装备等全产业链投资建设研发、生产、实验基地，同时做好安防装备和工业装备建设融合，建成关键核心技术自主可控、激光装备一流的产业基地。基地建成后预计年产值30亿元以上、年税收超1亿元，可提供就业岗位500个。

【中国（绵阳）科技城核医疗健康产业园】 中国（绵阳）科技城核医疗健康产业园选址位于游仙街道石垭村，规划用地300公顷，总投资186亿元，其中基础设施投资约36亿元，建设周期5年。2020年11月，中广核技、先通医药等2家核药生产企业、4个项目正式落户游仙区，总投资17.05亿元。项目建成后预计实现年产值超过500亿元、年税收20亿元，提供就业岗位2000余个。计划在西南地区形成国内首家、规模最大、功能齐全、设施先进的核医疗健康产业基地。

【鹤林绿洲获评全国森林康养基地】 2020年11月13日，第五届中国森林康养产业发展大会在海南省海口市召开。游仙区鹤林绿洲被授予“全国森林康养基地建设单位”称号。鹤林绿洲位于魏城镇白鹤村9社，完成投资近亿元，培育森林资源和果木基地约333.33公顷，苗圃约66.67公顷，由黑虎寨森林公园、农业主题公园、湿地公园等项目构成，带动白鹤村被认定为“全国乡村治理示范村”。

【土地托管做法入选全国农业社会化服务典型案例】 2020年9月11日，农业农村部公布第二批全国农业社会化服务典型案例，游仙区太平全程托管中心“全程托管‘435’为农增收添动力”入选“供销合作社系统开展社会化服务”类典型案例。游仙区太平全程托管中心由1家农民合作社、1家龙头企业、6户种植大户和3户家庭农场发起，依托“四支队伍、三种方式和五个统一”的“435”农业社会化服务模式，整合下上游产业链资源，发展成为游仙区集农资供应服务、农业绿色生产技术服务、农机作业服务、农产品初加工服务、农产品营销服务为一体的大型农业社会化综合服务体，辐射游仙区、梓潼县和江油市3个县市区的10个乡镇。

安州区

【概况】 2020年，安州区总面积1189平方千米，辖9镇1乡、117个行政村、34个社区。全区地区生产总值196.18亿元，同比增长3.5%。农业总产值59.48亿元，同比增长6%。农作物播种面积6.36万公顷，粮食总产量26万吨，同比增长0.23%。肉类总产量2.95万吨。有规模以上工业企业134家，实现规模以上工业总产值290.01亿元，同比下降3.86%；规模以上工业销售产值282.41亿元，同比下降4.28%。社会固定资产投资同比增长14.2%。社会消费品零售总额87.83亿元，同比下降1.4%。招商引资到位资金91.39亿元，进出口总额达到9.25亿元。地方公共预算收入8.27亿元。全区金融机构各项存款余额254.4亿元，同比增长13.05%。各种保费收入6.2亿元。全年旅游者人数1037万人次，同比下降14.05%；实现旅游收入88.2亿元，同比下降8.65%。有各类学校38所，在校学生

46048人。医疗卫生机构322个，床位2055张，各类卫生技术人员2102人。城镇居民人均可支配收入37451元，同比增长5.9%，农村人均可支配收入20177元，同比增长8.8%。企业职工养老保险参保9.40万人，城乡居民养老保险参保22.98万人；城镇职工医疗保险参保3.91万人；城乡居民基本医疗保险参保36.89万人；城镇登记失业率为2.68%，失业保险参保人数2.22万人。

【安州区获全国第四批率先基本实现主要农作物全程机械化示范县（市、区）称号】 2020年1月6日，农业农村部办公厅印发《关于公布全国第四批率先基本实现主要农作物全程机械化示范县（市、区）名单的通知》，公布全国第四批率先基本实现主要农作物全程机械化示范县市区名单，此次全国共认定151个示范县市区，绵阳市安州区是四川省本批3个获选县市区之一，是绵阳市首个获选该称号的区县，标志着安州区率先基本实现主要农作物生产全程机械化。安州区重视全程机械化工作，通过宣传引导，出台相关扶持政策，发挥国家农机购置补贴政策和整合其他项目对农机购置累加补贴政策等方式，加大对主要农作物生产全程机械化过程中的关键环节、重点机具扶持力度，补齐农机作业薄弱短板，打通主要农作物全程机械化作业环节，形成符合安州区实际的全程机械化技术路线，取得良好的社会效益和经济效益。截至年底，绵阳市安州区农业机械总动力42.5万千瓦，主要农作物耕、种、收综合机械化水平达81.4%，完成机耕面积5.21万公顷、机播面积2.90万公顷、机收面积4.50万公顷、机电灌溉面积1.35万公顷、机械植保面积4.80万公顷、机械质保农产品数量22.57万吨、机械化秸秆还田4.01万公顷、农机专业合作社作业服务面积3.81万公顷。全区有农机专业合作社18家、农机维修经营网点38个、农机维修从业人员2.49万人。

【卓信·智慧农贸广场开盘】 2020年1月12日，安州区重点民生工程、绵阳首个智慧农贸市场卓信·智慧农贸广场开盘。该农贸广场位于城区辽宁大道和白鹤林路交会处，总建筑面积近5万平方米。该农贸市场兼营批发和零售，经营范围包括肉类、海鲜、水产、家禽、粮油、干货、酒店用品等。市场内的每个摊位统一配备智慧溯源系统，杜绝缺斤少两，配合商家使用的手机App协同管理，并实现货品可追溯，保证农贸市场的安全、有序和现代化。市场设置食品安全检测室，配备较为齐全的各类质量检测设备，如肉类水分测量仪，能快速检测猪肉是否注水。市场对不同业态、不同商家的货品进行抽查，一旦发现质量不过关，立即要求下架。

【“决战决胜谱新篇 文化扶贫在行动”走进安州区】 2020年11月6日，由中央网信办网络新闻信息传播局、文化和旅游部非物质文化遗产司、国务院扶贫办政策法规司开展的“决战决胜谱新篇 文化扶贫在行动”网络主题传播活动走进安州区。人民网、新华网、国际在线、中国日报网、央视网等多家媒体深入安州区部分乡镇，见证记录近年来脱贫攻坚、乡村振兴取得的成果。此次开展的“决战决胜谱新篇 文化扶贫在行动”网络主题传播活动以专题专栏、微视频展播、微博话题等方式，全方位、多视角地向大众展示安州在脱贫攻坚、乡村振兴取得的成果。

【“金通工程”完成试点建设任务】 2020年11月11日，绵阳市乡村客运“金通工程”暨两项改革“后半篇”文章工作现场推进会在安州区召开。安州区为全省2020年第一批“金通工程”建设试点县，截至年底，全区共230个行政村（按乡镇改革前行政村统计）中，有9个村开通城市公交，184个村开通班线客车，37个村开通预约响应式通客车服务，全区通客车率达100%。

【安州区与重庆市璧山高新区签订战略合作协议】 2020年12月4日，绵阳市安州区人民政府和重庆市璧山高新区管委会在重庆市璧山区举行战略合作协议签约仪式。按照战略合作协议约定，安州区与璧山区利用两地科技、人才、产业等方面优势，建立协同发展机制，在共推产业集聚、共建创新平台、共享人才资源、共抓活动开展、共用要素保障等方面开展合作。

【安州区乡镇行政区划调整完成】 2020年，安州区完成乡镇行政区划调整，由原来的15镇3乡调整为9镇1乡。此次乡镇行政区划调整减少8个，减幅达44%。保留设置乡1个，为高川乡；保留设置镇3个，分别为秀水镇、界牌镇、千佛镇。将黄土镇、乐兴镇合并，设黄土镇，镇人民政府驻原黄土镇荣通干道73号（原黄土镇人民政府驻地）。将塔水镇、清泉镇、宝林镇合并，设塔水镇，镇人民政府驻原塔水镇华兴街57号（原塔水镇人民政府驻地）。将花荄镇、兴仁乡合并，设花荄镇，镇人民政府驻原花荄镇解放街71号（原花荄镇人民政府驻地）。将睢水镇、沸水镇合并，设睢水镇，镇人民政府驻原睢水镇荣华街42号（原睢水镇人民政府驻地）。将桑枣镇、晓坝镇合并，设桑枣镇，镇人民政府驻原桑枣镇中街24号（原桑枣镇人民政府驻地）。将河清镇、永河镇、迎新乡合并，设河清镇，镇人民政府驻原河清镇河永干道89号（原河清镇人民政府驻地）。

【大熊猫国家公园绵阳管理分局安州管理总站挂牌】 2020年7月28日，大熊猫国家公园绵阳管理分局安州管理总站在安州区正式挂牌成立，是绵阳市第一个挂牌成立的县级管理总站。绵阳是大熊猫“野外种群数量最多、遗传多样性最丰富、密度最大、栖息地质量最优”的核心分布区，全国第四次大熊猫调查显示，有野生大熊猫418只。管理总站主要负责辖区内大熊猫国家公园体制试点工作。绵阳划入大熊猫国家公园面积4560平方千米，主要在四川盆地西北边缘龙门山脉中段。大熊猫国家公园绵阳管理分局分别在平武、北川、安州3个县区设立3个管理总站，内设15个基层管护站。其中安州区公园试点范围含高川乡和千佛镇5个村，区域面积146.35平方千米。安州管理总站设立旨在加强大熊猫国家公园日常巡护、资源管理、生态保护、项目建设等工作。

江油市

【概况】 2020年，江油市总面积2720平方千米，辖22个镇、1个乡、1个街道办事处、1个高新技术产业园区，71个社区居民委员会、182个村民委员会。全年实现地区生产总值477.74亿元，同比增长4.1%。全市非公有制经济实现增加值300.15亿元，同比增长2.8%，占GDP比重为62.9%。全年新增规模以上工业企业9家，总数222家，实现规模工业总产值531.96亿元，同比增长1.5%；规模工业增加值同比增长3.0%。新材料产业总产值同比增长2.7%；装备制造产业总产值同比增长9.3%；建筑业总产值69.73亿元。健全现代农业产业体系，重点推进生猪种业园区、太白蔬菜现代农业园区等8个园区建设，建成江油市级现代农业园区6个、现代农业产业基地29个。全市主要农作物综合机械化生产水平达82%。高标准农田建设规划建设1600公顷。全年农林牧渔业实现总产值102.51亿元，同比增长6.0%；实现增加值63.15亿元，同比增长5.8%。全市森林覆盖率达50.1%。创建江油市本级实施乡村振兴战略先进乡镇3个、示范村16个，绵阳市级实施乡村振兴战略先进乡镇1个、示范村6个，开展创建省级实施乡村振兴战略先进乡镇1个、示范村5个。持续开展脱贫攻坚“回头看”“回头帮”活动，巩固脱贫攻坚成效，对全市364个行政村及5个社区、11846户建档立卡贫困户、32513人建档立卡人口进行脱贫攻坚普查。全市全社会固定资产投资增长22%。42个省市县重点项目完成投资63.27亿元。实现社会消费品零售总额191.67亿元。连续3年（2018—2020年）入选全国县域旅游竞争力百强县，入选天府旅游名县候选县。境内公路通车里程2813千米，其中等级公路2263千米（高速公路86千米）。截至年底，公共汽（电）车营运车辆170辆，行政村客运班车通达率为100%。全年实现邮电业务总收入6.2亿元，同比增长3.8%。金融机构各项存款余额681.78亿元，同比增长16.3%；各项贷款余额347.06亿元，同比增长14.1%。各类保险保费收入12.63亿元，同比增长3.4%。全市拥有国家级星创天地2家、省级孵化器2家。有高新技术企业52家，主营业务收入178亿元；国家级科技型中小企业104家，绵阳级科技型中小企业1157家；转化重点科技成果17项，实现技术合同交易9086万元。全市有各类学校171所，在校学生9.23万人，专任教师4574人。有医疗卫生机构679个、卫生机构从业人员7670人，全年医院门诊人次442.79万人次。有剧场1个、公园5个、省级风景名胜区3个、国家AAAA级景区5个、国家AAA级景区1个、图书馆1个、博物馆2个、文物保护单位37个、文物保护点571个、电影院6个。行政村和社区健身设施覆盖率达100%。全市户籍总人口85.40万人，人口出生率6.8‰，死亡率6.62‰，人口自然增长率0.18‰。城镇居民人均可支配收入38267元，同比增长5.8%；农村居民人均可支配收入20487元，同比增长8.9%。基本养老保险参保人数68.04万人；城镇职工基本医疗保险人数12.9万人，城镇居民基本医疗保险人数78.9万人。城镇新增就业人员8751人；城镇登记失业率3.32%。开展劳动力技能技术培训2.21万人次，农村劳动力转移输出23.24万人。有各种养老机构35家，床位6299张。全年累计发放兜底保障金1815.5万元。

【江油完成乡镇行政区划和村级建制调整】 2020年，江油贯彻落实省、市各级关于村级建制调整改革的决策部署，完成村级建制调整工作，将365个行政村撤销183个，保留182个；村均人口从1674人增加到3357人，实现行政村减半、村均人口翻倍工作目标。优化全市75个社区（城镇40个、场镇35个）设置，按照以街路河为界，以15分钟服务半径、服务人口4000户以上的标准进行调整，减少14个社区，新成立10个社区，有71个社区（城镇39个、场镇32个）。全市辖3285个村民小组，撤销1470个村民小组，调整为1815个村民小组，减幅达44.75%，全市辖642个居民小组，撤销187个居民小组，调整为455个居民小组，减幅达29.13%。

【绵阳方特东方神画开园】 2020年7月18日，绵阳方特神画主题乐园正式开园迎客。绵阳方特东方神画主题乐园位于江油市城南，占地面积60多万平方米，由华强方特集团和江油市人民政府共同投资30多亿元打造，是省内首座方特主题乐园。乐园以五千年华夏文明为内容背景，综合运用现代高科技手段，以参与、体验、互动的形式，向游客展现东方画卷。园区内有文化小镇区、上古之源区、智慧信仰区、民间艺术区、传统文化区、历史风云区和文化科技综合体验区7个区域，拥有45项室内外文化高科技体验项目以及200多项特色休闲景观，内容涵盖神话传说、历史典故和民俗风情等，代表着方特的最新内容创意与科技研发水平。同时对哪吒、大禹等极具地方特色的历史文化元素进行创意加工，打造一批展现华夏历史文化和绵阳地域文化的精品项目和演艺产品，在凸显独特地域文化元素的同时，让游客感受到科技与文化交融碰撞的无限魅力。

【脱贫攻坚取得决定性胜利】 2020年，江油市全域构建脱贫攻坚“四大战区”分片督战体系，全域覆盖、聚焦问题、精准施策，通过绵阳全覆盖检查和省脱贫攻坚成效考核，完成“四年集中攻坚、两年巩固提升”总体目标任务。2015年至2020年，江油市累计聚合37.88亿元，实施脱贫项目1299个，实现贫困村全部退出、贫困人口全部脱贫，脱贫攻坚取得决定性胜利。对口帮扶力度不减，助力布拖如期“摘帽”。江油市先后被省委、省政府表彰为“脱贫攻坚先进县”“省内对口帮扶藏区彝区贫困县先进集体”。

【新安镇黑滩村入选“中国美丽休闲乡村”名单】 2020年9月，江油市新安镇黑滩村（即新安公园）入选农业农村部“中国美丽休闲乡村”名单。新安农业公园是按照“体验现代农业、畅游美丽新村”的理念，集中连片打造的现代农业公园，又是社会主义新农村综合体万亩农业产业园，集中连片发展猕猴桃、早熟梨、葡萄共733.33公顷，引进伊顿、金蓉等企业9家。引导农民相对集中居住，改旧房、建庭院，打造新型村落。整合项目资金7000余万元，实施山水田林路综合整治，形成田成方、路相通、沟相连、林成形的现代农业设施格局，社会事业公共服务相配套的新农村示范片。农业公园总面积19平方千米，涉及4个行政村，集中连片发展猕猴桃、葡萄、早熟梨三大主导产业，新建环形游道、农家乐、湿地公园等设施和景点。集农耕体验、乡村旅游、文化娱乐、生态保护于一体的休闲农业生态田园新区初具规模。

（谢小东）

三台县

【概况】 2020年，三台县总面积2659.38平方千米，辖31个镇、2个乡、383个村、79个社区。全县总人口137.78万人，其中城镇人口19.24万人。地区生产总值407.45亿元，同比增长4.2%，其中第一产业增加值99.1亿元，同比增长5.5%；第二产业增加值124.89亿元，同比增长3.3%；第三产业增加值183.46亿元，同比增长4.4%。财政总收入35.52亿元，同比下降20%；公共财政预算收入11.68亿元，同比增长5.3%，社会消费品零售总额203.63亿元，同比下降1.5%。全年引进国内省外到位资金58.18亿元，同比增长15.8%；新增规模工业企业8家，总数116家，累计规模工业总产值156.51亿元，同比增长5.12%。电子商务网络交易额137.15亿元。接待旅游人数658.25万人次，同比下降17.8%，旅游收入64.07亿元，同比下降11.1%。农林牧渔总产值169.72亿元，同比增长6.1%；出栏生猪103.56万头，同比增长16%；粮食总产66.2万吨，麦冬总产16674吨。全县进出口总额为3636万美元，同比增长17%，其中出口总额为3576万美元。有小学校109所，在校学生60294人；普通中学校59所（含职教），在校学生46207人，其中初中在校学生31025人。有医院、卫生院85所，卫生机构床位8233张，卫生技术人员5063人。城乡居民基本医疗保险参保人数113.74万人。城镇登记失业率2.7%。城镇居民人均可支配收入37019元，同比增长6%；农村居民人均可支配收入18653元，同比增长8.8%。获得全省县域经济发展先进县、全省农村改革工作先进县、全省农民增收工作先进县、全省粮食生产“丰收杯”、全省促进服务业发展工作先进单位、全省双拥模范县等多项荣誉。

【麦冬种养循环现代农业园区建设】 2020年，三台县麦冬种养循环现代农业园区覆盖芦溪镇、永明镇2个镇20个村，面积53.55平方千米，园区内耕地面积2093.33公顷，总人口4.11万人。3月，被省政府评定为五星级现代农业园区。全年安排本级财政专项资金2500万元，整合项目资金1.01亿元，撬动社会资本投入5.75亿元，破解资金瓶颈。建成麦冬社会化服务中心，发展麦冬机械化采收、烘干淘洗等社会化服务组织180家，构建覆盖全程、综合配套、便捷高效的社会化服务体系。推进“全员入社”，成立麦冬产业联盟，推广“六统一分”、共享无疫小区、金猪寄养共养等利益联结模式。园区麦冬种植、生猪育繁推体系健全，种养结合度深，综合效益突出。园区规模连片种植麦冬1346.67公顷、总产6574吨，实现麦冬应种尽种、全域覆盖，并建成良好农业规范（GAP）示范基地533.33公顷，推广“药—粮”套作1066.67公顷、“药—粮—菜”套作266.67公顷。建有国家生猪核心育种场2个、规模养殖场93个。全年出栏生猪7.12万头、仔猪42.4万头，明兴农业40万头生猪饲养宰一体化项目启动。实施循环种养和集约化综合利用，以全国畜禽粪污资源化利用重点县项目为依托，全域推广“猪—沼—药”生态循环模式，铺设田间沼液管网4.1万米，建设沼液储存池1631口6.2万立方米，配置沼液运输车辆1694辆，实现种养协同配套。沼气发电站一期实现并网发电，二期工程启动。建成10万吨有机肥厂，园区畜禽粪污资源化利用率98%以上。推进减量控害行动，全面开展多效唑禁施和产品检测工作，新建秸秆综合利用加工中心3个。全年园区总产值37.49亿元，其中“麦冬+生猪”全产业链产值37.23亿元，增加14.2亿元，同比增长61.9%。园区农民人均可支配收入2.4万元，高于全县平均水平29.7%。

图69　三台县潼川古城景区

【德（阳）遂（宁）高速三台段建设】 “德遂”高速公路起于德阳市中江县玉兴镇，止于遂宁市大英县回马镇，全长83.53千米，三台段途经观桥镇、景福镇、紫河镇，总长度27.83千米，其中含大中桥梁18座，中短隧道9座，观桥、景福2处互通，路基土石方挖方约495万立方米，填方约555万立方米，总投资约28.24亿元。2020年，德（阳）遂（宁）高速三台段完成征地153.38公顷，占总征地量的95.76%；房屋拆迁签约519户，占总数的96.47%；德（阳）遂（宁）高速全线10千伏以上电力杆管线需迁改87处，其中三台段需迁改22处，年内完成21处迁改，占总数95.45%。

【村（社区）建制调整改革完成】 2020年，三台县实行村（社区）建制调整改革，932个村调整为383个，110个社区调整为79个，建制村平均辖区面积7.02平方千米，平均户籍人口3200余人。村级建制调减比例居全省前列、全市第一，超额完成市级下达的村级建制调整目标任务。完成全县村（居）民小组合并，全县8190个村民小组调整为3983个，79个社区483个居民小组调整为370个。

【潼川古城景区被确定为国家AAA级旅游景区】 2020年12月22日，经绵阳市评定委员会根据中华人民共和国国家标准《旅游景区质量等级的划分与评定》和《旅游景区质量等级管理办法》《景区游客高峰时段应对规范》评定，并提请市文广旅局审定，潼川古城景区达到国家AAA级旅游景区标准要求，被确定为国家AAA级旅游景区。潼川古城景区是在原有地基上维修和重建，木架庭院式“一正两厢”，形成多进院和几个多进院并列庭院。院落大小适中，天井内外连通，造型别致，具有北方明清建筑风格，古城韵味浓厚。建成家谱馆、非遗馆、美术馆等多个特色场馆，展示古城厚重的文化底蕴。（冉进财）

盐亭县

【概况】 盐亭县古称“潺亭”“秦亭”，因境内多盐井，盐卤出产丰富得名盐亭。盐亭县位于四川盆地中部偏北，地处嘉陵江、涪江分水岭，地理坐标为北纬30°58′—31°39′，东经105°12′—105°43′，东接西充县、南部县，南连射洪县，西邻三台县，北抵梓潼县，行政区域面积1645.45平方千米。全县辖1个经济开发区、1个街道办事处、14个镇、2个乡（包含1个民族乡）。2020年，辖区有户籍人口53.11万人，总户数23.28万户。全年实现地区生产总值174.43亿元，同比增长4.2%，地方公共预算收入4.02亿元，同比增长3.1%，规模以上工业增加值增长6.8%，社会消费品零售总额下降1.5%，城镇居民人均可支配收入增长5.9%，农村居民人均可支配收入增长8.7%。完成工业投资16.5亿元，同比增长61.2%，技改投资12.1亿元，同比增长19.6%，实现规模以上工业总产值23.4亿元、同比增长15.1%。持续开展“清闲促建”，盘活闲置厂房2.8万平方米、土地约10公顷。全年新入库工业项目21个，应有光电、椒奥食品等一批优质项目落户盐亭。认定市级技术中心2个，迪澳药业获评全省科技系统先进集体，取得国家科技进步通用项目二等奖。西部水产通过省级园区考评验收，花果嫘乡创建为市级园区。新培育“三品一标”品牌15个。盐亭贡柑、莲花湖鲢鱼获得国家地理标志证明商标。全年实施项目106个，完成投资72.51亿元，同比增长18%。开展对上争取，到位资金43.13亿元、名列全市第三。新引进5亿元以上项目4个，江西酷电实现盐亭招引10亿元工业项目“零的突破”。全年签约项目30个，签约资金82.22亿元，国内省外到位资金30.85亿元。实施乡村振兴示范创建行动，建成省级示范村5个，市级先进乡镇1个、示范村6个。建成省级乡村治理示范村2个，新培育“美丽四川·宜居乡村”80个。龙台村、青峰村入选国家级传统村落，白虎村获评全国文明村。创建乡村振兴省级示范村10个。天水村、青松村、照红村创建“国家森林乡村”。累计建成林地面积7.38万公顷，森林覆盖率达49.63%。新建公办幼儿园8所，建成文化广场1万余平方米，嫘祖镇新星村获评全省“文化扶贫示范村”。县医院创建三级乙等医院，县疾控中心创建成为二级甲等。嫘祖蚕桑生产系统入选中国重要农业文化遗产，获得“中国华侨国际文化交流基地”“中国民间文化艺术之乡”等称号。

【脱贫攻坚】 2020年，盐亭县脱贫攻坚取得决定性胜利。改造“四类”人员危旧房835户，新建扶贫道路63

千米、安全饮水工程171处。全面落实“四不摘”要求，抓好67户脱贫不稳定户和162户边缘易致贫户帮扶。全县建档立卡贫困户人均纯收入9630元。“两不愁三保障”覆盖全部贫困人口，高质量完成省级脱贫攻坚调查，脱贫攻坚圆满收官。

【生态文明建设】 2020年，盐亭县环保攻坚取得关键性进展，做好中央、省市环保督察反馈问题整改，获评“国家生态文明建设示范县”。严控大气污染物排放，城市空气质量优良天数率96.4%。全面落实河长制，抓好梓江、弥江等重要河段管护，县城和24个乡镇集中式饮用水源地水质达标率均为100%；落实国家长江流域禁捕要求，杜绝非法捕捞行为。推进水土共治、科学复垦，土壤环境质量总体稳定。累计建成林地面积7.38万公顷，森林覆盖率达49.63%。

【2020年度人才工作大会暨“绵州英才荟”首届嫘祖故里英才表扬活动在盐亭举行】 2020年9月16日，2020年度人才工作大会暨“绵州英才荟”首届嫘祖故里英才表扬活动在盐亭县举行。西南科技大学生命科学与工程学院、四川大学历史文化（旅游）学院、绵阳师范学院、绵阳职业技术学院分别与盐亭县签订校地合作协议。

【盐亭县发现超大储量油气田】 2020年10月21日，盐亭县原八角镇的角探1井在沧浪铺组测试获得日产天然气51.62万立方米的高产工业气流，标志着四川盆地沧浪铺组油气勘探首次战略突破，开辟规模增储新阵地。角探1井是四川盆地川中古隆起平缓构造区龙女寺构造北斜坡八角场构造的1口风险探井，钻探目的为探索大古隆起北斜坡八角场地区沧浪铺组、茅口组储层含油气性，拓展勘探领域。 （魏　琪）

梓潼县

【概况】 2020年，梓潼县面积1442.32平方千米。全县辖16个镇（乡）、1个经济开发区，181个村、19个社区。年末全县户籍总人口37.02万人，同比下降0.7%，其中男性人口19.02万人，女性人口18万人；城镇人口7.91万人、乡村人口29.11万人。全年地区生产总值148.94亿元，同比增长4.2%，其中第一产业增加值36.73亿元，同比增长5.5%；第二产业增加值45.51亿元，同比增长3.4%；第三产业增加值66.70亿元，同比增长4.3%。三次产业对GDP增长的贡献率分别为26.3%、32.3%、41.4%。三次产业结构为24.6∶30.6∶44.8。民营经济实现增加值89.57亿元，同比增长2.9%，对GDP的贡献率为49.6%。全社会固定资产投资同比增长15.7%，其中第一产业投资同比增长45.9%，第二产业投资同比增长27.7%，第三产业投资同比增长8.4%。全县实现社会消费品零售总额54.53亿元，同比下降1.5%。其中批发业47.01亿元，同比增长13.8%；零售业17.87亿元，同比增长4.7%；住宿业0.86亿元，同比下降3.9%；餐饮业17.07亿元，同比下降7.9%。县级地方财政收入98047万元，同比增长5.3%，其中一般公共预算收入33020万元，同比增长10%；一般公共预算支出232196万元，同比增长0.1%。旅游总收入68.41亿元，同比下降12%。金融机构人民币各项存款余额151.86亿万元，同比增长9.9%；各项贷款余额101.46亿元，同比增长19.3%；城乡居民储蓄存款余额128.35亿元，同比增长12.3%。有小学34所，在校小学生15264人。普通中学10所，在校学生10368人。中等职业教育学校1所，在校学生1633人。有公共图书馆1个、艺术馆、文化馆（站）33个，博物馆、展览馆各1个。有医疗卫生机构452个（含社区卫生服务中心、村卫生室），其中有等级医院10个、卫生人员2396人、卫生技术人员1801人、执业（助理）医师767人、注册护士711人、卫生机构床位1984张。全县农村居民人均可支配收入1.86万元，同比增长8.7%；农村居民人均消费支出1.43万元，同比增长8.0%。全县城镇居民人均可支配收入3.61万元，同比增长5.9%；城镇居民人均消费支出2.21万元，同比下降2.4%。全县企业职工养老保险参保人数4.57万人；城乡居民社会养老保险参保人数21.43万人；参加城乡居民医疗保险人数30.2万人。

【美丽乡村“五大行动”】 2020年，梓潼县结合全面建成小康社会目标，聚焦乡村振兴战略，整合资金4亿元，开展人居环境整治、村容村貌提升、农村基础改造、农业产业富民、文明乡风培育“五大行动”。60个子项目全面开工，完工49个，完工率达82%。在城乡给排水一体化服务、农村垃圾减量分类处理和资源化利用等领域探索形成一批可复制、可推广的先进经验。培育“美丽四川·宜居乡村”达标村102个，打造市级农村人居环境整治示范点2个。创建乡村振兴省市级先进镇2个、示范村5个。许州镇创建为乡村振兴省级先进镇，入选全省“十三五”特色小城镇，黎雅镇申报成为全国第十批“一村一品”示范镇，双板镇通过国家卫生镇技术评估，石牛雁门村获评“全国文明村”。

【梓潼县被列入国家电子商务示范县】 2020年6月，梓潼县被列入国家电子商务示范县。全年电子商务交易额16.18亿元，网络零售额7.06亿元。申报国家电子商务进农村综合示范县项目。完成新增电商服务站（点）数6个。全年开展电商培训4场次，培训农村电商人才200人次，培育2个农特产品网销品牌、1个工业网销品牌。全县53家规模以上工业企业和39家商贸物流企业运用天猫、京东、拼多多等第三方平台或企业官网实现电子商务交易。邀请电商主播累计200人次分别在抖音、快手、今日头条、《绵阳晚报》等平台媒体开展“梓潼造”特色农副产品直播带货，帮助梓潼酥饼、梓潼片粉、贵斐桑椹酒、天宝蜜柚、宝石金宝李、三泉有机猕猴桃、圣迪乐鸡蛋等特色农副产品作网络直播销售，打造特色品牌。支持福欣食品、圣迪乐、莱仕顿啤酒等食品类企业持续开展直播带货活动，饭扫光系列产品年网销量达6800余万元，高品营养蛋年网销量达1.1亿元，“金宝李”网络销售量达5万公斤。

【中国“两弹城”红色旅游发展】 2020年9月，“两弹城”获得国家AAAA级旅游景区授牌。强化规划引领，文旅融合共建共享。高起点规划、高标准建设红色旅游研学营地、“三线”建设博物馆、航天体验馆建设等文旅融合重点项目，采用“文化+旅游+N”模式，利用“两弹”研制基地遗留的基础设施和珍贵文物，通过科学保护和合理开发，完善基础设施建设，加快构建红色旅游发展大环境。创新爱国主义教育，制作《生如夏花》《隐形的丰碑》《在烈火中永生》《国魂》等情景宣讲剧，推出中小学生研学实践课程和教育军事夏令营等内容，增强游客体验获得感。强化红色旅游宣传营销，提升知名度。参与省市各级部门组织的旅游发展宣传推广活动，借助互联网平台强化宣传营销工作，组织宣讲小分队深入贫困村、乡镇、村社、小学、社区等地开展专场展览和宣讲活动90余场次。“两弹城”景区入选为全国60个“红色旅游发展典型案例”之一，被命名为第八批中国华侨国际文化交流基地。“两弹城”爱国主义教育基地列入四川省首批研学旅行主题线路，“成都—北川—梓潼两弹城”“梓潼—绵阳—成都”2条旅游线路入选四川省16条红色旅游精品线路。

（李雨芮）

平武县

【概况】 2020年，平武县面积5974平方千米，其中耕地面积3.18万公顷。辖6镇14乡（12个民族乡）。年末户籍人口17.48万人，常住人口12.64万人；人口出生率7.83‰，人口自然增长率-0.57‰。森林覆盖率77.46%。全年地区生产总值57.89亿元，同比增长3.5%，其中第一产业增加值11.24亿元，同比增长5.3%；第二产业增加值20.24亿元，同比增长3.7%；第三产业增加值26.41亿元，同比增长2.6%。三次产业结构比为19.4：35.0：45.6。民营经济实现增加值36.14亿元，同比增长2.3%，占全县经济总量的比重为62.4%。获评“全国森林康养基地试点建设县”，入选首批大熊猫国家公园自然教育基地，被纳入首批“大熊猫国家公园（四川）自然教育先行试验区”。创建“省级有机产品认证示范区”“四川省民族团结进步示范县”。

【复工复产】 2020年，平武县把握新冠肺炎疫情防控形势，制定一系列纾困惠企政策，分期分批、合理有序推动全县160余家企业复工复产。优先支持贫困劳动力务工就业，防止因疫致贫返贫。开展“春风行动”，免费接送114名农民工出省务工，140名九绵、广平高速公路建设者返岗，鼓励项目建设单位招录本地工人，农民工返岗就业达1.2万余人。

【灾后恢复重建】 2020年，平武县遭受“8·17”特大暴雨洪灾，损失巨大，其中白马藏族乡基础设施损毁殆尽。全县紧急避险1.8万人次，安全转移并妥善安置白马藏族乡境内1400余名群众和3000余名九绵高速标段工人，抢通交通便道，恢复通信、供电、供水。统筹推进灾后恢复重建，编制规划灾后重建项目288个，投资金额15.6亿元。到国家部委及省、市相关部门汇报灾情，争取灾后恢复重建资金6.0952亿元；向农发行、国开行融资2.4亿元，优先启动住房重建和道路、水利等基础设施恢复重建。多渠道争取社会捐赠，收到衢江区捐赠款物756万元、市内兄弟县市区和园区捐款3300万元、社会各界捐款捐物2000余万元。集中力量开展白马藏族乡重灾区重建，由县委书记挂帅，抽派6名县级领导干部，遴选26名干部组成灾后重建临时党委和工作组进驻白马藏族乡，统筹领导全乡灾后重建工作。参照脱贫攻坚“五个一”帮扶模式，分村落实多个帮扶部门，实行干部联户“一对一”帮扶。紧盯民生、安全需要，累计完成253户受灾户和村寨公共区域淤泥清理38.8万立方米，推进146户住房维修加固、117户住房重建。29个重建项目全部启动，白马藏族乡灾后恢复重建规划通过专家评审。

北川羌族自治县

【概况】 北川羌族自治县古名“石泉”，位于四川盆地西北部，地理坐标为北纬31°33′17"—32°13′17"、东经103°45′02"—104°43′12"。东接江油市，南邻安州区，西靠茂县，北抵松潘、平武。辖区面积3084平方千米，辖9镇10乡、202个行政村。2020年，北川实现地区生产总值79.11亿元，同比增长4.3%；地方一般公共预算收入4.16亿元，同比增长21.9%。农林牧渔业增加值15.11亿元，同比增长5.7%；工业增加值15.93亿元，同比增长5.3%；实现规模以上工业总产值46.85亿元，同比增长9.1%；实现旅游收入61.44亿元，同比下降14.9%；全社会固定资产投资同比增长11.1%；社会消费品零售总额32.12亿元，同比下降1.3%；外贸进出口总额1496.96万元，同比增长117.9%。城镇居民人均可支配收入34348元，同比增长6.6%；农村居民人均可支配收入15811元，同比增长9.2%。

【抗洪抢险和灾后重建】 2020年，北川大暴雨天气频繁，7月下旬至8月下旬相继出现“7·25”“7·30”“8·5”“8·11”“8·15”“8·30”6次大暴雨或特大暴雨天气过程，北川国家气象观测站降雨量1289.1毫米，为历史同期极大值，位列2020年全国同期降雨量第一位。全县16万余名群众受灾，直接经济损失超过18亿元。面对严重汛情，全县建立抢通保通突击队、先遣队，紧急转移安置10768户32145人，妥善处置堰塞湖、泥石流等重大险情，8天时间抢通各乡镇连接道路，11天时间恢复所有场镇供电，12天时间恢复基本通信，无一人因灾死亡和失联。按照“科学规划、及时重建、推动发展”的工作思路推进灾后恢复重建，研制洪涝地质灾害灾后恢复重建《总体规划》和农房重建等5个《实施方案》。截至年底，共争取上级灾后恢复重建资金8.15亿元、项目124个，抢修供水管网100余千米、道路2000余千米，有1424户重建户，完工1353户。

【天府旅游名县创建】 2020年9月25日，2020年四川省文化和旅游发展大会在峨眉山召开。会上，北川羌族自治县被正式命名为四川省第二批天府旅游名县并获授牌。截至2020年，北川统筹县级各类资金63.05亿元支持旅游及相关产业发展，建成生态停车场227个、通景公路约2800千米、公路服务区8个、标准床位约1.2万个、城市休闲通道6条以及2条分别长28千米、18千米的旅游风景廊道；建成并免费开放旅游厕所225个，建成旅游集散中心1个、游客综合服务中心13个、旅游咨询服务点18个，规范设置全域全景图、导游全景图等标识标牌2920个，旅游基础设施全面提升。依托全省首批民族地区旅游人才开发培养示范基地和中专院校，对全县旅游管理从业营销人员开展理论、技能、业务、礼仪等线上线下培训，年培训1.8万余人次，提升从业人员素质。实施文旅融合战略，坚持“点线面”串联结合、构建“水陆空”空间布局、推进“旅游+”产业融合，推动旅游产业成为全县经济发展的重要产业支柱、消除贫困的重要路径和文化振兴的重要载体。实施重大文旅项目69个、打造国家级乡村旅游品牌8个、省级旅游品牌23个、建成幸福美丽新村207个、“四好村”248个、星级农家乐109家。2020年，全县实现旅游总收入61.44亿元，接待游客753.87万人次，同比增长13.9%。

【北川建成四川首个电磁监测试验卫星工程三频信标接收站】 2020年10月13日，北川建成四川省首个电磁测试卫星工程三频信标接收站并挂牌。电磁监测试验卫星是按照2006年国务院发布的《国家防震减灾规划（2006—2020）》提出的天地一体化地震立体监测网络发展的要求，发展天基地震监测手段的第一步。电磁测试卫星工程三频信标接收站在北川建立填补南北观测站链之间的空白，对全国南北地震带上空的电离层进行监测，为大地震预测研究、预报实践提供有价值的前兆信息。

科学城办事处

【概况】 科学城坐落于绵阳城区北侧，占地面积约6平方千米，城区人口约5万人，是中国工程物理研究院的科研、生产和生活基地。2020年，科学城坚持“服务科研生产、保障职工民生福祉”，深化教育医疗改革，加大民生保障力度，全面筑牢辖区安全防线，统筹做好新冠肺炎疫情防控、扶贫帮扶与经济社会发展工作，全年完成税费收入3亿元。

【民生保障】 2020年，科学城开展居民社会保险“全覆盖”清查，完成失业保险费征缴发放、城乡居民医疗、养老保险及企业退休人员管理工作。完善医药机构远程问诊机制，完成医保经办信息平台建设、数据分析系统建设，通过科学城医疗保险管理信息系统实现省工会互助医疗网上结算。强化民政工作，出台残疾儿童康复救助制度，调高辖区居民最低生活保障标准、“金秋助学”标准，发放民政、残联、慈善各类民生资金518万余元。加强住房保障，实现公租房第二批次入住，做好住房公积金贷款发放审批和贷后管理，全年发放贷款396笔2.4亿元，实现增值收益2398万元，同比增长11.87%。深化就业服务工作，协助开展中物院青年职工配偶就业双选会，建立招聘求职信息定期发布制度，帮助职工家属就业。

【教育事业】 2020年，科学城完成基础教育中心管理体制改革，合理分流基础教育中心人员，整合学前教育、小学教育等资源，组建春蕾学校，配齐学校领导班子，科学城一中、科学城春蕾学校实现模拟法人独立运行。落实新时代教育督导改革要求，成立科学城办事处教育督导委员会。加大教育投入，持续改善办学条件，完成科学城一中生活广场应急整治，春蕾幼儿园建成并投入使用，办学条件持续改善。坚持一体化推进基础教育整体发展，各学段全面完成学年目标任务，科学城一中、春蕾学校获得绵阳市2020年普通高中优质生源输送工作先进学校特等奖，科学城一中、科学城教体局及全部高考学科均获得绵阳市2020年高考质量目标综合评价A1特等奖。

【医疗卫生事业】 2020年，科学城深化医疗机构改革，探索辖区医院和社区卫生服务中心医共体建设，科学城医院、九〇三医院加入绵阳市医保支付方式改革付费体系。深化现代医院建设，修订完善医院章程以及目标绩效、物资采购、基本建设等管理办法。提升医疗保障能力，加快引进高端人才，加强重点专科建设，推进职工职业卫生保障体系建设，九〇三医院启动国家三级甲等综合医院建设，科学城医院成为绵阳市首家具备PET/CT检查能力的医疗机构。

【城市建设与管理】 2020年，科学城加强城市基础设施建设，基本完成科学城人防工程、边坡治理，完成"7·11"地质灾害治理等项目建设。推进科学城市政环卫绿化、垃圾清运精细化管理，制定并落实监督考核机制，城市整体面貌干净整洁。完善市政基础设施配置，安装公交站点候车椅40处，加强日常维修维护，确保市政基础设施有效发挥作用。完善环保设施，加大污染治理，生态环境保护得到加强。开展食品安全专项整治，全部完成"明厨亮灶"建设，辖区未发生食品药品安全事故。

【文化事业】 2020年，科学城保障《以身许国》话剧首演成功，配合做好"中物院记忆"采集工作。开展体育健身、文艺会演等群众性文体活动，累计1800余人次参加，推动形成具有科学城特色的辖区文化。承办中物院体育赛事活动，完善街道文化站设备配置。

【平安科学城建设】 2020年，科学城加强公安、武警联勤联动，排除安全隐患。深化专职消防队建设，组织开展消防安全应急演练、消防能力提升指导培训、节前防火监督检查等活动，接处警111次、出动消防车辆135车次。加大对周边区域和"城中村"排查力度，调查处置无人机黑飞等事件。开展治安综合治理，排查辖区涉黑恶乱现象。创新基层社会治理，开展信访和民调工作，严厉打击各类违法犯罪活动，集中整治电信诈骗、多发性侵财案件等影响职工居民安全感的突出问题，辖区全年无民转刑案件发生。

【扶贫帮扶】 2020年，科学城做好定点扶贫陕西省富平县工作，在富平县脱贫摘帽基础上，坚持"四个不摘"，加大产业扶贫、党建扶贫、教育健康扶贫力度，深化消费扶贫工作。全年拨付定点扶贫资金1630.35万元，引进帮扶资金30万元，培训基层干部216人、技术人员2500人，购买富平县扶贫产品1066.5万元，帮助销售939.27万元，超额完成《2020年度中央单位定点扶贫责任书》承诺的指标任务。开展帮扶绵阳市平武县消费扶贫工作，免费提供场地建成平武县消费扶贫（科学城）直营店，组织中物院所属单位与平武县乡镇结对帮扶，全年实现消费扶贫769.27万元。 （张晓波）

全国劳动模范、先进工作者称号获得者

【唐世会】 女，汉族，1970年11月出生，四川绵阳人，四川长虹电子控股集团有限公司制造分部整机线班长。2006年7月绵阳市游仙电子技术学校毕业（在职学习），2007年9月加入中国共产党。唐世会是整机线唯一的女班长，她带班22年，一直担当着“兵头将尾”的基层管理工作。她创新管理，创建特色班组管理制度和班组文化，打造一支专业素养高、技术功底厚、岗位胜任能力强的员工队伍，多次在公司的技能比武竞赛中取得优异成绩。她以身作则，凡事亲力亲为，激发团队的工作热情和战斗力。她坚韧不拔，勇于挑战，用行动诠释着责任与担当。她坚持“用户需求决定论”，不断创新质量管理模式，时刻关注运用新的质量管理办法。班组内开设“现场质量考核奖惩制度”和看板拉动式管理，以及独特的“三招半”质量管理方式，打造“零缺陷”质量管理。每年提出的优秀合理化建议30多条，实现降本经济效益100多万元。2020年，唐世会获得全国劳动模范称号。

【张　彬】 男，汉族，1964年1月19日出生，四川绵阳人，四川美乐集团实业有限公司董事长、总经理。2018年10月长江商学院EMBA毕业，1981年6月参加工作。张彬原为国有企业职工，1986年辞职经商，1990年创立美乐品牌。30年的时间，他将美乐从单一的化妆品销售发展成为集商贸物流连锁经营、房地产开发、化妆品连锁销售、酒店、餐饮等项目为一体的多元化集团企业，并贯彻国家“走出去”的方针，在美国、新加坡开展海外业务。他的企业是“全国双爱双评先进企业”“全国商业服务业先进单位”、国家级“守合同重信用企业”“改革开放40年四川省民营企业100强”“2019年四川民营企业100强”，多次获得“百企帮百村先进单位”“精准扶贫先进单位”等荣誉。2019年度实现销售近30亿元，上缴税收4300余万元，解决2600余个就业岗位。2017年，为保护地方知名小吃，张彬收回绵阳具有130年历史的小吃品牌“窝窝店包子”的经营权，进行升级改造，申报成为非物质文化遗产，立志要打造出一个能代表中国走向世界的知名全球小吃连锁品牌。张彬乐善好施、关爱社会，在疫情防控期间，第一时间从海外抢购医用防疫物资，以最快的速度送回国内，是绵阳市第一家捐赠大宗医用物资的民营企业。历年来，在各类公益事业中，张彬率美乐集团累计捐赠3000余万元。2020年，张彬获得全国劳动模范称号。

【邓晓莉】 女，汉族，1980年10月出生，绵阳燃气集团有限公司王子大酒店餐饮部主管。2015年曾获得“四川省劳动模范”称号。她带领班组人员补短板，找差距，认真落实每一项星评整改工作，在一次迎接星级评定复核工作中，部门经

理要求当日做好区域清洁卫生，确保迎检状态。邓晓莉放弃休息，发扬不怕苦、不怕累的精神，一面给员工做好思想工作，讲企业精神和酒店管理理念，一面带领员工从天花板、台面，到地脚线，从上到下、由里到外全部清理卫生，一直工作到凌晨，确保卫生达标。2011年度、2014年度邓晓莉分别被酒店评为先进个人。2014年她在参加绵阳市首届职业技能大赛中，以精湛娴熟的专业技能，获得餐饮服务类第一名。她坚持服务标准，热情、用心、细致、周到服务于每一位客人，受到客人一致好评。

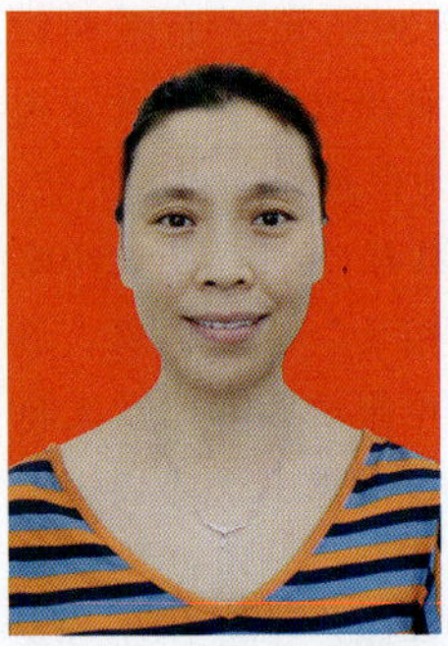

【邓建军】女，汉族，1972年8月出生，四川绵阳人，四川大学临床检验诊断学专业研究生毕业，医学硕士，四川绵阳四〇四医院检验科主任、门诊医技大科主任。1995年6月参加工作，2004年5月加入中国共产党。邓建军在应对“非典”、猪链球菌、“5·12”汶川特大地震、H1N1流感、新冠肺炎疫情等关键时刻，勇挑重担，经受住多次重大考验。新冠肺炎防控期间，她带领的团队一直与病毒针锋相对，在疫情控制中发挥至关重要的“识别者”作用。在她的带领下，检验科团队仅用4天时间，组建医院新冠肺炎核酸检测实验室，再到绵阳核酸检测确诊实验室，并通过省卫健委验收，创造医院又一个“检测速度”，实现从0到1的突破。截至2月13日共完成近2000例新冠病毒检测，确诊6例，为绵阳市新冠肺炎防控工作“早发现、早报告、早诊断、早隔离、早治疗”做出重大贡献。邓建军秉持负责任、有担当的坚毅精神，为国发声，正面回应国际舆论，粉碎国际“中国温石棉恐惧症”。1998年至2002年与第三军医大学合作，完成国家自然科学基金资助项目《生物活性矿物纤维表面介体及其活化机理研究》（49502025），对中国12个矿厂的12种矿物进行细胞毒性及所致职业病流行病学调查与分析。作为项目主持人她与西南科技大学成功申报多项资助项目，其中有2015年的国家自然科学基金面上项目《中国典型温石棉与主要人工代用纤维致突变性及其机理研究》（41472046）、2016年的四川省科技厅重点项目《我国不同地域PM2.5致肺泡上皮细胞癌变的分子机理研究（重点）》（2016JY0045）以及2020年的绵阳市科技局新型冠状病毒感染肺炎疫情应急科研项目《绵阳地区新型冠状病毒肺炎患者的多系统功能变化与代谢组》。邓建军于2001年获得四川省科技进步三等奖，2002年获得绵阳市科技进步一等奖，2009年以课题负责人身份获得四川省科技进步三等奖，2013年获得四川医学科技进步一等奖，2014年再次以课题负责人的身份获得四川省科技进步三等奖。邓建军于2012年获卫生部“我最喜爱的十大健康卫士”，2014年获“绵阳市第九批有突出贡献的中青年拔尖人才”、四川省卫计委“学术技术带头人”及四川省人力资源和社会保障厅“学术技术后备人”称号，2018年获中央组织部“西部之光访问学者”称号，2019年获“绵州杰出科技工作者”称号以及绵阳市卫生系统“时代人物”。2020年，邓建军获得全国先进工作者称号。（龙　文）

2020年度“四川好人”

【龙　波】男，1972年12月出生，汉族，中共党员，绵阳市四〇四医院感染大科副主任兼结核病科（丰谷病区）主任。从事医务工作24年来，龙波潜心钻研，始终奋战在医疗临床和防疫一线，负责绵阳市肺结核及艾滋病治疗工作，在他和团队的共同努力下，绵阳市肺结核及艾滋病防治取得显著成效，处置多起绵阳市重大公共卫生事件。龙波常说：“我们搞快一步，老百姓的生命健康保障就多一点。”自丰谷病区新冠肺炎防疫工作启动以来，龙波作为专家组副组长和丰谷病区主任、党支部书记，他带领全科医护人员冲锋在前，践行“我是党员我带头”的承诺，在他的带动下，病区所有医务人员全部取消休假，纷纷请战。他带领团队第一时间对密切接触者进行追踪并医学留观检测，对确诊患者积极开展救助治疗和心理辅导，每日梳理当天所有病人临床指征，对病情发展做好预判。新冠肺炎疫情防控期间，龙波左侧腰部突然剧烈疼痛，被诊断为左侧输尿管结石、肾结石，但他仍然每天咬牙坚持工作，拒绝休息，他一边吃着止痛药一边牢牢守住这块“阵地”，带领团队夜以继日战斗在抗击疫病最前沿，始终坚守在急难险重岗位上。2020年4月，龙波入选四川省精神文明办公室主办的2020年第一批“四川好人榜”（敬业奉献好人）。

【高　峰】男，1984年6月出生，汉族，中共党员，绵阳市第三人民医院呼吸与危重症医学科副主任医师。2019年年底，高峰刚执行完广元市青川县对口支援及“传帮带”工程回到绵阳没有几天，就作为绵阳市第三人民医院第一批援湖北医疗队队长，带着使命，于2020年1月28日抵达湖北，在协和武汉市红十字会医院发热10病区参加援助工作。在抗疫的第一线，他带领队员，以病人为中心悉心开展救治，有疑问的就通过远程网络系统同专家讨论病例，使患者得到及时有效的治疗，取得良好的收效。2020年4月，高峰入选四川省精神文明办公室主办的2020年第一批“四川好人榜”（敬业奉献好人）。

【崔凤琴】女，1940年11月出生，汉族，中共党员，江油市含增镇盘江社区第二支部居民组长兼党小组长。崔凤琴深受雷锋精神的教育影响，立志要成为像雷锋那样的人，多做好事善事，为人民服务，将雷锋精神发扬光大。2009年10月，她积极响应盘江社区结对帮扶计划，十年如一日地坚持照顾社区95岁的孤寡老人张某，为老人料理家务，陪老人聊家常等。邻居都说，崔凤琴就像老人的女儿一样，她无微不至的照顾让老人感受到亲情的温暖。在社会公益事业中，她积极帮助社区困难群众，为他们捐款、捐物。崔凤琴经常给低保户王某送衣物送东西。每次片区内有老人生病或老人去世，她都会前去探望，送上礼品和慰问金。每逢节日她都会给辖区清洁工人送礼物，聊表谢意。新冠肺炎疫情防控期间，她不顾自己近80岁的高龄，坚持同年轻志愿者一起守卡点、夜间巡逻、文明劝导，防疫劲头儿不输年轻人，并主动捐款1400元为社区新冠肺炎疫情防控工作助力。2020年11月，崔凤琴入选四川省精神文明办公室主办的2020年第二批“四川好人榜”（助人为乐好人）。

【赖　宁】男，1981年2月出生，汉族，绵阳市公交公司公交五总站第46路车驾驶员。2019年7月7日的深夜，赖宁下班回家，在经过绵梓路绵阳师范学院北门时，隐约听见路边停放的一辆电动三轮车里面传来微弱的呼救声，强烈的责任意识驱使赖宁准备上前一探究竟。这时，从三轮车后突然蹿出一长发男子用威胁的眼光示意赖宁离开，该男子的慌乱神情引起赖宁的怀疑，当他再次询问情况时，该男子突然从车上拖出一根长约80厘米的钢管朝赖宁头部打了过来。赖宁在毫无防备的情况下本能地用双手挡了过去，导致手臂受伤，但他毫不畏惧，强忍着伤痛与长发男子殊死搏斗，凭借自己多年锻炼出的过硬身体素质，赖宁将犯罪嫌疑人摁倒在路边的绿化带中，令其松开手中的凶器，同时，大声呼喊寻求路人的帮助。在闻声赶来的群众协助下，赖宁与赶来的警察将犯罪分子成功制伏，解救出了三轮车内被绳子捆缚、满脸是血且意识模糊的女孩。赖宁在他人生命遭受侵害和威胁的危急时刻，不顾个人安危，用热血热心力阻罪恶的行为，受到各方好评。2020年11月，赖宁入选四川省精神文明办公室主办的2020年第三批“四川好人榜”（见义勇为好人）。

【于　江】男，1966年5月出生，汉族，中共党员，江油启明星氯碱化工有限责任公司总经理。1985年，于江高中毕业进入乡镇企业江油化工厂，成为一名电气操作工。1993年，26岁的于江业绩突出，担任设备管理副厂长，同年晋升为工程师。2002年，公司和江油钛厂重组，致使200多名工人面临失业的时刻，他恪守誓言，解决200多名钛厂下岗工人的就业问题；2013年，由于宏观政策调整，原参股国有企业退股，于江揽下8000多万元债款、银行贷款和股东借款，在企业深陷债务危机生死存亡的时刻，他挺身而出，以诚信为本，带领企业走出破产危机。新冠肺炎疫情防控期间，他带领公司走上抗疫第一线，第一时间调整产品结构，50多天里，公司加班加点生产500多吨消毒液，并全部无偿供应，保证绵阳及周边地区的消毒使用，同时捐赠30吨消毒液，并自派车辆送往江油市对口帮扶的凉山布拖县。2020年12月，于江入选省精神文明办2020年第四批“四川好人榜”（诚实守信好人）。

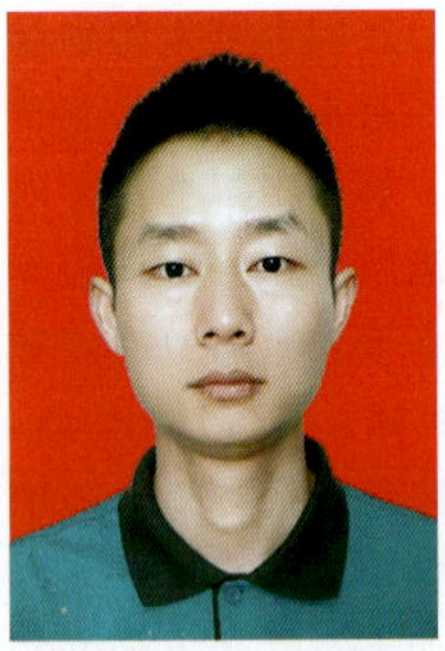

【杨　林】男，1988年1月出生，汉族，中国邮政集团有限公司绵阳市分公司投递员。2019年2月22日21时左右，“120”急救中心接到报警电话称绵阳市游仙区海峰苑小区发生一起天然气中毒事件，可对方只来得及说出小区名字便没有了下文。海峰苑小区约有290家住户，中国邮政集团有限公司绵阳市分公司投递员杨林凭借多年来良好的职业素养，成功找到报警人，并第一时间撬开铁门，挽救一家四口的性命。3月13日，获救家庭来到邮政公司金柱园投揽部，将一面写有“事故无情人有情，助人为乐显真情”的锦旗送给杨林，感谢其在危难之际出手相助。2019年8月，杨林获得绵阳市游仙区人民政府授予的“见义勇为公民”荣誉称号。2020年12月，杨林入选省精神文明办2020年第四批“四川好人榜”（见义勇为好人）。

【蒲战武】男，1972年10月出生，汉族，盐亭县五云生猪养殖合作社社长。在乡村干部的鼓励和支持下，贫困户蒲战武树立起生活自信，决定从养生猪开始，慢慢走上致富路。2016年12月与新希望集团合作，通过扶贫小额信贷从信用社贷款5万元，向亲朋借款10万元，建立全县首个生猪代养场，占地800平方米，实行自繁自养，年出栏生猪500头左右。2017年代养场出栏生猪800头，实现利润35万元。2017年3月，蒲战武牵头成立“公司+支部+农户”模式的五云生猪养殖合作社，带动该村集体经济发展和全村59户贫困户共同致富奔小康。2018年，蒲战武获绵阳市第二届“脱贫达人”。2020年，蒲战武入选省精神文明办脱贫攻坚“四川好人榜”（脱贫奋进“四川好人”）。

【廖　云】男，1987年9月出生，汉族，中共党员，绵阳市生态环境局环境保护信息宣教中心工作人员，盐亭县巨龙镇天水村第一书记。2016年，他积极投身脱贫攻坚第一线，成为“海归”扶贫书记，建强基层堡垒，规范村规民约，实行“红黑榜”曝光制，开办农民夜校“天水大讲堂”，每月开展党性、廉洁、励志、技术、礼仪“五大主体培训”；深入挖掘陈书文化，带领天水村支部由全县后进党支部转变为绵阳市AAA示范党组织。号召在外工作人员180余人注册参加思乡协会，建立“脱贫攻坚互助基金”，筹集基金300万元，设立陈书奖学金，探索创新“优质水果+中药材”立体种植模式和“党支部+公司+合作社+农户+金融+科研院校”产业发展模式被全市推广。整合政府和社会各类资金1亿元打造“花果嫘乡”产业园区，规模达466.67公顷。2020年，廖云入选省精神文明办脱贫攻坚“四川好人榜”（扶贫担当“四川好人”）。

【李籽萱】女，2008年10月出生，就读于绵阳市安州区第一初级中学。小小年纪的李籽萱拥有“小作家”的头衔。7岁开始写作。9岁时和妈妈合作公开出版《陪着孩子数星星》。2019年8月，再次与妈妈合作出版《梦想的天空》。在绘画方面，李籽萱曾获得“全国中小学生绘画书法作品比赛（绘画类）二等奖”，《梦想的天空》等封面与插图，全部由自己设计、手绘。在计算机编程方面，她是学校“文星闪耀”队的队长，获得“世界机器人（WER）2018赛季世锦赛一等奖”（世界排名第三十七）。她还先后获得“安州区第九届中小学生艺术节美术作品特等奖”“安州区第四届校园篮球赛优秀运动员”“安州区经典诵读比赛特等奖”等奖项。2020年12月，李籽萱被省精神文明办授予“四川新时代好少年”称号。

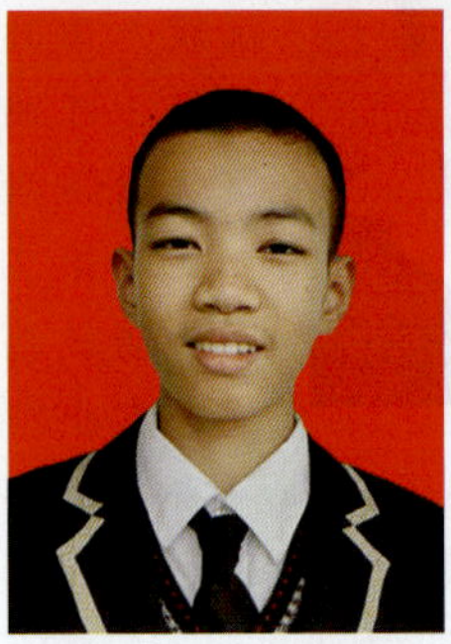

【王飞扬】男，就读于绵阳东辰国际学校九年级。学习上，王飞扬脚踏实地、勤勤恳恳地汲取知识的养料，七年级期末取得全市第一名的好成绩。2017年，王飞扬获第二十二届全国华罗庚少年数学邀请赛二等奖和全国数学创新应用大赛三等奖；2018年，获全国中学生应用能力竞赛全国二等奖、中国计算机学会举办的全国信息学奥林匹克联赛NOIP 2018比赛四川赛区二等奖；2019年，王飞扬再次参加由中国计

算机学会主办的CSP–J非专业级软件能力认证比赛，取得四川省第三名、绵阳市第一名的成绩。学习之余，王飞扬从小学二年级开始学习萨克斯并考取七级证书，曾多次跟随学校管乐团参加各级比赛和文艺会演。2017年，参加四川省意林杯音乐大赛，获得全省二等奖。2018年，参加在上海沪东工人文化宫举行的中华杯优秀管乐团展演，所在乐团获得优秀团队称号。2020年12月，王飞扬被省精神文明办授予“四川新时代好少年”称号。 （唐东杰）

2020年荣立二等功以上的绵阳籍官兵简介

【廖 强】 绵阳市涪城区人，1983年出生，2000年12月入伍，三级警士长警衔，服役于武警某部直升机支队。参加重大飞行任务上百起，成功排除各类重大故障隐患50余次，安全飞行3000多小时。多次荣立二等功、三等功，被战友亲切地称为“战机活扳手”。2020年度因成绩卓著，荣立一等功。

【冯 维】 绵阳市北川羌族自治县人，羌族，陆军某旅战士。2019年，参加国庆70周年阅兵，被陆军方队评为训练标兵，在阅兵联合指挥部作事迹报告，同年被陆军表彰为优秀士官标兵，被集团军评选为强军先锋。2020年荣立二等功。

【李 尧】 绵阳市涪城区人，在海拔3600米的高原完成多项大型演练及装备实验任务，工作完成出色，荣立二等功。

【孟庆星】 绵阳市梓潼县人，空军某部副参谋长，中校军衔，空军特级飞行员，飞行指挥员、四机长机、教官，先后荣立二等功1次、三等功1次，曾被评为“优秀基层主官”。近年来，多次参加重要任务，始终站在一线，带头指挥、带头飞行。

【秦 浩】 绵阳市三台县人，服役于武警某部，先后被总队表彰为优秀共产党员、优秀党务工作者、优秀基层干部，两次被总队表彰为十佳“四会”政治教员，2019年被武警部队表彰为十佳“四会”政治教员。

【宋 辉】 绵阳市游仙区人，他恪尽职守、履职尽责，在机务保障工作中成绩突出，安全无事故。2020年荣立二等功。

【向 鹏】 绵阳市安州区人，某发射测试站工程师，先后10余次出色完成航天测试发射领域重大任务。

（资料来源：《四川观察》2021年8月1日）

全国五好家庭

【蒋利军家庭】 2020年12月31日，全国妇联在北京召开第十二届全国五好家庭暨家庭工作先进集体、先进个人表彰和2020年全国最美家庭揭晓电视电话会。绵阳市蒋利军家庭获评全国五好家庭。蒋利军家庭居住在涪城区跃进路43号九洲生活区，祖孙三代共同生活15年，和睦共处、其乐融融，先后被评为绵阳市“文明户”，全国、省、市“最美家庭”。蒋利军夫妇在事业上相互支持，丈夫王德明在新婚蜜月去国外执行任务，长时间别离，杳无音信，妻子蒋利军毫无怨言。妻子计划脱产备考研究生，丈夫毫不犹豫地支持她。“5·12”汶川特大地震发生后，他们去医院当义工，给受到地震创伤的人们送去温暖。蒋利军家庭，是一个充满关爱、学习进取、专注工作、服务社会的“孝爱和乐”之家。

【杨群芳家庭】 2020年12月31日，全国妇联在北京召开第十二届全国五好家庭暨家庭工作先进集体、先进个人表彰和2020年全国最美家庭揭晓电视电话会。绵阳市杨群芳家庭获评全国五好家庭。杨群芳家庭居住在游仙区魏城镇荣发村。夫妇相敬如宾，家风互爱邻里皆知。2020年，杨群芳的公公去世，丈夫伏孝宾也不幸罹患白血病。面对家庭陷入贫困的现实，她选择不离不弃，各方筹集医药费，为丈夫治病。丈夫离世后，留给杨群芳的是30余万元的外债，为了还清债务，55岁的她毅然外出打工还债，她说："人活着，必须有良心，守诚信，再辛苦，我也要将治疗丈夫所欠的医药费还上，做一个诚实守信的人，丈夫在天之灵也可以得到告慰。"杨群芳用自己的行动无声地为人们阐释着诚信和睦的深刻内涵。

全国最美家庭

【谭小燕家庭】 2020年12月31日，全国妇联在北京召开第十二届全国五好家庭暨家庭工作先进集体、先进个人表彰和2020年全国最美家庭揭晓电视电话会。绵阳市谭小燕家庭获评2020年第二批全国最美家庭。谭小燕家庭住在安州区花荄镇兴隆村，家庭成员互敬互爱，齐心协力带领父老乡亲全力发展红薯产业，实现持续增产增收的梦想。采用"居家灵活就业"的模式解决留守人员、返乡农民工的就业问题，为农村发展、农业增效、农民增产增收、贫困户脱贫增收做出巨大贡献。为农村社会、家庭、和谐、稳定打下坚实的基础。谭小燕家庭创办的安县益昌薯类种植专业合作社先后被评为"省级示范社""四川名牌""省级标准化示范基地""省级示范组织""市级优秀示范社""妇女灵活居家就业基地"等荣誉。

【罗英家庭】 2020年12月31日，全国妇联在北京召开第十二届全国五好家庭暨家庭工作先进集体、先进个人表彰和2020年全国最美家庭揭晓电视电话会。绵阳市罗英家庭获评2020年第二批全国最美家庭。罗英家庭家住盐亭县黄甸镇湍江社区，罗英家庭勤劳致富，家庭和睦，热心公益，深受群众好评。罗英家庭家风纯良，罗英夫妻相濡以沫，并教育子女要以孝传家，以勤立业。罗英的子女成立公司，继续服务社会。罗英家庭热心公益，捐助老弱病残困资金5万余元，捐资赞助修路筑桥、建设广场、硬化街道等当地公益事业。在罗英的倡议下，社区组织成立老年协会、居民议事会、红白理事会、道德评议会、新乡贤理事会，形成喜事新办、丧事简办的淳朴社风。

全国抗疫"最美家庭"

【赵洁琨、孙剑彬家庭】 2020年5月15日，全国妇联在央视网、央视影音客户端云发布2020年全国抗疫"最美家庭"，其中绵阳市中心医院赵洁琨、孙剑彬家庭入选。赵洁琨、孙剑彬家庭住在绵阳市涪城区建设街4号，在新冠肺炎疫情发生的第一时间，夫妇主动请缨加入医院防控团队。妻子赵洁琨主动申请支援湖北，在援湖北期间，赵洁琨及其团队在武汉红十字医院独立承担发热十病区的救治工作，病区共计61名患者治愈出院。丈夫孙剑彬作为绵阳市中心医院后勤保障科科长，第一时间投入抗疫工作，先后改造发热门诊、留观病房、发热病人手术室、医院进出通道，规范管理医院中央空调使用、医疗废物、污水处理。这对特殊的夫妻，一人在武汉的医院舍身救人，一人在绵阳的医院默默坚守，他们用忠诚与担当守护着人民群众的生命安全。

（罗　芳）

统计资料

2020年绵阳市在全省的地位一览表

表 101

指标名称	计量单位	四川省	绵阳市	比重（%）
土地面积	万平方千米	48.61	2.02	4.2
年末常住人口	万人	8371.0	487.10	5.8
地区生产总值	亿元	48598.76	3010.08	6.2
第一产业	亿元	5556.58	370.95	6.7
第二产业	亿元	17571.11	1174.36	6.7
第三产业	亿元	25471.07	1464.77	5.8
规模以上工业企业个数	个	14843	1079	7.3
规模以上工业增加值增速	%	4.5	5.1	—
全社会固定资产投资增速	%	9.9	10.0	—
社会消费品零售总额	亿元	20824.90	1394.26	6.7
地方一般公共预算收入	亿元	4260.89	140.96	3.3
地方一般公共预算支出	亿元	11198.54	444.70	4.0
金融机构人民币各项存款余额	亿元	90350.5	5082.30	5.6
金融机构人民币各项贷款余额	亿元	69504.9	2812.66	4.0
白酒	万千升	367.6	4.9	1.3
彩色电视机	万台	970.1	499.3	51.5
粗钢	万吨	2792.6	25.8	0.9
成品钢材	万吨	3437.2	59.5	1.7
水泥	万吨	14495.8	1049.4	7.2
农用氮磷钾化学肥料	万吨	349.6	3.8	1.1
汽车	万辆	71.3	1.4	2.0

（王杰凡）

“十三五”时期绵阳市国民经济主要指标一览表

表 102

指标名称	计量单位	2016 年	2017 年	2018 年	2019 年	2020 年
一、综合						
1. 自然资源	*					
行政区域土地面积	平方千米	20248.4	20248.4	20248.4	20248.4	20248.4
年平均气温	摄氏度	17.9	17.6	17.4	17.3	17.6
年降水量	毫米	545.5	1034.0	1361.1	776.9	1122.1
年平均日照时数	小时	1294.2	1274.2	1468.0	1054.6	1257.8
2. 年末总人口	万人	545.18	536.82	536.20	531.29	528.51
# 男	万人	279.93	275.29	274.78	272.25	270.53
女	万人	265.25	261.53	261.42	259.05	257.98
当年出生人口	万人	4.65	5.20	4.98	4.25	4.01
当年死亡人口	万人	3.37	3.49	3.74	3.68	3.29
3. 年末从业人员	万人	277.33	278.77	280.52	281.97	283.91
# 第一产业	万人	82.71	81.81	79.45	77.69	76.66
第二产业	万人	83.79	85.96	84.45	83.75	83.19
第三产业	万人	110.83	111.00	116.62	120.53	124.06
城镇登记失业人员数	人	34791	33527	21999	19516	26065
4. 地区生产总值 (现价)	亿元	1957.91	2313.57	2613.30	2870.49	3010.08
# 第一产业	亿元	203.16	260.75	266.96	302.46	370.95
第二产业	亿元	878.05	993.66	1090.63	1161.75	1174.36
# 工业	亿元	674.42	756.76	822.85	876.74	882.65
第三产业	亿元	876.70	1059.16	1255.71	1406.28	1464.77
5. 地区生产总值增长速度	%	8.3	9.1	9.0	8.1	4.4
# 第一产业	%	2.9	4.1	3.9	2.9	5.4
第二产业	%	8.4	9.0	9.6	8.0	4.0
# 工业	%	8.9	9.2	10.0	8.8	4.1
第三产业	%	9.7	10.5	9.6	9.5	4.5
6. 人均地区生产总值	元	41324	48442	54376	59381	61936
二、农村经济	*					
有效灌溉面积	公顷	218680	220830	221150	221130	221510
农业机械总动力	万千瓦	323.71	334.87	304.31	342.97	349.76
三、规模以上工业	*					
企业单位数	个	894	971	1003	1048	1106
# 大型企业	个	22	23	19	20	23
中型企业	个	91	80	79	84	77

续表

指标名称	计量单位	2016 年	2017 年	2018 年	2019 年	2020 年
小型企业	个	781	868	905	944	1006
工业总产值（当年价）	万元	26035066	25800030	23118417	25285005	26380635
#轻工业	万元	12886613	6143986	6238539	6880779	6821794
重工业	万元	13148452	19656043	16879878	18404226	19558841
#内资企业	万元	24270417	23583970	21792428	23751153	24296611
#国有企业	万元	43480	39987	50623	10699	459395
集体企业	万元	58061	70993	80632	97708	93358
股份合作企业	万元	48357	61077	15828	16340	34792
联营企业	万元		2656	8061	9442	12488
有限责任公司	万元	15144234	13060738	10505527	11138734	9271413
股份有限公司	万元	2157457	2402813	2196426	2273231	1738634
私营企业	万元	6796386	7935827	8935332	10204998	12686531
其他企业	万元	22440	9879	—	—	—
港澳台商投资企业	万元	1119848	1505937	644166	719273	970505
外商投资企业	万元	644801	710123	681824	814579	1113519
工业增加值增速	%	9.9	10.5	10.8	10.0	5.1
资产总计	万元	24340043	26268304	28522323	34112672	37796536
负债合计	万元	15090848	16576716	18078739	21121153	22555263
主营业务收入	万元	24378528	27288228	26940426	29744012	31819959
主营业务税金及附加	万元	170422	208329	219604	217471	230572
利润总额	万元	1222658	1400368	1185686	1384261	1512070
所得税费用	万元	141430	192524	160814	190025	214000
利税总额	万元	2288543	2500898	2155032	2420610	2540971
本年应交增值税	万元	895463	892201	746181	818878	798329
全部从业人员年平均人数	万人	19.91	20.05	18.94	18.74	18.69
四、交通运输、邮电通信						
境内公路总里程	千米	19919	20172	20146	20194	23653
#等级公路	千米	14448	15744	17250	18134	21270
等级外公路	千米	5471	4428	2896	2060	2383
境内铁路营运里程	千米	167	213	268	268	268
公路旅客周转量	万人千米	295352	244577	228547	214556	133876
公路货物周转量	万吨千米	710671	771749	842133	645446	686054
民用汽车拥有量	辆	472407	584287	661385	730492	792710
#私人汽车拥有量	辆	469316	545984	621697	684548	742316

续表

指标名称	计量单位	2016 年	2017 年	2018 年	2019 年	2020 年
邮电主营业务收入	万元	376757	393685	412119	418554	441817
# 电信主营业务收入	万元	332260	343840	357995	361773	379435
年末本地固定电话用户	户	864180	1054333	1033891	1082527	1192189
年末移动电话用户数	户	5212355	5695173	5956848	5765708	6430111
互联网接入户数	户	1274556	1486840	1675896	1842965	1933186
五、固定资产投资						
全社会固定资产投资完成额	万元	12699722	14365411	13160732	—	—
# 国有	万元	4142424	5509647	4550612	—	—
集体	万元	8942	55854	62842	—	—
房地产开发投资完成额	万元	2055775	1766548	2045406	2641185	3642797
# 住宅	万元	1282195	1356311	1530158	2025190	2749222
商品房施工面积	万平方米	1983.76	1882.76	1741.42	2396.90	2646.33
商品房竣工面积	万平方米	379.22	303.15	155.02	183.60	205.62
商品房销售面积	万平方米	394.15	554.85	589.03	712.90	724.30
六、国内贸易						
社会消费品零售总额	万元	10101983	11388849	12772686	14194652	13942596
# 城镇的零售额	万元	6477391	7302530	8204843	9500240	9332253
乡村的零售额	万元	3624591	4086319	4567843	4694412	4610343
七、对外经济与贸易						
进出口总额	万美元	176832	169831	391267	302895	311999
# 进口总额	万美元	73350	79072	292251	200802	199211
# 出口总额	万美元	103482	90759	99016	102093	112789
直接利用外资	万美元	18240	10329	28975	17951	20373
星级饭店个数	个	26	25	24	23	23
旅游人数	万人次	4206.11	5292.76	6384.25	7415.55	6272.05
# 国际旅游者旅游人数	万人次	0.51	0.44	0.85	0.71	0.57
国内旅游者旅游人数	万人次	4205.60	5292.32	6383.40	7414.84	6271.48
旅游外汇收入总额	万美元	171.57	118.23	388.89	277.58	106.68
八、财政、金融、保险						
财政总收入	亿元	204.18	236.85	426.15	473.72	534.42
# 地方公共财政收入	亿元	107.62	110.59	124.54	131.15	428.72
# 税收收入	亿元	63.84	66.87	78.62	80.17	86.73
财政总支出	亿元	413.48	446.38	596.38	663.25	806.85
# 公共财政支出	亿元	335.04	365.06	408.16	453.43	444.70

续表

指标名称	计量单位	2016年	2017年	2018年	2019年	2020年
年末金融机构人民币存款余额	亿元	3181.69	3588.52	3848.78	4457.80	5082.30
#企业存款	亿元	631.64	675.00	688.58	821.51	928.80
储蓄存款	亿元	1838.25	2028.73	2242.62	2524.03	2874.84
#定期	亿元	1320.55	1466.18	1626.49	1844.77	2110.27
年末金融机构人民币贷款余额	亿元	1667.43	1864.71	2167.25	2476.18	2812.66
短期贷款	亿元	649.86	643.06	702.26	800.05	839.98
中长期贷款	亿元	917.19	1093.34	1298.22	1496.64	1814.48
保费收入	万元	928710	1120859	1171903	1255860	1294334
赔款及给付	万元	381112	391246	362787	358471	409944
九、文化、教育						
广播覆盖率	%	99.37	99.59	99.59	99.74	99.74
电视覆盖率	%	99.56	99.58	99.58	99.73	99.73
公共图书馆	个	10	10	10	10	10
公共图书馆藏书量	千册	1985	2075	2130	2165	2196
学校总数						
#幼儿园数	所	701	744	792	815	833
小学	所	404	409	409	406	402
普通中学	所	226	219	219	215	207
普通高等学校	所	14	14	14	14	15
在校学生总数						
#小学	人	260373	271071	280470	283527	283573
普通中学	人	240930	235565	241577	251238	260142
普通高等学校	人	150122	141937	155802	149404	152457
专任教师总数						
#小学	人	13487	13687	13613	13704	16821
普通中学	人	21739	21147	21114	21275	18851
普通高等学校	人	7955	7646	7541	6855	8236
十、卫生						
卫生机构数	个	4371	4449	4674	4856	4857
#医院、卫生院	个	363	366	391	395	396
卫生机构床位数	张	33708	36322	38559	40316	40666
#医院、卫生院床位数	张	32634	35132	37452	39088	39373
卫生机构人员数	人	38265	39971	42343	44639	46219

续表

指标名称	计量单位	2016 年	2017 年	2018 年	2019 年	2020 年
#卫生技术人员	人	29417	30868	32996	34958	36345
#医生	人	11184	11738	12838	13588	14082
十一、人民生活						
城镇非私营在岗职工年平均货币工资	元	63618	69621	78266	76270	84222
城镇居民人均可支配收入	元	29407	31822	34411	37454	39680
城镇居民人均消费性支出	元	19561	21043	22854	25026	24730
#食品（烟酒）支出	元	7016	7307	7721	8425	8894
农村居民人均可支配收入	元	13504	14752	16101	17735	19303
农村居民人均生活消费支出	元	10684	11638	12676	13992	15038
#食品（烟酒）支出	元	4191	4414	4735	5084	5507
参加基本养老保险的企业在职职工数	人	694416	740021	749841	778185	972349
参加基本医疗保险的城镇职工数	人	687760	706711	714281	755513	792645

说明：

1. 2013 年起公路客运数据剔除了出租车客运和周转量，公路货运通过月度货运样本车抽样和月度公路计重收费情况进行推算，经交通运输部认定，由省运管局推算返还。

2. 2013 年以后移动电话用户剔除了移动公司停机保号用户。

3. 小学专任教师不含九年制和十二年制义务教育，九年制和十二年制义务教育专任教师计入普通中学。

4. 农村居民人均可支配（纯）收入 2014 年及以前为纯收入，2015 年及以后为可支配收入

2016—2020年绵阳市国民经济主要比例关系一览表

表103

指标名称	计量单位	2016年	2017年	2018年	2019年	2020年
一、农业总产值中农林牧渔业比例						
农业	%	51.2	54.3	54.3	53.9	44.2
林业	%	5.9	6.1	6.2	5.8	4.9
牧业	%	35.6	31.9	31.4	32.1	43.6
渔业	%	4.0	4.2	4.4	4.5	3.8
农林牧渔业服务业	%	3.3	3.4	3.7	3.7	3.5
二、工业总产值中轻重工业比例						
轻工业	%	50.9	49.0	27.0	27.2	26.1
重工业	%	49.1	51.0	73.0	72.8	73.9
三、地区生产总值中产业比例						
第一产业	%	15.3	14.1	13.1	10.6	12.3
第二产业	%	47.9	40.4	40.3	40.3	39.0
第三产业	%	36.8	45.5	46.6	49.1	48.7
四、财政收支占地区生产总值比例						
地方公共财政预算收入相当于地区生产总值比例	%	5.9	5.3	5.4	4.6	4.7
地方公共财政预算支出相当于地区生产总值比例	%	18.2	17.6	17.7	15.9	14.8

（王杰凡）

2016—2020年绵阳市平均每天主要社会经济活动一览表

表 104

指标名称	计量单位	2016年	2017 年	2018 年	2019 年	2020 年
每天创造的财富						
地区生产总值	(万元)	53641	63385	71597	78644	82468
第一产业	(万元)	5566	7144	7314	8287	10163
第二产业	(万元)	24056	27224	29880	31829	32174
工业	(万元)	18477	20733	22544	24020	24182
建筑业	(万元)	5599	6511	7359	7833	8019
第三产业	(万元)	24019	29018	34403	38528	40131
油料	(吨)	1164	1177	1196	1219	1281
肉类总产量	(吨)	1067	1035	1068	976	1051
粗钢	(吨)	496	586	655	616	707
钢材	(吨)	2247	2449	1512	1551	1630
水泥	(吨)	29573	29797	22844	25589	28751
彩色电视机	(台)	20899	17170	13099	12866	13679
每天消费量						
最终消费	(万元)	29092	33733	37086	40736	42717
居民消费	(万元)	23034	26636	28421	31219	32737
农村居民	(万元)	8712	9984	10605	12019	12564
城镇居民	(万元)	14322	16652	17816	19199	20173
政府消费	(万元)	6058	7097	8665	9517	9980
社会消费品零售总额	(万元)	27677	31202	34994	38889	38199
每天其他经济活动						
资本形成总额	(万元)	24395	29503	34511	37908	39751
固定资本形成	(万元)	21586	26772	33876	37210	39019
存货增加	(万元)	2809	2731	636	698	732
每天人口和婚姻变动						
出生	(人)	127.5	142.5	136.5	119.3	110.4
死亡	(人)	92.2	95.7	102.4	99.8	90.8
内地居民登记结婚	(对)	114.4	103.2	100.2	91.3	78.9
内地居民离婚数	(对)	45.1	45.3	45.5	47.1	43.9

2020年四川省各市（州）主要经济指标及排序一览表

表 105

市（州）	年末常住人口（万人）		城镇化率（%）	
	绝对量	位次	绝对量	位次
全 省	**8371.0**	**—**	**56.73**	**—**
成 都	2094.7	1	78.77	1
自 贡	249.0	15	55.40	5
攀枝花	121.3	19	69.57	2
泸 州	425.6	7	50.24	10
德 阳	345.7	8	55.97	4
绵 阳	**487.1**	**4**	**51.66**	**8**
广 元	230.7	17	47.04	15
遂 宁	281.5	13	57.30	3
内 江	314.2	11	50.07	13
乐 山	316.1	10	53.11	6
南 充	561.0	2	50.22	11
眉 山	295.6	12	50.14	12
宜 宾	459.1	6	51.39	9
广 安	325.6	9	44.07	17
达 州	538.7	3	49.80	14
雅 安	143.6	18	52.78	7
巴 中	271.4	14	46.16	16
资 阳	231.0	16	41.29	19
阿 坝	82.3	21	41.43	18
甘 孜	110.8	20	31.01	21
凉 山	486.0	5	36.96	20

续表

市（州）	地区生产总值（亿元）				第一产业（亿元）			
	绝对量	位次	增长%	位次	绝对量	位次	增长%	位次
全　省	**48598.8**	**—**	**3.8**	**—**	**5556.6**	**—**	**5.2**	**—**
成　都	17716.7	1	4.0	10	655.2	1	3.3	21
自　贡	1458.4	11	3.9	12	231.4	12	5.6	8
攀枝花	1040.8	15	3.9	12	96.9	19	5.1	16
泸　州	2157.2	6	4.2	5	256.5	10	5.6	8
德　阳	2404.1	4	2.5	20	272.7	8	3.6	20
绵　阳	**3010.1**	**2**	**4.4**	**2**	**371.0**	**5**	**5.4**	**12**
广　元	1008.0	16	4.2	5	186.8	15	5.8	2
遂　宁	1403.2	13	4.3	4	218.3	14	5.3	15
内　江	1465.9	10	3.9	12	269.1	9	5.8	2
乐　山	2003.4	8	4.1	8	290.3	7	5.8	2
南　充	2401.1	5	3.8	16	460.8	2	6.2	1
眉　山	1423.7	12	4.2	5	222.9	13	5.7	6
宜　宾	2802.1	3	4.6	1	344.6	6	5.7	6
广　安	1301.6	14	3.6	17	235.3	11	5.6	8
达　州	2117.8	7	4.1	8	393.6	4	5.5	11
雅　安	754.6	19	4.4	2	151.8	18	5.8	2
巴　中	767.0	18	2.5	20	161.8	17	5.4	12
资　阳	807.5	17	4.0	10	168.5	16	5.4	12
阿　坝	411.8	20	3.3	19	82.1	20	4.5	18
甘　孜	410.6	21	3.6	17	80.7	21	4.5	18
凉　山	1733.2	9	3.9	12	406.7	3	4.8	17

续表

市（州）	第二产业（亿元）				第三产业（亿元）			
	绝对量	位次	增长%	位次	绝对量	位次	增长%	位次
全 省	**17571.1**	**—**	**3.8**	**—**	**25471.1**	**—**	**3.4**	**—**
成 都	5418.5	1	4.8	4	11643.0	1	3.6	10
自 贡	567.9	10	4.8	4	659.2	12	2.4	18
攀枝花	558.4	12	4.4	9	385.5	18	2.4	18
泸 州	1038.1	5	3.3	17	862.7	8	5.2	1
德 阳	1128.7	4	1.3	20	1002.7	6	3.7	8
绵 阳	**1174.4**	**3**	**4.0**	**14**	**1464.8**	**2**	**4.5**	**4**
广 元	392.9	16	4.2	11	428.3	15	3.5	11
遂 宁	634.1	9	4.3	10	550.8	14	3.8	7
内 江	479.1	14	4.2	11	717.7	10	3.0	14
乐 山	823.1	7	4.1	13	890.0	7	3.7	8
南 充	910.8	6	2.0	19	1029.5	4	4.6	3
眉 山	527.6	13	3.0	18	673.3	11	4.9	2
宜 宾	1349.3	2	4.9	3	1108.3	3	3.9	5
广 安	417.1	15	3.5	16	649.2	13	2.9	15
达 州	720.3	8	4.8	4	1003.9	5	2.9	15
雅 安	225.9	18	4.5	8	376.9	19	3.9	5
巴 中	214.9	19	0.9	21	390.2	17	2.7	17
资 阳	228.6	17	3.8	15	410.4	16	3.5	11
阿 坝	96.5	21	5.3	2	233.2	20	1.9	20
甘 孜	105.3	20	8.4	1	224.6	21	0.9	21
凉 山	559.6	11	4.6	7	766.9	9	3.1	13

续表

市（州）	人均 GDP（元）				规模以上工业增加值	
	绝对量	位次	增长%	位次	增长%	位次
全　省	**58126**	**—**	**3.4**	**—**	**4.5**	**—**
成　都	85679	2	1.2	21	5.0	7
自　贡	58059	7	5.7	3	5.1	4
攀枝花	85806	1	4.1	13	4.0	16
泸　州	50758	9	3.8	16	5.0	7
德　阳	69443	3	2.7	20	1.8	20
绵　阳	**61936**	**5**	**3.8**	**16**	**5.1**	**4**
广　元	43337	14	5.8	1	5.1	4
遂　宁	49495	11	5.7	3	4.9	11
内　江	46228	13	5.8	1	5.0	7
乐　山	63259	4	4.5	11	5.0	7
南　充	42482	15	5.3	5	2.4	19
眉　山	48132	12	4.3	12	4.9	11
宜　宾	61182	6	4.0	14	5.6	3
广　安	40073	16	3.0	19	4.9	11
达　州	39182	17	4.8	8	3.7	17
雅　安	52366	8	5.2	6	4.9	11
巴　中	27951	21	4.7	10	1.5	21
资　阳	34806	20	4.9	7	4.9	11
阿　坝	49668	10	4.8	8	3.5	18
甘　孜	36993	18	3.9	15	8.5	1
凉　山	35720	19	3.5	18	5.9	2

续表

市（州）	全社会固定资产投资（亿元）				社会消费品零售总额（亿元）			
	绝对量	位次	增长%	位次	绝对量	位次	增长%	位次
全 省	**—**	**—**	**9.9**	**—**	**20824.9**	**—**	**-2.4**	**—**
成 都	—	—	9.9	16	8118.5	1	-2.3	8
自 贡	—	—	10.4	10	583.4	10	-2.6	13
攀枝花	—	—	10.0	13	235.1	19	-2.2	7
泸 州	—	—	10.8	6	1013.8	6	-1.8	4
德 阳	—	—	8.0	18	851.2	7	-4.8	20
绵 阳	**—**	**—**	**10.0**	**13**	**1394.3**	**2**	**-1.8**	**4**
广 元	—	—	10.5	9	419.2	16	-1.4	2
遂 宁	—	—	10.4	10	467.4	15	-2.4	10
内 江	—	—	10.9	5	558.9	11	-3.2	16
乐 山	—	—	10.7	7	748.3	8	-2.4	10
南 充	—	—	12.0	3	1217.6	3	-1.9	6
眉 山	—	—	10.7	7	543.3	13	-2.3	8
宜 宾	—	—	11.3	4	1027.0	5	-1.7	3
广 安	—	—	8.0	18	549.4	12	-2.6	13
达 州	—	—	10.0	13	1085.0	4	-1.3	1
雅 安	—	—	10.4	10	263.8	18	-2.7	15
巴 中	—	—	4.6	20	482.0	14	-5.0	21
资 阳	—	—	9.3	17	377.3	17	-2.5	12
阿 坝	—	—	12.3	2	96.8	21	-4.2	18
甘 孜	—	—	0.7	21	114.3	20	-4.3	19
凉 山	—	—	12.4	1	678.2	9	-3.8	17

续表

市（州）	地方一般公共预算收入（亿元）				一般公共预算支出（亿元）			
	绝对量	位次	增长%	位次	绝对量	位次	增长%	位次
全　省	**4260.89**	**—**	**—**	**—**	**11198.54**	**—**	**—**	**—**
成　都	1520.38	1	—	—	2159.48	1	—	—
自　贡	63.45	15	—	—	238.72	18	—	—
攀枝花	68.25	13	—	—	159.81	21	—	—
泸　州	170.07	3	—	—	449.73	6	—	—
德　阳	132.07	7	—	—	309.53	12	—	—
绵　阳	**140.96**	**5**	**—**	**—**	**444.70**	**7**	**—**	**—**
广　元	52.62	17	—	—	289.54	14	—	—
遂　宁	79.92	12	—	—	268.73	17	—	—
内　江	66.34	14	—	—	276.55	15	—	—
乐　山	120.62	9	—	—	318.20	10	—	—
南　充	133.93	6	—	—	573.97	3	—	—
眉　山	121.62	8	—	—	275.46	16	—	—
宜　宾	200.03	2	—	—	556.31	4	—	—
广　安	86.02	11	—	—	306.26	13	—	—
达　州	112.33	10	—	—	438.26	8	—	—
雅　安	48.49	18	—	—	169.61	20	—	—
巴　中	48.40	19	—	—	310.42	11	—	—
资　阳	53.13	16	—	—	203.33	19	—	—
阿　坝	28.73	21	—	—	367.95	9	—	—
甘　孜	40.11	20	—	—	453.87	5	—	—
凉　山	160.31	4	—	—	707.77	2	—	—

续表

市（州）	城镇居民人均可支配收入（元）				农村居民人均可支配收入（元）			
	绝对量	位次	增长%	位次	绝对量	位次	增长%	位次
全 省	**38253**	**—**	**5.8**	**—**	**15929**	**—**	**8.6**	**—**
成 都	48593	1	5.9	11	26432	1	8.5	18
自 贡	38781	9	5.9	11	18788	7	8.7	14
攀枝花	44209	2	5.6	18	19938	2	8.6	15
泸 州	39547	4	6.2	8	18035	10	9.1	5
德 阳	39360	5	5.7	15	19790	3	8.4	20
绵 阳	**39680**	**3**	**5.9**	**11**	**19303**	**5**	**8.8**	**12**
广 元	35740	20	6.7	2	14367	20	9.4	2
遂 宁	37117	14	6.5	4	17815	13	8.9	9
内 江	38337	10	6.3	7	17918	11	8.9	9
乐 山	38931	7	6.1	9	18175	9	8.6	15
南 充	36057	17	6.8	1	16431	15	9.3	3
眉 山	38892	8	5.8	14	19730	4	8.5	18
宜 宾	39166	6	6.7	2	18569	8	9.2	4
广 安	38071	11	5.7	15	17867	12	8.6	15
达 州	36001	18	6.4	5	16876	14	8.8	12
雅 安	37191	13	6.1	9	15890	16	8.9	9
巴 中	35821	19	6.4	5	14429	19	9	6
资 阳	37562	12	5.7	15	19076	6	8.4	20
阿 坝	37011	15	4.3	21	15539	17	9	6
甘 孜	36521	16	4.8	19	13967	21	9	6
凉 山	34636	21	4.8	19	15232	18	9.5	1

2020年西部主要城市经济指标情况一览表

表 106

城市名称	地区生产总值（亿元）				第一产业（亿元）			
	绝对数	位次	±%	位次	绝对数	位次	±%	位次
成　都	17716.68	1	4.0	23	655.17	1	3.3	44
自　贡	1458.44	29	3.9	24	231.35	21	5.6	15
攀枝花	1040.82	39	3.9	24	96.90	41	5.1	25
泸　州	2157.20	20	4.2	22	256.46	19	5.6	15
德　阳	2404.10	17	2.5	37	272.70	16	3.6	42
遂　宁	1403.18	30	4.3	21	218.25	23	5.3	22
绵　阳	**3010.08**	**11**	**4.4**	**19**	**370.95**	**8**	**5.4**	**21**
宜　宾	2802.12	14	4.6	15	344.55	10	5.7	14
内　江	1465.88	28	3.9	24	269.10	18	5.8	12
贵　阳	4311.65	5	5.0	14	178.31	30	6.4	3
遵　义	3720.05	7	4.6	15	489.62	4	6.2	6
六盘水	1339.62	34	4.5	17	170.79	34	5.9	10
安　顺	966.74	40	3.1	32	176.33	32	6.4	3
毕　节	2020.39	23	4.4	19	486.55	5	6.3	5
昆　明	6733.79	3	2.3	40	312.35	13	5.6	15
曲　靖	2959.35	12	6.6	6	553.53	2	5.9	10
玉　溪	2058.14	22	2.1	42	207.26	24	5.8	12
拉　萨	678.16	48	7.8	3	22.54	50	11.2	1
西　安	10020.39	2	5.2	11	312.75	12	3.0	47
宝　鸡	2276.95	18	3.3	29	205.14	26	3.4	43
延　安	1601.48	27	−0.8	51	190.41	28	4.2	37
咸　阳	2204.81	19	0.1	50	339.51	11	3.1	45
榆　林	4089.66	6	4.5	17	272.48	17	2.3	49
渭　南	1866.27	25	0.2	48	373.69	7	3.7	41
兰　州	2886.74	13	2.4	38	57.43	45	5.0	27
金　昌	358.62	54	8.7	1	29.09	48	5.2	23
白　银	497.27	52	2.8	35	100.50	40	6.0	9
银　川	1964.37	24	3.2	31	75.72	43	0.7	55

续表

城市名称	地区生产总值（亿元）				第一产业（亿元）			
	绝对数	位次	±%	位次	绝对数	位次	±%	位次
石嘴山	541.62	51	6.0	10	37.27	47	2.5	48
中 卫	440.32	53	0.3	46	67.96	44	4.6	32
吴 忠	621.80	49	6.2	8	85.10	42	4.3	34
西 宁	1372.98	32	1.8	44	57.17	46	4.3	34
格尔木	305.93	55	−2.9	55	6.67	53	5.1	25
乌鲁木齐	3337.32	9	0.3	46	27.05	49	1.4	52
克拉玛依	886.89	42	2.3	40	17.31	52	4.6	32
呼和浩特	2800.68	15	0.2	48	126.46	38	1.2	54
包 头	2787.36	16	3.0	33	105.23	39	2.0	51
乌 海	563.14	50	2.9	34	5.97	54	6.1	8
巴彦淖尔			−1.5	54			3.8	40
通 辽	1276.64	36	−0.9	52	304.62	14	1.4	52
鄂尔多斯	3533.66	8	−2.9	55	135.66	37	3.1	45
乌兰察布	826.89	43	2.4	38	138.24	36	0.6	56
呼伦贝尔	1172.20	37	−3.3	57	290.57	15	0.3	57
阿拉善	304.80	56	3.8	27	17.70	51	9.5	2
南 宁	4726.34	4	3.7	28	534.36	3	4.7	31
柳 州	3176.94	10	1.5	45	231.37	20	4.0	38
桂 林	2130.41	21	2.1	42	484.46	6	6.2	6
梧 州	1081.34	38	8.0	2	173.84	33	5.5	19
玉 林	1761.08	26	3.3	29	345.42	9	5.0	27
钦 州	1387.96	31	2.6	36			4.3	34
北 海	1276.91	35	−1.3	53	206.60	25	2.1	50
贵 港	1352.73	33	7.0	4	226.56	22	5.0	27
来 宾	705.72	47	6.3	7	176.65	31	5.5	19
防城港	732.81	46	5.1	12			3.9	39
贺 州	753.95	45	7.0	4	144.17	35	5.6	15
崇 左	809.00	44	6.1	9	180.41	29	5.0	27
河 池	927.71	41	5.1	12	198.71	27	5.2	23

续表

城市名称	第二产业（亿元）				第三产业（亿元）			
	绝对数	位次	±%	位次	绝对数	位次	±%	位次
成　都	5418.50	1	4.8	24	11643.00	1	3.6	26
自　贡	567.94	28	4.8	24	659.15	29	2.4	35
攀枝花	558.39	29	4.4	27	385.53	41	2.4	35
泸　州	1038.09	16	3.3	37	862.67	25	5.2	7
德　阳	1128.70	13	1.3	42	1002.70	19	3.7	25
遂　宁	634.12	25	4.3	29	550.81	35	3.8	22
绵　阳	1174.36	11	4.0	33	1464.77	11	4.5	10
宜　宾	1349.30	9	4.9	23	1108.27	17	3.9	19
内　江	479.08	34	4.2	31	717.70	28	3.0	29
贵　阳	1552.59	7	5.5	21	2580.75	5	4.4	13
遵　义	1615.60	6	4.2	31	1614.83	9	4.7	9
六盘水	599.99	26	4.4	27	568.84	33	4.3	15
安　顺	292.60	42	2.8	38	497.81	38	2.1	37
毕　节	533.45	30	3.8	34	1000.39	20	3.9	19
昆　明	2102.93	4	1.4	40	4318.51	3	2.5	34
曲　靖	1094.92	14	7.0	15	1310.90	14	6.5	4
玉　溪	864.29	21	−0.6	45	986.59	21	4.4	13
拉　萨	290.44	43	16.5	1	365.27	42	2.1	37
西　安	3328.27	2	7.4	12	6379.37	2	4.2	16
宝　鸡	1261.18	10	4.3	29	810.63	27	1.7	39
延　安	885.72	20	−3.1	50	525.35	36	1.4	41
咸　阳	972.00	17	−1.1	46	893.31	24	0.4	44
榆　林	2555.64	3	5.6	20	1261.55	15	2.6	33
渭　南	651.54	24	−1.2	47	841.04	26	−0.1	45
兰　州	933.42	18	3.7	36	1895.90	7	1.5	40
金　昌	227.43	49	10.9	4	102.10	53	3.8	22
白　银	170.32	54	0.1	43	226.42	49	4.1	18
银　川	832.62	22	2.8	38	1056.03	18	3.8	22

续表

城市名称	第二产业（亿元）				第三产业（亿元）			
	绝对数	位次	±%	位次	绝对数	位次	±%	位次
石嘴山	259.21	46	7.1	13	245.14	48	5.2	7
中 卫	174.98	52	-4.1	51	197.38	50	2.9	30
吴 忠	273.00	44	8.8	7	263.60	47	3.9	19
西 宁	418.72	36	6.1	19	897.09	23	-0.2	46
格尔木	200.53	50	-3.0	49	98.73	54	-3.2	55
乌鲁木齐	907.89	19	8.1	9	2402.38	6	-2.2	52
克拉玛依	598.00	27	3.8	34	271.59	46	-0.5	47
呼和浩特	815.73	23	1.4	40	1858.49	8	-0.5	47
包 头	1152.98	12	9.8	5	1529.15	10	-1.8	51
乌 海	363.14	39	7.0	15	194.03	51	-4.2	57
巴彦淖尔			-5.7	53			-1.3	50
通 辽	370.12	38	-4.9	52	601.91	31	0.6	43
鄂尔多斯	2005.51	5	-6.0	54	1392.48	13	1.3	42
乌兰察布	333.53	40	8.4	8	355.12	43	-2.7	53
呼伦贝尔	326.67	41	-6.1	55	554.96	34	-3.7	56
阿拉善	173.60	53	8.0	10	113.50	52	-3.0	54
南 宁	1084.32	15	5.3	22	3107.67	4	2.9	30
柳 州	1501.13	8	-1.3	48	1444.43	12	4.2	16
桂 林	486.48	32	4.6	26	1159.47	16	-0.7	49
梧 州	383.29	37	14.0	2	524.21	37	4.5	10
玉 林	460.85	35	-0.3	44	954.81	22	4.5	10
钦 州			-12.3	57			12.7	1
北 海	485.66	33	-11.5	56	584.66	32	8.1	2
贵 港	491.66	31	8.9	6	634.51	30	6.1	6
来 宾	191.63	51	7.1	13	337.45	45	6.3	5
防城港			6.8	18			3.2	28
贺 州	257.59	47	6.9	17	352.19	44	7.6	3
崇 左	232.61	48	12.6	3	395.98	40	2.9	30
河 池	263.98	45	7.6	11	465.02	39	3.5	27

续表

城市名称	规模以上工业增加值		规模以上工业主营业务收入（亿元）			
	±%	位次	绝对数	位次	±%	位次
成　都	5.0	27	14181.60	1	7.9	10
自　贡	5.1	24	1200.90	26	6.1	16
攀枝花	4.0	33	1922.27	17	3.6	23
泸　州	5.0	27	2139.90	11	6.0	17
德　阳	1.8	39	3298.90	6	-1.2	34
遂　宁	4.9	30	1293.51	24	3.6	23
绵　阳	5.1	24	3141.73	7	8.0	9
宜　宾	5.6	23	3485.80	4	14.0	3
内　江	5.0	27	1227.03	25	7.2	13
贵　阳	6.1	20	2029.99	14	-0.7	32
遵　义	6.0	21	1932.38	16	-2.9	41
六盘水	5.1	24	970.31	29	-7.4	45
安　顺	1.5	41	—	—	-21.7	51
毕　节	3.2	35	—	—		
昆　明	0.9	42	—	—	-1.3	35
曲　靖	6.8	17	1768.06	19	3.3	25
玉　溪	-0.3	45	1774.20	18	-2.1	38
拉　萨	11.3	7	—	—	—	—
西　安	7.0	16	6255.80	2	4.7	22
宝　鸡	4.8	31	—	—	1.3	28
延　安	-5.0	52	—	—	6.0	17
咸　阳	0.1	43	2217.90	10	-7.3	44
榆　林	6.0	21	3588.80	3	0.6	30
渭　南	-0.3	45	1607.61	20	-5.0	43
兰　州	3.2	35	1938.90	15	-2.8	40
金　昌	14.2	2	1534.42	21	24.6	1
白　银	0.1	43	467.33	37	12.3	4
银　川	1.6	40	2110.83	12	-0.1	31

续表

城市名称	规模以上工业增加值		规模以上工业主营业务收入（亿元）			
	±%	位次	绝对数	位次	±%	位次
石嘴山	8.8	12	764.50	33	−1.0	33
中 卫	−0.5	47	645.75	35	−22.6	52
吴 忠	11.6	6	812.30	32	−2.0	36
西 宁	3.5	34	1002.90	28	7.0	14
格尔木	−8.0	55	281.10	38	−2.1	38
乌鲁木齐	8.0	13	2863.62	8	9.7	7
克拉玛依	3.0	37	1403.40	22	−18.4	49
呼和浩特	4.6	32	2069.90	13	5.0	20
包 头	11.0	9			−4.0	42
乌 海	7.7	15	1143.68	27	8.4	8
巴彦淖尔	−6.6	54	693.10	34	−9.9	46
通 辽	−1.2	48	961.50	30	4.8	21
鄂尔多斯	−6.0	53	3399.40	5	−10.7	48
乌兰察布	10.5	10	931.91	31	7.8	11
呼伦贝尔	−3.2	51	547.93	36	1.4	27
阿拉善	12.5	4			6.5	15
南 宁	3.0	37	2418.68	9	1.2	29
柳 州	−2.2	50	—	—	−2.0	36
桂 林	6.7	18	—	—	11.7	5
梧 州	13.9	3	—	—		
玉 林	−1.8	49	—	—	6.0	17
钦 州	−14.3	57	—	—	−19.7	50
北 海	−13.5	56	—	—	−10.1	47
贵 港	11.2	8	—	—		
来 宾	7.8	14	—	—	—	—
防城港	6.5	19	1345.01	23	20.1	2
贺 州	11.9	5	—	—	9.9	6
崇 左	17.9	1	—	—	7.4	12
河 池	9.3	11	—	—	2.5	26

续表

城市名称	固定资产投资（亿元）		社会消费品零售总额（亿元）			
	±%	位次	绝对数	位次	±%	位次
成　都	9.9	19	8118.54	1	−2.3	20
自　贡	10.4	13	583.37	23	−2.6	22
攀枝花	10.0	16	235.15	32	−2.2	19
泸　州	10.8	11	1013.80	13	−1.8	16
德　阳	8.0	24	851.20	15	−4.8	31
遂　宁	10.4	13	467.37	26	−2.4	21
绵　阳	10.0	16	1394.26	7	−1.8	16
宜　宾	11.3	9	1026.99	12	−1.7	15
内　江	10.9	10	558.93	25	−3.2	25
贵　阳	2.7	38	2188.26	4	6.6	2
遵　义	3.3	35	1037.33	10	6.6	2
六盘水	5.2	30	—	—	5.6	4
安　顺	−7.1	53	—	—	4.1	6
毕　节	3.0	37	—	—	3.8	7
昆　明	8.0	24	3070.44	3	−3.6	26
曲　靖	10.6	12	934.86	14	2.2	9
玉　溪	−1.5	50	790.29	18	−2.9	23
拉　萨	5.3	29	369.35	29	−3.8	27
西　安	12.8	7	4989.33	2	−2.9	23
宝　鸡	3.3	35	801.94	17	−11.3	51
延　安	3.8	32	384.60	28	−6.5	40
咸　阳	6.0	27	836.18	16	7.1	1
榆　林	8.6	22	654.30	21	−5.9	35
渭　南	−4.9	52	633.58	22	−11.9	52
兰　州	3.4	34	1641.24	6	−1.8	16
金　昌	9.8	20	100.62	38	−1.3	14
白　银	16.0	4	165.28	35	1.5	10
银　川	1.1	45	770.87	19	−7.1	41

续表

城市名称	固定资产投资（亿元）		社会消费品零售总额（亿元）			
	±%	位次	绝对数	位次	±%	位次
石嘴山	0.2	47	104.46	37	-8.0	43
中 卫	10.1	15	128.18	36	-6.2	36
吴 忠	16.1	3	177.00	34	-7.6	42
西 宁	-25.9	56	573.57	24	-9.3	49
格尔木	-25.5	55	49.88	40	-15.5	54
乌鲁木齐	0.3	46	1043.50	9	-19.8	56
克拉玛依	1.2	44	95.60	39	-20.6	57
呼和浩特	-8.5	54	1032.93	11	-4.0	28
包 头	1.6	42	—	—	-4.7	29
乌 海	2.6	39	—	—	-8.0	43
巴彦淖尔	2.6	39	—	—	-8.7	47
通 辽	-32.2	57	307.57	31	-5.6	32
鄂尔多斯	6.0	27	—	—	-5.7	34
乌兰察布	7.6	26	228.79	33	-6.2	36
呼伦贝尔	1.5	43	—	—	-8.5	46
阿拉善	-1.2	49	—	—	-18.8	55
南 宁	-2.5	51	2180.36	5	-6.3	38
柳 州	-1.0	48	1270.19	8	-4.7	29
桂 林	4.0	31	—	—	-8.1	45
梧 州	13.2	6			-5.6	32
玉 林	2.2	41	753.48	20	2.4	8
钦 州	11.8	8	—	—	0.3	11
北 海	16.9	1	314.23	30	-8.8	48
贵 港	3.7	33	411.47	27	-0.2	13
来 宾	16.5	2	—	—	-10.9	50
防城港	8.8	21	—	—	-13.1	53
贺 州	8.1	23	—	—	4.9	5
崇 左	10.0	16	—	—	0.3	11
河 池	13.8	5	—	—	-6.4	39

续表

城市名称	进出口总额（亿美元）				#出口总额（亿美元）			
	绝对数	位次	±%	位次	绝对数	位次	±%	位次
成　都	7154.20	1	22.4	12	4106.80	1	23.7	14
自　贡	31.81	39	3.2	29	23.31	33	1.1	30
攀枝花	30.43	41	-4.1	36	11.91	41	-10.8	41
泸　州	89.80	25	6.5	24	45.30	22	10.5	24
德　阳	116.40	20	-17.5	47	82.40	14	-25.2	48
遂　宁	36.88	35	1.9	32	18.38	36	-9.3	39
绵　阳	216.27	13	3.5	28	78.28	17	10.9	23
宜　宾	183.04	15	29.7	8	123.91	11	36.7	7
内　江	19.79	44	39.7	4	13.25	39	31.2	9
贵　阳	446.94	8	31.1	7	357.98	6	47.3	5
遵　义	44.95	33	24.7	11	31.69	28	13.5	22
六盘水	9.56	53	5.3	26	0.13	57	-92.7	57
安　顺	106.29	21	-56.7	54	86.47	13	-50.9	52
毕　节	5.85	55	-62.2	57	5.74	51	-60.2	55
昆　明	1043.84	4	21.8	13	503.43	4	114.8	2
曲　靖	96.66	24	16.2	21	94.89	12	16.0	15
玉　溪	236.60	10	18.1	18	225.55	9	15.0	16
拉　萨	15.95	49	-61.2	56	11.14	43	-67.7	56
西　安	3473.84	2	7.2	23	1775.98	2	2.6	27
宝　鸡	78.60	26	-6.4	38	35.50	25	-18.9	47
延　安	24.92	43	3.0	30	0.89	55	-32.6	50
咸　阳	103.99	22	16.5	20	47.95	21	43.8	6
榆　林	12.00	51	26.6	9	8.50	47	2.5	28
渭　南	16.20	48	15.1	22	13.40	38	15.0	16
兰　州	102.50	23	-14.2	45	32.70	27	54.6	4
金　昌	131.50	19	-7.3	39	3.70	53	-30.0	49
白　银	64.70	28	35.8	5	5.90	50	-0.8	34
银　川	62.96	30	-60.0	55	45.27	23	-56.6	54

续表

城市名称	进出口总额（亿美元）				#出口总额（亿美元）			
	绝对数	位次	±%	位次	绝对数	位次	±%	位次
石嘴山	39.01	34	-10.4	42	28.54	30	-13.3	43
中 卫	18.22	45	-50.6	53	10.19	44	14.2	18
吴 忠	2.83	56	25.0	10	2.53	54	14.0	19
西 宁	16.81	47	-37.0	52	7.05	48	-51.7	53
格尔木	0.36	57	19.4	16	0.31	56	90.3	3
乌鲁木齐	455.87	7	-11.0	43	288.51	7	-13.7	44
克拉玛依	13.47	50	177.1	1	11.39	42	238.6	1
呼和浩特	147.00	18	18.3	17	72.40	18	13.9	20
包 头	157.30	17	17.1	19	65.80	19	-32.8	51
乌 海	5.90	54	1.8	33	5.10	52	35.2	8
巴彦淖尔	208.20	14	-24.5	51	42.20	24	6.9	25
通 辽	33.40	38	42.6	3	27.50	31	24.6	13
鄂尔多斯	46.00	31	-19.5	48	22.00	34	-15.4	45
乌兰察布	30.30	42	-14.7	46	25.30	32	-8.6	38
呼伦贝尔	160.80	16	-4.3	37	35.10	26	-0.3	33
阿拉善	36.30	36	-24.4	50	6.10	49	-2.5	35
南 宁	515.19	6	34.2	6	470.82	5	29.2	11
柳 州	228.12	11	3.8	27	79.67	16	-6.0	37
桂 林	72.14	27	2.2	31	64.71	20	3.9	26
梧 州	63.27	29	-3.9	35	31.44	29	-9.4	40
玉 林	31.32	40	-22.8	49	20.50	35	-18.2	46
钦 州	217.65	12	6.5	24	81.67	15	2.0	29
北 海	268.14	9	-8.9	40	128.76	10	-0.1	32
贵 港	35.42	37	-9.2	41	16.66	37	-11.9	42
来 宾	11.06	52	21.2	14	9.40	46	24.9	12
防城港	709.64	5	-11.8	44	242.08	8	0.3	31
贺 州	17.35	46	20.7	15	11.93	40	13.8	21
崇 左	1843.17	3	-2.7	34	1238.88	3	-4.7	36
河 池	45.00	32	51.0	2	9.93	45	29.5	10

续表

城市名称	公共财政预算收入（亿元）				公共财政预算支出（亿元）			
	绝对数	位次	±%	位次	绝对数	位次	±%	位次
成　都	1520.40	1	2.5	28	2158.00	1	7.5	8
自　贡	63.45	42	9.6	11	238.80	41	2.7	29
攀枝花	68.25	38	8.4	12	159.47	49	16.1	3
泸　州	170.10	14	6.5	19	450.10	19	1.5	34
德　阳	132.10	22	5.7	21	309.50	32	7.4	9
遂　宁	79.92	30	15.4	4	268.84	40	0.3	40
绵　阳	140.96	19	7.5	15	446.50	20	-1.5	42
宜　宾	200.03	12	14.0	6	546.13	10	17.8	1
内　江	66.34	40	4.2	23	276.55	38	1.7	32
贵　阳	398.13	6	-4.6	45	676.42	8	-5.9	52
遵　义	258.66	9	1.7	32	755.49	5	1.1	37
六盘水	108.95	25	2.0	30	314.76	31	-2.0	45
安　顺	67.03	39	3.7	25	295.99	36	-1.5	42
毕　节	131.96	23	1.3	35	748.35	6	8.6	6
昆　明	650.47	3	3.2	26	875.05	3	6.6	10
曲　靖	155.00	17	4.0	24	532.20	12	-1.7	44
玉　溪	134.53	20	1.0	37	301.57	35	3.0	27
拉　萨	107.26	26	-8.4	49	346.23	28	-5.4	50
西　安	724.13	2	3.1	27	1352.69	2	8.5	7
宝　鸡	88.93	29	1.1	36	364.18	27	4.0	23
延　安	163.84	15	5.1	22	456.73	18	2.1	30
咸　阳	90.72	28	1.8	31	412.26	23	2.1	30
榆　林	406.22	5	0.1	42	707.32	7	-5.0	49
渭　南	76.03	35	-11.6	52	483.62	14	3.5	26
兰　州	247.13	10	6.0	20	485.73	13	6.4	11
金　昌	22.50	53	7.9	14	60.96	55	-8.1	55
白　银	33.38	51	7.2	16	200.08	47	5.2	16
银　川	157.25	16	1.6	34	335.76	29	-3.1	47

续表

城市名称	公共财政预算收入（亿元）				公共财政预算支出（亿元）			
	绝对数	位次	±%	位次	绝对数	位次	±%	位次
石嘴山	21.79	54	−4.4	43	121.35	51	4.1	22
中　卫	20.86	55	−5.4	47	181.58	48	5.0	17
吴　忠	35.60	49	0.7	38	232.60	43	6.1	12
西　宁	133.51	21	31.2	1	329.51	30	0.4	39
格尔木	16.83	56	6.9	17	46.47	56	2.8	28
乌鲁木齐	392.64	7	−16.9	53	536.87	11	−13.5	56
克拉玛依	79.30	33	−25.0	55	111.40	53	−7.3	54
呼和浩特	217.10	11	6.9	17	435.74	21	4.3	21
包　头	145.18	18	−4.4	43	379.14	26	4.0	23
乌　海	54.02	45	16.2	3	113.22	52	10.5	5
巴彦淖尔	56.91	43	2.2	29	306.12	34	0.2	41
通　辽	76.50	34	0.4	39	385.96	25	1.2	35
鄂尔多斯	464.88	4	−7.2	48	663.70	9	5.7	15
乌兰察布	56.33	44	13.0	9	387.41	24	4.4	20
呼伦贝尔	79.80	31	−5.0	46	467.62	17	1.7	32
阿拉善	31.10	52	8.1	13	110.70	54	1.2	35
南　宁	372.25	8	0.4	39	819.86	4	3.9	25
柳　州	173.12	13	−21.8	54	468.25	16	−6.2	53
桂　林	111.49	24	−27.0	56	471.93	15	−4.8	48
梧　州	76.00	36	−10.2	51	288.09	37	−2.1	46
玉　林	101.77	27	−8.4	49	421.19	22	0.5	38
钦　州	65.04	41	13.3	7	237.58	42	5.9	14
北　海	79.41	32	1.7	32	212.69	46	6.0	13
贵　港	75.27	37	20.1	2	306.53	33	4.6	18
来　宾	39.41	48	14.7	5	220.51	45	16.4	2
防城港	53.69	46	13.3	7	154.66	50	10.8	4
贺　州	40.87	47	13.0	9	229.22	44	4.5	19
崇　左	33.82	50	0.2	41	272.65	39	−5.7	51
河　池	—	—	—	—	—	—	—	—

续表

城市名称	城镇居民人均可支配收入（元）				农（牧）民人均可支配收入（元）			
	绝对数	位次	±%	位次	绝对数	位次	±%	位次
成　都	48593	4	5.9	7	26432	1	8.5	18
自　贡	38781	22	5.9	7	18788	13	8.7	12
攀枝花	44209	8	5.6	11	19938	10	8.6	16
泸　州	39547	18	6.2	5	18035	17	9.1	5
德　阳	39360	20	5.7	10	19790	11	8.4	22
遂　宁	37117	34	6.5	3	17815	19	8.9	6
绵　阳	39680	17	5.9	7	19303	12	8.8	9
宜　宾	39166	21	6.7	2	18569	15	9.2	3
内　江	38337	26	6.3	4	17918	18	8.9	6
贵　阳	40305	15	5.4	12	18674	14	8.1	32
遵　义	37190	31	5.2	14	14718	37	8.5	18
六盘水	34634	44	4.8	22	12004	52	8.7	12
安　顺	33930	51	4.9	20	11768	53	8.0	35
毕　节	34274	47	5.0	19	11238	54	8.4	22
昆　明	48018	5	3.7	31	17719	22	8.3	27
曲　靖	38657	23	3.6	33	14793	36	8.0	35
玉　溪	42125	14	3.5	34	16835	25	7.1	52
拉　萨	43640	11	10.0	1	18268	16	12.7	1
西　安	43713	10	4.5	25	15749	34	8.0	35
宝　鸡	36209	38	5.1	18	14189	43	8.4	22
延　安	36577	37	4.8	22	12845	50	8.2	30
咸　阳	37975	28	4.9	20	12879	49	8.1	32
榆　林	35682	41	5.2	14	14319	41	8.3	27
渭　南	35304	42	4.8	22	13741	46	7.6	44
兰　州	40152	16	5.4	12	14652	40	7.7	42
金　昌	42662	13	5.2	14	16789	27	6.8	53
白　银	33103	54	4.2	26	10711	56	7.9	40
银　川	39416	19	3.1	40	16428	30	7.5	45

续表

城市名称	城镇居民人均可支配收入（元）				农（牧）民人均可支配收入（元）			
	绝对数	位次	±%	位次	绝对数	位次	±%	位次
石嘴山	34158	48	3.5	34	16405	31	8.2	30
中 卫	30479	57	3.0	42	12123	51	7.2	49
吴 忠	31160	55	5.2	14	14698	38	10.2	2
西 宁	36959	35	6.1	6	13487	47	7.2	49
格尔木	36801	36	4.0	28	20543	8	3.5	56
乌鲁木齐	42769	12	0.2	57	22829	3	6.4	54
克拉玛依	46963	6	2.9	44				
呼和浩特	49789	3	0.8	56	20489	9	8.0	35
包 头	50981	1	1.1	53	20710	6	8.0	35
乌 海	45497	7	1.1	53	21812	4	7.5	45
巴彦淖尔	33657	52	3.1	40	20684	7	8.5	18
通 辽	34782	43	1.9	50	16671	28	8.8	9
鄂尔多斯	50306	2	1.1	53	21576	5	7.5	45
乌兰察布	33534	53	1.5	52	13009	48	8.7	12
呼伦贝尔	36168	40	1.9	50	17796	20	8.4	22
阿拉善	44009	9	2.4	47	23144	2	6.4	54
南 宁	38542	24	2.3	48	16130	32	7.2	49
柳 州	38479	25	3.0	42	15848	33	7.7	42
桂 林	38145	27	2.6	46	17345	23	8.1	32
梧 州	34591	45	3.2	39	14660	39	8.8	9
玉 林	37362	30	3.4	37	17721	21	8.4	22
钦 州	37126	33	3.9	29	15352	35	8.5	18
北 海	37956	29	3.7	31	16797	26	8.3	27
贵 港	34002	50	3.3	38	16619	29	8.7	12
来 宾	36173	39	3.5	34	13950	44	8.9	6
防城港	37185	32	2.2	49	17223	24	7.9	40
贺 州	34075	49	2.7	45	13832	45	8.6	16
崇 左	34562	46	3.8	30	14306	42	7.4	48
河 池	30881	56	4.1	27	11074	55	9.2	3

2020年绵阳市国民经济和社会发展统计公报

2020年，面对错综复杂的宏观形势、艰巨繁重的改革发展稳定任务，特别是新冠肺炎疫情严重冲击，在党中央国务院、省委省政府和市委坚强领导下，坚定以习近平新时代中国特色社会主义思想为指导，认真贯彻省委省政府、市委市政府的决策部署，统筹疫情防控和经济社会发展，坚持稳中求进工作总基调，认真落实中央“六稳”部署，全面落实“六保”任务，按照“农业多贡献、工业挑大梁、投资唱主角、消费促升级”的工作思路，真抓实干、攻坚克难，全市经济运行保持稳中有进的良好态势，经济规模持续扩大，经济结构进一步优化。

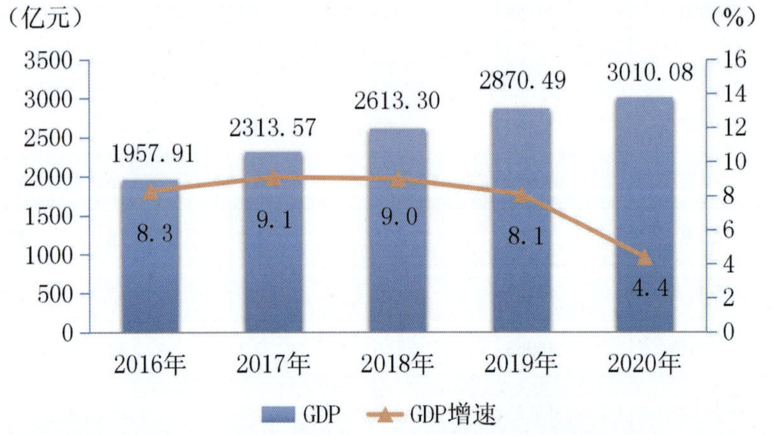

2016—2020年地区生产总值和增长速度图

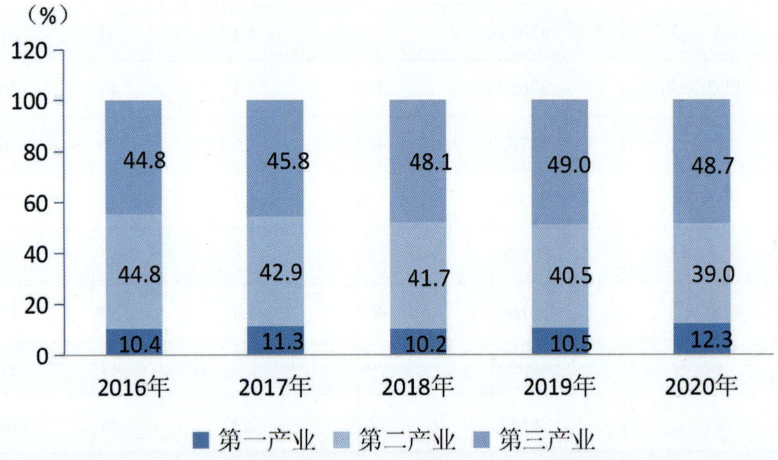

2016—2020年三次产业增加值占GDP的比重图

一、综合

国民经济。根据地区生产总值统一核算初步结果，2020年绵阳地区生产总值（GDP）3010.08亿元，按可比价格计算，同比增长4.4%。其中：第一产业增加值370.95亿元，增长5.4%，贡献率为11.8%；第二产业增加值1174.36亿元，增长4.0%，贡献率为44.8；第三产业增加值1464.77亿元，增长4.5%，贡献率为43.4%。三次产业结构为12.3：39.0：48.7。民营经济实现增加值1822.17亿元，增长3.1%，占全市经济总量的比重为60.5%。

科技城。全年科技城实现地区生产总值（CDP）2075.94亿元，增长4.3%。其中：第二产业增加值1019.82亿元，增长4.1%；第三产业增加值1056.12亿元，增长4.7%。规模以上工业增加值增长5.1%；全社会固定资产投资增长8.3%；实现社会消费品零售总额992.53亿元，下降1.8%。

县域经济。全年县域经济实现地区生产总值2459.27亿元，增长4.3%，占全市地区生产总值的81.7%。其中第一产业增加值360.03亿元，增长5.4%；第二产业增加值820.98亿元，增长3.6%；第三产业增加值1278.26亿元，增长4.5%。

一核两翼。“一核”区域（涪城区、游仙区、安州区）实现地区生产总值1664.52亿元，增长4.6%；“两翼”区域（江油市、三台县）实现地区生产总值885.19亿元，增长4.2%；占全市地区生产总值比重分别达到55.3%、29.4%。

基本单位。年末全市共有基本单位69763个，比上年增加3712个，增长5.6%。其中，法人单位60826个，比上年增加4472个，增长7.9%，企业法人单位47627个，比上年增加6403个，增长15.5%。“四上”企业法人单位3223个，比上年增加291个，增长9.9%。分专业看，规模以上工业企业1106个，资质内建筑业企业578个，限额以上商贸企业747个，房地产企业358个，规模以上服务业企业434个。

价格。全年居民消费价格指数（CPI）上涨3.1%。其中：食品烟酒类上涨11.6%，其他用品和服务类上涨3.1%，教育文化和娱乐类上涨0.1%，医疗保健类下降0.1%，生活用品及服务类下降0.8%，居住类下降1.0%，衣着类下降1.5%，交通和通信类下降3.7%。工业生产者出厂价格指数（PPI）下降5.0%；工业生产者购进价格指数（IPI）上涨0.3%。

2020年CPI、PPI及IPI较上年涨跌幅度

表1

指标	涨跌幅度（%）
居民消费品价格指数（CPI）	3.1
其中：食品烟酒	11.6
衣着	-1.5
居住	-1.0
生活用品及服务	-0.8
交通和通信	-3.7
教育文化和娱乐	0.1
医疗保健	-0.1
其他用品和服务	3.1
工业生产出厂价格指数（PPI）	-5.0
工业生产购进价格指数（IPI）	0.3

二、农业

农业。全年实现农林牧渔业总产值631.15亿元，增长6.0%。其中：农业产值279.24亿元，同比增长4.8%；林业产值30.73亿元，同比增长7.2%；牧业产值275.14亿元，同比增长7.9%；渔业产值24.22亿元，同比增长5.0%；农林牧渔服务业产值21.81亿元，同比增长5.7%。

农产品产量。全年农作物总播种面积67.45万公顷，增长1.1%。其中：粮食播种面积40.15万公顷，同比增长0.4%；油料作物播种面积17.44万公顷，增长2.6%。粮食总产量231.14万吨，同比增长0.3%，单产5757公斤/公顷，基本保持稳定。其中：大春粮食产量185.68万吨，增长0.2%；小春粮食产量45.46万吨，增长0.6%。水稻产量93.32万吨，增长0.1%；小麦产量36.90万吨，增长0.4%。油料作物产量46.75万吨，增长5.1%；蔬菜及食用菌产量206.60万吨，增长1.8%。

畜牧业。全年生猪出栏324.26万头，增长16.2%；牛出栏11.82万头，增长1.4%；羊出栏95.5万只，下降3.2%；家禽出栏7429.99万羽，下降1.6%。

2016—2020年粮食总产量图

林业。全年完成造林面积65800公顷。年末有自然保护区13个，自然保护区面积29.87万公顷。年末全市森林面积112.74万公顷，森林覆盖率55.7%，比上年提高0.2个百分点。

农田水利。年末实有水利工程6.57万处，水利工程蓄引能力26.54亿立方米，实际供水18.62亿立方米。年末耕地有效灌溉面积22.15万公顷。

三、工业和建筑业

工业生产。全年工业增加值882.65亿元，比上年增长4.1%，对经济增长的贡献率为36.7%。年末规模以上工业企业1079户，全年规模以上工业增加值增长5.1%。分轻重工业看，轻工业下降2.9%、重工业增长8.1%。分经济类型看，国有企业下降26.1%、股份制企业增长4.4%、外商及港澳台商投资企业增长10.3%、私有企业增长2.0%。

分行业看，规模以上工业35个行业大类中有22个行业增加值增长。其中，计算机、通信和其他电子设备制造业增加值比上年增长13.9%，石油和天然气开采业下降18.5%，非金属矿物制品业增长10.0%，电力、热力生产和供应业增长8.6%，黑色金属冶炼和压延加工业增长10.5%，化学原料和化学制品制造业增长16.7%，汽车制造业增长9.4%，酒、饮料和精制茶制造业下降21.5%，医药制造业下降14.7%，金属制品业下降2.1%。高技术制造业增加值增长7.0%，占规模以上工业增加值比重为27.6%；六大重点产业增加值增长5.7%。

重点产业。全年六大重点产业产值增长4.8%。其中：节能环保产业增长10.1%、电子信息产业增长6.5%、高端装备制造产业增长6.5%、汽车产业增长5.1%、新材料产业增长1.3%、食品饮料产业增长为零。

主要工业产品。全年重点监测的183种工业产品中，105种工业产品实现增长，增长面为57.4%。主要

产品中：汽车增长133.3%、电子元件增长40.0%、液晶显示模组增长22.3%、彩色电视机增长6.3%、电视接收机顶盒增长3.9%。

工业经济效益。全年规模以上工业企业实现营业收入3141.73亿元，比上年增长8.0%。盈亏相抵后实现利润总额126.90亿元，下降0.6%。其中，国有控股工业企业实现利润22.95亿元，下降1.5%；股份制企业103.85亿元，下降2.0%；外商及港澳台商投资企业19.54亿元，增长6.5%。全年规模以上工业企业每百元营业收入中的成本为86.90元。年末规模以上工业企业资产负债率为59.0%，比上年末下降1.9个百分点。

建筑业。全年建筑业增加值292.71亿元，比上年增长3.7%。全市资质以上总承包和专业承包建筑企业578个，其中：有工作量的562个。房屋建筑施工面积4048.55万平方米，增长5.1%；房屋建筑竣工面积1176.64万平方米，下降22.7%，其中住宅竣工面积791.73万平方米，下降16.1%。

2020年主要工业产品产量及其增长速度

表2

名　称	计量单位	绝对数	增长（%）
饲料	万吨	222.7	11.0
鲜、冷藏肉	万吨	7.5	–49.7
饮料酒	万千升	4.9	–23.4
白酒（折65度，商品量）	万千升	4.9	–23.4
纱	万吨	1.0	25.0
布	亿米	0.9	–25.0
服装	万件	983.1	38.5
农用氮、磷、钾化学肥料（折纯）	万吨	3.8	–24.0
水泥	万吨	1049.4	3.9
商品混凝土	万立方米	979.6	0.4
粗钢	万吨	25.8	14.7
钢材	万吨	59.5	5.3
发动机	万千瓦	742.3	–42.6
矿山专用设备	万吨	5.7	9.6
水泥专用设备	吨	13915.0	3.0
汽车	万辆	1.4	133.3
载货汽车	万辆	1.2	140.0
改装汽车	万辆	0.4	0.0
房间空气调节器	万台	210.8	–16.2
移动通信手持机（手机）	万台	156.7	4023.7
彩色电视机	万台	499.3	6.3
液晶电视机	万台	499.3	6.3
电视接收机顶盒	万台	1016.2	3.9
液晶显示模组	万套	13.7	22.3
电子元件	亿只	55.3	40.0

四、固定资产投资

固定资产投资。全年全社会固定资产投资增长10.0%。分产业看：第一产业投资增长84.5%；第二产业投资下降1.9%，其中：工业投资下降1.9%；第三产业投资增长14.5%。全年制造业高技术产业投资下降27%。

房地产。全年房地产开发投资增长37.9%。商品房施工面积2646.33万平方米，增长10.4%；商品房竣工面积205.62万平方米，增长12.0%；商品房销售面积724.30万平方米，增长1.6%。

五、国内贸易和旅游

消费品市场。全年社会消费品零售总额1394.26亿元，下降1.8%。按经营地分：城镇市场实现零售额933.23亿元，下降1.8%；乡村市场实现零售额461.03亿元，下降1.8%。在限额以上企业（单位）中，通过互联网实现的商品零售额95.42亿元，增长13.7%。

在限额以上企业（单位）主要商品零售额中，粮油、食品、饮料、烟酒类实现零售额31.32亿元，增长9.7%；汽车类实现零售额104.94亿元，下降1.6%；家用电器和音像器材类实现零售额108.18亿元，增长6.7%；服装、鞋帽、针纺织品类实现零售额15.25亿元，下降9.4%；石油及制品类实现零售额42.05亿元，下降17.6%。

旅游。全年实现旅游总收入639.91亿元，下降11.3%。其中：国内旅游收入639.84亿元，下降11.3%；旅游外汇收入106.88万美元，下降61.5%；接待游客6272.06万人次，下降15.4%，其中：国内游客6271.48万人次，下降15.4%，入境游客5734人次，下降19.5%。

六、招商引资和对外贸易

招商引资。全年新签约内资项目320个，国内省外到位资金788.2亿元。

对外贸易。全年外贸进出口总额（包括转口贸易）31.20亿美元，

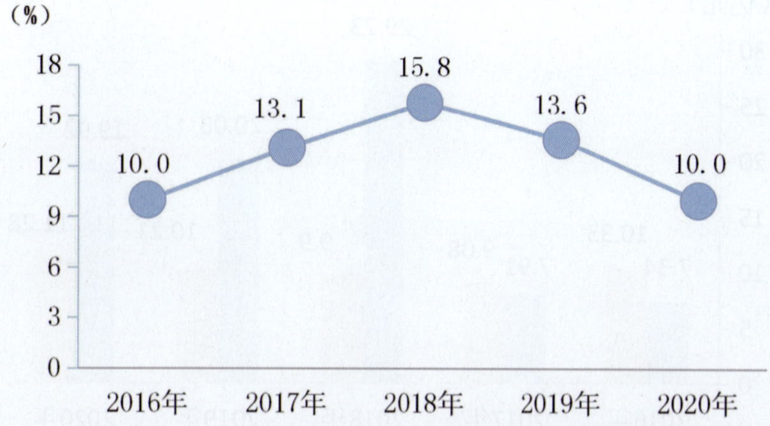

2016—2020年全社会固定资产投资增长速度图

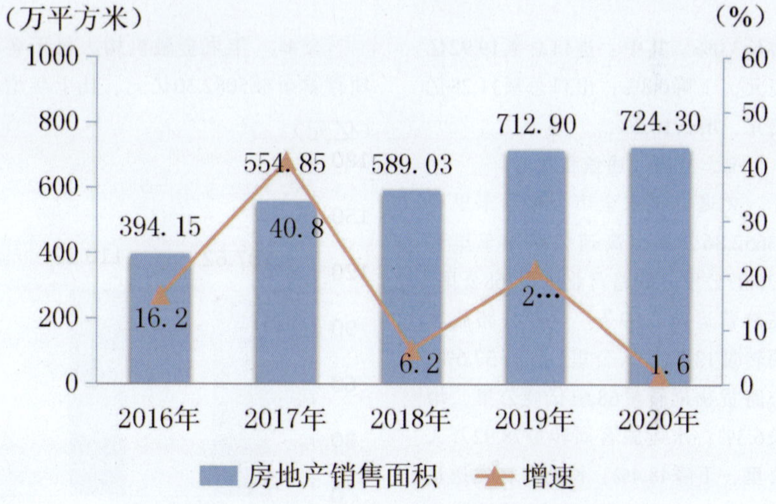

2016—2020年房地产销售面积和增长速度图

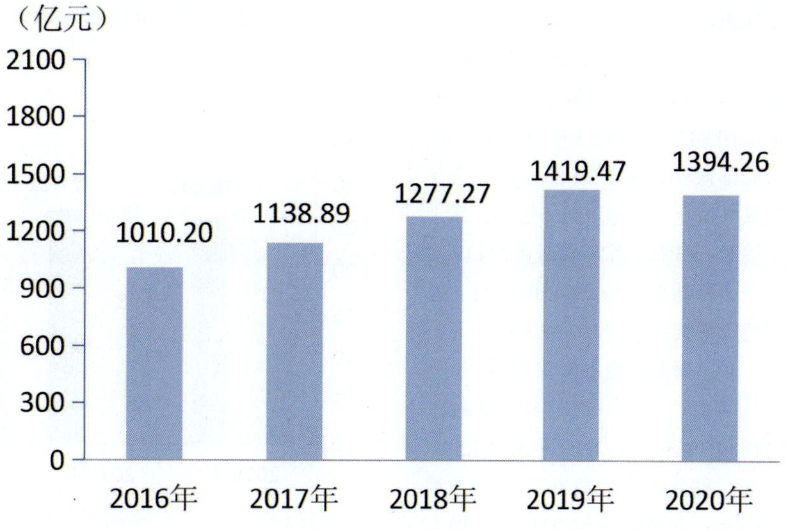

2016—2020年社会消费品零售总额图

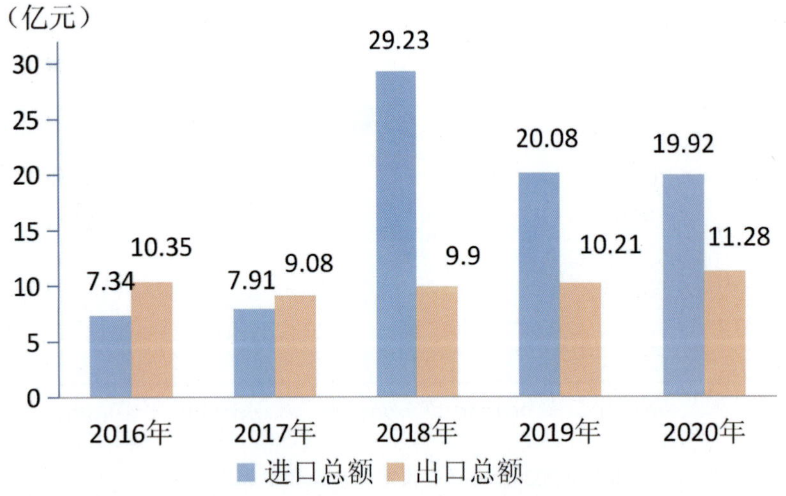

2016—2020年外贸进出口总额图

增长3.0%。其中：进口总额19.92亿美元，下降0.8%；出口总额11.28亿美元，增长10.5%。

七、交通、通信和邮电

交通。年末全市公路通车里程23652.86公里，高速公路通车里程426.07公里，铁路营业里程268公里，民航营运航线59条。全年公路旅客周转量13.39亿人公里，下降37.6%；公路货物周转量68.61亿吨公里，增长6.3%；水运旅客周转量78.92万人公里，下降48.4%；铁路旅客发送量710.93万人，下降34.1%；铁路货运发送量121.84万吨，增长4.9%；民用航空客运量289.09万人，下降30.5%；民用航空货邮行运量19003.5吨，下降26.8%。

邮电业务。年末全市共有邮政局（所）447处，全年完成邮政业务总量19.84亿元，比上年增长16.2%；完成邮政函件业务74.88万件。全年完成电信业务总量469.65亿元，比上年增长43.3%；固定电话用户119.22万户，移动电话用户643.01万户，互联网宽带接入用户193.32万户。

八、财政、金融和保险业

财政。全年一般公共预算收入实现140.96亿元，比上年增长7.5%。其中：税收收入完成86.73亿元，增长8.2%；非税收入54.23亿元，增长6.4%。

金融。年末金融机构人民币各项存款余额5082.30亿元，比上年增长14.0%，比年初增加624.51亿元。其中：住户存款2874.84亿元，比年初增加350.81亿元。人民币各项贷款余额2812.66亿元，比上年增长13.6%，比年初增加336.49亿元。其中：住户贷款1017.67亿元，比年初增加163.83亿元。

保险。年末全市共有保险公司56家，其中：产险公司21家，寿险公司35家。全年各类保险保费收入129.43亿元，增长3.1%；其中：财产险32.79亿元，增长4.6%；人身险96.64亿元，增长2.5%。各类保险赔款及期满给付支出40.99亿元，增长14.4%；其中：财产险20.74亿元，增长11.0%；人身险20.26亿元，增长18.0%。

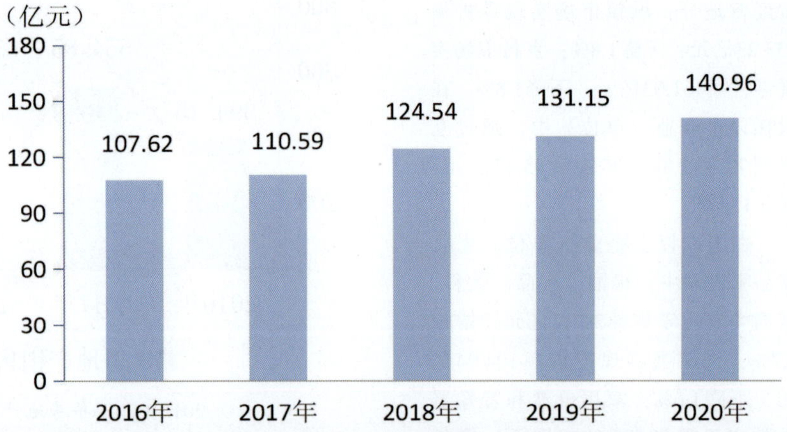

2016—2020年地方一般公共预算收入图

九、教育和科学技术

教育。年末全市共有各级各类学校1473所（不含高校、技工学校及职业培训机构），在校学生73.21万人，教职工5.49万人，其中：专任教师4.29万人。

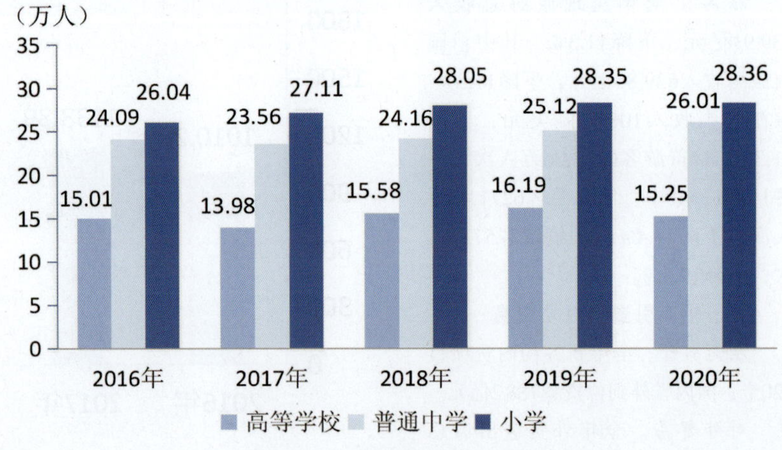

2016—2020年各类学校在校学生数图

全市有小学402所，招生4.47万人，在校学生28.36万人，小学学龄儿童入学率100%；普通中学207所，招生8.79万人，在校学生26.01万人；中等职业教育学校24所，招生1.94万人，在校学生4.40万人；学前教育幼儿园833所，招生3.75万人，在园幼儿14.35万人。

全市有高校15所，招生（含成教全日制生）4.23万人，在校生15.2万人，毕业生3.7万人，专任教师8236人。

科学技术。全市已通过国家高新技术企业认定446家，有国家级工程技术研究中心5家，省级工程技术研究中心27家。年底拥有科技企业孵化器33个。其中：国家级7个，省级24个。全年科技型中小企业（科技部评价入库科技型中小企业）总数达到1375个，其中新增科技型中小企业330个。全年共申请专利11525件，专利授权7636件。其中：发明专利申请量4023件，授权1467件。

十、文化、卫生和体育

文化事业。年末全市有公共图书馆10个、艺术馆、文化馆（站）299个、乡镇综合文化站273个，城市社区（街道）文化站16个，博物馆纪念馆15个，美术馆3个。全市广播覆盖率99.74%，电视覆盖率99.73%，城区数字电视转换率100%。全市公开发行报纸5种，公开发行杂志17种。

卫生。年末全市有医疗卫生机构4857个（含社区卫生服务中心、村卫生室），其中：等级医院110个，卫生人员4.62万人，卫生技术人员3.63万人，执业（助理）医师1.41万人，注册护士1.61万人，卫生机构床位4.07万张。孕产妇死亡率、婴儿死亡率和5岁以下儿童死亡率分别是2.65/10万、1.99‰、3.47‰。

体育事业。全市共有体育场馆16个，全年共举办各种运动会237次，参加人数101.30万人次。在参加省以上比赛中获奖牌274.5枚。其中：金牌93枚、银牌110枚。

十一、环境保护和安全生产

水环质量。全市7个国省考核断面水质优良（达到或优于Ⅲ类）比例为100%，城市建成区黑臭水体基本消除。县级及以上城市集中式饮用水水源地水质优良比例为100%，13个水功能区考核断面水质优良比例为100%，涪江、安昌河、芙蓉溪等8条河长制主要河流共20个监控断面水质优良比例为100%。

空气质量。全市城区环境空气有效监测366天，参照《环境空气质量标准》（GB 3095-2012），达标天数比例为89%，达标324天，其中优141天，良183天，超标42天，其中轻度污染35天，中度污染7天，重度污染0天。全市城区环境空气质量PM2.5平均浓度值为34μg/m³，同比下降10.5%。市区共获降水样104个，其中酸雨39个，酸雨频率37.5%，降水pH均值为5.36。城区、郊区均属非酸雨区。

声环境质量。城区1、2、3类功能区昼间、夜间点次达标率均为100%。4a类功能区昼间点次达标率100%，夜间受交通噪声影响点次达标率12.5%。全市区域环境昼间噪声平均值为55.7dB（A），质量状况等级为三级级（一般），与上一年度相比，区域环境昼间噪声平均值下降了0.9dB（A），质量等级保持不变。城区道路交通噪声昼间平均值为69.6dB（A），质量状况等级为二级（较好），与去年同期相比下降0.1B（A），强度等级不变。

节能减排。全年单位GDP能耗下降0.5%，规上工业企业综合能源消费量360.49万吨标准煤，增长7.9%。单位工业增加值能耗增长2.7%。清洁能源生产继续提升，电力生产企业累计发电119.81亿千瓦时，同比增长2.4%。

安全生产。全年发生各类生产安全事故48起，下降29.4%，死亡49人，下降33.8%，亿元地区生产总值生产安全事故死亡人数0.016人。其中：工矿商贸事故31起，死亡26人；道路交通事故15起，死亡21人。

十二、就业

就业和再就业。年末全市城镇新增就业人员人数5.39万人，失业保险参保人数44.41万人。年末城镇登记失业人员2.61万人，城镇登记失业率为2.73%，全市有1.12万名失业人员实现再就业。

十三、人民生活和社会保障

城乡居民收支。全市城镇居民人均可支配收入39680元，比上年增加2226元，比上年增长5.9%；城镇居民人均生活消费支出24730元，比上年下降296元，比上年下降1.2%；其中：食品烟酒支出8894元。城镇居民恩格尔系数36.0%。农村居民人

2016—2020年医疗卫生机构床位数图

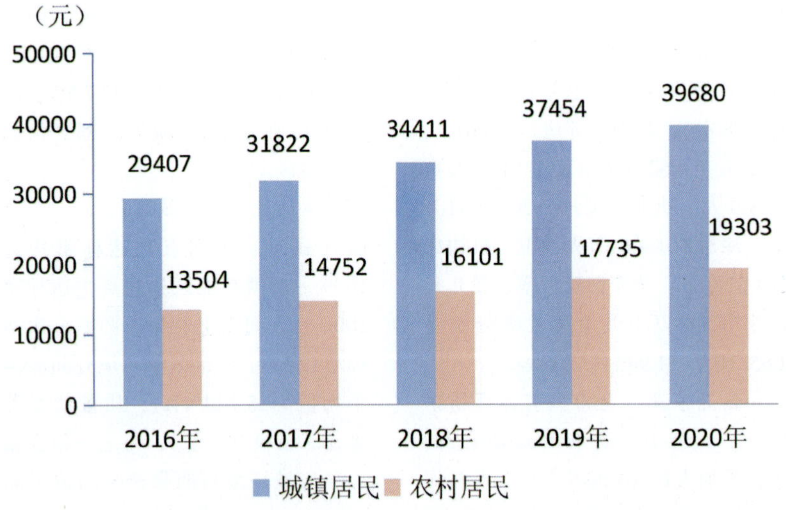

2016—2020年居民人均可支配收入图

均可支配收入19303元，比上年增加1569元，比上年增长8.8%；农村居民人均生活消费支出15038元，比上年增加1047元，比上年增长7.5%。其中：食品烟酒支出5507元。农村居民恩格尔系数36.6%。

社会保障。全市企业职工养老保险参保人数152.14万人，城乡居民社会养老保险参保人数220.01万人；城镇职工基本医疗保险参保人数79.26万人，城乡居民基本医疗保险参保人数412.12万人；工伤保险参保人数56.45万人，生育保险参保人数48.33万人。城镇最低生活保障标准为610元/月，享受最低生活保障补助的城镇居民4.36万人，下降10.7%；农村最低生活保障标准为410元/月，享受最低生活保障补助的农村居民10.10万人，增加7.6%。失业保险金标准调整为1320元/月，最低工资标准1650元/月。年末全市各种社会福利收养性单位256个，床位3.20万张。

说明：

1. 公报中各项数据为初步统计数，部分数据因四舍五入的原因，存在总计与分项合计不等的情况。

2. 公报中地区生产总值、各产业及相关行业增加值绝对数按当年价格计算，增长速度按可比价格计算。

3. 公报中2016—2018年地区生产总值绝对数、增长速度及三次产业结构为依据第四次全国经济普查结果修订后的数据；2019年地区生产总值、增长速度及三次产业结构为最终核实数。

4. 根据第四次全国经济普查结果对2016—2019年社会消费品零售总额进行了修订。

5. 2020年常住人口及相关指标数据，待第七次全国人口普查数据发布后另行公布。

6. 公报中物价、林业、渔业、农业机械化、交通运输、邮政、电信、金融、旅游、对外贸易、财政、保险、证券、教育、科技、文化、卫生、体育、环境保护、应急管理、人民生活和社会保障等数据来源于相关部门

绵阳市第四次全国经济普查公报（第一号）

——绵阳市第四次全国经济普查顺利完成

绵阳市统计局

绵阳市人民政府第四次全国经济普查领导小组办公室

2020年3月27日

根据《全国经济普查条例》规定，按照《国务院关于开展第四次全国经济普查的通知》（国发〔2017〕53号）、《四川省人民政府关于开展第四次全国经济普查的通知》（川府发〔2018〕6号）、《绵阳市人民政府关于开展第四次全国经济普查的通知》（绵府发〔2018〕4号）要求，绵阳市开展了第四次全国经济普查。普查的标准时点为2018年12月31日，普查的时期资料为2018年度，普查对象是我国境内从事第二产业和第三产业活动的全部法人单位、产业活动单位和个体经营户。按照党中央、国务院和省委、省政府的统一部署，在市委、市政府的正确领导下，我市第四次全国经济普查全面完成各项任务，取得重要成果和明显成效。

一、加强组织领导

绵阳市委、市政府高度重视第四次全国经济普查，发文布置，成立机构，召开会议，科学有序安排部署各项工作。按照“全国统一领导、部门分工协作、地方分级负责、各方共同参与”的组织实施原则，绵阳市、县、乡三级人民政府以及相关部门均建立普查机构，全面加强领导，精心组织实施，做到人员到位、措施到位、经费到位，为普查工作开展提供了坚实的组织保障。参与普查工作的相关部门积极主动履职，充分发挥各自职能，提供多方保障，确保了普查的顺利实施。

二、摸清经济家底

2019年1月1日至4月30日，普查人员克服重重困难，对绵阳市境内从事第二、三产业的法人单位、产业活动单位和抽取的个体经营户逐一入户完成数据采集。通过这次普查，既摸清了绵阳市第二产业和第三产业的发展规模、布局和效益，了解了绵阳市产业组织、产业结构、产业技术、产业形态的现状以及各生产要素的构成，也掌握了全部法人单位资产负债状况和新兴产业发展情况，进一步查实了各类单位的基本情况和主要产品产量、服务活动，全面准确反映了供给侧结构性改革、新动能培育壮大、经济结构优化升级等方面的新进展。

三、采用科学方法

按照统一部署，绵阳市人民政府第四次全国经济普查领导小组办公室（以下简称市经普办）组织开展国家方案试点、省级综合试点和市级专项试点工作，结合绵阳普查工作实际，先后制定印发了系列文件规则，为经济普查工作有序开展提供了制度性保障。普查采取“地毯式”清查的方法，对辖区内全部法人单位、产业活动单位和从事第二、三产业的个体经营户进行全面清查。全面清查后，对从事第二、第三产业的法人单位、产业活动单位在其主要经营活动所在地进行全面普查登记，对建筑业法人单位在其注册地进行全面普查登记，对数量众多的个体经营户采用抽样调查方法在其主要经营活动所在地进行样本登记。普查主要内容包括单位基本情况、组织结构、人员工资、财务状况、能源生产与消费情况、生产能力、生产经营和服务活动、固定资产投资、研发活动、信息化和电子商务交易情况等，根据不同普查对象，分别设置了一套表单位普查表、非一套表单位普查表、个体经营户普查表和部门普查表。

四、创新普查方式

这次普查充分应用改革成果，大力提高部门参与程度。在清查和普查阶段，积极利用部门行政记录和业务资料，收集、整理了27个部门的单位名录信息，通过比对、合并生成底册信息9万余条。全面提高普查数据采集信息化水平，全面使用手持移动终端（PAD）采集数据，广泛应用行业代码自动识别赋码技术，普查数据生产全过程实行电子化、网络化，大大提高了数据采集处理效率。

五、强化执法监督

绵阳市各级普查机构和广大普查人员严格执行《中华人民共和国统计法》和《全国经济普查条例》，严格履行独立普查、独立报告职责，依法保护普查对象资料。建立健全普查数据质量追溯和问责机制，严肃查处普查违纪违法行为，及时纠正不实普查数据，严格问责有关违纪违法人员，确保普查工作质量。

六、确保数据质量

实行全过程数据质量控制，实

时监控普查数据采集、上报，加强入户数据核实与业务指导，开展源头数据自查与抽查，坚持联动审核，及时消除差错，确保普查数据真实可靠。顺利通过了省经普办对绵阳的事后质量检查，市经普办对全市所有县市区、园区、科学城的32个样本普查小区、1124户普查对象进行了数据质量检查，核查结果符合国家方案要求。

第四次全国经济普查运用现代信息技术手段，全面摸清了绵阳市第二产业和第三产业家底，客观真实反映绵阳市经济社会发展状况，达到了预期目标。普查结果显示，2018年末，绵阳市共有从事第二产业和第三产业活动的法人单位47366个，与2013年第三次全国经济普查相比，增长99.3%；从业人员105.61万人；产业活动单位56171个，增长89.9%；个体经营户24.70万个。

绵阳市第四次全国经济普查公报（第二号）

——单位基本情况

绵阳市统计局

绵阳市人民政府第四次全国经济普查领导小组办公室

2020年3月27日

根据第四次全国经济普查结果，现将绵阳市单位的基本情况、从业人员、资产负债状况和营业收入公布如下：

一、单位基本情况

2018年末，全市共有从事第二产业和第三产业活动的法人单位47366个，比2013年末（2013年是第三次全国经济普查年份，下同）增加23603个，增长99.3%；产业活动单位56171个，增加26587个，增长89.9%；个体经营户24.70万个（详见表 2–1）。

单位数与个体经营户数

表 2–1

	单位数（个）	比重（%）
一、法人单位	47366	100.0
企业法人	35079	74.1
机关、事业法人	4795	10.1
社会团体	1199	2.5
其他法人	6293	13.3
二、产业活动单位	56171	100.0
第二产业	8515	15.2
第三产业	47656	84.8
三、个体经营户	247025	100.0
第二产业	19003	7.7
第三产业	228022	92.3

2018年末，在第二产业和第三产业法人单位中，位居前三位的行业是：批发和零售业10788个，占22.8%；公共管理、社会保障和社会组织7593个，占16.0%；制造业4960个，占10.5%。在个体经营户中，位居前三位的行业是：批发和零售业12.03万个，占48.7%；交通运输、仓储和邮政业3.75万个，占15.2%;住宿和餐饮业3.27万个，占13.2%（详见表2–2）。

按行业门类分组的法人单位与个体经营户

表 2–2

	法人单位		个体经营户	
	数量（个）	比重（%）	数量（个）	比重（%）
合 计	47366	100.0	247025	100.0
采矿业	215	0.5	63	0.0
制造业	4960	10.5	9505	3.9

续表

	法人单位		个体经营户	
	数量（个）	比重（%）	数量（个）	比重（%）
电力、热力、燃气及水生产和供应业	339	0.7	43	0.0
建筑业	2568	5.4	9693	3.9
批发和零售业	10788	22.8	120294	48.7
交通运输、仓储和邮政业	931	2.0	37507	15.2
住宿和餐饮业	812	1.7	32711	13.2
信息传输、软件和信息技术服务业	2549	5.4	877	0.4
金融业	143	0.3	—	—
房地产业	1582	3.3	269	0.1
租赁和商务服务业	4575	9.7	3757	1.5
科学研究和技术服务业	3364	7.1	448	0.2
水利、环境和公共设施管理业	398	0.8	47	0.0
居民服务、修理和其他服务业	1017	2.2	23036	9.3
教育	2337	4.9	590	0.2
卫生和社会工作	939	2.0	2673	1.1
文化、体育和娱乐业	1763	3.7	4024	1.6
公共管理、社会保障和社会组织	7593	16.0	—	—

说明：表中合计数含从事农、林、牧、渔专业及辅助性活动和兼营第二、三产业活动的农、林、牧、渔业法人单位与个体经营户

2018年末，全市共有第二产业和第三产业的企业法人单位35079个，比2013年末增加22134个，增长171.0%。其中，内资企业占99.7%，港、澳、台商投资企业占0.2%，外商投资企业占0.1%。内资企业中，国有企业占全部企业法人单位的0.3%，私营企业占85.1%（详见表2-3）。

按登记注册类型分组的企业法人单位

表 2-3

	单位数（个）	比重（%）
合　计	35079	100.0
内资企业	34980	99.7
国有企业	109	0.3
集体企业	130	0.4
股份合作企业	20	0.1
联营企业	16	0.0
有限责任公司	4370	12.5
股份有限公司	468	1.3
私营企业	29867	85.1
其他企业	0	0.0
港、澳、台商投资企业	53	0.2
外商投资企业	46	0.1

二、从业人员

2018年末，全市第二产业和第三产业法人单位从业人员105.61万人，其中女性从业人员38.01万人。第二产业的从业人员为53.59万人，第三产业的从业人员为52.02万人。个体经营户从业人员69.05万人，其中女性从业人员31.79万人。

在法人单位从业人员中，位居前三位的行业是：建筑业27.03万人，占25.6%；制造业24.18万人，占22.9%；教育业8.38万人，占7.9%。在个体经营户从业人员中，位居前三位的行业是：批发和零售业27.71万人，占40.1%；住宿和餐饮业12.12万人，占17.6%；建筑业8.35万人，占12.1%（详见表2–4）。

按行业门类分组的法人单位与个体经营户从业人员

表 2–4

	法人单位从业人员（人）	其中:女性	个体经营户从业人员（人）	其中：女性
合　计	1056101	380127	690462	317875
采矿业	5811	922	131	54
制造业	241766	95624	39710	11924
电力、热力、燃气及水生产和供应业	18523	5782	90	17
建筑业	270298	41737	83531	23077
批发和零售业	83332	36861	277126	142615
交通运输、仓储和邮政业	25011	7926	31180	5238
住宿和餐饮业	17541	11092	121210	71760
信息传输、软件和信息技术服务业	19652	7302	2593	1152
金融业	9298	5045	—	—
房地产业	40673	16701	517	229
租赁和商务服务业	54313	19197	21008	6084
科学研究和技术服务业	28918	9644	1623	489
水利、环境和公共设施管理业	10017	5224	37	15
居民服务、修理和其他服务业	13712	6184	82858	41342
教育	83807	50015	2209	1055
卫生和社会工作	39762	26857	6905	3012
文化、体育和娱乐业	12933	6408	13900	8367
公共管理、社会保障和社会组织	75799	25976	—	—

说明：表中合计数含从事农、林、牧、渔专业及辅助性活动的法人单位与个体经营户从业人员

三、资产负债状况和营业收入

2018年末，全市第二产业和第三产业法人单位资产总计11233.38亿元（不含金融业）。其中，第二产业法人单位资产总计占比为41.7%，第三产业法人单位资产总计占比为58.3%。法人单位负债合计6359.97亿元。其中，第二产业法人单位负债合计占比为43.6%，第三产业法人单位负债合计占比为56.4%。

2018年，绵阳市第二产业和第三产业企业法人单位实现营业收入5734.19亿元。其中，第二产业营业收入占比为64.6%，第三产业营业收入占比为35.4%（详见表2–5）。

按行业门类分组的单位资产负债状况和营业收入

表 2–5

	法人单位资产总计（亿元）	法人单位负债合计（亿元）	企业法人单位营业收入（亿元）
合计	11233.38	6359.97	5734.19
采矿业	45.92	23.51	54.40
制造业	3174.70	1834.16	2855.93
电力、热力、燃气及水生产和供应业	731.59	475.20	168.16
建筑业	739.67	440.46	625.07
批发和零售业	575.57	317.37	1183.14
交通运输、仓储和邮政业	275.74	148.81	71.26
住宿和餐饮业	63.41	29.60	31.28
信息传输、软件和信息技术服务业	120.53	49.87	95.84
金融业	—	—	—
房地产业	2197.28	1586.56	332.87
租赁和商务服务业	821.59	397.13	106.06
科学研究和技术服务业	213.01	137.02	68.14
水利、环境和公共设施管理业	721.74	438.49	35.42
居民服务、修理和其他服务业	19.91	9.87	26.33
教育	486.27	113.08	27.36
卫生和社会工作	198.15	62.28	11.97
文化、体育和娱乐业	66.07	19.19	26.31
公共管理、社会保障和社会组织	745.33	262.40	—

说明：表中合计数含从事农、林、牧、渔专业及辅助性活动的单位数据。表中不包含金融业等单位数据。表中企业法人单位，包括机构类型为企业的法人单位，以及执行企业会计制度的事业法人单位、民办非企业法人单位和基金会，农民专业合作社，农村集体经济组织和除宗教活动场所以外的机构类型为其他组织机构的法人单位

注释：

1. 三次产业的划分：

第一产业是指农、林、牧、渔业（不含农、林、牧、渔专业及辅助性活动）。

第二产业是指采矿业（不含开采专业及辅助性活动），制造业（不含金属制品、机械和设备修理业），电力、热力、燃气及水生产和供应业，建筑业。

第三产业即服务业，是指除第一产业、第二产业以外的其他行业。第三产业包括：批发和零售业，交通运输、仓储和邮政业，住宿和餐饮业，信息传输、软件和信息技术服务业，金融业，房地产业，租赁和商务服务业，科学研究和技术服务业，水利、环境和公共设施管理业，居民服务、修理和其他服务业，教育，卫生和社会工作，文化、体育和娱乐业，公共管理、社会保障和社会组织，国际组织，以及农、林、牧、渔业中的农、林、牧、渔专业及辅助性活动，采矿业中的开采专业及辅助性活动，制造业中的金属制品、机械和设备修理业。

2. 单位的划分：

法人单位是指有权拥有资产、承担负债，并独立从事社会经济活动（或与其他单位进行交易）的组织。法人单位应同时具备以下条件：

（1）依法成立，有自己的名称、组织机构和场所，能够独立承担负债和其他民事责任；

（2）独立拥有和使用（或受权使用）资产，有权与其他单位签订

合同；

(3) 会计上独立核算，能够编制资产负债表等会计报表。

法人单位包括企业法人、事业单位法人、机关法人、社会团体法人、其他法人等。

产业活动单位是指位于一个地点，从事一种或主要从事一种社会经济活动的组织或组织的一部分。产业活动单位应同时具备以下条件：

(1) 在一个场所从事一种或主要从事一种社会经济活动；

(2) 相对独立地组织生产活动或经营活动；

(3) 能提供收入或者支出等相关资料。

3. 表中的合计数和部分计算数据因小数取舍而产生的误差，均作机械调整。

2020年全市党政群团机关及其工作部门主要领导名录

■ 绵阳市领导机关

中国共产党绵阳市委员会

书　记　刘　超

副书记　元　方

常　委　刘光强

胥锦成（挂职）

王华蓉（女）

颜　超*

张学民

唐浪生

时义清

罗宗志

荣　全

经大忠（羌）

吕　剑（挂职）

绵阳市人民代表大会常务委员会

主　任　付　康

副主任　黄正良

董晓彬

代顺兴

李川萍（女）

李作虎

周　涛（提名人选）

绵阳市人民政府

市　长　元　方

颜　超*

副市长　吕　剑（挂职）

蒋丽英（女）

周　述

罗　蒙

廖雪梅（女）

郑志恒

中国人民政治协商会议绵阳市委员会

主　席　李亚莲（女）

副主席　胡安虎

沈其霖

李京平（土家族）

尚丽平（女）

郭兴林

田荣华

赵　黎（女）

兰　劲

■ 纪委、监委、法院、检察院

中共绵阳市纪律检查委员会

书　记　唐浪生

绵阳市监察委员会

代理主任　唐浪生

市中级人民法院

代理院长　李　勤

市人民检察院

检察长　王　红（女）

■ 党群系统工作部门

市　委

秘书长　张学民

副秘书长　余青根

田丛荣

蒲方方

刘林建

陈　旭

何加勇

王俊生（挂职）

高　博(俄罗斯族、挂职)

市委办公室

主　任　余青根

市委组织部

部　长　王华蓉（女）

常务副部长　文　刚

市委宣传部

部　长　张学民

常务副部长　袁　蓉（女）

市委统战部

部　长　经大忠

常务副部长　空　缺

市委政法委员会

书　记　荣　全

常务副书记　段光艳

市委政策研究室

主　任　刘林建

市委网络安全和信息化委员会办公室

主　任　张　杰

市委外事工作委员会办公室

主　任　方　敏（女）

市委机构编制委员会办公室

主　任　黄晓军

市委军民融合发展委员会办公室

主　任　罗宗志

常务副主任　李建国

市直机关工委

书　记　王华蓉（女）

常务副书记　冯雪莲（女）

市委巡察工作领导小组办公室

主　任　刘林建

市委老干部局

局　长　张　伟

市委目标绩效管理办公室

主　任　蒲方方

市委党校

校　长　王华蓉（女）

---

*2021年11月，四川省纪委监委通报，颜超因严重违纪违法被开除党籍和公职。

常务副校长　党海燕（女）

绵阳日报社

社　长　周　华（羌族）

市委党史研究室（市地方志编纂中心）

主　任　余正道

市公务服务中心

主　任　潘　凌（女）

市档案馆

馆　长　汤克斌

“两弹一星”干部学院

院　长　王华蓉（女）

第一副院长　周　琳

常务副院长　罗盛军

市总工会

主　席　经大忠

党组书记、副主席　彭时荣

共青团绵阳市委员会

书　记　胡段钦（羌族）

市妇女联合会

主　席　刘春涛（女）

市工商业联合会

会　长　黄正良

党组书记、常务副会长　易显云

市总商会

会　长　黄正良

市社会科学界联合会

主　席　何季德

市科学技术协会

主　席　范国滨

党组书记、常务副主席

王久华（女、羌族）

市文学艺术界联合会

主　席　陈晓霖（女、提名人选）

市残疾人联合会

理事长　曾明波（提名人选）

中国国际贸易促进委员会绵阳市委员会（绵阳国际商会）

会　长　温兴成

市归国华侨侨眷联合会（市人民对外友好协会）

主　席（会长提名人选）

蒋　蓓（女）

市红十字会

会　长　蒋丽英（女）

常务副会长　林　桦（女）

市计划生育协会

会　长　蒋丽英（女）

常务副会长　元承军

市法学会

会　长　荣　全

常务副会长　吴中信

■ 民主党派

中国国民党革命委员会绵阳市委员会

主任委员　贺　勋

中国民主同盟绵阳市委员会

主任委员　勾永阶

中国民主建国会绵阳市委员会

主任委员　蒋丽英（女）

中国民主促进会绵阳市委员会

主任委员　李京平（土家族）

中国农工民主党绵阳市委员会

主任委员　沈其霖

中国致公党绵阳市工作委员会

主任委员　田荣华

九三学社绵阳市委员会

主任委员　尚丽平（女）

■ 市人大委、室

市人大常委会

秘书长　王昭洪

副秘书长　姚德行

张　鹏

办公室

主　任　姚德行

市人大社会建设委员会

主任委员　季代双

市人大监察和司法委员会

主任委员　奉光明

市人大法治委员会

主任委员　高维志

市人大财政经济工作委员会

主任委员　刘加勇

农业工作委员会

主　任　肖清华

城乡建设环境资源保护工作委员会

主　任　王晓刚

教科文卫工作委员会

主　任　郭　平（女）

法治工作委员会

主　任　朱　林

民族宗教外事侨务工作委员会

主　任　何国洪

人事代表工作委员会

主　任　空　缺

■ 市人民政府工作部门及直属机构

市人民政府

秘书长　柳　江

副秘书长　陶　筠（女）

周志强

龙佳林

衡国钰

赵　琳（女）

周　平

薛　凯

谢剑峰（挂职）

刘明刚（挂职）

市人民政府办公室

主　任　钟　培

市发展和改革委员会

主　任　袁　明

市经济和信息化局

局　长　韩晓清

市教育和体育局

局　长　胡　东

市教育考试院

院　长　黄阔仲

市科学技术局

局　长　刘青川

市公安局

局　长　周　述

副局长（主持常务工作）　杨代根

市民政局

局　长　胡　科

市司法局
局　长　赵开年
市财政局
局　长　侍玉蓉（女）
市人力资源和社会保障局
局　长　张斯恩
市社会保险事务中心
主　任　李邦宏
市就业创业促进中心
主　任　王　岚（女）
市自然资源和规划局
局　长　淳道怀
市生态环境局
局　长　冯中兵
市住房和城乡建设委员会
主　任　申　泽
市交通运输局
局　长　寇子胜
市交通运输局公路管理处
党委书记　淳道松
处　长　赵朝晖
市水利局
局　长　银登春
市农业农村局
局　长　贾友忠
市商务局
局　长　潘大钦
市文化广播电视和旅游局
局　长　代　宏
市卫生健康委员会
主　任　元承军
市退役军人事务局
局　长　苏　杰
市应急管理局
局　长　敬东阳
市审计局
局　长　谭　谱
市国有资产监督管理委员会
党委书记　罗宗志
主　任　赵明君
市市场监督管理局
局　长　陈兴刚

市统计局
局　长　贾智艳（女）
市经济社会调查队
队　长　周晓军
市扶贫开发局
局　长　张廷伟
市信访局
局　长　薛　凯
市金融工作局
局　长　王　健
市经济合作局
局　长　周福兰（女、羌族）
市林业局
局　长　王理效
市医疗保障局
局　长　贾大雁
市政务服务监督管理局
局　长　陈松柏
市机关事务管理局
局　长　郑文京
市人民防空办公室
党组书记　杨纯忠
主　任　徐长法
市住房公积金服务中心
主　任　蒋静瞻（女）
市供销合作社联合社
党组书记　任　杰
理事会主任　杨邦琼（女）
市武都引水工程建设管理局
局　长　勾承建
“5·12”汶川特大地震纪念馆管理中心
主　任　冯正碧（女）
市广播电视台
台　长　何晓涛
市农业科学研究院
党委书记　刘宗勇
院　长　王秀全
市人民政府驻北京办事处
主　任　王智莶
大熊猫国家公园绵阳管理分局
局　长　郑志恒
党组副书记、副局长　杜　勇（羌）

市政协委、室

市政协
秘书长　毛一兵
副秘书长　钟思亮
　　　　　黄宗甫
　　　　　陈　刚
办公室
主　任　钟思亮
研究室
主　任　梁　茂
政协委员工作和地方政协联络委员会
主任委员　文　实
提案委员会
主任委员　练才伟
经济委员会
主任委员　何中先
城乡建设和资源环境委员会
主任委员　汤云春
社会法治和台侨民宗委员会
主任委员　杨朝晖
教科卫体委员会
主任委员　王　刚
文化和文史学习委员会
主任委员　魏　霜（女）

高新区、经济技术开发区、科技城科教创业园区、科技城现代农业科技示范区、仙海水利风景区、科学城办事处

中共绵阳高新技术产业开发区工作委员会
绵阳高新技术开发区管理委员会（副厅级）
书　记　谭　岗
主　任　董　泓（女）

中共绵阳市经济技术开发区工作委员会
绵阳市经济技术开发区管委会（中共绵阳科技城现代农业科技示范区工作委员会、绵阳科技城现代农业科技示范区管委会）
书 记 兰 劲
主 任 陈 鼎
中共绵阳科技城科教创业园区工作委员会
绵阳科技城科教创业园区管委会
书 记 周 钰
主 任 刘雨果（女）
中共绵阳市仙海水利风景区工作委员会
绵阳市仙海水利风景区管委会
书 记 魏 魁
主 任 刘玉华

■2020年绵阳市各县（市、区）主要领导人名录

涪城区
区委书记 邓 辉
人大常委会主任 顾 建
区 长 张虚怀
政协主席 杜正茂

游仙区
区委书记 空 缺
人大常委会主任 何守君
区 长 陈华斌
政协主席 姜 曦

安州区
区委书记 姚永红
人大常委会主任 梁 建
区 长 胡 斌
政协主席 赵 奎

江油市
市委书记 元承军
人大常委会主任 胥 洪
市 长 曾建军（代理市长）
政协主席 李 平

三台县
县委书记 吴明禹
人大常委会主任 杨增辉
县 长 李昊天
政协主席 贺强华（女）

梓潼县
县委书记 周 琳
人大常委会主任 杜林平
县 长 刘 强
政协主席 敬友忠

盐亭县
县委书记 向 赟
人大常委会主任 何光明
县 长 何长鹰
政协主席 蒲雪刚

北川羌族自治县
县委书记 空 缺
人大常委会主任 张周凯
县 长 瞿永安（羌族）
政协主席 刘平安

平武县
县委书记 李治平
人大常委会主任 何 充
县 长 黄 骏
政协主席 廖玉平

（截至2020年12月）

2020年市委、市政府重要文件目录

2020年市委重要文件目录

表 107

序号	发文字号	文件名称
1	绵委发〔2020〕1 号	中共绵阳市委、绵阳市人民政府关于优化市与市辖区（园区）权责关系的实施意见
2	绵委发〔2020〕2 号	中共绵阳市委、绵阳市人民政府关于建设先进制造产业功能区的实施意见
3	绵委发〔2020〕3 号	中共绵阳市委、绵阳市人民政府关于加快发展创新产业的实施意见
4	绵委发〔2020〕6 号	中共绵阳市委、绵阳市人民政府关于印发《绵阳市建立区域协调发展新机制强化区域合作实施方案》的通知
5	绵委发〔2020〕7 号	中共绵阳市委、绵阳市人民政府关于狠抓“三农”重点工作确保如期实现全面小康的意见
6	绵委发〔2020〕8 号	中共绵阳市委、绵阳市人民政府关于推进村级建制调整改革的实施意见
7	绵委发〔2020〕9 号	中共绵阳市委、绵阳市人民政府关于印发《绵阳市区域协同发展规划（2019—2025 年）》的通知
8	绵委发〔2020〕10 号	中给绵阳市委关于废止和宣布失效部分党内规范性文件的决定
9	绵委发〔2020〕11 号	中共绵阳市委、绵阳市人民政府关于加快构建“8+1”现代服务业体系推动服务业高质量发展的实施意见
10	绵委发〔2020〕12 号	中共绵阳市委关于印发《绵阳市市级领导干部政务工作要求》的通知
11	绵委发〔2020〕13 号	中共绵阳市委关于深入贯彻习近平总书记重要讲话精神深度参与成渝地区双城经济圈建设的决定
12	绵委发〔2020〕15 号	中共绵阳市委、绵阳市人民政府关于做好乡镇行政区划和村级建制调整改革“后半篇”文章的实施意见
13	绵委发〔2020〕16 号	中共绵阳市委、绵阳市人民政府关于促进中医药传承创新发展的实施意见
14	绵委办〔2020〕3 号	中共绵阳市委办公室贯彻落实《关于进一步加强和改进党委（党组）理论学习中心组学习的实施意见》有关事项的通知
15	绵委办〔2020〕16 号	中共绵阳市委办公室、绵阳市人民政府办公室关于印发《白马文化传承发展专项行动方案（2020—2025 年）》的通知
16	绵委办〔2020〕27 号	中共绵阳市委办公室关于印发《绵阳市县级领导干部实绩档案管理办法（试行）》的通知
17	绵委办〔2020〕29 号	中共绵阳市委办公室关于印发《绵阳市党政机关公务接待管理办法补充规定》的通知
18	绵委办〔2020〕52 号	中共绵阳市委办公室、绵阳市人民政府办公室关于调整市级领导同志联系指导县（市、区）、园区分工有关事项的通知
19	绵委办发〔2020〕1 号	中共绵阳市委办公室关于健全完善贯彻落实习近平总书记重要指示批示精神工作长效机制的通知
20	绵委办发〔2020〕2 号	中共绵阳市委办公室、绵阳市人民政府办公室关于印发《绵阳市食品安全党政同责责任清单》的通知
21	绵委办发〔2020〕3 号	中共绵阳市委办公室关于印发《绵阳市委市政府分管、联系领导参加巡察整改专题民主生活会实施办法》的通知
22	绵委办发〔2020〕8 号	中共绵阳市委办公室、绵阳市人民政府办公室印发《关于加快建立网络综合治理体系的实施意见》的通知

续表

序号	发文字号	文件名称
23	绵委办发〔2020〕9号	中共绵阳市委办公室、绵阳市人民政府办公室关于印发《抓项目促投资19条硬措施》的通知
24	绵委办发〔2020〕10号	中共绵阳市委办公室关于印发《绵阳市县级党校分类建设计划实施方案》的通知
25	绵委办发〔2020〕11号	中共绵阳市委办公室、绵阳市人民政府办公室关于印发《绵阳市市本级财政资金审批管理办法》的通知
26	绵委办发〔2020〕12号	中共绵阳市委办公室、绵阳市人民政府办公室印发《关于鼓励和引导人才向基层流动加强基层治理人才支撑的实施意见》的通知
27	绵委办发〔2020〕13号	中共绵阳市委办公室、绵阳市人民政府办公室关于印发《绵阳市市属企业领导人员管理办法》的通知
28	绵委办发〔2020〕15号	中共绵阳市委办公室印发《关于贯彻落实〈2019—2023年全国党政领导班子建设规划纲要〉的二十五条措施》的通知
29	绵委办发〔2020〕16号	中共绵阳市委办公室、绵阳市人民政府办公室关于印发《省市重点项目推进和投资运行"红黑榜"通报工作机制（试行)》的通知
30	绵委办发〔2020〕17号	中共绵阳市委办公室、绵阳市人民政府办公室印发《关于进一步深化街道管理体制改革的实施意见》的通知
31	绵委办发〔2020〕18号	中共绵阳市委办公室、绵阳市人民政府办公室关于印发《市委常委会、市政府常务会安全生产职责清单》《市委、市政府领导安全生产职责清单》的通知
32	绵委办发〔2020〕19号	中共绵阳市委办公室、绵阳市人民政府办公室印发《关于建立健全诉源治理机制推进城乡基层治理能力现代化的实施意见》的通知

2020年市政府重要文件目录

表108

序号	发文字号	文件名称
1	绵府函〔2020〕11号	关于印发《2020年市重点项目名单》的通知
2	绵府函〔2020〕53号	关于印发《绵阳市市辖区2020年度国有建设用地供应计划》的通知
3	绵府函〔2020〕82号	关于授予2019年度绵阳市科学技术进步奖的决定
4	绵府函〔2020〕245号	关于授予第三届绵阳市政府质量奖的决定
5	绵府函〔2020〕236号	关于表扬2019年度见义勇为个人和群体的通报
6	绵府发〔2020〕2号	关于印发《绵阳市政府质量奖评审管理办法》的通知
7	绵府发〔2020〕5号	关于做好绵阳市第七次全国人口普查工作的通知
8	绵府发〔2020〕10号	关于促进绵阳建筑业高质量发展的实施意见
9	绵府发〔2020〕11号	关于印发《绵阳市自然资源统一确权登记工作方案》的通知
10	绵府发〔2020〕12号	关于印发《贯彻落实中央统筹推进新冠肺炎疫情防控和经济社会发展部署要求的工作方案》的通知
11	绵府发〔2020〕13号	关于公布实施绵阳市（涪城区、游仙区）城区及乡镇公共服务项目用地基准地价的通知
12	绵府发〔2020〕14号	关于印发《绵阳市重点企业"服务绿卡"管理办法》的通知
13	绵府发〔2020〕15号	关于印发《推动成渝地区双城经济圈建设合作三年行动计划（2020—2022年)》的通知
14	绵府发〔2020〕16号	关于印发《绵阳市重点招商项目"服务绿卡"管理办法》的通知
15	绵府发〔2020〕17号	关于印发《支持服务业重点产业发展若干政策措施》的通知

续表

序号	发文字号	文件名称
16	绵府发〔2020〕18号	关于印发《绵阳市市级行政权力清单（2019年本）》的通知
17	绵府发〔2020〕19号	关于印发四川省绵阳市人民政府重庆市北碚区人民政府推动成渝地区双城经济圈建设2020年度重点工作的通知
18	绵府发〔2020〕20号	关于印发《绵阳市市辖区2020年度土地储备计划》的通知
19	绵府发〔2020〕22号	关于调整部分市政府领导同志分工的通知
20	绵府发〔2020〕23号	关于公布实施绵阳市征收农用地区片综合地价标准的通知
21	绵府发〔2020〕25号	关于印发《推进健康绵阳行动的实施意见》的通知
22	绵府发〔2020〕27号	绵阳市人民政府2021年森林草原防火命令
23	绵府通告〔2020〕1号	关于应对新型冠状病毒感染肺炎疫情接收社会捐赠的通告
24	绵府通告〔2020〕2号	关于加强野外火源管控严防森林火灾的通告
25	绵府通告〔2020〕3号	关于加强高考、中考期间环境噪声管理的通告
26	绵府通告〔2020〕4号	关于在绵阳城区进行防空警报试鸣放的通告
27	绵府通告〔2020〕5号	关于公布绵阳市二级古树名录的通告
28	绵阳市人民政府令第1号	绵阳市人民政府拟定地方性法规草案和制定规章程序规定
29	绵阳市人民政府令第2号	绵阳市户外广告和招牌设置管理办法
30	绵府办函〔2020〕4号	关于公布《第六批市级非物质文化遗产代表性项目名录和市级非物质文化遗产扩展名录》的通知
31	绵府办函〔2020〕15号	关于落实政府工作报告2020年重点工作责任分工的通知
32	绵府办函〔2020〕18号	关于认定第二批“四好农村路”示范乡镇的通知
33	绵府办函〔2020〕20号	关于做好2020年全市交通项目建设和投资工作的通知
34	绵府办函〔2020〕23号	关于做好2020年绵阳市城建攻坚行动重点工程项目建设和投资工作的通知
35	绵府办函〔2020〕26号	关于印发《支持省市重点项目复工开工的激励措施》的通知
36	绵府办函〔2020〕54号	关于规范《国有建设用地使用权出让合同》第十八条选项填写有关事宜的通知
37	绵府办函〔2020〕64号	关于印发《绵阳市放心舒心消费环境建设工作实施方案（2020—2022年）》的通知
38	绵府办函〔2020〕79号	关于加大力度扶持农村客运发展的意见
39	绵府办函〔2020〕86号	关于调整绵阳市道路交通安全综合治理委员会成员的通知
40	绵府办函〔2020〕87号	关于印发《绵阳市加快推进新型基础设施建设三年行动方案》的通知
41	绵府办函〔2020〕89号	关于切实做好当前防汛减灾和地质灾害防治工作的紧急通知
42	绵府办函〔2020〕92号	关于公布《绵阳市第二批“服务绿卡”重点企业名单》的通知
43	绵府办函〔2020〕107号	关于稳妥做好全市禁食野生动物有关工作的通知
44	绵府办函〔2020〕114号	关于成立绵阳市长江流域重点水域禁捕和退捕渔民安置保障工作领导小组的通知
45	绵府办函〔2020〕118号	关于进一步做好“十四五”规划编制工作的通知
46	绵府办函〔2020〕126号	关于做好全市长江流域禁捕有关工作的通知

续表

序号	发文字号	文件名称
47	绵府办函〔2020〕128号	关于调整绵阳市消防安全委员会组成人员的通知
48	绵府办函〔2020〕135号	关于成立绵阳市就业工作领导小组的通知
49	绵府办发〔2020〕1号	印发《关于优化市辖区（园区）权责关系财力匹配实施方案》的通知
50	绵府办发〔2020〕2号	印发《关于进一步优化市辖区（园区）城乡规划管理工作的实施办法》等文件的通知
51	绵府办发〔2020〕3号	印发《关于优化市辖区（园区）城市建设管理工作实施办法等四个文件》的通知
52	绵府办发〔2020〕5号	关于做好职业技能提升行动有关工作的通知
53	绵府办发〔2020〕8号	关于印发《绵阳市生猪产业稳产保供行动方案》的通知
54	绵府办发〔2020〕10号	关于全面推行行政规范性文件合法性审核机制的实施意见
55	绵府办发〔2020〕11号	关于印发《绵阳市行政机关负责人出庭应诉工作规定》的通知
56	绵府办发〔2020〕12号	关于印发《绵阳市政务信息化项目建设管理办法》的通知
57	绵府办发〔2020〕13号	关于印发《绵阳市新型智慧城市建设总体方案和绵阳市城市服务平台建设工作推进方案》的通知
58	绵府办发〔2020〕14号	关于印发《绵阳市家政服务业提质扩容“领跑者”行动试点工作方案》的通知
59	绵府办发〔2020〕15号	关于印发《绵阳市强化自然资源保障促进经济稳增长十六条措施》的通知
60	绵府办发〔2020〕16号	关于印发《绵阳市工程技术研究中心管理办法》的通知
61	绵府办发〔2020〕17号	关于印发《绵阳市重点实验室管理办法》的通知
62	绵府办发〔2020〕18号	关于印发绵阳市人民政府2020年法治政府建设重点工作安排的通知
63	绵府办发〔2020〕19号	关于印发《绵阳市2020年营商环境18个指标提升专项行动方案》的通知
64	绵府办发〔2020〕20号	关于印发《绵阳综合保税区项目入驻优惠政策（试行）》的通知
65	绵府办发〔2020〕21号	关于印发《绵阳市应急救援能力提升行动计划（2020—2022年）实施方案》的通知
66	绵府办发〔2020〕23号	关于印发《绵阳市2020年政务公开工作要点》的通知
67	绵府办发〔2020〕24号	关于印发《绵阳市市属国有企业负责人经营业绩考核办法》的通知
68	绵府办发〔2020〕25号	关于印发《绵阳市农村产权流转交易管理办法》的通知
69	绵府办发〔2020〕27号	关于印发《绵阳市生活垃圾分类和处置工作方案》的通知
70	绵府办发〔2020〕28号	关于印发《绵阳市重污染天气应急预案（2020年修订版）》的通知
71	绵府办发〔2020〕29号	关于印发《绵阳市西部现代种业强市建设发展规划（2021—2025年）》的通知
72	绵府办发〔2020〕30号	关于印发《绵阳市对上争取资金考核管理暂行办法》的通知
73	绵府办发〔2020〕32号	关于印发《绵阳市市级行政事业单位国有资产管理暂行办法》《绵阳市市级行政事业单位国有资产处置管理暂行办法》的通知
74	绵府办发〔2020〕33号	关于印发《绵阳城区建筑垃圾处置管理办法》的通知
75	绵府办发〔2020〕38号	关于印发《绵阳市集群注册登记管理办法》的通知
76	绵府办发〔2020〕40号	关于推进绵阳市养老服务发展的实施意见
77	绵府办发〔2020〕41号	关于印发《绵阳南郊机场净空及电磁环境保护实施办法》的通知
78	绵府办发〔2020〕43号	印发《关于大力培育发展社会企业的实施意见（试行）》的通知

2020年市政府废止文件目录

表 109

序号	文号	文件名称	备注
1	绵府办发〔2016〕72号	《绵阳市人民政府规章制定程序规定》	2020年8月20日被市政府令2020年1号文件明确废止
2	绵府办发〔2018〕7号	《绵阳市对上争取资金考核管理暂行办法》	2020年10月29日被绵府办发〔2020〕30号文件明确废止

先进集体和先进个人

2020年绵阳市先进集体一览表

表 110

获奖单位	获奖名称	授奖单位
绵阳市	第十一届全国双拥模范城	全国双拥工作领导小组 国家退役军人事务部 中央军委政治工作部
绵阳市	全国基层中医药工作复审先进单位	国家中医药管理局
绵阳市	无偿献血先进市	国家医政医管局
绵阳市	第十一届四川省双拥模范城	中共四川省委 四川省人民政府 四川省军区
绵阳市	2019 年脱贫攻坚先进市（州）	中共四川省委 四川省人民政府
绵阳市	2019 年脱贫攻坚工作成效考核评价为“好”等次	中共四川省委办公厅 四川省人民政府办公厅
绵阳市	2019 年省内对口帮扶藏区彝区贫困县工作成效考核评价为“较好”等次	中共四川省委办公厅 四川省人民政府办公厅
绵阳市	2019 年“五个一”帮扶工作成效考核评评价为“好”等次	中共四川省委办公厅 四川省人民政府办公厅
市公安局交警支队	全国公安系统抗击新冠肺炎疫情先进集体	公安部
中华人民共和国绵阳海关	全国文明单位	中央精神文明建设指导委员会
绵阳市商业银行城郊支行	第六届全国文明单位	中央精神文明建设指导委员会
中国致公党绵阳市工作委员会	抗击新冠肺炎疫情先进集体	致公党中央
九三学社绵阳市委	2016—2020 年社会服务先进集体	九三学社中央
中国邮政集团有限公司绵阳市分公司机要通信分局	全国邮政行业先进集体	国家邮政局
中国邮政集团公司绵阳市寄递事业部	2019 年度全国邮政行业青年安全生产示范岗集体	国家邮政局 共青团中央
绵阳市新韵达快递有限公司	2019 年度全国邮政行业青年安全生产示范岗集体	国家邮政局 共青团中央
三台县人民检察院	第七届全国先进基层检察院	最高人民检察院
江油市人民检察院	2020 年度全国检察宣传先进单位	最高人民检察院
市妇联	全国家庭工作先进集体	全国妇联
绵阳市广播电视台	2019 年广播电视公益广告扶持项目优秀传播机构	国家广播电视总局
国网绵阳市游仙供电公司	全国文明单位	中央文明委

续表

获奖单位	获奖名称	授奖单位
中国民主促进会绵阳市委员会	民进全国履职能力建设先进集体	中国民主促进会中央委员会
中共绵阳市委党校	2019—2020 年节约型公共机构示范单位	国家机关事务管理局 国家发展和改革委员会 财政部
三台县	第五批国家慢性病综合防控示范区	国家卫健委
游仙区	2019—2020 年度全国健康促进县区	国家卫健委
江油市	全国百强健走示范区	中国疾病预防控制中心
盐亭县肿瘤医院	2019 年肿瘤登记工作先进单位	国家癌症中心
绵阳市第三人民医院	全国“敬老文明号”	国家卫健委、全国老龄办
绵阳市疾控中心	2020 年全国第十一轮抗结核药物敏感性试验熟练度测试结果优秀	中国疾病预防控制中心
绵阳市中心医院 绵阳市第三人民医院	2019—2020 年节约型公共机构示范单位	国家机关事务管理局 国家发改委 财政部
绵阳市第三人民医院	2020 年改善医疗服务示范医院	国家卫健委
绵阳市安州区	全国“三无”创建先进县	国家信访局
盐亭县	全国“三无”创建先进县	国家信访局
涪城区	第十一届四川省双拥模范区	中共四川省委 四川省人民政府 四川省军区
游仙区	第十一届四川省双拥模范区	中共四川省委 四川省人民政府 四川省军区
安州区	第十一届四川省双拥模范区	中共四川省委 四川省人民政府 四川省军区
江油市	第十一届四川省双拥模范城	中共四川省委 四川省人民政府 四川省军区
三台县	第十一届四川省双拥模范县	中共四川省委 四川省人民政府 四川省军区
北川县	第十一届四川省双拥先进县	中共四川省委 四川省人民政府 四川省军区
平武县	第十一届四川省双拥先进县	中共四川省委 四川省人民政府 四川省军区
绵阳市财政局	全省脱贫攻坚“五个一”帮扶先进集体	中共四川省委 四川省人民政府
绵阳市财政局	四川省抗击新冠肺炎疫情先进集体	中共四川省委 四川省人民政府

续表

获奖单位	获奖名称	授奖单位
绵阳市应急管理局	2019年安全生产党政同责先进单位	中共四川省委 四川省人民政府
绵阳市卫生健康委员会	四川省抗击新冠肺炎疫情先进集体	中共四川省委 四川省人民政府
绵阳市中心医院党委	四川省抗击新冠肺炎疫情先进集体	中共四川省委 四川省人民政府
四川绵阳四〇四医院党委	四川省抗击新冠肺炎疫情先进集体	中共四川省委 四川省人民政府
梓潼县公安局	先进集体	中共四川省委
绵阳市公安局	先进集体	中共四川省委
市局特巡警支队党总支	四川省抗击新冠肺炎疫情先进集体	中共四川省委
市局特巡警支队党总支	四川省先进基层党组织	中共四川省委
绵阳市中心医院党委	四川省抗击新冠肺炎疫情先进基层党组织	中共四川省委
四川绵阳四〇四医院党委	四川省抗击新冠肺炎疫情先进基层党组织	中共四川省委
绵阳市第三人民医院	2019年省内对口帮扶藏区彝区贫困县先进集体	中共四川省委
绵阳市残疾人联合会	在全国第十届残疾人运动会暨第七届特殊奥林匹克运动会上作出突出贡献的单位	四川省人民政府
绵阳市卫生健康委员会	四川省科学技术奖励进步三等奖	四川省人民政府
绵阳市畜牧站	四川省科学技术进步奖三等	四川省人民政府

2020年绵阳市先进个人一览表

表111

姓名	单位与职务	获奖名称	授奖单位
龙　波	四川绵阳四〇四医院感染大科副主任兼结核病科（丰谷病区）主任	全国抗击新冠肺炎疫情先进个人	党中央、国务院 中央军事委员会
唐世会	四川省长虹电子控股集团有限公司	全国劳动模范	党中央、国务院
张　彬	四川美乐集团实业有限公司	全国劳动模范	党中央、国务院
邓晓莉	绵阳市燃气集团公司王子大酒店	全国劳动模范	党中央、国务院
邓建军	四川绵阳四〇四医院	全国先进工作者	党中央、国务院
马晓晖	农工党绵阳市委委员、绵阳科伦医药贸易有限公司总经理	农工党抗击新冠肺炎疫情先进个人	农工党中央
赵　红	农工党绵阳市第三人民医院党员、绵阳市第三人民医院临床心理科主任医师	农工党抗击新冠肺炎疫情先进个人	农工党中央
沈其霖	农工党绵阳市委主委、绵阳市政协副主席	优秀党员	农工党中央
李　晖	农工党绵阳市委专职副主委	优秀党务工作者	农工党中央
朱祥君	高新区人民检察院第二检察部副主任	2019年度民盟反映社情民意信息工作先进个人	民盟中央

续表

姓名	单位与职务	获奖名称	授奖单位
唐安全	绵阳市人民检察院第四检察部主任	特赦检察工作中表现突出的个人	最高人民检察院
颜　蓉	绵阳市人民检察院计财部副主任	全国检察机关检务保障工作表现突出个人	最高人民检察院
余乙萍	江油市人民检察院政治部干警	全国检察宣传先进个人	最高人民检察院
唐安全	绵阳市人民检察院第四检察部主任	特赦检察工作中表现突出的个人	最高人民检察院
苏　原	绵阳市生态环境局行政审批科科长	2020年全国固定污染源排污许可全覆盖工作中表现突出个人	生态环境部
绵阳市消防救援支队	绵阳市消防救援支队	第五届平安中国“三微”比赛十大摄影作品	中共中央政法委员会
王义伟	绵阳市消防救援支队科创园政府专职队队长	第五届全国119消防先进个人	应急管理部
罗　艳	国网绵阳供电公司物资部合同管理	第十二届全国五好家庭	全国妇联
刘　玉	绵阳市三医院老年病三科主任	全国敬老爱老助老模范人物	国家卫健委、全国老龄办
王　舟	绵阳市中心医院离退休党总支委员会书记	全国敬老爱老助老模范人物	国家卫健委、全国老龄办
肖　聪	绵阳市三医院骨科主任	第20届全国青年岗位能手	共青团中央 人力资源和社会保障部
蒲三文	绵阳市三医院办公室工作人员	全国无偿献血奉献金奖	国家卫健委 中国红会、中央军委
兰芙蓉	绵阳市中心医院普通外科副护士长	全国技术能手	人力资源和社会保障部
俸家富	绵阳市中心医院临床检验诊断学博士，主任技师	全国改善医疗服务先进典型先进个人	国家卫健委
罗彩东	绵阳市中心医院心内科主任	全国改善医疗服务先进典型先进个人	国家卫健委
李　红	绵阳市中心医院内科部科护士长	全国改善医疗服务先进典型先进个人	国家卫健委
刘　良	绵阳市三医院老年病二科主任	全国改善医疗服务先进典型先进个人	国家卫健委
廖　敏	绵阳市中心医院信息中心副主任	全国改善医疗服务先进典型先进个人	国家卫健委
贾友忠	绵阳市委农办主任、市农业农村局党组书记、局长	农业农村系统抗击新冠肺炎疫情先进个人	农业农村部
范　莉	市局机场分局办公室主任	全国三八红旗手	人力资源和社会保障部 全国妇联
刘　超	市住建委物业管理科科员	全国住房城乡建设系统抗击新冠肺炎疫情先进个人	住建部
刘　宸	西南石油大学学生	一等功	新疆军区
廖　强	—	二等功	武警某队直升机支队
孟庆星	—	二等功	中国人民解放军空军某部
秦　浩	—	二等功	武警重庆市总队政治工作部
周智明	—	二等功	西藏军区政治工作部

续表

姓名	单位与职务	获奖名称	授奖单位
韩啸天	—	二等功	西藏日喀则军分区
牟　磊	—	二等功	94456 部队
宋　辉	—	二等功	95633 部队
吴　亮	—	二等功	94032 部队
刘小洪	市退役军人事务局双拥科科长	四川省爱国拥军模范	中共四川省委 四川省人民政府 四川省军区
代　勇	江油市退役军人事务局副局长	四川省爱国拥军模范	中共四川省委 四川省人民政府 四川省军区
李　毅	绵阳市扶贫开发局扶贫开发指导科科长	优秀一线脱贫攻坚干部	中共四川省委 四川省人民政府
李　毅	绵阳市扶贫开发局扶贫开发指导科科长	全省脱贫攻坚先进个人	中共四川省委 四川省人民政府
李　波	绵阳市生态环境局固废中心主任	四川省抗击新冠疫情先进个人	中共四川省委 四川省人民政府
元承军	绵阳市卫健委党委书记、主任	全省抗击新冠肺炎疫情先进个人	中共四川省委 四川省人民政府
刘　冰	绵阳四〇四医院感染科大科主任，肝炎科主任	全省抗击新冠肺炎疫情先进个人	中共四川省委 四川省人民政府
高　峰	绵阳市三医院呼吸内科副主任医师	全省抗击新冠肺炎疫情先进个人	中共四川省委 四川省人民政府
高　晔	绵阳市中医院肺病科副主任	全省抗击新冠肺炎疫情先进个人	中共四川省委 四川省人民政府
任　静	妇幼保健院副院长	全省抗击新冠肺炎疫情先进个人	中共四川省委 四川省人民政府
李永清	市疾控中心副主任	全省抗击新冠肺炎疫情先进个人	中共四川省委 四川省人民政府
王保东	市疾控中心传染病预防控制所主管医师	全省抗击新冠肺炎疫情先进个人	中共四川省委 四川省人民政府
温　捷	市卫生执法支队稽查科科长	全省抗击新冠肺炎疫情先进个人	中共四川省委 四川省人民政府
张　韬	市农业农村局科教中心副主任	优秀农技员	中共四川省委 四川省人民政府
马晓晖	农工党绵阳市委委员、绵阳市科伦医药贸易有限公司总经理	抗击新冠肺炎疫情先进个人	中共四川省委 四川省人民政府
刘文俊	市环境卫生管理处办公室主任	四川省抗击新冠肺炎疫情先进个人	中共四川省委 四川省人民政府
邓　涛	绵阳市人民政府办公室综合三科副科长、平武县虎牙藏族乡上游村第一书记	优秀第一书记	中共四川省委 四川省人民政府
胥树锋	绵阳市人民政府办公室秘书六科科长	四川省抗击新冠肺炎疫情先进个人	中共四川省委 四川省人民政府

续表

姓名	单位与职务	获奖名称	授奖单位
宣绍成	绵阳市三医院工作人员	2019 年省内对口帮扶藏区彝区贫困县先进个人	中共四川省委
陈　华	市疾控中心传染病预防控制所所长	2019 年省内对口帮扶藏区彝区贫困县先进个人	中共四川省委
胡　明	绵阳京东方光电科技有限公司	四川省劳动模范	四川省人民政府
王双陆	四川九洲电器集团有限责任公司	四川省劳动模范	四川省人民政府
胡　波	攀钢集团江油长城特殊钢有限公司锻轧厂	四川省劳动模范	四川省人民政府
何秀容	四川雪宝乳业集团有限公司	四川省劳动模范	四川省人民政府
刘道友	绵阳市公共交通集团有限责任公司四总站	四川省劳动模范	四川省人民政府
梅贵才	太极集团四川绵阳制药有限公司	四川省劳动模范	四川省人民政府
石岷山	绵阳佳联印染有限责任公司	四川省劳动模范	四川省人民政府
黄伟明	中国邮政集团有限公司绵阳市分公司寄递事业部班长	四川省劳动模范	四川省人民政府
李　雷	绵阳宏盛文化传播有限公司	四川省劳动模范	四川省人民政府
冷昌霖	国网四川省电力公司绵阳供电公司高新区供电中心	四川省劳动模范	四川省人民政府
卢中明	四川省绵阳市丰谷酒业有限责任公司	四川省劳动模范	四川省人民政府
熊光兴	四川家福来实业集团有限公司	四川省劳动模范	四川省人民政府
何　苗	绵阳市商业银行党委副书记、董事长	四川省劳动模范	四川省人民政府
余　强	四川中烟工业有限责任公司绵阳卷烟厂	四川省劳动模范	四川省人民政府
邓　猛	绵阳富临精工机械股份有限公司	四川省劳动模范	四川省人民政府
张　玮	绵阳市科创区创业园街道科虹社区	四川省劳动模范	四川省人民政府
郧　江	四川长虹电子控股集团有限公司	四川省劳动模范	四川省人民政府
乔　岗	绵阳万江眼科医院有限责任公司	四川省劳动模范	四川省人民政府
林红梅	绵阳市三台县金石镇宏梅家庭农场	四川省劳动模范	四川省人民政府
严　伟	绵阳市盐亭县高渠镇五里村生猪养殖场	四川省劳动模范	四川省人民政府
李仕斌	江油市新安镇黑滩村集体经济股份合作联社	四川省劳动模范	四川省人民政府
仇国梅	绵阳市梓潼县文昌镇松林村国梅家庭农场	四川省劳动模范	四川省人民政府
赖禄菊	绵阳市平武县响岩镇同心村	四川省劳动模范	四川省人民政府
成满平	绵阳市北川羌族自治县陈家坝镇四坪村生态养殖专业合作社	四川省劳动模范	四川省人民政府

续表

姓名	单位与职务	获奖名称	授奖单位
张玉清	四川鑫港湾旅游开发有限公司	四川省劳动模范	四川省人民政府
杨　媚	中国电信股份有限公司绵阳分公司	四川省劳动模范	四川省人民政府
曾明军	绵阳海立电器有限公司	四川省劳动模范	四川省人民政府
龙　波	四川绵阳四〇四医院	四川省劳动模范	四川省人民政府
龚仙彦	绵阳市游仙区石板镇九年一贯制学校	四川省劳动模范	四川省人民政府
唐　春	绵阳市游仙区总工会	四川省劳动模范	四川省人民政府
李　勇	江油市公安局	四川省劳动模范	四川省人民政府
向性伟	绵阳市看守所	四川省劳动模范	四川省人民政府
那　微	中共绵阳市委办公室	四川省劳动模范	四川省人民政府
向　俊	绵阳市环境卫生管理处	四川省劳动模范	四川省人民政府
陈红时	绵阳市人民政府办公室	四川省劳动模范	四川省人民政府
熊永贵	绵阳市农机监理所	四川省劳动模范	四川省人民政府
王　东	绵阳市中心医院	四川省劳动模范	四川省人民政府
张　玲	绵阳市交通运输局	四川省劳动模范	四川省人民政府
晏　飞	国家税务总局绵阳市税务局	四川省劳动模范	四川省人民政府
余淑蓉	绵阳市三台生态环境局局长	四川省环保工作先进个人	四川省人民政府
王　东	原绵阳市中心医院党委书记	四川省先进工作者	四川省人民政府
谢洪委	市疾控中心公共卫生检测所主管医师	涉川境外人京人员分流转送工作先进个人	四川省人民政府
何沿霖	市委组织部四级主任科员	四川省民族团结进步模范个人	四川省人民政府
向性伟	绵阳市看守所所长	四川省先进工作者	四川省人民政府
李　勇	江油市公安局副局长	四川省先进工作者	四川省人民政府
赵志强	绵阳市信访局办信科科长	四川省环保工作先进个人	四川省人民政府
汪伦擎	市城市建设管理监察支队执法监察科副科长	四川省环保工作先进个人	四川省人民政府
陈红时	绵阳市人民政府办公室文电管理科科长	四川省先进工作者	四川省人民政府
李鑫蕊	三台县潼川第四小学校艺术体操运动员	四川参加全国第二届青年运动会最佳新人	四川省人民政府
陶　丹	四川省江油市第一中学生曲棍球运动员	四川参加全国第二届青年运动会优秀运动员	四川省人民政府

索 引

索引说明

一、本索引是《绵阳年鉴（2021）》的主题词索引，分主题关键词索引和图表索引；正文中内容凡具有独立检索意义的完整资料，都可以通过本索引进行检索；正文中的概述与概况不做检索内容；统计资料与附录以类目进行检索。

二、索引按汉语拼音字母（同音字按声调）顺序排列。

三、索引款目后的数字表示内容所在的页码，数字后的英文字母表示栏别（即版面的1、2、3栏）。表、图索引以页码序号排列。

四、内容有交叉、重复的款目，为方便读者检索，在本索引词条后有页码出现。

主题词索引

A

B

C

D

E

F

G

H

J

K

L

S

T

Y

Z

图表索引